兰州年鉴

2010

Lanzhou Yearbook

兰 州 市 人 民 政 府　　主 办
兰州市地方志办公室　　编

兰州大学出版社

图书在版编目（CIP）数据

兰州年鉴. 2010 / 兰州市地方志办公室编. -- 兰州
: 兰州大学出版社，2011.3
ISBN 978-7-311-03878-6

Ⅰ. ① 兰… Ⅱ. ① 兰… Ⅲ. ① 兰州市-2010-年鉴
Ⅳ. ① Z524.21

中国版本图书馆 CIP 数据核字（2012）第052445号

书　　名　兰州年鉴2010
作　　者　兰州市人民政府　　主办
　　　　　兰州市地方志办公室　编
出版发行　兰州大学出版社　（地址：兰州市天水南路222号　730000）
电　　话　0931-8912613（总编办公室）0931-8617156（营销中心）
　　　　　0931-8914298（读者服务部）
网　　址　http://www.onbook.com.cn
电子邮箱　press@lzu.edu.cn
印　　刷　深圳雅昌彩色印刷有限公司
设　　计　深圳雅昌彩色印刷有限公司
　　　　　兰州办事处（0931-4679978）
开　　本　889×1194mm　1/16
印　　张　27.25　（插页30）
字　　数　942千
版　　次　2012年4月第1版
印　　次　2012年4月第1次印刷
书　　号　ISBN　978-7-311-03878-6
定　　价　198.00元

（图书若有破损、缺页、掉页可随时与本社联系）

数字兰州2010

SHUZI LANZHOU 2010

面积	13085.6平方公里
常住人口	332.18万人
户籍人口	323.59万人
市区人口	210.47万人
人口自然增长率	3.75‰
年平均气温	11.3℃
年降水量	244毫米
地区生产总值	925.98亿元
第一产业	30.55亿元
第二产业	433.62亿元
第三产业	461.81亿元
非公经济增加值	351.96亿元
工业增加值	331.22亿元
主要工业产品产量	
啤酒	43092万升
卷烟	226.52亿支
原煤	452.76万吨
原油加工量	1045.19万吨
汽油	236.16万吨
水泥	516.05万吨
平板玻璃	508.09万重量箱
钢材	144.29万吨
原铝	75.74万吨
发电量	164.43亿千瓦时
铁合金	40.80万吨
农业机械总动力	136.80万千瓦
农业增加值	30.55亿元
粮食作物播种面积	199.50万亩
主要农产品产量	
粮食	38.79万吨
蔬菜	186.66万吨
油料	1.98万吨
瓜类	12.47万吨
肉类	2.24万吨
鲜蛋	1.61万吨
牛奶	6.16万吨
水产品	1950.5万吨
全社会固定资产投资	506.18亿元
社会消费品零售总额	469.77亿元
居民消费价格指数	99.6%
国内旅游人数	700.1万人次
入境旅游接待人数	3.2万人次
国内旅游收入	37.20亿元
外贸进出口总额	48782万美元
地区财政收入	254.88亿元

一般预算收入	57.04亿元
一般预算支出	119.83亿元
金融机构人民币存款余额	2621.20亿元
人民币贷款余额	2007.19亿元
城乡居民人民币储蓄存款余额	1089.97亿元
保险承保总额	3141.01亿元
城镇单位在岗职工工资总额	1449199万元
城镇单位在岗职工平均工资	28995元
城市居民人均可支配收入	12760.66元
城镇居民家庭恩格尔系数	38.29%
农民人均纯收入	4001.04元
农村居民家庭恩格尔系数	42.37%
私营企业	32283户
个体工商户	89357户
货运量	7358.27万吨
铁路	1202.23万吨
公路	6155.00万吨
民航	1.04万吨
客运量	3373.04万人
铁路	874.19万人
公路	2346.24万人
民航	152.61万人
电信业务总量	27.64亿元
邮政业务总量	1.72亿元
固定电话	74.87万部
移动电话用户	293.54万户
计算机互联网用户	38.20万户
幼儿园	294所
在园幼儿	52000人
小学	733所
在校学生	221638人
普通中学	221所
初中在校学生	129720人
高中在校学生	73753人
中等职业学校	72所
在校学生	87000人
普通高校	19所
在校学生	218175人
民办高校	6所
在校学生	43672人
公共图书馆	9个
文化馆	10个
医疗卫生机构	1498个
医院床位数	21873张
卫生技术人员	21000人

省委常委、市委书记陆武成（中），市人大主任哈全玉（右），市委副书记、市长袁占亭（左）在兰州市第十四届人大第五次会议上

兰州市第十四届人民代表大会第五次会议

市委副书记、市长袁占亭在兰州市第十四届五次人代会上作政府工作报告

政协兰州市第十二届委员会第三次会议

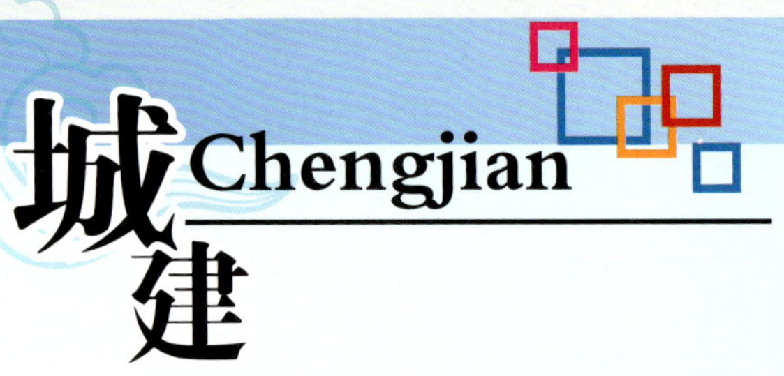

什川梨园

迎宾大道——北滨河路

兰州黄河段越冬的候鸟

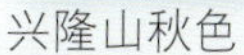
兴隆山秋色

五一山森林公园鸟瞰

西固电厂夜景

银滩大桥风光

白兰高速公路——皋兰入口

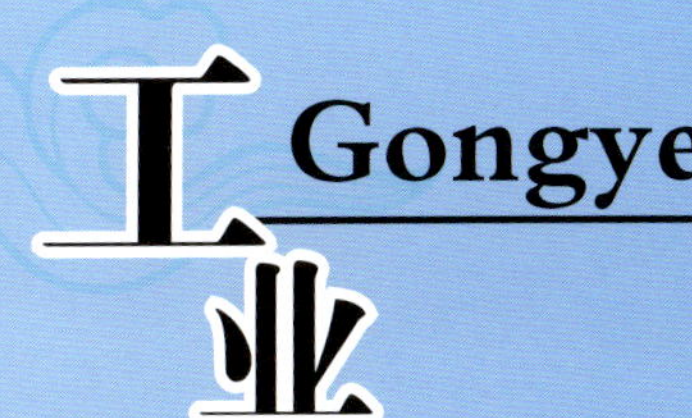

工业 Gongye

万里厂数控加工中心

Lanzhounianjian

兰州天然气LNG调峰装置开工奠基仪式

中国铝业兰州分公司350千安电解铝生产线

甘肃天泰汽车集团农业机械装备基地开工奠基仪式

工业 Gongye

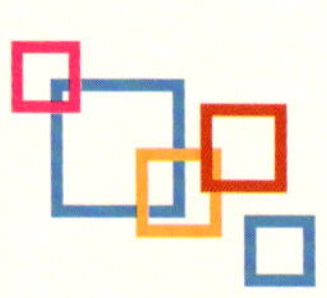

兰州和盛堂制药有限公司生产线

耐驰泵业生产车间

榆钢炼钢生产现场

雪花啤酒生产线

兰州金川科技园拉丝车间厂房

兰州国际石油钻机技术发展论坛

风电机组装配厂房

兰州国家石油储备基地工程开工仪式

农业 Nongye

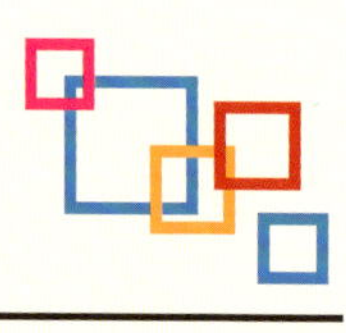

甜瓜产业

兰洽会上兰州高原夏菜展区

规模养殖

第七届中国花博会甘肃展区

葵花产业

第十五届中国兰州投资贸易洽谈会开幕式

兰州经济技术开发区项目签约仪式

第十五届中国兰州投资贸易洽谈会永登县项目签约仪式

兰州南山路银团贷款签字仪式

康师傅饮品生产基地签约仪式

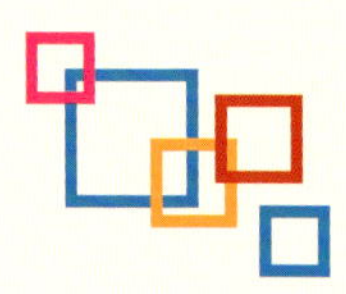

外事 Waishi

Lanzhounianjian

省委常委、市委书记陆武成出访纳米比亚

市委常委、人大主任哈全玉会见南非友人

省政协副主席、市长张津梁出访澳大利亚

戈银生副市长会见瑞典卡里克斯市学生交流团

以色列专家来兰考察

waishi

司法 Si fa

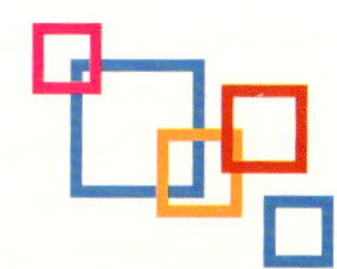

市公安局成功扑灭聚隆海绵厂火灾

市检察院干警对来访群众进行法律咨询

强化社会面巡逻防控工作

特警反恐怖技能演练

市法院召开“规范量刑程序座谈会”

甘肃政法学院学生旁听市法院举办的疑难案件研讨会

皋兰三绝之一铁芯子

第二届农民艺术节秦腔大戏台走进新农村巡回演出

皋兰鼓子唱响金城关

庆祝中华人民共和国成立60周年歌咏比赛

兰州市第六届运动会暨建国60周年书画摄影大赛优秀作品展

世行贷款兰州文化遗产保护与开发项目在永登奠基仪式

Lanzhounianjian

3 · 23世界气象日，参观气象科技馆的孩子们通过“时光隧道”

兰州大学百年校庆

新加坡教育代表团来兰州市第十一中学访问

兰州市卫生系统庆祝5·12国际护士节表彰暨文艺演出

“奋进商务”文艺演出

兰州市残联成立20周年文艺晚会

兰州国际民间艺术节

Wenhua

Lanzhounianjian

第五届兰州读书节诗歌朗诵会

市广电总台承办的2009年全市元宵晚会

兰州中山铁桥百年庆典

第七届黄河风情文化周文艺演出

体育 Ti yu

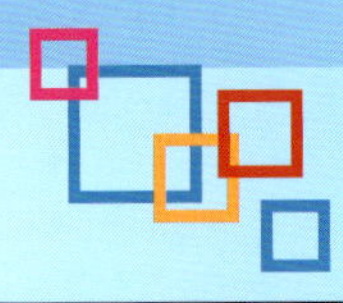

拔河比赛

元旦冬泳比赛

“迎新春”全民健身进农村活动

Ti yu

兰州市第六届运动会自行车比赛

兰州市第六届运动会开幕式

卫生 Weisheng

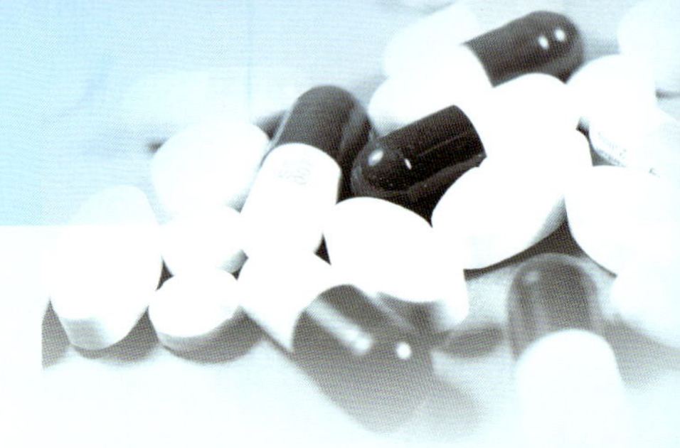

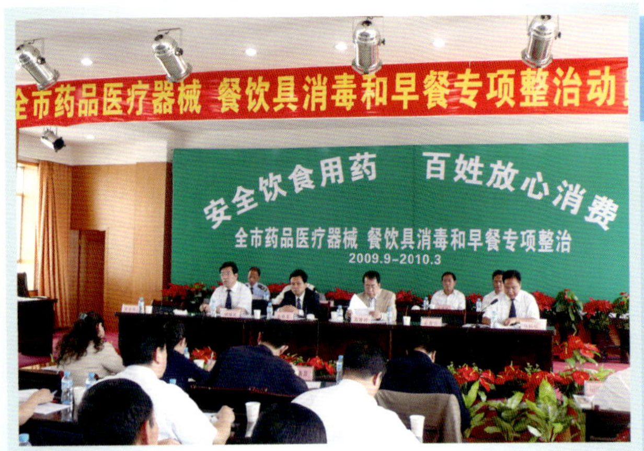

兰州市药品医疗器械餐饮具消毒和早餐专项整治动员大会

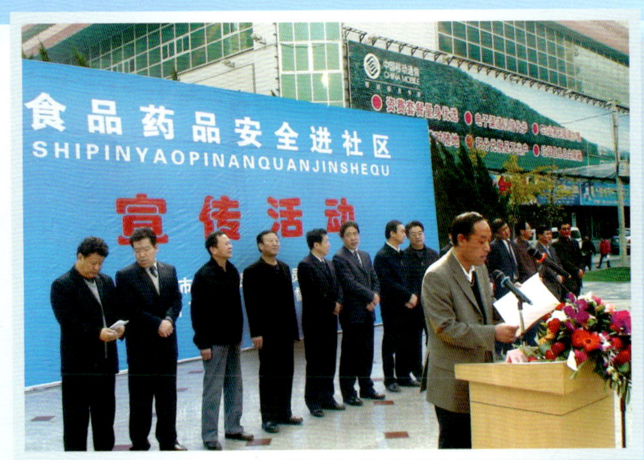

食品药品安全进社区宣传活动

市一院门诊大楼

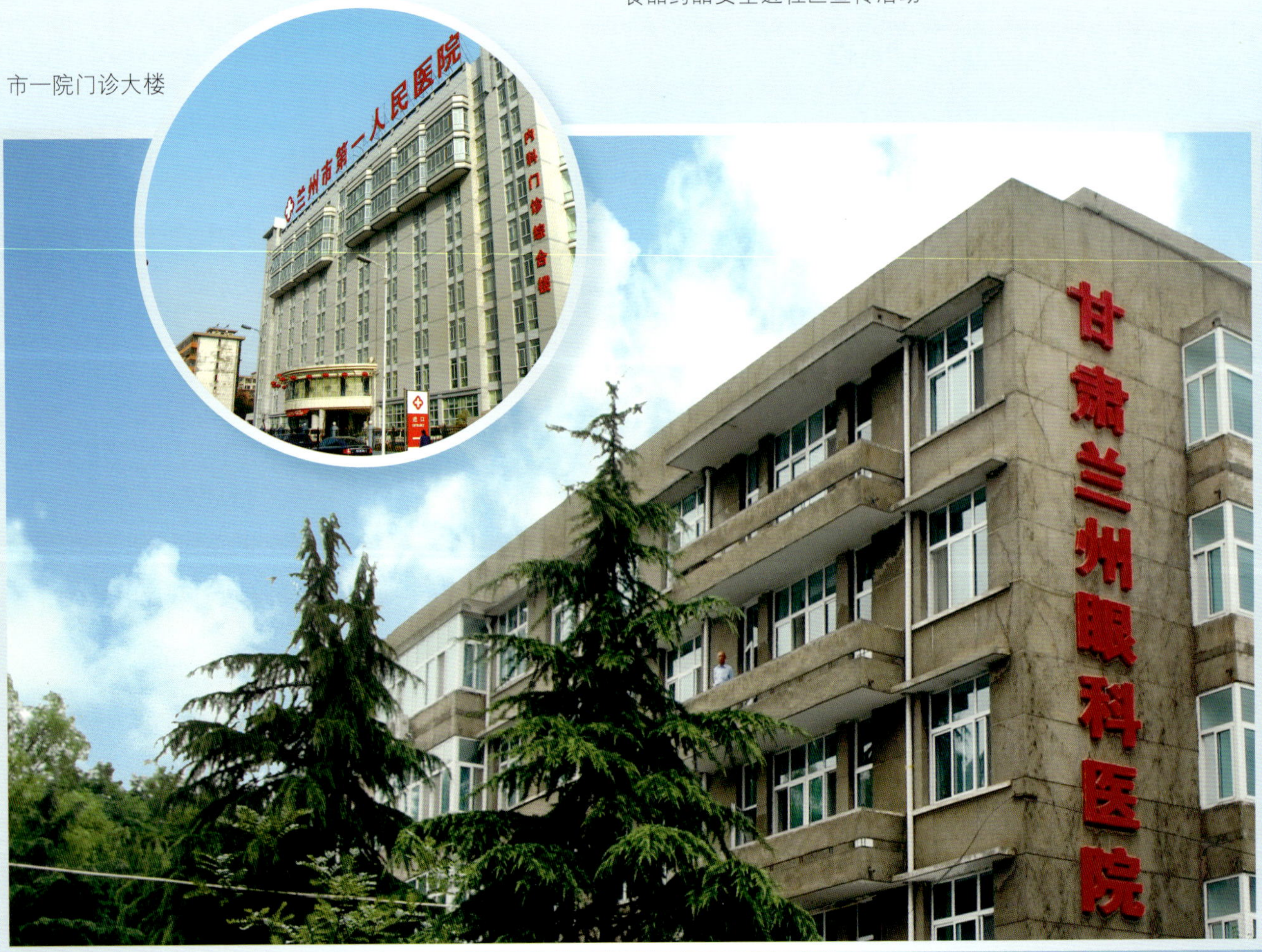

甘肃兰州眼科医院

Lanzhounianjian

Weisheng

兰州市食品药品安全信息发布会

兰州市放心肉品进社区巡展活动启动仪式

市二院

编辑说明

1.《兰州年鉴》是兰州市人民政府主办、兰州市地方志办公室主编的综合性地方年鉴，全面、系统地载录兰州地区上年度经济社会发展的基本情况，为国内外人士了解兰州提供全面、系统、翔实、准确和权威的资料，逐年出版，公开发行。

2.《兰州年鉴》(2010)采用分类编辑法，主体内容分为类目、分目和条目3个层次，其中部分分目下设子分目。共设类目28个，分目109个，含有条目1236个。

3.《兰州年鉴》的稿件由市直各部门、各区县及驻兰中央和省属单位提供，并经各供稿单位领导审定。

4.《兰州年鉴》所用数据均经各供稿单位审核。反映全市国民经济和社会发展的数据和统计资料系《兰州统计年鉴》2010年卷数据。

5.《兰州年鉴》所用图片资料由李鸿云及相关单位提供。

特　　载

大　事　记

兰州综述

兰州概貌

国民经济和社会发展

固定资产投资与重点建设项目

精神文明建设

“五城联创”工作

组织机构与负责人

党政机关

中国共产党兰州市委员会

中共兰州市纪律检查委员会

兰州市人大常委会

兰州市人民政府

中国民主建国会兰州市委员会

中国农工民主党兰州市委员会

共青团兰州市委员会

兰州市工商业联合会

兰州市科学技术协会

兰州市文学艺术界联合会

兰州市残疾人联合会

政　　法

公　　安

检　察

审　判

司法行政

军　事

兰州警备区

武警兰州市支队

甘肃陆军预备役高射炮兵师

人民防空

双拥工作

开 发 区

兰州高新技术产业开发区

兰州经济技术开发区

其他园区

城市建设与管理

城市规划

城市建设与投资经营

环境保护·园林绿化

环境保护

园林绿化

南北两山绿化

工　　业

概　　述

石化工业

电力工业

煤炭工业

装备制造业

有色冶金工业

医药工业

食品加工业

建材工业

电子工业

农林•水利

农　业

林　业

水　利

交通运输

公　路

铁　路

邮政·电信

邮　政

中国电信兰州分公司

国内外贸易

国内贸易

对外经贸

经济合作

粮　食

供　销

烟草专卖

兰州海关

非公有制经济

旅　　游

财政·税务

财　　政

国家税务

地方税务

银行·保险·监管

银　　行

·中国工商银行股份有限公司甘肃省分行营业部·

保　　险

监　管

·中国人民银行兰州中心支行·

·中国证券监督管理委员会甘肃监管局·

·中国保险监督管理委员会甘肃监管局·

经济管理与监督

发展与改革

国土资源管理

国有资产监督管理

工商行政管理

价格管理

质量技术监督

统　　计

审　　计

安全生产监督管理

食品药品监督管理

教育·科学技术

教　育

校外教育

气　象

地　震

文化·广播影视

文　化

广播影视

卫生·体育

卫　生

体　育

社会生活

社会保险

劳动就业

民　政

民族宗教

人口与计划生育

人物与荣誉榜

县区概况

城关区

七里河区

西固区

安宁区

红古区

榆中县

皋兰县

永登县

法规文件

地方法规

政府规章

文件选目

附　　录

索　　引

政府工作报告

兰州市人民政府代市长　袁占亭

一、2009年政府工作回顾

刚刚过去的2009年，我们在省委、省政府和市委的正确领导下，以科学发展观统领经济社会发展全局，认真落实国家扩大内需的政策措施，积极应对全球金融危机的冲击和影响，按照“1355”总体发展思路，突出保增长、保项目、保民生、保节能减排、保稳定的工作重点，强化工作措施，全力推动发展，完成了市人大十四届四次会议确定的各项目标任务。

（一）全市经济平稳较快发展

预计实现生产总值920亿元，增长10.5%以上；完成全社会固定资产投资506.18亿元，增长17.18%。加强工业经济运行调控服务，出台加快推进新型工业化及六大产业调整振兴政策，建立大企业服务“直通车”制度，实施兰州石化550万吨常减压装置、蓝星公司“1318”、兰州燃化集团液化天然气等重点项目，实现规模以上工业增加值308.17亿元，增长9.83%。积极落实国家“家电下乡”、“汽车下乡”等扩大消费政策，加快实施城区大型批发市场外迁工程，努力营造良好的消费环境，市场物价保持稳定，城乡消费市场活跃，实现社会消费品零售总额469.77亿元，增长18.92%。居民消费价格指数为99.6%。加强旅游业发展规划指导，实现旅游收入37.7亿元，增长22%。抓住兰州被列为全省统筹城乡发展试点市的机遇，加大农业投入，调整农业经济结构，大力发展现代农业，秦王川综合开发、大型泵站更新改造、设施农业示范基地、小城镇和新农村建设加快实施，农业生产规模化、标准化水平明显提高，推广全膜双垄栽培面积38.5万亩，粮食产量和蔬菜产量分别达到38.79万吨和186.66万吨，实现农业增加值30亿元，增长6%。财税金融运行平稳，完成地区性财政收入254.8亿元，增长71.27%；地方财政总收入94.47亿元，增长16.62%；金融机构各项存款余额、贷款余额和居民储蓄存款余额分别增长21.56%、32.03%和20.16%。城市居民人均可支配收入达到12760.66元，增长9.28%；农民人均纯收入突破4000元，增长14%，是近年来增幅最高的一年。

（二）项目建设取得明显成效

紧紧抓住国家扩大内需和投资向西部地区倾斜的政策契机，积极做好重大项目建设及论证、争取和储备工作，全市集中实施了100项重大项目，完成投资181.7亿元，是近年来项目建设涉及领域较广、资金到位率较高的一年。争取国家扩大内需项目288项，落实中央投资16.56亿元，开工建设260项、竣工105项。全力支持中央和省属在兰项目建设，积极搞好规划、征地、拆迁、安置等协调服务，兰州铁路枢纽、兰渝铁路、甘肃会展中心等重大项目顺利实施，510所航天科技园、国家石油储备兰州基地、5个国家质检中心、兰州汽车城、液化天然气装备制造基地等项目开工建设，重离子治癌及大科学城项目前期工作进展良好。园区建设步伐加快，高新区“一区多园”发展格局初步形成，实现生产总值120亿元，增长29.17%；经济区“区区合一”优势逐步发挥，实现生产总值59亿元，增长18%。积极开展招商引资工作，组织了赴长三角、环渤海、闽赣渝、香港等招商考察活动。参与举办了第十五届兰洽会。全年签约各类国内合同项目331项，引进资金到位141.38亿元。

（三）城市建设管理水平进一步提升

全面开展了新一轮土地利用和城市总体规划修编及第一版城乡统筹总体规划编制工作，完成城市控详规划和专项规划设计12项，规划在城市建设中的先导作用得到较好发挥。继续推进城市基础设施建设，大砂坪北出口改造、和定公路、城市景观亮化二期等项目建成使用，庙滩子地区整体改造、亚行贷款城市交通、雁滩南河道综合治理三期等项目加快建设，移山造地一期等项目启动实施，城市轨道交通项目前期工作有序推进，特别是多方面积极创造条件，开工建设了南山路工程。完善城市综合管理，出台了投资项目评审、廉租住房保障、城市燃气、旅游行业、城市房屋租赁等管理办法。加大城市环境集中整治力度，健全数字化城市管理系统，强化城市管理绩效考核，市容市貌进一步改观。多渠道筹措城市建设资金，与国家开发银行甘肃分行等金融机构签订600亿元的长期合作协议，成功发行15亿元城投企业债券，实现土地经营收益23.22亿元。

（四）节能减排和环境建设积极推进

编制完成全市循环经济发展规划，确定了企业、园区、社会三个层面发展循环经济的工作重点。西固区循环经济试点工作稳步实施。兰州石化、兰铝等大企业资源综合利用、范家坪热电厂建设等节能减排重点项目进展良好。完成125台燃煤锅炉清洁能源改造，综合整治1049家餐饮企业，西热东输新增供热面积112万平方米。通过完善项目节能评估审查政策，有效控制了高耗能、高污染行业过快增长。继续推进城区空气污染治理，空气质量优良天数达到64.7%，污染综合指数下降0.23。城区污水全收集全处理工程完成89公里主管网敷设任务，启动实施西固、盐场、雁儿湾3个污水处理项目。城市垃圾无害化处理工作逐步加强，规划实施的垃圾处理场建成两个、在建3个、完成前期工作4个。全市单位生产总值能耗下降5%，单位工业增加值能耗下降6%以上，二氧化硫和化学需氧量分别下降2.1%和6%，兰州荣获“中国节能减排20佳城市”称号。

（五）民生和各项社会事业协调发展

就业工作进一步加强，城镇新增就业5.2万人，高校毕业生就业率82.9%，输转城乡劳动力31万人次，城镇登记失业率为3.1%。各项社会保障制度逐步完善，提高城市低保标准10%，五区由每人每月230元增加到253元，三县由173元增加到190元；农村低保标准由每人每年685元增加到不低于728元。启动了新型农村社会养老保险试点工作。重视解决城乡困难群众住房问题，174万平方米经济适用住房和48万平方米廉租住房抓紧建设，为7797户群众发放廉租住房补贴2267万元。制定了市属企业危旧房改造整体规划，开工建设70万平方米。农村危旧房改造投资18.66亿元，改造农户3.1万多户。为民兴办的15项20件实事全面完成，特别是解决了11.5万人饮水安全问题，新建农村公路1058公里、客运站150个，建成生态家园沼气池10580户，农村生产生活条件逐步改善。创新型城市建设加快推进，兰州被确定为国家石化新材料产业基地，入选首批国家创新型试点城市，获得“国家知识产权工作示范城市”称号。出台实施“教育满意行动计划”，调整了近郊四区教育布局结构，完成城乡中小学危房改造203所，建成农村寄宿制学校40所。实施了“八办”红色旅游改造项目。新建12个乡镇综合文化站和300个农家书屋。建成120条全民健身路径。举办了市第六届运动会。改扩建23个乡镇卫生院，建成11个社区卫生服务中心和90个村卫生室。完成34个基层司法所建设。“五城联创”工作取得积极进展，启动了新一轮全国文明城市创建工作。举办了庆祝新中国成立和兰州解放60周年大型系列文化活动，激发了广大干部群众热爱兰州、干事创业的热情。民族宗教、广播电视、人口和计划生育、信访、统计、地震、人防、气象、外事、地方志、残疾人等各项工作都取得了新的成效。

（六）科学发展的体制机制逐步完善

继续深化国有企业改革，完成24户企业资产重组，建立了国有资产监管体系，健全了现代企业管理制度。全面启动统筹城乡发展试点工作，确定了2个县区、10个重点小城镇、61个城中村和新一轮新农村建设三个层次的试点布局，统筹城乡发展整体规划和相关配套政策加快制定。集体林权制度改革全面启动，试点工作进展顺利。积极探索农村土地流转使用制度，部分县区建立了土地流转平台。财政体制改革逐步深化，市级预算单位全部实现国库集中支付，项目库改革和公务卡结算试点全面展开，皋兰县纳入“省直管县”改革试点范围。积极推进地方金融机构改革，重组成立兰州银行股份有限公司，上市融资步伐加快。吸引金融企业在兰设立分支机构，中信银行兰州分行开业运营。启动市级政府机构改革，机构整合、职能调整、人员分流等工作有序进行。事业单位改革稳步推进，基本完成首次岗位设置管理工作。全市义务教育学校实行了绩效工资制度。

（七）各项社会管理不断加强和改进

认真落实维稳工作责任制，深入推进社会治安综合

治理，进一步完善城乡治安技防网络，加快推进打防控体系建设，依法严厉打击各类刑事犯罪，社会治安持续稳定，人民群众的安全感普遍提高。高度重视甲型H1N1流感防控工作，防止了疫情传播和扩散。开展食品药品十大专项集中整治活动，建立网格化日常监管机制和监督信息公示制度，解决了一批社会关注的饮食和用药安全问题。加强安全生产工作，层层落实责任制，深入开展重点领域的事故隐患专项整治，各类事故起数、致伤人数、直接经济损失有所下降。规范和改进应急管理工作，各级政府应急机构逐步建立，修订完善了市级应急预案体系，妥善处置九州地质灾害、盐什公路山体滑坡等突发事件125项。针对地质灾害事件中暴露出来的突出问题，全面开展地质灾害隐患排查，完成城市重大地质灾害防治专项规划，投资4000多万元对地质灾害险情和灾情采取综合治理措施，向国家申报了地质灾害综合防治项目，为全面防治地质灾害、消除城市安全隐患创造了条件。

（八）*政府服务水平有了新的提高*

按照中央和省、市委的统一部署和要求，着眼于建设人民满意的政府，认真开展深入学习实践科学发展观活动，着力转变不适应科学发展要求的思想观念，群众对市政府工作评议满意率达到97%。坚持依法行政，自觉接受市人大依法监督和市政协民主监督，办结人大代表议案建议223件、政协委员提案738件。政府立法工作进一步加强，制定和修订地方性法规2部、政府规章7部。完善政府规范性文件制定程序，对关系经济社会发展和群众切身利益的重大事项全面推行政务公开，提高了政府工作的透明度。健全“一站式”集中审批制度，29个部门的416项行政审批事项在政务大厅统一办理，限时办结率达到99.97%。深入开展“机关作风建设年”活动，着力解决突出问题，政风行风明显好转。强化审计监督工作，加大重点行业、重大事项和专项资金审计检查力度，促进了财政财务的规范运行。大力倡导和践行勤俭办事，党政机关公务接待费削减10%，车辆购置运行费降低15%，因公出国经费压缩20%，全年节约各类经费2125万元。

各位代表，过去的一年，在各种困难和矛盾比较多的情况下，全市经济社会发展取得的成绩来之不易。这是省委、省政府和市委正确领导的结果，是市人大、市政协监督支持的结果，也是全市各族人民创业实干、共同努力的结果。我们深深感到，现阶段兰州要实现又好又快的发展，必须紧紧围绕发展这个第一要务，注重发挥各方面的积极性和主动性，凝心聚力破难题，全力以赴促发展，始终依靠全市人民的智慧和力量建设兰州、发展兰州。在这里，我代表市人民政府，向全市各族人民，各位人大代表和政协委员，各民主党派、工商联、人民团体和无党派人士，离退休老同志和社会各界人士，驻兰解放军指战员、武警官兵和公安干警，以及多年来关心支持兰州现代化建设事业的同志们、朋友们表示衷心的感谢！

在肯定成绩的同时，我们也清醒地看到，当前经济社会发展和政府工作还面临诸多矛盾和问题。主要是：在日趋激烈的区域发展竞争中，新的经济增长点不明显，综合实力还不强；科技资源优势发挥不充分，传统产业所占比重较高，高新技术和现代服务业发展不快，现有经济结构对转变发展方式的制约较大；城市基础设施仍较薄弱，生态文明建设任务艰巨，大气污染治理、交通管理亟需进一步加强；“大城市”与“大农村”并存，城乡居民收入差距大，贫困人口量大面广，统筹城乡发展难度较大；地方可支配财力有限，市场化融资渠道单一，建设发展的资金比较紧缺；城市建设用地矛盾突出，建成区面积难以承载开发、建设和发展的需要，拓展城市空间十分迫切；政府职能转变不够到位，公共服务有待加强。对于这些问题，我们将高度重视，采取积极有效的措施，认真加以研究解决。

二、2010年工作的总体要求和目标任务

今年是实施“十一五”规划的最后一年。做好今年的工作，对于保持全市经济社会持续较快发展，全面完成“十一五”规划目标任务，为“十二五”时期的发展打好基础，加快全面建设小康社会进程具有重要意义。

政府工作的总体要求是：以党的十七大、十七届三中、四中全会精神为指导，全面贯彻科学发展观，深入落实省委区域发展战略和市委“1355”总体发展思路，按照“打好六大战役、实现六个突破”的工作部署，着力调整经济结构和转变发展方式，着力加强基础设施建设，着力加快城乡一体化发展，着力推进“兰白都市经济圈”和“兰北新区”建设，着力保障和改善民生，着力创新体制机制和扩大开放，着力转变政府职能和提高行政效能，努力实现全市经济社会加快发展、率先发展、科学发展。

经济社会发展的主要预期目标是：生产总值增长11%；规模以上工业增加值增长12%；财政收入增幅高于生产总值增长水平；全社会固定资产投资增长20%；社会消费品零售总额增长18%；城市居民人均可支配收入增长10%，农民人均纯收入增长12.5%；居民消费价格指数103.5%；城镇新增就业5万人，城镇登记失业率控制在4.6%以内；人口自然增长率控制在5.5‰以内；单位生产总值能耗降低4.8%以上。

以上预期目标，把握了国内外宏观经济趋向和中央、省上的政策要求，充分考虑了全面完成“十一五”规划目标任务的可行性，体现了全市广大干部群众加快发展的强烈愿望，经过努力是能够实现的。

当前，我市发展的内外环境仍然比较复杂，全球金融危机的影响尚未完全消除，经济发展的不可预见因素还较多，但我们也面临一些新的机遇和条件。一是国家保持宏观经济政策的连续性和稳定性，进一步加大西部大开发战略实施力度，支持西部地区生态环境、基础设施、农业农村和社会事业建设，有利于我们争取项目、扩大投资。二是国务院已经批复甘肃建设循环经济示范区，还将出台支持甘肃加快经济社会发展的政策，兰州将会得到国家更多的支持，形成新一轮开发建设的良好环境。三是在国家有关部委和国际组织的主导下，新亚欧大陆桥建设持续推进，从连云港经兰州到中亚、东欧的交通大通道进一步畅通，将为兰州的开放开发创造新的平台。四是省委实施新的区域发展战略，全面规划建设“兰白都市经济圈”，为兰州长远发展提供了机遇，增添了新的动力。五是省上确定兰州先行实施城乡一体化试点，这是我市破解城乡二元矛盾，加快缩小城乡差距的新机遇。六是兰州作为全国九大综合性交通枢纽之一，随着青藏铁路和连接周边城市高速公路建成运营，兰州铁路枢纽、兰渝铁路和兰新铁路第二双线等项目加快实施，城市交通运输和通达能力将得到较大提升，为兰州建设区域性商贸物流中心创造更为有利的条件。

我们将紧紧抓住这些机遇和条件，围绕“打好六大战役、实现六个突破”的部署，咬住目标不放松，一张蓝图绘到底，重点抓好以下七个方面的工作：

（一）积极推动落实省委区域发展战略，更好发挥中心城市带动作用。深入分析和把握当前区域发展面临的机遇和条件，在全省、全国大格局中谋划兰州的发展，努力增强城市的集聚、辐射和带动能力。

一是加快“兰白都市经济圈”规划建设。建立务实高效的协调推进机制，加快编制科学合理的经济圈建设规划，强化皋兰卫星节点城市连接功能，率先推进都市圈基础设施、产业布局、文化旅游、物流发展和公共服务一体化。

二是积极构建“兰北新区”。围绕秦王川盆地、黄河北部和榆中盆地三大区域，实施移山造地、基础设施建设和重点功能配套，打造卫星城市、综合性新城区和新型产业园区，拓展城市发展新空间，培植产业发展增长极。

三是修编实施新一轮城市总体规划。坚持城市总体规划修编和实施区域发展战略相结合，以黄河为轴、两山为翼，优化提升城关和七里河老城、安宁新城、西固石化城，加快榆中东城区建设，构筑青白石、沙中、河口南、和平定远四大片区，逐步形成“大兰州”的城市发展格局。

四是推进综合性交通枢纽建设。切实履行地方政府协调服务职责，确保兰州铁路枢纽、兰渝铁路、铁路集装箱中心站、兰新铁路第二双线、宝兰客运专线、中川机场改扩建等重大项目顺利实施，争取启动兰州至张掖增建三、四线铁路项目。

五是高起点谋划“十二五”发展。结合“十一五”规划完成情况和未来五年发展重点，全面谋划和科学编制“十二五”规划，重点研究城市空间拓展、产业结构调整、重大基础设施建设、区域联动发展、体制机制创新和对外开放等重大问题，不断完善发展思路，为今后一个时期兰州的发展奠定基础。

（二）着力调整和优化经济结构，加快转变发展方式。按照“一产抓特色、二产抓延伸、三产抓转型、整体抓提升”的思路，加快产业布局调整和集聚发展，促进三次产业优化升级，提高经济发展的质量和效益。

一是大力发展现代农业。紧紧围绕特色做文章，充分发挥比较优势，培育发展适应市场需求、产出效益较高的特色产业。坚持因地制宜，区分山旱、川水、城郊三大区域，优化农业产业布局，发挥龙头企业和农民专业合作组织作用，加快培育优势农产品生产基地和特色产业带，集中连片发展高效设施农业，扩大高原夏菜、玫瑰、百合等特色农产品生产规模和品牌影响力。新增设施农业面积6000亩，蔬菜种植面积稳定在75万亩，全膜双垄栽培面积达到45万亩。

二是加快发展工业经济。坚持把改造提升传统产业与培育壮大新兴产业结合起来，以实施100项重点工业项目为抓手，延伸传统产业链条，大力发展新材料、新能源、先进制造、航空航天装备和生物医药等新兴产业。强化园区建设和功能配套，抓好高新区彭家坪装备制造业生态园区、经济区整区开发、石化科技产业基地、空港循环经济产业园、金川科技产业园建设，引导企业向园区集聚，产业向基地集中，高新区、经济区生产总值分别达到150亿元和70.8亿元。落实《甘肃省循环经济总体规划》，建设以石油化工、有色冶金为主的兰白循环经济基地。加快发展低碳经济，淘汰落后产能。

三是提升现代服务业发展水平。积极打造区域性商贸物流中心，制定实施现代物流、商务会展等发展规划，优先培育壮大现代服务业和生产型服务业，着力发展物流产业和新型服务业态。合理规划布局大型市场，推进东部生活资料物流基地、西部生产资料和陆港物流园区、再生资源产业园、兰州汽车城等重点项目建设，促进商品市场集约发展。加快区域性金融中心建设，发挥交通枢纽及能源和有色冶金基地优势，积极向国家争取设立兰州有色金属和能源期货交易所。完善社区便民服务网络和农村市场体系，满足城乡群众多层次的消费需求。

四是努力打造区域旅游集散中心。全面实施旅游业发展规划，整合办好富有兰州特色的精品节会，着力发展以黄河文化为代表的品牌旅游，加快把旅游业培育成新型支柱产业，全年旅游接待人数增长18%，旅游收入增长20%。

五是大力发展非公有制经济。营造创业文化，推进全民创业，培育非公有制重点骨干企业，建设8个中小企业创业孵化基地，新增3户年销售收入上3亿元的工业企业，20户科技成长型企业，220户年销售收入上千万元的中小企业，力争非公有制经济增加值增长20%以上。

（三）全力推进重大项目建设，进一步夯实发展基础。充分发挥投资拉动经济增长的作用，加大统筹管理和协调服务力度，全方位推进重大项目建设。

一是争取和落实一批符合国家产业政策的重大项目。按照凝炼、上报、争取、落地、建设的步骤，深入研究国家宏观经济政策和投资导向，积极主动向国家和省上汇报衔接，力争城市重大交通设施建设、地质灾害防治、大气污染防治和黄河兰州段水污染治理等项目获得国家支持。加大对中央扩大内需项目和资金使用情况的监督检查，严格规范项目管理和实施流程，确保资金安全使用、发挥效益。

二是集中实施100项重大项目。农林水利方面，加快实施秦王川综合开发、大型泵站更新改造等项目。工业能源方面，大力推进吉利轿车扩能改造、佛慈工业园、国家石油储备兰州基地、黄河河口水电站等项目。城市建设方面，抓好南山路、庙滩子地区整体改造、移山造地、黄河大桥、雁滩南河道综合治理、城中村改造等项目。高新技术方面，加快建设5个国家质检中心、重离子治癌及大科学城、510所航天科技园、奇正藏药科技大厦等项目。节能减排方面，重点实施城区污水全收集全处理、大气环境保护、垃圾无害化处理等项目。商贸物流方面，着力实施物流基地建设和城区大型市场外迁项目。社会事业方面，抓好中小学危房改造、校舍安全和寄宿制学校、县乡卫生院所、新广电媒体大厦等项目。

三是扎实做好项目前期工作。立足“十二五”和长远发展，按照近、中、远三个层次，精心筛选和充实重大项目库。加快城市轨道交通、兰州石化11.8万吨碳五全分离等项目前期工作。抓紧规划论证北绕城高速公路项目。

四是大力推进招商引资。围绕重点产业发展，实行产业链招商，强化县区、园区和大企业点对点的自主招商，主动对接沿海发达地区产业转移，有选择地参加节会招商，有计划地开展赴外招商，力争签约各类合同项目260项，引进资金到位130亿元以上。

（四）大力推进城乡统筹发展，提升县域经济发展水平。坚持因地制宜、分类指导、以点带面、整体推进，全面加快新一轮新农村和城乡一体化建设，构建城乡协调发展新格局。

一是突出抓好统筹城乡发展试点工作。全面完成统筹城乡发展总体规划、6个专项规划和配套改革方案，加强政策支持、资金扶持和协调指导。鼓励试点县区大胆探索，率先在规划布局、基础设施、产业发展、社会保障和生态文明建设方面进行突破。巩固新农村试点建设成果，全力抓好新一轮试点村建设任务，扩大新农村建设的覆盖面和受益面。

二是全力推进秦王川综合开发。高起点编制综合开发规划，突出空港循环产业园区建设、城镇化改造和现代农业发展，集中力量实施一批基础设施和产业项目，推动工业向园区集中、农民向城镇集中、土地向规模经营集中，在农村产权制度改革和城乡公共服务一体化等方面先行先试，加快把秦王川地区打造成全市和全省城乡一体化建设的示范窗口。

三是优先支持卫星城和小城镇建设。重点抓好三县县城、红古海石湾和10个统筹城乡发展试点镇，落实财政扶持政策，实施城镇道路、安全饮水、垃圾处理和绿化美化工程，形成特色突出、错位互补的发展格局。

四是加大农村基础设施建设和扶贫开发力度。多渠道加大投入，抓好道路、农田水利、沼气、生态绿化等基础设施建设，促进基础设施城乡共建、城乡联网、城乡共享。实施贫困地区集中连片综合开发，完成15个整村推进项目，支持发展优势产业和特色产品，加快榆中北山、南山、永登西北部山区、七里河后山四大贫困片20万人脱贫致富。

（五）加强城市规划建设管理，强化辐射带动功能。围绕打造区域性现代化中心城市，进一步提升品位、拓展发展空间，大力实施路桥为重点的城市建设重大项目，不断完善城市综合服务功能。

一是强化城乡规划管理。树立“全域兰州、城乡一体”的规划理念，加快修编新一轮城市总体规划，完成土地利用和城乡统筹总体规划，完善城关、七里河旧城区控详规划和组团地标景观规划，全面开展城市地下管线信息系统规划，搞好城市重点区域和重大项目规划设计，切实增强规划的严肃性、控制性和指导性。

二是完善城市基础设施功能。优先实施南山路等续建项目，年内完成南山路城关段14公里建设任务。力争启动建设南绕城高速公路。新建欣月湖路、烈士陵园路、中心滩配套路桥、深安大桥、雁青大桥、通渭路大桥。维修加固中山桥、七里河大桥、中立桥。抓好10条老城区道路、10个过街通道等便民利民项目建设。启动实施一批重点区域地质灾害综合治理项目。积极推动城市公用事业特许经营，探索城市公用设施市场化运营，构建多元化城市建设投资模式。

三是全方位推进城市环境建设。加快实施城区污水管网、雁儿湾污水处理厂改扩建、西固和盐场污水处理厂、西固中水回用项目，基本实现城区污水全收集全处理目标。继续推进城市集中供热，抓好范家坪热电厂、西热东输、东城区供热管网扩建等项目建设。深入开展大气环境污染治理对策研究。强化生态保护和南北两山绿化管理，实施7个黄河湿地生态环境整治项目。改造提升五泉山和白塔山公园，新建九州儿童公园。

四是加强和改进城市管理。围绕推进“五城联创”，加大市容环境卫生整治力度，建立完善长效管理机制。针对城区交通拥堵状况，采取积极措施，完成交通规划设计，创新管理方式，实施交通秩序综合整治，加快缓解交通压力，保障道路交通畅通。

五是促进房地产业健康发展。加大城市棚户区和危旧房改造力度，增加普通商品房、双限房、保障性住房供给，引导合理的住房建设和消费。加大对圈地不建、捂盘惜售和哄抬房价等违规行为的管理和打击力度。

六是加快信息化建设。以应用软件开发和基础数据库建设为龙头，以政务信息化、城市管理信息化、工业信息化、农业信息化、园区信息化、便民服务信息化为重点，整合现有资源和职能，搭建便利高效的公用信息平台，让世界了解兰州，让兰州走向世界。

（六）深化改革和扩大开放，增强发展的生机活力。把改革开放作为加快发展的强大动力，进一步推动体制机制创新，大力发展开放型经济。

一是继续深化国有企业改革。抓好燃化集团、焦家湾粮库、真空设备等企业的兼并重组。积极引进战略投资者，推进政策性破产企业股权多元化。健全完善国有资产监管体系。发挥资本市场功能，加快佛慈制药、兰州银行上市步伐。组织开展国企改革“回头看”工作。

二是积极推进农村各项改革。开展农村产权制度改革试点，发展多种形式的土地规模经营，建立30个土地承包经营权流转试点，引导农村土地承包经营权依法有序流转。全面实施集体林权制度改革，基本完成明晰产权、承包到户的主体改革任务。加快供销合作社改革发展。

三是加强财税金融体制改革。进一步理顺“省直管县”财政管理体制，完善“乡财县管”和“村财乡管”，积极化解乡村债务。加快财政预算管理改革，扩大国库集中支付范围，规范非税收入管理，提高政府采购规模和效率。积极发展村镇银行和小额贷款公司。

四是推进社会事业领域各项改革。完善义务教育学校绩效工资制度。启动新一轮医疗卫生体制改革，积极探索公立医院管理方式创新。完成县区文化事业单位改革任务。

五是进一步扩大对外开放。深化区域对接合作，推动兰州与东部沿海地区、新亚欧大陆桥沿线城市、西部地区城市、省内各市州的交流合作。加快转变外贸发展方式，扩大机电、高新技术及高附加值产品、特色农产品出口，加强国际经济技术合作，促进对外贸易恢复性增长。

（七）大力发展社会事业和改善民生，促进省会城市和谐稳定。增加公共财政用于民生方面的投入，完善各项社会保障体系，增强公共服务能力。

一是努力扩大城乡就业。深化国家级创业型城市创建工作，建立城乡统筹的就业服务体系，落实各项就业政策。整合部门职能，整合资金投入，整合教育资源，加大以“两后生”为重点的就业技能培训力度，输转城乡劳动力30万人次。积极开展就业援助，增加公益性就业岗位，探索零成本就业创业机制，解决好困难家庭就业问题。

二是加快社会保障体系建设。提高城市低保标准10%，五区每人每月达到278元，三县达到209元；农村低保标准由每人每年728元提高到850元。做好榆中县新型农村养老保险试点工作，完善失地农民和农民工参保制度，落实企业退休人员养老金调整政策。健全新型农村合作医疗制度，开展市级统筹和市级定点医疗机构直通车报销工作。完善城镇职工基本医疗保险制度，推进城镇职工和居民基本医疗保险、失业保险、工伤保险市级统筹。积极探索城乡医疗保险制度一体化。

三是统筹各项社会事业协调发展。紧密围绕经济结构调整和发展方式转变，加强院地校企合作，促进科教资源优势向经济优势转化。推进兰州生物医药产业基地建设。实施校舍安全、农村寄宿制学校建设、师资素质提升和科研兴教工程，加快中小学危房改造步伐，促进义务教育均衡发展。支持在兰高等院校建设和发展。加强城乡基层卫生基础设施建设，实施永登县中医院、榆中县中医院、皋兰县医院扩建改造。积极推进乡镇综合文化站、广播电视村村通、农家书屋和社区文化中心建设。改造扩建体育公园，实施奥林匹克体育中心项目。

四是全力维护社会稳定。加强和改进信访工作，妥善处理土地征用、拆迁安置、企业改制、环境污染、劳资纠纷、涉法涉诉等方面的矛盾和问题。高度重视安全生产，全面落实政府监管责任和企业主体责任，防止发

生各类安全生产事故。强化社会治安综合治理，以推进社会矛盾化解、社会管理创新、公正廉洁执法为重点，深入开展社会矛盾纠纷排查调处，科学应对各类突发性和群体性事件。

五是坚持为民兴办20件实事。新开工建设130万平方米棚户区（危旧房）改造；新建4300套21万平方米廉租住房；向符合条件的低收入家庭公开配售经济适用住房4000套、配租廉租住房3000套；实施劳务技能培训工程，培训各类劳动力3.5万人；安置困难群体就业5000人；全面解决未参保集体企业参加养老保险、关闭破产企业退休人员参加城镇职工基本医疗保险和“老工伤”纳入工伤保险统筹三大历史遗留问题；整治小街巷100条；新增集中供热面积200万平方米；新建城区公厕50座；解决农村10万人饮水安全问题；新建农村生态家园沼气池9000户；修建农村公路800公里；启动实施1.5万户农村危旧房改造工程，完成1000户困难群体危旧房改造；建成62所农村寄宿制学校；全面完成标准化村卫生所建设任务；建成全民健身路径120条；新建和改造提升城区便民副食蔬菜营销网点和新农村便利超市120个；创建100家规范化药房、100家食品药品放心消费示范门店；新增和改造城市绿地180公顷；建设市残疾人托养就业康复中心。

三、加强政府自身建设

实现今年经济社会发展的目标任务，迫切要求各级政府和工作人员，提高工作效率，增强服务水平，努力为人民服务，对人民负责，让人民满意。

第一，大兴学习之风，提高政府的创新力。坚持解放思想、与时俱进，以科学的理论武装头脑，以超前的思维谋划发展，以宽阔的视野探索新路，推进改革开放，创新体制机制，拓宽发展思路，破解发展难题。加强学习型政府建设，组织开展“读好书”、“领导干部论坛”、“专项学习调研”等活动，营造政府系统浓厚的学习氛围。各级干部带头向书本学习、向网络学习、向实践学习、向兄弟城市学习，增长见识，开阔视野，学人所长，为我所用。善于把握国家宏观政策导向，深入研究支持西部地区开发建设的政策措施，结合兰州实际找准切入点，用足用活政策，促进兰州发展。

第二，加强效能建设，提高政府的执行力。开展“行政效能建设年”活动，以作风建设为切入点，以提高执行力、优化发展环境为目标，规范工作制度、规范工作流程、规范工作行为、规范办公秩序、规范协调机制、规范内部监督程序，切实提高行政效能。认真组织实施政府机构改革，加强公务员队伍建设，着力转变职能、理顺关系、优化结构，形成权责一致、分工合理、决策科学、执行顺畅、监督有力的行政管理体制。继续深化行政审批制度改革，进一步减少和规范审批事项，逐步实现“一站式”办公向“一键式”服务转变。切实改进工作作风，精简文件、会议和一般性应酬，把更多的时间和精力用于调查研究，推动工作落实。坚持把工作重心向基层和基础工作倾斜，善于听取基层群众的愿望和要求，畅通政府沟通联系社会的渠道，更好地方便和服务广大群众。牢固树立全市“一盘棋”的思想，加强与国家部委、省直机关、驻兰部队、高等院校、科研院所和大企业的沟通联系，主动为省内各市州和来兰投资者提供全方位协调服务，塑造省会城市良好的服务形象。

第三，严格依法行政，提高政府的公信力。坚决服从市委的领导，自觉接受人大依法监督和政协民主监督，广泛听取民主党派、工商联、无党派人士和人民团体的意见建议，将依法行政的要求贯穿到政府工作的每个环节。规范完善政府立法工作和执法行为，加大行政综合执法改革力度，提高各级政府和工作人员依法办事水平。健全政府决策咨询制度，完善公众参与、网络民意、专家论证和政府议定相结合的决策机制，依法决策、科学决策、民主决策。加强行政复议工作，依法处理和化解行政争议。健全政府法律顾问制度，善于运用法律手段调节经济和社会事务，提高政府工作的法制化水平。完善政府新闻发布制度，主动公开重大事项，接受社会和舆论监督。强化行政监察和审计监督，促进政府各项工作规范运行。

第四，健全工作机制，提高政府的约束力。从各级政府领导班子做起，严格落实行政领导责任制，率先垂范，强化责任，认真履行工作职责。进一步完善目标管理办法，层层分解落实任务，明确工作时限要求，形成责权利相统一的工作机制。加强督促检查，动态掌握工作进度，及时反馈督查情况，促进工作全面落实。建立完善绩效考核制度，坚持平时考核与定期考核、领导考核与群众考核、定性考核与定量考核相结合，强化行政承诺、行政问责和服务投诉机制，按工作实绩奖优罚劣，调动各方面干事创业的积极性。加强政府系统廉政建设，增强各级政府工作人员廉洁自律意识，落实“一岗双责”责任制，推进建设工程招投标领域预防腐败试点工作，健全从源头上治理腐败的体制机制，树立勤政、廉洁、务实、高效的政府形象。

各位代表，做好今年的工作事关长远、意义重大。让我们在省委、省政府和市委的坚强领导下，深入贯彻落实科学发展观，发扬“河汇百流、九曲不回、创新创业、和谐共进”的兰州精神，坚定信心、开拓进取，求真务实、扎实工作，确保完成“十一五”发展的各项任务，为实现全面建设小康社会目标而努力奋斗！

1月

1日　兰州市第二次全国经济普查法定登记工作启动。

5日　市政府与香港中曜集团联合开发沙中工业园项目签约仪式举行。陆武成、张津梁、左灿湘、吴继德、牟少军、徐伟、王冰、姚国庆等领导出席签约仪式。

7日　市政府常务会议研究通过《兰州市城市发展专项资金管理办法》、《兰州市保持房地产市场稳定发展的意见》等事项。

是日　市委常委会研究通过《兰州教育满意行动计划（2008—2014)》，要求全市上下从思想上高度重视教育工作，牢固树立教育优先、教育立市的理念，为经济社会又好又快发展奠定坚实基础。

10日　甘肃省暨兰州市城关区再就业援助周和万人送社保补贴活动启动。省市领导刘永富、陆武成、金祥明、姚国庆等出席启动仪式。

13日　兰州市精神文明建设研究会成立。

18日　中宣部副部长翟卫华来兰慰问基层一线的宣传思想文化系统干部职工。下午，与省市宣传思想文化系统干部职工进行座谈交流。

20日　在北京举行的全国精神文明建设工作表彰大会上，兰州市荣获全国创建文明城市工作先进城市称号。

是日　市委常委会研究通过《兰州市预防腐败试点工作方案》等事项。

22日　市政府常务会议研究通过《兰州市城市快速轨道交通线网规划》、《兰州市城市快速轨道交通近期建设规划》等事项。

23日　“春暖安宁”亮化工程正式启动。省市领导陆武成、崔玉琴、张津梁、马国瑜、哈全玉、左灿湘、刘为民、吴继德、杨志武、牟少军、张殿元、段英茹、孙若风、张悌先等出席启动仪式。

2月

6日　第十五届兰洽会组委会第一次会议召开，强调要围绕扩大投资、拉动内需、谋求合作、促进发展开展工作，力争把兰洽会办成拉动内需的展销洽谈会、吸引投资的项目招商会和区域联合发展的协作盛会。

是日　兰州银企协会成立。

9日　在省爱卫会第十五次全体委员会议上，兰州市荣获“甘肃省卫生城市”称号。

13日　市政府常务会议研究通过《兰州市政府投资项目评审暂行办法》、《兰州市循环经济发展规划》等事项。

15日—18日　政协兰州市第十二届委员会第三次会议召开。会议通过市政协十二届三次会议政治决议等重要文件。市政协主席左灿湘作市政协十二届常务委员会工作报告。宋昌义、陈亲恭、魏职勤当选为政协兰州市第十二届委员会副主席。

16日—19日　兰州市第十四届人民代表大会第四次会议召开。会议通过关于政府工作报告的决议等重要文件。会上省政协副主席、市长张津梁作政府工作报告。

18日　兰州市家电下乡启动仪式在皋兰县举行。

20日　全市重大项目建设工作会议召开，要求全市从深入落实国家扩大内需政策，全力以赴保增长的全局出发，集中力量，形成合力，创造性、超常规地推进重大项目建设，努力保持经济社会平稳较快发展。

25日　市委常委会研究通过《市委关于开展深入学习实践科学发展观活动的意见》及《工作方案》

等事项。

26日 市政府常务会议研究通过《兰州市环境保护“十一五”及近期工作规划》、《兰州农副产品物流中心修建性详细规划》等事项。

3月

3日 全市深入学习实践科学发展观活动动员大会召开，要求围绕科学发展主题，积极创新活动载体，突出抓好“六大”主题实践活动，确保学习实践活动取得实实在在的成效。

6日 甘肃省人民政府、教育部共建西北师范大学签约仪式在西北师范大学举行。周济、陆浩、徐守盛、陈学亨、冯健身、陆武成、郝远、张津梁等领导出席签约仪式。

是日 “兰州高新区生物医药技术平台”揭牌成立。

是日 “2009·兰州中小企业融资洽谈会”在兰州银行总部开幕。

18日 全市重大项目前期工作协调会召开，要求进一步强化对项目工作的领导，全力做好项目前期工作，最大限度争取国家和省上的支持，推动兰州市项目工作上台阶。

是日 兰州市环境卫生协会成立。

23日 中央第二批深入学习实践科学发展观活动第六巡回检查组来兰州市检查指导工作，要求学习调研更注重联系实际，分析检查更注重推动实践，整改落实更注重务求实效，做到两手抓、两不误、两促进，确保完成保增长、保民生和保稳定的任务。

24日—25日 全市党政主要领导干部深入学习实践科学发展观活动研讨班举办，要求破除一切阻碍科学发展观落实的观念，纠正一切偏离科学发展观的行为，把思想和行动统一到科学发展观要求上来，落实好“五个统筹”，推动经济社会又好又快发展。

27日 市委、市政府召开秦王川灌区综合开发建设现场动员会，要求以更大的力度、更有力的举措、更扎实的作风，全力推进灌区综合开发建设，切实用开发建设实际成效来检验学习实践活动的成果。

4月

1日 兰青铁路增建二线及电气化改造工程建成通车。

2日 市政府、国家开发银行召开兰州市“09兰城投债”发行答谢会。

3日 兰州市液化天然气（LNG）调峰装置项目在西固区开工建设。

8日 中国航天科技集团公司五院510所兰州航天科技园奠基仪式举行。

9日 皋兰县人民政府与香港新世纪物料供应工程公司举行罐装饮料生产线开工奠基仪式。

是日 兰州北龙口物流经济开发园区项目签约暨皋兰县招商引资优惠政策新闻发布会举行。

10日 兰州国资物业第一佳园危房改造工程奠基仪式举行。

是日 第七届“兰州·什川之春”旅游节开幕。

13日 南山路工程开工奠基仪式举行。该项目是兰州市城建历史上建设规模最大、投资数额最多、设计标准最高、具有综合功能的城市道路，主体工程将于2011年建成。省委书记、省人大常委会主任陆浩宣布工程开工，省委常委、市委书记陆武成主持仪式，徐守盛、陈学亨、刘伟平、冯健身、姜信治、洛桑灵智多杰、张津梁、张世珍、张开勋等领导出席开工仪式。

是日 2009兰州桃花节开幕。

16日 市委举行中心组（扩大）学习会，邀请省社会科学院党委书记、院长范鹏作学习实践科学发展观辅导报告，要求领导干部带头学习实践，促进科学发展。

是日 全市预防腐败试点工作动员大会召开，强调要把预防腐败试点工作摆在突出位置，列入重要议事日程，纳入反腐倡廉建设总体部署之中，切实加强协调配合，精心组织实施，确保取得实效。

20日 市残联举行庆祝残联成立20周年文艺晚会“携手岁月”。

23日 市政府党组举行中心组学习会，要求把学习贯穿始终，将学习和工作紧密结合，坚持学习与工作两不误两促进，推动学习实践活动深入开展。

是日 市政府常务会议研究通过《兰州市既有居住建筑供热计量及节能改造工作实施方案》、《兰州市城市燃气管理办法》等事项。

28日 市政府第六次全会暨深入学习实践科学发展观交流大会召开，要求准确把握当前经济社会运行情况，认真分析原因、找准差距，坚定信心、迎难而上，积极有效地抓项目、保增长、调结构，全力推进经济社会又好又快发展。

是日 市委、市政府召开劳动模范命名表彰大会，要求进一步弘扬劳模精神，在全社会形成和树立“学习劳模、尊重劳模、关爱劳模、崇尚劳模、争当劳模”的良好风尚，共同奏响“劳动光荣、知识崇高、人才宝贵、创造伟大”的时代强音，推动全市经济社会又好又快发展。何翠芳等100名同志被授予兰州市劳动模范称号。

29日—30日 全市深入学习实践科学发展观活动调研成果交流会召开，要求紧密结合当前经济社会发展形势和分析检查阶段的要求，进一步搞好“大学习、大调研、大讨论、大整改、大督查、大推进”

六大主题实践活动，确保学习实践活动取得实实在在的成效。

5月

4日　全市纪念“五四”运动90周年暨优秀团干部优秀团员表彰大会召开，表彰了2009年度兰州市“五四红旗团委”、“五四红旗团支部”和优秀共青团干部标兵、优秀共青团干部、优秀共青团员。陆武成、张津梁、刘为民、牟少军、徐伟、李森洙、金祥明、段英茹等领导出席大会。

6日　甘肃陆军预备役高射炮师举行甘肃省教育系统预备役军官授衔仪式。

8日　国电兰热公司热电联产扩建工程开工典礼举行。该项目是甘肃省、兰州市“十一五”规划重点建设项目，总投资28.14亿元，建成后对于缓解兰州市采暖供需矛盾，改善大气环境质量，实现单位GDP能耗降低20%的目标具有重要意义。

12日　全市科技大会召开，要求牢牢把握科技工作重点，采取更加切实有效的措施，加快科技创新和发展，充分发挥科技对经济社会发展的引领支撑作用，为经济社会平稳较快发展做出积极贡献。

13日　市委、市政府召开全市创建全国文明城市暨城市管理工作会议，要求统一思想认识，再接再厉，真抓实干，力争2011年再获“全国创建文明城市工作先进城市”称号，为最终进入全国文明城市行列奠定坚实基础。

14日　市委常委会研究通过《兰州市庆祝新中国成立60周年暨兰州解放60周年活动方案》等事项。

15日　市政府和中国石油西北化工销售公司签署资源合作框架协议，确定双方加强战略合作，发挥地企各自优势，加快推进兰州石化产业基地建设。

16日　九州开发区发生重大山体滑坡事件，徐守盛、姜信治、陆武成迅速做出批示，市长张津梁亲临一线指挥抢险抢救工作。

18日　在北京举行的全国社会治安综合治理表彰大会上，兰州市获得“全国社会治安综合治理优秀地市”称号。

19日　“2009中国玫瑰之乡·永登苦水旅游节”开幕。

20日　市委、市政府召开全市机关作风建设动员大会，强调要以开展全市机关作风大整顿为契机，下大力气解决机关作风中存在的突出问题，大力改进机关作风，推动学习实践科学发展观活动深入开展。

21日　市政府常务会议研究通过《兰州市对口支援陇南市武都区灾后重建实施方案》、《兰州经济技术开发区条例》等事项。

22日　全市节能减排工作会议召开，要求全市上下进一步增强紧迫感和责任感，把思想和行动统一到市委、市政府的决策部署和节能减排的目标任务上来，强化措施，狠抓落实，全力打好“十一五”后两年节能减排攻坚战，确保实现节能减排约束性指标。

6月

2日　兰州市公路局揭牌成立。

3日　2009年全市企业资产重组合作项目签约仪式举行。兰州公交集团、紫荆花酒店等18个资产重组项目成功签约，引进资金10.84亿元，盘活国有存量资产6.33亿元。

是日　兰州农副产品物流中心开工奠基仪式在榆中县大青山举行。

是日　全市中小企业融资政银企保对接洽谈会举行，10家商业银行协议计划向中小企业贷款授信560亿元。

5日　市政府常务会议研究通过《兰州市第四轮城市总体规划编制建议意见》及《工作实施方案》等事项。

是日　市委、市政府召开全市领导干部大会，强调要准确分析和把握形势，坚定信心，凝心聚力，真抓实干，积极应对困难和挑战，全力推进经济社会平稳较快发展，确保全年各项目标任务全面完成。

6日　“甘肃长卷——当代美术珍品典藏书画展”开幕。

8日　全市政府系统办公室主任会议召开，要求把为重点企业、重大项目和基层群众服务作为抓手，严格实行首问责任制、服务承诺制和限时办结制，努力解决好服务各环节中的主要问题，切实优化服务环境。

10日　第三届兰州茶文化博览会开幕。

是日　兰州黄河风情文艺演出活动启动仪式举行。

12日—15日　第十五届中国兰州投资贸易洽谈会在瑞德摩尔城市购物广场举行，全市共签订合同项目146个，引进资金330.97亿元，稳居全省招商引资榜首。

13日　首届陇商大会在兰州市隆重举行。

18日　国家部委联合调研组与市委、市政府举行座谈会，就明确兰州发展定位，理清发展思路，率先加快发展等问题听取了有关工作汇报。

19日　市政府常务会议研究通过《兰州市城中村改造用地总体规划》、《兰州市人民政府关于支持重点工业企业发展的意见》等事项。

是日　全市推进城乡一体化暨新一轮新农村建设动员会议召开，要求做到城乡发展规划布局一体化，

城乡产业和经济发展一体化，城乡基础设施一体化，城乡社会保障和公共服务一体化和城乡经济社会管理一体化，力争到“十二五”末基本实现全市城乡一体化发展目标。

26日　兰州银行更名一周年座谈会暨银政合作签约仪式举行，兰州银行共向城关、西固、安宁、榆中4个县区提供综合授信57亿元。

27日　兰州分离科学研究所与德国雷根斯堡肿瘤实验室项目合作签约暨授牌仪式举行。

30日　市委常委会研究通过《兰州市集体林权制度改革试点工作方案》等事项。

7月

7日　全市集体林权制度改革试点工作动员会召开，要求深化集体林权制度改革，明晰产权、放活经营权、落实处置权、保障收益权，激发农民的积极性和生产活力，从根本上改变“少数人管林，多数人护林”的现象。

9日　全市教育大会召开，要求深入贯彻落实科学发展观，全面实施兰州教育满意行动计划，千方百计办好人民满意的教育，为全市经济社会又好又快发展提供强大的智力支持和人才保障。

10日　红古区地税局征收分局荣获全国“巾帼文明岗”称号。

15日　市政府第七次全体会议召开，要求围绕年初确定的总体目标和要求，进一步加大工作力度，全力抓好重点工作的落实，确保完成今年经济社会发展的各项目标。

16日　全市重大项目建设协调会召开，强调要明确项目建设重点，强化项目工作责任，千方百计解决项目建设中存在的问题，确保全年固定资产投资实现预定的目标。

18日　第三届兰州大剧院艺术节开幕。上海芭蕾舞团以舞剧《罗密欧与朱丽叶》为艺术节揭幕。

19日　兰州重离子治癌中心项目签约仪式举行。该项目总投资10亿元，计划用2年至3年时间建成开放性的重离子癌症治疗平台，使中国成为全世界第四个实现重离子临床治癌的国家。

21日　全国十三市区政协工作研讨会第二十一次会议开幕式在兰州举行。

23日　中共兰州市十一届五次全委（扩大）会议召开，省委常委、市委书记陆武成代表市委常委会作报告，要求进一步解放思想、凝心聚力，强化措施、共克时艰，积极应对各种困难和挑战，推动经济社会平稳较快发展，努力完成年初确定的各项目标任务。

24日　市政府常务会议研究通过《兰州市公共和道路停车场地经营权有偿出让暂行办法》、《兰州市城市房屋租赁管理办法》等事项。

是日　全市普通大中专毕业生就业工作领导小组会议召开，要求进一步发挥好政府主导作用和部门协作优势，强化措施，广开渠道，利用一切有利因素和有效途径，做好大中专毕业生就业工作，全力促进毕业生实现就业。

25日　兰州市第六届运动会开幕，30日闭幕。

29日　市政府与中国长城资产管理公司战略合作协议签约仪式举行。

30日　全市统筹城乡发展和建设社会主义新农村协调领导小组会议召开，要求把城乡一体化工作摆在重要的战略位置，靠实责任，加强督促，发挥好在全省的试点作用，推进全市城乡一体化建设深入实施。

31日　全市新一轮城市总体规划修编动员大会召开，要求按照中央、省、市的要求，齐心协力，扎实工作，努力使新一轮城市总体规划成为指导城市科学发展，经得起实践和历史检验的高水平的城市总体规划。

是日　“双拥之花”——兰州市双拥模范城雕塑竣工剪彩仪式举行。省市领导陆武成、张津梁、杨志武、牟少军、李森洙、张殿元、金祥明、李永春、魏邦新等出席仪式。

8月

3日　第六届全球华人物理大会在兰州市隆重开幕。

5日　市政府常务会议研究通过《兰州市人民政府关于实行国有资本经营预算的试行意见》、《兰州黄河航运码头规划》等事项。

8日　银川市党政代表团在兰州市考察经济社会发展与城市建设情况。

10日　省委常委、市委书记陆武成，省政协副主席、市长张津梁在北京专程拜会国土资源部部长徐绍史和国家建设部副部长仇保兴，就移山造地、城市重大地质灾害防治专项规划和城市总体规划修编、“兰北新区”建设、城市轨道交通建设等问题进行汇报沟通。

12日　由湖南省国土资源厅副巡视员、长沙市国土资源局党委书记曾令亮带领的长沙市国土资源局学习考察团来到兰州市国土资源局，专程考察学习兰州国有土地使用权网上“招拍挂”交易方式的成功经验。

13日　市十四届人大常委会第十九次会议召开，听取审议市政府上半年经济社会发展情况报告。

14日　市委常委会研究通过《市委常委会深入学习实践科学发展观活动整改落实方案》、《2009年全市重点工作“大督查”活动实施方案》等事项。

是日　兰州牛肉拉面统一标识牌匾授牌仪式在北京兰州宾馆举行。省委常委、市委书记陆武成，省政协副主席、市长张津梁，市委常委、副市长杨志武，市委常委、市委秘书长牟少军出席授牌仪式。

15日　2009’中国（兰州）国际民间艺术节隆重开幕。省市领导陆武成、张津梁、栗震亚、张开勋、石晶和文化部产业司副司长孙若风、国际民间艺术组织理事会（CIOFF）中国委员会副主席郭沫勤、CIOFF中国委员会秘书长王桂林及市委、市人大、市政府、市政协有关领导出席开幕式并观看演出。

18日　全市城中村改造工作领导小组会议召开，强调要坚定信心，强化责任，加快进度，狠抓落实，千方百计完成年初确定的完成100万平方米城中村改造安置房建设、新开工建设100万平方米城中村改造安置房的目标，确保打赢城中村改造这场攻坚战。

20日　首届黄河航运发展论坛在兰州市隆重开幕，青海、四川、甘肃、宁夏、内蒙古、陕西、山西、河南、山东沿黄九省区以及甘宁蒙三省区分别签署了《黄河航运发展区域合作框架性协议》和《甘宁蒙三省区黄河航运开发建设备忘录》，初步建立了省区间交流合作机制，确定共同推进黄河水系航运发展，力争把黄河打造成为继长江之后的第二条“黄金水道”。

22日　2009年国家高新区发展战略研讨会暨高新区（兰州）创新发展高层论坛隆重举行。

26日　市委、市政府隆重举行纪念兰州解放60周年和中山桥建成百年“双庆”招待宴会，共忆光辉岁月，共叙深厚友谊，共话美好未来。

是日　第十一届全国运动会中国石化杯火炬传递活动甘肃省火炬传递起跑仪式在兰州体育馆东门广场举行。

31日　兰州市人民政府与西安市人民政府正式签署两市战略合作框架协议，标志着两个西北省会城市之间的合作领域将进一步拓宽，合作层次会进一步提高，进入到人缘相亲、经济相融的新阶段。

9月

1日—6日　由省委常委、市委书记陆武成带领的兰州市招商考察团赴福州、南昌、重庆等地考察，并就多个领域间加强相互交流合作达成共识。

2日　市政府召开常务会议，安排全市甲型H1N1流感防控工作，研究通过《兰州市城镇供热重大事故应急预案》。

8日　省政协副主席、市长张津梁主持召开市长办公会，专题研究城建重大项目建设有关问题。

是日　省政协副主席、市长张津梁主持召开专题会议，研究西固区有机物泄漏事故应急处置工作。

9日　中央学习实践科学发展观活动第四巡回检查组到兰州调研指导工作。

10日　市委常委会传达学习全省第二批学习实践科学发展观活动总结暨第三批动员大会精神。

是日　庙滩子整体改造项目开工奠基仪式隆重举行。

11日　全市深入学习实践科学发展观活动第二批总结暨第三批动员大会召开。

14日　兰州市城关区盐什公路小达子坪路口发生山体滑坡地质灾害，造成3人遇难。市委、市政府主要领导立即赶赴现场指挥抢险救援，并对地质灾害防治工作进行安排部署。

14日—16日　省政协副主席、市长张津梁率兰州市党政代表团赴成都市考察城乡一体化建设工作。

16日　兰州国家石化新材料产业化基地建成揭牌。

是日　兰州空港循环经济产业基地甘肃天泰汽车集团汽车和农业机械制造项目奠基开工。

17日　全国政协委员、省政协主席陈学亨率部分省政协委员、专家视察兰州市南北两山绿化工作。

20日　兰州大学建校100周年庆典活动隆重举行，中共中央总书记、国家主席、中央军委主席胡锦涛发来贺信，中央政治局委员、国务委员刘延东，教育部部长周济等出席庆典。

21日　市委召开中心组学习会议，传达学习党的十七届四中全会精神，研究兰州市贯彻落实措施。

23日　省委书记、省人大常委会主任陆浩来兰州市调研工作，就认真学习贯彻党的十七届四中全会精神，发挥中心城市龙头带动作用等方面提出要求。

是日　兰州市庆祝新中国成立60周年群众歌咏比赛“爱国歌曲·大合唱”（第三届兰州合唱节）在水车博览园文化广场落幕。

24日　风电设备等5个国家质量监督检验中心入驻高新区彭家坪新区签约仪式在兰州举行。

是日　兰州市现代服务业发展现场观摩会在城关区召开，会议就推进现代服务业持续发展提出要求。

26日　西北师范大学新校区开工典礼在安宁区隆重举行。

28日　市政府常务会议研究讨论《兰州市城市重大地质灾害防治专项规划》、《兰州市市区危旧房改造管理暂行办法》等。

是日　兰州战役纪念馆开馆仪式在兰州烈士陵园举行。

30日　兰州市“祝福祖国——庆祝中华人民共和国成立60周年焰火晚会”在水车博览园举行。

10 月

1 日 兰州市举行“祖国在我心中”万人升国旗仪式。

11 日 “2009 年全国百城千村健身气功交流展示系列活动暨兰州市第三届健身气功交流大赛”在城关区举行。

是日 兰州市与贵阳市委副书记、市长袁周率领的党政考察团举行座谈会，就精神文明建设、创建全国文明城市等工作进行交流。张津梁、吴继德、周丽宁等领导出席座谈会。

13 日 副省长、省老龄委常务副主任张晓兰慰问城关区低保老人，呼吁全社会都来关注、关心、关爱老年人。省慈善总会会长杜颖及金祥明、周丽宁等领导陪同慰问。

是日 全市统筹城乡发展和建设社会主义新农村协调领导小组（扩大）会议召开，审议通过《兰州市统筹城乡综合配套改革试点工作方案》，通报全市统筹城乡发展和建设社会主义新农村工作进展情况，传达市党政代表团考察成都城乡统筹工作报告，听取安宁、皋兰两个市级试点县区推进城乡统筹工作实施方案。

14 日 兰州铁路枢纽征地拆迁协调领导小组扩大会议召开，研究了加快项目建设进度的具体事项和兰州铁路局就工程建设提出的有关问题，要求各有关方面通力合作，靠实责任，全力以赴组织实施好国家铁路重点建设项目，为全市经济社会发展做出积极贡献。

15 日 全市创建全国文明城市工作目标责任书签订大会召开，要求全市上下共同努力，按照抓根本、抓基础、抓环境、抓载体的要求，加大创建力度，狠抓薄弱环节，扎实推进创建全国文明城市工作提档次、上水平。

16 日 市政府常务会议研究通过《兰州市城市供热保障金统筹管理办法》、《关于加快推进新型工业化进程的实施意见》等事项。

18 日 兰州佛慈医药工业园区开工典礼在安宁区举行。

19 日 兰州市荣获“国家知识产权工作示范城市”称号。

19 日—20 日 甘肃省第三次全国文物普查验收试点暨现场观摩会在兰州市举行。

27 日 市委常委会研究通过《中共兰州市委关于认真学习贯彻党的十七届四中全会精神加强和改进新形势下党的建设的意见》、《兰州市市管领导班子和领导干部年度绩效考核评价办法》等事项。

28 日 市政府常务会议研究通过《兰州市城镇低收入家庭廉租住房购买管理实施意见》、《兰州市被征地农民养老保险暂行办法》等事项。

29 日—30 日 省委副书记、省长徐守盛来兰州市实地调研重大项目建设和产业园区重点企业发展情况，要求兰州市进一步解放思想，改革创新，抓住机遇，破解发展难题，努力为全省改革发展创出新路子。

11 月

3 日—4 日 全市党政主要领导干部研讨班举行，对贯彻落实省市主要领导干部研讨班暨省委十一届七次全委扩大会议精神，围绕深入学习十七届四中全会精神，加强和改进新形势下党建工作，认真实施省委确定的区域发展战略，进一步加快推进兰州经济社会发展等重大问题进行了专题研讨。

10 日 兰州高新技术产业开发区与新疆广汇实业投资（集团）有限责任公司项目招商协议签约仪式举行，计划投资 40 亿元，在高新区彭家坪新区建设“兰州汽车城”和“LNG 能源装备制造基地”项目。

11 日 榆中青城黄河大桥开工奠基仪式举行，陆武成、张津梁、刘为民、牟少军、张悌先、魏志乐、魏邦新等领导出席奠基仪式。

13 日 省委常委、市委书记陆武成会见日本国日中新世纪会理事长吉村善和一行。

14 日 联合国工业发展组织国际太阳能中心竣工典礼在中心滩举行，励小捷、刘永富、陆武成、朱志良、郝远、邵克文、张津梁等领导出席竣工仪式。

17 日 国家人口计生委党组书记、主任李斌来兰州市调研人口计生工作。

是日 国家建设部党组书记、部长姜伟新来兰州市调研学习实践活动情况。

19 日 省委副书记刘伟平来兰州市专题调研统筹城乡一体化工作，强调要充分发挥省会城市的优势，把着力构建新型工农、城乡关系，加快推进城乡一体化作为实施“中心带动”战略的重要举措，进一步完善城市整体功能，加快建立以工促农、以城带乡的长效机制，不断增强对全省经济社会发展的辐射带动能力。

20 日 市政府常务会议研究通过《兰州市雁滩地区控制性详细规划》、《兰州新城区控制性详细规划》等事项。

23 日 2009 兰州第二届中小企业融资洽谈会举行。

24 日 兰州市对口支援陇南市武都区灾后重建工作座谈会召开，交流衔接了各相关部门陇南市武都区灾后重建工作，并对今后的对口支援工作进行安排部署。

25 日 市政府常务会议研究通过《关于进一步加强农产品质量安全监管工作的意见》、《兰州市全面推进集体林权制度改革的意见》等事项。

是日 兰州市第十次归侨侨眷代表大会召开，听取和审议了工作报告，选举产生了第十届委员会。

是日 兰州碑林珍藏甘肃古代石刻拓片菁华展开幕。

26日 省政府新闻发布会在兰州市举行，省政协副主席、市长张津梁到会并介绍兰州市贯彻省委、省政府"中心带动、两翼齐飞、组团发展、整体推进"区域发展战略，实施"兰白都市经济圈"重大决策的有关情况，并回答了记者提问。

是日 市委常委会研究通过中共兰州市委、兰州市人民政府《关于加快推进新型工业化进程的实施意见》、《兰州市统筹城乡综合配套改革试点工作方案》，听取了市环保局对兰州市大气污染防治情况的汇报，并就做好当前重点工作进行了安排部署。

12 月

1日 兰州市志愿者联合会成立，市领导王冰、张祖迁、周丽宁、魏邦新当选为名誉会长。

2日 榆中和平至定远城市主干道建成通车典礼隆重举行，陆武成、张津梁、哈全玉、左灿湘、吴继德、牟少军、张悌先、王嵘、魏邦新、李继彬等出席典礼。

2日—5日 省政协副主席、市长张津梁率兰州市考察团赴成都市和重庆市，专题考察铁路枢纽和物流中心项目建设。

3日 甘肃省首个虚拟养老院启动仪式在城关区举行，省市领导陆武成、张晓兰、哈全玉、左灿湘、杨志武、牟少军、李森洙、金祥明等出席启动仪式并剪彩。

5日 全市地级领导干部年度法律知识（兰州考区）考试举行，省委常委、市委书记陆武成视察考试情况。

是日 "百万空巢老人关爱志愿服务行动"兰州启动仪式举行。中央文明办志愿服务工作组组长、中国志愿服务基金会秘书长陈瑞峰、中央文明办志愿服务工作组基金管理部部长邓丽娟及省市领导励小捷、陆武成、王冰、金祥明、周丽宁等出席启动仪式。

7日 省委常委、市委书记陆武成主持召开市四大班子联席会，通报经济运行情况 安排部署重点工作。张津梁、哈全玉、左灿湘、刘为民等参加会议。

8日 全市领导干部法制专题讲座举行，国务院法制办政府法制研究中心主任李岳德作"市县法制工作实践"专题讲座。省、市领导陆武成、刘为民、杨志武、牟少军、王冰、李森洙等聆听讲座。

9日 "新技术、新媒体与社会和谐发展兰州论坛"在兰开幕，省委常委、宣传部部长励小捷宣布论坛开幕，省委常委、市委书记陆武成作重要讲话。

是日 兰州市首支街道地震应急志愿者服务队在西固成立。人员91人，设医疗救护组、抢险救援组、后勤保障组、治安保卫组四个工作组。

10日 全市土地管理工作会议召开，省政协副主席、市长张津梁出席会议并讲话，指出要超前规划、统筹协调，提高土地报批和供应效率，科学编制县乡土地利用总体规划。

14日 兰州市城市空间发展战略研究进展情况汇报会召开，省政协副主席、市长张津梁出席会议并讲话。

20日 全市城乡一体化发展和实施"中心带动"战略观摩督查汇报会议召开。陆武成、张津梁、哈全玉、左灿湘、刘为民、魏志乐等领导出席并讲话。

22日 省政协副主席、市长张津梁主持召开城区交通管理工作专题会议，分析当前城区交通拥堵原因，研究解决强化城市管理、疏导城区交通的办法和措施。

25日 中共兰州市十一届六次全委（扩大）会议暨全市经济工作会议在兰州召开，会议全面总结2009年工作，安排部署2010年及今后一个时期工作，强调重点要"打好六大战役，实现六个突破"。陆武成、张津梁、哈全玉、左灿湘、刘为民、吴继德、杨志武、牟少军、王冰、徐伟、金祥明、段英茹、张悌先等领导参加会议。

28日 市委、市政府召开市政府机构改革动员大会，动员和部署市政府机构改革工作。省委常委、市委书记陆武成在会上作重要讲话。张津梁、哈全玉、左灿湘、杨志武、张悌先、姚国庆、魏志乐等出席会议。

29日 国家重点项目——基地奠基仪式在永登县秦川镇举行，国家能源局石油天然气司司长张玉清，省委常委、市委书记陆武成，副省长石军，市领导左灿湘、刘为民、牟少军、潘卫平、俞敬东等出席开工奠基仪式。

是日 兰州市人民政府与中国石油甘肃销售公司签订全面战略合作协议在兰签订，张津梁、杨志武、俞敬东、魏邦新及中国石油甘肃销售公司总经理杨顺义等出席签约仪式。

兰 州 概 貌

【地理位置】 兰州市位于北纬35°34′20″—37°07′07″，东经102°35′58″—104°34′29″之间，地处甘肃省中部，是中国陆地的几何中心。北部和东北部毗邻白银市的白银区和景泰县、靖远县；东部和南部与白银市的会宁县和定西市的安定区、临洮县及临夏回族自治州的永靖县相邻；西南部和西部与青海省民和县相连；西北部与武威市的天祝藏族自治县接壤。全市总面积13085.6平方公里。

【建置沿革】 兰州历史悠久，旧石器时代晚期，兰州市就有先民居住。夏商周时期，为羌戎居地。秦始皇三十三年（前214年）置陇西郡榆中县，为兰州市境最早的行政建置。汉武帝元狩二年（前121年）置金城县。汉武帝元鼎六年（前111年）置令居县（今永登县），在河桥镇置浩亹县。汉宣帝神爵二年（前60年），在今红古区花庄一带置允街县。西汉在今永登县苦水镇置枝阳县。汉昭帝始元六年（前81年），置金城郡，领13县，今兰州市境有允街、浩亹、令居、枝阳、金城、榆中6县。十六国时期，前赵、后赵、前凉、前秦、后秦、西秦、后凉、南凉、北凉等占领过金城郡，其中西秦曾建都于兰州。隋文帝开皇元年（581年），置兰州，领金城郡。置兰州总管府，为军事建置。唐代，兰州领五泉、广武、狄道三县。唐代宗广德元年(763年)吐蕃占领兰州，一直到北宋仁宗。宋仁宗景祐三年（1036年），西夏在今永登县红城镇置卓罗和南监军司，并占领兰州。宋神宗元丰四年（1081年）收复兰州，宋与西夏隔黄河对峙。宋高宗绍兴元年（1131年),金占领兰州。元太宗六年(1234年)，蒙古占领兰州、金州。明太祖洪武二年（1369年），徐达攻取兰州，降兰州为兰县、金州为金县，属临洮府。洪武五年（1372年），改庄浪州为庄浪卫。明惠帝建文元年（1399年），肃王移藩兰县，加强了明朝的统治。明宪宗成化十三年（1479年），升兰县为兰州。清圣祖康熙五年（1666年）陕甘分省，兰州为甘肃省会。清高宗乾隆三年（1738年），临洮府移兰州，改称兰州府，兰州改为皋兰县。兰州府领狄道州、河州、皋兰县、渭源县、靖远县、金县。乾隆二十九年（1764年），陕甘总督移驻兰州，管辖今陕西、甘肃、宁夏、青海、新疆。清世宗雍正三年（1725年），改庄浪卫为平番县，属凉州府。1913年，并兰州府、巩昌府为兰山道，领皋兰等15县；平番县属甘凉道。1919年，改金县为榆中县。1928年，改平番县为永登县。1941年7月1日，成立兰州市。

1949年8月26日，兰州市解放。兰州市由县级市升为地级市。1950年，兰州市辖九个区和皋兰县，榆中县属定西专区，永登县属武威专区。1958年，辖城关等七个区，永登县划入兰州市，改为永登区。1963年，永登县划归武威专区。1970年4月，永登县、榆中县、皋兰县划入兰州市。1985年10月，白银区划归白银市。至2009年，兰州市辖城关、七里河、安宁、西固、红古5区及永登、榆中、皋兰3县。

【行政区划】 2009年，兰州市行政区域下辖5区3县，53个街道办事处，30个乡，34个镇，359个社区居委会，775个村民委员会。

城关区辖24个街道办事处：临夏路街道办事处、张掖路街道办事处、白银路街道办事处、伏龙坪街道办事处、酒泉路街道办事处、广武门街道办事处、东岗西路街道办事处、皋兰路街道办事处、渭源路街道办事处、雁南街道办事处、雁北街道办事处、盐场堡街道办事处、草场街街道办事处、靖远路街道办事处、团结新村街道办事处、铁路东村街道办事处、铁路西村街道办事处、五泉街道办事处、火车站街道办事处、拱星墩街道办事处、嘉峪关路街道办事处、焦家湾街道办事处、东岗街道办事处、青白石街道办事处。

七里河区辖9个街道办事处：秀川街道办事处、土门墩街道办事处、西站街道办事处、西园街道办事处、西湖街道办事处、建兰路街道办事处、晏家坪街道办事处、敦煌路街道办事处；2个乡：黄峪乡、魏岭乡；4个镇：西果园镇、阿干镇、八里镇、彭家坪镇。

西固区辖9个街道办事处：西固城街道办事处、先锋路街道办事处、福利路街道办事处、四季青街道办事处、陈坪街道办事处、西柳沟街道办事处、临洮街街道办事处、新安路街道办事处、新合路街道办事处；4个乡：金沟乡、达川乡、河口乡、柳泉乡；2个镇：新城镇、东川镇。

安宁区辖8个街道办事处：培黎街道办事处、安宁西路街道办事处、银滩路街道办事处、刘家堡街道办事处、孔家崖街道办事处、十里店街道办事处、安宁堡街道办事处、沙井驿街道办事处。

红古区辖3个街道办事处：窑街街道办事处、下窑街道办事处、矿区街道办事处；1个乡：红古乡；3个镇：海石湾镇、花庄镇、平安镇。

永登县辖5个乡：坪城乡、民乐乡、通远乡、七山乡、柳树乡；13个镇：城关镇、武胜驿镇、中堡镇、中川镇、连城镇、河桥镇、红城镇、上川镇、树屏镇、大同镇、苦水镇、秦川镇、龙泉寺镇。

榆中县辖15个乡：小康营乡、清水驿乡、中连川乡、园子岔乡、上花岔乡、哈岘乡、连搭乡、马坡乡、新营乡、银山乡、三角城乡、来紫堡乡、龙泉乡、韦营乡、贡井乡；8个镇：甘草店镇、夏管营镇、城关镇、高崖镇、青城镇、金崖镇、定远镇、和平镇；

皋兰县辖3个乡：黑石乡、中心乡、水阜乡；4个镇：西岔镇、什川镇、忠和镇、石洞镇。

【地形地貌】 兰州市位于陇西黄土高原的西部，是青藏高原向黄土高原的过渡地区。境内大部分地区为海拔1500米～2500米的黄土覆盖的丘陵和盆地。石质山地是祁连山的余脉，分布在市境的南北两侧。榆中县南部和永登县西北部的石质山地海拔都在3000米以上，其中马衔山海拔3670米、兴隆山海拔3021米、奖俊埠山主峰海拔3455米，自然植被垂直分布，有云杉林、油松林、辽东栎林、山杨林，以及灌丛。兰州地势西部和南部高，东北低，黄河自西南流向东北，横穿全境，切穿山岭，形成峡谷与盆地相间的串珠形河谷。峡谷有八盘峡、柴家峡、桑园峡、大峡、乌金峡等；盆地有新城盆地、兰州盆地、泥湾－什川盆地、青城－水川盆地等。还有湟水谷地、庄浪河谷地、苑川河谷地、大通河谷地等。

兰州黄河谷地盆地西起青石关，东至桑园峡，东西长60余公里；南北最宽约9公里，最窄处不足1公里；平均海拔1500米—1550米。

【气候状况】 2009年，兰州市气温偏高，部分时段特高，冷暖变幅较大；降水偏少且分布不均。气象极值频繁出现，暖冬特征明显，春旱、春末初夏旱突出，夏秋季阴天少日照时间长。沙尘和强对流等灾害性天气明显少于往年。

冬季气温异常偏高，市区平均气温高居历史之最，2月上、中旬和2月平均气温各地均刷新和接近历史同期最高记录；大部分地方降水偏多（永登偏少）且较集中，特别是2月末的降雪，除永登微量外，其余各地多于历史同期1～1.4倍，大部分地区刷新了历史同期记录，其中市区、榆中大到暴雪。进入春季，气温持续偏高，尤以4月中旬最为凸显，各地较历史同期偏高5℃～6℃，偏高幅度之大较为罕见，均突破了历史同期最高记录；降水特少，整个春季除3月中旬、4月下旬和5月中旬降水量接近或多于历年同期值外，其余大部分时间持续偏少在5成以上。最长连续无降水天数：市区和皋兰长达28天、榆中20天、永登18天，气候十分干燥，致使各地出现明显的阶段性春旱，对部分作物的耕种和生长发育等很不利。雷暴初日：各地均出现在4月，永登最早为4月9日、榆中和市区为4月17日并伴有阵性降水、皋兰为4月20日，雷暴结束日期为10月2日。2009年区域性的沙尘天气共出现两次，3月20日傍晚前后的扬沙天气和4月23日—24日大范围浮尘天气；最小能见度降至300米。夏季气温持续偏高，尤以6月下旬和7月上旬最为明显，各地气温均接近或突破历史同期最高记录；降水特少，为历史同期少见。6月19日各地出现第一场透雨（≥10毫米），比多年平均日期晚20天～47天，除此之外，各地在7月15日以前没有有效降水，出现了较为严重的春末初夏旱；7月下旬的几次降水由于降雨时间短，对缓解前期旱情不明显，伏旱抬头并有加强的趋势；进入8月以后，气温迅速下降，各地好雨连续不断，而且降雨持续时间长，强度相对均匀，各地旱情陆续解除，对大秋作物的生长和土壤蓄水保墒十

分有利；盛夏高温天气较弱，日最高气温≥32.0℃的天数市区有24天（极端最高气温为36.3℃，最长连续高温天数为4天），皋兰有10天（极端最高气温34.8℃）。秋季，降水正常，气温接近常年，但变幅较大；9月3日—14日连阴雨过程持续时间长达12天，为历史同期之最；11月16日—17日，榆中48小时日平均气温下降8.0℃，达强降温，其余各地气温下降6℃左右，11月中旬各地平均气温均创下了历史同期最低记录；12月气温三县正常、市区略偏高，降水偏少且分布不均，市区有烟雾天数多达27天。

【自然资源】 兰州市地质发育较为齐全，除太古界外，从中生界、前古生界至第四系均有不同程度的分布。在漫长的地质发展史中，形成多种矿产资源，已发现矿产48种。主要有煤、石英石、石灰石、玻璃硅质原料、水泥黏土、铁、铜、铅、金、银等。水泥石灰石分布广，储量4.8亿吨，占甘肃省的三分之一。石英石质量好、品位高，储量约3.8亿吨。煤矿已探明储量的有8.26亿吨，占全省的12%。

森林及绿地：全市有林业用地面积53.9万公顷，其中：林地面积6.3万公顷，疏林地面积0.53万公顷，灌木林地面积9.4万公顷，未成林地面积3.7万公顷，苗圃地面积0.05万公顷，宜林地33.5万公顷，全市森林覆盖率达到12.21%。天然森林分布在兴隆山、马衔山、冷龙岭、奖俊埠山等石质山地，总面积7.57万公顷。主要树种有云杉、冷杉、祁连圆柏、油松、山杨、白桦、辽东栎等。城市绿地面积4211.33公顷，全市绿地率达到25.07%，公共绿地面积1679.7公顷，绿化覆盖率28.17%，人均拥有公共绿地面积8.93平方米。

全市野生高等植物122科，541属，1614种，仅南北两山就有61科，145属，270种。野生动物有5个纲，52个科，182种。其中鸟纲有16个目，37个科，148种。属国家一、二类保护的有金雕、石羊（岩羊）、麝、隼、鹫、梅花鹿、马鹿、雪鸡、中华秋沙鸭、水獭、天鹅等20余种。

【人口民族】 2009年，全市常住人口332.18万人。户籍人口323.59万人，其中非农业人口202.77万人，比上年增加1.14万人；农业人口120.82万人；比上年增加0.17万人，人口出生率7.20‰，人口自然增长率为3.75‰。

2009年，全市可识别的少数民族成份51个（除阿昌族、基诺族、珞巴族、布朗族外，其他少数民族都有），人口12.7万人，占全市人口总数的4.04%，其中信仰伊斯兰教10个少数民族人口约11万人。超过500人的少数民族有8个，即回族、满族、藏族、东乡族、蒙古族、土族、维吾尔族、土家族。

（李　强）

国民经济和社会发展

【概况】 2009年，兰州市面对国际金融危机带来的不利影响，认真贯彻落实中央和省上应对危机、促进经济增长的一系列政策措施，按照“一中心三率先，五加快五加强”的思路，保增长、保项目、保民生、保节能减排、保稳定，经济进一步趋稳向好，各项社会事业稳步发展。全市实现生产总值925.98亿元，增长10.8%。其中第一产业增加值30.55亿元，增长6.17%；第二产业增加值433.62亿元，增长10.23%；第三产业增加值461.81亿元，增长11.64%。全社会固定资产投资完成506.18亿元，增长17.18%。社会消费品零售总额完成469.77亿元，增长18.92%。非公有制经济实现增加值351.96亿元，增长22.37%。地区性财政收入完成254.8亿元，增长71.27%。一般预算收入完成57.04亿元，增长20.18%。城市居民人均可支配收入达到12760.66元，增长9.28%。农民人均纯收入达到4001元，增长14.2%。居民消费价格指数99.6%。节能减排取得良好成效，单位生产总值能耗下降5%，二氧化硫和化学需氧量排放总量分别下降2.1%和6%，超额完成了省上下达的指标。

【农业生产稳步发展　基础设施建设进一步加强】 农村经济结构不断优化，产业化经营水平进一步提升。全年完成农作物播种面积319.8万亩，其中：粮食作物199.5万亩，蔬菜播种面积71.65万亩。粮食产量达到38.79万吨，蔬菜产量达到186.66万吨，肉、奶、蛋类产量分别达到3.09万吨、6万吨、1.5万吨。设施农业建设大力推进，完成全膜双垄沟播栽培面积38.5万亩，五个千亩设施农业基地已初具规模，共建成新型日光温室1054座，占地面积2395亩。高原夏菜、百合、玫瑰、西甜瓜、红提葡萄等特色产业发展迅速。

基础设施建设进一步加强，启动实施了西电、三电大型泵站更新改造项目；农村饮水安全、农村沼气、节水灌溉、水土流失综合治理等工程有序开展；解决11.5万人农村饮水安全问题，建设农村沼气10580户；城乡一体化试点工作起步良好，整合资金35亿元，组织实施一大批事关统筹城乡发展的基础设施、产业发展、社会事业、民生保障和扶贫开发项目，推进小城镇建设、城中村改造、新农村建设和扶贫开发工作；秦王川灌区农业综合开发持续推进，投入6500多万元，加快灌区农业结构调整、水塘、林网和新农村建设。

【工业经济企稳回暖　经济效益明显提高】　受国际金融危机影响，兰州市工业面临极其严峻的发展环境。随着国家宏观调控政策、措施的出台和甘肃省优惠电价的实行，兰州市工业从2009年2月份开始出现回升，6月份实现正增长，呈现增速逐月上升的态势。全年规模以上工业完成增加值308.17亿元，增长9.83%。其中市属工业完成87.51亿元，增长13.8%。轻工业完成增加值59.67亿元，增长16.2%；重工业完成增加值248.5亿元，增长8.5%，轻工业增速高于重工业7.7个百分点。分行业看，烟草制品、交通运输设备制造业、饮料制造业、食品制造业增速较快，通用设备制造业、黑色金属冶炼及压延加工业、有色金属冶炼及压延加工业、专用设备制造业等行业由于外部需求不足，产品价格低迷，增速出现明显下滑。由于国家理顺了成品油价格形成机制，中石油兰州石化公司赢利水平大幅提升，带动全市工业经济效益显著提高，全市工业企业实现利润60.29亿元。工业企业用电量逐月收窄，货运量逐月回升，工业经济呈现明显的企稳回暖态势。园区经济发展迅速，高新技术产业开发区、经济技术开发区分别完成生产总值120亿元和59亿元，分别增长29.17%，18%。

【消费需求增长较快　物价稳中略降】　在家电下乡、汽车下乡等一系列刺激消费政策的带动下，消费保持快速增长。兰州市实现社会消费品零售总额469.77亿元，增长18.92%。其中批发业33.11亿元，增长15.85%；零售业351.1亿元，增长20.13%；住宿和餐饮业76.47亿元，增长17.16%。居民消费价格下降0.4%，食品类、烟酒及用品类、家庭设备用品及维修服务类、医疗保健及个人用品类、娱乐教育文化用品及服务分别上涨3.6%，2.9%，1%，0.8%和2.5%；衣着类、交通通讯类、居住类分别下降1.4%，3%和10.6%。工业品出厂价格指数97.07%。

【各项改革深入推进】　全力推进国有企业改革工作，改制企业产权多元化和职工国有身份置换主体任务顺利完成。加快实施以城乡一体化为核心的各项改革，农村土地制度改革继续深化。在土地流转中，初步建立了农户间转包、转让、互换等土地流转制度及五项征地补偿制度。林权制度改革试点工作有序推进，基本完成明晰产权、承包到户的主体改革任务。地方金融机构改革取得突破性进展，通过积极引进战略投资，优化股权结构，降低不良资产，兰州银行股份有限公司成功进行了增资扩股，为争取上市奠定了基础。同时，积极创造条件，吸引国内外金融机构在兰设立分行和办事机构，目前已有浦发银行、中信银行等金融机构在兰设立分支机构。全面启动政府机构改革，深化医药卫生体制改革，协调推进铁路、航空和物流业等领域的改革。

【社会事业稳步发展　民生问题继续改善】　中小学危房改造工程进展顺利，全市239所危改项目已全部开工，竣工203所，竣工面积21.6万平方米。实施了百所农村寄宿制学校建设工程，开工77所，竣工40所，竣工面积6.9万平方米。新型农村合作医疗制度在巩固完善三县试点的基础上全面实行，112.34万人参加了新型农村合作医疗，参合率达到94.87%。农村卫生基础设施建设步伐加快，永登县中医院、榆中县中医院、皋兰县医院和乡镇中心卫生院、村卫生室等项目进展顺利。新建11个社区卫生服务机构和90个标准化村卫生室，社区卫生服务覆盖率达到90%以上。

积极落实新一轮就业政策，推进就业再就业工作，全市城镇新增就业人数5.02万人，城镇登记失业率3.09%，就业再就业培训3.56万人。全市输转城乡劳动力31万人次。社会保险政策不断完善，覆盖范围不断扩大。城镇居民基本医疗保险参保率为90%。农村养老保险，被征地农民和村干部养老保险取得新进展。城乡低保提标工作全面落实，城市低保标准提高10%，五区由每人每月230元提高到253元，三县由每人每月173元提高到190元。农村低保标准和五保供养标准也相应提高，全市保障人口18.3万人，累计支出保障金22728.38万元。兰州市政府确定为民兴办15个方面20件实事全面完成。

【困难和问题】　一是优化产业结构的任务更加迫切。能源、原材料等传统产业所占比重过大和科技含量高、附加值高的新兴产业发展滞后的矛盾尤为突出。二是工业回暖的基础尚不稳固。由于国际国内市场萎缩，产品销售、货款回收困难，直接影响到工业企业的流动资金周转，工业产能过剩矛盾凸显，部分行业仍然限产停产。三是固定资产投资增速和全省、全国有一定的差距。部分项目受土地、资金等因素影响建设进度比较缓慢，工业和房地产投资增速较低，以及过境项目投资受统计口径的影响。四是外贸形势较为严峻。在全球经济贸易萎缩的大形势下，兰州市外贸进出口额大幅下滑，主要商品出口未见回暖。五是近年来，农民收入呈现出快速增长趋势，但随着农产品市场竞争日益激烈、金融危机后发影响

和收入基数的升高，继续保持农民收入较快增长的压力较大。六是商品房价格持续攀升，加快推进经济适用房和廉租住房建设，切实解决低收入居民住房问题显得尤为重要。

（白廷龙）

固定资产投资与重点建设项目

【固定资产投资】 全社会固定资产投资完成506.18亿元，比上年增长17.18%，其中：城镇固定资产投资完成475.66亿元，增长13.54%。从隶属关系看，中央在兰企业完成投资138.66亿元，增长31.21%。省属完成投资71.41亿元，增长12.15%。市属完成投资296.12亿元，增长12.75%。从三次产业看，第一产业完成投资4.93亿元，增长13.22%，第二产业完成投资186.12亿元，增长11.97%，第三产业完成投资315.13亿元，增长20.55%。房地产市场逐步回暖，房地产投资从4月份开始降幅逐月收窄，到9月份首次呈现正增长，全年房地产投资完成98.61亿元，增长6.59%。

【重点建设项目】 100项重大项目完成投资181.7亿元，占全年计划的102.4%，是2005年以来完成最好的一年。其中，续建项目53项，完成投资120.6亿元，新开工项目47项，完成投资61.1亿元。项目建设成效显著。兰州石化5万吨丁腈橡胶、甲乙酮扩能改造、550万吨常减压蒸馏装置，中铝连城25万吨高精度板带箔，金川公司镍钴锰三元素中间体生产线，蓝科石化异地迁建，兰州电机1.5兆瓦变速恒频双馈风力发电机，750千伏输变电工程，国际太阳能技术促进转让中心，东部市场五期改造，大砂坪北出口、和定干道等项目已建成。农产品物流中心，农村沼气，农产品质量安全检验检测体系建设，以工代赈、易地扶贫搬迁试点，城网建设与改造，兰海钢材物流配送中心，莫高国际酒庄，康师傅饮品生产线，中小学危房改造，农村初中校舍改造建设，孙家台、砂坪村、南出口拆迁安置用房、廉租房建设等项目进入工程收尾或部分建成投入使用。

（白廷龙）

精神文明建设

【概况】 2009年，全市精神文明建设工作，以建设社会主义核心价值体系为根本，以创建全国文明城市为目标，围绕“巩固、延伸、夯实、突破”四个方略，紧扣公民道德教育、未成年人思想道德建设、群众性创建活动三大主题，采取切实措施，积极探索公民思想道德教育和创建工作的兰州做法，着力在巩固成果、拓展深化、创新工作、打造品牌、增强实效上下功夫，各项工作在整体推进中实现重点突破，在巩固提高中创新发展，公民文明素质和城市文明程度不断提高。

2009年，兰州市被中央文明办、国家民政部确定为全国“百万空巢老人关爱志愿服务行动”3个启动城市之一，荣获“全省未成年人思想道德建设工作先进市”称号。城关区荣获“全省未成年人思想道德建设工作先进区”称号。

【公民思想道德建设】 全面贯彻落实《公民道德建设实施纲要》，制定下发《关于进一步加强公民道德建设提升市民文明素质的意见》和《兰州市2009－2011年市民道德教育培训规划》，组织编写《兰州市市民教育读本》，组建市民教育学校总校和8个县区分校，首批招聘专兼职教师77名，对招聘教师和部分街道社区工作人员进行了培训。9月17日，在市委党校举行了市民道德教育启动暨市民教育总校成立仪式。紧紧抓住知行统一这个关键环节，广泛开展社会公德、职业道德、家庭美德、个人品德和礼仪教育，开展“学雷锋树新风”活动和“公民道德宣传日”活动，开展公民道德教育和实践活动，引导人们不断增

兰州市未成年人思想道德建设工作经验交流会

强道德意识，自觉遵守道德规范。全年完成市民教育培训21万多人。开展“迎国庆讲文明树新风”主题系列活动，举办礼仪知识专题讲座，开展礼仪知识竞赛活动，深入普及社会礼仪、职业礼仪和家庭礼仪知识，文明礼仪知识推广普及活动深入人心，广大群众的文明意识明显增强。组派代表队参加全省文明礼仪知识竞赛，兰州市获优秀组织奖。组织开展全国第二届道德模范评选活动，向省上推荐全国道德模范候选人1名。在兰州电视台、兰州广播电台连续播出道德模范候选人先进事迹，向基层发放全省10位道德模范候选人先进事迹光盘。市直机关开展诚信机关建设活动，组织民评代表、新闻记者深入市、县（区）机关开展明查暗访，设立机关作风建设举报电话、电子信箱，受理社会各界投诉，有针对性地解决存在的问题，进一步树立了“为民、务实、清廉、高效”的诚信机关形象。深化“3·15”共铸诚信活动日、“百城万店无假货”和“诚信兴商”、“消费者信得过”等主题活动，在全市掀起了共建“诚信兰州”的热潮。

【未成年人思想道德建设】 认真贯彻中办、国办《关于进一步净化社会文化环境促进未成年人健康成长的若干意见》，紧紧抓住净化社会文化环境这一关键环节，明确责任，齐抓共管，形成合力，扎实有效推进未成年人思想道德建设。成立兰州市净化社会文化环境工作协调小组，召开全市净化社会文化环境工作会议，印发《关于进一步净化社会文化环境促进未成年人健康成长的实施意见》，全面安排部署净化社会文化环境工作。公安、教育、宣传、文化、工商、电信、城管等部门联合行动，分阶段开展网吧、网络、音像制品出租店和校园周边环境、荧屏声频四大专项整治行动，净化社会文化环境工作取得了明显成效，得到了中央督查组的充分肯定。专项整治行动期间，全市共出动干部、民警、综治员、保安员等专门力量2.3万人次，集中检查整治文化娱乐环境场所2620家、网吧466家，依法停业整顿各种场所241家，取缔关闭违规经营场所116家。以“做一个有道德的人”为主题，组织未成年人开展“向国旗敬礼、做一个有道德的人”网上签名寄语等活动，全市428所学校的24万多名师生参与了网上签名寄语活动。举办“成长在祖国的怀抱里”庆“六一”系列活动，展示兰州市未成年人思想道德建设的成果。积极参加中宣部、中央文明办等部委开展的优秀童谣征选活动，全市征集优秀童谣54首，向省上推荐了《黄河水鸭》等9首优秀童谣作品。召开全市未成年人思想道德建设工作经验交流会，命名了10个“做一个有道德的人主题活动示范点”，表彰了10个未成年人工作先进单位和59名先进工作者。校外教育“四点半工程”经验在全国未成年人思想道德建设经验交流会上进行了书面交流，受到了与会者的一致好评。

【农村精神文明建设】 按照城乡一体化要求，以城带乡、城乡共建，协调推进城乡精神文明建设。一是狠抓思想道德建设，提高农民群众道德水平。围绕《公民道德建设实施纲要》，突出社会主义核心价值体系建设，引导广大农民增强现代文明意识，培育高素质的新型农民群体。二是丰富工作载体，广泛开展群众性精神文明创建活动。通过“文明家庭”、“十星级文明户”、“五好文明家庭”、“诚信家庭”、“五进农家”、“婚育新风进万家”等多种载体，促进崇尚科学、遵纪守法、邻里互助、家庭和睦的良好风尚的形成；广泛开展文明村镇、科技村镇、文化村镇、诚信村镇等创评竞赛活动，提高农村精神文明建设整体水平；深入开展企事业单位与村镇结对共建活动、党政机关与对口扶贫村结对共建活动、文明单位与村镇结对共建活动、文明村镇与贫困村镇结对共建活动，为加快城乡一体化建设步伐提供精神动力和智力支持。三是开展丰富的文化活动，满足群众精神需求。文化阵地建设实现了全覆盖，群众文化活动形成品牌，健全农村文化队伍建设，广泛开展科技、文化、卫生“三下乡”活动，着力培育文明乡风。四是突出生态文明建设，为农民营造良好的生活环境。在农村的主要干道、村委会、卫生所、学校以及农家院落、房前屋后植树种草，退耕还林，扩大植树造林面积；不定期对公路沿线林带、渠道、院落、商铺店面的乱堆乱倒、违章搭建、占道经营、乱停乱放、乱涂乱画等问题进行集中整治，改善村容村貌；广泛开展环境综合治理，制定村民卫生公约，使农户的生活环境整洁有序。

【志愿服务工作】 认真落实中央文明委《关于深入开展志愿服务活动的意见》精神，大力弘扬“奉献、友爱、互助、进步”的志愿精神，开展多种形式志愿服务，志愿服务活动已成为引领社会文明风尚的品牌工程。制定《关于深入开展文明志愿服务活动的实施意见》，成立兰州市志愿服务工作协调领导小组，成立兰州志愿者联合会，全市志愿服务工作逐步形成了文明办牵头，民政、工会、团委、妇联、科协、残联、红十字会、老龄办等单位齐抓共管、社会各界广泛参与的工作新格局。目前，全市正式注册登记的志愿者已达20万。着眼于讲文明树新风，着眼于扶危济困，着眼于应急救援，开展“文明城市，文明过节”、“喜迎兰洽盛会，参与志愿

服务”、关爱空巢老人志愿服务行动等志愿服务主题活动，在全市营造了文明和谐的良好社会氛围。12月5日，隆重举行“百万空巢老人关爱志愿服务行动”启动仪式，中央文明办和省、市有关领导参加启动仪式，中国文明网对启动仪式进行全程视频直播，《精神文明报》进行专版宣传，在全国产生了良好的反响。实施创建品牌战略，初步实现了无品牌到创建品牌的跨越。城关区开通全国文明办系统首个“爱心集结号”志愿者网站，成为宣传精神文明、传播志愿理念的互动平台，成为志愿服务的新阵地，成为服务公众的新窗口。志愿者网站的经验和做法得到了中央文明办和省文明办的高度评价。城关区建成“虚拟养老院”，初步构筑了以政府为主导、社区为依托、网络服务中心为纽带的为老志愿服务体系。七里河区“夕阳红”居家养老志愿服务工程、西固区“爱心门铃”志愿服务和安宁区“敬老服务队”等志愿服务新模式不断涌现，充分展示了我市志愿服务的新发展、新形象、新风貌。

（刘　弈）

“五城联创”工作

【概况】　2005年9月，市委、市政府作出了以争创全国文明城市为龙头的“五城联创”（创建全国文明城市、创建国家卫生城市、创建国家园林城市、创建国家环保模范城市、申报国家历史文化名城）工作部署。2009年，根据人事变动，对创建工作总指挥部组成人员进行了调整，“五城联创”工作整体推进，取得了明显进展。

【创建全国文明城市】　全面启动新一轮创建全国文明城市工作，着力实现“创建主体明晰化”、“目标责任具体化”、“创建指标定量化”、“监督检查规范化”、“责任追究制度化”，狠抓各项任务和措施的落实，推动创建工作向深度和广度发展。2009年1月，兰州市被中央文明委授予“全国创建文明城市工作先进城市”称号，实现了创建工作的第一步奋斗目标。5月13日，召开全市创建全国文明城市暨城市管理工作会议，表彰创建先进单位和先进个人，启动新一轮创建全国文明城市工作。省委常委、市委书记陆武成同志在会上作了重要讲话，确定兰州市新一轮创建要以科学发展观为统领，以社会主义核心价值体系建设为根本，实施“13458”文明城市创建工程，确保2011年再次获得“先进城市”。10月15日，召开全市创建全国文明城市工作目标责任书签订大会，印发《兰州市2009—2011年创建全国文明城市工作总体方案》，市长与117个创建责任单位签订责任书，分解落实了新一轮创建工作任务。建立完善创建工作制度，加强各县区、各部门、各单位之间的联系与沟通，推动了创建工作的深入开展。以公共文明指数测评为抓手，以测促改，以测促创，推动创建全国文明城市工作常态化。制定《兰州市公共文明指数测评体系（试行）》和《测评工作方案》，召开县区创建办主任会和全市公共文明指数测评工作会，全面部署测评工作。兰州市7月份接受了中央文明办组织的公共文明指数测评之后，根据测评情况，认真查找存在的问题，制定工作措施，提高创建水平。举办全市公共文明指数测评工作培训班，来自各分指挥部、创建工作责任单位的有关负责同志共300多人参加了培训。委托国家统计局兰州调查队对各县区进行公共文明指数测评。制定《兰州市创建全国文明城市工作督查考核办法（试行）》，实行年度创建工作督查计划，对全市4个分指挥部和53个创建工作责任单位进行重点抽查，了解掌握工作情况，查找存在的问题，提出整改措施，明确改进方向，推动了创建工作的常态化。充分发挥电视、电台、报纸、网络等媒体的作用，对创建活动、工作经验及先进典型等进行广泛宣传，营造浓厚的舆论宣传氛围，大力推动社会各阶层关注创建、参与创建，树立兰州的新形象，促进了创建文明城市工作的深入开展。积极利用《人民日报》、《光明日报》、《精神文明报》、《中国文明网》、《甘肃日报》等国内主流媒体宣传报道兰州市创建文明城市工作，进一步扩大了兰州市创建工作的知名度。

【创建国家卫生城市】　2009年，创建国家卫生城市工作以解决与人民群众切身利益息息相关的社会问题为重点，把创建国家卫生城市工作作为改善人居环境、完善城市功能、提高城市品位、促进经济发展的“助推器”来抓。制订了《兰州市2009年—2011年创建国家卫生城市工作实施方案》，使新一轮的创建国家卫生城市工作稳步有序推进。一是城乡环境卫生面貌不断改善。不间断地组织开展以环境卫生综合整治为重点的爱国卫生运动，城乡环境卫生面貌有了较大改善。二是健康教育工作稳步推进。邀请卫生部原副部长、全国健康教育首席专家王陇德教授为市直机关干部举办了“倡导健康生活，构建和谐兰州”为主题的大型健康知识讲座，取得了良好的效应；以“学习科学，拥有健康，享受生活”为主题，开展了健康教育“四进”活动；在全市范围内选聘了临床医疗、预防保健、医学教育、卫生管理等工作一线的百余名业务骨干、学科带头人组成了健康教育专家库，为全市健康教育工作的开展注入了活力。三是卫生监督工作力度不断加大。深入开展了食品卫生、公共场所、生活饮用水、传染病防治等一系列的专项整治工作；圆满完成了打击违法添加非食用物质和滥用食品添加剂专项整治活动，受到了国家考核验收组的充分肯定；启动了公共场所卫生监督量化分级管理工作，50%的住宿单位完成了量化分级管理；食品监督量化分级管理工作继续推进，全市9989家餐饮服务单位中A级达84家、B级262家、C级9257家，量化分级管理率达96%以上。四是城市卫生“细胞”建设得到加强。截至2009年，共建成县（区）级卫生单位109个、卫生小区185个、卫生合格单位78个，推荐上报市级卫生单位43个、卫生小区24个。五是除害防病工作取得了新成效。组织开展了以城区重点行业单位及与其相邻区域为重点的灭蟑灭鼠活动，全市共投入资金41.925万元，投放灭蟑药27430盒（袋）、喷雾悬浮剂1030公斤、灭鼠药物12088公斤，进一步巩固了创卫“除四害”工作的成效。六是农村改厕项目工作稳步推进。七里河区、红古区、榆中县和皋兰县继续被列为全省农村改厕项目县区。

【创建国家园林城市】 2009年，创建国家园林城市工作以建设生态文明、促进人与自然的和谐为目标，按照《兰州市创建国家园林城市工作实施方案》的要求，紧紧围绕着拓绿地、增绿量，规范城市园林绿化管理，改善城市生态环境。一是进一步加大创建宣传工作力度，迅速掀起新一轮创建工作的新高潮。利用“3·12”植树节、植树周大力开展创建国家园林城市宣传咨询活动，宣传创建国家园林城市、改善生态环境和建设生态文明的重大意义和植树造林知识等内容；制定了《兰州市城市绿地及树木认建认养办法》。二是城市园林绿化目标任务圆满完成。2009年，重点实施了“一区、两山、两廊、三园”工程，圆满完成了城市园林绿化的年度目标任务。全市共种植树木54万多株，种植草花95万平方米，播种草坪75万平方米，摆放盆花58.74余万盆，育苗127亩；完成了502号路绿化工程、大沙坪出口绿化美化工程、44号、66号路绿化工程、南河道绿化景观工程、农沙段绿化美化工程。三是完善城市园林绿化的有关法律法规，实施规划建绿。市政府颁布了《兰州市城市绿线及绿地建设管理办法实施细则》，制定并实施绿色图章的审批制度，启用了“兰州市城市绿化审批专用章”和“兰州市园林局城市绿化合格专用章”，成为兰州市城市园林绿化实施依法建绿的重要标志；启动了《兰州市绿地系统规划》编制工作，计划于2010年底完成；初步完成了《兰州市植物多样性保护规划》的编制工作。四是兰州市园林绿化电子信息系统（简称GIS系统）建成并通过专家技术检测和科技成果鉴定，填补了兰州市城市园林绿化电子信息数字化管理的空白。五是推行规范管理工程，提高绿地养护管理水平。在试行《兰州市园林局工程建设管理办法》的基础上，建立和完善了各类绿地及公园的管护标准、操作规程、技术规范、检查考核和奖惩办法。

【创建国家环境保护模范城市】

2009年，创建国家环境保护模范城市工作以提高城市环境质量和改善人居环境为核心，认真实施环保模范城市创建工程，不断丰富环保模范城市建设的时代内涵。一是编制了《兰州市创建国家环境保护模范城市规划》，确定了创模规划目标，明确了创模工作的主要任务和保证措施。二是依照修订后的《“十一五”国家环境保护模范城市考核指标及其实施细则》，全面分析创模形势，为创模工作奠定基础。三是突出污染减排，全面落实减排目标。全市把污染减排作为创建工作的重要目标之一，坚持工程减排、管理减排和结构减排并举。全市共减排二氧化硫10676吨，化学需氧量5834吨。四是完善厂网建设，提高城市污水集中处理能力。启动了城市污水“全收集、全处理”工程，实施了雁儿湾污水处理厂26万吨日处理改扩建工程，开工建设西固、盐场污水处理厂和永登县污水处理厂改扩建工程。五是开展综合治理，改善全市环境质量。加强大气污染防治，不断巩固城市管理百日“六大整治行动”大气污染专项整治行动成果，深化大气污染防治工作；加强黄河兰州段水污染防治，完成了饮用水水源地调整划分和市县级饮用水源保护规划，督促重点企业制定突发污染事件应急预案，加强对涉水企业的监管，组织开展七里河安宁污水处理厂受纳水体工业企业及河洪道的排查，确保黄河兰州段按功能区稳定达标；加强对固体废弃物和危险废物污染防治，完成了皋兰县生活垃圾处理项目，榆中县生活垃圾处理场已开工建设，城市生活垃圾处理场运行率达到100%。六是强化环境管理，提高环保工作水平。坚持突出重点、标本兼治、综合治理的原则，加大重要污染源管理力度，强化对重点行业和重点污染源的监管，严厉打击危害群众环境利益的行为；突出规划环评，严把项目“准入关”，全市建设项目环评执行率、“三同时”执行率均达到100%。

【申报国家历史文化名城】 2009年，修缮了部分重点文物古建，编制了恢复文化街区规划，夯实了申

报全国历史文化名城基础，如期完成了预定任务。组织完成了重点古建保护修缮和两个历史文化街区恢复规划编制。确定了金天观西侧和西固区河口村为恢复和修缮保护的两处历史文化街区，完成了两处街区的恢复、修缮保护规划，通过了省市专家组的评审。完成了金天观、府城隍庙内单体古建修缮工程，竣工后通过了省文物局及有关专家的验收。完成了城区已消失古建文物点立碑标示工作，对已确定的70个选点，均撰写出说明文字，征求专家意见，完成了碑文的撰写和论证工作，整个立碑工作基本完成。编撰《兰州历史文化名镇史话》丛书初见成效，《金崖史话》、《红城史话》已交付出版，《青城史话》、《甘草店史话》、《苦水史话》也已完成初稿。积极组织申报全国第五批历史文化名镇（村）工作，确定了榆中县金崖镇申报"中国历史文化名镇"，永登县红城镇申报"甘肃省历史文化名镇"。把白塔山古建筑群列为重点修缮项目，对修缮规划进行了全面充分地论证，完善了修缮规划。编撰了申报国家历史文化名城资料汇编及《历史文化名城—兰州》大型图集。为了充实申报历史文化名城的文献资料，在已经确定编撰13个乡镇史话的基础上，收集整理、编撰了申报国家历史文化名城资料汇编。同时，多方收集、征集反映兰州市自清代以来各个时期的照片200余幅，为编印图册做好了准备工作。

组织机构与负责人

中国共产党兰州市委员会

书　记　陆武成
副书记　张津梁　刘为民
常　委　陆武成　张津梁　刘为民
吴继德　杨志武　牟少军
王　冰（1月任）徐　伟
李森洙　张殿元　金祥明
段英茹　孙若风（7月免）
张悌先
秘书长　牟少军
副秘书长　张永平（2月任）
宋昌义（2月免）刘福全
王　林（7月免）刘怀君
高春远　李富君
杜宁让　赵雪涛（7月任）

市委办公厅

主　任　张永平（2月任）
宋昌义（2月免）
副主任　宁辉东（7月任）
房拥和（7月免）
赵雪涛（7月免）
郭海泉（7月任）

兰州市人大常委会

主　任　哈全玉
副主任　王　嵘　潘卫平　张宗奎
王韶珊　胡康生　张祖迁
秘书长　朱宗礼
副秘书长　杨　巩　何会宁　宋建民
办公厅主任　朱宗礼
法制工作委员会主任　杨兴普
副主任　李小平（12月免）
内务司法工作委员会主任　石生禄
副主任　郭　华
财政经济工作委员会主任　王天庆
副主任　张　松
农业与农村工作委员会主任　万世文
副主任　唐建西
教育科学文化卫生工作委员会主任　郭盾骅
城乡建设与环境资源保护工作委员会主任　梁维德
副主任　张　则　张福寿
民族侨务工作委员会主任　马文春
副主任　杨淑贞（12月免）
代表人事工作委员会主任　曹田英（12月免）
副主任　郁新山
研究室主任　李小平（12月免）
任超英（12月任）
副主任　扶元田（7月免）
信访室主任　张忠义（7月免）
李小平（12月任）
副主任　朱　成（7月免）

兰州市人民政府

市　长　张津梁
副市长　吴继德　杨志武
孙若风　（7月免）
王　冰（1月免）
周丽宁　姚国庆　魏志乐
戈银生　俞敬东（6月任）
高材林（8月免）
秘书长　魏邦新
副秘书长　雒泽民
余海云（7月免）
王俊东　朱合泉
郑继祖　韦青祥
淡汉荣（10月任）
王延泽　敬国华

市政府办公厅

主　任　雒泽民（12月任）
副主任　米　琳　苏文武　陈建军

政协兰州市委员会

主　席　左灿湘
副主席　陈冬芝　王建中
张立荣（2月免）
赵福元（2月免）
魏邦新　李继彬　孙晓刚
蒙自福　张荫林　苏广林
宋昌义（2月任）
陈亲恭（2月任）
魏职勤（2月任）
秘书长　段树嘉
副秘书长　王立仁（7月免）
田国强（7月任）
宁辉东（7月免）曹利平
赵泉富（10月任）

市政协办公厅

主　任　段树嘉
研究室主任　赵泉福
副主任　王永岭（10月免）
李海臣
提案委员会主任　杨宏伟（10月免）
王永岭（10月任）
副主任　刘　芳
社会与法制委员会主任　金永忠
副主任　周　廉
文史资料与学习委员会主任　李克义
副主任　王克堂（8月免）
科教文卫体委员会主任　王蒲新
副主任　张巨印
经济委员会主任　马兴国
副主任　陆宁生
人口资源环境委员会主任　张　敏
副主任　郝春魁
民族和宗教委员会主任　杨　耀
副主任　马小燕
港澳台侨委员会主任　王武年
副主任　赵晓安

中共兰州市纪律检查委员会

书　记　徐　伟
常务副书记　葛延年
副书记　董文胜　李勇红
常　委　徐　伟　葛延年　董文胜
杨幼清　李明珊
郑　钢（7月免）
龙　斌　巩田龙（1月任）
谢慧芬（7月任）
刘明岱（7月任）

市中级人民法院

院　长　闻长利
副院长　李新华　王连生　张保利
贾忠南
唐　斌（10月任）

市人民检察院

检察长　李保刚
副检察长　李一陆　蒋昱程　金优和
杨晋骁

市委组织部

部　长　张悌先
常务副部长　吴永建
副部长　王　宏　方书英　王得明
尤占海（7月任）
部务委员　滕　敏（2月任）
王华琪（2月任）

市委宣传部

部　长　王　冰（1月任）
常务副部长　谢　鹏（7月免）
张正华（7月任）
副部长　李培生（7月免）
李继龙（7月免）
魏周弟
张永平（2月免）
韩德才
姜晓红（3月任）
杨增宽（7月任）

市委统战部

部　长　段英茹
常务副部长　郑　钢
副部长　马　彬　孟凡声

市委政法委员会

书　记　李森洙
常务副书记　焦　伟
副书记　张明泉　张禄永

市委政策研究室

主　任　高春远
副主任　陶　军（12月免）
甄作俊（12月任）
刘晓宏

市直机关工委

书　记　李克安
副书记　周　萍（7月免）
王瑞玲（12月免）
王新德（7月任）
花福萍（10月任）

市信访局

局　长　房拥和（7月免）
袁世兴（10月任）
副局长　武进洲（10月免）
王书月（10月任）

市老干部工作局

局　长　王　宏
副局长　苏生元
花福萍（10月免）

市档案局

局　长　许宝林
副局长　刘富强　刘承业

市委保密委员会办公室（市保密局）

主　任　彭雷加
副主任　段生林
副局长　褚　晓

市委党史办公室

主　任　殷志强
副主任　袁志学

市委精神文明建设委员会办公室

主　任　张永平（3月免）
姜晓红（3月任）
副主任　郁百年　李辛村

市委党校

校　长　滕兴科
副校长　刘亚东（12月免）
王兴朝
李一文（12月任）
校务委员　李一文（12月免）
濮　政　马学义（7月任）

市社会科学院

院　长　李培生
副院长　李永生　贺永泉

兰州日报社

社　长　魏周弟（7月免）
杨增宽（7月任）
副社长　张永平　李寿增　丁　力
党委副书记、纪委书记　何大宏

市发展和改革委员会

主　任　陶军锋
副主任　潘恩（7月任）
　　　　胡德庆　杨衍佑　魏邦昆
　　　　张兆荣

市经济委员会（市煤炭安全生产监督管理局）

主　任　巨洪程
党组书记　王　方
副主任　王　方　赵旭东　达选忠
　　　　杨正岱　龚成久　丁永平

市教育局

局　长　王有伟（10月免）
　　　　何泳忠（10月任）
党组书记　张正华（7月免）
　　　　田　明（7月任）
党组副书记、纪检组长　梁志仁（7月免）
副局长　张正华（7月免）
　　　　张玉珊
　　　　何泳忠（10月免）
　　　　蒙自福　南战军（12月任）
　　　　臧晓平（12月任）

市科技局

局　长　周锦彪
副局长　梁贵江　李殿卿　王慰祖
　　　　吴海芸

市民族宗教委员会（宗教局）

主　任　吴仲英
副主任　杨生义　康建武

市公安局

局　长　姚　远（1月免）
　　　　王　幸（1月任）
副局长　黄大功　周史任　李武平
　　　　何全意　王毓弟　王应德
　　　　周　宏　张景吉（10月任）

市监察局

局　长　葛延年
副局长　杨幼清　董文胜（1月免）
　　　　巩田龙（1月任）
　　　　谢慧芬（7月任）
　　　　王巧芸（10月任）

市民政局

局　长　杨广增
副局长　张世和　魏小文　魏万国
　　　　康得胜　范兰琴（10月任）

市司法局

局　长　曾效勇
副局长　韵玉成（7月免）
　　　　张维民（10月免）
　　　　赵　丽　李　瑛

市财政局

局　长　陈卫东
党组书记　陈宝志
副局长　赵兰生
　　　　张兆祯（10月免）
　　　　鲁福有　朱双凤
　　　　钟铭生（7月任）

市人事局

局　长　王得明
副局长　俄有勋　慕　洲　杨衍佐

市劳动和社会保障局

局　长　朱国祥
副局长　王立中（6月免）
　　　　党　玲　金文河（7月任）
　　　　李元生（7月任）

市规划局

局　长　万　里
党组书记　赵资英
副局长　屈鹏举（7月免）
　　　　杜正喜　赵和平
　　　　卢　健（10月任）

市国土资源局

局　长　丁祖全
副局长　孙敏毓　张纪勋　杨立岭

市城市建设管理委员会

主　任　宋智虎
副主任　李正平（12月任）
　　　　宋小平　王维治　樊勤生

市交通局

局　长　颜承鲁
副局长　刘克勤　牟秀兰（6月免）
　　　　杜明飞　赵　胜
　　　　钱　芳（10月任）

市水利局

局　长　黄云飞
副局长　韩德强　郭庭天　王建国

市农牧局

局　长　石镜如
副局长　颜为英　张正功　徐守刚
　　　　才吉安

市林业局（市三北局、市绿化办）

局　长　郎得晨
副局长　马万荣　姚见喜
　　　　张守琪（7月任）
　　　　王元昌　魏云邦（7月任）

市商务局（市商贸中心办公室）

局　长　司德成
副局长　王汝荣　成贵喜　王永堂
　　　　杨进龙

市文化出版局

局　长　范　文
副局长　杨邦军　王国礼（7月免）
　　　　赵中东　朱秀红（10月任）

市卫生局

局　长　薛开华
副局长　黄良平　谢　伟　杨继良

市人口和计划生育委员会

主　任　苏　琦

副主任　孙建生　保先财

市审计局

局　长　高兴贵
副局长　郑登江　韩　林
　　　　何金春（10月任）

市环保局

局　长　潘　恩（7月免）
　　　　陈　静（7月任）
副局长　郑志强　杜文艳　闫子江

市广播电视局

局　长　李继龙（7月免）
　　　　谢　鹏（7月任）
副局长　何志诚（7月免）
　　　　李保亮（7月免）

市体育局

局　长　刘立川（7月免）
　　　　龙富国（7月任）
党组书记　刘建西（7月免）
副局长　贺有利　尚虎珊　付松华

市统计局

局　长　段迎存
副局长　谭生龙　高亚萍　陈海力

市安全生产监督管理局

局　长　万可仁（7月免）
　　　　马海麟（7月任）
副局长　张力平
　　　　张纪文（11月免）

市物价局

局　长　徐希望
副局长　魏立中（6月免）
　　　　石铭军　李发庭
　　　　马立岳（7月任）

市粮食局

局　长　肖　伟
副局长　王绍荣　高忠霞　蒋常荣

市非公经济发展服务局（市乡企局、市中小局）

局　长　李天亮（10月免）
副局长　陶美文（7月免）
　　　　张兴君　孙　燕

市政府外事办公室

主　任　火照程
副主任　梁亚琍　杨林春

市政府法制办公室

主　任　曹志兴（7月免）
　　　　刘立川（7月任）
副主任　康亚鑫（10月任）

市城市管理行政执法局

局　长　张永财
副局长　李永忠　魏旭杲　杨文俊

市房地产管理局

局　长　刘大可
副局长　杨学栋　张祥生
　　　　冯月旺（10月免）
　　　　陈永军（12月任）

市园林局

局　长　李　权
副局长　马益平　康逢恺

市政府国有资产监督管理委员会

主　任　牛向东（10月免）
　　　　李天亮（10月任）
党委书记　石春生（10月免）
　　　　吴志伟（10月任）
监事办主任　金义权
党委副书记、纪委书记　马连玉
副主任　程涛（10月任）
　　　　张三才　许来强　鲁北军
　　　　牛成喆（7月任）

市农业办公室（市扶贫办）

主　任　李向军
副主任　辛世江　张立虎

市人民防空办公室

主　任　薛宝印
副主任　陈志国　孙　伏

市政府发展研究中心

主　任　钱文昌
副主任　刘亚平
　　　　张英南（10月任）

兰州高新技术产业开发区管委会

主　任　牛向东
党工委书记　陶军锋（7月任）
副主任　刘建西（7月任）
　　　　辛　坚（7月免）
　　　　董建梅　孙加宁　郑纪华

南北两山环境绿化工程指挥部

总指挥　马金山
副总指挥　李正平（10月免）
　　　　王恩瑞　牛有弟　郭继珍
　　　　张志勇（12月任）

市招商局

局　长　邵达洪（10月免）
　　　　黄宗元（10月任）
副局长　黄宗元（10月免）
　　　　刘　英　肖朝林

市旅游局

局　长　刘　刚
副局长　康清荣　廖满仓（7月免）

市地震局

局　长　张克尧
副局长　陈　伟

市供销联社

主　任　倪惠平
党组书记　张宗辉
副主任　张　伟

兰州住房公积金管理中心

主　任　王　治
副主任　胡　琴　甘晓宁　周应键

市少年儿童活动中心

主　任　王锡森
副主任　羊子键（党总支副书记）
　　　　翟利敏

市城投中心（市城市发展投资（集团）有限公司、市土地储备中心）

总经理　张鹏举
党委副书记　张喜林
副总经理　万　力　贾军政
土地储备中心主任　李长江
总会计师　李向平
总工程师　管　林
副总经济师　曹香芝

兰州广播电视总台

党委书记、总台长　李继龙（7月免）
　　　　谢　鹏（7月任）
党委副书记、纪委书记　汪永国
副总台长　李正强　张旭利
　　　　汪小平　王　韧

市招投标管理局

局　长　徐成瑜
副局长　万国平

市项目投资评审中心

主　任　石爱国
副主任　李有珍

市地方志办公室

主　任　陈茂林
副主任　金钰铭

市气象局

局　长　王全福
副局长　徐　强

市政府政务大厅

主　任　王俊东（10月免）
副主任　韩　宁　张栋梁（12月免）

市委市政府接待办公室

主　任　黄继全（10月免）
　　　　淡汉荣（10月任）
副主任　刘建忠　刘宗军

市质量技术监督局

局　长　苗岷生
副局长　龚淑珍　栗志敏
　　　　陈筱渝　杜兴中

市工商局

局　长　程书印
副局长　达智文　马凤莲　杨小顺
　　　　杨宪明

市地税局

局　长　廖永凯
副局长　温青梅　吕　焰
　　　　毌辉军　贾发元

市国税局

局　长　景顺祥
副局长　于洪涛　周德宣　屠凤英
　　　　郑学强　李志远

市食品药品监督管理局

局　长　滕耀文
副局长　马科信
　　　　权文军（1月任）

兰州银行股份有限公司

董事长　李治文
党委书记　安振亚
党委副书记　辛　坚（7月任）
监事长　赵怀珠（12月免）
行长　房向阳
副行长　裴东平　刘　层　张俊良
总稽核　张曙光（12月免）

民主党派、人民团体

中国国民党革命委员会兰州市委员会

主　委　孙晓刚
副主委　黄汉伟　赵凤兰　秦遇成
　　　　胡　骏
秘书长　胡　骏

中国民主同盟兰州市委员会

主　委　蒙自福
副主委　吕保伶　李　军　张巨印
　　　　杨　巩　唐浩旋
秘书长　刘　朝

中国民主建国会兰州市委员会

主　委　刘晓瑚
副主委　马东兵　韩　林　吴贤德
　　　　张梦才　孙　洁　蔡根泉
秘书长　廖顺泰

中国民主促进会兰州市委员会

主　委　张荫林
副主委　王芳霞
兼职副主委　杨仁名　陈永革
　　　　陈　伟
秘书长　王巧芸

中国农工民主党兰州市委员会

主　委　张祖迁
副主委　魏丽红　王　波
　　　　徐优文　潘建西
秘书长　付筱华

九三学社兰州市委员会

主　委　戈银生
副主委　李仁金　罗湘瑞
　　　　何文涛　谢　伟

兰州市总工会

主　席　胡康生
副主席　高长林　马兴华
　　　　牛国巍　王育民
　　　　康灵娜

共青团兰州市委员会

书　记　杨　平
副书记　杨斌宏　何　威　马俊源

兰州市妇女联合会

主　席　张淑菊
副主席　畅伟杰　张建新

兰州市工商联

会　　长　　　　魏职勤

党组书记　　　　向根成(12月免)

党组副书记　　　赵世武(6月免)

副会长　　伞秀香　鄢　军

秘书长　　高万富

兰州市文学艺术界联合会

主　席　　张昭平(7月免)

　　　　　魏周第(7月任)

副主席　　岳逢春

　　　　　王作宝(10月任)

兰州市残疾人联合会

党组书记、理事长　　　　唐延生

副理事长　孔令利　王　彬(10月免)

　　　　　杨海源

兰州市归国华侨联合会

主　席　　宋政奎(10月任)

党组书记　马　彬(10月任)

副主席　　宋政奎(10月免)

市科学技术协会

主　席　　高国维

副主席　　刘　兵

市政府驻外机构

北京联络处

主　任　　朱合泉

副主任　　栾　星

　　　　　冷希敏(10月免)

上海联络处

主　任　　刘　航

副主任　　国　利　康毓秀

深圳(珠海)办事处

主　任　　王　璞

副主任　　范文森

厦门办事处

主　任　　包正福

副主任　　冷希敏(10月任)

乌鲁木齐办事处

主　任　　康　新

副主任　　王克一

拉萨办事处

主　任　　李康年

副主任　　李赫林

(段志奇)

中国共产党兰州市委员会

【市委常委会】 2009年，中共兰州市委共召开常委会19次，印发会议纪要19期。会议主要内容分十二类：研究通过《中共兰州市委关于在全市开展深入学习实践科学发展观活动的实施方案》和《兰州市参加第二批深入学习实践科学发展观活动实施方案》。要求全市上下要充分认识开展深入学习实践科学发展观的重大意义，切实增强学习和贯彻落实科学发展观的自觉性和主动性，确保全市学习实践活动出特色、出经验、出成果。研究同意召开兰州市第十四届人民代表大会第四次会议和政协兰州市第十二届委员会第三次会议。研究讨论通过中共兰州市委常委会2009年工作要点。专题研究通过《政府工作报告》、《兰州市2008年国民经济和社会发展计划执行情况及2009年国民经济和社会发展计划草案》、《兰州市2008年财政预算执行情况和2009年全市及市级预算草案》。专题研究全省组织部长会议、宣传思想工作会议、统战部长会议、政法工作会议、维稳信访工作会议精神在全市的贯彻落实。学习传达全省领导干部大会精神、省市主要领导干部研讨班暨省委十一届七次全委会精神，并对全市贯彻落实情况进行安排部署。传达学习习近平在甘肃调研时的讲话精神和全省干部会议精神。专题研究全市经济运行情况。同意召开中共兰州市十一届五次全委（扩大）会议。研究通过《兰州教育满意计划（2008—2014）》、《兰州市预防腐败试点工作方案》、《兰州市机关干部作风建设问责暂行办法》、《市委常委会贯彻落实科学发展观情况分析检查报告》、《兰州市集体林权制度改革试点工作方案》、《中共兰州市委常委会深入学习实践科学发展观活动整改落实方案》、《2009年全市重点工作“大督查”活动实施方案》、《中共兰州市委关于认真贯彻落实党的十七届四中全会精神加强和改进新形势下党的建设的意见》、《兰州市市管领导班子和领导干部年度绩效考核评价办法》、《兰州市人民政府机构改革方案》、《关于加快推进新型工业化进程的实施意见》、《兰州市统筹城乡综合配套改革试点工作方案》。专题研究兰州市庆祝新中国成立60周年暨兰州解放60周年活动事宜。研究干部任免、奖惩及机构调整等问题。

【中共兰州市委十一届五次全委（扩大）暨经济工作会议】 12月25日召开，省委常委、市委书记陆武成主持会议。会议主要任务是贯彻落实中央和省委经济工作会议精神，总结全年工作，分析当前形势，部署来年任务。陆武成作重要讲话，主要分五个方面：一是积极应对挑战，着力攻坚克难，全市经济发展取得新成效。经济发展回升向好、项目建设成效明显、农村经济稳定发展、城市管理水平不断提升、社会大局保持和谐稳定、党的建设全面加强。二是准确把握形势，坚定发展信心，进一步增强加快发展的紧迫感和责任感。三是突出工作重点，明确主攻方向，全力推动经济发展上台阶上水平。明确2010年全市经济工作总体要求，即以科学发展观为指导，全面贯彻中央和全省经济工作会议精神，深入落实省委区域发展战略和市委“1355”总体发展思路，积极转变发展方式，不断提高经济增长质量和效益，着力调整经济结构、加强基础设施建设、加快城乡一体化发展、推进兰北新区和兰白都市经济圈建设、保障和改善民生、推进改革开放和体制机制创新，努力促进经济社会加快发展、率先发展、科学发展。四是着力保障和改善民生，加快社会事业协调发展，努力保持社会和谐稳定。五是深入推进改革创新，全面加强和改进党的建设，为经济社会发展提供坚强保障。会上各县区委书记还作了基层党建工作述职报告。

【抗旱春耕生产督查工作】 为了进一步贯彻落实省、市农村工作会议和全省抗旱春耕生产电视电话会议精神，全面掌握、及时指导全市抗旱春耕生产工作，确保完成全市农业和农村经济各项目标任务，市委、市政府决定由市级领导带队，组织4个抗旱春耕工作督察组，分赴各县（区）对抗旱春耕生产工作进行督查。督查从2月下旬开始至全市春耕工作结束。督查内容主要是农业和农村经济工作安排及进展情况、开展抗旱春耕生产情况、群众生产生活安排情况等。

【“慈善一日捐”活动】 深入贯彻落实科学发展观，以弘扬中华民族传统美德、多渠道多形式募集慈善救助基金、加大为民解困救助力度，广泛宣传，深入开展“慈善一日捐”活动。活动在市、县（区）党政机关、人民团体、企事业单位和中央、省属在兰企事业单位、驻兰部队、大专院校、个体工商户、在兰从业人员中进行，同时欢迎市外爱心人士捐赠。捐赠活动坚持自愿原则，以资金为主。原则上行政事业单位捐赠不低于1天的公务活动费；单位职工和各类有收入的人员不低于1天的工资；鼓励行政、企事业单位领导及外资、合资、私营个体企业家、慈善家带头捐助。

【文明志愿服务活动】 深入贯彻落实中央文明委《关于深入开展志愿服务活动的意见》精神，进一步提高公民文明志愿者服务体系，积极培育文明风尚，不断提高公民文明素质、社会文明程度和群众生活质量，推动兰州市创建全国文明城市战略目标顺利实现，市文明委研究决定在全市深入开展文明志愿服务活动。活动按贴近实际、贴近生活、贴近群众，为政府分忧、为百姓解难的宗旨进行。志愿者队伍在上年的基础上达到30万人。

【“打盗抢、促防范、保平安”百日会战专项活动】 加强社会治安动态管控，加大对“两抢一盗”等突出治安问题的严打整治力度，为促进全市经济社会又好又快发展和建国60周年庆典创造和谐稳定的社会治安环境，市委、市政府决定从4月24日开始至7月底，在全市范围内组织开展为期3个月的“打盗抢、促防范、保平安”百日会战专项行动。这次活动按照社会治安综合治理“属地管理”和“谁主管、谁负责”原则，坚持“打防结合、预防为主，专群结合、依靠群众，加强管理、重在治本”方针，集中时间、力量，统筹安排，加强协作，“严打、严防、严管、严治”多策并举，依法严厉打击“两抢一盗”等多发性犯罪活动，进一步稳定社会治安。

【开展全市重点工作大督查活动】

为把学习实践科学发展观活动不断引向深入，全力推动市委、市政府“1355”总体发展思路和市委十一届五次全委（扩大）会议精神的贯彻落实，市委决定从8月中旬开始，集中两周时间，在全市范围内开展重点工作“大督查”活动。重点督查深入学习实践科学发展观活动、市委全委会精神特别是市委市政府“1355”总体发展思路贯彻落实、重大项目建设、重点工作落实等情况及机关作风整顿。

（魏含虎）

· 组织工作 ·

【概况】 2009年，市委组织部紧紧围绕市委“1355”总体发展思路和全省、全市组织部长会议精神，围绕服务科学发展和实现组织工作自身科学发展两大任务，进一步解放思想，转变观念，创新机制，改进方法，着力抓重点、破难题、强基础、求实效，为全市经济社会加快发展、率先发展、科学发展提供了坚强的组织保证和人才支撑。

【学习实践科学发展观活动】 按照中央和省、市委统一部署，在全市深入开展学习实践科学发展观活动。作为活动牵头单位，具体负责学习实践科学发展观活动的组织、协调、指导、检查等工作。组织全市各级组织部门紧紧围绕“党员干部受教育，科学发展上水平，人民群众得实惠”目标，精心谋划部署，加强组织领导，完善工作措施，强化督导检查，狠抓任务落实，有力推动了学习实践活动的深入开展。组织全市2421个单位、6315个党组织、13万多名党员，分两批开展学习实践活动。在完成“规定动作”的同时，积极探索创新活动载体，组织开展“大学习”、“大讨论”、“大调研”、“大整改”、“大督查”、“大推进”为主要内容的“六大”主题活动，总结推广“三学三比”、“一谈二访三献策”等一批特色经验，一些好的做法在全省得到推广，有的在中央媒体进行专题报道。学习实践活动中，全市共废止制度1061个、修订制度5251个、新建制度2821个，建立体制机制创新项目

兰州市党政主要领导干部研讨班

614个，制定整改措施1.7万余条，解决突出问题1.2万多件，为群众办实事1.2万余件，调整386个基层党组织领导班子，整顿131个软弱涣散班子。

【干部人事制度改革】 按照“创新体制机制，服务科学发展”要求，围绕深化干部人事制度改革的一些热点和难点问题，加大试点探索力度，积极创新选人用人制度办法。结合干部管理权限调整和任免管理方式变化，重新修订《市管干部职务名称表》。坚持民主、公开、竞争、择优方针，加大竞争性选拔干部力度，严格执行《兰州市党政机关科级领导干部竞争上岗工作暂行办法》，先后有一部分市直单位中层科级领导职务竞争上岗，对公、检、法三家85个县级职位竞争上岗进行全程指导和参与，探索和积累了一些好的经验和做法。不断规范干部交流工作，制定《兰州市市直部门（单位）中层干部轮岗交流实施办法》，为推进干部交流、激发干部活力提供制度保障。全面实施“一报告两评议”制度，制定出台《干部选拔任用全过程记实办法》，提高了干部选拔任用的规范化水平。积极探索实践，指导七里河、榆中、西固、城关四个县区分别开展差额选任、信息公开、初始提名和公推公选试点工作，取得初步成效。

【领导班子和干部队伍建设】 紧紧围绕加强党的执政能力建设和先进性建设这一主线，大力加强领导班子思想政治建设，制订《关于进一步加强全市领导班子思想政治建设的意见》，提出建设“五好”领导班子（建设“政治素质好、团结协作好、用人导向好、作风形象好、科学发展实绩好”）和实施“六大工程”（理论武装、素质提升、民主增进、制度创新、形象塑造、机制构建），为全市领导班子和干部队伍建设提供了保证。坚持“德才兼备，以德为先”原则，分批次进行干部调整配备，全年共任免干部740人次，其中提拔274人，平职调整和交流安排341人、免职退休125人，同时完成市人大、市政协“两会”的组织选举工作，优化了各级领导班子结构，增强了整体功能。在对全市各级党政领导班子年龄和知识及专业结构、三方面干部配备、后备干部建设等方面情况进行调研、分析基础上，起草贯彻落实《2009—2013年全国党政领导班子建设规划纲要》意见。严格按照选拔程序，调整补充正、副县级后备干部库，新建乡镇（街道）党政正职后备干部库，为加强领导班子建设储备人才，补充力量。不断加大干部培养锻炼力度，全市选派27名科级干部在市直机关和县区乡镇（街道）挂职锻炼，选派3名副县级干部赴省直部门和陇南灾区挂职锻炼。同时，认真做好中央、省派干部和藏区挂职干部19名。在往年考核基础上，进行大量调研，研究制定《市管领导班子和领导干部年度绩效考核评价办法》，重新设置指标体系和评价要素，更加注重民意调查和平时考核。共考核市管领导班子109个，考核县级领导干部1199名。

【干部教育培训】 组织召开全市干部教育培训工作会议，制定《兰州市“新一轮”大规模培训干部实施意见》，启动“一把手”培训工程、后备干部培训工程等六大培训工程。合理设置培训班次，科学安排开班时间、学制和教学内容，采用案例式、模拟式、互动式、探讨式等方法，邀请省市领导干部、专家学者兼职授课，依托市县两级党校主阵地，共举办主体班次和专题班次198期，全年累计培训各类干部16939人。积极拓宽培训渠道，举办组织人事干部深港培训班，增设德国现代企业管理培训班，并与北京大学联合举办“公共危机管理”高级研修班。在认真总结2008年学分考核工作基础上，制定《兰州市干部教育培训学分制考核管理办法补充规定》，使学分制考核管理更具有科学性、可行性及可操作性。下发《2009年全市干部教育培训在职自学书目和研究专题菜单》，发布《2009年干部在职自学辅导资料》，组织全市16000多人参加2009年在职自学考试，将考试结果与单位及个人年度奖惩相挂钩，有效提升了广大干部开展自学的主动性、积极性。

【人才工作和人才队伍建设】 不断强化宏观管理职能，认真履行牵头抓总职责，以搞好人才规划来统筹人才工作，启动《兰州市人才队伍建设2010—2020年中长期规划》编制工作，中长期人才规划14个子课题的调研撰写工作已经完成。以重点工程推动人才工作，继续深化“新农村建设人才保障工程”，大力推进专业技术人才支撑体系建设，7个子工程目标任务全面完成。注重以高层次人才队伍建设来带动各类人才队伍建设，组织开展第四批“151”人才工程推荐选拔、优秀科研项目评审和资助、高层次紧缺人才培训、院地互派专业技术干部挂职、科技特派员服务三农等工作。在认真开展急需人才需求调研的基础上，确定104个职位面向全国发布信息，引进高层次人才22人。不断完善人才培养、使用、管理、激励等措施，提高服务人才水平。认真组织开展各类优秀人才宣传报道、表彰奖励、健康体检和考察疗养等工作，有效调动各类人才干事创业的积极性。

【基层组织建设】 坚持“抓基层、打基础，创特色、树品牌，建制度、求长效”思路，抓住开展学习实践活动的有利时机，统筹推进各领域基层党建工作。在农村，全面推广和开展“三争一促”活动，建成一批示范村、先进村；积极借鉴项目管理模式，组织实施综合示范县区创建、大学生村官创业扶持、村党组织书记专题培训等创新项目；强化村干部管理激励措施，建立村党支部书记实绩考核、在职村干部绩效工资发放管理等办法规定；抓好责任落实，推行县区委书记履行基层党建工作责任情况在市委全委会上述职制度，完善县区委书记抓农村基层党建工作实绩考核办法。在城市社区，继续深化和拓展“民情流水线”工程，持续开展示范社区和标准化社区创建活动，对109个社区创建情况进行检查验收；大力推进社区办公用房建设，已有345个社区拥有自主产权，占总数的88%，198个社区建成“一站式”电子服务大厅。在非公经济组织和新社会组织，坚持无党员抓发展、有党员抓组建、有组织抓规范，全市280家规模以上非公企业全部建立党组织，完成26个省级示范点和10个市级示范点创建任务，新社会组织在党组织建立和活动开展方面也迈出新步伐。在机关，深入开展“党员做表率、支部创五好”活动、机关党组织与农村党组织互联共建活动。进一步加强企事业单位党建工作，党员教育管理服务水平不断提高，年度党员发展任务全面完成，党组织、党员信息库建设顺利通过省上检查验收，农村党员干部现代远程教育示范点创建、“母亲河”网站管理运行、电教片制作宣传以及党代表任期制试点等工作有了新进展。

【干部监督工作】 结合学习贯彻《条例》，认真组织开展整治用人上的不正之风和治理拉票行为专项行动。制定《中共兰州市委组织部关于在后备干部集中调整中加强监督认真治理拉票行为的工作方案》等规章制度，开展“三个满意度”测评，严格执行《任前公示实施办法》，探索建立干部选拔任用全过程记实办法，强化对干部选拔任用全过程的监督，进一步扩大党内民主，规范用人行为。下发1000名市管领导干部“三龄一历”审定结果。加大经济责任审计力度，共审计经济责任人49名。认真受理群众来信来访，共受理各类群众信访件180件。其中，部机关办结率100%，批转县区、市直部门承办率100%，上报办理结果率73.8%。认真做好出国境人员政审和备案管理工作，共办理90批次共182人出国境政审备案手续，外出人员没有出现违反外事纪律和国家法律的情况。

（段志奇）

·宣传思想工作·

【概况】 2009年，全市宣传思想文化战线紧紧围绕市委、市政府“1355”总体发展思路，认真落实省、市《2009年宣传思想工作要点》确定的目标任务，按照“高举旗帜、围绕大局、服务人民、改革创新”总要求，坚持“三贴近”原则，始终保持昂扬向上的精神状态，牢牢把握正确的思想舆论导向，唱响主旋律，打好主动仗，理论武装扎实有效，舆论引导主动有力，文化事业持续繁荣，文化产业加快发展，思想道德建设深入推进，文明创建成效明显，外宣工作水平不断提高，各项工作协调发展，为全市经济社会发展做出贡献。全面提升宣传思想文化工作水平，为兰州市加快发展、率先发展、科学发展提供有力的思想保障、舆论支持和文化条件。

【理论武装工作创新提高】 按照中央和省委统一部署，坚持围绕主题，突出实践特色，创新活动载体，开展“大学习、大讨论、大调研、大整改、大督查、大推进”等六大主题活动，学习实践科学发展观活动扎实有效推进。组织开展中国特色社会主义理论体系“进乡镇、入社区，进企业、入校园”宣讲对谈活动，省、市、县（区）宣讲团共

开展宣讲对谈128场，全市乡镇街道、社区和市属高校、重点国有企业实现 “全覆盖”。正式启动兰州市哲学社会科学规划办公室工作，围绕市委市政府“1355”总体发展思路等重大战略问题，实施2009年度社科规划项目41项，填补了兰州市哲学社会科学空白，为繁荣发展发展兰州地区哲学社会科学事业搭建了平台。

【“1355”宣传战役走进县区】 为展示兰州市贯彻落实“1355”总体发展思路成果，4月—11月，策划开展 “1355”总体发展思路走进县区活动。省、市新闻媒体每月集中一周时间深入一个县区，用鲜活的事例、详实的数据、生动的笔触和镜头，对各县区落实“1355”总体发展思路情况进行宣传报道。《兰州日报》、《兰州晚报》推出《“1355”宣传战役——走进县区》专题系列报道；市广电总台制作播出14期系列访谈节目《“1355”——兰州发展新思路》，并推出《“1355”总体发展思路一周年述评》。

【国庆60周年活动】 为庆祝新中国成立60周年暨兰州解放60周年，组织开展 “祖国在我心中”万名群众升国旗仪式、“空中看兰州”大型航拍、出版《辉煌的历程》综合图书、制作《走向辉煌》电视政论片、“黄河大合唱”歌咏比赛、兰州解放60周年纪念大会、中山桥建成100周年庆典、“兰州风情”文艺演出、“黄河之都”体育赛事、“祝福祖国”国庆焰火晚会等庆祝纪念活动。8月26日，兰州解放60周年纪念大会举行，省委书记、省人大常委会主任陆浩出席并发表重要讲话，省、市党政军领导，老同志、老战士及各族各界群众代表近1000人参加纪念大会。市广电总台拍摄的首部以兰州解放为主题的数字电影《兰州1949》在纪念大会上首映。

【文明城市创建工作】 经过数年努力，兰州市创建全国文明城市工作取得可喜成绩，实现了阶段性目标，被中央文明委授予“全国创建文明城市工作先进城市”称号，这是改革开放30年来兰州市首次获得国家级最高综合性荣誉称号。在此基础上，深入动员部署，启动新一轮创建工作。成立市民学校总校，制订《市民素质教育三年规划》，招募组建教师队伍。兰州市被中央文明办、民政部选定为全国“百万空巢老人关爱志愿服务行动”3个启动城市之一，12月5日举行启动仪式，中国文明网进行视频直播，《精神文明报》进行专版报道。城关区启动“爱心集结号”志愿者网站，建成全省乃至西部首家“虚拟养老院”。“四点半”工程获全国第一届未成年人思想道德建设工作创新案例推广应用奖，兰州大剧院被评为“全国文化系统先进集体”，经典舞剧《大梦敦煌》被文化部授予“优秀保留剧目大奖”，“八路军办事处”纪念馆被命名为首批“全国国防教育示范基地”，中石化兰州分公司被评为全国国防教育先进集体。

【中山铁桥百年庆典】 8月26日上午，中山桥建成100周年庆典活动 在中山铁桥南广场举行。省市党政军、在兰州工作过的部分老领导、铁桥建设者后裔以及各界群众代表参加庆典仪式。为纪念中山铁桥百年诞辰，兰州市面向全国开展《中山铁桥百年赋》征文，并在中山铁桥旁树“百年纪念碑”，刻《中山铁桥百年赋》永久留念。庆典仪式上，省市领导为纪念碑揭幕，并为征文获奖作者和铁桥建设者后裔颁发荣誉证书。中央电视台《新闻联播》栏目、东方卫视等媒体对铁桥百年庆典进行报道。

【“航拍兰州”】 “航拍兰州”是兰州市庆祝新中国成立60周年暨兰州解放60周年十大活动之一，也是开展军地军民共建的一项重要活动。航拍活动由市委、市政府主办，市委宣传部策划承办，在驻兰空军部队的大力支持下，9月下旬进行。12月8日，在兰州美术馆举办展览，共展出精心筛选制作的100余幅图

兰州中山铁桥百年庆典

片和5组航拍电视片，这些航拍图片和电视片，以县区为经络，全方位展示了兰州市城市发展、新农村建设、企业发展、文化建设、交通建设、人居环境、自然风貌、历史遗存等方面的巨大变化，真实再现了兰州解放60年来各方面取得的辉煌成就。

【唱响爱国歌曲】 6月29日，省委宣传部、省文明办、市委宣传部、市文明办在兰州举办“爱国歌曲大家唱·甘肃兰州演唱会”，兰州市爱国歌曲大家唱活动全面启动。此后3个月，各社区、农村、企业、机关、学校、连队等基层单位和各界群众积极参与，学唱、传唱爱国歌曲。9月16日—23日，连续8天在水车博览园文化广场举行“爱国歌曲·黄河大合唱”群众歌咏大赛，在黄河两岸唱响了共产党好、社会主义好、改革开放好、伟大祖国好、各族人民好的主旋律，为庆祝新中国成立60周年营造了热烈喜庆、文明祥和的浓厚氛围。

【文化体制改革】 在上年全面完成市级单位文化体制改革试点工作的基础上，兰州市继续巩固和深化试点单位文化体制改革成果，进一步落实支持文化、广电、报社和第四媒体发展的有关政策，启动县区文化体制改革。参加甘肃省第四届文化产品博览交易会，签约项目10个，签约金额2.24亿元。按照“重点扶持、统筹兼顾”原则，妥善使用300万元文化产业专项资金，对12个文化产业项目进行重点扶持。市政府确定的20件为民兴办的实事之一的总投资660万元的300个农家书屋全部建成并投入使用。12个乡镇综合文化站、14个文化信息资源共享工程项目，均已建成并投入运行。

【“大河魂”美术作品晋京展览】 7月30日，以突出地方特色、反映西部风情、歌颂时代新貌、立足本土文化为指导思想的“大河魂—兰州画院美术作品展”在中国美术馆举行。展览推出的百余幅美术作品，是兰州画院“大河上下万里行”活动实施六年来的美术创作总结，近3万首都观众参观展览。展览得到全国美术界专家的高度评价，提升了兰州美术作品在全国的知名度，宣传了兰州文化特色魅力。为庆祝兰州、八户两市友好交流25周年，组织美术作品百余幅，成功出访日本，为宣传发展兰州文化事业，推动中日文化交流发挥了积极作用。

【典型宣传引领社会新风】 围绕学习实践科学发展观和构建社会主义核心价值体系，加大典型宣传力度，发掘全市各条战线涌现出来的先进典型，建立了典型宣传资料库。组织开展全国“双百”评选和全省“感动甘肃人物”评选活动，革命烈士张一悟、环卫工人王菊花被评为感动甘肃人物，非公企业主杨开守被推荐为全省自主创业优秀大学生报告团成员。城关区组织开展“感动城市”十大人物评选，推出何翠芳城市管理模式；七里河区阳光家园玫瑰园小区保安队长孟昭乐勇擒小偷英勇牺牲，被确定为“感动甘肃”十佳人物候选人；红古区河嘴村党支部书记、村委会主任刘世平因劳累过度倒在工作岗位上，被区委追授“带领群众致富的好支书”荣誉称号；西固区先后推出优秀党支部书记孙先元、张俊宗和临洮街康乐路社区等先进典型；榆中县开展首届“十大道德模范”评选活动；永登县评选20位“永登美德之星”，在秦王川引大灌区开展扶持道德模范人物活动。

（王槐义）

·统战工作·

【概况】 2009年，市委统战部围绕“1355”总体发展思路和市委、市政府重点工作任务，着力巩固政治基础，努力促进社会和谐，突出抓好各领域统战工作，奋力开创兰州统一战线服务科学发展和实现自身科学发展的新局面。是年全市有民主党派6个，基层组织280个，成员4288名；有少数民族干部1472名；市县区两级宗教爱国团体23个，教职人员1376人，信教群众28万人；有佛教、道教、伊斯兰教、天主教、基督教五种宗教，批准开放并予以登记宗教活动场所260处；全市有工商联会员11098名，非公有制经济组织9.74万户，非公有制经济从业人员53.2万人；有台胞86名，台属842户，近5000人；有侨联会员组织43个，归侨侨眷68000多人；统战性质群众团体8个。

【多党合作与政治协商】 认真贯彻落实中共中央《关于进一步加强中国共产党领导的多党合作和政治协商制度建设的意见》，不断推动多党合作制度化、规范化、程序化建设。支持民主党派和无党派人士更好履行参政议政、民主监督职能，围绕全市经济社会发展中的重大问题和人民群众关心的热点、难点问题进行调查研究，提出具有科学性、可行性意见和建议。“两会”期间，市级各民主党派和无党派人士提交集体提案147件，委员个人或联名提案389件，人大议案64件。适时调整和补充市级党员领导干部与党外人士联系名单；组织民主党派负责人参观全国统一战线教育基地重庆特园；考察榆中县农业产业化结构调整；座谈庆祝建国60周年和多党合作60周年；组织召开

5次市级民主党派双月联系会。协助省级民主党派对全膜双垄沟播项目、农村消费市场和设施农业进行调研。积极协助各民主党派认真开展学习实践科学发展观活动；协助市级民主党派成立机关工会，举办纪念建国60周年和多党合作60周年文艺演出4场，座谈会6次，书画摄影展3次。6月，在省社会主义学院举办无党派人士培训班，培训36人。11月，举办第23期党外干部培训班，培训民主党派骨干成员50多名，推荐8名民主党派代表人士参加中央社会主义学院培训班，5名党外副县区长参加省委党校研讨班，推荐1名党外干部担任市政府组成部门领导，2名民主党派机关干部到基层挂职锻炼，8名民主党派机关干部得到提拔使用。对市人大、市政府、市政协及其工作部门党外人士安排情况进行统计汇总，健全档案资料。

【民族宗教工作】 围绕构建和谐兰州大局，积极开展民族团结创建活动。5月，开展以“维护民族团结、促进宗教和谐”为主题的第六个“民主团结进步宣传月”活动。着力开展党的民族政策的宣传教育，发放民族宗教政策法规宣传册5000多册，民族知识问答宣传材料5万多份，投入250多万元帮助少数民族困难群众、帮扶民族村发展公益事业、资助少数民族困难学生。启动“民族团结林”活动，组织52家单位，捐款4.5万元，认养树木450多株。11月，召开全市民族团结进步表彰大会。坚持依法管理宗教，进一步完善三级宗教工作网络，继续开展创建“和谐宗教”、“和谐宗教活动场所”主题活动，指导市伊斯兰教协会顺利换届。8月18日，邀请国家宗教局局长叶小文来兰举行宗教形势和宗教政策专题报告会。10月，举办全市少数民族干部培训班，培训少数民族科级以上干部40多人，推荐选派13名中青年阿訇参加中央、省委统战部组织的学习培训。在伊斯兰教斋月期间，慰问特困家庭212户，发放慰问金6万多元。

【经济统战工作】 进一步加强经济统战工作，推进非公有制经济快速发展。帮助市工商联会员企业解决融资难的问题，指导市工商联等部门与建行兰州中小企业经营中心召开银企恳谈会；开展非公企业“品牌战略”电视系列片，制播30集，并编发《品牌战略》专刊，进一步扩大非公经济品牌的社会价值和影响力。11月，举办第二期新的社会阶层代表人士培训班，培训60多人；12月，组织部分非公经济组织党组织负责人就非公经济组织党建工作和学习实践科学发展观等内容赴上海等地学习考察。新成立基层党组织5个，发展党员24名，培养入党积极分子78名。组织第六次全市统战系统“帮助困难群众献爱心月”活动，捐赠款物68万元，慰问城乡困难群众1000户。继续开展“一企帮一村、共建新农村”光彩事业活动，南安商会、悦达公司等为结对帮扶村捐助资金180多万元支持农业、道路建设，新建光彩小学3所，村级卫生所5所。“八一”前夕，引导部分非公企业深入驻军部队开展双拥活动，送去各类慰问品价值7万多元。

【海外侨台及社区统战工作】 积极开展对台统战工作，调查走访18家台资企业，掌握金融危机形势下台资企业经营状况。邀请沿海台资企业和台湾中南部企业家、市县议员来兰考察投资，共接待17次、37人。举办全市台湾形势报告会和涉台干部培训班、培训70多人。积极开展帮扶困难台胞台属活动，筹措资金8万多元，慰问台胞台属100户，资助贫困学生16人、残疾人家庭11户。为遭受“莫拉克”台风灾害的台湾同胞募集捐款人民币3万多元，台币5万元。在榆中县连搭乡、永登县连城镇新建明德小学2所。市侨联协助皋兰县引进由香港新世纪物料供应工程有限公司投资1亿元兴建兰州灌装饮料生产项目。11月，指导协调召开全市第十次归侨侨眷代表大会，对市侨联领导班子进行换届；召开市海外联谊会四届二次理事会，调整补充领导班子。继续深入开展社区统战工作，支持、指导各街道镇、社区创新形式，丰富活动内容。

【自身建设】 积极开展以“讲党性修养、树良好作风、保科学发展”为主题的机关作风建设年活动，进一步树立“为民、务实、清廉、高效”形象，健全完善19项工作制度，加强统战信息、宣传和调研工作，召开全市统战信息宣传工作会议，向上级部门报送信息270条，被中央统战部采用54条，省委统战部采用93条，市委信息处采用48条，适时编发《兰州统战信息》45期，《兰州统一战线》刊物4期。

（朱有德）

·政法工作·

【概况】 2009年，面对金融危机和“3·14”、“7·05”事件等严重冲击，敌对势力利用1989年春夏之交政治风波20年、取缔“法轮功”邪教组织10年进行捣乱破坏活动等复杂形势和严峻挑战，全市政法系统紧紧围绕“1355”发展战略，主动服务第一要务，坚决落实硬任务，统筹抓好维护稳定、社会治安防控、政法队伍建设三项重点工作，组织

市委政法委书记李森洙参加法治宣传

实施第三个防控体系建设三年规划和第四轮禁毒工作三年规划，为促进经济社会平稳较快发展，迎接新中国成立60周年，创造了良好稳定的社会环境。兰州市被评为全国社会治安综合治理优秀城市。

【平安兰州建设】 继续深化平安创建，市委、市政府下发《关于在全市深入开展“平安兰州”建设活动的意见》，进一步明确各级党政主要领导、分管领导和班子各成员在平安创建活动中的工作责任，有重点、有目标、有计划地推进全市平安建设的深入开展。各县区、各部门在广泛开展“平安社区(村)”、“平安校园”、“平安单位”、“平安乡镇(街道)”创建基础上，将平安建设扩展到企业、商场及中央和省属驻兰单位，强化了平安宣传，使平安创建多层次、多形式顺利开展，宽领域、全方位稳步推进。在榆中县被甘肃省综合治理委员会评为“平安县区”、安宁区被评为全国先进“平安县区”基础上，2009年推荐红古区为省级“平安县区”。截至年底，全市已创建命名2个平安县区、65个平安乡镇（街道)、569个平安村、252个平安社区和6374个平安单位，平安建设覆盖面稳步扩大。认真贯彻落实中央政治局常委会重要指示和中办14号文件精神，全市113个乡镇（街道）全部成立综治委（办），1139个社区（村）全部建立综治工作小组，形成上下贯通、责任到人、层层负责的工作网络。

【维护社会稳定】 以兰州市民族宗教、高等院校、科研单位和特殊群体为重点，紧紧围绕平息“六四”风波20年、取缔“法轮功”10年等敏感节点和重大活动，加强预警性、内幕性、行动性情报信息的搜集研判，做到敌动我知、未动先知。1月—11月，共搜集各类情报信息1362条（同比增长10.6%)，破获危害国家安全案件10起。成功侦破“3·05”等一批专案。共受理网上报警案件328起，删除有害信息5925条，查破涉网案件162起。破获“法轮功”案件12起、摧毁地下窝点3个、收缴非法书籍6000余册。教育转化法轮功顽固人员13名。同时，依法坚决打击“观音法门”、“实际神”等邪教组织活动，查获非法书籍4657册，半成品书芯12000张。加大对“门徒会”等其他邪教组织的专项整治力度，进一步瓦解其组织基础，削弱其活动能力，坚决防止其做大成势。充分发挥基层调解中心的平台作用，通过抓组织延伸，抓规范化建设，抓综合效能的发挥，全市调解网络覆盖面达到90%。总结推广个案调解、信息报告奖励制度，拓展和畅通民意表达渠道，形成司法调解、人民调解和行政调解有机结合的调解工作机制。从4月开始，有针对性地组织开展全市矛盾纠纷集中排查调处活动。1月—12月，共排查矛盾纠纷3626件，解决3434件，解决率达94.7%。其中：重大矛盾纠纷254件，解决217件，解决率为85.1%。对有可能发生的群体性事件，切实做到预警及时、应对得当、处置稳妥、取证有效，坚决防止矛盾积聚、风险叠加、局面失控。全年发生的134起各类群体性事件和155件群体性上访，均得到有效稳妥处置，没有发生影响稳定的重大问题。针对2009年重点、敏感时段相对集中，敏感节点多的特殊形势，坚持下好先手棋、打好主动仗，早部署、早安排、早工作，确保了大局平稳。“六四”期间，兰州市出现的1000余件“六四”文化衫、运动服被及时查扣封存，涉及“六四”事件的2000余册不良书籍、标语被及时查收，发生在榆中高校的标语书写案被迅速侦破。新疆乌鲁木齐“7·05”严重打砸抢事件后，立即召开紧急会议，对全市安全稳定工作进行再动员、再部署，全市没有发生影响稳定和治安的捣乱破坏活动。针对建国60周年大庆活动，下发《关于做好近期和“国庆”期间维护稳定工作的实施意见》，将维护稳定和安全保卫工作的责任细化到每一个部门和责任领导，确保了大庆活动期间的平安稳定。

【社会治安综合治理】 牢牢把握全市治安稳定形势，紧密结合国庆

安保工作，审时度势地组织开展“打黑除恶”、“打盗抢、促防范、保平安”百日会战、“春季攻势”、“冬季攻势”、集中开展命案攻坚战役、校园周边环境专项整治等10个严打整治集中行动，挂牌整治14个治安问题突出的路段、场所，始终保持了对刑事犯罪的高压态势，有力地改变了重点路段、场所的治安面貌，解决了一批突出治安问题。全年共摧毁带有黑社会性质的犯罪集团4个，打掉恶势力犯罪团伙13个、犯罪团伙237个。破获各类刑事案件5984起（同比上升6.08%），抓获刑事作案成员4588名（同比上升0.7%）。批准逮捕2157件3155人（同比上升11.8%、10.4%），做出有罪判决3597人，同比上升30%。相继侦破了“1·02”抢劫杀人案、“2·27”、“3·05”等影响较大的故意杀人案，命案现案破案率达92%。强力推进“科技强防”工程，继建设安装社会面2200个视频监控探头后，2009年又投入1600万元，全面推进以社会面监控2800个探头为主体的技防二期工程建设，实现了技防设施建设向社会面、向小区楼院、向单位内部、向背街小巷、向农户村舍的“五个延伸”，全市技防覆盖面达到83.6%。进一步严密人防物防技防良性互动的防控网络，建立完善以指挥中心为龙头，以派出所为依托，属地为主、分级负责，科技引领、多警联动的等级化、网格化巡逻工作机制，最大限度地把警力部署到案件高发、防范薄弱、群众需要的重点时段和部位，提高了街面见警率、管事率和捕捉率。同时，在居民小区、机关单位继续推动以“六小工程”建设为主体的物防建设，形成物防、技防、人防互动的治安防控网络。1月—11月，通过巡逻防控破获刑事案件1198起，占破案总数的21.5%（同比增长28.3%），创近年来新高。全年，在强力推动如实立案基础上，全市刑事案件同比下降0.05%，影响人民群众安全感的抢劫案件仅上升6.5%，盗窃、抢夺案件同比下降10%、35.1%。坚持把加强和完善流动人口服务管理作为构建和谐社会的一项基础性工程，通过“树立两种意识、落实三个保障、用好四种方法、推广多种模式、实行六种制度”，不断强化“以房管理、行业管理、信息管理、分类管理”四种服务管理措施，大力推广“雁园工程”、“农民工四合院”、“公寓”式管理、亲情化服务和“自我教育管理”等多种具有兰州特色的流动人口服务管理经验和模式，有力推动流动人口服务管理工作，实现了由粗放型向精确型服务管理转变，由静态服务管理向动态服务管理转变，由重管理轻服务向服务管理并重转变的三个转变，有效减少了治安漏洞和隐患。大力推动预防青少年违法犯罪工作，加强刑释解教人员安置帮教，重点人群服务管理水平有了新提高。2009年，全市外来人员犯罪率逐年上升势头不仅得到有效遏制，而且首次出现下降趋势（同比下降2.7%），青少年犯罪同比下降2.6%，刑释解教人员重新犯罪率同比下降31.2%。

【禁毒工作】 进一步巩固扩大禁毒斗争成果，组织实施第四个禁毒工作三年规划。全年破获毒品犯罪案件683起，缴获毒品海洛因33.733千克、新型毒品2.155千克，分别完成目标任务的150.1%、149.9%、86.2%。抓获贩毒嫌疑人791名，逮捕710名，打击处理率为90.4%。成功破获“9·04”、“2·17”、“5·16”等一批公安部督办的目标案件。禁毒工作信息化建设稳步推进，已完成17992名吸毒人员信息的录入工作，录入吸毒人员与人口信息比中率为95%，出狱出所吸毒人员衔接率达99.68%。依法强制隔离戒毒1340人、社区戒毒508人，分别完成目标任务的103.1%和151.6%。药物治疗门诊累计收治吸毒人员1858人，治疗满一年以上541人，完成目标任务的180.3%。教育引导一大批康复人员回归社会，安置就业1557人，纳入低保2227人，自谋职业2271人，全市吸毒人员三年戒断率达到45.14%。落实四项制度，通过抓四项制度的深化延伸，较好地突破了新吸毒人员发现难、帮教落实难等一些重点难点问题。全市1884名基层领导干部逐人与社区康复人员建立了责任帮教对子，受理群众举报吸毒人员线索52条，查实吸毒人员48名，查明失控人员92名，尿检抽查率达42%。吸毒人员在千人以上的5个区已有3个建成“无毒区”，38个吸毒人员200人以上重点街道乡镇已有35个建成“无毒街道乡镇”。城关、七里河两个区已建成的“无毒街道乡镇”分别达到92%，94%。开展打击易制毒化学品违法犯罪专项行动，从规范生产、经营、使用、运输、进出口等环节入手，对278家涉及易制毒化学品企业进行彻查整治，从源头上加强对易制毒化学品的管理，严防其流入社会。组织开展千名领导干部宣讲《禁毒法》活动，全市有440名各级领导干部，深入到各中小学校宣讲《禁毒法》。各级禁毒部门共举办各种形式的《禁毒法》培训班45期，对各县区、街道、社区主管领导、禁毒专干以及派出所专职禁毒民警进行全面系统的培训教育。6月24日，省、市禁毒委在东方红广场举行“6·26”国际禁毒日大型集中宣传活动，公开销毁近年来缴获的海洛因、冰毒、摇头丸、K粉等各类毒品400公斤。深入学习贯彻《禁毒法》，夯实基层基础，在大量调研、试点探索基层上，于7月2日，在红古区召开全市贯彻实施《禁毒法》暨禁毒档案建设现场观摩会，总结推广了城关、七里河、安宁、西固和红古五区基层社区、派出所贯彻实施《禁毒法》、加强基层基础建设的成功经验和做法，有力促进了《禁毒法》的贯彻落实，推动了基层信息化、规范化建设。

【执法监督】 2009年，执法督导工作以“妥善处理人民内部矛盾，完善信访制度，健全党和政府主导维护群众权益的机制”和中办《中央政法委员会关于进一步加强和改进涉法涉诉信访工作的意见》为导向，进一步发挥执法督导在维护社会稳定中的积极作用，全年市政法委共受理人民群众来信来访202件次。其中来信81件次，来访56批次，同比下降34.7%；重信重访65件，同比下降68.2%。信访总量较上年同比下降51.3%。市级政法部门共受理群众来信来访3831件。在全市政法部门组织开展案件评查活动。把案件评查作为检验社会主义法治理念教育成果、从源头上预防和减少涉法涉诉信访案件、促进公正执法、加强队伍能力建设的一项重要举措来抓。先后对系统内各类案件和中央、省上交办兰州市的39件重点信访案件进行评查检查，加以整改。共评查各类案件39186件。同时，组织全市法院系统开展为期十个月的集中清理执行积案活动，兰州市两级法院以破解“执行难”为根本目标，加强领导，强化措施，认真排查，攻坚克难，不断加强清积力度。共清理出积案10844件，已执结10682件。

【队伍建设】 各级政法机关扎实开展深入学习实践科学发展观活动，切实解决影响和制约科学发展和政法干警党性党风党纪方面存在的突出问题，着力提升政法队伍的整体素质和执法水平。人民法院坚持“为大局服务，为人民司法”工作主题，开展“人民法官为人民”实践活动，深入推进集中清理执行积案和涉诉信访工作，促进了人民法院工作的全面进步。人民检察院坚持“强化法律监督，维护公平正义”工作主题，以绩效考核为切入点，以创建一流检察院为载体，积极查办和预防职务犯罪，不断强化诉讼法律监督，推动了检察工作的全面加强。公安机关以深化“三基工程”和“三项建设”为抓手，深入开展“公安民警大走访”、“警务阳光进万家”爱民实践活动，全面加强了公安工作和公安队伍建设。司法行政机关坚持开展专项法律服务、主题法制宣传、法律援助便民服务活动，取得显著成效。

（薛广林）

· 市直机关工委 ·

【概况】 2009年，市直机关党的工作以服务兰州改革发展，稳定大局为中心，立足提高机关党员干部素质和工作效率，拓展机关党的工作领域，整合城乡基层党建资源，加强机关作风与效能建设，深入开展机关党组织与农村党组织“互联共建”活动，全面推进市直机关党的思想、组织、作风、制度及反腐倡廉建设。

【思想建设】 按照市委统一部署，市直机关开展深入学习实践科学发展观活动，圆满完成各阶段工作任务。先后组织全体党员学习胡锦涛总书记的讲话、传达陆浩和陆武成有关讲话精神，阅读规定书目。为机关党员干部购买《科学发展观重要论述摘编》、《毛泽东邓小平江泽民论科学发展》、《深入学习实践科学发展观活动领导干部学习文件选编》等书籍。邀请省委党校专家为市直机关党务干部和工委机关党员干部举办科学发展观专题辅导报告会。市直各部门领导干部带头深入开展调研，认真查找本部门、本单位影响科学发展的突出问题，深入分析原因，立足实际，按照科学发展观的要求提出对策建议，完成一批较高质量调研报告。组织开展以“科学发展在我身边”为主题的市直机关征文比赛，对优秀者进行表彰奖励。广泛征求意见，找准突出问题。市直各部门领导班子通过开展谈心、征求意见、自我剖析，全面系统地查找在思想观念、科学决策、领导能力、发展思路、工作作风、制度机制等方面存在的突出问题。认真开好领导干部专题民主生活会和党员干部组织生活会，通报征求意见建议情况，对贯彻落实科学发展观方面存在的问题和不足，作对照检查，深刻剖析产生问题的原因，认真开展批评和自我批评，提出有针对性的整改意见。市直各部门认真抓好整改方案的落实，集中解决一些突出问题。通过开展学习实践科学发展观活动，党员干部思想认识进一步提高，贯彻落实科学发展观的自觉性和坚定性进一步增强；查找影响和制约科学发展的突出问题，提出加快科学发展的基本思路，建立健全体制机制，机关工作进一步走向制度化、规范化。

【思想政治工作】 坚持不懈地抓好党的路线方针政策、形势任务教育，引导机关党员干部深刻理解和把握中央、省、市委重大决策部署，增强政治意识、大局意识、责任意识。坚持以人为本，注重人文关怀，帮助机关党员、干部解除困惑，理

顺情绪。抓好市直各部门理论中心组学习，进一步健全理论学习中心组制度和党员干部学习教育制度，积极建立相应考核、激励和督查机制，推动党员干部特别是领导干部学习教育的经常化、制度化、规范化。对市直各部门思想政治工作情况定期进行指导、检查、考核。

【“和谐单位”创建】 以创建“和谐单位”活动为载体，对党员干部进行理想信念教育，以社会主义核心价值体系来引领干部职工的思想。市直各部门在已有创建活动基础上，深化活动内容，丰富活动载体，确保创建活动组织、人员、措施、经费“四到位”。市直各部门结合本系统、本行业、本单位特点，组织开展丰富多样的主题实践活动。各部门把机关文化建设寓于“和谐单位”创建之中，积极培育团结向上、诚信公平、严谨求实、理性包容的机关“和谐文化”，推动“和谐单位”创建深入开展。

【组织建设】 认真贯彻落实中央《中国共产党党和国家机关基层组织工作条例》和市委《关于着力开展质量建党、加强和改进机关党的建设的实施意见》，切实加强机关党组织自身建设。规范市直机关党组织的设置、党组织的职责、党员的教育管理和发展、党内监督、思想政治工作、党务干部队伍建设。对到届党组织及时进行换届改选，对缺员党组织及时进行增补，共换届改选机关党组织23个，缺员增补7个。认真坚持和完善“三会一课”制度，督促党员特别是党员领导干部参加党组织生活。落实发展党员票决制和公示制，防止发展党员中的不正之风，确保新发展党员质量，全年共发展党员125人。认真做好“两前”培训工作，举办入党积极分子培训班和预备党员培训班各1期，培训入党积极分子263人、预备党员182人。举办市直机关党务干部培训班1期，培训党务干部200人。

【“互联共建”活动】 深入贯彻党的十七届三中全会和市委十一届四次全委（扩大）会议精神，落实市委《关于加快推进城乡一体化、促进农民增收的决定》，构建大党建格局，进一步统筹城乡发展，促进城乡之间党的基层组织融合互动，资源共享，优势互补，市直机关工委在市直机关党组织中开展机关党组织与农村党组织“互联共建”活动。市直机关76个党组织与永登县、榆中县和七里河区的116个扶贫村党组织结对开展机关党组织与农村党组织互联共建活动，共确立互联共建项目94个，落实项目资金1068.98万元，结对帮扶困难户1597户，共有8000余名机关党员和3300余名农村党员参与其中，受惠群众达到14万人。召开市直机关党组织与农村党组织互联共建经验交流会，会议通报市直机关开展互联共建情况，市人口委、市教育局、市委党校、市委统战部、市委政研室做大会交流发言。组织专门力量，对市直机关党组织开展互联共建情况进行调研、督查、考核，认真总结经验，积极谋划今后深入推进此项工作的措施办法。

【“党员做表率、支部创五好”活动】 开展“党员做表率、支部创五好”活动。各单位依据部门和行业实际，广大党员干部立足岗位搞争创，以实际行动体现党员的先进性，为群众做出表率。在庆祝建党88周年之际，组织召开市直机关庆祝建党88周年表彰大会，对在争创活动中涌现出的17个“五好党组织”、119名优秀共产党员和34名优秀党务工作者进行表彰奖励。同时，各单位党组织也对争先创优活动中涌现出来的先进集体和先进个人进行表彰奖励，发挥典型示范引导作用，激发党员干部立足岗位，争先创优热情。

【作风建设】 全面贯彻落实市委十一届四次全委（扩大）会议精神，按照市委、市政府关于在全市开展以“讲党性修养、树良好作风、促科学发展”为主题的机关作风建设

兰州市机关作风建设动员大会

活动要求，市直机关工委牵头组织开展全市机关作风建设活动，重点解决一些党员干部身上存在的作风飘浮、办事推诿扯皮、工作效率低下等问题。积极做好宣传引导，编发《机关作风建设简报》32期，积极协调市属新闻媒体，在《兰州日报》、《兰州晚报》、兰州电视台、兰州广播电台等新闻媒体广泛宣传报道机关作风建设先进典型，充分发挥典型示范引导作用。畅通监督渠道，设立机关作风建设举报电话、电子信箱，认真受理社会各界对机关作风建设有关投诉，共接到各类投诉429件，转办194件，80%已报送办理结果，积极协调有关部门及时化解影响稳定的矛盾和纠纷。广泛征求意见，分别召开市属国有企业代表、外地驻兰机构代表、非公企业代表、商会代表座谈会及有关部门单位参加的机关作风建设问题分析排查会。向市上四大家领导发放机关作风建设征求意见表，共征求到意见建议16条。组织民评代表、新闻记者、机关作风建设办公室人员赴各县区、各部门、各单位开展明查暗访活动。认真贯彻落实《兰州市机关干部作风建设问责办法》，对机关作风建设活动中发现的问题进行问责，共问责干部99人，其中县区56人，市直部门43人，给予撤职1人、免职1人、行政降级1人、行政警告2人、调离工作岗位13人、停职检查2人、诫勉谈话21人、书面检查21人、通报批评24人。通过开展机关作风建设活动，切实解决了兰州市机关作风中存在的“办事难、态度蛮、纪律散、作风浮、工作拖”等问题，初步树立了“为民、务实、清廉、高效”的机关形象。

【机关效能建设】 市直机关各级党组织积极发挥协调、指导、监督作用，组织党员干部认真学习中央和省、市委关于转变机关作风、提高工作效能、促进机关优质服务等文件精神，增强提高机关工作效能自觉性。市直各部门结合实际，积极探索提高机关效能的途径和办法，从思想作风、工作作风、学习作风、生活作风以及加强指导和服务等方面寻找差距。工委组织专门力量对全市机关效能建设进行专项调研，撰写《关于健全和完善兰州市党政机关绩效评估体系的研究》一文。

【制度建设】 在市直机关工委和各部门机关党组织的共同努力下，市直机关党建工作标准化质量管理体系得以建立并持续运行。机关党建的各项工作都按照“PDCA”（策划、实施、检查、处置）工作流程和“该说的要说到、说到的要做到、做到的要有效、有效的要见证”要求，虚工实做，化虚为实，形成党建工作规范化、制度化、科学化新机制，提升了机关党建工作的质量和水平。积极改进党建工作目标责任制考核，建立健全制度，科学设置党建工作目标考核评价体系。对工委机关各项规章制度进行全面梳理，建立健全机关党建工作制度，制定《市直机关纪工委议事规则》、《市直机关工会工委议事规则》、《市直机关团工委议事规则》；重点修改《中心组学习制度》、《市直机关专职党务干部选拔任用制度》、《职工因公外出报告及请假、休假制度》，将所有规章制度汇编成《中共兰州市直机关工委机关规章制度汇编》。

【反腐倡廉】 加强从政道德教育，引导党员干部弘扬艰苦奋斗、求真务实、无私奉献精神，教育党员干部牢固树立正确的权力观，把个人利益与奉献精神相统一。加强党纪国法教育，将党纪国法教育作为党员干部应知应会、上岗任职基本要求，增强了党员干部的法制观念，自觉做到依法行政和廉洁从政。抓好领导干部廉洁自律教育，把科以上领导干部和关键部门、重要岗位党员干部作为教育重点对象，深入学习廉洁自律各项规定。深入开展廉政文化教育，组织市直机关开展“五个一”活动：制作一期廉政文化宣传栏；学好一本以廉政文化为主题的教育读本；观看一部反腐倡廉内容的优秀廉政影视剧或警示片；开展一次学习贯彻党纪条规知识答题活动；开展一次参观警示教育基地活动。认真查处党员违纪案件，其中给予开除党籍处分1名。

【群团工作】 按照“党建带群建，群建促党建，党群共建”要求，充分发挥机关工会和共青团的桥梁纽带作用。将机关工会工作和共青团工作纳入各级党组织和领导班子年度工作目标考核。认真做好基层工会、共青团换届改选工作。在市直机关继续推行在职职工住院医疗互助合作保险计划。积极做好“推优”工作。依托市直机关青联，扩大共青团工作领域。积极开展“青年文明号”、“青年岗位能手”等争创活动。认真落实市委关心干部身心健康的决定，将此项工作纳入全市目标管理，建立专项督察制度。积极做好对市委办、市政府办《关于进一步贯彻落实〈中共兰州市委关于关心干部身心健康促进干部全面发展的决定〉的实施意见》部署的各项工作的组织协调和督促落实。广泛开展多种有益的文体活动。举办市直机关庆祝新中国成立60周年书画摄影展，共有64个单位268人参加，展出书法作品97件、国画作品33件、摄影作品100件。举办市直机关庆祝中华人民共和国成立60周年歌咏大赛，来自市直机关64家单位的5000余名干部职工参加比赛。

（白宗华）

·机构编制工作·

【概况】 2009年，市机构编制办公室在市委、市政府和市编委的正确领导下，在省编办的具体指导下，紧紧围绕市委、市政府“1355”发展思路，按照年初确定的总体工作部署，以深入学习实践科学发展观为契机，强化作风建设，落实工作责任，积极稳妥地推进全市政府机构改革，合理调整有关单位管理体制，完成事业单位登记管理等，为全市经济社会又好又快发展提供了体制机制保障。全年报送信息99条，被中国机构网采用65条，省机构编制工作简报采用16条。

【机构改革】 2009年，围绕深化行政管理体制改革总体要求，以建设人民满意政府为目标，以转变政府职能为核心，积极稳妥地推进全市政府机构改革。按照省委、省政府关于市县政府机构改革意见，草拟《兰州市政府机构改革方案》，经市编委会议、市政府常务会议和市委常委会议审议通过，报请省委、省政府批准后，12月28日市委、市政府召开各县区政府和市直各有关部门主要领导参加的市政府机构改革动员大会。会议对机构改革的具体实施进行安排部署，提出目标任务，明确时限要求。拟定《关于县区政府机构改革的安排意见》，并以市委、市政府名义下发，明确了县区政府机构改革的指导思想、基本原则、主要任务、实施步骤和组织领导。组织召开县区政府机构改革工作会议，对全面推进机构改革进行安排部署，对方案制定和上报时间提出具体要求，对改革中的难点热点问题进行讨论研究。认真贯彻落实中共中央办公厅、国务院办公厅《关于深化乡镇机构改革的指导意见》，组织并参加全省乡镇机构改革座谈会（陇中片会）。继续加强对乡镇机构改革后的跟踪指导，深入永登县武胜驿镇、七里河区阿干镇等乡镇就乡镇机构改革和职能转变等情况进行深入调研，了解改革进展情况，掌握工作中存在的问题和矛盾，提出巩固乡镇机构改革成果措施。做好乡镇机构改革政策配套衔接工作，调整完善乡镇财政职能，在全市各乡镇设立财政所。在乡镇党委设置一名专职组织干事，解决了乡镇一级党建和组织力量薄弱问题。积极稳妥推进事业单位改革，整合市社保局、医保局和就业局信息科室，统筹组建市劳动保障信息中心。整合市农牧局下属2家单位，组建市农业科技研究推广中心和农产品质量监督管理中心。将榆中县2家水利管理单位整体划归三角城电灌工程水利管理处。整合市交通局下属3个单位工作职能，组建市公路局；将永登县等5个县区地方道路管理部门统一更名为公路局，经费渠道变更为财政全额拨款。完成皋兰县、城关区兽医管理体制改革，建立健全动物卫生监督和疫控体系。撤销兰州交通技工学校，学校原有工作人员经考试合格后调入市高级技工学校（筹建）。撤销红古区农办等4个机构，将职能和人员分别划入区采购中心和国库支付中心。

【机构编制调整】 调整市重大项目办公室管理体制，核定主要职能、人员编制和领导职数。将原市委市政府机关服务中心分设为市委机关服务中心和市政府机关服务中心。就食品安全许可和日常监督职能调整后的具体工作提出实施意见，明确市食品药品监督管理部门在食品安全工作中的职能划分，并就机构改革期间相关职能的移交、过渡进行安排。为了加快秦王川综合开发建设，设立秦王川综合开发管理委员会，为市委、市政府派出机构。单设兰州老年大学，并在城关区设立全国首家“虚拟养老院”，进一步完善了社会保障体系。设立市邓家花园管理办公室，将其建设成爱国主义教育基地。城关区、西固区、安宁区、榆中县、皋兰县设立重大项目办公室。城关区、七里河区、西固区、红古区分别设立政府应急管理办公室。城关区、安宁区设立国库集中支付中心。榆中县、永登县设立农村能源建设办公室，确保了农村能源工作快速健康发展。调剂增加市修改总体规划办公室等2个单位行政编制，增加市委组织部等4个单位工作职能和内设机构，分设市纪委等4个单位挂牌内设机构，置换市经济责任审计分局事业编制，调剂增加市第三人民医院和市副食品基地建设中心人员编制，调整市十四中学等5个单位内设机构，重新核定市城市发展投资中心、市土地储备中心领导职数，调整市属西固区福利东路第一小学等5所学校领导职数，将市种子管理站更名为种子管理局，下达部分军休服务管理机构（市军队离退休干部第二休养所、市军队离退休干部第三休养所、市军队离退休干部第四休养所、市军队离退休干部服务站、市无军籍退休服务退职职工服务站）编制。核定城关区九州经济开发区管理委员会内设机构、人员编制和领导职数，调整皋兰县环卫所隶属关系及经费开支渠道，确定城关区张掖路步行商业街管理办公室建制和隶属关系，调整城关区市场管理所职责并进行更名，核定万里机电总厂职工医院和永登县企业学校移交地方后的名称、建制及编制等事宜。对市中级人民法院法警支队内设机构进行调整，在司法技术处内设综合科、司法鉴定科、网络管理科。在市劳教所加挂“市龚家湾强制隔离戒毒所”牌子。对市公安局部分内设机构进行更名。将兰州市第一、第二看守所25个管教队建制核定为副科级。将交警支队各大队下设的中队建制核定为副科级，相应增加管教队和交警支队副科级领导职数。将市公安局七里河分局强制戒毒所调整为新城区派出所，分别增加市公安局安宁分局和榆中县公安局20名和30名政法编制。为了保护未成年人合法权益，预防青少年犯罪，在城关区人民法院内设立少年法庭，并核定领导职数。

【机构编制管理】 按照机构编制“控制总量、管好存量、从严掌握、保证重点、有减有增”原则，采取机构编制动态管理方法，多途径盘活机构编制资源，有效管住机构编制总量。新设单位编制主要通过合署办公（加挂牌子）、单位之间调剂余缺来解决。对申请增加编制单位，严格按照可增可不增的坚决不增、可增可调剂的予以调剂、必须增加的严格控制原则，依据事业单位职责任务增减、业务范围变化、机构运作效益等情况，在部门、单位之间合理调剂编制余缺。严格按照《甘肃省机构编制管理条例》和省、市有关规定，认真贯彻落实机构编制“一支笔”审批制度，严格遵守机构编制管理“五不准”（一是不准超编进人。二是不准擅自设立内设机构和提高内设机构的级别。三是不准违反领导职数配备的有关规定。四是不准越权审批机构编制。五是不准上级业务部门干预下级的机构编制。）和“七个不得”（1. 政法系统使用地方自定编制的人员，必须以统一考试后，按有关规定和程序择优录取。凡考试不合格人员、其他不适合在政法机关工作的人员，均不得使用政法专项编制，要逐步予以清退。2. 原地方自定的用于政法机关的编制一律核销，不得继续使用。3. 不得再自定编制用于政法机关。4. 不得再自定编制用于离退休干部管理服务机构，离退休干部管理机构编制也不再专项下达和单独统计。5. 各级党政机关都不得在行政编制限额外进人。6. 不得新批事业编制用于党政机关。7. 不得将事业编制和行政编制混用。）要求，切实严肃机构编制工作纪律，严格把好机构编制审批关，进一步规范办事程序。凡未经核编招录（聘）人员，一律不予办理上编手续。全年共为学生分配、军转安置、干部调配审核编制及出具编制卡1200余份，根据干部任命审核领导职数300余件。编制“实名制”管理是机构编制日常监督管理的核心工作。在原有机构编制台账基础上，根据单位及个人信息的调整变化，进行更新和完善工作。实现了计算机管理的电子台账与手工台账同步更新、相互吻合。认真贯彻落实全国机构编制监督检查工作会议精神，向市直各单位和各县区编办印发《关于认真学习贯彻全国机构编制监督检查会议精神的通知》，提出具体要求。落实省编委《关于落实党政群机关消化超编人员的通知》精神，认真分析存在超编原因，对各级党政机关清理混编人员过程中存在的问题进行调研。根据各县区消化党政机关超编混编人员工作方案，拟定兰州市消化党政群机关超编混编人员具体意见和措施。积极发挥聘任机构编制监督员的监督作用。制定《兰州市聘任机构编制监督员工作规则》，各县区面向社会公开聘请机构编制监督员，明确职责。准确、及时完成2008年度全市机关和事业单位机构编制统计年报表及2009年度全市事业单位机构编制统计年中报表填报和汇总上报，对2009年年报统计工作进行业务培训和安排布置。按照中央编办要求，统计上报全市行政编制和军转编制相关数据，组织填报《兰州市市属机关及参公事业单位职数统计表》、《全市、县（区）编办基本情况摸底调查表》、《县级纪检监察机关人员编制和领导职数情况统计表》等统计调查表。梳理了1999年至2008年涉及市公安局机构、编制、领导职数和人员结构的全部文件和数据，测算了公安编制在全市人口中的比例。

【事业单位登记管理】 对各事业单位一年来在核定的宗旨和业务范围内开展工作情况进行审核，基本掌握事业单位的运行态势和发展趋势。重点审核上年度末资产负债情况。年审过程中，对57个单位的开办资金进行变更，使开办资金能够基本反映单位的资产状况。认真审核编制和人员实有情况。对增加编制的，要求提供编委增编文件；对存在超编情况的，要求说明原因。认真做好事业单位法人核准登记工作。全年新核准确认市节能监察中心、动物卫生监督所等14个事业单位法人资格。切实做好事业单位法人变更登记工作。结合年检中发现的问题，对104个事业单位进行123项变更登记。及时办理事业单位法人注销登记。依据编委文件，注销市动物检疫站、市委市政府机关服务中心等6个单位法人资格，同时监督其做好债权债务清算工作。

【机构编制调研】 对市城建设计院、规划设计院、水电勘测设计院、园林设计院、测绘研究院的运行状况、改革进度进行调研，进一步掌

握兰州市勘测设计单位在改革中遇到的问题、困难和需要的政策支持，并提出改革初步意见。参加市委办公厅组织的对六个驻外办事处工作情况调研，为进一步加强驻外办事处工作提出具体意见。对市人大代表和政协委员提出的“关于增加兰州市公安局安宁分局公安编制的建议”、“关于改革和健全我市农村公路养护管理体制的建议”等9项议案和提案及时进行认真梳理归纳，深入有关单位进行调研，提出了解决方案。就《省编办关于深化乡镇机构改革的指导意见》(征求意见稿)征求各有关县区编办和市农牧局、市农办意见，提出四项具体建议。对市中级人民法院在《关于认真贯彻落实全国、全省法院队伍建设工作会议精神，进一步加强全市法院队伍建设的实施意见及请求解决有关问题的报告》中提出的有关问题进行深入细致分析研究，进行书面答复，提出切实可行意见，对部分问题予以及时解决。及时对市政府办公厅《关于兰州市2009年经济体制改革工作指导意见》、市农牧局《关于加强基层农业技术推广体系建设的实施意见》等征求意见材料进行调查研究，按要求提出修改意见。

（王　磊）

·政策研究·

【概况】　2009年，市委政策研究工作紧紧围绕党委中心工作，围绕实施省委区域发展战略和市委“1355”总体发展思路，以科学发展观为指导，以建设“学习型干部，研究型团队，和谐型机关”为目标，以“三服务”为方向，立足于“写好文章、出好思路、练好本领”，创新调研方式，在调查研究、文稿起草、刊物编辑、信息服务等方面有了新起色，较好履行“智囊团”、“参谋部”职能，出色完成年初确定的各项工作任务。全年完成调研报告30余篇，起草重要文稿100余篇。

【调查研究】　2009年，把“紧贴中心谋大事”作为核心工作任务，牢牢抓住事关全局的重大问题进行战略性研究，抓住社会建设问题进行规律性研究，抓住改革发展稳定的瓶颈问题进行创新性研究，抓住群众关心的热点难点问题进行对策性研究，先后完成《实施省委区域发展战略构建兰州都市经济圈研究》《发展壮大县域经济加快推进城乡一体化研究》《关于当前我市抗旱春耕情况的调研报告》《引大秦王川灌区综合开发情况的调研报告》《兰州市工业化进程评价分析》《兰州空港循环经济产业基地开发建设情况的调研报告》《关于兰州市发展城郊生态休闲旅游的对策建议》《关于构建兰州都市经济圈的战略思考》《移山造地项目应加快进度》《关于我市发展现代农业思路对策研究》《干旱山区依靠科技增收致富的实践与启示》《关于武汉都市经济圈建设情况的考察报告》《赴湘潭、芜湖、宁波学习考察报告》《我市发展现代农业的建议》《全市贯彻落实“1355”总体发展思路的调研报告》《全市干部带薪休假制度执行情况的调研报告》《关于市属企业运行情况的调研报告》《兰州市大中专毕业生就业情况的调研报告》《影响我市当前社会稳定因素分析》《关于建立重离子治癌中心项目的建议》《兰州牛肉面产业发展状况》《金融危机对我市经济社会的影响分析》等重点课题调研，有13篇调研成果受到市委表彰。针对民营经济发展现状和存在的问题，为进一步研究探讨新形势下兰州市民营经济加快发展对策措施，与兰州日报社联合举办全市民营经济发展论坛。邀请驻兰知名专家学者、政府有关部门领导和民营经济界人士，对事关民营经济生存发展从宏观经济、体制机制、环境建设到融资上市、战略管理、企业文化、自主创新等不同角度全面解读，分析兰州民营经济现状和走势，提出意见和建议。并组织人员对论坛发言材料进行编辑整理，汇编成册，供各级领导和有关部门参考。

【以文辅政】　2009年，单独或配合完成各类文字材料达100多篇，特别是为市委主要领导起草的市委全委会、经济工作会、学习实践科学发展观研讨班等重要会议上的讲话等文稿。积极参与市委、市政府重要汇报材料的起草工作。国务院调研组来兰开展“加快兰州发展政策研究”调研前，积极参与起草完成向国务院调研组提供的汇报材料和五个调研报告。起草《中共兰州市委兰州市人民政府加快秦王川综合开发的决定》、《省委办公厅、省政府办公厅关于推进兰州——白银区域经济一体化意见》贯彻意见、行动计划和省委调研组来兰调研兰州市上半年为民办实事情况汇报。还积极参与市委其他文稿的起草工作。在全市学习实践活动开始之前，编印总字数达30余万字的《学习实践科学发展观资料汇编》，为兰州市开展学习实践科学发展观活动提供了重要参考资料。从安排部署全市学习实践活动的需要出发，及时向市委提出了《关于开展学习实践科学发展观活动的建议》，从建立机构、落实方案、营造氛围、健全机制和改进作风等方面，提出具有很强针对性意见和建议。参与起草《关于贯彻落实十七届四中全会精神加强和改进新形势下党的建设的意见》和《关于贯彻落实十七届四中全会精神加强和改进新形势下党的建设的意见的起草说明》。

【调研工作】 2009年，紧紧围绕事关全市经济社会发展重大问题，组织有关部门、聘请专家学者联合开展课题研究，举办专题论坛，动员社会各方面力量一起思考、研究和谋划兰州的发展，初步形成市委政研室牵头抓总、各有关部门密切配合、大专院校和科研院所共同参与的大调研工作格局。主动加强与白银、定西、临夏等市州党委政研室的交流与合作，就加快推进区域经济一体化发展相关问题进行研讨。紧扣市委、市政府"1355"总体发展思路的落实，认真筛选拟订2009年度全市14个重点调研课题，并分解落实到全市8个县区和26个部门。11月，牵头与市科技局联合组织聘请驻兰知名专家和学者，对全市重点调研课题进行逐个评审。汇编《兰州发展若干重大研究》，供市委、市政府及市属相关部门领导在工作中借鉴参考。根据市委在全市开展"大调研"主题实践活动部署，筛选确定103个调研课题，分解落实到市级各部门。各部门领导高度重视，带头调研，亲自撰写调研报告，在全市上下营造了各级各部门特别是主要领导合力开展调查研究的良好氛围，形成一批有价值的重要调研成果，其中有许多好的意见和建议已被各级党委采纳，进入决策层面，汇编《学习实践科学发展观——兰州市领导干部调研文集》一书，印发全市各相关部门，供各级领导在工作中参考。

【内刊信息工作】 2009年，将市委机关刊物《开拓与发展》更名为《兰州工作》，由双月刊改为月刊，并在内容和栏目设置上做了重大调整，进一步增强了刊物的可读性和服务决策的针对性、时效性。办好《调研参阅》，创办《决策信息参考》，依托网络媒介及其他信息渠道，把外地"管用"的信息及时汇聚到领导案头，为市委领导第一时间掌握各地动态信息提供有效服务。全年共编辑《兰州工作》12期，增刊1期，刊发文章400多篇，编辑文字达20多万字，配发图片资料70多幅。出刊《调研参阅》21期、《决策信息参考》116期。

（郑艳华）

·保密工作·

【概况】 2009年，兰州市保密工作以党政机关和计算机信息系统的保密管理为重点，进一步加强保密宣传教育，深入开展保密监督检查，不断完善保密工作制度，着力提高保密技术管理水平，为维护国家安全和利益，推进兰州市经济社会发展和构建"和谐兰州"发挥积极的服务保障作用。

【保密教育】 按照中央保密委和省委保密委《关于组织开展保密承诺书签订工作的通知》精神，组织全市涉密人员保密承诺书的签订工作，并以此为契机，对涉密人员进行全面、系统的保密教育，努力做到懂保密、会保密、善保密。配合学习教育，市保密局编印《保密工作常识手册》、《涉密计算机使用保密防范常识》4000多本，编发《兰州保密工作》简报，作为各县（区）、各部门、各单位学习、宣传和交流材料。全市共签订保密承诺书6583份，其中县级以上领导干部1133人，其他涉密人员5450人。保密承诺书签订工作，使全体涉密人员受到很好的保密教育，增强了搞好保密工作的自觉性。

【保密管理】 2009年，对全市党政机关保密管理工作进行认真检查。以计算机、移动存储介质、办公网络使用管理、涉密载体清退和保密制度的建立为主要内容，在全市各县（区）、各部门、各单位自查基础上，对6个县（区）和68个市直部门进行重点检查，先后抽查涉密计算机185台，非涉密计算机285台，移动存储介质82个，网络42个。对发现的问题，及时督促相关部门进行整改，保密管理得到改进和加强。并对检查情况进行通报。对今后如何改进工作，从健全保密组织、落实保密责任、健全保密制度、强化保密管理、加强经常性的保密教育和监督检查等方面提出相应对策和建议。坚持抓好定密、涉密载体销毁、国家各类考试保密这些基础性、源头性、常规性工作，积极配合省上搞好军工科研生产单位认证工作。要求各县（区）严格依照《国家秘密及其密级具体范围的规定》定密，及时纠正个别县（区）和部门在工作简报上随意标密问题。不断规范基层单位定密工作，确定涉密要害部门（部位）、涉密计算机、涉密载体、涉密人员。抓好涉密载体的清理和销毁工作。在全市范围内开展国家秘密载体销毁工作专项检查，并对重点涉密单位和部分旧货市场、再生资源集散市场、废品收购站点进行反复检查。认真搞好高考、成人高考和司法、卫生等各类重大考试的保密工作。组织开展国家秘密事项统计工作，对全市各部门、各单位确定国家秘密的情况，密级变更、解密和纠错情况进行全面统计，为上级保密部门进一步加强对国家秘密事项的动态管理提供依据。

【计算机信息系统保密管理】 2009年，对全市党政机关计算机信息系统和网络进行全面摸底。经过严格认定，共确定涉密网络6个，涉密终端623台，涉密单机630台，进一步明确兰州市涉密计算机分布情况和保密管理重点部门和重点单位，明确涉密计算机操作人员责任。建卡登记，明确标示。对各部门涉密计算机信息系统逐个进行建档登记，对所有涉密计算机作出明确密级标识和提示，纳入保密部门监管范围。依据《国家密级及其密级具体范围规定》进行纠正，对涉及国家秘密和工作秘密的计算机重新进行划分和认定。严格执行计算机信息系统保密管理的有关规定。坚持“上网不涉密，涉密不上网”原则，严格执行中央和省上提出的“五禁止”规定，严格执行计算机信息系统和涉密移动存储介质保密管理的各项规定，严禁移动存储介质在涉密计算机和非涉密计算机上交叉使用。建立全市涉密计算机非法外联监控系统。按照省委、省政府办公厅要求，市上投资30多万元，于上半年完成全市涉密计算机违规外联监控系统二级平台建设，实施了对市直部门和县（区）涉密计算机的全面监控。积极整改，严肃查处违规问题。对于国家保密局查出的兰州市个别部门涉密计算机违规上网、非涉密计算机存储和处理涉密信息，移动存储介质交叉混用的问题，严格按照国家保密局的整改意见，督促单位和当事人认真分析总结教训，个人作出深刻检查，并及时制定和落实具体整改措施。对于市保密部门在县区和部门检查中发现的问题，能立即纠正的立即纠正，不能当场解决的，下发整改通知书，要求限期整改。

（谭江哲）

·信访工作·

【概况】 2009年，市信访局按照中央联席会议第十二次全体会议、“1·21”全国电视电话会议、全国信访局长会议和省市维稳信访工作会议部署，围绕“保增长、保民生、保稳定”总体要求，全力以赴抓好落实，各项工作进展顺利，信访工作管理水平和效率不断提高。全年市、县两级信访部门受理信访总量为7448件次，同比下降5.9%，其中，来信3085件，同比下降4.2%；来访4363批26295人次，同比批数下降7%，人数上升25%。市信访局受理信访总量为3993件次，同比下降10%，其中来访1886批8868人次，同比批数下降1.5%，人数上升14%。劝返赴省委、省政府集体上访54批1681人次，同比批数下降14%、人数下降25%；劝返进京非正常上访93人次，同比上升6.9%，全市重信重访率为8%，下降1.5个百分点。省信访联席办、省信访局交办信访案件到期176件，办结上报 169件，按期办结率为96%。市联席办、市信访局交办案件到期40件，办结33件，办结率82.5%。

【领导与信访】 2009年，市委、市政府将信访工作纳入重要议事日程。1月21日、8月13日全国维护稳定暨信访工作电视电话会议后，市委常委会及时进行研究，就贯彻落实会议精神，做好2009年特别是全国“两会”、“六四”、建国60周年大庆等重点时期、敏感时段的信访工作做出安排部署。5月6日，市委办公厅、市政府办公厅印发《兰州市领导干部定期接待群众来访实施办法》等文件，完善信访工作机制，巩固和发展领导干部带头、上下联动、齐抓共管的信访工作格局。全年市委、市政府和市信访联席会议召开全市性信访工作会议4次。市委、市政府领导接待群众来访166批2000人次，阅批群众来信686件，包案督办重点信访案件100余件。其中，市委书记陆武成包案督办重点案件7件，市长张津梁包案督办重点案件6件。

【矛盾纠纷排查调处】 2009年，按照中央和省委、省政府统一部署，市委、市政府在全市范围内组织开展矛盾纠纷集中排查调处活动。两办印发《全市深入开展矛盾纠纷集中排查调处活动实施方案》（市委办发［2009］44号），重点对在因企业破产倒闭拖欠工资、劳动保障、拆迁安置、土地征用、环境污染、生产经营性纠纷、产权性纠纷、族群纠纷、村务管理纠纷、物业管理纠纷等可能引发群体性事件的苗头隐患进行排查。指导责任单位对排查出的重点问题，采取经济、行政、法律等多种方式加以解决。对有可能引发信访突出问题及群体性事件的苗头和隐患，认真落实领导包案责任制，加强跟踪问效，努力把各类信访苗头和隐患消除在萌芽状态。同时坚持信访矛盾月排查零报告制度，以可能引发赴京非正常上访、赴省进京来市集体上访和群体性事件为排查重点，定期进行多层次全方位排查。2009年全市共排查矛盾纠纷3626件，调处解决3434件，调处率94.7%。

【信访积案化解】 2009年，按照中央和省信访联席会议统一安排，市信访联席会议在全市范围内组织开展“信访积案化解年”活动，大幅度减少信访问题的“存量”。全年全市排查信访积案432件，化解389件，化解率为90%。其中，省信访联席会议交办重点案件65件，办结63件，办结率为97%。全市县以上领导干部包案化解信访积案346件，占总数的80%；市信访联席办组织工作组多次赴外省、市调查取证，协调“三跨三分离”案件37件。

各县区、各部门坚持执政为民的宗旨和让利于民的理念，加大投入力度，创造性地开展工作，解决了一些以往不敢触及的拖累社会、苦着群众、影响社会稳定的信访个案。据不完全统计，2009年全市用于解决信访疑难问题的资金达到8000万元以上。

【劝返赴省进京上访】 完善劝返工作机制，建立进京非正常上访劝返保证金制度，实行“集中护送为主、分散劝返为辅”劝返工作机制。把进京非正常上访和赴省集体访作为重点，把节会期间进京赴省上访劝返稳控工作作为重中之重。对非正常上访重点人员，逐人逐案建立台帐，落实“五包”措施，全市共稳控重点上访人员500人次，稳定率达到90%以上。建立信访信息“周研判”、“零报告”和“24小时值班”制度，密切关注重点单位、重点群体、重点人员的动向，掌握工作主动权。组成工作组进京劝返。在全国“两会”和“国庆”期间，市驻京劝返工作组共劝返进京上访人员24批34人次，比上年“两会”和“奥运”期间下降70%。所有上访人员全部及时、安全、顺利接回，无长期滞留北京现象。七里河、红古、榆中三县区实现重点时期进京上访“零目标”。

【干部下访】 2009年，市信访联席会议办公室统一组织干部下访督查2次，配合中央和省信访联席会议督导组下访2次。组织开展中央5号、中办发（2009）3号文件及中纪委、监察部、人力资源和社会保障部、国家信访局《关于违反信访工作纪律适用〈中国共产党纪律处分条例〉若干问题的解释》和《关于违反信访工作纪律处分暂行规定》“两个规定”贯彻落实情况专项督查活动，有力推动中央、省、市关于信访工作各项决策部署的贯彻落实，推动信访问题的解决和化解。

（郭冬梅）

·党史工作·

【概况】 2009年，全市党史工作认真贯彻中央、省委党史研究室主任会议，在组织实施《2006—2010年全市党史工作规划》基础上，以服务全市党的建设、经济工作为中心，以纪念建国60周年兰州解放60周年为契机，认真开展学习科学发展观活动和“零差错”主题服务实践活动，全面开展党史资料征编、党史正本的编写、党史宣传教育、县区党史业务指导、党史业务培训等工作，编辑出版《红色纪忆》、《兰州市新民主主义革命时期历史资料汇编》、《中国共产党兰州大事实录》（2007、2008卷）等党史书刊作品，全面完成2009年工作目标。

【党史编写】 继续充实完善《中国共产党兰州历史》（1949—1978年）内容。按照中央党史研究室、省委党史研究室要求，以事实为依据，进一步查阅有关历史，制定补充开展社会主义革命和建设时期14个专题研究，使之不断完善。为客观、准确、全面反映这一时期党领导全市人民进行社会主义革命和建设、总结历史经验和教训奠定了良好基础。

【编辑出版研究文集】 以庆祝新中国成立60周年和兰州解放60周年为契机，编辑出版《红色记忆》（上、下）一书，该书全面反映了兰州新民主主义革命时期（1925—1949）中国共产党在兰州的历史，内容包括文献资料46篇，回忆资料93篇，专题资料42篇，研究资料24篇，附录7篇，各类珍贵历史照片85幅。

【编辑出版《中国共产党兰州大事实录》】 年内编辑出版2007、2008《中国共产党兰州大事实录》两本。2007本收集市委2007年重大活动、重要文献、领导讲话、重要决策、重大事件，推动兰州现代化区域性中心城市党的建设、工业化进程及国企改革项目建设及招商引资，农业和农村经济、宣传及文化建设、平安兰州建设，城市建设、党风廉政建设及精神文明建设等文稿164篇，全市2007年大事记，反映兰州市经济社会发展各类图片资料39幅，全书38多万字。2008本

兰州市革命遗址普查工作会议暨《红色记忆》发行座谈会

共收集反映重大活动、重要文献、领导讲话及有关资料275篇，全书38.5万字。

【党史刊物与资料编辑】 不断提高办刊质量，开设县区党史专栏，及时传播信息，互相交流研究成果，年内出版《兰州党史》2期。榆中县党史办编辑出版《陇原火种——甘肃党的创始人张一悟》、《兴隆山魂》，永登县党史办编辑出版《中国共产党甘肃省永登党史资料》（1996年1月—2007年5月），皋兰县党史办编辑出版大型画册《和谐谱新篇——皋兰发展60年》，城关区委党史办与区宣传部共同举办建国60周年大型图片巡展，安宁区党史办编辑出版《安宁60年大事记要》，西固区党史办编辑出版《西固党史专题资料》（第四辑）。

【党史宣传】 协助市委宣传部、兰州电视台制作完成数字电影《兰州1949》的审定及宣传工作。此片为兰州解放、国庆60周年献礼影片，以1949年兰州解放为背景，以兰州党的地下工作者为原型进行创作，是有浓厚的兰州文化元素的战争故事片，对记述兰州革命历史、宣传党的地下工作者形象发挥了积极作用。2009年12月23日，中央电视台六套电影频道播出该片。

（刘庆玲）

·档案工作·

【概况】 2009年，兰州市档案工作以强基础、谋发展、求特色、促服务为主线，认真履行和发挥档案事业行政管理和保管利用职能，大抓各项业务建设，在档案资源建设和开发利用、馆藏档案的科学规范管理、档案信息化建设、重点项目档案监管、民营企业建档等方面取得较好成绩，圆满完成各项工作任务，为档案工作再上新台阶奠定良好基础。是年市县（区）各级档案局（馆）9个，市档案局（馆）职工24人，保存档案资料近10万卷册，各县区档案局（馆）88人，保存档案资料30.8万卷册。

【优化馆藏结构】 继续开展“档案资源建设年”活动。做好日常的接收和收集工作，对相关单位档案工作进行检查和指导，并严格按照业务规范标准进行验收，保证进馆案卷质量。全年共接收档案12548卷。其中市档案局完成对7家市直部门档案进馆前的业务指导工作，并接收进馆档案13个全宗7480多卷、1396件。完成市文化局艺术档案接收整理工作，共整理艺术档案196卷，照片档案39册、录像带33盒、光盘及软盘12张。积极做好本地区重要会议、重大活动、重大事件档案资料收集。在全市学习实践科学发展观活动中，市档案局联合市委深入学习实践科学发展观活动领导小组办公室，下发规范性文件，要求各级机关对活动中形成的档案及时进行收集整理，保证档案齐全完整、标准规范。在兰州市纪念兰州解放60周年、新中国成立60周年和中山铁桥百年庆典系列活动中，共采集制作声像资料录像带2盘、光盘2张。广泛征集各类档案史料。放宽档案资源建设视野，广泛征集散存在一些组织、个人和社会上的有关地方文献、方志家谱、民间艺术、名人佳作、民俗活动等特色档案。经过多方努力，先后征集到朱怡庄家谱、日本朝日新闻社1940年出版的图片集《支那事变写真全集——荒鹫部队》。

【档案信息化建设】 加强档案数据库建设，进一步扩充档案数据库，分别运用光盘、磁带交换机对数据库进行备份。对馆藏现行文件进行扫描录入，建立现行文件数据库，并挂接到市档案信息网，使查阅利用更加便利；将录音、录像、照片等声像档案转化为数字档案，使档案信息服务体现出多方位、多层次的格局。加大档案管理局域网建设力度，县（区）档案局多方筹措资金，购置计算机29台、档案管理软件8套、服务器5台，配备相应的设施设备，搭建起档案信息化建设平台。市档案馆、榆中县、安宁区、西固区、城关区档案局建立局域网。不

档案宣传人员街头宣传档案知识

断扩充档案数据库规模，为档案工作信息化、现代化发展创造良好的条件。截至年底，全市共完成全文录入233万幅，录入目录33.87万余条。对馆藏现行文件进行扫描录入，建立现行文件数据库，积极为社会各界查阅利用提供便利条件。市档案局安装档案网站独立服务器，进行网页制作和数据挂接工作，开通“兰州档案信息网”，设立一级栏目12个，挂接10万条信息，面向社会公开查阅。

【强化社会服务功能】 针对社会需求，扩大现行文件收集范围，重点收集整理构建和谐社会和事关民生的现行文件，使文件阅览中心真正成为政务信息窗口，切实为人民群众了解各项方针政策、解惑释疑提供便利条件。不断完善档案资料检索体系，热情周到做好查阅接待工作，最大限度地满足利用者的需求。全年共接待查阅利用者3800多人次、提供档案资料7300多卷件、复印档案资料5100多页，为领导决策、机关工作、社会各界查考提供高效、优质、热情服务。按照《档案法》规定，市档案局准确界定档案安全保密与开放利用关系，积极稳妥地向公众开放到期档案，全年共开放市委1970年—1980年永久档案217卷、目录3050条。利用馆藏档案编写10种编研成果，完成《兰州市政协历届会议情况介绍》和《奥运火炬传递在兰州》编纂工作。充分发挥档案的文化优势，深入挖掘档案的历史价值，在新中国成立60年之际，通过为市委宣传部、兰州电视台提供档案资料等形式，进行党的优良传统、爱国主义和先进文化教育。

【业务指导】 进一步规范全市教育系统档案管理工作，提高学校档案工作人员业务水平，市教育局、市档案局制定下发《关于加强全市教育系统档案管理工作的通知》，并与市教育局联合举办全市教育系统档案业务培训班，80多所市属和民营学校近百人参加培训。针对教育系统量大面广实际，按照以点带面工作思路，帮助和指导两所学校完成档案整理试点工作，共整理文书、教学、会计、基建、设备等档案358卷、922件。对30所学校的档案工作进行督促检查，促进全市教育系统档案工作规范化水平。督促各级机关按照《机关文件材料归档范围和文书档案保管期限规定》新要求，集中力量，加快进度，修订本机关文件材料归档范围和文书档案保管期限表，并按照“人的档案最重要”工作理念做好档案保管期限划分，尽快报档案行政管理部门审批后组织实施。全年市档案局完成39个市直机关《机关文件材料归档范围和文书档案保管期限表》报审工作。依据《甘肃省档案规范化管理办法》和《机关档案工作规范化管理水平测评标准》，对全市检察系统档案管理工作进行业务指导。经验收，兰州市人民检察院等6家单位被评为省一级，安宁区检察院被评为省特级，为全市档案工作起到示范作用。积极指导机关团体和企事业单位建立健全各项规章制度，抓好基础业务建设，改善档案管理条件，确保档案齐全完整和安全保管。市档案局派业务人员对30家机关、团体、企事业单位的档案整理工作进行监督检查和指导。

【法制工作】 结合全市“五五”普法规划，坚持不懈地把学习宣传《档案法》和《甘肃省档案管理条例》作为工作重点，通过举办培训班、散发宣传材料，利用广播、电视及《档案》、《中国档案报》、《兰州晨报》等报刊杂志，进行积极宣传，并利用档案工作会议、到各单位开展业务工作等机会，宣传档案工作重要性。开展法制宣传活动。全年共开展法制宣传活动9次。其中，市档案局同七里河区档案局在七里河进行法制宣传活动，散发《档案法》、《甘肃省档案管理条例》及历史档案资料收集征集、档案托管、寄存等咨询服务活动宣传资料1200多份。加强对全市档案工作的领导，有重点地对机关事业单位进行执法检查和指导，着力解决业务不规范、档案收集不全、保管条件差、安全隐患突出等问题。

【其他工作】 进一步健全完善管理措施，确保档案保管、利用、出入库各环节都在监管之中。强化制度落实、责任落实，加强内部管理，定期开展安全检查，严密堵塞安全漏洞。2009年为保障档案重地的绝对安全，市档案局大力争取领导支持，多方筹集资金，积极改善基础设施、设备等条件，完成办公大楼供暖设备的检修和改造工作；在档案馆重点部位安装视频监控系统。注重突发事件应急管理，制定突发事件应急预案。紧紧抓住国家加大支持西部档案抢救和保护工作力度的机遇，积极做好项目申报工作，加大重要珍贵档案的保护力度，加快濒临损毁档案抢救进度。全市共争取到国家抢救和保护补助费12万元，并落实配套资金13万元，对800卷重点档案进行抢救。加强馆藏珍贵档案的保护，市档案局派出工作人员到故宫博物院，请专家对市档案馆藏珍贵档案“清宫诏书”进行修复，并制作复制件，确保了国家重要档案的安全。全面加强农业农村档案工作。以省档案局“千村百乡示范工程”创建活动为契机，大力提升新农村建设档案工作

水平。借参加全省新农村建设档案工作经验交流会议之机，对兰州市新农村建设档案工作情况进行全面总结。积极会同扶贫、农业、林业、民政等部门及时提出档案管理要求，确保党和政府惠民、利民政策实施中档案的齐全完整，维护好农民切身利益。继续做好小城镇建设、基层组织建设、农业结构调整、农业产业化等方面档案资料的收集整理，及时开展集体林权改革、劳动力培训、农村专业户、土地流转等新领域档案工作。继续深化企业档案工作。加强企业重组兼并过程中的档案管理，根据《国有企业资产与产权变动档案处置暂行办法》，加强与有关部门的协作，加大对改制企业档案归属流向的监督指导，确保国有档案不流失、不损毁，更好地为企业的改革和发展服务。继续深入贯彻《企业档案管理规定》及《国有企业文件材料归档办法》，进一步完善企业档案工作管理机制，规范各项基础业务工作，为企业利用档案服务；继续加强宣传引导，加大扶持力度，帮助民营企业建立规范的档案管理机制。继续抓好建设项目档案管理，切实加大对重大建设项目档案的监督和指导力度，及时掌握项目开工信息，积极介入项目管理，深入现场，主动服务，跟踪指导，完成13个重点建设项目档案的验收工作，其中市档案局完成5个重点建设项目档案的验收工作。积极采取措施，加大对涉及民生专业档案的监管力度，切实把民生档案建好、管好、用好。全面开展社会保障体系的建档管理，以“方便管理、方便利用”为原则，以服务社会保障为重点，及时把各种与人民群众密切相关的档案列入归档范围、进馆范围，纳入档案资源体系。进一步扩大社区档案收集范围，及时归档整理，加强制度建设与标准化管理，提高社区档案工作规范化水平。大力开展家庭建档新服务。通过宣传引导，积极争取工、青、妇、民政、教育等部门支持，发挥社区、居委会、村委会、学校等基层组织作用，把家庭建档融入各部门开展的文明家庭、五好家庭、星级户评选等工作中，全市共完成156个家庭档案的建档工作，其中市档案局完成12个家庭档案和全国戏剧梅花奖得主周桦、口琴世家傅豪久等两名人档案建档工作，使家庭建档工作得到良好的起步。

（倪佳君）

·老干部工作·

【概况】 2009年，全市老干部工作紧紧围绕落实老干部政治、生活待遇这条主线，着力解决改革发展中老干部工作遇到的重点、难点问题。理顺市老年大学管理体制，由民办公助转为财政全额拨款事业单位，服务功能进一步增强。2009年全市有离休干部1998人，其中：行政事业单位963人，企业1035人；红军时期9人，抗日战争时期291人，解放战争时期1698人。有已故离休干部无固定收入遗属508人，退休干部31610人。

【加强政治待遇】 深入开展学习实践科学发展观活动，组织离退休党员干部积极参与各阶段学习实践活动。不断加强和改进离退休干部党支部建设工作，截至年底，全市新建离退休干部党支部41个，平均每月开展1～2次活动的支部由原来的57%提高到84%。按照有关规定将离退休干部党员党费按不低于50%留成的支部达到39.9%。在全市离退休干部党支部中开展“五好”支部创建活动，举办2期离退休干部党支部书记学习班。在全国离退休干部“双先”表彰大会上，兰州六中离休干部田庆湘被评为先进个人。在全省老干部“两项建设”经验交流会上，兰州老年大学被评为先进单位。加大组织参观考察力度，5月，分两批组织老同志赴北京参观考察；6月，组织老同志参观市城投公司承建的南山过境道路等5个城建重点项目；7月，组织老同志参观七里河区机电物流中心等6个重点项目建设。组织老干部积极建言献策。市委在领导班子换届考察和年度考核、市委全委会、“两会”前及市委老干部局在每一次政策出台落实前广泛征求老干部意见，接受老干部监督。

【落实生活待遇】 落实生活待遇有了新突破。免征市属企事业单位历年累计欠缴的医药费统筹金1908万元，从2009年起，由财政全额支持。将企业和未享受公费医疗事业单位离休干部和易地安置离休干部自选定点医院由一所扩大为三所。是年起，每年为上年未住院市属离休干部进行健康体检，有1446名离休干部进行体检。为地级实职离退休干部分别接种普通流感疫苗和甲型H1N1流感疫苗。对离休干部就诊、用药管理标准和医疗就医管理办法进行修订完善，并提高就诊、用药标准。按照中组部通知精神，提高10名红军时期，212名抗战时期参加革命工作离休干部医疗待遇。建立帮扶机制，全年共帮扶有特殊困难离休干部及遗属38人，发放帮扶金63000元。市离休干部管理服务中心接收改制破产企业离休干部198人，无固定收入遗属85人，全部落实生活待遇。坚持每年春节慰问，2009年国庆前夕，开展走访慰问活动。走访慰问市属离休干部、老党员、老工人、退休地级干部1771人，发放慰问金89.25万元。

走访慰问易地安置老干部56人，发放慰问金5.6万元。各县区、各部门采取多种形式，对老干部走访慰问。

【文艺活动】 以庆祝国庆60周年活动为契机，组织开展歌咏比赛、书画摄影展、棋牌类比赛等活动。举办1000多名老干部参加的大型游艺活动。组织代表队参加省上举办的老干部庆祝建国60周年大型广场健身活动。市老年艺术团代表省上参加重庆“第11届中国老年合唱节”，获三等奖。

（田　强）

· 党校工作 ·

【概况】 2009年，中共兰州市委党校依照《中共兰州市委关于进一步加强和推进全市党校工作的意见》和大规模培训干部、大幅度提高干部素质要求，走出课堂和校园，深入社会实际，实行开放式办学，不断提高整体工作水平。改革培训内容，创新培训方式，切实增强教学针对性和实践性，努力提高教学质量，全年共举办各类培训班50期，培训干部6978人次。其中主体班23期、培训1478人；适应性班次27期、培训5000余人；学历班500多人；举办高层论坛4期和领导干部学习园地6期；较好发挥了党校培训轮训干部主渠道作用。

【教学工作】 按照“干什么、学什么，缺什么、补什么”原则，紧紧围绕市委市政府中心工作和学员关心的实际问题设置教学专题，提高学员解决实际问题能力。增加“1355”战略和思路、区域经济发展、城乡一体化、城市建设管理、招商引资、项目建设、工业经济发展、新农村建设、和谐兰州建设、危机管理等专题培训，聘请20多名省、市领导干部和知名专家学者来校讲学。充实党性教育内容，坚持把党性教育贯穿于干部教育全过程，突出忠于党忠于人民、尽职尽责干工作、道德情操和拒腐防变教育。开发菜单化特色课程，根据学员特点和干部培训普遍性要求，按照干部健康成长个性化、差异化需求，积极开发科学素养、人文素养、信息技术、公务礼仪、心理调适、行为训练、媒体运用等特色课程。进一步加强和改进社会调查研究工作，出台《关于教研人员开展社会调查的实施意见》，规定不经过社会调研的专题，不能纳入主题班教学计划。创新培训方式，增强培训效果。以学员为主体，以解决问题为导向，以能力提高为核心，注重个体参与，讲究方式方法，强调六个结合，即课堂讲授和课堂讨论结合，实行2+X的教学方法。理论教学和案例教学结合，增强教学的启发性。学员课堂学习和带课题研究结合，培养学员的思考能力。学员校内学习和参加各类社会实践活动结合，开阔学员视野。学员必修课程学习和菜单选学结合，激发学员学习热情。专职教师讲授和聘请专家领导讲座结合，增强教学生动性。拓宽办学渠道，举办适应性短期培训班。有效利用师资资源和物质资源，积极主动与各部门、企事业单位加强联系，进行合作办学，开拓办学渠道，扩大培训规模。

【科研工作】 依据兰州发展实际，深入调查研究，提出“立足市情、对接服务、项目带动、多出精品”科研工作新思路。2009年，在省、地（市）级以上刊物发表科研成果91项，其中省级以上成果有64项，国家级成果5项，核心期刊3项；出版教材7本；围绕“1355”总体发展思路，完成校级科研课题27项；承担省委党校课题2项，市委组织部组织工作调研课题6项，参与承担市委政研室重点课题5项。全年度全校教研人员共有获奖科研成果20项，其中省级13项，市级7项。编辑出版校刊《领导干部学习与参考》4期，刊发文章82篇，编辑理论信息8期；申报2009年度甘肃省哲学社会科学规划项目立项1项，申报2009年度兰州市哲学社会科学规划项目、立项资助项目2项；申报全省党校系统科研课题立项2项。

【干部教育培训学分制考核】 2009年，完成本年度兰州市干部在职自学书目、菜单制定和公布工作，组织完成全市县级干部学习成果批阅、统计、登分工作及全市县科级干部在职自学公共课程考试工作，完成1.1万多份干部考试试卷的印制、封装、分发、收交、阅卷、登分、统计等工作。

【高端论坛及学习园地】 举办高端论坛四期，分别邀请北京工商大学副校长谢志华主讲《制度选择——制企制人制胜之道》；国家宗教事务局原局长叶小文主讲《宗教与人生——有“和”乃大》；厦门大学著名教授易中天主讲《儒家思想》；赵玉平主讲《传统文化与现代领导艺术》等专题。与兰州日报社联合，在《兰州日报》上开辟“领导干部学习园地”，主要刊载领导干部对推进经济社会发展的做法与思考、外地经济社会发展的先进经验、各级领导干部的学习心得体会、有价值的调研报告及外地和兰州市干部教育的新做法、新举措等，为领导干部互相学习、交流经验和建言献策提供平台。

（梁伟成）

中共兰州市纪律检查委员会

【常委会议】 2009年，中共兰州市纪委召开常委会议19次，印发纪要19期。常委会研究的主要事项有：传达学习贯彻中央、中央纪委和省委、省纪委及市委的重大方针、政策，讨论贯彻措施意见；市纪委常委会工作报告，研究部署全市党风廉政建设和反腐败工作，研究召开市纪委第四次全体会议和市纪委第五次全体会议等事项；研究审查市委选拔任用干部、各部门评先选优征求纪委意见事项；研究对有关人员的立案及有关违纪案件审理事项；研究建立市纪委监察局工作例会制度和市纪委书记办公会议制度，制订《兰州市机关干部作风建设问责暂行办法》、《兰州市2009年纠风工作实施意见》、《兰州市纪检监察机关与司法机关行政执法机关案件移送规定（试行）》等规章制度；研究纪检监察机关干部队伍建设有关事项。

【中共兰州市纪委第四次全体会议】

3月12日召开。会议传达中央纪委三次全会和省纪委三次全会精神，学习贯彻胡锦涛总书记在中央纪委第三次全体会议上的重要讲话和省委书记陆浩在省纪委第三次全会上的讲话，回顾总结2008年全市反腐倡廉工作，研究部署2009年工作任务。省委常委、市委书记陆武成出席会议并作重要讲话。市委常委、市纪委书记徐伟和市委常委、副书记刘为民分别代表市委、市政府同8个县（区）、25个市直牵头部门签订2009年党风廉政建设和反腐败重点工作目标责任书。审议通过市委常委、市纪委书记徐伟代表市纪委常委会所作的《深入贯彻落实科学发展观，以改革创新精神推进反腐倡廉建设》报告和第四次全会《决议》。

【中共兰州市纪委第五次全体会议】

11月20日召开。会议传达中央纪委四次全会和省纪委四次全会精神，学习贯彻胡锦涛总书记在十七届四中全会上的重要讲话。审议通过市委常委、市纪委书记徐伟代表市纪委常委会所作的《深入学习贯彻十七届四中全会精神，努力提高全市反腐倡廉建设的科学化水平》报告和第五次全会《决议》。

【监督检查】 围绕中心，服务大局，认真履行党章赋予的职责，着力解决影响和制约科学发展的突出问题，采取派员全程参与监督、深入一线调查研究、与相关部门配合进行专项检查、广开信访投诉渠道等形式，加强监督检查，确保政令畅通。加强对扩内需保增长重点建设项目的监督检查，成立领导机构，制定实施方案，会同相关部门对260个中央扩大内需项目，市委、市政府确定的100个重点项目，从手续报批、资金管理、项目监理、工程进度等方面进行全面检查，及时纠正和解决出现的问题。深入开展行政执法监察，加强对市场价格调控、节能减排、固定资产投资、节约集约用地、房地产市场调控、安全生产等方面的执法监察，纠正从中发现的一些违纪违规问题。进一步加大专项资金监管，严明工作纪律，组织力量对抗震救灾、扶贫、社保等专项资金管理使用情况进行重点督查，保证了各类专项资金规范、安全、有效运行。

【反腐倡廉宣传教育】 组织召开全市纪检监察宣传教育工作会议，深入贯彻全国、全省纪检监察宣传教育工作座谈会精神，结合兰州实际，对全市党风廉政宣传教育工作进行全面安排部署，签订目标责任书，对重点工作任务进行分解落实。编印《党风廉政建设领导干部必读本》、印发有关学习资料，组织广大党员干部认真学习《以胡锦涛同志为总书记的党中央反腐倡廉重要论述》。全市共征订中央省市各类反腐倡廉教育教材1万余册、购买电教片400余部，播放近2000场次，受教育人数5万余人。开展以“五个一”为主要内容的党性党风党纪专题教育月活动，即各级党组织普遍举行一次党性修养和作风建设专题讲座；各级中心学习组组织一次以反腐倡廉为主要内容的专题学习；各级党政主要领导作一次廉政报告；召开一次以党性修养和作风建设为主题的专题民主生活会；各级领导干部参加一次党风廉政建设督查活动。各县（区）、各部门共召开党性修养和作风建设专题讲座849场，召开中心组专题学习会342场，召开学习报告会230场，参加人数6万余人。举办市直机关庆祝建国60周年廉政书画展，有97件书法作品、33件国画作品和100件摄影作品获奖。委托、选派、组织169名纪检监察干部进行培训。全市各级新闻媒体共播发各类信息、通讯文章800余篇，廉政公益广告5万余次，建成省级示范点1个，市级示范点11个，为党风廉政建设和反腐败工作的顺利开展营造了良好氛围。

【惩治和预防腐败体系建设】 制定《关于加强国有资源和资产有偿使用收入管理的意见》，全面推行部门预算、国库集中收付改革，严格落实“收支两条线”规定，稳步推进市级预算单位公务卡结算制度试点工作，提高政府支出透明度。严格落实民主推荐、考察预告、征求纪委意见、任前公示和试用期等干部任用程序。进一步完善和落实工程招投标、经营性土地和工业用地使用权招标拍卖挂牌出让、产权交易、政府采购等制度。全市通过招拍挂方式实现土地收益20多亿元，政府集中采购节约资金3100多万元，通过招投标交易节约资金1.7亿元，通过评审政府投资项目压减资金超过20亿元。深入推进“三公开”工作，在内容和形式上不断深化党务公开工作。按照省纪委和市委要求，开展建设工程项目招投标预防腐败试点工作，七项试点任务全面完成，取得初步成效；进一步规范招投标活动，陪标围标串标问题得到初步遏制，交易各方依法招投标意识得到增强；进一步规范透明市场主体参与招投标活动行为，初步形成公平竞争的市场环境。

【领导干部廉洁从政】 认真落实市委提出的“五个不准”要求，从制度层面细化和规范领导干部从政行为，有效杜绝违规违纪现象发生。各级党组织结合学习实践科学发展观活动，有针对性地开展专项治理，切实解决党员干部队伍中存在的突出问题。认真贯彻《党内监督条例》，进一步落实报告个人重大事项、任前廉政谈话、函询等制度，强化对领导干部从政行为的监督。对109名县级干部进行诫勉谈话，对群众举报24名拟提拔干部的有关问题进行调查核实，对687名新任县级领导干部进行任前集体廉政谈话，有254名党员干部主动申报配偶子女从业情况，纪委领导同部门和县（区）党政主要负责人谈话75人。严格落实中央和省上关于党政机关厉行节约、坚决制止公款出国境旅游、改进公务接待等精神，会同财政部门积极开展“小金库”专项治理和规范公务员津贴补贴工作，全市各类经费同比缩减2125万元，清理“小金库”21个，涉及金额579万元。

【机关干部作风建设】 坚持把机关作风建设作为落实科学发展观、改善投资环境、促进社会和谐的重要举措和有力抓手，成立由市纪委主要领导任组长、市委市政府相关部门主要负责人为成员的领导小组，制定出台《兰州市机关干部作风建设问责办法》，召开全市机关作风建设动员大会，深入开展“讲党性修养、树良好作风、促科学发展”为主题的机关作风建设年活动。坚持把“慢作为、不作为、乱作为”作为问责重点，共问责干部99人次，其中撤职1人，免职1人，行政降级1人，行政警告2人，调离工作岗位13人，停职检查2人，诫免谈话21人，书面检查21人，通报批评24人，促进了机关作风的进一步转变。

【违纪违法案件查办】 加大对违纪违法案件查处力度，充分发挥查办案件惩治和治本功能，努力做到查处一起案件、整顿一个系统、完善一套制度、教育一批干部，维护党纪政纪的尊严。2009年，全市各级纪检监察机关共受理群众信访举报1220件次，初核案件线索199件，立案查处69件，给予党纪政纪处分68人，收缴违纪资金680多万元，挽回经济损失2000多万元。特别是对兰州西北中学、兰州市总工会等大案要案的查处，在社会上引起较大反响。在查办案件工作中，坚持依法依纪办案，坚持惩处、教育、保护并举，为123名干部澄清是非，努力做到查办案件法纪效果和社会效果的有机统一。

【党风廉政建设责任制】 制订《2009年兰州市党风廉政建设和反腐败工作任务分解表》，将工作任务分解为8个方面99项具体工作，明确牵头和协作单位。市委、市政府分别与8各县区和25个重点部门签订目标责任书，保证反腐倡廉各项工作任务的有效落实。充分发挥组织协调作用，分阶段有重点地就县区和部门贯彻中央、省、市纪委全会精神情况、查办案件情况、机关作风建设、党风廉政宣传教育和惩防体系建设、预防腐败试点等情况进行督查。对全市8个县区和79个市直部门、单位领导班子及477名班子成员2009年度落实党风廉政建设责任制情况进行全面考核，并将考核结果直接反馈给单位和本人。

【治理损害群众利益的突出问题】

按照抓巩固、抓提高、抓深化思路，深入推进治理教育乱收费、纠正医药行业不正之风、减轻农民负担等专项治理工作。落实强农惠农政策，查处和纠正侵害农民土地权益问题7起，处理制售假冒伪劣农资产品等坑农害农案件8起。全面落实义务教育阶段“两免一补”政策规定，严肃查处一些违纪违规收费行为。纠正医疗购销和医疗服务中的不正之风，看病难、看病贵及收受红包等问题得到有效治理。加大食品药品监管力度，查处药品违法案件9起。对43起安全责任事故进行调查，及时处理发现的问题。深化民主评议政风行风工作，对85个部门进行问卷测评和网上评议，对106个二级单位和窗口服务单位进行延伸评议。认真办好政风行风热线节目，播出热线节目46期，接听群众热线电话1907个，问题回复率和群众满意率均在95%以上。市行政服务投诉中心共接到各类群众投诉760件次，已办结740件次，办结率达到97%。重视、加强基层党风廉政建设，积极探索健全完善各项规章制度和规范基层干部用权行为，有效解决群众反映强烈的一些突出问题。

（毛静贤）

兰州市人大常委会

【概况】 2009年，是新中国成立60周年和地方人大设立常委会30周年，也是兰州市积极应对国际金融危机、全力保持经济平稳较快发展的一年。市人大常委会紧紧围绕市委中心工作和全市工作大局，认真履行宪法和法律赋予的职权，举行常委会会议6次，审议议题35个，作出决议和决定6项；任免国家机关工作人员109名；组织开展执法检查和视察调研21次；为推动地方民主法制建设、促进兰州市经济社会又好又快发展做出了新的贡献。

【市十四届人民代表大会第四次会议】 2月16日—2月19日，在省政府礼堂召开。会议应到代表346名，出席会议的代表337名，市人民政府领导和工作部门负责人，市人大常委会各工作部门负责人及调研员，市委、市政府有关部门及机关团体负责人，市中级人民法院、市人民检察院负责人和县(区)法院、检察院负责人等99人列席会议。出席政协兰州市第十二届委员会第三次会议的全体委员和22名旁听人员列席大会开幕式。市人大常委会主任哈全玉、副主任王嵘分别主持会议。会议听取、审议和通过兰州市市长张津梁所作的《兰州市人民政府工作报告》；审议和通过《兰州市2008年国民经济和社会发展计划执行情况及2009年国民经济和社会发展计划草案的报告》（书面），审查批准《兰州市2008年国民经济和社会发展计划执行情况的报告及2009年国民经济和社会发展计划》；审议和通过《兰州市2008年财政预算执行情况和2009年全市及市级财政预算草案的报告》(书面)，审查批准《兰州市2008年财政预算执行情况的报告及2009年市级预算》；听取、审议和通过哈全玉主任作的《兰州市人大常委会工作报告》；闻长利院长作的《兰州市中级人民法院工作报告》及李保刚检察长作的《兰州市人民检察院工作报告》。会议提出议案147件，意见建议77件。

【市十四届人大常委会第十六次会议】 2月11日，在市人大培训中心召开，会期一天。市人大常委会主任哈全玉，副主任王嵘、潘卫平、张宗奎、王韶珊、胡康生、张祖迁，秘书长朱宗礼及委员30人出席会议。市委常委、副市长杨志武，市中级人民法院院长闻长利，市人民检察院副检察长蒋昱程，市人大常委会副秘书长，市人大常委会各工作部门负责人，市政府有关部门负责人，部分县区人大常委会负责人列席会议。市人大常委会主任哈全玉主持会议。会议听取市十四届人大四次会议筹备情况报告；听取、审议市人大常委会代表资格审查委员会关于代表变动情况和补选代表的代表资格审查报告；审议并通过市十四届人大四次会议各项草案、《兰州市人大常委会2009年工作要点（草案)》；审议《兰州市人大常委会工作报告（草案)》；审议并通过人事任免和其他事项。

【市十四届人大常委会第十七次会议】 5月5日，在市人大培训中心召开，会期一天。市人大常委会主任哈全玉，副主任王嵘、潘卫平、张宗奎、王韶珊、胡康生、张祖迁，秘书长朱宗礼及委员共31人出席会议。副市长魏志乐、高材林，市中级人民法院院长闻长利，市人民检察院副检察长蒋昱程，市人大常委会副秘书长，市人大常委会各工作部门负责人，市政府有关部门负责人，部分县区人大常委会负责人列席会议。市人大常委会主任哈全玉主持会议。会议听取和审议市政府《关于全市“十一五”规划纲要实施中期情况的报告》、《关于我市林业重点工程建设情况的报告》；审议并通过人事任免事项。

【市十四届人大常委会第十八次会议】 6月10日，在市人大培训中心召开，会期一天半。市人大常委会主任哈全玉，副主任王嵘、潘卫平、张宗奎、王韶珊、胡康生、张祖迁，秘书长朱宗礼及委员共30人出席会议。市委常委、副市长杨志武，市中级人民法院院长闻长利，市人民检察院检察长李保刚，市长助理、高新区管委会主任、国资委主任牛向东，市人大常委会副秘书长，市人大常委会各工作部门负责人，市政府有关部门负责人，部分县区人大常委会负责人列席会议。市人大常委会主任哈全玉主持会议。会议听取和审议市中级人民法院《2009年上半年工作报告》、市人民检察院《2009年上半年工作报告》；审议《兰州经济技术开发区条例（草案)》；审议并通过人事任免事项。

【市十四届人大常委会第十九次会议】 8月13日，在市人大培训中心召开，会期两天。市人大常委会主任哈全玉，副主任王嵘、潘卫平、张宗奎、王韶珊、胡康生、张祖迁，秘书长朱宗礼及委员共31人出席会议。市政府副市长俞敬东，市人民检察院检察长李保刚，市中级人民法院副院长王连生，市人大法制委员会委员，市人大常委会副秘书长、市人大常委会各工作部门负责人，市政府有关部门负责人，部分县区人大常委会负责人列席会议。市人大常委会主任哈全玉主持会议。会议听取和审议市政府《关于兰州市2009年上半年国民经济和社会发展计划执行情况的报告》、《关于兰州市2009年上半年财政预算执行情况的报告》；审议市政府《关于兰州市2008年财政总决算草案的报告》（书面），审查批准2008年市级财政决算；听取、审议市政府《关于2008年度市级财政预算执行及其他财政财务收支情况的审计工作报告》、《关于省转贷我市2009年地方政府债券相应调整全市及市级财政预算的报告》，审查批准调整全市及市级财政预算的报告；听取《兰州市无公害蔬菜发展管理条例（草案）》修改情况的报告和修改意见的报告，审议并通过《兰州市无公害蔬菜发展管理条例（草案修改稿）》及人事任免事项。

【市十四届人大常委会第二十次会议】 11月5日，在市人大培训中心召开，会期两天。市人大常委会主任哈全玉，副主任王嵘、潘卫平、张宗奎、王韶珊、张祖迁，秘书长朱宗礼及委员共26人出席会议。市政府副市长周丽宁，市中级人民法院院长闻长利，市人民检察院检察长李保刚，市人大法制委员会委员，市人大常委会副秘书长、市人大常委会各工作部门负责人，市政府有关部门负责人，部分县区人大常委会负责人列席会议。市人大常委会主任哈全玉主持会议。会议听取和审议市政府《关于贯彻执行〈中华人民共和国义务教育法〉情况的报告》，市中级人民法院《关于贯彻执行〈中华人民共和国法官法〉情况的报告》；审议《兰州市城市生活饮用水源保护和污染防治办法（修订草案）》；审议并通过《兰州经济技术开发区条例（草案）》，兰州市第十四届人大常委会代表资格审查委员会《关于代表变动和补选代表的代表资格审查报告》，兰州市人大常委会《关于给部分县区增加市十四届人大代表名额的决定》及人事任免事项。

【立法工作】 牢固树立以人为本、科学发展的立法理念，突出地方特色，提高立法质量，着力为推动兰州市科学发展、和谐建设提供有力的法制保障。审议地方性法规4部，其中通过并颁布实施2部；废止地方性法规1部。开展2部地方性法规的制定和修订调研论证工作。为保障和促进兰州经济技术开发区的发展，审议、通过并报请省人大常委会批准颁布实施《兰州经济技术开发区条例》，依法明确兰州经济技术开发区的发展、管理等问题，为促进兰州经济技术开发区进一步理顺领导体制、规范管理服务、加快自主创新、发挥辐射带动作用提供了良好的法制保障。为加强对兰州市无公害蔬菜生产和经营环节的监督管理，审议通过并报请省人大常委会批准颁布实施《兰州市无公害蔬菜管理条例》。该条例的颁布实施，将对进一步规范兰州市无公害蔬菜产业发展、增加农民收入、维护公众健康发挥重要作用。针对兰州市水源保护区划的调整，1997年颁布实施的《兰州市城市生活饮用水源保护和污染防治办法》已不适应相关法律法规的有关规定及兰州市生活饮用水源保护和污染防治工作需要。常委会从加强水源地保护、保障人民群众饮水安全出发，对《兰州市城市生活饮用水源保护和污染防治办法》的修订进行初审，为这部法规的通过和颁布实施奠定了良好基础。按照国家级自然保护区实行“一区一法”要求，为加强自然保护区的管理，促进生态文明建设，常委会组织力量开展《甘肃连城国家级自然保护区管理条例》立法调研工作，有针对性地提出立法建议。为进一步规范市人大及其常委会在制定地方性法规工作中的权限和程序，加快立法进程，根据《立法法》有关规定，常委会对修订《兰州市人大及其常委会立法程序的规定》进行立法调研和论证工作。同时，积极配合全国人大常委会和省人大常委会开展对《行政强制法（草案）》、《侵权责任法（草案）》、《可再生能源法（草案）》等20余部法律法规草案征求意见和调研论证工作。常委会还坚持科学立法、民主立法，不断拓宽立法渠道、创新立法方式。建立立法专家咨询制度，聘请24名立法专家，对立法的必要性、可行性、操作性和立法项目选择进行咨询论证。按照全国人大常委会要求，认真开展地方

市人大主任哈全玉进行调研

性法规清理工作，对现行有效的27部地方性法规进行全面梳理，对需要修订和废止的法规，提出具体处理意见。进一步加强协调指导，提前介入立法调研和论证工作，及时研究解决立法工作中的难点和问题，有效缩短法规一审与二审之间时间，加快立法进程。

【监督工作】 常委会紧紧围绕“保增长、保民生、保稳定”大局，把确保法律法规的正确实施、推动市委重大决策的贯彻落实作为人大监督工作的重中之重，突出了监督工作的针对性，进一步增强了监督实效。围绕法律法规的正确实施开展监督。对兰州市贯彻实施《义务教育法》情况进行执法检查，针对存在的问题，建议市政府进一步完善义务教育经费保障机制，促进义务教育均衡发展，完善以素质教育为导向的教育评价和管理体制，加强教师队伍建设，推动兰州市义务教育工作健康发展。对《法官法》、《兰州市保护城市重点公共绿地的规定》贯彻实施情况进行执法检查，对《兰州市燃放烟花爆竹安全管理规定》实施情况进行执法检查。积极配合全国人大常委会和省人大常委会，对《工会法》、《矿产资源法》、《食品安全法》、《妇女权益保护法》、《甘肃省发展中医条例》等法律法规的实施情况进行检查，有针对性地提出意见建议。听取、审议市政府《“十一五”规划纲要实施情况中期评估的报告》《2009年上半年全市国民经济与社会发展计划执行情况的报告》和《财政预算执行情况的报告》，提出意见和建议。对全市重点项目建设进行视察调研和督促检查，督促解决项目建设中存在的突出问题。对兰州高新技术开发区园区建设情况进行视察，提出科学定位、营造良好的政策环境、不断完善体制机制、加强人才队伍建设等意见建议。配合省人大常委会对中小企业融资难问题进行视察调研，并组织力量就充分发挥兰州银行职能、支持中小企业健康发展进行专题调研。常委会坚持把决定重大事项与开展监督工作相结合，围绕全市经济社会发展的根本性、长远性、全局性的问题适时作出决议决定。对2008年度市级决算和市级财政审计工作情况进行深入调研，听取市政府《关于审计问题整改落实情况的专项报告》，督促有关方面深化预算审查监督，依法保障重点支出，推进部门预算制度的改进和完善，切实纠正和处理审计查出的问题。针对国际金融危机的影响和国家宏观政策的调整，为加强地方债券资金的管理和使用工作，及时审查批准了《省转贷兰州市2009年地方政府债券相应调整全市及市级财政预算的报告》。审查批准兰州市2008年市级财政决算、 2009年市本级财政支出调整预算，并依法作出决议决定。听取、审议市政府《关于我市林业重点工程建设情况的专项工作报告》，提出正确处理加快发展和科学治理关系、夯实工作基础、强化管护措施、加强资源综合开发利用等意见建议。调研视察农村文化建设工作。视察兰州市民族教育发展情况，督促有关方面认真落实民族宗教政策和有关法律法规。对事关群众切身利益的廉租房建设、供水管理、燃气管理、食品安全、旅游产业发展、城镇医保、蔬菜市场建设、山区小学图书室建设等工作进行调研视察。听取、审议兰州市依法行政工作情况报告，针对一些部门和执法人员在执法过程中存在的法律意识不够强、程序不够规范、透明度不够高等问题，提出意见建议。听取、审议市中级人民法院、市人民检察院上半年工作情况报告，督促法、检两院全面加强队伍建设，不断提高司法队伍的整体素质，切实做到公正司法，努力维护社会公平正义，为兰州市科学发展、和谐建设营造良好的司法环境。积极开展规范性文件备案审查工作，设立工作机构，明确工作职责，规范工作程序，及时召开全市规范性文件备案审查工作会议，对备案审查工作进行全面安排部署。不断强化对常委会任命的国家机关工作人员的监督，并通过执法检查、调研视察、议案督办、听取审议专项工作报告等方式进行监督。高度重视信访工作，全年共受理群众来信来访1151件次，对其中的48件信访件进行重点督办，督促“一府两院”处理和解决了一批重信重访案件，依法维护了人民群众的合法权益。

【代表工作】 不断加强和改进代表工作，强化服务和保障功能，充分发挥人大代表的作用。坚持邀请代表列席常委会会议，认真听取列席会议代表的意见和建议。坚持政情通报制度，让代表充分了解兰州市经济社会发展情况。及时向代表寄送相关文件、报刊和工作资料，为代表知情知政提供便利。坚持常委会领导接待代表制度、常委会组成人员走访联系代表制度和常委会各工作部门对口联系代表制度，不断加强与代表的联系和交流，努力帮助代表解决履职过程中遇到的困难和问题，为代表发挥作用提供保障。加强代表培训工作，增强代表履职意识，提高代表履职水平。加强闭会期间代表活动的组织、指导和服务工作，充分发挥专业代表小组作用，代表230多人次参加常委会的立法、监督和调研工作。组织在兰部分省人大代表对涉及兰州市经济社会发展和民生保障的重点项目开展专题视察，委托县区人大常委会组织市人大代表进行市人代会前的集中视察，为代表提出议案建议、审议决定重大事项创造了条件。认真做好代表议案建议的督办工作，对市十四届人大四次会议期间代表所提的224件议案和建议、批评、意见进行归类整理，在全面交办、重点督办基础上，建立市人大代表议案建议全面督办制度，对市十四届人大四次会议上代表所提出的147件议案全部分解到常委会各工作部门，采取调研检查、听取办理情况报告、现场督办等多种形式，及时了解办理进度，加强跟踪督办，议案建议的办理效率和质量明显提高。截至年底，224件议案和建议、批评、意见所提问题已经解决或基本解决的83件，占承办总数的37%；所提问题正在解决或列入计划逐步解决的111件，占承办总数的49.5%；所提问题因条件限制或其他原因需待以后研究解决的20件，占总数的9%；所提问题需向省上反映和供有关部门在今后工作中参考的10件，占总数的4.5%。议案建议的办理情况都及时向代表进行了答复，办理质量不断提高。

【自身建设】 根据新形势、新任务提出的新要求，不断加强自身建设，努力提高工作水平。深入开展机关学习实践科学发展观活动。按照中央和省、市委统一部署，3月至8月，市人大常委会机关认真开展深入学习实践科学发展观活动，圆满完成活动各阶段的任务，有效地实现了“服务大局意识要有新增强、立法质量要有新提高、监督工作要有新成效、代表工作要有新举措、制度建设要有新推进、机关建设要有新面貌”的“六新”目标。在学习实践活动中，常委会突出“转变思想观念、完善体制机制、依法履行职权、推动科学发展”这一实践主题，紧紧围绕人大服务和推动科学发展的重点工作，确定专题，班子成员带队深入基层调查研究；广泛听取各方面的意见建议，认真分析查找存在的问题和原因；明确责任，加强整改落实，按要求完成活动期间的整改任务。学习实践活动群众满意度测评为100%。通过学习实践活动，深化了对科学发展观精神实质、科学内涵和根本要求的认识，对进一步用科学发展观指导人大工作重要性和紧迫性的认识，对市委“1355”总体发展思路的认识。在坚持人大工作正确的政治方向、进一步增强在人大工作中深入贯彻落实科学发展观的自觉性和坚定性、更加自觉地围绕大局开展人大工作、不断创新人大工作的体制机制、大力加强人大机关干部队伍建设等方面形成共识。进一步完善工作思路，明确提出，人大工作要高举中国特色社会主义伟大旗帜，坚持以邓小平理论和“三个代表”重要思想为指导，深入贯彻落实科学发展观，始终坚持党的领导、人民当家做主和依法治国的有机统一，紧紧围绕全市工作大局，依法履行职权，推动和服务全市经济社会又好又快发展。进一步改进工作作风，建立和完善各项制度，严格落实各项措施，使立法、监督、重大事项决定、代表工作和自身建设明显加强。着力提高履职能力。坚持专题学习制度和法制讲座制度，认真学习党的路线方针政策，学习宪法、法律、地方性法规以及人大业务知识。着力改进工作作风。紧紧围绕影响和制约兰州市科学发展的突出问题以及人民群众普遍关注的热点、难点问题，深入调查研究，进一步增强了决策的科学性。及时公开工作情况，自觉接受人大代表和人民群众的监督。在机关认真开展作风整顿，干部想干事、会干事、干成事的氛围更加浓厚。着力强化机关管理。不断完善各项管理制度，加强干部队伍建设，机关服务“三会”、服务代表、服务基层、服务群众的水平得到进一步提高。着力推进宣传工作。进一步加大对人民代表大会制度、人大代表先进事迹和兰州市各级人大工作的宣传力度。组织开展地方人大设立常委会30周年宣传活动，召开市人大常委会《人大建设》杂志优秀稿件评比表彰大会，建立人大工作网站，加强了工作联系和交流，为常委会开展工作营造了良好氛围。

（王海峰）

兰州市人民政府

【常务会议】 2009年，市政府共召开常务会议28次，研究讨论全市经济社会发展的重要事务，研究议题149项。主要有：安排部署全市甲型流感防控、西固区有机物泄漏事故应急处置、全市扩大内需情况、下放城市建设管理权限、国家部委联合调研组来兰调研、市第六届运动会筹备、第十五届中国兰州投资贸易洽谈会筹备、加快旅游业发展、第四版城市总体规划修编、保持房地产市场稳定发展等重点工作；讨论审议《兰州市廉租住房保障规定（修订草案）》、《兰州市劳动模范和先进工作者评选管理规定》等地方性法规，出台《兰州市城市发展专项资金管理办法》、《兰州市政府投资项目评审暂行办法（草案）》、《兰州市旅游管理办法（草案）》、《兰州市城市房屋拆迁管理办法（修改稿）》、《兰州市城市燃气管理办法（草案）》等规范性文件；研究解决快速轨道交通建设、市级财政收支预算安排、庙滩子棚户区旧城整体改造、地质灾害综合整治、食品药品安全和产品质量监管及质量兴市、对口支援陇南市武都区灾后重建、集体林权制度改革、统筹城乡综合配套改革等事关全市长远发展重大事项，内容涉及人民生活、公共安全、城市建设、社会管理、规划土地、生

兰州市人民政府机构改革动员大会

态保护、卫生教育等方面，同时还研究了人事任免和表彰奖励等事宜。

【市长办公会议】 2009年，市政府召开市长办公会议80次，研究解决全市经济社会发展和重点工作、重大项目推进中的重要事务。主要有：研究解决出租汽车行业稳定、中石油西北销售分公司西固油库扩建、兰州银行改革发展、近郊四区违法建筑拆除、世行贷款兰州市文化自然遗产保护与开发项目、编制历史文化名城保护规划、城市建设土地供应、城建重点工程项目建设、国企改革资产重组、全市煤矿安全和小煤窑关闭整顿、城区污水处理厂和污水“全收集、全处理”管网建设、重离子治癌项目建设、南山路东段拆迁等重大事项，及时协调解决项目建设和工作推进中存在的问题，有效保障各项工作的顺利推进。

【市政府全体会议】 2月20日，市政府召开第五次全体会议暨廉政工作会议，全面安排部署全年政府工作重点任务，强调要深入学习实践科学发展观，切实把握好“坚定信心、共克时艰，趋利避害、能快则快”原则，突出保增长、保项目、保民生、保节能减排、保稳定等重点工作，确保全面完成全年经济社会发展的目标任务。会议由市委常委、常务副市长吴继德主持，副市长杨志武、孙若风、周丽宁、姚国庆、魏志乐、戈银生、高材林参加会议。

7月15日，市政府召开第七次全体会议，回顾总结全市上半年经济社会发展情况，并就下半年政府工作进行具体安排部署。会议强调，上半年全市经济社会发展呈现企稳回好的趋势，要切实负起责任，抓住有利时机，紧紧围绕年初确定的总体目标和要求，进一步加大工作力度，全力抓好重点工作的落实，确保完成全年经济社会发展各项目标。会议由市委常委、常务副市长吴继德主持，副市长杨志武、周丽宁、姚国庆、魏志乐、戈银生及各县区政府、市属各部门、各单位主要负责同志参加会议。

12月25日，中共兰州市十一届六次全委（扩大）会议暨全市经济工作会议召开，会议围绕落实中央和全省经济工作会议精神，全面总结全年工作，分析当前形势，安排部署2010年及今后一个时期的工作，指出要进一步坚定发展信心，不断强化发展意识、项目意识和创新意识，切实把思想统一起来，把工作抓出成效。市四大组织主要负责同志，市委常委、副秘书长，市人大党组书记、分管副主任、秘书长、财经工作委员会主任，市政府副市长、市长助理、秘书长、副秘书长，市政协主席、分管副主席、秘书长、经济委员会主任，市中级人民法院院长、检察院检察长，各县区书记、县区长、发改委主任，市委各部门、市直各部门、各人民团体、各民主党派主要负责同志，在兰金融机构主要负责同志，部分市属以及非公有制企业（集团公司）主要负责同志，市政府驻外办事（联络）处主要负责同志参加大会。

【赴外考察】 4月13日至20日，由省政协副主席、市长张津梁带领全市招商考察团，赴北京、保定、天津、大连等城市进行为期一周的招商考察活动。期间，围绕深化区域经济合作、推动重点项目实施，考察中铁集装箱总公司、泛华建设集团、方大集团、中牧实业股份有限公司、英利集团、中通远洋物流集团、大连路明科技集团、蓝星集团等大企业，拜访大连和保定市政府，同中铁集装箱总公司、中通远洋物流集团、大连路明科技集团签署项目合作和招商战略合作协议，并开展“兰洽会”宾客邀请工作。

6月22日至7月1日，市政府代表团在省政协副主席、市长张津梁带领下，应邀访问澳大利亚杨市、新西兰新普利茅斯市，受到当地政府和企业的高度重视和热情欢迎，推动了兰州与澳新两城市友好关系的新发展。

9月14日至16日，兰州市党政代表团，深入四川省成都市崇州市杞泉镇、邛崃市羊安镇、新津县新平镇和普兴镇、双流县永兴镇和兴隆镇、龙泉驿区龙华社区、锦江区三圣乡及成都市城乡规划展览馆、沙河监控中心等地，实地考察城乡统筹工作。通过对成都三个圈层、五个层级的实地考察，全景式了解成都统筹城乡发展工作的谋划思路、组织布局、实施举措和发展成效。期间在成都市召开党政代表团座谈会，畅谈考察感受，总结学习体会，就全市当前和今后一个时期城乡统筹工作进行安排部署。

12月2日至5日，由政府、铁路、企业等组成的兰州市学习考察团在省政协副主席、市长张津梁带领下，前往成都市和重庆市，专题考察铁路枢纽和物流中心项目建设，与成、渝有关方面的负责同志进行广泛交流，对两地正在规划建设中的集装箱中心站、铁路物流中心等项目进行实地考察。

【中央及部委领导来兰考察】 6月17日至18日，由国家发改委副主任杜鹰率领的国务院调研组一行来兰，就出台支持甘肃加快发展的支持意见进行相关调研。

7月15日至16日，由全国人大常委会副委员长陈昌智带领的国家调研组，视察兰州对中央扩大内需新增投资项目中有关保障性住房建设项目的落实情况。

11月17日，国家人口计生委党组书记、主任李斌调研兰州市人口计生工作，副省长咸辉，省政协副主席、市长张津梁，省人口计生委主任苏君，副市长戈银生等陪同调研。

8月15日，文化部产业司副司长孙若风，国际民间艺术节组织理事会（CIOFF）中国委员会副主席郭沫勤、CIOFF中国委员会秘书长王桂林在省委常委、市委书记陆武成，省政协副主席、市长张津梁，省政协副主席栗震亚，省人大常委会秘书长张开勋，省政协秘书长石晶等陪同下，出席2009’中国（兰州）国际民间艺术节开幕式。

【外地考察团来兰考察】 5月15日，加拿大工程院院士、加拿大西安大略大学教授祝京旭，加拿大澳健清洁能源公司总裁道格拉斯·依万什科夫一行来兰州考察，双方就污水处理、环境保护等领域的问题进行友好交流。

6月12日，中共天水市委书记张景辉，市长李文卿赴兰出席“兰洽会”开幕式，并与兰州市副市长俞敬东等出席安宁区政府与天水市清水县政府友好县区签字仪式。

8月8日，中共宁夏回族自治区党委常委、银川市委书记崔波，中共银川市委常委、贺兰县委书记马凯，银川市副市长何正荣率领的银川市党政代表团来兰考察，代表团参观考察了兰州市“十一五”规划展馆、陇星集团、水车博览园、新城区规划展示中心、兰州交通大学科技产业园、华润雪花啤酒和莫高国际酒庄等项目，双方就进一步加强相关领域的合作交流进行深入探讨，陆武成、张津梁、刘为民、吴继德、牟少军等省、市领导陪同。

8月31日，西安市市长陈宝根率领的西安市政府考察团一行来兰考察，并与省政协副主席、市长张津梁，市委副书记刘为民，市委常委、常务副市长吴继德，副市长俞敬东等领导共同出席兰州—西安战略合作座谈会，并正式签署两市战略合作框架协议和旅游合作协议，标志着两个西北省会城市之间的合作领域进一步拓宽，合作层次进一步提高。

10月11日，中共贵阳市委副书记、市长袁周率领的党政考察团来兰考察并举行座谈会，双方就精神文明建设、创建全国文明城市等工作进行交流，望继续加强往来和互动，共同为西部地区的开发建设做出贡献。

【省领导来兰调研】 3月26日，省委常委、常务副省长冯健身一行来兰调研，深入各大项目实施现场，实地察看重大项目建设进展情况。

6月8日，省委副书记、省长徐守盛，省委常委、副省长刘永富等领导检查“兰洽会”保卫交通保障工作。

6月14日，陆浩、徐守盛、陈学亨、刘伟平、侯长安、刘巨魁、姜信治、陆武成、洛桑灵智多杰、朱志良、崔玉琴、张晓兰、张津梁、侯生华、张世珍、马国瑜、张开勋、李沛文、石晶等省领导，专程视察指导兰州城市建设、黄河风情线亮化和水上交通工作。

9月17日至18日，全国政协委员、省政协主席陈学亨来兰检查指导工作，先后实地察看九州台、王家坪林业管理站、兰山公园、皋兰县大砂沟等绿化点，和市县区南北两山绿化指挥部、林业站等单位负责同志深入交谈，并多次召开座谈会，详细了解南北两山绿化建设和管护、植树造林及水利工程运行管理等情况。

9月23日，省委书记、省人大常委会主任陆浩先后到永登县、西固区，考察秦王川千亩设施农业示范基地、兰州正大蛋鸡标准化养殖场、兰州分离研究所生物化学产业园、兰州吉利汽车工业有限公司和河口水电站、蓝星公司新材料基地、国电兰州热电有限公司热电联产扩建、甘肃鹏飞隔热材料有限公司泡沫玻璃生产等项目建设情况，围绕发展现代农业、推进新型工业化进程、重大项目建设等问题进行深入调查研究。

10月29日至30日，省委副书记、省长徐守盛对兰州市重点项目建设和产业园区重点企业发展情况进行实地调研，先后察看兰州南山路东岗立交桥、和定道路改扩建、大砂坪北出口改造工程，崔家大滩城乡一体化综合整治、甘肃莫高国际酒庄、兰州移山造地（沙中片）、兰州蓝星公司碳纤维和甲醇、兰州

城区污水全收集全处理项目，兰州佛慈医药（安宁）工业园、兰州高新区西固石化工业科技园，安宁区586号路压缩式垃圾转运站及西固污水处理厂配套管网工程，了解兰州市第四轮城市规划修编和绕城高速公路、轨道交通项目前期工作。

11月19日，省委副书记刘伟平在兰州专题调研统筹城乡一体化工作，并就兰州进一步发挥优势，强化措施，全面推进城乡统筹发展进行具体安排部署。

【重大活动】 1月13日，市安全委员会2009年第一次全体（扩大）会议召开，会议指出要坚持科学发展、安全发展的理念，落实“安全第一、预防为主、综合治理”方针，进一步落实安全生产和监管职责，加快源头治本，提高管理水平，确保人民群众生命财产安全，为经济社会又好又快发展创造更加安全的环境。

3月16日，兰州高新技术产业开发区管委会与西北民族大学共建生物医药技术平台合作协议签约仪式举行，省政协副主席、市长张津梁，国家民委教育科技司副司长张京泽，省科技厅副厅长赵旭东，市委副书记刘为民等领导出席签约仪式。

4月8日，中国航天科技集团五院510所兰州航天科技园开工奠基仪式隆重举行，省委书记、省人大常委会主任陆浩，中国人民解放军总装备部副部长、中国载人航天工程常务副总指挥张建启中将，中国航天科技集团公司总经理、中国载人航天工程副总指挥马兴瑞，省委副书记、省长徐守盛，省委副书记刘伟平，中国载人航天办公室主任王文宝少将，英雄航天员、中国航天员科研训练中心副主任杨利伟少将，省委常委、省委秘书长姜信治，省委常委、中共兰州市委书记陆武成，副省长石军，省政协副主席、市长张津梁等领导出席仪式。

4月13日，兰州市南山路工程开工奠基仪式举行，陆浩、徐守盛、陈学亨、刘伟平、冯健身、姜信治、陆武成、洛桑灵智多杰、张世珍、张开勋、李沛文、石晶、张津梁、吴继德、牟少军、金祥明等省、市领导出席奠基仪式。

5月15日，市政府和中国石油西北化工销售公司举行资源合作框架协议签约仪式，标志着兰州加强与中央化工龙头企业的战略合作，发挥地企各自优势，在推进兰州石化产业基地建设方面迈出重要一步。

6月12日，第十五届中国兰州投资贸易洽谈会开幕式在兰州隆重举行，原全国人大常委会委员贾志杰，国家发改委、民政部、交通部、农业部、环保部、住房和城乡建设部、商务部、国家工商总局、国家旅游局、国务院侨办、中科院、国务院发展研究中心、中国贸促会、全国工商联、中国作物协会、中国个体劳动者协会、中国市场协会和上海世博局等单位的领导同志；天津、吉林、辽宁、河北、黑龙江、上海、江苏、山东、湖南、江西、广西、四川、贵州、陕西、宁夏、青海、新疆、新疆建设兵团和深圳市、拉萨市等兄弟省区市领导同志，香港特别行政区、台湾地区来宾和朋友，阿根廷、澳大利亚、埃及、德国、印度尼西亚、日本、肯尼亚、马达加斯加、马来西亚、韩国、美国、津巴布韦等国家来宾和朋友，省委书记、省人大常委会主任陆浩，省长徐守盛，省政协主席陈学亨及省委、省人大、省政府、省政协、省军区、省武警总队领导同志参加开幕式。

6月12日，第十五届兰州投资贸易洽谈会兰州市推介会暨项目签约仪式举行，香港中曜有限公司投资20亿元在安宁区沙井驿建设沙中工业园在内的26个项目成功签约。陆武成、张津梁、哈全玉、左灿湘、刘为民、杨志武、牟少军、王冰、徐伟、潘卫平、魏邦新等省、市领导参加。

7月29日，市政府与中国长城资产管理公司战略合作协议签约仪式举行，省政协副主席、市长张津梁，市委常委、副市长杨志武，中国长城资产管理公司副总裁周礼耀，市政府副市长俞敬东，市政协副主席、市政府秘书长魏邦新，中国长城资产管理公司投资银行部总经理谭运财、兰州办事处总经理白静等出席签约仪式。

9月24日，风电设备等5个国家质检中心（甘肃基地）正式入驻兰州高新区彭家坪新区，项目对于加强兰州乃至全省风电设备、换热设备、包装材料、塑料建材、粮油等行业的质量监督管理工作，带动装备制造等相关产业加快发展，促进区域科技创新和产业集聚发展具有积极推动作用。

9月30日，“祝福祖国——兰州市庆祝中华人民共和国成立60周年焰火晚会”隆重举行，省委书记、省人大常委会主任陆浩，省委副书记、省长徐守盛，省委常委、市委书记陆武成及李子奇、侯长安、刘巨魁、冯健身、姜信治、朱志良、咸辉、郝远、德哇仓、张世珍、梁明远、左宗国、张开勋、李沛文，省上四大组织所属部门负责同志，在甘工作的国际友人、港澳台同胞和华侨代表，感动甘肃人物代表，中央驻甘新闻单位负责同志，驻兰部队、大型企业、大专院校、科研院所的负责同志，省内兄弟市州党政主要领导，兰州市四大组织及市直部门和县区负责同志出席晚会。

12月29日，市政府与中石油甘肃销售公司全面合作框架协议签订仪式举行，省政协副主席、市长张津梁，市委常委、副市长杨志武，副市长俞敬东，中国石油甘肃销售公司总经理杨顺义等出席仪式。

【市政府为民兴办的20件实事】

2009年，市政府为民兴办的20件实事由13个市政府部门承办。在市政府各有关部门和各县区政府的通力配合下，20件实事全面完成。

1. 启动改造阿干煤矿、原兰州一毛厂、原兰棉厂和西北合成药厂、原长新电表厂东方红电表厂、原兰州玻璃仪器厂、原兰州保温容器厂、原甘肃水泵厂和沙井驿建材公司等八个棚户区100万平方米改造项目。

2. 新建1500套廉租住房，晏家坪2000套10万平方米廉租住房建设项目、五一新村2460套12.3万平方米廉租住房建设项目、五泉南路840套4.2万平方米廉租住房建设项目、安宁十里店300套15000平方米廉租住房建设项目于当年开工建设。

3. 整治改造100条小街巷，当年共整治改造近郊四区小街巷100条，其中城关区完成40条，七里河区完成20条，安宁区完成15条，西固区完成25条。

4. 新建50座城市公厕，当年全部完成50座公厕的主体工程，其中城关区完成20座，七里河区完成15座，西固区完成7座，安宁区完成8座。

5. 解决农村8万人饮水安全问题，实际解决11.5万人饮水安全问题。

6. 新建100座调蓄水塘，实际完成调蓄水塘工程300座，且全部达到蓄水条件。

7. 新建800公里乡村公路，实际完成农村公路1058.75公里。

8. 新建8000户农村生态家园沼气池，年内实际建成沼气池10580户。

9. 完成500户农村困难群众危房改造，年内全面完成任务主体工程。

10. 完成中小学危房改造主体工程，全市239所危改项目全部开工建设，其中已竣工学校203所，完成36所项目学校主体工程。

11. 建成40所农村寄宿制学校，实际安排建设102所农村寄宿制学校，已开工项目学校77所，其中当年竣工学校40所。

12. 新建70个标准化村卫生所，其中投入使用49所。

13. 新建300个“农家书屋”，年内全面完成建设任务。

14. 建成120处城乡全民健身场地，10月底全面建成120处全民健身场地。

15—17. 建成和运行市社保服务中心、“金保工程”和人力资源市场，年内民安大厦一、二、三、四层社保服务中心改造装修工程已经完成。

18. 新建和改造提升20个街区菜市场，已投入正常运营。

19. 新建和改建100个农村便利超市和农资超市，全面完成新建改建任务。

20. 新增和改造300公顷城市绿地，实际新增、改造城市公共绿地341公顷。

（满万金　伏来旺）

· 市长专线与应急管理 ·

【概况】　2009年，市政府应急办紧紧围绕市委、市政府工作大局和所承担的职责任务，真抓实干，开拓进取，较好完成各项工作任务。全年接听受理市民电话48016件，办结46985件，总办结率达到98%；受理群众来信360件，受理电子邮件1260件；接到群众表扬感谢信件、电话、锦旗65件次；调查回访显示，市民满意率达到86%以上。处置各类突发事件125起，做到迅速掌握情况，及时报告信息和协调相关部门妥善处置，确保突发事件应急处置和善后处理工作顺利进行。

【专线工作】　狠抓工作落实，通过每月通报讲评、回访来电群众、下基层检查调研、年终考核评议等办法，努力提高市民反映问题办理质量，确保市民反映问题“事事有回音，件件有结果”。年初对部分县区和市直部门市长专线和应急管理工作进行检查调研，对一些单位好的经验和做法进行总结推广，对存在的问题进行分析研究，提出解决办法。4月1日召开市长专线工作会议，邀请部分市人大代表、政协委员、市民代表和新闻媒体参加，广泛听取各方面意见建议，不断完善创新，提高服务质量。加强与110、120以及环保、供水、供电、供水、供气、供暖、法律咨询等公众服务和行业热线电话工作联系，互通信息，协调联动，更好地为群众提供服务。认真落实抽查回访制度，对各单位办理市民反映问题情况进行20%以上的抽查回访，注重听取群众对办理结果的意见建议，避免出现走过场现象。12月对市属单位2009年度市长专线工作进行考核评议，城关区等12个部门被评为优秀单位。积极协调解决群众反映的问题，同时对反映的问题进行调查和统计分析，及时向领导和有关部门反映信息和情况，对一些社会反响强烈、对群众生计影响较大的问题积极建议政府部门研究制订或调整相关政策，从根本上解决问题。11月中旬参加在南宁市召开的第十六届全国市长公开电话工作年会，交流了兰州市开展市长专线工作经验。经年会理事会讨论，确定由兰州市承办2010年第十七届全国市长公开电话年会。全年编发市长专线动态24期，在媒体刊播反映市民呼声和市长专线工作情况稿件

205篇条，并将办理情况和每月通报及时在政府网站公布，接受社会监督。

【应急管理】 加强应急值守工作，实行24小时值班制度，规范紧急重要情况处理报告程序和要求，值班室与各级领导和各部门电话联系畅通，并通过检查抽查，督促基层单位落实应急值班工作，确保突发事件得以及时妥善处理。2009年，全市发生重大交通、山体滑坡、火灾、环境污染、矿难、群体性斗殴、集体上访等事件124起，应急办接到报告后迅速核实情况，及时报告市政府领导和上级部门，并协调调动有关部门快速应对，使事件得到有效处理。城关区九州开发区“5·16”大面积山体滑坡、榆中县和平镇高校学生群体性甲型H1N1流感疫情等重大突发公共事件发生后，由于信息报告及时，应对处置快速有效，使事件处置达到预期效果。加强应急管理基础性建设，督促指导基层单位做好应急预案制定修订。8个县区完成本级政府总体应急预案制定，市直有关部门完成30项市级专项应急预案制定修订，95%的企事业单位和乡镇、街道、社区制定应急预案。加强应急救援队伍建设和预案演练。按照“平战结合、军民结合、专业对口、指挥灵便、反应迅速、社会参与”原则，抓好应急救援队伍建设，全市涉及应急救援的部门和单位共建立综合、专业救援队伍42支，4480余人。7月，经市政府批准，以市消防支队为主体成立兰州市重大灾害事故应急救援支队，初步形成以消防支队为主的专业化、多元化和网络化的应急救援队伍体系。各单位结合工作和应急需要，开展各种应急模拟演练65次，提高了应急救援实战能力。强化应急通信保障能力，积极落实省政府部署的应急卫星电话安装工作，为市政府应急办和远郊4县区安装卫星通信电话，为市委应急办、市政府应急办和8个县区政府办配备卫星移动电话，制定卫星通信电话使用管理规定，增强应急通信保障能力。抓好应急物资储备，市公安、民政、环保、商贸、防汛、卫生等部门和各县区按照省、市政府要求，并根据实际情况，储备一定数量应急物资，建立应急物资管理启用机制。市商务局制定《兰州市储备肉方案》和《兰州市生活必需品储备方案》，确定16家兰州市生活必需品监测企业名录和生活必需品货源档案，按市内总人口7天消费量储备肉类1000吨，按3天的消费量储备了12个品种的生活必需品。

·政务大厅·

【概况】 2009年，市政务大厅紧紧围绕市委、市政府“1355”总体发展思路，坚持从发展提升入手，不断规范服务行为，完善管理措施，进一步提高了服务效率和质量。全年共有23个市直部门和6个省级垂直管理部门的119名工作人员进驻大厅，有416项行政许可和服务事项在大厅受理，其中即办件项目115项，即办件比率达到27.64%。全年累计受理各类办件72242件，累计办结71349件，其中，即日办结62994件，即日办结率为88.29%，时限内办结71349件，时限内项目办结率为100%。

【项目审批】 先后与3个部门进行衔接，陆续将8项行政许可和服务项目纳入大厅办理，其中，市商务局3项，市工商局4项，市行政执法局1项，使大厅进驻项目累计达到418项。结合工作实际压缩7个事项办理时限，限定78个工作日，其中，市商务3项压缩42个工作日，市民政局2项压缩6个工作日，市国土局2项细化项目压缩30个工作日。降低6个部门收费标准9378元，其中，卫生局14项125元，社保局1项3元，民政局5项330元，食药监局17项8900元，财政局2项20元。新增即办件7项，其中，商务局3项，工商局4项。

【运行管理】 年初，根据《兰州市人民政府政务大厅管理办法（试行）》关于“窗口工作人员二年调换”规定，按照“政治素质高、业务能力强、服务意识好”的标准，进行第三批窗口工作人员调换，审核确定119名窗口工作人员。其中，首次进驻政务大厅工作43人。认真落实指纹打卡、考勤考核、外出公示、日常巡查检查等规章制度，形成以制度管人、管事、管运行的良好局面。

【并联审批】 《兰州市建设工程项目审批流程》经过两年的试行，对推动全市建设工程项目的并联审批发挥了重要作用。随着相关法律法规的调整，使其中大部分审批事项发生变化。市政务大厅及时对《流程》涉及的40个审批事项、59个审批环节，从法律依据、收费标准、申报资料、审批程序等方面进行修订和完善，并编印成书。全年牵头召集市建设局、市环保局、市规划局、市质监局、市消防分局、市供热管理办等单位累计召开锅炉建设并联审批会21次，大幅压缩项目审批时限、审批流程，进一步方便了行政相对人。

（曾　明）

·法制工作·

【概况】 2009年，政府法制工作以全面贯彻落实国务院《全面推进依法行政实施纲要》和《关于加强市县政府依法行政的决定》为主线，坚持把推进政府法制工作作为关系经济社会发展全局的大事和构建和谐社会目标的重要内容，重点突破，全面推进。完善组织机构、创新运作机制、强化监督管理。依法行政理念日益深入人心，行政立法质量明显提高，行政执法监督得到强化，行政复议工作日趋规范，行政执法队伍和政府法制机构建设逐步加强，依法行政水平不断提高，为全市经济社会又好又快发展创造了良好的法制环境，提供了坚强有力的法制保障。

【立法工作】 坚持把法制统一和体现地区特色作为提高立法质量着力点，紧紧围绕市委、市政府中心工作，深入研究立法项目所涉及的矛盾和焦点问题，加强对经济调节和市场监管的规范、城市建设和城市管理的保障、劳动和社会保障制度的完善、社会救济和社会救助机制的健全、安全生产的监督和职工合法权益的保护等方面的调研，增强政府立法工作的针对性、实效性和可操作性，充分体现政府“以民为本”立法实质。全年完成市人大常委会《兰州市经济技术开发区条例》、《兰州市生活饮用水源保护和污染防治办法（修订）》地方性法规草案的起草、论证、修改、报审工作。完成《兰州市政府投资项目评审暂行办法》、《兰州市城市燃气管理办法》、《兰州市旅游管理办法》、《兰州市城市房屋租赁管理办法》、《兰州市城镇最低收入家庭住房管理规定》、《兰州市药品和医疗器械从业监督管理办法》、《兰州市政府投资项目招投标管理办法》等地方政府规章的起草、论证、修改、报审、公告工作，并以政府令形式公布施行。

【行政执法监督】 在完成执法依据梳理基础上，抓住界定执法职责、强化评议考核和严格责任追究三个环节，深入推行行政执法责任制，初步建立起职能法定、责任明确、考核科学、监督规范、奖惩严格的行政执法考核机制。加强配套制度建设，依法规范和监督行政执法行为，强化对行政执法人员的管理。继续加强法规、规章执行情况的执法检查，完善检查方式，不断提高检查效果。注重对国家新颁布的法律、行政法规及本市制定的法规、规章实施满一年后的执法检查工作。深入开展规范行政自由裁量权试点工作，减少行政处罚的随意性，实现行政处罚的公平、公正，确定城关区、七里河区、市公安局、市民政局等县区和15个部门为开展规范行政自由裁量权试点单位。进一步明确各试点单位在规范执法行为，确定自由裁量范围，明确自由裁量条件等方面具体工作任务和进度，制定并下发《关于规范行政自由裁量权工作实施方案的通知》，对规范自由裁量权工作进行周密安排和统一部署。根据职权法定原则和机关“三定”（定编、定岗、定位）方案，对部门权力进行认真清理，进一步梳理、公布相关行政执法依据。确定39个行政执法机关执法依据，其中行政处罚2633项，行政许可278项，行政强制125项，行政征收44项。通过梳理政府“权力清单”，确保行政审批、许可、处罚、征收等执法行为有据可依、过程透明、运作规范。市直主要行政执法单位按照国务院《全面推进依法行政实施纲要》规定，结合法律法规规章立、改、废情况，进一步健全完善执法主体资格认证、执法培训、执法审核、执法公示、行政许可听证等制度，规范执法程序、文书格式和执法案件管理标准，建立岗位负责、错案追究、责任倒查等执法责任制度，落实“有权必有责，违法须追究”的依法行政原则。

【政府规范性文件制定】 为保证各行政机关制定的规范性文件合法、有效，提高政府行政效能，各级政府继续坚持法制机构严格审查、审议制度，严把合法性、合理性关口，注重必要性、可行性和针对性审查，将关系社会经济发展和群众切身利益的规范性文件草案刊登于《兰州日报》和政府网站，广泛征求人民群众和社会各界意见、建议，使规范性文件的制定工作更加公开、公正和规范。对《兰州市户外广告位使用权有偿出让暂行办法》、《兰州市公共和道路停车场有偿使用管理暂行办法》、《兰州市政府投资项目招标投标管理办法》、《兰州市闲置土地处置办法》、《兰州市城市供水抄表到户实施办法》、《兰州市人民政府关于加强人民防空工作的决定》、《兰州市新建商品住房成本审核认证管理办法》、《兰州市生活必需品储备管理办法》、《兰州市城镇房屋用地分割登记发证实施细则》、《兰州市地下空间土地使用权供应及登记试行办法》、《兰州市建设用地项目容积率遗留有关问题的处理意见》、《兰州市重大民族宗教突发事件应急预案》、《兰州市市区危旧房建管理暂行管理办法》、《兰州市土地储备管理办法（草案）》、《兰州市未利用土地开发利用暂行办法》、《兰州市征收集体土地房屋拆迁管理办法》、《兰州市廉租住房购买管理暂行规定》、《兰州市城市供热保障金统筹管理办法》、《兰州市绿地树木认建认养管理规定》、《兰州市劳动模范和先进工作者评选管理规定》等规范性文件进行前期审查修改，并报请市政府审议。全年各级政府法制机构共审查各类规范性文件和其他文件共46件，内容涉及卫生、民政、教育、建设、旅游、社会保险等领域，真正做到有件必备、有备必审、有错必究，从源头上预防了违法和不当行政行为的发生。进一步加强和健全备案登记制度、公

布制度、统计制度、通报制度、档案管理制度，形成比较完备的备案审查管理流程，提高备案管理水平。开展规范性文件报备情况监督检查，对部分重点行政执法部门制定和报备规范性文件进行抽查，督促有关部门建立健全备案审查工作制度。

【行政复议案件办理】 加大复议制度和复议工作的宣传力度，规范复议申请受理行为，依法明确复议申请事项具体范围和加强对案件事实进行实地调查等措施，保证了复议案件的办案质量。设立复议接待室和复议热线电话，全年共接待行政复议来访87人次，收到复议申请15件，经审查不予受理1件，转送有关机关1件，说明并说服申请人通过其他途径解决争议6件，受理7件，经调解当事人撤回申请而不立案2件，审结4件。

【涉法事务处理】 坚持把服务地方经济发展作为重点，积极参与政府经济活动，提供法律服务，参与修改、审查市政府各类招商引资合同6份。逐步建立健全政府法律顾问制度，提高涉法事务办理水平，为政府解决涉法问题提供可靠的法律服务保障。全年共出具《关于对皋兰山千佛山殡仪馆项目有关问题的调查报告》、《关于对中国航天科技集团510所项目用地范围内张玉梅房屋实施拆迁裁决的报告》等法律意见书9份。从保护当事人合法权益，提高政府依法行政水平，维护政府形象出发，配合法院、市政府相关部门较好处理了永登县河桥镇南关村土地征用等涉法上访事件。积极代表市政府出庭应诉，及时有效解决行政纠纷案件，全年共代理市政府出庭应诉行政诉讼案件一审7件，二审4件。

（蔡小平）

·地方志工作·

【概况】 2009年，兰州市地方志办公室组织落实全市地方志工作规划，督促、检查、指导县区和市级各部门志书编纂和年鉴编辑工作。编纂完成《兰州通志》初稿，加快首轮修志扫尾进度，编辑完成《兰州年鉴》2009卷。举办县区地方志工作会和全市年鉴编辑工作会，补充了新知识，提高了业务水平。

【《兰州通志》编修】 全面开展《兰州通志》（即二轮《兰州市志》）编纂工作，完成《兰州通志》初稿。《兰州通志》的编纂改"众手成志"为"专家主导修志"。通过2008年的周密部署，精心准备，遴选编纂人员，搜集筛选资料，潜心撰写，2009年4月，基本完成约280余万字的《兰州通志》初稿。开展《兰州通志》初稿评议活动。4月兰州市志办集中全体撰稿人员进行了为期3天的评议活动，按照志书行文规范从初稿的篇目、结构、观点、体例、文字、史实等方面进行了研讨，并形成了修改完善的意见。开展了为期半年的汇稿总纂。评议会后，确定了总纂和副主编，对志稿进行汇稿并反复修改，统一标准，达成共识，删减文字，形成了约150万字的志稿，达到编委会的字数要求。进行编委会成员审稿。10月对《兰州通志》初稿分送各编委会成员审阅，并计划提交市地方志编委会第三次全体会议进行初审。

【首轮市志扫尾】 加快首轮《兰州市志》编纂扫尾工作。首轮《兰州市志》调整压缩后，共有市志59卷，已出版52卷，尚有7卷还未完成，分别是重工业志、法制志、工会志、人物志、民俗志、地方文献志、总目录。2009年，兰州市地方志办公室在做好通志和年鉴的同时，完成了《工会志》、《地方文献志》两部志书的终审工作，即将交付出版。剩余部分也分别进入审稿阶段。

【《兰州年鉴》编辑出版】 完成《兰州年鉴》（2009）编辑出版工作，2月向全市各有关单位下发了《关于做好〈兰州年鉴〉2009年卷编纂工作的通知》（兰政办发[2009]36号），动员全办力量，收集整理资料和图片，并通过认真编辑加工，精心修改校对，经编委会审定，于10月正式交付出版。年鉴全面、系统、翔实地记述了兰州市2008年国民经济和社会发展情况。同年还为《甘肃年鉴》提供了稿件。

【县区工作会议】 4月，召开了县区地方志工作会，督促指导地方志工作，听取了各县区上年度地方志工作情况汇报，安排部署了2009年的地方志工作，对贯彻落实《地方志工作条例》、二轮修志进展、年鉴编辑、队伍建设等方面作了调查了解和具体指导，也取得了一手资料和意见，促进了县区修志工作。同时，组织召开了《皋兰县志》、《永登县志》二轮志书的终审会议。

【交流与培训】 9月，参加在贵阳举行的第七届全国中心城市地方志工作交流会暨第五届西部城市志书编修研讨会；3人参加在扬州举办的全国城市年鉴编辑工作会；4人参加由省志办在宁波大学举办的二轮修志培训班。通过培训学习，了解了全国部分地方志书编纂的优点和特点，针对性强，效果显著。还参加市委党校县、科级干部培训和行政学院的公务员学习培训。12月召开的兰州市年鉴编辑工作会，总结了近几年的年鉴编辑情况，交流经验，查找不足，安排部署了今后的年鉴编辑工作。

【其他工作】 继续做好帮村扶贫

工作，办公室领导深入榆中桦岭村，与村干部座谈，查访农户，了解他们的实际情况，在往年筹款帮扶的基础上，2010年又从正常经费中挤出1.6万元，帮助修建村委会办公用房160多平方米，解决了多年来没有办公用房的问题。更换添置了4台电脑和5台打印机，改善了办公室条件。地方志办公室网络建设取得了新的进展，在政府网站设立了地方志栏目，增加更新内容，拓展了地方志服务社会的功能。

（李祥平）

市政府研究室领导陪同省研究室领导在高新技术开发区调研

·发展研究·

【概况】 2009年，市政府研究室紧紧围绕政府中心任务和重点工作，深入开展调查研究工作，共计完成重大课题研究9项，起草文件建议11篇，撰写主要文稿14篇，编发《咨询通讯》12期、《学习研究》12期，创办市政府机关刊物——《兰州发展》，出书二本，圆满完成各项目标任务。

【课题研究】 根据市政府安排，在开展大量调研基础上，借鉴长三角、珠三角、成渝、长株潭等区域合作成功经验，先后起草完成《关于加快推进兰白区域经济一体化发展的实施意见》、《关于加快推进兰州白银区域经济一体化发展的实施方案》、《推进实施兰白区域经济一体化框架协议》（征求意见稿）等政策文件，明确了兰州、白银两市经济一体化合作的形式、内容、发展定位和工作重点，提出"力争'十二五'末或更长时间，使兰白经济圈生产总值达到全省生产总值一半以上，中心带动作用明显增强"奋斗目标。根据省政协副主席、市长张津梁指示，抽调力量参与城乡一体化兰州地区调研工作。3月26日—4月17日，由省政协副主席邵克文带队，深入榆中、皋兰、红古、七里河4县区和11个市直部门，走访座谈，了解情况，听取各方意见建议。在此基础上，起草完成《关于兰州市推进城乡经济社会发展一体化的调研报告》和《关于推进兰州市城乡社会保障一体化建设的调研报告》。报告全面分析了兰州市经济社会发展阶段性特征、城乡二元结构矛盾和县域经济发展状况，进一步阐明加快推进城乡一体化的必要性和迫切性，提出确立城乡发展新思路、先行编制城乡一体化发展规划、加强农村基础设施建设、提高农村公共服务水平、促进县域乡域经济发展、发挥城市的辐射带动作用、加快小城镇建设步伐、搭建一体化发展平台、加大扶贫攻坚力度、创新一体化发展的体制机制等对策建议。根据省政府《关于开展全省农民失地情况调查的通知》精神及市政府安排，在各县区协助配合下，对全市失地农民情况调查进行细致摸底和深入调查，全面掌握全市失地农民的基本情况、原因、流向，对农民失地后的影响进行系统评价性分析，认真总结兰州市近年来安置失地农民的有益经验。并在此基础上，提出进一步加大失地农民就业安置力度、改革征用土地补偿制度、建立健全失地农民社保体系、加强失地农民工培训、城乡建设规划一体化编制等政策性建议。为市委、市政府切实解决失地农民问题提供重要依据。

【文件起草】 针对《城市建设管理权限下放的有关意见》在执行中遇到的问题，会同建委、财政、国土和城投公司组成联合调研组，开展专题调研。结合实际，借鉴外地经验，完成《关于城市管理权限下放的调研报告》、《城市管理权限配套政策》、《关于兰州市城市可经营项目多元化投资市场化运作的指导意见》、《基层单位对城市管理权限下放的意见建议》4个专题报告和政策文件。为了贯彻中央和省委省政府《关于2009年促进农业持续发展农民稳定增收的若干意见》，进一步落实市委《关于推进城乡一体化发展促进农民持续增收的决定》，确保全市农民人均纯收入增长12%以上，根据市政府安排，由政府研究室牵头，会同市政府办公厅农林处、农办、农牧局等部门共同起草《中共兰州市委兰州市人民政府关于2009年促进农业持续发展农民稳定增收的若干意见》文件。文件起草组在吃透中央和省上有关政策精神

基础上，围绕农业发展政策新趋向，挖掘兰州农业发展新潜力，研究制定落实强农惠农政策，加大农业支持保护力度；统筹城乡共同发展，推进经济社会一体化进程；加快现代农业发展步伐，提升农村经济整体水平；做大做强优势特色产业，提升农业综合生产能力；抢抓国家扩大内需机遇，加快农村基础设施建设步伐；围绕改善民生，大力发展农村公共事业；深化农村改革，增添发展活力；加强和改善党对农村工作的领导，为农村工作提供坚强政治保证等政策措施。为了保证引大秦王川灌区综合开发顺利推进，研究室负责起草《引大秦王川灌区综合开发若干配套政策》。在掌握第一手资料的基础上，结合全市产业发展总体布局和灌区经济社会发展实际，提出理顺灌区综合开发建设体制机制、加大财税政策支持力度、加大农业综合开发力度、加大土地综合利用开发力度、加大灌区项目建设力度、加大推进灌区基础设施建设力度、加大灌区小城镇建设力度、加大灌区生态建设力度、加大灌区金融政策扶持力度、加大灌区新农村建设力度等政策措施，为引大秦王川灌区综合开发提供了全面系统、切实可行的政策依据。兰州已基本具备建设区域性金融中心的基础条件，结合兰州金融发展现状和实际，借鉴国内外区域金融创新的有益经验，通过可行性分析研究，确立建设兰州区域性金融中心的总体框架和工作重点。同时，针对当前建设兰州区域性金融中心迫切需要解决的重点问题，提出加快发展多层次资本市场、加大对地方性金融机构的扶持力度，积极争取国家批准兰州进行农村金融配套改革试点和金融机构混业经营试点等对策建议。

【议案建议】 根据国家有关政策导向，抓住兰州经济社会发展迫切需要国家重点解决的突出问题，进行深入调研，分别起草完成《关于请求国家支持引大入秦工程维修改造和调蓄水库建设的建议》、《关于请求设立黄河中上游生态修复国家工程兰州试验区的建议》、《关于设立兰州国家级生物医药产业基地的建议》等3个提交全国人代会的议案建议。根据省委"中心带动"战略，针对兰州发展的重点难题，分别起草《请求国家设立兰北新区的建议》、《请求国家设立兰州区域性金融中心的建议》、《请求国家支持兰州物流中心建设的建议》、《请求国家对秦王川综合开发给予资金政策倾斜的建议》等4个提交全国人代会的议案建议。

【文稿撰写】 完成向国务院联合调研组的汇报材料工作，认真梳理归纳、分析整理兰州发展的制约因素和优势潜力，广泛搜集国家的各类政策，深入研究发达地区和国家综合配套改革试验区的有益经验。在此基础上，围绕兰州的发展实际，在借鉴外地经验的同时，紧密结合近年来研究积累的主要成果，寻找国家政策导向的切入点，提出请求国家批准设立兰州综合配套改革试验区、黄河中上游生态修复国家工程兰州试验区、兰州区域性金融中心、兰州国家级生物医药产业基地、兰州区域性物流中心、兰州有色金属和能源期货交易所、兰州综合保税区以及重点支持移山造地、城市快速轨道交通、南绕城高速公路、城市第二水源、城市大气污染治理和黄河兰州段水污染综合治理、地质灾害防治、引大入秦水利工程配套、国家战略性石化产业基地、机械装备制造业基地、重离子国家研究中心等政策建议。全面完成《中国城市大典·兰州卷》编写工作；起草完成张津梁市长在全国人代会、陆桥沿线城市领导联系会议以及联合国第四届新丝绸之路市长论坛的相关材料，杨志武副市长在上海世博会甘肃世博论坛上题为《打造新黄河之都，促进兰州可持续发展》演讲稿，起草高材林副市长题为《努力把兰州打造成世界玫瑰之都》、《建设生态和谐的绿色兰州》、《以科学发展观为指导，积极推动黄河中上游生态修复兰州试验区建设》专题发言、学习体会和交流材料。参与陇海兰新经济促进会相关工作，完成《积极推动物流产业发展，提升兰州及甘肃综合竞争力》跨区域调研课题兰州分报告；撰写完成《中国城市年鉴——2009年卷·兰州》文稿，完成《中国城市大百科全书》《中国经济年鉴》兰州部分内容撰写和图片报送工作；完成《世界经济年鉴》"中国综合实力百强城市名片"兰州专稿撰写；撰写完成《甘肃城市年鉴》——《坚持科学发展，突出以人为本，倾力打造人与自然和谐的宜居兰州》专稿及《兰州市关于加快和规范农村土地流转的意见》初稿；完成《兰州轻轨交通建设融资模式研究》课题，完成《2009年上半年兰州市经济运行分析报告》和《2009年兰州市经济运行分析报告》；编发《咨询通讯》12期、《学习研究》12期。

【文集编纂】 编纂完成《2008发展研究报告》，共收录修订重点课题17篇，建议5篇，领导参阅件4篇，涉及经济、社会、生态环境等方面。公开出版《第三利润源泉——兰州现代物流政策体系研究》一书。该书参加中国发展研究奖评选，荣获三等奖，并被国家图书馆作为年度精品类书刊永久收藏。

【全省市州政府研究室主任座谈会】

9月15日—16日，由省政府研究室主办、市政府研究室承办的

2009年度全省市州政府研究室主任座谈会在兰州召开。省委常委、副省长刘永富出席并讲话，市委常委、副市长杨志武致辞，省政府秘书长李沛文等领导出席。会议交流了全省各市州政府政研系统工作经验，就新形势下如何加快和创新研究工作，更好地发挥决策服务作用，进行座谈交流。

【创办《兰州发展》】 经市政府研究决定，由研究室创办兰州市人民政府机关刊物——《兰州发展》。以“研究发展方略，传递政策信息，聚焦热点问题，广集发展谋略，反映社情民意，交流工作经验，服务科学决策”为宗旨，以服务基层、服务发展、服务和谐社会建设为己任，及时宣传市委市政府重大决策、战略部署和工作重点，宣传兰州市改革发展的新思路、新举措，研究经济社会发展的重大问题，总结改革开放的新经验。11月下旬，《兰州发展》正式创刊发行。

【自身建设】 按照市委、市政府关于加强机关作风建设总体要求，成立机关作风建设领导小组，研究制定实施方案。针对机关作风中出现的突出问题，通过建立健全考核评价机制、工作协调机制、议事决策机制、议题管理机制、科学分工机制、执行保障机制、过错记录机制、监督考评机制等制度体系，确保每一项工作、每一个环节都有章可循、有规可依，做到人人责任分明、事事有始有终，奖勤罚懒、奖优罚劣，从而极大地调动和激发了全体干部职工的积极性和创造性。为了及时、全面、准确查找工作中存在的问题和不足，采取设置意见箱、发放征求意见表等方式，虚心征求各有关单位部门意见。通过开辟专栏征集兰州经济社会发展“金点子”方式，广泛发动全市人民积极建言献策，使研究工作更加贴近群众、贴近实际，从而推动各项工作不断上台阶、上水平。

（马骥明）

·人事工作·

【概况】 2009年，兰州市人事工作继续贯彻执行国家人事制度改革的总体规划和政策法规，负责国家公务员制度完善和全市各类人才的管理服务，综合管理全市机关事业单位工资福利、政府奖励表彰、人事争议仲裁、转业军官的安置、非师范类大中专毕业生就业，承办市政府管理的领导人员的行政任免。各项工作扎实推进，为全市经济社会又好又快发展发挥了积极作用。

【人才队伍建设】 以加强高层次人才队伍建设为重点，统筹推进专业技术人才队伍、农村实用人才队伍建设和国外智力引进工作。加强高层次人才工作的调查研究，草拟《兰州市领军人才队伍建设实施办法》，推荐上报甘肃省领军人才人选，确定10名专家为甘肃省第七批优秀专家候选人。组织进行“151人才工程”第四批人员推荐选拔工作，21人入选第一层次、31人入选第二层次、95人入选第三层次。加强专业技术人员继续教育，培训各类专业技术人员1万余人次。强化专家管理服务，对入选省市人才工程的专业技术人员进行全面考核，发放考核津贴和科研资助经费，组织有关专家赴县区开展技术咨询服务活动31人次。

【公务员管理】 按程序完成第三批参照管理单位、城关区街道社区、2008年军转干部等1018人公务员审批登记工作。坚持“凡进必考”，面向社会公开招考公务员326名，为8个急需用人单位组织选考22名工作人员。积极推行中层干部竞争上岗，参与组织9个单位竞争上岗工作。着力提升公务员队伍素质，举办新录用公务员、军转干部、更新知识等培训班，培训近2万人次。大力弘扬公务员精神，遴选上报的七里河区西湖街道办事处获得全国“人民满意的公务员集体”称号。

【人事制度改革】 积极稳步推进事业单位人事制度改革，基本完成全市首次岗位设置管理的有关工作，走在全省前列，得到省人力资源和社会保障厅的高度肯定和表扬。探索推进职称制度改革，评审各类专业技术职务任职资格2000余人，组织参加各类职称考试1万余人次。认真组织实施工资制度改革，完成规范津补贴“三步走”控制阶段标准和地方性补贴的审批兑现工作。完成部分遗留人员和参照公务员管理事业单位工作人员的档案审查和工资套改。采取上门服务方式，完成原兰炼、兰化公司总校及所属13所中小学移交地方管理人员工资核定。会同教育、财政部门提出兰州市义务教育学校绩效工资实施意见，督查完成全市义务教育学校绩效工资的确定兑现。

【军转干部安置和解困维稳】 积极推进军转安置制度改革，圆满完成124名计划安置和76名自主择业军转干部安置任务，安置率继续保持在100%。加强自主择业军转干部管理服务，为1309名自主择业军转干部申请2009年度医疗保险费和冬季取暖费，完成退役金调整规范和补发工作。做好企业军转干部解困工作，审核发放企业军转干部解困资金1584万元，缴纳医疗保险费用247万多元。在第五次全国军转表彰大会上，兰州市人事局被评为全国军转干部安置工作先进单位并受到表彰。

【引进国外智力】 先后邀请以色列、德国、荷兰等国专家来兰，就旱地草木种植和绿化育苗、无公害农产品生产、大面积脑梗塞及重症脑出血的救治等项目进行技术指导和经验交流。协调有关人员参加节能减排赴美培训团和“西部地区千名乡镇干部赴香港培训”项目。

（王伟程）

·外事侨务·

【概况】 2009年，市外（侨）办全面贯彻中央外交工作方针政策，坚持以服务国家总体外交、服务兰州市经济社会发展为宗旨，紧紧围绕市委、市政府“1355”战略部署，团结奋斗，开拓进取，各方面工作得到较好开展。从严审核出访任务、合理安排行程，坚决制止一般性考察和重复考察。对外友城结好工作取得新突破，友好城间交流与合作得到进一步加强。全年共接待外宾团组5个61人次。

【外事管理】 积极贯彻中央、省、市关于进一步加强因公出国〈境〉管理有关精神，严格执行中办《关于进一步加强 因公出国（境）管理的若干规定》，认真贯彻落实中共中央办公厅、国务院办公厅《关于坚决制止公款出国（境）旅游的通知》精神及市委办《关于党政机关厉行节约有关问题的通知》精神，完善出国（境）计划报批制度，实行量化管理。从严审核出访任务、合理安排行程，坚决制止一般性考察和重复考察。2009年，兰州市共派出78个团255人。其中兰州市审批20个团89人；省政府审批58团166人。分别派往美国、德国、瑞典、英国、西班牙、澳大利亚、新西兰、巴西、南非、日本等国家和香港地区执行公务。全年共压缩团组6个36人，节约经费120万元人民币。

日本书法家现场表演书法

【友好城市缔结】 5月，兰州市与纳米比亚奥希科托省楚梅布市正式签署缔结友好合作关系协议书。罗马尼亚阿尔巴尤利亚市意欲同兰州市建立友好交流城市关系，兰州市政府友好代表团对该市进行访问，签订了两市之间发展友好城市关系备忘录。拓展了兰州市在非洲、东欧的交流空间。至2009年，兰州市已和国外10个城市缔结友好城市关系，占全省友好城市总数的 26%；国际友好合作交流关系城市15个，分布于亚洲、美洲、欧洲、大洋洲、非洲，在西北地区位居首位。

【友城间交流与合作】 始终坚持“务实、互利、友谊”原则，坚持互派研修生和专业人员学习交流制度。至2009年，兰州市共向各友好交流城市派出专业研修生80人次，交流人员1600余人次，接受对方研修生126人次，涉及交流合作项目十余个，使兰州市在地方产品展销及新品种开发、蔬菜瓜果保鲜、优良品种培育、环境保护、供水自动控制监测、污水处理、煤制气建设及医疗护理、心胸外科手术及语言专业人员等方面取得进步。经兰州市政府与瑞典卡里克斯市积极合作，争取到“欧盟援助基金”146万元，用于两市之间的青少年交流、技术人员培训、高新技术产品推广等活动，并顺利完成本年度与瑞典卡里克斯市中学生的交流互访。市外办邀请美国友城圣塔巴巴拉市20多名中学教师来兰州市访问两周，同兰州市12所中小学校教师和学生进行交流。利用外事接待和友城渠道，积极为兰州市对外经济合作牵线搭桥。先后接待日本秋田市“日中友好促进议员联盟”议员代表团、日本资生堂集团绿化友好访问团、瑞典卡里克斯市青少年访问团、“中日新世纪西部青少年交流中心”项目洽谈团等。4月，日本资生堂集团绿化友好代表团一行39人在兰州市城关区罗汉山举行植树造林活动，中日双方共同植树1000株，植绿面积近100亩。该植树活动自2008年4月启动以来，已捐资200万日元用于环保生态林——罗汉山基地建设，并计划连续10年每年出资200万日元用于该生态林建设。截至2009年，罗汉山中日友好生态林一期工程已营造生态林7.1公顷，栽种树木22545棵，成活率达91.9%。

9月，瑞典卡里克斯市4位教师和10位学生来兰州交流学习。在兰期间，代表团拜会兰州市人民政府，参观兰州市相关中学及职业技术学院，住在兰州市学生家中学习汉语，体验兰州的文化和生活习俗。代表团还赴敦煌参观学习，感受中国丰富深厚的历史文化底蕴。11月，秋田市议会议员相原政志为团长的秋田市“日中友好促进议员联盟”议员代表团一行来兰访问。代表团拜会兰州市人民政府、兰州市人民代表大会常务委员会，进一步推动两市政府间及兰州市人民代表大会和秋田市议会间的友好交流。根据兰州市与塞尔维亚共和国莱斯科瓦茨市签订的缔结友好城市协议书，8月，兰州市从红古区、永登县组织一批劳务人员到莱市，并投资150万元在莱市进行反季节蔬菜生产经营。

【对外交流】 5月，兰州市政府友好代表团访问泰国正大集团，与正大集团董事长谢大民就兰州正大有限公司扩大投资、实现共同发展进行商谈，达成投资意向。为庆祝日本八户市与兰州市友好交流25周年，兰州市代表团赴日参加“纪念八户市·兰州市友好交流25周年书法交流会”等系列庆祝活动。兰州市分派消化科和泌尿科2名医生赴日本秋田进行为期2个月的研修学习；选派1名牛肉拉面讲师，作为文化使者给秋田市民教授兰州牛肉拉面的制作方法并现场授艺，讲座共在秋田市内各地举行了7场。兰州市青少年友好交流代表团于1月首次赴瑞典卡里克斯市进行为期12天的学习交流，受到当地政府、师生及家长的热情欢迎和接待。3月，兰州市政府代表团赴瑞典实地察看瑞典北博腾省最大的污水和垃圾处理企业Sklleftea Bio Gas 和Dava垃圾处理厂，与该企业负责人及技术人员进行专题座谈，特别就企业管理体制、建设运行成本、技术应用、处理效果等问题进行深入探讨。在与于默奥市政府的会谈中，经过友好协商，两市达成《走向双赢——兰州市与于默奥市合作框架协议》，并针对兰州市城市污水处理和垃圾处理的相关技术问题，邀请于默奥市专家来兰进行技术指导和项目可行性论证。5月，于默奥市专家来兰对兰州市雁儿湾污水处理厂、七里河—安宁污水处理厂、西津坪垃圾场等地进行专业技术指导。6月，兰州市政府友好代表团对澳大利亚杨市、新西兰新普利茅斯市进行访问。访问澳大利亚杨市期间，代表团拜会了杨市市政府，同杨市市长斯托·弗里登司丁就两市交流合作项目进行洽谈。并在杨市中国花园又捐建一架兰州水车。访问新西兰新普利茅斯市期间，重点考察了新普利茅斯市畜牧及乳制品生产企业，达成乳制品加工合作意向。

【对外宣传】 办好《兰州市外办》网，介绍外事、侨务、民间交流政策，推行政务公开，介绍投资项目及对外开放投资优惠政策，提供出国境指南，发布最新外事经济信息。该网年点击率达20万人次。利用出国人员在外执行公务之际对外推介兰州。制作地域特色鲜明、文化色彩浓厚的英、德、日、法、俄文版兰州宣传画册，英语版《金城风》明信片及宣传光碟，在团员出国时作为礼品赠送。通过接待国外宾客有利时机，积极推介兰州市经济、文化、招商项目及优惠政策。

【侨务工作】 2009年，兰州市有侨务工作对象43000余人，相对集中在中央驻兰的大中型企业、大专院校、科研单位中。先后协助有关部门解决160余名侨属子女就业问题，协调有关单位解决了119名归侨、侨眷的住房，落实侨房政策3户，为侨户退还房产1480平方米。与市人大民族宗教侨务外事工作委员会、市政协港澳台侨外事委员会、省侨联建立“四侨”联动机制，在有关领导的带领下，多次深入各县（区）侨办、社区进行调研，宣传侨法，解决实际困难。根据相关规定，会同教育部门为34名归侨侨眷子女升学开具证明。积极寻求项目合作，先后联系香港爱心人士朱恩于捐资1600万人民币建设榆中县恩玲中学、香港周生生捐资220万人民币建设城关区中山小学等16个希望学校。促成国际扶轮社上海分社为七里河区残联捐助轮椅100把，资助11名儿童做了先天性心脏病手术，在黄河风情线百合公园捐建“溯源亭”。

（张 晋）

·驻外联络·

兰州市人民政府驻深圳（珠海）办事处

【概况】 2009年，兰州市人民政府驻深圳（珠海）办事处紧紧围绕市委、市政府“一中心、三率先、五加快、五加强”发展思路，认真做好招商引资、联络协调、信息传递、劳务输转及自身建设等工作，充分发挥协调服务和内引外联作用。全年共接待来粤人员60多批次，近500余人。

【经济协作】 在原有基础上主动出击，寻找机会，加强和各地、各级商会建立联系，进一步扩大联络范围，发挥深圳、珠海的陇商和甘肃籍人士作用，建立一批有实力的企业家资源。经过积极协调和组织，珠海甘肃商会已于年初正式挂牌成立，深圳甘肃商会正在积极筹备中。继续做好各项会展招商协调服务和后勤保障工作，整合信息、协调关系、组织人员、安排活动，为兰州市在多个不同展会上开展工作提供高效、到位的服务。“兰洽会”期间，由深圳市政协主席王顺生，中共深圳市委常委、副市长吕锐锋、陈应春率领的深圳市政府代表团和深圳市经贸参展团携352家企业近千人赴兰，参加产品展示、投资洽谈、采购对接、人才招聘等系列活动，取得了合作投资项目签约150亿元人民币的丰硕成果。由深圳办牵线促成的兰州经济技术开发区与深圳市怡景投资发展有限公司合作开发兰州新城区中央商务区建设项目、兰州高新技术产业开发区安宁园区管委会和深圳天安数码城有限公司合作开发兰州经济技术开发区数码电子工业园区项目、兰州市西太华珠宝有限公司和深圳市翠绿首饰股份有限公司经销合作协议，在洽谈期间也分别签约，金额共达23亿多元人民币。在“高交会”上，兰州市政府代表团组织16家企业参会，展会期间签订高新技术合资合作项目3项，项目签约金额6.35亿元人民币。

【信息工作】 始终围绕市委、市政府中心工作，结合驻地区域特点，以打造特色信息和精品信息为目标，着力收集报送为市委、市政府工作、全市社会经济发展起参考借鉴作用的信息。重点对广东地区在行政管理综合配套改革、自主创新、科学发展、扶持中小企业发展、加强社保基金、医保基金监管机制等方面举措向兰反馈，全年向市委、市政府报送信息163条。

【劳务输转】 继续做好扩大职业技术学校实习培训基地，加强与原有合作关系紧密联系，建立可兴电池、富士康、佳利华、康达医疗器械公司等一批新的合作基地，积极帮助来广东地区打工人员顺利就业。主动了解珠三角地区用工情况，及时反馈兰州市劳动就业部门，促进劳务输转、扩大就业门路。全年共反馈用工信息50余条，在广东地区安排就业人员近4500余人。同时注意加强和规范兰州地区在珠三角地区从业人员的服务与管理，维护其合法权益。配合省市人事劳动保障部门，在深圳召开“甘肃省兰州市在深优秀务工人员表彰会”，给创业人员创造联络、交流机会。

（田小萍）

兰州市人民政府驻厦门办事处

【概况】 2009年，兰州市人民政府驻厦门办事处积极做好招商引资、劳务输出、加强与各方面的协调联络、信息交流和报送等工作。全年共接待市级领导8个团组40多人，其他人员30个团组300多人。做好厦门市方面参加第15届“兰洽会”的邀请及在厦门建立“兰州市干部职工疗养基地”前期准备工作。

【招商引资】 采取多种形式，积极广泛地与厦门（福建）有关投资机构和企业家联系，宣传推介兰州市的投资环境和政策，鼓励去兰州投资兴业。6月，组织福州兴康贸易公司和广东清远榕兴新型建材公司负责人来兰州进行实地考察。通过对城关区和永登县为期2天的考察，福州兴康贸易公司和广东清远榕兴新型建材公司决定联合投资5000万元在永登县民乐乡建设一处年生产石灰30万吨的项目，有关投资手续正在办理中。联络台资企业吉园圃农业企业集团就城市排污污泥处理项目与兰州市环保局和市城投公司进行项目接洽。积极走访厦门市台商投资企业协会、厦门市内联企业协会、厦门宝龙集团等单位，向他们推介兰州的投资项目和投资环境，以吸引更多的客商去兰州谋求投资发展。

【邀请参加“兰洽会”】 及早代表市政府邀请厦门市方面参加第15届“兰洽会”。会议期间，厦门市政府决定由厦门市贸发局组织各区贸发局及有关人员组团赴兰参会，办事处积极协调对口接待单位，进一步加强两市对口部门的交流与合作，促进双方的了解和信任。此外“兰洽会”期间，省市政府决定召开“首届陇商大会”，按照组委会要求，组织20多名在厦门工作的“陇商”回兰参加会议，“福建甘肃同乡会”还得到第15届“兰洽会”组委会的表彰。

【“第十三届中国投资贸易洽谈会”前期准备和服务工作】 9月8日—11日，由国家商务部主办，全国各省、自治区、直辖市为成员单位，商务部投资事务促进局和厦门市承办的“第13届中国投资贸易洽谈会”在厦门市召开。及早与组委会和有关单位联系协调，做好兰州市参会的各项准备工作。会议期间兰州市组成市政府办公厅、市商务局、市国资委、市经委、高新开发区、经济开发区、城关区、西固区、安宁区、榆中县等部门和单位及20多个企业的40多人代表团参加。9月9日，兰州市在厦门国际会展中心举行专场招商项目签约仪式，共有6个招商引资合同项目签约，项目投资总额54.46亿元人民币，其中合同引资54.36亿元人民币。本届投资洽谈会兰州市签约项目数和合同投资金额均创兰州市参加历届投洽会之最。办事处全力以赴做好兰州市代表团在厦门参会有关活动的组织联络和服务工作，保证了代表团各项工作的有效开展。

【劳务输出】 充分发挥“市劳务办公室驻厦门劳务工作站”职责，

进一步加强和改进劳务输出管理工作，规范了兰州地区在厦门（福建）地区务工人员的服务与管理。4月，配合兰州市总工会对中石化五建化公司在福建炼油厂工作的300多名务工人员进行走访慰问。同时主动走访厦门市劳动部门和有关企业，调查了解厦门及周边地区企业的用工状况，宣传兰州市的劳务输出工作情况，并将走访了解到的相关情况及时反馈兰州市劳务部门。

【协调联络】 通过多种方式与厦门市有关方面加强联系，扩大联络工作面。2月，通过联系厦门市第11中学，将兰州市第19中的10多名教师派往厦门市第11中学，进行为期一周培训。3月，协调安排皋兰县教育局，组织20多人的教育考察团来厦门，对厦门的1所职业中专和1所普通高中进行考察学习。4月，协调安排城关职业技术学校领导，对厦门电子职业中专进行考察学习。5月，市政协主席左灿湘带领调研组就“都市经济圈”课题组来厦门进行考察学习，办事处积极协调厦门市政协等方面给予安排，圆满完成考察学习任务。7月3日，“兰州高原夏菜推广宣传会”在厦门同安蔬菜批发市场举行，共有来自厦门市有关部门、同安闽南果蔬批发市场、兰州高原夏菜经销商等方面50多人参加会议。会上介绍了兰州高原夏菜的有关情况、现场播放了兰州高原夏菜专题片、与销售商进行了交流等。《厦门晚报》、《厦门广播电视报》、《东南早报》、厦门电视台、厦门广播电台等新闻媒体进行现场直播和采访，进一步提高兰州高原夏菜的知名度，推动了兰州高原夏菜生产商、经销商与当地经营户之间的合作与发展，提高了高原夏菜在闽南地区的销售量。9月，借厦门大学校长朱崇实参加兰州大学百年校庆之机，专门安排厦大校长一行与市政府领导进行会谈，考察了兰州市的城市景观，加强了双方的沟通和了解。11月底，由中国文联、中国戏剧家协会和厦门市政府主办的“第十一届中国戏剧节”在厦门举办，兰州戏曲院和兰州交响乐团赴厦门参加展演。办事处积极协助，兰州戏曲院演出秦腔《曹操与杨修》一场，兰州交响乐团演奏了《经典敦煌》专场交响音乐会，进一步宣传了兰州的文化艺术，加强了两地间的交流。

【信息工作】 认真做好《闽台信息》的编发工作，进一步拓宽信息的采集渠道，增强信息的时效性。全年共编发《闽台信息》13期，登载信息130条以上，为市领导、市直部门和各县区决策提供参考。5月，国务院出台支持福建省建设海峡西岸经济区的政策，专门编发一期专刊，将有关政策措施及时传给兰州市有关部门。给市委和市政府办公厅信息处网上报送信息300多条。完成市人事局要求的对在福建（厦门）工作的兰州籍专家人才的调查统计，共推荐22名兰州籍专家学者进入“兰州籍在外人才信息库”。

（包正福）

兰州市人民政府
驻乌鲁木齐办事处

【概况】 2009年，兰州市人民政府驻乌鲁木齐办事处紧紧围绕市委、市政府工作部署，结合驻外机构工作任务，克服困难，认真务实地开展招商引资、劳务输转、接待服务等工作，较好地完成了各项任务。

【招商引资】 由于受世界金融危机和新疆“7·5”打砸抢严重暴力事件的影响，在新疆招商引资难度加大，追踪合同履约困难加重。积极与新疆地州市政府、企业和兵团协调联络，赴昌吉、石河子、塔城、和田、哈密等地区，与当地政府和企业商谈，筛选一些有实力有意投资的企业，商议投资意向事宜。在第十五届“兰洽会”宾客邀请上，上门恳谈、真诚邀请，千方百计寻找机会，并利用参加第五届“喀洽会”新闻发布会，宣传兰州，展示兰州。共发放“兰洽会”邀请宣传资料200余份，并向自治区5个地州市政府、72家商业企业发出邀请。乌鲁木齐市等两家政府和三家企业均组团参加“兰洽会”。

【劳务输转】 受“7·5”打砸抢严重暴力事件以及针刺案件的影响，兰州城乡富余劳务力输转新疆工作难度加大。办事处三下兰州与市县区和有关乡镇及劳务中介机构，基层干部、群众面对面交流和恳谈，鼓励和动员兰州富余劳动力放心去新疆输转劳务，承诺为来新疆劳务人员提供服务和保障，使务工人员打消了思想顾虑。全年共安置拾花工6500人次，番茄采摘工3850人次，实现劳务收入约2327.5万元。继续进行劳务输转工作跟踪回访，在团场和乡镇的田间、地头和住所看望务工人员，给他们发放外出劳务须知宣传册和生活用品等慰问品，提醒和教育他们务工期间不听谣，不信谣，不传谣，不参与非法集会和游行，搞好民族团结，安抚他们安心异地劳务。为减轻兰州市就业压力和帮助兰州市“两后生”输转新疆，积极与新疆的一些企业和商户联系，拓展就业培训，寻找就业渠道。在继续跟踪和宣传新疆异地输转和就地安置计划优惠政策的同时，向兰州市县区发放阜康市职业中等专业学校和新疆化工学校为解决兰州市“两后生”学业入口和毕业出口“教育扶贫、教育移民”的宣传资料百余份，进一步增强了两地就业培训渠道的互补性。根据新疆地区不同时期和季节的用工情况，2009年，向兰州市有关方面提供长期稳定用工岗位信息 891个、需要务工人员6029人，短期季节性用工1.54万人。注重培养劳务工作联络员和劳务工作带头人，加强兰新两地劳务输转信息的联动和交流。在乌鲁木齐、伊犁、石河子、喀什、库尔勒等地建筑、保险、农业、物流、装修、餐饮和服务等行业中聘用劳务工作联络员8名。在甘、新、兵团三地政府、国企召开的“甘肃省在疆优秀务工人员表彰大会”上有5名劳务工作联络员分别受到表彰和奖励，劳务工作联络员杨钦宏还被聘为兰州市人民政府劳务工作办公室新疆劳务工作站副站长。为在疆劳务输转人员办理务工手续和异地身份证，并对百余人次关于劳务输转相关政策提供便利条件与咨询帮助。在农民工和摘花工返乡时机，协调落实解决车票2638张，为他们安全返乡提供服务。在组织的输转劳务人员专项回访过程中，协调用工单位，协商解决农民工生活环境改善、工作时间保障、自身权益维护等事宜7次。

【接待服务】 2009年，圆满地完成19批次189人次来疆公务团队接待服务工作。重点完成兰新铁路第二双线建设动员大会甘肃省和兰州市人民政府主要领导的会期服务和工作视察、市委、市政府办公厅调研组和乌鲁木齐市政府代表团参加“兰洽会”接待服务工作。

【信息工作】 受“7·5”事件影响，新疆网络系统处于屏蔽状态，电子政务信息报送受阻，但《新疆经贸信息》摘编工作从未间断，全年编辑、发送《新疆经贸信息》12期，刊登政务摘报、中亚贸易、经济与发展、劳务输转等分类信息167条。为及时便于开展劳务输转工作，不定期向政府有关职能部门及县区专报劳务信息，及时传递和反馈新疆不同地区、不同季节、不同行业的用工信息。

（康　新）

兰州市人民政府驻拉萨办事处

【概况】 2009年，兰州市人民政府驻拉萨办事处以“合作、发展”为指导思想，按照“拓宽思路、提升服务、扎实工作、提高水平”的要求，不断适应新形势的需要。开拓进取、转变职能，在政务联络、内引外联、接待服务、信息采集及队伍建设等方面做了大量工作，为促进兰州、拉萨两地经济发展做出贡献。全年共接待兰州市前来拉萨考察的党、政及企事业单位代表团队21批次，接待人数约170余人次。

【招商引资】 结合自身优势，创新招商引资方式。通过采取拜访、座谈等形式，和一些兰州籍在拉萨发展的企业家，兰州在拉萨的一些企事业单位接触、商谈。在与一些企业家的联谊活动中，兰州籍在拉萨发展的企业家提出利用西藏地区的自然优势建立太阳能发电厂的设想。通过深入了解，认为建设高效益、高附加值、高科技含量、低能耗的“绿色”企业，这不仅符合西藏经济环保等方面利益，也符合科学发展观的要求。办事处积极协助办理拉萨市和西藏自治区两级政府批文。这一项目已开始实施。为西藏地区引进20亿元人民币的建设资金。4月，积极与拉萨市招商局、拉萨市政府协调联络“兰洽会”参会事宜。6月12日“兰洽会”开幕时，由拉萨市人民政府部门牵头、宋副市长带队，组团前往兰州参加会议。8月20日，拉萨“雪顿节”期间，兰州市组成由杨志武副市长带队的大型党政代表团前来拉萨参加“雪顿节”活动。

【维稳与信访工作】 曾在拉萨市夺底乡某矿上务工的50多名甘肃籍务工人员，在务工结束后没有得到应有的报酬。办事处接到上访材料后，积极进行协调，通过拉萨市城关区人民政府与乡镇人民政府沟通协调，为维护他们的合法权益做了大量工作，也为维护甘肃省人民政府机关的正常工作秩序及拉萨市的稳定做出了贡献。

【信息工作】 把握西藏地区的经济发展趋势，为兰州市与拉萨市的交流合作提供线索和依据，搜集、整理拉萨市及西藏地区经济发展各类信息160余条，以《拉萨信息》反馈市政府及相关部门，帮助兰州市有关部门和单位了解掌握拉萨市经济社会发展动态，促进两市经济交流与合作。

（李康年）

政协兰州市委员会

【概况】 2009年，市政协紧紧围绕市委市政府中心工作，充分履行政治协商、民主监督、参政议政职能。举行全委会议1次，召开常委会议5次，组织开展调研视察，向市委、市政府及有关部门报送调研视察报告16份；认真做好提案、反映社情民意信息等工作，全面完成市政协十二届三次会议确定的各项任务，为实现全市经济社会平稳较快发展，促进民生改善，维护社会稳定和谐做出积极贡献。

【市政协十二届三次会议】 2月15日—18日在兰州友谊饭店召开，会期4天。开幕大会由市政协副主席陈冬芝主持。会议期间，代表们听取、审议左灿湘主席代表政协兰州市第十二届委员会常务委员会所作的《工作报告》，王建中副主席代表政协兰州市第十二届委员会常务委员会所作的《关于十二届二次会议以来提案工作情况报告》。列席兰州市第十四届人民代表大会第四次会议开幕大会。通过《政协兰州市第十二届委员会第三次会议政治决议》、《关于常委会工作报告的决议》、政协兰州市第十二届委员会提案委员会《关于第三次会议提案审查情况的报告》。选举宋昌义、陈亲恭、魏职勤为政协兰州市第十二届委员会副主席，林建波、罗钟伟、董文胜为政协兰州市第十二届委员会常务委员会委员。

【市政协十二届十二次常委会议】

2月6日在市政协机关七楼会议室召开，会期半天。左灿湘主席主持会议，副主席陈冬芝、王建中、张立荣、赵福元、魏邦新、李继彬、孙晓钢、蒙自福、张荫林、苏广林及秘书长段树嘉出席会议；各县区政协主席，办公厅、研究室、各专门委员会主任、副主任、调研员、副调研员，机关党委、纪委书记、副书记，办公厅各处负责人列席会议。会议审议通过《关于召开政协兰州市第十二届委员会第三次会议的决定》、《常务委员会工作报告》、《关于十二届二次会议以来提案工作情况的报告》、《关于常委会工作报告和提案工作报告报告人的决定》、第三次会议委员分组和召集人名单及大会秘书长、副秘书长名单。

【市政协十二届十三次常委会议】

2月17日在兰州友谊饭店召开，左灿湘主席主持会议，副主席陈冬芝、王建中、张立荣、赵福元、魏邦新、李继彬、孙晓钢、蒙自福、张荫林、苏广林及秘书长段树嘉出席会议。会议审议市政协十二届三次会议选举办法（草案），总监票人、监票人建议名单（草案），请辞报告（草案），副主席候选人建议名单（草案）。

【市政协十二届十四次常委会议】

2月18日在兰州友谊饭店召开，左灿湘主席主持会议，副主席陈冬芝、王建中、张立荣、赵福元、魏邦新、李继彬、孙晓钢、蒙自福、张荫林、苏广林及秘书长段树嘉出席会议。会议审议通过《选举办法（草案）》，总监票人、监票人建议名单（草案），请辞报告（草案），副主席候选人建议名单；审议通过《政治决议（草案）》、《关于常委会工作报告的决议（草案）》及《关于十二届三次会议提案审查情况的报告（草案）》。

全国十三市区州政协工作研讨会第二十一次会议在兰州召开

【市政协十二届十五次常委会议】

6月16日在华富瑞士豪庭国际会所召开，会期一天。左灿湘主席主持会议，副主席陈冬芝、王建中、魏邦新、李继彬、孙晓钢、苏广林、宋昌义、魏职勤及秘书长段树嘉出席会议；各县区政协主席，办公厅、研究室、各专门委员会主任、副主任、调研员、副调研员，机关党委、纪委书记、副书记，办公厅各处负责人列席会议。会议传达学习省政协十届七次常委会议精神；围绕贯彻落实市委“一中心三率先、五加快五加强”总体发展思路，加快兰州市城乡一体化发展步伐进行大会发言，提出意见建议；听取市政府《关于2009年上半年全市经济社会运行情况的通报》；审议通过《关于加快我市城乡一体化发展的建议案》。

【市政协十二届十六次常委会议】

11月5日在兰州友谊饭店召开，会期一天。左灿湘主席主持会议，副主席王建中、魏邦新、李继彬、孙晓钢、蒙自福、苏广林、宋昌义、陈亲恭、魏职勤，党组成员赵福元及秘书长段树嘉出席会议；各县区政协主席，办公厅、研究室、各专门委员会主任、副主任、调研员、副调研员，机关党委、纪委书记、副书记，办公厅各处负责人列席会议。会议认真学习中共十七届四中全会精神和胡锦涛总书记在庆祝庆祝人民政协成立60周年大会上的重要讲话，审议通过《关于加快构建兰州都市经济圈的若干建议》，通过市政协机关机构设置及人事任免事项。

【庆祝政协组织成立60周年及理论研讨会】 9月21日，庆祝人民政协成立60周年暨第二次理论研讨会在市政协机关七楼会议室召开，会期半天。主席左灿湘，副主席李继彬、孙晓钢、宋昌义、陈亲恭及党组成员赵福元、秘书长段树嘉出席会议。陈冬芝副主席主持会议。各民主党派、工商联、县（区）政协、市政协机关工作人员及研究会理事共向本次会议提交论文51篇。这些论文注重理论创新和实践发展相结合，既有理论上的探索思考，又有实践经验的归纳总结，许多思考和建议观点新颖、见解独到，有很强的针对性、启示性和应用价值。5位同志进行大会发言。

【全国十三市区州政协工作研讨会第二十一次会议】 7月21日—23日，由市政协承办的全国十三市区州政协工作研讨会第二十一次会议在兰州雷迪森大酒店召开，会期3天。来自北京市西城区、上海市静安区、河北省邯郸市、天津市和平区、大港区、黑龙江省牡丹江市、吉林省延边朝鲜族自治州、新疆维吾尔族自治区昌吉回族自治州、河南省平顶山市、云南省大理白族自治州、浙江省温州市、广西壮族自治区北海市及兰州市等十三个市区州政协的近百名代表参加。省委常委、市委书记陆武成、市人大常委会主任哈全玉、市委副书记刘为民，市人大常委会秘书长朱宗礼到会祝贺并出席开幕式，省政协副主席、市委副书记、市长张津梁代表甘肃省政协、中共兰州市委、兰州市人民政府致欢迎辞并介绍兰州市情。会议围绕纪念人民政协成立60周年，就坚持以科学发展观统领政协工作，充分履行各项职能，加强自身建设，推进人民政协事业在新世纪新阶段发展的经验、体会和创新性认识进行研讨交流。会议认为，坚持以科学发展观为指导，立足改革创新，抓住机遇实现新跨越，迎接挑战开创新局面，不断推进政协工作科学发展，是各地政协组织的战略性重大任务。要把政协工作融入到经济社会的科学发展之中，就必须坚持以科学发展观为统领，密切关注经济社会发展大局，密切关注民生问题，努力实现推动科学发展、履职为民、汇聚力量和创新发展的能力。会议确定北海市为下次会议承办城市。

【课题研究】 把“构建兰州都市经济圈”列为常委会重点研究课题，利用半年时间，对兰州、白银、定西、临夏等市州相关部门、企业进行深入调研，对厦门海西都市经济圈、武汉都市经济圈进行学习考察，并对国家的宏观政策，国内外发展都市经济圈的经验、做法、理论进行多视角分析研究，聚众家之长，纳多方之言，汇编《加快构建兰州都市经济圈研究报告》，形成《关于加快构建兰州都市经济圈的若干建议》。提出“一心两圈五带”整体架构设想（“一心”即兰州都市经济圈核心区，为兰州市近郊四区城关、七里河、安宁、西固；“两圈”即兰州都市经济圈内围绕核心区的两层同心圆，以交通联系时间为主要依据划分出一小时经济圈和两小时经济圈；“五带”是兰州都市经济圈具体划分为东向、西向、西北向、南向、北向五个经济带），构建兰州都市圈的分阶段目标和分层次推进实施步骤，“六个一体化”（基础设施建设、产业布局与园区建设、区域市场、城乡建设、生态建设、社会事业）工作着力点，做大做强兰州经济实力“八大发展战略”（工业强市、招商引资、城乡一体化、提升城市建设管理能力、现代服务业、对外开放和外向型经济、科技和体制创新、宜居宜业和总部经济发展战略）。

【调研视察】 围绕省委、省政府“四抓三支撑”（坚持发展抓项目、改革抓创新、和谐抓民生、保证抓党建，全力强化基础设施建设、特色优势产业培育、人力资源开发三大支撑）重大决策和市委、市政府“1355”总体思路，市政协精心选择全局性、战略性、前瞻性课题，作为履行职能、服务大局切入点，开展调研视察、建言立论活动。与省政协联合开展为期一个月的深入调研，形成《关于加快我市城乡一体化发展新格局有关问题的建议案》，系统分析了全市城乡一体化发展的现状，向市委市政府提出先行编制城乡一体化发展规划、全面提高农村公共服务水平、搭建城乡一体化发展载体和平台、构建城乡一体化发展保障体制机制等意见建议。把实施《就业促进法》情况列为主席会议调研课题，形成《关于对我市实施就业促进法的几点建议》，提出充分发挥政策法规调控作用、大力培育市场主体、完善健全就业服务体系、积极扶持劳动者自主创业和加大对就业工作的投入等项建议。以促进城市科学发展为重点课题，经过深入细致的调查研究，提出加大城市管理投入力度，进一步理顺城管体制，创新城市管理的方式方法，进一步健全城市管理法规体系，加强执法力度，加强行风政风建设，树立城管队伍良好形象等建议。组织委员开展“关于提高行政效能，改善投资环境”专题调研，提出进一步提高对改善外资投资环境重要性的认识、推进营造良好的行政环境、推进建立良好的政策法制环境、创新服务保障机制等建议。深入兰州高新区、兰州经济技术开发区等单位进行调研，形成《关于加快科技创新促进兰州新型工业化发展的若干建议》，提出加强科技交流合作，促进创新要素的聚集；重视企业家队伍建设，促进人才资源的整体开发；集中力量重点突破，促进多元化投入机制的形成；依托兰州高新区、兰州经济技术开发区两个国家级产业园，整合工业资源，全面提升园区综合竞争力，打造兰州市经济结构调整、产业水平提升的开放型经济“桥头堡”等意见建议。与市人大联合调研妇幼保健工作，针对市妇幼保健院占地面积极度狭小，现址拆建损失较大，发展项目严重受阻，经济效益难有突破等问题，向市委、市政府建议抓紧立项、认真选址、投资建设新的市妇幼保健院。市委、市政府高度重视，并着手解决该院的搬迁扩建问题。就政协提案工作如何更好的服务于经济社会科学发展进行专题调研，形成《关于提案工作服务科学发展的调研报告》。组织开展关于民族团结宗教和顺、维护稳定和谐大局专题调研、关于少数民族贫困状况及帮扶情况专项视察，并筹集资金和生活物资，到少数民族贫困农户开展送温暖活动，进一步密切民族关系，促进宗教团结。组织力量对兰州市乡镇卫生院建设情况进行视察，提出进一步加快乡镇卫生院建设积极措施。就如何应对地质灾害等问题进行视察，提出积极争取中央和省级财政对兰州市重大地质灾害防治资金的投入，全力争取国务院早日审批和实施《兰州市城市重大地质灾害防治专项规划》，实现兰州地质灾害防治工作重大突破；从源头上依法管理，坚决制止新建项目人为引发的地质灾害等意见建议。对兰州市保障性住房建设情况进行视察，实地察看廉租住房和经济适用住房建设工地，建议增量扩容，多方面筹措保障性住房；开源节流，多渠道筹措保障性住房建设资金；健全机制，完善保障性住房体系建设。对皋兰县太平鼓、永登县高高跷两个国家级非物质文化遗产保护基地进行实地视察，查阅相关资料，从加强活动展示、注重媒体宣传、重视非遗普查、扶持一批重点非遗项目、合理利用、深度开发、不断增加经费投入等方面提出加强和改进非物质文化遗产保护和利用工作意见和对策。对永登县武胜驿镇道顺村野葱沟土族社贫困状况进行视察，建议成立对口帮扶工作领导小组，广泛发动社会各界人士参与帮扶活动，发展劳务经济，拓宽农民增收的渠道，完善农村低保制度和大病救助、贫苦家庭子女就学资助、五保供养等社会救助制度，使群众生产生活困难问题得到有效解决。对兰州市文物保护和利用情况进行视察，在实地视察永登红城大佛寺、连城鲁土司衙门、中山桥、金天观、府城隍庙及榆中青城古镇、五泉山古建群等全国、省级重点文物保护单位后，建议尽快成立兰州市文物管理委员会，赋予其全面统筹文物保护和利用职权；建立稳定的资金投入机制，多渠道筹措文物保护经费；创新文物保护思路，把文物保护和发展利用有机结合起来，以文物的开发利用促进更好的保护；加强文物工作队伍建设，加大对文物保护的监管力度。得到市政府和相关单位高度重视。

【政治协商】 继续巩固完善全委会议整体协商、常委会议重点协商、专门委员会对口协商基本格局。全会期间对《政府工作报告》及其他报告提出意见建议70余条，受到市政府和有关部门的高度重视。召开“实现经济平稳较快增长”、“保障民生维护稳定”和“推进各项社会事业”三个专题联组座谈会，委员们充分畅达民意、广泛建言献策，与市委市政府领导共商全市经济社会发展大计。市政协各专门委员会加强对口协商力度，全年围绕关系发展和民生的实际问题，共召开各类座谈会17次，与政府主管部门进行有效沟通协商。

【民主监督】 充分运用调研、视察、提案、督导等方式，就各项法律法规的贯彻、市委市政府工作部署落实情况和群众广泛关注的重要事项提出建议。听取市政府关于全市经济社会发展情况通报，及时了解各项事业发展进程，更好地找准履行政协职能的着力点。向有关部门推荐19名委员担任特约监督员。积极配合市中级人民法院和市法制办，推荐熟悉国家法律、法规，具有一定业务能力的市政协委员参加基层法院进行国家赔偿听证会、新型网络知识产权审判实践听证会和有关拆迁听证会。深入开展“两代表一委员”下基层、进社区和民主评议政风行风活动，在维护社会稳定、了解社情民意、促进作风转变等方面发挥积极作用。

【提案工作】 广大委员和政协各参加单位积极运用提案形式履行职能，2009年共提交提案740件，经审查立案738件。其中委员个人或联名提案566件，民主党派、工商联、有关人民团体提案159件，政协专委会提案13件。内容涉及促进区域经济协调发展、加快经济结构调整，促进中小企业发展、城市建设、城市管理和生态环境建设方面，促进文化产业发展、促进基础教育均衡发展、加强卫生体系建设、促进科技创新、推进全民健身运动，完善社会保障体系、促进就业、加强社区建设、推进社会化养老、维护社会稳定等社会建设。2月，分别送

交市委、市政府、市政协所属有关部门等70个承办单位办理；未予立案的2件提案作为委员来信转送有关部门参阅。市政协领导分头领衔，组织委员对"关于做好我市建设项目储备，吸引中央扩大内需投资的提案"、"关于大力扶持大学生就业拓宽就业渠道的提案"、"关于加快兰州文化创意产业发展的建议"、"关于重视和加强社区便民市场建设的建议"等12件重点提案，深入基层及有关承办单位进行跟踪督办。截至11月底，所有交办的提案均已办复。其中，所提问题已经解决或采纳258件，列入计划拟解决417件，因受当前条件限制暂时不能解决44件，留作参考19件。

【促进团结和谐】 会同政府主管部门，开展以"维护民族团结、促进宗教和谐"为主题的全市第六个民族团结进步宣传月集中宣传活动。广泛宣传党的民族宗教政策，积极引导民族、宗教界人士参与兰州市民族团结进步宣传月期间的扶贫济困送温暖活动。筹措5000元资金帮助民族村小学购置过冬煤炭；5月19日下午，苏广林副主席带领有关部门负责同志，代表全市民族宗教界人士赴永登县秦川镇龙西村（少数民族占70%以上移民村），为30户生活比较困难的家庭发放总价值3万元的面粉、清油和衣服，并深入到少数民族家庭进行慰问。举办"尔德节"座谈会、"颁金节"座谈会、中秋联谊座谈会，促进三胞亲属积极致力全市经济社会发展，形成各党派、各宗教、各民族、各阶层和海内外侨胞团结和谐、共谋发展的良好氛围。

【编印刊物】 继续发挥《诤友》理论研讨、经验交流、传播政协信息、展示委员风采、服务参政议政的积极作用，全年共编印6期（总第122—127期）。编发《学习参考资料》4期，约20多万字，为委员及时学习党的路线、方针、政策，时事政治，了解政协工作，积极参政议政提供学习资料。发挥文史资料"存史、资政、团结、育人"作用，完成《兰州文史资料选辑》第25辑编审工作。向市领导、有关部门编报《委员建言》29期。编发《兰州政协通讯》30期、《庆祝人民政协成立60周年暨第二次理论研讨会论文集》，编印《政协兰州市委员会调查研究文集》（2008年度）、《兰州市政协成立60周年回顾与展望》及市政协会刊《兰州政协》（2009年第1期）。印发《兰州市人民政协理论研究会资料汇编》。

【促进项目建设】 认真落实领导成员重大项目联系督导制度，主要领导带头，各分管副主席积极行动，先后多次深入所联系项目建设一线，了解情况，协调解决有关问题。参加市委统一部署的全市大督察活动，认真检查市委市政府重要工作部署完成情况，及时提出指导意见和具体要求。积极牵线搭桥，发挥港澳台侨界委员优势，协同市侨联，促成香港新世纪物料有限公司在皋兰县投资建设过亿元的易拉罐生产项目。

【开展学习实践科学发展观活动】 3月—8月，市政协机关开展学习实践科学发展观活动，共有3个党支部114名党员（其中在职党员70人，离退休党员44人）和4名非中共党员干部共118人参加。学习活动严格按照中央和省、市委统一部署和规定程序，在市政协党组领导下，在市委第一指导检查组帮助指导下，较好地完成学习调研、分析检查、整改落实三个阶段任务，取得明显成效，达到"党员干部受教育、机关工作上水平、履行职能见实效"目的。省委常委、市委书记陆武成在市政协领导班子分析检查报告上批示：市政协党组按照中央和省、市委要求，紧密结合自身职能，认真安排，精心组织，学习实践活动开展的比较扎实，也很有特色，取得了阶段性成果。分析检查报告主题鲜明，重点突出，既客观查找了存在的突出问题，又明确提出了整改措施。希望按照有关要求，继续抓好学习实践活动，进一步解放思想，不断创新思路，强化工作措施，抓好整改落实，努力取得新的成效。"市委第一指导检查组评价市政协《整改落实方案》结构合理、文字精炼、内容充实，确定的指导思想、原则要求、整改内容和措施符合"四明确一承诺"的要求，整改方向明确，重点突出，措施具体，为市政协今后的科学发展打下了良好的基础。省委第一指导检查组任继东组长评价市政协《整改落实方案》既符合省委活动办要求，又符合市政协自身实际。

【机构调整】 为理顺与省政协机关、市委、市人大和市政府农业部门的对应协调关系，更好地服务于兰州市社会主义新农村建设，市政协党组拟在市政协机关增设农业和农村工作委员会，并向兰州市机构编制委员会报送请示。根据兰州市机构编制委员会批复（兰机编字［2009］11号），经2009年11月2日市政协十二届二十九次主席会议审议，提请2009年11月5日市政协十二届十六次常委会议通过，决定在市政协机关设立农业和农村工作委员会，将原民族和宗教委员会与原港澳台侨委员会职能合并，成立民族宗教和港澳台侨委员会。调整后市政协专门委员会仍然是8个，即提案委员会，社会与法制委员会，文史资料与学习委员会，科教文卫体委员会，经济委员会，人口资源环境委员会，民族宗教和港澳台侨委员会，农业和农村工作委员会。

【自身建设】 进一步强化委员主体作用和专委会基础作用。认真贯彻《关于强化市政协委员主体作用的暂行办法》，多渠道为委员提供知情明政信息。组织大型委员活动日，与张掖、武威等兄弟城市政协开展学习交流。凸显专门委员会的基础作用，为专委会提供经费保证、交通保障等条件，有效调动各专委会的履职积极性，全年组织委员开展调研、视察、座谈、联谊等活动近30次。加强与各民主党派、各宗教团体的合作共事，重要工作事项及时沟通、征求意见。重视与各党派、各团体联手合作，形成有效的整体合力。重视发挥界别优势，以委员活动小组为单位，开展“两代表一委员进社区”、“委员接待日”、“接听群众热线”、“小组视察调研”等履职活动。定期召开各党派各团体秘书长联席会议，加强工作交流和联谊，不断促进党派、宗教、团体之间的和谐共事。大力建设学习型、服务型、创新型、和谐型机关。加强整章建制，全面修订完善各项规章制度。制定出台《市政协关于进一步加强调研视察工作的实施办法》，对实现调研视察工作规范化、程序化做出具体规定。针对离退休老干部管理服务工作中的一些实际问题，制定《加强离退休干部管理服务工作的实施办法》。通过在职学历教育、党校、行政学院培训等途径，加强干部职工业务技能培训教育。组织干部政治理论学习学分考试和党风廉政建设专题考试，机关工作人员学政治、学业务蔚然成风。充分发挥领导班子成员模范带头作用，大兴调查研究之风、求真务实之风，在机关形成了风正、气顺、心齐、劲足的工作环境。

（哈平旺）

中国国民党革命委员会兰州市委员会

【概况】 2009年，在中共兰州市委、民革甘肃省委的领导和市委统战部的帮助指导下，市民革加强自身建设，切实履行参政党职能，团结带领全市民革党员，围绕市委、市政府“1355”总体发展思路，深入开展调查研究，积极建言献策，各项工作都取得了新的成绩。在民革甘肃省十届三次会议上，市民革被评为先进集体。

【参政议政】 在兰州市召开的“两会”上，提交提案120件，其中集体提案26件，委员提案94件，人大代表提交议案建议9件，内容涉及经济发展、城市建设、三农问题、文化教育、就业再就业、医疗卫生、社会管理、交通建设等热点、难点问题。会上，胡骏副主委代表市民革作了题为《加强农村基础设施建设 推进农村经济可持续发展》的大会发言，《关于有序推进我市创意农业发展的思考》作为大会材料进行交流，还有三位民革界别的政协委员在联组会上发言 。集体提案《关于控制我市物价上涨的提案》、委员提案《关于发挥我市港澳台侨优势促进祖国和平统一的提案》、《关于开发“营盘岭战役”遗址的提案》被评为市政协优秀提案。县区民革基层组织和政协委员提交提案共计68件，其中集体提案28件，委员提案40件。市民革集体提案和委员提案，为推动兰州市经济社会又好又快发展发挥了积极作用。《关于加快推进我市城乡一体化进程的提案》，被市政协列为2009年度重点提案，由市政协副主席带队，对提案进行带案视察督办；6月中旬，市政协召开十二届十五次常委会议，专门就城乡一体化问题进行大会讨论，会上，市民革作了《着力架构推进兰州城乡一体化的四个网络体系》的专题发言。《关于有序推进我市创意农业发展的提案》，市农办认为“你所提的建议很好，是切实可行的，并且具有远见。创意农业正是我市农业当前和今后发展的一个方向性问题。对你们的建议我们一定在工作中认真采纳，落实到具体的行动中”。《关于加强农村基础设施建设，推进农村经济可持续发展的建议》市农办认为“提案反映的问题是关系到我市科学发展观，构建和谐社会，全面建设社会主义新农村的一个重要问题，是促进农村精神文明建设的现实需要，是稳定农村大局的关键所在，是心系农村的一份高水平的民心提案”。《关于抓紧筹办天下黄河第一桥百年庆典活动的建议》，市委宣传部认为“这一提案对我市筹办中山铁桥庆典活动提供了很好的思路、创意”。8月26日，市委、市政府在中山桥举行庆典活动。杜擂升委员提交的《关于加快“兰州经济圈”形成与发展的提案》被列为重点提案，由市政协主席带案督办，取得了很好的社会效果。市民革始终把深入开展调查研究作为参政议政的重要落脚点。市民革调研组到市旅游局，调研金融危机下兰州旅游业发展情况；到市民政局、市电力公司，调研社会养老机构帮扶政策落实情况；与省民革联合到临洮县红旗乡墁坪村，调研考察溢水坝运行情况以及对山区农村小流域改造的作用。按照民革中央关于大力开展社会服务工作、积极推广秸秆生物反应堆技术的要求，组织人员到市农牧局，对秸秆生物反应堆技术在兰州市推广的可行性、技术实验情况及应用前景进行了调研。按照市政协、市委统战部和市民评办的要求，市委民革向市民评办推荐了12名民评代表，参与了对政府部门及二级单位的民评活动，在民评过程中，他们深入基层、深入社区、深入群众，调查了解情况，向被民评单位提出整改意见建议，并将体制性、机制性和老百姓反映强烈的民生问题转化成政协提案和人大建议，有效发挥了民革组织中人大代表、政协委员和特约人员的民主监督作用。

【自身建设】 思想建设是高素质参政党建设的核心。通过召开基层组织工作座谈会，与省民革联合举办国庆联欢会，组织党员竞答统一战线和多党合作知识问答题，参与民革中央全国书画巡回展和党派艺联会摄影书画作品展，引导广大党员深刻认识和理解中国共产党领导的多党合作和政治协商制度的历史必然性和现实优越性，为建设适应时代要求的高素质参政党奠定了坚实的思想基础。通过理论研究和征文活动推动民革事业发展。在9月份市政协召开的庆祝人民政协成立60周年理论研讨会上，市民革有3篇论文分获市政协理论研究二等奖、三等奖和优秀奖。民革老党员回忆邓宝珊、谢子长、蒋云台和解决新疆叛乱的史料性文章，被市政协《诤友》、《甘肃民革》杂志采纳并分期登载。为了强化自身建设，推动工作开展，向基层支部下发了《关于深入学习贯彻科学发展观的通知》、《关于认真学习贯彻中共十七届四中全会精神的通知》和《民革兰州市委员会基层支部工作制度》等一系列文件和制度，为各支部订阅《团结报》和《诤友》杂志，向党员发放《甘肃民革》，坚持每季度编发一期《兰州民革简讯》，对党员进行爱国主义、多党合作和形势任务教育。4月中旬，市委会召开基层组织工作会议，安排部署基层支部换届工作。根据民革党章规定和市委会关于基层支部换届意见，按照民主推荐候选人、民主选举新一届支部班子、市委会研究批准的规程，大部分基层支部已按换届方案在年底前平稳完成了换届选举工作。根据党员人数增加和构成情况，新组建了经济支部和十一支部。全年，共发展民革党员51人，平均年龄39岁。其中：研究生10人、大学25人、大专14人，大专以上占96%；高级职称4人、中级职称20人，中级职称以上占47%；女党员11人，占22%；截至年底，民革党员总数为654人。

【社会服务】 春节前夕，市民革积极响应市委统战部的号召，到皋兰县中心乡朱家井村开展“送温暖、促和谐”帮扶活动，向朱家井寄宿制小学捐赠了价值1.3万元的图书和1台电脑，向当地困难群众送去了价值2500元的粮油、毛毯、电热毯，并深入10户特困家庭赠送春节慰问金2000元，此次活动捐赠现金及物资总价值2万余元。7月3日，市民革主委孙晓钢率领机关干部和基层支部的20多名党员，将民革企业家捐助的1万元现金送到皋兰县中心乡钱家窑村7家急需进行危房改造的残疾人家庭和特困户中，向当地村民捐赠了近千件衣物，并向5家贫困户赠送了大米和清油。民革党员中的医生和法律工作者为100多名村民开展了义诊和法律咨询服务活动。10月底，市民革3名党员参与了由省民革组织的赴临夏回族自治州韩集镇开展的为期两天的医疗扶贫下乡活动。在城关区委统战部组织的为白血病患者刘琰同学捐助活动中，民革城关教育支部捐款300元。

【祖统活动】 1月中旬，市民革组织祖统委员学习座谈胡锦涛总书记在纪念《告台湾同胞书》发表30周年座谈会上的重要讲话精神。做好祖统宣传和涉台参政议政工作，是民革开展祖统工作的重要内容。9月中旬，市民革举办“庆国庆、迎中秋——两岸关系和平发展与民革涉台参政议政工作”报告会。会上，传达了民革全国涉台参政议政暨《台湾研究》特邀撰稿人工作会议内容，诠释了新中国成立60年来中共中央对台政策的一系列变化，并就当前两岸关系和平发展前景、民革中央主席周铁农提出的“三个深刻理解”及民革祖统工作“四个转变”等问题，进行了深入浅出的讲解。8月上旬，市民革领导班子与来兰参加全球华人物理大会的美籍著名华人物理学家陈丕燊教授进行了座谈交流。市委会领导向陈丕燊教授介绍了民主党派在多党合作制度中作用发挥情况，并向客人赠送了《兰州民革二十年》。祖统委员会主任杜擂升分别与台湾著名词作家庄奴先生和台湾才女胡茵梦见面，并接待了巴基斯坦青年访华团成员。台湾遭受“莫拉克”台风重创后，市民革祖统委员会及时联系在兰的台属和有台属关系的民革党员表达对受灾同胞的关切之情，祖统工作委员会主任杜擂升带头捐款1200元，以实际行动帮助台湾受灾同胞渡过难关。

（胡　骏）

中国民主同盟会兰州市委员会

【概况】 2009年，民盟兰州市委在民盟甘肃省委和中共兰州市委的领导下，以纪念“60周年”为契机，深化学习教育活动，进一步夯实了多党合作的共同政治思想基础；通过盟员培训、学习和“基层组织建设年”活动，切实加强自身建设；强化调查研究，提升提案质量水平，努力提高参政议政能力；加大服务社会力度，强化盟务工作；各项工作均取得了可喜成绩，为促进兰州经济发展和社会和谐做出了积极努力。

【自身建设】 盟市委以庆祝“60周年”系列活动为契机，与盟省委联合举办了“庆祝新中国成立、多党合作制度确立60周年”大会，省市领导、省市各民主党派、工商联负责人及盟员400多人参加了大会。盟市委举办了“继承多党合作优良传统，充分履行参政党职能”论坛，有8位盟员围绕坚持中国共产党领导的多党合作和政治协商制度是中国人民的历史选择、履行参政党职能的途径和方式等课题在会上进行了深入地研讨和交流。组织盟员参加了甘肃统一战线庆祝新中国成立60周年知识竞赛答题活动，共答题1400余份。组织机关同志参加了由兰州市直机关工委举办的“爱国歌曲大家唱”歌咏比赛。2009年，盟市委举办信息员培训班，对全市基层组织的27位信息员进行了学习培训并颁发了聘书。选派8位盟员参加了中共兰州市委组织部、统战部、市社会主义学院联合举办的第二十二期党外干部培训班，3名盟员参加了盟省委举办的全省基层组织骨干盟员培训班。盟市委举办了第十四期新盟员学习班，对近两年来发展的盟员作了统战理论和盟史、盟章的学习辅导。举办了科学发展观辅导讲座，对全市各基层组织负责人及部分盟员共60余人进行了专题辅导。全年，在各类媒体报道盟市委信息70余篇，分别刊登在民盟中央网站、《团结报》、民盟甘肃网站、《甘肃盟讯》、《兰州统战简讯》、《兰州日报》、《兰州晚报》等，兰州电视台、兰州广播电台对盟市委各类活动进行了多次报道，扩大了盟组织的社会影响。

盟市委把2009年确定为“基层组织建设年”，制订了详实的工作方案。年初盟市委召开基层工作会，总结2008年工作，6个专委会进行了盟务工作交流，安排部署了“基层组织建设年”的具体工作。11月召开了组织工作会议，对盟市委“基层组织建设年”的工作进行了总结，肯定了全年取得的成绩，并对全市基层组织建设提出了具体要求，明确了盟市委今后一个时期基层组织建设的任务。盟市委邀请部分基层组织所在单位党政领导召开座谈会，就盟组织和盟员情况征求他们的意见。与会人员交流了支持民主党派工作的经验，了解了民主党派和民盟的工作，提高了对统战工作的认识，对密切基层组织的党盟关系起到了很好的作用。盟市委始终鼓励盟员做好本职工作，树立良好的民盟形象。全年，有10余名盟员在各自的工作岗位上职务得到了提升，多名盟员被评为市级以上优秀教师或优秀班主任，2名盟员被评为“兰州市教育科研工作先进个人”。

2009年共发展盟员38人，其中女13人；平均年龄36岁，大学以上学历34人，中高级职称17人。界别主要分布在教育、医疗卫生、政府部门、文化、公有制经济、社会新阶层等领域。至年底，全市共有盟员1058人。

【参政议政】 在市人大十四届四次会议上，盟员中的人大代表向大会提交议案4件，建议6件。在市政协十二届三次会议上，盟市委以《加强社会主义文化建设，促进经济社会协调发展》为题作了大会发言，提交书面交流材料1篇。在“推进各项社会事业”等三个联组会上，4位政协委员分别以《整合资源，创新模式，加快职业教育发展》、《加强气象减灾和人工影响天气工作》、《关于经济适用房和廉租房建设的几点建议》为题发言。盟市委和盟员中的政协委员向大会提交提案78件。发言和提案内容涉及教育、文化、科技、“三农”问题、区域经济发展、改善民生等多个方面。代表、委员的发言、议案、提案引起了新闻媒体的广泛关注。盟市委提交的《关于做好我市建设项目储备吸引中央扩大内需投资》被市政协列为1号提案，盟员撰写的《关于整合社会资源 共建和谐社区的建议》和《关于重视和加强社区便民市场建设》的提案、《关于加强我市城区社区组织建设和运行机制》的提案被列入市政协主席督办的12件重点提案之一。

2009年初，盟市委召开参政议政会，通报了盟市委2008年参政议政工作和2009年市县区“两会”情况，安排部署了2009年盟市委参政议政工作，对《关于我市经济适用房和廉租房建设的调研报告》等7篇2008年度的优秀调查报告进行了表彰奖励。

盟市委与盟省委上下联动合作调研的3个课题已完成，向盟省委提交了《关于我市农村水利设施运行及管理情况的调查报告》、《关于我市特殊教育的调查报告》、《关于我市农村土地经营权流转情况的调查报告》等3篇调查报告和《关于加强我市社会救助工作的提案》等3件提案，得到了盟省委的好评。

2009年，盟市委参政议政机制进一步健全，盟员的参与面进一步扩大，群体作用得到有效发挥，参政议政的能力和水平有了新的提高，被盟省委评为2007年—2008年度参政议政工作先进集体，13位盟员被评为参政议政先进个人。

【社会服务】 响应中共兰州市委统战部开展的“帮助困难群众献爱心月”活动，积极向困难群众捐款、捐物，奉献爱心。盟市委为扶贫点永登县红城镇捐赠约3万元的衣物960件，价值2700元的药品和春联；组织盟内医疗专家为当地200余位农民朋友进行了义诊、发放了药品，为6位贫困村民送去了慰问金、棉被和药品；积极争取项目和有关方面的支持，为华山等学校赠送课桌凳400套，为中堡中学添置篮球架2副；为红城镇永安村健身广场配置了健身器材，协调市残联为红城镇一位残疾人修建60平方米住房一套。协助盟省委在红古区开展了以“爱眼·护眼”为主题的白内障复明活动，为该区70余名眼疾患者进行了免费治疗。红古区支部组织盟员协助甘肃红十字会开展了无偿献血活动。

为落实盟中央面向农村教育的“烛光行动”，广大盟员热情支持和参与。组织盟内英语高级教师赴定西市安定区开展讲学培训工作。组织盟内10名中小学骨干教师、教学新秀赴永登县红城镇初级中学和镇中心小学开展教学交流活动。盟员洪丹策出资购买了价值1万余元的课桌凳捐赠给了红古区海石湾第四小学，受到了该校师生的一致称赞。七里河区总支将张家川回族自治县孟寺村确定为该总支又一个定点扶贫村，为该村200多名群众送去了近3000件衣物，为张家川县第二幼儿园送去了电视机、录音机等物品。安宁区总支组织盟员参加安宁区委、区政府开展的送科技、送医、送文化活动，为安宁区仁寿山群众共计发放农业资料2000余册，展出展板30块，吸引了上千名农民群众前来参与。盟市委与盟省委联合在兰州市劳动教养管理所开展了“社会帮教”活动，邀请盟内法律专家为劳教人员作了一堂法制讲座，使劳教人员的法律意识进一步增强，帮教效果明显。

【其他盟务工作】 2009年，参加了在贵阳召开的西部八省（区）首府城市盟务工作研讨会。会上，兰州市盟委以《以政治交接为主线 推动盟的组织建设工作》为题作了大会发言；参政议政委员会以《尽职尽责为盟组织增光添彩》为题作了书面交流。组织盟员参加“兰州市民主党派庆祝新中国成立60周年”书画展，6位盟员的27件作品参展。组织盟员参加由甘肃、青海、宁夏、吉林、浙江五省区联合举办的“庆祝新中国成立60周年、中国共产党领导的多党合作和政治协商制度确立60周年”盟员美术、书法、摄影作品展。盟市委举办了庆祝第25个“教师节”座谈会、“九九重阳节”茶话会。各总支、专委会也结合自身特点开展了各类活动。

全年，在全体委员和广大盟员的全力支持和配合下，盟市委各项工作取得了新进展，全面地完成了年初确定的各项工作任务，得到了盟中央、盟省委的充分肯定，被盟中央授予“中国民主同盟盟务工作先进集体”荣誉称号，6个基层组织及18位盟员分别被盟省委评为先进集体和盟务工作先进个人。

（高树森）

中国民主建国会兰州市委员会

【概况】 2009年，市委会在民建甘肃省委和中共兰州市委的领导下，努力加强思想建设、组织建设，积极履行参政议政、民主监督职能，积极开展社会服务。截至年底，全市共有总支、支部53个，会员815名，其中经济界615名。

【思想宣传】 制定下发了《关于开展深入学习实践科学发展观活动的实施意见》，在全市民建组织中深入开展了学习贯彻科学发展观活动。组织全市各基层组织及其成员，认真学习了胡锦涛同志在纪念《告台湾同胞书》发表30周年座谈会上的重要讲话精神、胡锦涛同志在纪念中共十一届三中全会召开30周年大会上的重要讲话精神，以及中共十七届四中全会精神、中央经济工作会议精神等。7月、10月，全国人大常委会副委员长、民建中央主席陈昌智，民建中央副主席辜胜祖先后莅临市委会机关，视察指导工作。组织开展了“与祖国同呼吸，与民建共奋进”的主题征文活动和书画作品展，同时积极组织会员参加省委统战部开展的“甘肃统一战线庆祝新中国成立60周年知识竞赛”。9月22日，组织市委会全体委员前往国有大型企业——兰州石化公司和在兰州市具有较大影响力的非公有制会员企业——虹盛百货有限公司参观。中共十七届四中全会召开以后，邀请省委党校校长助理杨贵言教授作了专题讲座。建立了市委会网站，以现代化的手段分7个栏目23个子栏目全方位开展宣传工作。继续信息编发报送工作，加强了与民建甘肃省委、市政协、市委统战部等单位及《兰州日报》、《鑫报》等媒体的联系。5月31日，专门召开宣传信息工作会议，推动市委会信息工作迈上新台阶。

【组织建设】 2009年，进一步认真总结了组织建设工作，建立健全基层组织工作管理机制，加强领导班子和后备干部队伍建设，提高基层组织领导能力和活力，改善骨干队伍和会员队伍总体结构。全年共新批准入会37人。组建成立了民建

兰州市第二人民医院支部。根据省委会和兰州商学院党委的意见，在完成商学院总支的换届后正式将其移交省委会管理。为了加强专委会间的横向联系和交流，5月份又组织召开了专委会座谈会。完成了届满的兰州商学院总支、城关区综合医药支部、市场支部等基层组织的换届工作。加强后备干部队伍建设。结合人大、政协安排以及市委会委员、支部负责人等多层次后备人选需要，进行动态管理。2名成员分别挂任城关区皋兰路街道副主任和安宁区商贸委副主任。5月和9月，先后2次组织召开党外干部履职座谈会，了解会员履职和发挥作用的情况。加强对新会员的培训，对40余名新会员进行了培训。

【参政议政】 2009年，市委会集体和会员个人共向各级人大、政协会议提交提议案210件，人均2.05件。在市政协十二届三次会议上，会员个人提交提案129件，人均5.37件，比2008年增加6件，均被立案办理。同时加大市委会经济工作委员会的工作力度，就所确定的《兰州市城乡一体化建设问题研究》、《兰州市地质灾害问题研究》等3个招标课题及《促进兰州市物流业发展的若干建议》等9个集体课题进行了广泛、深入的调研。完成了集体、个人及市委会招标课题调研报告8篇。10月，以《兰州市城乡一体化问题研究》课题作为2010年兰州市科技发展项目，向市科技局申报。向市科技局申报2009年度课题项目《兰州市城市贫困问题研究》，顺利签订任务合同书。深入开展抽样调查，形成了《兰州市城市贫困问题研究》的调研报告，完成了2009年度市科技局所交予的调研课题任务。通过市委会领导参加市委、市人大、市政府、市政协及市委统战部的各种会议和活动，以及市委会领导和会员参加民主评议政风行风活动等，行使了参政党组织的民主监督职能。1名副主委、3名会员参加了对市运管处等18个市直部门和单位的民主评议。2名总支负责人、4名会员参加了对兰州市各县区财政局等30多个单位和部门的监督、调查、质询、评议工作。1名会员担任了区人民法院陪审员。

【社会服务】 2009年初全市统战系统“帮助困难群众献爱心月”活动中，共向榆中县清水驿乡杨河村困难群众捐赠包括70套新棉衣和部分粮油在内的价值21500元的物资。还向20户困难群众每户发放了200元的春节慰问金。医疗界会员为100多名群众作了义诊，书画界会员为杨河村群众书写了300多幅春联。8月，市委会又为杨河村修建村道捐款5千元。基层组织及会员个人也积极开展社会服务活动。据不完全统计，2009年全市民建组织和会员为各种社会公益活动捐款捐物达60余万元。

【交流联络】 2009年，市委会进一步加强了与有关党委、政府部门和对口联系单位的联系。邀请市政协、市委统战部等单位主要领导，以及市级各民主党派、工商联负责人，市审计局、市林业局、市水利局、市质量技术监督局负责人，各县区党委统战部，兰州石化公司党委统战部、兰州商学院、兰州石化职业技术学院党委统战部负责人到市委会做客，就新时期民主党派市级组织如何更好地履行职能、开展工作进行了广泛深入的交流。积极参加民建中央及民建兄弟组织召开的会议或举办的重大活动，学习先进经验，培养会员和机关工作人员的才干。先后组织人员参加了“2009’中国（辽宁）非公有制经济发展论坛”和黑龙江省哈尔滨市2009年民建地方城市交流协作年会。进一步加强了与非公有制会员企业的联系、沟通，走访了部分会员企业，对企业的发展情况和存在的问题进行了调研。6月初，组织企业会员座谈，就非公有制经济企业如何应对国际金融危机不利影响进行了深入的探讨和交流。12月初，利用市委会企业工作委员会年终总结会议召开之机，举办了一期企业家会员培训班。

（孙　杰）

中国农工民主党兰州市委员会

【概况】 2009年，农工民主党兰州市委员会团结带领广大农工党员，进一步发挥自身优势，不断提高履职能力，思想建设、组织建设、参政议政、民主监督都取得了新的成就。至年底，中国农工民主党兰州市委员会共有党员521名；有基层组织55个，其中基层委员会1个、总支部委员会12个、支部委员会25个、支部16个、小组1个；各专门工作委员会6个（医药卫生、经济法律、妇女工作、科技农业、文化教育、联络工作）；市委会领导5名（主任委员1名、副主任委员4名），秘书长1名；机关下设一室一处，即办公室、组宣处。

【参政议政】 2009年，在市政协全会上，市委会共有26篇集体提案，71篇个人提案及联名提案提交大会。市政协常委、市委会副主委王波代表市委会作了题为《创新机制加快沙中工业园产业转移基地建设推动全市经济又好又快发展》的大会发言。市政协委员、红古区总支主委安永学撰写的《落实科学发展观 促进我市现代农业又好又快发展》，市政协委员、市直属总支副主委常健撰写的《关于建立责权利统一的城市管理长效机制的建议》，被作为大会交流材料。在市政协联组座谈会议上，市政协委员、市妇幼保健院总支主委田镔作了题为《尽快新建兰州市妇幼保健院的建议》的发言；市政协委员、城关区医院总支主委常寅龙作了题为《关于对城关区人民医院进行整体拆除重建的建议》的发言；市政协委员、安宁区总支主委金永强作了题为《关注弱势群体 维护社会稳定》的发言。另外，市委会集体提案《关于加快兰州文化创意产业发展的提案》，被市政协提案委列为主席督办重点提案。9月17日，由市政协副主席带队前往市文化出版局，就该提案进行了现场督办，市政协委员付筱华、路玲、常寅龙、戴学新、翟莉莉参加了提案督办活动。市政协委员、兰州红十字康乐医院院长范金凤提交的个人提案《关于呼吁全社会都关注养老问题的提案》获督办单位兰州市民政局高度评价。市政协常委、市委会副主委王波撰写的市委会集体提案《关于完善兰州市食品安全监督管理体系的提案》，市政协委员、永登县总支主委杨全德的联名提案《关于将困难企业、退休职工、下岗职工纳入城市医疗保险的提案》被评为优秀提案。 市委会参加兰州市十四届人大四次会议的各位人大代表，也积极提交议案建议。7月，市委会在安宁区召开了四届四次常委（扩大）会议。会议听取了关于2009年上半年工作总结及深入开展学习实践科学发展观活动情况汇报；传达了农工党甘肃省五届七次常委会议精神；会议同时还组织开展了“甘肃统一战线庆祝新中国成立60周年知识竞赛”活动；集体学习了《六个“为什么”——对几个重大问题的回答》；参观了兰州国家级经济技术开发区规划馆，并赴莫高国际酒庄等园区就经济技术开发区重大项目建设情况进行了实地调研和考察。同时，市委会进一步健全完善了集体提案、大会发言提交前的审议制度，对市委会以集体名义上报的提案、发言等材料，事先组织市委会班子成员进行审议把关，切实保证稿件质量。在2009年兰州市“两会”召开前夕，市委会专门召开提案工作会议，对在市政协十二届三次会议上提交的集体提案进行了讨论和确定。会议经过讨论，在征集到的70余份提案中，重点确定了紧紧围绕市委、市政府中心工作、以经济社会发展为主线、以关乎民生为重点的26篇提案，作为市委会集体提案，提交政协兰州市十二届三次会议。安宁区总支在区政协会议上共提交提案6篇，西固区总支在区政协会议上共提交提案15篇，报送社情民意6条。其中《关于打造西固中心商业区的建议》的提案被评为优秀提案。《马路抢劫案频发影响城区治安安全问题》、《二十一中学门前存在交通安全隐患问题》被评为优秀社情民意信息。另外论文《关于加强对我区食品药品安全监管的几点建议》被区政协评为优秀论文。红古区总支在区政协会议上共提交提案12篇，由区政协副主席、总支主委安永学带队，就全区城乡一体化发展情况进行了专题调研，提出的《关于加快全区城乡一体化发展情况的调研报告》。七里河总支在区政协会议上共提交提案6篇。其中区政协常委、总支主委戴学新提交的《发掘历史文化自然资源发展七里河旅游经济》，区政协常委、总支副主委乔红星提交的《关于把西津西路小西湖桥至西站段建成精品一条街的提案》被列为重点提案。城关区基层委在政协会议提交了8篇提案。区政协常委、城关区基层委主委赵彬在区政协专题会议上作了《如何进一步建立城市管理长效机制》专题发言，其中集体提案《关于重视孤独症儿童康复教育的提案》和赵彬提交的个人提案《关于尽快解决社区儿童活动场所和设施建设的提案》被评为优秀提案。《关于更好地履行政协职能 创立政协大讲堂的建议》被评为优秀建议案，提交了《关于我区社区卫生服务运行情况的调研报告》。榆中县总支在县政协会议上共提交集体及个人提案7篇，县政协常委、总支主委张春玲撰写的集体提案《关于急盼修建青城黄河大桥的提案》被评为优秀提案。永登县总支在县政协会议上共提交提案10篇。皋兰县支部在县政协会议上提交提案5篇，县政协常委、支部主委王江荣撰写的提案《关于提高城镇职工医保报销比例的提案》被评为优秀提案。

【政治协商】 2009年，市委会领导班子成员相继参加了中共兰州市委、市人大、市政府、市政协及有关部门举行的各种协商会、座谈会、情况通报会、意见征求会等政治协商活动10余次，参与了政府工作报告（征求意见稿）意见征询协商会、政府工作分解落实会议等重要决策、重要文稿的意见征询和重要人事安排的协商。就涉及兰州市政治、经济和社会发展中的许多重大问题献计献策，较好地履行了参政党职责。在学习实践科学发展观活动中把政治协商与学习实践活动有机结合。并及时下发通知要求各基层组织认真深入学习实践科学发展观的深刻内涵和深远意义。在全市开展学习实践活动意见、建议征求阶段，市委会先后为市政协、市委统战部、市财政局、市检察院等数家单位进行了意见建议征求答复。2009年底，先后组织班子成员及部分委员参加了市政协、市纪委、市委统战部等部门领导班子和市管领导干部述职述廉民意调查大会。

【民主监督】 4月中旬，根据兰州市民评办《关于选聘兰州市民主评议代表的通知》，市委会推荐田镔、甄文君、张成阁、魏翠芳、沈彤、金占荣、李其格、梁雪峰、李世平、车宽余10位党员为2009年兰州市民主评议代表。另外，根据市政协《关于推荐兰州市民主评议代表的通知》文件精神，市委会推荐市政协委员赵彬为兰州市民主评议代表。西固区总支主委张万祥，副主委田春燕、张成阁，委员唐世英担任西固区政风行风民评代表；党员周胜基任西固区城市管理执法局人民监督员；副主委张成阁还担任西固区人民检察院监督员、西固区城市管理执法局人民监督员，并参加了对兰州市森林公安局等五家单位的民主评议工作。城关区直属支部党员连海平、黄一家被城关区政府聘为2009年度民主评议政风行风代表，并对临夏路街道等8个单位开展了重点评议工作。永登县总支主委杨全德、党员王得成分别对县属14个单位进行了民主评议，对被评单位存在的问题提出了质询，并提出了今后整改意见，受到了被评单位的好评。七里河总支主委戴学新参加了人民法院陪审案17件、人民检察院监督案5件。副主委刘亚平、魏翠芳参加了市民评办组织的对市国土局等六家单位的重点评议工作。皋兰县支部主委王江荣、副主委魏周来被县民评办聘为民评代表，先后对县卫生局、人口委等5家单位进行了重点评议。另外，市直属总支副主委常健还被省市两级工商行政管理局聘为党风廉政建设特邀监督员。市委会委员李俊宜被省纠风办聘为民主评议政风行风代表，联系省国土资源厅等五个厅局。市农牧支部主委蔡宏斌在参加的民主评议政风行风活动中担任组长，对兰州市农牧局下属的兰州市农科所、兰州市农技中心等6个单位进行民主评议。市二医院支部主委刘忠昌被兰州市卫生局聘为全市卫生系统民主评议政风行风代表。

【宣传交流】 为隆重庆祝新中国成立60周年，8月份，由中共兰州市委统战部指导、农工党兰州市委会等6家市级民主党派主办、兰州市民主党派艺术工作者联谊会承办的书画展、摄影展等一系列纪念活动陆续开展。同时，市民主党派艺术工作者联谊会编辑出版了《兰州市民主党派艺术工作者庆祝新中国成立60周年书画作品集》，其中市委会党员陶积福、赵吉庆、田镔、马元、张有才同志的书画作品被收录其中。市文艺支部党员胡晓燕在省委会庆祝建国60周年大会上演唱了歌曲《大地飞歌》、《好日子》。市委会还积极组织全市500多名党员参加了“甘肃统一战线庆新中国成立60周年知识竞赛”活动。参加了市政协举办的纪念人民政协成立60周年征文和理论研讨会，在征集到的51篇论文中，市委会提交了8篇，其中农工党榆中县总支副主委祁德忠的论文《做一个合格基层政协委员的思考》荣获三等奖，并作了大会交流发言。戴学新、张春玲、祁德忠、魏翠芳、冀旭、连海平、张学博、王汝勃的论文被编入市政协《庆祝人民政协成立60周年暨第二次理论研讨会论文集》。与此同时，各基层组织开展了丰富多彩的庆祝活动。城关区直属支部、市一医院总支、红古区总支、七里河区总支等基层组织围绕国庆60周年暨多党合作制度确立60周年，先后开展了征文、知识竞赛，座谈会、联欢会等形式多样的庆祝活动。信息宣传工作影响进一步扩大。市委会信息宣传工作坚持正确的政治方向，联系市委会工作重点，建立了信息工作专人负责的编辑报送制度，全年共编辑出版《兰州农工》4期，向农工党甘肃省委会、市政协、市委统战部等有关部门及《兰州日报》、《兰州晚报》等新闻媒体提供信息报道40余条（篇）。每一条信息在报送省委会、市政协、市委统战部及新闻媒体的同时又通过电子信箱直接报送农工党中央社情民意信息处。2009年市委会王汝勃被农工党中央《前进论坛》杂志聘为特约通讯员。对外交流联系工作机制进一步规范。2009年为全市基层组织征订农工党中央《前进论坛》50份，配发省委会《甘肃农工》近280份、市委会《兰州农工》近500份。

七里河区委统战部走访了中共兰州市第一人民医院党委，调研民主党派基层组织建设情况，并召开座谈会。市委会常委、七里河区总支主委戴学新参加座谈会并就全区农工党组织参政议政、民主监督，以及党务工作作了汇报发言。市委会委员、市一医院总支主委郭韬也参加了座谈会。

【自身建设】 4月份，根据市委统战部《关于开展党外干部工作情况调研的通知》精神和要求，市委会对农工党兰州市干部队伍的状况进行了深入调查，对市委会后备干部队伍建设工作做了分析总结，就进一步加强党外干部队伍建设工作、后备干部的培养教育工作进行了研究和探讨，提交上报了《关于农工党兰州市干部工作情况的调研报告》。9月底，市委统战部发来《关于开展党外干部履职情况调研的通知》，市委会就干部履职情况进行了专题调研，同时上报了《关于农工党兰州市干部履职情况的调研报告》。2009年7月，农工党中央颁发了《关于进一步做好组织发展工作的若干意见》，根据文件精神要求和省委会对市级组织的五年发展规划，全市农工党组织发展工作平稳有序进行，2009年共发展新党员36人。至年底，全市农工党员人数为521人，其中医疗卫生界263人，占50.5%；文化教育界96人，占18.4%；经济界79人，占15.1%；新闻科技界15人，占2.9%；其他68人，占13.1%。9月中旬，为期6天的农工党党员培训班暨甘肃省社会主义学院第190期培训班在甘肃省社会主义学院正式开班。市委会选派金晶等14名党员参加了培训。11月初，兰州市第22期党外干部培训班在市委党校正式开班，市委会选派刘树明等8名党员参加了培训。农工党省委会常委、市委会副主委王波分别参加了为期3个月的农工党中央举办的骨干培训班、及省委统战部在中央社会主义学院举办的民主党派骨干培训班。

【社会服务】 为切实保障妇女身体健康，提高妇女的健康意识和自我保护能力，决定在兰州市安宁区实施妇科疾病普查普治项目，该项目为安宁区提供270万元的捐助设备及配套资金。3月中旬，市委会赴榆中县新营乡开展了“扶贫助学献爱心”捐赠活动。市农工党党员、甘肃新未来土木建筑工程有限公司总经理马小力女士，为榆中县新营乡祁家河村小学全体学生捐赠了价值13000余元的学习用具和文体设施，同时市委会为祁家河村困难群众捐赠了2000余元的棉衣等生活物资。4月至8月，城关区基层委员会先后在在草场街社区举行了“六进社区”义诊活动，参加了在兰州大学医学校区开展的“同在蓝天下，残健手拉手”为主题的志愿者活动。赴草场街社区开展了主题为“关心老人的今天，就是关心我们的明天”的医疗义诊活动。城关区基层委全体党员还向九州开发区地质自然灾害受灾群众捐款总计达3000元，还为草场街社区身患白血病刘琰同学捐款500元。农工党员、兰州顺兴脑病康复医院院长史建钢联合各地残联在省内的31个地县开展了脑瘫、智障、癫痫的筛查工作，为800多名患儿进行了免费诊断，赠送了价值近30万元的药品，9月份，安宁区总支联合十里店街道南街社区，开展了医疗咨询服务活动。红古区总支积极参加帮助困难群众献爱心活动，共捐现金2000余元，捐衣物50余件，书刊150多本。

永登县总支全年多次下乡送医送药，在坪城乡接待诊治病人328人次，送药3800元，在通远乡接待诊治病人352人次，送药4300元，同时还发放健康教育读本1350余册。总支中的县政协委员还为武胜驿镇患有白血病的患儿土旭东同学献爱心捐款700元。另外，永登县盛安医院院长、党员成作盛送医送药总价值达42000元，并在中川镇开展了为期2天的医疗咨询活动。

【爱岗敬业】 2009年，市委会办公室主任翟莉莉被农工党中央授予优秀组织工作者荣誉称号。城关区直属支部党员傅连鸿身残志坚，荣获“甘肃省自强模范”荣誉称号。市委委员、海天房地产公司董事长齐思钺荣获甘肃省“巾帼建功标兵”荣誉称号。市委副主委、骨科医院主任医师潘建西当选甘肃省卫生厅高评会评委。市联络工作委员会副主任马小力荣获2009年“兰州市劳动模范”光荣称号。城关区秦安路小学支部党员李引玲荣获“兰州市教师楷模”荣誉称号。市经济法律工作委员会副主任张勰被评为兰州市首届“十大创业就业优秀青年”。西固总支副主委张成阁被评为2009年度兰州市法律援助工作先进个人。市委常委、城关区医院副院长常寅龙完成的《扶正清毒胶囊的研制和开发》，获2009年度兰州市科技进步二等奖。安宁区总支副主委沈彤荣获第三届兰州青年科技提名奖。市卫生学校总支在甘肃省卫生职业教育“天堰杯”课件比赛中，总支主委刘颖获优秀教学成果二等奖，刘宏家获三等奖；虎勤获省中等职业教育教学科研优秀成果“三等奖”称号；总支副主委王学纯出任全国统编教材《外科护理学》副主编。市委常委、市妇幼保健院总支主委田镔出版了《田镔书法作品选集》。市委常委、城关区基层委主委赵彬完成的《糖尿病大血管并发症的中西医基础与临床》一书，也已出版发行。城关区直属支部党员、兰州顺兴脑病康复医院院长史建钢编写出版了《中医临床速查》一书。市农牧支部委员孙振荣主持的《兰州市旱作区粮食增产增效技术集成及示范推广》项目获得市科技局验收通过，技术达到国内领先水平。市直属总支副主委、省作家协会会员刘锡祥获省文联“甘肃省第三届黄河文学奖”优秀奖；直属总支一支部党员李明杨长期从事新型建材设计、研究和开发工作，获七项专利技术的发明。市文艺支部委员张磊摄影作品获甘肃省群星三等奖，策划方案获省委宣传部建国60周年群文活动方案征集二等奖；党员胡晓燕在市委市政府组织的建国60周年大合唱活动中辅导市委、市政府办公厅、市委宣传部等单位共获得3个一等奖，1个二等奖和1个三等奖。

（王汝勃）

共青团兰州市委员会

【概况】 2009年，围绕市委市政府“1355”发展战略，坚持以邓小平理论和“三个代表”重要思想为指导，深入学习实践科学发展观，

坚持“建功与育人并重，活动与建设并举”的原则，坚持“服务青年、服务基层、服务大局”的工作理念。紧扣服务全市经济社会又好又快发展的主题，在青年创业就业、青年志愿者服务、扶贫助困、关注民生、基层组织建设等方面取得了新成绩。至年底，全市共有各级团委484个，团支部4451个，团员105000人，专职团干部313人，五年发展新团员50800余人。全市街道100%建立团组织，94%的社区建立团组织。团青比例1:8（28岁以下青年数由共青团统计）。

【组织建设】 2009年，社区团建工作水平进一步提高。在全市8个县区开展了“区域联动加强社区团建工作”，通过确立20个团建示范社区，建立起“多加一”团建联动模式；在各县区选择青年较集中社区开展“青春互助超市”建设项目，现已有51个社区在“超市”注册，38名青年在网上实名注册，完成日志46篇，开通迷你博客30个。“两新”组织建团不断推进，实施了“两新”组织建团“双百工程”，即优先在具有100名以上青年的“两新”组织中建立团组织，力争使兰州市“两新”团组织数达到100个，至年底，兰州市“两新”团组织建团112个。

【青年创业就业】 2009年，团市委联合兰州市科技局、财政局、劳动和社会保障局等十部门成立了兰州市青年就业创业服务中心，为广大青年提供就业创业指导和见习岗位信息，拓宽青年的就业创业渠道。成立了兰州市青年就业创业见习基地工作协调办公室，建立了52家市级青年就业创业见习基地，提供见习岗位1207个，年内上岗大学生600 多名。与兰州电视台共同录制了以展现当代兰州青年就业创业风采为主题的“民情民生大家谈——青年就业创业五四专题”节目；开展了兰州市首届十大创业就业杰出（优秀）青年评选活动，举办了第二届兰州青年创业论坛，成立了第二批青年就业创业导师团。制定下发《兰州农村青年培训行动工作方案》，全年实名制培训3750名返乡青年农民工。联合市农牧局举办了“青年农民大讲堂”，成立了“兰州市农村青年先进实用技术专家服务团”，向400余名青年农民发放了“专家联系卡”。

【青年志愿者服务】 2009年完善了三级青年志愿者服务分站。新成立了兰州市医疗卫生志愿服务队、扶残助残志愿服务队、兰州青年志愿者创业实践导师团、志愿服务团、进城务工青年志愿服务宣讲团等青年志愿者组织。进一步做好青年志愿者登记管理，对全市青年志愿者情况进行了详细摸底、分类、登记，截至年底，全市青年志愿者总人数达170491人。开展了“争做志愿者，创造新生活”、“百万空巢老人关爱志愿服务行动”、“走好人生路，迈好第一步”青年就业创业导师团进校园等志愿服务活动。

【希望工程】 2009年争取项目资金25万，支持完成榆中县马坡乡旧庄沟问鼎希望小学建设，落实七里河区黄峪乡蒋家湾希望小学项目资金30万元。争取“芙蓉学子”大学新生救助项目9万元，救助30名2009年兰州市高考寒门学子。“圆梦大学”持续4年下拨希望工程款8090元，中石油“扶贫助困，共享阳光”奖学金资助永登、西固各10万元。兰州市周杰希望小学教师李维民被评为希望工程20年优秀乡村教师，七里河飞利浦照明希望小学被评为希望工程20年提名希望小学。

【青少年维权】 2009年成立兰州市预青、未保联络员培训班。与市检察院、市教育局、兰州市西北中学共同打造兰州市青少年法制教育示范基地。依托社区警务室建立了20个社区青少年维权工作站。在红古区启动了“为了明天，构建和谐兰州”兰州市未成年人维权保护专项行动。不断拓宽和丰富“青春红绿灯——空中法制大课堂”栏目内容，全年共播出26期青少年法制教育专题节目。建立了预青、未保联络员信息上报制度，实现了信息资源共享，编辑预青、未保工作简报30期。

【青年文明号】 2009年，团市委联合市工商局、市私协、市个协、省物资储备局、中国移动兰州分公司和中石油兰州销售公司等单位共同开展“青年文明号”创建工作。加强对新经济组织创建“青年文明号”的指导，在全市“两新非公”经济和新型窗口服务行业新创建“青年文明号”集体近100个。组织力量对各县区和直属团委年度申报和复核的国家级、省级、市级“青年文明号”集体采取实地抽查和集中核对结合的方式进行了检查验收，对符合创建条件、创建成绩突出的40个市级“青年文明号”创建集体进行了命名表彰。

（王　冰）

兰州市
工商业联合会

【概况】 组建成立了甘肃信通通利集团党总支、兰州海鸿房地产有限公司党支部、南安商会党支部、甘肃远达石化有限公司党支部、甘肃天鸿金运置业有限公司党支部等5个基层党组织。举办了“全市非公经济党组织预备党员、入党积极分子培训班”1期，培训预备党员、入党积极分子53名。召开了非公经济庆祝建党88周年暨全市非公企业先进党组织、优秀党员、优秀党务工作者表彰大会，表彰先进党组织7家、优秀党员18名、优秀党务工作者6名；发展新党员24名，21名预备党员按期转正。扩大基层组织覆盖面，成立了南安、汽车服务业、台州等5个商会，发展新会员837名。市政府正式授权市工商联为全市性非公有制经济领域内成立的行业协会（商会）业务主管单位，将有力地促进市工商联所属行业协会的发展。增补了执委10名，常委6名。推荐市政协委员2名；推荐兰州市首届十大杰出和十大优秀青年候选人7名；推荐省工商联执委1名。

【参政议政】 在兰州市人大、政协“两会”期间积极建言献策。向省政协十届一次会议和市政协十二届三次会议提交了团体提案8件，界别委员提案40多件，大会发言2篇。向市政协十二届二次会议提交的团体提案《关于加快推动我市中小企业改制上市进行融资的建议》被评为优秀提案。积极开展专题调研工作。撰写了《2008年度兰州市非公经济发展报告》、《金融危机影响下会员企业存在的困难及应对措施》、《兰州市非公企业实施品牌战略调查和对策》、《以科学发展观统领党建工作 破解非公经济党建工作难题》及《中小企业发展问题研究》调研报告5篇。

【履行职能】 与市劳动和社会保障局等部门联合开展了“2009年民营企业招聘周”活动，50余家会员企业提供劳动就业岗位1589个，签订就业意向书1100份。兰州仲裁委员会甘肃省工商联分会兰州市工商联工作站积极协助政府和仲裁机构为会员企业提供快捷、高效、经济的仲裁法律服务，维护其合法权益，在各县区工商联和市直各商会成立了仲裁联络处，定期发放法律法规信息和《兰州仲裁》刊物，帮助会员企业维权和规避经营风险。向全国工商联推荐了甘肃归一裕华生态建材科技有限公司“归一建材”和兰州天奇钢材有限公司“改性淀粉”两个项目为全国火炬计划项目。与政府有关部门协调，帮助会员企业兰州弘沃商贸有限公司解决土地过户手续问题；安宁区工商联成立法律维权中心，为1家会员企业挽回经济损失10万余元。为兰州亿嘉新型材料有限公司解决了多年遗留的土地手续；为340人办理了会计从业资格证；为300余名从事会计职业的人员办理了会计初、中级职称手续；金港糖酒市场商会协调七里河区卫生监督所为164家经营户免费办理了卫生许可证及年审；永康商会组织13名会员参加全国第十四届五金博览会，成立了甘肃永商信用担保有限公司，组织会员捐资14万元为遭受严重经济损失的1名会员渡难关，联系永康市计生局5名同志来兰为永康籍30多名育龄妇女做了全面妇科检查。关心照顾老会员，召开了老会员春节联谊会及省市工商联机关职工与离退休人员、老会员庆国庆迎中秋联谊会，对181名老会员及遗孀发放补助费74825元，对4名去世的老会员举行悼念活动，为遗属送去慰问金800元。

【光彩事业】 在2009年兰州市统战系统“帮助困难群众献爱心月”活动中，共收到价值410787元的物资和现金，帮助困难群众安度春节，并在《兰州日报》上刊发了捐款捐物单位和个人光荣榜。春节前慰问了兰州市社会福利院和市儿童福利院，3位女企业家为福利院送去了现金9000元及价值4000元的水果，市光彩会送去了面粉20袋、食用油20桶及现金4000元。还慰问了宏志班师生，送去面粉30袋，食用油30桶。城关区工商联组织会员为九州开发区石峡口地质灾害中受灾群众捐款61600元。西固区工商联组织会员企业为该区新城镇15户贫困户每户送去慰问金300元。榆中县工商联组织会员蜘蛛王鞋业集团兰州分公司将价值45000元的皮鞋捐 赠给了该县380名贫困母亲。在“一企帮一村，共建新农村”活动中，共有9 家会员企业为兰州市新农村建设投入67.45万元。其中：南安商会捐赠价值17.5万元的水利设备及现金2.5万元，为榆中县马坡乡旧庄沟村修建水利工程。兰州金路交通设施有限公司安排永登县上川镇黄茨滩村60多名村民就业，农民创收15多万元。兰州远达石化有限公司捐资13万元维修榆中县夏官营镇中和堡村小学。甘肃南洋化工责任有限公司为永登县通远乡团庄村1650名村民购买了49500元的农村合作医疗保险。甘肃德乾商贸有限公司捐资3.5万元，为七里河区西果园镇草原村修建乡村道路5公里。兰州开泰实业有限公司捐资3万元为皋兰县忠和镇水源村整治村级道路。兰州常安置业有限公司出资2.5万元，为永登县清泉村凿井两眼。甘肃万华汽车销售有限公司为中川镇平岘村捐资2万元，并培训技工5名。兰州悦达通讯有限公司捐资2万元帮助榆中县贡井乡吕家岘农民购买地膜。兰州兰雅实业集团有限公司捐款1.5万元，帮扶皋兰县什川镇北庄村修建公路。兰州亚太集团为甘南迭部贫困牧民捐赠价值20万元彩电200台。积极组织民营企业家捐资15.3万元，修建村级卫生所5所。其中：劲霸男装西北总代理总经理邱国庆捐资6万元，在永登县龙泉寺镇龙泉寺村、榆中县金崖镇寺隆沟村各捐建1

所；甘肃财智集团有限公司董事长刘欧士捐资3万元，在皋兰县水阜乡涝池村捐建1所；兰州琪胜物资有限公司董事长胡德胜捐资3万元，在皋兰县黑石川乡猩猩湾村捐建1所；另捐助医疗器械购置费3000元；兰州一阳厨具有限公司董事长潘林荣捐资3万元，在西固区河口乡张家台村捐建1所。红古区工商联组织该会副主席、红古康运诊疗所所长苗钟范向永登县上川镇卫生院无偿捐助价值6.6万元的医疗器械设备。另外，兰州南特数码科技有限公司董事长南振岐捐款32万元修建通渭县乡公路，捐款15万为通渭农村修建读书活动室、体育锻炼场地，为通渭县新农村建设捐款2万元。2009年市工商联组织会员企业捐资117.5余万元开展了捐资助学活动。其中：市工商联为榆中县马坡乡旧庄沟村小学重建捐资1.1万元，为永登县河桥镇乐山村小学捐助价值5640元的办公桌椅。温岭商会捐资22万元，在陇南市武都区坪牙藏族乡修建温岭光彩小学1所，在6月竣工仪式上，又向新校捐赠4万元硬化操场、购置文体用品。甘肃常安置业有限公司捐资20万元在东乡县新建常安思源小学1所，并捐赠价值1.2万余元的教学用具。亚太集团和鑫报社联合推出“第五届亚太寒门学子公益助学”活动，捐资20万元资助贫困大学生。本会副主席、兰州玛格时尚商贸有限公司董事长施韶东捐资12万元，维修榆中县萃英小学设施、购买电脑等教学设备。皋兰县工商联争取安利（中国）日用品有限公司捐资10万元维修该县黑石乡和平小学。永登县工商联动员会员甘肃佳永房地产公司总经理李燕捐资6万元硬化县幼儿园地坪918平方米。永康商会在“六一”节组织会员赴漳县韩家山和高峰小学，送去价值3万余元的电脑等，11月中旬再次向该校捐赠价值1.2万余元的煤炭。甘肃隆鑫实业集团有限公司今年再次为榆中县20名贫困大学生捐资4万元，甘肃隆鑫实业集团有限公司隆鑫山庄总经理李啸捐资1.5万元资助贫困大学生5名。永登县工商联动员民营企业家为6名贫困大学生资助学费6000元，为民乐乡玉泉小学捐赠价值6000余元的学习用具，联系金港糖酒市场商会副会长、兰州茂源茶行经理王运华资助该县1名贫困大学生学费2万元。兰州正和房地产开发有限公司再次捐款1.5万元，资助贫困大学生15名。城关区工商联组织会员兰州青年汽车出租公司总经理徐允娟为特困生捐资2万元。福州商会向兰州福建大学生互助联合会捐款5000元，又组织会员筹资5000元资助兰州交大贫困生1名。榆中县工商联动员蜘蛛王鞋业开展“爱心捐助”活动，为榆中一中16名特困生每人捐助1300元；七里河区工商联动员兰州天泰机车超市有限公司董事长崔训波捐款3万元资助3名贫困大学生；动员小西湖义乌商贸有限公司向魏岭乡小山口小学捐款1万元，并捐助价值5000元的文体用品。2009年市工商联“两新组织”共捐资8万余元进行拥军活动。其中：温岭商会到兰州军区训练中心，带去了价值2万多元的液晶电视、乒乓球桌等慰问品。兰州侨兴茶叶食品有限公司为武警甘肃总队一支队官兵送去慰问金1万元。西固区工商联联合区工会举行“送清凉”活动，为武警官兵送去价值3.8万元的防暑降温食品。

【对外交流与合作】 接待了新疆乌鲁木齐、山东淄博、河南郑州、青海西宁、海南海口、甘肃金昌、白银等地工商联赴兰学习考察团，并与淄博市工商联签署了《友好商会协议书》。至年底，市工商联已与全国29个城市的工商联组织缔结为友好商会。以兰洽会为平台积极进行对接招商、联络引资工作。组织部分县区工商联、基层商会、会员企业负责人赴福州、莆田等地区进行了学习考察、招商引资活动。组织14名党组织负责人及部分民营企业家赴上海浦东、宝山及浙江台州等地学习考察；组织兰州市第二期新社会阶层代表人士培训班学员一行26人赴西安学习考察；承接了市委“中小企业发展问题”调研课题，调研组赴华东、西南及西北周边地区进行考察。参加了嘉峪关市第一届投资贸易洽谈会。与兰州中通恒基集团共同举办了兰州木材产业升级研讨会，通过运用电子交易平台，提升兰州市木材行业整体营销水平。邀请了青岛等7家兄弟省市工商联组织的89名企业家参加了第十五届兰洽会。为应对全球金融危机影响，向全市非公经济组织发出《维护稳定不裁员 应对危机不减薪》倡议书。甘肃昆仑润滑油有限责任公司参加了2009年中国质量万里行活动，并为该活动甘肃区组委会捐助活动经费2.5万元。

【培训调研】 按照兰州市委安排部署，自2009年3月开始，市工商联机关和市直商会及会员企业党组织（其中党委1个，总支5个，支部17个，党员373名）分两批开展了深入学习实践科学发展观活动。组织集体学习17次，研讨会2次。开展大调研活动，对兰州市兰州海鸿房地产有限公司等20余家非公企业进行专题调研，现场协调解决企业反映的具体问题，对影响和制约非公经济发展用地难、融资难及环境优化等政策性、涉及多家部门职能的突出问题，提请市委、市政府研究解决。通过学习调研、考察等活动，形成了“五点共识”，即在进一步增强贯彻落实科学发展观的自觉性和坚定性、责任感和使命感上形成了共识；在必须以解放思想为先导上形成了共识；在做好新时期新阶段工商联工作上形成了共识；在加快全市非公经济“两个健康”发展上形成了共识；在深刻理解党建重要性，通过抓党建促创新、促发展上形成了共识。编印了科学发展观知识问答100题及非公经济学习实践活动知识问答题，编发了《兰州市非公有制经济科学发展调查问卷》；举行了省、市工商联领导班子学习实践活动恳谈会；组织非公企业党组织负责人深入开盛集团等非公企业进行现场观摩和座谈交流。进一步完善了《兰州市工商联（总商会）工作制度汇编》，修订规章制度28条。编发《兰州工商》12期；报送信息30余条，其中在省级刊物刊登5篇，市级刊物刊登11篇。在市工商联网站上发布信息134条，制作了“远达杯·2008兰州市非公经济十大事件”、“改革开放30年兰州非公经济回顾和展望”、“深入学习实践科学发展观”三个专题。与市委统战部等6家单位联合开展了非公企业“品牌战略培育工程”主题系列宣传活动，制播《品牌战略》电视专题片28集，并制作了专刊。开展了庆祝建国60周年系列活动，与省工商联共同举办了“甘肃省（兰州市）工商联系统庆祝建国60周年歌咏演唱会”。市工商联机关全体职工参加了“兰州市直属机关庆祝新中华人民共和国成立60周年歌咏大赛”，并获优秀奖。与市非公局联合举办了“远达杯·2008年兰州市非公有制经济十大事件”评选活动；与团市委等7家单位联合举办了兰州市首届“十大创业就业杰出青年”、“十大创业就业优秀青年”评选表彰活动。邀请省委党校经济学部主任、教授刘进军举行了“挑战与机遇：非公经济发展”形势报告会。榆中县工商联邀请国内知名人士战略专家郭丽霞教授举办了主题为“当前经济形势与民营企业发展”形势报告会。红古区工商联与区工商、劳动等部门联合举办了非公企业培训班。与市委统战部联合举办了兰州市第二期新社会阶层代表人士培训班。

（胡爱红）

兰州市科学技术协会

【概况】 2009年，兰州市科协深入开展学习实践科学发展观活动，团结和依靠全市科协组织、学会团体及广大科技工作者，全面贯彻落实《全民科学素质行动计划纲要》，按照年初确定的各项目标任务，充分发挥科技群团组织优势，不断创新工作方法，努力提高工作水平，开展了科技论坛、青少年科技创新大赛、科技下乡、科普惠农、“金桥工程”、“千厂千会协作行动”和“讲、比”竞赛活动等一系列品牌工作，各项工作取得了长足发展。

【学术活动】 全年，市属各学会组织和参加国内各类学术会议14次，参加人数1250人次，交流论文131篇；举办学术报告会21次，参加人数1280人次；无偿科技咨询25项，被采纳科技建议15项，引进技术20项，开发新产品4项，推广新技术10项，举办36学时以上培训班8个，培训人数610人次。举办科普讲座50次，听众达2960人次；举办科普展览5次，有2140人次参观。

【科技论坛】 2009年，市科协紧紧围绕市委《关于加快推进城乡一体化促进农民持续增收的决定》，举办了“兰州市推进城乡一体化促进农民持续增收”的科技论坛。兰州商学院、兰州市社科院、兰州植保学会等单位的专家、学者和基层科技推广部门的代表等70余人参加了论坛。科技论坛共征集论文35篇。论文从不同方面分析了涉及我市城乡共建、信息人力资源与城乡一体化、城乡社会保障体系、农民增收与现代农业等多方面的问题，为全市推进城乡一体化工作提供了科学的意见建议。

【青年科技奖】 2009年，兰州市科协开展了第三届兰州市青年科技奖评选工作。根据《兰州市青年科技奖评奖办法》，专家评审委员会在推荐的60名青年科技人才候选人中评选出了市农科所宋学栋等10名第三届兰州市青年科技奖获得者，兰州石化公司李强等5名同志获提名奖。同时，向省上推荐的6名市级青年科技奖获得者中有5名获甘肃省第七届青年科技奖。第三届兰州市青年科技奖参选人员的显著特点是学历层次高、科研成果多，60名候选人中博士生20人、硕士生17人、本科生23人；具有高级职称17人、中级职称33人。

【全民科学素质行动】 2009年兰州市科协充分发挥全民科学素质行动工作领导小组办公室的工作协调作用，综合协调各成员单位全面实施九个专项行动方案，市劳动局、市科协等部门在南关什字举办了以提高农民工素质为主题的宣传活动，其他各牵头单位也相应组织了多场丰富多彩的宣传活动。编印了《全民科学素质文件汇编》8000册。督促各县区认真贯彻落实市委、市政府《关于大力推进公民科学素质建设的意见》精神，全年共编发《全民科学素质行动计划纲要简报》30期，总计53期。为实施《全民科学素质行动计划纲要》和市委、市政府决策提供基础性数据，全面了解

全市公民科学素质的状况及相关影响因素，市科协委托国家统计局兰州调查队首次开展了“兰州市首次公民科学素质调查”。

【科普丛书】 为了向社会提供更多、更实用的科普图书，提供更有效的科普服务，市科协组织专家编写了《日光温室蔬菜病虫害防治技术》、《与健康同行人人健康篇》等3种科普图书5万册；对群众反映较好的《膳食营养与人体健康》等科普图书进行再版，累计编制全民科学素质系列丛书16种，深受群众的欢迎，取得了良好的宣传效果。结合市科协成立50周年纪念活动，对市科协50年来所取得的工作成果进行总结，编辑完成了《兰州市科学技术协会成立五十周年专辑》。

【科普巡展】 为推动全市深入学习实践科学发展观活动的全面开展，市科协组织开展了以“科学发展、促进和谐”为主题的“科普知识进万家巡回展览”103场，共制作展板50块，内容包括科学发展观、节能减排、常见病知识、营养与健康等内容。配合市科学发展观办公室制作了“学习实践科学发展观——人与自然和谐发展科普专题巡回展”展板，协调省科学发展观办公室在市民广场展出了“人与自然和谐发展”科普专题展。

【“学会组织建设年”活动】 2009年，兰州市科协在市属学会中开展了“学会组织建设年”活动。根据学会工作面临的新形势、新情况进行调查研究，写出了《兰州市科协所属学会工作调研报告》。修订《兰州市科学技术协会资助科学技术学术活动管理办法》和《兰州市科学技术协会所属学会科普活动重点资助项目管理办法》，全年对15个学会开展的重点学术活动资助资金20万元。完成了2009年《兰州市学会综合评价指标体系》评估工作，指导帮助兰州医学会等5个学会召开了会员换届代表大会。

【科普阵地建设】 2009年投资10万元，购置科普图书1.5万多册，在各县区建成14个“科普书屋”，为群众及时学习科技知识创造了条件。市科协在累计完成46个“站、栏、员”建设项目的基础上，今年继续加强对各科普活动站、科普宣传员的管理培训，及时更新了宣传栏内容。同时，对全市380个科普画廊和科普宣传栏及时更换科普内容。市科协在兰州电视台和甘肃电视台移动电视频道开设了“科普大篷车”专题节目、《兰州日报》开设了“科普专栏”、兰州广播电台和东方红广场的电子显示屏上开设了“科普之窗”栏目。《兰州科技》报社召开了通讯员与新闻媒体见面会；邀请省科协办公室和市委、市政府信息处的相关领导对市科协的信息报送工作进行了培训和指导；与《北京科技报》就编辑刊物工作进行了座谈交流；全年共编辑出版12期。

【科普惠农兴村】 2009年市科协、市财政继续实施“科普惠农兴村计划”，共投入奖补资金49万元（比上年增长96%）。对申报的12个科普惠农兴村项目进行了评审，对全市5个先进集体和3名先进个人进行了表彰奖励。向中国科协、财政部推荐的1个农村科普示范基地、1个农技协会得到项目奖励资金。从2006年起连续四年，兰州市已有2个农村科普示范基地、3个农技协、2名科技带头人受到中国科协和财政部的表彰奖励，共计荣获国家奖励资金115万元。

【农村科技培训】 2009年，市科协先后邀请市农科所李庭群研究员、市种子站程玉萍研究员、市农业技术推广中心宋海慧高级农艺师分别在永登、红古等县区开展了15场“送科技下乡”培训活动，培训农民600多人次，赠送《农村实用新技术》等农业科技图书1600多册。同时，重点对农村科技示范户、科技带头人进行了培训，其中农函大安宁分校完成农民技能培训400人次，为培训人员建立档案。全年市县区共完成各类技术培训520期，培训农民2.5万人次以上。

【青少年科普】 2009年4月15日，兰州市科协组织召开了第24届兰州市青少年科技创新大赛成果展示暨表彰大会，共表彰奖励优秀科学竞赛项目一等奖10项、二等奖22项、三等奖32项；少年儿童科学幻想绘画作品一等奖20幅、二等奖40幅、三等奖60幅；优秀科技教师方案6个，优秀辅导教师47名，优秀实践活动3项，科技创新先进学校9所。在第24届甘肃省青少年科技创新大赛、第九届中国机器人（甘肃赛区）大赛中兰州市共获一等奖7项、二等奖7项、三等奖8项。在全国青少年科技创新大赛中兰州市获科学竞赛二等奖2项，优秀科技教师方案二等奖1项，少儿科学幻想绘画一等奖1项、二等奖3项、三等奖8项，兰州市科协获基层赛事优秀组织奖，连续三年获全国和全省青少年科技创新大赛优秀组织奖。在第九届甘肃省青少年“电脑机器人”竞赛中兰州十四中等3所学校分获集体和个人一、二、三等奖。6月1日《兰州日报》刊登了“第24届兰州市青少年科技创新大赛优秀作品展示”专刊，进一步扩大了青少年科技创新大赛的社会影响。6月2日，市科协组织开展第25届青少年科技创新大赛，全市160所中小学的18万多名学生参赛，收到参赛项目865项（件），申报优秀科技实践活动8项、科技教师方案15个。最终评出优秀科学竞赛项目一等奖10项、二等奖20项、三等奖30项；少年儿童科学幻想绘画作品一等奖20幅、二等奖40幅、三等奖60幅；优秀科技辅导教师40名；优秀科技实践活动3项；优秀科技教师方案5个。11月25日，市科协与安宁区科协在安宁区兰飞小学举办了科技专家和青少年之间的“大手拉小手”科技传播活动启动仪式，5位专家被聘为“校外科技辅导员”。9月19日，兰州市科协邀请了中国航天科技集团五院502所吴宏鑫院士、王大轶研究员在兰州交通大学做了《空间活动的现状与未来》和《航天器控制技术发展现状及展望》的科普讲座。6月17日，兰州市科协、安宁区科协邀请甘肃省青少年科技创新大赛专家辅导委员会副主任、西北师范大学教授莫尊理，兰铁一小科技教师杨梅丽在安宁区十里店小学为安宁区部分科技辅导员教师和青少年学生进行了“如何开展科技创新活动”的辅导讲座。市科协在2009年5月至9月期间开展了机器人进校园活动，极大地激发了青少年对科学技术的兴趣。2009年5月底市科协与省青少年科技活动中心在兰州大学附中举行了“节约在我身边——2009年青少年科学调查体验活动”甘肃省启动仪式。2009年6月—7月间市科协与教育局、团委、少年宫等部门联合举办了“飞向北京航模比赛”、“和谐大家园，文明小主人”、“第三届兰州市中小学生绿色环保废旧材料手工艺作品制作大赛”等一系列科普活动。兰州物理学会组织进行了第19届全国初中应用物理知识竞赛兰州赛区比赛。兰州市有54名学生分别获一、二、三等奖。兰州化学会组织学生参加了全国初中化学素质和实验能力竞赛以及全国高中奥林匹克化学竞赛甘肃赛区选拔赛。

【企业科协】 第九届“金桥工程”活动中，厂矿企业科协、学会为各企业和科研院所积极“牵线搭桥”，主动参与科技咨询、科技成果转化，高新技术推广应用和重点技术的培训等工作，着力实现科研与生产的相互“对接”，争取将科技成果转化为现实生产力，有效地扩大了社会效益和经济效益。2008—2009年共完成项目立项68项，共评出一等奖5项、二等奖10项、三等奖25项、组织奖3个，创经济效益6.92亿元。2009年共征集“千厂千会协作”项目36项，年创经济效益1.24亿元。2009年共评出“千厂千会协作行动”项目一等奖2项、二等奖5项、三等奖8项。全年，组织各厂矿企业科协和学会紧紧围绕企业改革、改组、改造和管理，以技术创新为中心，继续在工程技术人员中深入、持久、广泛地开展“讲理想、比贡献”竞赛活动，表彰奖励了30个先进集体和38名先进科技工作者。市科协召开了第七届科技咨询协会会员代表大会，选举产生了新一届理事会。组织召开科技咨询工作座谈会，研讨了新时期下如何加强科技咨询服务工作的议题。先后积极参加各类科技咨询交流会议6次。新成立科林电力设计咨询部。全年完成科技咨询项目30项，实现合同额100多万元。

【自身建设】 市科协按照市委的统一部署，开展了深入学习实践科学发展观活动，通过全面加强政治理论和业务知识学习，进一步提高了机关工作人员的政治素质和业务技能。先后深入基层科协和学会开展调研活动14次，研究解决基层工作中的困难，在兰州交大科协探讨了高校科协开展活动的思路和措施；在防震减灾学会交流了学会自身建设等方面的内容，确定支持1万元举办全省“首届防震减灾学术论坛”；在兰州种子学会提出依托种子经营网络健全的优势，支持资金1万元编印种子选育、良种购置和鉴别等知识的科普读物。在安宁农函大就农函大如何在新时期更好地开展实用技培训工作进行了探讨。同时，承办了首届全省市州科协主席论坛和第26届全国直辖市、副省级城市、省会城市科协网会，研讨了在科学发展观思想指导下开展科协工作的新思路、新举措。

（焦明杰）

兰州市文学艺术界联合会

【概况】 2009年，市文联及所属各协会进一步加强思想建设和组织建设，持续开展各种文学艺术创作活动。配合政府文化艺术主管部门和其他有关部门及人民团体开展文学艺术领域各项活动，积极参与和开展新中国成立60周年文化活动，支持和帮助各文艺家协会及广大会员开展文艺创作，出作品、出人才，组织、协助各文艺家协会开展省内外以及国际间的文化交流活动，积极组织文化下乡活动，文联刊物《兰州文苑》全年出版6期。

【新中国成立60周年活动】 为庆祝新中国成立六十周年，百位摄影家聚焦兰州，开展多题材多内容多风格的摄影创作，从各个角度展现兰州新貌。9月16日，《庆祝中华人民共和国成立六十周年——兰州美术作品展》开展。此次共展出作品137件，是兰州市近年来美术创作的一次集中展示，表达了全市美术工作者对祖国母亲的无限崇敬和热爱。

展览后编辑出版了《兰州美术作品集》。市美协组织骨干力量，创作精品力作，积极举办各种类型学习班和作品观摩讲评活动，选送作品参加庆祝新中国60周年全国及省市美术作品展。有70多位的作品参加省美协主办的“新中国60周年美术作品大展”。同时，美协主席段新明等9人的作品被推荐参加全国美展。在“庆祝新中国成立60周年——甘肃美术作品大展”暨第十一届全国美展甘肃作品推荐工作中荣获由省文联、省美协颁发的组织奖。10月23日，新中国成立60周年、《金城》文学杂志创刊30周年之际，组织召开了“金城文学创作研讨会”。与会的20多位我省知名作家热情讴歌了新中国成立60年来的辉煌成就和兰州文学的发展历程，并对《兰州文苑》今后的发展提出了建设性意见和建议。11月，市书协与西宁书协联合举办了“庆祝新中国成立60周年书法展”，并编辑出版了《书法作品集》，收入会员190余人的书法作品。

【“三下乡”活动】 1月14日，张昭平、安继越、牟作元等书画家一行10余人，深入永登民乐柏杨村开展了“万幅春联送社区”活动。书协会员预先加班加点为村民写好110余副春联，并应村民要求现场书写春联。近4个小时里写出200余副春联，柏杨村每家农户都领到了新春对联。还向村委会送去《兰州文苑》150本。农历二月二，市摄协组织100余人前往永登苦水等地进行采风创作。4月18日，市作协赴“什川梨花会”踏青采风并开展座谈交流活动。作协主席范文、副主席阳飏、宗满德、向春、何岗和20余位理事参加了活动。在座谈中，大家重点研讨了范文的小说《红门楼》、向春的小说《走西口》、弋舟的小说《跛足之年》、何岗的新诗集《2008年诗抄》和金雷泉的新作《闪电寓言》等作品，通报了个人的创作情况，畅谈了创作体会。9月12日，市摄协组织百名摄影家赴永靖进行傩舞专题采风。此次大型摄影采风对甘肃省傩舞的推广和传播起到了积极作用。

【市作协活动】 文联副主席岳逢春同志撰稿策划了电视政论片《走向辉煌——庆祝兰州解放六十周年》的摄制。该片共六集，时长75分钟，由兰州电视台摄制播出。应甘肃电视台特邀，由文联副主席岳逢春同志担任总撰稿人，撰写了五集电视艺术片《一十三省挑下的你·庆阳记忆》的文学策划文本和解说词。该片由甘肃电视台制作并播出。2009年，作协百余位会员创作发表的各类作品千余件，一批骨干作家的作品多次在国家级和省外著名刊物《人民文学》、《诗刊》、《诗选刊》、《散文》、《美文》等杂志发表；范文、金雷泉、郭伟加入了中国作协。

【市剧舞协活动】 5月，市剧舞协副主席周桦同志及理事李皖秦同志应邀参加了中央电视台戏曲频道录制的《九州盛豫春满园》，录制了《山月》片断，媒体对此进行了专题报导。7月16至18日，兰州市农民文艺汇演在水车博览园、近水广场等处举行，剧舞协积极配合参与了汇演的策划、组织、演出等工作。8月3日，市剧协举办了“秦腔在兰州延续演出百年历史”座谈会，省市戏剧界40余位知名人士参加了座谈会，省内戏剧名家和兰州的秦腔好家们追溯了兰州秦腔团体的百年历史和辉煌成就。8月15至21日，中国（兰州）国际民间艺术节举办。来自比利时等6国的200多位民间艺术家齐聚兰州，表演了如梦如幻的民间艺术。本地民间艺术团体在黄河风情线各文化广场、水车博览园、东方红广场、金城大剧院等5个演出点演出20场（次）。文联副主席岳逢春同志撰写了开幕式策划方案和主持词并创作艺术节主题歌曲《手拉手》。剧协主席赵中东及副主席柳兰萍、位波、徐军和部分会员参加了艺术节的策划、组织、演出等工作。10月16日至11月2日，剧舞协副主席柳兰萍同志应邀参加了2009年省创新剧目调演并担任评委。

【市音协活动】 4月27至29日，音协和市总工会联合举办了庆“五一”第四届职工歌手大赛。来自包括县区在内的80多家企事业单位的近200名歌手参赛，评选出美声、民族、通俗唱法一二三等奖。5月底，与甘肃省音协联合主办了交响音乐会《来自密西西比河的浪漫》。6月底，与甘肃省音协联合主办了《纪念中国共产党诞辰88周年交响音乐会》。特邀指挥侯颉、旅美钢琴家任舒曼博士来兰，甘肃省文联党组成员、副主席、市文联兼职副主席、市音协主席苏孝林组织了音乐会。同时，甘肃省音协联合主办了《不朽的旋律——纪念“梁祝”诞生五十周年》音乐会。9月12日，省音协、市文联、市口琴艺术交流学会联合主办了“庆祝中华人民共和国成立60周年暨傅豪久口琴艺术生涯60年口琴专场音乐会”。同时还完成了兰州市口琴艺术交流学会网站《琴趣网》的注册， 6月21日举办了《琴趣网》开通仪式。

【市书协活动】 4月1日，与甘肃丝绸之路协会、甘肃省国际文化交流中心、北岸艺术馆联合主办了《塔影河声·中外艺术精品系列大展》。左和平、徐刚、于千翔、王明辉、白恩平、陈安祥、樊钧、陈志凌等8位甘肃中青年书画家的近百幅书画作品展出。4月29日，与省美协、省书协、市文化出版局联合主办了《毛选选书画展》，展出著名军旅书画家毛选选先生的两百余幅书法和国画作品，并举行了“毛选选书画艺术研讨会”。5月21日，组织书画家出席了2009年永登苦水旅游节，并留下了60余幅作品。山丹县中国西部长城文化书法石刻长廊上镌刻了安继越、杨蕊榕、牟作元、陆乐人、金福祥等所创作的书法作品。

【市摄协活动】 9月2日，摄协和省摄协联合主办的“消防杯”摄影大奖赛和展览，反映了甘肃省消防事业发展成就和驻地风土人情，促进了部队摄影艺术创作的繁荣。国庆节前夕，与兰州市总工会联合举办了迎国庆摄影作品展。12月6日，摄协主席辛国英等会员协助兰州市委、市政府举办的《航拍兰州大型摄影展览》开展。

（王 琰）

兰州市残疾人联合会

庆祝兰州市残联成立20周年文艺晚会

【概况】 2009年，兰州市委、市政府进一步加大了对残疾人工作的领导和支持力度，印发了《关于进一步做好残疾人工作的通知》。2009年，市残联认真贯彻落实中央7号、省委12号文件精神，坚持打基础、求发展、上水平，围绕“民生”，抓重攻难，认真组织开展学习实践科学发展观活动，积极落实整改计划，解决突出问题9条，建立完善2项工作制度；深入开展了“讲党性修养，树良好形象，促科学发展”的机关作风建设活动，全面推进残疾人事业两个体系建设。全年共争取各类扶贫资金1700万元，实施“携手同行”系列助残项目，为10333户贫困残疾人家庭提供了帮助与服务，辐射、带动、扶持12500名贫困残疾人解决温饱；开展危房改造500户；将符合条件的9760名贫困残疾人纳入最低生活保障范围，将2230名无劳动能力、无生活来源的特困残疾人纳入社会救济、供养范围；实施李嘉诚长江高科技助残就业项目，为5210名残疾人免费提供了职业技能和农业实用技术培训；组织了2场残疾人专场就业招聘会，安置残疾人就业1603人，征收保障金1861万元；实施彩票公益金助学、“交通银行助学”等助学项目，市县区自筹资金85万元资助884名非义务教育阶段贫困残疾学生入学，配合教育部门完成残疾儿童少年随班就读2058名，入学率达到95%；为6628名残疾人提供了不同程度的康复服务，为3596名残疾人实施了减免费手术和肢体矫治、假肢装配及轮椅、助听、助视器捐赠，为3032名白内障患者实施了复明手术（免费1182名）。收训聋儿27名，培训聋儿家长27名；组团参加了全省残疾人文艺汇演和第五届青少年残疾人田径锦标赛，获一、二、三等奖和金、银、铜牌20个，开辟残疾人文化艺术场所12所，发现和培养艺术人才21人，举办单项残疾人体育赛事8次，挖掘和培养体育人才53人。残疾人事业发展取得了新突破。

【举办市残联成立20周年纪念晚会】

4月23日，纪念市残联成立20周年“携手岁月”文艺晚会在兰州金城大剧院举行。省委常委、市委书记陆武成，省政协副主席、市长张津梁，省残联党组书记朱雪明，理事长姚振华，副理事长路生禄，高世成，张恩和，市委副书记刘为民，市委常委、兰州警备区政委张殿元，副市长高材林，市政协副主席、市政府秘书长魏邦新，市政协副主席蒙自福及残工委成员单位的部门领导、市残联理事会历届老同志、驻兰武警官兵、残联系统残疾人工作者及其亲属、残疾群众和关心支持残疾人事业的社会各界爱心人士共计1000余人出席晚会。副市长高材林代表市委、市政府在晚会上致辞，对全市残疾朋友和残疾人工作者及其亲属表达亲切问候，同时充分肯定了20年来兰州市残疾人工作取得的成就。唐延生理事长代表全市19.2万残疾人和1300多名残疾人工作者对各级党委、政府和社会各界关心支持残疾人事业表示感谢，并向出席晚会的各级领导和关心残疾人事业发展的各界人士汇报了20年来兰州市残疾人事业取得的辉煌成就。20年来共争取筹集各类项目资金8960万元，安排就业1.6万人，为4.3万残疾人提供了康复服务，为3.2万白内障患者实施了复明手术，使12.3万人次残疾人的生产生活得到明显改善。

【政策法规体系建设】 7月24日，为落实市委市政府主要领导批示精神，市委、市政府办公厅印发了《关于进一步做好残疾人工作的通知》（市委办发[2009]88号）。根据《中共中央 国务院关于促进残疾人事业发展的意见》（中发[2008]7号）和《中共甘肃省委 省政府关于发展残疾人事业的实施意见》（甘发[2009]12号）两个《意见》要求，遵循以人为本、适度超前、率先发展的原则，以保障残疾人的生命权、生存权和发展权为主线，以改善残疾人生产生活状况为目标，先后三次征求了县区政府残工委和市直37个部门及残疾人代表、社会各界的意见、建议152条，借鉴了武汉、贵阳等12个同类城市的经验，组团赴南宁、贵阳、重庆等城市实地考察学习，在广泛调研、反复修正的基础上，草拟了《关于率先发展残疾人事业的实施意见》（送审稿）。提出了涵盖残疾人“两个体系建设”和农村残疾人工作等诸多改善残疾人状况的措施办法，在领导体制、经费保障、社会保障等10多个方面取得较大突破，特别针对残疾人的康复需求、教育、就业、组织建设、社会保障等现实问题，提出了适时建立残疾人大病医疗救助专项补助资金；康复经费根据经济社会发展水平逐年增加；将残疾人扶贫纳入“整村推进”、“城中村改造”、“连片开发”等项目中，加大财政资金、彩票公益金的扶贫力度，建立残疾人专项扶贫资金，大力发展残疾人扶贫基地，扶持带动残疾人脱贫致富；逐步完善残疾人乘用交通、游览公园、使用各类公共设施等20多条政策措施和优待办法。认真落实省政府《甘肃省扶助残疾人规定》（2009第59号令），组织了3轮调研慰问和7次重难点工作研讨会，找困难，提问题，定措施，促落实，组织工作人员分批次深入县（区）、乡（镇、街）、村（社区）调研，广泛听取残疾群众、社会各界及各级党委、政府、部门意见建议，形成了一系列规章制度，上报了《兰州市残疾人优惠扶助办法》和《兰州市盲人按摩管理办法》两个立法项目。

【康复服务】 以创建“白内障无障碍市”为目标，以“社区康复”为依托，利用“助残日”、“爱耳日”等节日，采取多种形式，广泛宣传残疾预防知识，重点实施了“白内障复明”、“千人康复”、“轮椅捐赠”等惠民工程。为6628名残疾人提供了不同程度的康复服务，为3596名残疾人实施了减免费手术和肢体矫治、假肢装配及轮椅、助听、助视器捐赠，为3032名各类医保白内障患者实施了复明手术，其中中省项目全免费1182名；收训聋儿27名。紧紧围绕残疾人“人人享有康复服务”和“康复服务到社区、到家庭”的目标，建立了康复服务工作长效管理机制。在残疾人康复需求调查的基础上，建立了康复服务和训练档案，以残疾人实际康复需求为出发点，开展了以“助听、助明、助行、助医”为重点的个性化菜单式康复服务，使残疾人就近获得专业的康复服务和训练，提高了残疾人参与社会生活的能力。积极开展医疗救助，依托社区康复中心为贫困精神残疾人开展免费诊断、建档立卡、免费服药和医疗救助工作，缓解了精神病人的发病率；对全年龄段听力残疾患者进行了全面的调查摸底、建档立卡，并分步实施救助。努力提升康复人员的服务水平，举办康复人员培训班1期，培训基层社区康复员85人。

【扶贫工作】 争取各类扶贫资金1700万元，实施了6项“携手同行”系列助残项目，为10333户贫困残疾人家庭提供了帮助与服务，辐射、带动、扶持12500名贫困残疾人解决温饱；认真实施省政府为民办实事工程，争取资金960万元，实施危房改造500户；广泛开展社会帮包带扶活动，抓好扶贫项目落实，从帮扶贫困残疾人、完善政策体系、加强康复和医疗救助、维护残疾人合法权益等方面帮助解决残疾人康复、教育、就业、扶助、住房等实际困难，分批就任务目标、对象审查、建设标准、工程质量、资金落实等情况进行了检查和调研。为保障残疾学生和残困家庭子女顺利就学，市县(区)残联按照大学2000元、大专1500元、中专及高中600元的标准，对597名资助对象给予一次性资助。积极推进残疾人社会保障体系建设，鼓励并组织城镇残疾人、个体就业残疾人参加社会养老保险，将符合条件的9760名贫困残疾人纳入最低生活保障范围，将2230名无劳动能力、无生活来源的特困残疾人纳入社会救济、供养范围，对一般残疾人和重度残疾人单独、分类施保，分别上浮10%和20%。

【就业工作】 2月17日，中国残联教就部主任钱鹏江及省残联理事长姚振华等来兰调研检查兰州市残疾人托养服务工作，听取了工作进展情况汇报。依据《兰州市分散按比例安排残疾人就业办法》，坚持集中与分散相结合，多渠道、多层次、多形式促进疾残人就业，将残疾人分散按比例就业工作纳入规范化、程序化、法制化建设轨道。加强残疾人职业技能培训，认真实施长江高科技助残就业项目，依托社会职业培训学校，对5210名残疾人建档立卡，量体裁衣，免费提供计算机、十字绣、摩托车修理、牛肉拉面、电焊、配钥匙、修鞋、手机美容、种植养殖等形式的职业技能和实用技术培训。组织开展了2场残疾人专场就业招聘会，安置残疾人就业1603人，经推荐就业的残疾人月均收入620元～800元。同时加强就业市场调研，针对残疾人个体特点和市场需求进行职业技能培训，使残疾人的业务能力适应、符合市场需求，同时通过举办残疾人专场招聘会，为广大残疾人提供就业机会，促进了残疾人就业工作的发展。

【组织建设】 2009年，兰州市的各项残疾人工作都跨入了全省的先进行列，在年度任务、就业、宣传和“携手同行”系列助残和两个体系建设等5方面有了长足进步和实质性的突破，被省残联授予“全省先进残联组织”称号。依据《市政府办公厅批转市残联关于进一步加强全市基层残疾人组织建设的实施意见的通知》和《全市基层残疾人组织“巩固 · 提高”活动实施方案》，加强残疾人组织建设，巩固和完善残疾人组织网络，建立健全了基层残疾人组织“三级网络”，以推进“全国残疾人工作示范城”和“无障碍建设示范城”两城联创为契机，强化队伍建设，加强协会工作，建立健全协会章程，定期举办协会主席、副主席和委员培训班，协会工作逐渐深入，作用逐步得到发挥。按照国家新的残疾人评定标准，制定了《兰州市换发第二代残疾人证工作实施方案》，联合卫生等部门对残联换证人员和残疾鉴定医师进行了培训，严格评定标准，规范发证程序，确保了换证工作公开、规范、合法，年内换证3588本。将社区专职委员纳入政府公益性岗位，推进残疾人工作进村入社，创建社区残疾人“温馨家园”30个。通过广泛推举、审核呈报了“全市扶残助残先进集体”、“全市残疾人之家”、“全市扶残助残先进个人”、“全市残疾人自强模范”和“全市优秀残疾人工作者”建议名单。加强残疾人综合服务中心建设，目前城关、七里河、西固、永登、皋兰等县区已建成并规范开展工作，安宁、红古、榆中等县区正在筹建。

【扶残助残工作】 在第十九个“关爱残疾孩子，发展特殊教育”为主题的全国助残日活动当天，商请宣传、文明办、教育、公安、民政、劳动保障、卫生、共青团、妇联、残联等40多个部门，向残疾人和群众进行了中央文件、残疾人保障法、残疾人就业条例、残疾人教育条例、残疾人优惠政策的咨询宣传，解答了有关残疾人就业、医疗、教育、生活保障等权益保障问题。省市政府残工委现场向100名残疾学生发放助学金5万元，省市有关医疗机构向残疾人和群众开展了义诊、残疾预防知识宣传和咨询。部分残疾人代表进行了盲人按摩、烹饪、修鞋、修锁等职业技能表演，市就业中心对残疾人求职和培训进行了现场登记。活动当天，省市领导还看望慰问了市盲聋哑学校和城关区辅读学校师生，颁赠了慰问金10万元和慰问品。深入开展“两节”慰问送温暖活动。坚持“四定”、“两带头”制度，分两轮为市上领导和市残联47户结对帮扶的残困户赠送了年画、月饼、慰问信和款物共计6万余元。全市各级党政领导和部门对44个乡镇276个村的3283户贫困残疾人家庭给予了对口帮扶；全年共落实慰问资金299.92万元，对4006户贫困家庭进行了慰问。认真实施彩票公益金助学、“交行助学”项目，落实资金85万元，资助884名非义务教育阶段贫困残疾学生入学，配合教育部门完成残疾儿童少年随班就读，入学率达到95%。认真落实市委《关于加快推进城乡一体化、促进农民增收的决定》，资助永登县七山乡苏家峡村结对帮扶困难户8户，落实扶贫资金1万元。在第十九个“全国助残日”，举行了资助百名残疾学生和“残健同行·和谐共享”助残志愿者行动授旗仪式，同时通过开办专栏、书写标语横幅等宣传载体，不断将“亲情携手·志愿助残”活动推向纵深。西北师范大学与安宁区残疾人、兰州大学榆中校区与榆中县残疾人、西北师范大学与城关区残疾人结成了帮扶对子，帮助、关心、解决残疾人家庭的困难。目前，全市已建立志愿者助残联络点236个，签订帮扶协议1020份，3561名志愿者帮扶贫困残疾人7986名。

【宣传文体工作】 围绕残疾人事业的中心和重点，不断强化宣传，加大宣传力度，利用新闻媒体及其他方式广泛宣传残疾人事业及相关政策法规。第十九次全国助残日前，在兰州电视台黄金时段滚动播出了“关爱残疾孩子 发展特殊教育”大型公益广告片和系列扶残助残公益广告；在市广播电台“爱心相伴”栏目播出了“关爱残疾孩子发展特殊教育”系列节目；活动日当天，市委常委、副市长杨志武作了助残日动员电视讲话。同时，在城区街道、公路沿线、残疾人基础设施醒目地点利用专用广告牌、灯箱或墙体制作固定的残疾人事业宣传标语80余条，举办残疾人事业展览33次。电视台开办了手语新闻节目，加配了字幕。积极组织残疾人开展全民健

身活动，不断提高残疾人健康水平。努力完善残疾人体育人才库，组织了运动员选拔和冬训，开辟残疾人文化艺术场所 12 所，发现和培养艺术人才 21 人，举行单项残疾人体育赛事 8 次，挖掘和培养体育人才 53 人。在第三次全国特奥日当天，城关区团结新村社区、和政西街社区、大众巷社区、禄家巷社区、七里河区武山路社区、建西东路社区、华林路社区、兰通厂等 8 个社区和省残联特奥活动示范区分别组织开展了以“全民健身，特奥同行”为主题的体育活动和体育比赛，推进了全民健身活动的广泛开展。组织了 2009 年残疾人暨残疾人工作者迎新春卡拉 OK 比赛及残疾人新闻工作者联谊会，组团参加了全省残疾人文艺汇演和第五届青少年残疾人田径锦标赛，获一、二、三等奖和金、银、铜牌 20 个。

【维权工作】 积极开展人大执法检查，加强残疾人法律救助工作，为残疾人提供法律援助服务 392 起，录制“阳光行风热线”节目 1 期，“现场出击”接听热线答复 200 余人（次），接待受理残疾人热线 360 件（次），办结率 100%，做到了件件有答复，事事有结果，接待来信来访 114 件 207 人次，办结率 96%；各法律援助机构认真履行职责，为残疾人提供法律援助案件 2 件（次）；加快全国无障碍建设示范城创建步伐，调整了无障碍建设领导机构，组织无障碍建设工作检查，累计铺设盲道 2000 公里，修筑缘石坡道 2285 处。

（高振山）

政 法

公 安

【概况】 2009年，全市公安机关充分发挥职能作用，全力维护社会稳定，主动服务第一要务，履行第一责任，强力推进公安工作，较好地完成了各项目标任务。全年破获刑事案件5566起，摧毁1个黑社会性质犯罪集团和4个恶势力犯罪团伙；破命案82起，命案侦破率达90.1%；破“两抢一盗”案件3450起，打掉盗抢团伙155个；破毒品案件662起，缴获毒品27.578公斤；查处治安案件15119起；走访群众70253人，为群众办好事18500件；出动警力22533人，确保了国庆60周年安全工作；有7名民警荣立一等功，有2名民警被评为全省“十大人民喜爱民警”称号。

【维稳工作和出入境管理】 围绕重大敏感时段、敏感节点和重大节庆活动，以民族宗教、高等院校、科研单位和特殊群体为重点，着力加强预警性、内幕性、行动性情报信息的搜集研判，搜集各类情报信息1362条，做到敌动我知、未动先止，发挥了预警预知预判的作用。严密防范和严厉打击各种渗透破坏活动，查破一批危害国家安全案件，有效遏制了不法活动。平稳渡过了西藏民主改革50周年、平息“六四”风波20年、取缔“法轮功”邪教组织10年等诸多敏感节点。强化大型宗教场所活动的治安监管，积极配合相关部门深入开展民族、宗教等内部纠纷疏导工作，圆满完成伊斯兰教“古尔邦”节会礼、东川拱北纪念活动、大型“朝觐”活动和五泉山浚源寺大型佛事活动的治安保卫工作。强化网络监管，加大“虚拟警察”巡查力度，及时发现和删除各类网上有害信息5925条，查破涉网案件162起，其中网络传播淫秽物品案件16起；积极开展网上舆情引导工作，妥善处理了兰州“路桥费”续征、“九州山体滑坡事件”等敏感问题的网上炒作。加强反恐怖工作，深化实战技能训练，提高合成作战水平，组织参加了全省“金城09”反恐演习。

登记境外临时来兰人员18328人次、常住境外人员1078人，办理

全市公安工作会议

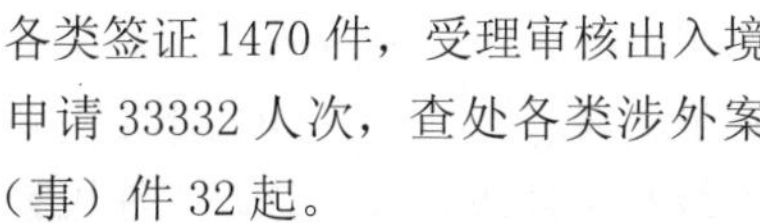

各类签证 1470 件，受理审核出入境申请 33332 人次，查处各类涉外案（事）件 32 起。

【大走访工作】 依托社区警务战略，深入农村和社区开展矛盾纠纷排查调处工作，从源头上化解各类不和谐、不稳定因素。坚持“三个慎用”的原则，有效处置各类群体性事件 633 起、涉及 31929 人次。认真开展公安信访工作，落实局长和各警种开门接访制度，正确引导群众表达利益诉求，解决了一大批疑难信访案件。市、县两级公安局长共接访 197 次，接待群众来信来访 1612 人次，重点督办案件 93 起，办结 69 起。构建和谐警民关系，开展 “警务阳光进万家”活动，密切警民关系。建立联系点 392 个，走访群众 70253 人，走访企业 679 家，走访社区 526 个，走访村社 378 个，为群众办好事实事 18562 件，捐款捐物合计 210 余万元，建立警爱民、民拥警、警为民、民助警的和谐警民关系。

【侦察工作】 继续深化“打黑除恶”斗争，围绕容易滋生黑恶势力的场所和行业，开展基础排查、线索经营和打击处理工作。摧毁 1 个黑社会性质犯罪集团和 4 个恶势力犯罪团伙，破获各类刑事案件 76 起，抓获犯罪嫌疑人 80 名，缴获枪支 2 把、子弹 20 发。加大命案攻坚力度，全力开展命案攻坚战役，快侦快破了一批命案现案，破获命案现案 89 起，命案现案破案率达 92.7%，破获各类刑事案件 5984 起，其中 8 类主要案件 1536 起。积极应对金融危机的冲击，严密防范和严厉打击非法吸存、集资诈骗等突出经济犯罪活动。全年破获经济案件 303 起，抓获作案成员 219 人，挽回经济损失 2880 余万元，同比分别增长 35.3%、27.3%、71.7%。坚持“打大攻坚”与“管小克难”相结合，深入开展“打盗抢促防范保平安”等一系列专项打击整治行动，严厉打击了“两抢一盗”等多发性侵财犯罪活动，破获“两抢一盗”等侵财案件 3450 起，同比增长 5.0%，打掉盗窃汽车犯罪团伙和盗抢犯罪团伙 155 个 576 人。强化信息追逃、科技追逃、网上追逃、全警追逃，抓获上网逃犯 2277 名，完成目标任务的 135.2%。

【禁毒斗争】 坚持破大案与打零包相结合，全面落实新型戒毒工作模式，深入开展禁毒人民战争。全年破获毒品案件 686 起，缴获毒品海洛因 35.563 公斤，强制戒毒 2540 人，分别完成任务的 150.8%、158.2% 和 131.3%，成功侦破“6·02”、“10·11”特大运输毒品案等一批重特大毒品案件。

【国庆 60 周年安保工作】 根据形势发展适时调整国庆 60 周年安保工作措施，按照公安部“8·17”电视电话会议精神以及市委、市政府和省公安厅的部署要求，多次召开会议动员部署，不断完善方案、强化措施，推动安保工作全面落实。国庆期间，全市公安机关开展安保攻坚战役。狠抓情报信息工作，每周召开情报信息研判会，分析研究敌社情动态；狠抓巡逻防范工作，推动建立公安、武警联动巡逻机制，全面开展城区重点路段、公交枢纽、环城卡点和重点守护、要害保卫工作，及时消除安全隐患；圆满完成了国庆 60 周年焰火晚会、万人升国旗仪式等大型庆典活动安保任务；狠抓治安清查，尤其针对“疆独”势力企图制造恐怖事件的情况，迅速启动战时警务运行机制，对 5 个区域开展了拉网式清查，出动警力 22533 人次、车辆 2400 台次，清查宾馆旅店 1000 余家、复杂地段 800 余处，盘查人员 1000 余人；狠抓侦查破案，坚决打击各种刑事犯罪活动，及时核查、缜密侦查排除了兰州市 43 起疑似“针刺”案件，维护了社会稳定，消除了恐慌；狠抓反恐应对工作，研究制定了《国庆 60 周年防爆反恐工作预案》，组建了 1750 人的应急处突力量，开展基础防范、应急反应和舆情引导工作，实现了“五个坚决防止”的工作目标。

【人口管理】 加强实有人口的动态管理，组织开展为期 4 个月的专项行动，摸底调查人户分离情况。登记调查 111783 户 247899 人，入户核查率达 86.27%；办理各类户口 6403 户 21592 人，办理“二代证”13.82 万人；登记流动暂住人口 202937 人，实发暂住证 170039 人，登记建档出租房屋 31146 户，同比分别增长 11%，5.6% 和 7.3%。

【治安行政管理】 强化行业场所治安监管工作，严格枪支弹药、爆炸物品、剧毒、放射性危险物品管理，狠抓了治安管控措施的落实，尤其是国庆期间暂停危爆物品的审批工作，确保了“不炸响、不打响、不流失”目标的实现。全年查处治安案件 16554 起，处罚 16604 人次，同比分别增长 40.4%、52.6%。收缴各类枪支 120 支，子弹 4151 发，炸药 202.24 公斤，雷管 1025 枚。对行业场所推行实名登记管理制度，控制发现违法犯罪的能力进一步增强，开展专项治安整治行动 4 次，清查整治各种场所 9392 处，出租房屋 14176 户，旅店 835 家，文化娱乐场所 1218 家，废旧收购站点 532 处，查处“黄赌毒”违法案件 3012 起，同比增长 46.1%。针对部分娱乐服务场所卖淫嫖娼、淫秽表演等问题，突击清查全市 16 处行业场所、重点区域，查处卖淫嫖娼案件 14 起，查处介绍容留卖淫嫖娼案件 3 起。

【道路交通管理】 以预防重大道路交通事故为重点，强化日常巡控措施，加大安全宣传力度，开展集中整治行动，交通“四项指标”稳中有降。全年发生交通事故640起、致死269人、致伤825人，造成经济损失188.5941万元，全市道路交通万车死亡率连续保持9年下降的良好态势。

【消防管理】 以预防重大火灾事故为重点，强化日常监督检查，加大安全宣传力度，动员社会力量参与，开展集中整治行动，火灾“四项指标”稳中有降。全年发生火灾事故437起、致死3人、致伤2人、造成经济损失116.3378万元。公安消防部队火灾扑救能力不断提高，成功处置了“10·17”黄河市场火灾等一批重大火灾事故。

【警卫工作】 全年完成“祝福祖国2009庆祝建国60周年大型焰火晚会”等393项1015场次的大型活动安保任务。完成习近平、李克强等中央领导来兰视察278批次的重要警卫任务。

【巡逻防控】 初步建立和完善了以指挥中心为龙头，以派出所为依托，属地为主、分级负责，科技引领、多警联动的等级化、网格化巡逻工作机制，整合各种巡逻力量，充分发挥治安监控系统的作用，不断改进巡逻方式、切实提高巡逻实效，特别是城区分局积极在巡逻时间、方式、手段上探索，加强点上守控、线上巡控、面上联控措施，建立了动态巡逻机制，巡逻实效进一步显现，群众的见警率和安全感明显提高。集中整治全市5个治安混乱区域和突出治安问题，建立长效机制，整治成果得到了巩固。新建2800个治安监控点，促进了公安信息化建设和公安工作科技。巡逻防控破获刑事案件1198起，占破案总数21.5%，同比增长28.3%。

【信息化建设】 实施情报信息主导警务战略，加快警综平台为基础的公安信息化建设应用步伐。投资196万元，完成市局110指挥中心接处警系统升级改造，提高了快速反应能力；投资107万元，建成市局警用地理信息系统，采集门牌号码9万余条；投资213万元，建成市局公安业务数据库存储备份系统，实现了对“二代证”系统、警综系统、办公自动化系统的数据备份；规范网上办案审批流程，提高了信息录入的质量和维护更新的速度，存储各类警务信息1000余万条。

【保障标准化】 落实县级公安机关公用经费最低保障标准，确保全额纳入同级财政预算。科学编报预算指标，积极协调争取各类业务专项资金，重点解决了网监侦控系统、DNA数据库建设经费、第一、第二看守所监控系统升级改造和场地维修经费、第三看守所建设、特警支队搬迁改造经费等重大开支，累计投资1600余万元，完成8个建设项目的施工，总建筑面积达11000平方米。加大无房派出所建设力度，争取新增国债资金380余万元，有53个派出所投入使用。争取投资300万元，实施警犬基地山体滑坡治理工程。

【队伍管理】 开展领导班子和领导干部作风教育整顿，集中解决少数领导班子涣散无力、少数领导干部责任心不强等问题，领导班子和领导干部的思想作风、工作作风、纪律作风有了明显改进，团结干事、共同创业的凝聚力和战斗力有了明显增强。强化反腐倡廉教育工作，加强队伍监督管理。开展现场督察120余次，及时查处民警违法违纪。配合市委完成处级领导干部竞争上岗工作，有34位同志走上副处级和正处级领导岗位。关注民警的切身利益，积极落实民警年体检、休假制度和大病特困补助、家庭困难补助、因公负伤民警探望等制度，激发了民警的工作激情和创造热情。组织开展教育培训，有3000余名民警参加了公共管理核心课程培训，1500名科以上干部进行了考试。全年举办基层党支部书记培训班1次（40人），发展预备党员122名，转正63名。积极开展党员“服务岗位认领”活动，市局机关各党组织联系社区85个，1500余名党员、入党积极分子认领了服务岗位2000个，为社区提供相关服务4000多次。有18个集体、60名同志分别受到市级以上表彰奖励，其中3个集体荣立二等功，7名同志荣立一等功，26名同志荣立二等功，23名同志荣立三等功。

（郭升印）

检　察

【概况】 2009年，全市检察机关依法履行检察职责，促进检察工作全面发展。在全省检察机关绩效考核中，兰州市综合成绩排名第一，其中十个条线工作位居全省检察机关第一，四个条线位居第二，10余项主要业务指数达到或超过了全国平均水 平。全年受理公安机关提请批准逮捕犯罪嫌疑人3409人，经审查批准逮捕3155人；受理移送审查起诉刑事案件3134件4964人，经审查提起公诉2767件4232人。全年立案侦查职务犯罪案件121件147人。

【打击刑事犯罪】 全市检察机关充分履行审查批捕和审查起诉职责，

维护社会和谐稳定。全年受理公安机关提请批准逮捕犯罪嫌疑人3409人，经审查批准逮捕3155人；受理移送审查起诉刑事案件3134件4964人，经审查提起公诉2767件4232人。工作中突出打击重点，始终保持对严重刑事犯罪的高压态势，审查批捕黑恶势力犯罪、严重暴力犯罪、毒品犯罪和“两抢一盗”等多发性犯罪嫌疑人2525人，提起公诉3192人。积极参与食品药品安全专项整治及“质量和安全年”活动，审查批捕破坏市场经济秩序犯罪案件56件95人，提起公诉67件100人。对黑社会性质组织犯罪和重大恶性刑事犯罪案件提前介入，快捕快诉，坚决打击。同时，注意全面贯彻宽严相济刑事司法政策，对犯罪数额较小、认罪态度较好、确有悔罪表现的职务犯罪嫌疑人，慎重使用逮捕、拘留强制措施；查处企业工作人员职务犯罪案件，尽量避免对企业生产经营活动造成重大冲击；对轻微犯罪案件起诉法院后主动提出从轻减轻量刑建议；对未成年人和在校学生犯罪案件，坚持从轻从宽处理；对邻里纠纷引发的轻微刑事案件，积极推行刑事和解。参加社会治安综合治理工作，参与矛盾纠纷排查化解，对排查出的14件涉检上访案件，实行检察长包案，全部息诉罢访。加强对监外执行罪犯、刑释解教人员的考察帮教，最大限度地减少不和谐因素。

【查处和预防职务犯罪】 全市检察机关把查办和预防职务犯罪作为服务大局的重要举措，全年立案侦查职务犯罪案件121件147人，其中立案侦查贪污贿赂等职务犯罪案件105件126人，立案侦查渎职侵权等职务犯罪案件16件21人。大要案件91件，县处级领导干部22人，党政机关和司法机关工作人员34人，商业贿赂案件52件，涉农职务犯罪案件52件。积极运用一体化办案机制，整合全市检察资源，集中查办了甘肃通广公路勘察设计有限公司经理马志荣等9件9人系列贪污贿赂案件和中石油兰州公司物资采购部副经理麻国荣等15人受贿串案。注重办案效率和办案质量，侦查终结161件（含往年立案），提起公诉133件（含往年立案），法院经审理做出有罪判决112件。当年立案案件移送不起诉和决定不起诉同比分别下降100%和50%，办案质量明显提高，办案的法律效果、政治效果、社会效果协调统一。正确处理打击与预防的关系，坚持惩防并举，更加注重预防。结合办案，深入分析职务犯罪规律和发案原因，加强预防调研和反贪反腐宣传，协调和督促相关部门加强职务犯罪防控治理，先后向发案单位发出检察建议47份，向有关单位提供行贿犯罪档案查询1067次，开展警示教育40场次，对预防和遏制职务犯罪，促进党风廉政建设发挥了职能作用。

【诉讼监督】 牢固树立公正和谐司法理念，寓监督于服务支持之中，不断改进诉讼监督方式方法，切实促进司法公正。2009年，向公安机关发出要求说明不立案理由通知书48份，通知公安机关立案14件；纠正公安机关取证违法27件，办案程序违法20件。对不符合逮捕条件的238人作出了不批准逮捕决定，对不符合起诉条件的52人作出了不起诉决定，追加逮捕60人，追加起诉7人。对认为确有错误的刑事判决提起抗诉13件。立案审查民事行政申诉案件195件，提请抗诉63件，建议提请抗诉26件，抗诉27件，向法院发出再审检察建议16件。督促看守所在法定时限内对已决犯及时投监50批1416人，纠正不当留所服刑7人，不当减刑、假释2人，不当劳教2人。立案复查刑事申诉案件8件，纠正原处理决定4件。从司法实际出发，先后组织三次专项监督活动。针对少数案件该立未立的问题，向侦查机关提出了一揽子检察建议；针对职务犯罪案件审期较长的问题，与两级法院进行协调沟通，督促加快了审判进度；关注关怀监管场所的冬季供暖、甲流防控和在押职务犯罪嫌疑人健康状况，向监管场所发出检察建议督促整改，维护了正常的监管秩序，维护了在押人犯的合法权益。

加强检察机关内部的监督制约，自觉接受人大和社会各界的监督，定期向人大常委会报告工作，加强与人大代表的联系，邀请人大代表视察检察工作，听取人大代表意见，积极办理人大常委会的审议意见、建议和批转的群众来信、督办案件。积极推进人民监督员制度试点工作。全年提请人民监督员会议监督评议案件45件，促进了文明办案、公正执法。在两级检察院业务部门建立执法档案，实行个案考察监督，规范执法行为。实行绩效量化考核办法，对县区检察院和各部门执法质量和效果实施全程管控。健全办案流程管理和工作运行机制，推行拟撤案、拟不起诉自侦案件向上级院报批制度，充分发挥检察委员会对重大疑难复杂案件的审查把关作用。加强侦捕诉工作衔接配合，定期分析通报案件质量，对县区检察院进行巡视督导，强化对基层检察工作的领导和监督。开展积案清查和扣押冻结款物专项清理，清理出历年积存案件60余件，督促有关院限期办结。对历年收缴的各类案款彻底清理，实现专款专户，完善管理制度，有效防止和杜绝了违纪现象。全市检察机关当年所办各类案件实现了“三零”目标，即：错捕错诉引发国家赔偿为零、执法瑕疵引发群体上访为零，违规办案、责任事故为零。

兰州市检察院干警李兴国荣获“全国优秀军转干部”称号

【机关建设】 全市检察机关确定了“服务大局重实效，科学发展见功效，队伍建设重绩效，服务保障创高效”的工作总体要求和“努力实现全市检察工作在上年基础上有明显进步，稳定走在全省检察机关前列，整体达到或超过全国检察工作平均水平”的奋斗目标，采取有力措施，全面推进检察工作见成效。一是不断加强领导班子和检察队伍建设。在检察队伍中坚持开展职业道德、职业纪律教育，关注检察干警中出现的苗头性、倾向性问题，关注个别干警异常行为，多渠道培育、倡导和弘扬敬业进取、择善自律、公道正派、和谐合作的兰州检察文化。在两级检察院开展岗位交流、竞争上岗、在职培训和互派干部挂职锻炼，提高了干警办案能力和工作水平。全市两级检察院领导班子凝聚力、战斗力不断增强，干警精神面貌、工作作风、业务能力不断提高。推行检察长办公会和院务月例会制度。两级检察院坚持每月召开院务月例会，每周召开一次检察长办公会，仅市检察院机关召开院务月例会12次，安排工作1512项，当月完成1293项，加快了工作节奏，提高了工作效率。积极推行检察一体化机制和重点突破战略。上下一体，严格执法；侦捕诉一体，提高案件质量；侦防一体，惩防并举；检警一体，确保办案安全，最大限度地整合检察资源，提高办案效率，强化办案效果。实行重点突破战略，推行“一、二、三”亮点工作创建计划，提升检察工作水平。在全省检察机关绩效考核中兰州市综合成绩排名第一，其中十个条线工作位居全省检察机关第一，四个条线位居第二，10余项主要业务指数达到或超过了全国平均水平。深入基层督导检查，促进县区检察院工作健康发展。坚持检察长包院制度，对县区检察院执法办案和日常工作进行明察暗访。针对少数院历年积案多、案件质量不高和存在办案安全隐患的问题，召开由两级院检察长参加的检情分析会，提出整改措施。先后两次对年初制定的四个工作方案、目标责任书落实情况进行全面督察，各县区检察院整体工作走在了全省县区检察院的前列。

（金勤堂）

审　判

【概况】 2009年，全市法院认真履行宪法和法律赋予的职责，大力加强审判执行、队伍建设、法院改革和基层基础建设，各项工作都取得了新进展。一年来，全市法院更新司法理念，强化能动司法，注重服务效能，妥善化解社会矛盾。受理各类案件28292件，同比上升4.4%；审（执）结25811件，同比提高7%，结案率为91.2%。其中，市中院受理各类案件5518件，审（执）结5402件，结案率为97.9%，收结案同比分别上升3.3%和3%。

【刑事审判】 全年受理刑事案件3309件，同比上升19.2%，审结3285件，结案率为99.3%。其中，中院受理一、二审刑事案件500件，审结496件，结案率为99.2%。依法审理了柴宗虎等11名被告人、魏万隆等12名被告人恶势力团伙犯罪案，妥永山等8名被告人跨境贩运20公斤毒品的特大贩毒案；及时审理了兰州理工大学原财务处处长何宏伟受贿案，兰州西北中学原校长胡万贤贪污、受贿案。审结贪污贿赂、挪用公款等职务犯罪案件154件189人(其中处级以上7件7人)。依法判处五年以上有期徒刑（含死缓）915人，重刑率为25.5%，判处五年以下有期徒刑2682人。依法判处缓刑685人，管制14人，拘役162人，免予刑事处罚43人，办理减刑、假释案件1988件。

【民事审判】 全年受理民商事案件15591件，审结15035件，结案率为96.4%。其中，中院受理一、二审民商事案件2371件，审结2320件，结案率为97.9%。准确理解和把握国家为应对金融危机所出台的金融货币政策，依法化解金融风险，保障金融安全，审理金融证券纠纷案件291件。服务新农村建设，维护农民利益，依法审理“三农”纠纷案件187件。妥善处理知识产

权纠纷，保障社会的创造活力和创新能力，维护知识产权所有人的合法权益，依法审理盗版、侵犯专利权等侵权案件79件。受理破产案件21件，已审结12件，保障了国企改革的顺利进行。坚持“调解优先、调判结合”的原则，以“案结事了、定纷止争、胜败皆明”为目标，拓宽调解领域，注重调解质量，提高调解效率，努力从根本上化解矛盾。2009年，全市基层人民法院民商事案件调撤率达53.2%，市中院民商事案件调撤率为26.9%。

日本客人来兰州市中级人民法院访问交流

【行政审判和国家赔偿】 充分发挥人民法院化解行政争议，支持和监督行政机关依法行政的职能，加大行政审判和国家赔偿工作力度。积极引导当事人通过法定的诉讼程序主张诉求，认真协调行政主体与行政相对人的关系，促进官民和谐、社会和谐。全年受理行政案件235件，审结229件，结案率为97.4%。其中，中院受理一、二审行政案件91件，审结90件，结案率为98.9%。审查非诉行政执行案件300件，裁定准予执行173件。受理国家赔偿案件8件，审结6件。

【执行工作】 积极探索建立健全执行工作长效机制，全力开展集中清理执行积案活动。会同公安、工商、房地产、银行、国土资源等部门联动执行，攻坚克难，强化执行措施，改进执行方法，努力解决执行中的难点问题。全年受理执行案件6825件，执结4946件，结案率为72.5%，执行标的额9.42亿元。其中，中院受理执行案件320件，执结268件，结案率为83.8%，执行标的额4.95亿元。同时，中院共清理执行积案1540件，其中，有财产可供执行案件40件，重点案件83件，无财产可供执行案件1417件，结案率均为100%，“清积”工作走在了全省法院前列。

【信访工作】 全市法院把解决涉诉信访案件作为关注民生、保障群众切身利益的大事，始终把解决实际问题、化解社会矛盾放在首位，在“事要解决、息诉罢访”上下功夫。实施公开听证、判后答疑、重大案件跟踪督办、领导包案等制度；发挥政治优势，紧紧依靠党委、人大、政府、社会组织和人民群众的力量，共同开展教育疏导工作；引导群众理性表达诉求，充分运用教育、协调、救济等手段，解决涉诉信访难题。全年收到群众来信1121件，接待群众来访1638人（次），与去年同期相比涉诉信访总量下降。加大审判监督力度，立案再审88件，审结80件，结案率为90.9%。其中，市中院立案再审52件，审结50件，结案率为96.2%。同时，加大司法救助力度，确保经济困难的当事人打得起官司，共缓交诉讼费111万元，减、免诉讼费32.5万元。

【改革创新】 全市法院重点围绕制约法院事业科学发展的突出问题、影响审判质量和效率的瓶颈问题、法官队伍管理体制等方面进行探索和改革创新，切实加强工作机制建设，不断提升法院工作的生机与活力。考评体系逐步完善，审判效率显著提升。全市法院积极开展“审判质量年”活动，通过绩效考评，案件质量评查，带动审判工作质量、效率的全面提高。修改完善了《兰州市法院系统审判质量效率评查规定》，建立了审判管理和质量效率评查报告制度，采取下评一级的审判管理评查模式，对8个基层人民法院的审判质量和效率进行综合排序。对案件审限内的结案率、民商事案件调撤率、再审率、上诉率、申诉率、超审限率等项指标内容进行全面评查分析，将评查结果及时进行通报。两级法院以评查数据为依据，客观评价审判质量效率，理性分析审判工作态势，正确做出审判工作决策，提升了司法决策水平，审判工作步入良性循环轨道。

开展规范量刑试点，审判程序公开透明。制定了《量刑辩论程序规则》，确定西固法院为基层试点法院，中院督导跟进，及时评估。通过对盗窃、抢劫、故意伤害、交通肇事、毒品等五类犯罪均衡量刑，统一量刑尺度，规范自由裁量权。从整体上看，量刑规范化试点工作与传统的“估推”量刑相比，没有出现量刑大起大落的现象，公安、检察、司法等部门普遍反映良好。

加大对审判权的监督力度，司法行为进一步规范。继续巩固和完善“3111”审判运行机制，积极探索还权于合议庭后，院、庭领导对审判工作进行监督和指导的方法途径。院长履行审判监督的第一责任，审判委员会发挥审判监督的核心作用，并逐步扩大专业指导委员会讨论案件范围，完善各专业指导委员会工作职责。建立业务庭室负责人定期听取案情汇报制度，统一了执法尺度。重点规范了庭长、审判长的司法行为，减少法官在认定案件事实和性质、罪与非罪、利与不利证据上的随意性，把法官的自由裁量权约束在法律规定之内。

【法院建设】 以开展“人民法官为人民”主题实践活动为重点，不断创新活动载体，切实解决审判作风中存在的突出问题，增强了对人民群众的感情，使亲民、爱民、为民成为法官的自觉行动。积极开展“双百双深”活动，法官携卷下乡，深入基层、深入村社，巡回审理、就地办案，方便群众诉讼，减轻群众诉累。按照市委“机关作风大整顿”活动要求，进行了为期3个月的机关作风和司法作风建设大检查，狠抓干警上下班考勤、着装仪表、值班接待、开庭审判等日常管理。健全和完善各项管理制度，整理印制《兰州市法院制度汇编》，对历年来制定的规章制度进一步修订完善，保留原有制度60条，修订5条，新制定25条，制度涵盖了法院管理的方方面面，实现了管人、管事的规范化、制度化。

加大反腐倡廉教育力度，用发生在身边的违纪违法典型案例，在全市法院开展警示教育，严格执行“五个严禁”的规定。印制“五个严禁”制度卡，发给每个法官随身携带；把“五个严禁”规定随同案件受理通知书一并向案件当事人送达，请当事人监督；公布举报电话和上网举报网址；为立案、刑事、民商事、执行等部门聘请了18名廉政监督员，自觉接受社会监督。实行任职前谈话制度，对新任职的58位同志进行任前廉政谈话，通报一年来法院干警违法违纪情况，做到防微杜渐，警钟长鸣。

牢固树立“为大局服务，为人民司法”的意识。扎实推进法院文化建设，切实增强法院文化的感染力。在全市法院举办“庆祝建国建院60周年有奖征文”活动，举行歌咏比赛和法官宣誓活动，运用大型图片展览，回顾展示全市法院60年发展历程，宣传人民法官公正司法、一心为民的先进人物事迹，用丰富多彩的法院文化促进法官队伍的思想政治建设。

市中院按照“精力向基层集中，力量向基层加强，政策向基层倾斜，工作向基层贴近”的思路，坚持重心下移，服务基层，帮助基层解决好经费不足、装备落后等实际问题。加强基层法院的“两庭”建设，完成部分法庭规范化改造。加强对基层法院的业务指导，鼓励中院法官携卷下基层开庭办案，与基层法官进行面对面交流，指导基层审判工作。加强人民陪审员工作，不断推动司法民主化进程，增选人民陪审员102名，使全市法院人民陪审员达到251名，参与审理案件2737件，参审率达37.8%。加强法官遴选工作，中院从各县区法院遴选5名法官充实到审判一线，为基层法院的优秀人才提供展示才华的舞台，真正使基层法院成为未来大法官成长的摇篮。

【重要案件】

一、倪雪云、李世举、司建设故意杀人、故意伤害案

被告人倪雪云因下属职工安长生采取辱骂、威胁等手段，逼其让出主任兼队长之职位，遂产生杀死安长生的想法。倪与司建设商议后，司答应找自己的妻弟李世举作杀手，并商定事后由倪雪云给李2万元作为报酬。2006年7月6日晚6时许，倪雪云，李世举、司建设三人预谋将安长生约出后杀死。在将安长生约出并吃饭后，司建设先行离开，倪雪云、李世举将安长生骗上出租车向西固方向行驶。当车行至半路，李世举假装呕吐，下车与倪商议在此处杀死安长生。倪雪云随后离开寻找准备用于拉尸体的车辆，李世举乘安长生不备，用随身携带的斧头猛击安的头部，将安长生打倒在地。倪雪云找到车，与李世举将安长生尸体运至青海省乐都县老鸦峡山边，浇汽油焚烧，随后连夜返回兰州。在案件审讯中，倪雪云供出李世举在河南杀人的案件线索，后李世举交代：2004年12月19日晚，其在河南省商丘市夏邑县结识了李玉秀，因唱歌买单双方发生口角，李世举持啤酒瓶击打李玉秀头部致其死亡，并将尸体埋在刘店乡彭庄村后逃走。

兰州中级人民法院一审判决倪雪云、司建设犯故意杀人罪，因二人在归案后能配合公安机关抓获同案犯李世举，且倪雪云归案后首先交待李世举曾杀过人，应认定倪雪云、司建设有重大立功表现，分别判处无期徒刑和有期徒刑十五年，判决李世举犯故意杀人罪、故意伤害罪，决定执行死刑，剥夺政治权利终身。倪雪云、司建设、李世举均不服判决，提起上诉。甘肃省高级人民法院二审裁定驳回上诉，维持原判。本案已由最高人民法院依法核准。

案件点评 倪雪云雇凶杀人，李世

举为获取佣金实施杀人行为，二人又共同焚尸灭迹，作案手段残忍，社会危害极大，依法应予严惩。李世举在共同犯罪中起主要作用，且在河南伤害致死一人，罪行极其严重，故依法判处死刑，剥夺政治权利终身。

二、妥永山、闵福宝、赵丽等八人贩卖、运输毒品案

2006年底，被告人妥永山、闵福宝两人开始物色“马仔”，妥永山选定了马进财，闵福宝通过马林介绍，选中了羊新录，并准备让马、羊二人前往云南为他们贩运毒品。此时，云南女子赵丽也在当地联系货车司机刘光彩，让其将一箱毒品从云南运到宜良县自己的家里藏匿。2007年3月5日，妥永山向云南汇款50万元。同时，马进财，羊新录从兰州乘飞机到达昆明市，并于3月8日从宜良县赵丽处取走毒品一箱。随后，二人将62块毒品分别伪装藏匿在事先买好的100台功放机内，通过物流公司托运到广州。3月12日下午6时许，马进财、羊新录在广州与买家交易时，被警方抓获，并缴获海洛因16公斤。随后，警方将妥永山、闵福宝等犯罪嫌疑人抓获。另查，1996年12月16日，被告人闵福宝雇用其妻李林爱（在逃）的姐姐李粉爱（因犯运输毒品罪被判处死刑缓刑两年执行）前往云南下关运输毒品。1996年12月30日7时，李粉爱收到一男子送来的毒品后乘车离开下关。2007年1月5日9时，李粉爱将毒品送到甘肃省临夏市被告人闵福宝家交给李林爱。当日17时许，被告人马生良受托，从李林爱处取上装有毒品的包，出门交给了马国胜，二人欲离开时被警方堵截，马国胜逃跑时被击毙，马生良被抓获，当场查获毒品海洛因4552克。

兰州中级人民法院一审判决被告人妥永山、闵福宝、赵丽犯贩卖、运输毒品罪，判处三被告死刑，剥夺政治权利终身，并处没收个人财产；被告人马进财犯运输毒品罪，判处死刑，缓期两年执行，剥夺政治权利终身，并处没收个人财产；被告人羊新录、刘光彩犯运输毒品罪，判处无期徒刑，剥夺政治权利终身，没收个人财产；被告人马林、马有新犯运输毒品罪，判处两人有期徒刑15年，并处没收个人财产。

案件点评 被告人妥永山、闵福宝共同贩卖、运输毒品的行为构成贩卖、运输毒品罪，被告人赵丽运输毒品并实际交付毒品、收取毒资的行为构成贩卖、运输毒品罪，且毒品数量大；被告人马进财、马有新、马林、羊新录、刘光彩运输毒品的行为已构成运输毒品罪，且毒品数量大。妥永山提供毒资，伙同闵福宝雇佣他人，安排毒品的运输与交接，两人在本案中均起主要作用，属主犯；赵丽提供毒品，并具体安排、指挥刘光彩运输，还亲自将毒品运送至昆明交付，在本案中起主要作用，属主犯；马进财积极参与运输毒品，并且是运输毒品行为的主要实施者，在共同犯罪中起主要作用，属主犯；羊新录、刘光彩分别受雇于闵福宝、赵丽运输毒品，两人在本案中均起次要作用，被告人马林、马有新在本案中起辅助作用，4名被告均属从犯，依法应从轻处罚。

三、张成先抢劫案

因辛苦积攒的8000元“血汗钱”被人抢走，被告人张成先决定放弃打工“以暴还暴”，萌生了抢劫他人恶念。2004年1月6日7时许，张成先在兰州市木塔巷内伺机寻找作案目标，盯上单身女性王某。跟踪王某至一偏僻处后，张成先持石块殴打王某，抢劫其随身携带的挎包后逃跑。一个月后，张成先用同样手段袭击了一名下班回家的女子翟某。翟某因颅脑遭受重创，经抢救无效死亡。因翟某的死亡，张成先被通缉，他开始了四处游荡的逃亡生活。三年后，他开始再次作案。2007年1月30日至1月31日，流窜至金昌市的张成先每天清晨7时许，手持羊角铁锤出现在金川公司住宅小区内，连续制造两起抢劫案，造成一人重伤、一人轻伤。2008年11月，张成先潜回兰州并四处踩点后，他发现南河新村内既没路灯，出口又多，是抢劫后方便逃跑的好地方。于是，张成先在南河新村先后作案多起，致使多人伤亡。为此，兰州警方加大警力调查此案。于2009年1月10日根据找到的作案工具、现场线索等发现张成先并将其抓获。兰州中级人民法院一审判决被告人张成先犯抢劫罪判处死刑，剥夺政治权利终身，并处没收个人全部财产。

案件点评 张成先无视国法，以非法占有为目的，多次使用暴力劫取他人财物，并致死2人，重伤4人，另有2人轻伤，1人轻微伤，其行为构成抢劫罪。虽然张成先归案后认罪态度较好，能够如实供述罪行，且主动交代了在金昌市实施的2起抢劫犯罪事实，具有坦白情节，但其犯罪性质极其恶劣，手段极其残忍，情节、后果特别严重，社会危害性极大，依法对其不能从轻处罚。

四、苏志高、苏志煅网络诈骗案

2003年1月，被告人苏志高和苏志煅通过租用网络服务器，开办虚假网站，并以能提供“六合彩”特码信息的名义，给受害人钟某发送短信。钟某相信后，从2003年1月至2007年10月，共交会员费、资料费共102万余元。从钟某处骗到钱后，

苏志高和苏志煅二人再次谋划骗钱一事。2006年11月28日至11月30日，苏志高和苏志煅又以会员费、资料费、资料保证金等名义，骗取受害人叶某现金1万余元。期间，他们又以同样的手段实施虚假网络诈骗29起。兰州中级人民法院一审判决被告人苏志高犯诈骗罪，判处有期徒刑十二年，并处罚金10万元；被告人苏志煅犯诈骗罪，判处有期徒刑四年，并处罚金5万元。

案件点评 被告人苏志高、苏志煅无视国法，以非法占有他人财物为目的，采用租用网络服务器开设虚假网站、虚构事实等手段，长期骗取他人钱财，其行为均已构成诈骗罪。在共同犯罪中，被告人苏志高起主要作用，系主犯，且犯罪数额特别巨大，应依法判处；被告人苏志煅虽犯罪数额特别巨大，但在犯罪中起辅助作用，系从犯，应当减轻处罚。

五、杨书昌挪用公款、受贿、国有公司人员滥用职权案

被告人杨书昌在担任省机械集团公司总经理、长城电工股份公司董事长期间，利用职务之便，个人擅自决定自1999年6月至2002年1月，先后八次将公款共计7400万元借给他人从事股票营利活动，尚有13059021.97元未归还。同时，被告人杨书昌利用职务之便，为他人谋取利益，直接或通过亲属非法收受他人现金4万元及价值16000余元手表两块。2000年9月19日，杨书昌擅自决定，以省机械集团公司、海兰公司为股东在上海注册成立了汉唐公司。由于汉唐公司的系列违规违法操作，造成省机械集团公司20796782.86元资金无法归还，长城电工股份公司1.4亿元资金无法归还，共计160796782.86元。兰州中级人民法院一审判决被告人杨书昌犯挪用公款罪，判处有期徒刑十五年；犯受贿罪，判处有期徒刑五年；犯国有公司人员滥用职权罪，判处有期徒刑七年，决定执行有期徒刑十九年。

案件点评 被告人杨书昌身为国有公司中从事公务的人员，利用职务之便，挪用公款归个人使用，进行营利活动，其行为已构成挪用公款罪，且挪用公款数额巨大不退还。利用职务之便，为他人谋取利益，直接或通过亲属非法收受他人财物，数额较大，其行为已构成受贿罪。滥用职权，致使国家利益遭受特别重大损失，其行为已构成国有公司人员滥用职权罪，应数罪并罚。鉴于受贿的赃款及部分赃物已追缴，有坦白部分受贿的情节，可酌情从轻处罚。

六、桂林市红星化工有限责任公司诉被告甘肃省工商行政管理局不履行法定职责纠纷案

2009年4月10日，兰州市工商局城关分局对兰州西单商场出售的馒头中含有十二烷基苯磺酸纳一案进行调查，调查结论显示，原告桂林市红星化工有限责任公司生产的“剑石牌”香甜泡打粉中含有“十二烷基苯磺酸纳”成分。被告省工商局认为该事件涉及范围大、行业多，对广大人民群众的人身健康和生命财产安全造成极为严重的隐患，以明传电报的形式要求各地、州工商部门立即对流通领域销售的“剑石牌”泡打粉下架封存。2009年5月6日，原告向组织检测的城关工商分局提出了书面的《对泡打粉要求复检的申请函》。2009年5月9日，兰州晚报、兰州日报、兰州晨报、兰州鑫报、西部商报等报刊登出《“剑石牌”泡打粉催出“黑馒头”》、《兰州问题馒头“元凶”已被揪出》等新闻报道；原告认为在其提出复检申请后，复检结论尚未形成的情况下，被告却将剑石牌泡打粉中含有十二烷基苯磺酸纳的情况向国家工商总局上报，并向兰州市多家媒体公布，给企业造成不良影响，遂向法院提起行政诉讼。兰州市城关区人民法院一审判决驳回原告桂林市红星化工有限责任公司的诉讼请求。

案件点评 本案是继“非典事件”、“三聚氰胺”奶粉重大公共卫生事件之后的又一起可能在食品领域存在隐患，再次引发公共卫生事件的案件。针对这样一起涉及范围广、行业多，对公众的人身健康和生命财产安全可能造成极为严重的隐患的食品安全事件，被告省工商局作为国家工商行政管理机关快速反应、积极应对、依法查处，其以明传电报的形式要求各地、州工商部门立即对流通领域销售的“剑石牌”泡打粉下架封存，属于行政机关在应对突发公共卫生事件的行政执法过程中采取的行政强制措施。

七、靳玉清等197人申请执行兰州中振食品有限责任公司劳动争议纠纷案

该案四年前已被中止执行，因申请人屡次上访，是市委政法委督办案件。为此，中院执行局在院党组关注下成立了执行专案组。执行中，执行人员先后到中振公司、甘肃省高级人民法院民事审判庭、执行局、兰州市国土资源局、城关区国土资源局等多家单位了解调查中振公司的财产情况。为不损害双方当事人的利益，确保社会和谐稳定，达到法律效果和社会效果的有机统一，专案组多次召开会议，研究制定执行方案，积极发动群众及时提供被执行人财产线索，同时反复向靳玉清等197人耐心做思想说服工作，并依法向中振公司送达执行通

知书和财产报告令，责令被执行人履行义务，向中振公司法定代表人等进一步释明法律，讲明不履行义务的法律后果。经多次协调，最终圆满执结了本案，使申请人的合法权益得到了法律保障。依据协议中振公司已于2009年7月23日一次性将全部案款938776.27元，汇入靳玉清等197人的委托代理人帐户。

案件点评　在全国集中清理执行积案活动开展以来，兰州中院执行局紧紧围绕“人民法院为人民”主题实践活动要求，在院党组的领导和大力支持下，采取有力措施，积极拓宽办案思路，努力提高执行技巧，想方设法将难案办巧、死案办活，切实维护了困难群众的合法权益，取得了积极成效。靳玉清等197人申请执行兰州中振食品有限责任公司劳动争议纠纷一案即为典型案例。通过对这一牵涉职工利益长达四年之久的重大疑难执行案件的彻底执行，解决了197名困难企业职工的民生问题，化解了社会矛盾，减少了影响社会稳定的不和谐因素。同时充分发挥了人民法院执行工作紧紧围绕并服务于兰州市“保增长、保民生、保稳定”工作大局的职能作用。

八、毛桂兰等543人与窑街煤电集团有限公司劳动争议一案

1984年，窑街煤电集团有限公司的前身原窑街矿务局将从矿区家属中招用的1077名临时工中的667人进行了辞退，1988年，窑街矿务局将剩余410人进行了辞退。2008年，毛桂兰等543人向兰州市红古区人民法院提起诉讼，要求窑街煤电集团有限公司按照1985年4月12日甘肃省劳动局下发的甘劳薪(1985)31号《关于符合退休、退职条件的计划内长期临时工能否办理退休、退职通知》要求，为其办理退休手续，落实相应退休待遇，补发拖欠工资并支付经济补偿金，补缴养老保险、失业保险及医疗保险。红古区人民法院一审认为，甘劳薪(1985)31号文件下发时间是1985年4月12日，在该文件下发时，被辞退的667人已不在生产工作岗位，剩余410人在1988年被辞退时年龄均不满50周岁，亦不符合甘劳薪(1985)31号文件规定条件。现原、被告之间已不存在劳动关系，本案不属于劳动争议受理范围，裁定驳回原告毛桂兰等543人的起诉。毛桂兰等543人不服裁定，向兰州市中级人民法院提起上诉。兰州中院二审依法裁定驳回上诉，维持原裁定。

案件点评　本案是全省涉及当事人众多，社会影响较大的一起劳动争议案件。依据法律规定，劳动争议的主体是建立劳动关系的用人单位和劳动者，本案的543名原告在1984年、1988年分期分批被予以辞退后，均退出劳动生产工作岗位，现原、被告之间已不存在劳动关系，故本案一审、二审均裁定驳回了毛桂兰等543人的起诉。

九、马桂兰、马小民、马小军诉中国银行兰州分行请求兑现存款给付案

民国32年(1943年)5月14日，马德天在中国银行兰州板桥简易储蓄所开户存入美元100元，户名为马德天君，存折号为A字第419号，存款种类为活期。截至民国35年(1946)年4月，马德天在该存折存入美元本息共计601.36元，该存款一直没有支取，1988年马德天去世。2008年，马桂兰、马小民、马小军持该存折多次要求银行以现值兑付该存款，遭到拒绝。后起诉至兰州市城关区人民法院，兰州市城关区人民法院一审认为，从上述三原告提供的现有证据不能证明三原告具有马德天遗产权利人的身份，且继承权利的取得和继承权利的实现是不同的法律关系，三原告应该在取得本诉权利人身份即本诉适格原告主体资格后再起诉，故裁定驳回三原告的起诉。

兰州市中级人民法院二审认为，本案系上诉人请求被上诉人兑现存款给付之诉，但本诉原告的主体资格根据现有的证据不足以证明，其继承人身份需经另行起诉确认，故二审裁定驳回上诉，维持原裁定。

案件点评　本案的审理，引起了公众及各大媒体的广泛关注，裁判后全国各媒体纷纷刊登文章进行点评，此案不仅在本地，就是在全国各地也不多见，公众及媒体对法院审理此案及裁判结果均高度关注，并成为人们热议的话题，体现了社会主义法制理念正在不断深入人心。

十、赵本山诉兰州、深圳、西宁万顺通航空票务服务有限公司肖像权纠纷案

2009年6月4日，兰州万顺通公司委托深圳市力致文化传播有限公司为其机票销售业务制作广告片，并支付制作费12000元。制作完成后，兰州万顺通公司随后委托兰州分众广告有限公司在兰州地区的楼宇广告播放系统中滚动播放。该广告片中内容有与赵本山艺术形象相类似的卡通人物形象，仿照2009年中央电视台春节联欢晚会中小品《不差钱》中的角色设置，其中公布了兰州万顺通公司的业务电话，深圳万顺通公司的官方网站以及西宁万顺通公司的免费订票电话，为万顺通航空机票作销售宣传。2009年7月，原告赵本山发现后遂取证提起诉讼。

兰州市中级人民法院一审判决被告兰州万顺通公司通过《甘肃日报》向原告赵本山赔礼道歉，并赔偿原告赵本山因肖像权被侵害造成

的利益损失90000元；合理支出费用10000元，合计100000元。被告兰州万顺通公司、被告深圳万顺通公司、被告西宁万顺通公司互负连带责任。

案件点评　目前，擅自使用他人卡通形象进行经营活动能否构成侵害肖像权，在国内法学界颇有争论，法院的判例也较少见。专家教授观点认为，肖像权体现的是自然人的人格利益，法律对自然人肖像权进行保护主要是为了维护自然人的人格尊严和精神利益的完整。而随着经济社会的不断更新发展，人格权利益保护的范围越来越广。许多与肖像权有关联的人格利益虽然不属于肖像权，但和肖像权关系密切。肖像权外延正在不断扩大，本案的亮点在于表明了对肖像权的扩张保护将成为我国民法人格权保护的发展方向。

（陈　明）

司法行政

【概况】　2009年，兰州市司法行政工作在市委、市政府的正确领导下，深入开展学习实践科学发展观活动，自觉践行社会主义法制理念，围绕兰州市“1355”整体发展思路，充分发挥法制宣传、法律服务、法律保障职能作用。普法依法治理工作深入开展，重点突出“法律七进”工作（法律进机关、进单位、进学校、进企业、进乡村、进社区、进宗教场所），推进依法行政和社会发展规范化、民主化进程，维护社会和谐稳定。法律服务围绕政府工作中心，拓展服务领域。律师全年办理各类案件3261件，担任法律顾问338家，避免、挽回损失8.2亿元。公证机构办理公证事项22616件，比上年增长12%。组织2009年国家司法考试兰州考区考试，参考人员4320人，通过541人，合格率15.4%。法律援助服务民生，接待来访群众3900人（次），发放接待咨询卡30000余张，办理法律援助案件1109件。司法鉴定机构健康发展，办理鉴定业务2127件。人民调解发挥第一道防线作用，推行诉前司法确认机制，实现人民调解和司法调解有效衔接，全年调处各类矛盾纠纷5964件，防止群体上访184起。建立规范化司法所64家、刑事解教人员过渡性安置实体9个。成立兰州市龚家湾强制隔离戒毒所，收治人员300余人。是年，全市有乡镇街道司法所116个；律师事务所62家，执业律师568人；公证处9家；法律援助中心9家；司法鉴定机构19家，鉴定人267人；强制戒毒所、法制教育学校、戒毒矫治康复中心各一所。

【普法工作】　2009年，是“五五”普法规划实施的重要一年，市委、市政府批转了《兰州市依法治市工作领导小组工作制度》、《兰州市依法治市工作领导小组办公室工作职责》，将普法经费列入财政预算，达到人均0.15元。创新普法形式，以“法律七进”活动为载体，加强领导干部、公务员、青少年、企业管理者和农民的普法教育。组织地级领导干部及万名公务员参加法律知识考试，省委常委市委书记陆武成亲临考场巡视。印制《青少年法律知识读本》20000册分发到各中小学校。在高速公路和交通沿线设置大型法制宣传牌，建立法制公园5个，法制宣传栏150块，编发宣传内容612期。全年开展各类普法活动1600场（次），发放宣传材料250万份，出动法制宣传车400余次，法制图片巡回展览10次，送法下乡80余次，受教育群众182万人。配合市委统战部、市宗教局深入宗教场所指导法制宣传教育，在20个重点场所配备法制宣传员，宣传党的宗教政策和国家法律法规，促进民族地区社会和谐稳定。努力推进法制教育与法治实践的有机结合，开展“法治县区”、“法治乡镇（街道）”创建活动，转发《关于开展法治城市、法治县区创建活动的实施意见的通知》，确定安宁区、皋兰县为全市“法治县区”的创建试点。针对群众关注的社会热点问题，强化基层依法治理，提高社会管理法治化水平。

【律师工作】　律师工作以服务、贴近民生为重点，发挥全方位法律服务效能，为人民群众排忧解难，全年新增律师事务所6家。组织律师协会13个党支部、93名党员参加深入学习实践科学发展观活动；组织律师参加市县人大、政府信访值班202次，接待集体上访14批175人，个体上访705人；引导群众以合法方式反映情况178次，劝息罢访25人。引导律师为重点工程项目提供法律服务，为农民转移就业和返乡创业提供法律帮助，广泛介入社会经济发展的各个领域。同兰州市中级人民法院和法官协会建立联席会议，多元化解决纠纷，对特困群众进行救助，为律师工作创造有利条件。制定下发《兰州市律师工作质量考核评估办法》，建立律师诚信档案，提高律师行业社会公信力。完成2009年国家司法考试兰州考区考务工作，认真落实司法部提出的“组织严密、程序严谨、标准严格、纪律严明”的要求，受到部、省领导好评。

【公证工作】　充分体现便民、利民的服务宗旨，完善“两结合”管理体制。组建兰州市公证员协会公证宣传与理论研究委员会、公证业务指导委员会、公证质量监督委员会3个专业委员会，加强行业自律。

开展公证质量自查月、公证事项互查监督、公证质量专项检查等活动，不断提高公证质量。积极介入经济发展领域，在兰州市房地产交易中心开设公证服务窗口，参与兰州市《土地使用权证》发放工作，开创网页保全等科技含量高的公证事项。为国企改革、城市建设、招商引资、新农村建设提供公证法律服务。兰州天信公证处被司法部授予“全国文明公证处”称号。

省司法厅马驰副厅长一行在甘肃仁龙司法物证鉴定所检查工作

【人民调解工作】 2009年，对全市11000名人民调解员进行业务培训，推行人民调解诉前司法确认机制，把人民调解的简易快捷和司法调解的权威强制结合起来。全年调处矛盾纠纷5964件，调解成功5684件，防止群体性上访184起673人，防止民转刑案件76起，为维护社会稳定发挥第一道防线的作用。永登县中川镇人民调解委员会评为甘肃省十佳人民调解委员会，城关区曹家厅社区等7家调解委员会评为全省优秀人民调解委员会。

【司法所建设】 是年，市县区筹集资金1000万，建成107个基层司法所，占任务总量的92.2%，经考核验收，有64个达到规范化司法所标准。落实科级司法所建制116个，为基层司法行政各项业务顺利开展奠定基础。

【法律援助工作】 整合资源，充分发挥法律援助服务民生作用，参与全国城际间农民工法律援助工作协作，建立与其他城市法律援助交流工作机制，在64家律师事务所、112个乡镇（街道）、大专院校和劳教场所建立法律援助工作站。以应援尽援为目标，降低门槛，扩大援助范围，提高办案补助标准，加强对低收入、下岗失业、农民工等弱势群体的法律援助，使法律援助成为政府为民解忧的“阳光工程”。全年接待来访3900人次，解答咨询2700次，发放接待咨询卡30000余张，办理法律援助案件1109件，兰州市司法局评为全省法律援助工作先进集体。

【司法鉴定工作】 是年，以落实科学发展观，推进司法鉴定大发展为工作目标，努力拓宽业务领域。年内新建司法鉴定机构7家，总数达到19家，在册司法鉴定人267人。增加了司法会计、建筑工程、资产评估、机电产品质量等鉴定范围。提高司法鉴定的社会公信力，运用科学技术为司法机关客观公正办理案件服务，维护社会和谐稳定。全年办理各类司法鉴定业务2127件。

【劳教工作】 兰州市戒毒劳教所以提高教育挽救质量为目标，以安全稳定为首要任务，落实安全稳定责任制。制定了《兰州市劳教所所务督察活动实施意见》、《兰州市劳教所专项整顿工作方案》，不断提高劳教干警严格、公正、文明、廉洁执法的水平。加强安全防控、安全检查和场所管理，完善对重点人员、时段、部位、环节的监管措施，确保劳教场所“四无”（无逃跑、无自杀、无恶性重伤事故、无非正常死亡）。5月20日，兰州市龚家湾强制隔离戒毒所挂牌成立，年内接收300人在所戒毒。劳教、戒毒、矫治康复中心、过渡性安置实体卓有成效的工作，形成了戒毒、治疗、康复、劳动、就业指导、安置环节的一体化。落实刑事解教人员安置帮教实体9个，完善了市、县、乡镇（街道）、村（居）委会四级管理体系，强化过渡性安置实体的监督检查，有效预防和减少了重新违法犯罪行为。全年接收衔接“两劳”回归人员1215人，安置1008人，安置率83.5%，建档率和帮教率100%，积极维护了家庭和社会稳定。法制学校创新教育方式，稳妥开展教育转化工作，为建成教育转化中心、反邪教警示中心和反邪教研究中心打下良好基础。

（侯和平）

军事

兰州警备区

【概况】 2009年，兰州警备区深入开展学习实践科学发展观活动，认真学习贯彻党的十七届四中全会精神，严格落实两级军区指示要求，保持和发展严抓严管良好态势。警备区党委认真贯彻两级军区党委全会精神，坚持以党委班子建设、基层建设、风气建设和安全稳定为重点，科学搞建设，扎实打基础，稳中求发展，全面建设呈现出稳步上升、协调发展的良好势头。

【思想政治工作】 紧紧围绕“党员干部受教育、科学发展上水平、履行使命见成效”的总要求，在全警备区深入开展学习实践科学发展观活动。通过开设“理论课堂”、开展“网上交流”、组织“实践感悟”等方法，理清官兵科学发展思路。召开“辨析会”、“恳谈会”，广泛征求各级意见建议，深入查找出27个影响和制约单位建设科学发展的瓶颈问题，逐一研究破解，抓好整改落实。中央电视台新闻联播、军事频道和《解放军报》、《中国国防报》等中央级媒体分别报道了警备区的做法，两级军区《学习实践活动简报》先后12期刊载了警备区的做法和体会。采取统一计划、统分结合、集中授课的办法，扎实抓了当代革命军人核心价值观主题教育、形势政策教育、经常性思想教育及党委中心组带机关理论学习，突出抓了十七届四中全会精神的学习贯彻。结合庆祝建国60周年，组织80名民兵参加省军区“军歌嘹亮颂祖国”通信赛，组织全区全体干部、职工、战士参加了省军区驻兰单位歌咏比赛和篮球比赛，并分别取得第二名和第一名的好成绩。建成并开通了警备区政工网，增强了学习教育的趣味性、时效性。皋兰县人武部政委李宗林被省军区表彰为“四会”优秀政治教员。积极宣传部队建设成果，全年在省级以上各类媒体刊稿219篇，警备区连续三年被表彰为《中国国防报》读报用报先进单位（二等奖）；并被省军区表彰为新闻报道工作先进单位；黄书伴同志被省军区表彰为关心支持新闻报道工作的好领导；皋兰人武部、后勤部被警备区表彰为新闻报道先进单位。

【战备工作】 3月至5月，根据年度工作安排，警备区和各县区结合担负的任务和辖区实际，组成专门小组，分级分项制定完善了指挥机关应急防卫、武器库区域联防、军地联合维稳行动、军地联合反恐行动、协助地方处置重大群体性事件和公共突发事件、抗震救灾、抗洪抢险、核生化救援、重特大安全事故救援、森林重大火灾救援等10种专项行动预案。明确了执行各种行动时的任务区分、兵力编成、指挥协同、应急启动程序、实施方法原则和各项行动保障等问题。4月，投入2万余元，为各县区人武部统一制作规范了值班室值班表牌。

【国防大学考察调研】 4月中旬至5月11日，警备区在省军区业务部门的指导下，高标准完成了第九期国防大学战略班和研究班共100人赴兰州石化公司考察调研的各项协调保障任务，考察调研取得了圆满成功，受到了两级军区首长、省市领导的充分好评。

【群众情报信息网的组织与实施】

根据省军区情报参谋集训要求，8月14日至28日，警备区指导七里河区人武部，圆满完成了省军区赋予的群众情报信息网组织与实施示范观摩任务。主要对群众信息网软件资料、群众信息网硬件设备、群众信息网上报流程及图例、情报信息会商分析研判会的组织与实施等内容进行了观摩示范。为了高标准完成上级赋予的任务，七里河区人武部立足现有力量，发挥军地优势，积极探索创新，圆满完成了任务，受到了省军区业务部门及观摩人员的高度评价 。

【民兵骨干新大纲集训】 6月2日至9日，警备区组织八县（区）人武部训练参谋、民兵训练骨干共96人进行了为期10天的集训，采取集中培训的形式，抽调警备区、县乡武装部现役干部、专干等担任教练员，重点对民兵应急分队、高炮分队、高机分队、通信分队、医疗救护分队民兵训练骨干进行教学法集训，规范了训练内容、时间、方法、程序、标准，提高了民兵教练员军事技能和组训能力，统一了全市民兵训练考核方法，对20个专业教案进行了修改完善，并汇编成册下发各人武部，集训达到了预期目的。

【兰州军区动员部对重点民兵应急营考评】 10月22日至23日，兰州军区动员部对在编城关区的兰州市重点民兵应急营进行了战斗力考评。考评内容包括静态和动态两部分，静态部分主要包括政治建设、组织建设、军事训练、战备建设、后装建设、营（连）部建设等；动态部分主要包括启动应急机制、紧急动员集结、下达行军命令、快速机动展开、宿营与野炊等13项内容。考核前，针对考核内容，城关区政府和人武部投入20余万元，按照野战化标准购置了10顶班用帐篷和382套给养保障器材，在警备区的指导下修订了各类作战预案、计划、训练等资料，安排专人深入到营连进行训练指导。考评后，受到兰州军区的通报表彰。

【民兵组织结构调整】 按照科学发展观要求，严格落实省军区《民兵预备役部队整组工作指示》精神，紧紧围绕全市担负的军事斗争准备任务，积极适应全市经济和社会的快速发展，进一步细化力量编组，规范组建标准，严格编组秩序，狠抓编制落实，进一步巩固和深化组织布建格局，促进规范化水平不断提高，为民兵预备役部队全面建设和战时兵员快速动员打下坚实基础。通过调整，普通民兵保持现有规模布局不变，基本达到了组织健全、布局合理、编组满员、政治合格、干部齐备、便于活动的要求。

【征兵工作】 4月，甘肃省政府赋予从普通高等学校毕业生中直接招收士官191名的任务。警备区严格按照招收程序和政策规定，确保了招收的每一名士官都是本人自愿入伍并符合专业标准要求、体检政审双合格的青年。8月，完成了151名直招士官任务。为巩固两级军区《征兵专项治理》成果，汲取教训，进一步规范征兵程序，一次性将征集任务数分配到县（区），切实从源头上把牢应征青年的政治审查、文化审查和身体检查关，确保了征集兵员数质量，圆满完成了新兵征集任务。接受兰州军区和省军区4次检查调研。根据上级要求，自11月1日起，面向社会公开征集女兵工作全面展开，8日至10日，集中3天时间组织报名初检，共有2500多名女青年报名咨询，1800人参加初审，450人初审合格，按1:3比例，177人参加体检，体检合格97人参加面试，批准入伍50人。

【基层建设】 认真贯彻落实“天水会议”精神，坚持不懈地抓好人武部全面建设和民兵基层建设。6月下旬，组成军地联合工作组对西固、红古、皋兰3个区县人武部全面建设进行了检查考评。在“定西会议”上，七里河区、安宁区人武部分别被省军区表彰为人武部全面建设标兵单位和先进单位。重视抓好民兵预备役政治工作的落实，认真组织开展“第一书记”述职、党管武装好书记评选和“军事日”活动，有效增强了地方各级领导的国防观念，促进了党管武装制度的有效落实，金祥明、胥波、李虎林3名同志被甘肃省政府表彰为“党管武装好书记”。扎实抓好民兵政治教育落实，转发了兰州公交集团公司武装部的做法。按照“五个基本”抓建设的思路，各级先后调整了10余名专武干部，狠抓 “青年民兵之家”等教育载体和主阵地的建设，着力提高了民兵基层建设的质量。

【党委班子和干部队伍建设】 始终按照胡锦涛主席“四个从严”要求抓班子、建队伍。认真组织学习《党委工作条例》、《加强高中级干部管理规定》等法规文件，党委议大事、作决策的能力水平明显提高。对人武部党委班子进行了考察帮建，着力提高党委统班子、带队伍、领导部队科学发展的能力。城关区、皋兰县人武部党委连续两年被省军区表彰为先进团级党委，刘连昌等4名优秀党委书记、闫晓流等6名优秀共产党员分别受到省军区、警备区表彰。

【双拥工作】 以“双十工程”和“十项工作”为重点，积极参与和支援地方经济社会建设。年初，协调组织驻军和民兵预备役人员参加抗旱工作，先后为榆中北山等地村民供水120余车，皋兰民兵参加抗旱的信息在《中国国防报》和中央人民广播电台做了报道。结对帮扶皋兰山乡二营村民族小学等6所小学，资助贫困学生23人。积极参加兰州市“慈善一日捐”活动，协调武警甘肃总队等驻兰单位，为兰州市慈善总会捐助现金达20余万元；组织全区官兵向七里河区西湖街道残疾人艺术团捐助2万元“爱心党费”，向“夕阳红”餐桌、“四点半工程”捐赠价值5000多元的生活学习用品。“5·16”九州山体滑坡事故发生后，组织民兵应急分队200余人积极参加抢险，疏散受灾群众，抢救被埋人员，受到地方党委政府和人民群众的一致好评。

【后勤工作】 兰州警备区后勤部坚持以《中国人民解放军房地产管理条例》和《军队营区房地产正规化管理标准》为依据，狠抓经常性管理，使营房管理规范化水平不断提高。自筹资金80余万元，修建了门面房的消防水池系统、处理了屋面渗漏、加固了部分梁柱，消除了安全隐患。营具管理实行计价挂帐、责任到人，人员调动及时办理移交。空闲房屋出租，坚持按规定严把关、勤检查、常指导，减少了经济纠纷，提高了出租效益。对办公用房的出租，严格落实省军区的指示精神，确保出租房产发挥最大经济效益。开展在职师以下干部房清工作中，按照“科学筹划、军地联合、多项并举、逐步推进”的原则认真组织实施。针对辖区55套不合理住房逐人逐户靠前做工作，讲政策、明事理、联合军地有关单位采取必要措施，并结合警备区常委会确定的“确实在外无房可住的签约借住，在外有房的尽快清退”的总体思路，坚持“突击做工作，成熟一户，清退一户”。截至8月底，共清理不合规公寓住房10套，单身公寓宿舍6间，签订住房借住协议书18份，圆满完成了房清工作。

12月23日，省军区后勤部部长带工作组对警备区后勤整体建设情况进行了全面检查。检查内容包括后勤战备、社会化保障、后勤设施装备建设、后勤管理、专业保障5个方面59个具体内容，在检查过程中采取了听取汇报、座谈了解、查阅资料、现场抽考、对口检查、实地打分的方法组织进行。考评后，受到了上级的肯定。

领导名录

司令员	林建波
政治委员	张殿元
副司令员	李洪涛
副政治委员	蒋卫民
参谋长	吴全忠
政治部主任	黄书伴
后勤部部长	朱　剑

（张要江）

武警兰州市支队

【概况】 中国人民武装警察部队兰州市支队（简称武警兰州市支队）成立于2005年6月，下辖4个大队、25个中队，机关司、政、后共设15个科、1个卫生队，机关位于兰州市南滨河西路85号。2009年，支队在总队党委和中共兰州市委、市政府的正确领导下，紧紧围绕“12345”奋斗目标，振奋精神，开拓创新，团结进取，狠抓落实，圆满完成了以执勤处突反恐为中心的各项工作任务，部队建设呈现出稳步发展、整体提高的良好态势。兰州支队荣获甘肃省“精神文明建设先进单位”荣誉称号。武警总部副司令员、政委、后勤部长等多次莅临支队检查指导工作、慰问一线执勤官兵，对支队的工作给予高度的肯定。

【思想政治建设】 坚持大事大抓，扎实推进两个批次的学习实践科学发展观活动，突出实践特色，抓好成果转化，取得明显成效。3月至9月，按照总队党委的统一部署，兰州支队深入开展了党委机关第二批学习实践科学发展观活动。大力加强当代革命军人核心价值观教育。4月3日，兰州支队召开“培育当代革命军人核心价值观，永远做党和人民的忠诚卫士”主题教育准备会，明确了开展这次教育活动的指导思想和总体要求、教育开展的方法步骤和需要重点把握的问题。在武警部队“军歌嘹亮颂祖国”歌咏通讯赛获三等奖。扎实做好经常性思想工作，积极开展“四会”优秀政治教员评比竞赛，城关区中队政治指导员郑学冲荣获武警部队十佳“四会”优秀政治教员提名奖。组织开展“送法、送医、送心理服务”到基层活动，确保了官兵思想稳定。不断优化警营政治环境，制作悬挂核心价值观、誓词守则宣传牌和忠诚卫士挂图，支队警史馆建成竣工。新闻报道工作富有成效，被总队表彰为新闻工作先进单位。

【党委班子建设】 认真学习贯彻十七届四中全会精神，扎实开展“加强党性修养、振奋革命精神”专题教育，有力推动了班子思想和作风建设。参加总部网上集训，不断提高贯彻民主集中制质量，在干部选拔任用、战士入党提干、学技术、重大工程建设、大项经费开支等方面，坚持按制度、程序和要求办事，科学民主依法决策水平不断提高。注重改进领导作风，着力办好“十件实事”，全年常委蹲点时间人均140天。认真开展“读书思廉”活动，公布常委电话，树立了党委班子的良好形象。2月5日至6日，兰州支队召开党委全委（扩大）会议。武警总队政治委员傅永照、甘肃省委常委、兰州市委书记陆武成应邀

担负特殊时期城市武装巡逻任务

出席大会并作重要讲话，兰州市委常委、市政府常务副市长吴继德，兰州市委常委、市委秘书长牟少军，兰州市委常委、市政法委书记李森洙，甘肃省公安厅副厅长、兰州市公安局局长王幸参加了会议。2月9日至13日，按照总部总队的统一安排，兰州支队精心筹备，严密部署，认真组织党委机关“加强党性修养，振奋革命精神”专题教育活动。

【中心任务】　坚持党委议勤抓勤，严密组织学习新大纲、五长集训、反恐课目汇报和冬训会操活动，在总队五长集训汇报表演中，取得较好名次。严格落实“三员一兵一组”实施细则，扎实开展正规化执勤等级评定，支队机关和16个基层中队被评为一级执勤单位。深入开展“三个一遍”，狠抓执勤隐患治理，物防、技防基础更加牢固。精心组织“两规”勤务，得到甘肃省纪委的通报表扬。科学筹划国庆安保任务，高标准实现了“三个确保、一个展示”的目标。4月至6月，完成了总队新大纲施训课目演示任务。全年共出动兵力16833人（次），担负各类临时性勤务443批（次），成功处置各种险情16起，圆满完成藏区维稳备勤、“7·26”机车灭火、中央军委副主席郭伯雄上将视察兰州的专机监护、重点区域清理排查、国庆焰火晚会安保和九州山体滑坡抢险等重大任务，78名官兵因在执勤工作中表现突出，受到各级记功嘉奖。

【部队内部建设】　认真贯彻总队安全工作和管理教育工作会议精神，深入开展条令学习月、“迎大庆、树形象、保安全”和“五个过一遍”等活动，深化治理人、车、枪、弹、酒、密六个问题。按照机关、基层两个正规化管理规定，着力规范部队“四个秩序”。扎实开展“十个一遍”和“十六防”活动，坚持安全教育、安全分析、安全检查制度，及时排查安全隐患，对基层兵员情况进行全面普查，加大在外流动人员管理力度，突出小远散直单位和八小时以外管理，确保了部队安全稳定，支队连续17年实现“三无”。

【基层建设】　认真学习贯彻新《纲要》，组织举办网上学习培训，开展知识竞赛、法规理论考核等活动，不断增强机关按纲指导、基层按纲落实能力。深入学习贯彻西安会议精神，广泛开展“大练基本功”活动，在城关中队召开“4·28”经常性基础性工作观摩讲评会，整理编印《基层经常性基础性政治工作100问》。广泛开展以十佳好军嫂、十佳带兵干部、十佳机关干部、十佳士官、十佳执勤能手、十佳训练标兵为内容的“六个十佳”评选表彰活动，不断激发各级争先创优的工作热情。坚持重心下移，狠抓末端落实，全年安排7批工作组160余人次下基层蹲点，基层建设“五个基础”更加牢固。城关区中队被总队表彰为标兵中队，二大队和7个中队分别被评为先进大队和先进中队。10个党支部被支队表彰为先进党支部。

【执行勤务】　1月6日凌晨，兰州支队200名官兵圆满完成为期50余天的赴陇南维稳任务，在陇南、天水、定西支队官兵的导调下，20时30分安全顺利返营归建。2月9日，支队出动60余名官兵，克服天气严寒、情况复杂等多种因素，以良好的警姿、过硬的素质和顽强的作风圆满完成了西固区大型灯会展闭幕式暨焰火晚会的安保执勤任务。6月12日，按照总队和兰州市公安局的统一部署，抽调100名兵力，圆满完成了第十五届“中国兰州投资贸易洽谈会”开幕式现场机动备勤任务。8月26日，兰州中山铁桥百年庆典在兰州市中山桥隆重举行，兰州支队共出动官兵210人，在市委、市政府和市公安局的统一领导下，圆满完成了庆典现场安全保卫任务。9月20日，出动兵力200名，动用车辆11辆，协助兰州市公安局圆满完成了城区重点区域紧急清查任务。9月30日，由省委省政府、市委市政府主办的甘肃省暨兰州市“祝福祖国2009庆祝建国60周年大型焰火晚会”活动在水车博览园文化广场举行，兰州支队出动340余名官兵，圆满完成了大型焰火晚会安全保卫任务。

【圆满完成“7·26”机车失火事件处置任务】 7月26日上午，由西安开往乌鲁木齐方向的1043次旅客列车，在乌鞘岭特长隧道内发生火灾。担负隧道守护任务的兰州市支队五中队官兵，经过近4个小时的连续奋战，圆满完成了现场警戒、疏散旅客、灭火救援、清理现场等任务，安全转移旅客1770人，受到了兰州铁路局领导、列车旅客和驻地群众的高度赞誉。10月16日，兰州支队隆重召开“7·26”机车失火事件表彰大会。机关全体干部，五中队部分受奖官兵和基层大、中队主官及17个分会场1100余人参加了会议。五中队荣立集体二等功，20名个人立功受奖。

【九州石峡口地质自然灾害抢险救灾】 5月16日，兰州市城关区九州经济技术开发区石峡口长江小区西侧发生大面积山体滑坡，支队先后出动300余名官兵，圆满完成了现场警戒、疏导群众、紧急搜救等工作，受到地方党委、政府和人民群众的高度赞扬。

【网络知识更新】 2月18日，兰州支队召开基层主官网上培训暨安全工作经验交流电视电话会议。肖祥琪支队长、张宏新政委亲自授课辅导，对基层干部进行现场提问，4个单位进行了安全工作网上交流发言，进一步促进了基层干部能力素质的提高。2月23日至26日，兰州支队组织政治机关干部和基层政治主官参加了总队《纲要》网上培训。为进一步提高基层三级网维护员技能，确保中队网络系统安全稳定运行，兰州支队利用一周时间对所属20个执勤中队共29名网络维护员进行了集中培训。

【后勤保障】 积极适应任务需要，大力加强后勤战备建设，为圆满完成五类勤务演示、反恐课目汇报和国庆安保等各项任务提供了有力保障。严格规范四类经费管理，切实把好分配、使用、管理和监督四个关口，对所有基层中队进行了帐目审计和资产清查，提高了“四类经费”的使用管理效益。强力推进基础设施建设，支队投资300余万元，争取目标单位资金1000余万元，完成了7个基层单位营房维修改造任务。大力发展农副业生产，官兵物质文化生活条件逐步改善。顺利完成07式服装发放工作，适体率达到了98%。高度重视卫生防病工作，防控甲型H1N1流感举措得力，实现了“三不”目标。

【精神文明建设】 3月20日，兰州支队开展了“军人核心价值观”主题演讲比赛，参赛官兵紧紧围绕当代革命军人核心价值观，大力赞颂党的创新理论新成果、经济社会发展新成就、国防和军队建设新进步，进一步掀起了深入学习当代革命军人核心价值观的热潮。

【第二届“十佳好军嫂”表彰大会暨警地青年联谊】 3月7日，兰州支队隆重举行第二届“十佳好军嫂”表彰大会暨警地青年联谊活动。表彰了第二届“十佳好军嫂”，与市妇联协调，邀请地方学校、医院等单位的28名未婚男女青年走进警营参观，举行了“警地青年联谊活动”。

【双拥工作】 4月2日，兰州支队出动100余名官兵，参加了“情系南北两山，共建绿色家园”暨甘肃省兰州市“保护母亲河”生态宣传实践活动，以实际行动为绿化第二故乡、美化金城兰州、创建绿色家园做出积极的贡献。5月23日，兰州支队与甘肃省广播电影电视总台联合召开“三共”活动座谈会。左宗国总队长、省广电总台陈青台长、杜勇副台长等领导与支队部门以上领导就广电目标守卫中队正规化建设问题进行了分析座谈，提出了协商解决的具体意见。7月25日，兰州支队出动140余名官兵在兰州市近水广场成功担负了“兰州市第六届运动会开幕式”的表演任务，全体参演官兵以整齐统一的动作，受到了在场领导的高度赞誉和广大人民群众的一致好评。7月30日，由兰州市委宣传部、兰州市体育局、武警兰州市支队、兰州市双拥办联合主办，兰州市全民健身指导中心承办，在兰州支队机关院内隆重举办“庆八一，全民健身进军营”活动。市委、市政府领导向支队赠送了体育器材和慰问品，由地方演出队伍和支队官兵共同献上了一台精彩纷呈的文艺演出，兰州市体育书画摄影协会书画家现场为官兵书写并赠送了书画作品。7月28日至30日，在八一建军节即将来临之际，为不断增进团结友爱之情，大力推动群众性体育活动广泛开展，进一步丰富和活跃部队的业余文化生活，培养官兵争第一、站排头的思想和勇气，兰州支队隆重举行了庆八一首届金城卫士杯篮球比赛。30日至8月3日，全省爱国主义教育暨国防教育工作现场经验交流会在张掖、酒泉召开。省委副书记刘伟平，省委常委、宣传部长励小捷，兰州军区政治部副主任李炳仁，省军区政治部主任兰晓军，总队刘英副总队长等领导出席了相关活动和会议。兰州支队作为全省武警部队唯一国防教育工作先进单位在会上受到表彰。8月26日下午，兰州市隆重召开庆祝兰州解放60周年大会，省委书记陆浩，省长徐守盛，副省长刘伟平、刘永富、张晓兰等省市领导出席了大会，兰州支队抽调200名官兵参加庆祝活动。

【警史馆揭牌开馆仪式】 11月20

日，兰州支队隆重举行新建警史馆揭牌开馆仪式，总队副政委张凤良出席仪式并揭牌，支队部门以上领导、全体机关干部和直属队、一大队全体官兵参加仪式并参观警史馆，接受队史教育。

领导名录

支 队 长	肖祥琪
政治委员	张宏新
副支队长	陈兰宝
	荣宏伟
副政治委员	苏子成
参 谋 长	张新民
政治部主任	杨战武
后勤部部长	马银山

（张海亮）

甘肃陆军预备役高射炮兵师

【概况】 2009年，甘肃陆军预备役高射炮兵师坚持以科学发展观为指导，根据形势任务的发展变化，以提高两个能力为目标，围绕落实上级指示精神、坚持科学发展、努力提高核心军事能力和完成非战争军事行动等四个方面的重点工作展开。连续四年被兰州军区、省军区表彰为“新闻报道先进单位”。从难从严训练，核心军事能力进一步增强。先后组织预备役师团首长机关业务训练、分队指挥军官集训、各类专业技术兵集训和分队集训。组织进行了实兵实装远程机动演练和实弹射击。注重管理，后装保障效益明显提升。以提高完成多样化任务保障能力为牵引，严密组织开展了后装战备训练和技术培训。师后勤部，结合省军区全面建设现代化后勤检查考核，建立健全了相关资料，并积极开展学术研究，全年共发表学术文章、新闻稿件56篇，被省军区表彰为“学术研究先进单位”。装备部对全师装备进行逐一检测，建立完善了大型装备器材数据库。组织了一期修理分队集训，分队技术水平得到有效提升，后装保障能力不断加强，全年多次遂行各类保障任务，受到各级好评。坚持严抓严管，部队保持安全稳定。以各项安全管理活动作为载体，以坚持落实制度作为重点，全师连续第四年实现了安全管理“双无”。严格管控办公涉密信息网络，保密工作进一步加强。在师、团两级同步开展“百日双无”活动，部队安全管理工作水平进一步提高。

【思想政治建设】 预备役师党委紧紧围绕“党员干部受教育、科学发展上水平、履行使命见成效”的总体要求，深入扎实地开展学习实践活动，对一些重难点问题进行研究和探讨，形成了一批有创新、有指导性的调研成果。学习实践活动中，组织部分师团干部赴陕西、湖南预备役部队学习考察，邀请兰石化、兰州公交集团领导介绍发展经验，先后征求收集了意见建议9类35条，80%的意见建议得到解决和落实。坚持把学习实践活动贯穿于党委机关理论学习、部队思想政治教育和完成各项任务中，认真抓了党委中心组六个专题的学习和部队经常性思想教育，大力抓了当代军人核心价值观教育。总结整理的加强师团职干部教育管理、紧贴官兵思想实际积极开展形势政策教育、狠抓人才队伍建设等七个方面的经验和做法，被两级军区转发。全军“军歌嘹亮颂祖国”合唱通信赛中获三等奖、在甘肃省庆祝建国60周年“祝福我的祖国”文艺晚会中获“贡献奖”。

【核心军事能力】 依据新颁发的《军事训练大纲》，着眼打牢基础、训好骨干、提升层次，大抓军事训练的落实。通过组织“四会”教练员和参谋尖子比武竞赛、高炮专业集训、专业兵轮训战斗分队、后勤和装备分队训练和新《大纲》集训，培养了一批按纲施训的骨干，部队军事素质有了很大提高。

【基层建设】 认真贯彻新的《军队基层建设纲要》，调整完善了师抓基层领导小组。着眼任务需要，重点抓了两支“应急救援分队”的组建。研究制定了贯彻落实师预建党组织建设座谈会精神的具体措施，结合年终总结，对全团预建党组织建设情况进行了全面考评，基层预建党组织建设有了进一步加强。坚持开展经常性管理教育工作，下大力抓了预任官兵基本职能和使命任务教育、预任官兵的双向管理。《狠抓人才队伍建设 打牢团队发展基础》、《针对特点抓管理 依靠管理促发展》的做法在定西会议上介绍了经验，受到各级好评，被省军区表彰为“预备役团全面建设标兵单位”。

【党支部建设】 结合部队整组，组织机关人员先后三次对预建党支部建设情况进行了调研，组织预编单位领导和预任干部共同研究探讨抓预建党支部建设的办法和对策，确立了“健全组织打基础、落实制度抓规范、坚强领导强素质、发挥作用促工作”的抓建思路。优化编组结构，配强支部成员，注重把企业机关干部、生产能手、青工骨干、学科带头人选拔配备为支委，并经过半年以上的考察后再正式任命。预任党委、支部书记实行定期跟踪考察，按照不同层次分片组织支部成员培训。依托“预备役官兵之家”、“企业思想骨干活动日”等平台，开展“立足一个岗位、设置一个课题、确立一个目标、强化一项技能”的“四个一”活动。结合地方生产绩效考评，每半年对支部成员尤其是正副书记的工作情况考评一次，将考评结果与企业奖惩挂钩。全师预建营连党委、支部书记中，转业退伍军人和武装干部占73%，大专以上文化程度的占96%，平均年龄32.5岁，队伍结构不断优化。

【部队安全管理】 在全球金融危机、“三股势力”频繁制造事端，突发性事件多的情况下，始终坚持把部队安全稳定作为讲政治、顾大局的重要任务紧抓不放，从正规秩序入手，狠抓了干部“八小时以外”管理和士官队伍教育管理。在开展好各类安全整顿活动的同时，把坚持落实制度作为提高管理水平的根本途径，突出解决“严在经常、严在一贯、严在细节”的问题，部队管理在过去的基础上得到进一步加强。师连续第四年实现了“双无”目标。

【后装综合保障能力】 围绕提高完成多样化军事任务后装保障能力，着眼后装人员能力素质建设，采取集中学习、对口培训的方法，对师、团两级后装人员进行了业务培训。结合省军区全面建设现代化后勤检查考核，建立健全了相关资料，后勤建设规范化水平明显提高，在省军区后勤全面建设检查考评中被评为先进单位。依托兰大第一医院和团卫生队，组建了医疗防疫分队。师后勤部结合工作，积极开展学术研究，全年共发表学术文章、新闻稿件56篇，被省军区表彰为“学术研究先进单位”。

【双拥共建工作】 始终把支援地方社会经济建设放在重要位置，大事大抓、长抓不懈。大力开展对口援建工作，师团共出资4.2万余元，为西固区河口乡铺设公路2公里，为寺儿沟、皋兰山、沙井驿、仁寿山植树造林40多亩，为西固区柳泉乡中坪村进行危房改造。组织官兵捐资3万余元，为西果园镇湖滩村袁兴祖等3户特困户修建住房9间、修建“爱民浴室”2所。并依托七里河区建筑学院、甘肃农大等院校，开设种植、花卉栽培等农业技术培训，累计培养农村致富带头人100多人，使10余户村民走上了致富路。广泛开展“树新风、正乡风、纯民风”活动，协助安宁区刘家堡街道东门村大力加强基层党组织建设，积极开展移风易俗活动，集中预任官兵积极参与该村“天府沙宫”旅游景点公路建设前期工程，使该村村容村貌焕然一新。大力开展抗旱减灾，2008年，兰州地区遭遇七十年少有的大旱，预备役师在榆中、安宁、西固三个点上组织兵力3320人，动用车辆50余台，积极开展抗旱减灾工作，先后为受灾地区送水60余吨，浇灌土地30亩，铺盖保墒地膜150亩，修理水利设施和水窖15处。此外，师团还积极开展了兴教助学活动，先后与城关区段家滩、七里河区黄峪乡、安宁区银滩路、刘家堡、西固区中坪村5所小学建立援建关系，资助贫困学生83名；积极开展资助贫困大学生活动，为贫困大学生捐款12.38万元，有力地支援了地方经济社会建设，受到了军地的一致好评。

领导名录

师　长	凌　坚
政治委员	张能绪
副 师 长	王万鹏
	李德仁
	程兴农
副 政 委	蔺振安
参 谋 长	郝榜才
政治部主任	郑选民
后勤部部长	闵养胜
装备部部长	邓静波
副参谋长	赵　斌
	苏少华

（洪　波）

人民防空

【概况】 2009年，兰州市人防办公室狠抓组织指挥建设、通信警报建设、人防工程建设与管理、人防执法、平战结合、宣传教育、机关“准军事化”建设等工作，取得了较好成绩。在甘肃省人防业务知识竞赛中荣获二等奖和优秀组织奖。

【组织指挥建设】 组织开展兰州市人防专业队伍整组，做到组织健全，名册翔实，提高了专业队伍技术含量，专业对口率达到95%。完成市级人防指挥所改扩建和市政府应急指挥中心工程可行性研究报告、项目评审等工作。加强重要经济目标防护建设，指导甘肃省移动中心、兰临高速公路七道梁隧道、中石油兰州北滩油库、兰州铝厂自备电厂等15个重要经济目标单位完成了防护方案制定工作。进一步完善了人防综合信息数据库建设，采集完成了危险源、物资储备、通信警报、人防工程等方面的各类数据资料。指导安宁区人防完成了一个街道对一个乡镇具体到户人口疏散计划的制定。

【人防工程建设与管理】 各级人防部门认真落实“结建”政策，严把图纸审查关、“结建”费收缴关、质量检查关和竣工验收关，做到了应建尽建、应收尽收。截至2009年12月14日，受理新报建“结建”项目86项，总建筑面积229.2万平方米，其中防空地下室建筑面积13万平方米。全年办结84项，防空地下室建筑面积12.4万平方米；收取

省人大法律工作委员会、省政府法制办、省人防办领导来市人防办检查工作

易地建设费1329万元（其中市办651.1万元），应建（交）率达到了100%，“结建”工程合格率达到了100%。受理验收地下室32项，建筑面积6.4万平方米，发放验收认可书24项，建筑面积4.6万平方米。积极与兰州市规划局兰州市总体规划办公室进行协调，将人防工程建设规划纳入新版城市总体规划之中。严格按照《人防工程建设监理暂行规定》，对在建人防工程监理单位的人防监理资质组织进行了检查，不存在无监理资质的企业监理人防工程的现象。认真整顿人防防护产品市场秩序，规范人防防护产品市场指导价格，组织对3家人防工程防护设备定点生产企业开展达标建设和检查验收活动。修改完善了全市人防公共工程突发性灾害事故应急处置预案。认真落实早期人防工程维护管理制度，加强早期人防工程维护管理，坚持勤检查、勤维护、勤保养，特别是对重点隐患工程定期巡查，发现问题，及时处理，全年重点维修和维护管理早期公共人防工程1万平方米。

【通信警报建设】 新增电声警报器3台，指导全市三县五区完成了警报设备设施的检查和维护工作，对近郊四区警报通信设备、设施进行了重点检查。6月20日组织实施了全市三县五区防空警报鸣放，110台防空警报全部鸣响，鸣响率达到100%。完成了历时8天的车载电台野外训练任务，提高了人防机动通信保障能力。参加了省人防办组织的无线电数传训练考核，考核成绩为合格。全面加强通信站管理，严格执行通规通纪及战备值班制度，全年完成无线电通信联络520多次，联络沟通率在95%以上。

【平战结合工作】 认真落实《全省平战结合工程管理规定》，积极开发利用人防工程，充分发挥已建工程的“三个效益”。全年完成新增开发利用人防工事面积1.2万平方米，其中城关区4000平方米，七里河区3000平方米，西固区2500平方米，安宁区2500平方米。完成平战结合产值3900万元，上交国家税收180万元，实现利润235万元，安排就业人员1300多人。深入开展平战结合工程维护管理工作，全面落实了消防、防汛、治安等责任制，全年安全无事故。

【人防法制建设】 认真学习宣传贯彻兰州军区《贯彻落实〈国务院、中央军委关于进一步推进人民防空事业发展的若干意见〉的实施意见》、省政府省军区《关于进一步推进人民防空事业发展的实施意见》和市政府《关于加强人民防空工作的决定》，修订了《兰州市人防工程建设管理办法》，修订草案已上报市政府。组织开展了执法检查，对各县区贯彻落实《人民防空法》和《甘肃省实施〈人民防空法〉办法》情况，特别是“结建”政策落实情况进行了执法检查。认真执行人防法律法规和政策规定，严格依法行政，对违反人防设备设施的行为，特别是对不按规定标准修建防空地下室和不依法缴纳防空地下室易地建设费的违法行为，及时认真进行查处，全年全市共查处违法案件10余起，违法案件的查办率达到了100%。制定了人防行政执法管理办法、人防行政执法办案规程和人防结建管理规程等三个制度，完成了执法证件换证、执法案卷管理等工作。

【人防宣传教育】 认真组织开展了全市人防业务知识竞赛活动，9月22日成功举办了全市人防系统庆祝新中国成立60周年人防业务知识竞赛。10月28日组织两个代表队参加了全省人防业务知识竞赛，兰州市县区人防代表队和市人防办机关代表队分别荣获二等奖和优秀组织奖。5月20日至6月20日，组织在全市开展了以宣传省政府、省军区《实施意见》和市政府《决定》为主要内容的人防宣传月活动，并结合“6·20”防空警报试鸣活动，通过举办人防法规宣传日、设立现场宣传咨询点、出动宣传车、悬挂过街横幅、张贴宣传标语等形式，广泛宣传人防地位作用、法律法规和防护技能、人防建设成果等知识。

在6月20日宣传活动期间，共出动宣传车2台（次），展出宣传展板120多块，散发宣传资料2万多份。初级中学人防知识教育开展学校90所，受教育人数2.5万人，开课率100%，做到了教育内容、时间、效果“三落实”。各县区积极开展了人防教育进党校、进机关、进企业、进街道、进社区、进网络工作，特别是全市全面落实了人防教育进党校工作，市人防办和城关区、西固区人防办开展了人防教育进机关活动，近郊四区和红古区人防办在辖区街道开展了人防教育进街道、进社区工作，都收到了良好的效果。全面加强人防信息报道工作，全年编辑《兰州人防信息》简报25期，学习实践科学发展观活动专刊20期，在《中国人民防空》、《西北人防动态》、《甘肃人防》和市委、市政府信息简报及市属新闻媒体刊登各类稿件110篇。积极筹办组织召开了第23届全国部分人防重点城市信息交流会，扩大了人防对外交流。通过深入宣传和教育，扩大了人防社会影响，营造了依法建设和管理人防的良好氛围。

【人防企事业单位改革】 兰州市人防工程实业公司加强经营管理，健全完善管理制度，继续挖掘潜力，巩固和扩大客户出租率，完成洞库租赁收入32万元。兰州市人防通信站深入开展业务技能训练，强化队伍素质提高，完成了警报安装和警报检查、维修保养、设备测试及鸣放工作。人防工程开发管理处克服困难，努力工作，完成收费任务35.5万元，保持收支基本平衡。积极探索人事制度改革，依照市人事部门的要求，大力推行岗位聘用制度，首次岗位设置、领导职数、岗位结构比例、人员岗位等级认定等工作已顺利完成。

【机关建设】 认真贯彻落实国家、兰州军区和甘肃省关于加强和深化人防机关“准军事化”建设的意见精神，为全面实现机关“准军事化”建设第二步目标奠定了坚实的基础。采取有力措施，全面落实各项建设目标，强化各级人防部门领导班子建设和组织建设，市及各县区人防办在加强班子建设方面采取了多种措施，做到了班子团结、内部和谐、精神振奋。强化人防业务建设，制定了人员业务训练计划，认真落实机关干部在职训练，全年业务培训达到了30天，参训人员达到了90%，1人参加了国家人防办组织的培训，5人次参加了兰州市委党校的培训，60人次参加了市办组织的工程管理和公文写作培训，城关区、西固区分别举办了警报管理人员培训班等。强化机关正规化建设，市及县区结合学习实践科学发展观活动，健全完善了机关各项规章制度，实现了日常管理规范化、制度化、科学化。强化机关作风建设，结合兰州市作风建设年活动，深入开展机关作风大整顿，着力解决了一些机关作风方面存在的突出问题。各县区人防办开展了机关效能建设活动，提高了机关办事效率和服务质量。通过狠抓机关“准军事化”建设，班子的领导素质、执政能力有了一定提升，干部队伍的思想作风有了一定转变，干部职工履行职责的能力有了进一步的提高。

领导名录

主　任	薛宝印
副主任	陈志国
	孙　伏

（达正家）

双拥工作

【概况】 2009年，兰州市双拥工作按照科学发展观要求，深入贯彻党的十七届三中、四中全会和全国双拥模范城（县）命名表彰大会精神，以争创全国双拥模范城“七连冠”为目标，坚持服务大局、与时俱进、立足基层、求实创新，在抓经常、打基础、创特色、促落实上下功夫，为促进兰州经济平稳较快增长和驻兰部队全面建设提供了有力保障。

【组织保障体系】 中共兰州市委、市政府始终把双拥作为一项事关全局的大事。党政军领导带头参加各项双拥活动，协调解决难点热点问题，市委、市政府、兰州警备区分别有3名常委抓双拥工作。各级双拥领导小组及时得到调整和充实，双拥办编制、人员、经费、场所到位，很好地保证了党政军三位一体、群团组织广泛参与、工作网络全方位覆盖的组织领导体系。为做好2009年双拥工作，兰州市委、市政府、兰州警备区及时召开双拥领导小组扩大会议，通报2008年全市双拥工作进展情况，全面部署了军地援建十项工程和2009年度全市双拥重点工作。市委、市政府下发的《2009年兰州市双拥工作安排意见》中，对县区双拥工作主要任务和部门创建工作目标任务进行了分解，各项双拥创建任务层层得到落实。

【双拥和国防教育】 以纪念建国60周年和兰州解放60周年为契机，掀起了国防教育双拥高潮，大大增强了广大干部群众的国防观念和双拥意识。投资400多万元的兰州战役纪念馆，经过两年多时间的修建和重新布展，于9月底开馆。开馆当天，参观人数达到数千人。投资160多万元的兰州双拥模范城雕塑于“八一”前揭碑，成为兰州市开展国防教育双拥宣传的又一个重要场所。命名市级“国防教育示范学校”

3所。在全市组织开展了“赞颂辉煌成就，建设强大祖国”主题教育、“百部爱国主义影片巡展”、国防教育双拥宣传图片巡展、“领导干部军事日”及国防教育示范学校优秀学生国防教育军事训练营活动。市级电视、报刊开设专栏、专题，大篇幅、多角度地对兰州解放战役、双拥创建等方面的情况进行报道。全年在国家级以及省、市新闻媒体上发稿达200余篇。全市主要道路、繁华场所设立双拥固定宣传牌160幅，制作双拥宣传展板300多块，举办大型宣传活动800多场次，座谈会、联谊会1000多场次、墙报专栏1500多期，受教育人数达到46.4万人次。甘肃省“天兰双拥文明线”总结表彰会上，兰州市军地9个单位和18名个人得到表彰。

【支援部队建设】 各级政府将支持部队建设的重大项目列入当地财政预算和建设规划，及时划拨土地，保证所需资金。划拨土地1213亩，用于改善部队工作、训练环境。帮助驻军修建蔬菜大棚22处、修建训练场所7个、划拨生产及副食品基地88.5亩，减免有关税费、解决粮油水电差价143.5万元。市级财政投入1056万元，用于兰州警备区、武警部队、预备役部队、武警边防部队、武警消防中队的基础设施及训练场地建设、设备更新；作为市上支持部队建设项目之一的亚龙湾军港“兰州家乡园”建设，完成勘测、规划设计，2009年12月26日在三亚举行了奠基仪式。同时各级政府将科技智力拥军作为新时期拥军工作的重点，全力实施“科技图书送军营，援建军营图书室”工程。市财政筹资50万元，援建军营图书室38家、图书32000多册；县区筹集资金61.3万元，援建军营图书室25个、赠送图书40000多册、电脑40多台，帮助部队提升办公自动化建设水平。各级政府职能部门认真履行职责，积极开展双拥工作。市级安置计划分配军转干部124人，县区安置计划分配军转干部7人，安置率达到100%，18名随军随调家属得到妥善安置，270多名军嫂得到技能培训，举办军嫂就业招聘会2场，帮助就业60余人。建成军人军属维权示范点13个。

【落实优抚安置政策】 狠抓优待抚恤标准自然增长机制的落实，在乡老复员军人定补金三县达到305元以上，五区达到335元—385元。农村义务兵家属优待金纳入县区财政预算，优待面达到100%，优待标准达到当地上年人均纯收入水平；各类优待抚恤金实行专户管理、社会化发放。现役立功战士得到奖励，西固区对一、二、三等功分别增发25%、15%、5%优待金；七里河分别奖励1500元、1000元、500元；安宁区对农村籍士兵按2000元—500元标准奖励的同时，对城镇籍士兵按1000元—600元的标准进行奖励。狠抓安置计划落实、大力拓宽就业渠道，积极推进城镇退役士兵自谋职业工作，2009年72名城镇退役士兵选择了自谋职业，发放补助金60多万元。同时，重点优抚对象“三难”问题得到较好解决，县区拿出100多万元用于改善优抚对象的生活、住房和医疗条件，生活困难的重点优抚对象全部纳入城乡低保和特困群众救助，4000多名重点优抚对象参加了职工基本医疗保险、城镇居民医疗保险和新型农村合作医疗。兰州市民政、财政、卫生、劳动四部门共同制定了《兰州市优抚对象医疗保障实施细则》，西路红军实行公费医疗、六级以上残疾军人医疗待遇落实，“就医难”，“生活难”基本解决。

【拥政爱民】 驻兰部队在完成各项战备训练，积极参与全市的生态环境建设、重点项目建设和扶贫帮困、希望工程、踊跃承担抢险救灾任务的同时，全面实施了“百团示范”、“军民共建社会主义新农村”等部队援建地方四项工程，支持地方经济社会发展。在重点项目和生态工程建设中投入劳动日7000多个，车辆机械300多台次，植树10余万株，种草20余亩，平整土地2000余亩。在“天兰双拥文明线”、“兰郎双拥文明线”沿线新建“国防林”3处，造林1600多亩、18万余株。采取定点挂钩、结对帮扶、重点援助等形式，广泛开展了扶贫救助活动。新建扶贫点16个，帮助贫困户892户，捐助款物337.8万余元，80%被帮扶贫困户的生产、生活条件得到明显改善。在支援希望工程中，援建标准化小学20多所，为希望工程捐款200多万元，官兵个人资助的贫困学生达到1500多人。军地结成50多个帮扶对子，在培养造就新型农民、改善农村生产条件、推广先进科学技术、助学助教等方面积极开展工作。积极参与处置突发事件，协助公安部门执勤巡逻、打击犯罪，配合搞好社会治安综合治理，为构建和谐社会提供了安全稳定的社会环境。城关区九州开发区发生滑坡重大地质灾害后，500多名武警官兵第一时间赶到现场救援群众，兰州军区联勤部领导亲临现场察看灾情，为受灾群众捐款10万元。

（张　鸣）

开发区

兰州高新技术产业开发区

【概况】 2009年，兰州高新区突出“科学发展、促进高新区跨越式发展”的总要求，大力开展“项目建设年”活动，狠抓招商引资、基础设施建设、园区整合、服务创新等重点，各项工作呈现良好发展局面。全年技工贸总收入650亿元，同比增长62.5%，完成全年市政府目标任务500亿元的130%。完成增加值120亿元，同比增长52.9%，完成全年市政府目标任务110亿元的109%。其中，完成工业增加值100亿元，同比增长47%，完成市政府目标任务89亿元的112%。实现利税30亿元，同比增长36.4%，完成市政府目标任务28亿元的107%；其中完成税收12.8亿元，同比增长38.9%，完成全年市政府目标任务11亿元的114%。完成出口创汇8250万美元，同比增长10%，完成全年市政府目标任务8250万美元的100%。完成固定资产投资25亿元，同比增长8.7%，完成市政府目标任务25亿元的100%。

【项目建设】 2009年，高新区以“项目建设年”活动为中心，千方百计加快项目建设进度。当年，新开工建设项目7个，总投资额83519万元，建筑面积23.16万平方米。航天科技园、节能环保产业基地、长信电力产业基地等项目正在抓紧实施项目建设，预计明年可部分投产使用。高新区列入全市的重大项目：中国航天集团510研究所研发基地（航天科技园）完成投资7000万元，占总投资20%，建筑面积为10000平方米的星船用贮箱气瓶生产研制厂房已封顶。兰州分离科学研究所总部科研孵化基地已于6月开工建设，完成投资704万元，占项目总投资3%。甘肃森智软件外包基地完成投资1200万元，占总投资20.5%。兰州科庆科技园项目完成投资800万元，占总投资8.9%。甘肃西脉总部经济基地项目完成投资1175万元，占总投资12.8%，已完成一期建筑面积2934平方米的厂房建设和内部装修工程及设备安装、场地绿化和其他配套建设收尾工程。南特焊接研发基地项目完成

兰州高新技术开发区创业服务总中心

投资280万元，占总投资11.9%。

经过积极争取，已初步确定2010年拟开工项目14个，总投资额120亿元，建筑面积29.16万平方米。移动通信枢纽楼、诚信电缆产业基地、渭河源生物工程研发基地、兰石成套设备生产基地、兰州锅炉出城入园等项目目前正在加紧各项前期准备工作。

【招商引资】 2009年，高新区进一步优化招商机制，创新招商方式，全年实现新签约招商引资项目31个，同比增长35%，完成全年目标计划155%；签约总投资45.5亿元，同比增长69%，完成全年目标计划182%。其中投资上亿元的项目13个。目前，高新区在谈项目约80个（其中彭家坪装备制造业生态园区储备项目60个），为今后的项目引进和建设奠定了工作基础。重大招商项目取得突破性进展。其中彭家坪新区首批5个建设项目（总投资4.26亿元）已完成土地招拍挂工作；第二批五个项目（总投资3.1亿元）已通过市土地领导小组审议，正准备土地招拍挂前期工作；第三批建设项目（总投资9.54亿元）已报市土地领导小组审议。雁滩新建区总部经济园区引进了世纪金徽酒业总部及高档住宅项目（总投资3.5亿元）、兰州分离科学研究所总部科研孵化基地项目（总投资2.15亿元）、赛弛投资管理公司总部基地项目（总投资5亿元）、大唐电力公司靖远电厂总部项目（总投资8000万元）等。

通过兰洽会高新区专场，实现签约项目16项，总投资19亿元；通过参加香港招商会，实现签约项目9项，总投资21亿元。通过参加高交会，实现签约项目3项，总投资6.43亿元。

全年合同引进外资5891万美元。实际利用外资3055.7万美元。（1）电力瑞华电气生产基地项目，总投资为7200万人民币，瑞典外资占25%，引进外资257万美元。目前已经投入资金1000万元，实际利用外资35.7万美元。（2）兰州沃尔凯采暖设备有限公司与西班牙伊索菲通公司合作，建设太阳能光伏发电板生产线项目，总投入约1.3亿元人民币，外方占25%，引进外资464万美元。（3）广汇汽车西北总部项目（赛驰投资管理公司总部项目），总投资8亿元，其中美国德太新桥投资集团投资42%，引进外资约5000万美元，已经到位5亿元，实际利用外资3000万美元。（4）鸿泰塑料公司与伊朗塑料工业集团合作的塑料容器PVC管件项目，总投资4000万元，外资投入30%，引进外资170万美元，到年底，实际到位外资20万美元。

【园区建设与整合】 2009年，高新区抓好建设用地报批工作，围绕雁滩新建区608号道路以东总部经济园区和彭家坪装备制造业项目建设用地储备，积极推进征地拆迁。完成新征用土地573亩，拆迁面积62130平方米。同时，完成雁滩608号道路以东地区以研发、孵化、办公功能为主，辅以高档商务、娱乐、休闲、居住功能的综合性总部经济区概念性规划设计及论证工作。彭家坪装备制造业生态园区、马滩现代物流园区、西固石化城的概念规划设计与论证正在进行。

全年完成道路建设投资5791万元，新建道路总长4030米。彭家坪新区T218号、T219号、B204号、S229号四条道路全部完成了可行性研究及评审、规划方案设计审查、初步设计审查、工程概算评审、施工图设计及图纸审查和招标工作。T218号路全段1400米已开工建设，雨、污水管道已安装完毕，累计完成投资1560万元；T219号路正在进行1300米路段的雨、污水管道安装，桥梁正在按计划进行施工，累计完成投资3800万元；S229号路已开工建设500多米，雨、污水管道已安装完毕，累计完成投资431万元。彭家坪新区供电、供水、排水及天然气等公用设施配套工程建设的协调工作基本完成，已开始施工。雁滩新区B640号的道路已完成110米雨、污水管网铺设，8个污水管井的砌筑抹灰，9个雨水管井的砌筑抹灰，并已经完成管网土的回填，道路基层砂砾层的铺筑，马路道牙的安装，路灯管开槽。该项目各道工序都已经顺利通过质监站的验收。

完成了彭家坪、马滩基础设施控制性详规修编，根据道路建设需要，投入5200万元资金用于彭家坪征地拆迁。一期道路彭家坪镇补充征地167.615亩，拆迁安置村民9户，拆迁各类建筑物15780多平方米，构筑物约12309平方米。协调督促开工建设罗家坪村、杏树地村民安置房建设工程，总建筑面积18000平方米，目前已完成10000平方米。彭家坪电力提灌处灌渠的迁移改造已完成工作量的60%。完成S229号道路补充征地、S202号道路建设用地的前期测绘工作。

根据兰州市引大入秦灌区综合开发的总体要求和部署，高新区与永登县政府按照市、县共建、以县为主的原则，签订了《共建兰州国家高新技术产业开发区空港循环经济产业基地合作协议》，并在兰州空港循环经济产业基地举行了隆重的揭牌仪式。同时，完成了对皋兰三川口、西固石化产业园、临洮中铺循环经济产业园的整合和授牌仪式。

【自主创新】 2009年3月17日，兰州高新区与西北民族大学签订共建《兰州高新区生物医药技术平台的战略框架协议》，计划投资1000万元，建立动物细胞保藏中心、动物细胞工程技术开发研究平台和人员培训、技术合作交流平台。该项目通过科技部创新基金立项，用于平台建设的立项资助已经到位56万元。与兰州大学签订了共建国际动漫研发基地框架协议，总投资3亿元。预计用3年至5年的时间建成完善的办公区、实验室、设备系统、网络系统、播出系统、演播/演示厅、高科技先进数字系统和公共技术服务平台，逐步涵盖数字影视、动漫游戏、动画衍生产品开发、创意设计、传媒印刷、影视音像、文化旅游等相关文化产业，成为国内领先、国际先进的特色文化产业基地。同时，大力开展创意文化招商，以深圳中视典、深圳数虎等高科技企业为龙头，集成当前分散在省内外的动漫产业、多媒体产业、影音后期制作业、当代艺术产业等20多家相关企业，已经形成富有竞争力的创意产业集群，正在打造成为甘肃省第一个文化创意产业经济园区。

中介机构超市和兰州高新区文化产业示范园（省委宣传部、省文化厅、省广电局、省新闻出版局联合授牌命名的全省2家示范园区之一）在兰洽会高新区专场正式挂牌，已有30多家家科技中介机构已签订了招商协议并入驻创新园，服务领域涉及投融资、法律咨询、营销策划、人力资源培训、技术支持等诸多领域。

组织申报国家创新基金项目。截至11月底，组织企业申报省科技计划项目38项、省科技进步奖（含科技功臣奖）6项，省装备制造业项目9项、省技术创新资金项目10项、市科技进步奖6项，市科技计划40项，火炬计划及重点新产品计划15项，国家自主创新产品10项。组织了国家中小型企业创新基金项目68项（其中初创期小企业项目组织了23项，欠发达地区专项5项），完成2009年第一批创新基金合同签订，帮助企业成功申请资金1200万元。创新基金项目根据基金管理中心要求，将于12月推荐上报，现正在组织中。

【兰州高新区彭家坪新区】 2005年，中共兰州市委、市政府将七里河彭家坪和西固区范家坪约18.82平方公里的城市建设规划用地，调整给高新区。规划范围：东起龚家湾220号路，北临兰新铁路线，西至黄胶泥沟，南依南山，规划总用地18.82平方公里。

彭家坪新区位于兰州市七里河区和西固区的交界地段，南依西山岭，北望黄河，至西北最大的货运编组站—兰州西站1公里，距离兰州市中心仅7公里，至中川国际机场62公里，至兰临高速公路3公里，交通便捷。新区位置适中，布局紧凑，地势平坦，景色秀丽，环境优美。它又紧邻安宁区、七里河区、西固区，可依托三区的商业中心、人居环境、基础设施、公共服务、文化教育等良好基础配套，区位优势明显，是理想的高新技术产业基地。七里河区作为国家的老工业基地，装备制造业实力雄厚，规模以上装备制造企业有30多家，聚集了兰石、兰通、兰电、兰州机床等省内重要的装备制造企业，是甘肃省两大装备制造业基地之一。区内及周边有兰州理工大学西校区、兰州工业高等专科学校、甘肃财政学校等大中专院校。彭家坪新区的《控制性详细规划》已于2006年经市政府批准实施。2008年征地1500亩，拆迁房屋53000平方米，作为园区“三纵二横”干线交通规划路的T219号、S229号、T218号三条道路已全面开工建设，2009底全面建成。2009年，彭家坪新区征地3000亩，S202号、T212号、B221号、B210号四条道路和污水处理厂开工建设。首批5个建设项目包括：节能环保、长信电力、电力瑞华、海源科技、金桥水处理等，这些项目以装备制造业为主，总投资4.26亿元，占地200亩，目前已进入土地招拍挂阶段。

【管理建设】 确定了“科学发展，实现高新区跨越式发展”的学习实践主题和“围绕一个中心，抓好两条主线，强化三个创新，打造四个亮点，做到五个提升”的活动载体，积极实践，大胆探索，突出特色，创新模式，使学习实践活动顺利开展，取得了应有的效果。认真抓好《党政领导干部选拔任用工作条例》等相关干部法规的贯彻落实，加强干部队伍建设。大力开展党工共建工作，扩大了“两新”组织覆盖面。大力开展基层党组织服务民生工作，进一步密切了党和群众的血肉联系。积极推进人才项目工作，切实加强党风廉政建设，为经济社会发展提供了有力保证。同时为了把干部队伍建设成为贯彻落实科学发展观的骨干力量，针对机关作风效能建设和规范化管理问题，出台颁布了《机关效能建设实施办法》、《机关规范化管理实施细则》、《机关效能建设和规范化管理问责暂行办法》，通过制度的严格执行，使机关作风得到转变、行政效能得到提升、机关形象得到改善。

严格按照市委、市政府“保稳定”的工作要求，集中精力，明确责任，深入开展矛盾纠纷“大排查”、“大调处”、“大调解”工作，积极稳妥地处理各类矛盾纠纷。突出抓好安全生产工作，完善治安防控体系，切实加强信访工作，不断强化安全生产长效机制，维护了社会稳定，确保辖区生产、生活秩序和谐井然。妥善解决南面滩、骆驼滩群体上访事件；针对三社区因征地拆迁导致的诸多不稳定因素，建立了预警机制；在日常工作中加强对居民群众的法制宣传教育，提高法律意识。对群体性事件

采取教育与依法惩治相结合的方式，收到良好效果。处理市长热线3起，处理省、市信访案件12起，接待群众上访100多次，接待群体性上访20多次，信访结案率100%。

加快开展民生工程建设，完成51万平方米村民安置房的初步设计，完成10万平方米的施工图设计方案。均家滩、骆驼滩、南面滩城中村改造全面展开。城中村改造项目开工建设11.3万平方米。其中：骆驼滩7.1万平方米，均家滩4.2万平方米。完成高新区廉租房建设7888平方米，主体建设已达到竣工条件，外围配套管网正在加紧施工。

（罗 珽）

兰州经济技术开发区项目签约仪式

兰州经济技术开发区

【概况】 2009年，兰州经济技术开发区（以下简称开发区）坚持以科学发展观统领工作全局，积极探索，有效突破，开发区经济呈现出健康发展的良好态势。全区地区生产总值完成59亿元，同比增长18%；规模以上工业总产值完成93.5亿元；规模以上工业增加值完成25.01亿元；固定资产投资完成68亿元，同比增长20.7%；地区性财政收入完成9.05亿元，同比增长14.02%；一般预算收入完成3.76亿元，同比增长25.06%。开发区投资环境综合排名，在西部13个国家级开发区的排名上升至第7位。

【项目建设】 2009年，开发区在项目建设工作中，实现了总量、体量、质量的“三大突破”。在规划、建设等重点部门建立了四个招商分局，形成了“一体四翼”的招商格局，实施“招强引税”战略，通过组团招商、节会招商、以商招商、网络招商等多种形式，引进入驻了一大批强势项目优势企业。中石油西北物流中心、中国华能集团甘肃总部、中国铝业连铝总部、华润雪花啤酒、康师傅饮品、九州通医药、佛慈医药、众友药业、莫高酒业等知名企业落户经济区。2009年签约引进百事可乐、苏宁电器、甘肃图书物流中心等各类项目40项，计划总投资108亿元，其中合同项目25项，已开工建设20项，建成3项，完成投资10.45亿元。7个中央扩大内需项目、11个市列重大项目和48个区列重大项目建设进展顺利，全区共有各类在建项目167个，累计完成投资68亿元，同比增长20.7%。

【产业发展】 2009年，继续实施工业强区和商贸扩张战略，发展以新型工业和现代服务业为主导的优势产业，扶持壮大非公经济。以园区经济为依托，加快产业集群化发展。全区初步形成了以奇正藏药、佛慈制药、新兰药集团、九州通医药、众友药业等企业为代表的医药产业集群；以康师傅饮品、华润雪花啤酒、莫高国际酒庄、啤酒麦芽、百事可乐饮品为代表的食品饮品产业集群；以中石油西部物流中心、中国华能集团甘肃总部、中石油西北化工公司、中国铝业连铝总部、中石油西部管道局甘肃总部为代表的总部经济集群；以万里、长风、兰飞、兰州机床厂、蓝科石化、矿场机械、天智机械、顺创石油机械、林峰石油机械、城临石油钻采、宏宇变压器为主的先进装备制造产业集群；以亚华石化、鑫兰石化、歧化松香等为主的石油化工产业集群。以上五大产业集群产值占到全区产值的70%。

【城市经营管理】 2009年，在基础设施建设中，完成了570号规划路南段的征地拆迁任务，建成了高新技术产业园区533号、513号—1路，加快推进532号路的施工建设和530号、585号路的规划设计，1.5亿美元亚行城市交通贷款项目进入实质性操作阶段；完成15条小街巷全面改造，对辖区市政设施和水、电、热、气等配套设施进行了全面维修和完善。对全区22条洪道进行了全面排查，清淤1.56万立方米。飞天·世纪新城、中和·山水兴城、中和·教育世家等一批房地产项目进展顺利，部分主体封顶。新城区数字化城市监督管理中心投入运行，处理各类问题1.1万多件，办结率达到95%。新建成8座公厕全部投入使用，在全市率先安装地埋式果皮箱200个，开征城市生活垃圾处理费。深化“六大整治行动”，突击清运垃圾4300多吨，清除门头广告6500多平方米，粉刷围墙4.2万平方米。开展干部职工“认植、认养”树木活动，完成全民义务植树53.5万株，补植造林1460亩，新增城市绿地12.5公顷，摆放鲜花20万盆。认真贯彻国家、省、市节能减排政策法规，消减二氧化硫101吨，改造燃煤锅炉12台，治理餐饮业污染企业113家，区域环境质量进一步改善。

【土地规划管理】 实施“移山造地”工程，完成投资3.9亿元，在沙井驿李麻沙沟和安宁堡累计平整土地4000亩；快速推进30平方公里沙中工业园勘探规划工作，通过以项目建设带动土地开发的方式，先期计划整理工业用地5000亩，拉开了“兰北新区”安宁区域开发建设的序幕。全力保障项目建设用地供给，全年共征收土地2075亩，完成拆迁3.5万平方米，报批项目用地30宗4483亩，挂牌出让490亩，特别是配合省、市有关部门和铁路建设单位，扎实推进兰渝铁路编组站5000亩土地征收和拆迁安置工作。

【园区规划与项目建设和产值】 2009年，对行政商务服务园、高新技术产业园、生态农业园和沙井驿工业园四个功能园区进行合理规划，构建特色鲜明的总部经济、物流经济、房地产经济、社区服务业和新兴服务业，基本建起了以安宁东、西路，北滨河路“两大城市发展主轴”和黄河市场、培黎广场、科教城、费家营什字等“四大商贸中心”为格局的新型商贸流通体系。提升都市生态园、精品休闲园、“农家乐”的服务水平和档次；开发仁寿山、天斧沙宫旅游资源，逐步形成以休闲农业为基础，旅游服务业为纽带的现代农业发展新格局。全年高新技术产业园区，完成工业产值32.05亿元，同比增长58.8%；完成固定资产投资12.3亿元，同比增长58.3%；康师傅饮品、宏宇变压器、莫高国际酒庄、蓝科石化等10个项目基本建成；14个新产品已投入生产，研发总投资6975万元，7个项目实施了技术改造，技改总投资1.5亿元。沙井驿工业园区累计建成项目12个，完成工业产值31.05亿元，同比增长3%；完成固定资产投资13.01亿元，同比增长182.7%。沙中工业园建设前期工作进展顺利，累计平整土地4000亩，完成投资3.9亿元。

【软环境建设】 2009年，按照市委、市政府提出的“1355”总体思路，不断创新体制机制，使开发区的经济社会发展更好更快地融入到兰州大开发大建设的格局中。通过协调争取，《兰州经济技术开发区条例》顺利通过了省人大的审查批准，于2010年1月1日起颁布实施。《条例》全面、系统地阐明了经济区发展的定位、体制、机制、职能和优惠待遇等，明确了开发区的法律地位、管理体制和管理权限，标志着经济区的建设和发展步入了科学化、法制化、规范化的轨道，为经济区的开发建设提供了坚实的制度保障。

（章　晶）

其他园区

【兰州九州经济开发区】 1988年由兰州市人民政府批准成立，2006年经甘肃省人民政府批准为省级开发区，现隶属于兰州市城关区人民政府。兰州市人民政府批准的《兰州市九州开发区分区规划》范围东至大破沟，西至徐家湾、九州台，南至庙滩子，北至大坝与皋兰县接壤，整个地区沿罗锅沟走向发展，距市区中心5公里。规划总面积7.78平方公里，可开发建设用地面积8927亩（其中已开发建设用地面积5555亩，九州生态园占地1000亩，奔马绿化用地1000亩，尚未完成的市政道路绿化用地676亩，待开发荒山696亩）。远期将整个九州地区向北扩展至与皋兰县接壤，向东扩展至毗邻109号国道。扩区规划完成后，九州开发区总面积将达到20.98平方公里，新增建设用地13280亩，开发建设用地将达到22111亩。

开发区在《城关区罗锅沟经济开发试验小区实施方案》、《九州开发区洪水泥石流及山体滑坡灾害防治规划》、《九州开发区工程地质勘察报告》和《兰州市九州开发区地质灾害防治规划》的基础上，2008年9月对《兰州市九州开发区分区规划》进行了修编并通过审定。

2009年，开发区已编制完成了《中心区控制性详细规划》、《土地利用规划》、《道路交通规划》、《城市防灾规划》、《绿地系统规划》、《公共配套设施规划》、《市政工程规划》、《环境评价规划》、《产业发展规划》和《区内经济社会发展规划》，累计完成开发投资97.45亿元。（其中：入区企业完成投资92.18亿元，建成房屋总面积122万平方米；基础设施投资5.27亿元，完成市政道路10.28公里，给水14.1公里，排水18.02公里，天然气管道15.06公里，通讯光缆12.99公里，供电线路20.31公里，排洪道5.52公里，架设路灯11公里）。区内拥有食品加工、机械制造、电子工业、生物医药四大产业，食品工业园已初具规模，生物医药园、行政商务区和生态休闲区正在建设。入区行政事业单位12家，企业126家（其中工业企业40

家，房地产企业38家，服务企业21家，交通运输、仓储企业12家，商贸企业7家，建筑企业5家，医疗卫生企业2家，金融企业1家），入区人口3.4万人。

【兰州国家高新开发区三川口工业园】

位于皋兰县城西北部，距县城中心0.5公里，园区可控开发面积约10平方公里，是兰州市人民政府实施“3997”项目发展攻坚计划的橡塑制品产业集聚区。目前已形成橡胶制品、生物医药、铝塑板材、机械加工、饲料加工、精细化工、焦炭、电石等特色产业。

园区位于省城兰州、铜城白银之间，毗邻兰州中川空港循环经济产业园，居于“两市一园”经济区域的中心地带，具备承接大城市经济辐射、延伸产业链、实现产业规模化聚集的优越条件。园区距兰州、白银两大城市均约38公里，距兰州中川机场约40公里。园内省道201线南北贯通，与国道109线和兰白高速公路相连，紧邻包兰铁路，距皋兰火车站约2.5公里，有2条货物专运线通往园区，物资储运极其便利。园区内现有可供开发利用的连片土地约1万亩，地势平坦，地质结构稳定，符合大型工业项目建设要求。园区所在区域处于全省输变电枢纽中心，网内有小峡、大峡水电站、靖远火电厂等9个发电站，装机容量高达529.1万千瓦，年发电量291.2亿度；有35－330千伏变电站58座，变电总容量337万千伏安，电量足，富余程度高。园内已建成库容量分别为8万立方米、10万立方米水库3座，原水日供给能力3.3万吨，生活用水日供给能力1.5万吨。已建成220千伏变电站1座，110千伏变电站2座，总装机容量45万千伏安。

【兰州市国有资产经营有限公司秀川工业园】 是在原甘肃水泵厂破产后建立起来的新兴工业园区。根据兰州市国企改革“393”攻坚战的总体部署，甘肃水泵厂于2005年12月31日实施了政策性破产。破产后，原企业职工按照政策已全部得到妥善安置，破产资产被政府收回，并交兰州市国有资产经营有限公司管理。

原甘肃水泵厂工业生产用地7.9万平方米，生产建筑面积2万平方米，各类机电设备80余台。园区先后引入了涉及机械、轻工、建材、商贸等4个行业的16家企业，以租凭经营的方式入驻园区开展生产经营活动，初步形成了一个以机械加工制造业为主的产业聚集园区。目前，原甘肃水泵厂的厂房、设备、场地得到了充分利用，每年上缴国资经营公司租金达百万余元。根据入驻企业的产能，据统计：2007年实现销售额近2亿元，工业总产值比原甘肃水泵厂破产前最好的1995年2100万元提高了近10倍多，同时也为社会灵活就业人员提供了500多个就业岗位，吸纳原企业职工130多人。截至2008年底，入驻的各中小企业增加固定资产投资1200多万元，生产制造能力有了大幅度地提升，已形成了给大型企业重点产品配套的工业园区。

【兰州高新技术产业开发区西固石化产业园】 位于兰州市西部，距市区中心约18公里，与七里河区、安宁区相邻；距西北部的永登县城约70公里；与中川国际机场相距50公里。对外高速公路联系便捷。兰西铁路、兰州中川空港，为园区提供便利的对外交通。水、电、燃气、暖气等配套齐全，使园区具备良好的基础设施。

园区规划面积12.71平方公里。产业园区按规划在功能上分为四个区：一是精细化工产业区，主要依托兰州石化产业调整的需要，大力发展精细化工产业，使之逐渐成为西固、兰州新的经济增长点。二是环保产业区，主要依托上游产业的废料作为下游产业的原料，以循环经济的理念来统筹规划区建设的原则，积极与大西北经济圈周边地区产业基础形成配套，参与国际竞争，成为环保产业领域技术创新、高新技术产业化、国际合作、产业发展的基地和示范园区。三是现代物流产业区，结合远期铁路线集中布置在规划区北片，借助现代物流管理技术，充分发挥铁路和高速公路的优势，为科技园其他产业的发展提供良好的物流管理通路，降低产业发展的成本，更好地促进园区内企业的发展，同时更好地促进产业园区参与周边整个地区的产业链的发展。不仅为规划区产业服务，也面向兰州市域各产业提供物流转运等服务。四是研发展览管理区，主要是建设石化新材料孵化基地，发挥和提升西固区形成的石化工业、人才、科研、成果等方面的优势，形成新的创新企业集群和新的经济增长点。

兰州高新技术产业开发区西固石化产业园以培育技术密集型企业为重点，以精细化工、新材料加工为主，发展石化产业链延伸项目，并依托兰州石化和城区现有的基础设施，建设大型石化交易市场和信息服务市场，是集石化产品生产、经营、仓储、服务为一体的石化产业区，力争成为全国有影响的循环经济典型，进而把西固建设成为西北最大的石化基地、石化原材料及产品集散地、国家级新材料产业基地。

城市建设与管理

城市规划

【概况】　2009年，全市规划管理系统深入学习实践科学发展观，按照省委“中心带动”战略和市委“1355”总体思路，全面落实保增长、保项目、保民生的总体部署。坚持“科学规划、统筹城乡、适度超前、体现特色、合理布局、完善功能、提升形象、协调发展”的科学规划要求，坚持“显山露水增绿，节地减排宜居”的老城优化原则和“办快、办好、办妥”的服务效能原则，全力推进科学编制规划，依法实施规划，严格监控规划，初步实现了“六个新突破”。即“战略规划研究”引导城乡发展的新突破，“城市总体规划修编”引导城市科学布局的新突破，“城乡总体规划编制”开创全域兰州、城乡一体的新突破，“抽疏战略”引导老城优化的新突破，“数字规划”引导规划方式更新的新突破，“技术导则”引导规划制度创新的新突破。全年组织完成重大规划研究、规划编制任务24项，出台规划管理部门规章4部，审批建设项目826项，批准建筑面积415.42万平方米，拉动投资500多亿元，保持了全市GDP两位数的增长。

【城市总体规划】　继续做好兰州市第四版《城市总体规划》修编工作。邀请中国城市规划设计院、清华、北大专家学者，重新审视兰州在国家发展战略和区域格局中的地位，开展了对兰州区域、空间、产业、交通、气象、资源环境的综合研究。进一步确立了“中心带动，两翼齐飞，组团发展，整体推进”的大格局战略，“一心五带两圈”的大兰州设想，“一心五片环城组团”的大空间布局，“一河两翼三城四片”大中心优化的全域兰州、协调发展、整体推进的规划战略。提炼了“西北中心、国家基地、综合枢纽、黄河明珠”的新定位。探索了“点轴增长组团都市区”与“圈层推进带形经济圈”相结合的城市空间延续与跨越相结合的发展战略，“承东启西、沟通南北、座中六联、综合枢纽”的交通战略，“东扩先行，北拓渐进，西出调整，南联加速”的梯次发展战略。构建了“战略规划—总体规划—分区规划—详细规划”四个层次的规划体系，以及包括城市设计研究、交通规划研究、山水特色研究等专项规划研究在内的多层次支撑体系。2009年，先后编制《城市综合交通规划研究》和《城市空间发展战略研究》，取得阶段性成果。同时，完成总体规划修编申请报批和修编领导小组调整，召开了全市修编动员大会。市政府批转下发了《兰州市新一轮城市总体规划修编工作实施方案》和《兰州市新一轮城市总体规划修编建议意见》，完成总体规划修编现状调研任务和城市空间发展战略规划研究。

开展兰州市第一版《城乡统筹总体规划》修编工作。城乡一体化是2009年全市的重大任务，在首轮城乡总体规划编制中，在榆中县开展了城乡一体化规划研究试点工作，为城乡统筹总体规划编制研究工作的深入开展奠定了良好基础。年内，先后制定了《兰州市城乡统筹总体规划工作实施方案》，确立了“中心带动、全域兰州、城乡一体、协调发展”的城乡统筹规划理念，明确了编制原则、进度要求，开创性编制了《城乡统筹总体规划大纲》。

【专项规划】　根据规划法规刚性要求和各方面建设的迫切需求，规划部门一手抓控规覆盖修编，一手抓导则应用完善，完成了城关核心区、东岗地区、七里河地区控制性规划编制，雁滩地区、安宁新城区控规修编的完善。针对省市重大建设需要，组织编制了《兰州铁路西客站控规方案比选》、《兰州铁路编组站规划设计研究》、《兰州市道路与桥梁系统优化方案》和《南山路线型规划设计》等专项规划设计，使控规覆盖率达到规划市区面积的79%。

【城市设计】 2009年，组织完成了《兰州市新城公共活动中心规划》（三滩新地标）、《兰州市组团地标景观设计》。积极开展了《黄河风情线景观规划研究》及《重点园区概念性规划》邀标工作。通过城市设计为黄河立传、为黄土传神、为两山铸魂、为城市增色，西部黄河明珠、高原山水名城的个性特色日趋凸现。

【规划管理】 是年，受理建设项目912件，办结826件。核发《选址意见书》43件、《规划设计条件通知书》384件、《用地许可证》393件、《工程许可证》328件（其中市政工程规划许可证75件），批准建筑面积415.42万平方米。全力保障重大项目建设，跟踪服务保障了兰州铁路枢纽工程、中石油西部石油物流中心工程、甘肃国际会展中心、重离子治癌、510所航天基地、省中医院医技综合楼等100多项重大基础设施和社会事业建设项目。重点保障民生项目建设，积极解决了庙滩子危旧房改造工程、五一新村、晏家坪、工林路、五泉南路、店子街等10多项廉租房、棚户区改造项目建设困难；推进了城关区、西固区、七里河区等19个城中村改造安置点建设进程；审核规划建设用地约4980余亩，确保了孙家台、南山路、秀川新村、沙坪村经济适用房小区等低收入人群保障房项目建设29件。开展兰州市地下管线普查与信息化建设工程的前期准备工作，整理了近年来市政工程管线许可档案资料，着重加强了对电力、供热、燃气、给排水等功能性基础设施的资料收集和现场踏勘工作，为我市污水全收集、全处理建设工程提供了有力保障。做好城市景观和建筑色彩的规划管理，全年审查建筑外立面装饰设计方案36项，使杂乱无序的建筑色彩有了新的改善。同时，大力支持了兰州军区政治部、司令部、联勤部、省军区等部队机关建设和官兵住房项目以及驻兰大企业、大专院校、科研机构专业技术人员改善住房条件的项目。

【法规制度建设】 为进一步实现规划管理的法制化、规范化和标准化，坚持"保障城市公共利益与维护公众合法权益"的规划管理原则，从完善规划法规体系入手，坚持推行《规划导则》，不断深化对建筑密度、容积率、退距退界、绿地率、套型面积、日照标准等建筑审批热点、难点问题的深入探讨，积极化解各种矛盾，全力保障各项建设顺利进行。坚持从公平维护居住权和阳光权出发，制定出台了《兰州市建设工程总平面规划管理办法》和《兰州市建筑日照分析管理办法》。为便利居民改善自有住房条件，制定下发了《兰州市关于私房规划审批监管权下放的通知》，简化了私房翻建办事程序。提出了《关于规范榆中和平地区"一书两证"规划管理试行办法》，理顺了和平地区市县共管的规划管理机制。根据建设部和部督查组的意见，市政府常务会议就两个开发区规划分局规范为市规划局派出机构，做出了"四个统一"的决定。这些条规、办法、意见和决定的出台为规范兰州市城乡规划管理提供了科学依据和有效指导。

【规划管理创新】 针对重大建设项目需求，积极采取特事特办，提前介入、上门服务、现场办公等多种方式，优先受理、即收即办、确保"办快、办好、办妥"重大项目规划审批事项，将重大项目"一书两证"必备申报材料由34项简为19项。简化申报手续，压缩办件时限，重大项目建设工程规划建筑方案审定后，直接核发《工程许可证》，并限5个工作日办结。打造"简便、快捷、畅通"的规划审批绿色通道，规划审批周期由原来的85个工作日缩短为60至20个工作日，有效解决了办理周期长的问题，提高了办事效率。2009年，面对时间紧、任务急、缺要件的国家保增长扩内需项目和省市重大项目，创造性试行了"函对函、文对文、证对证"的"三对弹性办件法"，有效破解了困扰多年的建设急需与刚性规定相冲突的棘手难题，有力保障了重大项目建设，受到中央检查组的肯定。

【专项治理】 根据"两办两部"（中共中央办公厅、国务院办公厅、住房与城乡建设部、监察部）通知精神，全面开展了"两领域两专治"活动，即房地产开发领域违规变更规划调整容积率问题专项治理和工程建设领域突出问题专项治理活动，制定了《专项治理工作方案》，完成了自查工作。开展了第二次城乡规划效能监察工作，围绕规划效能监察工作的总体目标，认真开展监督检查，取得明显成效。

【规划监察】 2009年，继续对近郊四区及和平地区的已审批项目和正在报批项目进行全方位、全过程的巡回跟踪检查。对辖区内的建设单位进行逐工地、逐项目核查，发现问题，坚决制止并现场下发《违法建设停工通知书》，对已造成违法事实的建设项目严格依法查处。检查2008年正在审批中建设单位118家；检查2008年取得《建设工程规划许可证》副本的建设单位186家（含2007年接转建设单位），建设项目213个，建设面积2253396平方米；处理违法建设单位66家，6.84万平方米。

【城市基础测绘】 组织开展兰州市地理信息市场专项整治工作，受到国家测绘总局的表扬。完成2009年度市管15家测绘资质单位的测绘成果目录汇交、资质年度审查注册及复审换证工作，对已失去测绘能力的两家单位依法予以注销测绘资质。对市管各单位利用测绘保密成果情况进行了专项检查和地图市场检查、无证测绘查处。编制完成《兰州市地图集》；完成了部分区域1:500，1:1000数字化地形图测绘及更新计划任务，实现了规划区内1:2000数字化地形图全覆盖；完成近郊四区的平面和高程控制、1:2000正射影像图等重点测绘任务。同时，积极促进基础测绘成果的应用与共享。

【数字规划建设】 是年，全面开展“数字规划”建设，完成《建筑规划管理系统》、《网上申报查询公示系统》和兰州市地理空间数据基础设施建设（二期）工程及1:500地理空间数据入库工作。《建设工程规划用地许可证及项目选址意见书办公信息系统》投入试运行，初步实现了数字规划“网上申报、网上查询、网上公示”小三步目标。“数字规划系统”中的《兰州市基础空间数据管理系统研制》研究成果，被省测绘协会评为科技进步一等奖；《兰州市三维规划建筑方案审查系统》被中国城市规划协会评为三等奖。建成兰州连续运行卫星定位服务系统（LZCORS），将空间技术、测绘技术与城市规划相结合，为“数字规划”建设和城市管理现代化发挥了积极作用。

（何　森）

城市建设与投资经营

【概况】 2009年，市政府安排城市基础设施建设项目93项，估算投资总额50亿元。其中，市城投公司承担51项31.4亿元的投资建设任务，占全市计划投资总额的62%。其中，公益性项目23项，投资总额11亿元；经营性项目28项，投资总额20.4亿元。10月，根据项目运作实际情况，市建管委牵头对上述计划做了调整，调整后市城投公司承担46项27.9亿元的投资建设任务，其中公益性项目21项9.7亿元，经营性项目25项18.2亿元。至年底，市城投公司累计融入资金65亿元，归还银行到期本息47亿多元，合计完成项目建设工作量投资30.2亿元，为全年计划投资额的108%。市城投公司与市国土局合作，共同完成土地出让收入21.7亿元，为全年计划目标任务的167%；完成城市设施、资产运营收入7亿多元，为全年计划目标任务的3.5倍。是年，市城投公司研究采用的“高性能聚脂纤维沥青混凝土耐久路面施工工法”获2009年度甘肃工程建设省级工法称号。招投标管理工作深入贯彻落实科学发展观，围绕中心工作，服务于全市经济发展大局，招投标活动规范有序进行。2009年，共完成工程建设项目交易381项，中标金额36.5亿元，节约资金1.7亿元。

·城市建设·

【城市基础设施建设】 是年，为加快续建项目和新建项目的顺利实施，保证工程项目质量、效率和安全，城市基础设施项目建设采取“统一计划、明确责任、专人专项、倒排工期、逐日落实、旬度检查、月度考核”的工作措施。抓紧上年续建工程项目建设，西北出口道路整治，大砂坪北出口道路整治，607号路二期，392—3号道路，金城关东三台1号、2号、3号楼改扩建及装饰工程，马家石沟边坡加固工程，雁滩南河道二期和三期部分工程规划内容已经完工；222号华林路、605号路、606号路、回回沟整治、马家石沟改造、烧盐沟整治工程、欣月湖道路工程、新建过街通道和河口地区三条道路正在进行建设；603号道路拓建工程已完成620米雨污水管道铺设，正在筹措资金，委托高新区管委会及城关区政府进行征地拆迁工作；西关什字周边环境综合治理工程已完成拆迁7500平方米，累计完成投资1.7亿元。当年新建项目中，九州东南出口、石门沟桥加宽工程已完成招标；九州东出口、中川空港园道路、西固公交枢纽站和中心滩黄河大桥等工程项目正在办理前期手续；邓家花园综合整治工程已完成前期立项、可研批复、初设批复、环评、施工图审查、规划许可证办理及招标工作；世纪大道已移交亚行办。

【南山路东段工程】 4月13日，南山路工程开工奠基，东段工程（东岗立交桥至骆驼巷）正式进入建设阶段。南山路东段全长14公里，分为8个施工标段，年初，东岗立交桥、伏龙坪隧道和华林坪隧道3个控制性工程完成招标，至7月，完成其余5个标段的招标。至年底，南山路工程城关区段除民大隧道外已全部开工，东岗立交桥工程路基土方、桥梁桩基、承台、墩柱、盖梁和石砌挡墙等正在施工；同时，完成雨

水管道安装336米，污水管道安装126米，立交桥北侧基础部分基本成型；伏龙坪隧道西口右线已掘进310米，左线掘进210米，仰拱右线完成160米，左线完成110米，右线二衬混凝土完成60米。

南山路工程沿线需拆迁各类建筑物58.2万平方米，东段14公里拆迁总面积约30.3万平方米，涉及住户约3000户，涉及单位116家。至年底，已与住户签订产权调换协议1800余户，与酒钢集团、兰州铁路局、火车站街道办事处、城关区市政管理所、工商银行东岗支行、绿色市场、美高皮鞋厂、省建运输公司、兰州晚报社、五泉街道等29家非住宅签订协议，累计拆除建筑物面积约7万平方米。工程共计完成投资6亿元，其中完成建设投资2亿元，完成拆迁投资4亿元。

南山路建成后，不仅能改善城市南部地区沿线几十万人的住房条件，而且可完善路网结构，分流过境车辆，缓解市区交通压力，缩短城关区、七里河区、西固区间的距离。为确保道路通畅，南山路全线将力争不设红绿灯，通过互通式立交、上行下穿等方式通行，全线计划3年建成通车。

【西固生活污水处理工程】 西固生活污水处理工程设计规模近期10万吨／日，远期20万吨／日。主要建设污水处理厂一座（包括污水处理设施、污泥处理设施、附属及辅助生产生活设施），污水提升泵站一座，污水配套管网34千米。生活污水处理工艺采用改良A2/O法，污水出水控制指标在补充水季节按《城镇污水处理厂污染物排放标准》GB18918—2002一级A执行，非补充水季节按一级B标准执行。工程概算总投资35486.23万元，已到位资金6650万元；其中，中央预算内投资1200万元，主要用于污水厂配套管网建设。年内，已完成污水管道顶管6503米；厂区部分施工总承包和工程监理招标公告已发布；累计完成投资7546万元。至年底，已完成立项、环评、可研、初设批复，完成厂区建设用地规划许可证、规划设计条件通知书及工程规划许可函等手续，正在进行施工图设计、征地拆迁及招标准备等工作。

【雁儿湾污水处理厂改扩建工程】

雁儿湾污水处理厂改扩建工程设计处理规模近期26万吨／日，远期36万吨／日，主要建设污水处理厂一座，厂外泵站及城市污水配套管网。改扩建工程将现有厂区16万吨／日设施改造后达到26万吨／日。该改扩建工程污水处理采用改良A2／O工艺，污水出水控制指标按《城镇污水处理厂污染物排放标准》GB18918—2002一级B标准执行。工程概算总投资37190万元，已完成投资1600万元，其中银行贷款和自筹资金1500万元。10月26日，完成工程初步设计审查；至年底，工程已完成立项、地质灾害评估、防洪影响评价、环评、可研批复、地质勘查报告；完成厂区改扩建工程的土地勘界、建设用地规划许可证、规划设计条件通知书及勘察设计招标等前期工作，正在进行厂区改扩建工程的招标及施工图设计等工作。

【雷坛河区域地质灾害治理工程】

雷坛河周边环境脏、乱、差，存在山体滑坡等安全隐患，雷坛河区域地质灾害治理工程由洪道改造850米、兰阿公路改造810米、华林坪山体加固15000平方米、新建桥梁36米以及河道治理等组成，总投资1.4亿元。项目完成后将改善雷坛河区域兰阿公路桥至西津路区域的周边环境，对防治小区自然灾害有重大意义。至年底，雷坛河区域地质灾害治理工程中华林坪山体加固工程、天然气工程已完成；道路及热力管网恢复部分完成80%；雷坛河桥完成18根桩基钻孔，板梁预制准备工作在同步进行中。

【经济适用房、廉租房和商品房建设】 全年开工在建项目总面积140万平方米，筹措到位资金8亿元，完成总投资17亿元，比上年增长28.6%。其中，在建经济适用房（含廉租房）面积91万平方米，完成投资10.77亿元；综合商业类项目面积35.88万平方米，完成投资4.68亿元；公益类项目面积12.92万平方米，完成投资1.68亿元。完成销售收入3.4亿元，拆迁面积5.2万平方米，安置拆迁住户1279户。东出口拆迁安置房项目、广武门后街广场综合改造项目、榆中和平拆迁安置房项目均已开工建设；邓家花园和静宁路山字石两个综合开发项目正在进行初步设计；榆中和平基础设施及文化中心建设项目正在办理前期手续；定远镇综合开发项目正在筹备销售。中央扩大内需投资项目——红山根四村经济适用房（廉租房）、晏家坪廉租房、砂坪村经济适用房（廉租房）小区、五一新村廉租房4项工程均已开工建设。以上四个廉租房项目计划总投资约为6.3亿元（其中含中央投资9920万元），建设总面积约为25万平方米，廉租住房总套数为4903套，到位资金约1.77亿元，已累计完成投资1.8亿元。

【红山根四村廉租房项目开工】

红山根四村廉租住房项目需建设17栋楼，总规划建筑面积21.68万平方米，其中廉租住房217套，建筑面积12477.9平方米，概算投资3426.73万元。该项目4月7日发布项目施工、监理单位招标公告，5月8日完成招标，7月18日正式开工。项目由兰州冶金设计院有限公司设计，兰州市第一建筑工程公司施工，甘肃方圆工程监理有限责任公司监理。红山根四村廉租住房项目是中央2008年扩大内需项目，也是兰州市保障性住房项目的一项重点工程，其住宅设计突出以人为本的主题，充分考虑低收入群众实际情况，按两居室户型进行设计，室内配套设施完善，建成后满足入住条件，将让群众切实得到实惠。

【晏家坪廉租房项目开工】 晏家坪廉租房项目位于七里河区晏家坪一村，项目建设用地面积6.39公顷(95.85亩)，总建筑面积约19.85万平方米。其中，廉租住房建筑面积10万平方米，总套数1926套，单套建筑面积约50平方米，概算总投资2.65亿元。拆迁安置及城中村改造住房建筑面积6.28万平方米；公建配套建筑面积0.87万平方米；地下建筑面积2.7万平方米。小区由19栋建筑组成，其中17栋楼为住宅楼，1栋楼用于建立幼儿园，1栋楼用于建设商业服务网点。在小区5号—10号楼的裙房内计划建设医疗卫生服务站、青少年活动中心、老年人活动中心、家政服务中心和派出所等小区配套服务设施。项目总工期为3年，计划分两期实施。8月29日，一期工程的5、6、7号楼发布了施工、监理单位招标公告，9月25日完成招标，9月30日正式开工建设。施工单位为中铁二十一局集团第二有限公司，监理单位为甘肃省建设监理公司。晏家坪廉租住房项目是中央2009年扩大内需项目，也是兰州市保障性住房项目的重点工程，是甘肃省为民办的12件实事之一，也是兰州市为民办的15件实事之一。小区建成后将彻底改善低收入群众的生活和居住条件，成为兰州市廉租住房项目的样板工程。

【五一新村经济适用房（廉租房）项目开工】 五一新村经济适用房（廉租房）项目位于兰州市佛慈大街以西，414号城市道路从该小区穿行而过。项目占地约220亩，总投资约6.89亿元，总建筑面积约30万平方米，其中廉租房约12.3万平方米（2460套），廉租房总投资约29520万元，工程由甘肃四建施工。9月，首期5栋楼已办理完前期手续，开始全面动迁。至年底，已动迁1020余户。首期2号楼、5号楼，廉租房3—1区1号楼正在进行基础施工。工程首期计划2011年年底竣工交付使用，二期2012年9月竣工交付使用。

【孙家台经济适用住房项目(经适房、廉租房）8栋楼安置入住】 孙家台经济适用房项目是2006年市政府为解决城市建设拆迁安置实施的重点项目，主要用于安置362号、364号、368号道路、洪门子、西关什字、华林坪山体治理等项目及项目本身的拆迁户。该项目位于兰州市七里河区西津西路以南、雷坛河以西，北临兰新铁路线，西靠华林坪，占地约164亩，总建筑面积35万平方米。项目包括5000平方米廉租房（100套），总投资约为7.04亿元，建设住宅楼33栋。至年底，33栋楼全部封顶,有8栋楼已竣工安置入住，有19栋楼即将交付使用。

（展宗丽）

·投资经营·

【融资工作】 2009年，融资工作面对国家扩大内需、实行积极财政政策和适度宽松货币政策的有利形势，学习借鉴发达城市的成功经验，运用现代金融理念，采取市场化方式，包装项目，挖掘潜力，创新融资模式，拓宽融资渠道。全年融入资金65亿元，保证了重点建设项目资金需求和到期银行贷款本息的偿还。市城投公司与市财政局等有关部门联合制定了《兰州市城市发展专项资金管理办法》，加强了资金管理，规范了资金使用程序。3月，成功发行七年期、年利率5%、额度15亿元的企业债券，募集资金全部用于南河道综合治理工程和市区主要出入口道路改造等重大城市基础设施建设项目。先后利用发债评级信用，取得建设银行搭桥贷款10亿元，农村信用合作联社贷款2亿元，获得国家开发银行对南山路的短期贷款10亿元和流动资金贷款2亿元，通过建设银行和中信银行取得土地储备和工程项目贷款13.9亿元，通过建设银行代发理财产品4.9亿元，取得省政府转移中期票据2亿元，办理其他短贷5亿元，完成开发银行45亿信用贷款中22.2亿元联合贷款的置换工作。市政府分别与开发银行甘肃省分行和建设银行甘肃省分行，就兰州市城市建设与发展项目签订了总计600亿元的长期意向性金融合作协议，并就南山路工程签订了31.8亿元的银团贷款合同。基本实现了项目建设资金融入、使用、偿还、发展的动态平衡，改善了融资结构，拓宽了投融资渠道，促进了兰州市经济社会发展。

【土地储备与出让】 2009年，先后组织开展了韩家河、兰清花园、世纪大道周边、511号道路周边、九州生态园、大砂坪、南滨河路、雁滩、南山路周边以及部分国有企业土地储备项目的前期工作。全年共计协议储备土地5924亩，办理完毕4666.8亩储备土地国有土地使用证，公开出让土地25宗约1876.6亩，实现出让收入21.7亿元。

【15亿“09兰城投债”企业债券成

功发行】 2009年3月19日，国家发改委正式批准“09兰城投债”公开发行，3月24日正式发行，发行规模15亿元，期限7年，采用5%的固定利率形式，单利按年计息，逾期不另计利息。其中，本期债券发行时机选择适宜，成本较低，投资者认购踊跃，15亿元募集资金于3月27日提前划入发行人账户，发行取得成功。4月3日，本期债券将在银行间债券市场上市。本期债券由国家开发银行主承销，所募集资金中的12亿元用于兰州市雁滩南河道综合治理工程和兰州市主要出入口环境综合治理工程项目建设，3亿元用于补充营运资金。兰州“09兰城投债”是兰州市第一支经国家批准发行的城投企业债券。债券的成功发行，标志着兰州市城市建设利用资本市场直接融资取得新的突破，为城市建设破解资金瓶颈，保证重大建设项目实施，加快城市建设步伐，促进全市经济社会平稳较快发展创造了重要条件。

【南山路工程31.8亿元银团贷款合同签约】 2009年9月18日，由兰州市人民政府金融工作办公室主办，国家开发银行甘肃分行、兰州城市发展投资有限责任公司承办的兰州南山路银团贷款合同签约仪式在金城山庄举行。此次银团贷款由国家开发银行作为牵头行和代理行，中国银行、招商银行、兰州银行作为参加行，为南山路项目提供总额31.8亿元的银团贷款。这是迄今为止甘肃省银行界对单个项目提供金额最大的银团贷款，也是2009年甘肃省银团贷款委员会正式组建后成功推出的第一笔银团贷款。银团贷款具有信息分享、风险分散、合作共赢的优势，是国际银行业一种重要的信贷模式和发展趋势，正在被国内越来越多的银行和企业所采用。南山路工程31.8亿元银团贷款合同签约，创造了兰州市城市建设发展历史上项目规模、贷款金额、技术含量和综合效益的四个第一，为南山路建设项目的顺利实施，如期实现建设目标奠定了资金基础。

【兰州市贷款建设路桥车辆通行费正式征收】 2007年，省政府批准兰州市征收兰州市贷款建设路桥车辆通行费，试行期为2007年10月至2009年10月。至2009年10月31日，收费试行期届满，累计收取车辆通行费2.5亿元，全部上缴财政专户。11月6日，省政府同意兰州市正式征收贷款建设路桥车辆通行费，收费期限为20年（2007年10月至2027年10月）。11月15日零时起，按照“严格执法、科学管理、按章收费、礼貌服务、内强素质、外树形象、以人为本、和谐发展”的工作方针，在省政府批准设置的岸门、晏家坪、大沙坪、徐家山、东岗、沙井驿6个次票收费站和高速公路兰州收费站、兰州东收费站2个代征站，对过往车辆开始正式收取通行费。至年低，合计收取1.03亿元。

兰州南山路银团贷款合同签字仪式

【金城关文化风情区经营开发】 金城关文化风情区建设自2008年初东区竣工交付经营开发以来，招商经营工作已全面展开，租赁与自用面积已近20000平方米，续租商户近30家。集餐饮、住宿、会议接待、休闲娱乐为一体的多功能综合性酒店（含清真餐）金城山庄1号、3号楼已开始正式营业，以港式粤菜、新派川菜和陇菜为主营，精美河鲜为特色，并推出西北独家绿色健康鸳盅。叶家台酒店装修工程正在进行；西区工程验收即将结束；东区配电室增容改造工程和部分塌陷路面及地基下沉的修复治理已完成。至年底，金城关文化风情区建设开发项目完成经营收入近500万元。

【住房置业担保业务】 2009年，结合兰州市住房公积金贷款业务的开展情况，采取了将担保收费下调15%的有效措施，全年完成贷款担保金额3.05亿元，实现经营收入408.9万元，实现净利润101万元，各项经营指标与往年同期相比，均有大幅度的提高。

【城市户外广告资源经营】 2009年，明确了兰州市城投公司在兰州市城市户外广告资源经营中的主体地位，该公司克服多种困难，对甘南路、武都路、南关什字地下通道等处的广告箱进行了整体维修，对永昌路户外广告灯箱进行了全面改造，对城区三大出入口户外高架广告进行了公开拍卖，整体改善了以上城市道路户外广告的观感，美化了市容环境。全年实现广告经营收入516万元。

【临时性资产经营工作】 是年，市城投公司充分挖掘在道路施工、拆迁安置、土地储备等项目实施中形成的临时性资产，先后完成拆迁安置空置房出租经营和雁滩派出所等项目的建设与租赁工作，建成临时商铺及营业用房面积2500多平方米。全年临时性资产经营实现收入487万元；水车博览园项目实现经营收入160万元；获得中人公司地下通信管道建设特许经营权股权分红108万元。

（展宗丽）

·招投标管理·

【完善制度规范】 2009年，为了形成公开透明、相对配套、具有可操作性的招标投标管理制度体系框架，以招标投标管理基础性制度建设为重点，积极进行操作性层面相关制度的系统构建。招投标管理局积极配合市政府法制办完成了《兰州市政府投资项目招标投标管理办法（草案）》的论证修改工作，并经市政府常务会议审定通过，即将颁发。制定出台《兰州市建设工程施工招标资格预审暂行办法》，进一步规范了施工招标资格预审活动，在投标入围环节充分体现公开、公平、公正原则，防止明招暗定、串标围标的发生。制定了《兰州市工程建设项目施工招标评标办法》，使评标进一步科学合理，遏制部分投标人通过串通一致抬高或压低投标报价取得中标的违法行为。统一招标投标信息发布平台，全市建设工程项目招投标信息在兰州建设工程交易信息网统一发布。制定出台工程建设项目招标《投标报名办法》，实行投标报名在有形市场统一进行，对报名时间、投标人资料审核及录入等投标报名活动予以规范，防止招标人排斥潜在投标人问题的发生。进一步完善招标代理机构数据库，已纳入数据库中的代理机构有34家。

【招投标试点工作】 自省上确定在兰州市开展完善工程建设项目招标投标制度试点工作以来，组织起草了《兰州市完善工程建设项目招标投标制度试点工作方案》，以规范政府投资项目招投标管理和完善招投标管理制度为重点，提出了10项重点工作任务和目标责任分解意见。按照切实加强领导，精心组织实施，协调配合，落实责任，按期完成工作任务的要求，全力抓好各项试点工作任务的落实。至年底，列入计划由市招投标管理局负责牵头的5项重点工作，已全部落实。年内还启动了计划进度在2010年完成的部分重点任务，其中《工程建设项目施工招标评标办法》、《评标专家管理办法》已经出台，资深专家库组建工作正在进行。

【提高工作效率】 是年，贯彻中央及省市关于扩大内需、促进经济增长的政策措施和各项要求，加强对招投标管理工作的研究，简化程序，提高效率。建设部《关于进一步加强建筑市场监管与服务保障扩大内需投资建设项目质量和效益的通知》下发后，进一步解放思想，借鉴深圳等发达城市的先进经验，对重大基础设施项目、公益事业项目、民生工程和环境保护项目，通过做好咨询服务、简化前期要件、采取提前截标等方式，提出了在急建项目中加快工作进程、规范运作程序的具体措施，尽可能地压缩招标时限，保证了重大项目顺利进行。切实落实“一次性告知”、“限时办结制”等工作制度。同时，高度重视领导批示件办理工作，做到随到随办、急事急办、快事快办。对办理难度大、时间长，需要几个部门协调办理的批示件，及时提出办理意见，按时办结。年内，12件批示件全部办结。

【提升服务质量】 坚持将服务第一的理念贯穿于招投标管理工作的各个环节，不断完善交易中心建设，进一步规范服务行为，细化服务规范，明确服务标准。修订了《招投标交易日工作人员职责及岗位纪律》、《招投标交易服务工作标准》，明确了交易环节中工作人员的职责。开展服务回访工作，选择一些有代表性的招投标单位、招标代理机构，以发放征求意见表和实地调研的方式，征求市场主体对交易中心软硬件设施、服务水平、办事效率等方面的意见和建议，认真寻找差距，努力改进工作。加强交易信息网、网络设备、监控设备及开标评标等软硬件系统的维护保养，确保各项系统平稳顺畅运行。

（阮翱翔）

公用事业

·城市公共交通·

【概况】 2009年，兰州公交集团深入挖掘运营潜力，全力做好“保增长,保民生、保稳定”等各项工作。实施精细化管理，打造诚信服务品牌，提升科技含量，实现了经济效益和社会效益同步增长的目标。集

兰州公交1路线被全国总工会授予“工人先锋号”称号

团公司总收入达到56000万元，与上年同期相比增收5000万元，其中运营收入达到50120万元，比上年增收6300万元；多种经营收入达到5880万元。更新车辆投资及偿还历年各类欠款 4224万元。

2009年，集团公司被中央文明委授予“全国文明单位”荣誉称号。第五客运公司被中央精神文明建设委员会办公室授予“全国精神文明建设工作先进单位”荣誉称号。职工培训中心被甘肃省委、省政府授予“全省精神文明建设工作先进单位”荣誉称号。集团公司1路被中华全国总工会授予“工人先锋号”荣誉称号。144路被共青团甘肃省委授予“创新创效”先进集体。

【安全防范和国庆安保】 成都公交车燃烧重特大事故发生后，公交集团层层通报了火灾事故情况，开展了“交通安全、工业安全、内保安全、加气站安全”为重点的大检查大整顿。强化交通安全工作的整治，落实完善整改措施，特别是在中高考、兰洽会期间，确保了线路运营的正常和安全；配备专业检查设备，全方位检查全司车辆技术状况，确保车辆安全技术性能良好；通过开展内部安全大检查和天然气加气站、车间等场所大检查，确保内部安全万无一失，防火防盗设施齐全有效，相关人员的安全责任进一步落实。职工培训教育率达到100%，隐患排查100%，隐患整治100%。与此同时，积极做好迎国庆安保工作。全面开展安全大检查、大整顿活动，排查和整改安全隐患；组织全体干部和部分职工上站点线路维持秩序，严查“三品”，确保了公共交通的正常运转；所有运营车辆未发生任何安全事件。同时，认真解决职工群众来信来访、热点、难点问题，维护企业安定团结的局面。

【企业体制改革】 进一步深化企业改革，调整理顺企业机构设置，优化整合企业资源，实行主业经营管理一体化。同时，停止电子公司、建安公司的经营，减轻集团公司负担；理顺广告公司的经营体制，完成广告公司名称变更等事项；汇总整理集团公司整体改制资料，形成了集团公司企业改制验收文件汇编和企业改制相关文件汇编；至此，完成了企业整体改制工作。

【利民惠民】 2009年，新建雁滩大润发IC卡综合业务服务大厅，配备相应的充值设备，保证了市民对IC卡充值的需求。在全市部分客服部安装视屏监控，确保资金安全。分批更新西固、西关等充值点充值设备；与网络公司开展了IC卡代理充值业务，解决在居民区、繁华区IC卡充值点少，分布不合理的问题，增加代理充值点41个，延伸扩大了服务范围。融资更新运营车辆218台，调整、延伸线路23条，加大了IC卡上门服务的频次、范围，完善乘客多刷卡退款工作流程，使公司服务更加人性化。全年上门服务合格率达到99.4%，实现了服务“零”投诉的目标。全年累计办理学生卡5万多张、审核卡3.8万张。乘客遗失卡登记1503张，招领140张。特别是中高考期间，所有使用IC乘车卡的线路，免费让考生乘坐。这些措施得到了社会各界好评，集团公司的社会地位、公益形象进一步提升。

【服务质量和运营调度管理】 兰州公交引导职工树立诚信服务意识、精品意识和创新意识，增强事业心、责任感，推动服务质量不断提升。同时抓职工培训教育的深度，在形式和方法上不断创新，从而达到巩固规范化服务，延伸个性化服务的目的，在全司形成人人为公交争荣的和谐局面。全年接到乘客各类表扬信131件，乘客投诉27起，查处各类违章126起，收缴各类违章乘车卡1440张。“乘客满意度测评”为96.6分，比上年同期上升0.51分。

进一步巩固完善“民主管理，联产计酬”经营管理模式，完善联产计酬考核办法，改变单纯考核圈次的弊端，实现职工自觉参与车队事务，共同维护集体利益的局面，调动了广大职工的劳动积极性和主动性，有效杜绝和约束了线路运营中存在的压车压点等顽疾。今年，兰州公交运营管理呈现几个亮点。一是有42条线路实施了延时服务，其中延时30分钟的线路达到22条，延时1小时以上的线路有19条，极大地方便了市民。二是整合资源，增加圈次，提高车辆周转率，全司16条线路增加了圈次，达到增收创效的目的。三是根据社会各方面的要求，开通了12条学生专线线路，方便了学生出行，满足了群众需求。四是优化线网结构和部分线路站点，发挥线路最佳效率。全年调整、延伸线路13条，对运力资源进行了有效的优化配置，取得了较好的效益。五是根据雁滩地区公交线路的分布及停车现状，进一步解决车辆马路上掉头、马路边停放的问题以及职工喝水难、如厕难等问题。六是结合创建工作和整治活动，整修粉刷了兰州车站的护栏、进车车道。粉刷调度室、站房53间；维修、清洗、更新候车棚、公交站牌分别为420个和1228块，更换站牌玻璃976块，更新新型公交候车棚200多个。改善了公交外部环境，提升了公交整体形象。

【车辆技术管理】 加强天然气加气站的日常安全管理和设备维护、证照审验等工作，确保加气站的正常运转。3月份，通过了甘肃省锅炉压力容器检验研究中心对加气站的年度审验；6月和11月，两次组织加气站管理人员和操作人员进行安监复审培训，并安排了天然气加气站消防应急预案的演练；向省安监局申请并取得5座加气站《危险化学品经营许可证》，同意公司加气站对外开放加气，时间延长至2012年。按照国家特种设备安全技术规范要求，完成了天然气车用气瓶审验及报废气瓶处理等项工作，审验完成率100%，确保公司车用天然气钢瓶的安全使用。目前全司5座天然气加气站各项制度落实、容器仪表定检合格、操作人员持证上岗、设备运行良好。

【公交智能化建设】 完成现有自动收费系统的升级改造和设备维护，安装并使用建设部密钥管理系统，对数据库和小型机进行了资源优化，解决充值点出现线路异常的情况。并对升级后的售充程序按照需求再次更新升级，对银行的自助充值业务进行升级改造，提高充值业务的安全性，维护公司的利益和信誉。目前，自动收费系统运行良好。与此同时，开通并整合代理充值业务和一体机自助充值系统，修改现有的后台数据库，保证代理充值业务的正常开展。开通纸卡与异型卡业务，为IC卡发售业务增添亮点。减少工作环节，提高工作效率，一次完成初始化和售卡工作。同时，与郑州天迈合作开发高效智能的GPS调度系统，于2009年7月在1路、9路77台车上安装了GPS硬件设备，并在调度主站安装智能调度系统，实现了数据估算向GPS智能精确统计的转变。

（颉永军）

· 城市供水 ·

【概况】 2009年，兰州威立雅水务集团有限责任公司（以下简称兰威水务集团），已由中西方的文化磨合转向各级管理与执行力的提高，管理制度完善，开源节流的加强，对萨班斯法合规性认真执行的一年。年内企业供水生产能力138万立方米，全市DN75毫米以上的供水管道总长698.4公里，附带9座加压站和18座清水库，日调蓄水能力4.4万立方米。供水用户（结算水表）8953户，供水人口225.73万，供水普及率(城市规划区内)为93%(不含单位自备水源)。水质综合合格率、管网水质综合合格率、出厂水质综合合格率、管网水压力合格率、出厂水压力合格率等服务和质量指标均达到并超过《兰州市城市供水特许经营协议》约定指标。3月被甘肃省质量协会用户委员会授予“甘肃省用户满意服务企业”。年内，企业被中国水协企业文化委员会授予“企业文化建设突出贡献单位”。

【水量销售】 受全球金融危机的影响，加之部分企业节能降耗和11月份水价上调，导致工业用水比去年同比下降9.92%、居民生活用水下降2.9%，全年售水量20396.23万立方米。年日均售水量57.39万立方米。其中：工业一次水2895.45万立方米、工业二次水2127.48万立方米、工业用水4275.47万立方米、居民生活用水8507.84万立方米、经营服务用水1624.51万立方米、行政事业用水926.62万立方米、特种行业用水38.82万立方米。用水情况：西固区8965.95万立方米、七里河区1968.82万立方米、安宁区1334.9万立方米、城关区7914.07万立方米、榆中县(夏官营及和平镇)212.49万立方米。

【安全供水】 2009年，为保证各水厂加氯间的安全运行，制定了四个水厂加氯间改造项目。针对水厂和管网的维护管理，现已推行技术性设备的维护管理体系。加强以预防为主的维护管理方式，平时注重机械和设备的定期维护保养，最大程度降低设备因故障而停机现象的发生。全年发生各种口径的城市供水管道故障119次，每次爆管都能得到及时的抢修和恢复供水，抢修及时率达100%。3月4日西水东调北线西固合水北路DN1400毫米的供水干管突发故障，导致东市区降压供水，高坪边远地区停水。兰威水务集团立即启动“供水突发故障快速抢修应急预案”，经过25小时奋战，提前恢复供水，低于《兰州市城市供水特许经营协议》48小时时限的要求。

【供水客户服务】 2009年，受理接水登记341户，其中现场勘查340户，新建用户214户，改装用户42户。来电、来访用户463户，其中来访373户，来电90户。供水客户服务热线“96766”全天24小时开通，为广大群众提供新用户申请接水，老用户增容管道改造、工程设计、用水咨询、投诉、来信、来访等全方位服务。用户申请用水量135万立方米/月；全年供水服务热线接听用户来电11763次；受理市长专线电话转办39件，答复人大议案、政协提案6件，群众来信11件。办理用户内部二次供水系统清洗消毒合同20份，总容积4196立方米。校验用户内部智能水表3508块，受到用户欢迎。12月25日，举行用水客户座谈会，集团公司领导与来自全市重点企、事业单位、街道社区的60余名代表及市政府有关部门领导、新闻媒体的记者进行了交流座谈，并对提出的意见和疑问一一做了答复和解释。

【水质检测】 作为国家城市供水水质监测网兰州监测站—兰威水务集团水质检测中心，2009年，对出厂水检测1800项次，管网水检测2540项次，源水检测1767项次、高地水库水检测324项次。另外，为了内部控制水质所做的水质分析11880项次。根据国标而做的管网水质分析项目达标率为99.99%，完全达到和超过《兰州市城市供水特许经营权协议》第15条兰州市人民政府对兰威水务集团水质考核要求。年内水质中心参加国家建设部组织的全国水质分析质控考核，取得优异成绩；参加威立雅总部组织的全球水质分析比对工作，22个检测项目均取得优异成绩。为了让市民及时掌握兰州自来水水质状况，兰威水务集团每月月初定期在《兰州晚报》、《兰州晨报》、《鑫报》公示上月的城市供水水质，接受社会监督。

【安宁新增供水工程】 随着安宁区经济发展，区域内用水矛盾日益突出，全区日缺水2万立方米。为缓解安宁经济开发区用水紧张状况，兰威水务集团投资350万元，从2月下旬开始组织实施第四水厂现有生产能力的挖潜改造工程，改造营门滩水源地电气线路，安装3组供水泵组及配套电器设备，敷设直接从第四水厂到开发区的专线DN600毫米输水管道1.6公里，增加安宁区日供水量7000立方米，经过50多天的奋战，终于圆满完成按期供水。此项工程的完工，改善了安宁供水基础设施，使安宁区日供水量由原来的3.6万立方米增加到4.3万立方米，缓解了经济开发区雪花啤酒厂、莫高、康师傅矿泉水等驻区大户企业用水紧张状况，对促进安宁区招商引资起到积极作用。4月15日，兰州市国资委、建管委、市政府督查室、市长专线办、安宁区委、区政府领导和兰威水务集团各方领导和员工150余人，参加了日增供水工程竣工仪式，安宁区委、区政府向兰威水务集团赠送了“甘露润安宁、深情助发展”的牌匾。

【榆中和平镇供水工程通水】 8月28日，投资2000多万元的榆中和平镇供水工程，在兰威水务集团项目中心、远程供水公司、建设工程公司、计控中心、供水服务公司等单位的紧密配合和共同努力下正式通水。和平镇供水工程主要包括东岗、和平镇及和平中途3个加压站工程和敷设DN500毫米的输水干管17公里，设计日供水能力3万立方米，和平镇供水工程通水后，为当地经济发展和人民生活提供良好的基础设施，有效解决了和平镇经济快速发展中的供水制约及当地居民生活的用水困难问题。

【水源保护区扩大】 2009年，经省、市人民政府批准：兰州市调整城市生活饮用水水源保护区范围，一级保护区水域范围为兰威水务集团第一水厂1号取水口上游3000米至2号取水口下游100米的河道水域；陆域范围为水域范围沿岸纵深50米范围的陆域；保护区沿河道长度3.56公里，面积0.92平方公里。二级保护区水域范围为兰威水务集团第一水厂1号取水口上游到新城黄河桥至2号取水口下游300米的河道水域；陆域范围为二级保护区水域沿岸纵深1000米范围的陆域。保护区面积为33平方公里，沿河道长度14.75公里。另外，鉴于第三水厂马滩、崔家大滩地下水源地水质污染严重超标，不符合饮用水要求，决定取消“两滩”水源地。同时第四水厂营门滩地下水源地做为应急备用水源地。

【水价调整】 10月16日，省发改委正式批复调整兰州市城市供水价格。22日，兰州市人民政府举行城市供水价格调整新闻发布会，从2009年11月起，居民生活用水价格每立方米（下同）由1.45元调整为1.75元；行政事业用水由1.76元调整为2.50元；工业用水由1.90元调整为2.53元；经营服务用水由2.50元调整2.80元；特种行业用水由10元调整为15元；工业一次水由0.60元调整为0.80元；工业二次水由0.9元调整为1.20元；另外，居民生活用水每立方米加收0.5元的污水处理费，其他用水每立方米加收0.8元的污水处理费。

【关闭自备水源】 为遏制水源浪费和流失，保证市民饮水健康，兰威水务集团成立关闭自备水源办公室，落实兰州市人民政府《城市供水管网覆盖区域关闭自备水源实施方案》，2009年是全面落实方案的第一年，经过多方努力，完成自备水源改造工程，截至10月底，已正式关闭甘肃武警总队医院、甘肃省中医院、青岛啤酒甘肃农垦股份公司（原兰州啤酒厂）、兰州电机厂、甘肃省建筑总公司生活服务公司、兰州机车厂第四福利区6家自备水源。龚家湾地区上述单位的职工和市民，饮用上了清洁卫生、水质一流的城市自来水，日用水量2千立方米—3千立方米。

【取水口申报国家工业遗产】 2009年1月，兰威水务集团第一水厂取水口在全国工业遗产普查中被兰州市文物局列入《兰州市工业遗产图录》，2月3日，国家文物局局长单霁翔在甘肃省和兰州市文物部门领导的陪同下，在第一水厂取水口参观调研原苏联援建的取水口(构筑物保护完好，至今仍在发挥作用，这在国内也是少见的)，要求申报保护。8月18日，省市文物部门领导和考古专家来第一水厂取水口实地考察，对兰威水务集团水之韵展览馆保存的俄文历史档案文献和苏联制造的老供水设备（施）文物予以充分肯定，并对第一水厂取水口申报国家工业遗产的材料提出了宝贵意见，兰威水务集团档案馆按照领导和专家意见进行修改完善，9月1日，正式申报第七批国家重点工业遗产，对国家级工业遗产进行文物保护。

【一届四次董事会在兰州召开】 12月10日，兰威水务集团第一届四次董事会首次移师兰州召开，这是2007年8月正式组建成立中外合资经营企业以来，中外双方董事会、监事会成员的一次重要会议。会议就2009年企业经营状况、2010年经营计划、有关执行层人事调整安排、部分子公司重组事项以及其它重大事项和议题进行审议讨论并做出决议，会议结束后，又安排高管执行层与中层管理人员进行会面、交流。

【科技创新】 5月15日，兰威水务集团成立了由甘肃省经委等六委厅认定的企业技术中心，通过投标，获得省、市科技支持经费115万元。《兰州城市水环境综合治理研究》等7项研究成果，通过了省科技厅科技成果鉴定；《制水生产调度系统自控数据整合平台的应用技术》、《大口径输水管道不停水检修应用技术研究》通过了省经委新产品、新技术鉴定；在企业内部征集科技创新项目和发明创造成果，与省科协共同评出23个集体奖和74个个人奖项目。2009年，获得国家专利总局授权的专利16项，12项新型专利获准专利实审。

（胡国强）

·城市燃气·

【概况】 2009年，兰州燃气集团深化企业改革，加强企业管理，抓好安全生产，拓展经营领域，保障了兰州地区天燃气稳定供应。SCADA系统建成投运，员工培训中心建成投运，LNG项目全面开工建设；临洮、榆中、皋兰、永登天燃气公司注册组建，临洮天燃气工程已开工建设。至年底，全市累计建成高中低压燃气干线1847.25公里（阀井3125座），门站7座，阀室2座，调压站65座，调压箱（柜）3007台（座），形成资产15.3亿元。拥有居民用户523797户，餐饮用户2412户，锅炉用户1738户，茶浴炉用户460户，工业用户96户，CNG加气站用户13户。全年销售天燃气5.52亿立方米；完成各项销售收入8.36亿元。

【安全生产】 兰州燃气集团通过宣传教育，强化责任，狠抓落实，继续保持了安全稳定的供气局面。全年开展“安全生产年”、“安全月”等专项活动30余次，组织应急演练21次。重点组织了国庆安保，宣传了7月1日颁布实施的《兰州市城市燃气管理办法》；全年发放安全宣传材料30余万份，参与安全宣传活动400余次，上门入户宣传28万多户；举办各类安全培训教育54场次，员工参加安全培训教育2200多人次。健全安全管理制度，修订完善各项安全管理制度12项；集团公司与各子、分公司和各施工单位全部签订并落实安全生产责任书，签订安全责任书37份。已建立四级安全检查网络，覆盖了兰州市天然气营运的各个环节，全年组织日常检查52次，节日检查10次，重大事项检查4次，查出安全隐患134项，整治各类安全隐患644项，抢险抢修应急出动178次。投入600多万元进行管网技术改造，利用外资引进的管网检测车等高科技安全检测设施已投入运行；推行的全员安全风险抵押金制度等已在安全管理中发挥着重要的作用。重点确保了冬季大气量供应，克服全国“气荒”影响和兰州天然气需求量增加的困难，保证了冬季大气量稳定供应。经受住了冬季日供气量高达336万立方米的大气量供应的考验，创出了连续13年无安全责任事故的最好记录。

【重点项目建设】 2009年，燃气公司利用西班牙政府贷款建设的日处理能力为30万立方米的LNG项目，于4月3日举行了开工奠基典礼，项目安评、环评、规划选址、土地预审等已获得审批；国外引进的包括储罐、压缩机、冷剂换热器、冷箱等设备已运抵现场，国内配套设备材料全部招标完毕正在按工程进度供应；全部施工、监理招标工作已完成；储罐安装完成总工程量的

兰州天然气城市管网改建工程开工奠基仪式

50%，总工艺装置土建工程完成总工程量的70%。利用外资引进的数据采集及监控信息系统（SCADA系统）已建设完成并投入运行。利用外资引进的输配系统设备、管网安全检测设施已经建成投运，在管网系统改造和日常安全检测中发挥着重要作用。大滩加气站现已完成装置打压、消漏、润滑、工艺管道设备吹扫以及单体试车，各项生产准备工作已基本就绪；九州加气站正在办理开工手续。

【企业经营】 集团公司着力培育新的经济增长点，取得了显著成效。全年新发展居民用户54637户，发展公福和锅炉用户474户。新用户的增加，有效拉动了全年天然气销售量和各项经济收入的提高。在继续抓好兰州地区燃气管网填平补齐建设、不断开发用户市场的同时，成立工作机构，落实专职人员，对皋兰、榆中、永登、临洮、清水等地进行市场调研，与当地政府合作开发天然气市场。临洮天然气有限公司已于2009年6月18日正式注册成立，临洮天然气管网工程、气源站工程分别于7月28日、11月18日正式开工建设，至年底完成燃气干线建设3.5公里，签订用气意向居民用户8000多户，安装居民用户460多户，为50多户居民用户进行了通气点火；榆中县、皋兰县、永登县项目经市国资委审核批准、市发改委备案，完成3个公司的注册登记；与清水县政府签订了投资建设该县天然气供气工程的意向性协议。临洮等地天然气项目的建设，标志着兰州燃气迈上了跨区域发展的发展之路。同时，为解决向周边市县运输天然气问题。经市场调研，与兰州交通运输有限责任公司、兰州新国线物流有限责任公司合作，利用兰州燃气的资源优势和另外两方的运输优势，共同出资组建运输公司，实现向周边市县的CNG、LNG运输。

【企业改制】 在上年完成有限公司改制的基础上，市政府与中石油昆仑燃气有限公司签订《战略合作框架协议》以后，兰州燃气的企业改制资产重组工作加快了步伐。根据实际，市国企办调整充实了兰州燃气资产重组工作小组成员，调整后的工作小组由市国资委主要领导直接负责，市政府相关部门重点参与，在市政府领导小组领导下具体实施兰州燃气资产重组工作。经市国资委与中石油昆仑燃气充分协商，共同确定了兰州燃气资产重组工作自2008年10月8日开始，按照整理准备、尽职调查、审计评估、商务谈判、合同签约等5个阶段具体实施。市国资委与中石油昆仑燃气自2008年12月16日开始至2009年底先后进行了5次商务会谈，分别就双方成立工作机构、确定实施步骤、选聘中介单位以及资产重组范围、股权转让方式等进行了反复沟通、洽谈协商。至年底，资产重组整理准备、尽职调查、审计评估3个阶段的任务已基本完成。

【燃气服务】 2009年，在继续推行“首问负责制”、“公示服务制”、“保洁服务制”、“一站式服务”等服务举措的同时，集团公司又以实施效率工程、形象工程、品牌工程等三大工程为载体，从提升服务素质、破解服务难题出发，着力解决客户反映强烈、迫切需要解决的实际问题，规范了报装程序；在城关、七里河、安宁、西固等片区设立客户代表，负责各片区用户接待工作，协助用户办理各项安装手续；在客服大厅实施了“一站式”收费，实现了对新用户报装各项费用的集中统一收取。重新整改了“96777”蓝焰服务热线，将蓝焰热线与调度分开后充实人员单独设立，增加的自动语音服务系统，按报修、咨询、投诉等有效分类电话内容，便于准确地回复来电。参加相关部门组织的“政风行风热线”、“阳光行风热线”等活动，及时受理并解决用户反映的有关问题。全年阳光行风热线回复率100%，满意率94%。银行燃气代收费系统经过半年多的酝酿讨论、网络改造和测试完善，于7月1日开始在遍布市区的80余个兰州银行营业网点全面启动，同时新设立的东岗服务站于12月8日开始营业。

新的收费网点的开通，为全市各类用户缴费提供了便利的条件。在星级创建当中，兰州燃气员工提出并实施了多项服务项目：调压箱柜《服务联动卡》服务机制、“安全讲堂”进社区进院落、优质服务社区联动等，在客观上引导和推进了服务工作向纵深发展。兰州燃气的品牌影响力也在进一步提升、扩大。当年，兰州燃气集团被国家标准化管理委员会确定为“国家级服务业标准化试点单位”和“标准化良好行为企业试点单位”。

（路有为）

·城市供热·

【概况】 2009年，兰州市有城市热源1107座，其中：大型热电联产热源2座，集中供热锅炉房120座，联片供热锅炉房150座，自供锅炉房835座；另有燃气壁挂炉用户56737户。全市总供热面积6764万平方米，其中：集中供热面积3779万平方米（含热电联产供热面积1002万平方米），联片供热锅炉房供热面积1639万平方米，自供锅炉房供热面积1346万平方米。全市有燃煤供热面积4959万平方米，其中：一类面积(住宅)4032万平方米，占81.3%；二类面积（办公、教学、医院）630万平方米，占12.7%；三类面积（宾馆、饭店、招待所）114万平方米，占2.3%；四类面积（商业营业性用房、厂房、礼堂）183万平方米，占3.7%。城市集中供热普及率为37.9%。

【启动供热应急预案】 2009年3月份供暖结束后，热管办利用两个多月的时间，深入全市三县五区100多座主要集中、联片供热站，围绕当前困扰供热行业的重点问题，开展了以“建立和谐供热关系的实践和思考”为主题的调研活动。6月2日，又向全市集中、联片供热站印发了《切实做好夏季供热设施检修保养工作的通知》，要求各供热站在10月底前完成所有锅炉设备检修维修，并做好冬季用煤储煤工作；为检查《通知》的落实情况，热管办先后三次深入全市供热站检查燃料储备、设施检修、设备维护等情况。2009年10月29日，接到兰州中心气象台预报，受新疆冷空气东移南压影响，兰州市从10月30日起开始出现降温、吹风天气，预计气温骤降，最低气温将降到零下2℃左右。热管办及时向市政府、市建委报告，经市政府研究决定，启动了《兰州市城市供热应急预案》，从11月1日正式开炉供暖。热管办接到通知后立即向全市各供热站发出紧急通知，召开全体职工大会，分三组加班加点对各供热站的供热准备、储煤、用工等情况进行了全面检查和动员，各供热站克服一切困难，按时或提前供热。

【兰州市供热协会成立】 2009年7月8日，兰州市供热协会筹备组在西北宾馆召开兰州市供热协会成立暨第一届会员代表大会。大会表决通过了协会章程和相关规定，选举产生了兰州市供热协会第一届理事会；召开了第一次全体会议，选举产生了第一届理事会常务理事；常务理事会聘请了名誉会长，选举产生了会长、副会长、秘书长和副秘书长。协会的成立，成为政府部门与供热企业等相关企业和热用户信息沟通的桥梁，对进一步整合全市行业内科技、人才、信息等方面的资源，加强供热行业之间，行业和政府之间的沟通与联系，及时交流供热管理经验，传递政策法规信息，维护企业的合法权益，促进行业之间的横向联系，有效增强行业自律，发挥了积极作用。

【科技环保项目】 为推进科技创新，构建环保节能供热机制，热管办大力推进既有建筑分户计量改造工程。2009年6月15日—16日，在城建培训中心举办了兰州市既有建筑节能改造技术培训班，27家集中联片供热站42名代表参加了培训。及时将当年60万平方米既有建筑供热计量改造任务分解到各改造单位，组织相关单位和人员对榆中县供热站已完成的30万平方米改造面积进行了验收。到年底，基本完成了“十一五”期内既有建筑供热计量及节能改造130万平方米改造任务。积极推广应用供热先进工艺技术。为降低管网热损失，实现管网运行节能最大化，在西热东输等供热工程中采用了预制保温管直埋技术。燃煤供热锅炉采用分层给煤技术，增加煤层透风性，促使煤炭充分燃烧，使锅炉平均热效率提高到75%以上。

【供热故障】 2009年冬季供热由于用户管网老化失修等原因，先后发生影响较大的供热爆管事故23起，累计影响约40万平方米的用户采暖。接到事故报告后，热管办主要领导及相关人员立即赶赴现场查看，商定维修方案和措施，协调和督促供热站限期抢修，明确修复时限，突发事故基本在24小时内得到妥善处置，切实减轻了事故造成的影响，赢得了市民好评。

【重点供热设施建设】 2009年，西热东输供热项目建设进展顺利，新建一次供热管网23.8公里×2、热力站14座、新增供热能力165万平方米，完成投资额19090万元。是年，兰州市热力总公司完成了雁滩锅炉房40吨锅炉扩容建设工程，并与二热管网并网，新增供热能力60万平方米。另外，根据兰州市三版供热规划和国家对重大公用基础

设施紧急预案实施应急处置要求，兰州高新开发区应急尖峰热源厂前期工作正在稳步进行，目前，拨地工作正在进行，热源厂采用3台70兆瓦高温热水锅炉，项目建成后可新增尖峰供热能力为210兆瓦。

【行业管理】 为进一步提高热能利用效率，不断改善城市大气环境质量，提高城市供热安全保障水平，指导城市供热工作科学、有序、健康发展，2009年初启动了城市供热规划修编工作，在进行大量基础调查、论证分析等工作的基础上，于7月份修编完成了《兰州市城市供热专项规划（2015－2020)》，经省建设厅审查同意并经市政府批准后开始实施。为了切实提高供热安全水平，增强供热突发事件处置能力，在稳妥推进供热行业改革的基础上，供热站进一步建立健全供热保障机制，研究拟定了《兰州市供热突发事故应急预案》、《兰州市城市供热保障金统筹管理办法》，先后四次邀请兰州大学政法学院、市法制办、市财政局、市建委，对《兰州市城市供热保障金统筹管理办法》和《兰州市城镇供热计量管理暂行规定》进行了认真修改，广泛征求各方意见，现已经市政府批准执行。为了规范供热管理行为，维护供用热双方权益，不断提升供热管理水平，拟定了《行政处罚自由裁量标准目》并上报了市建委；根据《兰州市城市供热管理条例》及《兰州市城市供热管理条例实施办法》的相关规定，制定了《兰州市供热测温管理规定》，印发全市供热站遵照执行。为从源头上抓好供热审批工作，进一步规范供热市场，热管办在原有审批程序的基础上，申报了《需采暖建设项目供热方案核准》流程和《供用热入网核准》流程，完善了建设审批程序。同时，健全了内部工作流程，提高了工作效率，对于申报项目，派人现场了解，依据全市规划，考虑周围热源是否具有联片性、施工图设计是否合理等因素，出具审批意见。截至采暖期结束，共审批锅炉房20座，热水锅炉总容量96兆瓦，蒸汽锅炉26吨／小时，总供热面积168万平方米。

【年度供热保障】 为确保城市供热安全，热管办自6月份以来，集中力量，先后两次对集中联片供热站供热管网维修情况进行了全面调查。主城区内集中联片供热站需要改造更换的管道约265千米，使用20年以上需更换的管网约195千米，需扩径的管网约70千米，二热管网需更换管道200千米，需要更换的管网合计465千米。9月2日，市政府第18次常务会议听取了供热情况汇报，就今冬供热问题进行了专题研究，在财力十分紧张的情况下，由财政预支一部分资金，专门用于供热管网改造维修。热管办坚持“保主保重”的原则，按照供热企业承担社会供热任务的大小，对管网维修提出并上报了具体计划；10月中旬，供热站又协同市财政局工作人员用了三天时间，到19家供热企业现场勘察管网维修情况，拍摄影像资料，建立管网维修档案，经市财政局审查后，管网维修资金陆续下拨。“十一”期间，滩尖子供热站根据热管办的安排，加班加点完成了比科新小区供热管网改造，妥善解决历史遗留问题，赢得小区住户的赞誉，小区群众自发送来锦旗表达谢意。重点管网的及早维修，为进一步提高安全供热水平奠定了良好基础。

2008年供热价格调整时，市委、市政府充分考虑“三无对象”等城乡低收入居民的取暖补贴问题，本着不因热价调整而降低城乡低收入居民生活水平的原则，确保城乡低收入居民采暖支出保持在上一采暖期支出水平，未将燃煤供热价格一次调整到位，全力落实热价补贴措施。一是及时下发《关于调整低收入居民取暖费补贴标准的通知》，进一步提高政府补贴标准，调整后对城市低保对象按照每人每个采暖期230元一次性发给补贴；对享受集中供暖，住房面积在70平方米以下的“三无对象”，按照实际供暖费用，全部补贴；对分散取暖的“三无对象”，按照每户每个采暖期1200元一次性发给补贴；农村低保对象每个采暖期100元一次性发给补贴；城镇低收入家庭每个采暖期100元一次性发给补贴；城镇低收入居民（人均月收入230元—300元的家庭）每户补贴450元。仅此一项市级财政年度补贴额达到了4227万元。二是对2008—2009年度供热亏损政府给予补贴；从稳定城市安全供热的大局出发，经热管办广泛调研，听取各方意见，针对兑现亏损补贴、落实管网维修和强化应急抢修三个方面存在的问题，两次向市委市政府提出紧急申请（5条具体意见）。9月2日，市政府常务会议决定，从今年财政资金中拿出1500万元保障供热，860余万元用于供热亏损补贴，360万元用于管网维修，其余资金用于冬季供热应急保障。至11月份，供热亏损补贴已全部到位，管网维修资金下拨300万元。

【供热服务】 兰州市供热管理办公室积极受理供热投诉，协调供用热矛盾，向全市人民提供供热服务。成立冬季供热保障领导小组，下设现场协调、室温监测、信息简报三个工作组，现场协调组及时协调处理供热投诉问题。室温监测组不定期抽查热用户室内温度并监督供热站保质供热。信息简报组负责编写供热动态简报，下发各供热企业，抄送市委、市人大、市政府、市政协、市建委等相关部门，及时掌握、交流、反馈供热信息。在供暖期间，实行全体干部职工轮流值班制度，保证值班投诉电话24小时畅通；向社会公布供热企业服务电话137个；整个采暖期，每天解答群众咨询问题50多次；受理市长专线电话236件，处理率100%；受理市建管委投诉件20件，重点难点问题督办12个，处理率在95%以上。同时，多形式加大供热政策法规宣传活动。建立落实了新闻协调机制，加大正面宣传，利用兰州人民广播电台“阳光行风热线节目”现场解答听众提出的各种供热问题，利用兰州电视台“民情民生访谈录”节目和市民直接对话，宣传有关供热政策、法规和供热常识，使广大市民对供热有了正确的认识，取得了社会各界的理解和支持。供暖期间，先后向各供热企业下发征求意见稿70份，收回68份，收回率97%；两次邀请离退休老干部、供热企业、热用户、物业公司和街道社区代表参加座谈会，归纳梳理整改意见17条，已经整改落实13条。应对冬季煤价上涨、各供热站燃煤储备不足问题，受市政府委托，及时派人与省交通厅协调运煤绿色通道，赴靖远煤业公司协调解决企业后续用煤，签订了用煤协议书，取得靖远煤业公司每月向兰州市供热企业提供供热用煤的保障，为30多家供热企业解决了燃煤，保证了年度冬季正常供暖。另外，对投诉问题确定专门人员跟踪办理，凡当时能解决的问题当即解决，一时解决不了的及时提出要求，限期解决，基本做到了件件有回复，事事有结果。从上个采暖期的供热情况来看，整体好于往年，供热开炉率超过98%，绝大多数用户室温达到18℃标准，基本完成“提前或按时供热，用户室温合格”的目标任务，保证了冬季供热工作的顺利进行。

（魏菊芳）

城市管理与执法

【概况】 2009年，城市管理工作以科学发展观为指导，全面提升机关效能，巩固上年以交通秩序整治、城市环境卫生整治、市容市貌整治、市场秩序整治、城市道路乱开乱挖整治、大气污染整治为内容的“六大整治行动”成果，突出重点抓管理，盯住弱项求突破，进一步深入开展市容市貌整治规范工作，着力推进主城区立面亮化美化工程，努力促进卫生环境协调发展，市容环境有了新的改观，长效管理有了新的加强。

【规范综合整治】 是年，市城市管理行政执法局对市容市貌方面存在的乱泼乱倒、乱摆乱占、乱撒乱扔、乱开乱挖等问题先后8次组织专项整治。查处、取缔店外店和各类占道摊点14.3万个（次），查处餐饮污染256起、违法开挖及占用市政设施3177起、车辆遗撒污染路面531起、占用公共绿地44起。针对各类促销、夜间超时施工、娱乐场所噪音扰民等问题，在抓好平时监管的同时，在人大、政协“两会”与中考、高考期间先后三次开展集中整治，共查处施工噪声826起、商业噪声2128起，为广大市民的工作生活营造了较好的环境。开展了食品安全、废品回收、洗（修）车场点和校园周边环境专项整治，对重点难点问题组织有关单位联合行动，维护市民的权益，营造良好的市容环境。

【防控和遏制违法建设】 2009年，在城中村改造、道路开发征地过程中，对违法建设问题保持高压态势，继续划片监控，加强日常巡查，定期集中排查。全年拆除违法建（构）筑15.25万平方米；对城市中心区楼顶加盖彩钢房问题实施重点整治，拆除彩钢房55处、1万多平方米，有效遏制了城市中心区一度出现的乱搭乱建蔓延的势头。

【城市亮化美化工作】 是年，城市管理的重点由平面向立面延伸，进一步提升了城市形象。先后对近郊四区6620块大型户外广告牌位的类别、样式、材质全面清查登记，掌握了第一手资料。户外广告、门头招牌、临时占道及促销活动的审批，均可在市政府政务大厅窗口受理，进一步明确了审批程序和设置标准，改进了服务质量。充分利用社会资源，新设公益性宣传广告42块。为迎接国庆60周年，在城市主次干道、主要出入口等重要场所设置临时性“节庆”宣传广告39幅、6310平方米，营造了文明、喜庆的节日氛围。在东方红广场建立数字监控网络和电子宣传平台，提升了城市中心广场形象。稳步推进户外广告有偿出让工作，依据《兰州市户外广告位使用权有偿出让暂行办法》，对可供市场化运作的公共产权户外广告位资源进行了甄别和筛选。加大户外广告整治力度，全年拆除违法户外广告10.38万平方米；对沿街建（构）筑物墙体、门窗附着物、张贴画、广告语进行清理清除；对陈旧污损的墙体进行冲洗、粉刷；对主次干道及繁华地段出现的14万多处非法“小广告”进行了清理。同时，注重从源头上治理乱贴乱画行为，打掉3个假证制贩窝点，抓获8名犯罪嫌疑人，缴获一大批制假工具、模板和假公章、假证件，遏制了制贩假证犯罪势头。积极开展示范街建设，通过规范门头（招牌）、清退摊点、清运垃圾、清理卫生死角，主城区街道立面环境明显改观。黄河风情线亮化工程取得新进展，在实施一期、二期灯光亮

化的基础上，对雁滩黄河大桥和小西湖黄河大桥等重要景点进行补充亮化；编制解说光盘，为沿线亮化单位安装专用电表和亮化遥控装置，全线亮化工作在管理上基本实现"一键控制"，在亮化时限上实现常态化，打造了新的城市夜间景观。

【提升环卫工作质量】 是年，全市各级环卫部门注重一手抓管理，一手抓建设，对322条城市街巷实施日常清扫保洁，做到了主要道路18小时保洁，次要道路12小时保洁，日清扫保洁率保持在95%以上。强化洒水压尘、垃圾清运工作，推进了环卫保洁精细化管理，全年冲洗主干道油污路面98条（次），清洗下水井盖1295个（次），整治沿街门店、牛肉面馆乱泼乱倒行为650多起；对校园周边、农贸市场、城乡结合部、花台绿带等区域的暴露垃圾和卫生死角进行治理，清理卫生死角、脏源点580多处，清运垃圾118万多吨。积极抓好公厕规范化管理，近郊四区19座公厕的管理达到目标要求，被评为"示范性公厕"；作为2009年市政府20件实事之一的新建50座城市公厕已全部建成。加快生活垃圾场建设，其中餐厨垃圾项目厂房主体工程已完成。全年维修果皮箱660个、下沉式垃圾箱20座，保养环卫专业车辆78台，城市中心区环卫设施完好率达到90%。

【城市垃圾收费管理】 2009年3月，城市生活垃圾处理费征收工作正式启动，完成了收费许可报批和机构编制、票据印制、协议签订等工作。为推进收费工作，对收费人员进行业务培训，依托城关区环卫局召开征收工作现场会，加强了经常性的检查督导，全年征收生活垃圾处理费451万元。建筑垃圾排放管理步入正规，明确了建筑垃圾管理的职责、权限、内容、标准及相关制度，实施建筑垃圾排放核准、收费制，清运实行市场准入制，运输实行准运制，规范了建筑垃圾清运的时间、路线和倾倒地点，建筑垃圾运输车辆全部纳入资质公司管理。年内已办理建筑垃圾清运资质14家，发放建筑垃圾排放许可3个，建筑垃圾排放手续114家。加强对乱倒建筑垃圾、私设建筑垃圾处置场等行为的查处工作，全年查扣违规乱倒建筑垃圾车辆150台（次），发出限期整改或处罚决定书80份，对10个违章倾倒建筑垃圾的工地实施了查封。

【落实绩效考核责任】 2009年，采取"每日督办、每周巡查、每月检查、每季度绩效考评、每半年小结通报、年底综合评定"相结合的办法，对近郊四区政府城市管理情况每季度进行绩效考评，促进了属地管理责任落实；将绩效考评方式向远郊县区和市执法局直属大队延伸，推动了城市管理工作整体发展；从严格着装、用车、办理文电、重点工作交办督办等事项抓起，对市执法局机关实施绩效考评，严格落实责任，提高了工作效率。加强执法监督，对各单位落实省市重要工作部署、重大会议决定事项和查处违法建设、户外广告、灯光亮化等问题重点督查；对全系统人员履行职责、行使职权和遵守纪律的情况进行日常督导；对查处行政违法行为时不讲程序、暂扣物品不开凭证、执法车辆不按规定悬挂牌照等问题开展专项整治。

【执法队伍建设】 坚持"三位一体"，加强执法队伍建设。一是抓干部选拔任用，积极探索创新选人用人机制。年初，对机关中层干部实施大面积岗位交流，在直属大队中层干部选拔任用中推行竞争上岗，进一步激活了干部队伍；各县区执法、环卫部门也注意通过中层干部的调整交流、岗位互换和管理人员整合交流，推进了工作互动。二是抓执法业务培训。市城管执法局依托省军区教导大队，利用两个多月时间，对全市1000多名执法队员分五期进行集中培训，使执法队伍的整体素质进一步得到提升。三是抓实际工作锻炼。各县区执法、环卫部门采取以老带新、以会带训、走访观摩、专题研讨、经验交流、岗位练兵、检查评比等办法，提高了城市管理队伍解决自身问题的能力和开展实际工作的能力。

市城管执法局科级岗位竞争上岗理论考试

【深入学习实践科学发展观】 2009年，城管执法和环卫系统围绕“党员干部受教育、城市管理上水平、市民群众得实惠”的目标要求，组织开展了深入学习实践科学发展观活动，推进了城市管理工作的科学发展。学习实践中，注重将党风廉政建设、信访、安全稳定等日常工作结合起来。执法局党组与各县区执法局、环卫局分别签订了包括行业风气在内的城管执法目标责任书，纪检组与三个直属大队签订了党风廉政建设和反腐败工作目标责任书，明确了各级党风廉政建设的目标、责任和要求。同时，重点解决以权谋私、索贿受贿、不讲程序、乱罚乱扣等问题。把信访服务工作摆在突出位置，有效化解矛盾。从依法行政、和谐管理、改进服务方式、增强信访效能抓起。全年接访率与去年同期相比减少35%，803件(次)来信来电来访问题全部办结；办理市人大建议、政协委员提案78件，办结率100%。结合国庆60周年、国内外重大事件和预防暴力抗法等实际，积极做好突发事件预防工作，倡导亲民化、人性化，把着力点放在执法前移、防范问题、为民办实事上，最大程度维护公众利益。研究出台了《兰州市建筑垃圾管理办法》、《兰州市餐厨垃圾收集和处置办法》等规章，进一步规范了城市管理措施。

（毛征宇）

建筑业

【概况】 2009年，兰州市建设管理委员会健全制度，严格建设程序管理。结合兰州实际，讨论修改、论证、制定了《兰州市建设工程造价专业人员管理办法》、《兰州市工程造价咨询企业管理办法》等制度，草拟了《兰州市建设工程监理与相关服务费专户存储管理办法》、《兰州市建设工程“白塔奖”和文明工地获奖工程投标加分激励办法》。加强监督管理，开展“白塔奖”评选活动，引导企业创建优质工程、精品工程。评选出白塔金奖工程5项、白塔奖工程26项，并通过网络和新闻媒体公示。

认真贯彻落实《兰州市工程量清单计价实施细则》，加强建设工程造价和施工合同备案管理。积极做好《兰州建设工程造价指南》和《兰州工程造价信息》的编辑、出版和发行工作，及时发布兰州市预拌砼市场参考价和建筑工程实物工程量与建筑工种人工成本信息。今年办理建设工程招投标标底备案120项，总建筑面积115.4万平方米，总标底价24.75亿元。

【企业资质管理】 2009年，严把行政许可关，认真落实施工许可制度。按照《建筑法》、《建设工程质量管理条例》、《建筑工程施工许可管理办法》和省市各级政府对建设工程施工许可发放的要求，严格审核项目的前期手续，对相关手续不全的项目（招投标、质量、安全、农民工工资保证金等）不予发放施工许可证，并对开工前的工程现场进行现场勘察拍照，较好地督促了工程参建各方履行相关责任。年内办理施工许可证79项，工程造价43.98亿元，建筑面积179.78万平方米。

严格建筑业企业资质审核工作，申办建筑业企业资质130家，依据《兰州市建筑业企业资质管理实施意见》（建管[2008]77号），对申办企业进行了审查。对符合条件的88家申报企业（其中施工总承包6家；专业承包26家；劳务分包企业25家；升级企业6家，增项企业25家）提交兰州市建委分管主任办公会审查通过，上报省建设厅公示，核准发证。全市各类建筑业企业278家（其中施工总承包企业59家，专业承包企业154家，劳务企业65家），在册人数62668人。

【建筑质量管理】 2009年，兰州市建设工程质量监督站接受监督注册项目251项，建筑面积320.3万平方米，监督验收项目95项，建筑面积117.7万平方米，办理竣工备案117项，建筑面积138万平方米，监督验收合格率100%。受理工程质量投诉10起，其中网上投诉2项，市长热线3项，电话投诉5项，目前已处理8起，正在处理2起。发出《廉政承诺书》500份；发出工程质量问题通知书12份，已整改10份；停工通知书2份，已整改2份。

认真落实竣工验收备案制度，对违反国家法律法规和工程建设强制性标准的工程不予备案，不能交付使用，并责令整改，经复查合格后，重新组织验收，有效防止了不合格的工程流向社会。今年，监督验收房建工程56项，建筑面积68.67万平方米，竣工备案60项，建筑面积68.69万平方米；市政工程竣工验收11项，竣工备案12项，验收合格率100%。

2009年，在分户验收覆盖率达到100%的基础上，加强住宅工程的质量控制，防止和克服质量通病，确保主体结构、使用功能和观感质量。不断研究解决分户验收工作中出现的新情况、新问题，加强指导和督促检查，使责任主体自觉按《兰州市住宅工程质量分户验收实施细则》规定开展分户验收，确保分户验收不流于形式、不走过场。

建筑节能质量监管。依据《建筑节能工程施工质量验收规范》（GB50411—2007），严格执行本市行政辖区内设置采暖的新建、扩建、改建的居住建筑，必须在竣工备案

前进行节能专项备案的规定。从建筑节能设计、审图到工程施工，形成闭合监管，确保建筑节能质量，落实建筑节能专项设计、专项审图、专项方案和专项验收“四个专项”制度。

加强预拌商品砼的监管力度。配合省安质监局对兰州市64家建设工程质量检测机构进行了监督检查；对5家存在管理和质量行为问题的机构下发了执法建议书；对兰州市具有预拌砼资质的17家企业分上半年和下半年两次进行质量监督检查工作，对4家存在管理和质量问题的企业下发了执法建议书，目前正在整改处理中。

【建筑市场监管】 积极配合和参与国家对在建工程的质量状况进行的执法检查，对检查发现的问题，及时召集工程质量各方责任分析原因，查找不足，认真落实整改工作，严肃处罚违法违规行为。积极配合国家扩大内需政府投资项目检查组和省建设厅对市政府投资重点建设项目的检查。积极配合协调省厅、市政府、市安委会等检查建设工程质量安全，及时纠正违法违规和不落实强制性标准的建设行为。加强日常巡查、执法检查和专项治理工作。今年巡查在建工程项目568项（房建工程545项，市政工程23项），建筑面积779.16万平米，工程造价122.98亿元，涉及建设单位150家，施工企业104家（外省32家、省内兰外施工企业20家），监理企业51家。经检查无施工图审查的178项，未办理规划许可证的209项，未进行施工招标的190项，监理应招标未招标的252项，未办理质量监督的243项，未办理安全备案的263项，无合同备案的293项，未办理施工许可证的252项。下发《兰州市建筑市场执法检查通知书》27份、《兰州市建筑市场违法违规告知书》18份。巡查远郊县区在建工程项目64项，建筑面积65.92万平米，工程造价6.86亿元。对存在问题比较严重和突出的省属企业4家17个项目、市属企业9家17个项目、外地进兰企业5家11个项目的公司分管领导和项目负责人先后进行了集中约谈，指出了违法违规问题以及依法建设认识上的误区，宣传有关法规，敦促其限期整改完善。2009年4月20日至5月21日，组织市建管办、市质监站、市安监站、市政质监站、市造价站等站办对全市（不含安宁区）在建工程项目进行了为期一个月的综合检查。检查在建项目147项（房建120项，市政项目18项），约占全市在建项目总数的30%。涉及建设单位60家，施工单位53家，监理单位34家。

强化外地来兰建筑企业施工登记，今年，办理进兰施工登记75项，同时，积极配合市、区、街道计划生育部门抓好外地来兰建筑企业流动人口计划生育管理工作，签订计划生育协议70份，进兰施工登记和计划生育协议签订率达到应办理和应签订的100%。充分发挥兰州市建筑业协会的作用，强化企业自律，积极向外省市及其他地州市宣传建筑业企业，出版《兰州建筑业》3期，组织年度安全教育11期、1022人。认真落实农民工工资保证金制度，及时处理拖欠农民工工资投诉问题，受理农民工投诉6起，涉及农民工30余人，金额39万多元，已全部协调解决。

【施工安全管理】 紧紧围绕“安全生产年”开展工作，确立“抓重点、强责任、重治理、保稳定”的工作目标，切实加强建筑安全生产法制体制机制、安全生产保障能力、安全生产监管队伍“三项建设”；扎实开展建筑安全生产宣传教育、安全生产执法、安全生产治理“三项行动”。制定印发了《关于印发兰州市建筑施工“安全生产年”活动方案的通知》、《关于印发兰州市建筑施工安全整治行动方案的通知》和《关于印发兰州市建筑施工安全生产“三项行动”实施方案的通知》，具体部署兰州市建设系统“安全生产年”和建筑施工安全专项整治活动，通过开展建筑施工安全整治行动，全面加强建筑安全生产工作，进一步巩固建筑安全生产稳定形势，杜绝特大、重大事故，遏制较大事故，防止一般事故反弹，确保全市建筑安全生产事故死亡人数不突破市安委会下达的控制指标。着重加大了对施工坍塌、高处坠落、物体打击、触电、机械伤害和塔式起重机、施工升降机、物料提升机、脚手架倒塌等建筑业“五大伤害”事故的重点治理。检查中，注重隐患排查治理工作，重点检查施工现场的临边洞口防护、脚手架搭设、高支模板、土方开挖支护、围墙砌筑、安全用电、起重机械安全装置等执行规范标准的情况。共检查施工现场塔吊266台，施工电梯31台，施工现场脚手架286架。

强化监管责任。年初，与各县（区）建设局分别签订了《安全生产目标责任书》，层层落实安全生产目标，把安全生产责任落实到位。全年筹备召开委系统安全生产领导小组会议四次，及时对安全生产工作进行了安排部署。截至11月17日，检查在建工程493项，面积597平方米；办理开工前安全条件备案138项；发隐患整改通知书83份，已整改82份。发停工通知书34份，已整改32份。办理起重机械使用登记备案271台。

加强对重点时节安全监管，在春节、五一、十一、冬季、特殊天气等重点时节先后开展了“冬季安全生产、落实安全防护设施、安全生产隐患排查、施工工地在用附着升降脚手架安全状况、国庆期间全市建筑安全生产”等专项安全检查，六月份安排市安监站组织开展了以“治理隐患，压减事故，保障安全”为主题的“安全生产月”活动，普及了安全法律法规和安全知识，进一步增强了各级领导和从业人员对安全生产工作重要性的认识，活动期间悬挂横幅累计3400余幅，悬挂宣传标语、宣传画11800余幅，各施工企业主办以“安全生产月”为主题的黑板报500多期。在“安全生产咨询日”当天，累计接待3000多人咨询，发放宣传资料4300多份。

严格危险源点的监控。全面实施施工现场重大危险源公示制度和危险性较大工程专家论证制度。及时转发了《危险性较大的分部分项工程安全管理办法》。根据《建设工程安全生产管理条例》规定，对基坑支护与降水工程、土方开挖工程、模板工程、起重吊装工程、脚手架工程、拆除和爆破工程、以及其他危险性较大的工程等七项分部分项工程，严格安全专项施工方案的编制、审查、审核、审批。对开挖尝试超过5米的深基坑工程、高度超过8米或跨度超过18米高大模板工程、30米及以上高空作业工程和其他土石大爆破工程等分部分项工程，必须进行专家审核。有效地遏制了重大生产安全事故的发生。

继续深入开展好安全生产教育培训工作，今年举办农民工安全夜校66期，培训农民工8506人，发放教材17012本，发农民工安全培训证3526本；举办特种作业人员培训班3期，培训763人；举办企业负责人法律法规知识培训班1期，培训106人。举办两期在兰监理单位安全知识培训班，培训的监理人员总计360余人。

加强建设工程文明施工管理工作。为进一步强化建设工程施工现场秩序，今年年初，根据《兰州市建筑工程施工现场文明施工管理规定》、《兰州市市政工程施工现场文明施工管理规定》，以市政工程施工工地和建筑工程施工工地为重点，加大督查力度，从检查情况来看，兰州市建设单位、施工企业文明施工的意识明显增强，施工现场文明施工的水平有了较大幅度提高，年内申报“文明工地”43项，现场评选检查工作已经结束，现正在复核审查准备召开评审会。

（崔　军）

房地产业

【概况】　2009年，兰州市住房保障和房地产管理工作认真落实国家房地产宏观调控政策，着力加强住房保障、房地产市场管理、拆迁安置管理、房屋安全管理、物业管理、直管公房管理，成效显著。全年新增房屋230.59万平方米，房屋总量达到10210.86万平方米，其中住宅5647.15万平方米；人均居住面积达到14.55平方米（建筑面积为29.1平方米）。是年，为强化职能，兰州市房地产管理局更名为兰州市住房保障和房地产管理局。

【棚户区改造】　棚户区改造是2009年市政府为民兴办的实事之一。是年确定棚户区改造项目8个，由市国资委物业管理公司实施，项目总投资21.7亿元，规划建设面积100.71万平方米。至年底，8个项目全部启动。为确保把实事办好，市房地产管理局制定了棚户区改造实施方案。在方案实施过程中，实行月报表制度，跟踪督促，及时掌握项目进展情况，并与改造项目实施单位签订目标责任书，促进了棚户区改造工作的顺利进行。

【廉租住房建设】　2009年，兰州市新增中央投资廉租住房建设项目5个，48万平方米，9600套。其中，市房地产管理局承担两个建设项目，共计5.7万平方米，1140套。为确保任务完成，市房地产管理局积极与各承建单位协调落实项目建设地点，与发改委、规划、土地、建设、环保等相关部门协调，办理完成了立项、环评、规划、用地等建设项目前期手续。与财政部门沟通，按工程进展拨付廉租住房项目建设资金，共计落实配套资金1.022亿元。与此同时，积极办理申请国家廉租住房保障补助资金的项目手续。是年，中央给兰州市下发廉租住房租赁补贴资金2266万元，实物建设资金1.92亿元，购改建资金520万元。经各方努力，当年廉租住房建设项目全部开工。对2007年、2008年开工的廉租住房建设情况进行督促检查，要求在保证质量与安全的情况下，加快建设进度。针对建设中存在的手续不全、配套资金不到位等问题，协调市直有关部门、县（区）政府，提请市政府召开现场办公会议，专题研究，及时解决。至年底，2007年、2008年的21个廉租住房建设项目手续已基本办理齐全。

【发放廉租住房租赁补贴】　是年，兰州市扩大了廉租住房制度保障范围，由人均住房面积8平方米以下、人均月收入400元以下的低收入家庭扩大到人均住房面积10平方米以下的低收入家庭。经申请、审核、公示，最终确认全市有7797户符合享受廉租住房租赁补贴条件，并将租赁补贴及时全额发放到位。2009年，全市共计发放廉租住房租赁补贴2266.82万元，补贴享受面100%。其中，兰州市近郊四区共计发放廉租住房租赁补贴5579户（城关区1509户，七里河区1630户，安宁区899户，西固区1541户）；

远郊三县一区共计发放廉租住房租赁补贴2218户（永登县414户，榆中县422户，皋兰县370户，红古区1012户）。

【经济适用住房建设】 至年底，政府统建经济适用住房开工建设205.76万平方米，已竣工31.55万平方米（其中孙家台、建兰丽苑一期入住18.5万平方米），正在进行建设的项目面积174.21万平方米，正在办理规划、建设前期手续的约84万平方米。计划总投资60亿元，已累计完成投资32.5亿元。进行了经济适用住房购房资格确认工作，将申请人家庭收入和住房情况通过《兰州晚报》和“兰州房地产信息网”进行公示。经公示，向无异议的2178名申请人发放了《兰州经济适用住房准购证》，申请人届时可凭《准购证》进行配售登记购房。

【其他住房保障工作】 督促已竣工且已销售住房的集资建房实施单位为购房人办理房屋所有权证，年内审核5家单位的办证申请，审核面积6.26万平方米，619户。做好企事业单位职工集资建房项目审批工作，全年受理审核、审批28个单位集资建房项目，审批面积135.54万平方米。8月31日，下发《关于认真做好2010年廉租住房申请审核年审工作的通知》，规定了保障范围、申请时限、具体程序和目标要求，开展了2010年度城镇低收入家庭廉租住房申请、登记、年审工作。推进公有住房出售，按照政策规定，全年审批出售公有住房87套，7448.17平方米；办理公有住房出售产权界定1531套，91263.47平方米。根据建设部《廉租住房档案管理办法》规定，将保障对象的信息资料按照要求一户一档建立档案。要求各县（区）、街道廉租住房主管部门建立相应的资料库和档案室，由专人负责更新和管理维护，并按照国家、省上的要求，及时准确地将年、月、半月、旬共计5大类、14项统计报表及时上报。

【房地产市场管理】 是年，积极应对金融危机对房地产业的影响，及时起草了《关于促进房地产业持续健康发展的意见》，并组织召开了有相关部门和开发企业参加的座谈会，在广泛征求各方意见的基础上，修改上报了《意见》，经市政府常务会议研究通过，《意见》于1月15日下发实施。为贯彻落实《意见》精神，市房地产管理局组织各县、区（开发区）召开专门会议，对具体工作进行安排部署，对房地产市场运行情况适时进行检查指导。《意见》的实施，对促进兰州房地产市场的持续健康发展起到了一定作用。全年完成房地产交易额48.54亿元，代征契税8507.08万元，分别占年目标任务的173.36%和202.55%；房屋租赁合同登记备案150万平方米，同比增长17.74%；房地产抵押登记贷款额74.69亿元，同比增长30.94%。全年发放商品房预售许可证26件，预售面积86.68万平方米，发证率100%。商品房预售合同登记备案5667套，63.35万平方米。

【房地产市场专项整治】 为进一步规范房地产市场秩序，开展了房地产市场专项整治工作。加强对房地产开发企业的管理，重点对开发企业未取得预售许可证非法预售或变相预售商品房的行为进行了查处。对违规销售行为，采取强制措施，责令其限期纠正。注销了甘肃富鑫房地产开发有限公司位于城关区火车站东路138号“兴富苑”项目的《商品房预售许可证》。对甘肃金海天房地产开发公司在未取得《商品房预售许可证》的情况下在红古区进行违规预售的行为进行了查处，冻结其预售资金。

【房屋中介机构管理】 是年，加大对中介机构的管理力度，引导房地产中介机构依法经营，诚信服务，强化品牌，树立形象。市房地产管理局联合市工商局对房地产中介机构中的虚假宣传、违法广告、误导消费等欺诈行为进行了为期两个月的专项整治行动。整治行动中，对群众举报的社会黑中介予以取缔；对证照不全、逾期不办理资质的中介企业下达了限期办理通知书12份；对售房标准面积与实际房屋面积不符或与承诺不符的欺骗行为和利用虚假信息骗取中介费、服务费、看房费等欺诈行为，予以严厉查处。经专项整治，房地产中介市场明显好转。7月1日至31日，对城关、七里河、安宁、西固4区范围内，2008年12月31日前取得兰州市房地产中介机构资质证的中介服务机构及其分支机构进行了年检，参加年检206家。年检结果显示：合格的180家，占87.38%；对未参加年检的26家注销资质。同时，对697名房地产经纪人进行了年检。给已到期的202名房地产经纪人换发了新证。是年，举办房地产经纪人培训班2期，培训180人。中介机构资质登记24件，累计登记发证258件，发证率100%。

【房屋权属登记】 加强房屋登记管理，规范房屋登记行为。根据建设部《房地产登记技术规程》，结合兰州实际，制定了《房屋登记操作规定》，统一了房屋登记程序，对各类登记所提交的要件、收费标准、办理时限等做了详细规定。同时，按照《房屋登记办法》的要求，对现行房屋登记程序做了调整，着力修订登记工作程序和部门岗位职责，实行测绘工作前置制度。按照省住房和城乡建设厅《关于做好房屋登记审核人员确认工作有关问题的通知》要求，认真开展房屋登记人员审核确认工作。按照房屋登记官的确认范围、条件、比例、程序，采取法律法规考核的方式，共审核确认了72名登记官。全年办理房屋权属登记发证25000本，294万平方米，同比增长15%。同时，继续加强产籍管理，规范窗口收件、测绘现场调查、产籍核查、审核审查、档案归档等业务环节的工作。

【直管公房管理】 是年，直管公房租金调整工作进展顺利，市政府第16次常务会议研究通过了提租申请。经市工农业产品成本调查队对直管公房成本监审，直管公房成本为3.155元/平方米·月。8月19日，市物价局主持召开了住户代表座谈会，会议确定直管公房租金标准拟调为2.60元/平方米·月。9月，市房地产管理局会同市物价局向省物价局呈报了《关于调整直管公房租金标准的申请》。经省工农业产品成本调查队对直管公房成本复核，直管公房管理成本为3.04元/平方米·月。之后，省物价局组织召开了住户代表座谈会及相关部门参加的论证会。年底，提租方案报省政府审批。2009年，直管公房共收缴租金897.07万元，完成租金收缴年目标任务的100.6%；收缴欠租23.47万元，完成年目标任务的127%。审批出售国有直管公房82户，其中，一次性购买100%产权的33户；补购30%产权的49户，发证率100%。

【拆迁安置工作】 严格拆迁审批，确保政府重点工程拆迁项目的实施。对南山过境公路等重大工程项目提前介入，做好方案论证，以最快的速度进行审批，并积极做好跟踪服务工作，及时解决拆迁中的问题。领导带队，深入现场，研究解决了国家和省上重点建设项目——省中医院门诊综合大楼项目拆迁中的难题。全年审批拆迁项目26个，拆迁住宅6315户、330695.47平方米；非住宅192家、159458.66平方米；共计拆除房屋建筑面积490154.13平方米。其中，审批城市重点建设项目15个，拆迁住宅3663户，非住宅183家，拆迁房屋建设面积34万平方米。对所有拆迁项目，一一严格把关，依法审批，做到了拆迁计划、用地、规划、资金等手续齐全，补偿安置方案完备。同时，做好拆迁安置专项资金监管工作，资金收缴率100%。全年回迁安置拆迁住户1445户，非住宅25家。实行阳光和谐拆迁，加大依法拆迁力度。坚持先签协议后搬迁，公开补偿政策、补偿安置方案和办事程序。对群众投诉的违法拆迁、野蛮拆迁问题，坚决予以制止。注重保护群众的合理诉求，减少拆迁纠纷和矛盾。全年受理裁决案件104件，通过调解达成协议的53件，下达裁决30件。其中，受理重点项目拆迁裁决申请44件，占全年受理裁决总量的42.3%。全年立案并查处违法拆迁案7件，查处率100%。

【房屋安全管理】 是年，积极做好房屋安全鉴定工作。全年鉴定房屋面积61000平方米。加强直管公房安全管理，从年初开始，市房地产管理局先后6次对全局直管公房进行安全检查。5月16日，九州开发区发生山体滑坡造成房屋受损事故后，立即对存在安全隐患及地质灾害隐患的80余处公房进行全面检查。通过排查，存在安全隐患的公房面积共计30996平方米，涉及住户960户。随即督促相关部门制定方案，采取措施，按轻重缓急维修加固，及早排除险情。对查出险情而不能及时排除的房屋下发危房险情通知书，动员住户尽快搬离。是年，维修国有直管公房58203平方米。其中，中修以上11803平方米；完成屋面止漏46400平方米；更换管道3263米。在全市范围内开展了采煤沉陷区、城市棚户区调查工作。全市采煤沉陷区涉及房屋面积53.52万平方米，6866户；城市棚户区涉及房屋面积197.65万平方米，49413户；为政府决策提供了参考依据。

【农民工住房情况调查】 2月13日起，对全市范围内用工较多的国有企业、物业服务企业和建筑、餐饮、娱乐等行业进行了农民工居住情况问卷调查。接受调查的单位共90家，其中国有企业2家，物业服务企业40家，建筑企业8家，其他服务类行业40家。接受调查2126人。调查显示：农民工居住方式以用工单位提供住房（占调查总人数的57.5%）和农民工自行租赁住房（占调查总人数的42.3%）两大类为主，极少部分农民工在市内已购买住房居住（占调查人数的0.2%）。调查表明：兰州市农民工居住环境差，住房安全性差，配套设施不全，居住面积小。根据调查，市房地产管理局就改善农民工居住条件提出了建议。

【物业管理】 全年新审核审批三级物业服务企业资质46家，到期换证46家。全市有物业服务企业481家，物业托管面积5391万平方米，占全市物业总量的53%。3月15日至5月30日，对2009年1月1日前注册的物业服务企业进行了资质审核（含一、二级），对无故不参加审核的23家物业服务企业登报公告、注销资质；对部分存在问题的物业服务企业提出了限期整改意见，根据整改情况核发资质证书。加快业主大会组建工作，新备案组建业主大会、业主委员会10家。全市已备案业主委员会组织为56家，住宅小区业主自治管理率为35%。积极推行物业管理招投标工作，指导中移物业等物业项目面向社会公开招聘物业服务企业。积极做好《兰州市住宅专项维修资金管理实施办法》的实施工作，使住宅专项维修资金管理更加规范。全年受理申请维修资金单位35家，审批28家，审批金额500.5万元。市房地产管理局、兰州物业协会会同市物价局组织开展了兰州市物业服务企业"诚信企业"评比活动，城关物业公司等25家物业服务企业被授予物业服务"诚信企业"称号。

【法制工作】 是年，《兰州市城市房屋租赁管理办法》、《兰州市住宅专项维修资金管理办法》和修订后的《兰州市城市廉租住房保障规定》经市政府通过颁布实施。《兰州市房屋登记转让及抵押管理办法》已列入市政府重点立法项目。《兰州市商品房预售资金监管办法》、《兰州市存量房交易结算资金账户管理办法》、《兰州市房地产经纪人管理办法》已完成初审工作。全年受理行政诉讼案件37件，受理行政复议案件4起，受理案件复议后未提起行政诉讼，有效化解了行政争议。制定了行政执行责任追究和行政执法评议考核实施方案，进一步提高了依法行政水平。

【信息系统建设】 按照住房和城乡建设部的要求，加快房地产信息系统二期建设步伐。成立了信息系统研发工作业务组和开发组，明确了责任分工和具体研发内容。研究制定了信息系统业务设置方案，明确了信息系统操作界面的登记类别、业务流程设置、重点调整内容、设限方式、登记簿建立方式、缮证方式等内容。经过对信息系统软件的全面测试，10月初，信息系统全面上线运行，各项功能实现了新的登记种类和各类新版权证的缮证、房屋电子登记簿的建立和查询。抓好启用综合业务信息系统工作，与各应用部门签订了目标责任书。直管公房系统全面投入运行，实现了资产、租金的电子化动态管理。整个综合业务系统实现了由开发到应用的全面转型。进一步强化房地产网站管理，完成整体改版任务，建立了信息更新常态化制度，网站信息量、点击率逐步提高。

（薛生和）

住房公积金管理

【概况】 2009年，兰州市住房公积金管理工作着力破解住房公积金发展的重点和难点，积极拓宽住房公积金归集面，提高归集率；加大个人住房贷款发放力度，提高使用率；加快基础设施建设步伐，提升现代化、规范化管理水平。至年底，全市归集住房公积金15.8亿元，同比增长18%；缴存余额57.88亿元，增长率24%；发放住房公积金贷款9.3亿元，同比增长142%；个款余额14.73亿元，增长率84%；实现增值收益4400万元，收益率0.8%；提取廉租住房补充资金500万元，累计提取廉租住房补充资金1781万元。

【住房公积金归集】 是年，住房公积金归集工作围绕"保增长、保民生、保稳定" 的工作大局，坚持关注民生、改善民生，以 "维权"、"扶贫"、"解困"、"扩面" 为重点，进一步规范缴存单位的缴存行为，明确要求各单位按时、足额缴存住房公积金，维护职工利益。制定下发了《调整自由职业者住房公积金缴存基数的通知》，将自由职业者缴存基数按照2008年度社会平均工资进行了调整，完善了个体工商户、自由职业者等个人缴存住房公积金制度。新的计算机管理系统运行后，加强了基层经办人员的归集业务操作培训，通过培训使前台经办人员掌握了新系统的操作流程，确保了住房公积金归集业务的正常开展。积极开展住房公积金行政执法，维护职工合法权益。管理中心积极与社保等其他单位沟通信息，采集相关数据，选定了一批未建及欠缴住房公积金的单位作为执法对象，对部分重点单位进行上门宣传，向208家单位下发了催建、催缴通知书。经过努力，有96家单位已经

兰州住房公积金委托贷款业务工作会

开始正常缴存住房公积金，新增缴存职工5585人，月新增归集额187万元。通过一系列行之有效的措施，全年归集住房公积金15.8亿元，完成目标任务的120%，归集余额达57.88亿元。

【住房公积金贷款】 2009年，积极探索扩大住房公积金贷款规模，采取措施降低政策门槛，先后采取减免个人住房公积金贷款代办手续费、下调住房公积金贷款担保费、提高贷款额度、降低贷款首付比例等一系列惠民便民措施，使住房公积金的政策覆盖面进一步扩大。为应对金融危机对本市房地产业和住房公积金管理带来的影响，在确保住房公积金安全使用的前提下，采取“走出去”上门服务的方式，扩大贷款面，提高个贷率。针对全市住房建设的新情况，主动出击，抓主抓重，抓大项目，承办了一批大的经济适用房项目批量贷款，使个人住房公积金贷款投放在量上有了新突破，个贷率由上年的17.10%提高到24.54%。其中：铁路分中心个贷率为15.67%，永登管理部个贷率达到55.72%，榆中管理部个贷率达到130.16%，皋兰管理部个贷率达到169.26%，红古管理部个贷率达到79.29%，兰州市营业部个贷率达到22.13%；部分县区管理部的个贷率达到或超过了国内发达地区水平。针对职工群众反映办理住房公积金贷款时间过长的问题，积极协调市房地产交易中心派出专人进驻住房公积金业务大厅开展工作，尽最大努力压缩办理时间，较好的解决了住房公积金贷款过程中房地产抵押登记办理时间较长的“瓶颈”问题。出台了《关于大力发展住房公积金贷款业务的若干措施》，为职工购买单位自建的集资建房或经济适用住房提供了快捷便利的服务；放开了对省内住房公积金缴存人在兰州购房贷款的限制；降低了借款人贷款担保费用；适当放宽了“二手房”贷款对产权过户时间的限制；简化“商转公”贷款办理程序；鼓励受托银行大力发展住房公积金贷款业务，有效提高了住房公积金的使用率，住房公积金贷款实现了新的突破。全年发放个人住房公积金贷款9.3亿元，完成目标任务的208%，个人住房公积金贷款余额达到14.73亿元，提高了住房公积金的社会效益。

【住房公积金联名卡】 为了全面提升住房公积金管理工作的规范化、科学化、信息化水平，使住房公积金缴存者能够方便快捷地办理住房公积金业务，兰州住房公积金管理中心与中国工商银行甘肃省分行营业部联合发行“牡丹住房公积金联名卡”，与中国建设银行股份有限公司甘肃省分行联合发行“住房公积金龙卡联名卡”。“住房公积金联名卡”是以银行发行的储蓄借记卡、信用卡为基础，关联住房公积金个人账户信息的银行卡。作为缴存住房公积金的有效凭证，“公积金联名卡”持有者可以通过建行、工行各营业网点的自助查询终端、ATM、网上银行、手机银行、电话银行、网点柜台等渠道，实时查询个人住房公积金缴存账户及个人住房公积金贷款账户信息，还可通过兰州住房公积金管理中心业务系统与工、建两行之间的通讯业务接口实现资金的划转功能，如提取住房公积金、发放住房公积金贷款、归还住房公积金贷款、自由职业者汇缴公积金等。至年底，已发放住房公积金联名卡14.8万张，完成目标任务的148%。

【客服中心开通】 根据住房公积金新系统的要求，学习借鉴外地公共服务部门的现代服务理念，建立了住房公积金语音客服中心。6月29日，开通了住房公积金客服热线4560000，专门招聘配备了2名工作人员，面向全市职工群众提供住房公积金缴存、提取、贷款等政策及相关业务的咨询，并提供公积金账户余额、贷款余额查询服务，进一步扩大了住房公积金的政策影响，提高了服务水平。

【委托业务管理】 为全面加强住房公积金委托业务管理，进一步推进“定点核算，多点营销”的管理模式，调动受委托银行开展住房公积金委托贷款业务的积极性和主动性，做好住房公积金委托贷款工作，12月，召开了首次兰州地区住房公积金委托贷款银行联席会议，通报了2009年住房公积金委托贷款业务开展情况，安排部署了2010年的委托业务工作，印发了《关于进一步加强受委托银行发展住房公积金贷款业务的意见》，要求各委托银行积极拓展住房公积金委托贷款业务，全力支持个人住房公积金贷款工作。同时决定，今后联席会议每年举办一次，更好地促进和完善住房公积金委托业务管理。

【住房公积金业务培训】 是年，先后举办了8期住房公积金业务培训班，对767家住房公积金缴存单位的800多名住房公积金经办人员进行了系统培训，完成了全年的培训工作任务。通过培训，使各缴存单位的住房公积金工作人员在政策水平、业务知识、操作技能等方面均有较大提高，为进一步做好本单位的住房公积金管理工作，推动全市住房公积金管理工作再上新台阶奠定了良好基础。

【中层干部轮岗交流】 为进一步培养锻炼干部、提高干部素质和能力，盘活干部队伍资源，优化干部队伍结构，加强干部监督管理、促进党风廉政建设，提高机关工作效能。根据市委组织部《关于印发〈兰州市市直部门（单位）中层干部轮岗交流实施办法〉的通知》精神，11月30日，兰州住房公积金管理中心对所属11个分支机构和相关处室的11名中层领导干部进行了轮岗交流，中层领导干部轮岗交流率达到64.7%。（卢声白）

环境保护

【概况】 2009年，全市环保系统围绕市委、市政府中心工作，以污染减排为中心，严格管理，主动服务，依法治污，圆满完成2009年的各项工作任务。空气质量优良天数达到64.7%，二氧化硫和氮氧化物浓度达到国家二级标准，冬季空气质量好于2008年；饮用水源水质达标率为100%，黄河兰州段按功能区水质达标率为100%；区域声环境和交通干线声环境质量保持稳定。

【服务发展大局】 积极争取国家拉动内需资金，配合相关部门申报环保项目36项。加快审批进度，开辟项目审批“绿色通道”，压缩审批时限。下放城建项目审批权限，将500万元以下的城建项目环境审批权下放到县区环保部门，同时将93家企业的环境监察（含排污收费）、监测权下放到县区环保部门。加大对外宣传教育工作，对“兰州环境保护”网站进行改版，准确、及时反映全市环保工作动态，进一步推进了政府信息公开。规范了机关处室及局属单位的职能，提高了工作效率和服务水平。

【污染减排】 坚持多措并举，强化督促协调，提前超额完成了年度污染减排任务。2009年，全市减排S02 12095吨、COD5855吨，与2008年相比，分别下降2.6%、6%。建成了大唐兰西热电有限公司9号、10号机组脱硫工程和中石油兰州石化分公司化肥厂锅炉烟气脱硫工程，并顺利通过了省上验收。建成了国电兰州热电公司脱硫工程并投入试运行。全面启动了城区“污水全收集全处理”工程。新改扩建三座污水处理厂工程进展顺利，西固、盐场污水处理厂征地拆迁工作和雁儿湾污水处理厂改扩建进展顺利。完成了大金沟、小金沟污水截流工程，七里河安宁污水处理厂新增6万吨/日污水处理能力，完成了62公里主干管及部分次干管的敷设任务，为2010年污水收集处理率达到95%以上提供了保障。

【污染治理】 加大污染治理资金投入，全年安排3951万元环保专项资金。加强饮用水源保护工作，完成了饮用水源保护区重新调整划分工作，责令位于西固西柳沟一级水源地的5家企业限期搬迁。督促兰州肉联厂等企业完成了污染治理任务。始终把餐饮业综合整治摆在重要位置，完成了1049家餐饮业整治任务，建成了11条餐饮业整治样板街；采取拆除、联片、改造等方法，完成了125台燃煤锅炉清洁能源改造任务。坚持市区联动，分成4个小组，对城区污染源开展拉网式检查，对84户企业实施停产限产，对沙井驿周边地区34家小砖瓦窑实施停产整治。开展农村环保试点工作，完成了永登县中川镇西槽村、红玉村和榆中县三角城乡高墩营村环境综合整治试点工作。加强固体废物污染防治工作，配合省环保厅落实国家财政铬渣处置专项资金860万元，对永青化工厂10295吨铬渣进行了处置。联合城管执法、公安交警部门深入开展噪声污染治理工作，严格夜间施工审批，区域声环境质量保持稳定。

【环境监管】 全市环保系统不断加大环境监察现场执法力度，严厉查处环境违法行为，多次对七里河安宁污水处理厂受纳水体区域290多家企业进行排查，降低进厂污水

污染物浓度。对全市452家小石化企业、仓库、商店进行了全面排查，消除了环境安全隐患。集中整治建设项目环境违法行为，对皋兰金属材料厂等多家未经环评和环保审批的企业进行处罚。加强对“两高一资”企业的监管，关闭企业19家、停产治理9家。加大对污染治理设施监管，全市重点污染源治理设施运转率达到99.6%。加大环境行政处罚案件查处力度，全市执行行政处罚117件，执行率达到100%，罚款83.7万元。严把建设项目准入关，否决了7个不符合国家产业政策或选址不合理的项目。加强排污费征收工作，全市征收排污费4945万元、征收户1536户。对1191件投诉案件和30件提案、议案做到及时查处、答复，办结率达100%。完成了15个辐射项目环评文件审批，对216家辐射工作单位的1089枚放射源、508台射线装置进行了清查，消除了辐射安全隐患。完成了土壤污染现状调查及污染源普查工作，为有针对性地加强监管奠定了基础。

【监察监测能力建设】 市环境监测站具备独立完成35项有机物监测和29项常规监测能力，对于其余45个监测项目，市环境监测站已具备完成其中10项重金属的监测分析能力。2009年9月，在省环境监测中心站的配合下，完成了地表水饮用水源109项全分析监测工作。组织80多名环境监察执法人员参加了省环保厅组织的培训，做到了全员持证上岗。市环境监察局、永登县环境监理站按照《全国环境监察标准化建设标准》，分别达到了西部地区二级、三级标准。完成了中国铝业股份有限公司兰州分公司等7家企业9套在线监测仪器的安装工作。红古区、永登县、榆中县环保局自筹资金，建成了在线监控平台，对辖区重点污染源实施了在线监控。

【处置突发事件】 不断修改完善突发环境事件应急预案，出台了《兰州市环保局关于健全环境突发事件应急处置机制的实施办法》。注重在实战中锻炼环保队伍，组织相关县区环保局直接参与突发环境事故处理。妥善安全处置了兰州飞龙化工有限公司低毒总挥发性有机物意外泄漏事件、发生在西固区的槽车侧翻事故和甘肃聚隆海绵制品有限公司火灾事故等多起突发性环境事件，未造成二次环境污染。加强应急监测能力建设，为县区环保局配发了基本的应急监测设备，切实做到了防范措施到位，应对有序。

【环保大事】 1月8日，国家环保部张力军副部长带工作组检查兰州市水污染防治和水质监测工作。

3月24日，兰州市环保局被国家环保部办公厅评为“2008年度全国环保政务信息工作先进单位”。

3月31日，环保部西北督查中心马国林处长带工作组检查兰州市污染减排重点项目七里河安宁污水处理厂运行情况。

6月1日，中共兰州市委邀请清华大学和环保部4位专家给市委中心学习组（扩大）成员作清洁能源（核技术）辅导讲座。环保部核安全司核反应堆处侯伟处长、环保部核与辐射安全中心副主任汤搏、清华大学核能与新能源技术研究院总工助理郭吉林等专家作了低温供热堆的安全评审情况、一体化壳式核供热堆技术辅导讲座。清华大学核能与新能源技术研究院副院长张亚军现场回答了相关人员的提问。兰州市委中心学习组成员，甘肃省环保局领导和相关处室负责人，市人大、市政协全体领导干部，各县区政府主要负责人和相关部门负责人共计90多人参加了辅导讲座。

6月3日，市环保局向社会发布《兰州市2008年环境状况公报》，公报对2008年兰州市的大气环境、水环境、声环境、固体废物、生态环境状况进行了全面分析。报告显示，2008年兰州市区污染指数从2006年的122下降到91，冬季空气质量是自2000年有空气自动监测记录以来最好的一年，黄河兰州段出境断面首次出现二类水质，集中式饮用水源水质达标率保持在100%。

6月15日，国家环保部办公厅原助理巡视员闫世辉带工作组到兰州市环保局调研环境与经济形势，省环保局办公室计划财务处副处长徐延文陪同调研。

6月29日—7月1日，国家环保部污染防治司司长翟青带领国家重点流域考核组到兰州检查水污染防治工作，省环保厅副厅长董光国，市政府副市长周丽宁、副秘书长郑继祖和市环保局局长潘恩陪同检查。考核组对七里河安宁污水处理厂、西北永新化工有限公司等企业进行了现场检查，听取了市政府工作汇报。

7月9日—10日，环保部西北督查中心二处处长马国林带领工作组对兰州市主要污染物部量减排进行核查。市环保局副局长杜文艳陪同考察。

8月10—17日，环保部西北督查中心弋红卫处长带工作组对甘肃省兰州市等城市“国控重点污染自动监控能力建设项目”进行了检查考核。

8月31日，甘肃省在七里河安宁污水处理厂召开全省污染减排重点项目现场推进会，兰州市副市长姚国庆代表市政府汇报了兰州市“十一五”前三年污染减排工作情况。甘肃省副省长石军、省环保厅厅长冯杰等领导和兰州、白银等五个地州市领导、环保局领导出席了会议。

9月1日，省污染源普查办公室主任、省环保厅巡视员王新中带领甘肃省第一次污染源普查领导小组办公室相关人员对兰州市污染源工作进行验收。市环保局局长陈静、农牧局副局长颜为英分别汇报了污染源普查和农业源普查工作情况。

9月8日，兰州市环境监察局挂牌。省环境保护厅党组成员、纪检组长杨桦出席挂牌仪式并讲话。

9月9日，环保部西北督查中心副主任张军带工作组来兰州市检查兰州飞龙化工有限责任公司污染事故处理情况。市政府副市长吴继德、姚国庆和市环保局局长陈静等陪同检查。

9月17日—18日，甘肃省政协主席陈学亨带领工作组对兰州市南北两山生态建设进行调研。陈学亨要求兰州市政府创新机制，加大投入，推动两山生态建设可持续发展。省委常委、兰州市委书记陆武成，省政协副主席、兰州市市长张津梁和省政协副主席张世珍陪同调研。

9月24日，省政协副主席、市长张津梁带领工作组对兰州市城区污水"全收集、全处理"项目进行督查。工作组现场检查了西固污水处理厂、盐场污水处理厂及配套管网工程，听取了相关部门和单位汇报。副市长吴继德、市政府秘书长魏邦新和市环保局局长陈静等领导陪同督查。

10月12日，甘肃省环保厅环境监察标准化建设验收组对照环境保护部《全国环境监察标准化建设标准》和《环境监察标准化达标验收暂行办法》，对兰州市环境监察局标准化建设情况进行了检查验收，认为兰州市环境监察局已达到国家西部地区二级标准，同意通过标准化验收。

10月14日，省环保厅巡视员王新中带领工作组对兰州市重点减排项目进行了检查，工作组现场检查了兰州市城区污水"全收集、全处理"项目建设现场和七里河安宁污水处理厂运行情况。

10月16日，省环保厅在兰州市西北宾馆召开全省环保系统政务信息培训会议，兰州市环保局和办公室副主任赵新邵分别被评为甘肃省环保系统2008年政务信息工作先进集体和先进个人。

11月5日，环保部西北督查中心主任汪冬青带工作组对兰州市2009年环保专项行动进行督查。市环保局局长陈静汇报了兰州市环保专项行动工作情况。兰州市政府常务副市长吴继德陪同督查。

11月25日，市委常委、市纪委书记徐伟带工作组到市环保局调研。市环保局局长陈静汇报了近年来全市环保工作情况。

11月26日，市委召开常委会，专题听取了全市环保工作汇报。市委书记陆武成对加强大气污染防治工作提出了明确要求。市环保局局长陈静汇报了全市环保局工作情况，重点介绍了大气污染防治工作。

12月8日—9日，国家环保部副部长张力军、环保部环监局局长邹首民带国务院联合督查组第九组来兰州检查2009年环保专项行动工作情况。省环保厅厅长冯杰、纪检组长杨桦，兰州市人民政府市长张津梁、副市长俞敬东等领导陪同检查。

12月16日—17日，省环保厅巡视员王新中带领省政府第二检查组对兰州市2009年省政府环保目标责任完成情况进行了检查验收。市政府副市长吴继德、副秘书长郑继祖等领导和相关部门负责人陪同检查。

12月29日，瑞典卡里克斯市政府代表陈迹先生到市环保局调研交流。市环保局局长陈静就兰州市与卡里克斯市2010年环保交流合作项目进行了会谈。市环保局副局长郑志强、闫子江陪同调研。

（赵新邵）

园林绿化

【概况】 2009年，全市城市园林绿化工作认真贯彻落实党的十七大精神，坚持以科学发展观为指导，以创建国家园林城市为中心，按照全市城建城管工作会议要求，以重点项目建设为载体，以规范管理为突破口，全面完成了各项目标任务。全市共植树54.62万株；种植花灌木282.84万株、草花95.36万平方米，草坪76万平方米，实施垂直绿化1.45万米，摆放盆花134.1万盆；创建"花园式单位"9个、"园林化单位"12个、"绿化达标单位"10个。全市绿地率达到25.07%，绿化覆盖率达到28.17%，人均公共绿地面积达到8.93平方米。

【公园建设改造】 在完成五泉山和白塔山风景区总体规划的基础上，委托上海同济大学建筑设计集团和资深专家完成了白塔山公园古建筑维修复原方案设计，通过了中间结果审查。完成了五泉山公园一期建设项目的委托设计。五泉山公园结合古建筑群申报"全国重点文物保护单位"的契机，对园内41处古建筑进行了测绘、拍照，对公园内的人文景观、古典传说、历史遗存等进行了宣传报道，制作了介绍公园古建筑及文物的电视纪录片《五泉山解读》，进一步挖掘了公园的历史文化，通过了省市文物部门的审查和鉴定。对东大门屋面进行了维修，铺装掬月泉、浚源寺地面230平方米，在山门广场制作了40平方米的立体花坛1组。白塔山公园对云月寺、五角亭、东风亭等处塌方进行了加固，砌筑了块石挡土墙，对出现安全隐患的古建筑进行了加固维修和封闭，实施了法雨寺不稳定斜坡治理工程，完成了挡土墙基础施

工，正在进行锚杆加固施工。回民中学滑坡治理工程也于11月份开工建设，完成了浆砌块石挡土墙的基础施工。同时金城盆景园大门完成了主体工程，花卉市场改造全面启动。对兰州碑林地质灾害治理进行论证，完成了勘探招标工作。全市公园建设和管理水平逐步提高。

【两山公共绿地改造】 徐家山公园后山与石门林场交汇处至石门林场场部修建了4米宽1289米长的水泥混凝土道路及挡土墙、排水沟；徐家山公园修建砖混结构厕所两座，建筑面积148平方米；九州台公园修建了4米宽、2660米长的水泥混凝土道路及排水明沟、挡土墙；九州花园修建钢筋混凝土结构牌坊大门1座，建筑面积为21平方米；生态公益林检测站修建了4米宽、187米长的砼道路及排水沟；大青山改建了水泥混凝土道路503米，道路路面宽度为6米，路基宽为7米。修建砖混结构公共厕所1座，建筑面积70平方米，钢筋砼化粪池1个，铺设了室外管网，修建了100立方米矩形蓄水池1座；金城公园采用花岗岩、透石砖、卵石镶嵌等材料铺设游览广场5181.8平方米，修建挡土墙130米。

【500米服务半径公共绿地建设工程】

城关区南关什字公共绿地和陆都花园公共绿地建设方案已经确定，市土地部门正在制定陆都花园地下空间出让方案，预计明年可开工建设。完成了长风游园改造工程。对园内道路、广场进行了改造，完善了上水及照明系统，修建公共厕所、增设了花架、座椅，栽植景观苗木。

【创建园林城市】 按照全市创建全国文明城市新一轮部署及《兰州市创建国家园林城市工作实施方案》的要求，紧紧围绕开拓绿地、增加绿量，规范管理，完善设施，提升指标的目标，精心组织、积极协调、狠抓落实，创建国家园林城市工作取得了较好成效。兰州园林绿化地理信息系统通过了由省科技厅和建设厅组织的科技成果鉴定，使全市城市园林绿化实现了动态化、数字化、科学化管理；启动了《兰州市城市绿地系统规划》的修编工作，确定由上海浦东建筑设计院与兰州市园林规划设计院共同承担设计任务，已经完成了实地调查、资料收集整理等工作，计划2010年底全面完成；组织了“3·12”植树节和植树周大型宣传活动，制作宣传展板200多幅，发放宣传材料10万多份，接受3万多人的咨询，并利用《行风阳光热线》、《民情民生大家谈》等节目加强了对创建全国文明城市和国家园林城市的宣传；组织了省市党政军义务植树活动。与团市委联合组织了“保护野生动物宣传月”和第十八届“爱鸟周”宣传活动。组织了“读者林”、“康复林”植树活动；创办了《兰州园林》专刊，为加强园林绿化交流合作和研究提供了平台；开通了兰州园林网站，及时宣传创建全国文明城市和国家园林城市工作；组建了创建国家园林城市和全国文明城市志愿者服务队，服务队队员人数达到了485人，结合园林行业实际，开展了引导游客文明游园、义务讲解、劝阻不文明行为、清理绿地卫生、维修服务设施等志愿服务活动，为创建活动的深入开展奠定了基础。

【园林绿化管理】 一是加强了行业宏观管理，明确了管护责任，建立了养护管理和检查日志，加大了监督检查力度，新建绿地及时向辖区政府进行了移交；二是根据全市城建城管工作会议精神，以创建“花园式单位”、“花园式小区”、“园林化单位”、“绿化达标单位”为载体，庭院绿化有序展开。积极协调建设社区绿地，开展屋顶绿化、垂直绿化和破墙透绿工作。全市共完成破墙透绿82处、屋顶绿化18处、垂直绿化1.45万米；三是继续组织开展了全市“十大公园”优质服务竞赛活动和“黄河杯”公共绿地养护管理竞赛活动，丰富活动内容，完善活动载体，规范活动程序，提高了优质服务和绿地养护管理水平；四是建立了全市古树名木电子信息档案，将古树名木的分布地点、生长状况、胸径、高度、冠幅、科属、地理坐标、高程等基本信息输入电子信息档案，建立了完整的古树名木档案，利用地理信息系统建立了古树名木电子地图，并对32株濒临枯死的古树进行了复壮，对其中12株有倒伏危险的古树进行了修枝、加固，消除了安全隐患。

【庆祝建国60周年活动】 为营造喜庆、热烈的节会气氛，为建国60周年献礼，在全市范围内开展了城市园林绿化环境综合整治活动。一是对市区主次干道、重要节点、主要出入口、城乡结合部城市绿地进行了综合整治，全面清理了枯立木和杂草，对植被进行了拉网式整形修剪，清除了垃圾，对破损栏杆进行了油饰、更新，对缺株断档进行了补植，提高了绿化水平；二是在东方红广场、黄河风情线和城区繁华地段、大型公共场地、街区摆放盆花，制作植物造型，装点市容环境，营造节日氛围，共摆放各种盆花68.2万盆，制作植物造型86套（组），悬挂标语226条；三是组织开展了 “金剪子”修剪大赛活动，以丰富多彩的植物造型为国庆六十周年献礼，激发了各管护单位及广大园林职工的积极性，提高了城市园林管理水平；四是举办了“兰州碑林藏甘肃古代石刻拓片菁华展”，展出碑林收藏的汉代至民国遗存在甘肃境内的127幅石刻拓片精品，得到了省市领导和业内同行的一致称赞。

（慕彪彪）

南北两山绿化

【概况】 2009年，南北两山58万亩林地稳定发展，巩固提高，林木保存率全面达标，林业站管护承包机制初步建立，护林防火成效显著，依法管理工作完善提高，生态景观效果进一步增强。58个林业站和94.8%的承包单位，对林地的抚育管护工作都达到了标准要求。完成灌溉面积23.4万亩，完成率达97.23%；灌溉水量达到2576万立方米，超计划272.8万立方米；全年平均灌溉质量合格率达94.58%，全市平均林木保存率79.9%，其中上水造林区为85.3%，三水造林区为76.2%。

【重点项目】 一是全面完成兰州天水路北大门森林景观工程3650亩建设任务。栽植各类苗木43130株；滴灌配套工程投入试运行，发展滴灌面积874亩。二是完成节水滴灌推广面积1500亩，完成重点绿化区的沟窝灌改喷灌、滴灌强化灌溉配套面积1620亩。三是完成了兰州绿色文化博览园区4.5公里行道树栽植和防风林带建设任务，共栽植各类苗木199287株，为逐步形成园林景观奠定了基础。四是完成了皋兰忠和镇崖川至绿博园8.385公里道路建设工程。五是全面完成高削坡生态植被修复与美化工程建设任务，总面积达到72916平方米，已通过了竣工验收。六是完成了三个中日绿化合作项目共计1174亩的年度绿化建设任务。

【科技兴林】 一是完成了黄河中上游生态植被兰州试验区项目的可行性研究编制工作，该项目省委办公厅已上报到中央办公厅、市政府已上报到国务院审批。二是完成两山数字信息系统的研制工作，初步建立了南北两山地理信息技术平台。三是完成了《兰州市南北两山绿化工程生态成效评估》课题的研究。四是调查完成并正式出版《兰州市南北两山动植物资源》，为南北两山生物多样性保护与发展打好了基础。五是由兰州市南北两山绿化工程指挥部与中科院寒区旱区工程研究所联合研究的兰州市郊黄土丘陵雨养生态系统建植技术与模式项目被评为甘肃省科技进步二等奖；六是由兰州市南北两山绿化工程指挥部负责开展的黄河水山地绿化滴灌技术集成技术被评为市级科技进步三等奖；七是积极开展南北两山有害生物防治工作，确保林业有害生物成灾率控制在5‰以内，无公害防治率达到80%以上。

【管理管护】 一是绿化灌溉工作中，先后投入资金834万元，共维修工程145项，维修泵站31座、水泵154台、电机118台、变压器33台，维修、更换各类管道14.21公里，维修各类闸阀2310个，球阀11808个，维修水池181座、闸阀井57座、渠道5880米。研究制定了《南北两山绿化灌溉、水费补贴监督、检查考核办法》，同时为了使检查工作更趋科学化和规范化，购买了土壤含水监测仪，全年共对4.6万亩林地进行了检查，并对886亩林地进行了抽样检测，检测样地涉及154个林班班次，239个小班。截至11月18日冬灌正式结束，全市灌溉面积完成23.3万亩，灌溉面积完成率达到99.57%，由于夏季干旱，增加了一轮灌水，至使灌溉水量达2575.6万立方米，超出计划272.8万立方米，占计划的11.8%，灌溉质量平均合格率为94.58%。与此同时，快速协调解决春灌期间发生的城关区怀洼山主干上水管线爆管，后五泉二泵主干管爆裂，城关区赛池主干管爆裂，七里河沈家岭二泵主干管爆裂4次突发性水毁事件，保证正常上水。二是在2008年试行林业站“三级管理、以站（场）为基”林地管护承包的基础上，积极推行林地管护承包，真正做到山有人看，林有人管。今年在七个县区进行了推广，已有36个林业站推行了不同形式的管护承包，承包人达到245人，承包面积22.14万亩。完成补植各类苗木265.5万株，点播柠条籽种27775公斤，完成林地复整清淤任务5万亩。三是补植造林工作，实施重点地段强化补植项目，主要是中日合作外资项目587亩，城关区罗汉山114亩，七里河区牟家大山473亩，城关区将军山、九州台东坡700亩，安宁区寿仙台、皋兰县碱沟育苗基地250亩，共栽植各类苗木24.65万株，进一步显现了两山景观效果。四是育苗工作，2009年，各林业站新增育苗面积160亩，已累计完成育苗269亩，培育各类苗木630.96万株。五是加强对承包单位的管理。积极建议市政府召开了相关部门和县区领导参加的市长办公会议，下发了纪要，对南北两山林权管理工作进一步明确了职责，为有效解决林权流转这一承包单位管理上的根本性问题奠定了基础。同时，对承包单位全面实行目标管理和考核，2009年，南北两山共有承包单位326家，承包林地总面积16.37万亩，其中已绿化面积15.09万亩，绿化率为92.18%。经综合评比，被评为优秀的承包单位140家，占总承包单位的42.9%，承包面积6.62万亩，占总承包面积的40.5%；被评为合格的单位有105家，占总承包单位的32.2%，承包面积6.73万亩，占总承包面积的

41.1%；被评为基本合格的单位有10家，占总承包单位的3%，承包面积0.25万亩，占总承包面积的1.5%；被评为不合格的单位有71家，占总承包单位的21.8%，承包面积2.76万亩，占总承包面积的16.9%。六是围绕水利工程管理、抚育管护、有害生物防治等主要工作，对护林人员开展了业务知识培训，最多的达到了3次以上。七是在资金监督管理工作中，对市列2100万元管护资金中，有1219.63万元由市两山指挥部与市财政局联合直接下达到了县区，占58%。天水路北大门森林生态景观工程等项目投资，全部执行国库统一支付制度，确保了专款专用，并定期对下属单位和县区指挥部专项资金使用情况进行指导和检查，先后三次邀请和配合财政部门对市两山指挥部及几个下属单位的事业经费及专项资金使用情况、支出进度进行检查，及时发现问题、解决问题。年终，对七个县区2009年财务管理及收支情况、会计基础工作又进行了一次全面检查，对下属单位进行了重点检查，没有发现违规违纪问题。

【绿化执法】 一是从严执法，依法保护林地资源。先后查处了赛驰公司挖砂破坏植被、市建一公司林场未经审批擅自修建建筑物、某村民私自毁损丰泰林场承包林地等多起随意破坏林地的问题；调查处理了千佛山树葬园、榆中徐家山土地开发两个项目大量占用林地的问题；会同民政、殡葬、地税、土地等部门联合执法，查处了在两山林地内乱埋坟、乱卖墓地的现象；二是会同城关区、安宁区和城投公司，对九州生态园、大沙坪土地开发整理项目和儿童公园建设项目占用林地的问题进行了深入调研，为市政府决策提供了依据；三是严格审批开发项目。全年共审批了龙头山林场、省草原推广总站等承包单位申请的17个开发项目，总投资额21520.5万元；四是认真做好养林企业管理及服务工作。年内为13家达到各项指标的养林企业办理了养林企业合格证的年检和发证工作，为7家养林企业协调办理了税收返还手续，返还金额24万元。

【护林防火】 市、县（区）两山指挥部采取超常规措施，严防死守，有效地杜绝了森林火灾的发生。一是市南北两山绿化指挥部和各县区指挥部领导经常深入林区，对护林防火工作进行检查和指导，形成了领导带头齐抓共管的良好局面。二是市、县（区）指挥部、绿化承包单位和林业管理站从上到下，层层签订护林防火目标责任书，把防火任务和责任真正落实到人头和地块。三是在春节、清明、“五一”期间，开展形式多样、内容丰富的宣传活动，为护林防火工作创造了有利条件。四是加强林区火情监测、野外火源管理，采取综合措施进行严防死守。特别是在清明和“五一”期间，市、县区两级指挥部认真开展防火督查，各县区指挥部及时雇用100多名保安人员和300多名临时防扑火人员进驻重点林区，在重点景区和坟区地段及入山路口死看死守，加强防护。同时市、县两级指挥部全体人员在防火紧要期一律放弃节假日，深入林区防火一线进行督促检查，共同防范。五是及时扑救火情。2009年，全年无较大以上森林火灾发生，一般森林火灾控制在了6起，比控制目标减少了2起，过火面积19.5亩，森林火灾受害率为0.034‰，远远低于国家控制指标。

【绿化活动】 4月份与团省委、团市委在兰州绿色文化博览园联合举行了1000多人参加的“情系南北两山，共建绿色家园”—甘肃省暨兰州市“保护母亲河”生态实践活动；积极配合城关区、西固区举行了地方党政军领导的义务植树活动；先后接待了中央党校省部班第四课题组、国家绿委、全国道教协会会长及黄河万里行采访团在两山的视察采访活动；兰州绿博园先后接待参观人数突破万人；全年各新闻媒体宣传报道达到30余篇。

（杨玉荣）

工业

概述

【基本情况】 2009年，兰州市积极应对金融危机带来的严重影响，着力扭转工业经济下滑趋势，使全市工业经济继续保持了平稳较快发展的势头。全市规模以上工业企业504户，其中大中型企业90户、中央企业39户、省属企业55户、市属企业410户。全市工业完成增加值331.22亿元，同比增长9.4%，占全市GDP的35.86%，占全省工业总量的26.5%。其中规模以上工业完成增加值308.17亿元，同比增长9.83%，同比增速回落3.67个百分点；市属规模以上工业完成增加值87.15亿元，同比增长13.8%。全市工业固定资产完成投资173.68亿元，同比增长10.4%，占全社会固定资产投资的34.3%。在建重点工业项目达到152项，其中投资亿元以上的重大项目达到57项。独立核算工业企业实现利润62.85亿元，同比增盈220.77亿元，实现税金187.5亿元，增长174%。全市非公经济完成增加值346.97亿元，同比增长19.57%；新增年销售收入过千万元的非公企业180户，新增年销售收入过3亿元的非公工业企业3户，新增科技成长型企业23户。以信息化带动工业化，以工业化促进信息化已形成共识。甘肃万维、甘肃清华紫光、兰州交大大成自动化公司等一批信息产业的骨干企业发展势头强劲。

【应对金融危机】 加强产业政策调控与引导。组织编印《应对金融危机政策汇编》、《国家十大产业调整和振兴规划》等文件汇编3000多册。编制完成兰州市石油化工、装备制造、有色冶金、生物医药、轻工和汽车等6大重点产业调整和振兴规划实施方案，完善配套政策措施。落实省市出台的优惠政策。组织铁合金、电石、碳化硅、电解铝企业落实临时性电费补贴与丰水季节电价优惠政策。据统计，2008年12月至2009年10月共落实电价优惠5.6亿元。在税收政策方面，协调解决蓝天浮法玻璃公司、长虹焊接材料公司等多家企业免缴土地使用税和房产税、新兰药药业公司和兰塑塑业公司享受西部大开发优惠政策等，充分发挥政策的拉动效应，加快企业发展。配合市社保等部门落实困难企业社保费用“五缓四降三补贴”政策，保证了企业职工队伍的稳定，帮助企业走出困境。为促进工业稳定发展，市政府先后出台《关于支持重点工业企业发展的意见》、《关于抓好当前工业生产促进工业稳定发展的意见》，抓好煤电油气运等生产要素的保障协调，促进重点骨干企业增产增效。组织专家对受金融危机影响的限停产企业进行调研会诊，帮助困难企业恢复生产。截至年底，全市停限产企业仅有16户，相比1月份减少54户。

【项目建设与技术创新】 2009年，争取国家和省市项目建设专项资金13437万元，扶持174个重点项目建设。全市工业招商引资新签约项目146个，合同引资151亿元，当年开工项目125个，当年到位资金43.43亿元。石化产业建成兰州石化5万吨丁腈橡胶装置、550万吨/年常减压装置等一批重点项目；兰州燃气集团LNG等项目进展顺利。建成金川公司年产3000吨/年镍钴锰三元素中间体生产线，连城铝业25万吨/年高精度板带箔用铝合金扁锭等项目。蓝科石化、甘肃宏宇变压器易地搬迁改造等项目建成投

产或进展顺利，吉利兰州汽车扩能改造项目已正式签约。亚兰特种药材饮片生产有限公司、西北永新陇神戎发药业有限公司等企业扩能改造项目建成投产，重离子治癌、佛慈安宁医药园等项目开工建设。能源兰州宏祥电力新建项目建成，国电兰州热电有限公司2×300兆瓦热电联产、甘肃电投河口水电站等项目进展顺利。建成莫高国际酒庄1000吨／年干红葡萄酒灌装生产线、中盛瑞泽2万吨／年马铃薯精粉、淀粉加工等项目。加快企业技术创新步伐，开发新产品62项。新增兰州大成科技股份有限公司等4户省级企业技术中心，省级以上企业技术中心总数达到40个。

【节能减排】　继续强化节能减排目标责任制，实施督查和问责。开展石化、冶金、建材等重点行业循环经济规划实施方案的编制，逐步完善循环经济政策法规体系。推进循环经济重点工程建设，连城铝业工业废水零排放、窑街煤电公司油页岩炼油及尾气与抽排瓦斯混合发电等一批循环经济示范项目已经建成或加快建设。对兰州裕隆气体有限公司等11户企业的资源综合利用产品进行了复认定和认定，全市资源综合利用企业年利用工业固废300万吨以上。组织上报38个符合国家产业政策的淘汰落后产能项目。配合国家节能量核查组对28个淘汰落后产能项目进行了现场核查。通过国家节能量核查的11个项目，年可节能21.8万吨标准煤，可争取国家节能技术改造奖励资金5450万元。强化节能项目建设，组织上报国家节能及技术改造类项目53个。争取和落实省市节能及循环经济补助资金2040万元，支持49个重点节能项目及市、县区节能执法能力建设。创新节能新机制，积极推广合同能源管理；对20户企业进行了节能执法检查，提出整改意见70多条，督促企业限期整改，落实节能措施。

【体制机制】　继续完善为工业大企业服务直通车机制，市政府出台《关于做好工业大企业直通车服务工作的意见》、《工业大企业直通车服务工作制度》等配套制度。直通车服务实现了由单个部门、单个事项的串联办理，向多部门多事项的并联办理转变，促使一批单个部门无力协调和多年遗留难以解决的、涉及企业生产经营和职工生活等方面的突出问题得到有效解决。据直通车成员单位初步统计，全年为大企业办理特事特办事项500余件，直通车办公室协调解决石化公司、吉利汽车等企业规划建设，肉联厂、三毛集团等企业税费减免，西北永新化工园区等企业基础设施配套，榆中钢厂、金川科技园等企业年青职工落户等4个方面共80多件。加强银企合作，创新银企合作机制，组建兰州银企协会，组织召开三次规模较大的中小企业融资洽谈会，为200余户中小企业解决了生产经营、项目建设所需资金问题。2009年底，全市金融机构工业短期贷款余额达到201.16亿元，同比增长18.75%。

【出城入园与企业上市】　抓好政策落实，加大融资力度，着力解决企业不愿搬、没钱搬、没地搬的突出问题。甘肃宏宇变压器公司、兰州联合重工公司等6户企业的原址土地已进入了招拍挂程序。兰州佛慈制药、甘肃新兰药、长征机械等8户企业搬迁改造已全面启动。2009年，又有紫光科技、电源车辆等15户企业纳入企业上市项目库，入库企业达到46户。兰州金牛轨道交通公司作为北车集团子公司整体打包上市，已正式发行。佛慈制药、海默科技等2户企业上市材料上报国家证监会待批。

【非公有制经济】　认真组织贯彻落实《关于加快全市非公有制经济（中小企业）社会化服务体系建设的意见》精神，进一步加大协调服务力度，积极推进服务体系建设。协调省市金融机构扶持非公企业发展，在三年内为全市中小企业贷款授信560亿元。兰州维特尔绿色产业有限公司被认定为甘肃省中小企业公共技术服务平台；甘肃大河等3家信用担保公司被认定为甘肃省规范性担保机构。争取国家、省市各类专项扶持资金1677万元，扶持60个项目。2009年，签约各类招商引资项目143项，完成重点建设项目26项，签约产学研合作项目38项，新增ISO9000系列质量认证企业15户，新增甘肃名牌产品9个。

（魏立安）

石化工业

【概况】　兰州是中国石化工业的摇篮，经过了50多年特别是改革开放30多年的发展，兰州石化工业已基本形成了比较完备的产业体系，涉及炼油、化工、化肥、农药、农膜、有机化工基础原料、三大有机合成材料、精细化工、塑料加工、化工机械和化学清洗等25个行业，拥有雄厚的经济实力和领先的技术优势，石化工业成为兰州市的第一大支柱产业，经济总量占全市规模以上工业的33.56%。2009年，全市石化产业规模以上企业107户，占全市规模以上工业企业的21.23%；从业人员6.3万人，占全市工业从业人员的12.86%；实现工业增加值102.85亿元，同比增长3.41%。

【骨干企业】　兰州石化产业已形

成了一批规模实力强的龙头骨干企业，有中石油兰州石化公司、甘肃兰港石化有限公司，中石油兰州润滑油厂，西北永新化工有限公司、兰州路博润兰炼添加剂有限公司、中国蓝星西北公司、兰州新西部维尼纶有限公司、兰州红叶精细化工公司、兰州石化三叶公司、兰州石化汇丰公司、兰州长兴石油化工厂、兰州翔鑫工贸有限公司、兰州远东化肥有限责任公司、中国石油集团西部管道公司、兰州塑料工业总公司等。

【研发优势】 兰州市石化工业拥有较强的技术实力和人才优势，目前共有14所科研设计院所、13所大中专院校、3个国家重点实验室。中科院兰州化物所、中油兰州石化研究院、兰州石化公司研究院、兰州润滑油研发中心、甘肃化工研究及自动化研究院，技术力量雄厚，在全国享有较高的知名度，在资源化学与化学生物等基础领域；炼油、润滑油、合成橡胶、合成树脂、以及精细化、环保等化学领域；化工自动化及控制技术领域具有较强的研发和产业化能力，尤其是在润滑油技术方面居国内领先水平。兰州大学、兰州理工大学、兰州交大、西北师大等院校都有化学和化工专业。较强的石化工业基础和科技人才优势，为兰州石化工业的发展奠定了坚实的基础。

【产品产量】 兰州石化企业各类产品年产量达2000万吨以上，拥有产品27大类、400余种。2009年，生产原油加工1045.19万吨，同比增长4.32%；乙烯69.38万吨，同比减少1.1%；合成橡胶16.35万吨，同比增长33.76%；化肥52.81万吨，同比增长33.73%；合成塑料111.69万吨，同比增长38.29%。

【项目建设】 总投资8.6亿元的兰州石化公司5万吨/年丁腈橡胶项目，2009年8月建成投产；总投资7亿元的兰州石化公司550万吨/年常减压项目，2009年12月建成投产；总投资3.2亿元的兰州三叶公司3万吨/年甲乙酮项目，2009年10月建成投产。2009年，总投资12亿元的兰州蓝星纤维公司“1318”项目(1600吨/年特种纤维)、总投资7亿元的兰州燃气化工集团公司LNG项目、中石油西部管道公司200万方原油商业储备库工程等项目开工建设。

（程兰宁）

电力工业

【概况】 电力、热力是兰州市主要能源之一。目前全市从事电力、热力生产和供应业的规模以上企业22户，其中中央、省属企业7户，市属企业15户。从业人员平均人数为9400人，同比减少8.57%。2009年，全市电力、热力企业完成增加值36.52亿元，同比增长16.49%，占全市工业增加值的11.85%，占全省电力热力行业增加值的24.54%；主营业务收入101.14亿元，同比下降4.23%；实现利润0.52亿元，同比下降91.96%；税金5.4亿元，同比下降10.6%。2009年，全市发电量164.43亿千瓦时，同比增长27.1%，其中火力发电量131.91亿千瓦时，同比增长26.8%；水力发电量32.37亿千瓦时，同比增长28.2%。全年全社会用电量245.35亿千瓦时，同比下降0.19%，其中工业用电量202.2亿千瓦时，同比下降1.61%。

【兰州供电公司】 主营业务收入排全市第二名。完成工业总产值69.22亿元，同比下降8.14%，主营业务收入69.22亿元，同比下降8.14%，利润7.07亿元，同比下降31.33%，售电量207亿千瓦时，同比下降6.99%。

【甘肃大唐国际连城发电有限责任公司】 主营业务收入排全市第二十四名。完成工业总产值6.38亿元，同比下降19%，主营业务收入6.38亿元，同比下降16.32%，利润-1.64亿元，同比下降64.76%，发电量31.43亿千瓦时，同比下降18%。

【甘肃大唐西固热电有限责任公司】 主营业务收入排全市第二十九名。完成工业总产值8.94亿元，同比下降22%，主营业务收入9.43亿元，同比下降17.38%，利润-1.35亿元，同比下降18.43%，发电量23.22亿千瓦时，同比下降28.4%，供热量1446.08万吉焦，同比下降2.76%。

【国电兰州热电有限责任公司】 主营业务收入排全市第四十七名。完成工业总产值2.88亿元，同比下降10.93%，主营业务收入2.9亿元，同比下降10.73%，利润-4911万元，同比下降67.9%，发电量10.32亿千瓦时，同比下降18.9%，供热量283.14万吉焦，同比下降11.38%。

【国投甘肃小三峡发电有限公司】 完成工业总产值2.5亿元，同比下降1.74%，主营业务收入2.5亿元，同比下降1.74%，利润8247万元，同比下降7.19%，发电量11.22亿千瓦时，同比增长4.73%。

（马文瑾）

煤炭工业

【概况】 全市煤炭资源可采储量为4.2亿吨，占全省现有储量的30%－40%。全市煤炭资源主要分布在红古区的窑街镇，七里河区的阿干镇、魏岭乡，榆中县的定远乡和永登县的民乐乡境内。兰州现有煤炭企业50户，其中省属企业1户，市属国有煤矿2户，乡镇煤矿47户（红古区30户、七里河区14户、永登县2户、榆中县1户）。窑街煤电集团公司年生产能力600万吨；兰阿煤业有限责任公司36万吨；兰州炭洞沟矿业有限公司9万吨；年生产能力6万吨的企业3户（甘肃石门沟煤业有限公司石门沟井、永登县大有中川煤矿、甘肃大有永兴煤业有限公司）；年生产能力4万吨的企业4户（七里河柳树湾第一煤矿、七里河阿干镇青砂嘴煤矿、七里河阿干镇青砂嘴煤矿东果园矿井和榆中县煤矿）；年生产能力3万吨的企业40户（七里河11处、红古区29处）。2009年，生产原煤537.98万吨，同比下降1.1%。完成工业增加值8.81亿元，同比下降17.77%；主营业务收入18.43亿元，同比增长4.12%；实现利润0.14亿元，同比增长27.27%；税金2.27亿元，同比增长808%。

【安全生产】 2009年，煤炭安全生产形势稳定，全市煤矿事故起数、死亡人数、致伤人数、直接经济损失四项控制指标保持为零，全面达到了各项控制指标。

【窑街煤电有限责任公司】 煤炭地质储量5.31亿吨，工业储量3.95亿吨，可采储量2.422亿吨，剔除“三下”压煤可采储量仅剩1.85亿吨。现有5个生产矿6对生产矿井，核定生产能力600万吨（包括天祝矿）。2009年末，企业资产总额55.50亿元，主营业务收入16.5亿元，同比增长17.47%，利润858万元，同比下降70.4%；生产原煤493万吨，同比下降1.6%，发电量5.38亿千瓦时，同比增长6.97%。主营业务收入排全市第十名，占全市工业的1.25%。完成工业总产值17.66亿元，同比增长12.42%，

【甘肃兰阿煤业有限责任公司】 核定生产能力36万吨。2009年，完成工业总产值1.08亿元，同比增长24.8%，主营业务收入8759万元，同比增长0.4%，利润383万元，同比增长14.3%，利税1928万元，同比增长22.3%，生产原煤37.06万吨，同比下降5%。

（马文瑾）

装备制造业

【概况】 装备制造业是兰州市工业的第二大支柱产业之一。已形成了以石油化工机械、通用与专用机械、电工电器、仪器仪表等为主体，门类比较齐全、具有较强基础和发展实力的装备制造业体系。2009年，全市规模以上装备制造企业161户，从业人员5.14万人，资产总额185.72亿元，完成工业增加值47.55亿元，同比增长10.9%。装备制造业占全市工业比重的15.43%，占全省装备制造业比重的53.22%。兰州兰石集团有限公司、兰州兰电电机有限公司、兰州众邦电线电缆集团有限公司等9户企业进入2009年兰州工业企业主营业务50强企业。兰州兰石集团有限公司、兰州兰电电机有限公司、天华化工机械及自动化研究设计院等12户企业进入2009年兰州工业企业利税50强企业。全市装备制造业已经建立国家级企业技术中心2家（电机厂、兰石）、省级企业技术中心15家，甘肃省机械科学研究院已经建成甘肃省装备制造数字化设计公共服务平台。

【石化装备】 在石油机械制造方面，依托兰石化、兰石等大型企业的技术优势，扩散成长了一批新型石化机械装备制造企业。能够制造7000米电驱动沙漠钻机、表面蒸发式空冷器、大型板式蒸发器、海墨多相流量计、高温高压合金阀门等一系列具有自主知识产权的产品。兰州高压阀门有限公司研发的CL900—2500LB—500特殊平板闸阀，填补了中国抗高硫高酸平板闸阀和高磅级CL900—2500LB高压平板闸阀两项空白，已成功应用于中国石化普光气田主体开发地面集输工程。兰州成为国家重要石化装备基地之一。

【清洁能源装备】 兰州电机公司1兆瓦级风电装备已经实现产业化，将进一步向1.5兆瓦及至5兆瓦风力发电机延伸，为甘肃宏宇变压器公司风电变电装备、兰州众邦电线电缆公司电缆制造、金牛轨道交通、四七一风电塔筒制造的延伸配套提供便利条件。兰州大成公司真空镀膜装备技术将进一步延伸太阳光热发电材料与装备以及汽车灯具等领域。陇星散热器公司正在积极开发太阳能光伏发电材料与组件。兰石集团、长征机械、宏祥电力正加快向核电配套设备延伸，特别是兰石集团BR系列换热器已经产业化。

【专用设备】 兰州瑞德集团具有自主知识产权的系列数控精密研磨机、多线切割机等达到国际国内领先或先进水平，成为国内重要的半导体加工前道工序设备制造企业。

【航空航天】 航天科技集团五院510所及兰州真空设备公司的真空技术和应用系列设备、空间模拟实验装置及低温液体贮运容器在中国航天事业中发挥了重要作用，兰州航空机电正在加快大飞机配套项目的研发。

【汽车制造】 兰州吉利产量已经达到1.8万辆，目前正在加快实施12万辆轿车扩能改造，连同配套汽车零部件的延伸，将形成百亿元的汽车产业基地，这对于整合兰州市装备制造业资源，延伸上下游产业链具有重要意义。

（颉伟平）

有色冶金工业

【概况】 冶金与有色产业是兰州市的传统产业，也是支柱产业。经过多年发展，有色冶金在总量和实力上形成了规模优势。2009年底，全市规模以上有色冶金行业企业54户，从业人员2.32万人，占规模以上企业从业人员的12.4%，其中黑色金属冶炼及压延加工业40 户，从业人员9026人，有色金属冶炼及压延加工业14户，从业人员1.24万人。全市规模以上有色冶金行业企业完成工业增加值29.8亿元，同比下降3.31%，其中：有色金属冶炼及压延加工业完成工业增加值17.8亿元，同比下降1.19%；黑色金属冶炼及压延加工业完成工业增加值12亿元，同比下降6.45%。全市有色冶金增加值占全市工业的9.67%（其中有色行业占5.78%），占全省有色冶金行业的11.09%。

【生产规模】 2009年，生产电解铝75.73万吨，同比增长3.2%；生产钢材144.28万吨，同比增长29.3%，生产铁合金40.8万吨，同比增长8.3%。中国铝业股份有限公司兰州分公司、酒钢集团榆中钢铁有限公司、兰州连城陇兴铝业有限公司等8户企业进入2009年兰州工业企业主营业务收入50强企业。中国铝业股份有限公司兰州分公司、酒钢集团榆中钢铁有限公司、兰州连城陇兴铝业有限公司等5户企业进入2009年兰州工业企业利税50强企业。

【项目建设】 通过引资合作，先后建成的榆中钢厂、兰铝26万吨电解铝、连铝25万吨电解铝、金川科技园一期与二期等一批重点项目，产能达到100万吨钢、90万吨铁和95万吨钢材，8万吨碳素制品。年电解铝产能达到80万吨，铝加工能力达到8万吨。加快推进铝冶炼节能降耗技术改造，兰铝和连铝两大铝厂，全面推行了200千安、300千安以上大型预焙槽技术、自动控制与变频调速技术，基本淘汰了落后的自焙电解槽生产工艺，使大型铝冶炼企业技术装备和产品单耗水平处于国内前列。

【研发实力】 金属新材料研发正在成为有色金属工业发展新的亮点。兰州金川科技园建成5个重点实验室的国家级镍钴新材料工程技术研究中心，以及镍合金线材生产线、高纯金属生产线、镍合金棒材轧制生产线、钴粉生产线，成为国内领先的镍钴粉体材料、延压加工材料、高品质镍钴盐类等新材料研发与产业化基地。西脉公司TiNi形状记忆合金系列骨科器械，拥有十二项国家专利技术，属国内首创高科技产品。

（颉伟平）

医药工业

【概况】 全市从事生物医药生产的企业50余户，其中规模以上企业19户，总资产35.90亿元，净资产23.66亿元，从业人员1万余人。2009年，规模以上生物医药企业实现总产值34.04亿元，同比增长10.41%；增加值为9.53亿元，同比增长18.24%；实现销售收入29.1亿元，同比增长11%；实现利税9.51亿元，同比增长11%。主要建设项目有亚兰特种药材饮片生产有限公司、西北永新陇神戎发药业有限公司等企业扩能改造项目建成投产，兰州生物制品研究所A型肉毒素、肉毒抗原及诊断试剂生产项目已建成，重离子治癌、佛慈安宁医药园等项目正在建设。

【主要企业】 兰州生物医药生产企业可分为三类：一是从事生物制药及相关产品的主要研究和生产单位，有兰州生物制品研究所、中国农科院兰州兽医研究所、中国农科院兰州畜牧与兽药研究所、中农威特生物科技股份有限公司和中牧股份兰州生物药厂、兰州民海生物工程有限公司、兰州雅华生物技术有限公司等10多家，主要生产人用疫苗、治疗用生物制品、诊断试剂以及兽用疫苗等产品。二是从事化学制药及相关产品的主要生产单位，有甘肃新兰药药业集团有限公司、兰州大得利生物化学制药（厂）有限公司、兰州凯博生物化学技术有限公司、兰州正丰制药有限责任公司和甘肃中科药源生物工程股份有限公司等5户。三是从事现代中（藏）药及相关产品的主要生产企业，有兰州佛慈集团制药股份有限公司、甘肃奇正藏药有限公司、兰州太宝

制药有限公司、甘肃泛植生物科技有限公司、兰州和盛堂制药有限公司、甘肃陇神戎发制药有限公司、甘肃天工生物科技有限公司、兰州天然物化学工业公司等重点现代中（藏）药工业企业20多家。

【主要产品】　2009年，兰州医药生物企业主要生产中成药、化学药、生物制药和兽用药四大类，上千个品种。当年，生产中成药2550吨、洁白胶囊1.1亿粒、当归腹痛宁滴丸5.5亿粒、福康片2.2亿片、金参润喉合剂550万瓶、乳酸链球菌素4.5万公斤、明胶820吨、疫苗33亿毫升、动物血清8.8万升、酪蛋白3300吨、甘草制品2200万支、中药饮片50吨、安痛定330万支等。以现代中药制造为主的兰州佛慈制药集团公司，主导产品有当归浸膏片、金匮肾气丸、当归丸、天王补心丸、六味地黄丸、香砂养胃丸、杞菊地黄丸、抗感片、板蓝根冲剂等，其中六味地黄丸成为首批中国中药名牌产品。

（周志帅）

食品加工业

【概况】　2009年，全市食品加工企业76户，其中规模以上食品加工企业36户，从业人员1.5万人，规模以上工业企业完成增加值40.78亿元（其中烟草占29.85亿），较去年增长16%，占全市规模以上工业增加值的13.2%。主要以食品加工业、食品制造业、烟草制造、农副产品加工为主体；初步形成了以面粉、粮油复制品、糕点、方便食品、屠宰及肉类加工、冷冻食品、肉制品、啤酒、乳制品 、软饮料、调味品、豆制品、食品添加剂、淀粉、饲料、烟草等二十三个大类 、上千个品种的食品加工业新格局。生产软饮料128.07万吨，乳制品75109吨，饮料酒43692.2万升，饲料22万吨、酱油2201吨，烟草226.52亿支等。目前全市已形成了兰州卷烟厂、兰州黄河啤酒公司、甘肃中粮可口可乐饮料有限公司、兰州正大公司、华润雪花啤酒（甘肃）有限公司、青岛啤酒(甘肃)农垦股份有限公司、兰州正林农垦食品公司、兰州红梅面粉有限公司、兰州顶津食品有限公司兰州公司、兰州庄园乳业公司、兰州雪顿乳业有限公司、兰州百合实业有限公司等一批食品加工龙头企业。

【项目建设】　华润雪花啤酒（甘肃）有限公司20万吨/年啤酒生产线、甘肃中粮可口可乐有限公司三期易拉罐生产线、甘肃莫高实业有限公司年产1000吨干红葡萄酒灌装生产线、甘肃华悦工贸集团有限公司年产10万吨啤酒麦芽加工项目、兰州肉联厂有限责任公司年屠宰分割100万头生猪、牛羊生产线技改项目、兰州雪顿生物乳业有限公司生产线改扩建及奶源养殖基地建设项目、甘肃科隆农业有限公司啤酒大麦良种加工项目、顶津食品有限公司兰州公司年产72000吨康师傅系列饮品生产基地及兰州卷烟厂生产设备技术提升项目等一批重大项目建成投产。

【兰州卷烟厂】　兰州卷烟厂始建于1936年，是具有70年历史的国家大型企业，总资产42.5亿元。企业占地面积327亩，现有职工2000余人。主要产品为“兰州”品牌的系列香烟，产品畅销于甘肃及全国18个省区。2009年，完成工业增加值29.85亿元，实现销售收入45.88亿元，实现利税45.68亿元。

【兰州黄河嘉酿有限公司】　兰州黄河嘉酿有限公司是兰州黄河集团公司的子公司，西北地区啤酒行业第一家上市公司。企业资产总额4.46亿元，员工1060多人，其中专业技术和管理人员近350名。1999年，“兰州黄河”股票正式在深交所挂牌上市。2001年，“黄河”品牌荣获国家驰名品牌。2004年，兰州黄河实现了与国际知名企业丹麦嘉士伯公司的合资。该公司现有熟啤酒、纯生啤酒、鲜啤酒、特种啤酒、碳酸饮料等五大系列产品。产品畅销省内、青海、宁夏、东北、北京、云南等地区和出口缅甸等国家，本埠市场占有率达80%以上。2009年，实现工业总产值4.722亿元，销售收入4.75亿元，纳税总额7375万元，销量22.3万千升。

【青岛啤酒（甘肃）农垦股份有限公司】　2004年7月19日，由甘肃农垦啤酒股份有限公司与青岛啤酒股份有限公司，以“增资扩股”方式，进行资产重组成立的股份制企业，青岛啤酒西安汉斯集团有限公司控股、股份占55.06%。企业注册资本额为1.744亿元，以生产“青岛”牌啤酒为主，通过扩能改造生产能力达15万千升。2009年，生产啤酒7.5万千升， 同比增长13.35%；实现销售收入1.6亿元，同比增长10%，上缴税金3521.49万元，同比增长12.8%。职工年均收入人均年收入达20813元，较上年同期增长了24.7%。

【甘肃中粮可口可乐饮料有限公司】

甘肃中粮可口可乐饮料有限公司是世界500强之一的中粮可口可乐饮料有限公司间接投资的全资子公司，总投资1200万美元， 2004年12月，甘肃中粮可口可乐饮料灌装生产线在高新区建成投产，实现了当年签约、当年建厂、当年投产。

2007年7月，易拉罐生产线建成投产，持续的建设与发展使中粮可口可乐饮料有限公司成为兰州食品行业的龙头企业。2009年，实现销售收入40923万元，比上年增长23%，实现利润达2063万元，比上年增长49%，上缴税金2206万元。易拉罐生产线项目的建成投产不仅实现了甘肃省软饮料易拉罐生产“零”的突破，而且有了“兰州制造”易拉罐包装的可口可乐，填补了甘肃省高档饮料生产的空白，并在甘肃、青海、宁夏、西藏4个省占有市场份额。

【华润雪花啤酒（甘肃）有限公司】

华润雪花啤酒（甘肃）有限公司位于兰州市高新区安宁园区，占地198亩，工程总投资3.73亿元，于2007年正式建成投产，年生产规模20万千升，2009年，生产啤酒16.4万千升，同比增长31%，完成产值3.65亿，同比增长19.5%，上交税金7064万元，同比增长85.9%。

（张月锋）

建材工业

【概况】 兰州市建材行业主要以水泥、水泥制品、玻璃制品、新型墙体材料为主导。2009年，全市52户建材企业实现工业增加值17.17亿元，同比增长3.1%，占全市工业的5.57%，实现主营业务收入49.06亿元，利润7.06亿元，税金2.75亿元。建材行业代表企业是甘肃祁连山水泥集团股份有限公司、兰州蓝天浮法玻璃股份有限公司和甘肃宏建水泥制品有限公司。

【水泥行业】 全市有26户水泥生产企业。2009年，生产水泥516.05万吨，比上年增长5.9%。近年来，国家水泥行业的结构调整已从技术结构调整步入重组联合、提高生产集中度的组织结构调整阶段。甘肃祁连山水泥集团股份有限公司是国家支持的12户重点水泥企业之一，是全省最大的水泥生产企业、西北地区特种水泥生产基地。目前拥有永登、红古等五大水泥生产基地，生产能力扩张到1000万吨，可生产的水泥品种达21个，是全国品种最全、质量最优的水泥企业之一。

【平板玻璃】 2009年，全市平板玻璃产量508.09万重量箱，比上年下降11.88%。兰州蓝天浮法玻璃股份有限公司是国家在西北地区投资建设的第一个玻璃生产企业。现拥有日熔化量500吨浮法玻璃生产线二条和钢化玻璃、中空玻璃、玻璃镜生产线各一条。年内，累计完成浮法玻璃产量467.9万重量箱，同比下降12.75%，实现工业总产值2.98亿元，同比下降14.79%，主营业务收入3.16亿元，同比下降10.01%，利润1671万元，同比增盈2856万元。兰州蓝天浮法有限公司2009年投资6100万元，完成了浮法玻璃生产一线400吨/箱改500吨/箱技术改造项目，单位产品能耗17.68千克标煤/重量箱，比上年下降了13.6%。

【新型墙材】 主要有板、块、砖三大类25个品种，年产量达8亿块标砖。三县一区关闭实心砖企业6家，实改空企业7家，新建企业16家，节约能源20万吨标煤，利用废渣30万吨，节约土地1000亩。甘肃省建筑构件工程公司、甘肃西亚工贸有限责任公司、兰州金轮建材厂等企业利用西固热电公司、国电兰州热电公司的粉煤灰生产混凝土加气砼40万立方米，产品供不应求。兰州宏建建材集团生产商品混凝土64.36万立方米，同比增长8.9%，完成工业总产值3.24亿元，同比增长8.37%；主营业务收入3.18亿元，同比增长36.18%；利润4381万元，同比增长59.79%。甘肃鹏飞隔热材料有限公司生产隔热、保温、耐老化的泡沫玻璃10万立方米，实现工业总产值1600万元，实现利润270.8万元，税金133.8万元，年产20万立方的泡沫玻璃生产线正在筹建中。甘肃颐和新型材料有限公司利用建筑垃圾年产轻质复合自保温砌块3万立方米，实现了建筑废弃物的资源化再利用。

（颉伟平）

电子工业

【概况】 2009年，全市从事信息产业的企业（涉及电信、移动、电子信息设备制造业以及计算机服务和软件制造业）125户，主营业务收入40.8亿元。销售收入500万元以上的企业有26户，主营业务收入36.8亿元，占全市信息产业主营业务收入的90%。全市电信、移动、瑞德、长风、兰飞等国有及国有控股5户企业主营业务收入达30亿元，占全市信息产业主营业务收入的73.5%。

【电子信息设备制造业】 有瑞德、兰飞、长风、海默、科庆等10户，企业占全市信息技术企业数的8%，主营业务收入为1.9亿元，占全市信息产业主营业务收入的4.6%。

【电子信息传输服务业】 中国电信兰州分公司、中国移动兰州分公司、中国联通兰州分公司3户企业，占上报统计信息技术企业数的2.4%，业务涉及固话、网络、移

动电话等。目前，已拥有固网客户146.38万户，移动放号量已达367.32万户（其中移动270万户、电信37.32万户、联通60万户），主营业务收入达30.1亿元，占全市信息产业主营业务收入的73.8%。全市计算机服务和软件制造业企业主要从事软件开发、系统集成、技术服务和互联网应用服务等业务，有112户，占全市信息产业企业的90%以上；经高新区统计，该行业取得软件企业、软件产品"双软认证"资格的企业47户，并初步形成聚集效应，高新区该行业企业在全省起到了主导发展作用。2009年，主营业务收入8.8亿元，占全市信息产业主营业务收入的21.5%。

【兰州瑞德实业集团有限公司】

公司挂牌成立于2004年4月，是由原兰新无线电厂（国营914厂）改制而成的全体职工持股的现代企业集团公司，总人数1440人，其中高级职称40人。瑞德集团集科研、工业、商贸开发于一体，形成了电子工业和商业地产两大产业板块，可生产数字专业移动通信、信息网络产品及软件产品、电子专用设备、光电产品、电梯系列、军工等六大类主导产品。公司以创建国际一流的材料制备、通信设备及微电子中间产品的研发、生产、集成及为系统工艺提供一体的服务配套商为目标，形成了电子专用设备、专用通信设备和微电子中间产品三大产业链。先后研发具有自主知识产权的电子专用设备150余种，形成了研磨、切割、抛光、倒角及其他类等四大系列，广泛应用于光学光电子、视窗行业、LCD、半导体、太阳能光伏、计算机硬盘配件、磁性材料、宝石及特种晶体、石英晶体及压电陶瓷、密封件和特种金属加工等11大行业，成为国内先进的电子专用设备生产基地。研制的无线调度通信系统、数字集群调度通信系统和弱场区中继通信系统等设备，广泛应用于铁路运输、轨道交通、公安、邮电、电子、航空等领域，先后为铁道部各路局及广州地铁2、3号线、上海明珠线和长春轻轨等十余条轨道提供了数万台（套）设备，成为轨道通信的主力服务配套商。

瑞德集团在兰州、上海建有研发中心，拥有一支高层次的机械结构及电子软、硬件开发队伍，被授予"博士后科研工作站"。在机械方面，拥有高精度轴系的设计技术和压力精确调控的气动技术，形成了精密平面加工的特种工艺方案。在微电子方面，掌握大型DSP、FPGA、嵌入式系统和实时操作系统等高端器件和系统平台的应用技术，产品遍及全国，远销美国、俄罗斯、英国、加拿大、日本、印度等国家，成为国内外知名企业的指定供应商。

（赵　强）

农林·水利

农　业

【概况】　2009年，全市实现农业（农、林、牧、渔）总产值50.43亿元，实现农业增加值30.54亿元，农民人均纯收入4001元。年末全市农村人口131.37万人，农业劳动力资源81.28万人，农业从业人员70.69万人，农业科技人员4323人；全市耕地面积314.79万亩（含两季播种），其中水浇地117.06万亩。完成农作物总播面积319.8万亩。粮食播种面积199.5万亩，比上年增加10.81万亩，其中夏粮面积103.8万亩，产量16.52万吨；秋粮面积95.7万亩，产量22.27万吨；粮食总产38.79万吨，比上年略有增加。经济作物面积120.3万亩，其中蔬菜播种面积71.96万亩，蔬菜总产186.66万吨；油料播种面积25.09万亩，产量1.98万吨；另外种植有百合、玫瑰、西甜瓜、红提葡萄、韭黄等。蔬菜外销量达到80万吨以上，农产品外销总量突破150万吨。畜牧业中全年全市肉类总产量2.93万吨。生猪饲养量62万头，猪出栏32万头；羊饲养量79.24万只，羊出栏25万只；奶牛饲养量1.96万头，牛奶产量6万吨；禽类饲养量369万只，鸡蛋产量1.5万吨。全市农机总动力达到136.8万千瓦，较上年增加0.8万千瓦，增长0.96%。全年组织完成农机化作业301.03万亩，其中机耕146万亩、机播106万亩、机收29万亩、深松耕20.03万亩。

【调整优化产业结构】　2009年，兰州市坚持发挥市场优势和比较优势，调整优化农业产业结构，逐步形成了35个产业基地和4大休闲农业园区支撑5大农业产业协同发展的格局，实现了主导、优势、特色、设施和休闲五大产业的持续健康发展。主导产业形成了40万亩优质小麦、10万亩啤酒大麦、45万亩全膜双垄玉米、8万亩饲用玉米和45万亩马铃薯生产基地。优势产业中，高原夏菜产业形成了6大基地，面积超过50万亩（通过复种达到70万亩）；奶牛、生猪、肉羊、禽兔新（改、扩）建标准化养殖小区（场）20个，全市饲养量奶牛1.96万头、生猪62万头、羊只79.24万头、禽类369万只。特色产业中，百合、玫瑰、西甜瓜、红提葡萄、韭黄面积分别达到6.5万亩、2.8万亩、6.53万亩、0.47万亩、0.63万亩，产量分别达到3万吨、0.24万吨、12.47万吨、0.2万吨、0.9万吨。设施农业新发展设施面积6000亩、总面积达11.75万亩，建成了榆中县小康营、永登县秦王川、皋兰县西岔、红古区花庄和七里河区西津坪5个千亩设施基地。休闲农业形成了城关区南北两山、安宁区桃园、西固区坪台果园、皋兰县什川梨园4个规模较大、经营较为完善的大型休闲农业园区。

【粮食生产】　2009年，实施良种补贴和科技增粮工程，着力提高单产。充分发挥先进技术、适用农机具、优良品种对粮食生产的支撑作用，保障了粮食安全。全年粮播面积稳中有升，达到199.5万亩，比上年增加5.7%。其中小麦76.29万亩，玉米40.42万亩、豆类18.85万亩、啤酒大麦9.76万亩、马铃薯49.08万亩，其他杂粮4.22万亩。粮食总产38.79万吨，能够满足130万农村人口的口粮、种子及饲料用粮需要，实现产需平衡；但188万城市人口的口粮及大型养殖场饲料用粮需从省内外调入，本市无法调控。在基本稳定川水区种粮面积的前提下，重点培育山旱区双

垄玉米和马铃薯产业发展。举办各类培训班572期，累计培训农民56866人次。全市落实双垄项目补贴资金2839.5万元，发放补贴地膜1436吨、各类起垄覆膜机具1594台，全市推广双垄田面积38.5万亩，产量13.45万吨，占全市粮食总产的34%；马铃薯总播面积49.08万亩，产量8.3万吨，占全市粮食总产的21.4%。全年粮食生产总体呈现三个特点，一是播种面积夏粮多秋粮少（52:148），但总产夏粮少秋粮多（42.6:57.4）；二是秋粮单产（232公斤）比夏粮单产（159公斤）高73公斤约46%；三是全市粮食平均单产为200公斤。

【农产品质量安全】 2009年，全市从七个方面推进了农产品质量安全工作。一是建立健全农产品质量安全监测体系。充实完善93个监测检验站点，形成了市、县监测机构监督抽检与产地和流通市场开展日常检验检测相互交叉、互为补充的质量监测检验机制；同时加快兰州市农产品质量安全检验检测体系项目建设。投资400万元的城关区农产品质量安全监测站项目已建设完成并投入运行，其他县区的项目正在申报和实施中。二是加强农产品质量安全监管制度建设。加强属地管理，层层落实责任，从生产投入品、加工、流通三个环节入手，实施“四有五定”管理，把好源头，实行台帐登记和责任追溯制度。三是开展专项整治行动。结合农业部农产品质量安全整治暨农产品质量安全执法年活动，认真开展了种植业产品、生鲜乳、饲料、兽药及残留、水产品、农资打假、“三品”（无公害、绿色、有机农产品）等7个专项整治行动。四是抓好农资打假行动。重点围绕春、秋两季，对种子、农药和化肥、兽药、饲料及饲料添加剂、农机具及配件、渔药及渔资市场，严厉打击制售假冒伪劣违法行为，检查各类农资经营门店3669家（次），查处违规物品3.9万公斤，保护了生产经营者的合法权益。五是抓好监测检验，扩大监测范围。全市蔬菜质量安全监测检验样品130350个，农药残留超标样品810个，超标率为0.62%，合格率为99.38%；畜产品质量安全监测检验猪肉样品10140个，兽药残留超标率为0，合格率达到了100%。此外，对全市八个县区57家生鲜乳收购站进行清理整顿，采集鲜奶样品251批次，经检测全部合格。六是抓好认定认证。采取“政府组织、统一规划、全面检测、企业申报、整体推进”的形式，完成无公害农产品产地认定和到期复查换证。产地面积74.8万亩，绿色产品监控面积达到5万亩，无公害农产品产地认定面积达到178万亩；无公害农产品新认证和到期换证34个，产品总数达到178个；无公害畜产品认养殖规模达到41万头（只）。七是加快法制化进程。从6月15日起近郊四区率先实行市场准入和产地准出制度，10月1日起在全市全面实行。《兰州市无公害蔬菜管理条例》经甘肃省十一届人大常委会第十二次会议审议通过，于12月1日颁布，2010年元月1日起施行。

【农业产业化经营】 2009年，大力培育龙头企业和农民合作社。通过制定扶持办法、争取项目资金等措施，指导、扶持和帮助农民合作社合法注册、规范运行、快速发展。至年底，全市龙头企业110家，其中国家级重点龙头企业2家，省级龙头企业20家，市级龙头企业44家，销售收入46.1亿元，带动本市及周边地区农户50余万户。全市农民专业合作经济组织371个（登记注册294个）；合作组织成员2.5万多人，占全市农业人口的2.08%，带动农户9万多户，占全市总农户的30%。深化高原夏菜的宣传与推介。在东南、华中和西南等地区22个主销城市开展了大规模的推介活动，取得了明显成效。与上年相比，全市蔬菜外销量增加1.07万吨，来兰收购蔬菜的客商增加21家，经销商人数增加31人，达到206人，蔬菜保鲜库面积新增2.6万平方米。兰州高原夏菜品牌在各主销城市的市场知名度和美誉度得到很大的提升。扶持扩大农产品经销商队伍。通过奖励扶持、授予高原夏菜经销牌匾等方式，支持本地经销商发展。同时，通过多种形式积极邀请外地40多位经销商来兰参加“兰洽会”、实地考察基地，拓展兰州市农产品外销渠道。抓营销网络扩展。稳定扩大外埠一级批发市场销售网络，逐步在纵深上扩大二级市场、社区市场、农贸市场，建立了67个一级市场直销点和35个社区、农贸市场直销点，促进农产品销售。当年外销蔬菜80万吨，外销农产品总量达到150万吨。推进品牌与包装的“双统”工作。召开包装材料订货会，扩大分级包装覆盖面，提升包装档次，狠抓监管与指导，大力推进统一使用子母商标和统一包装工作。

【农业科技与信息】 2009年，建立健全农业科技与信息服务体系。进一步制定和完善了《兰州市农业科技特派员零距离服务行动实施方案》、《兰州市农业科技特派员管理办法》、《兰州市农业科技特派员服务联系涉农企业农民合作社管理办法》等制度，逐步形成了特派员工作组、中心区站、专家直通车、12316服务热线“四位一体”的工作模式。创新服务模式，将特派员由120名增加至200名，承包200个村，120个企业、合作社，实行卡片管理、承诺服务，帮助他们建

高原夏菜基地

立各类农村专业技术协会、农民专业合作社，开展一对一的全方位、零距离服务，入户率和到位率达到90%以上。狠抓农民主体培训，全年开展各类技术培训2200余期，培训农民达12万人次。重点开展了新型农民科技培训工程，组织实施了每年1万个农村科技示范带头人的培训，用三年时间在全市300个优势特色产业村培养40名专业技术型农民、2名—3名种养业能手、科技带头人、农村经纪人和专业合作社领头人等农村实用人才。以优良品种、蔬菜嫁接、无公害生产、配方施肥、保护性耕作为重点，推广先进适用技术66项，引进新品种631个，建立示范基地80个，实施科技项目22项，使示范户增收高出均值10%以上。通过兰州农业信息网、12316三农热线、《农情剪报》等平台，向农民及时提供种植茬口、品种、病虫害防治等方面的信息，为农业生产起到了有力的支撑作用。

农业科技和信息工作出现6个亮点。一是榆中县农技中心科技特派员创新发明了旱作蔬菜全膜“双垄三沟”栽培技术，使试验示范区域的亩均收入从300元提高到4000多元，取得了良好的经济效益和社会效益，成为今后二阴山区发展蔬菜产业的主推技术。二是科技特派员马文贵通过实施项目、成立专业技术协会、组建营销公司，形成了“农户+基地+协会+公司”的运行模式，带动引导全县发展日光温室红提葡萄基地17个，建成二代日光温室4700亩，种植户达1568户，年产红提葡萄200万公斤以上，产值约5300万元。三是市动物卫生监督所养殖产业服务小组特派员联系禽类养殖专业合作社和养鸡大户、大盘鸡店和超市，发展养殖、屠宰加工、销售肉食鸡产业链，形成产、供、销一体化经营模式。四是城关区特派员邵旭平建立青石湾蔬菜专业合作社，实现农产品与超市对接。五是皋兰县农牧局首聘70名村级农民技术员，延伸农技服务网络，拓展了农技服务覆盖面，完善了基层农技服务体系。六是结合高原夏菜推介活动，加强市场调研，积极调整种植品种，引种南方市场适销对路的宝塔菜、鸡毛菜、苦苣、番杏、秋葵等特菜200余亩，引进绿奇、绿洲、富士绿等适销对路的大路菜新品种。

【农村清洁能源建设】 2009年，全市7个县区30个乡镇街道200个项目村，建设18160个沼气池、188个农村沼气乡村服务网点、1个养殖小区沼气池、3个大型沼气池建设，项目总投资9545.99万元。全年实际完成沼气池建设18160个，农村沼气后续服务网点建设103个，当年任务全部完成；剩余85个后续服务网点的地方配套已落实，省级配套设备陆续到位；红古区花庄镇洞子村金沙湾养殖小区的“20户集中供气小型沼气工程”，主体工程完工，进入试运行阶段；3个大型沼气池建设工程进入设备安装调试阶段。

【农村土地流转】 2009年，兰州市积极开展土地流转调研，制定土地流转意见，完善流转配套措施，全市农村土地流转面积达到9.98万亩。全市7个县区确定农村土地流转的试点村22个，不断探索路子、总结经验、创新模式，推动多种形式的土地流转。加强农村土地流转的信息和交易服务平台建设，全市有3个县区成立了县、乡、村农村土地流转服务中心、站、点，榆中县在县农牧局农业信息网的基础上，建立了农村土地流转信息服务平台。加强农村土地承包管理，开展县乡两级工作人员培训，推行农村土地承包纠纷仲裁试点，逐步推动农村土地承包纠纷的解决走向规范化和法制化。召开土地流转现场观摩会，把撂荒地流转复垦与机械化作业推广相结合，通过撂荒地整理复垦开发、承包地整理集中等措施集中土地，向机械大户、种养殖大户流转。全市土地流转规模超过100亩的农机大户有61户，流转承包经营耕地3.6万亩。

【扶贫开发】 2009年，扶贫开发工作成效显著。全市投入各类扶贫资金2.22亿元，达到历史最高水

平。其中争取国家"两西"和省财政扶贫资金3846万元，市级配套300万元，农村社会帮扶3154万元，扶贫贴息8364万元，整合部门资金5807万元，群众自筹699万元。24个整村推进项目全面完成。全市完成乡村道路47.5公里，新打机井6眼，铺设输水管道33公里，衬砌渠道36.7公里，其他水利改造2处，人饮设施14处，发展灌溉面积0.85万亩，解决了20个村，3.69万人行路难和5000人、1000头牲畜的饮水困难问题。"以县为单位，整合资金，整村推进，连片开发"试点工作力度进一步加大。榆中南山片和引大秦王川被列为省级连片区域试点，项目总投资3200万元，其中中央、"两西"和省级专项扶贫资金1049万元。榆中南山片区已在4个乡镇实施整村推进27个，占南山片55个村的50%。通过建设蓄水池、塘坝、截引工程和渠道衬砌等工程，发展灌溉面积4300亩，为产业发展提供了有力保障，特别是在发展冷凉型高原夏菜上有了新的突破，南山片人均纯收入的70%来自高原夏菜。皋兰县黑石、石洞两个片区，通过改善基础条件，衬砌渠道25公里，推广节水灌溉面积2000多亩，调整种植结构，扶持养猪户81户，发展设施农业498亩，增加农民收入300多万元，达到了产业扶贫、辐射带动的目的。永登秦王川引大灌区连区开发在3个镇、8个村开展了以整村推进为支点，通过集点成线、产业覆盖、基础延伸、资源整合、整区域推进的模式，新建日光温室690座，维修日光温室361座，种植反季节蔬菜和红提葡萄1500亩，涉及4000多农户，年人均纯收入增加300多元以上，为当地群众寻求发展出路，稳定脱贫致富起到了很好引导带动作用。

【新农村建设】 2009年，全市40个新农村建设试点示范村整合投入达到2.38亿元（市级专项4000万元；县区配套2819.5万元；乡镇配套2508万元；部门整合2428.1万元；试点村自筹1387万元；群众投入10672.5万元）。截至12月15日，40个新农村试点示范村完成道路硬化93.7公里，衬砌渠道100.4公里，铺设人饮管道100.9公里，解决3.1万人、0.7万户万户的人饮问题；新建日光温室1556亩，新建高架大棚607亩，改建和修建村民文化活动中心9.6万平方米，村庄栽植树木7.63万株；清理"三堆"4.8万方，治理脏乱差716处，开展文体活动229次等，并有效解决了关系群众切身利益的上学难、就医难、饮水难、行路难等一些实际问题。

【动物疫病防控】 兰州市制定了重大动物疫病集中防控行动和监测的实施方案，开展了以集中免疫为重点的春秋季重大动物疫病集中防控行动，全年免疫各类畜禽757.15万头（只）次，其中生猪蓝耳病、口蹄疫及猪瘟，春秋分别免疫35.77万头、41.01万头；奶牛口蹄疫春秋各免疫2.68万头、2.69万头；羊口蹄疫春秋各免疫56.65万只、59.57万只；家禽禽流感、新城疫春秋各免疫263.18万只、295.6万只。实验室检测高致病性禽流感、新城疫、O型口蹄疫、亚洲Ⅰ口蹄疫、猪瘟五种疫病的免疫抗体5109份（次）。免疫抗体合格率全部超过农业部规定的标准5个百分点以上。2008年—2009年确定的新增中央预算内乡镇兽医站基础设施建设项目计划总投资430万元，新建和改建榆中县金崖乡兽医站等34个乡站，其中已完成26个乡站，其余8个完成主体工程建设。

【生鲜乳收购站清理整顿】 2009年，兰州市按照农业部、省农牧厅的要求开展了生鲜乳收购站清理整顿工作。市、县区农牧部门加强对奶牛养殖场（户）养殖档案、生鲜奶收购、生鲜乳运输车辆的监督检查，累计出动执法人员400人（次），出动车辆105台次，检查生鲜乳运输车35辆；先后抽检生鲜乳样品47批次、60批次、28批次，共计135批次；关停、取缔了2家条件不合格的生鲜乳收购站，有力促进了生鲜乳收购站规范化建设和标准化管理。一是摸清底数。全市已建成生鲜乳收购站50个，核发生鲜乳收购许可证50个，其中奶畜养殖场开办40个，乳品加工企业开办4个，奶农合作社开办6个，主要分布在榆中县、永登县、红古区、西固区、七里河区和城关区；全市日产鲜奶270吨，各乳站日总收购鲜奶量150.35吨，其中集中机械挤奶有21个，日收购鲜奶82.4吨，占日总收购鲜奶的54.8%。二是加强制度建设。制定了《兰州市奶站专项整治行动方案》，印发了《生鲜乳生产收购管理办法》、《生鲜乳购销合同示范文本》及奶站管理等制度。三是实行联户联保。制定了《关于加强生鲜牛奶源头监管，实行以村为单位的联户联保管理模式实施意见》，在榆中县开展了试点工作。以村为单位，散养农户每10户为一个单元，每个单元推选一名监督人，单元内各联保户实行标准化生产，并互相监督，每户及单元要对产品质量安全承诺。四是向乳制品加工企业派驻1名—2名驻场协调监督员，协助企业把好进场生鲜乳质量关，保证进场生鲜乳质量全部达标，生产出的乳制品全部合格。五是争取资金200万，购买三聚氰胺监测仪器11台，配发到市、县（区）和部分乳品加工企业，加大生鲜乳监测力度。

（俞耀年）

林　业

【概况】 2009年，兰州市共完成营造林及补植补造22.97万亩。其中人工造林6.43万亩（经济林2.58万亩、防护林3.85万亩），封山育林0.5万亩，补植补造16.04万亩；完成绿色通道建设114公里；完成低效果园改造0.54万亩；新育苗0.16万亩；建设林业生态小康村镇16个；参加义务植树136.8万人（次），植树860万株，新建义务植树基地30个。

【重点工程建设】 2009年，为了准确把握国家在生态建设方面的投资领域和方向，紧紧抓住国家部委来兰调研的有利时机，争取中央扩大内需项目和资金。在全力抓好国家已批准的三北、天保、退耕还林封育、有害生物防治和果树高光效低效果园改造等8个项目实施的同时，编报了黄河湿地保护、引大灌区生态经济型防护林体系建设和国有林场基础设施建设等12个项目的可行性论证和申报工作。得到国家和省厅的支持，做到了实施一批、论证一批、谋划一批、储备一批。天然林保护工程在全面落实113.5万亩管护任务的基础上，新增封山育林0.5万亩，争取资金391万元；三北四期工程建成5万亩，完成2008年投资625万元，争取2009年资金591万元；退耕还林工程在巩固100.54万亩成果的基础上，完成历年工程补植补造10万亩，落实巩固退耕还林成果及其他补助资金5432万元；国家重点公益林在121.4万亩的基础上，新增补偿面积12.59万亩，总补偿面积达到133.99万亩；争取到中央投资699万元，其他项目投资322万元，共计完成投资8060万元。为确保引大秦王川灌区综合开发顺利实施，促项目建设。市林业局将中川机场周边造林作为绿化重点，全年投资475万元，完成造林7723.3亩，其中生态林2549.4亩、经济林5173.9亩。

【林业特色产业基地】 2009年，加快发展以经济林、花卉和野生动物驯养繁殖为主的林业第一产业。其中全市经济林总面积达28万亩，各类果品总产量达1.5亿公斤；花卉种植面积达2.53万亩，年产值8000万元，“陇海园艺”品牌花卉享誉西北，销往全国；野生动物驯养繁殖业蓬勃发展，榆中兴隆绿色大雁养殖场、西固桃园珍禽养殖场等6家单位办理了《野生动物驯养繁殖许可证》，主要以养殖大雁、野猪、七彩山鸡、鹧鸪为主，野生养殖业新增产值600万元左右。木材加工等林业第二产业全面提升，以裕华公司为龙头的裕华木业、玫瑰精油加工已成为名优品牌，年产值近亿元。发展以吐鲁沟、徐家山等森林旅游为主的林业第三产业，森林生态旅游接待游客350万人次，收入达5000万元，带动和促进了农村经济发展。围绕枣树金银花、薄皮核桃、大接杏和优质桃基地建设，皋兰旱砂地10万亩枣树，新增金银花基地0.6万亩，累计达到5.7万亩；连海坪台地2万亩薄皮核桃基地新增0.25万亩，累计达到0.85万亩；引大灌区1.5万亩大接杏基地新增0.5万亩，累计达到1万亩；近郊区1万亩优质经济林基地产量和质量不断提高。

【森林二类资源调查】 2009年，兰州市开展森林资源二类调查工作。为了准确掌握森林资源现状，科学编制地方经济发展规划，市林业局制定了二类调查工作方案。为保证调查工作质量，派技术骨干参加省林业厅举办森林资源二类调查技术培训，并对各县、区技术人员进行培训后，开展森林资源二类调查工作。至2009年底，全市二类资源外业调查已完成，共调查林班1268个、小班92239个，建立解译标志1277个，卫片区划林班1320个、小班96102个。图、表、卡等内业资料正在按计划有序进行。

【集体林权制度改革试点】 2009年，在集体林权制度改革试点工作中，明确工作责任，完善和加强领导小组，深入开展政策宣传，层层

以色列专家来兰参观温室花卉

举办培训班，建立定期例会汇报制度，准确掌握试点县、区工作进度，及时研究解决存在的困难和问题。皋兰、西固是市列集体林权制度改革的两个试点县（区），至年底完成勘界确权18.13万亩，占试点面积的100%；承包到户4022户18.13万亩，到户率100%，发放林权证4022份。市列试点县、区的主体改革任务基本完成。已启动全市其他县、区林改工作，从而使创新实践中的林改有序推进。

【第七届中国花博会】 2009年9月26日至10月5日，第七届中国花卉博览会在北京市顺义区和山东省青州市同时举办。全国各省、自治区、直辖市和深圳市以及境外的多个国家和地区及企业参加了博览会。为了充分展示近年来兰州市在花卉生产方面取得的成就，市林业局精心组织参加了在北京举办的第七届中国花卉博览会，共组织参展产品37种，获奖20项，获奖率54.05%，其中金奖1项（榆中县林业局参展的马斯特康乃馨荣获花卉博览会最高奖——金奖）、银奖7项、铜奖8项、优秀奖4项。由兰州市林木种苗繁育中心中标负责施工建设的北京室外展区——伏羲园、山东室外展区——丝路明珠园均获室外景区设计布置团体铜奖。

【林业三防工作】 2009年，全市狠抓科学管护，严格执行检疫要求书制度。今年在全市共设立监测点390个，监测覆盖率达到87%以上，林业有害生物防治面积3.1万亩，种苗产地检疫0.93万亩，检疫各类苗木5135万株，有效杜绝了危险性病虫害的入侵和发生。全年未发生重大森林火灾；有害生物成灾率控制在2.01‰以内，无公害防治率达到85.3%，苗木产地检疫率达到98.5%以上，测报准确率达到88%，确保了森林资源安全。

【科技示范与推广】 2009年，旱情严重，为了提高造林成活率，在造林、育苗、老果园改造中，全面推广干旱地区植被自然修复、容器苗造林、地膜覆盖和科学规范整地等抗旱造林技术。高光效新树形低效果园改造、林木花卉的组培和油桃一边倒棚栽等技术十多项；引进了枸杞、文冠果、棚栽油桃等经济林新品种十多个，高质量完成生态型经济林新品种试验示范项目1.76万亩；推广优良乡土树种河北杨200亩2.21万株，在永登中川镇、榆中甘草镇推广杨树伐根嫁接0.3万株；在永登县通远等乡镇利用退耕地低产林改造建立文冠果基地0.81万亩，为全市退耕还林后续产业的培育和低效经济林的改造起到了示范作用。

【增设林业机构】 2009年，随着国家持续加大林业重点工程和项目的建设力度，兰州市新成立了兰州市林业生态建设工程监理站并配齐人员。同时，为市林业勘测设计队扩充编制6名，现有人员达到14名。新机构的成立和人员队伍的加强，有效地促进了全市林业建设的顺利进行。

【林政执法】 2009年，全市共办理木材运输证8378件、木材经营加工许可证46件、调运检疫证6293件、重点保护陆生野生动物及其产品经营加工许可证4件、重点保护野生动物驯养繁殖许可证11件、林木种子生产经营许可证4件。共查处破坏林木、林地、收购贩卖国家二级保护野生植物肉苁蓉、非法销售加拿大一支黄花等各类林政案件39起，处理直接责任人45人，行政罚款5.4万元，确保了林区社会稳定和森林资源安全。

完成人大、政协议案、提案答复11件，领导批示3件、人民来信19件，接待上访人员45人（次）。截至11月底，政务大厅林业局窗口共受理各类办件16094件，解答办事单位和群众电话询问、现场咨询189件（次）。

【连城国家级自然保护区移交市林业局管理】 5月8日，连城国家级自然保护区管理体制移交仪式在兰州举行。市委副书记刘为民、市政府副市长魏志乐、市委副秘书长刘怀君、市政府副秘书长韦青祥、市编办主任薛伟平、市财政局局长陈卫东、永登县委书记李彦龙、县长魏旭昶、市林业局局长郎得晨、副局长马万荣、永登县副县长杨盛泉参加了移交仪式，会议由市委副秘书长刘怀君主持。

连城自然保护区2001年经省政府批准建立省级自然保护区并设管理局，2005年国务院办公厅批准，由省级晋升为国家级。但连城国家级自然保护区管理局却一直隶属于永登县管理，存在着投入不足等问题。为了确保这一国家级自然保护区实现“在保护中发展、在发展中保护”的目标，根据省政府文件、以及2008年市政府第十九次常务会议纪要和市长办公会议纪要精神，将连城国家级自然保护区的管理权由永登县上划市林业局管理。经各方共同协商，达成移交协议。随着移交单位永登县人民政府、接交单位兰州市林业局和监交单位兰州市编委办公室、兰州市财政局的主要领导在移交协议上签字，标志着连城国家级自然保护区管理权属的正式移交。连城国家级自然保护区管理权属的移交，有利于林区的长远发展。

（吴建明　周小燕）

水　利

【概况】　2009年，兰州市农村饮水安全工程建设、大型泵站更新改造、秦王川水塘调蓄工程建设、水利项目储备和争取、抗旱保灌和农村防汛、水土保持、农业节水、水利管理等工作取得新的突破和成果。全年新增有效灌溉面积1.2万亩、保灌面积1.2万亩，新增梯田面积4.1万亩，解决11.5285万人农村饮水安全问题，完成秦王川水塘调蓄工程建设项目300座，完成水土流失治理87.26平方米；争取到位国家、省上各类水利专项资金12796.21万元，完成重点水利工程设施固定资产投资6839万元，完成水资源费收缴147.8万元，完成水利科技培训3300人（次），完成小水改革试点任务346处。建立农民用水者协会40个。完成榆中县青电红岘上水工程改造、城关区青白石大牛圈上水工程改造项目、引大秦王川灌区水塘调蓄工程、皋兰县三和水库、红古谷丰渠险段改造和七里河区西津坪千亩设施农业基地水利配套工程等六项建设任务。帮助指导扶贫村制定兴修梯田规划、进行技术指导和解决8万元建设资金，完成梯田建设800亩，维修集雨水窖25眼。

【农村安全饮水工程】　2009年，农村安全饮水工程完成投资6183.7万元（其中，中央投资3876万元，省配套557.5万元，市配套789.15万元，群众自筹961.05万元），建设14项工程，解决11.5285万人安全饮水，占解决8万人目标任务的144%，工程涉及范围包括永登、榆中、皋兰、七里河、红古、西固3县3区乡镇、村，是历年来投资最大，群众受益面最宽的一年，为确保2012年全面解决农村人口安全饮水奠定了坚实基础。

榆中三电灌区农业节水渠灌工程

【大型泵站更新改造项目】　2009年，全市7处大型泵站更新改造项目纳入国家规划，通过省上和国家审定，可研批复资金8.9653亿元，从根本上解决兰州市高扬程电力提灌工程的隐患问题，夯实水利工程基础，保障了农村社会经济的发展。8月，国家水利部和省水利厅对列入第一批更新改造项目的西电、三电灌区的初步设计进行了批复，批复投资4.78亿元；年度计划也给予批复，资金6878.78万元。9月底，三电、西电两个灌区的泵站更新改造开工，至年底，土建主体工程已完工，正在安装机电设备。

【秦王川水塘调蓄工程】　2009年，秦王川水塘调蓄工程完成土建300座，铺膜和达到蓄水条件300座，占计划任务100座的300%，累计完成800座，为实现市委市政府提出的建设1000座水塘的目标任务奠定了基础。

【抗旱保灌和农村防汛】　2009年，兰州市春季、夏伏连续干旱，达240多天，造成山区人、畜饮水困难，农田受旱。针对旱情，各级水利部门发动群众组织拉水，对水利工程检修、险工险段处理、渠道清淤清障，共维修机电设备1540台套；维修水工建筑物1103座；清淤整修渠道1309.1公里。在抗旱减灾中，全市投入劳力5.9万人，对27.9万亩作物进行抗旱浇灌，解决3.77万人、1315头大牲畜的饮水困难。全市完成春灌23.04万亩，占计划20万亩的115.2%；完成夏灌141.8万亩，占计划132万亩的107.4%，比去年同期多完成灌溉面积3.45万亩；完成秋灌51.17万亩，占计划45万亩的113.7%；完成冬灌52.68万亩，占计划49万亩的107.5%。落实行政首长负责制、防汛岗位责任制和防汛值班制度。对所辖的水库塘坝、淤地坝、河道险段、山洪多发区、防汛责任落实、预案制定、物资储备、通讯保障、水情测报等进行了全面大检查，对发现的问题及时整改，有效保障了群众的生命财产安全。

【水管体制改革】　2009年，全面完成水管体制改革主体任务。水管单位的经常性经费和维修养护经费

列入2009年度财政预算并从元月份正式执行，4月份通过省、市两级检查验收。全年在水管体制改革中完成了核定水管单位的分类定性、机构设置和人员编制；测算和落实“两费”；审核灌区水价成本，推进水价改革；推进管养分离改革；落实社会保障各项政策措施；积极推进小水利工程改革。

【水土保持】 2009年，开展重点流域治理、梯田建设、水土保持监测和预防监督执法工作。对6条重点小流域进行综合治理，完成治理面积9.47平方公里；完成小流域综合治理面积35.81平方公里；完成水土流失治理面积87.29平方公里。新增梯田4.1万亩，占目标任务2万亩的205%。

【农业节水】 农业节水坚持因地制宜，采取渠系节水与田间节水相结合，工程节水和管理节水相结合，通过对渠道系统的改造提高渠系水利用率，通过对田间配套设施的完善，提高田间水的利用系数，从而提高整个灌区综合灌溉水利用率。全年完成全市1万亩至5万亩灌区续建配套与节水改造规划，增补灌区资料的编报工作；完成永登县西坪渠1万亩至5万亩灌区节水改造工程；完成七里河区西津坪千亩设施农业基地高效节水配套设施建设；常规节水面积6.2万亩。

【水利管理】 严格把好工程建设程序关、施工管理关和竣工验收关。严格落实项目法人责任制、招标投标制、建设监理制和合同管理制，保证工程质量。认真组织开展“水利管理年”活动，通过查摆问题，制定措施，整改落实。对2007年至2009年水利建设项目进行“回头看”检查。开展全市水利工程建设领域突出问题专项治理工作。对全市346处小水工程进行了改革试点，摸索办法，积累经验，对指导后续改革目标任务的完成打下了基础。

【水政水资源管理】 基本完成建立取水许可管理信息库；配合省厅完成黄河水量调度计划的有关工作；完成全市地下水保护和监测规划；完成全市污水处理回用现状调查报告。开展专项水行政执法检查活动；配合省水利厅调解处理红古区一起因建设水电站而引发的水事纠纷；配合市建委依法对市内自备水源井关停进行协调。推进节水型社会建设，从实际出发，把试点建设与水管体制改革、灌区改造、农村饮水安全工程、新农村建设、小城镇建设等建设项目结合起来，纳入试点建设管理范畴，节水型社会试点建设框架体系逐步形成。

【水利项目的储备和资金】 2009年，组织编制完成《兰州市2009—2011年水利建设项目投资测算和项目储备汇总报告》，储备项目涉及农村饮水安全、灌区续建配套与节水改造、病险水库除险加固、水土保持综合治理、中小河流治理等9个大类，15个小项，208个单项，项目测算总投资42.38亿元。抓住国家扩大内需、加强农村基础设施建设的政策机遇，争取国家和省上各类水利资金到位12796.21万元，首次突破亿元大关，比2008年的5870万元增长118%。

【水利安全生产】 2009年，是国务院确定的“安全生产年”，市水利局把在建水利工程、民生水利工程和防汛水利工程作为重点，认真落实安全生产责任，完善防范预案，强化责任追究制度，建立健全安全生产长效机制，与县区水利部门及局属基层单位签订安全生产目标责任书，把安全生产纳入目标管理一同考核。制定下发兰州市水利局“安全生产年”活动方案，组织开展全市水利系统安全生产大检查，配合省水利厅组织开展违规小水电清理整改工作，坚决取缔“四无”小水电站建设，配合市安监局对全市水利系统安全生产整治情况进行了两次督查。

（武　强　张小刚）

交通运输

公　路

【概况】　2009年，兰州市营运性客运车辆已达2.87万辆，完成客运量2346万人，旅客周转量24.18亿人公里，货运量6155万吨，货物周转量29.9亿吨公里。加强运力协调与组织，保障了全年鲜活农产品和粮食、煤炭等重要物资运输，按期完成了春运、长假黄金周及建国60周年庆典等重大节日和重要时期的道路、水路旅客运输任务。对长途客车、出租汽车、危险化学品运输车辆和大件运输车辆及游船码头推广安装了GPS监控设施，提升了行业信息化服务和动态监控水平。加强国防交通战备建设，配合改建驻兰部队的营区外道路，特别在兰州战区应对乌鲁木齐"7·5"事件和部队过境演练提供了交通运输保障。交通基础设施建设有了明显突破。全年完成交通固定资产投资7.48亿元，同比增长26.4%。建成农村公路278项，共计1058.31公里，超出计划目标258.31公里。完成投资33181.44万元，为年计划的159%，全市85%的行政村和47%的自然村通了油路或水泥路。运输场站建设按计划整体推进，出租汽车调度指挥中心完成了征地拆迁和设计招标工作；汽车南站客运综合楼已经完工；城关货运枢纽信息服务站通过竣工验收。农村客运"村村通"网络示范工程建成150个村级停靠站。

【农村公路建设】　2009年，市政府将修建800公里农村公路建设任务列入为民兴办的20件实事之一，解决补助建设资金1400万元。全年实际完成278项1058.31公里，超出计划目标258.31公里，完成投资33181.44万元，为年计划的159%。全市85%的行政村和47%的自然村通了油路或水泥路。其中：通乡公路完成4项79.84公里，投资5483.44万元；通村公路完成126项500.6公里，投资16352万元；以工代赈工程完成8项31.27公里，投资201万元；交通战备工程完成3项6公里，投资210万元；计划外通村公路完成137项440.6公里，投资10935万元。公路养护：重大养护里程585公里，全年平均好路率达63.5%，综合值72.1，完成标准化养路162公里，分别完成年100.8%、100.1%和100%。全市现有农村公路5636公里，硬化路面2117公里，61个乡镇路通畅率达到100%，比全省的平均水平高11%；70%的建制村通了油路，比"十五"末增加了27%，比全省平均水平高42.1%；30%的自然村通了油路，比"十五"末增加了19%。

【公路客运】　2009年，共完成客运量2346.24万人（含专业运输企业），旅客周转量24.18亿人公里（含专业运输企业），分别占年计划的102.86%、102.41%。车辆检测8638辆次，车辆二级维护14287辆次，技术等级评定达到98%，车辆技术档案建档达100%。甘肃省运管局下达村级停靠站建设150个的目标任务，10月底已全部按计划完成，并进行了工程完工验收。行业管理有了明显提升。加强线路和车辆管理，建立健全车辆技术档案。坚持线路分类、车辆分级，实现了运力投放的均衡和有序。成立了兰州兰山德顺汽车运输有限公司，规范了兰山非法营运车辆管理。完成了全市15户长途客运企业客车投保的调查摸底，做好承运人责任保险。积极推行城乡客运一体化，加快榆中县农村三级运输网络建设，榆中凯顺汽车运输公司在兰州至和平公交线上新增10辆中级客车；调整榆中至金崖公交路线发车班次和时间，方便了村民出行；开通了兰州至什川公交班线，实现了城乡客运一体化。兰州公用型汽车站撤销停运应对长途客车做了重新调整，按市场化运作，有序整合了客运资源。

【公路货运】 2009年，全面超额完成各项经济指标。全市道路货运和汽车维修产值达到13.13亿元，与上年同期相比增长了5%。新增车辆1101辆，运输装备投资10400万元，有力地促进了运输产值的持续增长。实现公路货运量1577.82万吨，货物周转量213365.99万吨公里，分别比上年增长20.42%和11.54%。在运输市场，货运运力呈现了专业化、大型、厢式化的发展态势。全市共有经营性货车19844辆。其中：大型3772辆，重型2008辆，中型430辆，小型15642辆，厢式1243辆。在运输服务市场，区域性综合交通物流园区已初具雏形，具备综合服务功能的货运站场达到18个，已占据市场主导地位。在机动车维修市场，现有各类维修业户1091家，3S、4S店达到67家。配件销售纳入管理。认真贯彻落实《兰州市机动车配件销售管理办法》，将346家配件销售企业纳入管理。机务管理稳步推进，截至年底共完成车辆检测13390辆，二级维护27300辆次，技术等级评定率达98%以上，二级维护竣工质量抽检4095辆次，占年计划的105%。以职业道德和职业技能为重点，多形式、多层次地开展培训教育，截至11月底，认真组织开展道路运输各类从业人员岗前培训考核6941人次。已建立驾驶员诚信考核档案33800份。

【水上运输】 2009年，水路运输经营平稳增长，全年完成客运量28万人次，旅客周转量146万人公里；货运量20万吨，货运周转量29万吨公里；新增水运企业3家，新增渡船6艘。养护疏浚航道12.8公里，清淤泥沙17万立方米。全年共检查船舶810艘次，下达隐患整改通知25份，停航通知9份，组织船员、筏工开展搜救演练3次，培训船员23名，年审船员145名。黄河兰州段建成五级航道38.4公里，正在建设五级航道50公里，投入使用的码头10座，渡口5道。黄河兰州段共有各类船舶235艘，总功率6398千瓦，总吨位10079吨，总客座5221座，共有客运企业5家，船员135人，行业从业人员约1500人，全行业总资产约1.1亿元；开辟了以兰州港中心客运码头辐射东西的旅游客运航线。对黄河兰州段5个码头和5艘主要船舶安装了视频监控和GPS定位系统，对码头和船舶航行做到了有效监控。与乡镇船舶签订了县、乡、村、船主四级安全目标责任书。对兰州至什川航道进行重点整治，取缔人为设置的跨河绳索2根，拦污网1张。对“三无”船舶、非法营运船舶予以严厉整治，有效遏制了水上重大事故的发生。加强水上搜救力量建设，在原有5处搜救站的基础上，新开辟了甘农大码头、吴家园码头、草地公园码头、雁儿湾烟厂、小峡码头5处搜救站，520名义务搜救员签订了义务搜救承诺书，10个义务搜救站点正式挂牌运行，投资2.5万元向搜救站配发了搜救装备与实施。全年黄河兰州段未发生一起水上安全交通事故。水上交通基础设施建设有序推进。按照省市政府提出的“与黄河百里风情线相互协调、相互衬托”的要求，对“飞天号”和“金城号”两艘游船完成了船舶亮化装饰工程，两艘游船自什川梨花节投入运营以来，全年共接待输送游客62次。河心岛安全隐患整治，兰州市水运局与电信部门协商后，提出了视频监控方案，9月28日市政府办公厅召集有关部门召开了河心岛视频监控建设工程施工协调会，河心岛安全警示牌已制作安装完成，后续整治工作已组织实施。

【“十一”黄金周道路、水路运输】

为了庆祝新中国60华诞，营造安定、祥和、喜庆的节日气氛，兰州市交通运输部门采取有效措施，全力组织实施。成立了“十一”黄金周运输工作领导小组，组织、协调假日运输工作。行业主管部门和运输企业也成立了相应机构，制订了周密的组织和应急预案。自9月14日起，由交通局主要领导和班子成员分别带队，组成综合督查组和4个行业检查组，对客运出租、货运物流、农村公路和水路交通行业集中开展节前安保维稳大检查。检查中发现的35个安全隐患均在节前全部整改到位。精心组织运力、人力、物力，确保车辆定点定班运行，严厉打击无证经营和宰客、甩客、倒客、兜圈揽客等各类违规经营行为，严格落实客运站“三不进站”和“五不出站”制度，从源头上消除运输安全隐患。加强应急值班，确保信息畅通。全市交通系统各单位严格落实24小时值班制度，主要领导亲自带班，密切关注行业动态和运输状况，保证了节日期间信息通畅、反应迅速，维护了全市交通运输行业安全稳定大局。“十一”黄金周期间，共计投入客运车辆18814次，增发加班包车974辆，完成道路客运量68.73万人次，道路客运周转量12018.8万人公里，水路客运量2.3万人次，道路、水路客运量同比分别增长5.2%和7.7%，未出现旅客滞留和重点物资积压问题，无运输安全生产责任事故，确保了“十一”黄金周道路、水路运输的安全平稳有序。

【出租汽车管理】 加大对出租汽车公司目标责任考核力度，与26户出租汽车公司签订了2009年《维护稳定目标责任书》、《经营管理目标责任书》及《品牌出租公司经营目标责任书》。全面完成了对2008年2649辆出租汽车车辆报废更新、车辆选型、四配套安装、挂牌、营运证审核及车辆建档工作，更新出租汽车GPS卫星定位系统的安装，对24户出租汽车公司建立了GPS卫星定位系统监控平台。对更新的出租车驾驶员进行了岗前职业道德培训、共计培训，驾驶员2892人。举办了出租汽车业务受理及GPS监控管理培训班。对奔马出租公司等6家全市品牌出租汽车公司的出租车进行旧车外壳改色工作，提升了品牌企业示范效应。对2009年到期报废的800辆出租车做好更新前期各项准备工作。

【机动车驾驶员培训管理】 按照甘肃省运输管理局《关于2009年度机动车驾驶员培训机构质量信誉考核的通知》要求，对全市62家驾驶员培训机构进行了质量信誉考核，评定AAA级企业12家、AA级企业14家、A级企业34家、不合格企业2家。开展从业人员上岗职责培训考核，共培训考核2689人次。培训考核CNG出租车驾驶员3366人次。整顿规范客运市场秩序，继续严厉打击非法营运，规范长途客运，重点对农村客运市场、旅游客运、机动车驾驶员培训机构和汽车租赁市场进行整顿。2009年共出动稽查人员4678人次，检查机动车28780辆次，查处违章车辆3024辆次，查扣非法营运车辆1238辆次，经济处罚491.85万元。根据中共兰州市委办公厅、市政府办公厅《关于印发＜兰州市集中开展客运市场营运秩序百日专项整治行动实施方案＞的通知》和市政府办公厅《关于转发兰州市开展打击“黑车”等非法从事出租汽车经营专项治理活动实施方案的通知》精神，自2008年12月1日起，至2009年5月20日止，历时170天，由市政府办公厅牵头，交通、公安等部门联合行动，专门抽调343人，配合稽查车67台，在全市范围内集中开展了客运市场营运秩序百日专项整治行动和打击“黑车”等非法从事出租车经营专项治理活动，查扣涉嫌非法营运车辆1239辆，受理群众举报369起，有效遏制了“黑车”非法营运猖獗的势头。联合省、市旅游局，对兰州至九寨沟等线路的旅游客车进行了整治，开展了“曙光”客运市场专项整治和出租车司机拒载行为的治理行动。重点对各汽车客运站点，天水路高速公路路口长途客车进行规范，纠正站内管理不善，站容不整，站外秩序混乱，客车沿街拉客抢客，乱停乱放，经营者违规私制路牌等行为。继续对全市旅游客运市场、汽车租赁和机动车驾驶员培训市场进行整顿。联合省、市旅游局对兰州至九寨沟的旅游客车进行专项整顿。同时，重点打击取缔“黑驾培”机构，进一步规范了市场秩序。建立打击非法营运的长效机制，成立兰州市城市客运稽查支队，增加10名专门执法人员，为建立打击“黑车”等非法从事出租汽车经营的专项治理建立了长效监管机制。稽查大队各中队实行分片包干，各负责全市一个片区，明确各自职责，加强与片区公安、交警、城管等部门的联合，加大日常稽查的同时，注重从源头上进行治理。坚决贯彻落实“稳定压倒一切”的方针，层层落实维稳责任制。签订维护稳定责任书，发挥出租汽车行业协会行业自律作用，加强出租车行业党建和工会工作，有针对性做好疏导工作，坚持信息员制度和24小时专人值班制度，增强维护稳定的监控能力，准确及时地收集信息动态，建立突发事件应急处理预案，做好矛盾纠纷排查。协助白银运管所解决白银至兰州线路部分经营者在白银的停运事件，协调解决了青城至兰州客运班线遗留问题。全年对1508辆农村客运车辆发放油价补贴385.3万元，7486辆出租汽车发放油价补贴645.3万元。

【兰州客运中心】 全年兰州客运中心共运送旅客165万人次，实现客运营收7827万元，日均运送旅客5030人次，日均客运营收217417元，弥补了自开业以来的全部亏损，纯利润112万元。线路运营方面，进入兰州客运中心运营的运输企业共41家，营运客车522辆，营运线路75条，发放班次340个，其中跨省线路17条，省内发往市州线路9条，发往非市州所在地线路29条，班车正班率、正点率、运费结算率、旅客意见处理率均为100%。整合运输资源，加强主体客运企业经营规模，2009年按城市规划火车站公用型汽车站撤销后，兰州市城运处将原绝大部分公用型汽车站发放的班车，调整进入客运中心站，使客运中心经营规模有了显著的扩大，进入客运中心的企业比以前增加了27家，营运车辆增加240辆，营运线路增加33条，发放班次比以前增加77个，日均运送旅客比以前增加44.5%，日均客运收入比以前增加52.09%。抓基础设施建设，投入资金数十万元，进行设施设备的建设与改造，站内栽种苗木千余株，制作了客运站各类标志、指示牌，开辟增设了三个售票窗口，对车站进出口及停车场路面进行了硬化工程。推行多项便民措施，开通了客运中心购票、咨询服务热线电话，设置了值班站长室，公布了投诉举报电话，车辆增设了老、弱、病、残、孕专座，母子候车室，重点旅客候车室，配备了车站饮水、送水设备，配置了便民箱，购置了便民急需用品。为作好H1N1甲型流感预防工作，专门通过候车厅电子屏幕进行宣传

教育，车站设立了观察室和旅客体温测量室，定时在站场内喷洒消毒液，并制订了车站疾病应急预案。建立制度，加强管理，制订出台了《兰州市客运中心安全管理办法》、《收入目标考核办法》等5项管理办法、17项管理制度、22个岗位职责，制订了冰雪天气、火灾、突发事件等应急预案。严格执行“三不进站、五不出站”的安监方针，严把客车进站安全管理关和客车安全出站管理关。圆满完成了年度黄金周阶段的旅客运输服务任务。2009年参加春运的客车215辆，后备班车40辆，发送客运班次8400个，输送旅客18万人次，售票收入1023万元；“五一”黄金周发送客运班次1000个，其中加班车150班次，输送旅客3万人次，售票收入126万元；“十一”黄金周共发送客运班次2032个，其中加班车260个班次，输送旅客6万人次，售票收入300万元。狠抓车站治安秩序的综合治理，针对车站人流多、情况复杂的问题，为保障旅客的人身财产安全，配合公安机关侦破刑事案件5起，治安案件9起，抓获扭送违法犯罪嫌疑人8名，依法检查并查扣管制刀具36件（匕首35把，仿真手枪1支）、违禁烟花爆竹13万响。配合市收容站遣送盲流14人，收留并安全送返离家出走少年4人。

【汽车综合性能检测中心】 汽车综合性能检测中心2009年全面完成了各项经济指标。完成城运处送检客车8593辆，为年计划的172%，车辆检测合格率达100%；完成运管处送检货车13007辆，完成年计划的100%，车辆检测合格率达100%。完成二级维护车辆抽检5200辆，其中：城运处送检1042辆/次，运管处送检4158辆/次，完成年计划106%。实现财务收入247万元，完成年计划的154%。2009年是检测中心第三次开展质量认证的评审，根据质量认证的要求，编制了形成体系的质量管理文件，制订建立了符合检测中心工作的《质量手册》，制订了《保证公证性和保护客户机密及所有权控制程序》等23项具体程序文件和《安全生产应急处理措施》、《环境保护应急处理措施》，编制了作业性文件《程序文件汇编》，编制建立了包含《工作人员守则》、《主任岗位职责》等34项工作制度的《管理制度汇编》和包含25项具体操作规程的《操作规程汇编》，搜集整理了GB18565—2001、JT/T198—2004等85项国家和行业标准汇编成《检测方法及相关国家标准汇编》四卷、JJG976—2003等25项鉴定规程汇编成《检测设备检定技术条件及规程文件汇编》两卷，根据检测中心业务机构组成编制了《部门工作手册》，形成了较为详实的共有70余万字的质量管理体系文件。经过评审专家对各项工作的检查，完成了认证的各项工作，顺利的通过了评审。

【兰州交通运输集团】 自2005年以来，按照兰州市国有企业改革“393”攻坚战的统一部署和政策规定，兰州交通运输集团作为兰州市政府确定的第一批重点改制企业，全司完成了企业改制和重组，组建了股份制企业，实现了平稳过渡。2009年，公司各项工作取得了突破性进展，创造了历史最好水平，公司全年实现客运量389万人次、旅客周转量125200万人公里，分别比改制前增长38.7%和38.1%；实现运输收入12967万元，比改制前增长93%，实现利润2292万元，是改制前企业利润水平的15.8倍。同时，职工收入明显提高，全司职工人均年收入达到26000元，比改制前增长了115%，通过改制重组，企业步入了发展的快车道。在经营发展上，公司坚持以运为主，狠抓客运高峰期的营收创利，并且不断加大车辆更新力度，加强班线调整开发，进一步提高了单车运行质量和经营效益，积极开拓旅游客运和天然气危险品运输市场，组建成立了旅游客运和天然气专业运输公司，开辟了企业新的经营项目和经济增长点。

【运输服务市场专项整治】 坚决取缔非法经营，做好“打黑车除隐患、构建和谐交通”专项治理工作。认真贯彻落实市交通局关于开展打击“黑车”等非法从事出租汽车经营专项整治活动，以及在全市开展打击“三黑”专项整治活动的工作部署，及时抽调人员，组成专项整治稽查大队，全年开展了两次百日“专项”整治活动。期间，仅在货运行业出动稽查人员980人次，车辆245台次，路检路查中查扣违章拉运危险化学品车辆17台，货运站（场）内查处违规运输、夹带危险化学品、违规存放危险化学品28起。现场查扣易燃液体、农药等30多种危险化学品，近100余吨。查扣无证经营车辆150多台次，未年审车辆250台，其它违规车辆近90台。查处黑搬家公司9家，扣车11台；查扣安全辅助设施不到位的危货运输车辆14台；查处黑托运部8家，信息部19家。通过大力整顿，减少了安全生产隐患，促进了行业稳定。

做好兰州市洗（修）车场点专项整治工作。按照市委、市政府、市交通局城市管理百日“六大市场整治行动”的安排部署，以洗修车场点整治为重点，集中在全市范围内开展机动车洗（修）车场点的专项整治，对无证经营、占道经营、污染环境的洗（修）车场点进行了依法查处和取缔。共出动执法人员1900人次，车辆380台次，印发宣传材料780份，发放整改通知书486份，采取证据保全措施318户，依法查处黑洗车点168户次，无证经营的三类汽车维修业户150家，纳入管理近200家。通过清理整顿，着力解决占道经营、污染环境、影响市容市貌的脏乱差等问题。目前，已审批3家具有现代化功能的洗车店，其设施设备的现代化功能在全市处于领先水平。

做好道路运输行业质量信誉考核工作。建立和完善优胜劣汰的竞争机制和退出机制，组织开展道路运输行业质量信誉考核工作，其中：道路危险货物运输企业达100%，成建制道路运输企业达到95%，物流企业达到95%，道路运输站（场）达到100%，托运企业达到80%，信息部达到70%；机动车维修企业一类达到100%，二类90%，三类70%；道路运输从业人员95%。

【青城黄河大桥动工开建】 2009年11月11日，青城黄河大桥工程正式动工兴建。甘肃省委常委、市委书记陆武成，省政协副主席、市长张津梁以及刘为民、牟少军、张悌先、魏志乐、魏邦新等领导出席开工奠基仪式。青城是具有悠久历史的千年古镇，具有发展特色设施农业和文化旅游的明显优势，但因与外界相连的道路桥梁太少，使青城的发展受到了严重制约。作为唯一与外界沟通的青城黄河吊桥，修建于1987年，该吊桥是青城乃至榆中北山6乡与白银、兰州相连的重要通道。由于吊桥设计使用20年的寿命已到期，目前已被省有关部门封闭，使当地蔬菜外运、生产资料购入都受到了很大影响。每年仅蔬菜外运收入损失就达2000万元，同时严重制约了青城古镇旅游经济的发展，年损失达500万元。新建青城黄河大桥已成为关注民生、解决青城及榆中北山地区与外界相连的一项重要工程。新开工的榆中青城黄河大桥，设计全长570米，其中大桥长337.5米，引道长232.5米，设计通航等级五级，地震基本烈度七度，概算总投资1963.4万元，工程工期一年。

【首家标准化洗车场开业运营】 6月6日，兰州市首家电脑全自动标准化洗车场——兰州轩辕车饰界隆重开业。这一标准化洗车场点的建成运营，是交通部门按照兰州市委、市政府有关加快发展兰州市汽车清洗行业发展的指示精神，精心打造和培训的兰州市首家具有较高现代化、自动化水平的汽车清洗企业，代表着目前兰州市汽车清洗业的最高水平和今后发展的方向，为兰州市汽车清洗业发展树立了品牌和标杆。兰州轩辕车饰界占地800平方米，投资30万元购置了法国、意大利生产的进口洗车设备，电脑全自动化水腊洗车，打泡沫、上水腊、吹干一次完成，五分钟即可完成一辆车的清洗，且不会造成环境污染，符合国家节能环保的要求。该企业负责人表示，年内还要在市区东西出口再建两家加盟店，力争建成全市、全省一流的汽车清洗企业。

【西北中心城市交通改革与发展协作交流会第八次会议在兰召开】 9月1日，由兰州市交通局承办的西北中心城市交通改革与发展协作交流会第八次会议在兰州隆重召开。市委副书记刘为民、省交通运输厅副厅长王繁己、市人大副主任潘卫平、市政府副市长姚国庆分别作了重要讲话。西北五省区中心城市、武汉、成都、沈阳、中卫、白银等交通部门和郑州宇通客车股份有限公司，以及兰州市交通系统各单位的代表和新闻媒体的记者，近百人参加了会议。会议秉承“协作交流、共谋发展”的宗旨，紧紧围绕“深化交通领域改革 ，推进交通科学发展”的主体，结合本地区本部门的工作实际，就如何进一步加强西部地区交通行业管理和公共服务职能，加快西部地区城乡一体化、综合交通体系建设、现代物流业发展及农村公路建设步伐等方面进行了深入探讨和广泛交流，达到了相互学习、相互促进、共同提高的目的，为西北地区交通事业的改革与发展作了有益的理论探讨和实践总结。本次会议还审议通过了《西北中心城市道路运输及现代物流区域合作框架性协议》。会议强调，要进一步加强西北中心城市间的协作互助、政策互通和信息共享，探索建立区域合作的长效机制，共建西北道路运输经济发展圈，促进西北地区经济社会又好又快发展。

【国家交通运输部领导视察兰州市水路交通】 8月20日，交通运输部党组成员、纪检组长杨利民和部水运局、规划司等有关司局领导，在省交通运输厅厅长杨咏中及厅班子成员、市委副书记刘为民和参加首届黄河航运发展论坛代表的陪同下，到兰州市水上搜救中心检查兰州市水路交通工作，看望慰问交通水运一线工作人员。杨利民组长一行在视察中听取了兰州水运海事基本情况汇报，参观了水上视频监控系统和GPS船舶定位系统，观看了水上搜救演练视频录像，并乘坐“金城号”游船视察了兰州至什川航道开发情况。杨利民对兰州市黄河航运开发和水上安全监管工作给予了充分肯定，要求兰州市依托黄河水运资源优势，统筹规划，合理布局，打造具有兰州特色的水运旅游事业。

【甘肃交运旅游汽车有限责任公司揭牌成立】 为了加快发展甘肃旅游产业，提升兰洽会等重大节会旅游运输接待能力，按照省市政府的统一部署，由兰州交运集团与甘肃天嘉集团、甘肃东运集团三方投资，组建成立了甘肃交运旅游汽车有限

责任公司。目前，公司已投入资金3000万元，购置高档旅游客车50辆，建立起集旅游客运、旅游代理、信息服务、宾馆住宿、餐饮娱乐为一体的旅游集散中心。整合旅游客运企业，将30家旅游客运企业整合为12家，改变兰州市旅游客运市场小、散、弱的局面。6月6日上午，甘肃交运旅游汽车有限责任公司揭牌暨发车仪式在兰州汽车西站隆重举行。市交通局要求新公司以“安全优质服务、文明诚信经营、创建品牌企业、振兴甘肃旅游”为宗旨，着力打造“甘肃旅游”客运服务品牌，为全省重大公务接待活动和各旅行社、社会团体等提供安全优质的出行服务，为发展兰州乃至甘肃旅游产业提供坚强的交通运输保障。

【新通力驾驶学校被评为“2009年度兰州市道路运输二十强诚信企业”】

2009年，通力企业诚信赢得了信誉，赢得了市场。先后被市委宣传部、市国资委、市商务局评为“兰州知名品牌60强”；被市交警支队城关大队评为“2009年度交通安全管理先进单位”；被甘肃省道路运输协会评为“10强驾驶员培训学校”；被甘肃省商业联合会评为“甘肃省商业服务名优诚信示范单位”、“甘肃省商业名牌企业”。在获得荣誉的同时，通力企业不忘回报社会，并积极投身于社会公益事业。年末，先后参加了“阳光童年绿色行动”大型爱心公益活动和全国6省媒体接力传送“爱心棉衣”的爱心活动。在活动中，新通力驾驶学校主动派出车辆将88台性能良好的电脑分五批送往临夏州永靖县、天水市张家川县、武威市古浪县、临夏州东乡县和甘南州夏河县的6所学校，为1600多名山村孩子带去了希望和祝福。并派出爱心车辆将10000余件棉衣送往青海玉树。

（赵光旭）

铁　路

·兰州铁路局·

【概况】　兰州铁路局地处西北路网枢纽，跨越甘肃、宁夏两省（区），处于亚欧大陆桥在我国境内的重要区段，东连西安，西通乌鲁木齐，南接西宁，北往银川，管辖陇海（天水—兰州西）、兰新（兰州西—安北）、兰青（河口南—海石湾）、包兰（惠农—兰州东）、宝中（安口窑—迎水桥）、干武（干塘—武威南）6条干线和红会（白银西—红会）、石汝（石嘴山—汝箕沟）、嘉镜（绿化—镜铁山）、玉门南（玉门—玉门南）、银新（银川—银川南）5条支线，是西北交通运输和经济建设的大动脉。

全局管辖线路以兰州为枢纽，线路总延展5828.3公里，营业里程2782.6公里。车站228个，其中特等站1个、一等站10个、二等站23个、三等站34个；配属机车926台，客车车辆1410辆；桥梁1737座、97638延长米；隧道172座、153232延长米；自动闭塞里程1376.77公里，集中联锁车站235个。全局固定资产原值521.99亿元。共开行图定旅客列车39对（管内21对，跨局18对）。管内通勤车1对1组（22型），四〇四公司通勤车1对1组（25G型）。全年开行临时及旅游列车49列4009辆次，支援外局9组171辆。

【机构设置】　路局机关行政限额内机构22个，行政限额外机构3个，下设银川铁路办事处。有决算单位54个，其中运输生产站段28个：车务站段13个（含兰州客运段、银川客运段），机务段3个，供电段2个，工务段6个（含兰州工务机械段），电务段2个，车辆段2个。年末职工总数84674人，其中干部15746人，工人68928人。

【技术装备】　兰州铁路局信号管辖228个车站（其中联锁道岔5021组；四显示自动闭塞1376.770公里、半自动闭塞1599.297公里），机车信号设备954套，TDCS调度指挥管理信息系统238站（场），道口信号27处，驼峰自动集中6场（其中自动化驼峰2场、半自动化驼峰1场、机械化驼峰3场），信号微机监测设备243站（场）。

2009年12月15日，铁路通信业务由铁路局正式接管运营。路局接管铁通的通信设施内容和数量，资产和管理全部划归路局的传输系统共计207套，管理划归路局、资产共同占有的传输系统共计37套，路局接管的传输网管系统共计44套；路局接管的光缆共248条4347.523纤芯公里；路局接管的电缆共2504条6089.633线对公里；铁路专用通信设施共12161套（台）。

截至年底，全局配属机车926台。其中电力机车726台、内燃机车200台。配属客车1410辆。另外代管行李车58辆、邮政车31辆，代管中核四〇四公司25G型客车24辆。总计1523辆。电气化铁路接触网正线3789公里（5599条公里），设牵引变电所57个，电力贯通线2862公里，自闭电力贯通线1598公里，变配电所68个。建成兰州、兰西、武南3个整备车间股道自动化系统。路局5T系统设备共安装有2套TADS系统（车辆滚动轴承故障轨边声学诊断系统）设备、7套TPDS系统（车辆运行品质动态监测系统）设备、11套TFDS系统（货车故障动态图像检测系统）设备、195套THDS系统（车辆轴温智能探测系统）设备、1套TCDS系统（客车运行安全监控系统）设备。有大型养路机械23台、中型捣固车10台。安装车载式线路检查仪

72台。有路产动态轨道衡39台，铁路辅业产权轨道衡7台，企业产权轨道衡85台；超偏载检测装置9台；有装卸机械241台。

【提速改造】 石汝支线大武口——汝箕沟共计71公里完成电气化改造，大蹬沟、呼鲁斯太站开通使用计算机联锁，马莲滩、陶斯沟2站关闭，其它5站在原6502电气集中继电联锁的基础上进行了改造。完成武威站房改造，兰西上下行、天水上下行4套TFDS设备的统型改造、升级工作，以及嘉峪关上下行、武威南上下行TFDS—1型设备的抗阳光干扰的升级改造工作。完成铁道部5T系统扩大覆盖范围一期工程中迎水桥上下行TFDS系统的建设，以及5T信息管理系统研发等安全生产项目的实施。完成张掖等4所牵引变电所无功动态补偿改造，90台高耗能变压器更新，南京康复院无锡分院燃煤锅炉更新为地源热泵空调系统等一系列节能减排项目的实施。

【经营管理】 路局以推进全面预算管理为重点，统筹资源配置，通过下达财务预算指标、监控预算支出、实施预算考核，实现了预算项目、标准、措施和工作量的“四统一”。坚持预算静态平衡和动态落实相结合，通过规范资金集中支付程序，明确各相关部门职责，提高资金使用效率；通过规范票据结算行为，明确商业汇票结算业务范围，规范办理程序及日常管理，严格控制提现额度，杜绝了无预算、超预算提取现金的现象发生。从生产实际出发，大力开展增收节支活动，通过实施燃油低烧工程、变压器减容改造、控制检修费用、压缩人工成本和物资采购价格等措施，节支降耗工作取得显著成效。加大同甘、宁两省（区）地方政府的协调力度，争取到社会保险方面的一系列优惠政策。深入开展设备资产管理执法监察活动，组织物资采购招标246批次，节约了采购资金。开展债权债务清理工作，完成了14台DF4型内燃机车有偿转让，杭州敦煌饭店股权转让的评估、备案和处置工作，以及柳家营什字45亩土地移交所涉及的资产处置事项。开展房屋资产专项清查，并对全局设备资产管理进行了专项执法监察，以此促进路局和站段业务、技术部门加强资产实物管理，切实提高资产使用效率。在加强新建项目财务管理工作的同时，也加大了对销号项目收尾及遗留问题的处理力度，完成青藏线西格扩能项目竣工决算，并加快推进其它销号项目收尾工作。针对工程建设领域存在的突出问题，开展了工程建设领域中项目决策和投资控制、资金安排使用、招标投标活动和物资采购、工程建设实施和质量安全管理、建设项目信息公开和诚信体系建设、查办案件等6个专项治理工作。开展税收自查工作和“小金库”专项治理等工作，全面完成年度经营目标。

【铁路建设】 全面落实“六位一体”要求，高标准、高质量、高效率地推进各项建设工程。兰渝铁路、天平铁路、兰新铁路第二双线、包兰线惠农至银川段增建二线、银川站改、武威站改和嘉红电化改造等项目全面开工并有序推进；银川至兰州段扩能工程、敦煌至格尔木线、兰州至合作线、成都至兰州线、宝鸡至兰州客运专线、干武二线、长庆桥至庆阳线等铁路建设项目前期工作进展顺利。新一轮铁路建设高潮已经在全局迅速掀起。与此同时，更改大修项目初见成效，石汝支线电化改造工程成功投入运营，一大批涉及安全生产和职工生活的项目全面实施，启动了路局近十年来最大规模的职工住房建设工程，产生了良好的经济和社会效益。

【科技进步】 “YFRB—2型隧道融冰装置”经过两年多的研制开发及现场试用，于2009年7月通过路局技术鉴定，目前已在银川供电段管内安装了10套，有效解决了隧道结冰跳闸问题。“RLJ—1型智能列车接近报警装置”以投资少、覆盖面广、报警可靠、使用方便等优势于2009年4月顺利通过路局技术鉴定，较好地解决了铁路沿线施工作业的安全防护问题。利用TDCS系统，研制开发的“车站接发列车进路防错办报警系统”于2009年5月通过路局技术鉴定，解决了多方向发车车站由于车次无法辨别发车方向和

包兰线惠农—银川段新增第二线工程建设动员大会

疏忽造成的列车发错方向问题。自主研发了"调度信息综合应用平台"、"管内工作车去向表(运货四)系统"、"铁路客货票据管理"、"车务站段停时统计查询系统"等12项信息系统，完成部级和局级科研项目31项。

【运输生产】 运输部门按照"高标准、讲科学、不懈怠"工作要求，在确保安全的基础上，围绕全年增收节支任务目标积极开展工作，千方百计克服经济危机带来的市场持续低迷、货源大幅下滑的客观困难，大力加强货运营销，加大与省区工（经）信委、地方政府和市、县经委协调力度，与重点企业签订运量互保协议，创新生产经营核算管理，优化运输组织，努力提高运输效率，特别是下半年以来紧紧抓住经济形势好转、货源上升的有利时机，着重落实了"8·18"全路卸车工作会议和"9·6"西北区域运输协调会议精神，狠抓卸车效率特别是夜卸率的提高，充分发挥区域循环运输优势，促进增运增收工作深入推进，全年主要经营指标创造了历史最好成绩。

客运部门围绕铁道部"以客补货"战略部署和路局"增运增收、节支降耗"具体要求，克服金融危机对客运市场带来的不利影响，围绕铁道部下达的经营预算目标，积极开动脑筋，深入挖掘运输潜力，通过增开客车、置换车体等措施，不断扩大运输能力。有针对性地开展客运市场调查，科学、合理调整客运产品结构，盘活存量资产，优化增量资产，努力适应客运市场变化和旅客需求，不断扩大路局客运能力和客运市场铁路占有份额，取得了良好的经济效益和社会效益。货运部门按照铁道部的总体要求和路局的统一部署，以确保货运安全持续稳定、全面提升货运安全管理水平为主线。以强化现场安全为核心，深入开展安全专项整治，依法规范安全管理，强化货运安全基础建设，加强货运专业管理；改进货运组织方式，努力挖潜提效，推进"两整合一建设"工作，提高货运组织效率；大力推广新技术、新设备，提高安全保障能力；强化职工培训，提升人员素质和服务质量，实现全局货运安全管理目标，确保了货运安全持续稳定。

全年主要运输经营任务中除换算周转量受客观因素影响较年度预算略有欠账外，旅客发送量、货物发送量、运输收入等主要任务指标均超年度预算完成。旅客发送量全年完成2557.4万人，超年度预算7.4万人；货物发送量全年完成8860.8万吨，分别超年度预算、局定目标640.8万吨和40.8万吨，提前26天完成年度预算。

【安全管理】 按照铁道部总体部署，以现场安全为核心，以干部作风为关键，以队伍素质为保证，不断深化安全专项整治，落实安全生产"三项行动"，深入开展安全"大反思、大检查、大整改"活动，持续加大安全隐患排查治理力度，坚定不移地推进安全基础建设，确保了全局运输安全平稳有序。

管理制度不断完善，整章建制工作得到新加强。2009年，全局上下深刻领会全路运输安全工作会议精神实质，结合全局"基础建设三年规划"，对2009年全路运输安全重点任务细化分解，明确了责任领导、责任单位和完成时限，每月在安全分析例会上通报工作进度和完成情况。针对新《技规》、《事规》实施一年多来的新变化和新要求，进一步修订完善了37项管理制度，清理技术规章制度809项、废止47项，对14个专项应急预案逐项进行细化。同时，以落实安全生产责任制为核心，建立健全安全管理制度和考核办法，对路局《安全生产考核办法》、《运输站段一体化考核办法》以及《局机关年度经营业绩考核办法》和《局机关月度经营管理责任制考核办法》进行修订，将路局安全目标、经营效益和效率指标分解到责任部门，并签订经营业绩责任书，充分发挥考核激励机制的导向效应。

行车设备质量不断提高，安全保障能力实现了新飞跃。路局紧紧抓住设备春检、秋鉴有利契机，整修机车805台（占运用机车的99.3%），发现并处理各类活项3104件；对300处接触网的隔离开关引线、电连接及软横跨上下部固定绳弛度进行检调；对25G型新造客车制动软管、折角塞门等制动配件进行分解检查，对1459辆客车进行制动管系贯通试验检查；完成线路道床清筛218.89公里，线路大机维修2800公里，道岔大机维修800组，换铺无缝线路257.955公里；完成4980组道岔电特性测试、调整、安装绝缘检查测试等。全面开展设备质量检查整治，对影响安全、急需补强的设施设备，果断决策，立即补强。全年安排资金2.99亿元，在安全生产方面完成149个更新改造项目，481个大修项目，极大地提高了设备保安全的能力。

"三项工程"顺利推进，安全管理水平实现新提升。进一步优化站段管理结构，新增3个工务线路车间，关闭石汝支线2个车站，对105个车站（2596组）道岔清扫职能进行移交。大力推进自控型班组建设，理顺班组建设管理职能，分系统制定自控型班组建设实施办法，3个单位的试点工作取得初步成效；制定了主要行车工种队伍建设三年培训规划，组织工班长、预备技师和高级技师、特种作业人员等生产骨干培训1.458万人，委外和送部培训1805人，对3508名特种作业人员和特种设备操作人员进行培训，安全保障能力大大增强。

为适应铁路发展新形势，结合机车、乘务交路等调整变化，积极做好运输组织、机车调整、人员配备、公寓整合等各项配套工作。加快修程修制改革，优化机车中修组织，兰西中修台数由83台增至141台，迎水桥中修台数由65台增至79台，取消了67台电力机车和1台DF11型机车委外中修；加大车辆集中检修、异地检测和换件修力度；工务、电务、供电系统积极推进检养修分开，在主要干线推行设备集中修，实行天窗共用、集中作业，提高了天窗利用率。进一步整合全局救援资源，将原有13个专业救援队整合为5个，在敦煌新增设专业救援队，逐渐形成了较为完善的救援网络。针对客运乘务人员短缺的现状，大力实施客运内部挖潜和跨单位人员调剂，解决了1417名客运乘务人员的缺口，对2.591万名行车作业人员进行培训考试，确保“4·1”、“7·1”、“11·11” 3次调图顺利实施和平稳过渡。

主题活动成效显著，关键环节盯控取得新成效。按照铁道部统一部署，路局认真吸取京广线郴州站“6·29”事故教训，在全局深入开展安全“大反思、大检查、大整改”活动。活动开展以来，各单位、各部门采取定点包保、跟班作业、夜间抽查等措施，加强对现场关键岗位、关键时段的监督检查，加大对违章违纪和管理失责行为的追究力度。同时，按照“边思边查、边查边改”的原则，发现并整改了一大批在工作标准、安全管理、设备质量、干部作风等方面存在的惯性问题、难点问题和“冷门”问题。针对列尾装置、调车作业、施工安全、驼峰设备、危险品运输等专项问题，路局多次召集有关单位进行专题剖析，逐项落实整改，进一步规范安全管理。活动期间，各系统、各单位共召开各个层面安全反思会2485场次，通过现场检查和反思查摆，共发现并整改问题4.2693万件，消灭了一批安全惯性问题。年内，各部门、各单位运用“项目管理”的方法，开展施工、防溜、列车运行监控装置管理、轨道车运行安全、劳动安全、路外安全等安全专项整治活动，确保运输安全。成立路局施工安全监管督导组，加强对施工安全的监管。进一步强化调度基础，制订19条行车事故苗头考核标准和4条安全“高压线”；加强LKJ监管，LKJ监控装置的出库良好率达100%；加强易燃易爆物品运输管理，取消4家危险货物托运人资质，停办2条危险货物专用线，清理整顿9个煤炭装车点，限定6个棉花运输办理站。通过集中整治，消除了一大批影响运输安全的突出问题和隐患。

全年共发生行车事故137件，同比增加60件；发生设备故障1192件，同比增加758件；发生铁路交通责任一般事故11件，同比增加7件；发生路外事故72件，同比减少1人，伤24人，同比增加8人。消灭了道口相撞事故和一般A类及以上事故，死亡指标控制在部定指标以内。截至12月31日，路局实现安全生产81天。

【综合治理】 2009年是新中国成立60周年，为确保国庆盛大庆典期间安全万无一失，路局采取路地联合、路企联合、内部协同作战的方式，统筹安排，全面推进，综合治理。组织开展了治安稳定和反恐防爆专项整治活动，全面落实站车反恐防爆“五道防线”，以兰青、兰新、天兰线以及进藏、进疆、进京“三进”客车为重点，加大反恐力度。公安部门组成了72个小分队对进藏、进疆、进京客车进行全程添乘，并配备了36条防爆毯、72台手持安检仪。投入360名警力在各大车站和周边地区24小时巡查，对22座重点桥隧特别是乌鞘岭隧道进行24小时盯控，确保了国庆期间运输安全稳定。与甘、宁两省（区）共同组成督察组，对甘、宁两省（区）地方铁路和铁路专用线路外安全管理情况进行了重点督察。同时，组成路内联合巡视检查组，每周对辖区线路、设备以及防护设施进行不留死角全面检查。全年出动982人次开展联合巡线325次，发现各类问题576处，及时清理上线人员105人，有效防止铁路交通事故25起，路外伤亡事故同比下降26.7%，为促进路局科学发展、和谐发展奠定了坚实基础。分别在3月、6月、8月、10月策划实施了4次以兰州、银川、天水、陇西、定西、嘉峪关、张掖、金昌、武威、白银、平凉、中卫、固原等地区为中心的以“遵纪守法、珍爱生命”为主题的大规模路外安全宣传活动。据统计，全局路外安全宣传队深入沿线508个村、镇、集贸市场和易发事故的地点，142所中小学校，举办宣传展览710场、广播105次，散发宣传单20万张，爱路护路小黄帽、书包5000套，张贴宣传材料2万张，散发宣传袋15万条，宣传杯30万个，召开安全宣讲会39场，补充设置安全警示标牌106处；在《甘肃日报》刊登公益广告4期，甘肃电视台播放公益广告50期。

（杨雍梅）

邮　政

【概况】　兰州市邮政局隶属甘肃省邮政公司，是全省邮政经营的龙头局和网运支撑枢纽。2009年，兰州邮政以服务省会城市经济社会发展为中心，以深入学习实践科学发展观为动力，抓住兰州市邮政局与兰州邮区中心整合契机，深化运行机制改革，提升市场拓展能力，较好克服了两局整合初期带来的不利影响，全网经济运行质量和效益稳步提高。函件、集邮、报刊等传统业务焕发出新的生机，实现了超常规发展，邮务类业务收入完成年预算的103.87%，与上年同期相比增长10.56%。速递业务保持强劲发展势头，全面完成年计划任务，同比增长9.54%。代理金融业务积极转变经营思路，加快商业化运作步伐，增强网点发展能力，全年完成储蓄业务收入计划的101.45%。三大板块业务发展带动了全局业务收入增长，全年完成省公司预算进度的102.95%，实现业务收入（速递、邮银分账后）1.95亿元，同比增长6.43%，收入规模居全省邮政企业第一位。

【网络运输】　整合后的兰州邮政以网运生产质量和时限管理为重点，不断优化生产操作流程和网路运行结构，保障了网路平稳运行，有力支撑了全省邮政网运工作。2009年，兰州邮政对市内趟车和干线邮路进行了优化整合，合理调整了市内趟车和省内干线运行计划，试行租赁社会车辆运邮，节约了运输成本，提高了邮车运行准班率，有力支撑了旺季生产作业，保证了大学生包裹、军营包裹及“思乡月”月饼等重点邮件的及时发运，邮运网络综合运能进一步提高，全年累计完成邮运产品量49.92亿袋公里，接发邮件总包913.89万袋，汽车干线邮路安全行驶459.7万公里，火车完成交换量226.42万袋。对大宗邮件实行邮编预处理和分拣前置等工作，使大宗邮件处理时限提前了2个—3个工作日，有效降低了邮件处理成本，《党的建设》、《西北民兵》等大宗商函用户的满意度明显上升。

【邮务类业务】　以加快专业化经营改革为推手，整合利用营销资源，突出产品创新，通过运用BIU先进营销理念，全面介入中小企业数据库商函、书信大赛、招生宣传等市场，取得了良好的经济效益和社会效益。邮政贺卡、DM邮送广告、对账单等传统业务植入媒体广告宣传功能，大力拓展政务和商务市场，加快个性化消费需求培育，有效带动了函件业务收入增长，收入增幅达到12.28%。报刊发行业务以投递网达标为推手，加强投递服务时限和质量管理，开展常年收订劳动竞赛，进一步扩大了订阅市场占有率，报刊发行业务收入超额完成计划任务，增幅为7.76%。集邮业务紧抓市场机遇，整合利用营销资源，提高市场化运作能力，成功开发“建国六十周年”、“兰州大学建校一百周年”、“甘肃理工大学建校九十周年”和“黄河铁桥百年纪念”等项目，集邮业务计划任务全面完成。包裹业务充分利用两局整合资源，满足社会多样化需求，加强家乡包裹和爱心包裹特色项目开发，精心组织校园包裹和军营包裹专项营销活动，通过全网协作，实现校园包裹项目创收62万元，同比增长16%。代理及信息业务依托窗口柜台资源，积极拓展代办和信息类增值业务，深化与通信、电力、燃气等公司合作层次，拓宽了广大市民缴费渠道，为打造“一站式”缴费平台奠定了良好基础。

兰州邮政深入校园收寄包裹

【速递物流类业务】 速递业务以二期平台系统上线为契机，突出前台业务宣传，加强时限承诺服务，营业窗口提前一个月完成全年计划任务，同比增长9.54%。物流业务全面启动分销业务，重点做好标准化“三农”服务网点建点工作，以网点为销售平台，针对农村市场需求，以农资、化肥和日用品等作为重点销售商品，为广大农民带来了实惠和方便，业务收入较上年同期增长14.17%。

【代理金融业务】 兰州邮政主动适应邮储体制改革变化和业务转型，引入商业银行单点结算运营模式，加大县域金融业务发展力度，加快调整存款结构，通过发展商易通用户、扩大代发涉农财政补贴面和加大网点吸储能力，储蓄业务收入完成省公司年计划的101.45%。抓住“绿卡通”成功上线机遇，积极开拓结算类业务市场，为卡类消费提供了新选择。重点发展代理金融中间业务，促进了代办保险、代理基金、代售国债、大理财等中间业务发展，围绕优质客户，开展对公业务营销，为代理金融业务改善客户群结构打下了良好的基础。

【服务社会】 以支撑生产经营发展为目标，继续加强核心能力建设，2009年，先后投资一千多万元，对48个农村邮政网点分批进行改造，新购邮政所1处，增扩城市营业网点4个，农村营业网点3个，改造标准化骨干网点33 个，建设营业旗舰店2个，增配ATM机12台，增加邮运车辆9辆，农村投递摩托车100辆，新增投递段道60条，建设精品投递中心4个，标准化投递部12个，社区邮政服务点50个，强化了对重点报刊用户、机要用户、商函用户和速递物流用户的投递覆盖，服务用户能力和支撑经营的作用进一步加强。

【精神文明建设】 以深入开展学习和实践科学发展观活动为契机，坚持党建和精神文明建设两手抓，通过开展主题鲜明的实践和“争先创优”活动，进一步丰富了邮政企业“双创”活动的内涵，推进了职工知识化进程，全年共举办各类业务培训班30期，参训人数达1620人，其中，参加邮政集团公司和省公司各类培训班95期，参训人员150人。2009年，10月，郭雨声局长主持创造的《强化资源共享管理实施协同开发市场策略》，获第五届（2009）中国邮政企业管理现代化创新成果二等奖。兰州市邮政局在全省邮政转运环节业务技能比赛中分获团体第一名和单项前三名。3名营销员在“营销创百优”和“职工创新”工程活动中连续三年被评为全省邮政“营销精英”，1人被全总评为全国女职工建工立业标兵。在“双创”活动中，广场邮政旗舰店和西固邮政营业厅入选省级示范窗口。函件局充分发挥专业优势，在市场中开拓创新，积极进取，为全局函件业务超额完成计划任务提供了有力的业务支撑，被共青团兰州市委评为“创新创效先进集体”。3月，城关区局广场支局被甘肃省质量协会、甘肃省总工会、甘肃省妇女联合会和甘肃省用户满意工程联合推进办公室评为“2009年度甘肃省用户满意服务明星班组”。12月，七里河区局西站支局被共青团兰州市委授予“青年文明号”荣誉称号。

（王晓刚）

中国电信兰州分公司

【概况】 2009年，中国电信兰州分公司以“树信心、正风气、带队伍、抓市场”十二字工作方针为指引，面对激烈的市场竞争，结合地方经济特点，贯彻集团聚焦客户信息化创新战略和融合差异化的发展策略，坚持中高端切入，坚持融合发展不动摇，固网实现止跌企稳，移动业务用户突破30万，转型发展步入快车道，增速与收入拉动贡献为近几年最好水平。

【业务运营】 移动发展实现激励引导促高端、应用带动抓高端。以综合办公，销售管家、无线POS、

定位、数字校园、数字城管和工商E通等行业应用为抓手，提升用户ARPU值与产品黏性。突出移动与固网全业务融合优势，打造企业总机服务、e9等业务品牌，为政企行业客户设计全业务信息化解决方案，为公众客户提供方便快捷、经济实惠的融合应用产品。固网业务以转型项目与经营模式突破为根本。建设完成兰州市公安局全球眼、安宁区数字城管、城关区电子政务等一批年收入在百千万级的转型项目，助力社会信息化建设，提升传统固网业务内在价值。商业模式不断实现调优与转变，推行公话外包、行业首查竞拍等新型业务模式。

【提升渠道能力与规模】 加快售前、售中和售后服务建设，支撑工作前移，主动响应，提供面向政企客户、公众户的差异化服务内容、标准和方式。建立VIP服务中心，通过电话、短信等方式，定期进行客户主动关怀、维系和挽留；加快市区营业厅建设，强化店面销售服务能力，补充实体渠道建设；增强网上营业厅业务受理能力和查询服务，逐步培养电子渠道。积极拓展社会渠道，建设学子e行店24家，天翼便利店360家，累计发展社会渠道124家，有效扩展服务覆盖能力。社会渠道发展坚持规模发展与有效发展的原则，开展路演、“e家优惠进万家”等营销活动，使移动业务社会渠道代理发展逐步走上规模。

【网络建设】 3G网络覆盖到重点乡镇，移动网络质量基本接近省内领先运营商。网络容量从2008年的57.96万增加到80.90万，EVDO的覆盖率从24.1%增长到64.1%，3G乡镇网络覆盖从22.3%增加到75%。光纤接入能力提升，完成621条光缆的布放和175台光交接设备的安装，割接配线光缆621条。宽带提速建设全年8M以上新增28880端，累计达到44728端。配合集团公司组织的第三方DT/CQT测试，在66个地州市分公司中名列前茅。为优化网络，组织员工拨测体验，发现问题，及时整改。开展移动网络春风行动，组建攻坚团队，调测数据、调整天线、整改直放站等，均取得良好效果。

【提高服务水平】 以全业务服务能力提升为重点，全面落实全业务客户服务标准，推进品牌客户差异化服务，建立健全基础服务能力持续提升的长效机制，强化分级过程监督管控，完善前后端关联责任考核体系，共同解决服务短板和深层次问题，确保服务质量的稳步提升及客户感知的逐步提升。用户投诉整体下降，移动业务服务短板得到较好整治，有效缓解了费用争议、停复机、网络质量、障碍查修、SP短信等热点投诉。积极参与省市“政风行风热线”等活动，制定服务问题解答预案，汇总10大类69个热点、难点问题解释口径，协调处理现场用户咨询、投诉，办结率达到100%。开展“宽带用户感知提升”劳动竞赛活动，加大光进铜退力度，做好宽带网络优化，规范宽带用户安装工作，消除潜在故障隐患，注重对e家客户服务回访，有效提升了宽带客户满意度。组织参加“2009年甘肃质量月”现场活动，进行现场营销、业务宣传活动及用户咨询解答。全年投诉呈整体下降趋势，得到较好控制，投诉处理及时率99.59%，投诉一次性解决率94.00%，重大投诉问题为零，被工信部判定企业有责投诉为零。营业厅、客户服务中心、号百信息服务中心测评保持稳定，客户满意度稳步提升。

【机制体制改革】 通过多种措施开展企业机制体制改革，激发队伍活力。调整工资收入结构，进一步调动员工发展业务积极性。成立相关机构，分别负责重点客户全业务项目推进与专业拓展校园市场。增强干部、员工竞争意识，开展中层干部竞争上岗、业务经理竞聘、员工晋降级考核工作，优化干部与员工队伍结构。在企业各项工作开展中，始终将班组长作为基层工作的骨干与带头人，紧抓班组建设。通过一年强化人力资源管理、深化企业体制改革，干部与员工队伍素质与能力得到很大提升，为全业务运营奠定了坚实的基础。

（高　伟）

5·17电信日活动现场

国内外贸易

国内贸易

【概况】 2009年，全市商务工作面对国际金融危机带来的各种困难和挑战，认真贯彻落实"1355"总体发展思路，按照扩内需、稳外需、调结构、保民生的要求，坚定信心、迎难而上，全力实施"151"工程，即紧紧围绕消费、出口、商务投资促进全市经济发展这条主线，狠抓商品市场提档升级、民生商务、新农村市场、外向型经济、和谐消费五大体系建设，加快构建区域性现代服务业中心，商务经济实现了平稳较快增长，商务事业得到了快速健康发展。全年实现社会消费品零售总额469.77亿元，比上年增长18.92%，创历史新高；完成市场成交额660亿元，比上年增长18.7%；合同引进商贸投资133.46亿元，比上年增长113%，完成商贸投资13亿元，比上年增长10%；商务行业从业人员达60余万人，占全市从业人员的36%；商务行业上缴税金47.62亿元，占全市税收的33.68%；商务对全市经济增长的贡献率达58%，在全市GDP10.8%的增长中占了6.26个百分点，为全市应对金融危机、保经济增长和促进经济社会发展做出了重要贡献。

【城乡市场建设】 按照空间集中、规模集群、经营集约的思路，坚持以项目为抓手，通过修订完善规划、引进战略投资、市场资源整合、主动跟踪服务等措施，狠抓商品市场提档升级，推动东部生活资料物流基地、西部生产资料物流基地、中央商务区三大商贸物流板块加快形成。兰州最大"菜篮子"农副产品物流中心建设完成了"四证一书"(建设项目规划许可证、土地规划许可证、土地使用证、施工许可证、项目建议书）办理和部分市场建设及经营户搬迁入住，蔬菜瓜果市场启动运营；最大"米袋子"粮油物流中心正在加紧招商；华孚泰购物广场、兰海钢材配送中心、榆中绿洁蔬菜交易市场投入运营；康桥国际商贸楼即将开业；跃进街市场、花庄农产品市场、西部综合市场、兰州畜禽市场、红古区海石湾南区农贸市场、金海湾商厦及永登金街商务中心已完成新建或改扩建；西固商业步行街、兰州永新国际商贸城、永登城关农副产品批发市场、苦水镇商贸一条街正在抓紧建设；瑞泰蔬菜批发交易市场、花庄农产品交易市场2项"双百市场"工程建成运营，兰州畜禽市场、皋兰菜市场、红古海石湾南区农贸市场3项县乡农贸市场"退市还路"工程完成投资2127万元。马来西亚时尚百盛、北京王府井百货等世界500强企业和国际知名品牌已落户兰州；远成现代物流西北总部及仓储基地、北龙口物流园区等重大项目已签约进入实施阶段。全年新签约商贸项目25个，合同投资133.46亿元，同比增长113%；44个在建商贸项目完成投资13亿元，同比增长10%。

【新农村便利超市】 2009年，起草下发了《关于加快推进"万村千乡"市场工程建设的实施意见》，对2009年至2011年"万村千乡"市场工程的建设和改造工作提出了具体要求，明确了目标任务、工作重点、工作原则、保障措施，同时制定了2009年实施规划。狠抓新农村便利超市建设，按照统一标识、门头、店面、货架、工作台、计量器、收款机和人员着装的"八统一"标准进行改造建设，并确定了统一采购、配送、定价的"三统一"制度，

建立了有制度、有承诺、有标准的“三有”经营管理规范，明确了承办企业和加盟店主的职责，使新农村便利超市成为了当地农村的一道亮丽风景，受到了农民群众的称赞和欢迎。全年改造建成105个新农村便利超市，超额完成了100个农村便利超市的政府实事，同时完成了省商务厅下达的200个“万村千乡市场工程”农家店建设任务。截至年底，累计建成农村便利超市636个，乡镇覆盖率达到100%，行政村覆盖率超过55%，商品配送率达到40%以上，便利超市平均增销20%以上，受益农民群众近40万人。

【城市社区菜市场建设】 围绕服务市民生活，狠抓社区菜市场建设，起草了《关于大力推进社区菜市场建设的意见》，由市政府下发实施，通过各县区合力推进，克服选址难、建设资金短缺、投资方建设积极性不高等诸多困难，全年新建和改造提升了20个标准化、规范化菜市场，全面完成了政府实事任务。截至2009年底，累计建成标准化、规范化社区菜市场31个。

【饮食服务业】 2009年，兰州市被列为全国主食加工配送试点城市，按照商务部、财政部主食加工配送试点城市和《主食加工配送中心建设规范》建设要求及标准，改造提升了食品安全检测和冷链与配送系统，强化了信息管理系统建设，细化了食品加工生产环节，健全了企业规章制度，通过了省商务厅和省财政厅的验收，较好地完成了试点工作。大力推进“放心早餐”工程，全年新增放心早餐经营店60个，投放市场放心流动餐点增加到306个，目前放心早餐服务网络覆盖面已经扩大到四区一县的200余条街道，并解决了500多人的就业，其中下岗失业人员占90%。积极推进兰州牛肉拉面产业发展，狠抓兰州牛肉拉面馆建设，制定了兰州牛肉拉面馆整体设计方案和文化装饰方案，经过多次座谈、论证和修改完善，使装修设计较好地体现了地域文化；同时积极开展“兰州牛肉拉面商标”注册保护工作，多次赴北京与中国商标局沟通、协调，11月通过了“兰州牛肉拉面商标”的注册审核， 12月起进行全国公示，公示结束后可获得注册证书。组织符合条件的26家餐饮、宾馆企业进行了由地方级酒家酒店向国家级酒家酒店的等级转换，使景扬楼、鑫海、云峰、友谊饭店等18家餐饮企业转换为国家级特级酒店，全聚德、灶王爷、欣泽宫等8家餐饮企业转换为国家级一级酒店。全市共有国家级特级店 28家、一级店 10家。

【家电下乡】 制定下发了《兰州市家电下乡工作实施方案》，在皋兰县举行了兰州市家电下乡工作启动仪式，组织各县区家电下乡工作人员参加省商务厅举办的家电下乡培训班，对销售网点进行备案、审核和确认，联合市财政局对销售网点进行公示，会同省商务厅、省财政厅、市财政局多次对各县区家电下乡工作进行检查指导，大力推进电视机、手机、冰箱、洗衣机、热水器、计算机等九大类家电产品和汽车下乡。通过一系列扎实工作，全年备案销售网点达到381家，销售家电下乡产品29548台（部），实现销售额4964.4万多元，位列全省前列。

【家政服务】 大力发展家政服务业，争取到国家有关部委批准我市开展家政服务网络平台建设和家政服务培训项目，在兰州三为家政公司建立96965家政服务信息平台和服务网络的基础上，又开通了兰州家政服务网站（http：//www.lz96965.com），新增了40个家政服务网点，目前我市家政服务内容已涵盖了家政服务、设备维修、房屋工程、水电维修、医疗保健、交通旅游、购物消费、教育培训、住宿餐饮、企政服务、庆典礼仪、中介服务、丧葬服务、美容保健、法律服务、金融保险、出国服务、安全保卫、婚姻服务、社会工作等20个大项、489个小项的家政服务，涉及家庭生活的方方面面，同时还纳入了飞机航班查询、电脑知识、软件下载、在线翻译、居家养老、婚姻介绍、餐饮预订等在线服务，服务网络已覆盖城关、七里河、安宁、西固四区，服务对象从以居民家庭为主逐步向企事业单位、公共场所、大专院校后勤服务等领域扩展。电话信息台日均接话量在1500个以上，业务高峰期能达到3000个左右；服务网站自4月份开通以来，点击人数累计达4.5万人次，需求办结率100%，满意率99.8%。认真实施家政培训项目，共举办6期培训，培训人员578人，考试合格人数569人，并全部实现了就业。

【再生资源回收】 狠抓再生资源回收体系建设，制定了《兰州市再生资源回收体系建设发展规划》，明确了2009年至2012年再生资源回收体系建设的目标任务、工作重点、工作原则、保障措施；按照“先试点、后推广，先局部、再全局，统一规划、分步实施”的原则，以近郊四区为重点，以保障社区再生资源回收服务为突破口，合理布局，控制严格总量，采取“七统一”、“一规范”（即统一规划、统一标识、统一服装、统一计量、统一车辆、统一价格、统一管理及经营规范）的标准建设和改造社区回收站点，至年底有128个回收站点达到了规范化标准。大力整治规范再生资源回收行业，对无照经营或证照不全的回收经营场所及经营活动，不符合规划的再生资源回收站（点）、禁设区内的证照齐全的回收企业和网点等违法违规、隐患大、群众反映强烈的回收企业和网点，反复宣传动员，限期搬迁或取缔；对证照齐全、符合规划的经营网点，提出要求，限期进行规范；针对近郊四区主次干道、有碍市容、市貌的回收站（点）进行拉网式清理整治，取缔无证无照经营网点100余家，下发整改通知书195家，限期搬迁110家，使兰州市再生资源回收行业整体形象有了明显改善。

【和谐消费环境建设】 以保市场稳定、保酒类肉类等食品安全为重点，积极构建安全放心的和谐消费环境。加强储备体系建设，建立了兰州市生猪储备，养殖储备肥猪3800头；与21家应急物资重点联系企业建立定期联系制度，向商务部推荐上报应急物资重点联系企业4户；按照商务部指定的55种应急商品在全市范围内对较大型生产、流通企业进行摸底造册登记。强化市场运行监测，在巩固原有56户重点监测企业基础上，将中国石油天然气甘肃销售分公司、甘肃省农资化肥总公司等企业纳入监测范畴，建立了拥有城市生活必需品、重点流通企业、生产资料企业、黄金周、日常监测、“商务天气预报”等六个监测系统和100户样本企业，涵盖了批发、零售、餐饮、宾馆、物流等多个业态的市、县区两级市场监测体系，为上级部门和市政府及时掌握市场动态、调控市场提供科学依据。加强肉类监管，严格实行了宰前通知书制度、病害肉强制高温处理和电子监控三大措施，做到了全程监控，并建立完善了肉品品质检验印章管理、不合格肉品召回、肉品质量安全举报、各县区各大超市肉类商品安全监测季度公示、肉品质量安全追溯等监管制度，市县生猪定点屠宰率保持100%，乡镇达95%以上。开展了放心肉社区巡展、放心食品周六社区集市等活动，确保安全消费、放心消费。加强酒类商品管理，设立了24小时举报电话，严格实行随附单制度，大力开展放心酒示范店创建活动，并实行了黑红名单制度，将经营假冒酒类商品的单位列入“黑名单”，通过电视、报纸、网站向社会公开曝光。在继续加强完善“红名单”制度的基础上，开展了兰州市“放心酒示范店”创建工程，第一批创建放心酒示范店36家。

【食品安全】 按照市政府“安全饮食用药、百姓放心消费”十大专项整治行动的部署和要求，牵头进行了肉及肉制品市场、酒类商品市场、牛肉面市场规范提升、“四边一部”食品市场四项专项整治，建立健全了食品安全追溯体系和责任追究机制，完善和建立了“红名单”、“黑名单”制度，加强了食品安全信息发布和公开机制，构建了“一专三员”的食品药品安全监管体系和长效监管机制，建立了信息通报、办案协作、联动查处机制，创建了一批全市食品药品安全“放心消费企业(门店)”，同时，加大力度开展食品安全知识宣传，进一步增强了经营者守法经营、诚信经营意识，提高了人民群众对食品安全的满意度，明显增强了广大消费者的安全消费意识和自我防范能力。四项整治共出动执法人员21544人次，车辆2100台次，检查经营单位23983户次，查处各类违法违规行为820户，发放整改通知书1016多份，行政处罚504户，捣毁制假窝点20个，查获违法违规物品货值194.26万元，查获运输假冒包装案件1起，印发宣传资料54712份。通过整治，全市酒类市场、肉类市场、牛肉面市场及“四边一部”地区的食品安全状况明显改善，食品消费环境得到进一步净化，有效保障了人民群众的饮食安全。另外，牵头开展了农资打假、知识产权保护、打击商业欺诈和非法传销、税收秩序整顿规范等专项行动，有效地维护了市场秩序。在永登县开展了商务综合行政执法试点工作，被商务部确定为全国试点县，试点工作受到了商务部验收组和省商务厅的肯定和好评。

【扩大消费】 围绕全市保增长大局，全力扩内需、促消费，及时制定出台了搞活流通扩大消费的实施意见，积极实施扩大城市消费、拉动农村消费、发展新型消费等七个方面的38条措施，适时组织举办迎新春购物节、茶博会、服饰文化节、名优小吃节、放心肉进社区巡展、放心食品周六社区集市等七大节会促销活动，大力推进电视机、手机、冰箱、洗衣机等九大类家电产品和汽车下乡，有效拉动了城乡消费。全年实现社会消费品零售总额469.77亿元，比上年增长18.92%，创历史新高，为全市经济增长“保10%、争11%”发挥了重要作用。

（李振远）

对外经贸

【概况】 2009年，面对国际金融危机的不断加深和波及效用的逐层推进，对外经贸经受了严峻考验，外贸、外资、外经工作在艰难的环境中寻求发展，寻求突破，贸促会紧紧围绕对外经贸积极开展工作，经过全市广大商务工作者的艰苦奋斗、不懈努力，把金融危机带来的影响降到了最低程度。对外贸易经受住了外需锐减的冲击，保持了基本稳定；利用外资向现代服务业转变明显加快，水平明显提高，对外

经济合作继续保持较快发展。

【对外贸易】 面对国际金融危机和国家严格限制“两高一资”产品出口的双重压力，在保客户、拓市场的基础上，把调整结构作为突破口，狠抓机电、高新技术、高附加值、农产品出口，积极培育出口新产品和出口品牌，及时制定出台了《关于保持全市对外贸易稳定增长的意见》，从优化出口退税流程，加快退税速度，缓解企业融资困难，支持企业使用出口信用保险，优化海关作业流程，改进检验检疫监管模式，提高商检服务效率等方面，采取了二十四条具体措施，不仅遏制了出口大幅下滑，而且结构调整取得成效。全年完成进出口总额 4.88 亿美元，其中出口 3.06 亿美元，进口 1.82 亿美元，特别是高新技术及高附加值产品、农产品出口分别增长 16.28%、15.5%，出口商品结构进一步优化，初步形成了以机电产品为主、轻工化工产品为辅、特色农产品快速增长的出口商品结构新格局。全年审核办理了 80 家进出口企业备案登记，年底，全市备案登记进出口企业达到 859 家。

【利用外资】 以提升利用外资质量为重点，强化对外资企业的服务。同时，加大对新技术、新业态和大品牌的招商力度，全年新批准设立外商投资企业 17 户，合同投资总额 1.79 亿美元，增长 13.92%。新批准设立的外商投资企业有 10 户企业涉及农业高新技术开发、新能源、环保科技、展会中介、汽车安全设备制造和动漫制作等领域，属于国家鼓励类或高新技术企业，占总数的 62.5%，并引进了 1 家商业零售外商投资企业入驻，无一家高耗能、高污染企业，利用外资质量进一步提升。年底，全市实有外商投资企业 242 户。

【国际经济合作】 积极推进国际经济合作，全年新签订对外承包工程项目合同额 1.36 亿美元，同比增长 51%，其中 1000 万美元以上的项目达 6 项；完成营业额 1.82 亿美元，同比增长 102%；特别是对外投资快速发展，全年完成境外投资 1235 万美元，同比增长 209%，其中甘肃孚泰亚麻生物科技有限公司在加拿大投资 1000 万美元，创兰州市企业在境外投资历史新高。境外投资涉及领域日渐广泛，包括农业种植、养殖和深加工、制造业、天然有机保健食品、植物油提炼等方面，有效拓展了企业发展空间。2009 年底，全市拥有对外承包工程劳务经营权企业 15 家，境外投资企业 14 家。

【投资贸易促进】 组织企业参加了春秋两季广交会、第十六届天津投资贸易洽谈会、西洽会、大连软交会、第十三届投洽会、第六届中国—东盟博览会、第十一届高交会等省外投资贸易展会，其中广交会成交额达 1.54 亿美元，投洽会签约 54.46 亿元，创历年之最。组织企业赴境外参加了“2009 哈萨克斯坦亚洲商品展览会”、俄罗斯农产品展、德国科隆食品展等展会，取得了较好的效果。邀请 200 多名客商参加了第十五届兰洽会，组织 25 家企业参加了“甘肃—深圳名优特产品采购对接会”，成功举办了“兰州国际石油钻机技术发展论坛”等活动，有效促进了对外贸易和利用外资发展。

【兰州贸促会】 围绕扩大出口，降低金融危机带来的不利影响，充分发挥贸促会的作用，加强人员培训，积极组织展会，加强信息沟通，促进出口，扩大对外经济合作。为了及时解析政府有关法规政策，宣讲相关业务流程，帮助企业熟悉国际经贸法规，促进兰州市对外贸易稳定健康增长，有针对性地举办了“外贸政策暨海关作业流程培训班”，全市 80 余家外贸企业的近百名业务主管、财务人员参加了培训。培训班上，详细介绍了海关作业流程及电子口岸平台使用实务，解读了国家有关政策、商品出入境检验检疫监管模式及相关新规定。为使外贸企业进一步熟悉掌握涉外法律知识，了解当前国际贸易发展和争议纠纷的新特点，利用 WTO 框架下的法律武器保护自身利益，举办了涉外法律知识培训班，邀请兰州大学、兰州商学院的专家教授和甘肃省贸促会领导讲课，60 多家进出口企业的业务主管人员及专业人员参加了培训，详细讲解了涉外法律基本知识，倾销与反倾销、补贴与反补贴常识，国际贸易中反倾销与反补贴的应对策略和实例，贸促会涉外仲裁、调解等法律商事服务项目。组织兰州王振牛肉面大王、百味全清真食品有限公司、玉兰味精食品有限公司、伟日生物工程有限公司派员参加了 2009 年马来西亚第六届国际清真博览会，有 2 家公司参与买家与卖家对接会并进行了调味品展示，考察了马来西亚食品、肉品和调味品零售及批发市场，马来西亚客商对兰州企业生产的清真调味品—牛肉精和牛肉粉的市场前景看好，展会取得积极成效。组织兰州牛肉面大王、百味全调味品、百峰生物科技、兰州国芳百货等 11 家企业和 40 多名采购商参加了 2009 中国（青海）国际清真食品及用品展览会，兰州王振牛肉面大王和马来西亚客商就合资建厂，与新加坡和广东省销售商就代理销售兰州小吃产品、加盟连锁等达成意向协议；兰州百味全清真食品公司同销售商签订销售合同 12 份，销售额 500 多万元人民币；王振牛肉面大王、玉兰味精公司还实现现场销售 10 万元人民币。兰州百峰生物科技有限公司就淀粉加工和销售，兰州国芳百货就引进北京月盛斋等企业在兰设立办事处或分销商达成初步意向。通过国家总会15个驻境外代表处，以及与国外商协会、经贸界人士和企业建立的长期稳定信息交流共享和贸易投资促进合作关系，向境外企业发送兰州出口产品、项目引资合作等信息100余条，搜集并筛选出30余条有针对性的国际经贸供求信息，提供给全市的外向型企业。从国家和省贸促会展览计划中优选出15个重点展会，下发专门通知，并通过《兰州贸促》以及上门专访推介等多种形式，及时将相关展会信息传递给100余家主要外向型企业。为更好地向企业提供有针对性、时效性的信息服务，进一步帮助企业开拓国际市场、开展国际经济合作与交流，及时对《兰州贸促》进行了改版，增设了相关栏目，及时广泛搜集国际市场动态信息、国家政策信息、分国别经贸环境信息和企业需求信息等，编印《兰州贸促》6期，向百余家企业发送700多份，提供信息20多条。此外，积极利用国家贸促会信息平台，对新近掌握的企业信息资料在整理、分类、更新、筛选的基础上，选择符合条件的35家企业资料录入中国贸促企业服务平台，扩大对外宣传。

（李振远）

经济合作

【概况】 2009年，兰州市经济合作服务工作在市委、市政府的正确领导下，以科学发展观为指导，以省委区域发展战略和市委“1355”总体发展思路为统领，以“抓项目，促发展”为第一要务，把市委“打好六大战役，实现六个突破”的工作部署放在更加突出的位置，准确把握国家宏观调控政策与兰州经济社会发展实际的结合点，克服诸多不利影响，不断增强政策的适应性，多层次、宽领域、全方位积极开展招商引资，为全市经济社会又好又快发展提供了新的经济增长点，成为全市经济发展的重要支撑。全年共签约各类国内合作合同项目311项，引进到位资金实现141.38亿元，同比增长25.45%，引进资金到位再创新高。

【招商引资】 4月，市委、市政府主要领导分别带队，组成兰州市招商考察团，赴长江三角洲地区和环渤海地区进行项目对接和招商考察活动。考察团先后到南京、上海、宁波、长沙等城市，考察了苏宁电器集团物流基地，江苏金浦集团化工产业园区、吉利控股集团宁波生产基地、渲染动漫宁波基地等10多家行业龙头企业进行项目对接、推进合作，先后举办了“兰州—上海项目对接会”、“兰州—新沪商商会项目对接会”和“兰州—长沙项目对接会”。在环渤海地区，考察团围绕深化区域经济合作、推动重点项目实施，在北京、保定、天津、大连等城市进行了为期一周的招商考察活动。对中铁集装箱总公司兰州铁路集装箱中心站建设项目、方大集团特种石墨核反应堆内构件项目、天津中通远洋物流集团兰州无水港项目、中国蓝星集团碳纤维项目进行了深度洽谈和重点推进。

9月1日，省委常委、市委书记陆武成率兰州市招商考察团赴闽赣渝三省市开展为期6天的招商考察活动。招商考察团考察了福建利嘉集团，推进了庙滩子整体改造项目加快实施；考察了世界最大的硅片生产基地新余市赛维LDK太阳能有限公司，就推进太阳能光伏制造与应用的合作进行了洽谈；期间还考察了南昌高新技术产业开发区、重庆市北部新区、高新技术产业开发区和海扶技术有限公司、汽车博览中心、长安福特马自达有限公司等企业。通过项目对接，合作洽谈，推介活动，推进了项目合作和实施。

9月3日，市委常委、副市长杨志武率兰州市招商代表团参加了甘肃省党政代表团赴港招商活动。兰州市最大的城中村改造项目——香港利嘉集团投资9 3亿元的城关区庙滩子地区危旧房整体改造项目在香港正式签约。期间，兰州高新区在港举办了“2009年兰州高新区（香港）重点产业园区推介暨招商项目签约仪式”，签约合同项目9项，总投资3.095亿美元。

在积极“走出去”的同时，各级、各部门根据项目工作实际，适时邀请有投资意向的企业，前来实地考察，推进项目。据不完全统计，2009年，全市各级招商部门先后接待韩国第六次西部大开发考察团、顺德民营企业投资商会、上海远成物流、利星行有限公司、美国汉昌投资集团、大连路明集团、江西塞维太阳能有限公司、上海东方希望集团、华润医药、沃尔玛等大企业、大集团198家、1400余人及贵阳、西安、银川等地的党政考察团，有力地促进了项目进展，展示了兰州的良好形象。

【“节会”招商】 第十五届兰洽会坚持“开放、开发、合作、发展”的主题，推进国际间、省际间、区域间合作，取得圆满成功。一是项目签约创新高。会期共签约各类国内合作项目146项，总投资330.97亿元。签约项目呈现出省外项目多、工业项目多、上亿元大项目多和商贸项目投资额度大的特点。二是参会客商积极踊跃。会期，邀请来兰参会宾客1477人；各类代表团组116个（党政团15个、经贸团20个、境外团6个、企业代表团75个），

参会客商投资意向明确，数量明显高于往届。三是展示展销主题突出，现场洽谈气氛热烈。会期，组织了中石油兰州石化公司兰州金川科技工业园等100余户企业参会参展；组织展出兰州名优产品200余种。现场接待项目洽谈人数达4620人，发放各类项目推介材料5万余份。四是网络招商作用增强。会期通过兰州政府网、兰州招商网、市发改委网等网络进行招商，点击人数高达16800次。五是节会内容丰富多彩。茶博会、汽车机械专业展会等促进活动异彩纷呈。六是区域经济合作得到加强。在赴外学习的基础上，以第十五届兰洽会为平台，积极关注国内区域经济发展的走向与动态，建立区域经济资料库，为加大区域经济合作力度和范围奠定了坚实的基础。

同时，积极调整思路，有选择、有重点地参加外地举办的各种专业性展会，大力开展形式多样的招商引资活动。4月5日，市经委、城关区、七里河区、榆中县及有关企业37人参加了“十三届中国东西部合作与投资贸易洽谈会（西安）”。会期，兰州北方生物工程有限公司与咸阳市秦都区签定了投资1.2亿元的维微龙系列营养食品暨沙棘黄酮提取项目，参会人员在会期对陕西兆兴房地产开发有限公司和兰州市张苏滩蔬菜批发市场整体搬迁、榆中汽车城项目、榆中县兴隆土建投资有限公司与日本创研株式会社就苑川钢铁化工产业园区300亩国有土地招商项目、凯鹏华盈创业投资基金与原兰州电瓷电器厂就资产重组产权转让项目等一大批项目进行了洽谈和对接。兰州佛慈制药有限公司、兰州陇星散热器有限公司等10余家企业参加了展示展销。9月8日，市商务局、国资委、经委、经济技术开发区、高新技术开发区和部分县区政府及十多家企业的共40余人代表团参加了第十三届中国（厦门）国际投资贸易洽谈会，并举行了兰州市项目签约仪式，共签订了6个投资项目，合同总额54.46亿元。“第十届中国西部（成都）国际博览会”、“2009年广州博览会”、“中国·天津第十六届投资贸易洽谈会”、“2009中国青海投资贸易洽谈会”、“2009中国（宁夏）国际投资贸易洽谈会”等节会均成为展示兰州形象、推介项目、洽谈合作的舞台。安宁“蟠桃会”、皋兰“什川之春”、“茶博会”、“首届陇商大会”等节会把招商引资的重头戏唱的如火如荼。

【外地驻兰机构管理】 外地驻兰机构管理工作紧紧围绕全市招商引资工作的大局，强化管理，内强素质，外树形象，依据《兰州市外地驻兰机构管理办法》，外地企业来兰设立办事机构审批更快捷、办理更高效、方式更简单、服务更热情、平台更凸显。据统计，全年共审批外地驻兰办事机构88余家，涉及机械、建筑、通信、医药、电力工程等领域。广东雅士利集团、大连路明光电工程有限公司、江苏雅歌电子工程有限公司等大企业先后设立了办事机构，这些“经济大使”视驻地为第二故乡，积极参与兰州市经济建设，为促进我市经济加快发展、率先发展和创建和谐社会起到了积极的推动作用，也成为了兰州市有效开展招商引资工作的桥梁和纽带。对300余家外地驻兰办事机构进行了年检。外地驻兰机构党委基层党建得到加强，发展新党员23名。

【优化环境协调服务】 2009年，全市上下坚持把项目建设和招商引资作为经济工作的生命线来抓，市委、市政府先后出台了《兰州市重大项目前期经费管理办法》、《兰州市重大项目及园区建设协调领导小组议事规则》、《市领导联系督查重大项目制度》等一系列促经济发展的制度决定；成立了重大项目办公室，调整充实机构、人员和工作职责，定期召开协调例会，研究解决项目建设、园区开发、土地管理等方面存在的突出问题；完善了市级四大组织领导联系重大项目责任制、项目业绩考核制、责任追究制和目标管理责任制等制度。及时将118个关系全市经济社会发展的项目，作为2009年市级领导联系督查的重大建设项目，一一分解落实到人，实行“掌握情况在一线、调查研究在一线、转变作风在一线、解决问题在一线”工作机制，确保了项目建设的顺利进行。各县区、各级招商部门牢固树立“抓项目就是保增长”的理念，坚持“发展抓项目”不动摇，始终把项目工作放在一切工作的首要位置，紧密联系当前经济形势，从贯彻落实扩大内需政策、全力以赴保增长的全局出发，大力推进重大项目建设、加大招商引资力度，以“请商、为商、安商、富商”为己任，诚信招商、诚信待商、诚信留商，坚持把为招商、为项目服务提升到一个事关经济发展的战略高度，对项目建设中遇到的困难和问题，坚持急事急办、特事特办，加大协调、促进、落实力度，主动深入基层，深入一线服务，支持企业发展。据统计，仅市招商局就先后为人人乐商业集团、兰州市机电五金综合物流中心等企业解决在优惠政策落实、项目立项、供电、供气、用地、生产经营等方面存在的问题48件，接待到访、咨询、投诉人员320余人，深受企业的好评和欢迎。

（郝敬新）

粮　食

【概况】 兰州市年粮食需求量20

亿斤左右，年粮食产量只有7.7亿斤左右，是一个粮食纯消费型城市，年12.3亿斤粮食缺口都需从山东、安徽、东北三省等粮食主产区购进，粮食供需对外依存度高。主要粮油商品的消费结构比例为面粉：大米：小杂粮65:30:5，全市食用油消费年需1.5亿斤左右。兰州全社会共有粮食经营户1800多家，经营粮油品种1000余个，粮油品牌1600余个，参与市场竞争的省内外粮油加工企业500余家，其中本地粮油加工企业10户，国有控（参）股粮食仓储购销企业9户。

【粮油购销】 2009年，全市共购进粮油13.67亿斤，占年度目标12亿斤的114%；共销售粮油12.8亿斤，占年度目标12亿斤的106%。国有控股、参股的粮食企业实现销售收入3亿元，同比增长28%；实际亏损316万元，同比减亏20%，其中三县亏损276万元，市属16户国有控股、参股粮食企业扭亏增盈面达到了70%。各粮食企业全力克服金融危机不利影响，积极探索购销经营新路子，大力培育和发展总代理总经销、集团消费等粮油购销经营新型业态，着力提高企业经济效益和职工收入，全市粮食经济呈现加快发展的良好态势。

【项目建设】 加快兰州粮食产业优化升级，全面提高全市粮食流通水平。2009年，市粮食局相继实施了一批粮食重点发展项目。拟投资2.8亿元实施 “焦家湾粮库扩建改造项目”（兰州粮油物流中心），建成后将成为全国一流、西北最大的粮油批发市场，平时成为全省的“米袋子”基地，特殊时期作为全市最大的粮油“蓄水池”。投资6850万元的“兰州昌盛植物油公司新厂建设项目”，2009年 10月30日，在皋兰三川口工业园区开工建设。总投资4258万元的“兰州粮油食品连锁配送物流扩建项目”完成了可研报告，经省发改委审核后已上报国家发改委，已争取到位国拨资金700万元。

【粮食法规宣传】 积极开展粮食法制宣传活动，充分利用国务院《粮食流通管理条例》宣传日活动、《食品安全法》宣传月活动、食品药品十大专项整治活动等有利时机，和省粮食局、市食药局等相关部门共同组织，在东方红广场、城关、七里河、西固、红古等繁华地段和社区，广泛开展了《兰州市粮食流通监督管理条例》等粮食法规及粮油食品安全宣传活动，通过放心粮油展示、设立咨询台、发放宣传资料以及新闻媒体报道等形式，宣传粮食法律法规知识和粮油商品消费常识，全年共印发各种宣传材料60余万份。

【市场监管】 加强市县两级粮食行政执法体系建设，成立皋兰县粮食稽查大队，永登、榆中粮食稽查大队积极组建。加强全市粮食市场和主要产品价格分析。在全市建立了300个粮油购销存社会粮食统计点和92个粮油价格监测点，统计监测网络实现了对粮油批发市场、县区集贸市场、粮油超市、城乡粮食零售网点的全覆盖，对主要品种在特殊时期分别实行日报、三日报和周报制度，为上级部门和领导决策提供了及时准确的科学依据。对全市粮油市场的监管，坚持日常检查与专项整治相结合，按照市政府统一安排，与工商、质监、食药等部门配合，在全市范围内认真开展了蒸、烤、炸类面食制品专项整治工作和全市粮油市场专项整治活动。开展了五次放心食品周六早市活动。认真开展了对三县粮油市场、粮食收购市场、大中专院校食堂的专项检查，对粮油经营者的粮食收购资格、购销活动、商品质量、卫生条件等进行了综合性的监督检查，严厉打击无证经营、假冒伪劣、添加剂超标等各种违法违规行为，全力维护繁荣有序的市场秩序。全年共出动执法车辆370台次，执法人员1041人次，检查经营网点2974户次，处理举报投诉8起，责令整改51户，行政处罚案件35件，办结率100%；累计抽检样品194个批次，面粉、大米和食用油品合格率分别达到91%、96.2%和91.3%。

【仓储管理】 根据国务院及省上有关通知精神，从3月初到4月底，由市政府统一领导，按照“在地检查”的原则，在全市范围内开展了粮食清仓查库工作。市发改委、财政局、粮食局等九部门共同参与，按照“有仓必到、有粮必查、有账必核、查必彻底”的要求，共组织500人次，对兰州市辖区40个储粮点的各类储粮进行了逐库、逐点、逐垛的全面清查。普查过程中，还邀请市人大代表和政协委员对普查工作进行视察督导，确保了普查数据真实、准确、可靠，摸清了粮情家底。认真开展春、秋两季粮油普查工作，全市共抽调498人次历时4个月，普查各类粮油433562吨，确保各级储备粮“一符四无”率达到100%。从普查情况看，我市库存粮食基本稳定，账实相符，各储粮单位对检查和发现的储粮隐患，均能做到即知即改，全年没有发生储粮和其它安全生产事故。牢固树立“储粮安全重于泰山”思想，认真落实粮食安全行政一把手负责制和普查员责任追究制，广泛引用环流熏蒸、机械通风、“双低”保粮、电子监测粮温等绿色储粮新技术，积极探索“低损耗、低污染”的绿色储粮方法，各储粮企业积极加大储粮设施投入，土门墩粮库等单位共投入100余万元，积极引进各种科学保粮技术，改善储粮设施

条件，全市科学保粮率达到85%以上，其中市属企业科学保粮率达到了100%。

（周成强）

供　销

【概况】　2009年，兰州市供销社坚持为农服务宗旨，拓展经营服务领域，提升合作经济组织运行质量，各项工作取得了新成效。全年实现农业生产资料供应总值1.1亿元，再生资源销售2.7亿元，收购各类农副产品总值4746.6万元；举办各类培训班13期，培训农民8194人、农民经纪人1062人；新发展商品基地12.9万亩，其中领办10.6万亩，自办2.3万亩。全年全系统上缴税费1187万元。

【农资供应】　针对2009年化肥供求形势复杂多变、价格走势不明的特点，全市供销合作社积极筹措货源，合理定价，敞开供应，有效稳定了农资市场。一是春耕期间全系统筹措资金5000多万元采购农资商品，增加经营品种，确保供应。二是实行统一管理、统一配送、统一价格、统一服务的连锁经营模式，采取联合订货购货，一站式配送到经营网点，减少中间环节，降低流通费用。三是全市各供销合作社开展延长营业时间、扩大预约服务、建立惠农服务档案、实行优惠价供应、提供测土配方施肥配套服务的各类服务活动。四是继续会同农牧、质检、公安等部门对农资市场进行检查整顿，先后出动1500人（次），250车（次），对农资经营网点逐个进行检查，印发宣传资料1万多份，防止坑农害农事件的发生。全年全系统组织购进各类大小化肥109565标吨，销售各类大小化肥108641标吨，供应农药119吨、农膜209.5吨、中小农机具60万件。

【流通网络建设】　加强现有经营网点改造，促进新网点建设。全年全系统新改造经营服务网点212个，新建综合服务社71个，主要的有：永登县供销社筹措资金207.7万元，已投资180万元，初步建成了日用品消费配送中心，该项目的实施，保证了该县经营网点商品的及时配送；皋兰县供销社投资206.9万元，建成了什川镇农资农产品市场、忠和镇供销社农资农产品交易市场，改建岘子商贸中心和农家店15家。榆中县供销社投资2000万元，对高崖供销社进行改造，建成了2060平方米的商铺52间；西固区供销社投资3000万元，建成建筑面积一万平方米的大厦，其中商务营业面积2000平方米；红古区供销社投资1200万元，建筑面积7619.8平方米、16层的生资大厦和投资560万元的，建筑面积2000平方米的花庄农产品交易中心正在修建。

【行业发展】　拓宽经营服务领域，提高企业效益。皋兰县和永登县供销社利用“家电下乡”促销活动，两县共销售各类家电2307台，销售额353万多元，皋兰县争取到家电财政补贴84万多元。其他新兴业态如煤炭经营、二手车交易、汽车租赁、蔬菜冷藏配送、房地产等新兴业态在各基层社和社有企业呈现出良好的发展势头。发挥传统经营优势，各基层社积极收购小杂粮、水果、玫瑰花蕾、高原夏菜、羊毛等各种农副产品，收购总值达4746.6万元，给企业增效，给农民创收。市回收公司发挥再生资源回收行业龙头作用，加大再生物资回收、销售力度，至年底回收报废汽车752辆，销售废钢61300吨，该公司岷山橡胶厂投资改造、新增生产线后，“兰山牌”再生胶年产量提高到6000砘，产品质量提升，质量达到GB / T13460—2008的国家标准，符合生产厂家的要求，并与佳通轮胎有限公司建立了长期供货关系，产品销往江、浙、鲁、豫、宁、青、冀、渝等地。

【合作经济发展】　全年全系统已恢复重建基层社3个，新发展专业合作社13个，西甜瓜小杂粮等农产品专业协会22个，商品生产基地2.285万亩，农民经纪人156名．其中皋兰县供销社新发展头沟西甜瓜、中心鲜桃、彬草小杂粮等17个专业协会，入会会员5045人，新组建和尚头、银海养猪和钱家窑蔬菜3个专业合作，入社成员209人，全县累计组建各类合作经济组织77个，发展会员15175人，全县81%的行政村建立了农民合作经济组织。各类合作经济组织发挥职能作用，永登县河桥地区玉米种植面积大，为减轻种植户劳动强度，提高劳动效率，永登县供销社玉米专业合作社及时购买240台小型玉米播种机，投放市场，受到农民好评。永登、皋兰县合作经济组织抓好特色基地建设，永登建成了玫瑰、玉米、洋芋、豌豆、高原夏菜农产品基地，皋兰建成了西甜瓜、蔬菜、红枣、鲜桃无公害标准化生产地。红古区供销社为西甜瓜协会统一印制了“金红古”商标的西甜瓜包装箱，提升商品市场竞争力。全年合作经济组织采取办培训班、技术人员现场指导等形式培训农民8194人，农民经纪人1062人。

【政策支持】　一是中央财政“新网工程”（新农村现代流通网建设工程）专项资金由2007年启动至今，全市供销系统得到中央财政扶持资金195万元，地方财政扶持资金150万元，加快了“新网工程”建设进度。二是2009年人力资源和社会保障部、财政部、中华总社三家联合下发了《关于供销合作企业职工参加企业职工基本养老保险有关问题的通知》，为解决供销合作社企业未参加基本养老保险职工参加基本养老保险提供了相关政策。三是2009年11月国务院出台了《关于加快供销合作社改革发展的若干意见》和我省制定《甘肃省人民政府贯彻落实国务院关于加快供销合作社改革发展若干意见的实施意见》，给予供销合作社许多政策支持，为新时期供销合作社加快改革与发展奠定了坚实基础。

【精神文明建设】 举办了庆“七·一”红色歌曲比赛、“科学发展、促进和谐”书画摄影技能大赛、供销社系统科学发展观知识竞赛、强身健体迎国庆登山活动等形式多样的文体活动，丰富职工生活，增强企业凝聚力。坚持开展送温暖、献爱心活动，筹集资金58.03万元走访慰问困难职工、困难党员、离退休老干部2385人；开展“慈善一日捐”活动，单位、职工共捐款18500元；市社机关给永登县民乐乡筹集3000元水泥款，修建蓄水池，解决该乡牲畜饮水困难。

（杜世英）

烟草专卖

【概况】 中国烟草总公司甘肃省公司兰州分公司成立于1985年2月1日。同年8月5日，甘肃省烟草专卖局兰州分局成立。2006年10月，根据甘肃省烟草专卖局的批复，甘肃省烟草兰州公司更名为甘肃省烟草公司兰州市公司；11月，甘肃省烟草专卖局兰州分局更名为兰州市烟草专卖局。截至2009年底，兰州市烟草专卖局（公司）下辖城关、七里河、西固、安宁、红古、榆中、皋兰、永登8个县（区）烟草专卖局（营销部）。共有从业人员645人。2009年，兰州市局（公司）全年购进卷烟15.22万箱，同比增长2.37%；销售卷烟15.03万箱，同比增长2.57%；实现税利5.81亿元，同比增长14.11%。

2009年，全市共查处各类违法案件10615起，查获卷烟837件，烟丝0.23吨，案（标）值478.38万元。

【专卖管理】 2009年，兰州市局将强化县级局专卖执法主体地位工作、县级局创优活动及县级局质量体系贯标三项工作有机结合，建立健全了县级局管理制度，实现了专卖工作的“双向提升”。西固区局创建优秀县级局的工作顺利通过了省局验收。七里河区局创新了“3+2”的监管模式，榆中、永登、皋兰等县局与工商部门建立了联合监管的长效机制，提高了市场监管效果。卷烟市场秩序得到有效维护和保持。同时，市局不断深入开展打假破网工作。整合打假力量，成立了由稽查支队、城关、七里河区局专卖骨干组成的“重案组”，进一步充实打假队伍，整合信息平台，形成打假破网合力。强化案件经营。拓宽情报信息的收集面，加强情报信息的分析整理，准确掌握卷烟违法经营活动的基本情况。完善办案机制。与公安机关密切协作，加大了案件侦破力度。年内市局“重案组”与市公安局联合破获的1起假烟网络案件，达到了国家局的网络案件标准。该案涉案卷烟案（标）值已累积达175万元，已判刑2人，另有1人已被起诉。2009年，全市共有15名涉烟违法犯罪分子被依法判刑或已进入追刑程序。推进行政执法责任制工作深入开展。在开展年度、月度评议考核以及季度案卷评查工作的同时，积极引入外部评价。在第三方市场调研中，各县（区）局执法满意度均在90%以上，未发生一起不文明执法、违规执法的事件。“12313”投诉举报电话运转良好，全年共接听和处理投诉举报187起。

【卷烟营销】 2009年，兰州市公司全面开展服务创新，网络运行质量有效提高。一是突出创新，服务客户能力增强。兰州市公司积极探索以工作法为核心的服务手段创新，形成了事前科学分析客户和市场，事中梳理归类策略、细化流程、建立评价标准，事后量化评价工作业绩的工作法运行体系。在全区推广试行后，客户经理工作目标更加明晰，客户盈利水平切实得到提高，客户对公司服务满意度92.48%。积极推进网上订货。市公司网上订货客户已达近5000户，占全市有效零售客户总数的36%。积极推进零售终端建设。已建成信息采集终端212个，实现了对核心客户的全部覆盖。同时，终端创优达标活动继续深入，着力打造面向终端消费者的营销体系。全市已有千店创优户831户，万店达标户4630户。二是加强调控，把握市场能力增强。不断完善总量浮动管理工作，稳定了卷烟市场价格、保持了社会合理库存、规范了客户经营行为，提高了客户盈利水平。真实把握市场需求，为合理制定货源供应政策提供依据，提高货源供应的科学性。特别是在3月末，针对卷烟社会库存较大、价格下滑的问题，采取货源总量控制的办法进行调节，使社会库存很快趋向合理，卷烟市场价格企稳回升。逐步减少限量品牌（规格），确保了客户的自主选择权。

【配送管理】 2009年，兰州市烟草专卖局（公司）合理优化资源，

物流配送水平持续提高。一是开发和推行物流管理信息系统，使信息化技术覆盖了物流配送业务的决策、管理、操作等每个层面，整合了物流管理资源，简化了工作环节，提高了作业效率和管理效率。二是继续整合优化送货线路，将皋兰水源和八里湾的19名客户、永登苦水152名客户划为直送客户。通过线路整合，取消了龙泉中转站，有效整合了送货资源，精简了人员，提高了送货效率，提升服务水平。三是为持续提升物流配送服务水平，仓储配送中心实施送货员轮岗后，推行了服务经验交接制，并对服务质量实施分组管理、专人调查，不断推进配送服务的规范、高效、优质运行。

【企业管理】 2009年，兰州市公司积极推进管理质量年活动，内部管理效果全面提高。一是积极推进质量管理体系建设及对标工作。年内市局（公司）顺利完成第一次内部审核，并为迎接今后省局、国家局第二方审核做好了准备。同时，市局将贯标和对标工作有机结合，树立标杆，细化分解对标指标，对标工作全面开展。二是多角度强化内部管理监督。进一步完善专卖内管长效机制。落实程序化、规范化、日常化的工作要求，在全区推行内部专卖管理监督检查“四员互动”与“双向监管”工作机制。扎实开展“三项检查”。年内市局（公司）“三项检查”工作先后通过了省局的复查和国家局的重点抽查，整顿办在档案资料管理上的创新做法得到了较高评价。内部审计监督明显加强。5月份，省局派驻市局（公司）审计办公室成立，加强了对财务管理制度执行情况的监管，加强了财务审计监督。中央小金库检查组、省审计厅在专项检查和财务收支审计中，也对市局（公司）规范管理工作给予了充分肯定。三是提高资金和资产管理水平。2009年，市公司加大资金监管力度。规范资金审批程序，大额资金支出实现单笔申请、专款专用。同时，积极拓展合作渠道，进一步提高了电子结算率。截至2009年底，全市电子结算率已达到96.04%。

【企业文化】 2009年，兰州市局企业文化建设取得明显成效。年内修订、补充和完善了各类制度20项，形成一整套制度体系，并汇编成册。通过印制企业文化手册，拍摄企业文化宣传片，发布员工行为规范，设计仪式典章，组织企业文化知识竞赛以及成立文艺、球类等员工活动团体等多种形式，不断丰富企业文化建设载体，提高员工对企业文化的认同感。作为国家局确定的企业文化系列丛书的编写单位，完成了约15万字的初稿撰写工作，并上报国家局。10月为庆祝中华人民共和国成立60周年，兰州市局（公司）举办了“爱国歌曲大家唱”活动，为祖国华诞献礼。

【公益事业】 2009年4月，榆中县局（营销部）为积极响应县委党员干部下基层“察民情、解民忧、促民生”号召，切实解决对口支援村贫困户的实际生活困难，向全体员工发起倡议，开展为贫困户“送温暖、献爱心”捐款活动。此次捐款活动共筹集爱心款3416元，将用于解决贫困户生活和生产中的实际困难。2009年5月，永登县局（营销部）对永登县武胜驿镇道顺学校进行献爱心捐资助学回访活动，此活动共计捐款4700余元，捐助衣物50余件，学习用品30余具，生活用品10余套。2009年7月17日为包村点皋兰县西岔镇漫湾村捐资扶贫款2万元。2009年5月30日，红古区局（营销部）响应区政府关于“慈善一日捐”活动的号召，组织全体员工开展慈善义捐活动，活动当天共募集善款1560元。

（许令堃）

兰州海关

【概况】 中华人民共和国兰州海关（以下简称兰州海关），位于兰州市安宁区银安路9号，是直属海关总署领导的正厅级海关。负责管辖甘肃省的海关业务。内设机构有：办公室、审单技术处、综合业务处、稽查处、人事教育处、财务和关务保障处、监察审计室、机关服务中心、缉私局（副厅级）。隶属机构有：酒泉海关（正处级），负责管辖酒泉市、嘉峪关市、张掖市的部分海关业务。派驻机构有：现场业务处（正处级）。在职干部职工167人，离退休干部职工11人。

兰州海关属于内陆海关，监管业务主要以转关运输货物为主。主要通过铁路、汽车、航空运输方式，从天津、青岛、连云港、上海、深圳、阿拉山口、二连、首都机场、咸阳机场等16个口岸转关进出口货物；关区有马鬃山边境口岸、中川机场2个一类口岸，兰州北站1个二类口岸。进出口业务主要集中在国有大、中型企业，其进出口货物占关区进出口总量的95%，税收占总量的98%；企业分布呈现“点多、线长、面广”的特点。进出口货物主要有矿产品及其制品、机电设备、科教医疗器械、农产品等；加工贸易品种单一，多属“两高一资”产品，主要进口商品有氧化铝、铜精矿、镍原料、钴原料、集成电路芯片等，主要出口商品为铝锭、铜、镍、钴、集成电路等。

2009年，受国际金融危机影响、甘肃省经济发展形势严峻，全省外贸价跌量增、关区报关单和货运量大幅增长，海关的监管形势复杂多变、各项工作面临艰巨挑战。兰州海关紧紧围绕保增长、保民生、保稳定、促税收这一工作主线，不断规范和优化海关监管和服务，加强自身建设，提高服务地方经济社会发展的能力，较好地完成了全年各项工作。全年监管进出境货物196.8万吨，同比增长42%；进出境货值24.4亿美元；完成两税入库24.51亿元，超额22.6%完成税收计划。验放进出境人员10082人次。

【通关监管】 按照构建大监管体系的目标，严密海关实际监管，特别是有针对性地加强藏独、疆独等特殊时期宗教性、敏感性强的进出境朝觐监管工作，切实维护国家政治经济安全，实现管得住、通得快。全年审核进出口报关单11243份，同比增长86%；监管进出境货物196.8万吨，同比增长42%；货值24.4亿美元，同比下降22%；验放进出境人员10082人次，监管包机35架次，行李物品2万余件。

一是通过闭路电视监控系统和货检X光机等科技手段，加强对监管场所和进出口货物的实体监控，并设置物流总监控岗位对查验均衡度、查验率等指标进行动态、实时监控，严密了一线监管。全年关区查验率为5.78 %，查获率为13.3%，移交缉私线索3起。二是针对关区大宗散货占进出口总量九成的实际，规范大宗散货监管核查办法，将单证核查、实物查验与后续核查相结合加强实际监管，查获有问题报关单12份，征收滞报金13.3万元。三是完善保税监管机制，对新备案企业全部采取电子化手册管理，对高新技术企业推行电子账册管理，加强总关审批、派驻机构后续管理作业模式，提高加工贸易实际管理水平。四是针对国家加工贸易解禁政策，联合甘肃省商务厅赴有业务需求的企业宣传政策、答疑解惑，“一对一”指导服务。五是把握加工贸易内销缓税利息率大幅下调的时机，支持企业通过加工贸易内销征税避免外销国际市场因价格低迷带来的损失，促进了企业加工贸易的开展，维护了企业效益。全年加工贸易备案金额3.17亿美元，同比增长108%，占全省外贸进出口总值近10%，其中镍、铜等解禁商品备案金额达到1.95亿美元。六是将各种职能监控系统统一整合到风险管理平台，建立价格信息管理联动机制，对主要税源商品价格、原产地等审核要素搭建信息共享平台。建立医疗设备等20个大类，400余种涉税高风险商品库，税收风险捕捉和打击的针对性进一步提高。七是加强风险式通道管理应用，对A类、AA类企业进口零关税矿产品、加工贸易进口料件实行通道分流管理，低风险企业和商品通关效率大幅提高，通关时间缩短35%。八是加强风险分析理论成果转化，全年发布风险预警提示信息296条次，风险布控率7.1%，布控有效率达15.8%，通过移交风险线索补税1093万元。九是评估企业守法经营状况，引导和规范企业行为，年内对1070家企业进行信息核查，占有效注册企业数的81%；与3家AA类企业签订《适用担保验放通关程序责任担保书》；及时上调5家A类企业，关区A类及以上企业进出口总值占到总量的80%以上。

【税收征管】 兰州海关坚决落实海关总署综合治税工作部署，坚持以综合治税统筹各项业务工作，充分发挥海关一线监管、后续监管和打击走私“三支力量”的整体合力，确保税款应收尽收。在全省外贸进出口下降44%的背景下，全年两税实际入库24.51亿元，超额22.6%完成税收计划，其中海关稽查、审价、归类等各类补税达到1.35亿元，确保了税款应收尽收。一是加强组织领导和税基管理。发挥综合治税领导小组作用，先后召开3次综合治税会议动员和部署，根据税收进度调整阶段性工作重点，强化税收形势的分析研判，健全重点纳税企业税务档案。二是切实强化税收征管，将审单环节前推后移，对关区主要大宗矿产品建立二次报关台帐，设立税收征管复核岗位，成立业务技术小组及时处置业务疑难问题，通过加强过程管理，预防偷逃税款。三是加强税收监控和质量管理，通过落实税收进度周报制度，逐月开展主要税源企业纳税与计划吻合度监控，开展税收质量月指标考核，采取组织关区税收专项督察、专项执法检查和税收核查等措施，实现税收量质并举，确保应收尽收。全年内销征税689万元，同比增长18.7倍；审价、归类补税1.1亿元，同比增长60%；关区税收价格水平保持在绿色区间，税收核销率达到100%，归类差异率保持为零的良好状态。四是强化稽查后续管理，发挥在监管格局中保障、复核和验证作用，提高稽查效率，服务综合治税。开展了对进口铜精矿等大宗矿产品、减免税货物的核查，对一般贸易进口运输相关费用和铁路专用设备进行了专项稽查，全年稽查、核查企业83家，处置违规及追补税情事18起，移交缉私局线索2起，补税1721万元，完成总署下达任务的2.39倍，充分发挥了稽查在综合治税中的第二道防线作用。五是坚持“以打促税、以打强管”措施，围绕涉税渠道进出口货物加大打击力度，成立专案小组对硅铁行业34家企业低报价格问题开展排查，对其中1家企业立案侦查，案值6370万元，涉税422.48万元。六是利用情报查破案件比率提高，运用风险管理获取情报线索12条，通过对情报核查

顺利查破行政案件10起。七是推动反走私综合治理，走访公安、工商等部门，协调解决打私工作中涉及产业政策、部门管理制度等问题，协助兄弟海关缉私部门查办案件14起。查获各类走私象牙制品90余件，全年向检察机关移送起诉刑事案件3起，办理行政处罚案件13起，案值530.19万元，罚没款25.1万元，补税27.51万元。

【社会服务】 认真贯彻省委、省政府“四抓三支撑”总体工作思路，紧贴甘肃区域发展战略优化海关监管和服务，从千方百计遏制进出口大幅下滑势头的工作要求出发，加强与地方各级党政的沟通联系，采取一系列有效措施，为保增长、扩内需，服务地方经济，应对金融危机作贡献。一是认真落实《海关总署支持扩大内需的10项措施》，广泛开展调研，提出了进一步支持甘肃外贸发展的七条措施，为优化外贸结构、支持主导产业和重点项目发展提供支持，帮助企业渡过难关。二是针对大幅提高部分商品出口退税率，调整加工贸易禁、限类商品，推行增值税转型改革等一系列应对国际金融危机的政策措施，通过多次举办政策宣讲会，关领导深入企业办公，召开口岸单位联系会议等途径，让企业及时了解政策调整变化，着力研究、答复和解决企业通关过程中遇到的问题，及时帮助华天科技、华羚甘酪素等企业解决了通关过程中的具体困难。三是设立海关24小时电话受理企业应急需求和业务咨询，对受理的200余条咨询事项全部在1天内给予答复。四是落实国家进出口税收优惠政策，主动走访省内相关部门、单位听取意见，了解重点企业和项目进展情况，指定专人负责，让企业用足政策。重点对救灾捐赠物资、捐赠医疗物资和疾病防控设备等减免税审批事项进行重点服务。全年审批减免税3.92亿元，同比增长12%。五是建立重点企业联络员制度，对资信度好的重点企业在实行信用管理、政策帮扶指导等方面提供“一对一”对口服务，引导“龙头”企业发挥带动作用。

【通关效能】 兰州海关把提高通关效能、减少企业资金占压、支持企业抢抓国际市场行情作为一项重要工作来抓，努力实现管得住、通得快。一是继续扩大实施“属地申报、口岸验放”范围，与深圳、北京签订区域通关协议，适用区域通关口岸海关扩展到11个关区的20余个一类口岸，适用企业达到19家，关区30%以上的货物通过区域通关验放，便利企业降低成本，提高贸易效率。二是积极推广“担保验放”通关便利措施，与金川、酒钢、兰化等3家企业签订《适用担保验放通关程序责任担保书》，企业可凭保信任放行，先放后税。对其进口零关税矿产品和加工贸易料件实行“绿色通道”直接通关，担保验放的进口货物占关区进口总值的28%，企业每万吨货物节省成本近3000美元，缩短通关时间2天左右。三是简化整合内部作业流程，对7个作业环节职能进行调整，对5个作业岗位归口管理实现一站式服务，对7项业务审批程序进行简化。通过业务规范整合，落实“属地申报、口岸验放”等通关改革措施和履行通关便捷承诺，通关效率进一步提高。在货运总量同比增长42%的同时，进出口平均作业时间缩短至3.06小时，4小时通关率达到92%。

【重大项目服务】 一是针对金川、白银两家大型重点企业从蒙古国进口铜精矿在口岸报关面临的诸多不便，积极报请海关总署同意，将仅对二连等四个铁路口岸设计开通的铁路集中报关功能和铁路口岸信息平台对我关开放，把企业进出口矿产品口岸直接延伸到内陆，简化了企业通关申报手续。二是加大对重点项目的跟踪服务力度，对中铝西北铝加工分公司5万吨铝箔生产能力扩建项目等一批重点项目提前介入，为项目按期顺利实施做好全程服务。三是围绕重点企业需求提供一对一服务，针对酒钢公司整体上市，及时为其减免税设备变更核算、统计、出具相关材料，并协调解决困难，为酒钢公司协调从日照海关转关货物达6.9万吨；大力支持我省高新技术企业发展和便捷快速通关，专门为华天科技公司协调其主要进出口岸深圳海关签署了区域通关协议。四是积极协调和协助地方主管部门，对中川机场开放、兰州出口加工区建设开展调研。围绕中央调研组和省、市领导关于加快设立海关特殊监管区域、全面开放中川机场开放等事宜，成立专题调研组开展相关调研，加强与海关总署请示汇报，得到了海关总署的理解和支持，并形成《关于在甘肃设立保税物流中心调研报告》，向地方政府提出海关合理化建议，得到地方党政领导肯定。

【监测预警和统计分析】 一是认真分析金融危机对我省外贸的影响，加大对全省外贸进出口的动态跟踪监测力度，及时反映进出口变动情况，为省委、省政府和有关部门经济决策提供辅助参考。全年向地方各级政府部门提供数据7万多条，报送各类统计分析文章36篇，其中6篇被中办、国办、《海关要情》采用。二是加大对我省有色冶金等支柱产业和大宗商品的专题分析和跟踪监测，及时反映国际市场需求变化，发布海关数据和预警信息，全年为企业提供数据支持百余次，为企业经营决策提供信息服务。三是紧贴地方扩大特色农产品出口的决策要求，与省农牧厅签署合作协议，并联合开展调研，有针对性地开设《农产品出口分析》专刊，报送专题分析文章4篇。

【基础建设及改革】 按照构建大监管体系的要求，兰州海关党组在广泛开展基础管理课题调研的基础上，提出"强管理促效能"的工作思路，制订《兰州海关加强基础建设的意见》，明确了强化管理、提高效能的内涵、原则、措施和目标，进一步统一了关区上下的思想认识和行动步伐，为关区发展建设注入新的动力。一是从强化基础管理着手，组织开展广泛的课题调研工作。围绕加强队伍、业务、管理建设以及关警融合等方面，确定7项强化基础建设的课题任务，由关领导分别带队赴兄弟海关学习考察，汲取经验，转化为加强基础建设的6项具体工作任务，分解各部门限时落实。二是在深入调研和广泛征求群众意见的基础上，全面推动打基础各项工作，开展以制订《兰州海关岗位操作手册》为基础的岗位标准化操作规范建设，以岗位绩效考核量化指标体系为重点强化干部管理基础，组织开展"长效管理考核系统"为载体的长效管理机制建设试点工作等，并取得阶段性成果。三是深入推进区域通关改革，与深圳、北京海关签订区域通关协议，适用区域通关的口岸海关扩展到11个关区的20余个一类口岸，适用企业达到19家，区域通关货物货值、货运量均占关区总量30%以上。对风险管理、进口转关核销等7个作业环节职能进行调整；对进口转关核销、出口结关等5个作业岗位归口管理，实现一站式服务；对报关单修改、撤销和征收滞报金等七项业务审批程序进行简化，优化通关监管。

【队伍建设】 兰州海关把加强队伍建设作为关区事业发展的根基和服务地方经济社会发展的有力保障，着力抓好思想教育、文化引领、队伍管理和教育培训等工作，深入推进海关准军事化纪律部队建设。一是不断加强领导班子建设，制定了《兰州海关加强党组班子建设的决定》，落实各项工作制度和纪律要求，关党组提出在"刻苦学习、政治坚强、勤奋敬业、求真务实、清正廉洁"等方面做好表率，明确工作、廉政向党组班子看齐的标准。二是把促进关员全面发展、满足多层次需求作为教育培训工作的出发点和落脚点，丰富培训形式和内容，开展了"走出去、请进来"学习交流、总署讲师团"送教上门"授课以及公文写作处理、全省经济形势等内容的专题培训，累计1508人次受训。借鉴、开发和完善网上考核及在线培训考试系统，拓宽培训面，提高关员自主学习能力。三是加强干部管理，进一步修订了非职晋升、干部慰问、休假管理等制度，启用网上考核系统，完成人力资源配置、机构编制设置和干部使用效能等调研，共选拔处、科级干部25名，各级领导干部岗位交流13人，激发干部队伍活力，调动工作积极性。四是对机构设置、岗位职权、人员配置等进行了优化组合和科学配置，全面开展干部岗位培训和专题知识培训。五是着力改进机关作风，规范内务管理，顺畅机关运转秩序，提高各级干部执行力，行风建设得到社会各界普遍认可。

【精神文明建设】 一是提高思想政治工作的有效性，把工作着力点放到解决队伍、业务和关员工作生活中的问题上，开展了"我与祖国共奋进、我为海关作贡献"等各种主题教育活动，利用"关长信箱"、"党团网页"、座谈会等多种渠道加强干群沟通，组织问卷调查和思想动态分析，特别是采取多种措施针对规范津补贴等热点问题做好政策解释和思想引导工作，及时把握关员思想脉搏。二是制订《兰州海关2009年度思想文化活动方案》和《关区文化艺术节方案》，健全党、团、工、妇组织，并积极发挥作用，相继组织"纪念五·四运动90周年"、干部职工运动会、革命传统教育等主题思想文化活动，规范每周学习教育、文体活动安排，丰富关员的工作生活。三是积极推动精神文明创建工作，关区2个单位和部门获评全省青年文明号，甘肃省直机关"双优一文明"推进会顺利在兰州海关召开，兰州海关作为全省文明标兵单位之一现场介绍经验。四是以喜迎建国60周年和建关20年为契机，开展了升国旗仪式、《陇原雄关》电视专题片拍摄、书画摄影展、建设关史室、文艺演出等健康向上、丰富多彩的庆祝活动，回顾兰州海关建关以来的变化与发展，总结成绩和经验，鼓舞士气，振奋人心。五是加强新闻策划宣传，以建关20周年取得的成绩、经验为主题，开展大型、深入的宣传报导。通过一系列活动，充分展示了海关队伍良好精神风貌和海关形象，扩大了海关外部影响力，获得良好社会反响。

【廉政建设】 按照海关总署党组提出的反腐倡廉"四个同步"总体思路和"以廉保税"工作要求，确立"推进一个体系建设，落实两个责任制、抓好三项教育，突出四大监督"的工作思路，各级领导干部"第一责任人"和"一岗双责"工作得到落实，关区连续10年没有发现违法违纪情事，初步构建起了反腐倡廉五道防线。一是构建制度建设第一道防线。修订完善纪检监察、督察审计、工作例会等制度，落实反腐倡廉领导体制和党风廉政建设责

兰州海关2009年业务量统计

项目		单位	2009年	比上年同期±%
进出口报关单		份	11243	86
监管进出口货运量		万吨	196.78	42
其中	进口货运总量	万吨	194.09	50
	出口货运总量	万吨	2.69	-70
监管进出口货运值		亿美元	24.43	-22
其中	进口货运总值	亿美元	23.80	-20
	出口货运总值	亿美元	0.63	-54
税款入库		亿元	24.51	-8
其中	关税	亿元	0.21	-74
	进口环节税	亿元	24.30	-6
上缴罚没收入		万元	25.1	-89
内销征税		万元	689	1867
审批减免税		亿元	3.92	12
其中	减免关税	万元	18093	146
	减免进口环节税	万元	21065	-24
进出口货物补关税		万元	32	-31
进出口货物补代征税		万元	11109	61
备案加工贸易合同		份	19	12
合同备案金额		亿美元	3.17	108
稽查补税		万元	1722	7663
违规案件立案		起	4	100
违规案件案值		万元	540	
违规案件结案		起	2	
监管进出境人员数		万人次	10082	

任制，以制度保执法，以规定促廉政。二是构建警示教育第二道防线。通过创办《廉政园地》，印发《反腐倡廉宣传页》，设置廉政教育电脑保护屏，开展“三项教育、四个自查”警示教育系列活动，加强反腐败宣传教育，关员廉政风险防控意识明显增强。三是构建社会监督第三道防线。充分发挥社会义务廉政监督员、关内兼职廉政监督员队伍作用，及时调整补充了13名社会义务廉政监督员；采取走出去，请进来的方式，走访进出口业务量较大的企业征求意见建议，对征求的20余条意见建议逐一落实解决并反馈企业，受到企业好评。四是构建权力制衡第四道防线。开展财务收支、内控机制等基础管理方面3次专项督察审计和1次执法检查，开展加工贸易、监管、征税、归类等涉税环节4次专项执法督察，累计发现和纠正各类隐患、问题55条，提出建议30条，有效防范了执法和廉政风险，发挥了监督作用。五是构建风险预警第五道防线。以推广应用海关廉政风险预警处置系统为契机，结合风险管理平台运行，积极开展应用培训、专题研讨和督促考评，建立风险分级处置机制，提高了全员廉政风险排查能力。2009年系统运行中发现异常数据114条，发出核查处置单39份。

【其他工作】 法制宣传教育深入开展，全面清理关区规范性文件，积极应对诉讼案件，发挥了法制监督作用。关务保障机构、职责得到完善，固定资产使用管理、基建竣工决算、小金库治理等项工作进一步规范。科技运维流程体系不断完善，实现了业务运行、业务管理、红机网、电子口岸、公安、甘肃政务、互联网等七套数据联网传输需求，科技服务业务水平明显提高。信息报送和宣传刊稿数量增长，高层次载体采用量增加，其中信息工作排名全国海关第33位。组织与全员签订《保密承诺书》，做好档案综合管理复核评估准备工作，确保了网络信息和密码保密安全。《兰州海关志》编撰完成，论文研讨氛围浓厚，编写了40余万字的关区优秀论文汇编，完成了《中国海关通志》兰州海关章的编撰工作等。

（郭亚珍）

非公有制经济

【概况】 2009年，全市非公有制经济在面对国际金融危机和原材料价格上涨等诸多不利因素的影响下，仍保持加快发展的良好态势。非公有制经济增加值突破300亿元大关，达到351.96亿元，同比增长22.37%，占全市GDP的比重达38.26%，与去年同期相比提高了4.27个百分点。实交税金55.86亿元，同比下降4%，占全市地区性财政收入的21.9%。支付劳动者报酬51.89亿元，同比增长8.9%。对外出口大幅下滑，完成出口产品交货值1.82亿元，同比下降73.88%。全市非公有制经济组织达到9.75万户，同比增加0.58万户。其中：私营企业1.25万户；个体经营户8.5万户；工业企业3303户，其中规模以上工业企业399户。全市非公有制经济从业人员53.23万人，新增0.63万人。

【产业结构】 加快非公有制经济产业结构优化升级，大力促进新型建材、装备制造、有色冶金、轻工食品、石油加工、生物医药等支柱产业的改造提升。全市非公有制经济第二产业完成增加值141.49亿元，同比增长26%，其中：工业完成增加值105.2亿元，同比增长22.2%，占非公有制经济增加值的29.89%，规模以上工业完成增加值74.62亿元，同比增长22.5%。建筑业完成增加值36.29亿元，同比增长38.4%，占非公有制经济增加值的10.31%。第三产业完成增加值206.45亿元，同比增长20.2%。一、二、三产业比例分别为1.1:40.2:58.7。

加快实施“4111”主体成长工程，集中培育一批支撑经济发展的骨干企业，全力支持重点企业做优做强。全市非公有制经济年销售收入过3亿元的工业企业累计达到10户；新增甘肃陇润伟业科技有限公司、兰州志摩建材科技有限公司有限公司等科技成长型企业23户，累计达到80户；新增兰州多洁化工产品有限公司、兰州泰岩石业有限公司等年销售收入过千万元中小企业180户，累计达到780户。

【招商引资与项目建设】 2009年，全市非公有制经济签约各类招商引资合同项目167项，其中总投资5000万元以上项目43项，上亿元项目23项。合同引进资金102.66亿元，落实到位资金41.4亿元，同比增加10.6亿元，增长34.4%。

全市非公有制经济各类在建及完工项目301项，设计总投资1167.23亿元，其中固定资产投资155.08亿元。已有209个项目建成投产或部分生产线建成投产，项目完工率67.6%。推进重大项目建设，投资3000万元以上重点建设项目完成27项，为非公有制经济发展注入了新的活力。完成固定资产投资54.12亿元，比去年同期增加11.82亿元，同比增长27.9%。

【科技创新】 组织开展全市非公有制经济产学研对接活动，加强院企院地合作，协调科研院所面向企业发展的技术难题开展科研攻关。兰州同健生物科技股份有限公司与兰州大学药学院签署的“治疗包虫病的藏药新药沙生槐种子生物碱”等38个合作项目现场签约。其中合同项目26项，协议项目12项，签约项目总投资达3.7亿元。签约合作涉及的领域和范围由传统产业延伸到了高效农业、装备制造、电子技术、生物医药等新兴产业，合作对象也由大专院校、科研院所扩大到了民营科研机构。

积极开展质量兴市活动，加快

实施名牌带动战略。市政府对获得2009年度“甘肃名牌产品”的兰州瑞德实业集团有限公司等10户非公有制企业奖励3万元，“风雪”牌抛光机系列、“丝路”牌贞芪扶正胶囊等10个产品跻身“甘肃名牌产品”行列。全市非公有制企业省级研发中心累计达到28户，“中国驰名商标”累计达到3个，甘肃名牌产品累计达到70个，通过IS09000系列质量体系认证企业累计达到139户。

【服务体系】 认真组织贯彻落实《关于加快全市非公有制经济（中小企业）社会化服务体系建设的意见》精神，进一步加大协调服务力度，积极推进服务体系建设。积极搭建银企合作平台，组织开展四次规模较大的中小企业融资洽谈会，为中小企业发放贷款近100亿元，解决200余户企业的资金需求。协调省市金融机构扶持非公企业发展，在三年内为全市中小企业贷款授信560亿元。兰州维特尔绿色产业有限公司被认定为甘肃省中小企业公共技术服务平台；甘肃大河等3家信用担保公司被认定为甘肃省规范性担保机构。争取国家、省市各类专项扶持资金1677万元，扶持60个项目。

（潘志俊）

【概况】 2009年，兰州旅游业经历了一系列不利因素的影响和国际金融危机的巨大冲击。面对旅游经济运行压力加大的严峻形势，全市旅游行业坚定信心、迎难而上、开拓创新，一手抓应对金融危机、保持发展势头毫不松懈；一手抓谋划长远发展、坚持改革创新毫不动摇。在各种不利因素的背景下，兰州旅游业进一步理清了发展思路，明确了主攻方向，强化了应对措施，全年接待旅游人数703.2万人（次），同比增长33.5%；实现旅游收入37.7亿元，同比增长22%，旅游收入占全市GDP的4.1%，占第三产业的8%。旅游业呈现出健康、有序、稳步发展的良好态势。截至年底，全市有星级宾馆52家，标准床位2万多张；国际、国内旅行社145家；旅游车（船）公司、旅游商店、餐馆30多家。开辟国际国内精品旅游线路50余条，与国内18个城市建立了互通客源的经济协作关系；有国家级自然保护区1家，国家级森林公园3家，省级森林公园4家。已开放的旅游景区（点）64处，其中A级旅游景区16家。旅游直接从业人员2.8万人，间接从业人数达15万人。

【行业管理】 2009年，市政府加大了对旅游业的培育力度。《兰州市旅游管理办法》、《兰州市旅游业发展规划》、《关于进一步加快兰州旅游业发展的决定》、《兰州市旅游安全应急预案》、《兰州市旅行社业务年检考核办法》、《兰州市旅行社变更备案制度》和《加强旅行社市场监管的规定》等一系列行业管理规章陆续出台。7月21日，市委、市政府召开全市首届旅游产业发展工作会议，会议传达了省委常委、市委书记陆武成对进一步加快兰州旅游业发展的重要批示精神，省政协副主席、市长张津梁作了重要讲话。会议研究制定了兰州旅游产业发展战略，明确了产业定位，确立了加快兰州旅游业发展的布局和重点，出台了扶持旅游业发展的配套政策，进一步形成了促进兰州旅游产业发展的长效机制。通过加大对行业管理法规和规章制度的完善，旅游企业的经营行为和从业人员的服务行为得到了进一步规范。全年完成143家旅行社的业务年检和190家旅游企业财务年报的网上传输上报。建立旅行社和星级饭店的基本信息台帐，实现对行业单位的动态化管理。完成141家旅行社责任险的统保工作，增强了旅行社风险规避能力。建立旅游QQ群，编制旅游诚信网方案。复核星级饭店51家，A级旅游景区10家。创建3A级旅游景区3家、2A级3家。

【优质服务】 通过行业协会组织旅游企业共同制订旅游诚信公约，发布《文明旅游倡议书》，开展“诚信经营承诺”等活动，抵制恶意竞争、虚假广告宣传、价格欺诈等失信行为。在各项活动中设立畅通的举报渠道，加强对旅游企业和从业人员的监督管理，依法对严重的失信行为进行惩戒，形成守信者奖，失信者戒的良好氛围，积极推进诚信旅游活动的全面开展。评选出2008年—2009年度以榆中县旅游局为代表的“旅游工作先进单位”3家；以西北师大旅游学院为代表的“兰州旅游教育先进单位”2家；以兰州水车博览园为代表的“A级旅游景区管理先进单位”3家；以蓝宝石大酒店为代表的“优秀旅游星级饭店”6家；以甘肃康辉国际旅行社为代表的“十佳旅行社”12家；以兰州塞纳河文化传播有限公司为代表的“旅游商品研发先进单位”2家。在新中国成立六十周年之际，评选出以皋兰什川、榆中青城为代表的十大“兰州最美丽乡村”。在兰州水车博览园定时定点演出40余场反映兰州黄河风情的精彩文艺节目。

【项目开发】 在旅游项目的开发建设中，通过申报项目、争取世行贷款、招商引资和各类旅交会等途径，积极筹措资金，引进项目、完善旅游基础设施建设。2009年在建旅游项目有：皋兰“百年梨园”什川景区建设项目；榆中青城文化古镇建设项目（世行贷款）；永登鲁土司衙门建设项目（世行贷款）；安宁仁寿山景区建设项目；红古薰衣草农业观光项目；永登引大入秦农业生态观光项目；永登玫瑰系列旅游商品开发项目；城关九州“郎钜天域”高级商务度假区项目；城关“忘我园”休闲度假区项目；南北两山绿色文化博览园景区建设项目；城关兰山山地生态公园建设项目；城关徐家山森林公园改造建设项目等，项目投资超过10亿元。并以奖代补建设了19座旅游星级厕所。

【市场拓展】 为进一步提高兰州旅游的知名度和吸引力。分别组织举办了西固迎春灯会、安宁桃花旅游节、什川梨花旅游节、榆中和平牡丹旅游节、永登玫瑰旅游文化节、榆中青城古镇民俗文化旅游节、安宁蟠桃旅游节等各类有影响的传统旅游节会，取得了良好的效果。面对去年诸多制约旅游业发展的因素，为提振信心，刺激消费，根据国家旅游局关于组织全行业开展“全国百城旅游宣传周”大型宣传推广活动的统一部署，兰州市联合临夏、甘南、白银、定西五市、州共同组织兰州主会场“甘肃人游甘肃”“兰州人游兰州”活动。组织旅游企业进社区、进企业、下基层、下乡镇，深入城乡居民中间广泛开展旅游咨询服务、旅游宣传促销。推出生态旅游新线路10条、红色游线路5条及旅游新产品10余种。发放景区免费门票1.3万余张，价值28万元，发放旅游消费券18万多张，价值2325万元，按旅游拉动经济一比四效应计算，旅游刺激经济消费上亿元，旅游带动经济的作用初步显现。除请进来，以节会展示提升兰州旅游形象外，还通过走出去，加强交流，广泛宣传推介兰州旅游产品。2009年先后组织旅游企业参加了西安、西宁、大连、上海等地的国内、国际旅游交易会和有一定影响的区域性旅游交易会；组织参加了周边及客源地的线路考察活动和旅游宣传推介会，并利用媒体宣传面广的特点，进一步加深了客源市场对兰州市旅游产品的了解，加强了与兄弟城市交流与合作。同时加大旅游营销策划力度，分别在CCT—4国际频道“大好河山”栏目插播兰州旅游城市形象宣传片；在兰州电视台播出“景区天气预报”节目；在《中国旅游报》、香港《大公报》刊登兰州旅游宣传专版；在《城市周刊》、《财富周刊》、《西部之旅》等报刊制作兰州旅游宣传专辑；在市区至中川机场高速公路显要位置设立五块大型兰州旅游宣传广告牌；在《兰州日报》刊登解读旅游规划系列文章20多篇；在各类信息网站编发新闻稿件1000余篇，报道深度和数量较往年均有较大突破，旅游城市形象进一步得到了提升。

【规范经营】 在黄金周和旅游旺季到来之际，联合交通、公安、工商等部门进行大规模检查9次，参加执法检查人员121人（次），出动车辆41台（次），重点检查了旅游车辆的运营情况，共检查旅游汽车94辆，其中查出未经交通运管部门核准的非旅游客运车辆12辆，对此根据有关的法律、法规进行了相应的处理。对旅行社经营行为、旅游团队运行及导游人员规范服务进行了检查，共检查旅游团队152个，绝大部分团队都能严格按照行程计划安排旅游活动，只有个别团队活动随意性较大，不按规范操作，对此都做了现场纠正。在所检查的325人（次）导游人员中，有5人（次）无证带团，都做出了现场处理。另外，在日常的旅游市场监督中，对旅行社超范围经营、虚假广告宣传等违规行为进行了随时查处。通过旅游市场整顿，进一步规范了旅行社的经营行为，净化了旅游市场，为来兰的中外旅游者创造了一个秩序井然、市场规范、服务优良的旅游环境。

【质量监督】 充分发挥旅游质量监督部门的作用，设立畅通的旅游投诉渠道。2008年对旅游星级宾馆、旅游景区（点）等人员密集场所安全疏散通道、安全出口是否安全畅通等问题，特别是把旅行社的责任保险，星级宾馆的消防安全、旅游汽车公司的车辆运输安全、旅游景区（点）的安全秩序作为重点检查内容。同时严格按照国家旅游质量投诉处理规定，及时受理和处理旅游客人的投诉，全年共受理旅游质量投诉案件14起，其中涉及旅行社10起、旅游星级饭店1起，旅游景区（点）3起。对旅游质量投诉，根据国家关于受理和处理旅游投诉案件的有关规定，认真调查取证，通过调解、协商等方法进行解决，旅游投诉结案率达到100%，从而有利地维护了旅游者和旅游经营者的合法权益。

【行业培训】 按照全市旅游业发展对旅游人才的实际需求，2009年筹备成立兰州市导游管理中心，建立了导游管理体系。同时加大旅游教育培训力度，针对《旅行社条例》及《实施细则》，对旅游行业管理人员、导游人员进行了逐级培训。举办两期县区旅游管理干部专项业务培训班，受训32人（次）。举办三期旅游景区（点）讲解员培训班，60名学员通过考核取得讲解员培训证书。

【旅游商品】 2009年，全市旅游商品的研发力度进一步加大，推荐3

家企业的30多个品种，参加了全省、全国旅游商品展销评选，其中："梦里敦煌"艺术品获得国家金奖。旅游商品逐步形成了以玫瑰系列地方特色产品、塞纳河系列工艺品、三和彩陶系列工艺品、陇萃堂地方系列土特产品和以兰州牛肉面、羊肉泡馍、甜醅子、灰豆子为代表的旅游方便食品。旅游商品研发向特色化、精细化、个性化方向发展。

【旅游线路】 经过三十年的培育和开发，兰州市已开通国际、国内、省内、市内比较成熟的旅游线路，其中：国际旅游线路4条，国内旅游线路20条，省内旅游线路12条，市内旅游线路6条，基本满足各类游客的需要。

1、国际旅游线路4条：港澳新马泰游；欧洲11国游；日韩游；俄罗斯游。

2、国内旅游线路20条：兰州／嘉峪关／敦煌 ／乌鲁木齐游；兰州／西宁／塔尔寺／日月山／青海湖／格尔木／拉萨游；兰州／拉卜楞寺／桑科草原／冶里关／九寨沟／黄龙游；兰州／华东五市／黄山／千岛湖／普陀游；兰州／广州／深圳／珠海／海口／三亚游；兰州／昆明／大理／丽江／版纳游；兰州／厦门／鼓浪屿／集美／福州／武夷山游；兰州／成都／乐山／峨眉山／都江堰／蜀南竹海游；兰州／云台山／洛阳／龙门石窟／少林寺／开封游；兰州／青岛／威海／蓬莱／烟台／大连游；兰州／青岛／济南／曲阜／泰安游；兰州／武汉／重庆／长江三峡／小三峡游；兰州／庐山／井冈山／南昌／鄱阳湖／景德镇游；兰州／少林寺／云台山／龙门石窟／洛阳／郑州／开封游；兰州／太白山／法门寺／宝鸡／西安／华山／兵马俑游；兰州／桂林／漓江／阳朔／南宁／北海游；兰州／大连／沈阳／长春／哈尔滨／镜泊湖／满洲里游；兰州／太原／平遥古城／五台山／大同／北京／天津游；兰州／长沙／韶山／张家界游；兰州／银川／沙湖／沙坡头／西部影视城游。

3、市内旅游线路6条：都市黄河风情、白塔山、兰州碑林、水车博览园、黄河母亲、省博物馆一日游；五泉山、兰山、八路军办事处、市博物馆一日游；青城古镇、什川旅游区一日游；和平牡丹园、兴隆山、官磨沟、官滩沟一日游；石佛沟国家森林公园、云顶风景区一日游；引大入秦、鲁土司衙门、吐鲁沟国家森林公园二日游。

4、市外旅游线路6条：西线——兰州至敦煌丝绸之路大漠风情游；南线——兰州至甘南民俗风情、草原风光游；东线——兰州至天水丝路胜迹、寻根访祖游；北线——兰州至白银黄河奇观、石林探险游；东北线——兰州至平凉道教胜地、黄河风情游；东南线——兰州至陇西自然风光天池溶洞游。

【旅游景点景区】 兰州旅游资源丰富，种类多样，具有三大特色。一是以丝路文化、黄河文化、民俗文化和现代文明为代表的人文资源；二是以独具特色的西部自然风光为特点的自然资源，有高山草原，丹霞地貌奇观，更有穿城而过的黄河风光；三是以回、藏、裕固、东乡等少数民族浓郁风情为特色的民族风情资源。旅游资源分布呈相对集中的特点，主要分布在永登县、榆中县和城关区。其他县、区旅游资源也各有特色，可开发性强，具有一定的比较优势。经过三十年的发展，兰州市旅游业基本形成了"两山一河一街四区六线"的发展格局。

1、五泉山公园 国家4A级景区。位于兰州市城关区南侧山麓，占地267000平方米，有明清以来的古建筑10余处，1000余间，建筑面积10万多平方米，规模宏大。五泉山因有惠、甘露、掬月、摸子、蒙五眼泉水而得名，传说西汉元狩三年（公元前120年）骠骑将军霍去病西征，驻营于五泉山下，因人困马乏又无水造饭，霍去病"著鞭戳地，五泉涌出"，遂有了五泉山名的来历。

2、白塔山公园 国家2A级景区。位于兰州市城关区黄河北岸，公园因山巅有蒙古人建造的神秘的白塔而得名，海拔1700米，占地300多万平方米，与黄河一道构成天然屏障，古为军事战略要地。公园主体正好与山下的中山铁桥仰俯结合，景观壮观，已成为兰州的标志性象征。

3、仁寿山公园 国家2A级景区。位于兰州市安宁区城乡结合部的仁寿山，兰州市新城区规划图中的西北角。距市中心18公里。是集宗教、游乐赏花、餐饮、度假休闲为一体的农林产业化示范与旅游为一体的公园。该园始建于1958年，开始是在仁寿山植树造林，是兰州市早期的绿化基地，公园现有面积3200亩，其中绿化面积为2300亩，各种建筑面积为3000平方米。

4、甘肃省博物馆 甘肃省博物馆位于甘肃省兰州市七里河区。距离市中心约4公里。是中国地方综合性博物馆。该馆以甘肃历史文物、甘肃自然资源、黄河古象、古生物化石展、嘉峪关魏晋壁画墓为展示内容。馆内拥有"甘肃历史文物"展览，展出了甘肃境内出土历史文物1500余件，系统地反映甘肃历史发展的概况，重点突出甘肃新石器时代的各种文化的彩陶，丝绸之路咽喉要道——河西走廊出土的汉唐文物，十六国至隋唐佛教艺术和写经等有关中西文化交流的实物。

5、兰州市博物馆 兰州市博物馆位于城关区庆阳路东段，距市中心约1公里，是一个地方性综合博物馆。博物馆所在地原为白衣寺，是明肃藩王所建，经政府修缮于1984年，占地

6.6亩，馆藏文物13000余件，其中马家窑文化马厂类型的彩塑陶鼓是中国已知最早的打击乐器，出土的马家窑类型彩陶瓮是迄今发现的最大的彩陶器，另外像西周青铜簋，东汉写字纸，唐三彩云鞋，宋代青瓷堆塑瓶，明肃王白瓷像，鲁土司盔甲等，都是珍贵文物。

6、鲁土司衙门　国家重点文物保护单位，位于甘肃省永登县连城镇，兰海高速转民门公路可达，距西宁、兰州市区均150公里，属文物建筑旅游景点，享有“小故宫”之美称。衙门始建于明洪武十一年（1378年），至今已有500多年的历史，属工部营造法式建筑，依山傍水，坐北朝南，布局精巧，庄严肃穆，古树参天，飞檐斗拱，颇具民族特色。现有建筑226间，总面积7755平方米，是中国“土司制度”的历史见证，也是现今中国保存最完整的土司建筑群。衙门旅游以参观为主。与衙门毗邻的土司家寺妙因寺，是衙门的重要组成部分，是土司所建立的影响最大、塑像最多、壁画最精的一处寺院，占地9亩，主要建筑有多尔经堂、大经堂、禅僧经堂、万岁殿、塔尔殿、金刚殿、鹰王殿等。1984年，时任全国人大常委会副委员长的十世班禅大师莅临妙因寺参观访问，称其为“正规的藏传佛教寺院”。

7、什川生态旅游度假区　什川位于皋兰县南部，距兰州市20公里。全镇总面积405平方公里，其中连片果园面积已达1.2万亩是兰州有名的“瓜果之乡”，素有“兰州后花园”、“陇上小江南”的美誉。什川具有得天独厚的地理和区位优势。黄河东流出小峡后突然向北奔泄，以虹形状流经什川后折东后进入大峡，造就了酷似太极图状的什川盆地。黄河岸边的万亩梨园郁郁葱葱，连片梨园面积达12000余亩，树龄大多在三百年以上，不仅具有较高的观赏价值，而且具有一定的科学研究价值，被誉为全球罕见的“活植物标本”，难得的“梨园博物馆”，与兰州百里黄河风情线在资源构成上形成互补共生关系。什川具有极其丰厚的旅游资源，自然景观巧夺天工，人文景观星罗棋布。

8、兴隆山国家级自然保护区　国家4A级景区，国家自然保护区，省级风景名胜区。位于甘肃省榆中县县城东南6公里处。距兰州市区45公里。是集自然保护区与自然景观、人文景观为一体的山岳型风景旅游区。兴隆山有胜景24处，即隆山争秀、云龙虹桥、通天石柱、自在石窝、太白神泉、仙人坐峰、混元琼阁、栖云仙阁、朱德纪念亭、大佛殿、蒋介石行宫、烈士陵园等。

9、吐鲁沟　国家4A级景区、国家级森林公园。位于甘肃省永登县西北部的连城国家级自然保护区内，距西宁、兰州市区均160公里，1984年批准为自然风景游览区并向社会开放，是集自然保护区与自然景观为一体的山岳型风景旅游区。公园地处青藏高原的东部边缘、东部祁连山山地与陇中黄土高原的过渡地带，地貌起伏剧烈，山势险峻巍峨，总经营面积6157公顷，森林覆盖率79.2%，景观天成，独具特色，在中国西北地区实属少有，曾被评为“全国20家重点国家级示范森林公园”和“全国森林公园十大标兵单位”。主要景观有神笔峰、天窗眼、藏龙洞、半月天、石壁泻珠、西山睡佛、幽谷琴音等20多个景点，形态各异，造型奇特。

10、徐家山　国家2A级景区，国家森林公园，位于兰州市城关区黄河北岸。徐家山国家森林公园占地2820亩，海拔高度在1550米—1750米之间，森林覆盖率达11.7%，植被为典型草原向荒漠草原过渡类型，是兰州人民几十年来造林绿化造出来的国家森林公园。人工培育的乔、灌木有十几种，更有鸟类及小型动物栖息其中。主要景观有：中正碑、中正亭、中日友好纪念林、胡耀邦纪念林、思源亭、杏花村。中正碑和中正亭因1942年国民政府甘肃省主席谷正伦把徐家山以蒋介石的字命名为“中正山”而得名。

11、兰山公园　省级森林公园，位于兰州市东南部皋兰山上，距市中心约15公里，是兰州市人民辛勤绿化建造的第一座人造森林公园。兰山公园占地5200亩，海拔2129米，相对高度629米，从20世纪50年代开始，兰州人民就背冰担水，植树种草，绿化荒山，到20世纪80年代，绿化已见成效，是一座风景秀丽、气势宏伟的现代人工园林。兰山公园突出山林、依山就势、追求自然特色，是山林又点缀着具有民族特色的楼台亭阁，是公园又不露雕饰。大小景区巧妙布置，串联成带。景区主要景观还有建在皋兰山巅的三台阁，阁分3层，青砖绿瓦，朱柱飞檐，气宇轩昂；钟院也是公园的重要建筑，主楼高悬重6000公斤的大钟，撞击时，市区清晰可闻，悠扬动听。

12、五一山　国家3A级景区，省级森林生态旅游区。位于兰州市城关区黄河北岸，距市中心1.5公里，总经营面积1336.5亩，经过40年的人工造林，森林覆盖率达到72.5%，现已形成乔灌花草一体化的人工植被群落，有合欢、水杉、枇杷、金枝国槐、白玉兰、雪松、刺柏、侧柏、国槐、刺槐、丁香、连翘、牡丹、月季等乔木、花灌木60多个品种。五一山山岗起伏，树木茂密；山顶平坦，径迴路转，林荫遮天，湖水映日，草坪含翠，花圃飘香；自然风光旖旎，环境温馨优雅，负氧离子丰富，是兰州市久负盛名的“绿色氧吧”。登高望远，黄河蜿蜒曲折，都市高楼林立，景色如画，风光尽收眼底；林间漫步，翠荫如伞如盖，人面桃花相映，似临梦境，倦意随风而去；园中品茶，仰观蓝天白云，近听虫吟鸟鸣，把酒言观，胜似天上人间。这里四季皆绿，三季有花，阳春山花烂漫，姹紫嫣红，仲夏绿叶浓阴、

苍翠欲滴，金秋霜叶似火、层林尽染，隆冬银装素裹，冰雕玉砌，这里憩息恬园布局合理，宾馆楼亭独具匠心，服务设施完备上乘，是集休闲、度假、餐饮、娱乐、保健、疗养、会议于一体的旅游胜地。

13、西部欢乐园　西部欢乐园坐落在兰州第二中心区七里河秀川。距离市区约10公里。是西北最大的一家主题游乐园。欢乐园占地300亩，始建于1996年。园内各种现代化健身、游乐设施齐全，功能先进。是一家集旅游、观光、休闲、娱乐、商贸为一体的大型现代化综合娱乐场所，可同时容纳20000人游乐。园内设有国际标准化24道保龄球馆、乒乓球馆、台球馆、小高尔夫球场等健身娱乐场馆。被国家体育局定为冰上运动高原训练基地的冰雪世界，是全国达到国际标准水平的十座冰球馆之一，设有西北最大的国际标准室内四季冰场，并先后数次成功接待了国家短道速滑队、女子冰球队和花样滑冰队在兰的高原集训。海滨世界总建筑面积1.5万平方米，是西北最大的室内戏水宫，采用独特的地板加热技术，30℃恒温。人体超级滑道组合新颖刺激，童话岛水炮、下雨村合家欢互动式水上游乐快乐有趣。乐园“海滨世界”的建成，结束了兰州水上娱乐项目仅限于单纯游泳历史，为兰州水上娱乐增添了新的内容。以三环滑车为代表的室外游乐项目新颖刺激，太空飞船凌空起舞，海盗船悠悠摆动，赛车、高达60米的摩天观览塔等游乐设施应有尽有。碰碰车、飞旋荡椅、自控飞碟、豪华转马、2000型跑车台等儿童乐园多姿多彩、妙趣横生。

14、引大入秦水利工程　全国农业旅游示范点，主体位于甘肃省永登县，沿国道312线西进可达，距兰州市区100公里，是现代水利设施与新型科技农业参观景区。示范区是依托引大入秦水利工程开发建成的，包括工程参观与灌区参观两部分。引大入秦水利工程，是因引大通河水进入永登秦王川而得名，是一项跨双流域调水自流灌溉工程，历时近20年，总投资28亿元人民币，设计年总引水量4.43亿立方米，灌溉总面积97.97万亩。工程地跨甘、青两省四地（市）五县（区），有71座隧洞、38座渡槽、3座倒虹吸和69条支渠，总长840公里，规模宏大，气势磅礴，是新中国水利工程建设史上的一座丰碑。工程灌区主体在永登秦王川，现今已有240多家新型的生态农业企业落户，与地方新型农村联合推出农业参观、生态观光、休闲娱乐、“农家乐”等旅游项目，使秦王川地区成为高效农业、现代养殖业、生态旅游业共同发展的现代化农业旅游示范区。

15、八路军驻兰办事处纪念馆　甘肃省省级文物保护单位，位于兰州市城关区酒泉路互助巷2号，是一座普通的旧式四合院建筑，是第二次国共合作时期，中国共产党在蒋统区设立的公开办事机构，1937年5月开始筹建，1943年8月撤销，时间长达6年之久。老一辈无产阶级革命家谢觉哉、彭嘉伦、伍修权等领导“八办”的工作，使“八办”成为革命的接待站，战斗的指挥所。纪念馆内展示有当时办事处的革命活动和各种照片、图片，有谢觉哉、伍修权等撰写的电文、文稿和工作日记，有工作人员用过的八路军胸章、臂章、领徽和学习过的文件以及进步团体出版的各种刊物。

16、兰州水车博览园　兰州水车博览园为国家4A级旅游景区，位于百里黄河风情线南滨河东路黄河岸边。兰州水车博览园由水车园、水车广场和文化广场组成。南大门为木架结构，匠心独运，形似双山，它分别象征着兰州的南山和北山；左边的水池象征黄河。寓意着兰州是山水相连的美丽城市。水车广场荟萃中外风格迥异十数轮水车，手推、手摇、脚踏水车散布其中，是世界水车文化最丰富的主题公园。兰州水车创始人段续的雕像逼真，栩如生人。水磨坊外小渠蜿蜒，曲水流觞，水车林立。叠翠瀑布自高处潺潺淙下，金鱼吐珠，跌落玉盘，其声溅溅然。水车园内12架直径为16米的黄河水车依河而筑，其状巍峨，其势雄奇。握桥雕梁画栋，呈现穹隆之弓形，恰似双拳紧握，故名，为昔日兰州“八景之一”。文化广场音乐喷泉宛如飞天起舞，游人如织，欢歌笑颜。一排展示兰州民族史、黄河奇石与旅游纪念品的汉唐建筑群，错落有致，古朴典雅。在这个建筑群里，有一座七级塔楼，名为“览车塔”。登上览车塔黄河美景尽收眼底，水车雄姿一览无余。一组反映兰州二十世纪初民俗风情群雕，活灵活现，意趣多多。

17、兰州碑林　兰州碑林位于兰州市黄河北岸的白塔山西峰，距市区中心约10公里。碑林占地35亩，建筑面积6000平方米，坐落着以草圣张芝命名的草圣阁，400米长的东西碑廊以及碑轩、碑亭、张芝像，陇右书艺院等。它始建于1998年，由甘肃省人大副主任流萤发起兴建的。是一个集碑刻欣赏、书法教学、游览休闲为一体的综合仿古园林，区域文化为特色，从书法艺术的角度展示了黄河文化、丝路文化、西部文化的辉煌历史和当代成就。

18、龙源　龙源位于兰州市北滨河路中段黄河岸边，北靠滨河路。占地面积约1万平方米。2002年3月28日开工建设，2003年8月25日初步开放。龙源是以充分展示龙文化为主要内容，以“龙”字主题雕塑为主要载体，表现五千年龙文化的源远流长的文化景观。主要景点有：“龙”字主题雕塑、龙生九子浮雕柱、龙图腾长廊、“龙凤呈祥”透雕、“伏羲女娲”浮雕图、“千字龙碑”长廊。“龙”字主题雕塑，总高

24.6米，其中“龙”字雕塑高9.9米，选用甘肃省著名书法家王国文先生狂草的“龙”字，是中国目前唯一的立体书法形象展示，它具有多方位的视角构图，自左视之，恍如女娲怀抱婴儿，寓意人类始祖对中华民族的哺育之情；其右则如伏羲俯首关注，象征一代始祖功耀天地的盛德，是传说的太初之精神显现。“龙”字雕塑高高屹立于黄河之畔，既具有书法的韵味，又具有巨龙腾飞的气势。

19、中山桥　中山桥最初叫“黄河铁桥”，现为全国重点文物保护单位。民国三十一年为纪念孙中山先生而改为“中山桥”。位于滨河路中段，白塔山下，是九曲黄河上最早的一座真正意义上的桥梁。据《创建兰州黄河铁桥碑记》记载，黄河铁桥从光绪三十三年（1907年）二月开始修建，宣统元年（1909年）七月竣工，历时近两年半，花费白银30.66万两。黄河铁桥长233.5米，总宽8.36米，其中车行道宽6米，两边人行道各宽1米。1954年，兰州市人民政府对铁桥进行了整修，将原有的梯形拱架换成了五座弧形钢架拱梁及铁板桥面。现在中山桥的观赏价值、历史和文物价值已远远大于它的交通价值，并于2004年成为步行桥，成为兰州旅游的标志性建筑。

20、黄河母亲雕像　黄河母亲雕像坐落在兰州市七里河区黄河南岸，由市区乘车可达。距离市中心2公里。是“百里黄河风情线”上的标志性建筑之一。黄河母亲雕像于1986年落成。是由著名雕塑家何鄂创作，其雕像由“母亲”和一“男婴”组成构图。母亲秀发飘扬，神态慈祥，身躯颀长匀称，曲线优美，微微含笑，抬头微曲右臂，仰卧于波涛之上，右侧依偎着一裸身男婴，头微左顾、举首憨笑，显得顽皮可爱。雕塑构图洗练寓意深刻、象征着哺育中华民族生生不息，不屈不挠的黄河母亲和快乐幸福、茁壮成长的华夏子孙。雕塑下基座上刻有水波纹和鱼纹图案，源自甘肃古老彩陶的原始图案，反映了甘肃悠远的历史文化，同时，水波纹和鱼纹也反映了黄河流域的先民们对自然现象敏锐的观察力。

财　　政

【概况】 2009年，兰州市财政局认真贯彻市委、市政府"1355"发展思路和"保增长、保民生、保项目、保节能减排、保稳定"的工作部署，狠抓增收节支，深化财政改革，加强资金监管，圆满完成年初各项目标任务，促进了全市经济企稳回升和社会全面发展。全市实现地区性财政收入254.80亿元，完成目标任务的154.17%，增长71.27%（剔除中央实施成品油价格和税费改革提高部分税额后，同比增长25.66%）；完成地方财政总收入94.47亿元（其中全市一般预算收入57.04亿元，非税收入37.43亿元），增长16.62%；完成市级一般预算收入31.56亿元，占预算的109.30%，增长21.32%。全市一般预算支出119.83亿元，完成变动预算的94.43%，增长20.24%；其中市级支出45.71亿元，完成变动预算的91.05%，增长4.01%。实现当年收支平衡。

【财政收入】 强化税收分析调研。进一步加强与国税、地税部门的沟通和联系，加强收入预算执行情况经常性分析和预测，及时掌握收入动态，完善税收分析和预测长效机制。特别是针对税收面临的复杂形势，召开两次财税形势分析会，邀请有关专家共同研究影响税收的各类因素，科学制定促进税收增长的新举措。积极与国税、地税、人行、代理银行等部门协调，稳步推进财税库银横向联网改革，实现了税收征缴信息和税源情况在财税库银部门间的资源共享，提高了税收征管的质量和水平。加强非税收入征管。认真落实《甘肃省政府非税收入管理条例》和全市非税收入的有关政策规定，出台《关于加强国有资源和资产有偿使用收入管理的意见》和《实施方案》，启动土地变性租赁收入等6个项目的市场化动作，当年实现国有资源和资产有偿使用收入1.21亿元。全市非税收入完成37.43亿元，占全市地方总收入的40%。积极向上争取支持，落实到位中央和省级各类补助69.42亿元，比上年增加10.32亿元。其中专项补助34.60亿元，比上年增加6.95亿元；财力性转移支付补助34.83亿元，比上年增加3.37亿元。积极争取省级地方政府债券5.75亿元、中期票据6亿元和国债资金、银行贷款及社会资金，缓解了全市支出压力。

【财政支出】 在充分保证财政供养单位正常运转的前提下，倡导勤俭节约，压缩一般性支出。

优先保证人员和公用经费，全市一般公共管理和服务支出15.08亿元，增长1.98%，确保了财政供养机构正常运转及人员工资、津贴补贴及时足额发放和按政策增长。在126个市直单位和341个二级单位实行公用经费"一次核定，包干使用，超支不补，结余留用"制度，整体提高了行政事业单位的理财水平。压减公务费用，出国（境）和公务购车及运行费用减幅分别达到20%和15%，会议费和公务接待费分别降低10%和5%。严格控制党政机关事业单位为提高标准的装修项目和信息化建设项目，防止了重复建设和资金浪费。规范政府采购行为，逐步将政府采购纳入部门预算编制，稳步扩大政府采购规模和范围，全市完成政府采购预算3.79亿元，实际采购3.47亿元，节约资金3121万元，节约率达到8.24%。

围绕全市城乡建设的总体部署，千方百计筹措、调度资金，重点保障基础设施建设、特色产业培育等支出，加快了城乡发展。加大对区县转移支付力度，区县转移支付总额达到50.43亿元，占省对市转移支付总额的74.26%，增长39.44%。特别是下达区县财力补助21.59亿元，比上年增加12849万元，使区县人均财力达到6.12万元，增长14.57%。城乡社区事务支出10.15亿元，增长1.21%，主要用于污水管网改造、城市道路建设、环卫设施更新和城市基础设施维护。环境保护支出3.25亿元，增长82.06%，支持节能减排和排污治理项目实施。

农林水事务支出9.37亿元，增长42.77%。其中：农业支出3.97亿元，重点支持秦王川综合开发、新农村示范村建设、双垄覆膜沟播栽培技术推广、设施农业发展、农业产业化培育和农业科技培训等项目；水利支出2.54亿元，重点支持农村安全饮水工程和农村水利设施维修改造；林业支出1.79亿元，重点支持天然林保护、退耕还林补助、集体林权改革和连城自然保护区管理局移交；扶贫开发支出7912万元，重点支持整村推进和连片开发扶贫项目；南北两山绿化管护支出2160万元。加强对永登、皋兰两县国家农业综合开发项目的指导、管理和监督，下达省、市配套资金1261万元，加快了项目区农业综合开发步伐。特别是市本级安排农林水事务支出2.17亿元，增长36.63%，初步建立了预算内财政资金促进城乡一体化的增长机制。

着力保障和改善民生，把新增财力向公共领域倾斜，全市教育、科学技术、文化、医疗卫生、社会保障与就业和公共安全等支出达到72.29亿元，占全市一般预算支出的60.33%。增加教育、文化体育、科技等社会事业的投入。全市教育支出26.97亿元，增长17.05%，确保了法定教育经费投入的“三个增长”和中小学危房改造、寄宿制学校等项目建设。文化体育与传媒支出2.46亿元，增长13.41%，支持了文化产业发展、新农村文化建设、非物质文化遗产保护、全民健身场所改造等项目和体育、广电事业发展。科学技术支出1.79亿元，增长9.12%，支持了一大批科研项目顺利实施和科普事业发展。加大对社会保障和就业支出。社会保障和就业支出20.26亿元，增长48.97%，主要保证了财政对养老保险基金的补助、城镇居民最低生活保障、就业和再就业补助等支出。城镇低保保障标准提高10%，农村低保月人均补助标准提高到55元，高于全省补助标准；农村五保供养标准提高到每人每年1800元。加大医疗卫生方面的投入，医疗卫生支出10.80亿元，增长40.84%，主要用于城镇职工基本医疗保险、生育保险和城镇居民基本医疗保险配套、离休干部医疗补助、新型农村合作医疗配套和城乡医疗卫生体系建设。紧急安排经费299万元，专项用于甲型H1N1流感疫情防控和救治。认真落实廉租住房租赁补贴，共为7797户发放补贴2266万元。加快廉租住房建设，完成投资6.4亿元，现已完工1500套、封顶1500套。多方筹措，加大公共安全投入，全市支出10.01亿元，增长36.06%，主要保障了处置法轮功、禁毒、打黑除恶、视频监控、监所维修、设备购置等支出需要。足额安排供暖、供水、供气等专项资金，及时下达各类救灾救济资金4.65亿元，确保群众基本生活不出问题。全力保障为民兴办的15个方面20件实事全面完成。

【政策落实】 认真落实中央和省、市一系列扩大内需、促进经济增长的政策部署，共争取到2008年—2009年中央扩大内需资金7.13亿元、拨付6.68亿元，并加强资金监管，确保扩大内需新增投资尽快见到实效。通过地方政府债券、中期票据、财政预算安排等方式筹措扩大内需配套资金11.68亿元，支持南山公路、亚行交通项目、新农村建设、秦王川综合开发、甘肃会展中心市级基础设施配套、西固生活污水厂拆迁等重大项目实施，增强了投资拉动经济增长的后劲。同时，将重大项目前期经费翻番，由往年的1500万元增加到4000万元。大力扶持企业发展，全市支出专项资金1.05亿元，主要用于工业扶优扶强、非公经济发展、安全生产、中小企业担保中心资本金、工业企业重大项目贴息和农村现代流通网络建设；积极争取企业扶持资金9080万元，为困难企业发放社会保险补贴或岗位补贴6661万元，帮助企业克服困难、改革创新和提质增效；追加预算列支企业资产重组契税5000万元，支持11户国有企业深化改革；落实减税让利政策，为41家企业返还税费1182万元。引导和促进城乡消费需求，规范惠农财政补贴“一册明、一折统”发放管理，审核拨付汽车、摩托车、家电下乡补贴968万元，补贴兑付率达到86.64%；下达粮食直补和农资综合补贴7363万元、市级储备粮油利息和费用补贴1440万元、石油价格改革财政补贴3030万元。

【财政改革】 改进市级部门预算编制，采用基础数据和定额标准计算的方法确定市级行政事业单位人员经费和公用经费，提高了部门预算数据的准确性。在市教育局等10个部门顺利推进项目库改革试点工作，实现专项资金由项目库申报、论证、排序和审核，并纳入部门预算管理。深化国库集中支付改革，在确保市级运行正常、加快县区推进的同时，在市司法局等5个部门顺利启动公务卡结算制度试点工作，提高了公务支出的透明度。深化省直管县改革，认真落实市对直管县财政体制，及时下达和拨付各类配套资金和专项资金，将皋兰县纳入省直管县改革试点范

围。结合全市国有及国有控股企业实际情况，全面启动国有资本经营预算，制定了《兰州市市属企业国有资本收益收取管理暂行办法》、《兰州市市级国家资本经营预算编报试行办法》等配套制度。积极推进农村综合改革，加强对县、乡财政改革的指导，推进“乡财县管”、“村财乡管”财政管理方式改革。

【财政监督】 严格执行扩大内需新增中央投资项目各项规定和纪律，对中央投资及财政配套资金实行专户管理、专账核算，实行扩大内需投资落实情况月报制度，及时掌握工程动态，使新增中央投资项目更好地发挥效益。开展行政事业单位“小金库”专项整治，重点检查市县两级单位278个，查出存在“小金库”单位17个、违纪违规单位21个，共涉金额579万元，治理工作取得了阶段性成效。按照检查单位不少于30%、检查资金不少于50%的要求，加大对各类专项资金的检查监督力度，特别对城市基础设施建设、社会保障、县乡道路建设、为民办实事等重点项目资金进行重点检查，完成农村教育“普九”债务偿还、农村税费改革转移支付、16个土地整理项目资金专项检查，规范了财经秩序。对支农专项、扶贫开发、住房公积金等重点项目资金进行绩效管理，对支出进度实行考核奖励，加强支出进度、支出质量、支出管理等方面的综合考评和追踪问效。加强会计基础管理工作，开展会计信息质量检查，加强会计人员继续教育培训工作，圆满完成2009年会计专业技术资格、会计从业资格考试工作。配合各级审计部门，对促进发展、改善民生等资金进行专项审计和监督检查。财政信息化建设稳步推进，完成财政广域网联网和对外开通局机关网，加大了政务公开力度。

【机关建设】 加强学习，着力提高驾驭工作的能力。以开展“科学发展观活动”为契机，增强学习的主动性，创新学习方法，做到学以致用、学有所成。自觉运用党的思想路线、方针政策指导财政工作实践，鼓励引导全体干部职工深入学习领会公共财政和积极财政的政策内涵，学习经济、法律等方面的知识，提高综合素质和业务能力。坚持理论联系实际，在实践中不断提高解决问题、推动工作的能力与水平。解放思想，着力提高改革创新的能力。按照公共财政和积极财政的新要求，结合兰州市财政工作实际，不断完善工作思路，深入推进了各层次的财政改革，大胆探索财政管理科学化、精细化的有效举措和长效机制，服务经济社会发展和民生改善的保障能力得到进一步加强。改进作风，着力提高服务发展的能力。大力弘扬“严、细、深、实、快”的工作作风，切实在改进服务态度、提高服务质量上下功夫，进一步创新服务方式，使财政工作更显亲民化和透明化。加强调查研究，组成工作小组深入基层，围绕兰州市经济社会发展和财政工作的热点、重点、难点问题，特别是针对加快支出的时效性和均衡性、加强国有资产管理和提高财政资金监管水平，开展了有效的调研活动，帮助基层解决实际困难，财政服务发展的能力得到提高。注重效能，着力提高落实工作的能力。积极推进机关作风建设，以强化执行力为目标，进一步规范工作制度、规范工作流程、规范工作行为、规范办公秩序、规范协调机制、规范内部监督程序，切实提高了行政效能。廉洁自律，着力提高拒腐防变的能力。深入开展理想信念教育，紧密结合财政工作实际，有针对性地加强了廉政教育，真正把廉政建设贯穿于财政工作的方方面面，贯穿于财政权力运行的全过程，进一步强化了制度约束，推进源头治理，确保了财政干部安全。

（赵养军）

国家税务

【概况】 2009年，兰州市国税局围绕年初确定的“突出一个重点（组织收入），紧抓两条主线（税收征管、队伍建设），提高三项水平（税收管理、纳税服务、干部素质）”的总体工作思路，执行惠民生、保增长的一系列重大税收政策，坚持依法组织税收收入，推进税收科学化、精细化、专业化、信息化管理，持续加强队伍建设，充分发挥税收职能作用，各项国税工作取得了新的成绩。

【税收收入】 全市国税系统围绕组织收入这条主线，正确处理组织收入与促进经济发展的关系，一方面，坚决贯彻执行国家增值税转型、降低小规模纳税人征收率、减征1.6升及以下排量乘用车车辆购置税等一系列结构性减税政策，全年减收税款5.1亿元，有力支持了全市经济回暖；另一方面，科学统筹税收计划，细化税源监控范围，强化税收分析和重点税源管理，提前15天完成年度计划任务，累计完成税收收入72.06亿元，占年度任务的103.83%，同比增长12.52%，为支持经济发展提供了强有力的财力保障。

【税源管理】 在强化三级税源监控的基础上，一是将监控企业户数从137户上调至192户，重点税源收入占全市总收入的76.86%。二是全面落实重大税源收入预测上报制度，探索以价格、产量、税负等指标为参照的重点企业税收收入分户预测办法。三是通过对96户重点税源企业发放调查表、实地调研和情况交流，对全市重点企业税收变化趋势进行调查研究和分析。四是对全市137户省级以上监控企业1—8月份重点税源监控数据质量进行全面复核，确保了重点税源数据的准确性。同时，全系统创新重点税源管理方式，形成了城关区局以机电销售行业为重点、七里河区局以钢材销售行业为重点、西固区局以金属制品生产销售行业为重点、红古区局以碳素行业为重点、榆中县局以塑料制品行业为重点、永登县局以碳化硅生产销售行业为重点、皋兰县局以黑色金属压延生产销售行业为重点、直属分局以装备制造业为重点、国际处以涉外房地产企业所得税管理为重点的行业税收管理格局。市局还召开了全系统行业税收管理经验交流会，各县区局及市国税局各直属单位分别就房地产业所得税管理、碳化硅以进控销、黑金属压延及加工行业以电控税等领域取得的征管成效进行了交流，有力地促进了整体税收征管质量和水平的提高。

【信息管税】 加强同工商、公路运输、药检、烟草、质检等部门的信息共享，探索“信息管税”的税收征管新格局。利用工商登记信息共清理出漏征漏管户2411户，已补办税务登记1470户，正在督促办理的941户，月增税额64.16万元，全年预计可增加税收收入769万元；利用从兰州市公路运输管理处取得维修行业信息共清理出漏征漏管户251户，已补办税务登记130户，正在督促办理的121户，月增税额1.33万元，全年预计可增加税收收入15.95万元；利用兰州市药监局取得的医药企业经营许可证信息共清理漏征漏管户236户，并对197户医药零售药店调高了定额，月增加税额6.3万元；利用烟草配送信息共对11903户烟草零售纳税人进行了核查，查补税款及滞纳金26.19万元，对543户纳税户重新核定及调高了定额，月增税额18.18万元，全年预计可增加税收收入218万元；利用兰州市质监局取得的组织机构代码信息共清理漏征漏管户282户，已办理税务登记证192户。从7月下旬开始，与公安部授权的北京国政通科技有限公司合作，对辖区内所有的8724户增值税一般纳税人的法人身份信息真实性进行比对核查。

【税种管理】 在增值税管理方面，开展一般纳税人专用发票使用保管情况检查，认定新增一般纳税人1198户，受理各类增值税减免退税申请438户，减免退税共计2.3亿元；在消费税管理方面，积极落实卷烟和燃油消费税的调整政策，认真开展白酒生产企业专项检查，全年入库消费税18.9亿元； 在企业所得税管理方面，继续做好企业所得税过渡期政策的执行，严格审核税前扣除项目，按期完成了2008年度企业所得税汇算清缴工作，继续加强和规范中小企业所得税管理，强化小型微利企业管理，全年入库企业所得税12.06亿元；在进出口税收管理方面，积极落实出口退税政策，共计办理退(免)税额2.33亿元，退税进度同比增快8个百分点；在车辆购置税管理方面，坚决执行1.6升及以下排量乘用车减征车辆购置税的优惠政策，全年入库车辆购置税3.5亿元，比上年同期增收1.04亿元，增长42.98%。

【依法治税和税务稽查】 全年共开展了医药、汽车销售及钢材等行业的各类纳税评估，评估企业1910户，补缴税款及滞纳金合计6033万元；建立了煤炭采掘、汽车销售等9大行业的税收管理办法，煤炭采掘和汽车销售行业纳税评估软件在全省做了经验交流。采取重点检查和专项检查相结合的方式，对816户纳税人进行了税务稽查，查补收入合计1.26亿元，完成考核指标的121.7%，同比增收7408万元，增长142.8%；与公安部门协同作战，查处制售假发票大案2起，打掉团伙1个，捣毁窝点1个，收缴作案设备2台，缴获非法印章161枚，查获涉案发票172.3万多份。2009年3月，国家税务总局和公安部联合发文，对包括市局稽查局和两名干部在内的打击制售假发票和非法代开发票专项整治行动先进集体和个人予以通报表彰，这也是全省国、地税系统唯一受到表彰的先进集体和个人。2009年11月，兰州市国税局稽查局协同兰州市公安局联合破获的9.23特大出售假发票案被列为国家税务总局公布的十大发票违法犯罪典型案例。

【纳税服务】 全市国税系统以落实纳税服务体系为重点，执行配套制定的兰州市国家税务局《纳税服务考核评价办法（试行）》、《办税服务厅全职能窗口管理办法(试行)》、《办税服务厅工作量管理考核办法（试行)》。同时，从梳理现行征管业务流程入手，完成了近20万字的《兰州市国家税务局税收征管业务操作规程（试行)》，并在七里河区局全面试行。办税服务厅规范化建设全面实施。全市所有的办税服务厅、税务分局和县区局办公楼内外标识进一步规范和更新，“一机双屏”系统在9个办税服务厅的150个服务窗口统一安装并投入使用，全职能窗口办税模式在城关区局等3个单位试点推行，“工业大企业直通车通道”在全市各办税服务厅开通设立，城关区局《绩效考核软件》开发成功并投入试运行。多元化办税深入推行。7878户一般纳税人实现了网上电子远程申报，929户一般纳税人实现了网上认证，8722户小规模纳税人实现了自助系统申报缴税，883户个体双定户实行了批量扣税。

【信息化建设】 以确保兰州国税网络畅通及各类主体应用软件的正常运行为目标，重新规划并科学设定了FTP服务器的用户权限，顺利完成

了全市十大应用系统的用户清理工作，并充分发挥现有安全防范体系的功能，完善信息安全管理制度；在进一步全面做好防伪税控系统的日常维护和通用数据采集软件试点工作的基础上，全面推广应用总局电子申报汇算清缴软件，切实提高"一户式"纳税人档案管理系统使用效率，及时布置安排出口企业申报系统和审核系统升级，不断利用现代信息技术进一步强化各税种管理。全面运行税收执法管理信息系统，及时监控相关信息并按月发布执法通报。

【税收普法宣传】 全面落实《兰州市国家税务局关于建立普法教育基地的实施方案》，对全市普法教育基地建设进行督促检查，全市国税系统各县区局全部建成普法教育基地。在全省的"五五"普法中期检查中，兰州市国税局被评为全省中期先进集体。在6月份召开的全省国税系统政策法规工作会议上，就建立普法教育基地的情况向大会作了专题经验介绍，并安排全体与会代表参观了城关区国税局和七里河国税局的普法教育基地。兰州市普法办作了题为《创新载体搭建平台 兰州市国税局普法教育基地建设取得显著成效》的专题报道，宣传普法教育基地建设工作。在税收宣传方面，先后开展了"我眼中的税收"有奖征文活动、"万名税官送税法，服务经济促发展"活动、送税法进人才招聘会等活动，利用公交车座椅、数字移动电视和《兰州日报》等媒体开展税收公益广告宣传，组织开展座谈会、问卷调查、知识竞赛、讲座等税法宣传活动。其中，送税法进人才招聘会活动和"我眼中的税收"有奖征文活动被省国税局评为第18个税收宣传月创新项目。

【干部教育培训】 制定下发了《2009年全市国税系统干部教育培训安排意见》，采取培训、以会代训和远程培训等形式，加大干部对各类专业知识的学习。组织了全体稽查干部参加的全国稽查业务考试，取得了较好的成绩。统一订购《2009年税务公务员岗位学习每日一题》丛书，分发给全系统每一位干部手中，督促干部坚持做到"每日一题"、"每周一练"。组织实施了"电子查帐软件培训班"、"流转税政策培训班"等专业性培训。全年全系统共组织各类培训班186期，培训干部 7876人次，人均培训天数达15.5天。

【精神文明建设】 深化文明创建工作，召开全市国税系统精神文明建设工作会议，对全系统的精神文明创建工作进行安排部署。2009年初，市国税局被中央文明委等部门评为"全国文明单位"，城关区局和皋兰县局被评为"全国精神文明建设工作先进单位"。年内完成了9个"市级文明单位"和3个"区级文明单位"的申报验收工作，各县区局精神文明创建示范基地已在上半年全部建成。全系统16个创建单位分别获得"全国文明单位"、"全国精神文明建设工作先进单位"、"市级文明单位"和"区县级文明单位"荣誉奖牌，17个市级"青年文明号"和3个"省级文明单位"全部通过了复核复审。市国税局还被市委市政府授予"兰州市创建全国文明城市先进城市先进单位"。

【党风廉政建设】 贯彻落实全省国税系统党风廉政建设工作会议及省纪委全会精神和兰州市纪委全会精神，对全系统贯彻落实会议精神提出了具体要求。全面落实党风廉政建设责任制，层层签订党风廉政建设责任书。充实廉政文化教育基地的内容，积极发挥教育基地的导向作用。城关区国税局渭源路分局廉政文化教育基地被中共兰州市纪委、兰州市监察局确定为兰州市首批"廉政文化建设示范点"，并由中共城关区纪委授牌。巩固已有成果，抓好政风行风民主评议。在全市实施"廉政保证金"制度，探索建立廉政工作新举措。畅通信访举报渠道，开展调查核实工作。

【学习实践科学发展观活动】 按照《兰州市国家税务局机关深入学习实践科学发展观活动实施方案》部署，在第一阶段，组织开展了"六个一"主题学习活动，征求拟定了13个调研课题，组织开展了深入的学习调研。在第二阶段，广泛征求党员、干部、群众对领导班子及成员的意见、建议，在充分准备的基础上按时召开了专题民主生活会，广泛开展《分析检查报告》意见征求活动，组织召开了评议大会。在第三阶段，制定落实整改方案，抓好突出问题的解决，立足建立促进国税工作科学发展的体制机制，确保学习实践活动取得成效，群众满意度达到99.8%。

（高承坤）

地方税务

【概况】 2009年，兰州市地税局坚持"两提两抓"的工作思路，周密部署，认真安排，狠抓落实，保证了各项重点工作的有序推进，并取得了明显成效。全年共组织各项收入137.36亿元，同比增长20.1%，增收22.99亿元。其中，地方税收完成69.31亿元，同比增长20.65%，占年计划的106.9%，各项基金完成68.05亿元，同比增长18.94%，占年计划的113%。各项收入的超额完成，为全市和全省的发展，提供了可靠的财力保障。

【税收征管】 面对2009年初组织

收入工作的严峻形势，全局上下积极行动，采取有效措施，全面强化税费征管工作。一是强化重点税源监控。在科学划分重点税源、一般税源和零星税源的基础上，将年税费额百万元、50万元、20万元以上的单位分别纳入市、县、所三级监控，建立了覆盖全市的税源监控网络，对重点税源实行专人管理、定期通报、欠税催缴、原因直报的方法，增强了组织收入的主动权。纳入市级重点监控的260 户企业的地方税收完成336572万元，增幅达29.33%，占税收总额的48.56%，为全市收入计划的完成提供了重要保证。二是强化建设项目税收管理。针对兰州市建设项目多，分布区域广、征管难度大等特点，市地税局委托开发了符合实际的建设项目征管软件，将兰州地区2009年度省、市、区三级发改委批准立项的250个、总投资达218.4亿元的重点建设项目，全部录入系统，并按属地化原则，将这些项目分解到各征收单位，明确管户部门、管户人员及其责任，建立跟踪监控制度、进度按季通报制度，基本做到了工程进展、投资进度、税款入库三个同步。三是强化纳税评估工作。整合市、区两级纳税评估领导小组、纳税评估办公室、税收管理员队伍，细化《纳税评估实施办法》、《纳税评估操作指南》和《纳税评估考核办法》，增强评估工作的科学性、规范性和有效性。2009年测算发布了银行业、建筑业、装修装饰业、广告业、专业技术服务业、保险业等六个行业的纳税评估预警值，并根据这些行业预警值，对307户企业进行了评估筛选，对其中纳税异常的226户企业进行了重点评估，评估增加税收6641万元。四是强化企业所得税汇算清缴工作。采取限期申报、集中受理、严格审核、重点稽查的方法，共对7714户企业进行了汇缴，汇缴面达100%，经汇缴调增计税所得额1.2亿元，补征税款3789万元。五是强化个人所得税征管，坚持加强宣传、摸清税源、委托代扣、突出重点、约谈辅导、提醒催报的征管思路，累计签订代扣代缴责任书6872户，新增912户，同比增长15.3%。2009年，邮寄完税凭证11.4万份，同比增长14%，受理高收入者自行申报5610人，同比增长25.84%；全年征收个人所得税8.2亿元，同比增长19%。六是强化以查促管职能。根据总局和省局的统一部署，安排部署了对建筑安装业、大型连锁超市等8个行业的税收专项检查，并将社会保险费全面纳入2009年税收专项检查范围，全年共检查纳税户786户，查补税费合计15076万元。七是强化以票控税措施。重点对餐饮、娱乐、建筑、保险等行业的1673户企业进行了发票检查，其中有问题的有55户，罚款8.4万元。继续推行刮奖发票和二次开奖活动。联合公安部门严厉打击发票违法犯罪行为，打掉售假窝点7个，抓获犯罪嫌疑人12名，查获各类假发票1.6万本，约120万份，查获电脑、手机、汽车等作案工具43台（部），有效地净化了用票环境。

兰州市地税局组织街头税收宣传咨询活动

【税收优惠】 对减免税申请，做到按规定、按权限、按程序及时受理，认真审核，随报随批，确保各项税收优惠政策落实到位。2009年，全系统累计减免各项税款48602万元。其中：支持就业再就业减免864万元，西部大开发减免11389万元；福利企业减免68万元；国有农口减免3505万元；文化体制改革试点减免2322万元；青藏铁路建设减免4715万元；金融保险业政策性减免11434万元；技术转让减免442万元；高新技术企业减免1552万元；国家鼓励类项目减免1007万元。

【纳税服务】 本着“优质高效、方便快捷”的纳税服务思路，在积极推行首问责任制、办税服务承诺制、公开办税制等制度的基础上，加大投入力度，整合服务资源，统一服务标准，加强窗口建设，全方位规范和优化了纳税服务。通过新建或翻新办税服务厅，增加排队叫号机、自助网报机、服务咨询台、电子显示屏等服务设施，营造了一流的办税环境。通过加强窗口建设，拓宽了服务渠道，12366纳税服务热线全年受理税收业务咨询14111人次，受理涉税举报

案件20件；市政府政务大厅地税窗口全年受理业务咨询6179人次，办理税务登记360户次，办理其他业务1628件。通过推行网上报税、批量扣税等多元化申报方式，提高了纳税服务效率，15708户企业通过网上报税，4559户个体双定户由银行批量扣税。

【队伍建设】 一是抓学习，树立科学发展理念。按照市委的统一部署，通过研学文献、辅导讲座、互联共建、演讲比赛等多种途径，加强学习，有效提升了党员的思想认识；局党组及各成员紧紧围绕"强化税收职能，规范征纳行为"的主题，深入调查研究，认真分析检查，提出了三大类19项整改措施，并积极落实，树立了新理念，取得了新成效。党员干部及社会群众的满意度达到了100%。二是抓作风，树立良好形象。对机关作风建设工作进行认真安排，开展了"法规制度大学习、大讨论、大测试、大落实"活动，坚持明察暗访制度、劳动纪律抽查通报制度和违纪违诺责任追究制度，有力地促进了机关作风的进一步好转。三是抓组织，优化中层干部结构。2009年8月初对市、区两级中层干部，严格按条件、按程序、按权限、按纪律进行了优化重组，77名同志走上了不同层次的领导岗位，增强了中层干部的生机和活力。这次干部选拔任用工作，尊重民意、注重实绩、程序规范、公平公正，受到了各方面充分肯定和高度评价。四是抓培训，提高业务素质。坚持不懈地抓好以考取"三师"资格和计算机等级证书为重点的干部教育培训工作，全局干部职工的整体素质有了很大提高。2009年又有18人获得注税资格，累计有89人取得注税、注会资格，有325人取得计算机二级以上等级证书，分别占总人数的6.6%、24%，在各项业务竞赛活动中成绩优异。五是抓载体，提升文明创建层次。坚持开展群众性文明创建活动，依托思想政治工作、地税文化建设、各类文体竞赛活动、优化纳税服务等有效载体，文明创建取得新进展，2009年在省市组织的多项竞赛活动中均取得优异成绩。市地税局再次获评第二批"全国文明单位"，皋兰县局荣获"全国精神文明建设工作先进单位"；城关二局荣获"省级文明标兵单位"；七里河、红古两局荣获"省级文明单位"。

【廉政建设】 注重惩防并举，加强廉政建设。一是加强廉政教育。采取组织学习廉政规章、发送廉政短信、观看警示电教片、实行"七个必谈"等多种形式开展教育，干部职工的廉洁自律意识进一步增强。二是落实各项廉政制度。严格党风廉政责任制，形成了"一把手"负总责，分管领导各负其责，一级抓一级、层层抓落实的责任机制；严格经费预决算制，建立了经费预决算制度，进一步规范了财务支出审批程序，确保了经费支出的节约合规；严格工程招标制，严格按照中央和省市政府招投标管理办法的有关规定，对达到政府集中采购标准的各类工程、货物、服务，都按规定程序实行集中公开招标，加强全市地税系统的党风廉政建设。三是开展行风评议工作。根据兰州市的统一部署和要求，在普遍评议的基础上，确定对七里河、西固、安宁三个区局和市直高新、房建、涉外分局等7个单位进行了重点评议。

【信息化建设】 提升信息化水平，加强系统数据利用。以省级综合征管软件上线为契机，首先，提高硬件设施配备水平。当年全市地税系统新投入899万元资金，其中，市地税局建成170平米、高标准、高配置、高规格的数据处理中心，提升了全市数据处理能力，优化了网络环境；新购各类计算机803台，至年底，全市地税系统人均配备微机1台以上；在省地税局的支持下，招标采购了53套路由、交换设备，更换了全市42个税所的网络设备。同时，按照省局建设广域网的要求，通过升级改造，在全系统光纤线路升级扩容的基础上，与省局实现了千兆网路的联通，建立了备件库，提高了网络故障应急处理能力。通过以上投入，全市硬件配置水平大幅度提高。其次，省级综合征管软件成功上线。为切实做好全省综合征管软件上线工作，年初我们制定了《税收综合征管系统上线运行实施方案》和《应急预案》，明确了目标任务、实施步骤、具体要求和工作纪律。通过对内加大培训力度，提高软件操作水平，对外加强宣传引导，争取纳税人的理解配合，营造了良好的工作氛围；建立了数据采集、录入和审核责任制，确保采集和录入的数据规范、完整、准确、真实；根据运行操作情况，梳理出51个问题，与省地税局、中软公司等相关技术人员积极汇报，进行了修改完善，使征管软件功能更加完善。截至2009年底，全市共录入纳税人52904户，社保基金缴费单位15162户，覆盖面分别达到100%。通过系统共受理税款申报64万次，征收税款51.14亿元，受理社会保险费申报8万次，缴费47.98亿元，同口径新系统处理率均达到100%。其次，加强征管系统数据利用。开发了操作简单、缴销快捷、查询方便、管理精细的《发票在线管理系统》。通过这套系统，纳税人可以利用互联网络，采用税控装置随时开具发票，税务机关可以自动收集用票信息，并向消费者提供了发票网上鉴别服务。截至年底全市已有3598户纳税人（3968个开票点）使用该系统，实现了总局要求的"机具开票、鼓励索票，方便查询、防伪堵假，票表比对、以票控税"的发票管理新模式。同时，总局配发的公文处理系统，以及自主开发的车辆税收征管系

兰州市地税局2009年税费收入完成情况表

项目 地区	2009年计划	2009年收入额	占计划数（%）	上年收入	同比增减额	同比增减幅%
总　计		1373504		1143602	229902	20.10
一、地方税收	648421	693140	106.90	574518	118622	20.65
（一）税收收入合计	577072	607481	105.27	524951	82530	15.72
1、营业税	267804	275430	102.85	247783	27647	11.16
2、企业所得税	41963	39806	94.86	51788	-11982	23.14
3、个人所得税	69191	82114	118.68	69086	13028	18.86
4、资源税	2578	2108	81.77	2363	-255	-10.79
5、固定资产投资方向调节税	0	0	0.00	0	0	0.00
6、城市维护建设税	118627	129114	108.84	65903	63211	95.92
7、房产税	41154	37706	91.62	36997	709	1.92
8、印花税	17424	21363	122.61	15851	5512	34.77
9、城镇土地使用税	14804	14130	95.45	13038	1092	8.38
10、土地增值税	225	250	111.11	19507	-19257	-98.72
11、车船税	3302	5460	165.35	2635	2825	107.21
12、烟叶税	0	0	0.00	0	0	0.00
（二）教育费附加	51223	53834	105.10	28756	25078	87.21
（三）文化事业建设费	1546	1734	112.16	1499	235	15.68
（四）其他罚没收入	26	237	911.54	101	136	134.65
（五）耕地占用税	1898	7069	372.44	1338	5731	428.33
（六）契税	16656	22785	136.80	17873	4912	27.48
二、地方各类基金（费）收入		680364		569084	111280	19.55
（一）社会保险基金	595178	669855	112.55	564940	104915	18.57
1、养老保险基金	497483	559865	112.54	472707	87158	18.44
2、失业保险基金	27514	40468	147.08	28022	12446	44.42
3、医疗保险基金	63049	61167	97.02	57843	3324	5.75
4、工伤保险基金	4338	5196	119.78	3873	1323	34.16
5、生育保险基金	2794	3159	113.06	2495	664	26.61
（二）其他收入		10509		4144	6365	153.60
1、甘肃教育附加		4681		4129	552	13.37
2、散装水泥专项资金		0	0.00	10	-10	-100.00
3、残疾人就业保障金		1437		0	1437	
4、工会经费		4383		0	4383	
5、税务行政性收费收入		8		5	3	60.00

统、设备管理系统、税收法规查询系统、培训考试系统、网上报税系统、定额核定系统、房屋租赁业管理系统、自动化办公系统等12套单项软件全面启用且运行正常，数据利用效率进一步提高。信息化水平的不断提高，为全系统深化税源监控、优化纳税服务、强化资产管理等工作提供了良好的技术平台。

【基本建设】 积极筹措资金，彻底解决市地税局机关办公条件差的问题，经过整4年的艰辛努力，市局多功能综合业务楼，已于2009年7月份全面投入使用，各功能区运行良好，使机关干部职工的工作、学习、生活条件得到了极大的改善。

银　行

·中国工商银行股份有限公司甘肃省分行营业部·

【概况】　2009年，面对金融危机冲击下复杂多变的经济金融形势，工商银行甘肃省分行营业部加快资产业务、负债业务、中间业务“三项业务”发展，着力推动营业部各项业务持续稳定健康发展，取得了较好的经营业绩，实现全年各项业务安全、高效、稳健运营。截至2009年末，全行人民币各项存款同比增加39.19亿元，增幅9.32%；人民币各项贷款同比增加36.88亿元，增幅17.49%；全行实现账面利润9.17亿元，同比增加1.15亿元；不良贷款率为2.87%，较年初下降了1.54个百分点。

【信贷业务】　为满足甘肃省对基础设施建设日趋强烈的要求，工商银行甘肃省分行营业部加大对基础设施的资金投入力度，为全省公路、铁路、电力建设提供大量资金支持。重点支持了省交通厅高速公路项目、兰渝铁路项目、资产转让项目、水电项目、风电项目和城市电网改造项目。2009年，全年累计提供融资达94亿多元，当年贷款投放量创历史最高纪录。在成功拓展优质信贷市场的同时，公司信贷领域和产品创新实现新突破，取得“四个第一”；2009年在全国工商银行系统第一家办理“资产买断”业务；在城市电网建设项目贷款中，办理全省金融业的“首笔行外银团贷款”；在全省工商银行系统办理“国内信用证第一单”；兰渝铁路项目贷款的成功营销，成为省分行成立以来最大一笔融资业务，贷款授信超过百亿元，对西部铁路建设提供了有力的资金保障。

【对公业务】　在对公业务上，工商银行甘肃省分行营业部充分利用工商银行科技优势和产品优势，主动上门了解企业需求，为省烟草公司提供全新模式、多渠道、安全方便的新型“银烟通”电子结算模式，解决了烟草电子结算率低的问题，方便了烟草零售户，提高了省烟草公司资金归集效率。针对全省电力系统票据集中管理需求，积极向企业推荐工商银行网上银行票据托管业务功能，实现省电力系统票据业务的“分散操作、集中管理”，较好满足了客户个性化资金管理和业务发展要求，提高了为高端客户服务能力，进一步密切了银企合作关系。

【个人金融业务】　从加快个人金融业务的经营转型入手，全力推动个人金融核心业务的发展。以代发工资业务为突破口，积极营销优质客户代发工资业务，抢占储蓄存款源头。抓住国家实施“保增长、扩内需”等系列宏观调控政策带来的机遇，积极发展个人贷款业务，个人贷款余额突破10亿元大关。2009年，资本市场逐渐回暖，居民投资意愿开始回升。工商银行甘肃省分行营业部根据市场变化，重点开展了代理基金、保险和人民币理财产品营销竞赛活动。截至2009年末，理财产品销售额突破200亿元大关。

【中间业务及新业务】　全行电子银行、投资银行、现金管理、银行卡等新兴业务以及国际业务发展迅速、增势明显，2009年全年实现中间业务收入2.46亿元，同比增长33.7%，中间业务占全行利差收入比率达到62.13%。积极拓展投资银行业务，充分发挥工商银行企业年金“全牌照”的优势，成功营销兰州铁路局企业年金业务，签订了企业年金账户管理、基金托管合同，争取到全省最大一

工行甘肃省分行营业部举办“投资理财知识普及万里行”主题营销宣传活动

笔企业年金业务。全力推广银行卡业务，抓住全省财政二级预算单位公务用卡项目推动的机遇，积极营销省级、市级、军队公务卡，全年成功发行各类公务卡4776张，各类公务卡发卡量同业占比第一；在高等院校开展了主题为“积累信用、联通未来”营销活动，向在校大学生推广营销牡丹运动卡；新增大型商场、酒店等行业特约商户552家，创历史最高水平。积极发展电子银行业务，成功营销了省移动、兰州石化等系统客户银企互联业务；向富通机械等5家客户营销了“在线财务软件”业务，实现该业务零的突破；向省人事厅等客户推广个人网银“在线支付”业务等。全年新增各类电子银行客户33.9万户，同比增长36.91%；实现电子银行交易额5149.44亿元，同比增长46.2%。

【金融服务】　为了向广大客户提供更加方便快捷的金融服务，营业部在充分了解辖区网点的建设情况、历年设备布放情况和辖区周边金融环境的基础上，配备了自助服务机、网银自助机364台、ATM机233台，分流了营业网点的柜面压力，较大幅度地缩减了客户等候时间。尤其是在高等院校周边的网点，深受广大师生和员工的欢迎。为进一步提升服务工作水平，省工行营业部在全辖推行行长坐班制度，真实感受基层网点的工作实际，通过行长坐班查找问题与不足，通过坐班发现流程再造、管理办法等方面影响客户服务的问题，研究对策与方法，优化流程，提出改进建议，合理调配资源。通过行长坐班对提升服务品质起到积极的推进作用，真正形成“机关为基层服务、后台为前台服务、全行为客户服务”的“大服务”格局。同时，完善畅通客户投诉渠道和有效管理机制，坚持渠道畅通、管理到位、首问必答，多渠道、全方位、高质量地为客户提供解决问题的办法，促进整体服务水平的有效提升。

（张　燕）

·中国农业银行股份有限公司甘肃省分行营业部·

【概况】　2009年，农业银行甘肃省分行营业部以科学发展观统领工作全局，围绕“抢机遇、打硬仗、抓项目、快发展、强内控、保和谐”总体思路，狠抓改革、发展、管理各项任务的细化落实，持续加大地方经济支持力度，实现自身效益和社会效益的有机结合。截至2009年末，各项存款较年初增加13.96亿元，余额达到198.5亿元；累计投放各项贷款55.02亿元，贷款余额达到72.33亿元，较年初增加22.11亿元，其中农户小额贷款增加5998万元；实现拨备后利润3.29亿元，同比增盈1.26亿元。

【对公业务】　抢抓国家扩大内需的有利时机，围绕省市经济建设重点，加大对优质大客户、大项目和高价值中小企业的信贷支持力度。与市政府及相关部门联系沟通，抓好省分行与兰州市政府合作协议的推进落实。完善重点客户营销名录，组建6个营销服务团队，制定针对性营销方案，实行重点客户联动营销机制，全年累计投放各项贷款55.02亿元，同比多投放19.48亿元。在风险可控的前提下，进一步加大对优质中小企业和房地产客户的支持力度，全年向中小企业发放贷款13亿元。继续加大对烟草、公路、能源等省内重点行业客户和投资项目的资金营销，充分发挥重点客户的支撑和拉动作用。以现金管理平台业务为切入点，加大对系统性、集团性客户的营销力度，努力提供全方位金融服务，全年实现交易量356亿元，是近年现金管理业务发展最快的一年。

【个人业务】　将阶段性活动作为增加储蓄存款、壮大资金实力的有效载体，开展“大行德广·伴您成长”、“激情仲夏·金彩生活”、“爱在金秋、情系万家”及“奋战60天、确保储蓄存款增量存量市场份额双第一”等多项个人业务综合营销活动，深入开展“城区十强支行”、“县域双十强支行”创建和网点“争百佳”、柜员评星级活动。持续加大各类金融产品的宣传力度，广泛普及金融知识，全年在《兰州晨报》等兰州市主要平面媒体的固定版面开展金融产品宣传132期次，在高速公路设置广告牌4幅，新增、更换公交车站台宣传广告牌45块。坚持高起点规划、高标准实施的原则，投入近百万元，完成32个网点的文明标准服务导入工作，开展优质服务竞赛、规范化服务警示教育、柜面服务巡回抽检和周期性暗访等活动，通过加强柜员培训、加大业务量考核、实行柜面业务限时办结等措施，推行和落实分层服务，促使柜面服务质量不断提升。全年储蓄存款增加10.42亿元，余额达到107.09亿元。

【中间业务】 开展“点滴积累，成就梦想”——基金定期定额投资营销推广活动，积极营销基金、保险、黄金、本利丰等个人理财产品。通过主题宣传、上门营销、消费积分及加大奖励等措施，加快银行卡及收单业务发展。以全市进出口总额排名前100位的外贸企业为重点，发展国际结算、贸易融资、结售汇、理财等外汇业务。以东部市场、省市钢材市场、西北鞋城、雁滩家具市场等大型市场商户为重点，采取两级行联动方式，拓展电子银行业务，努力拓宽服务渠道。至2009年末，电子银行渠道所占比重达到37.76%，较年初提高3.41个百分点；实现中间业务收入7535万元，同比多收320万元。

【服务三农】 围绕县域经济发展特点，深入乡镇及村社开展调研，详细调查农户经营状况和农业项目情况，并按照贷款对象、抵押担保方式等，逐户建立信贷项目储备库，实行名单制管理。结合当地产业特点，综合运用农户联保、公务员担保、保险公司保险、县城房产抵押以及由龙头企业提供支持等多种担保方式，加大对农户的信贷投放和支持力度。全年发行惠农卡17111张，完成授信7123户、17654万元，发放农户小额贷款2626户、6783万元。采取“就近服务，远联大户，集中连片，委托代理”等多种服务模式，注重加强流动客户经理队伍和服务渠道建设，提高服务三农的覆盖面。全年在县域及主要乡镇等区域布放转账电话400部、ATM15台、POS机12部。《甘肃日报》、《中国城乡金融报》、《经济日报》等媒体对省分行营业部三农服务工作进行宣传报道。

【风险管理】 在12家支行实施会计监管流程改造，将会计事后监督与监控预警核销流程合并，并全面推广电子支付密码系统，有效杜绝了“飞卡”、“明码”、泄密等违规操作，提高了电子化防范水平。制定对账管理实施细则和具体方案，抽调57名人员，组成12个对账工作组，核对各类账户38217个。制定营业机构整体移位检查方案，对12个营业网点开展整体移位接管检查。加大计算机系统运行和维护工作力度，细化生产系统操作、信息安全管理等方面的工作流程，完成资产负债管理信息系统、国库信息处理系统、支票影像交换系统、第二代支付系统和人民银行电子商业汇票等系统的上线工作，提高了系统保障水平。通过建立24小时巡查制度、加大日常检查和夜间巡查力度、在自助服务明显区域粘贴公告、密切与当地公安部门的沟通联系等方式，切实加强了自助机具的安全防范工作。贯彻落实国家宏观调控政策，严格执行修订后的信贷新规则，对新介入客户实行“双人”现场调查制度，借助人民银行征信系统和中介机构的审计结论，提高对客户财务信息的识别和分析能力，并认真调查客户的真实信用需求，确保信贷资金进入经济实体。落实客户回访和贷后管理制度，加强抵质押物监管，并通过实行到期贷款提示和催收制度、加大考核力度等措施，提高新增贷款质量。落实运钞环节的各项规章制度和防范措施，规范营业机构外聘保安人员管理，从严落实双人守库、交接班、枪支使用等制度。落实反洗钱工作制度，切实加强现金管理和账户管理，全年审核上报可疑交易6783户，涉及交易笔数21.99万笔，累计金额1213亿元；依法受理反洗钱协查函4份，涉及账户28个，交易笔数14561笔，金额5.4亿元。高度关注票据诈骗贷款诈骗和惠农卡、三农个贷、电子银行等新业务的风险防范，组织开展业务经营自查自纠活动、案件风险排查工作等多项检查活动，落实重要岗位人员交流、轮岗、强制休假、近亲属回避“四项制度”，超前防范案件风险。

【机制建设】 制定《综合绩效考评实施细则》，设置两套指标体系，实施综合业务和三农业务单独考核，实行领导班子计划考评和最低完成率赋分制，突出对资本净回报、资产净回报和当期贡献率的考核。对利润、存款、中间业务等重点业务设置17个专项奖，对各项存款、重点零售业务及中间业务产品实行计价考核，对网点负责人、会计主管、大堂经理和一线柜员分别确定不同的工资分配办法，增强工资分配的导向性和针对性。按照上级行的统一部署，开展了人力资源综合改革，制定内设机构调整方案，完成两级行机关的定编、定岗、定责工作。推进信贷体制改革，组织开展了12级分类测试，制定信贷业务审批管理细则和限时办结若干规定，实施信贷业务网上作业。建立两级行财审会组织架构，确定了审议的主要事项、工作流程等，规范了财务决策过程；全面实施新会计准则，启用FMIS合约子系统，完成三农业绩报告编制、全额资金管理系统推广上线，以及新会计准则核算差异落账等工作。与此同时，积极与土地、房产、工商等相关部门联系，顺利完成了分支机构营业执照、金融许可证、组织机构代码证、税务登记证、土地使用和房屋权证的更名工作。

【党建工作】 深入开展学习实践

科学发展观活动，全面查找制约改革发展的突出问题、群众反映强烈的热点难点问题，制定切实有效的整改措施，并狠抓整改完善。深入学习贯彻十七届四中全会精神，认真落实“三会一课”、党委中心组学习、督导检查等行之有效的制度和措施，组织开展了形式多样的纪念建党88周年学习教育活动，进一步加强党组织建设和对党员的教育管理。制定贯彻落实反腐败抓源头工作实施意见，组织干部员工参加了银行业反腐倡廉教育展览，收听、观看了“扬正气，促和谐”全国优秀廉政公益广告和贿赂案件警示录；组织开展了反腐倡廉警示教育活动，党委书记上了廉洁从业党课，纪委书记做了反腐倡廉形势报告，各层面人员做出廉洁从业承诺583份。

【队伍建设】 推进“四好班子”创建工作，开展加强领导班子和领导干部作风建设教育活动，推行领导班子成员蹲点联系制度，完善党委会、行务会等各类会议议事规则，并对全系统工作作风、工作纪律、议事规则、报告路径等方面提出了明确要求。通过组织集中面授、岗位自学等措施，加强干部员工队伍建设，对82名网点负责人进行了为期3天的集中培训，对44名新入行员工及12名派遣用工进行了业务操作技能培训，并举办23期专项培训班，累计培训2194人次，其中1名员工在“福布斯·富国中国优选理财师评选”活动中，荣获甘肃赛区冠军、西部赛区亚军，并晋级中国优选理财师全国50强。进一步健全职代会组织、规范职代会运作程序，组织开展了优秀会计主管巡回演讲活动；成功举办第七届职工运动会和迎国庆文艺晚会；创办《农行风采》报刊。为榆中县中连川乡鞑靼窑小学送去了价值2万多元的电脑、图书、文具等教学用品。

（罗有栋）

·交通银行股份有限公司甘肃省分行·

【概况】 截至2009年末，交通银行甘肃省分行人民币各项存款余额219.27亿元，较年初增加41.41亿元，增长23.28%。其中人民币储蓄存款余额为73.16亿元，较年初增加14.08亿元，增长23.83%；人民币对公存款余额为146.1亿元，较年初增加30.33亿元，增长26.2%。人民币各项贷款余额为144.33亿元，较年初增加41.45 亿元，增长40.29%。本外币不良贷款所占比重为1.20%，较年初下降0.66个百分点。全行利润水平继续保持良好的增长态势，实现经营利润33247万元，完成总行下达的计划指标。

【公司业务】 加强与地方政府的合作关系，积极参与全省重点建设项目。年初，交通银行与甘肃省政府签订了战略合作协议，分行充分利用总行与省政府搭建的银政合作平台，调动分行和支行两个积极性，为甘肃省交通厅、甘肃省电力投资公司等相关企业授信360亿元。

着力调整对公授信业务客户结构和负债业务客户结构。新增贷款主要投向交通、电力、有色、冶金和装备制造业等支柱产业，提高了授信业务与甘肃省产业布局和经济发展的契合度，授信客户结构调整取得新的成绩，全年新增贷款41亿元，高于前三年新增贷款之和。多开户、开好户的经营思想得到了较好的贯彻，全年新开对公结算户1651户，吸收对公存款18.07亿元。

与重点企业客户的合作不断加强。分行通过高端营销、制定个性化的金融服务方案等手段，不断拓展与重点企业客户的业务合作。对各级财政预算单位的营销取得新的进展，加强了对两级财政预算单位的营销，争取到省广电局、工商局等单位在分行开户，对城关区财政局、兰州市高新技术开发区管委会等单位的营销也取得较好的成绩。和甘肃省交通厅、兰州军区总医院、金川公司、酒钢集团、方大炭素、甘肃电投、甘肃电信、兰州公交集团等一批单位的业务合作不断向纵深发展。

人民币对公贷款实现历史性突破。截至2009年12月31日，人民币对公贷款余额为134亿元，较年初增加37亿元，增幅38%，同比多增24亿元，其中实质性贷款为133亿元，较年初增加37亿元，增幅39%。对公中间业务收入完成较好。截至2009年12月31日，共实现收入1835万元。同业间合作取得实质性进展。年末，分行与甘肃省内同业机构签订金融同业合作往来协议，为进一步开展同业合作积累了经验。中小企业服务工作稳步推进。4月，分行成立小企业信贷服务中心。截至年末，中心共发放授信额度0.89亿元，对缓解当地中小企业融资难问题发挥了重要作用。

【个人金融业务】 为了使个人金融业务取得良好开局，分行提前安排布置，开展“开门红”网点竞赛以及客户活动计划等；为鼓励优胜、激励后进，制定分组PK形式的揽储竞赛方案，调动全行各网点的揽储积极性。通过定期理财产品销售、代发工资、以7天理财产品吸引三方存管“证转银”资金等方式，使储蓄存款最终在年底实现了创历史新高的目标。基金销售取得突破性进展。连续7只新基金发行，均出色完成了销售工作，其中嘉实回报在总行排名第一、华夏沪深300和交银治理ETF基金均提前超额完成任务，获得总行嘉奖。

成功举办保险特训营。经过两期紧张而热烈的集训，分行保险销售实现质的飞跃，不仅在件数和保费上

交通银行甘肃省分行庆祝建国60周年暨建行20周年文艺演出

取得了喜人的成绩，各网点销售人员的销售积极性和主动性都得到了极佳的展示。开展丰富多彩的客户体验活动。突出“沃德财富”客户服务品牌，开展了“新春答谢送红酒”、“品位女人·魅力三八”女性健康养生专题座谈、“端午佳节粽香送祝福”、“中秋佳节团圆夜”以及以“沃德财富之旅”冠名的三次客户投资报告等专题客户活动，尤其是三季度组织开展的“与水皮面对面”客户投资见面会，邀请全国著名财经评论员、中央二套经济频道《财经时间》客座嘉宾水皮先生给高端客户做了一场专业的投资报告，在客户中引起很大反响，在同业中也得到了广泛好评。尝试客户服务分层化，针对不同资产等级的客户，以网点为单位，度身定做了多场客户活动，效果很好。

为进一步提升太平洋卡的美誉度，开展迎“国庆”“中秋”刷卡有礼活动。加强个人金融队伍建设。经过竞聘和转岗，分行有对私客户经理54名，按照总行客户维护要求以及网点业务发展情况，经过调研、选择，在高端客户数量达到要求的网点配备了沃德客户经理，优化了个人金融销售队伍结构。

【零售信贷业务】 零售信贷业务异军突起，呈现出良好的发展势头。分行从战略高度正确认识零售信贷业务的重要性，充分发挥分行零售信贷部和各经营单位两个层面的积极性，通过理顺管理体制、完善运行和激励机制，推动零售信贷业务的快速健康发展。个人贷款业务增速较快，市场占比提高了3.8个百分点。全年新增个人贷款4.35亿元，增幅达到70.28%。特别是个人住房贷款发展比较突出，增量房贷连续保持同业领先地位，房贷业务对零售信贷业务的推动作用明显。个人贷款资产质量持续好转，年末个人贷款不良率为1.47%，比年初下降了2.64个百分点。小企业信贷稳健启动，开局良好。小企业信贷中心成立后，开展与省、市中小企业管理部门的联系，筛选客户，量身定制授信产品，发展22户中小企业客户，授信9000万元，并且较好地实现了交叉销售。

【国际业务】 2009年，甘肃省分行紧盯全省进出口贸易的整体运行情况，各项业务均取得了较好成绩，市场占比大幅提高，市场影响力不断扩大。各项业务指标均创甘肃省分行开办外汇业务以来的最好成绩。

根据全省国际业务的市场状况及现有业务架构，调整业务结构，突出重点客户，实行差异化客户营销策略。加强对进出口大企业的营销推动。调动营销、结算、授信等各方面力量，全力做好对重点客户的服务。提高产品服务能力，以服务带动发展。与中国出口信用保险公司西安营业管理部密切合作，并得到省商务厅的大力支持，在省内同业间首家推出出口信用短险项下保单融资业务。先后为4家企业办理融资近190万美元。

继续做好整章建制工作，做到风险防范关口前移。根据总行的相关业务要求及外汇管理政策的变化，制定《交通银行甘肃省分行企业货物贸易项下外债登记管理操作规程》、《交通银行甘肃省分行国际结算影像传输系统操作规程》及《交通银行甘肃省分行速汇金汇出汇款操作手册》等制度性文件，以制度建设引领日常操作。

【中间业务】 2009年，甘肃省分行贯彻落实总行推进业务转型、多管齐下、提高中间业务所占比重的发展要求，抓住当地市场特点，及时调整经营思路，加大财务咨询顾问、代理保险业务的发展力度，加强国际业务核心企业的营销，有力地促进了中间业务的发展，全年累计完成总行考核口径本外币中间业务收入6316万元，同比增加56万元，增幅0.89%；中间业务收入占比7.43%。

从主要条线中间业务收入构成情况看，个人金融条线中间业务收入3551万元，占全部中间业务收入的56.22%，收入同比增加215万元，占比同比提高2.93个百分点；公司条线中间业务收入1824万元，占全部中间业务收入的28.88%，收入同比增加281万元，占比同比提高4.23个百分点；国际条线中间业务收入828万元，占全部中间业务收入的13.11%，收入同比增加22万元，占比同比提高0.23个百分点。

主要产品中间业务收入成绩喜人。财务咨询顾问业务成为公司条线中间业务发展的主要推动力。2009年，分行累计完成财务咨询顾问收入1364万元，较上年同期增加210万元，同比增幅18.2%；占公司条线中间业务收入的75%。国际结算收入大幅增长，对条线中间业务发展贡献巨大。分行加大对外贸重点企业的营销力度，实现国际结算业务逆势增长。全年累计完成国际结算量47229万美元，完成总行计划任务的118.07%，实现国际结算业务收入321万元。

代理保险业务是分行2009年中间业务发展的亮点。通过与省内多家保险公司组织“保险特训营”等形式，锻炼出了一支富有责任意识、创业意识、销售欲望、销售能力的精兵。全年累计完成代理保险收入479万元，同比增加233万元，增幅达94.72%。

【内控及风险管理】 一是贯彻“降本增效”的经营思想，加强财务预算管理和费用控制，导入管理会计的理念和工具，加强成本核算和定价管理，确保了全年经营利润的完成。二是严格执行贷款“三查”，严防授信风险。授信管理部门动态制定信贷投向指导意见，从源头防范信贷风险，在授信审查中，将风险关口前移到授信业务拓展阶段，提前介入重点授信项目的授信调查，共同完善授信方案，制定风险防范措施；严格执行各项授信制度和政策，通过加强人员调整和业务培训与学习，提高贷审会的审查质量。风险管理部充分运用ARMS系统和监察名单管理，以贷后管理达标为契机，开展现场和非现场检查，及时发现存量信贷业务风险，采取针对性的风险化解措施。加大不良资产的清收力度，全年处置收回不良资产9300万元。三是加强会计业务内控管理，严防操作风险。加强各项会计业务制度建设，开展专项检查和定期检查，充分利用事后监督系统、会计业务录像、会计操作风险管理系统、实时监控系统等系统工具，加大非现场检查力度，强化开户核查力度，提高银企对账率，加强对重点环节的管理，切实防范操作风险。对账户审核、网银、不动户、贴现等风险较大且能集中处理的业务由账务中心集中办理，减少风险隐患。四是发挥审计监督的积极作用，为业务发展保驾护航。开展各项常规审计和专项审计，提出整改建议，加大对整改工作进行监督的力度，提高审计效率，发挥好最后一道防线的特殊作用。

（徐旭东）

·招商银行股份有限公司兰州分行·

【概况】 2009年，招商银行兰州分行各项业务继续保持良好势头，经营管理水平不断提升，在稳健发展中，坚定地迈出了二次转型第一步。截至年末，全行全折人民币资产总额246亿元，增长17.7%；自营存款余额224亿元，增长15.1%；自营贷款余额125.3亿元，增长22.4%，实现考核利润2.31亿元。经营规模实现新突破。存贷款新增及余额均创历史最高水平。其中，对公存款余额141.5亿元，增长14.6%；储蓄存款余额82.6亿元，增长16.6%。结构调整取得新成效。信贷业务结构进一步优化。外币贸易融资总额高达1.09亿美元，创历史之最，居同业第二；个人贷款新增5.82亿元，达到15.33亿元，增幅61.25%，增量、增幅均居当地同业榜首，余额居同业第三；在一般性贷款中比重达14.94%，较上年提高4.68个。票据业务转贴现量突破600亿元，融资余额在自营贷款中比重达18.13%，较上年提高8.57个百分点。零售高端客户贡献度不断提升。管理客户总资产余额186.44亿元，新增39.8亿元，居全系统第十一位，其中，金葵花客户所占比重较上年提升6个百分点，金卡以上客户所占比重提升1.8个百分点。特色业务再创新佳绩。代理保险、基金、理财产品销售继续领先同业，基金销售排名同业第二，理财产品销售排名同业第一。信用卡发卡量居全系统前三，交易量占比居市场第一，收单交易量、收益完成率、积分兑换量均居全系统第一。企业年金继续保持100%公开招标中标率；同业银合理财、融资租赁、银行+信托、黄金等新兴业务，实现良好开端。国际业务结售汇、跨境收支业务市场占比分别居全系统第一、第三，提升幅度分别居全系统第一、第二。

【零售业务】 加快流程改造，全面推进“网点创赢”项目，构建新型营销管理模式，启动个贷业务流程改造，理顺柜面储蓄业务归口管理，搭建涵盖产品、服务、销售、管理等各个环节的“大零售”体系，夯实了业务发展基础。举行各种投资报告会及客户联谊活动，以管理客户总资产为纲，整合条线产品，充分运用数据库开展多层面交叉销售，挖掘并提升存量客户；开发医疗健康体检等高端客户增值服务，落实金葵花、金卡分层归户管理，推进私人银行客户和钻石客户的集中管理，全行个人客户基础进一步巩固，中高端客户群体进一步扩大。专业运营，大力提升个贷业务竞争力。开辟贷款限时办理、特殊业务绿色通道，组织“个贷进社区”等活动，推行个贷业务教育式营销，坚持多元化发展模式，贷款结构进一步优化。加速信用卡区域化经营步伐。策划并实施了刷卡、特惠、分期等31个营销主题活动，取得了良好的市场效果，特别是“非常五折、刷

招商银行兰州分行深入社区进行宣传

卡看电影”打造了市场领先品牌。

【公司业务】 2009年，招商银行兰州分行率同业之先启动“二次转型”，扬长补短，夯实根基，使批发业务发展有了新的突破。实施重点客户分层、分区域营销战术，继续强化对高端客户直销力度，开立各类资金专户，极大地促进了全行负债业务发展。同时，外币易融资业务实现历史重大突破，与甘肃三大外贸龙头企业合作打开了新的局面。同业业务发展加速，客户规模创历史新高。着力破解资产业务发展瓶颈。积极实施一次营销，努力扩大授信规模，参与国家开发银行牵头的南山公路银团贷款项目，加强总分联动，积极申报中央集团公司下属企业授信以及项目银团贷款。全年对采矿业、制造业、电力等优质企业新增授信近300亿元，较上年增长153%。中小客户新增47.5亿元，较上年增长75.3%。成立中小企业融资中心，全面介入省内市场，打开中小企业业务发展通道。树立资产经营观念，加强贷款疏导，缓解规模不足压力，确保了优质大客户的信贷需求。大力发展票据业务，以“转直联动”方式逆势实现了规模和效益的双丰收。在当地同业第一家成功上线电子商业汇票系统，签发了西北地区第一张电子承兑汇票、第一笔电子商业汇票贴现业务，保持了票据业务的先发优势。

【中间业务】 2009年，招商银行兰州分行多管齐下，想方设法，力保中间业务收入增长。在零售业务方面，继续发挥代理保险、基金、理财产品三大“支柱产业”中坚力量，推进保险业务转型，持续深入开展了新老基金销售，推广基金定投，进一步密切与券商合作，落实“招行一家”理念，开展一卡通、信用卡双向挖掘活动，开展POS刷卡消费促销活动，顺利完成全年计划。在公司业务方面，传统与新兴业务齐头并进，大多数超额完成总行计划，实现较为均衡的发展。首次开办3亿元融资租赁业务，开历史先河。公司理财业务销售客户规模与销售规模实现同步提升。同业理财销售25.7亿元，其中，银合理财业务成绩突出，获得总行开拓进取奖。在国际业务方面，逆境突破，大力推进进口代收、押汇，进口购付汇以及进口开证业务，取得良好成绩。深化与中小企业合作，中小企业贸易融资额较上年实现较大增长。成功营销全省出口骨干企业，开办出口退税质押贸易融资业务，大幅提高了国际结算业务量，全年完成国际结算量4.11亿美元，结售汇3.31亿美元。在总行2009年“逆势争先”营销竞赛中，获得多项荣誉。

【内控合规】 2009年，招商银行兰州分行坚守风险底线，持续强化内控管理，实现安全稳健运营。在信用风险方面，履行尽职审查职责，加强贷前调查，创新专业审贷会模式，提高审贷人员专业素质。加强贷后管理，对房地产等风险行业贷款进行直查和专项检查。完善风险预警机制，当年成功收回风险贷款1.23亿元，收回以物抵债现金1133万元。在操作风险方面，全面推行柜面员工两级考核，完善分支行柜面联络工作，提高柜面业务辅导质量。积极推进“定置管理”，改善网点作业环境和效率。规范投资类业务销售流程，加强过程风险揭示。在合规、审计方面，持续增强对新产品、新业务的管控，建立合规督导官队伍，完善合规官“一票否决权”及合规管理委员会工作制度；加大各类法律性文件审查和检查，开展制度评审和清理，加强反洗钱监测，推行新员工、新任职干部、新转岗员工“三新”合规培训。强化内审职责，完成常规审计、离任审计、专项调查。在纪检、监察保卫方面，认真落实党风廉政责任制，推进惩防体系建设，落实三项执法监察工作，持续深入开展案件风险排查工作，清查“小金库”，排查员工异常行为，部署“三防一保”，实现监控系统全部联网，在全省银行业机构安全评估验收中实现全面达标。

【人力资源】 强化六能机制，明确干部选拔“三靠”原则，即一靠素质，二靠业绩，三靠员工，规范选拔程序，加大调整力度，能上能下，年内完成中层干部、经理级干部的职务报备、任免和调动。同时，加大核心人才培养力度，建立核心人才库。建立和完善客户经理、风险经理、审贷官、网点

销售人员等员工职业发展通道，规范劳务派遣用工管理，为各级员工提供良好的成长空间。开展薪酬福利宣导，安排员工体检，开展甲流防控工作，增强了员工忠诚度和归属感。针对各支行人才需求压力，科学调配行内人员，同时继续开展外部招聘，较好地满足了业务发展需要。加大培训力度，提升队伍素质。组织完成储蓄、会计（出纳）、公司、零售、个贷等五大条线上岗资格认证考试，以及银行业从业资格考试，加强新员工培训，开展任职干部职业道德教育。全年二级培训达130余次。

【保障管理】 强化财务管理，切实过“紧”日子，采用“零基预算”方法，科学编制、分配费用预算。加强费用审批管理，大额费用先申报后执行，变“事后控制”为“过程控制”，严控全年支出总额度。优化SAP系统工作流程，夯实管理会计基础，财务管理和费用管理质量明显提升。强化全行服务管理。开展“超越2009”优质服务竞赛活动，加强服务检查和监督，创新服务评审会内容和方式，召开服务观摩分析会，及时处理客户投诉事件，开展争创全国文明服务百佳示范单位的申报工作，城关支行作为甘肃省银行业唯一一家代表，入围全国评比，获得荣誉。加大信息支持业务发展力度，实施全辖业务网计算机域管理，确保全行各系统无故障安全运行。开发RDS报表订阅等各类业务系统，支持业务发展。

【文化和品牌建设】 2009年，招商银行兰州分行认真落实总行第五届企业文化节活动，开展“青春 活力 超越”辩论赛、“行长站大堂”、“增收减支”倡议等多种形式活动，进一步凝聚人心，营造了全行迎难而上、不断进取的良好氛围。加强党团工会工作，换届选举了新一届工会组织成员，举办生动活泼的职工运动会，支持部分管理骨干和业务骨干参加总行、分行组织的外出考察、培训活动，认同员工价值，开阔员工视野，增强员工投身招银事业的自豪感和使命感。充分发挥宣传舆论力量，在当地报刊投放软文314篇，发布广告132篇，有力扩大了招商银行品牌知名度，并在总行《招银E报》等内部宣传媒介上投稿159篇。

（魏磊萍）

·上海浦东发展银行股份有限公司兰州分行·

【概况】 2009年，在中央“保增长，扩内需，调结构”的政策指引下，浦发银行兰州分行各项业务健康迅速发展，主要经营指标取得可喜成绩。截至年末，资产总额119亿元，各项存款余额84.7亿元，各项贷款余额64.67亿元，中间业务收入978万元，实现账面利润6002万元。资产质量指标良好。继续保持了不良贷款额和不良贷款率均为零。

进一步加强制度建设。根据总行验收反馈意见，对各项规章制度进行再次梳理，共重新修订规章制度20多个，新发布规章制度15个。制定《关于进一步加强管理、提高效率的通知》，建立和完善了各项工作机制、沟通机制和责任机制。加强重点领域风险监控，强化贷后管理，组织开展专题检查20余次。推进风险预警机制建设，积极推广贷后风险预警系统。高度重视案件防控工作。成立分行案件防控工作领导小组，制定《兰州分行案件防控工作方案》和《案件防控工作实施细则》，组织全行各部门签订《案件防控目标责任书》，组织全行对重点业务领域开展案件风险排查6次，制订排查方案2份，排查6个条线、10个领域60多个风险点。狠抓优质服务工作。深入推进6S标准化管理。制定《营业网点员工每日工作规范》，提升柜面规范化优质文明服务水平。推行包括业务量、稽核差错、培训考试、服务质量为主要内容的4项“每周通报”制度。顺利完成城关支行、东岗支行和雁滩大润发自助银行的筹建工作，进一步扩大了金融服务覆盖面。

【公司业务】 根据国家产业政策和总行战略发展规划，结合当地经济实际情况，制定下发《2009年公司银行业务营销指引》，明确对公业务目标客户群体、重点营销品种、行业投向政策及营销策略。为进一步增强公司银行业务的发展后劲，根据甘肃省2009年固定资产投资计划，对固定资产投资储备项目和重点负债目标客户重新进行梳理，确定120个固定资产投资储备项目和88户重点负债目标客户，分解包干到各营销部门，提高了营销工作的针对性和有效性。建立公司银行业务协调沟通机制，定期召开营销例会，分析、研究、解决营销过程中存在的困难和问题，明确阶段性奋斗目标，分阶段提出具体的工作要求。制定2009年对公客户经理月度、季度、年终业绩考核办法。根据分行2009年对公业务工作目标，分解下达2009年对公业务营销计划。围绕目标任务，建立公司业务定期考核通报制度，督导各营销部门有的放矢开展营销工作。不定期发布《行业动态信息》，供决策和营销参考。加大对重点项目、重点行业、重点业务品种市场营销力度，在防范风险的前提下，竞争和储备了一批优质客户，营销工作效果明显。重视发展结算依赖型和服务依赖型的中小企业，从源头入手，利用各种资源和渠道，重点抓好账户开立工作。

发挥产品优势，强化联动营销。先后为金川公司、甘肃国芳百货、青海国投、酒钢集团、甘肃农垦、华亭煤业、甘肃路桥、靖远二电提供综合服务、股权投资业务、企业年金、短融和中期票据、资金归集、企业理财等各

浦发银行总行董事长吉晓辉视察兰州分行营业部

类服务方案30余个。大力推动企业网银。重点客户兰州国芳百盛购物广场成功启用企业网银“批量转账”产品。作为主承销商，成功代理甘肃省电力投资集团公司16亿元短期融资券业务。根据客户需要加强新产品研究工作，在全国首家推出银行承兑汇票代签业务，与甘肃信托合作发行“与靖远二电贷款资金信托挂钩的人民币理财产品”，向总行提出集团理财业务统一支付的产品设想。同时，保理、国际信用证、票据承兑、委托贷款、托收、押汇、财务顾问、非融资性保函、供应链融资、企业年金等多项战略型业务取得实质性突破，20多项中间业务产品取得收益。

【零售业务】　深化战略转型，促使个人负债规模稳步快速增长。截至2009年末，全行个人存款时点余额达到7.75亿元，较年初新增5.07亿元，增幅为189.18%；个人存款日均余额为4.85亿元，较年初增加2.17亿元。在保持高速增长的同时，全行个人存款活期化趋势增强，付息水平低于全行一般性存款平均水平。从期限结构看，全行个人存款平均余额活期所占比重22.68%，平均付息率约1.47%，比上年末下降0.31个百分点。从战略转型角度，在全行对公业务快速发展的背景下，个人存款的余额占比较年初增加2.04个百分点，增量占比较年初增加1.5个百分点，战略转型初见成效。

理财业务推出专项理财产品债券盈计划、假日理财、基金一对多业务、个人实物黄金代理业务；银行卡及渠道支付方面，推出钻石卡、手机银行、周周赢升级版、储蓄国债（电子式）、网上理财产品、网上银行信用卡跨行还款、网上外汇汇款等多种产品。这些新产品既有市场独创领先的产品，也有填补浦发银行历史空白的产品。

将代理保险、基金、债券、浦发金等专项理财产品作为理财业务新的增长点，科学规范地开展个人理财规划，通过向中高端客户量身制定理财规划，深度挖掘客户价值潜力，促进理财产品的综合销售。以银行卡代扣物业费、水电费、房租费为目标，全面协助各支行与所辖公司客户单位的代扣业务合作，增加中间业务收入渠道。有针对性选择签约特惠商户，做到量的积累，优化用卡环境，持续做好不同营销主题的银行卡及电子营销活动，提高卡片动户率及刷卡消费交易额，稳步增长银行卡刷卡手续费收入。截至2009年末，包括国债销售收入3.85万元，全行个人业务共实现总收入780万元。个人中间业务收入占个人业务总收入的比例为11.3%，较全国平均水平高出4.5个百分点。细分客户群体，实施精准营销战略。2009年，全行通过汇理财产品销售带来的优质客户人数为362人、贵宾客户人数为76人。截至12月底，全行月日均金融资产30万以上的贵宾客户达到624户，当年新增460户。

深入推动服务体系建设，提升服务品质。首先是深化客户分层，构建差异化的服务体系。针对金融资产100万元以上客户启动贵宾客户服务管理项目，并于12月28日成功发行钻石卡。其次是做好贵宾客户健康增值服务工作。在宁卧庄宾馆组织“超越财富，寻找幸福”浦发卓信健康公益行全国巡讲活动。再次，启动全行客户满意度调查与服务过程监督项目。同时以构建网点服务标准、打造全行服务体系为目标，在广泛开展客户满意度调研基础上，建立全行服务规范，通过神秘访客检查方式，构建全行服务监督体制。

【资金组织】　修订兰州分行2009年—2011年发展规划，明确了三年业务发展目标、发展思路和发展措施。在财务资源的配置上，坚持向业务一线倾斜，向重点行业、重点产品、重点客户倾斜，重点压缩非生产性费用，提高费用开支的计划性和使用效率。抓住财务管理的核心问题，结合总行考核办法和分行业务发展规划制定业绩考核和营销费用管理办法。坚持经营分析报告制度，每日向行长室及相关业务部门提交资金来源与运用分析报表，按月就经营情况进行分析，并有针对性地提出业务发展的对策和建议。严格执行总行、分行费用核算管理制度，规范各项财务费用的列支，并在实际工作中不断完善业务处理流程。

（贺国华）

·中国邮政储蓄银行兰州市分行·

【概况】 2009年，中国邮政储蓄银行兰州市分行大力发展业务，积极推进转型，继续深化改革，切实强化管理，较好地完成了既定目标。截至年末，全市邮政金融业务收入累计实现8286万元，比上年同期增长17.29%；其中自营收入累计实现3501万元，比上年同期增长31.13%；邮政代理收入累计实现4785万元，比上年同期增长14.39%。

抓合作，银邮双方共同发展。明确了银邮双方的责任，签订了业务代理协议，使银邮双方协调机制更加完整，合作更加顺畅，标志着邮储银行改革取得了阶段性成果，得到邮政集团公司和总行的肯定。

【扩大收入规模】 2009年，兰州市分行把发展作为贯穿全年工作的重中之重，坚持创新经营方式，理顺经营机制，实现了个人业务稳步发展、新业务快速增长、收入结构较大改善、经营效益明显提高四大目标，充分体现了一个快的特点。全市邮政储蓄余额截至12月末达13.52亿元，其中活期余额4.19亿元，定期余额9.33亿元；年累计净增1.5亿元，其中活期余额净增6633万元，余额结构不断优化，活期比例达到31.01%；理财等中间业务收入比例有所提高。信贷业务收入达到673.4万元，占自营收入的19.2%；公司业务实现收入382.3万元，占自营收入的11%，信贷和公司收入已占自营收入的30.2%。规模的较快扩大，使分行有能力、有空间加大对网点和设备等基础设施的投入。

【合规管理】 按照省分行安排，以依法合规经营、全面推进内控管理建设为指导思想，组织开展了“合规管理年”活动；建立了业务、合规、审计三条线的风险防范体系，初步树立了全面风险管理理念；开展了多频次、大规模的专项检查活动，有效推进了邮储风险防控工作。

【拓展服务渠道】 对10个网点进行标准化装修改造，并通过科学选址，完成了2个支行的搬迁改造。投放ATM机11台，建设自助银行1个，发放商易通1046部，开通了电话银行、网上银行业务，拓展了服务渠道，提升了服务能力；完成邮政2.0版本改造一期工程等信息化建设项目，信息网络对业务发展的支撑能力进一步增强。

【管理工作】 基础管理方面，健全了管理责任追究制度，建立各级机构员工绩效考评制度，明确各部门、各岗位的职责、任务和工作标准，建立了可量化、可操作的考核体系。财务会计管理方面，实行全面预算管理，增强了计划财务管理调控力度；严格控制非生产性开支，确保了生产经营所需成本，加大了对新业务投入和支持力度；加强财务核算管理和会计监督检查、整顿，规范会计工作秩序，提高了资金使用效率。服务管理工作方面，制定服务质量考核管理办法，形成了完整的标准化服务管理体系；完善客户投诉管理办法，并定期开展客户满意度测评；充实大堂经理队伍，切实做好客户分流引导，提高网点服务效率和服务水平。队伍建设方面，开展管理人员、专业人员的竞争上岗工作，推进薪酬体系改革，强化了人力资源管理；开展了大范围的员工培训，全方位提高人员素质。推行持证上岗制度，鼓励员工参加学历教育和职业资格教育。

（李 慧）

·兰州银行股份有限公司·

【概况】 2009年，兰州银行股份有限公司以科学发展观为指导，各项业务持续稳健发展。截至年末，全行资产总额达到440.3亿元，较上年增长30.22%；各项存款余额达到362.52亿元，较上年增长24.90%；各项贷款余额达到247.4亿元，较上年增长28.67%；全行总收入完成23.78亿元，较上年增长6.92%；实现利润总额2.08亿元。资本充足率达到10.57%，较年初增加1.92个百分点。不良贷款所占比重为1.60%，较年初下降0.91个百分点。拨备覆盖率达到150.22%，较年初提高了50.06个百分点。

【公司治理】 2009年，兰州银行资本实力进一步增强，股本总额达到19.68亿元。资本充足率、拨备覆盖率等主要监管指标大幅改善，达到银监会最新监管标准。健全了以股东大会、董事会、监事会、经营管理层为主体的组织架构和保证各机构独立运作、有效制衡的制度安排。董事会下设风险控制、审计和人事薪酬3个专门委员会，监事会下设履职尽责监督和审计两个专门委员会，经营管理层下设财务审批、贷款审查、债券投资审批、抵债资产接收处置等4个专门委员会。董事会每年对高管人员尽职情况进行考核，股东大会对董、监事会成员履职尽责情况进行评价。通过分级授权，逐级控制，实现了统一经营、扁平化管理。根据监管部门对信息披露工作的要求，在《金融时报》上公开披露2008年度报告摘要。

【资金营运】 投资组合久期控制充分考虑经济周期因素。交易类债券资产和可供出售类债券资产的配置更符合利率市场预判趋势，实现风险与收益平衡的经营目标。大力开展票据转贴现业务，采取积极的方式扩大营销，并通过多种交易形式与各类金融机构开展业务合作，合理摆布资金，扩充票据业务渠道。加强与各商业银行的资金往来，开展融资性同业存放业务，利用资金的地区差、时间差多方寻找同业合作机构，获得较高同业利息收入。探索新的收入增长点，审慎投资机构理财业务，在确保资产安全前提下，努力提高资金运作收益。继续推行行内转贴现利率市场化引导。累计向支行发布行内转贴现利率9期。加强对宏观政策取向的判断分析，为实现全面风险与价值管理奠定基础。

【风险管理】 制定《授信业务担保管理办法》，为规范全行授信业务担保管理工作提供了制度依据。制定新的贷后管理办法，完善贷后管理基础制度；制定《授信业务授权管理办法》，该办法是兰州银行第一部专门规范授信业务授权管理的规章制度。强化贷后管理职能，在总行职能部门设立贷后管理科，统一负责全行贷后管理工作；组织开展全行性贷后管理综合大检查以及信贷风险自查、批发市场个人贷款贷后管理专项检查，有效控制信用风险；加强逾期贷款管理，有效遏制逾期贷款抬头趋势。规范授信业务的授权管理，初步实现授信业务的按季动态调整和差别化授权。进一步细化授权的授信业务种类和授权额度。实行商圈商户经营贷款承办行制度。根据分（支）行信贷业务实际需求，在保证风险可控的前提下，实行差异化、特色化授权。进一步规范分（支）行授权使用情况的后评价制度，初步实现按季度动态授权管理。成立特殊资产管理中心，充分发挥专业清收作用。按季进行风险排查工作，有效堵塞风险漏洞，逐步实现滚动化、常态化的风险排查机制，确保了全年无案件事故发生。

【会计结算】 开展文明规范服务工作，全行服务质量和水平有所提高。制定“开展体验服务 寻找差距 提升服务质量”活动实施方案，并按照方案内容和时间要求做好全行文明规范服务工作。开展全行业务技能竞赛活动，优化和更新竞赛项目、业务知识内容，进一步提升了职工的服务意识和业务素质。制定《营业网点文明规范服务应急预案》，完善和细化银行服务突发事件应急处置机制。提出规范化服务方面存在的19个问题，提出推动全行服务意识、服务质量、服务水平的16条意见和新的要求，印发实施《关于进一步做好文明规范服务工作的通知》。支付结算业务系统全年运行平稳安全，同城及异地资金清算渠道畅通，无重大差错事故发生。启用新的支票磁码打印格式。全面代理陇南武都金桥村镇银行的各项支付业务。完成全行存量单位银行结算账户法定代表人或单位负责人及代理人公民身份信息真实性核实工作。做好现金出纳管理，提高服务水平，确保全年现金管理无重大差错及责任事故。对全行营业网点库存限额进行调整核定，确保支行现金支付工作正常进行。坚持执行查库制度、大额现金出库审批制度和库箱交接制度等，确保全行资金安全。做好全行反假币宣传工作和假币收缴工作。建立重大投诉定期报告和通报制度。制定投诉处罚暂行规定和处理流程，提高客户投诉处理工作效率。对支行凭证领用采取总行统一配送。实施全行统一银企对账工作。改进收费业务凭证格式打印及账务处理。配套制定《间接银团贷款会计核算办法》、《代理收取燃气费业务管理及操作流程》和《关于加强异地分支机构在会计结算管理方面的意见》。

【公司业务】 加强负债业务管理，促进全行存款增长。做好存量大客户、系统客户的维护与营销，协助首席客户经理走访客户，及时解决客户合理需求。调整存款结构，加大清理高成本存款的力度。加强授信营销工作，调整信贷结构。举办、参与各种洽谈会，为服务中小企业搭建平台。先后在兰州、酒泉、天水等地多次成功举办中小企业融资洽谈会，吸引1500多家企业参会洽谈，参会企业融资总需求达160亿元以上。积极参与政府组织的各种银企对接会，现场受理100多家企业的业务需求。加强政企多方合作，拓宽业务发展渠道。获得财政国库资金集中支付代理资格。首席客户经理走访成效显著，银企合作走向多元化。促进县区经济社会平稳较快发展，先后与皋兰县、榆中县、红古区、安宁区、西固区及城关区等6县区达成合作框架协议。加强银税合作，做大银税业务。与甘肃省地方税务局、兰州地税局达成新协议。独家成功代理燃气收费业务。加强与商会、协会等民间组织的交流，共同探讨业务合作途径。开发承储物资抵押贷款、企业并购贷款、钢铁企业联保贷款，扩大银企业务合作范围。

【个人业务】 截至2009年末，全行个人存款余额为165.4亿元，较年初净增21.2亿元，增长了14.7%。在《兰州晚报》连续开展“走进兰州银行系列报道”16个题材的个人业务宣传报道工作。积极开展自助缴费业务，提高个人缴费业务的电子化服务水平。实施《大堂经理管理办法》，基本实现全行大堂经理专职化。充分发挥神秘客户的监督作用，提升柜面前台员工的服务质量

截至2009年末，全行个人贷款余额为32.18亿元，较年初净增4.42

亿元。推广个人循环贷款业务，把住房作为最高额抵押，客户申请授信额度，在不超过授信有效期和可用额度的条件下，多次申请循环使用授信额度内的贷款。探索开展保障性住房贷款业务，制定《关于稳步推进经济适用房个人房贷业务的指导意见》。在榆中、桃林、红古等支行试点小额农户联保贷款业务，对具有农业科技含量的无公害大棚蔬菜种植及城乡结合部的农家乐旅游产业给予信贷支持。开展下岗失业人员小额担保贷款工作。全年累计发放下岗失业人员小额担保贷款2670笔，金额达18419万元。截至2009年末，全行代收移动、固定、联通话费累计1728万元，累计代收国税164万元。

【银行卡业务】 截至2009年末，敦煌卡累计发卡量为1,363,646张，较年初新增87,672张；卡存款余额1,422,352万元，较年初新增132,094万元；银行卡手续费收入累计实现161万元，同比新增31万元。完成《敦煌借记卡章程》修订工作。系统梳理代理发放企事业单位职工工资及卡密码修改、重置等相关事宜。对银行卡发卡及安全管理、自助转账业务、ATM终端安全管理、POS终端安全管理、特约商户管理5大类32项内容进行全面自查。建立银行卡风险联系人制度，研究制定风险防范措施。建立银行卡违法犯罪预警机制，通过多种方式向全行发布预警防范信息。与银联甘肃分公司、其他发卡机构联合举办“国美电器—万人刷银联卡购物周”的主题营销活动，宣传敦煌卡产品服务。选择全省20家重点大型商户，共同开展甘肃省“拉动内需，促进消费”联合宣传营销活动。

【国际金融】 2009年，兰州银行累计发放国际贸易融资贷款人民币42346万元，实现经营利润人民币1070万元。按时完成外汇金宏系统上线。顺利通过国家外汇管理总局外汇金宏系统（国际收支申报）接口程序验收，于11月23日正式上线运行。开展出口信保融资业务，与中国出口信用保险公司签订优质客户的互惠协议，出口企业凭借出口信用保险单据可以到兰州银行续做贸易融资。加快代理行建设，欧元结算借助德国商业银行渠道，有效提高欧元结算速度和服务质量。努力开发新客户，积极营销工业制成品领域的企业。支持分支机构营销有外币需求的客户，提高分支机构营销外汇业务的积极性。

【金融创新】 在营销创新方面，发起成立省内首家兰州银企协会，以此为依托，成功举办两届“兰州中小企业融资洽谈会”。首次在酒泉、天水举办中小企业融资洽谈会。开发承储物资抵押贷款、企业并购贷款和钢铁企业联保贷款业务。与兰州市四区三县签订全面合作协议。向市国资物业管理有限公司综合授信5亿元，专项支持危房改造工程。获得人民银行国库资金集中支付代理资格，开办定额个体工商户税款代收代缴业务，独家代理全市燃气收费业务。开展下岗失业人员小额担保贷款业务。探索开办个人循环贷款业务、个人房屋最高额抵押循环贷款业务、保障性住房贷款业务和经济适用房小区个人房贷业务。开展农机具按揭贷款和小额农户联保贷款业务。采取强化考核导向、调整内部资金计价、实行费用与存款挂钩等有效措施，促进存款业务快速增长。

在服务创新方面，深入开展体验服务、寻找差距、提升服务质量的主题活动。加强对柜面服务差错率的考核。推行客户满意度电子评价系统。外聘神秘人和专业管理咨询公司对所有营业网点进行明查暗访。建立重大投诉定期报告和通报制度。2009年，在全省银行机构网点服务总分排名第二。

在风险控制方面，建立滚动式常态化风险排查机制，实现授信业务按季动态调整和差别化授权。加强对客户群的监管，重点加强对房地产、钢材销售等企业的及时监控，确保不出现系统性风险。对经营暂时遇到困难的企业，采取增加贷款额度、降息、展期等组合措施，保证企业的正常生产经营。

【稽核工作】 2009年，兰州银行稽核工作以稽核信息管理系统为平台，加大易发风险点、易发风险面、易

兰州银行与红古区人民政府举行合作发展授信签约仪式

发风险岗的预警监控。完成计划内稽核项目7项，计划外稽核项目11项。对全行贷款风险分类工作的管理及分类真实性情况进行专项稽核；对全行集团客户授信业务进行专项稽核；对全行内控自查进行专项稽核。加大外设分行的监督检查力度，确保外设机构的风险防范。加大非现场稽核力度。依托稽核信息管理系统对风险预警线索及时进行查证核实，监控易发风险点。结合预警线索分析和稽核项目安排，针对性开展现场检查工作。加大后续整改落实力度。按照谁检查、谁后续、谁跟踪的原则，不只对前一年检查出的问题进行后续稽核，还对历年检查发现的问题进行后续稽核。对全行经营业务运行过程中发现的问题汇总分析，定期进行稽核信息分析通报。落实稽核工作责任制、分科分片包行制、稽核工作流程制、稽核反馈制度、协调沟通制等制度，严格规范内部管理。

【电子化建设】 推进核心业务系统升级改造进程。完成系统升级改造招标和商务谈判合同签订。全面启动项目建设，和中标公司的技术人员一起完成最终符合兰州银行未来发展，体现安全性、先进性、适用性的业务需求说明书。完成储蓄业务批量结息程序、燃气公司代缴费业务的程序开发测试和农民工特色卡服务程序的开发。完成将各类前端收费类项目的电子化改造。制定营业税金统一计提的技术方案，实现季末机器统一自动计提。将内部往来利息的管理纳入机器管理范畴，2009年，内部往来利息实现自动入账处理。解决按揭贷款的利率调整问题，由机器自动按照当前基准利率完成调整。与地税部门合作，将以往单纯的柜面代收税款扩大到地税现金代收系统、批量代扣系统、网上报税等多种形式。将陇南金桥村镇银行业务纳入核心业务系统集中统一管理。

（徐建华）

保　　险

·中国人民财产保险股份有限公司兰州市分公司·

【概况】 2009年，中国人民财产保险股份有限公司兰州市分公司加强内部管控，积极探索管理新模式，着力提升服务水平，打造人保品牌，克服了市场因素的不利影响，以实现公司经营效益为导向，努力提高承保质量，调整业务结构，实现了整体业务快速增长，较好地完成了全年各项经营管理目标任务。全市系统实现保费收入36023.58万元，同比净增2995.78万元，增长9.07%；实收保费374910.5万元，同比净增4405.7万元，增长13.32%，其中车险29452.11万元，非车险8039.39万元；直接赔款21292.12万元；账面利润总额1165.18万元。

【内部管理】 2009年，兰州市分公司以“促发展、防风险、保效益”为工作主基调，抓基础建设，抓服务质量，抓管理水平，扎实开展经营管理基础性工作。完善经营绩效考评机制，制定《兰州市分公司2009年经营绩效考核办法》、《兰州市分公司2009年综合经营管理考评办法》、《2009年薪酬考核实施办法》，合理配置资源，强化激励作用。牵头行业协会，制定行业自律公约，组织开展对行业内各主体的合规检查。完善承保制度，规范承保流程，严格控制高风险业务及高赔付业务的承保，提高核保环节防范风险能力，严格实行见费出单，加强对应收保费的清理和管控。为增强各经营单位合规经营意识、提高精细化管理水平，由市分公司督察组牵头，副总经理带队，机关各相关部门组成检查组，每季度在系统内开展承保、理赔、财务及内控制度合规性常规检查，检查内容涵盖全市系统经营管理的各个方面。通过检查及时了解和掌握公司整体经营状况，找出公司管理方面的不足和漏洞，监督指导各支公司进行整改。

【理赔工作】 2009年，兰州市分公司把理赔工作作为中心工作来抓，提出“理赔服务迈出一小步，公司发展前进一大步”的经营理念，下大力气加强理赔管控，提升服务水平。切实提高各支公司对理赔工作的重视，由各支公司一把手分管理赔工作，落实责任制。加强理赔队伍建设，公开向社会招聘学历较高、专业性较强的人员充实到理赔队伍中，并对其系统培训；拿出专项资金，为查勘定损人员配备笔记本电脑，更换旧相机，提高现场查勘水平。坚持实行对关键岗位的轮岗转岗制度，完善医疗审核制度，全面实现医疗审核岗、95518专线和查勘定损人员的互动协作。实行理赔部分环节集中试点，将城关、经销商专营部、电子商务营销部3家经营单位的理赔派驻小组进行小范围集中，核赔、理算、报价3个岗位上收至理赔中心管理。尝试建立小额赔案快速处理绿色通道，在东岗试点运行了1000元以下赔款现场领取的模式，为全面推行小额赔案快速处理方式和全面提速理赔周期取得了一些经验。成立客户服务中心，提升95518专线服务水平。建立理赔业务集中处理平台，统一指挥调度，提高工作效率。开展95518座席员业务培训，加强日常考核，切实改进专线人员的服务态度和业务素质。建成大车拆检点，充分发挥拆检中心的职能作用，强化和完善车辆集中定损点。在不断改进和完善两个大车集中定损点的基础上，强力推行5000元以上B类事故车辆的集中定

损，提高了理赔效率。继续与兰州市公安局经济侦察支队加强合作，有效防范和打击骗赔案件的发生，加大对骗赔案件的调查、侦破和打击力度，对骗赔者构成威慑。经双方合作，全年查处较大的保险骗赔案71起，涉及金额329万余元，拒赔、免赔金额62.7万元。加强与机动车反盗抢大队的合作，预防和遏制盗抢车辆案件的发生，积极有效地追偿被盗车辆，全年累计发生盗抢案件34件，涉案金额195万元，追回被盗车辆9辆，涉案金额94.9万元。

【车险业务】 积极应对市场竞争和经济危机带来的困难，密切关注市场动态，在保持优势、寻求发展上下功夫，巩固原有续保业务，严格控制手续费支出、坚决执行费率浮动政策，保持车险续保率的稳定；加快发展新增车险业务，车险业务发展增速近30%。贯彻落实“车险保效益”政策，针对车险赔付成本较高和理赔指标不理想的状况，坚决实施“车险保效益工程”，通过一系列管控措施，提高承保质量，降低赔付率，提升车险整体经营水平。制定了《兰州市分公司2009年车险业务承保管理规定》和《高风险客户承保管理规定》，坚决禁止非正常承保，剔除“垃圾业务”，重点对费率折扣、异地业务、批单退费、保单注销等进行管控，有效提高了车险保费充足率。为加快车险业务发展，公司在销售费用和考核政策上给予支持，通过各种形式的竞赛活动调节车险业务险种结构，调动员工的展业积极性，推动车险业务的发展。

【非车险业务】 2009年，由于受全球金融危机的冲击，货运险业务流失严重，非车险业务发展受到不利影响。为保证非车险业务的稳定，尽量降低市场不利形势对公司整体发展的影响，兰州市分公司建立大型重点客户信息管理及维护机制，整合公司内部人脉资源，对烟草、水泥、电力、冶金等重点客户做好维护工作，落实理赔服务“绿色通道”承诺，为客户提供细致周到的服务，提高客户忠诚度。积极与市运管部门沟通，加快道路客运和危险货物承运人责任险的发展，全年公司道路客运和危货承运人业务同比增长了281.64%和386.85%，实现保费收入576.82万元。开展非车险业务劳动竞赛活动，设置续保业务奖、新增业务奖、计划进度奖等奖项，每季度根据业务情况对奖项进行调整，在保证整体奖励政策延续的基础上加大对效益型险种奖励的力度；确定意外险、家财险、学幼险等重点推动险种，开展推广营销活动，其中学幼险营销活动成效显著，实现保费收入74.64万元。

【专业化团队建设】 成立汽车经销商专营部，以集约化、专业化模式开展经销商业务专管专营。规范承保、理赔业务操作流程，合理配置驻店经理及业务人员，并加大对相关人员的考核力度。加强与4S店的沟通联系，通过座谈等形式及时掌握合作中存在的问题，确保经销商业务的平稳运行。随时进行数据监控，对各4S店的业务发展情况、经营情况、合作情况进行分析，对赔付率较高的4S店加强理赔管控，同时根据业务规模及赔付率情况，实行差异化的手续费政策。

整合内部资源，以支公司为服务平台，组建7个市分公司直属销售团队，明确直属团队的权利和义务，并给予充分的自主权，激发团队发展活力。直属团队整体发展良好，能够完成市分公司下达的保费任务计划，团队费用整体可控，全市7个直属销售团队共完成实收保费6640.24万元，简单赔付率55.91%，其中1000万元以上保费规模团队有2家，500万元 1000万元保费规模团队有3家。

电子商务业务成功开办。兰州市分公司按照总公司电子商务集中运营验收标准筹建电子商务营销服务部，确定专门人员开展筹建工作，市分公司相关部门全力配合，在制度规范、职场建设、设备配置、人员培训、客户信息收集等方面完成了前期准备，并顺利通过省分公司和总公司的检查验收，获得上级公司的好评。电子商务营销服务部正常营业，各项工作有序开展。

（屈　洁）

·中国人寿保险股份有限公司兰州市分公司·

【概况】 2009年，中国人寿兰州市分公司坚定不移地走甘肃国寿特色“精品道路”的战略思路，坚持率先发展、科学发展，打好有效人力战和优质业务战，各项业务呈现健康、均衡、稳步增长的发展态势。个险期缴绝对量全省排名第一。期缴业务总量及完成比例增幅在全省排前列，全省14个市州经营绩效考核总排名第一。全市系统共实现保费收入94929.77万元，同比增长56.52%。其中：寿险首年保费收入57987.15万元；首年期缴保费收入11776.59万元，同比增长49.8%；中介代理保费收入40318.02万元；意外险保费收入1603.35万元；短期健康险保费收入4679.15万元；续期保费收入36942.62万元。

【财务管理】 细化各项预算指标，按照销售渠道和险种差异化管理，下达预算指标。制定绩效考核办法，每月、每季度进行预算指标执行情况考核和反馈，奖惩分明，自主管控，积极引导转变盈利模式。制定财务支持政策，对内涵价值高的产品在费用支持方面给予一定倾斜，充分发挥费用政策的杠杆作用。按照省级财务集中管理模式的要求，在对业务类、费用类单证严格审核的基础上，加强合理、合规、合法性的审核，及时上报各类原始凭证，协助省公司做好财务数据的上、下载工作，以及与基层公司的对账工作。在2009年全省财会质量评比中，兰州市分公司获得铜奖。加强资金管理，减少资金风险。重点加强各支公司银行账户的管理，对使用效率不高的账户作销户处理。督促各司部、柜面及时编制《银行存款余额调节表》，追查并清理未达账项。通过网上银行调拨各账户资金，并对全市各账户继续实行日均余额考核。顺利完成网上银行上线推广工作，实现系统内工行账户之间的资金自动调拨和对全系统账户的系统管理。定期进行财务分析，为领导决策当好参谋。每月初，以报表为依据，从预算执行情况、分渠道业务发展情况、各项财务支出等方面进行分析，向各基层公司反馈主要指标财务快报、会计报表，向公司提供《主要财务指标快报》、《财务会计报表》、《行业协会报表》，《各司部费用、佣金情况表》，对资金的统筹安排和管理提出合理化建议，为公司决策和管理提供有力的财务信息支持。推广内控标准工作，进一步推进404条款遵循工作。继续实施积极的财务政策，促使公司费用资源向业务销售一线倾斜，着力压缩市分公司机关费用支出。2009年，在省公司下达各二级分公司费用、佣金政策减少的情况下，市公司还实行全方位的企划奖励投入 800多万元。在资金异常紧张的情况下，对营销员的直接佣金2000多万元按时全部发放。合理纳税，规避税务风险。对2006年—2009年公司涉及到的税种从计提、代扣及申报缴纳情况进行全面自查。2009年，获得甘肃省地税局、国家税务局“甘肃省纳税信用等级评定A级”单位。税务管理台账系统顺利上线，为合理规避税务风险奠定基础。

【人力资源】 加强基层干部队伍建设、员工队伍建设、基层党组织建设和党员队伍建设，按照省分公司规范用工的要求，进一步深化机构、人事、用工和分配制度改革。认真学习和实践科学发展观，切实加强领导班子的思想作风建设。及时收集各类学习材料，安排各基层党员员工在业务发展的同时注重学习，提高基层员工的凝聚力、向心力。同时将员工的学习与公司的发展、个人的进步联系起来，杜绝学习形式化、实践一阵风的不良风气。在总公司组织的“员工保险知识竞赛”中，兰州市分公司参加考试的246名员工全部合格，并获得了平均95.7分的好成绩。以加快业务发展，增强经营实力，提高员工待遇为出发点，稳步推行薪酬改革和相关工作。疏理公司架构和岗位，完成了一般员工职级确定的工作。新一代人力资源管理系统于2月正式运行。共整理汇总了304名员工的所有个人资料、薪酬资料，填制了包含1.2万余条记录的数据模版，完整导入系统。员工的工资发放、岗位变动、职务职级变动、学历更新、五险一金缴纳都在系统中完全实现。

【个人保险】 2009年，将人力指标纳入一把手绩效考核和退出机制，坚持内部增员、项目增员和日常增员三种模式相结合。根据年初确定的六支队伍建设思路，分类实行专业化经营和差异化管理。根据每季度业务发展特点，公司从政策导向入手，营造“抓精英带动，促全员创富”的理念，确保业务发展保持稳定增长。根据公司年度产品销售策略，营造产品整体销售氛围。从市场需求、产品包装、销售技巧、销售心态和伙伴需要等多个方面进行重新定位，重新包装，重新组合。成立巡讲团，从不同视角、不同层面、不同需求等方面讲述；从产品销售数量、销售件数、销售占比、销售结构等方面进行数据分析和调研，再次论证主打产品的集中性。建立一支“意愿强烈、管理到位、专业过硬、作风扎实” 的讲师队伍，定期通报和研讨，从培训专项工作入手，研讨开发专题，建立了训前会课通关制度、训中讲师评议制度和训后问责制，确保培训效果最大化。

【银行保险】 银行保险渠道大力发展期缴业务和各渠道队伍建设，实现公司可持续协调发展。以理财队伍为主力，提升销售队伍素质和绩效，保持客户经理和理财经理队伍稳定增长。根据《理财经理管理办法》，增加一批素质较高、较年轻的人员，强化培训、加大考核，快速发展理财经理队伍，带动柜员队伍和专管员队伍发展，提供优质理财服务。稳定渠道合作关系，在保持业务持续稳定发展的同时，积极调整结构。坚持规模效益两手抓，切实发展效益型险种，把效益作为公司经营管理的中心环节，以银行“保险特训营”运作及期缴产品销售模式，大力发展期缴中的三效产品业务，增强可持续发展能力。

【团体保险】 以增强短期险业务创费创富能力，着力提高公司效益和员工收入为总目标，继续加强短期险业务做优做强和结构调整工作，实现降赔付、创效益的发展目标。大额业务结构调整力度较大，舍弃赔付率较高的业务。对大额业务进行产品调整，实行产品与基金型业务相结合的销售方法。 通过团险业务专题会，及时对全市各阶段团险业务经营情况进行总结和安排。先后召开年初工作、各季度工作、学生险工作和降低赔付率等会议。每月初整理汇总各单位业务发展情况，月月摸底，

时时跟踪，不断督导。注重加强对销售一线的销售支援工作。加强计划生育保险、小额贷款业务等业务的发展。做好医保、铁路局等单位业务的稳定发展。

【运营服务】 倡导服务文化建设，创建“领导为员工服务，机关为基层服务，二线为一线服务，全员为客户服务”的大服务格局，建立和完善公司优质服务的常态运行机制和监督机制，以真诚的服务理念、规范的服务内容、品牌的服务形象、一流的服务品质服务于广大客户，营造公司和谐的发展环境。制定柜面主管岗位职责、印章管理实施细则、报账员岗位职责与现金管理规定、业务日结及对账等8个系列日常工作管理制度，出台《短期性团体保险业务实务管理补充规定》和县区柜面《服务网点收费管理规定》等。理赔调查及案件处理的相关要求培训和总公司新上线的CCMS综合管理系统的培训，以及银行转账工作、单证管理、“国寿鹤卡”推广应用等培训。以《柜面服务标准实施细则》和“国寿优秀柜面、柜面之星”劳动竞赛，加强柜面考核力度，提高优质服务意识。按照“AB柜面履行岗位职责业务处理时限规定”，对新单初审、录费、受理、日结及后台扫描、卡折式定单、团体短险审核登记录入、录费、复核、缮制并打印保险合同等进行细化管理。确定了新单处理时效，制定新单作业流程时效规定和综合柜员收费、保全业务处理、理赔时效规定。加强风险管控，提高经营效益。

严格要求、规范操作，进一步梳理各岗位业务流转环节，细化管理，加强岗位责任制。加强集团业务数据核查清理，全面提高代理业务数据质量，最大限度地减少代理业务处理过程中的手工处理，确保全市老业务数据准确、真实。进一步细化团体业务实务管理，健全审批制度，以遏制劣质保单的投保，降低团险承保风险。加大长期寿险生存调查力度，提高新单业务承保质量。完成了股份历史业务档案影像化管理清理检查上收工作。圆满完成客户服务节的“姚明杯篮球赛”及“国寿大讲台活动”，按照《国寿鹤卡发放推广方案》，做好国寿鹤卡的发放工作和“国寿1+N”附加值服务，为客户带去更多的实惠和便捷。聘请社会保险监督员召开“3·15诚信、沟通、维权”主题座谈会，听取社会各界对公司、业务员在规范经营、诚信服务等方面的意见和建议。

中国人寿兰州市分公司庆祝建国60周年文艺汇演

【内控合规】 认真做好内控标准推广、执行及内控评估工作，做到依法合规开展各项业务工作。制定《关于开展内部控制标准推广工作实施方案》。将《内部控制手册》作为员工岗前培训、在职培训以及基层销售人员晨会的重要内容之一。成立内部控制自我评估工作小组，并针对保监会寿险公司内部控制评估表中列示的各项评价点，从内部控制的健全性、合理性、有效性三个方面进行自我评估，分析内部控制建设和执行过程中出现的缺陷，提出整改计划，使内部控制更趋于完善。组织开展防范经营风险教育和风险控制一系列活动：打击“三假”工作、开展中介业务问题自查和遏制集资诈骗类犯罪风险活动。开展新《保险法》和相关法律法规学习、贯彻落实工作，杜绝各类违法违规行为。组织全体员工参加保监局、总公司、省分公司安排的保险法知识在线和书面考试4次。持续做好反洗钱工作，坚持依法合规经营。 指导柜面做好客户信息登记、可疑交易登记、留存客户资料等工作。对省分公司在业务系统中抽取的可疑交易进行复核，并将复核结果及时上报，有效防范风险。

（周治思）

·中国平安财产保险股份有限公司甘肃分公司·

【概况】 2009年，中国平安财产保险股份有限公司甘肃分公司（以下简称分公司）实现保费收入26076.81万元，提前49天完成全年计划任务，较上年同期增长29.68%，保费呈现强劲的增长势头。三大险种、五大渠道均取得超市场10个百分点的发展，实现利润316万元。截至2009年底，市场份额达9.26%，跃居甘肃市场第二大产险公司。

【财务管理】 结合总公司对分公司的财务考核管理办法，针对2008

年财务工作中存在的不足，根据三级机构实际情况，下发了分公司2009年财务考核管理办法，细化财务考核，突出财务基础管理工作和财务风险的管控。新的考核管理办法直接与绩效考核排名挂钩，增强了各岗位人员的责任心和积极性，财务基础工作水平得到有效提升。本着负责、客观、实事求是、从严控制增长、谁受益谁承担的原则开展预算编制工作。以四大成本中心为基本编制单位，预算编制明细至成本中心，使分公司预算管控更为精细。财务部统筹各部门进行了分公司手续费集中上线和总账集中上线工作，通过手续费集中上线提高了手续费支付时效，规范了手续费支付流程，有效降低了监管风险；通过总账集中，规范了各机构总账账务处理，有效降低了机构总账账务处理的随意性，加强了财务核算基础工作。完成2004年—2006年度国税地税纳税专项检查，同时针对检查中出现的问题，对各三级机构进行集中培训，在加强财务基础工作的同时强化了外部监管风险意识。

【核保工作】 财产险核保方面，加大承保前查勘的力度，对于保额较大风险较集中的客户定期安排回访，继续与政府相关部门建立消防、气象、水利、市政、防汛等方面的联系，及时掌握信息，建立灾害预警网络，以避免大面积灾害。积极推进行业自律，突出公司服务特点，制定有针对性的核保政策，以客户为导向，从品牌、服务和承保条件等多方面体现优势。深入市场调研，保证快速、准确的核保定价，对市场和业务趋势保持高度敏感性，了解风险点，与客户友好协商，共同消除隐患，管控潜在风险，降低出险概率，提升业务品质，促进双赢合作。对业务员定期进行产品知识、核保政策、风控知识培训，改善公司业务品质，促进业务发展。在日常工作中，实行核保跟踪制度，做到对业务及时追踪，总结经验教训，及时发现问题，调整经营策略，有效促进销售。实施机构实地帮扶行动，共同探讨机构当地业务特点，实行差异化管理，推动机构财产险业务的发展。

意健险核保方面，制定出台契约出单、批改、档案管理等制度，下发相关管理办法、业务管理制度等工作通知书，搭建销售与核保的沟通平台，畅通询价流程，实施首问负责制。规范出单及核保的流程和工作分配。就各业务单位进行部门内划分，指定对口责任人进行跟踪推动，并对各项指标负责。编写教材，举行多次核保人员培训，提高核保人员的技能；开展资格考试试前培训，用三级机构实际案例指导三级机构，分公司核保人全部通过初级考试。严控高风险业务承保，对部分业务进行承保条件改善，努力提升保单品质。

车险核保方面，密切跟踪市场动态，了解市场信息，掌握市场变化，逐步完善车险承保基础管理，积极发展车险业务。制定差异化车险承保政策，探索车险差异化经营。重点做好党政机关车辆及企事业单位大型车辆业务的招投标工作，拓展团车业务。针对个人车险业务的特点，提出目标客户地图和“费率因子法”相结合的方法筛选优质客户，配合相应的定价策略，引导、激励业务人员拓展优质客户；正确处理车险转型时期规模与效益、规范与发展的矛盾，从单纯追求规模到注重速度与质量、结构、效益的统一。

【理赔工作】 全面开展运营改革，实现标准化作业，理赔流程进一步简化，效率进一步提升，理赔品质得到较大改善。2009年中国平安宣布启动“你的平安 我的承诺”全年品牌运动，随后，向社会隆重推出寿险、产险、银行的三项客户服务承诺，平安产险向社会郑重承诺“万元以下 资料齐全 三天赔付”。在全国范围内，对赔款金额在1万元以内（包含1万元）的车险保险责任事故案件，在客户提交索赔资料齐全有效的情况下，承诺即刻起3个工作日内完成案件审批并通知付款。对于未能达成上述承诺的案件，将以银行活期利率10倍的罚息赔偿客户。截至2009年底，分公司承诺达成率99.92%，圆满兑现承诺。除此之外，进一步建立完善领先的理赔、客户服务体系；全面实现统一报案、全国调度、集中作业、跨系列环节能力共享，全力打造“行业典范”的平安产险服务品牌。同时分公司通过产险95512的客户回访，搜集客户反馈意见，丰富服务内容。

【销售管理】 2009年初分公司通过资源重组、人力整合进行了渠道化

平安产险甘肃分公司在甘肃保险业“学新法 迎国庆”知识竞赛中荣获二等奖

改革，改革后分公司从原有的三大渠道（传统渠道、综合开拓渠道、重客渠道）发展为直销DSP渠道、综合开拓渠道、重点客户渠道、车行渠道、新渠道五大渠道。深化日常销售推动工作，根据不同的销售节点，制定切实有效，有吸引力的竞赛激励方案，提升前线销售队伍的展业热情，营造积极向上的竞赛氛围，推动公司业务快速发展。细化日常工作，狠抓过程管理，强调结果导向。完善日常的日报、周报、月报等数据报送体系。每月组织召开全省范围的月度经营分析会，为各机构在开展业务的同时，提供全面、完整的经营数据指导。2009年分公司将合规经营、精细管理作为公司经营工作的重要导向，加强业务前线自身素质提升培训，组织多项合规培训讲座，如反洗钱、反商业贿赂等，增强公司员工法制观念，合法、合规经营。

【兰州中心支公司】 2009年，是平安产险兰州中心支公司正式开业运营的第一年，全年平安产险兰州地区共计完成保费收入15587.09万元，其中车险11296.95万元；财产险3749.40万元；意健险540.75元，并实现盈利。完成了前线业务渠道化改革、运营集中改制、提升客服理赔承诺等一系列优化营业体系、树立行业典范的措施。平安产险兰州地区共涵盖直销、综合开拓、车行、重点客户、新渠道共计五大业务渠道，各渠道目标客户市场不同，针对业务开拓的不同客户对象，实施渠道多元化保险业务开拓。年中开始实行出单及部分业务运营后援集中，有效地节约了运营成本。2009年全年未发生一项理赔承诺客户投诉事件。组织IP客户及大客户参加了多场客户交流联谊会，进一步同客户深入接触，了解客户需求导向，有效提升了平安产险在兰州地区的客户服务水平。落实相关管理规定，强化核保队伍综合素质的训练，有效控制车险、财产险、意健险三大险种的风险管控，树立专业化承保的形象。

（李建凤）

·中国平安人寿保险股份有限公司甘肃分公司·

【概况】 2009年，中国平安人寿保险股份有限公司甘肃分公司（以下简称“分公司”）圆满完成全年任务，在业务发展、机构建设等方面取得良好成绩。截至2009年末，公司共拥有10家中心支公司、18个营销服务部和9家支公司，保险业务覆盖全省11个地区。实现原保费收入约18.2亿元，较上年同期增长32.6%。个人营销渠道实现保费收入约14.3亿元，占总保费收入的78.5%，同比增长37%。其中新单保费收入约5.6亿元，同比增长37.5%，期缴业务占到95.8%；续期保费收入约8.7亿元，同比增长36.7%。银邮代理渠道实现保费收入约3.7亿元，占总保费收入的20.5%，同比增长32.7%。其中有99.5%为新单保费收入，而新单趸缴业务占到新单业务的98.9%。

针对甘肃保监局提出的结构调整要求，分公司从2009年初开始，按照总公司部署，大力推动分红保障型产品，推出一系列激励方案，先是重点推动“富贵人生”，取得很好的效果；随后在4月份将“三鸿”产品全面升级换代为“三鑫”，新产品更注重保障功能，更能满足市场需求。通过加大对分红保障型产品的推动力度，分红险保费收入占比得到明显提升，全年新单保费收入占比由去年同期的23.2%上升至27.6%。万能险是平安人寿甘肃分公司主销产品之一，也是平安最具特色的产品，从2009年开始，分公司着重推行在万能险上附加意外险或健康险的捆绑式销售模式，旨在补充万能险的保障功能，为客户提供更为全面的保障服务。同时在许多激励方案中要求入围的前提条件之一是“非裸单”，即必须是附加意外险或健康险的保单。通过这些针对性的举措，万能险附加率达到99.4%。加大银邮代理渠道期缴产品推动力度，6月份，分公司在银邮代理渠道推出分红期缴型产品——金宝盆，加上2008年推出的“一生无忧”，已有两款分红期缴型产品，从2009年三季度末开始这两款产品的销售情况逐步得到改善。截至2009年末，银邮代理渠道共实现新单期缴保费414万元，同比增长高达553.7%，在一定程度上优化了银邮代理渠道产品结构。

【个人寿险业务】 2009年，分公司寿险业务全面增长，规模保费49688万元，是上年规模保费的1.4倍。在兰州市场保费占比达到54.9%，比上年提高22.9%；在甘肃市场保费占比达到32%，比上年提高14%。加强日常管理，在营业部装配指纹考勤机，强化差勤管理。引导销售队伍每日参加早夕会，进行公司政策制度传达和培训，提高销售技能和销售水平。

【财务管理】 财务管理方面，下发多项针对性强、可操作性高的管理办法，业务流程规范化、操作流程标准化、工作目标明晰化、管理活动简易化。开发多项财务管理工具，提高分公司税务管理、资金管理、预算管理及档案管理的能力，加强三级机构的检查，覆盖率100%。资金方面，积极执行国家及公司的各项制度，严格执行资金流程要求，定期不定期地自检自查，有效防范了公司内部资金风险。2009年初，分公司在原有资金收付基础上，与多家银行协作，通过银行批次转账、移动终端缴费、 电子网上银行缴费等多种形式，方便广大客户，进而从一定程度上避免了资金方面的重大风险。预算管理方面，加大对各单位部门预算管理及制度的宣导，不断增强各单位的预算观念、成本观念，使得各单位更加合理地规划及使用年度预算。在合理预算分配的同时，增强部门投入产出的观念，帮助公司实现资源的有效规划与利用。会计核算方面，在完善自动制证的同时，及时梳理财务业务流程，及时完成会计凭证的复核及传递，保证财务业务的真实性一致性，提高会计信息质量，防范财务风险。财务队伍建设及财务服务方面，在打造一流财务团队的目标下，特别关注员工的成长。组织各种形式的员工培训、团队活动。从财务核算、预算、资金、税务等多方面对部门及机构员工进行培训，提高员工的工作技能和业务水平。服务方面，财务部制定严格的财务审批时效承诺，及时反馈预算信息，推出各种形式的财务温馨提示、员工自助报销手册等诸多服务举措。

平安人寿甘肃分公司2009年度“新农村 新希望”平安希望小学支教行动

【两核管理】 夯实基础管理，结合各项考核指标制定员工考核制度并严格执行，以考核抓时效，以绩效抓质量。各科室根据专业工作情况，制定本部员工培训计划，并针对学习内容进行不同形式的测试及奖励，提升学习的主动性和积极性。服务并支持一线，实施新契约前置转账项目、新契约差异化管理办法，推广使用电子投保书；两核人员走进营业区，现场解决一线伙伴两核疑问；制作两核服务手册、分公司十大理赔及核保案例，为一线提供辅助展业工具；严格执行首问负责制，及时解决客户及业务一线问题。提升理赔客户良好感受，提高理赔案件的业务员代办率，提高客户服务满意度；审核客户报案信息，并及时进行相关理赔温馨提示；医院和相关部门进行节日关系维护，提高医院对公司客户的服务水平及作业时效；对身故客户家属及重大疾病客户及时上门探视并指导理赔；住院客户鲜花探视；大额理赔款送款上门；九州滑坡、西固毒气泄漏等公共灾难案件第一时间现场查勘。加强机构管理支持，督促机构严格按照各项作业指导和管理办法运作，严格执行分公司制定“重特大案件上报”要求，并给予及时调查指导和现场支持；对机构两核工作按月进行远程和现场风险监控分析，及时发现问题并追踪改善结果；对机构所有理赔调查和协谈案件进行把关，并指导调查和协谈；对机构两核人员制定明确的培训计划，并根据学习内容进行不定期的考试督促。

【人事管理】 不断壮大员工队伍，优化人力资源配置。进一步完善职能部门和三级机构架构，强化各部门职能，合理调配各层级人员结构，建立人才梯队。全年共培养高层主管1人，中层干部3人，基层干部11人，储备干部41人。秉承“使人才成为实现业务战略的核心竞争优势”的总体思路，完善内勤培训平台，优化培训资源配置。通过推广分层级培养模式，搭建人才培养与发展机制，提升骨干员工的整体素质。在实现培训整体目标的同时，逐步形成了具有甘肃特色的各层级制式培训项目。通过一系列培训举措的实施，2009年分公司内勤现场培训覆盖率较上年大幅度提升，整体培训覆盖率达到89.43%，在系统中名列前茅。其中干部培训覆盖率达到95.45%，普通员工培训覆盖率达到80%，新员工培训覆盖率达到100%。除常规培训外，在各层级员工中推广网络课程的学习。全年共配送6门网络课程，网络课程配送及时，覆盖率及课程通过率均达到100%。新增员工弹性保障计划，优化了为员工及员工家属办理养老保险的业务。

【企业文化建设】 2009年，平安人寿甘肃分公司在本部及各下属机构全体内外勤人员中举行了一次持续半年之久的“微笑 魅力平安”的评选活动，活动内容包含日常礼仪检查、礼仪问卷调查及才艺比赛，活动成为员工之间沟通礼仪心得、交流文化理念的重要平台，其寓教于乐的活动方式，成为众多员工的快乐体验。分公司提出“文化行销”的行销方略，融服务和文化为一体，通过定期递送平安《客户服务》报，及时传递新的保险信息及各类文化、养生信息，让

客户随时了解已有保单的状况。为了普及保险知识，提高客户及市民对保险的认识，引导市民树立正确的理财观念。从2009年4月开始，分公司联合甘肃广电总台电视经济频道开办了甘肃省首档保险理财节目《平安理财》，每周一期，分公司选派专业人员到电视台讲解保险知识和理念，受到了广大观众的欢迎。

2009年是平安人寿甘肃分公司的十岁生日，分公司以此开展了一系列慈善公益活动：2月，以庆祝分公司十年华诞为主题开展了无偿献血活动，有200多名员工参加献血；在第一所甘肃平安希望学校成立十周年之际，分公司又向集团申请5所平安希望小学，2009年在武威竣工落成1所，另外4所计划于2010年完成援建。8月至9月，分公司举办了“十年承诺，让爱延续”中国平安希望小学支教行动，在近一个月的时间里，从近百名的报名者中筛选出22位优秀的志愿者经过前期志愿者手册、科普教学和团队建设等内容的培训，奔赴会宁牛河平安希望小学开展丰富多彩的支教活动。

【保费工作】 制定全年续期经营目标，采取各种措施推动并监控各项续期业务指标的完成。持续推动“贡献度管理”的理念。成功搭建甘肃分公司保全队伍荣誉体系，成立分公司“百分俱乐部”，充分调动保全队伍的工作积极性。持续推动月度工作规划制，在计划的制定及执行方面效果明显。建立月初指标预警制度，各层级、各人员的预警追踪制度。重点险种重点关注，对公司重点险种保单100%回访，同时对业务队伍进行重点险种的续收培训。

强化续期基础管理，分公司严格执行总公司各种续期管理工作制度、政策及流程，同时按照自己的实际情况出台了甘肃分公司自己的管理办法，如自保件管理办法、首期100%转账、三级机构孤儿单管理办法等，并严格执行、追踪反馈。为不断提升电子转账，分公司保费部出台首期保单100%转账，同时推动续期银行转账业务，有效规避风险，并推行“零现金”制度。

加强保全队伍的建设和管理，设置了分公司第2个收费部，同时新成立2个收费小组，新晋升2名主管。至此甘肃分公司保费部形成2个收费部、10个收费小组的组织架构。为了提高保全外勤队伍的续期服务意识及服务技能，分公司保费部定期举办各类续期培训，共举办6期新人班，一期三年资、一期两年资培训。同时对外勤队伍进行分层级培训，由保费部业务骨干承担讲授工作，收效明显。

随着保全团队的不断扩大，保费部直接管理保全团队已经不能适应形势的发展。为了有效管控团队，提高团队的自我管理意识，保费部推出收费组主管自主经营的管理模式，大大提高保全团队的工作积极性。为了充分发挥保全员新的薪资及绩效考核的功能，体现薪资多劳多得的特点，分公司保费部在每日追踪表中将指标与薪资系数进行有效结合，保证保全员随时掌握了解薪资，从而激发保全员追求高收入、迎接挑战的潜能。

【客户服务】 不断检视客户服务过程中的每个环节，为客户提供“主动、简单、及时、方便、可靠”的服务体验，创建平安五星级服务品牌。主动即主动热情、贴心服务。在服务中倾注关爱、强化信任并创造价值。关注因素大到门店的选址、门店的节日布置和氛围营造、门店的服务指引及标识，小到下雨时的防滑垫等等。简单即手续简捷，不断简化售后的各项保全业务手续。及时即服务适时、保证时效。及时维护客户权益的同时兼顾客户的良好体验。方便即容易获取、渠道完善。客户可以通过最习惯、最容易接触的方式得到公司的服务，平安的客服中心、电话、网络、信函等渠道带给客户一站式的服务。可靠即保证质量、诚信服务，以“专业、价值”为目标，在强大严谨的系统平台支持下为客户提供最信赖的服务。

开展IP客户特色服务项目，关注高端客户的需求。平安IP俱乐部以“健康财富尊崇礼遇”为主旨，由低至高共有三大会员层级：黄金层级、铂金层级、钻石层级。为会员提供包括：财富盛宴、健康关怀、商旅服务、驾车关爱、尊贵礼遇、平安援助在内的六大项会员专属礼遇。推行首问业务接待制度，客户向平安提出服务需求后，只需一次接触，客户需求即被记录，并通过客户信息系统传递到相关部门，由相关人员为客户提供服务。任何员工接到客户服务需求后都必须受理并及时转交相关部门处理，禁止任何形式的推诿。开展保单E服务推广活动，包括网络E服务和电话E服务，分为初、高权限等级，权限越高，可办理的项目越多，客户在购买了保单并成功申请E服务后可通过平安官方网站或电话足不出户自助办理保单相关业务，包括保单基本资料查询、修改地址、保单挂失、追加保费、保单还款、投资帐户转换等20余项保单自助服务。

【银行保险业务】 在总公司银行保险事业部实施大发展战略规划基础上，2009年，是分公司银行保险业务寻求自身发展的第二年，是分公司银行保险突破自我、实现跨越式、创新式发展的一年，全年共完成总规模保费3.73亿元，同比增长32.7%。2009年，甘肃平安银保的合作渠道达到6个，招行、建行、交行、农行成为忠诚的主渠道。尤其是招行渠道在2009年后三个季度顶着总行的压力坚持与平安合作，直至2009年末总行让步同意在甘肃恢复与平安合作，招行2009年共完成规模保费8412万元，占比达到了23%，成为甘肃平安银保不可或缺的忠诚渠道。

2009年对于甘肃平安银保来说是非常关键的一年，总公司银行保险业务的大发展提供了一系列的机遇和挑战。分公司计划任务为3.43亿元，较2008年增长了80.5%。“相约青海湖”暨甘肃银保首届高峰会、“飞得更高”拓展培训方案、“魅力上海五日游”冲刺年度计划方案对于各阶段业务达成起到了不可替代的作用，配以春节、五一、客服节、六一、十一等假日营销措施，全年业务一举突破3亿元大关，顺利完成总公司下达的各项任务。

（李会荣）

监　管

·中国人民银行兰州中心支行·

【概况】 2009年，中国人民银行兰州中心支行认真贯彻执行适度宽松的货币政策，引导金融机构加大信贷投入，有力支持了全省经济平稳较快发展。全年共发行短期融资券33亿元、企业债券15亿元、地方政府债券65亿元。到12月末，全省金融机构本外币各项存、贷款余额分别达到5865.7亿元和3597.3亿元，同比增长27.6%和31.9%，存款、贷款增量均创历史新高，为全省经济实现企稳回升提供了有力金融支持。充分发挥信贷政策导向作用，着力优化信贷结构，促进全省经济结构调整。加快落实全省重点项目银企对接会签约项目，共发放签约贷款超过600亿元。研究推动落实县域金融机构新增存款用于当地的激励政策，支持农村基础设施建设、农技推广和特色农业发展。全年全省新增涉农贷款245.7亿元。引导金融机构开发针对中小企业的信贷产品，配合兰州市委、市政府举办中小企业融资洽谈会，10家银行共向中小企业授信560亿元。加快建立“创建信用社区+就业培训+小额担保贷款”的金融支持再就业长效机制。加强金融风险监测，深化地方金融改革，全省金融体系安全稳健运行。拓宽风险监测领域，将涉外经济运行及重点企业等纳入监测范围，金融风险监测向村镇银行等新型农村金融机构及典当行等准金融机构延伸。建立了覆盖省、地、县三级的金融风险监测月报、金融稳定信息专报制度。创新金融稳定评估方法，率先对全省银行业实施压力测试，运用熵权法评估国有商业银行改革绩效，有关经验在全国推广和交流。加大资产管理力度，在全国第一家全面完成融资中心和自办经济实体清理收尾工作。全年收回金融稳定再贷款利息320.47万元，占农村信用社应收利息的57%；依法受偿债权资金739万元。配合省政府跟踪查处甘肃大圣生物科技股份有限公司非法集资事件。优化外汇管理和服务，促进贸易投资便利化，着力营造良好的外汇经营环境。加强基础设施建设，改进金融服务手段，金融综合服务水平全面提升。依法履行金融监管职责，加大监督检查工作力度，金融机构依法合规经营意识明显增强。

【货币信贷管理】 2009年，人民银行兰州中心支行突出窗口，指导重点，引导全省金融机构努力增加信贷投放，合理把握贷款投放的重点、力度和节奏，保持全省信贷稳定增长。督促银行业金融机构落实全省重点项目银企对接会签约项目贷款超过700亿元，确保信贷资金投向“扩内需、保增长”的重点领域。牵头举办全省非金融企业债务融资工具及金融产品宣传推介会。配合省政府成功发行100亿元中期票据，为全省重点项目建设筹集了最大一笔低成本资金。2009年，甘肃省实际发行各类债券213亿元，是近年通过金融市场直接融资额度最多的一年。年末，全省金融机构本外币各项贷款余额3739.90亿元，同比增长35.09%，全年新增加贷款969.66亿元，增量接近千亿，较上年多增加515.23亿元，创历史新高。

鼓励金融机构合理配置信贷资源，在有效满足中央投资项目资金需求的同时，抓住国家十大产业调整振兴规划实施的机遇，引导金融机构有重点地支持全省钢铁、有色、石化、装备制造等骨干企业发展。密切关注中小企业信贷需求，联合省工信委对中小企业生产经营情况进行摸底，开展中小企业融资情况和金融创新产品调查。继续改进民生领域的金融服务，全年全省小额担保贷款、生源地助学贷款及民贸贴息实现快速增长。制定《关于全面做好甘肃省集体林权制度改革和林业发展金融服务工作的实施意见》，由省政府批转全省执行。加强房地产信贷市场的监测指导，及时召集商业银行召开房地产形势和房地产信贷座谈会，对商业银行房地产信贷提出要求，促进全省房地产市场平稳健康发展。与省妇联等部门联合印发了《关于下发甘肃省妇女小额担保贷款实施方案的通知》，共同推动妇女小额担保贷款试点工作的开展。扩大信贷政策导向效果评估试点范围，稳步推进试点工作，切实提高了信贷政策实效。

与甘肃银监局、省政府金融办召开全省金融支持灾后重建工作座谈会，并与甘肃银监局联合制定《关于进一步做好金融支持灾后重建工作的指导意见》。积极运用货币政策工具，向地震灾区增加支农再贷款限额19.5亿元，对40个灾区农村信

用社发放优惠利率再贷款45.11亿元。引导国家开发银行、农村信用社、农业银行和村镇银行等金融机构发放农房重建贷款64.1亿元。截至2009年末，全省金融机构累计发放灾后重建贷款371.15亿元，为顺利完成灾后重建任务奠定了基础。

加大对国际金融危机背景下甘肃省经济金融发展情况的监测分析力度。按季监测外贸企业外汇承受力相关情况，深入研究国际金融危机背景下甘肃省外贸企业融资问题。密切关注地方政府融资平台的融资进展情况，与银监局联合开展地方政府融资平台融资情况调研，及时提示地方政府融资平台融资风险。2009年，全省货币信贷运行监测分析工作得到人民银行总行货币政策司的充分肯定。

【利率管理】 落实优惠贷款利息补贴政策，支持民族贸易和民族用品定点生产企业发展。及时转发《中国人民银行关于民族贸易和民族特需商品生产贷款利率事宜的通知》，积极传导优惠利率贷款新政策，密切关注政策执行情况。加强与民委部门、金融机构和企业的沟通协调，按季做好民贸贷款贴息的审核工作，特别是对新增承贷金融机构的民贸贷款贴息工作进行严格的规范和指导，确保新政策实施效果。被省委、省政府评为甘肃省第六次民族团结进步模范集体。

按照人民银行总行统一部署，制定《完善金融机构存贷款利息计算辅导方案》，组织召开甘肃省利息计算工作座谈会，指导并督促地方法人金融机构结合实际制定计结息规则并报备，全面调查辖内银行业金融机构计结息工作进展情况，为存贷款基准利率确定方式改革做好准备工作。继续加大Shibor宣传力度，推动货币市场基准利率Shibor的推广和运用。按月对利率报备数据进行汇总、分析和反馈，为总行决策提供了连续准确的基础监测数据。根据小额贷款公司的业务特点，建立和完善了小额贷款公司利率监测制度，按月（季）对其利率执行情况进行监测分析并及时上报总行。深入现场调查小额贷款公司定价机制建设和定价办法执行情况，对存在的问题进行现场指导，不断提高其贷款定价能力。

深入调查银行业金融机构存款利率下浮、贴现利率形成机制改革、放开信用社贷款利率上限和增强贷款利率下浮弹性等问题，分析在利率市场化改革推进过程中利率政策传导效果，研究推进利率市场化改革的基础条件，提出具体措施及实施步骤。

完善利率政策宣传制度，提高政策宣传效果。制定《中国人民银行兰州中心支行利率政策宣传方案》，编制《利率知识及政策宣传手册》，对利率政策进行了系统的梳理，此手册因其理论性和实用性较强受到了社会各界的广泛关注。此外，通过会议、电话和网络媒介、实地讲解等方式就利率政策的疑问予以正确解读和宣传，及时化解各种矛盾，营造了良好的政策执行环境，全年接待社会各界利率政策咨询20余次。

【农村信用社改革资金支持工作】

通过现场和非现场监测相结合的方式，加强对辖内农村信用社改革试点实施进展情况的日常监测。会同甘肃银监局按照专项票据兑付考核的标准和条件，对全省分三批上报的19家农村信用联社的兑付申请材料和相关数据进行审核，并组织人员对人民银行总行和银监会确定的农村信用联社进行现场检查。经审核，2009年全省共有19家农村信用联社（含农村合作银行）通过总行和银监会的考核，兑付专项票据资金2.97亿元。截至2009年末，全省已有84家农村信用联社（含农村合作银行）顺利通过总行和银监会的考核，兑付专项票据资金9.72亿元，分别占全省农村信用联社（含农村合作银行）个数和认购专项中央银行票据资金额度的96.55%和83.58%。继续加强对已兑付专项票据农村信用社的后续监测工作，组织安排人民银行各市、州中心支行对辖内已兑付专项票据的农村信用社改革试点情况进行检查，将检查情况及时通报。截至2009年末，全省农村合作金融机构各项存款余额953.17亿元，是2002年末存款余额的5.23倍；各项贷款余额665.84亿元，是2002年末贷款余额的4.21倍。按照贷款四级分类标准，全省农村合作金融机构资本充足率达到16.63%，比2002年末提高13.29个百分点；全省农村合作金融机构不良贷款余额54.09亿元，较2002年末增加1.36亿元，不良贷款所占比重8.12%，较2002年末下降25.38个百分点，降幅为75.75%。按照贷款五级分类标准，全省农村合作金融机构不良贷款余额 84.22亿元，较年初减少13.95亿元，不良贷款所占比重12.65%，较年初下降9.45个百分点。2009年全省87家农村合作金融机构全部盈利，实现净利润7.99亿元，较年初增加3.33亿元，较2002年末增加8.29亿元。

【国际收支工作】 2009年，全省跨境外汇收支额50.59亿美元，其中外汇收入12.91亿美元，外汇支出37.68亿美元，同比分别下降30.20%、45.18%和23.54%，收支逆差24.77亿美元。一是做好统计申报工作，国际收支基础工作水平进一步提高。二是做好外汇检查工作，着力维护良好外汇秩序。开展了全省外汇指定银行执行出口收结汇联网核查政策和企业货物贸易项下外债登记管理政策情况专项检查。根据国家外汇管理总局统一部署，组织辖内分支局对全省工商银行、中国银行、建设银行2008年1月1日至2009年3月31日期间个人外汇业务进行全面检查。继续加强与省、市公安部门的联系，密切关注辖内跨境资金流动情况，及时向总局反映趋势性和苗头性问题。三是做好外汇科技工作，不断提高支持保障能力。顺利完成"金宏工程"第一、第二批银行的上线技术支持工作，稳步实施并完成了"金宏工程"第三批上线银行现场验收、专线网络改造和生产环境试运行工作。完成信息传输系统、直接投资外汇管理信息系统等一批应用系统的升级和上线工作以及骨干网设备备份改造项目。

【外汇管理工作】 国家外汇管理局甘肃省分局作为支持外贸进出口成绩突出单位，受到省政府表彰奖励。2009年，全省进出口总值38.2亿美元，较上年下降37.3%；实际利用外资9406.4万美元，同比下降24.2%；境外投资资金汇出2017.5万美元，同比下降94.7%。

制定促进贸易投资便利化的十项措施，加大金融危机时期对外向型经济发展的政策支持力度。对金融危机造成的逾期未核销业务做特殊处理，便利企业后续经营。将真实性审核与灵活管理相结合，调整企业贸易信贷收付汇比例，最大限度满足企业贸易融资需求。抓住国际资源价格回落的有利时机，扩大境外放款主体资格和外汇来源，拓宽了境外投资融资渠道。

不断改进服务理念，为有真实贸易背景的企业开辟"绿色通道"，对因客观原因造成企业出口可收汇额不足的，允许其先结汇后核查。与税务部门建立出口收汇核销信息交换机制，随时为企业办理退税。提高"进口单位付汇名录"公布频率，缩短核销数据导入时间。向市、州中心支局和外汇指定银行下放境外投资外汇业务管理权限，简化了审批程序。改进对中国进出口银行外债管理方式，简化外债转贷款业务流程，便利了企业外债登记及资金使用。科学核定地方法人金融机构短期外债指标，鼓励银行开展贸易融资。

深化进出口核销制度改革，提前完成全省企业贸易收付汇核查系统开户和档案信息清理工作。全面梳理服务贸易外汇管理法规，调整非现场监管预警值。改革外商投资企业外汇年检方式，开展网上年检，在年检工作中初步实现数据的电子化管理。建立以国际收支申报数据和银行结售汇数据为基础，外汇账户数据、经常项目和资本项目外汇收支数据交叉核对的非现场监测模式，重点加大对大额跨境资金流动、个人分拆结汇及外商投资企业利润汇出的监测力度，有效防范了异常跨境资金流动风险。强化外汇市场管理，审核授权4家外汇指定银行的13个营业网点通过"个人结售汇管理信息系统"办理业务，批准3家许可证到期的保险机构继续经营外汇保险业务，授权6家外汇指定银行分支机构办理资本金结汇业务。规范全省证券公司经营B股结算账户的开立和备案，促进外汇市场的稳定运行。

【金融稳定工作】 全面推动金融业改革，调查评价农业银行"三农"事业部制改革试点成效，为总行掌握改革成效、制定政策提供决策依据。推进国家开发银行商业化转型和农业发展银行改革进程，开展政策性金融需求状况调查，提出了政策性金融机构支持欠发达地区经济发展建议。推动兰州银行、西部金融租赁公司、农村信用社等地方中小法人金融机构加快向现代金融企业转型。针对经济金融形势的变化，及时调整风险监测视角，拓宽风险监测范围，将风险监测领域由银行、证券、保险业金融机构拓展到新型农村金融机构及典当行、担保公司、小额贷款公司等准金融机构，将实体经济特别是涉外经济运行及重点企业经营情况纳入监测范围。针对国际金融危机对中小企业的影响、信贷集中现象、跨市场交叉性金融业务、非法放贷活动等开展多方面的监测，深层次挖掘潜在的金融风险因素。建立金融稳定信息专报制度，形成覆盖全省的多层次高频度风险监测机制。全部完成甘肃省人民银行系统资产清理收尾工作，历史遗留问题得以彻底解决。做好临夏市解放路农村信用社风险处置再贷款的监测、检查及展期申请等工作，累计收购个人债权户数和金额分别达到总金额和总户数的53.97%和93.55%，风险处置顺利进行。

【调查统计】 发挥数据资源优势，全力打造调查统计信息服务平台。制定《中国人民银行兰州中心支行信息共享暂行办法》，开发建设兰州中心支行信息共享电子平台，实现全行业务信息的实时、充分、有序共享。利用甘肃省、西北五省和全国有关的经济金融指标，设计编发了月度《统计信息专报》，统计信息服务的广度和深度进一步拓展。完成"金融统计监测管理信息系统"的参数设置和测试核对等工作，并于4月1日在全省范围内顺利实现金融统计数据集中系统的单轨运行。按照金融统计工作标准化要求的统计模式，及时完成了各银行业金融机构4000多条统计信息编码的核对和报送工作。根据全国第二次经济普查工作的安排，保质保量完成了全省及兰州市银行业及其他金融业经济普查各类报表的填报报送工作。将村镇银行纳入金融统计范围，对辖内小额贷款公司进行了统计制度培训，并按月、季收集数据进行监测。组织开展

2009年全省金融统计制度执行情况检查，重点检查涉农贷款、大中小企业贷款以及商业承兑汇票统计数据的编报情况。完成了企业景气、物价调查系统升级、维护工作，开展对制度性调查工作的全面培训。完成全省各月度货币监测分析报告和宏观经济分析报告，建立环比经济金融指标监测体系，经济金融监测分析工作的实效性、前瞻性进一步增强。

【征信管理】 推动全省社会信用体系建设，在向地方政府及社会各界广泛宣传的基础上，出台《甘肃省人民政府办公厅关于加快推进社会信用体系建设的意见》，建立了由省政府领导、相关部门参与的工作机制。坚持做好企业和个人征信数据月度核对工作，重点加强与地方性金融机构的数据核对，全面提高了征信系统数据质量。至2009年底，全省入库人民币企业贷款余额2679.92亿元，比上年增加442亿元，增长19.75%；入库个人贷款余额478.93亿元，比上年增加149.22亿元，增长45.26%。加大征信系统的推广应用，2009年，全省累计查询征信系统157.1万次，比上年增加81.4万次；受理异议申请228笔，都得到有效解决。利用扩大贷款卡发放和年审范围等多种途径，广泛征集中小企业信用信息，建立健全中小企业信用档案。至2009年底，全省累计为7.2万户中小企业建立信用档案，比上年增加4334户。依托“信用村（镇）”创建工作，稳步推进农村信用体系建设，至2009年末，全省共为285.73万户建立农户信用档案，评定信用等级农户196.68万户，累计发放贷款299.71亿元。结合开展征信数据核对、异议处理，经常性地对金融机构执行企业和个人数据库管理规定情况进行抽查和检查，维护了信用报告主体的合法权益。全年完成了对8家借款企业和12家担保机构的信用评级。组织做好非银行信息采集工作，积极协调已报送数据的数据源单位提高数据报送质量，在确保连续报送的同时，报送数据量大幅度增长。至2009年末，全省信息采集范围已扩展至12个领域，其中入库个人住房公积金缴存账户191.1万个，个人电信正常缴费账户264.46万个，个人电信欠费账户157.56万个。与省高级人民法院就集中采集法院诉讼信息进行了协商。

【支付结算工作】 2009年，从农村市场需求出发，切实改善农村支付服务环境，制定《甘肃省改善农村地区支付服务环境实施意见》，在秦安、临泽、永登、通渭、景泰和康乐6县开展示范县试点工作，取得显著效果。督导甘肃省农村信用联社完成行内系统改造，新增支付系统县及县以下接入网点机构252家，扩大了支付系统覆盖面。举办甘肃省农民工银行卡特色服务开通仪式，不断提高服务质量，全年业务量达36.12万笔、金额1.90亿元。

与省商务厅、旅游局制定加强银商合作、鼓励经营者受理银行卡等推进产业发展的意见。开展了以“刷卡促消费、共同拉内需”为主题的大型宣传活动，组织11家发卡机构开展银行卡业务知识竞赛活动并在甘肃电视台播出，编印《银行卡业务知识问答》。与省公安厅建立银行卡风险防范长效机制，加强资源共享，提高了打击银行卡犯罪的工作效率。整理编发《甘肃省银行卡风险情况通报》，向社会发布预警防范信息，提高了公众防范意识。制定《甘肃省加强银行卡安全管理工作实施方案》，对银行卡经营机构进行现场检查，规范银行卡各参与方行为。制定《关于规范甘肃省受理市场秩序建立银行卡产业健康有序发展长效机制的意见》，督导省内银行卡经营机构成立银行卡市场工作委员会，建立市场约束机制，对全省1.3万特约商户开展了规范受理市场专项整治工作。

完成中央银行会计集中核算系统（ABS）（5.1版）升级换版工作和电子商业汇票系统在部分金融机构上线运行。实现ABS账务对账电子化，制定印发《甘肃省中央银行会计核算电子对账系统实施细则》。开展会计核算业务检查，防范资金风险。以金昌、嘉峪关为重点城市，推广小额支付系统业务，业务量增幅明显。制定实施《甘肃省银行业金融机构支付系统直接参与者考核办法》，首次对14家金融机构支付系统直接参与者进行现场检查。制定《甘肃省支付系统应急处置隔夜头寸拆借管理办法（试行）》，组织14家金融机构签订拆借协议。组织完成省内特定非金融机构的登记工作。对全省12万存量单位银行结算账户相关个人公民身份信息进行核查，落实账户实名制。配合人民法院查询积案被执行人4134户。组织全省人民银行对金融机构账户管理情况进行检查，对违规机构予以警告或经济处罚，促进账户管理规范化。

【国库组织与管理】 2009年，全年共办理国库业务468万笔，收纳报解各级预算收入612.7亿元，同比增长26.3%。其中：中央预算收入335.4亿元，同比增长47.5%；地方预算收入277.3亿元，同比增长7.7%。拨付预算支出1242.4亿元，同比增长29.4%。全省国库工作按照“服务政府、服务民生”的要求，实施将政府资金直接汇划到最终收款人账户，减少资金划拨环节，提高资金到户速度。陇南等6个中心支库及辖属18个县区支库把24项灾后重建等财政性专项补助资金1.3亿元直接拨付到4.3万农户，拓展了国库服务民生新领域。在全省基本实现财税库银横向联网的基础上，扩大国税系统财税库银横向联网系统（TIPS）在全省的覆盖面，到年底全省14个市州、88个县区，有37648户纳税人通过TIPS系统实现缴税，占全部纳税户的33.97%，缴税额占中央级税收的36.56%。推广使用银行卡刷卡缴纳税款，提高税款入库速度，嘉峪关、张掖、天水市中心支库在5个金融机构使用POS机办理刷卡缴税业务3.1万笔。

加强国库内部管理，进一步规范预算收入退库业务，明确退税的审批机关和审批权限，下放兰州市辖区退税业务审核权限，优化退税审核和办理流程。加强应急管理，组织全省13个中心支库和63个县区支库开展手工业务处理的应急演练。加强国库监督管理，组织全省国库部门开展内控安全管理自查和专项抽查工作。依据行政许可规定，批准中国银行甘肃省分行营业部等7家商业银行代理国库集中支付业务的资格，批准设立天水市开发区支库，建设银行天水市麦积支行代理国家金库天水市开发区支库业务的资格。推进财政国库管理体制改革。截至2009年底，全省 13个市州中心支库、21个县（区）支库推广国库集中支付业务，办理集中支付业务34.3万笔，金额310.8亿元。配合财政部门“省直管县”管理体制改革。2009年新增省直管县25个，全省共有41个县实行省直管县，省分库指导县支库做好省直管县库款的及时入库，拨付财政资金641.94亿元，促进了县域经济发展。

【国债管理】 2009年，全省共承销五期凭证式国债17.8亿元，实际销售16.0亿元，占计划销售额的89.79%；组织发行八期储蓄国债（电子式）7.3亿元；全年兑付历年到期国债本息10.1万元。每期国债发行前，紧密结合甘肃实际，提出具体发行要求，及时做好相关准备工作。在每期国债发行首日，组织人员对承销机构发行情况全面开展现场检查，及时研究解决发行过程中存在的问题。全年组织检查8次、检查凭证式国债发行网点115家，根据发行进度和现场检查情况，及时向人民银行总行国库局反映甘肃省国债发行情况。全年共上报国债发行周报37份、国债持有量月报表12份。

开展人民银行直接办理无记名国债兑付业务。全年全省人民银行有13家分支机构办理无记名国债兑付业务，全年累计兑付无记名国债和单位国债收款单本金6.5万元，利息3.6万元，维护了国债信誉，赢得投资国债者的好评。各级国库与发行部门紧密协作，将人民银行与兑付网点账务核对无误的国债实物券65252元全部入库保管，做到“账账、账表、账实”相符。对下级国库部门销毁国债逐年、逐券别进行核对、盖章确认，做到销毁手续齐全，销毁程序符合规定。全年共销毁上年兑付的无记名国库券实物29.32万元。针对国债发行信息和承销机构城乡不对称、农民购买国债难的问题，组织全省国库部门与国债承销机构联合开展“送国债下乡”活动，开拓农村国债市场。甘肃省分库被人民银行总行国库局确定为国库管理信息系统（TIMS）（凭证式国债部分）的试点省份，做好系统的安装、测试和模拟运行，加强系统上线后的同步监测和数据报送。

【货币发行】 密切关注全省经济金融发展形势，强化现金投放、回笼统计监测，全年全省累计投放、回笼发行基金较上年同期分别增长17.27%、10.42%，满足了地方经济发展和灾后重建对现金的需求。加大小面额人民币的投放回笼力度，在全省指定106家金融机构营业网点，专门办理小面额人民币投放、回笼业务，建立小面额人民币定点支付、回收制度。加强货币金银管理信息系统管理，全面提高货币发行业务会计核算水平。规范货币发行业务会计核算操作，深化发行基金调拨命令签发电子化工作，强化业务操作和个人数字证书盘的管理，完成金银子系统初始化工作。完成贺岁牛、“和”字书法、环境保护3套3枚普通流通纪念币的发行工作。

5月，组织开展《中国人民银行人民币发行库管理办法》执行情况检查；10月，开展旺季发行库安全检查，检查面达到100%，逐项排查发行库的风险点，对发现的问题提出整改要求，并将检查情况在全省范围内通报。兰州分库、武威市、酒泉市、定西市中心支库被人民银行总行评定为“一级发行库”。创新发行库管理技术手段，开发了兰州中心支行人民币发行库管理信息系统，对全省51个发行库的基础信息进行采集、整理、录入，为下一步实现全省发行库信息数据共享、提升发行库管理水平奠定了基础。

按季度下达残损人民币销毁计划，对各行工作进度按月跟踪统计，确保销毁任务完成。加强对残损人民币清分、复点工作的检查指导，安全管理意识显著增强。天水市、张掖市钞票处理中心按照预案开展钞票处理业务应急演练。8月，将天水市钞票处理中心2台清分设备搬迁至兰州钞票处理中心，优化了钞票处理中心布局。承办中国人民银行钞票处理销毁督查员培训班，就钞票处理做法和经验作了交流发言。

【人民币流通管理】 充分发挥甘肃省反假货币工作联席会议办公室的职能作用。4月，组织召开甘肃省第四次反假货币工作联席会议。6月，组织召开甘肃省反假货币成员单位“09行动”联席会议，分管行领导到会并讲话，分析当前反假货币工作的严峻形势，与省公安厅建立联

席议事和信息交流制度，形成政府牵头、部门协作、齐抓共管、综合治理的工作格局。采取多种方式，有针对性地开展反假货币宣传。3月、6月，以开展打击假币犯罪专项“09行动”为契机，联合公安机关、反假货币办公室各成员单位，在全省开展反假货币集中宣传月活动，消除了群众对“HD90”假币的恐慌心理，提高了公众的防范意识和识别假货币能力，取得良好的社会效果。开展检查培训，提高金融机构人民币收付业务工作人员技能。对各金融机构使用的自动存取款机、柜台点验钞机、小型清分机等机具进行防伪功能检测，增强了机具的安全性和可靠性。举办本外币反假货币培训班35期，组织对全省4223个金融机构营业网点、4556名出纳人员进行了上岗培训考试，为考试合格人员颁发《反假货币人员资格上岗证》，指导商业银行对开户单位举办培训班20期，提高了业务人员识假、反假货币的能力和意识。加强配合协作，加大对制贩假币违法犯罪活动的打击力度。组织开展假人民币市场非法流通状况调查，对流通中假币信息进行监测，掌握假币犯罪活动的新特点、新动向。配合公安机关打击制贩假币违法犯罪活动，全年共收缴假人民币395.46万元，其中公安机关收缴182.23万元，银行柜台收缴213.17万元。依法加强对金融机构人民币收付业务的管理。每季度组织商业银行召开人民币流通管理联席会，传达人民银行关于人民币收付业务管理的政策导向，通报商业银行向社会公众提供现金服务的真实状况，督促商业银行自觉做好大小票和残损人民币兑换工作，共同维护人民币的良好信誉。5月，对全省452家商业银行营业网点的人民币收付业务进行检查，提高了流通中人民币的整洁度。严格按照行政许可事项办理程序，做好对全省经营、装帧流通人民币企业的审批、报备工作。6月、10月，对经营流通人民币的7家企业进行重新登记，检查其经营情况，规范了流通人民币经营、装帧行为和钱币市场秩序。严密关注、防范、打击“法轮功”分子利用人民币进行反动宣传的违法犯罪活动，维护了人民币作为法定货币的神圣性和严肃性。加强对全省658家人民币流通状况监测网点的指导，重点收集流通中人民币券别结构、需求、整洁度等信息，为做好现金供应、券别结构调剂、残损券回收等工作提供参考和依据。组织天水市、平凉市、临夏州中心支行完成了2005年版第五套流通中人民币纸币4种券别的抽样、收集、登记和送检工作；对第五套人民币100元、10元、5元、1元4个券别共70箱纸币的原封券进行质量检测，为准确判断、掌握人民币的质量状况和流通使用时间提供参考。

【反洗钱工作】 统一全省反洗钱现场检查操作程序，制定印发《甘肃省反洗钱现场检查操作规程》，提升了全省反洗钱现场检查效率和水平。规范辖内金融机构重点可疑交易报告工作，制定印发《甘肃省金融机构重点可疑交易报告暂行办法》，提高了可疑交易报告的利用价值。引导和激励金融机构全面履行反洗钱义务，修订完善《甘肃省银行业金融机构反洗钱工作考核评估办法》，制定印发《保险业金融机构反洗钱工作考核评估暂行办法》，逐步开展对金融机构差异化管理。建立金融机构反洗钱分类监管机制，开展了对辖内12家银行和19家保险公司的反洗钱考核评估工作，根据考评结果对金融机构进行评级和分类管理。通过电话询问、书面质询、现场走访和约见谈话等措施，引导金融机构从“防御性”报告行为逐步向“主动性”报告行为转变，切实提高可疑交易报告质量。扩大大额现金监测试点范围，增加白银、嘉峪关、金昌、酒泉市和甘南州作为大额现金监测试点单位。探索开发大额现金监测报送系统，实现数据的快速采集、汇总和上报，大额现金监测工作取得明显成效。按照风险为本的监管方法，有重点地对辖内保险业金融机构和银行业金融机构高风险业务开展反洗钱现场检查。2009年，全省人民银行对12家金融机构及其153个分支机构进行反洗钱现场检查。其中：对6家银行的现金、外汇、银行卡以及网上金融等业务进行反洗钱现场检查，对5家保险公司和1家证券公司全面履行反洗钱义务情况进行现场检查。全年完成现场检查报告127 份，下发反洗钱现场检查意见书99份，对发现的违规问题提出限期整改的处理意见。全年协助侦查机关完成反洗钱行政调查和案件协查20起，调查账户近350户，调查交易资金约7.8亿元，立案侦查8起，破获案件3起。组织开展了“护航2009”反恐融资专项行动，制定专项行动方案，定期与有关部门进行情报会商，为涉恐案件的深入开展提供有力支持。由于反洗钱协查工作积极有效，受到人民银行总行反洗钱局的表扬和甘肃省国家安全厅的书面感谢。深入开展反洗钱宣传和培训。组织全省金融机构开展“认真履行反洗钱义务——反洗钱从我做起”主题宣传月活动和预防“警察查洗钱”电话诈骗宣传活动，全省人民银行和金融机构共开展反洗钱宣传活动529次，参与人数7万人。

【金融研究】 针对经济金融运行各种不确定因素增多，分析、判断形势的难度明显增大的情况，全行广泛开展调查研究，及时反馈宏观调控政策执行效果，共完成各类调研报告230篇，为上级决策提供有效参考。货币信贷处参加省政府月度经济形势分析会，及时掌握全省经济发展趋势和特点，吃透省情，寻求经济金融良性互动的结合点，研究有效应对经济金融危机的金融措施。探索完善微观经济主体对宏观调控政策反应的快速调查机制，开展政策落实情况调研和实施效果评估。调查统计处做好经济调查，共完成扩大内需政策效应、政府投融资平台、产业结构调整、农村金融发展以及贷款增量、结构、票据等方面的快速调查20多项。金融稳定处开展一系列专题调研，形成10余篇具有前瞻性的调研报告，为各项工作的开展提供了实践依据。《甘肃省新型农村金融机构调查与思考》和《关于宏观压力测试的延伸性思考》等5篇调研报告被人民银行总行《金融稳定工作信息》刊登交流。金融研究处向省政府报送《关于请求国家出台支持甘肃经济社会发展金融政策的意见》、《关于2009年全省经济社会发展工作的建议》和《关于甘肃金融支持藏区经济社会发展的调研报告》等8篇专题报告，引起省政府高度重视，一些意见转化为省政府的政策措施。紧扣国际、国内热点问题，全年编发《热点问题追踪》12期，编发《甘肃金融研究报告》30期，编发《动态》20期。

开展重点课题研究，拓宽研究的广度和深度。全行共承担包括人民银行总行重点课题《我国农地金融制度建设的探讨与构想》，西安分行重点课题《甘肃省特色农业产业链延伸问题研究》和《世界经济金融化趋势研究》在内的28项重点研究课题。重点课题选题涉及货币信贷政策、金融稳定、区域经济发展、农村金融和央行建设等多个方面，完成《甘肃省旅游经济与金融支持研究》、《开放经济条件下居民消费需求演变及影响因素分析》、《金融支持甘肃省文化产业发展问题研究》等一批重点课题，有效拓宽了课题广度。完成《欠发达地区农村金融发展路径研究》等有较高科研价值的重点课题，有效拓展了研究深度。全年在全国和省级以上刊物发表调研文章60篇，其中在《金融研究》、《中国金融》等国家重点核心期刊发表16篇，研究影响力进一步扩展。

把特色研究工作摆在突出位置，坚持重点课题与特色研究相结合，力求做到以重点课题形式深化特色研究，以特色研究提升重点课题研究水平，并将之贯穿于整个研究工作始终，取得了阶段性成果。组织全省人民银行系统调研力量围绕金融生态环境与区域经济增长、西部地区扶贫问题、资源性城市转型与可持续发展3个特色领域开展调查研究，全年撰写特色研究报告160多篇，在省级以上刊物发表78篇。部分市、州中心支行结合各地经济金融特点形成的一些特色研究成果在《中国金融》等高层次刊物发表。完成的《中国区域经济与金融发展探索》和《中国经济金融发展与央行建设问题研究》两本书，由中国金融出版社出版发行。

【甘肃省钱币学会】 以“加强学术交流、深入调查研究、反映调研成果”为重点，扎实推进学会各项工作。召开甘肃地方货币学术研讨会，开展以钱币文化知识培训和优秀论文研讨为内容的钱币文化交流活动，编辑出版《甘肃金融钱币增刊》。完成人民银行兰州中心支行重点调研课题《市场经济条件下货币文化产业发展问题研究》及《履行学会职责 推进文化建设》、《我国贵金属纪念币反假工作思考》、《如何看待中央银行货币文化建设问题》、《立足钱币 面向社会 突出特色 扎实推进基层央行货币文化建设工作》等研究论文，进一步提高了钱币研究水平。编辑印刷《甘肃省反假货币工作成果展》文集，充分反映了反假货币工作成果。收集、整理了甘肃省钱币学会1986年成立以来20年的历史档案资料，完成《金融志》钱币学会部分的撰写报送工作。

以钱币博物馆陈列为平台，开展钱币文化交流、展示宣传活动。钱币博物馆全年共接待人民银行总行苏宁副行长、纪委书记王洪章等领导及社会各界钱币爱好者5000余人次。建立健全博物馆相关管理制度，完善馆藏实物电子档案。立足甘肃地方文化实际，积极参与各种社会活动，宣传普及货币文化知识。参加了“3·15”消费者权益日、“5·18”国际博物馆日、6月的国家文化遗产日、“09行动”反假币大型咨询宣传服务等活动，向社会公众普及钱币知识和货币文化。首次组团赴京参加以“方泉世界 辉煌历程”为主题的第十四届北京国际钱币博览会，宣传展示了甘肃地方钱币文化产品。开展“中国贵金属纪念币维权反假宣传周”活动，荣获“中国贵金属纪念币维权反假宣传周经销商业绩”二等奖。举办了以“凝聚合力 共建品牌 走进社区”为主题的“金币知识进社区”活动，荣获“2009年金币知识进社区”三等奖。研发了《中国历代货币实物标本册》、《传世宝银》、《丝绸之路货币》、《魅力甘肃》等具有地方特色的钱币文化产品，钱币文化开发、营销能力进一步增强。学会创办的甘肃开元钱币文化有限公司获得中国金币总公司2009年度中国金币特许零售商示范店资格，并获准经营2010年上海世博会贵金属纪念币、章等产品。甘肃省钱币学会荣获中国钱币学会第三届“先进团体会员”奖；钱币学会撰写的《西北银行甘肃分行及纸币发行考》和《关于波斯萨珊银币在中国流通使用的若干问题》荣获论文类“金泉奖”。钱币博物馆荣获陈列类“金泉奖”提名奖，与甘肃电视台联合录制的《方圆天地》电视系列片荣获音像类“金泉奖”。

（徐哲茜）

·中国证券监督管理委员会甘肃监管局·

【概况】 2009年，甘肃证监局结合甘肃辖区实际，有效应对国际金融危机冲击，全力以赴推动甘肃资本市场稳定健康发展，市场主体综合实力明显增强。上市公司规模和竞争实力显著改善。截至2009年末，辖区有A股上市公司22家，占全国上市公司的比重上升到了1.31%，其中：主板上市公司18家，中小板上市公司3家，创业板上市公司1家；上市公司总股本115.81亿股，同比增长43%；总市值1307亿元，同比增长184%。截至2009年三季度末，甘肃上市公司资产总额达765亿元，比2008年增长32%；所有者权益总额达317亿元，比2008年增长24%。全年通过IPO、配股和增发等方式共募集资金（含发行股份购买资产）166.05亿元，约占历年辖区上市公司募集资金总额的50%。

证券经营机构盈利能力明显提升。辖区有证券公司1家，省外证券公司在甘肃分公司2家，证券营业部、服务部54家。截至2009年末，投资者开户数71.9万户，同比增长23%；指定交易与托管市值508.97亿元，同比增长22.43%；客户资金66.3亿元，同比增长99%；辖区证券交易额5789.63亿元，同比增长79%；实现净利润9.1亿元，同比增长108%；上缴营业税金及附加6831.2万元，同比增长87%。

期货经营机构发展基础逐步夯实。截至2009年末，辖区有期货公司1家，期货营业部5家；全年实现期货交易额960.21亿元，同比增长155%；期货交易量162万手，同比增长119%；手续费收入1247.43万元，同比增长96%；利润总额362.67万元，同比增长37%；期货保证金余额1.43亿元，同比增长307%；客户人数1327人，同比增长79%。

【服务地方经济】 甘肃证监局利用各种途径宣传资本市场，帮助政府、企业等有关各方了解资本市场发展新动向，熟悉IPO和再融资政策，增强改制上市的信心。全年共调研7个市州、30多家企业，召开各类座谈会50余次，向省、市、县三级政府及其有关部门赠送《中国资本市场发展报告》800余册。及时向地方政府揭示政策走向、反映市场热点、通报辖区上市公司和证券期货经营机构运行情况，提出资本市场支持少数民族地区发展、中小企业发展、辖区资本市场加快发展的建议。配合省政府有关部门举办培训班，提供政策咨询，加大上市后备资源培育工作力度，取得明显成效。甘肃大禹节水公司作为首批上市的28家企业之一成功登陆创业板，募集资金2.5亿元。当年，辖区有4家公司进入辅导期，有3家公司向中国证监会上报首发上市申请，进入审核程序。

【履行监管职责】 督促辖区上市公司彻底整改公司治理遗留问题，大部分公司治理结构进一步完善、内控水平不断提升、信息披露质量明显提高。建成甘肃上市公司投资者关系互动平台，利用网络集中展示辖区上市公司形象、直接与各方投资者互动交流，上市公司投资者关系管理工作进一步提升。有效实施分类监管，加强对个别高风险公司进行持续性跟踪监管，及时防控和化解风险。采用年报审计监管、公司治理整改现场验收、全面检查、专项核查等多种形式，不断加大现场检查力度，全年共现场检查上市公司12家，检查覆盖面达57%。强化中介机构监管，重点加强对审计机构和执业会计师监管，督促会计师事务所遵守风险导向审计原则，加强项目审计质量控制，严格履行审计程序，及时通报上市公司重大错报风险和内控缺失隐患。加强对保荐机构持续督导期履职检查，督促其履行督导责任。做好创业板上市公司持续监管，建立信息披露、监管报告及信访投诉处理机制，规范募集资金使用，加强控股股东和高管人员培训，督促公司规范运作；鼓励和支持上市公司并购重组，做好政策辅导和上级部门沟通等相关服务工作，加强对重组公司的现场核查，辖区6家公司重大资产重组、再融资项目取得重大进展。

督促证券经营机构进一步加强合规管理，强化净资本监控，加强资产管理业务和证券经纪业务营销活动监管，规范研究报告发布行为和投资顾问行为，提升客户服务和管理水平。全面规范辖区证券经营机构和经营网点，海通证券兰州业务总部和国泰君安证券甘肃营销总部规范为分公司，19家符合条件的证券服务部规范为营业部。严格落实证券营销有关规定，加强对证券经纪人的备案审核和监督检查，有效规范辖区机构的市场营销行为。与甘肃银监局联合对辖区具有基金代销资格的证券经营网点和银行网点基金销售业务进行全面现场检查。圆满完成原甘肃证券第4批个人债权收购工作。督促证券期货经营机构完善法人治理结构，强化内部控制，提升服务意识。强化期货经营机构保证金和净资本日常监管，开展信息系统安全专项检查和期货公司分类监管评价工作。

全面研究分析2006年以来的稽查案件和非正式调查案件，撰写案件调查指引7项、案例分析4项。研究制定《非法证券活动处置应急预案》，配合地方政府做好甘肃大圣非法集资案政策咨询和信访接待。探索制定《稽查提前介入实施规程（试行)》，为日常监管和稽查工作的无缝对接及联系配合提供制度保证。配合行政处罚执行工作，督促当事人及时全额缴纳罚没款项，有效维护证券执法的严肃性和权威性。推进"五五"普法工作，组织开展法制宣传教育。深入开展反洗钱工作，督促证券期货经营机构切实防范洗钱风险。加强诚信档案建设，市场诚信得到普遍重视，守信意识有所增强。

【加强协作配合】 综合协作监管机制进一步完善。在已建立的协作监管机制基础上，进一步加强与省委宣传部、省政府新闻办、公安厅、工商局、广电局、出版局、通信管理局等部门的协作沟通，建立打击非法证券投资咨询活动、规范资本市场信息传播秩序联席会议制度，出台相关政策文件，为整治和规范辖区资本市场信息传播秩序、打击非法证券投资咨询活动提供有力保障。系统内的支持与协调配合更加有力。地方相关部门的配合协作日趋密切、通畅。主动加强与金融监管部门、各级政府及其相关部门、司法机关、新闻媒体等的沟通协调，进一步改进和完善责任机制。在当年基金销售机构的检查、行业信息系统安全检查、上市公司重大资产重组、拟上市资源培育等方面，得到有关单位的大力支持与配合。加大对行业自律组织的督促和指导力度，上市公司协会、证券期货业协会加强会员自律管理，改善对会员的服务，组织各会员单位签订自律公约。

【维护市场安全稳定】 落实辖区维稳责任制，细化措施，分解任务，明确监管部门和市场主体的维稳责任，确保维稳工作"落实到单位、落实到岗位、落实到人员"。辖区各上市公司、证券期货经营机构、行业协会承担起维护辖区市场稳定的重任，成立了"一把手"总负责的维稳工作领导小组。组织开展矛盾纠纷和风险隐患大排查活动，特别关注投资者利益保护和风险公司风险处置，及时发现、准确掌握各种矛盾纠纷和苗头隐患，摸清矛盾纠纷和风险隐患底数，有针对性地采取措施，及时化解个别公司出现的职工聚集事件风险。辖区各上市公司、证券期货经营机构主要负责人亲临现场检查指导，对存在的突出问题及时想办法、下大力气解决，不断增加资金、人力、物力投入，把各种矛盾和风险隐患消除在萌芽状态。加强国庆、"两会"等重点时段的应急值守工作，实行零报告制度，严密监控各种风险隐患。指导和督促辖区证券期货经营机构建立健全安全保卫、信息系统保障、电力保障、消防安全等各项突发事件应急预案；组织开展突发事件应急演练，查漏补缺。联合省公安厅进行全面检查，辖区经营网点安保工作均达到了要求。建立新闻宣传、公安、电信、广电等主管部门的联席会议制度，健全协作机制，及时妥善处理媒体质疑和投诉，通过联合检查、联合执法等方式形成监管合力，有效打击和遏制了辖区非法证券信息的传播。组建辖区资本市场新闻评论员队伍，主动协调省政府新闻办和相关媒体加强对甘肃资本市场发展的正面宣传报道；开展"打非"活动专题宣传报道活动，报道典型案例，宣传政策法规，提供政策咨询，回应市场热点，引导正确的舆论方向。不断强化市场主体、行业协会投资者教育主体责任，落实《甘肃辖区投资者教育工作方案》，整合辖区投资者教育资源，开展投资者教育活动，宣传资本市场知识，揭示市场风险。坚持"抓信访、保稳定、促监管"工作理念，切实维护信访群众利益。全年共受理办理来电189件(人次)、来访16批次23人次、来信25份，为信访群众追回资金27万余元，有效解决了信访群众的实际困难，维护了信访人的正当权益。

(许尔远)

· 中国保险监督管理委员会甘肃监管局 ·

【概况】 2009年，全省保险业按照保监会"防风险、调结构、稳增长"的要求，贯彻"防起落，保发展；防风险，保权益"工作部署，全面落实科学发展观，实现持续稳健快速发展。全省保险业圆满实现年初确定的发展目标，实现保费收入114.4亿元，突破100亿元大关，提前一年实现"十一五"规划目标。保费增长速度达到17.4%，在全国排名第十五位。其中，财产险业务继续保持较快增长，保费收入27亿元，同比增长19.6%；人身险业务在上年增幅较大的基础上实现稳定增长，保费收入87.3亿元，同比增长16.7%。保险分支机构新增233家，共有21家省级分公司，1207家分支机构，总资产228亿元，较年初增长19.9%。

积极为地方经济社会提供保险服务。2009年，全省保险业累计支付各项给付赔款31.85亿元，同比增长1.9%。农业保险实现保费收入3800多万元，累计赔付农户近5600万元，同比增长99%。农村小额人身保险试点从5个市州的部分乡镇扩大到10个市州，实现保费收入697万元，承保农民13万人次，承担风险近40亿元。在农村推出个人消费保证保险，解决农民贷款难的风险问题。责任保险、工程保险继续保持快速增长势头，分别同比增长16.9%和52.4%，为西气东输二线管道建设、引洮工程等重大工程项目和产业基地建设提供保险保障，累计支付大项目赔款2750多万元。积极发展出口信用保险，为全省出口贸易提供704万美元风险保障。校园方责任保险成为全国最先实现全覆盖的省份之一。开办生源地助学贷款保证保险，

为972名贫困农家学子提供助学贷款保证保险210万元。保险机构上缴地方税收1.58亿元,代收代缴车船税1.45亿元,为地方财政增收做出了贡献。积极为社会就业创造机会,送考试下基层,累计有3.5万人次参加了代理人考试,保险从业人员达到5.1万人。

【行业风险防范】 全行业把风险防范工作摆在突出位置,采取有效措施化解潜在风险。非正常集中退保风险有效防范,剔除平安养老险公司1.35亿元大单退保,全省寿险机构退保金支出同比下降4.2%,没有出现非正常集中群体退保事件。产险机构承保利润扭亏为盈,在上年亏损1.2亿元的基础上,实现承保利润2177.4万元,其中9家公司承保利润实现增长,8家公司扭亏为盈。特别是一些中小公司经营时间虽不长,但注重公司管控,注重承保理赔等各个环节的风险防范,在实现社会效益的同时,公司能有赢利。产险机构应收保费风险有效降低,全省应收保费余额同比下降24.5%,应收保费率2.2%,同比下降3个百分点,低于全国0.9个百分点。寿险机构收付费环节风险防范有效加强,全省收付费综合业务转账率达到93%,同比提高10个百分点。

【结构调整】 落实保监会应对国际金融危机的一揽子计划和政策措施,采取一系列措施推动业务结构调整。寿险公司业务内含价值持续提升,寿险新单期缴保费同比增长40.8%,高于全国9.6个百分点,在新单保费中所占比重为33.7%,同比上升7.2个百分点,高于全国7.8个百分点。个人代理渠道保费同比增长19.8%,高于银保渠道保费增速9.5个百分点。个人代理渠道保费贡献度提高1.5个百分点,银邮渠道下降2.1个百分点。

甘肃保监局局长张瑞龙在甘肃保险行业"学习新《保险法》"研讨会上发言

【规范市场秩序】 按照"出重拳、动真格、见成效"的原则,深入开展规范市场秩序工作。有针对性地指导省保险行业协会按照会员单位的意愿,制定手续费自律公约,促进市场秩序进一步好转。2009年,累计派出660多人次,开展现场检查工作139次,给予保险机构行政处罚15次,个人行政处罚4次,累计行政处罚24.5万元,警告9次,责令撤换高管人员1人,非行政处罚措施45件次。稳步推进综合监管工作,在打击保险业"三假"活动中,联合工商管理部门、公安机关开展执法检查,查处机票代理网点销售假保单的行为,取缔非法代理网点,挽回经济损失196.9万元。全省保险市场秩序继续好转,行业综合成本率下降7个百分点。人身险公司销售行为逐步规范,销售误导一定程度上得到遏制。

【加强监管】 坚持立足甘肃省情,不断健全完善监管制度。制定保险机构高管人员管理新规定,建立省级机构主要负责人依法合规履职情况年度报告制度,实行中支机构主要负责人任职前公示制度。推行新设机构和高管人员依法合规经营承诺书制度,加强对筹建负责人的考察力度。建立银邮代理省对省的"四统一、五规范"制度。制定统计分析工作考核办法,明确统计分析报告基本框架,提高了数据分析报告的及时性、准确性和完整性。全面推行车险业务"见费出单"制度和车险保单自主查询制度。推进行业协会建设,建立秘书长考核制度,全省2/3的市州行业协会配备了专职秘书长或副秘书长。

【消费者权益保护】 做好政府信息公开工作,及时公布监管信息。开展积压赔案清理工作,财产险机构共清理积压赔案6.14万件,支付赔款2.34亿元,未决赔案比重下降18个百分点。制定车险理赔服务指引和车险理赔服务质量评价办法,缩短理赔周期。落实理赔(给付)程序公示制度,发布新的投保提示,倡导理性投保。抓住《保险法》修订的契机,在全行业深入开展"学新法、迎国庆"活动,举办知识竞赛、学法答题、高峰论坛等一系列学习宣传活动,在行业内外营造学法、懂法、守法的良好氛围。把维护稳定作为首要政治任务,认真接待群众信访投诉,100%信访投诉案件得到妥善处理。同时省保险行业协会建立30多人的仲裁队伍,方便快捷处理保险仲裁案件,保护消费者权益,促进行业和社会稳定。

【改善发展环境】 推动“三农”保险发展。联合省财政、农牧等部门下发五个有关政策性农险的文件，规范政策性农险发展。突出抓好养殖业保险理赔服务，要求承保机构将赔案处理周期控制在10天以内。主动和地方政府沟通联系，开展政策性农险应收保费清缴工作。推动责任保险发展。协调省政府批转实施《关于大力推进旅游保险工作意见》。协调公安消防部门，做好火灾公众责任险试点准备工作。与卫生厅协调，推动医疗责任保险发展。加快发展工程保险。围绕全省“项目建设”的战略目标，抓住国家扩大基础设施建设投资的有利机遇，引导保险机构做好项目保险服务，推动工程保险的发展。

【自身建设】 深入开展学习实践科学发展观活动。在整个学习实践活动期间，共向党员群众70余人次征求意见建议110余条，制定整改落实措施2大类8项47件，建立完善和修订各种制度机制36项，组织党员群众开展评议测评4次，共计编写活动简报41期，组织开展各类研讨、交流、辅导8次，开展各类主题实践活动4次。全局干部对学习实践活动的满意度测评达到100%。开展为期半年的“科学监管，攻坚克难”主题实践活动，继续巩固学习实践科学发展观活动成果。切实做好组织人事工作，进一步深化干部人事制度改革，研究制定《科级干部聘任制管理办法》，创造能上能下、竞争择优的用人机制。建立完善干部激励机制，设立年度贡献奖和年度创新奖，激励干部推动监管创新，为监管事业做贡献。坚持教育、制度、监督并重，开展纪检监察工作，强化党风廉政建设。加强依法行政管理，努力提高行政效能。

（王　海）

经济管理与监督

发展与改革

【概况】 2009年,发展和改革工作准确地把握国家宏观调控政策,认真贯彻落实科学发展观及省委、省政府"中心带动、两翼齐飞、组团发展、整体推进"的发展战略,按照市委"1355"总体思路要求,以保增长、保项目、保民生、保节能减排、保稳定为重点,全面落实国家扩大内需的各项措施。积极做好项目及资金争取工作,全力推进重大项目建设,切实做好年度计划和经济运行分析,着力加强经济社会发展的薄弱环节,加快全市信息化与电子政务建设,全面统筹经济体制改革,做好社会事业各项工作,促进经济社会协调发展。

【项目与资金争取】 围绕国家扩大内需的政策导向和项目申报条件,筛选项目593项,总投资1800亿元,申请中央投资841亿元。争取中央扩大内需项目288项,落实投资16.56亿元。向国家部委多次进行汇报和协调,兰州城市轨道交通项目已列入国家规划,重离子束治癌中心等一批重大项目得到国家有关部委的认可和支持。积极拓宽融资渠道,多渠道争取资金44.81亿元。其中:争取中央扩大内需资金16.56亿元,中央预算内投资3034万元,省预算内投资1222万元,城市基础设施债券15亿元,甘肃省地方债券6.8亿元,中期票据6.03亿元。成功发行的15亿元企业债券,开创了以发行企业债券方式从金融市场直接融资的新局面。按照省市部门对口衔接的原则,积极与省上沟通衔接,将南山路、城市轨道交通、城区污水全收集管网、秦王川综合开发等8个项目确定为省市共建项目,通过省市联动,共同推进。

【项目管理】 成立市和县区扩大内需协调领导小组、重大项目办公室,调整充实机构、人员和职能。制定下发了重大项目议事规则、市领导联系督查、审批绿色通道、重大项目统计通报、重大项目考核奖惩办法、前期经费管理6个制度,建立完善了贯通县区、上下联动的重大项目统计通报工作机制,细化并理顺了从项目申报到审批许可的全部流程。健全市级领导联系重大项目责任制、项目业绩考核制、责任追究制和目标管理责任制,将项目建设内容、资金拨付和使用、配套资金的落实、工程建设进度和质量管理等任务层层分解,做到目标明确、责任到位。按照行业归口、属地管理和项目审批及资金申请部门主管的原则,筛选确定了100个重大项目,分解到8个县区、15个市直部门单位。落实四大家领导联系重大项目责任制,筛选了118个项目,对应市领导工作分工,分解到20位市级领导联系督查。全年协调召开重大项目领导小组会、协调例会、办公会27次,自下而上分层次协调解决项目建设中的问题100多个。坚持把经常性检查与集中督查相结合,先后3次配合中央检查组,3次配合财政部甘肃专员办、省政府督查组、省审计厅对全市扩大内需项目进行检查;5次组织13个市直部门组成督查组,排查全市重大项目和扩大内需项目中的问题;7次抽查了各县区、各部门扩大内需项目建设进展情况。对2009年三轮中央检查发现的8个项目21个问题,按照责任到人、限时办结的要求,逐条落实整改,逐条检查验收,进行百分之百地整改。省市检查中发现的问题,基本得到整改。落实月统计、月通报、周通报制度,20次通报全市重大项目进展情况,查找不足,分析原因,提出对策,推进项目建设进度。

【规划编制与实施】 积极开展"十二五"规划编制前期工作,提出了全市"十二五"规划编制工作安排意见,确定了24个重大研究课题和23个专项规划,对规划编制任务进行了分解,提出了工作目标和进度要求。准确把握宏观经济形势与环境,科学制定年度计划。认真开展年度计划调研,全面分析经济运行态势,综合各方面意见,合理制订和下达了农业、工业、投资、利用外资、社会事业等11个年度专项计划。

【国民经济运行与监测】 针对复杂严峻的经济形势,加大了经济形势分析工作力度,提高经济运行监测预测工作的科学性、时效性和准确性。多次组织县区、部门和企业召开兰州市经济和行业经济运行座谈会,及时掌握县区和行业经济运行情况及存在的困难和问题。对一季度、上半年、1月—8月、三季度、1月—10月、1月—11月和全年经济运行情况进行重点分析。围绕市委、市政府确定的中心工作,对固定资产投资和工业运行情况进行专题分析;综合全国、甘肃省和兰州市经济形势,对照西北5个省会城市、西部10个省会城市经济发展动态搞好比较分析,提出对策与建议。编发《经济运行分析》和《经济动态》9期,为领导决策提供准确依据。

【配合国务院调研组在兰州市调研】 2009年6月,国家34个部委组成联合调研组来甘肃省开展调研,研究国务院支持甘肃加快经济社会发展的意见。兰州市积极开展调研的相关配合工作。发展和改革部门在与甘肃省和兰州市直各部门沟通、衔接的基础上,研究提出了《兰州市迎接国务院调研组来我市调研安排意见》,对调研内容、时间安排、部门分工做了详细安排和周密分工。协调相关部门开展了市情、产业发展、重大项目、政策支持等12个方面的研究,汇总出请求国家支持的205条政策建议和179项重大项目,提出了以设立国家综合配套改革试验区为核心的7个方面的政策建议和10个方面的重大项目请求国家支持。多次赴京向相关部委进行汇报和衔接,积极争取设立综合配套改革试验区、兰北新区、综合保税区等方面的政策和移山造地、重大地质灾害防治、秦王川综合开发、大气污染和水污染治理等项目。经过努力,兰州市提出的17个方面的政策建议和重大项目得到了国务院调研组的充分肯定,并在《关于促进甘肃省加快经济社会发展的调研报告》(征求意见稿)中得到了充分体现。

【兰白都市经济圈建设】 2009年,省委提出了"中心带动、两翼齐飞、组团发展、整体推进"的区域发展战略,明确了兰白(兰州市白银市)都市经济圈在全省发展战略中的核心地位。围绕兰白都市经济圈建设认真研究谋划,积极沟通协调,各项工作顺利推进。参与全省主体功能区规划的编制,完成了功能定位、发展方向、空间布局、区域经济一体化等内容的充实和完善,兰州—西宁已被国家列为全国13个重点开发区之一。与白银市发改委多次衔接,就兰白都市经济圈建设的工作思路和阶段性任务进行了认真研究,建立了双方沟通协调机制。起草了"兰白区域经济一体化"建设工作方案,提出了组织机构、原则目标和工作进度。配合省上和国家发改委宏观经济研究院做好《兰白区域一体化发展规划》编制的调研工作,组织相关部门、县区召开座谈会,并深入县区进行实地调研。与白银市发改委就两市签订战略合作协议进行了沟通和协商,为兰州、白银区域经济一体化框架协议签约仪式相关事宜进行积极筹备。

【经济体制改革】 是年,整体安排和全面部署全市改革工作,研究制定了《兰州市2009年经济体制改革工作指导意见》,调整了市、县(区)级统筹协调改革的领导机构,建立了改革工作联席会议制度,加强对改革工作的指导。加快推进体制机制创新,围绕经济发展、科技创新、社会进步、文化建设、民生改善和生态文明六大类31项指标,建立健全经济社会发展水平综合评价体制机制。围绕产业发展投入机制、扶持机制、服务机制和评价机制,建立和完善创新产业发展体制机制,促进产业加快发展。积极配合省发改委做好全国部分省区市经济体制改革座谈会及兰州市考察工作,确保会议成功召开。会议期间,市领导就兰北新区建设情况,向国家发改委领导进行了汇报。以产权制度改革为核心,推进城乡一体化改革。按照"统筹抓规划、建设抓基础、增收抓产业、改革抓转型"的要求,学习借鉴成都、重庆等地先进经验,分2010年、2014年、2020年三个阶段,提出目标任务和工作措施,逐步建立全市城乡一体化发展新格局。启动了城乡一体化产业发展规划编制工作。积极参与林权制度改革,不断完善工作方案,协调推进试点建设。试点乡村调查摸底、建档发证工作进展有序;明晰产权、承包到户的主体改革任务全面完成。牵头组织和协调全市深化医药卫生体制改革,拟定兰州市深化医药卫生体制改革实施方案,突出抓好基本医疗保障制度建设、国家基本药物制度建立、基层医疗卫生服务体系健全、基本公共卫生服务均等化及公立医院改革试点推进5大重点工作,争取3年内实现阶段性目标。协调推进铁路、航空和物流业等领域的改革。

【社会事业发展】 全年争取168项社会事业基础设施建设项目纳入国家扩大内需范围。重点加快农村初中校舍改造、中等职业教育基础能力、农村基层卫生、文化、体育、计划生育服务设施建设以及基层养老、红色旅游等基础设施建设。会同相关部门完成农村初中校舍改造、农村卫生服务体系、市养老服务设施试点方案的编报工作。完成农村初中校舍改造、农村卫生服务体系、农村计生服务站、乡镇综合文化站建设项目审批工作。指导永登县医院综合业务楼、兰州烈士陵园改造工程及5个基层医疗卫生服务体系建设项目开展项目前期工作。开展中小学危房改造工程项目建设方案审查审批工作。争取中央投资2.5亿元，用于64万平方米廉租住房项目建设，年内建成1511套，7.56万平方米；主体封顶497套，2.49万平方米；正在建设1.1万套。批准经济适用房项目148个，建设规模600万平方米，计划投资129亿元，年内开工面积479万平方米，竣工面积109.5万平方米，累计完成投资47.42亿元。争取扩大内需中央投资5540万元，用于西固区、永登县、榆中县、皋兰县污水垃圾处理，县城供水及排水等项目建设。

【信息化与电子政务建设】 抓好全市信息化与电子政务建设的重点工作，制定了全市电子政务建设管理、信息资源共享、公文传输、政务邮件系统、政务网络安全、外包服务、项目验收、外网管理、项目建设绩效评估9个管理暂行办法。做好政府部门政务信息化项目建设方案的审查工作，对市纪检委等8个单位信息化建设项目方案进行了审核，为全市政务信息资源共享奠定了良好基础。做好市级部门及县区网站的监督、管理工作。协调配合相关部门，对全市政府互联网网站开展大检查，提升全市政府网站质量。积极推进“甘肃省政务热线系统”兰州市试点建设，协调相关部门编制了《甘肃省政务热线综合服务及应用支撑平台兰州市试点建设方案》，项目进入工程建设阶段。积极做好全市数字化城管建设、社会治安和城管视频监控资源整合工作，就项目投资、运维模式广泛征求专家和部门意见，提出了兰州市数字化城管的参考模式和建设思路。抓好政务基础信息系统建设项目，在充分征求专家意见、吸收先进地区建设经验的基础上，完善项目初步设计。严格按照程序开展一期工程建设招标工作，委托招标代理机构组建了50名国内知名专家组成的项目评标省外专家库，在相关部门的全程监督下，完成了专家抽取、评标、开标工作，中标单位报市政府审定通过，项目已进入建设阶段。

（白廷龙）

国土资源管理

【概况】 2009年，全市市域总面积13103.05平方公里。其中，农用地11367.52平方公里，占土地总面积的86.75%；建设用地570.37平方公里，占土地总面积的4.36%；未利用地1165.16平方公里，占土地总面积的8.89%。矿产资源比较丰富，已发现矿种48种，约占全省已发现矿种的三分之一。已开采的矿种有煤、石灰石、石英石、砂石粘土等20多种。

【地籍管理】 是年，全面完成第二次全国土地调查任务。调查土地面积约1.313万平方公里，涉及三县五区63个乡镇24个街道，共调查图斑（宗地）256885个。全年发放农村宅基地土地确权证书7851本，累计发放260867本。办理各类土地抵押登记59件，抵押面积1362252.22平方米，颁发《土地他项权利证》53本。

【地价管理】 是年，通过对兰州市商业、住宅、工业共191个监测点的跟踪监测和分析，全市土地价格总体趋势呈现逐年上涨、但涨幅趋缓的趋势。2009年，国家运用土地资源参与宏观调控，加大土地资源管理力度，全市整体土地价格水平与2008年相比基本持平。国家继续加大宏观调控力度并严把土地闸门，加上金融危机的冲击，各行业的增长速度均有所下滑，土地需求与往年相比有所下降，因此，2009年商业、住宅、工业用地的地价基本未发生变化。

【基本农田保护】 全年耕地保有量为402.924万亩，基本农田保护面积334.64万亩，保护率达到83.05%以上。结合国土资源部、农业部、国家统计局对耕地保护目标责任制的检查，督促各县区不断完善耕地保护工作，落实耕地保护责任及基本农田保护“五不准”制度，做到了“七有”，使保护任务落实到地块，落实到乡镇、村和农户。积极落实耕地占补平衡任务，组织土地开发整理项目，全年共确定土地开发整理项目17个，总投资12819.98万元，总规模1951公顷，预计新增耕地1002.24公顷。年内已竣工项目6个，总规模531.01公顷，新增耕地416.31公顷，总投资3699.82万元。

【建设工程用地】 是年，受理建设工程用地预审项目报件7宗。其中：兰州市城市轨道交通项目，是国务院批准的申请亚洲银行贷款的基础设施项目，用地总面积122公顷；武警森林总队项目，是国务院中央军委批准的军事设施项目，用地总面积4.6666公顷；其余为棚户区改造、污水处理厂等5宗。年内7

宗用地项目全部办结。经省政府批准，兰州市城市建设用地41宗，面积435.9365公顷。经国土资源部、省政府批准的单独选址项目5宗，为兰银输气管道、兰郑长输油管线、甘肃小三峡乌金峡水电站、甘肃引洮供水一期工程、黄河河口水电站，总面积278.4284公顷。根据石空—兰州输油管线、兰州原油储备基地、兰渝铁路、宝兰客用专线和广电总局291台等项目建设的需要，积极协调省上和国土资源部对土地利用总体规划进行了部分调整，确保了国家、省级扩大内需项目在兰州市的及时落地。

【闲置土地处理】 2009年，市国土资源局根据国家、省上对闲置土地处置的文件精神，对前期已清理出的闲置土地再次核查落实，对制定的闲置土地处置方案做了局部调整，采取"限期一年利用，尽快办理规划手续"、"储备"等方式进行了处置，促进闲置土地利用。

【地质灾害防治】 是年，全市地质灾害防治工作全面展开。8月，组织编制并经两院院士论证通过了《兰州市城市重大地质灾害防治专项规划》，已经省市政府批准实施。编制完成《兰州市城市重大地质灾害应急治理项目可行性研究报告》及大砂沟、庙滩子、伏龙坪等8项特大型地质灾害综合防治可行性研究报告。向国家和省上成功申报了九州石峡口滑坡、皋兰山滑坡二期、大砂沟泥石流一期等特大型地质灾害应急治理项目。组织编撰出版了《兰州市地质灾害与防治》专著；参与承办了中国首届"城市建设与地质灾害防治学术论坛"；市政府与中国地质环境监测院签订了关于联合共建面向国内外开放的"中国黄土高原地质灾害防灾减灾兰州科学试验基地"的框架协议，为今后兰州市地质灾害研究与防治争取国家支持奠定了基础。组织开展了姐姐沟、享堂峡二期、西寺沟等16项应急治理工程。实施了榆中县定远镇矿湾村、皋兰县水阜乡等12项地质灾害搬迁避让工程，确保人民群众生命财产安全。积极推进县区政府负责和群测群防体系建设，建立了市、县（区）、乡镇（街道）、村（居委会社区）四级责任制度；成立了兰州市地质灾害防治与研究工作站和应急指挥中心；城关区、西固区、榆中县"十有县"建设获国土资源部命名，全市地灾防治工作向专业化方向迈进了重要一步。

全年突发地质灾害21起，伤亡10人，造成直接经济损失2100多万元。5月16日，兰州市城关区九州石峡口发生特大型山体滑坡灾害，造成7人遇难1人受伤，直接经济损失2000多万元，安全疏散164户600人。

【矿产资源管理】 《兰州市第二轮矿产资源总体规划》已完成规划报告的初审及上报工作。全年新办和到期有偿延续矿山企业26家，共计收取采矿权价款359.32万元，比上年增长185%；征收矿产资源补偿费105万元。全面完成2008年度探矿权、采矿权年检和全市非煤矿山的整合任务。积极整顿和规范开采秩序，全年关闭煤矿12处。加强矿业权监督管理，严厉打击各类违法行为，切实规范矿产资源开发秩序，矿山生态破坏现象明显减少，矿产资源合理开发利用水平明显提高。

【国土资源执法监察】 完成2008年度卫星图片遥感图斑的执法检查、统计监测组织、汇总及上报工作。全年查处各类违法案件29宗，涉及土地面积297.23亩，罚款41.91万元，依法追究责任人5人，有力打击了各类国土资源违法行为。协调解决历史遗留问题，对土地执法百日行动和历史遗留违法266宗和经营性历史遗留问题再次进行了深入细致的清理、复核，并提出解决意见上报省厅和市政府。加强国有建设用地改变用途的监管，出台了《兰州市实施国有建设用地用途管理征收年租金的规定》，组织开展了年租金征收工作。

【维护被征地农民利益】 按照《土地管理法》及《征收土地公告办法》的规定，严格落实土地征收制度，征地补偿费及时兑现。在征地过程中，各县（区）对建设征地项目的位置、面积、地类、用途、征地补偿标准、支付对象、安置途径、补偿登记等内容一律进行公告。公告地点一般选在被征地乡（镇）、村、社人员集中的地方，公告方式采用张贴和送达相结合的方式。对被征地农民通过货币补偿、就业培训、社会保障等方式予以妥善安置，确保被征地农民原有生活水平不降低，长远生计有保障，维护社会稳定。

【城关分局获国土资源部表扬】
2009年2月11日，中共中央组织部、宣传部，国家教育部、司法部、广电总局和国土资源部联合召开全国县（市）、乡（镇）、村级干部国土资源法律知识宣传教育培训活动总结通报电视电话会议。会议总结了2008年全国县（市）、乡（镇）、村级干部国土资源法律知识宣传教育培训活动，通报表彰了在组织活动中表现突出的265个单位和个人。市国土资源局城关分局受到国家六部门通报表彰。

2008年，市国土资源局城关分局扎实有效地开展"街道、村（社区）国土资源法律法规知识宣传教育培训活动"，通过研讨式、案例式、专家讲座、座谈交流以及多媒体教学等多种形式，对城关区24个街道、40个行政村、124个社区负责人和分局全体人员共200多人，进行了国土资

2009年兰州市突发地质灾害情况

序号	发生时间	地点	灾害类型	灾害级别	灾害规模	伤亡情况（人）			直接经济损失（万元）
						死亡	失踪	受伤	
1	2009.01.08	城关区烧盐沟市政管理处林场	滑坡	小型	200m³				
2	2009.01.21	城关区伏龙坪望垣坪7号	滑坡	小型	10m³				
3	2009.01.28	城关区徐家湾庙洼沟13号	崩塌	小型	50m³				
4	2009.02.04	七里河区西园街道华林路476号	滑坡	小型					2
5	2009.02.24	七里河区阿干镇后街62—66	塌陷	小型					2
6	2009.02.28	城关区草场街大沙坪339号	滑坡	小型	200m³				
7	2009.03.02	城关区盐场路石门沟51号	滑坡	小型	100m³				
8	2009.05.16	城关区九州石峡口小区	滑坡	特大型	20000m³	7		1	2060
9	2009.06.01	城关区沙梁子151号	滑坡	小型	40m³				
10	2009.06.19	城关区西李家湾193—1号	滑坡	小型	600m³				
11	2009.06.28	皋兰县忠和镇崖川村三社	滑坡	小型	500m³				
12	2009.07.23	七里河区金沟乡小金沟村	滑坡	小型	200m³				
13	2009.08.04	皋兰县忠和镇崖川村四社	滑坡	小型	100m³				
14	2009.08.04	皋兰县中心乡朱家井村朱家大队	滑坡	小型	500m³				
15	2009.08.11	城关区九州公安警犬基地	滑坡	小型	7000m³				
16	2009.08.13	七里河区金沟乡熊子湾村马家窑	滑坡	小型	350m³				
17	2009.08.13	城关区靖远路王堡堡城234号	滑坡	小型	30m³				
18	2009.08.19	城关区盐什公路收费站500m处	滑坡	小型	500m³				
19	2009.09.14	城关区盐什公路小达坪路口以西	滑坡	小型	约5000m³	3			80
20	2009.09.15	七里河区西湖街道兰工坪北街市场北侧	滑坡	小型	约50m³				30
21	2009.10.22	七里河区西园街道五星坪后街	滑坡	小型	5000m³				130

源法律法规知识宣传教育培训工作；向辖区群众发放土地管理法律法规、地质灾害防治、集约节约用地等宣传材料近4万份；出动宣传车辆200多辆（次）进行广泛深入地宣传，使土地管理、矿产资源管理、国土资源执法监察、地质灾害预防治理等法律法规知识得到一定程度的普及。

【首发城镇住房用地分割登记证】

为了维护房屋产权者的合法权益，积极推进城镇住房制度改革，2009年，市国土资源局出台《兰州市城镇房屋用地分割登记发证暂行办法》，开始对房屋用地进行分割登记，并办理国有土地使用证。城关国土分局在九州开发区发出全市第一本城镇房屋用地分割登记证，开创全市先例。年内，城关分局发出城镇住房土地证1307本。

【国内专家论证兰州市重大地质灾害防治规划】 8月4日至5日，由中国科学院、中国工程院6位院士及4位国家地质灾害防治专家组成的专家组，专题研讨并一致通过了由市国土资源局组织完成的《兰州市城市重大地质灾害防治专项规划》。专家组亲临兰州市九州石峡口、庙滩子朝阳山、伏龙坪自强沟和红山根等地质灾害重点区域进行实地考察，并根据实地考察情况对《兰州市城市重大地质灾害防治专项规划》进行专题论证，为《规划》的完善提出了建设性意见。专家组一致认为，兰州地质灾害异常严重，防治工作刻不容缓。

【国有建设用地用途管理年租金开征】 近年，一些通过划拨供地方式取得土地使权的使用者利用原划拨用地擅自改变用途从事经营活动的现象比较普遍，从而造成兰州市国有土地收益大量流失，国有建设用地资源配置效益差，利用效力低下。为了加强划拨土地的用途管理，杜绝国有资源流失，兰州市人民政府第15次常务会议讨论通过了《兰州市实施国有建设用地用途管理征收年租金的规定》。国有土地年租金收取工作由市国土资源局牵头，市监察、财政、规划、工商、税务等部门配合施行。

8月19日，市国土资源局举办全市国有建设用地用途管理征收年租金工作培训班。10月26日，兰州市收到第一笔擅自改变用地用途年租金17441元，并纳入政府财政专户管理，标志着兰州市国有建设用地用途管理征收年租金已正式开征。

【中国黄土高原地质灾害防灾减灾兰州科学试验基地联合共建框架协议正式签订】 10月24日，兰州市人民政府和中国地质环境监测院联合建设中国黄土高原地质灾害防灾减灾兰州科学试验基地签约仪式在北京嘉苑饭店举行。原兰州市委常委、常务副市长吴继德代表兰州市政府与中国地质环境监测院院长侯金武，共同签订了《中国黄土高原地质灾害防灾减灾兰州科学试验基地联合共建框架协议》。协议的签订，标志着兰州市地质灾害的研究和防治进入了新的阶段。科学试验基地可以弥补国内在黄土高原地质灾害防治专项领域上的研究空白，得到国土资源部的高度重视和全力支持。

【兰州市国土资源局与兰州大学建立联合培养基地】 12月8日，兰州市国土资源评价研究院与兰州大学资源环境管理学院联合建立的“研究生及本科生联合培养基地”在兰州市国土资源局正式挂牌成立，并签署了研究生及本科生联合培养协议。联合培养基地为学生创造了一个理论与实践相结合的实践平台。校、地双方的合作，将充分利用兰州大学的有效资源，发挥兰州大学的学科优势，使教育教学与科学研究结合起来，在地质灾害防治、国土资源评价等领域与地方密切合作，实现双赢。

（周　平　武文东　魏斌义）

国有资产监督管理

【概况】 2009年，市国资委认真实践科学发展观，围绕市委、市政府“1355”总体发展思路，采取积极措施应对金融危机，抓住推进市属企业率先实现新型工业化这一核心任务，按照继续深化国企改革、加强国资监管、提升国资经营、加快项目建设、加强企业党建、维护稳定和实施再就业工程六条主线，全面完成了市委、市政府确定的企业资产重组、招商引资、安全生产等12项目标任务。由市国资委监管的80户企业实现工业增加值10.8亿元，比上年增长18.68%；完成总产值41.33亿元，比上年增长5.27%；实现主营业务收入50.78亿元，比上年增长7.36%；盈亏相抵后实现利润1.1亿元。

【资产重组】 立足市属企业优势产业和产品，推进资产重组。通过组织参加第十五届兰洽会等方式，招商引资，积极引入战略投资者。采取存量转让、增资扩股、合资经营等方式，优化资源配置，促进产业结构调整和行业整合。全年完成兰州塑料包装材料厂等24户企业重组项目，引进资金10.96亿元，盘活存量资产14.75亿元。

为规范法人治理结构，加快建立现代企业制度，指导帮助企业实施自我重组，完善企业章程。审核中信房地产公司等8户企业的章程和议事规则；完成新公司登记8户；累计完成工商登记106户。

市国资经营公司完成资产重组

项目11个，盘活存量资产2.26亿元，引入增量资产4100万元。落实兰州银行不良贷款置换后续工作，与兰州银行签订了置换不良贷款补充协议，对兰州银行移交经营公司的不良贷款进行了损失认定，完成经营公司持有兰州银行4亿元股权托管登记工作。

中石油昆仑燃气公司重组兰州燃气化工集团项目取得实质性进展，已完成整理准备、净值调查、审计评估、商务谈判四个阶段性工作，合同签约正在实施。

市委书记陆武成等省市领导参观“兰州市国企改革‘393’攻坚战成果汇展”

【产权管理】 完成2009年度企业产权登记年度检查和数据汇总分析工作。产权登记年检户数196户，其中：按规定办理新设占有登记188户，包括办理变动登记16户；办理注销登记8户，已完成换证196户。

按照《企业国有产权转让管理暂行办法》，对17宗交易项目在省产权交易所通过公开招标，成功实施转让，成交额达17567.1万元。对兰州蔬菜公司等5户企业的房产和部分闲置设备进行了处置，成交额2528.63万元。

4月30日，顺利完成原兰州三毛集团原料分公司由省属企业下划兰州市政府管理及划转七里河政府管理的移交工作，彻底解决了企业历史遗留问题，妥善安置了职工就业。

严格按照产权转让合同的约定催收产权转让价款，对没有或支付了部分受让价款的重组企业产权受让方逐一致函，限时进行追缴。2006年—2008年引入战略投资者的60户重组企业中，除新兰面粉厂等5户重组企业欠缴产权转让款6538万元外，其他重组企业产权转让价款已基本交清。

【企业财务监管】 为完善国资监管制度体系，强化企业财务管理，提高国有资产营运效益，制订出台《兰州市国有企业重大财务事项报告制度》、《关于加强企业财务管理的若干意见》、《兰州市市属国有及国有控股企业基本建设概预算、结算和决算管理办法》、《兰州市市属国有及国有控股企业抢修工程项目管理办法》，与市财政局联合签发了《兰州市市属国有企业资本经营收益收取管理暂行办法》。

完成纳入汇总范围内的62户企业2008年度财务决算的审核、汇总、分析、上报工作。对企业财务预算执行情况进行实时跟踪，及时协调解决审计过程中出现的问题。积极做好每月63户市属国有独资企业、国有控股、国有参股企业及改制重组企业财务快报的审核、汇总、分析工作。完善招投标程序，加强中介机构管理，审核中介出具的各类专项审计、资产评估等报告66项，并提出了修改、补充及完善意见。完成市属参股企业和三县五区国资委监管的87户企业国有资产统计工作，编写了兰州市国有资产运营分析报告；依据2008年度财务决算中部分盈利企业净利润数据，编写了《2009年度国有资本经营预算建议草案》，并选择具有代表性的6户企业进行了国有资本经营预算试点。

按照《财务总监管理暂行办法》，对已派驻财务总监的24户国有企业加强动态监管，对财务总监进行了考核评价；对拟派的7户企业财务总监做了前期考察、推荐准备工作，择机下派。组织13户重点企业财务总监及负责人参加了《国务院国资委全面预算及国有资本运营研修班》。组织召开市属企业全面预算管理工作会议，56户市属国有控股及参股企业财务负责人和预算管理人员参加了会议。

【企业经营业绩考核和薪酬管理】 根据《兰州市市属国有企业负责人经营业绩考核暂行办法》，依据审计报告与经审核的企业年度财务决算报告，按照公平、公正、透明的原则，对2008年签订经营业绩责任书的17户市属企业实施考核。考核结果为：A级3户、B级4户、C级7户、D级3户。根据《兰州市改制重组企业目标管理考核暂行办法》，对57户改制重组企业履约情况进行了检查，综合评定出优10户、良34户、一般13户。拟定出2009年度《经营业绩责任书》、《目标管理责任书》考核目标，分别与18户国有及国有控股企业、62户重组企业签订2009年度经营业绩责任书、目标管理责任书。

加强企业工资总额工作的管理，建立适应企业发展的内部收入分配制度，制订出台了《关于规范市属国有及国有控股企业收入分配的指导意见》，并对42户国有及国有控股企业2009年工资总额基数与效益基数逐户进行了审核、批复。

【收购处置企业不良债务】 是年，努力减轻企业债务负担，维护国有资产权益，增加国有债权处置收益，确保国有资产保值增值。全年回购和处置不良债权3.54亿元，其中回购金融债权3.21亿元，处置不良债权0.33亿元。有效解决了涉及兰州水泵总厂、兰州洪同投资有限责任公司、原国营中兴电子仪器厂等14户企业的不良债务和或有负债；完成了与建设银行广场支行关于兰州燃化集团有限公司为甘肃宏洋化工有限公司贷款担保6700多万元的债务减免的历史遗留问题；积极与省国资委、信达资产管理公司兰州办事处、兰州电机有限公司等单位协调沟通兰州真空设备有限责任公司为兰州电机厂贷款担保的9958万元的或有负债问题。

【培育企业上市】 制定了市属国有控股、国有参股和国有改制企业的上市培育工作计划，积极推进企业上市，努力建立和完善有利于企业上市的政策环境、市场环境和服务环境，对纳入上市的储备资源进行重点培育。11月25日至27日，市国资委与市企业上市领导小组办公室、市国有企业改革领导小组办公室、市高新技术开发区管委会、中国证监会甘肃监管会、甘肃省上市公司协会联合华龙证券、海通证券举办了创业板上市知识培训班，帮助企业及时了解创业板上市规则，取得良好效果。继续推进兰州佛慈制药、兰州银行的上市工作；积极配合兰州亚太工贸集团收购ST联油实施借壳上市、定向增发及资产置换工作。

围绕年内培育1户—2户企业上市的工作目标，从建立和完善有利于企业上市的政策环境、市场环境和服务环境着手，积极参与建立了拟上市的30户企业资源信息库；同时，从明晰企业产权关系、规范企业股权结构、解决企业内部关联交易、协调企业办理土地、房产证等工作出发，扫除了体制及法律上存在的诸多障碍，为培育企业上市工作打下基础。协调解决了兰州佛慈制药股份有限公司上海经销部土地拆迁补偿及兰州盐场路坝壕18号生产厂区拆迁补偿等问题，为佛慈集团上市工作扫清了障碍。

【企业经营管理队伍建设】 2009年，对39户（次）市属企业领导班子进行了考察和调整，任免企业领导人员142人（次）。市国资委与兰州高新开发区管委会共同举办以“金融危机下国家宏观经济政策与企业发展战略”为主题的“兰州市职业经理人交流中心第二届论坛”，领导、专家学者、媒体记者及兰州市职业经理人交流中心会员共190余人参加了本次论坛。

【廉政建设】 年初，市国资委与48家重点企业签订《兰州市国有（国有控股）企业党风廉政建设和反腐败工作目标责任书》，形成层层抓落实的责任体系。对2009年提拔使用的29名国企领导人进行了廉政集中考试。全年接待受理涉及群众来信来访97件（次）；办理案件初核1起，挽回国有资产流失155万余元；办理信访初核5起，受理职工申诉1起。依据上级纪检监察部门建议，向2名企业领导人宣布了处分决定；依据干部管理权限，按程序落实了2名企业管理人员的党纪政纪处分。市属各重点企业效能监察立项314项，为企业增加效益2900多万元。与市人民检察院联合下发了《关于共同推进市属国有企业预防职务犯罪工作的意见》，构建了兰州市检察机关和国资监管部门共同协调配合，预防职务犯罪、维护国有资产安全的长效机制。

【企业社会保障和维护稳定工作】 是年，协调财政、劳动和社会保

兰州市属企业经营业绩暨目标管理考核工作会议

障部门，做好距法定退休年龄不足5年职工和工伤职工、精神病职工及政策性供养人员的移交及社会保险关系接续工作；解决了18户破产关门企业1177名距法定退休年龄不足5年职工享受医疗保险问题；协调有关部门为43户企业解决岗位补贴等资金2657.9万元；为63户企业发放春节慰问金181万元。国资经营公司托管中心与14户企业162名符合托管条件的人员签订了托管协议，为90名协管人员办理了退休手续。春节及重大节日期间，慰问离休干部及无固定收入遗属460余人（次），发放慰问金39万元，发放慰问品926件，为120名离休干部进行了体检。

面对金融危机给就业工作带来的压力，牵头组织兰州佛慈制药股份有限公司等25户企业联合向社会发出倡议，做到不减员、不减薪、少减员、少减薪。为市属企业促进就业搭建平台，积极创造就业岗位。市国资物业公司依托物业管理和危房改造，为破产关门企业下岗职工提供就业岗位900多个，正在组建家政公司、搬家公司、专业维修中心等延伸服务，开发就业岗位，预计未来3年—5年可创造1000多个就业岗位。

全年协调处理上级部门转来的各类信访件298件、市长专线106件，全部予以回复；接待个体、群体上访715批（次），4746人（次），其中群体上访120批(次)，2094人(次)，解决了大量企业历史遗留问题。

【企业安全生产】 为全面推进安全生产“三项行动”各项工作，狠抓安全生产责任制的落实，深化专项整治，强化安全监管，切实解决安全生产中存在的薄弱环节和问题。制订下发了《兰州市政府国资委2009年安全生产工作安排意见》，对元旦、春节、“五·一”劳动节、国庆节、冬季取暖等重大节日、特殊时节，开展多层次安全生产大检查，将各类事故隐患消灭在萌芽中。落实安全生产责任制，2月12，市国资委召开市属国企系统安委会会议，与80户监管企业签订安全生产工作目标管理责任书，进一步明确了安全生产的重点和责任。全年检查企业82户（次），查出安全隐患822条，整改755条，整改率91.8%。

【市属国企监事会工作】 2009年，按照《公司法》、《企业国有资产法》等有关法律、规定，按照外派内设原则，向兰州友谊饭店等18户企业派出了监事会或监事，累计向具备条件的37户国有独资、国有控股、参股企业派出了监事会或监事。督导市国资物业公司等29户已派出监事会的企业履行相关法律手续，选举产生了企业监事会，完成了登记注册工作，健全了监事会工作机构。

监事会工作办公室印发了《兰州市国有企业监事会监督检查报告编报办法（试行）》，围绕监事会参会权、知情权、检查权等基本权利的落实，定期、不定期地开展监督检查，通报监督检查结果，保证了监事会各项法规制度的落实。开展了2008年度和2009年上半年监督检查工作，各国有企业监事会通过监督检查，完成了兰州公交总公司等10户国有企业的2008年度监督检查报告；完成了兰州煤炭工业总公司等10户国有企业的2009年半年监督检查报告。

各监管企业主动接受监督，全年，向监事会报告重大事项60余项。各监事会把维护国有资产运营安全、防范重大财务风险、促进企业改革发展作为工作目标，全年参加企业股东代表大会、董事会等重要会议230余次，听取企业工作汇报50余次。

【重点项目融资】 是年，以市国有资产经营公司作为兰州市工业企业出城入园搬迁改造融资平台，承担出城入园企业搬迁改造资金的筹措和原址土地的整治、熟化等工作。力争用5—10年时间，基本完成城区高污染、高耗能和大运输量企业的整体搬迁。年内，融资5500万元支持了甘肃宏宇变压器有限公司搬迁改造；与兰棉公司签订了《搬迁改造融资协议》及《反担保合同》，为其出城入园搬迁改造担保融资2000万元；为兰州联合重工有限公司出城入园搬迁改造提供担保贷款1亿元；配合兰州交通运输集团有限责任公司完成企业改制土地出让，为该公司缴纳土地出让金提供担保贷款3500万元；为兰州肉联厂有限公司缴纳土地出让金融资3000万元。为拓宽公司经营领域，延伸融资渠道，授权经营公司出资500万元（占6%股权）参股兰州高科投资担保公司；完成组建小额贷款公司的前期工作，按照小额贷款公司的申报条件，已完成可行性研究报告、业务管理制度等20多项规定材料的编制工作。

【协调配合重大项目建设】 2009年，紧紧抓住国家扩大内需的政策契机，全力做好重大项目建设工作。围绕南山公路工程项目建设，积极协调兰州交通运输集团和兰州美高鞋业有限公司2户市属企业做好项目的征地拆迁工作；推进兰州沙井驿建材有限公司、原兰州制胶厂、原兰州内燃机配件总厂3户企业搬迁改造、拆迁安置工作。兰渝铁路兰州编组站工程是新建兰渝铁路的重要组成部分，为国家级重点建设项目，建设涉及兰州沙井驿建材有限公司3户企业，为配合项目建设工作，市国资委成立了相应的协调领导组织机构，全力推进企业搬迁改造、拆迁安置、产业升级等工作，市国资物业公司已经提出了涉及搬迁企业拆迁住户异地安置的初步方案。

【企业危房改造】 以兰州物业公司为平台,按照市政府统一规划、集中整合的原则对市属国有破产关门(关闭)企业生活区危旧房屋进行改造。2009年,开工建设项目10个,建筑总面积约76.5万平方米。已完成与原一毛厂、原兰州车辆厂、阿干煤矿棚户区等8户企业的1094户住户拆迁安置协议的签订,动迁人口3829人,拆迁房屋面积4.6万平方米,向拆迁住户发放安置过渡费900余万元。

【学习实践科学发展观活动】 市国资委党委成立了深入学习实践科学发展观领导小组,制定印发了《兰州市国资委系统深入学习实践科学发展观活动实施方案》,抽调12名工作能力强、业务素质高的同志组成4个指导检查组,在市属106户企业1069个基层党组织和23085名党员中开展了学习实践科学发展观活动。抓好"三个阶段,六个环节"工作,组织开展了"六个一"主题学习活动,通过集中宣传、参观考察、座谈交流、案例剖析、演讲比赛、知识竞赛、成果展示等活动,加强活动的深度与广度。发放征求意见函1400多份,征求意见建议103条,经过梳理归纳形成意见建议38条;编发活动简报130期。

【兰州市国企系统深入学习实践科学发展观暨国企改革'393'攻坚战成果汇展】 6月29至7月17日,市国资委会同中共兰州市委学习实践科学发展观活动领导小组办公室、市委宣传部、市国企办等部门筹办了"兰州市国企系统深入学习实践科学发展观暨国企改革'393'攻坚战成果汇展"。省市领导陆武成、刘为民、吴继德、牟少军、王冰、徐伟、李森洙、段英茹、姚国庆、王树维及国资委、市属企业领导出席开幕式并观展。展览期间,市政府张津梁、孙若风、魏邦新等领导及市直各部门、各县区(街道、乡镇、县区属单位)、职业院校、市属企业等338个单位、15000多人参观了展览。新华网等近百家新闻媒体网站进行了连续宣传报道。

(刘洪先)

工商行政管理

【概况】 2009年,兰州市工商行政管理工作以"服务经济发展、当好市场卫士"为重点,创新体制机制,提升监管服务水平,积极实施应对金融危机影响的各项政策措施,全力助推经济发展。牵头实施流通环节食品安全、广告市场专项整治,着力营造公平和谐的市场环境。树立监管执法和服务发展辩证统一的理念,坚持依法监管与引导规范并重,全面提高监管执法水平,全年查办各类经济违法违章案件3089起,入库罚没款804万元。

【服务地方经济发展】 全市工商系统在认真落实省政府批转的甘肃省工商局《关于服务扩大内需促进经济平稳增长的实施意见》的同时,紧密结合兰州经济发展实际和面临的主要问题,制定了兰州市工商局《关于发挥工商行政管理职能促进经济又好又快发展的意见》,经市政府办公厅批转下发。贯彻省委省政府"中心带动、两翼齐飞、组团发展、整体推进"的区域发展战略,由兰州、白银两市政府组织签署了两市工商部门区域发展战略合作协议,建立了联席会议制度,在政府部门中率先实现了服务对接,与白银市工商局共同制定了服务兰白都市经济圈建设的40条政策措施。大力实施"红盾助推工程",探索实行了"一站三员"制度,建立助推经济发展工作站107个,选派重点企业行政指导协调员159名,重大项目联络员51名,确定消费维权服务员175名。确定帮扶企业462户,联络重大项目76个,消费维权重点超市、商场274家。市政府专门发文批转,要求在全市推广。

【服务新农村建设】 积极推行登记和备案并存制,扶持、引导农民专业合作社健康发展,全市登记农民专业合作社412户,出资总额2.26亿元,成员总数达到4505人。发展农村经纪执业人员309人,组织经纪人协会5个,会员500多人,有力推动了农业产业化发展进程。深入开展"红盾护农"行动,着力构筑"登记准入、商品准入、监管执法"三道防线;建立了先行赔偿制度,农资商品质量检验公示公告制度,农资经营企业告知承诺制度和不合格商品退市制度,进一步完善了农资市场监管长效机制。

【登记注册监管】 立足登记监管职能,帮助企业应对金融危机,登记注册做到"两个不得",即不得以准入把关为由,超出法律规定增加条件,甚至人为设置障碍;不得以经济发展为由,擅自突破法律规定,随意减少前置许可或将前置许可改为后置许可,降低准入标准,放松和削弱规范管理。在应对金融危机的特殊时期,在法律法规允许的范围内对企业给予扶持帮助。畅通"三个绿色通道",开展特色服务活动,实行预约服务、延时服务、预约年检等服务措施。至2009年年底,全市有各类经济主体132545户,其中内资企业10781户,私营企业32283户,外资企业124户,个体工商户89357户。

【食品安全监管】 认真贯彻落实《食品安全法》,做好《食品安全法》的宣传工作,提高执法人员的食品安全法律知识,依法行政,规范执法。开展《食品安全法》进商场、进超市、进城乡食杂店活动,增强食品经

"3·15" 消费者权益日宣传活动中工商人员进行宣传

营者的法制观念和自律意识。全面建立"一票通"管理制度,有效简化食品经销台账,解决食品经营者索证难、建账难、坚持难、源头控制难的问题,进一步健全和完善食品安全长效监管机制。依据《食品安全法》,认真做好《食品流通许可证》的发放和管理工作,通过发证进一步加大流通领域食品安全监管力度,切实把好食品市场主体准入关,加强食品流通许可的日常监管。在农村食品市场监管中全面推行了"一专三员"制度,建立了乡(镇)村两级协管、全员参与、社会监督一体化的长效监管机制。全市确定食品安全专干 117 名,食品安全联络员、协管员和信息员 351 名。市政府专门批转了市工商局的实施意见,要求各级政府积极支持配合,全力推动实施。扎实开展添加剂专项整治、蒸烤炸面食制品专项整治工作。加快推进食品安全示范店、示范市场、示范超市、示范街(区)的建设,创建食品安全示范店暨放心消费企业(门店)215 个。依托快速检测设备,有计划、有重点、按规则开展了快速检测。在城关分局建立了全省系统第一个食品安全检测中心,大大提升了食品安全检测能力。

【公平交易执法】 进一步加大对公用企业限制竞争行为的监督力度,查处不正当竞争案件 20 起。认真研究解决商业贿赂案件取证难问题,积极查处商业贿赂行为。严厉打击传销和变相传销行为,取缔传销窝点 64 个,驱散传销人员 1720 人(次),有效遏制了传销活动蔓延的势头。加强直销企业监管,广泛开展《两个条例》的宣传教育和《直销管理条例》培训,建立工商和直销企业联合执法机制,和直销企业协作查处 3 起非法销售直销企业产品的案件。

【商标和广告监管】 深入推进商标兴农工程,支持特色农产品运用商标策略开拓市场,全市涉农注册商标达到 503 件,农产品注册商标 18 件,地理标志商标 5 件。认真开展著名商标驰名商标创建工作,扎实开展重点培育对象帮扶工作,"莫高"商标被国家工商总局商标局认定为驰名商标。推荐 24 件商标被省上认定为甘肃省著名商标,占全省的 21%。制定《著名商标企业回访制度》,事前预警、事中帮扶、事后回访的商标管理机制进一步健全。不断完善商品商标备案制度,加强商标动态监管,强化商标侵权行为的源头治理;开展保护驰名商标和涉外商标专用权专项整治行动,查处了一批社会影响较大的商标侵权案件。

坚持和完善广告监测制度,加大对重点区域和问题多发媒体的监测力度,对监测数据进行采集汇总、分析整理,综合运用警示、通报、下架、处罚、停止广告发布等手段发挥监测监管职能,做到违法广告早发现、早制止、早查处;实施广告审查提示制度、违法广告曝光制度,引导企业发布公益广告,净化文化环境,加大违法广告查处力度,全年查处违法广告案件 72 件。

【重点市场专项整治】 先后开展了"天平行动"、校园及周边经营秩序整治、食品市场监管、肉禽市场监管、危险化学品市场监管、限产限售限用塑料购物袋专项行动、旅游市场整治、节日市场整治、再生资源回收市场整治等专项整治行动,全年出动执法人员 2500 多人(次),检查经营门店 1719 个;对"问题"文具、恶搞证件等突出问题,进行了专项清理整顿,有效净化了市场环境。

【消费维权】 全力推进 12315"四个平台"建设,努力创新消费维权形式,深入开展 12315 网络进村镇、进社区、进企业、进市场、进超市"五进"活动。切实加强"一会两站"规范化建设,积极开辟消费维权"绿色通道",建立了消费纠纷和解机制和消费维权源头治理机制,探索实施小额消费争议解决机制。2009 年,受理申诉举报 3985 件,办结 3905 件,办结率为 98%,为消费者挽回经济损失 53.8 万元。

【非公有制企业党建工作】 按照甘肃省工商局统一安排,大力开展以"帮助扶持企业发展,帮助推进企业党建,促进全省非公经济平稳较快发展"为主要内容的"两帮一促”活动，向56户非公企业选派了35名党建工作指导员和联络员，协助企业健全党建工作制度，指导企业开展党建工作，帮助企业解决生产经营中的困难。

【工商行政执法】　不断创新监管理念，坚持“多规范、少处罚，多指导、少指责”的原则，突出强化涉食、涉农和涉及公共安全等重点领域的监督检查，统筹推进行政处罚与行政指导的有机结合，有效促进了监管力度、执法质量和社会效果的同步提升。不断丰富监管手段，全面推行了“工商e通”管理系统。在七里河分局开展了“e点通”试点工作，强化了对经营主体的动态监管，向社会公众提供快捷服务，形成了从高端到终端，从电脑到手机，从市局、分局、工商所到执法干部四点一线贯通的工作平台，有效地提高了执法效能，节约了行政成本。结合推行网格化管理，进一步完善了市场巡查制，提高了日常监管的制度化、规范化和精细化水平。积极推行商品市场信用分类监管，完善不合格商品退市、重要市场经营行为备案等一系列监管制度，有效巩固和深化了市场整治成果。

【体制机制创新】　扎实开展全员培训和岗位大练兵活动，树立岗位标兵80名、岗位能手136名，取得了全省工商系统岗位大练兵竞赛第一名的优异成绩，增强了干部履行岗位职责、服务科学发展的能力。根据省工商局机构改革和体制创新的有关要求，结合全市工商系统实际，积极优化基层机构设置，在中川空港循环经济产业园区设立了中川分局，重点服务和监管中川空港循环经济产业园“大项目”。改革和调整专业市场管理分局管理体制，科学调整工商所的机构设置、监管区域，整合工商所13个；加大基层基础建设力度，市局投入基层建设资金550万元，为工商所配置执法车辆35台、笔记本电脑150台，建成达标工商所40个。

（乔　伟）

价格管理

【概况】　2009年，兰州市价格管理工作把避免物价大幅起落、促进经济回升向好、保持社会和谐、营造平稳价格环境作为重点。认真贯彻落实国家和省市一揽子计划，充分发挥物价工作部门的职能作用，强化责任，狠抓落实，保持了价格总水平的基本稳定。全年居民消费价格总水平同比指数为99.6%，比上年同期下降0.4%。按居民消费构成划分的八大类消费品价格，指数结构上呈现五升三降特点。价格水平呈上涨势态的5类是：食品、烟酒及用品、家庭设备用品及维修服务、医疗保健和个人用品、娱乐教育文化用品及服务，各类累计涨幅分别为3.6%、2.9%、1.0%、0.8%、2.5%；呈下降走势的3类是：衣着、交通和通信、居住，分别下降1.4%、3%和10.6%。从八大类消费品价格升降幅度中可以看出，兰州市居民消费价格基本稳定，连续上涨多年的居住类价格处于较明显的下降势态。

【价格调控】　2009年，面对国际金融危机、大宗商品价格回落、产能过剩等影响以及市场物价持续低位负增长运行的形势，物价部门进一步增强价格调控能力。强化价格监测和分析预警工作，开发出了价格监测数据库、网上报价信息系统和价格监测预警分析系统，对160种重要商品和粮油肉蛋菜等居民生活必需品进行监测。实行了日报、周报、旬报和月报工作制度，建立了地域性商品价格监测报告和价格预警制度。加强市场动态分析，把握趋势走向，多次向市政府提出调控措施和建议。全年向国家和省市政府报送价格监测数据4万余条，提供有价值的价格形势分析材料180份，编印监测日报90期4000份。强化了价格调控目标责任制，年初，市物价局与各县区物价局、局机关各处室、局属各单位签订了目标责任书，分解任务，层层落实，责任到人。进一步完善由市、县（区）两级物价局“一把手”作为第一责任人，分管领导具体负责、全员参与的高效灵敏的价格调控工作机制。通过强化粮食最低收购价等措施，积极引导市场粮价保持合理水平。及时启动预案防止生猪价格过度下跌。针对2009年工业连续下滑的状况，采取向省上积极争取特殊时段的电价扶持政策等措施，充分运用价格杠杆促进经济止滑回升，有效缓解通货紧缩压力。强化价格监管，认真开展节日市场巡查，保障人民群众欢度国庆60周年大典；及时采取措施确保甲型H1N1疫情相关医药产品及原材料价格保持基本稳定；做好应对极端恶劣天气市场价格异常波动工作预案。引导经营者价格自律，合理引导消费者心理预期。通过一系列价格调控监管措施，兰州市场物价逐月回升，实现了保持市场价格基本稳定的预期调控目标。

【价格调节基金】　价格调节基金制度建立于2007年，由于价格调节基金的特殊性，对征收手段的要求严格，致使征收工作不能及时开展。物价管理部门加大协调力度，同财政、地税部门沟通协商，2009年12月8日，兰州市价格调节基金正式开征。初步形成市价调办、市财政、市地税相互配合、相互监督的工作机制，开征范围从政府定价和餐饮业开始，逐步扩大到宾馆酒店、装饰装潢、物业经营、娱乐业及其他服务业。至年低，已征收到帐227万元，增强了价格调

控能力。

【价格改革】 2009年，及时利用难得的价格低位运行的“时间窗口”，积极稳妥地推进价格改革。实施化肥价格市场化改革，落实国家取消化肥价格限制政策，将国产化肥出厂价格由政府指导价改为市场调节价。完成兰州城市供水价格调整的调研、报批等基础工作，适时调整了供水价格，居民生活用水由1.45元/立方米调整为1.75元/立方米。出台了新的城市污水处理费标准，居民生活用水污水处理费由0.30元/立方米调整为0.50元/立方米，其他用水由0.45元/立方米调整为0.80元/立方米。加快水利工程水价综合改革试点步伐，调整了榆中县等5个县区的城镇供水、人畜用水、灌区用水价格。稳妥落实国家和省价格主管部门成品油价税费联动改革方案，全年5升3降8次调整成品油价格。推进大用户直购电试点，进一步规范直购电秩序和输配电价。继续落实差别电价、脱硫加价和农业排灌电量基数管理和丰枯电价政策。调整了居民生活用天然气初装费收费标准和供气设施延伸服务收费标准。在对煤炭价格调研和供热成本监审的基础上，决定不再调整2009—2010采暖期燃煤供热价格。经过多次测算和论证，制定了《兰州市城镇供热计量收费实施细则》；出台了榆中和永登两县计量热价试行标准；建立和完善了方式科学、标准合理、监管规范、切合实际的垃圾处理收费制度。制定了兰州市城市消防安全远程监控系统收费标准；审批了远郊三县一区客运票价以及黄河水道游船、快艇、羊皮筏子的运营价格。

【民生价格监管】 是年，加大清费治乱工作力度，清理了国家、省上取消和停止征收的100多项行政事业性收费；对全市行政事业性单位收费项目进行年审，审核了涉及185项行政事业收费项目的3020个收费标准，为企业减负1.07亿元。加强教育收费监管，全面督促落实义务教育“两免一补”政策，规范学校服务性收费和代收费行为，严禁“一边免费、一边乱收费”。规范高中择校生“三限”收费政策行为，对幼儿园收费实行收费许可证制度和收费公示制度。根据《兰州市医疗服务价格改革方案》的整体部署，新增和修订了医疗服务项目试行价格；启动了单病种限价试点改革；落实了省上降低处方药品和非处方药品的价格政策。加强了房地产价格管理，严格审批程序和流程，审批了6家经济适用住房价格；对全市拆迁企业的收费进行了年审和换证；减免了3家企业的城市基础设施配套费2617万元；批复了城镇居民国有土地使用证收费标准。认真贯彻《兰州市物业服务收费管理办法》，开展物业服务收费行为规范活动，取消了23家无经营资质物业服务企业的收费许可证；审批了全市468家物业企业服务收费。对兰州各律师事务所和税务师事务所的收费标准进行了统一变更；对饮食业和较大规模的娱乐场所进行价格等级评定管理；重新核定了全市的公墓价格；加强对出租车运价的管理。

【价格监督检查】 运用调查、提醒、告诫与行政处罚相结合的监督检查方法，开展了农资价格和涉农收费、涉企收费、电力收费、药品医疗服务价格、教育收费、冰雪天气市场价格等专项价格检查。全年查处各类价格违法案件148件，查出违法金额774.94万元；经济制裁总金额213.85万元，其中：没收违法所得49.77万元，罚款96.24万元，退还用户67.84万元，上缴财政146万元。加强职工物价监督组织的作用，重点开展对民生价格的监督检查，尤其是对群众反映强烈的药品、医疗、餐饮、小区物业收费和停车场收费行为进行了查处与规范。把明码标价与反价格欺诈、价格垄断结合起来，加大查处力度，严厉打击虚假标价、虚假打折等价格欺诈行为，共检查单位960家，对143家单位进行了处罚，罚没款金额14.4万元，维护了人民群众的合法权益。

【价格举报】 及时化解价格矛盾，着力畅通价格利益诉求渠道。认真做好价格举报和信访工作，及时处理群众咨询、投诉，妥善协调处置价格

兰州市价格监督检查进社区活动启动仪式

信访案件。全年受理各类价格咨询投诉近1000件，立案查处182件。制定了《价格举报工作应急机制工作方案》；建立了“12358”价格举报信息系统。

【价格公共服务】 在全市推行明码标价制度，审批特色标价签15家，全市商品和服务明码标价率达到95%以上。推进价格诚信建设，落实失信退出机制，复审了35家兰州市价格诚信单位，增强了企业的诚信自律意识。继续推进“价格服务进万家”向纵深发展，各县区创新工作方法，探寻服务路径，在建立长效机制和健全服务制度等方面下功夫，重点开展价格服务进医院、进机关、进社区活动，提供价格维权服务和价格信息服务，构建价格公共服务网络和价格公共服务长效机制。城关区积极探索通过行政指导方式开展价格监管。红古区通过“价格诚信在红古”主题活动，使全区商品明码标价率上升到98%。安宁区、榆中县、皋兰县积极倡导价格诚信，打造价格诚信民心工程。七里河区、西固区、永登县形成了政府分管领导挂帅、物价部门牵头、部门各司其职、群众商家参与的价格公共服务机制，成效明显。价格认证工作获得广泛认可，全市价格认证中心积极开展“依法鉴证”主题宣传活动，进一步强化价格鉴证档案管理等基础建设，认真做好涉案财产价格鉴证。全年完成鉴定、认证项目1805件，完成标的总额4188万元，其中刑事案件占98%，复核纠偏率低于规定标准，为司法、行政执法机关办理各类案件提供了准确依据。

【价格基础工作】 价格法制建设取得新成绩，拟定了《兰州市价格监测规定》等3个政府规章并上报市政府。全面清理规范性文件，认真贯彻落实《政府制定价格听证办法》，建立兰州市价格行政调解制度，规范价格行政处罚自由裁量权，进一步搞好价格政务公开，健全完善价格行政许可“两集中，两到位”工作方案。加强价格宣传工作，专题向国家发改委、省物价局和市委市政府汇报了兰州市的价格宣传工作，制定了价格宣传工作意见，主动做好政策出台前后的舆情引导工作，积极回应媒体报道。多次参与新闻媒体访谈和专题宣传节目制作，并通过电视平台滚动播放价格政策宣传片。积极接受媒体专访，正面报道水价、燃煤供热价格等政策。及时召开新闻发布会，参

2009年12月居民消费和商品零售价格指数

项目名称	上月=100	上年同月=100	上年同期=100	2005年=100
居民消费价格总指数	101.7	102.7	99.6	116.1
一、食品	104.7	109.8	103.6	148.0
1、粮食	109.4	116.0	105.1	137.7
2、淀粉	102.4	97.4	104.4	163.5
3、干豆类及豆制品	99.9	103.1	101.2	131.7
4、油脂	102.7	97.9	85.1	145.4
5、肉禽及其制品	100.1	101.4	93.3	156.2
6、蛋	100.2	116.5	102.5	137.3
7、水产品	99.8	108.4	107.0	133.8
8、菜	125.6	150.1	119.6	206.8
9、调味品	100.0	101.3	103.9	123.3
10、糖	100.0	100.0	100.9	115.1
11、茶及饮料	99.9	99.8	105.5	117.5
12、干鲜瓜果	104.3	107.3	111.0	127.8
13、糕点饼干	100.0	101.0	103.4	133.9
14、液体乳及乳制品	98.4	98.5	100.6	115.7
15、在外用膳食品	100.0	104.2	103.9	141.1
16、其他食品	100.0	100.9	104.9	116.7
二、烟酒及用品	100.0	100.5	102.9	110.5
三、衣着	102.1	99.3	98.6	81.0
四、家庭设备用品及维修服务	100.0	97.0	101.0	110.5
五、医疗保健和个人用品	100.6	102.5	100.8	126.9
六、交通和通信	99.9	97.7	97.0	91.4
七、娱乐教育文化用品及服务	100.0	99.1	102.5	104.4
八、居住	100.0	100.1	89.4	98.5

加民生热线访谈宣传价格政策，正确引导社会舆论。在创新完善民生价格监测与应急预警等体制机制方面进行积极探索，建立了兰州市民生价格监测报告制度，农村价格信息服务体系初步确立；进一步加强价格信息发布工作，通过甘肃省价格信息网和兰州价格信息网向公众发布信息180条，网站点击量达到10万人次；编印《兰州物价》16期1600份，《兰州价格信息》48期5万份。完成蔬菜、饲养业、设施农业、特色农业、副食品调查和市场监测等6大类35个品种105户的国家、省、市规定的农本调查汇总上报任务；发挥农产品成本调查预测预警功能，深化"一户带百户"工作。加强城市供热、经济适用房、自来水等9个成本监审项目29家单位的成本调查监审工作，审核总成本6.49亿元，核减不合理成本费用0.95亿元，初步形成对垄断行业的成本约束机制。

（辛兴国）

质量技术监督

【概况】 2009年，质量技术监督工作按照年初确定的"坚持以质取胜战略，提升监管能力，完善监管措施，全面履行职责，促进质监事业科学发展"的工作任务，突出重点，狠抓落实，质量技术监督工作呈现出扎实推进的良好态势。是年，全市质监系统大力开展了"质量和安全年"活动；质量兴市工作取得新成效，为加快推进新型工业化进程服务；建立完善安全监管体系和长效机制，完善监管措施，监管能力进一步得到提升。加强打假治劣力度，全年立案查处各类违法案件1214起；查处假冒伪劣商品货值9773.47万余元；接待申诉155起，处理155起。开展豆制品专项整治，制定了《兰州市豆制品市场管理办法》。全面落实《甘肃省特种设备层级监管办法》，全市22298台特种设备已纳入层级监管。新获甘肃名牌19个，全市产品质量和市场竞争力进一步得到提升。

【质量和安全年活动】 市质监局制定印发了《全市质监系统开展"质量和安全年"活动实施方案》，进一步明确活动目标、内容及牵头实施部门。全系统按照《实施方案》确定的"质量宣传年、质量提升年、质量服务年、质量整治年、质量建设年"5大活动目标，制作宣传展板120块，悬挂张贴宣传标语150余条，张贴宣传彩画500余张，扎实开展质量兴市活动；实施目标管理，推动质量兴市活动向基层和企业延伸。开展"兰州市非公有制企业'品牌战略培育工程'主体系列宣传活动"，大力实施名牌战略，增加名牌数量。严格市场准入，确保两个安全。推行重点产品质量全过程监管，产品质量稳步提升。主动了解企业困难，加大对企业负责人和质量管理人员的培训力度，共培训企业人员1200余人。开展"质量专家西部行"活动，组织30户企业100余人参加由质监总局选派的质量专家召开的卓越绩效管理模式专题讲座。全系统把有效开展活动同日常工作紧密结合，认真组织安排，活动重点突出，达到了预期目标。

【质量兴市工作】 将质量兴市作为工业强市的重要措施，强力推进。以质量兴市工作为抓手，大力推进以质取胜战略。市政府及时召开质量工作会议进行安排部署，与各县区及相关成员单位签订《兰州市质量兴市暨产品质量安全监管工作目标责任书》。各县区相继召开质量工作会议，与相关部门和乡镇签订了目标责任书，分解工作任务，层层落实工作责任。为了将质量兴市活动向园区和企业推进，市质监局印发了《兰州市开展质量兴业和质量兴企活动实施意见》，在省级产业集群示范区内开展质量兴业活动，在中国名牌、甘肃名牌产品生产企业中开展质量兴企活动。质量兴市活动的扎实开展，有效促进了本市经济结构的调整和经济增长方式的转变，提高了经济运行质量。

【名牌培育工作】 进一步加大对名牌申报企业的帮扶力度，结合新一轮全面质量管理培训，帮助名牌申报企业从人员培训、质量管理体系建设、申报材料组织等方面完善和提高。确定44户企业46种产品为甘肃名牌产品重点培育对象，及时组织、帮助重点培育企业和到期复评企业申报2009年度甘肃名牌产品。同时，以名牌产品及企业为宣传重点，协调市委宣传部、市委统战部和非公有制经济发展服务局等相关部门，开展兰州市非公有制企业"品牌战略培育工程"主体系列宣传活动。委托甘肃电视台为兰州庄园乳业有限责任公司等14家名牌企业录制《品牌战略》电视系列专题片，多角度、多层面对企业品牌发展历程给予翔实报道，充分展示本土企业品牌魅力，传播兰州名牌形象。2009年，全市新增甘肃名牌19个。全市有中国名牌2个，占全省的40%；甘肃名牌90个，占全省的30.6%。

【产品质量安全监督管理】 根据市政府与省政府签订的《产品质量安全监督管理目标责任书》，切实加强产品质量安全监管工作的指导和管理。充分利用市政府安排的10万元专项经费，对食品、农资、建材等重点产品进行监督抽查。严格生产许可和强制性产品认证等市场准入制度，工业产品生产许可证取证率高于95%；加强对获证企业证后监管，督促获证企业持续保持必备的生产条件。2009年，全市产品质量抽检合格率提高到87%。

【产品质量全程监管】 确定24种全过程监管重点产品（其中省质监局确定20种，市质监局确定4种），及时将企业和产品信息录入全过程监管质量档案；完成226户重点产品生产企业的建档任务。进一步规范监管过程，以日常巡查回访为主要监管手段，明确巡查回访的重点内容；统一了产品质量安全责任书、产品质量全过程监管小作坊现场巡查记录、产品质量全过程监管生产加工企业现场巡查记录、全过程监管工作动态情况报送表等工作文书，使全过程监管工作在实施中更加规范。

【食品生产安全监管】 深入贯彻实施《食品安全法》，制定了《兰州市食品生产加工及小作坊监管人员工作规范》。制定《兰州市质量技术监督局食品生产加工企业约谈工作制度》，通过约谈向企业宣传国家相关法律法规和质监部门的监管职能，不断提高企业质量安全主体意识，帮助企业分析可能存在的质量安全隐患，规范企业生产加工行为，实现服务与监管相结合。开展全市豆制品专项整治，制定了《兰州市豆制品市场管理办法》，豆制品市场生产销售将推行豆制品"送货单"，弥补豆制品市场无法索证的空白。全年完成食品生产加工企业动态建档485家；巡查企业325家1685次，小作坊160家612次，100%签订责任书。年审290家310张证，换证25家，约谈企业13家。加大无证查处和证后监管力度，开展专项检查15次，整改企业87家，查处29家食品企业违法案件。

【特种设备安全监察】 深入推进"质量和安全年"活动，开展了特种设备执法、特种设备治理和特种设备宣传教育"三项行动"。认真贯彻实施兰州市特种设备层级监管工作，全面落实"二点三面四个一"为主要工作内容的《甘肃省特种设备层级监管办法》，全市22298台特种设备纳入层级监管。突出重点，开展专项整治工作，全年开展特种设备大检查5次，检查特种设备3000余台（次），下发隐患整改指令书800余份。同时，开展了起重机械、气瓶专项整治。大力开展安全责任体系建设，与辖区内2174家特种设备生产、使用单位100%签订安全责任书，并将安全责任书的签订列入当年的目标考核中。做好特种设备安全监察行政许可工作，全年注册登记特种设备2736台，为建立以特种设备使用单位为监察对象的长效安全监管机制夯实了基础。2009年，全市发生2起特种设备安全事故，市质监局特种设备安全监察人员第一时间到达事故现场，参与事故调查，组织技术人员分析事故，查清原因，提出事故调查报告和处理意见，为顺利结案提供了有力支撑。在此基础上制定了《兰州市特种设备事故报告和调查处理办法》，有效地指导了县区局的工作，提高了事故处理的工作效率。

【计量监督和管理】 开展节能减排、能源计量工作。大力宣传节能减排和能源计量工作的重要性，不断提高全社会对节约能源重要性和紧迫性的认识，营造人人参与节能减排的良好社会氛围。完成68家年耗能5000吨标准煤以上企业的监督检查；帮助用能企业解决能源计量方面的困难和问题，不断提高企业能源计量管理水平；通过专项检查，促使重点耗能企业逐步建立和完善能源计量管理体系，取得较好效果。开展"民生计量和诚信计量工作"，对全市眼镜店管理台账、医疗卫生管理台账、集贸市场管理台账、社区乡镇（含学校）管理台账进行摸底建挡，建立了较完善的管理机制；完成195个集贸市场共计10732台件在用计量器具的检定；为77家社区群众提供免费检测服务356次，在用计量器具受检率有了较大提高。开展衡器销售使用和修理环节、加油站在用加油机（第一批）、进口计量器具、商品过度包装4项内容的专项监督检查工作。年内，完成企、事业单位及计量检验机构的计量标准器、社会公用计量标准复查考核20项，完成计量保证能力考核6家，完成计量合格确认235户，完成定量包装生产企业"C"标志考核18户。全年强检计量器具62634台（件），定量包装商品净含量检验1576批次，强检计量器具建档25843条。

【标准化管理工作】 围绕"质量和安全年"活动，注重在培育名牌产品、食品安全监管等工作中发挥标准化的作用。培育甘肃天和力德钢管制造有限公司、兰州爱里食品有限责任公司等8户企业开展标准化良好行为企业创建工作，并通过验收。全年完成8户企业10项20个规格型号的产品采用国际标准；企业产品标准备案62项；商品条码新注册企业53户，续展160户。积极制定标准，规范生产和经营行为，制定《面制品中十二烷基苯磺酸钠含量测定方法、亚甲蓝分光光度法》、《拉面剂》、《兰州市锅炉大气污染物排放标准》等地方标准6项，并通过省质监局审定发布实施。以"三农"工作为中心，为社会主义新农村建设服务，围绕特色农产品做好农业标准化文章。组织、协调3个国家级、5个省级农业标准化示范项目和1个省级服务标准化试点开展工作；培育2个新立项的国家级标准化服务试点企业开展创建工作。开展以安宁的桃园、皋兰的梨园和城关的公园为特色的旅

游业服务标准化工作，"兰州市安宁区休闲农业观光旅游"省级服务标准化试点项目工作正在有序开展。

【代码管理】 2009年，全市质监部门代码年检21673户，换证8969户，新办证7680户，办IC卡16382张。开展数据核查工作，对48976条有效数据进行了逐条核对，电子档案录入上报16340份，废置数据3670户，数据更新率达77.24%，年检率达49.49%，问题数据控制在0.1%以内。

【稽查打假】 积极探索新形势下质量技术监督的执法打假机制体制，继续对假冒伪劣产品保持高压打击态势，提高稽查工作对源头质量监管和违法行为终止的有效作用。创新稽查工作理念、体制、方法。出台了《关于进一步规范稽查工作的意见》、《甘肃省兰州市质量技术监督局稽查工作督察规定（试行）》。制定了稽查工作制度建设规划，将稽查工作的所有过程，所有环节纳入规范化管理。以制度为中心，建立相应的规范行政执法行为的监督机制，形成全市稽查工作完整和统一的规范体系。全年组织并完成8个重点专项执法检查行动，涉及烟花爆竹、肉制品、家电、农资、食糖、仿瓷餐具、计划生育用品、塑料购物袋等。全年立案查处各类违法案件1214起；查处假冒伪劣商品货值9773.47万余元；接待申诉155起，处理155起，为消费者挽回经济损失20.8万元，较好地维护了市场经济秩序。

【党风廉政建设】 认真开展党风廉政建设和反腐败工作，提高全体干部职工廉洁从政的自觉性，规范从政行为。认真学习贯彻省质监局党组《关于认真学习贯彻全国落实党风廉政建设责任制电视电话会议精神的通知》；印发了《兰州市质量技术监督局党组关于2009年全系统反腐倡廉工作任务分解的安排意见》、《兰州市质量技术监督系统开展建立健全惩治和预防腐败体系2009—2012年工作规划的实施方案》、《兰州市质量技术监督系统2009年纠风工作实施意见》、《2009年全市质监系统民主评议政风行风工作安排》，扎实开展党风廉政工作。

【作风建设】 开展了以"讲党性修养、树良好作风、促科学发展"为主题的机关作风建设活动。积极开展民主评议行风工作，将质监局机关、8个县区局（分局）作为普评单位，将稽查大队作为延伸重点评议单位实施了重点评议。认真学习省质量技术监督局《关于转发国家质检总局〈关于印发质检系统行风建设"十不准"新规定的通知〉的通知》，全面贯彻执行新"十不准"规定。认真处理投诉举报，全年受理省质监局、市纪委转办和直接投诉案件5件（次），立案2件（次），已查结上报2件（次）。深入开展创建文明单位活动，全面提升质监队伍的文明素质和行业形象，全系统9个单位评为市级文明单位。

【基础建设】 市质监系统将2009年定为"素质提高年"，出台了《全市质监系统全员培训方案》，重点实施"六大培训工程"。全年组织系统职工教育培训407人次，全面提升了监管能力。以争创"五强局"为抓手，进一步加强县级局业务建设。年初确定榆中县局、永登县局为"五强局"争创单位，从完善工作体系、夯实工作基础、增强检测能力等方面入手。皋兰县局的砖瓦检验项目和红古分局的煤质检验项目均已建成开展质检工作，已完成煤炭检验50批次，砖瓦检验134批次。市质监局和各县区局网站建成并开始试运行，成为全市质监系统对外宣传、公开政务、受理网上咨询、快速服务于民的重要平台和窗口。

（任永强）

统　计

【概况】 2009年，兰州市统计工作围绕市委、市政府的中心工作，突出保民生、保稳定、保项目、保发展、保节能减排这一主线，狠抓落实，积极应对全球金融危机带来的不利影响，拓展监测领域促发展，加强效能建设树形象，统计优质服务工作取得良好成效。市统计局连续第四年获全省统计综合考评先进单位，获甘肃省第二次全国经济普查先进集体荣誉称号；综合、核算、工交、能源、投资、贸易外经、社会等10个统计专业的工作在全省统计系统单项评比中获得特等奖或一等奖；信息、法制、基本单位名录库建设等工作成绩突出，得到省统计局的表彰奖励。统计数据质量稳步提高，服务能力不断增强，为全市经济社会发展和市委、市政府的正确决策发挥了参谋与助手作用。

【统计服务】 扎实开展"统计优质服务年"活动，突出服务时效，积极创新服务理念，变被动服务为主动服务，变事后服务为全方位服务，增加了统计分析频次，建立了统计应急机制。每月5日前提供统计快讯，10日前提供统计月报，变季度分析为月度分析，力求把金融危机影响下的经济运行情况第一时间送达领导手中，为领导及时掌握经济运行动态提供科学决策的第一手资料；为全市重大会议提供有针对性、前瞻性的经济形势分析和统计资料，为市委、市政府科学决策提供强有力的统计支撑。强化跟踪预警和监测，完善了对重大项目、重点工业企业的监测制度；加大了扩大内需、惠农政策的追踪监测；针对全市固定资产投资及重大项目实施、节能降耗、农民增收等统计工作中遇到的难点问题开展实地调研、重点监测，掌握了市场需求、价格波动、劳务输出、企业生产经营情况，及时为市委、市政府科学决策提供了预警建议。完成“十一五”规划中期监测及国务院有关部委来兰州调研统计资料的加工整理，提高了统计服务的针对性。提高数据解读和深度分析能力，先后60多次深入县区、重点企业调研，召开重点企业、行业座谈会，针对经济社会生活中的热点、难点问题开展调查研究和分析解读，形成了一系列有深度的分析报告。《金融危机对兰州经济的影响》、《重大项目投资进展情况》、《上半年兰州国民经济运行分析》、《全年经济发展预期及2010年经济发展预期》等分析报告，得到上级领导和有关部门高度关注。提高统计服务产品的质量档次和使用效果。“两会”期间，为代表提供了1000多份《30年数字之兰州》、《兰州统计提要》、《兰州市国民经济运行综述》、《数说兰州六十年》，以图文并茂的形式展示了兰州六十年的发展成就，为代表、委员建言献策提供了依据，为“十二五规划”编制提供了翔实的基础资料。及时编印了《兰州统计年鉴》，《2008年统计调查报告》等资料，为社会各界和各级领导提供了有价值的统计调研和资料汇编信息。制定了新闻发布会制度，定期召开季度国民经济形势新闻发布会，解读社会关注的热点问题。积极参与兰州电视台《民情民生大家谈》专栏，从统计视角就建设兰州都市经济圈、城乡一体化等专题进行了访谈。《兰州阶段性特征对比分析和未来发展方向研究》等6篇分析报告在全省优秀统计分析评选中获一等奖。全年为省统计局、市委、市政府等部门提供统计报告24 篇，各类统计分析、信息1673篇，省统计局采用343篇，国家统计局采用12篇，市委、市政府分别采用81条和83条。

【第二次全国经济普查工作】 2009年，完成了第二次全国经济普查工作。统计部门统筹谋划，精心组织，扎实做好经济普查的机构组建、方案制定、人员培训、试点演练、清查摸底等前期准备工作，广大普查指导员和普查人员严谨认真，踏实努力，为依法如实填报付出了辛勤劳动，较好地完成了现场登记、数据处理、质量评估等工作，获得大量翔实的统计数据，基本摸清了全市二、三产业经济总量、结构和特点，查清了二、三产业的效益情况、技术现状、生产要素以及常规统计无法全面反映的服务业发展状况，掌握了二、三产业的能源和水资源消耗状况，为编制全市“十二五”发展规划提供了准确的依据。经国家统计局抽查、审核、评估，兰州市第二次全国经济普查工作达到国家质量要求，普查结果符合本市实际。

【第六次全国人口普查工作】 是年，第六次全国人口普查各项准备工作稳步推进，成立了由市委常委、副市长杨志武任组长的人口普查领导小组及办公室，对全市人口普查工作提前进行安排部署。按照国家和省人普办的要求，坚持试点先行，确定城关区为人口普查试点单位。制定了宣传工作、人员选调培训、普查试点摸底等方案，通过新闻媒体、横幅标语、通告、咨询点、社区板报、专题宣传日活动等形式，大力宣传人口普查的意义，宣传人口普查的各项政策规定和人口普查知识。为了保证试点质量和效果，从责任落实、人员培训、入户登记、质量控制等方面入手，对4209户、11589人登记的摸底表、正式调查表的完整性、数据的准确率进行了全方位人工审核，保证了调查对象清楚，调查数据准确，调查效果达标。对试点中显露出来的组织机构、部门合作、“两员”选调、业务培训、经费筹措、表格设置、居民配合等问题进行了认真总结，为制定科学合理的人口普查方案提供了参考依据，圆满完成了第六次全国人口普查国家试点调查的各项工作任务，为第六次人口普查工作奠定了基础。

【数据质量控制和评估】 按照国家、省统计局“专业联动、下管一级、总体控制”数据质量评估认定制度的有关要求，加大数据评估力度，加强对重要经济指标联审。不定期召开部门联席会议，加强统计数据质量评估，提高数据间的逻辑性、匹配性、协调性。加强统计数据管理，要求各部门公布本部门统计资料前，必须与有关资料核对一致。健全统计数据报送制度，明确报送数据的范围、时间、频率、质量要求及责任，认真组织实施了数据质量控制责任制，统计报表在审核中做到了层层把关，严格检查。按照“专业互动、上下衔接”的评估认定程序，对数据的准确性、趋势性、连带性进行全面评估；特别加强了对GDP、工业增加值、固定资产投资、社会消费品零售额、农村居民人均纯收入等重要指标的评估联审。对审核中发现的异常数据反复核实并及时纠正，有效地预防了基层统计数据在填报过程中出现的原发性差错，提高了统计数据的准确性、科学性和及时性。

【统计调查】 2009年，在做好常规统计的基础上，加强与部门沟通协调，规范部门统计，共同承担和完成了各项统计调查任务。会同市商务局、工商局、财政局、国税局、地税局、外管局，顺利完成了全市2009年外商投资企业联合年检工作；与科技局协作完成了100多家生物产业调查，对本市申请生物产业基地建设起到了积极作用；在市交通局和市运

管处配合下完成了全市载货、载客汽车的基本情况和燃油消费状况调查；配合市人力资源和社会保障局、市科技局等部门完成了《开展创建创业型城市摸底调查工作》、《兰州市2009年创新型城市建设工作》等相关资料的整理和提供；与市商务局联合深入亿元市场，进一步解决了亿元市场报表因报送渠道变动引起的报表不畅问题；按照全省基本单位名录库更新维护工作的安排及要求，与市编办、民政、国税、地税、工商等单位联合开展部门新增、变更和注销单位情况调查；会同市农牧、气象等部门定期对农业生产情况联合会审会商；与市发改委联合对重大项目和扩大内需项目投资开展重点监测，及时反映投资项目进展情况；与市财政局、科技局、发改委、教育局等六部门联合开展第二次全国R&D资源清查工作，为全市生物产业发展、交通运输、妇女儿童规划、科技投入等多领域制定政策提供了依据；与市工信委、供电局、人行兰州支行、国税、地税、电信等部门合作建立了停限产企业旬报、月报制度，召开经济形势座谈会，共同分析研究经济运行中出现的新情况、新问题，及时反映了新形势下全市经济运行情况。

【统计信息化建设】 统计信息化进程稳步推进，各县区、乡街基层完成统计专网（VPN）接入工作，为乡街统计员进行统计报表网上报送，及时了解最新统计动态，全面提高业务素质和工作效率提供了全新、高效的网络平台。全面实现了统计专网与互联网全网物理隔断，保障了统计信息内网安全正常运行。开通了兰州统计信息外网，为社会各界提供了高效、便捷的信息服务。积极争取国家和省上支持，为县区配备了服务器、计算机及打印机；为全市112个乡镇、街道配备了计算机、打印机。为完善统计资料共享制度，加强全市固定资产投资统计信息管理，及时了解掌握项目建设进展情况，为市委、市政府决策提供详实的依据，立项开发的《兰州市固定资产投资数据项目库》建设进展良好，已见雏形，对全市重大项目投资信息资源共享起到了重要的技术支撑。该项目库建设主要包含1994年至2008年兰州市固定资产投资项目基层数据、60年兰州市固定资产投资和近10年全国重点城市固定资产投资统计综合数据、近10年兰州市房地产投资项目基层数据和房地产投资统计综合数据。

【统计执法】 认真学习和贯彻落实新修订的《统计法》和《统计违法违纪行为处分规定》，多措并举，推进统计法制建设。开展了统计法规宣传月活动，发挥统计内外网络平台优势，开展统计法规、法制动态、行政执法、普法教育等学习宣传，普及统计法律知识，切实增强全社会依法统计的意识。加大统计违法案件查处力度，坚决杜绝人为干扰统计数据的现象。与城关区统计局联合对第二次经济普查中拒报普查表的个别省级单位进行了联合执法。加大对部门统计调查的业务指导，从源头上规范了部门统计行为。全年立案查处统计违法案件24起，做到了统计工作有法可依，违法必究。做好统计巡查，坚持以巡查促规范、以巡查强基础、以巡查促建设，连续三年对全市8个县区和10个部门进行了巡查。组织开展了2009年统计从业资格考试和统计从业人员继续教育培训工作，培训人数780人，审核认定、换发统计资格证1045人。

【国家统计局人口司司长冯乃林来兰检查指导人口普查试点工作】 9月20日，是第六次全国人口普查国家级试点工作正式入户登记的第一天，人口普查试点将进入关键性的正式登记填报阶段。当天上午，甘肃省第六次全国人口普查国家级试点领导小组在兰州市城关区雁北街道会议室组织召开试点工作座谈会。国家统计局人口司司长冯乃林到会检查指导工作。冯乃林司长在听取了省、市、区试点工作的汇报后，充分肯定了甘肃省第六次全国人口普查国家级试点的前期工作，对下一步工作提出了指导性意见。要求：各级普查机构做好对人口普查试点工作的情况搜集、资料积累，及时发现问题、总结经验，以利于指导明年进行的正式普查。会后，冯乃林司长在省、市、区领导的陪同下，到普查试点社区登记现场，看望了工作在试点调查第一线的人员，并同普查员一同入户登记，调查了解情况，听取普查员和社区居民的意见建议。

【月度劳动力调查工作】 根据国家统计局关于2009年在全国直辖市和省会城市实施月度劳动力调查工作的通知要求，2月20日，市统计局召开月度劳动力调查工作及培训会。抽中的6个县区、15个乡、镇、街道的有关业务人员及市统计局社会处共30多人参加会议，省、市统计局相关领导与会。会议分析了国际国内金融危机形势及就业状况，强调了开展月度劳动力调查工作的重要性，要求兰州市做好此次调查工作，为下一步全省全面开展此项工作探好路。会议要求从提高认识、认真培训、确保质量、做好保障四个方面抓落实，做好抽样及入户调查阶段的各项工作，提高抽样样本框的科学性，确保抽样调查数据的质量。各抽中县区要落实会议精神，积极开展工作，选调调查员并培训，做到任务到人，责任到人；做好入户调查，确保源头数据质量。

【全市统计工作会议】 3月13日，市政府召开全市统计工作会议，传达贯彻全省统计工作会议精神。省统计局党组成员、副局长陈波应邀到会，各县（区）政府分管统计工作县（区）长、统计局局长，市政府有关部门分管负责人和统计负责人，部分企业负责人，市统计局副科以上干部，国家统计局兰州调查队队长和各科室负责人，市普查中心科以上干部共180多人参加会议。市统计局局长段迎存做了《以提高统计服务能力为根本 努力推进全市统计工作迈上新台阶》的工作报告，总结了2008年全市统计工作，对2009年全市统计工作进行了安排部署。会议传达了全省统计工作会议精神，宣读了《兰州市统计局开展统计优质服务年实施方案》，市统计局与各县（区）统计局、局各处（室）签订了2009年统计工作目标责任书。市委常委、副市长杨志武在会上指出：保增长、保项目、保民生、保节能减排、保稳定是今年全市工作的重中之重，各级统计部门要按照科学发展观的要求，围绕中心，服务大局，咬定工作目标不放松，为促进全市经济平稳较快发展提供坚实的统计保障。要切实加强重点领域的统计监测和服务，坚持不懈地提高统计数据质量，进一步提升统计服务水平，做好重大国情国力普查工作。

【市统计局督察组赴红古区检查指导经济普查工作】 兰州市第二次全国经济普查工作已进入普查登记、查遗补漏和数据处理阶段。为确保普查登记和数据处理工作质量，根据《兰州市统计局深入学习实践科学发展观活动实施方案》，3月11日，市统计局在局深入学习实践科学发展观领导小组组长、经普办主任、局长段迎存的带领下，一行6人到红古区督导检查工作。督察组先后深入兰州恒源铬铁有限公司、方大炭素新材料股份有限公司和兰州宁铁源峰商贸有限公司等企业了解生产经营情况，查看经济普查登记资料，并就普查表填报过程中的问题和意见与企业相关部门负责人、统计负责人进行了座谈。督察组结合学习实践科学发展观，对红古区经济普查前阶段工作给予充分肯定，并提出下一阶段工作要做好查遗补漏工作，确保普查对象不重不漏；做好数据处理工作，确保普查数据质量；加强普查数据的衔接、试算、评估，在趋势性和合理性上把握好数据衔接；同时，多方筹措，确保普查经费落实到位。

（程惠玲）

审　计

【概况】 2009年，兰州市审计工作继续坚持“依法审计、服务大局、围绕中心、突出重点、求真务实”的工作方针，突出对市委、市政府各项重大经济决策贯彻落实、财政预算执行情况、关系群众切身利益的专项资金及投资建设项目的审计监督和服务，在提高财政资金使用效益、加大违法违规问题查处力度、维护群众利益、加强廉政建设和促进经济社会改革发展等方面发挥了有效职能作用。全市审计机关完成审计项目315项，查出违规资金59841万元，管理不规范资金25798万元。审计决定应上缴财政资金6843万元，应归还原渠道资金12882万元，应调账处理资金12261万元。其中，市局机关完成审计项目41项，查出违规资金47491万元，管理不规范资金12046万元。审计决定应上缴财政135万元，应归还原渠道资金12835万元，应调账处理资金9063万元。提出审计意见建议967条。

【财政审计】 围绕促进财政体制改革，完善公共财政制度，规范预算管理和提高财政资金使用效益的总体要求，以预算执行为主线，以财政收支管理为重点，以实现依法理财、充分发挥政府公共财政职能为出发点，深入开展预算执行审计。主要审计了市财政局组织预算执行情况、市地税局税收征管情况和市政府办公厅、市体育局、市科学技术协会、市民族事务委员会、市水利局、市口腔医院、市殡葬管理所、市老年公寓、市定点屠宰办、市交通局、市军粮供应服务中心、市中小企业信用担保中心、市住房公积金管理中心、市工程建设造价管理站、市建筑市场管理办等17个一、二级预算单位2008年度部门预算执行情况，延伸审计了相关部门及单位。同时，对兰州大剧院等单位的财务收支情况进行了审计；并对皋兰县和七里河区财政决算及其他财政收支情况进行了审计。审计中，加大对社会关注部门和资金的审计力度，改变了就账论账的审计方法，加强了被审单位出纳现金及资产盘库的深度，突出了对专项资金的管理及使用效益性方面的审计分析；同时查处了公款私存，专项资金挪用，白条抵库，固定资产、专项资金管理不规范等问题，规范了预算单位财务管理，提高了财政资金使用效益。

【绩效审计】 根据《兰州市绩效审计暂行办法》，对2006年至2008年兰州市新农村建设试点示范村项目专项补助资金的投入、使用和管理情况进行了审计调查，重点审计了市级及三县五区新农村建设办公室，并抽审了所属的36个乡镇、街道的60个行政村，对有关事项进行了延伸审计。

【固定资产投资审计】 认真贯彻执行《兰州国家建设项目审计监督办法》和《兰州市政府投资项目跟踪审计暂行规定》，主要对兰州市西津坪垃圾处理场工程项目及财务收支进行了审计，对兰州市雁滩南河道疏浚工程、南北两山绿色文化博览园

和8个过街人行地道等3个建设项目进行了竣工决算审计，对孙家台经济适用房、西热东输热力管网改造、南山路、大砂坪北出口道路、全收集全集流污水雨水管网改造、大滩儿童福利院等建设项目及南山路红寺村、五泉山南路、安宁区、晏家坪廉租房建设情况进行了跟踪审计。审计中，坚持政府投资审计的国家审计原则，积极整合社会审计机构的审计力量参与审计。建立了政府投资审计“制度执行统一，工作部署统一，标准尺度统一”的工作机制，切实做到投资项目建设到哪里，审计监督就跟进到哪里，做到边审计、边整改、边规范、边提高，使审计方式从事后审计向全过程跟踪审计转变。

【经济责任审计】 2009年，根据市委组织部和市国资委的委托，坚持“积极稳妥，量力而行，提高质量，防范风险”的工作方针，紧紧围绕“三个结合”，即经济责任审计与预算执行审计相结合、与财政财务收支审计相结合、与专项资金审计相结合，坚持关口前移，对市委老干部工作局、市委党校、市社会保险事业管理局（后续审计）、市供销合作联社（后续审计）、兰州日报社（后续审计）、市人大常委会培训中心6个单位的原主要负责人任职期间的经济责任履行情况进行了审计，对市安全生产监督管理局、市建一公司2个单位主要负责人任职以来的经济责任履行情况进行了审计。经济责任审计规范了领导干部行政行为，促进了领导干部廉洁自律和依法行政。

【专项资金审计与审计调查】 是年，对2008年度兰州市社会保险基金的筹集管理使用情况、2008年度兰州市城乡最低生活保障资金、2007年度兰州市计划生育特别扶助资金、2007年至2008年兰州市县乡医疗服务体系建设及经费情况、2005至2007年度兰州市教育费附加管理使用情况、2008年度兰州市种粮四项补贴和退耕还林专项资金、市住房公积金管理中心住房公积金管理使用效益情况及世行贷款、英国赠款结核病控制项目等8个项目进行了审计和审计调查。同时，继续对全市灾后恢复重建资金和物资的筹集、分配、拨付、使用和效果进行了跟踪审计，发现和查处了一些单位滞留专项资金、侵占群众利益的问题，在促进完善相关制度、落实惠民政策等方面发挥了积极作用。通过审计和审计调查，规范了各类资金管理制度，提高了资金使用效益，为相关部门完善政策提供了参考，推动了国家各项相关政策的贯彻落实。

【其他审计工作】 根据市政府安排，对民安大厦建设项目进行了竣工决算审计；对西固区一级饮用水源保护区内五家企业搬迁经费进行了审计核查。与市发改委等部门联系，对全市扩大内需项目建设情况进行了监督检查。积极配合市金融办参与了对重大经济案件的查证；积极配合市纪委参与了有关重要案件的工作；进行了全市纠风工作专项检查。

【查出问题的整改】 建立审计结论落实协作机制，明确各有关部门在落实审计结论方面的职责分工和协作方式，形成了审计结论落实的合力，为做好审计查出问题的整改工作提供了制度保证。坚持“一审二帮三促”工作原则，要求审计人员在查出问题的同时，帮助被审计单位分析产生问题的原因，提出改进建议，及时进行整改，督促被审计单位加强内部管理。建立审计查出问题整改责任制，将审计查出问题的整改工作纳入处室考核目标，促进审计整改工作的落实；组织专门力量定期进行审计回访和检查，提高了审计监督的成效。

【审计队伍建设】 2009年，有1600多人（次）参加审计署和省市组织的政治、法制、审计业务等培训，人均参加培训时间达到了15天以上，有5人考取了省计算机审计中级合格证书。全年被省审计厅和党委政府及报刊杂志采用信息9篇，论文19篇。建立完善了《审计执法责任制》等35项规章制度，有效规范了干部行为。严格干部教育培训学分制考核管理，构建了规范严格的教育培训考核管理体系，形成了良好的学习氛围。认真学习贯彻中央和省市关于领导干部廉洁自律的各项规定，坚决执行“十不准”审计工作纪律，着力提高审计人员的廉政意识，杜绝腐败现象的发生。发挥示范带动效应，促进全面发展，建立年轻审计干部成长机制，有16名年轻干部与8名审计业务骨干结成帮教对子。是年，有1名审计人员荣获全市“五一”劳动模范称号，1名审计人员荣获全省审计系统先进个人称号。

（韩文钦）

安全生产监督管理

【概况】 2009年，兰州市安全生产工作坚持安全发展、科学发展理念，以“安全生产年”活动为主线，以深入开展“三项行动”、切实加强“三项建设”为重点，以有效防范和坚决遏制重特大事故、促进安全生产工作规范，有序和高效开展为目标，攻坚克难、真抓实干，为全市经济平稳较快发展提供了相对稳定的安全生产环境。全市各类事故起数、死亡人数、致伤人数和直接经济损失四项指标三降一升。累计发生各类事故1073起，同比减少192起，下降15.18%；死亡318人，同比增加19人，上升6.35%；致伤530人，同比减少247人，下降31.79%；直接

"安全生产月"宣传咨询日活动

经济损失1787.76万元，同比减少169.46万元，下降8.66%。

【目标管理】 2009年初，市政府同8个市级相关部门和8个县（区）政府签订了安全生产目标责任书，明确了各相关部门和各县（区）政府的安全生产责任。同时，加大安全生产控制指标管理力度，对全市安全生产各类伤亡事故、行政执法情况、安全生产控制指标按月统计分析。7月，根据上半年目标完成情况，市安委会办公室对安全生产控制指标临界或突破控制进度的3个县区和3个部门实行安全预警。通过严密监控、及时预警，使安全生产工作在全市经济企稳回升。在能源原材料、交通运输等市场需求增长，新、改、扩建项目陆续上马，新的事故隐患不断显现，安全监管压力不断增大的情况下，除道路交通死亡人数突破控制指标，造成全市死亡人数控制指标突破省上下达总控制数外，其余均在可控范围内。

【安全监管】 2009年，安监局针对不同时期安全生产工作的特点和要求，及时通报分析情况，研究解决问题，安排部署工作。召开了三次安委会全体会议，印发了《兰州市"安全生产年"活动实施方案》，明确和细化了兰州市深入开展安全生产治理、安全生产执法和安全生产宣传教育"三项行动"，切实加强安全生产法制体制机制、安全生产保障能力和安全生产监管队伍"三项建设"的主体内容，保证了"安全生产年"各项工作的有序开展。为督促各级政府、部门强化责任意识，切实加强对本地区、本部门和本单位的安全监管，7月，市政府制定印发《兰州市安全生产监督管理职责》，市安委会办公室修订完善了《市安委会成员单位工作制度》、《安全生产工作联席会议制度》、《安全生产联合执法制度》、《事故隐患排查和治理制度》等10项制度，进一步明确全市安委会各成员单位的职责范围，细化信息报送、事故隐患排查治理、重大事故隐患整治监控、重大危险源监管、安全生产联席会议、责任约谈等工作制度，完善了安全生产工作法规体系。9月4日，围绕国庆六十周年大庆期间的安全稳定工作，安排部署开展国庆节前安全生产大检查工作，提出了"单位自查与政府督查相结合、全面检查与突出重点相结合、地方检查与行业检查相结合、督促检查与推动整改相结合"的"四个结合"工作要求，确保了国庆六十周年大庆期间的安全稳定。同时，市安监局严把行业标准关，在非煤矿山、危险化学品和机械等重点行业和领域开展了安全生产标准化工作，23户非煤矿山企业通过考评机构考评，6户机械制造企业确定为标准化达标企业，并在非煤矿山领域强制推行了中深孔爆破技术。目前，已有37户矿山使用中深孔爆破开采技术，超额完成全年17户的推广任务。

【安全生产事故查处】 2009年，市安监局参与调查处理生产安全事故3起，协调处置危险化学品突发事故4起，并对11家责任单位和15名责任人追究了相应的责任。3起事故的调查处理均符合法定程序，在规定期限内结案。为维护当事人合法权益，依法举行了"9·4"容器爆炸事故和"3·22"物体打击较大事故行政处罚听证会，在事故查处和责任追究过程中做到了严格依法行政。同时，指导和督促县区组织查处生产安全事故40起，事故结案率为100%。

3月22日13时20分，兰州雁滩建材市场（一部）兰州市城关区宝成石材经销部和雁滩建材市场闵源石材经营部8名员工，在搬运集装箱内人造大理石板料过程中发生了死亡3人的生产安全较大事故，直接经济损失78万元。事故发生后，市政府依法成立了由市安监局牵头，城关区人民政府、市监察局、市公安局、市总工会、市检察院和安全专家组成的"3·22"物体打击较大事故调查组，开展事故调查工作。事故调查组经调查认定：这是一起因安全生产主体责任不落实导致的生产安全较大事故，并形成了事故调查报告。5月27日，兰州市人民政府印发《关于兰州雁滩建材市场（一部）经营户"3·22"物体打击较大事故的批复》（兰政函字〔2009〕38号），同意结案，并依法追究了兰州市城关区宝成石材经销部管理人员陈国全等人的责任，对兰州市城关区宝成石材经销部、雁滩建材市场一部和闵源石材经营部处以43万元的行政处罚。

【安全专项整治】 2009年，全市安监工作以群众关注度高、社会影响力大的行业和领域为重点，充分发挥重点行业领域的示范带动作用。一是深入开展危险化学品安全专项整治。制定下发了《兰州市危险化学品领域安全生产整治行动方案》，以反"三违"（违章指挥、违章操作、违反劳动纪律）和加快推进危险工艺自动化控制系统改造为重点，检查危险化学品从业单位138户，查出隐患1850条，督促整改1714条，打击非法生产经营单位5户，取缔关闭不符合安全生产条件的单位15户，有力提升了全市危险化学品从业单位的安全水平。二是积极开展了烟花爆竹专项整治和联合检查活动。纠正了20家经营单位不符合安全经营规定的行为，暂扣、收缴了300件非法储存、非法经营的烟花爆竹产品。对群众反应强烈的小西湖天桥、五泉天桥、绿色市场、渭源路十字等区域的非法经营活动开展集中整治，查处了5户非法经营户及20个非法经营摊点，打击了非法经营活动，规范了烟花爆竹安全经营市场秩序。三是深入开展了非煤矿山安全专项整治。按照《兰州市2009年非煤矿山及相关行业安全专项整治工作方案》的总体部署，深入重点企业，对重点部位、重点区域、重点环节进行了细致的检查，累计检查企业131户次，查出问题和隐患317条，整改296条，整改率达到93%，并依法关闭了4户不具备安全生产条件的非煤矿山，有效规范了非煤矿山安全生产秩序。全市在煤矿、非煤矿山、危险化学品、烟花爆竹、道路交通、建筑施工等9个重点行业和领域的专项整治行动中，累计组织检查生产经营单位1000余户，发现各类隐患5068条，已督促整改4690条，整改率达92.5%。打击工矿生产经营、交通运输、消防安全等违法行为6000余起，取缔非法企业13家、非法采掘点7处，关闭了一批不符合安全生产条件的企业，整治和消除了一批事故隐患。

【重大危险源监控】 市安监局严格按照省安监局《关于对国务院安委会办公室化工企业安全生产检查组查出问题和隐患挂牌督办的通知》要求，对挂牌督办的5户危险化学品生产企业的32条问题和隐患及时进行了督促整改，于8月21日组织专家核查整改情况，并报省安监局予以销号。通过对重大隐患的集中整治，上年省安委会公告兰州市34处重大隐患，已有23处整改完毕。同时，在对全市重大危险源底数进行全面排查的基础上，根据普查结果和申报情况，确定2009年全市重大危险源308个，并对其进行挂牌管理。

【安全生产许可】 围绕市政府"出城入园"战略，市安监局组织有关专家会同安评机构先后对39户生产企业的新、改、扩建项目和相关安全设施进行了"三同时"审核验收。严格安全生产许可证审核发放程序，全年完成150户危险化学品生产经营单位、95户非煤矿山和2户地质企业的行政许可审查，为22户烟花爆竹批发经营单位和1045户零售经营单位核发了烟花爆竹经营许可证。同时，制定出台了《兰州市企业安全生产风险抵押金管理实施暂行办法》，在非煤矿山、建筑施工、危险化学品等高危行业实行风险抵押金制度。全年，危险化学品及烟花爆竹领域存储风险抵押金797万元，为企业事故抢险、救灾和善后处理提供了资金保障。

【安全生产大检查】 2009年，开展全市性的安全生产大检查8次，深入排查治理各类安全隐患。特别是西固"9·7"事故发生后，为深刻吸取事故教训，全力确保国庆六十周年安全稳定，全市上下严格按照市政府19次常务会议要求，在危险化学品、矿山、道路交通、公众聚集场所、建筑施工等重点行业领域，全面组织开展了以确保国庆期间安全稳定为目标、以排查整治各类事故隐患为重点的"拉网式"安全生产大检查，重点加大了对各类油品、气体和化学品加工企业的排查力度，关闭非法企业5户，取缔无证违规充装液化气点6处，关闭非法危险化学品经营点4处。累计检查企业3386户次，查出隐患3898条，下达各类执法文书733份。其中，西固区由四大班子领导带队，组成9个检查组开展了严厉打击、取缔无照、非法等生产经营企业的安全大检查，检查危化品企业105户，查出隐患281条，整改163条，取缔非法违法生产经营场所8处，责令8户企业停产停业整顿，并要求所辖乡镇街道跟踪整治。

同时，市安监局先后与市公安、交通、城建、国土、工商等部门组织开展联合执法行动，在非煤矿山、教育、道路交通等行业领域组织开展了14次执法行动，取得了良好效果。根据群众举报，会同市国土局、安宁区政府、皋兰县政府等单位，对安宁区、皋兰县交界的大砂沟、碱水沟乱采滥挖、严重威胁排洪和交通安全的重大隐患进行现场核查，并针对"两沟"隐患研究制定了5条整改措施，"两沟"隐患整治工作顺利开展；针对兰州海洋出租车公司因违章行驶造成两起较大交通安全事故的情况，会同交通局对交通出租车公司、海洋出租车公司、青年出租车公司、南巡出租汽车公司开展了安全专项检查，查出并责令整改隐患25条，有效遏制了出租车行业较大事故频发的势头；根据兰州市大部分学校教学楼安全隐患突出的现状，会同市教育局、市建管站等相关部门对兰州市第五十三中学、五十五中学、五十八中学、八十三中学及民族中学的校园内在建工程开展了安全生产专项检查，整治隐患20条，下达责令改正指令书5份，保证了校舍及师生安全。

【安全宣传和培训】 以提高从业人员的安全防范意识和安全操作水平为重点，举办相关培训班50余期，培训3000余人，其中特种作业人员20期，培训1065人；烟花爆竹从业人员15期，培训911人。以逐步建立企业安全文化为重点，充分发挥安全生产专家组的技术优势，组织专家在“安全生产月”期间，深入兰州市中小企业，开展安全科技上门咨询服务，活动中共检查发现隐患154条，专家提出整改建议150余条，解答企业安全技术问题100余条；以形式多样的活动为载体，开展了“安康杯”知识竞赛、“青年安全生产示范岗”、“安全伴我行”演讲比赛等，促进企业安全文化的形成。以营造社会安全文化氛围为重点，加强安全生产普及宣传，在全市开展了以“关爱生命、安全发展”为主题的“安全生产月”活动。市安委会办公室组织8个县区、10个部门和近200户企业开设宣传咨询点50余处，展出展板1100余块，发放安全宣传资料30万余份，市民接收宣传教育达35万人次。以媒体、通讯等手段，拓宽安全生产宣传范围，与甘肃电视台新闻综合频道合作开办了为期半年的《安全之声》栏目，全年制作节目20期。联合市消防支队向广大市民发送安全知识手机短信，累计发送40余期百万余条。

（马 琳）

食品药品监督管理

【概况】 2009年，兰州市食品药品监督管理局大力整顿和规范食品、药品、医疗器械市场秩序，在组织节日市场检查、问题药品核查、甲型H1N1流感防控用药械专项检查和重要活动食品药品安保的同时，集中开展药品、医疗器械和餐饮具消毒、早餐市场专项整治，认真履行食品安全综合监管职能，获得全省滥用阿片类物质成瘾者社区药物维持治疗工作先进集体和全市政务督查工作先进单位称号，连续四年被评为全市食品药品安全工作先进单位和全市禁毒工作先进单位，并在2009年的全市目标管理考核中获得了优秀等次。

【食品安全综合监管】 在成立市、县两级食品药品安全委员会的基础上，全市乡（镇）、街道均建立食品药品安全领导协调机构，并以各级监管、执法部门为主体，进一步完善市、县（区）两级监管网络。与此同时，结合食品药品“两网”建设，在全市每个乡（镇）、街道选聘了一名食品药品监管专干，加强乡街食品药品安全监管网络建设，建立了以乡街117名食品药品监管专干为主，645名协管员，1031名信息员和社会监督员为辅的“一专三员”基层食品药品监管协管队伍，进一步完善了协管网络。全市乡、镇（街道）都成立了食品药品安全监管办公室（站），基本实现了“办公有场所、工作有人员、运行有制度、经费有保障、考核有目标、举报有电话”，构建起了市、县、乡三级互联互动的基层监管协管网络，有效保障人民群众的饮食用药安全。

继续将食品药品安全列入市政府目标管理，由市政府分管领导同各县（区）政府和相关部门签订目标责任书，在年中督查的基础上，通过目标考核、品种检测、消费者满意度评价等工作，综合考评全市食品药品安全工作，不断深入开展食品药品安全工作。2009年9月11日，按照市政府关于深入开展“安全饮食用药、百姓放心消费”的活动，迅速启动食品药品安全十大专项整治的部署，组织协调商务、粮食、食药、工商、质监、整规办和各县区，对粮油、肉及肉制品、豆制品、酒类商品、牛肉面、早餐、餐饮具消毒、流通环节食品和药品医疗器械、药品广告、四边一部区域等与人民群众生活密切相关的10个重点方面进行专项整治。通过层层动员、宣传造势、联合执法、加强督查、建章立制、公开曝光等措施，认真推进专项整治各阶段的工作任务，取得了明显的阶段性成效。

根据省食品药品监督管理局及市委、市政府关于做好兰洽会期间食品药品安全保障工作的要求，制定兰州市保障兰洽会期间食品药品安全工作方案，明确工作重点和任务分工、工作进度和时间安排，并有针对性地开展了兰洽会食品药品安全专项检查，有力保障了兰洽会的食品药品安全。

组织协调召开食品药品安全委员会会议6次，组织相关部门在重大节日开展节前食品药品市场集中整治行动。发布食品药品安全综合信息4次，通报和反映全市食品药品安全工作动态，2009年编印《食品药品安全监管动态》25期。

【药品医疗器械市场监管】 实施重点监管，根据日常监督检查及查处案件情况，2009年，全市确定了358家重点监管单位，要求每季度检查一次，确保重点单位可控。将日常监督和专项检查有机结合，采取日常巡查、交叉互查、专项检查和机关下基层检查等多种方式，切实加大市场监督检查力度。

探索实行“网格化”监管。制定出台了《兰州市食品药品监督管理局日常监督管理办法》，推行市场监管网格化管理，做到监管重心下移，监管责任落实。同时对药品制剂和原料药生产企业、医疗器械生产高风险性产品企业等重点企业的日常监督管理实行责任巡查制，靠实监管责任，提高日常监管工作的效率和水平。建立举报奖励机制。制定了兰州市食品药品安全违法案件奖励举报办法，并由市政府办公厅印发，引导和激励社会监督。加强突发事件应急处置，制定了《兰州市突发重大药品医疗器械安全事件应急预案》，加强应急管理工作，切实提高突发事件的应对处置能力。

落实企业责任。落实的“四个一（一书、一会、一单、一网）”的工作举措，与全市药品生产经营企业、医疗器械生产、专营企业及县以上医疗机构签订质量安全责任书，每季度召开药械企业质量安全通报会，并将药品安全纳入企业诚信档案进行考核和管理。以兰州大得利生物制药厂为试点，着手在药品制剂生产企业推行药品生产质量受权人制度，同时充分发挥驻厂监督员的作用，强化对药品生产企业的监管，建立医疗器械生产企业定期检查制度，确保药械生产质量安全。

建立部门联动协调机制。2009年8月28日，市公安局驻市食品药品监管局公安特派室正式成立。执法和刑事司法有机结合，严厉打击制假售假和无证生产经营行为，切实增强对药械市场安全的控制力和保障力。

加强药品医疗器械质量监督抽验。以高风险品种和容易出现问题药品的抽查检验为重点，全年实施药品抽样479批次，医疗器械监督抽样57批，对容易出现问题的药品和防控甲型H1N1流感药品每季度安排了重点抽验品种，抽验重点品种40种50批次，对6类55批的中成药进行了专项监督抽验，为打假治劣提供有力的技术支撑。

加强药品医疗器械广告监控。在严厉打击各类违法行为的过程中，以管药品和管药店为重点，利用媒体广告监测系统及时对夸大功能、含有不科学地表达产品功效、虚假宣传、未经审批擅自发布、患者或以医疗机构名义为产品功效做证明等违法药品广告进行监控。全年监测到有关媒体的药械违法广告106种122件，全部移交工商部门处理，并对29种药品、16种保健品执行了区域停售的强制措施。

积极开展药品不良反应监测及药物滥用监测，加强药品不良反应监测及药物滥用监测培训。年内，上报药物不良反应报告660份、药物滥用监测调查表2260份、医疗器械不良事件监测报告40份。

认真推进行业标准的规范管理和行业发展的培育扶持。年内，有346家小型医疗机构建成了“规范化药房（柜）”，3家高风险药品生产企业实施了驻厂监督，19家药品生产企业实施了GMP认证跟踪检查，51家药品经营企业实施了GSP认证跟踪检查，600家医疗器械经营企业按照质量新标准达标规范，4236名药械从业人员经过了规范培训，805家药械经营企业经检查达到了准入标准获得许可，10种医疗器械产品经评审合格获得批准生产。

【药品医疗器械专项整治】 2008年12月30日至2009年2月底，组织开展了打假治劣保平安药械市场集中检查行动，出动执法人员2306人次，检查单位1052家，切实保障“两节”期间的食品药品安全。开展紧急核查假药的专项检查。对国家局紧急要求停止销售使用的问题人血白蛋白、拜唐苹、香丹注射液、降糖胶囊、注射用泮托拉唑钠、糖脂宁胶囊、人用狂犬病疫苗、双黄连注射液、妇炎康胶囊、前列泰胶囊、艾可前列宝、互联网非法宣传销售安枢瑞等进行了依法查控，查处了违规宣传产品“吴一手”黑药膏，严厉打击药械违法违规广告宣传行为，做到了处置及时，工作得力。

根据国家和省食品药品监管局关于开展整治非药品冒充药品专项行动方案，开展了非药品冒充药品专项检查，对251家经营单位进行了摸底调查，登记上报91种涉嫌非药品冒充药品的情况。同时，为确保高温季节全市药品质量安全，开展了高温季节药品储存情况专项检查。

开展特殊药品专项检查。对辖区内2家区域性麻醉药品批发企业，28家第一类、第二类精神药品经营企业，8家罂粟壳定点经营企业，9家医疗用毒性药品定点经营企业，37家蛋白同化制剂、肽类激素定点经营企业，19家麻黄碱复方制剂定点经营企业，开展了为期3个月的特殊药品专项检查活动，出动执法人员1347人次，检查涉药单位782家。

在全市开展药品生产企业和医疗机构制剂室物料管理专项检查，出动人员131人次，检查药品生产企业19家、医疗机构制剂室20家。

开展“迎国庆保平安维稳定”药械市场专项检查。抽调近郊四区执法人员，分批通过交叉执法的形式开展药品市场专项检查，出动人员726人次，检查单位164家，保证了国庆六十周年期间全市食品药品安全和社会和谐稳定。

开展防控甲型H1N1流感药械专项检查。根据疫情发生和发展的形势，采取有效措施对全市涉及防控的19种药械和230家经营使用单位以及中药饮片供应集中的安宁区和疫情比较严重的榆中和平等区域的所有涉药涉械单位进行了拉网式检查，及时了解掌握各涉药单位防控药械的种类、质量状况、储存数量、供应能力等情况，做好统计上报工作，并督促辖区内有关药械生产、经营、使用单位切实做好防控相关药械的储备供应工作，确保了防控用药品的供应和安全有效。

依照《药品管理法》的规定和对医疗机构药品规范管理的各项要求，以中药注射剂、疫苗等高风险药品及甲型H1N1流感防控药械、自制制剂、中药饮片作为重点检查品种，对全市小型医疗机构进行了一次全面的专项检查，检查单位329家，有效保证医疗机构药械质量。

【餐饮服务监管】 在继续履行食品安全综合监督职责，做好食品安全综合监管工作的同时，积极协调，严格准入，做好餐饮服务许可证的发放工作。研发了《兰州市餐饮服务许可制证管理系统》，实现了餐饮服务许可网上办公、许可证制作及基础资料管理、统计表自动生成等，提高许可工作效率，为下一步履行监管职能奠定较好的工作基础。2009年，受理办结发放餐饮许可580件。

协调商务、质监、工商、城市执法和各级卫生监督机构，针对元旦、春节、国庆、中秋等节日期间的食品安全，服务专项整治，以提供包席的212家大中型餐饮单位为重点开展重大节日餐饮检查，检查餐饮单位1224户次，宴席12561桌，实现了节日期间餐饮消费环节零投诉。以学校（幼儿园）及周边食品市场和“小饭桌”为重点，开展学校食堂餐饮食品安全专项整治，检查学校160个，学校食堂214个，小卖部186个，并组织全市所有学校食堂的负责人、学校（幼儿园）食品从业人员3350余人参加了食品安全培训。开展餐饮单位餐具消毒及集中式餐具消毒企业专项检查，对全市22家餐饮具消毒企业进行了全面的评审验收，对评分在60分以下经整改仍达不到要求的企业，在媒体公布并采取了警告、停止年检、行政处罚、吊销证照等措施；联合检查早餐市场的牛肉面馆、早餐店、街头流动早餐点，检查早餐摊点100余家。

推行餐饮业食品安全监督信息公示制度。在餐饮单位显著位置悬挂“餐饮单位食品安全监督信息公示牌”。公示内容主要包含食品卫生等级、近期食品安全监督信息、责任监督员、投诉举报电话等方面，特别是以“笑脸、无表情和苦脸”三种脸形表示该餐馆的食品安全综合状况，确保消费者就餐时一看表情，就能知道该餐馆的综合情况，确保消费者知情消费，放心消费。首批对5000家餐饮单位设置了公示牌，强化了餐饮业主是食品安全第一责任人的责任和自律意识，同时也靠实了监管单位和监管人员的责任。

【地方法规】 制定了《兰州市药品、医疗器械从业监督管理办法》，2009年8月19日市政府第17次常务会议讨论通过，市人民政府第5号令予以公布，10月1日起实施。对解决药械从业管理尤其是从业人员管理无法可依的问题提供了有力保障，也标志着食品药品监管地方立法工作的新突破。同时，通过积极申请，将《医疗机构药品和医疗器械使用管理办法》列入了2009年市政府规章项目，已通过市政府法制办审核论证，该办法的出台对于解决全市医疗机构药械管理薄弱的问题将发挥重要作用。

【信息化建设】 2009年，以加快推进远程电子监控步伐为重点，在全市药品生产企业、医疗机构制剂室、特殊药品经营使用单位、蛋白同化制剂、肽类激素类药品定点经营企业落实远程电子监控的基础上，有29家药品生产企业、48家医疗器械生产企业、100家医疗器械专营企业入网，并对150多家药品批发企业完成了入网培训。与此同时，积极推行电子政务，对市局门户网站进行了全面升级改版，结合市局内网的开通，正在建立OA办公自动化系统、行政审批系统、监管业务办公软件系统。

【诚信体系建设】 修改完善了《兰州市药品和医疗器械安全信用分类管理办法》，继续开展年度诚信评价工作，同时按照扶优治劣的原则，对企业实行“红黑名单”制度。对制度完善、责任落实、质量可靠、诚信经营的单位列入“红名单”进行培育扶持，对假冒伪劣、严重失信、屡查屡犯、情节严重的单位，列入“黑名单”进行全面整顿，促使企业诚信自律。年初，评定出2008年度兰州市药品经营一级良好信用企业54家、药品安全诚信单位32家、医疗器械质量安全诚信单位3家，并予以通报表彰。对评定的23家药品经营严重不良信用企业、22家药品质量安全失信单位、15家医疗器械质量安全失信单位发出书面通知予以警示，进行诫勉约谈。

制定了《兰州市食品药品放心消费企业（门店）管理办法》，以食品药品安全委员会文件印发施行，有效推进了放心示范工程建设。在全市食品药品十大专项整治中，经过严格程序推荐了10家药品经营企业和2家医疗器械经营企业，作为首批放心消费企业上报市上进行审批公示和授牌，以起到示范引领作用。

制定兰州市药品零售企业设置规定，对新开办药品零售企业的开办条件、受理和审批、药品经营许可证的变更重新进行规范。联合相关部门就医疗器械政府招投标企业准入条件做出明确规定，严格审查企业资格和信用，有效防止不诚信企业及业务人员进入招标活动，防止非法产品进入使用单位。同时，制定兰州市药

品和医疗器械安全信用分类管理暂行办法，不断完善推进诚信体系建设的办法和措施。

每季度召开新闻发布会向社会发布食品药品安全综合信息和消费警示。在全市餐饮单位和药品经营单位设置“食品药品安全监督信息公示牌”，对药品、医疗器械经营和餐饮企业安全信息及时公示，加大社会各方面对食品药品安全的监督力度。

全市医疗器械、餐饮具消毒和早餐专项整治动员大会

【宣传教育】 加强政务信息和新闻宣传工作，编发《兰州药监》76 期，205 条信息，其中被国家局网站采用 26 条，省局网站采用 118 条，市委、市政府简报采纳 15 条，在中国医药报刊登信息 1 条，在法制禁毒日报周刊刊登信息 1 条。同时，加大媒体宣传力度，经常性地宣传报道兰州市食品药品监管工作和专项整治动态，加大对制假售假等违法违规行为的曝光力度。

积极开展了以“努力践行科学发展观理念，保障公众饮食用药安全”为主题，以《食品安全法》为主要内容的食品药品安全宣传月活动。在全市举办了以“安全用药、家庭健康”为主题的“众友杯”知识竞赛活动，并与鑫报联合举办“安全用药，家庭健康”百题有奖问答活动，发放合理用药知识资料 5000 余本（册），32 个家庭参加竞赛活动，通过预赛、复赛、决赛产生 12 个获奖家庭，获得第 1 名的家庭代表甘肃省参加了全国比赛；向参加比赛获得优异成绩的 12 个家庭 36 名成员及药学专家和新闻工作者颁发了首批安全用药义务宣传员证书。开展了以十大专项整治为主要内容的食品药品安全进社区、进农村、进学校宣传活动，组织宣传 29 场，覆盖了全市三县五区的 18 个村、114 个社区，受教育群众达到 10 万人次。与此同时，在市政府门户网站、兰州日报、兰州晚报设立食品药品安全专项整治行动专栏，同兰州日报联合开展“食品药品安全连你我”接听热线活动。同兰州市政风行风热线办公室、广播电台联合进行以“安全饮食用药、百姓放心消费”为主题的行风阳光热线直播。同兰州电视台民情民生大家谈栏目开展“关注食品药品十大专项整治系列访谈”。利用移动通讯平台，定期向兰州地区部分手机用户发送食品药品安全短信，在餐饮单位和零售药店设置监督信息公示牌引导安全消费，进一步营造全社会关心、支持、参与食品药品安全的良好氛围。

2009 年，举办药品、医疗器械、医疗机构、中药饮片鉴别上岗培训班 25 期，培训从业人员 4236 人，对考核合格人员颁发了上岗证。

【机构改革】 按照国办发［2008］123 号和甘政办发［2009］91 号文件精神，2009 年 8 月 21 日，召开了市食品药品监管机构移交会议，兰州市食品药品监管局由省上垂直管理调整为市政府管理，并在机构改革中列为市政府工作部门，五区食品药品监管部门仍由市上垂直管理。

（董　珉）

教育·科学技术

教　育

【概况】　2009年，兰州地区有各级各类学校1353所，在校生90.5万人，教职工5.6万人。中小学954所，其中小学733所，完全中学79所，高级中学14所，初级中学83所，九年一贯制学校45所，中小学在校生42.5万人，教职工30062人；幼儿园294所，在园幼儿5.2万人，教职工4520人；高等学校31所，在校生34万人，专任教师1.5万人；中等职业学校72所，在校生8.7万人，教职工5798人；特殊教育学校2所，在校生1257人，教职工122人。

市属学校62所，其中独立高中4所，完全中学40所，九年制学校3所，小学5所，幼儿园1所，中等职业学校4所，电大1所，特殊教育学校1所，整合中的院校3所。市属学校在职教职工7800人，在校学生9.8万人（其中中小学在校生8.3万人）。

【学前教育】　新建成省级示范性幼儿园2所，市级示范性幼儿园5所。举办了兰州市首届幼儿园园长论坛和园长沙龙。按照《兰州教育满意行动计划（2008—2014）》要求，开展幼儿园结对帮扶活动，组织23所省市级示范性幼儿园与23所农村和城区薄弱幼儿园开展结对帮扶活动，引领优质学前教育资源向县区和农村地区辐射。

2009年兰州市举办首届幼儿园园长论坛，160多位幼教工作者参加了此次论坛。开展兰州市第七届幼儿园教学新秀评选工作，共有109名幼儿教师参加了总评。对《兰州市幼儿教育简报》进行改版，编发期数由原来的不定期到每月一期，发行范围由原来的中心教研组成员扩大到省、市级示范园，较大的公办园、民办园。

【义务教育】　2009年，全市小学入学率99.99%，毕业率99.03%，升学率100%；初中入学率100%，毕业率98.18%。2009年，制定了《兰州市义务教育阶段学校办学标准》；新修订了《标准化小学评估标准和方案》；制定下发了《兰州市小学教育教学绩效方案（试行）》和《兰州市新农村建设教育发展实施方案(2009年—2012年)》。

组织全市1300多名小学教师参加了小学语文、数学课堂教学观摩研讨活动。协同兰州教育研究会举办了兰州市首届小学校长沙龙活动，兰州市各县区的20多位校长围绕“扎实开展校本教研，促进教师专业成长”主题，做了交流。

2009年，全市农村义务教育阶段学校享受补助公用经费学生37.5万人次，享受中央免费教科书学生40.7万人次，补助寄宿生生活费5.3万人次。城市义务教育阶段享受免除学杂费学生34.2万人次，享受中央免费教科书学生3.3万人次，补助寄宿生生活费学生830人次。各级政府共计补助经费14110.5万元。弱势群体子女受教育的权利得到有效保障。将全市3.4万名进城务工人员随迁子女纳入城市学校免除学杂费学生范围，解决了进城务工人员子女就学问题。

制定全市农村中小学布局结构调整方案。计划2008年—2014年全市共撤并中小学424所。2009年，已撤并小学47所，初中3所。按照市政府制定的《兰州市2009年城市四区普通中学结构布局调整方案》，完成了部分学校的初高中分离办学工作。14所学校停止高中招生，扩大初中招生规模；3所学校在不压缩小学现有规模的情况下，改办为九年制学校；合并新建1所九年制学校。

对申报创建的6所标准化小学

郝远副省长视察兰州市第三十三中学

进行试评估验收，对达标的学校命名奖励。

【特殊教育】 编辑了《特殊教育法律法规文件汇编》，配合市残联在东方红广场开展了第十八次爱心助残宣传活动，为兰州市盲聋哑学校移址迁建创造条件，完成永登县、榆中县特殊教育学校建设初步规划。全市义务教育阶段残疾少年儿童入学率达95%。

【民族教育】 继续实施民族教育优惠政策，开办"少数民族双优助学班"，帮助少数民族学生接受高层次的优质教育。改善民族学校办学条件，促进民族教育质量提高。2009年兰州市教育局被省委、省政府评为全省民族团结进步模范集体。

【民办教育】 2009年审批成立民办学校30所，撤并不符合办学条件的民办学校28所，全市民办学校保持在370所左右。开展了民办学校集中整治工作。对办学中问题突出，办学条件不达标等违纪违规办学的学校取消办学许可证。

【高中教育】 按照市政府制定的《兰州市2009年城市四区普通中学结构布局调整方案》，18所完全中学调整初、高中办学规模，4所学校停止初中招生，办成独立高中，扩大高中招生规模。开展省级示范性高中创建工作，兰州西北中学、榆中一中顺利通过省级复评专家组评审，兰州五十九中顺利通过省级示范性中学达标验收，全市省级示范高中达到11所。对全市69所学校进行了教育教学常规检查。组织召开全市普通高中教学绩效暨2010年高考备考研讨会。继续推进省级示范性高中部分招生名额对口分配到初中校的招生制度，并扩大指标分配比例至15%。

2009年全市高中阶段招生35925人，入学率达到84.32%，比上年提高0.28个百分点，其中普通高中招生25403人，入学率59.62%，比上年提高3.49个百分点；城市四区高中阶段招生22491人，入学率100%，比上年提高5.98个百分点。

全市参加高考35147人，各批次上线人数29650人，上线率85.51%，比上年提高8.94个百分点；录取人数19881人，录取率57.33%，比上年提高6.78个百分点，录取率与2008年全国平均录取率持平。600分以上的文、理科考生全省共有24人和895人，兰州市占10人和268人，全省文理科各前100名考生中，有兰州市考生71名，其中市属中学20名，比去年增长了33个百分点。

【职业教育】 全市中等职业教育招生人数13903人。其中，市县区属中等职业学校招生9063人；省属在兰中等职业学校招生4450人；外省市中等职业学校在兰招生390人；超额完成省上下达给兰州市中等职业教育招生12000人的任务。争取中等职业教育国家助学金2516.54万元，资助3.4万名家庭经济困难学生。全市中等职业学校毕业学生就业率、升学率均保持在90%以上，职业资格考试合格率达95%以上。调整全市中等职业教育专业布局结构，增加装备制造业和现代服务业技能型市场紧缺人才，统筹规划特色专业建设，确立市级重点专业，拟定了全市中等职业学校市级重点专业评估、挂牌计划。

加大市级财政投入，重点建设中等职业教育实训基地，投入专项资金3000万元，用于女子中专等8所学校实训基地建设。皋兰职教中心主体建设工程基本完成，计划2010年秋季正式投入使用。组织兰州市十余所职业学校与中国半导体行业协会、江苏半导体行业协会进行合作洽谈，部分职业学校加入了"校企合作VIP联盟"。组团赴山东等发达地区进行职业教育考察，并在联合办学、实训基地建设、师资培训等方面达成合作意向。以兰州文科中专学校和兰州商贸职业中专学校作为牵头单位，组建成立兰州理工职业教育集团、旅游职业教育集团及兰州商贸职业教育集团。

【成人教育】 组织实施"乡镇成人学校提升工程"，在首批完成11所乡镇成人学校提升工程试点工作的基础上，今年完成23所乡镇成人学校提升建设，两年共完成34所，占全市61个乡镇的54%；完成本年度农村成人技术培训12.2万人次；建立农民工培训报告制度，规范农民工培训档案管理，全市教育系统2009年培训输出农民工1.2万人。继续实施“一村一名大学生计划”，当年招生62人，总招生人数达到710人，覆盖全市行政村的95%，一村一名大学生的培养目标基本实现。

【社区教育】 新建社区学校7所，全市城市街道社区学校达到52所，覆盖全市51个街道，办学面达100%。城关区出台了《推进社区教育工作实施方案》，启动了全国社区教育实验区工作。

【语言文字工作】 修订完善《兰州市语言文字规范化示范校建设评估方案》。2009年建成国家级语言文字规范化示范校4所，省级示范校7所，市级示范校13所。组织兰州市学校参加全国大中小学生规范汉字书写大赛，促进中小学生提高规范书写汉字的水平。组织开展了普通话水平测试工作，测试人员689人，测试合格率95%。

【体艺、卫生、国防、安全工作】 召开2008年度学校体育卫生艺术和国防教育工作会议，总结2008年工作，安排部署2009年工作。7月9日，省教育厅、省卫生厅、省军区联合检查组对兰州市学校体育、卫生、国防教育工作进行督导检查。对56所高中、52所初中毕业生《国家学生体质健康标准》成绩进行了审核。遴选了30篇优秀体育教育教学论文参加第十届全国中学生运动会科学论文报告会，八十四中的柯蕊老师撰写的《兰州市中学生体育生活方式的调查研究》获得了全国二等奖。选拔出兰州六中的14名学生运动员参加在长沙举办的第十届全国中学生运动会田径比赛，荣获“体育道德风尚奖”。承办了全省推广《第三套全国中小学生系列广播体操》教师培训班。组织兰州市优秀百所中小学自编操评选活动，规模、水平超过上一年。举办了“兰州市首届学校体育论坛”之后，组团赴长春参加了中国“十城市”首届学校体育论坛大会。兰州市二中等九所学校4300名学生分别参加“青少年健身活动展示”、“首届中国·兰州‘黄河杯’全民健身挑战极限长走邀请赛”、“第十一届全国运动会甘肃省火炬传递活动”。

在市女子职业学校艺术剧院举办第八届中小学生艺术节暨第三届中小学校园歌手、器乐、京剧演唱比赛；在金城大剧院隆重举办了全市中小学生喜迎国庆60周年文艺晚会；选派市十四中参加教育部在重庆举办的“爱国歌曲大家唱——全国教育系统‘祖国万岁’歌咏活动”并获得一等奖。

落实学校食堂卫生许可证办理工作，建立从业人员资格审查制度，杜绝“三无”食品流入校园。重新启动全市中小学生体检工作，全市共有9万余名中小学生接受生理功能指标、实验室检查等22项健康体检。2009年8月，兰州市属学校出现第一例甲流病例，后来个别学校又出现聚集性暴发的情况，教育局组织实施居家隔离治疗、分班停课、消杀通风、推荐中药制剂等措施，缓解了疫情，截至2009年底，全市学校确诊甲型H1N1流感病例416例，治愈414例，治疗中2例，无重症和死亡病例。

组织开展了全市高级中学学生军训征文活动，共收到学生文稿522篇，教师文稿74篇。

2009年春秋两季，开展校园周边环境专项整治工作，消除学校安全隐患，确保全年无重大安全责任事故发生。全市62所市属学校中已有56所通过了“平安校园”考评验收，“平安校园”创建达标率84%。

2009年兰州市教育局获教育部颁发的“‘祖国万岁’歌咏活动”优秀组织奖，兰州市政府授予的“兰州市第六届运动会优秀组织奖”。

【教改科研】 举办了两届中小学校长沙龙，就开展校本教研，实施学校精细化管理，提升教育质量形成共识。实施帮扶支教工程，组织教研人员赴永登、榆中、红古、安宁等县区开展了传书送教活动。加强校际间的经验交流，组织开展教学教研活动和课堂教学竞赛活动，为广大教师提供交流经验的机会和展示教学水平的平台。编制《兰州市教育科研事业发展规划》，完成了2009年度教育科研规划课题的申报立项工作。继续开展国家级子课题“兰州市中小学创新发展研究”的研究工作。教科所组织制定的《初中心理健康教育活动课的设计与实施》申报甘肃省心理健康教育专项课题，并被立项为省级重点课题。组织召开了2009年兰州市高考诊断分析研讨会议。会后整理2009年高考诊断分析试卷及复习指导性文章10篇，汇编成《2009年兰州市高三诊断分析文集》下发到各有关中学。为推动基层教学改革，在优秀学科带头人队伍基础上，选拔组成基层学科中心组，在教研室的协调组织下开展教改探索工作。

【教师队伍建设】 开展“再铸师魂”师德教育活动。开展教师全员培训。全年共举办高中新课程培训班46期，培训高中教师3582名；教育技术标准培训教师1600多名；联校培训、校本培训教师14000多名。实施名师工程，制定出台了兰州市中小学骨干教师、学科带头人、名师、教学新秀、优秀班主任等评选管理办法，组织评选出教师楷模20名、优秀班主任200名，幼儿园教学新秀68名，评选市级骨干教师611名、县区级骨干教师1379名，推荐市级学科

带头人180名，评选了局系统优秀教师63名、十大杰出青年教师10名、师德先进个人61名。

【改善办学条件】 全市239所中小学危房改造工程项目学校全面开工建设，其中：竣工学校203所，累计完成投资3.22亿元；全市102所农村寄宿制学校建设工程项目学校，已开工建设77所，按规划今年建设的40所学校全部竣工，累计完成投资1.24亿元。实施全市中小学校舍安全工程，从2009年开始，利用三年时间，对存在安全隐患的城乡中小学校舍进行迁移避险、维修加固，范围覆盖全市所有中小学校、特殊教育学校和中等职业学校。2009年底，已完成全市中小学校舍排查鉴定学校1021所，单体建筑物7036栋，面积368.2万平方米；完成715所学校200万平方米的校舍维修加固和重建迁建规划编制工作，规划总投资22.8亿元，中央已下拨兰州市中小学校舍安全工程资金4200万元。

投入600多万元，完成校园网建设6所，建成12所学校班班通教室138间，建成农远项目示范校多媒体教室30间。全市中小学城域无线微波传输网络建设示范项目、交互式远程教学系统、网络多媒体视讯平台建设示范项目通过省级验收。15所学校利用无线微波链路接入兰州教育城域网。

【教育管理】 建立健全教育系统内部审计工作制度。开展"小金库"专项治理工作，重点核查学校财务管理及教育收费情况，查处个别学校存在的"小金库"问题。

在22个市属学校、直属单位开展了民主评议行风活动。解决群众反映强烈的教育行风问题。受理群众来信来访148件（次），上级要结果的信访信件20件，有关教育行风问题投诉44件。针对影响和制约教育事业发展的6个方面25项突出问题，研究制定了《兰州市关于创新完善教育投入保障机制工作的实施意见》。处理违法违纪案件1起，4名涉案人员分别受党纪政纪处分；初核违纪案件1起，初核查清违纪问题后已移交市纪委查处，以此警示教育党员干部。

依照《党政领导干部选拔任用工作条例》对53所学校（单位）领导班子及159名校级领导干部进行考察测评，通过集体讨论，决定转任、平级交流、留任、提拔、提升职级。制定《兰州市中小学名校长评选和管理办法》，开展名校长评选活动，组织评选出杰出校长10名。

解决企业移交学校遗留问题，已解决量具刃具厂等关停并转企业中小学退休教师落实待遇问题，兰铁3所幼儿园移交问题，红古区省属企业移交学校教师规范津补贴问题。

【教育督导】 2009年2月25日—3月10日，组织由省、市督学、教科所人员组成的督导检查组，对各县区2009年春季开学情况进行督导检查。年初，安排部署了县区2009年"两基"工作回头看自查自评工作。2009年5月中旬，配合国家督学刘东、高维新对市教育布局结构调整进行调研。组成由省、市督学，中学校长，特级教师，市教科所教研员参加的督导评估组，对西北中学进行了综合督导评估。

（王　建）

校外教育

【概况】 2009年，兰州市校外教育工作切实加强未成年人思想道德建设，着力发挥专业校外教育阵地的服务职能，全面完成年初制定的各项目标任务，实现了兰州市校外教育事业的新发展。在体制机制建设、校外活动场所建设等重点、难点问题上取得了显著成效。以"颂祖国、建和谐、讲文明、促成长"为主题，通过舞台艺术教育、兴趣培训、图书借阅等多种形式的校外活动，培养未成年人综合素质，面向全市未成年人开展了品德教育、才艺展示、社会实践三大系列大型倡导示范活动和基层群众性道德实践活动，吸引八个县区30余万少年儿童踊跃参与。对中心系统5个事业单位的155名在职职工开展了首次岗位设置管理工作，完成了首次岗位结构比例核准和专业技术内部等级岗位认定工作，为校外教育事业健康发展提供了组织保障。创办的期刊《兰州校外教育》围绕校外教育方针政策、理论探索等内容，为校外教育工作的决策和推进提供了参考，全年共发行4期1000多份。《少年文摘报·少儿活动专刊》改进版面，免费向全市130多所中小学校和30个社区赠阅，全年发行12期1.2万份。召开了兰州市校外教育指导委员会第十次会议。

【校外活动场所】 2009年，兰州市少儿活动中心、兰州市校外教育办公室积极与有关部门协调，确定了兰州市少年儿童社会实践基地在九州大坡沟160亩的建设用地。兰园市属专业校外活动阵地的活动设施和环境得到改善，全面完成还建办公楼、多功能厅的设计、装修工作，少儿图书馆和儿童艺术剧团办公面积也相应得到增加，少年宫综合大楼和还建楼层的硬件设施改造和装修工程也于年底全面完成，有效缓解多年来校外教育活动场所拥挤、设施设备简陋的问题。西固区青少年活动中心完成主体建设；安宁区、七里河区青少年活动中心利用现有场所、设施开展校外教育活动；城关区、红古区青少年活动中心也按照规划，积极争取立项建设。

【社区未成年人教育】 市少儿活动中心、市校外教育办从增加试点社区、抓实社区未成年人教育实践活动、加强对社区工作的服务等方面入手，推进社区未成年人教育试点工作。至2009年，试点社区达到32个，并设立1个乡村实验点，将未成年人社区教育工作深入到了乡镇，扩大到了农村。为推动社区未成年人校外教育工作的全面规范开展，市文明办、市校外教育办提出了《关于加强和改进未成年人社区校外教育工作的指导意见》，经兰州市校外教育指导委员会第十次会议讨论通过，已报送市委、市政府审批。为加强未成年人社区校外教育工作的学习和交流，中心调研并征集了8个县区共13个社区未成年人校外教育工作的典型材料，形成《兰州市校外教育工作经验交流材料汇编》，为召开全市试点社区未成年人校外教育工作座谈会做好了准备。

【校外教育研究】 完成了2008年度“全国校外教育工作者论坛”征文征集工作，上报18篇论文（案例），其中3篇获二等奖、3篇获三等奖、9篇获优秀奖。

【品德教育活动】 2009年3月—4月，组织开展兰州市少年儿童“我们的节日·铭记红色历史，共创金色未来”清明纪念革命先烈主题教育活动。活动采取全市总体安排、分县区组织实施的方式进行。第一阶段，3月份，各县区中小学围绕教育主题，制定具体方案，开展纪念革命先烈、中华经典诵读、节日民俗等系列活动。清明节期间，城关区、七里河区、榆中县、永登县共组织辖区2万多名师生到当地烈士陵园开展纪念革命先烈活动，由市上六家活动主办部门组成的督导小组，赴各县区了解、指导活动的开展情况。第二阶段是活动案例评选，各县区共上报活动案例80篇，26篇获奖。根据市文明办《关于组织开展“向国旗敬礼、做一个有道德的人”网上签名寄语活动的通知》精神，市校外教育办公室参与组织全市少年儿童开展此项活动。全市共有9万余名师生参加了活动。

【才艺展示活动】 在全市少年儿童中继续组织开展大型才艺展示活动，踊跃参加全国、省、市各类竞赛活动。由市校外教育办公室与兰州广播电台联合主办的《校园内外》栏目推荐有才艺的少年儿童登台展示。栏目自5月2日开播以来，已多次推荐少年宫的学员参加才艺展示活动。组织“祖国发展我成长·畅想新生活”绘画、“寻找美丽的中华·2009红色之思”征文比赛，来自8个县区100余所中小学校近万名学生参加了活动，收到绘画844幅、征文810篇，有106名学生获得等次奖，90名教师获优秀辅导奖，选送部分获奖作品参加全国儿童画、作文征集活动。由市文明办、团市委、市校外教育办共同主办，“我们的节日”——兰州市第十七届青少年学生现场作文赛和兰州市第九届少先队手抄报比赛活动，其中作文赛共有131所学校的5300余名中小学生参赛，共评出一等奖118名，二等奖155名，三等奖239名，118名教师获优秀辅导奖，30个参赛单位获先进集体奖；手抄报比赛共有79所学校的近万名少先队员参加初赛，经学校和县区校外办推荐，1117幅作品参加决赛，59幅作品获一等奖，91幅作品获二等奖，55幅作品获三等奖，55名教师获优秀辅导奖，30个参赛单位获先进集体奖。赛后，精选获奖作品116幅制作成11块展板，分别在城关区、皋兰县、七里河区、西固区和永登县的6所学校进行了巡回展出，数千名师生观摩学习。现场作文赛200多篇优秀作品结集成册，供师生学习交流。

【社会实践活动】 7月16日—25日，组织21名小记者赴青岛、威海、大连、北京等地进行参观采访活动。7月22日—28日，配合中央电视台少儿频道，在兰州特别录制了以“童心祝福祖国，童心共绘未来”为主题的《快乐搜友大行动》节目。摄制组选择兰州牛肉拉面、学生家庭、皋兰县石洞小学太平鼓队、皋兰县黑石乡大横村（藏族村）等场景，共拍摄6期节目，8月6日至12日每集10分钟在中央电视台少儿频道播出。10月，由兰州市校外教育办公室领队的万里小学师生代表队赴天津参加“挑战小勇士”节目录制，夺得第5名的好成绩。通过“空中灌篮”、“非常赛道”、“挑战高度”、“极限穿越”、“巅峰对决”、“特别挑战赛”等活动，展现了兰州市青少年积极进取、奋发向上的精神风貌，得到了摄制组及各参赛队的好评。

【庆祝“6·1”大型系列活动】 5月30日，“成长在祖国的怀抱里”——兰州市校外教育系统庆“6·1”大型系列活动启动仪式在兰园广场举行。活动由大型文艺演出、美术展览、书画长卷创作、手抄报展览、读书宣传五个部分组成。美术展览由美术、书法、手工艺制作等优秀作品278幅影印件组成。手抄报展览展出了118幅获奖的优秀作品。大型文艺演出在金城大剧院举行，由歌舞、器乐、体操、武术、情景剧等13个节目组成，近450名演职人员参加。邀请参加全市“6·1”庆祝活动的红古区平安中心校80名学生在参加由少儿图书馆举办的系列读书活动后，还观看了演出，参观了图书馆和少年宫，参加了兴趣培训、猜谜等活动。

【文化下乡活动】 1月13日、14

日下午，兰州市文明办、兰州市校外教育办组织了校外教育系统慰问演出活动。由兰州市少儿活动中心、兰州市儿童艺术剧团、兰州市少年宫、兰州市少儿图书馆四单位组成的文化下乡慰问团一行60多人，冒着严寒分别来到安宁西路街道万里社区、七里河区魏岭乡小山口村，向当地群众奉献了一台精彩文艺节目、赠送了百余幅充满新春祝福的春联、新建了一所少儿流动图书阅览站、进行了一次有奖猜谜活动。9月24日，兰州市校外教育系统“迎国庆、送欢乐、下基层、促共建”文化下乡活动在永登县秦川镇拉开帷幕，兰州市少儿图书馆为尹家庄小学捐赠价值近5000元的300册新书，建立了“爱心阅览室”；兰州市少年宫为孩子们准备了千元的食品作为节日礼物；兰州市少年宫学员优秀书画作品展和兰州市少先队优秀手抄报作品展在广场上举行，少年宫书画老师现场讲解辅导，孩子们认真观赏品味；市儿童艺术剧团送上了一场精彩的文艺演出，尹家庄小学的学生们和西昌村女青年也登台亮相。兰州广播电台等新闻媒体的记者进行了现场采访。当天的活动吸引了近2000名村民和学生参加。

【迎国庆活动】 为了迎接新中国成立60周年大典，兰州市少儿活动中心组织了系统百人合唱团，演唱的大型合唱《祖国颂》和《西部放歌》参加市直机关庆祝中华人民共和国成立60周年“爱国歌曲大家唱”歌咏大赛活动和全市庆祝新中国成立60周年“爱国歌曲·黄河大合唱”群众歌咏大赛活动，均获二等奖。

【兰州市儿童艺术剧团】 2009年，兰州市儿童艺术剧团全年共演出65场，接待观众6.6万余人。积极创编了一台符合农村文化生活、促进农村文艺繁荣的优秀节目。按照2009年全市“千台大戏送农村”的活动演出安排，在榆中县、红古区共演出11场，观众达3万余人；参加市校外教育系统“迎新春、送欢乐、下基层”慰问演出活动，分别到安宁区、七里河区、永登县、红古区演出，满足了基层群众的精神需求。3月，剧团组织主要编、导、演人员赴广州参加全国儿童剧展演活动，进行了观摩、交流和学习。8月初，协助甘肃省残疾人联合会创作、编排的小品参加“第七届全国残疾人艺术汇演”，小品《中国精神》获一等奖，小品《生日礼物》获三等奖。10月中旬，剧团移植的大型青春励志剧《青春战队》参加甘肃省文化厅主办的“庆祝建国六十周年”全省新创剧目调演，获剧目二等奖，并有18人次获得单项奖。儿艺剧团正加紧创作反映甘肃省少数民族——裕固族风情的儿童剧《天鹅情》。

【兰州市少儿图书馆】 2009年，兰州市少儿图书馆图书流通借阅业务和读书活动有了新的提升。新增安宁区万里小学、七里河区魏岭乡小山口村2个图书流动阅览站，使阅览站总数达到了16个，并分别于3月和9月两次为阅览站送书7508册。兰州市少儿图书馆安宁分馆和皋兰分馆于当年“6·1”期间建成开放，为分馆提供计算机管理软件，首次为两个分馆分别配书各5000册。分别在榆中县银山乡小水子小学、永登县秦川镇西昌村尹家庄小学建立“爱心阅览室”，配备了农村孩子喜爱的图书。完善办公室、信息技术部及其相应岗位职责，建立信息资源建设部、社会教育部、读者服务部及其相应岗位职责。全年馆内阅览室、16个流动阅览站和2个分馆接待以及开展各种读书活动，共计接待读者289279人次。以迎接新中国成立60周年为主线，以未成年人阅读年活动和庆“6·1”活动为具体抓手，精心策划各项活动。“庆6·1，少儿读者快乐阅读之旅”活动有意识地将活动覆盖面延伸到农村地区；“祖国在我心中，阅读伴我成长”小博士阅读设计大赛活动展示了兰州市少年儿童的读书风采和阅读成果，提升少年儿童的阅读能力；“迎国庆，阅读创新征文大赛”活动倡导全市未成年人“多读书、读好书”。暑假期间，在安宁区刘家堡街道和社区举办了为期一个月的“暑期优秀少儿读物展阅”活动，共推荐优秀少儿读物91种，400册。举办兰州市少儿图书馆2009年暑假小读者图书现场采选活动，参加活动的孩子被聘为少儿图书馆“小小图书管理员”，并颁发聘书。开展“暑假读书读报知识竞答活动”，“电脑基础知识问答”活动。2009年，有4篇论文参加“华北，东北，西北地区少图协第11届学术暨工作研讨会”，其中2篇获得一等奖，2篇获得二等奖。

【兰州市少年宫】 2009年，兰州市少年宫综合大楼及新建大楼公共区域进行全面维修、改造及装修，增设多功能厅，最大限度地开发培训面积，提高了阵地利用率，消除了安全隐患，为广大青少年营造了良好的校外教育环境。加强教材建设和教师培训，强化教学科学管理和安全管理，调整专业设置，满足社会需求，坚持以示范展示促专业培训，全年共举办长、短期培训班1000个，培训学员20000人次，学员参加市级以上竞赛、演出等获奖达800人次以上。2名教师在全国少年儿童校外教育书画、文学写作名师暨优秀兴趣小组（社团）评选活动中获得“全国少年儿童校外教育书画名师”称号，1名教师被评为“全国少年儿童校外教育优秀书画兴趣小组”指导教师荣誉称号，美术兴趣小组被评为“全国少年儿童校外教育优秀书画兴趣小组”荣誉称号。开设青少年心理健康辅导班，继续开通青少年心理健康服务热线，聘请专家对学员及家长进行心理健康辅导。7月，创作的舞蹈节目《下雨了》在第五届“小荷风采”全国少儿舞蹈展演活动中获得“小荷新秀奖”。8月，参加总决赛，获得一枚金牌、三枚银牌、四枚铜牌，带队教师获得全国五部委颁发的“全国优秀模型科技辅导员”及“优秀组织工作者”荣誉称号。

2009年，少年宫提出“倡导·创意·体验·伙伴”的教育理念，先后成功举办了兰州市第二十一届少年儿童纸模制作比赛、兰州市第二届中小学生“绿色环保”废旧材料手工艺作品制作大赛。“可爱的中国”——全国青少年英语全能王大赛暨兰州市第四届青少年英语口语大赛兰州赛区比赛、第十一届“飞向北京——飞向太空”全国青少年航空航天模型兰州地区选拔赛等大型竞赛活动。10月，在兰州市歌剧院隆重举行了兰州市少年宫首届音乐、舞蹈教师风采展示活动。12月举行首届兰州市少年宫教育教学成果展，回顾近年来的探索历程，将优秀教育成果、品牌工程建设、精品活动成果、教学研究成果等第一次向社会公开亮相，为少年宫与广大青少年和社会之间搭建一个广阔的平台。

2009年，少年宫积极参加多项国内外师生交流活动。上百幅学员的作品在国际青少年书画大赛中获奖，并在日本大阪、福冈和马来西亚等地展出；举行“走进甘肃”——西宁市少年宫、兰州市少年宫“手拉手”教师教学交流活动，积极探索校外教育的改革与发展；接待了香港科技交流青少年访问团、河北省青少年宫协会、山东省泰安市青少年教育活动培训中心、青岛市妇女儿童活动中心、湖北省宜昌市青少年宫的领导及教师们来宫参观交流，共同探讨研究校外教育事业的科学发展。

【县区校外教育】 2009年，兰州市八个县区校外教育办公室组织本地区城乡少年儿童开展了丰富多彩而又各具特色的校外教育活动。城关区校外教育办公室围绕大主题，采取小密度，举办了“红领巾与祖国共奋进，少先队铿锵鼓乐庆建队”鼓号比赛，组织百名少年儿童赴榆中参加甘肃省少年儿童与灾区少年儿童手拉手联谊活动，主办了“我爱我的祖国”庆六一文艺演出、庆祝新中国成立60周年教育系统“祖国在我心中”歌咏比赛暨师生书画展。组织30名少年儿童代表参加了兰州市举国同庆少儿书画巡回展。参加各类活动的学生达10万人次。

七里河区校外教育办公室3月份组织35名优秀班主任参加了高级研修班，6月份组织5名大队辅导员参加团市委举办的辅导员的培训活动。围绕新中国成立六十周年，先后开展了“学雷锋、树新风、我志愿服务”、“向国旗敬礼、做一个有道德的人”、“红领巾在社区飘扬”等主题活动。10月份组织13个学校的110多名师生参加了“热爱家乡，珍爱生命”秋令营活动，进行了文明礼仪、自护自救、甘肃地理、人文等内容的知识竞赛活动。在7所学校针对留守儿童开展各类活动的情况，进行了专项调研及督察工作，为留守儿童送去了游戏娱乐物品。在健康路小学、西站小学、火星街小学举行了“同在蓝天下，共享新科技”爱心公益活动，向60名留守学生发放了英语点读机。

安宁区校外教育办公室以少先队组织为平台，以“文明伴我行”为主题，3月份组织开展了“小手拉大手”少先队员志愿者社会实践宣传活动，自发组成了文明交通协管员，向市民们宣传文明乘车规范；组织开展“感恩、生命”主题教育活动，邀请青少年心理教育研究专家黄饶平为学生作了“学会感恩，立志成材”报告会。以纪念建队60周年为契机，开展了“爱国旗帜，高高飘扬；星星火炬，代代相传”、“三个了不起”、“手拉手，共庆建队日”等主题教育活动。5月份组织504幅作品参加了上海世博会海报征集活动，其中以“美好城市我来画”为主题的68幅作品获奖。6月份隆重举办安宁区庆祝“6·1”文艺演出暨少先队“双十佳”表彰大会。9月份开展了以“认知、传承”为主题的节日文化宣传教育活动。10月份开展了“爱祖国、爱安宁、爱桃乡”为主题的征文及现场绘画比赛，并组织安宁区万里小学师生队赴中央电视台少儿频道参加“挑战小勇士”节目录制，4名队员夺得第五名的好成绩。创办了安宁区青少年活动中心活动专刊《我们共成长》，免费向全区学生发放。

西固区校外教育办公室以“成长在祖国的怀抱里”为主题，组织全区中小学生开展了“继承传统，做新一代接班人”的系列活动，8个单位获清明主题活动优秀案例奖。组织庄浪路第二学校与范坪学校城乡手拉手“我在感恩中成长”的联谊活动。组织全区中小学生参加“向国旗敬礼，做一个有道德的人”网上寄语签名活动、“我们的节日”青少年学生现场作文和少先队手抄报比赛、“祖国在我心中‘飞向北京一飞向太空’全国青少年航空航天模型、纸模制作”西固区选拔赛、“祖国发展我成长·畅想新生活”绘画比赛及“寻找美丽的中华·2009红色之思”的征文活动等。在区校外办的努力下，投资1千余万元的西固区青少年活动中心主体工程顺利封顶。

红古区校外教育办公室以“祖国在我心中”为主题，面向全区少年儿童，从3月—10月，精心设计开展了红古区少年儿童清明诗文朗诵比赛、青少年学生绘画展览活动、庆祝建国60周年文艺专场汇演活动、庆祝国庆60周年征文评选活动等。在“祝福祖国·关注未来”甘肃省首届少年儿童邮票个性化设计大赛活动中，红古区255名学生获得了奖项，并有2名学生取得了省级优秀设计奖。红古区政府及时召开了教育、城建、土地、财政、规划、发改委等部门的协调会，并由区政府分管领导亲自带队进行场所建设的选址、规划，在多个部门的配合下，红古区青少年活动中心建设项目申报工作顺利完成。

榆中县校外教育办公室全年共组织开展活动11项。清明节期间，县校外办统一组织县城附近中小学生和部分农村学校学生代表共计3000多人，在兴隆山烈士陵园举行纪念革命先烈公祭活动。同时组织各校开展中华经典诵读活动，组织少年儿童诵读中华经典，弘扬中华优秀文化和传统美德，用祖国、家乡60周年建设成就和中国人民特别是少年儿童崭新的精神风貌告慰先烈、先贤。五四青年节期间，举办了“重温五四情、争做好青年——纪念五四运动90周年”中学生演讲比赛活动。国庆期间以“祖国为我谋幸福，我为祖国添光彩”庆祝建国60周年主题系列活动内容为素材，组织全县中小学生参加“做一个有道德的人”网上签名活动，上传了同学们亲手搜集的珍贵图片、精心制作的卡通、抒情短文等。

永登县校外教育办公室号召各学校以校报为载体，宣传德育知识、安全知识、法律知识、健康知识。倡议全县有条件的学校充分利用校园网络，建立“家校互动平台”，构建学校、家庭、社会一体的德育工作网络。组织全县各校学生开展了爱同学、爱老师、爱父母、爱家乡、爱祖国的“五爱”主题教育活动。4月份组织城关各学校2000多名师生参加“铭记红色历史，共创金色未来”清明祭扫烈士墓活动。在“六一”儿童节之际，组织了全县“我爱我的祖国”文艺演出活动。9月份在教师节期间组织开展了“感激老师的教诲之恩、学生向老师献真情”“六个一”活动（写一封信，谈一次心，做一张贺卡，献一束鲜花，提一个建议，表一个决心等）。9月至10月，组织举办了“我和我的祖国”师生普通话演讲比赛与“庆祝新中国成立六十周年青少年书画展”。

皋兰县校外教育办公室春节期间，精心组织开展了“迎新春、进社区、送温暖”慰问烈军属活动。3月—4月份，以学雷锋纪念日和清明节为契机，组织开展了向雷锋同志学习、“继承民族精神，做文明小主人”纪念革命先烈活动。5月，以四川汶川大地震一周年纪念活动为主线，在全县范围内开展了“心中有祖国、心中有他人”、“情系灾区小伙伴”送温暖献爱心主题活动。5月30日，在县城中心广场举办了一次“‘庆6·1’少年儿童才艺展示”活动。国庆前夕，以“弘扬爱国精神，突出时代特色”为主旋律，在全县深入开展了“国旗在我心中”升旗、演讲、征文、文艺汇演、红歌会、书画作品展、主题班会、诗朗诵比赛等一系列丰富多彩、形式多样的庆祝活动。

【兰州市校外教育指导委员会第十次会议】 5月11日，召开了兰州市校外教育指导委员会第十次会议。会议讨论了《关于加强和改进兰州市未成年人校外教育工作的实施意见》和《关于加强和改进兰州市未成年人社区校外教育工作的指导意见》两个讨论稿，与会人员提出了许多中肯的意见和建议。

（刘占爱）

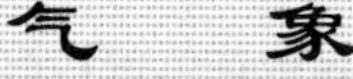

气象

【气候概况】 2009年，兰州市的气候特点是：气温偏高，部分时段特高，冷暖变幅较大；降水偏少且分布不均。气象极值频繁出现，暖冬特征明显，春旱、春末初夏旱突出，秋季阴天寡照时段长。沙尘和强对流等灾害性天气明显少于往年。

冬季（2008年12月—2009年2月）气温异常偏高，其中市区冬季平均气温高居历史之最，2月上、中旬和2月平均气温各地均刷新和接近历史同期最高记录；大部分地方降水偏多（永登偏少）且较集中，特别是2月末的降雪，除永登微量外，其余各地多于历史同期1—14倍，大部分地方刷新了历史同期记录的最多值，其中市区、榆中大到暴雪，局地暴雪。进入春季以后，气温持续偏高，尤以4月中旬最为凸显，各地较历史同期偏高5℃—6℃，偏高幅度之大较为罕见，均突破了历史同期最高记录；降水特少，整个春季除3月中旬、4月下旬和5月中旬降水量接近或多于历年同期值外，其余大部分时间持续偏少在5成以上。最长连续无降水日数：市区和皋兰长达28天（3月12日—4月8日）、榆中20天（3月28日—4月16日）、永登18天（3月—4月8日），气候十分干燥，致使各地出现明显的阶段性春旱，对部分作物的耕种和生长发育等很不利。雷暴初日兰州市各地均出现在4月，永登最早为4月9日、榆中和市区为4月17日并伴有阵性降水（是2009年的第一场雷阵雨天气）、皋兰为4月20日，雷暴结束日期为10月2日。2009年区域性的沙尘天气共出现两次，3月20日傍晚前后的扬沙天气和4月23—24日大范围浮尘天气，最小能见度降至300米。夏季（6月—8月）气温持续偏高，尤以6月下旬和7月上旬最为明显，各地气温均接近或突破历史同期最高记录；降水特少，为历史同期少见。6月19日各地出现第一场透雨（≥10.0毫米），比多年平均日期晚20

天—47天，除此之外，各地在7月15日以前没有有效降水，出现了较为严重的春末初夏旱；7月下旬的几次降水由于降雨时间短，对缓解前期旱情不明显，伏旱抬头并有加强的趋势；进入8月份以后，气温迅速下降，各地好雨连续不断，而且降雨持续时间长，强度相对均匀，各地旱情陆续解除，对大秋作物的生长和土壤蓄水保墒十分有利；2009年盛夏高温天气较弱，日最高气温≥32.0℃的日数市区有24天（极端最高气温为36.3℃，最长连续高温日数为4天），皋兰有10天（极端最高气温34.8℃）。秋季（9月—11月），降水正常，气温接近常年，但变幅较大；9月3日—14日连阴雨过程持续时间长达12天，为历史同期之最；11月16日—17日，榆中48小时日平均气温下降8.0℃，达强降温，其余各地气温下降6℃左右，11月中旬各地平均气温均创下了历史同期最低记录；12月气温三县正常、市区略偏高，降水偏少且分布不均，市区有烟幕日数多达27天。

【主要气象要素概述】 气温：各地年平均气温在6.6℃—10.9℃之间，与历年平均值相比偏高0.9℃—1.6℃。年内气温的变化各地基本一致。

冬季（2008年12月—2月）：各地平均气温为-5.2℃——1.0℃，比历年同期偏高1.4℃—2.4℃，其中市区冬季平均气温（-1.0℃）高居历史之最，尤其是2月上旬各地气温偏高历史同期5.1℃—6.3℃，偏高幅度之大较为少见，2月上旬和月平均气温均创下了有气象记录以来的历史最高和次高值。

春季（3月—5月）：各地平均气温为8.2℃—13.4℃，比历年同期平均值偏高1.2℃—1.9℃。其中，3月中旬气温明显偏高历年同期2.4℃—2.9℃，永登是1982年以来近28年记录中的第二高值，仅次于2008年的6.2℃；4月上、中旬气温异常偏高，尤以中旬最为突显，各地中旬平均气温比历年同期平均值偏高5.0℃—6.0℃，市区、榆中高居历史同期之最，皋兰为有气象记录以来的历史同期第二高值，永登是1970年以来的最高值。3月20日傍晚前后北方较强干冷空气过境时，除榆中之外各地出现了短时扬沙天气，使水平能见度降至800米以下，同时气温大幅度下降，48小时内日平均气温：兰州下降7.1℃、皋兰下降7.8℃、榆中下降9.2℃，达强降温。

夏季（6月—8月）：各地平均气温为17.5℃—23.0℃，均比历年同期平均值偏高0.9℃—1.7℃。其中，6月下旬平均气温比历年同期偏高2.4℃—3.5℃，皋兰和榆中刷新了历史同期最高记录。日最高温≥32.0℃的高温天气从6月4日开始8月17日结束，市区有24天（极端最高气温为36.3℃，最长连续高温日数为4天），皋兰有10天（极端最高气温34.8℃），榆中和永登无高温天气。

秋季（9月—11月）：各地平均气温为5.9℃—9.8℃，接近历年同期平均值。其中11月中旬气温异常偏低，比历年同期偏低5.1℃—7.1℃，各地均创下历史同期最低记录。11月16—17日北方较强冷空气东移，各地气温持续下降，48小时内日平均气温：兰州下降5.6 ℃、皋兰下降6.2℃、永登下降7.5℃、榆中下降8.0℃达强降温标准。

12月，各地平均气温为-3.0℃—7.0℃，三县正常、市区偏高0.9℃。

年极端最低气温：兰州、榆中和永登均出现在1月13日，分别为-16.1℃、-19.5℃和-22.1℃，皋兰出现在1月12日为-20.6℃。

年极端最高气温：各地均出现在7月18日，市区、皋兰、榆中和永登分别为36.3℃、34.8℃、31.6℃和30.9℃。

降水：各地年降水量在185.8毫米—299.8毫米之间，与常年相比，市区和榆中偏少2成、皋兰和永登偏少3成—4成。各地降水时空分布极为不均。

冬季（2008年12月—2月）：各地降水量为3.6毫米—13.1毫米，与历年同期相比，除永登偏少5成外，皋兰和榆中偏多4成—6成、市区偏多1.6倍。其中，冬末（2月25日－26日）的降雪量，除永登之外的各地都刷新了历史同期最多记录。前冬连续无降水日数达28天（12月4日－31日），后冬连续无降水日数长达29天（1月27日－2月24日）。

春季（3月—5月）：各地降水量为23.2毫米—40.8毫米，比历年同期偏少5成—6成。其中，市区3月下旬—4月上旬、皋兰3月中旬—4月中旬、榆中4月上旬—4月中旬、永登4月中旬—4月下旬等时段降水持续偏少在5成以上，各地春旱明显。

夏季（6月—8月）：各地降水量为99.6毫米—197.6毫米，比历年同期偏少1成—5成。入夏以后，降水持续偏少，6月19日各地出现今年以来的第一场透雨（日降水量≥10.0毫米），除此之外，各地在6月1日—7月15日长达45天期间，没有出现有效降水，其中6月上旬、下旬和7月上旬各地降水量刷新或接近历史同期最少记录。

秋季（9月—11月）：各地降水量为42.9毫米—65.5毫米，与历年同期值相比，永登和皋兰正常，市区和榆中偏少3成—4成，其中11月中旬降水特多，各地比历年同期偏多1倍—5倍。9月3日—14日和10月6日—11日连续出现两次连阴雨天气过程，其中9月3日至14日连阴雨过程比较罕见，持续时间长达12天，为历史同期之最。

12月：各地降水量为0.1毫米—0.9毫米，市区和榆中偏少4成，永登和皋兰偏少6成—9成。其中市区和榆中上旬降水量比历年同期偏多1倍，永登中下旬偏少3成—4成，其余各地各时段均偏少6成以上或无降水。

蒸发：年内三县蒸发量在1143.4毫米—2051.9毫米之间，与历年平均值相比，永登偏多305.0毫米，皋兰和榆中分别偏少472.0毫米和200.0毫米。

日照：年内各地日照时数在2245.8小时—2509.9小时之间，与历年平均值相比，偏少53.0小时—349.0小时。市区全年日照时数在2246小时，偏少178小时。12月多达27天不同程度的烟尘笼罩着市区，日照明显偏少，空气污染加重，造成感冒、呼吸道等多种疾病的发病率升高；对温室大棚作物的生长不利。

【主要天气事件及其利弊】 干旱：干旱是2009年农业生产中造成夏粮明显减产的主要气象灾害。从2008年12月开始，各地气温明显偏高，部分时段异常偏高，降水偏少且较集中，其中市区3月下旬—4月上旬、5月下旬—6月上旬，皋兰3月中旬—4月中旬、5月下旬—6月上旬，榆中4月上旬—4月中旬、6月下旬—7月上旬，永登4月中旬—4月下旬、5月中旬—6月上旬等时段降水连续偏少在5成以上，呈现出明显的阶段性春旱和春末初夏旱。第一场好雨出现偏迟，降雨持续时间短，市区、皋兰、永登出现了春末夏初干旱，7月降水分布不均，上旬几乎无降水，旱情没有得到缓解，甚至部分地方还有加剧，出现了春旱连夏旱。

截至到6月18日全市旱情如下：

干旱使永登县181个行政村、1123个社、6.64万户、25.89万人受灾；受灾面积4.5万公顷，其中粮食作物3.79万公顷，经济作物7066.7公顷；成灾面积2.78万公顷，其中粮食作物2.38万公顷，经济作物0.4万公顷；减产粮食1729.8万公斤，减产油料171.4万公斤，造成农业经济损失3974.0万元。

干旱使榆中县159个行政村、1165个社、4.37万户、17.75万人不同程度受灾；受旱作物面积5万公顷，其中粮食作物4.17万公顷，经济作物及其他作物0.83万公顷，在受旱面积中较重的有4万公顷；成灾1成—3成2.33万公顷，3成—5成0.87万公顷，5成—8成0.8万公顷；预计因干旱损失粮食300万公斤，油料50万公斤；农业直接经济损失685万元。

2009年6月19日至7月3日皋兰旱灾范围：全县7乡镇66个村，266个社，2.9万户，11.5万人；受灾面积1.34万公顷，成灾面积1.005万公顷；粮食减产883.7万公斤，粮食绝收0.15万公顷；油料减产65.4万公斤，油料绝收0.06万公顷；经济损失约4246.5万元。

强降温：3月20日傍晚前后，北方较强干冷空气过境，全市气温骤然下降，并伴有沙尘。到22日，榆中48小时内日平均气温下降9.2℃，达强降温标准。

11月16日—17日，受北方较强冷空气和高原西南气流共同影响，全市各地气温逐渐下降。其中，榆中48小时日平均气温下降8.0℃，达强降温标准。

冰雹灾情：7月28日榆中部分地方出现雷雨冰雹天气。高崖镇湖滩17时14分至17时20分降雹，大部分直径5毫米，个别直径10毫米，地面刚有积累。高崖镇砂河、关门口、高崖、新窑坡、湖滩等5村24个社受灾，受灾户数681户，人口2339人，成灾人口1649人。受灾面积148公顷，占总耕地面积的4.2%，其中小麦11公顷、洋芋60公顷、玉米55公顷、秋杂7公顷、胡麻10公顷、蔬菜5公顷。预计直接经济损失3万元。

洪涝灾害：进入秋季以后，降雨日数增多，特别是9月3日—14日的连阴雨天气，由于降水量分布不均，使部分山区出现山洪和山体滑坡地质灾害，并造成了人员伤亡。

2009年9月14日6时30分，兰州市城关区盐什公路小达子坪路口发生山体滑坡地质自然灾害，下泻土石方约5000立方米，被埋路面近40米，有两辆三轮农用车、3人被埋压，3人全部遇难。

2009年9月18日17时许，兰州市永登县民乐乡玉泉村小水沟社发生山洪，6名避雨村民被卷入山洪中；4人成功获救、2人遇难。

高温：盛夏，高温日数（日最高气温≥32.0℃）市区24天（极端最高气温为36.3℃）、皋兰10天（极端最高气温34.8℃），最长连续高温日数为4天（7月22日—25日）。今夏虽然高温日数较多，但高温极值较往年偏低，而且连续高温时段短，所以当年的夏季虽然炎热但没有酷暑。

第一场透雨：各地第一场透雨（日降水量≥10.0毫米）出现在6月19日，其中市区比历年平均日期偏迟28天，榆中偏迟44天、皋兰偏迟22天、永登偏迟17天，降水范围较大，但持续时间太短，降水量不足以渗透接墒，不能解除前期持续的旱情。

晚霜冻；晚霜冻（市区没有出现）结束日期三县均出现在5月份。榆中5月23日比历年平均日期晚22天；皋兰出现在5月3日，晚6天；永登出现在5月22日，晚17天。晚霜冻较轻，各地农作物没有受到严重危害。

秋季连阴雨：2009年9月3日至14日，兰州市出现了历史罕见的秋季连阴雨过程，此次过程总雨量不大（26.3毫米—28.9毫米），但其持续时间长达12天，为历史同期之最，诱发了局地的山体滑坡。10月6日—11日各地再次出现连阴雨天气，这次过程的特点是降水量少、气温低、光照不足，对部分地方大秋作物的收获和晾晒、蔬菜生长产生了一定影响。

沙尘天气：年内区域性的沙尘天气出现了两次，3月20日傍晚前后北方较强干冷空气过境时，除榆中之外各地出现了短时扬沙天气，使水平能见度降至800米以下，同时气温骤降；4月23日—24日全市出现当年来强度较强、持续时间较长的一次浮尘天气，最小能见度降至300米；另外，永登在3月20日—21日和4月9日出现两次扬沙天气。

【气候条件对农业生产的影响】 2008年封冻前兰州市各地土壤收墒良好，打下了较好的土壤底墒。冬末初春全市各地出现了2次范围广、强度大的降雪天气，及时补充了冬季的跑墒，春播前各地土壤墒情正常，各地春播适时展开、进展顺利，全市粮食播种面积比去年增加，苗情好于去年同期。2009年入春后到7月，气温偏高、降水持续偏少。各地第一场透雨（日降水量≥10.0毫米）出现在6月19日，也是仅有的一场好雨，市区比历年平均日期偏迟28天，榆中偏迟44天、皋兰偏迟22天、永登偏迟17天，降水范围较大，但持续时间太短，降水量不足以渗透接墒，不能解除前期持续的旱情，7月下旬的几次降水由于降雨时间短，对缓解前期旱情不明显，伏旱抬头并有加强的趋势，至此各地相继出现了较为严重的春旱连夏旱。其中，3月—5月各地降水偏少5成—6成。春季只有5次降水过程，4月各地先后出现春旱；由于气温偏高加剧了土壤跑墒，5月下旬—6月上旬干旱逐渐加重，干旱面积迅速扩大，波及全市各地，出现了严重的春末夏初旱，永登的七山、皋兰大部、榆中北山及中部为重—特旱，有7厘米—15厘米干土层，10厘米—20厘米深层土壤含水率在6%—8%之间，30厘米在9%—12%，0厘米—30厘米平均只有4%—8%，较上年同期差3个—6个百分点，少数地方差9个—14个百分点，造成夏粮作物生长状况差，重旱区穗小粒少，榆中的北山、永登的七山和通远旱地小麦发育期提前，有效小穗仅在6个—8个，七山乡部分地方只有3个—4个。6月18日的好雨天气，大部分地方降水量在10毫米—25毫米之间，对马铃薯苗期需水、增加地膜玉米膜下蓄水十分有利，秋粮长势正常。6月19日—7月15日近一月再次高温少雨，土壤墒情迅速下降，干旱又一次严重发展。大部分地方0厘米—30厘米平均土壤含水率在8%以下，此时正值夏粮乳熟到成熟，大部分地方青干早熟；大秋作物生长处于需水量最大期，对秋作物生长形成威胁，特别是马铃薯块茎膨大受到抑制。7月后半月开始降水增加，干旱逐步解除，秋作物生长转好并正常生长，但夏粮减产已成定局。其中，7月兰州市各地降水量在20毫米—35毫米之间，较常年同期偏少5成—7成。从16日普降小到中雨、局地中到大雨开始各地降水天气增多，8月大部分地方降水偏多，陆续解除了前期的旱情。

8月—10月是全市土壤收墒的主要阶段，2009年该阶段全市降水正常，降水量在73毫米—259毫米之间，比历年同期永登偏少1成、其余地方偏多1成—2成；比去年同期皋兰偏多1成、市区正常、榆中和永登偏少1.5成。特别是8月各地降水量55毫米—154毫米之间，市区、皋兰、榆中较历年同期和上年同期偏多4成—8成之间，永登正常；9月3日—14日连续12天的连阴雨天气，各地降水量在10毫米—51毫米之间，较历年同期榆中和市区正常、永登和皋兰偏多3成—7成，有利于土壤收墒。

11月11日—12日，15—16日兰州市各地出现了强降温和降雪天气，连续的低温阴雪天气对温室大棚中蔬菜的生长不利，但有效地抑制了土壤跑墒；11月下旬陆续农田进入冻结阶段。

【基础业务】 地面测报：测报错情率0.0‰，达省定优秀指标，未发生重大差错和责任性事故。高空测报：杜绝了各类重大差错，质量0.0‰，综合评分98.5，达省定优秀指标。天气预报：长期天气趋势预报准确率75%；中期天气过程预报准确率75.4%；短期晴雨预报准确率87.4%；报准了晚霜冻以及3—5月降水趋势。开展大气污染和空气质量预报服务，开展了地质灾害预警服务、兰州市中小学校防雷气象服务。农气测报：质量0.0‰，达省定优秀指标，农气情报综合评分15912.3，验收百班9人（次）。全市气象报表出门合格率达95%；全市自动气象站、人工监测站运行稳定，气象资料收集、加工、传递准确。

卫星资料接收成功率99.9%；常规观测资料传输及时率100%；城镇天气预报资料传输及时率100%；自动站数据资料传输及时率99.9%；闪电定位资料传输到报率100%；区域站数据资料传输及时率66.8%；参加全球交换的气象数据传输及时率100%；气象信息网络系统设备故障率<0.1%。通过媒体向社会公众发布的灾害性天气预警信号准确率达100%。

【气象服务】 干旱气象服务：2008年10月下旬至2009年3月，严重干旱波及兰州。2月份，省、市主要领导深入榆中、永登和皋兰主要旱区检查抗旱，全市气象部门实时监测干旱动态，实行日报告制度，每旬逢3、8日加测土壤墒情，向市委、市

政府上报抗旱气象特别工作状态报告和旱情分析等决策服务材料。同时三次召开新闻发布会，通报抗旱情况，提出抗旱建议，深入扶贫点，送去春耕生产费用和气象科技知识。副市长魏志乐在《重大气象信息专报》上多次作出重要批示，肯定兰州市局气象服务工作。

农用天气预报：完成了《兰州市3年—5年现代农业气象发展方案》、《农用天气预报发布制度》、《兰州市气象局决策气象服务周年方案》、《兰州市气象局农业气象服务周年方案》、《兰州市气候资源分析评估》、《灾害天气预报技术手册》等业务制度，开展了特色农业、高原夏菜、病虫害、夏收和秋播农用天气预报服务，和农牧局联合制作每周一期“农情气象”电视节目，开展为农服务等举措，效益良好。

监测预警：兰州市九州开发区山体滑坡，市气象局应急救援小组立即奔赴现场，提供《地质灾害山体滑坡气象救援保障服务报告》，参加监控监测组的工作，在现场开展救援气象资料观测，每3小时滚动发布专题预报，为指挥救援决策提供参考。

公共气象服务：向市委、市政府提供各类灾害性天气预警信号22期、《重大气象服务》9期、《领导参阅》6期、专项服务7期、《气象信息专题服务》17期(产量预报4期、专题13期)、气象信息服务207期、农业服务材料138期。全年发布决策服务材料106期，针对2009年出现的重要天气和灾害性天气，编写了2009年持续干旱、2月26日兰州暴雪、7月28日榆中冰雹、8月3日榆中暴雨、9月3日至14日连阴雨等重要天气过程预报技术总结5篇；保障全运会火炬传递和黄河铁桥百年庆 二届三次政协会上提出的“加强我市气象灾害减灾和人工影响天气工作”提案。与9个单位签订《气象灾情信息共享协议书》，三县局与有关单位签订了联防协议，和市电视台联合签署气象灾害性天气预警信息发布与传播工作协议。

人工影响天气作业现场

【人工影响天气】 在2009年抗旱期间，组织开展增雨作业44个点(次)，发射火箭弹186枚，炮弹49发。2月25日，出现有利的人工增雪时机，发射增雨火箭弹46枚，兰州市及各县区普降雨夹雪，有效缓解旱情，3月1日成功实施火箭人工增雨（雪），发射火箭弹18枚，永登县各地普降小到中雪，中堡降雪量达3.8毫米，为抗旱春播生产起到积极作用。1月5日、2月25日、3月1日、3月11日、4月30日、5月13日、5月27日、6月18日，7月16日、7月25日全市组织多次大规模火箭、高炮地面人工增雨（雪）作业，在抗旱减灾工作中发挥了积极作用。7月10日永登县七山乡党委向永登县局赠送了“情系七山抗旱魔，人工增雨降甘霖”的锦旗。人影办荣获全省2008年人工影响天气工作先进集体，有3人获得全省人工影响天气优秀工作者。

【气象法制建设】 开展法制教育，参加行政执法人员培训；年检《资质证》10个，《资格证》12个，新换《资格证》33个，注销《资格证》1个，核发《资质证》2个；完成施放气球作业许可166次，气球1925个，许可率达80%以上；全年外出执法150次；查处停止违法行为4次，查处兰州大学榆中校区涉外气象探测和资料管理违法案件。

【重点工作开展情况】 防灾减灾业务技术项目完成设计：签订征用土地协议、争取到了市政府匹配资金，完成了该项目的土地规划、围墙建设、设计规划建设方案及大楼功能设计，其他相关工作正在进一步落实中。

气象灾害监预警工程建设会议召开：召开兰州气象工作暨气象灾害监测预警工程建设会，市政府办公厅下发《关于做好全市气象灾害监测预警与应急系统工程建设工作的通知》要求：要加强对气象灾害监测预警组织领导；高度重视协理员、信息员队伍建设；要保障气象灾害监测预警工程经费；要把预警信息发布系统维持经费、协理员和信息员的通讯、交通等补助纳入本级财政预算。

公共气象服务系统建设：决策气象服务方面与农牧、国土、教育等部门建立协作机制；完善《决策气象服务周年方案》；决策服务市领导5次批示。公众气象服务方面建立了公共气象服务产品库，服务平台业务化；全省业务竞赛综合成绩第7名。专业气象服务产品库项目齐全；建立气象灾害防御队伍动态管理平台；印发了管理办法；建立县级应急预案及联动机制。气象预警信息发布平台已经建立，电子显示屏投入业务应用；县局电视气象节目正常播出；实现了气象灾害预警信息即时插播。

气象防灾减灾工程建设：完成了44个电子显示屏建设、10个标准化炮点建设、37个区域站安装建设；建立446名信息员队伍；定远、水阜气象工作站挂牌，依托省气象局12121数字化自动语言答询系统完善三县局的12121电话答询，并已达成协议。

科研工作：核心期刊发表论文1篇，非核心期刊发表论文3篇；《城镇预报质量评分系统》已应用于业务，并在多个地区推广应用；“兰州城市防汛天气信息应用技术研究”取得兰州市科技局2008年科技发展指导性计划项目。

（詹玉辉）

地　震

【概况】　2009年，兰州市地震局防震减灾工作以预防为主、防御与救助相结合为方针，以全面提高综合防御能力为目标，以建立健全防震减灾三大工作体系为主线，狠抓监测预报、震害防御和应急救援工作。完善监测台网建设与管理，提高地震监测预报水平；规范抗震设防要求管理工作，提升依法行政能力；落实各项应急措施，提高应急处置能力；加大防震减灾科普宣传力度，提高公众的防震减灾意识；创新防灾减灾工作思路，开拓科普教育新平台。在三大体系（地震监测预报、地震灾害预报、地震应急救援）建设与防震减灾宣传工作中，创新工作思路，取得了较突出的成绩，有效地提高了防震减灾工作水平，提高了全市综合减灾能力。

【震情会商与预报】　2009年，兰州市地震局加强震情跟踪工作，牢固树立“震情第一”的观念，坚持24小时震情值班，保证台网正常运行和观测资料的连续、完整；坚持周、月、年度（半年）会商、异常情况紧急会商制度，全年共完成周会商45次，月会商12次，编发月震情会商意见12期，编写兰州及边邻地区震情趋势报告2份；坚持按时收集、报送、分析数据，建立了地震观测资料数据库，每周将最新资料进行绘图分析，在省局周（月）震情会商会上进行交流。兰州市地震局规范宏观观测网的管理，全市现有地震宏观观测点62个，具备一定的观测规模、固定的观测场地、固定观测人员、通讯地址和联系电话、管理规章制度五大要素。2009年，为规范宏观观测管理，市地震局组织人员对62个宏观观测点进行实地调研，认真查找宏观观测网运行中的问题，在原来推行的“三个一”（即一块牌子、一套制度、一名责任人）基础上，对62个地震前兆宏观观测点进行跟踪，实行动态管理，效果明显。对地震前兆异常进行及时落实，做到了落实异常不过夜，并对不能正常观测的地震宏观观测点进行了调整，以保证每个宏观观测点都能实实在在发挥作用。

加强地震分析预报的科研工作，为全面掌握中国大震的发震特点、前兆、地震活动性等经验性知识，市地震局成立科研小组，对2000年以来中国大陆典型大震的前兆异常资料进行收集整理，总结和归纳地震前兆类型及其表现形式和特点，找出内在联系和规律，形成了具有一定参考价值的调研报告，为地震分析预报提供科学的参考依据。

【台网建设】　2009年，兰州市地震局加强前兆台网的维修改造工作，由于历史的和诸多方面原因，兰州市的地震前兆观测现状不容乐观，原有的地磁、地温、水氡等观测手段因仪器老化等原因大部分已停测。为此，2009年，市地震局根据多次调研论证，制定了《兰州市地震前兆台网优化改造方案》，投入资金30余万元，选购了3套郑州晶微公司研制的电磁扰动仪和2套中国地震局预测研究所研制的石英水平摆，五台仪器的安装调试工作已全部完成，建成的皋兰电磁波台、七里河电磁波台、永登电磁波台、兴隆山水平摆台和安宁水平摆台运转正常。

加强测震台网规范化管理。做好测震台网的日常维护工作，兰州市已建成的测震台网包括安宁博物馆、榆中兴隆山、皋兰黑石川和永登民乐四个子台，监测精度达到全市及周边Ms ≥ 1.5级地震。在测震台网的日常维护工作中，市地震局克服了中心机房搬迁、网络中断等不利因素，认真做好台站各项设备的防潮、防冻处理，确保测震台网正常运行。做好震情信息速报工作。为使领导和相关工作人员第一时间了解到地震信息，市地震局办理了地震信息短信群发业务，一旦发生地震，市地震局地震信息通讯系统将在第一时间内向相关领导及相关工作人员发送震情短信，并可对不同范围、不同级别的显著地震事件进行选择性通报，为兰州市地震应急、灾害救援提供便捷有效的通讯保障。对测震台网实行规范化管理，结合市地震局实际，制定了《震情值班制度》、《地震速报要求》等一系列制度，规范了工作流程，提高监测质量和技术水平。同时为了完整的保存各种观测资料和技术文件，建立了监测中心技术档案，将测震资料、前兆观测资料、设备、基建等相关图纸、图表、文字材料进行收集、整理，并指定专人管理。

【抗震设防管理】 2009年，兰州市地震局规范抗震设防要求管理工作，完善窗口审批，提高服务质量。2009年年初按照政务大厅实现“两个集中”的原则，市地震局震害防御处整体移驻大厅办公，在窗口审批程序过程中，增加现场查看环节，堵住管理漏洞，严格程序管理，确保建设工程在选址之后初步设计之前办理抗震设防要求审批手续。截至2009年年底，大厅窗口共受理登记项目186项，全市建设工程抗震设防要求审批147项（其中，大厅窗口审批93项，红古、永登、榆中、皋兰一区三县审批54项），大厅窗口地震应急预案备案39项。一年间，市地震局窗口实现了零投诉，获得政务大厅第一季度“优秀窗口”荣誉称号。

采取市、县联动的方式，有的放矢地开展执法专项检查工作，对全市168项在建工程进行了为期半年的地震行政执法专项检查，对执法检查中发现的33项违规工程发出抗震设防要求审批通知书。同时，要求县区地震局积极督促，办理审批手续。通过每年的执法检查，实现了地震行政执法检查与抗震设防要求审批的健康运行和良性发展，提高了兰州市建设工程的整体抗震设防能力。

兰州市地震局积极参与全市中小学校校舍安全工程建设检查指导工作。9月，会同市教育局对全市中小学校校舍的基本设防烈度、活断层影响区域内校舍的避让距离、重建校舍场址地震安全评估等工作进行指导检查，要求他们科学选址，提高综合减灾能力，市教育局高度重视地震部门的意见和建议，正在逐步分阶段落实。

2009年，以提高技术水平为中心，牢牢抓住市场的需求，提高用技术服务于市场的能力。根据区域地震构造和地震活动性的特征，重新整理了兰州地区的地震目录；利用钻孔波速及隐伏断层探测手段对场地地震地质条件进行现场测试，保证第一手测试资料在地震反应分析中真实可靠；市地震局同省地震工程研究院建立了良好的业务合作关系，对兰州市内的高层建筑和重大建设工程，技术参数以省地震工程研究院为主，市地震局配合参与的形式共同完成，严格按照国标GB17741—2005《工程场地地震安全性评价》技术规范形成报告，并聘请专家提建议和查找问题，报告内容条例清晰、结论准确，甘肃省地震安全性评价评审委员会给予肯定；参与地震安全农居示范工程建设，免费对多项新农村民居工程进行地震安全性评价，并给予适当的施工建议；派专业人员参加国家和省内的地震安全性评价培训。

【地震应急工作】 2009年，兰州市地震局组建成立了两支地震应急救援队伍，由兰大第二附属医院和市政公司的预备役人员组成的省军区预备役地震应急救援队，共有队员110余人，市地震局抽调了两名业务骨干作为该救援队的专家组成员对队员进行了地震应急知识培训。兰州市重大灾害事故应急救援支队是以公安消防支队为主，公安、安监、地震等部门为成员单位，以应对爆炸、恐怖、交通、地震等事故灾难的综合性应急救援队伍，共有8个专业大队222人，救援设备35种约3000件。市地震局结合新修订的《中华人民共和国防震减灾法》颁布实施的有利时机，开展地震应急救援志愿者队伍建设试点工作。采取志愿者自愿报名与社区推荐相结合，由社区委员会或街道办事处审核、市地震局备案的方法，多次派员深入社区和街道就如何开展社区地震应急志愿者队伍进行调研，并制定了《兰州市地震应急志愿者队伍建设方案》。全市已建立3支应急救援志愿者队伍，共计191人。为应急救援志愿者发放了《地震志愿者工作手册》、《家庭应急手册》、地震应急专用救援套装、医用急救包等应急装备并进行专业培训，取得了很好的社会反响。市地震局对应急装备进行了补充和完善，先后购置100余套应急包，发放到防震减灾领导小组成员单位，购置安装50千瓦柴油发电机、对讲机、防寒服、应急帐篷等十多种应急装备。

按照新修订的《防震减灾法》，指导相关生产经营单位做好专项地震应急预案，全年共收集197份专项地震应急预案，已上报省局应急救援处。为高效应对地震突发事件，保障市地震局全体工作人员在破坏性地震发生后，能及时、高效、有序地开展地震应急工作，于10月16日举行了地震应急实战演练，检验了地震应急预案的可操作性，锻炼了地震应急队伍，提高了应急处置能力。会同市教育局、市安监局、市消防支队、市交警支队，对70余所市属中小学校安全工作进行了一次联合大检查，主动了解实际情况，针对各市属学校教学楼的抗震设防情况、地震应急演练、地震应急预案等进行了摸底调查，与校领导进行了座谈，听取校方关于防震减灾方面的需求，提出了相应的意见、建议和具体整改措施。

投入资金208万元，建设地震应急指挥中心。采用政府公开招标，高标准、高质量建成了地震应急指挥中心系统，包括视频会议系统、地震应急数据库系统、地震现场指挥系统、图像画面显示系统、会议扩音系统等。同时，完成了与县区地震局地震信息计算机网络的联网工作，通过计算机网络向县区传送相关资料信息和视频会议。中心的建成标志着兰州市地震应急指挥中心系统实现了数字化、网络化，有效提高了全市地震应急处置能力。

因办公楼搬迁原因重新架设短波通讯系统。短波通讯系统采用AOM100W电台，经多次通话测试，通话质量语音清晰，干扰小，电台工作正常，能保证应急通讯的需要。为加强地震短波无线电台的管理，起草了《关于加强我市地震短波无线电台管理的通知》，下发各县区地震局，要求县区，每周一开启无线电台进行通话，以保证无线通讯系统正常运行。

【防震减灾科普宣传】 2009年，兰州市地震局以新修订的《中华人民共和国防震减灾法》实施日和首个“防灾减灾日”为契机，在《兰州日报》上刊登周丽宁副市长“认真贯彻落实《防震减灾法》，促进我市防震减灾事业科学协调发展”的重要讲话及市地震局局长就《防震减灾法》实施答记者问，编印发放了防震减灾科普系列知识宣传资料14万份，制作了防震减灾科普知识宣传光盘132套。通过组织宣传车在人员密集场所滚动播放《中华人民共和国防震减灾法》，设立抗震救灾图片展，悬挂宣传横幅，张贴防灾减灾宣传标语等宣传手段，全方位、多角度地做好防灾减灾宣传工作。向防震减灾工作领导小组成员单位、全省地震部门及省外28个省会城市地震部门分送了由市地震局编印的《防震减灾》杂志1500本。

主动同市司法局联系与协调，将《防震减灾法》列入2009年“五五”普法中，从2010年起将以一个崭新的宣传平台来宣传防震减灾法律法规。抽调专人组成市防震减灾科普示范学校考评组对兰州市十所防震减灾科普示范学校科普教育活动的开展情况进行了专项检查。全市防震减灾示范学校充分利用社会、家庭、学校“三结合”的教育平台，以校学课程、课外活动、宣传媒体为依托，营造了广大师生共同参与防震减灾科普宣传的良好氛围，提高全体师生的防震减灾意识和自救互救能力。

【兰州市地震博物馆】 2009年，兰州市地震局完成“5·12”地震馆的布展工作。为了最大限度地展现最精的藏品，派出工作人员赴映秀镇、陇南等地进行文物收集，共收集珍贵文物21件。3月，“5·12”地震馆对外开放，吸引大量观众前来参观，成为全馆重点参观场馆之一。为了给博物馆内的实物资料提供更好的安全保障，投资15万采购安防设备，并于8月中旬完成博物馆整体安防设施的安装调试工作。联合省交通广播电台、省青少年科技活动中心举办了“加强防灾减灾，建设和谐校园”、“热爱家乡，珍爱生命”主题宣传活动。提高博物馆软件实力，提升博物馆讲解员讲解水平和服务质量，讲解员们以成为“研究型讲解员”为目标，确定了《如何提高博物馆讲解水平》的调研课题，从形体、神情、手姿、语气、语调等方面所提出的问题进行总结，并及时纠正。地震博物馆的年接待量近四万人次，参观人员对讲解员的服务均表示满意。5月，地震博物馆被国土资源部命名为“国土资源科普基地”；8月，地震博物馆被省委宣传部评为全省爱国主义教育宣传“优秀集体”。

【兰州防震减灾主题公园建设项目】 “兰州防灾减灾主题公园”项目是依托全国科普教育基地——兰州市地震博物馆，构建的一座集博览、体验、展示、教育培训等多功能为一体，同时考虑与少年宫、科技馆部分功能相结合，注重突出自身特色的高水平、综合性、大型的“防灾减灾主题公园”。项目计划分为三个部分，第一部分是保留和充实兰州市地震博物馆现有资源（目前共有7个分馆，展览面积达2000平方米）。第二部分是新建公共安全馆（主体建筑主要包括地震模拟馆、地质灾害模拟馆、卫生防疫救援馆、其它灾害模拟馆、感受地震及其它灾害的动感影院）。第三部分是建设主题公园广场（在广场上建设一些标志性的雕塑、应急培训、演练设施，科普宣传设施等。也可考虑增加兰州地质灾害防治科技示范等方面的内容）。该项目

兰州市城关区首支社区地震应急救援者队伍成立启动仪式

将分为两期实施，一期建设公共安全馆（主体建筑），二期建设主题公园广场。“兰州防灾减灾主题公园”建成后，将成为普及防灾减灾知识、提高民众防灾意识和自救互救能力的主要基地。同时，也为提升城市品位，塑造城市窗口形象，进一步完善城市功能起到积极的作用。

（张　婕）

文 化

【概况】 2009年，兰州市文化事业各项工作取得了新的进步，较好地完成了全年各项任务。农村文化建设扎实推进；县区文化活动有声有色；文化体制改革继续深入；各县区文化的发展，有力地促进了全市文化的繁荣；专业艺术创作演出实现新发展。图书馆、博物馆、文化馆、“八办”纪念馆、美术馆、画院等公益性文化单位，充分发挥公共文化服务职能，为广大市民奉献了一道道文化大餐，较好地满足了人民群众日益增长的精神文化需求。文物保护工作稳步推进，非物质文化遗产保护工作在传承中继续发展。文化市场管理不断加强。开展网吧专项整治，促进网络市场健康发展；开展娱乐市场检查，促进娱乐市场繁荣发展；开展“扫黄打非”斗争，有力净化出版物市场。

【文艺创作与演出】 2009年，市属艺术院团全年新创、组台、复排、整理、加工剧目20多台，演出 580多场次，演出总收入达2200万元。兰州大剧院以庆祝建国60周年为契机，特邀张艺谋等国内一流创作编导人员组成的创作班子全面进入创作阶段，正式启动重点创作剧目。兰州歌舞剧院确定了新创排的具有西部风情的歌舞晚会《古道寻踪》的方案。3月15日应中央电视台邀请，兰州歌舞剧院参加了面向全国直播的“庆祝西藏百万农奴解放50周年文艺晚会”。4月底受文化部委派，兰州歌舞剧院代表中国远赴非洲，在津巴布韦、坦桑尼亚、加纳等地进行了17场巡回演出。国家级精品舞剧《大梦敦煌》继续开拓国内外演出市场；4月《大梦敦煌》剧组在深圳大剧院、广州黄花岗剧场、湖北武汉大剧院等地进行了为期一个月的巡回演出；9月《大梦敦煌》参加文化部“精品工程剧目全国演出月”活动，分别参加了“重庆第二届艺术节”和“向祖国汇报—庆祝国庆六十周年名剧团展演”等重要活动；12月《大梦敦煌》剧组年内再度巡演，远赴青岛、济南、杭州、苏州、上海、宁波等六个城市演出10多场。《大梦敦煌》再获殊荣，成为文化部评选的建国以来18台优秀保留剧目之一，并以6.5:1的比例荣登投入产出之首。兰州大剧院被文化部授予“全国文化系统先进集体”称号。在“庆祝新中国成立60周年全省新创剧目调演”中，兰州戏曲剧院演出的《曹操与杨修》荣获新创剧目综合奖大奖。

【大型文化活动】 2009年新年音乐会：《兰州市纪念改革开放30周年暨2009新年音乐会》于2008年12月30日在金城大剧院隆重举行，音乐会以交响音乐、配乐朗诵和巨幅视屏等艺术手段，展示了兰州市改革开放30年以来巨大变迁和改革成果，讴歌了兰州人民在改革开放的进程中“河汇百流，九曲不回，创新创业，和谐共进”的伟大情怀。

第七届春节文化庙会：本届庙会从正月初二开幕至初八闭幕历时一周。活动内容丰富多彩，期间举办了第五届兰州市非遗保护成果大展示、第二届兰州太平鼓争霸赛、第三届兰州精品社火争霸赛、高高跷大展示等30余项活动，参与表演的人员多达4000余人次。市属专业艺术院团和群众文艺团体演出文艺节目80余场，共吸引游览参观的城乡群众100多万人次。

第二届中国（成都）国际非物质文化遗产节：6月1日，在第二届中国（成都）国际非物质文化遗产节上，由兰州市广电总局选送的永登高高跷参加了开幕式表演、成都非遗公园、金沙遗址巡演等活动，并在参

演的43个表演节目中获组委会颁发的太阳神鸟金奖第二名，超越了上届太平鼓获太阳神鸟金奖第八名。

第四届甘肃省文化产业博览交易会：组织兰州市文化企事业单位积极参加本届文博会，推介兰州市优秀文化产品和文化项目，兰州市展馆设计独特，布展精良，文化产品和文化项目丰富，受到中外来宾的一致好评。博览会上，兰州市推出的黄河水车等6项文化产品，获得中外客商的认可并签约合作协议。甘肃省委宣传部授予兰州市文化馆黄河水车模型文化产品金奖。

“向祖国致敬”兰州市农民文艺汇演：为庆祝新中国成立60周年和兰州解放60周年，7月16日至17日组织全市8县区的农民群众进城汇演，演出舞蹈、秦腔、声乐、曲艺等节目30个，选拔兰州太平鼓、《第一张罚单》等4个节目参加全省庆祝新中国成立60周年文艺会演并获奖。

2009中国（兰州）国际民间艺术节暨第八届黄河风情文化周：本届艺术节于8月15日至8月21日举行，邀请了来自比利时、加拿大、克罗地亚、以色列、波兰、泰国等6个国家近200人的团队来兰演出，包括中国在内的300余位中外演员，以兰州黄河风情线各文化广场为主，在水车博览园文化广场、近水广场、百合公园文化广场、东方红广场、金城大剧院等5个演出点演出20余场次，吸引观众百万人次，有力地提升了兰州的文化品位，营造了浓厚的文化氛围。

中山铁桥建成百年庆典活动：8月26日，为庆祝中华人民共和国成立60周年和兰州解放60周年，兰州市举行了中山铁桥建成百年庆典暨“中山铁桥百年纪念碑”落成揭幕仪式。庆典活动中兰州交响乐团演奏了钢琴协奏曲《黄河》乐章，著名表演艺术家陈逸恒朗诵《铁桥百年赋》，庆典组委会为《铁桥百年赋》征文活动中的获奖者颁奖，为中山铁桥建造者后裔颁发荣誉证书。

庆祝建国60周年系列大型文化活动：先后举办了兰州市第六届运动会开幕式文艺演出活动、第三届兰州大剧院艺术节、首届兰州社区艺术节、兰州市庆祝中华人民共和国成立60周年“爱国歌曲·黄河大合唱”群众歌咏大赛暨第三届兰州合唱节活动；承办兰大建校100周年庆典文艺晚会；承办了市直机关庆祝中华人民共和国成立60周年歌咏大赛等活动；《大梦敦煌》在国庆期间参加了北京举办的《向祖国汇报—庆祝国庆60周年名剧团展演》，为祖国60华诞献礼。

7月18日，兰州市广电总局局配合省文化厅较好地完成了甘肃省第四届群星艺术节兰州赛区广场舞大赛活动。

【公共文化服务】 市图书馆：以“享受阅读快乐、与共和国一起成长”为主题，成功举办了第五届兰州读书节。期间，举办了“歌颂祖国六十周年诗歌朗诵会”、“歌颂兰州六十年全市硬笔书法大赛”；特邀全国著名学者毛佩琪、翁敏华在“金城大讲堂”进行名家讲座；开展了“知识工程推荐书目活动”等系列活动。各县、区图书馆也根据各自实际，开展了知识问答、有奖征文、送书换书、送书进军营、进社区等多项活动。全市约有6万人次参与到读书节的各项活动中。

市博物馆和“八办”纪念馆：免费开放工作步入正轨，市博物馆全年举办、联办、引进各类高档次艺术、科普、文物、民俗展览41个，接待观众23万余人次。完成了《陇右翰墨选翠——兰州市博物馆馆藏书画精品集》出版工作，并在全省率先成立了兰州市博物馆协会。“八办”纪念馆以打造红色旅游经典景区为抓手，加强与旅行社的长期合作，实行全年无闭馆日制度，年内外地游客增加50%，并积极开展送流动展览进社区、进校园、进军营活动，年接待观众25万人次。积极做好旧址改造和展览改版的各项准备工作，同时，加强文物征集工作，全年共征集文物五批，入藏各类具有极高收藏价值的代表性彩陶文物24件、革命文物31件；揭裱修复馆藏书画60件。

文化馆：采取流动服务和馆内服务相结合、阵地教学和广场排练相结合等多种方式，全年开展各种群众文化活动300余场次，参与群众300万人次；开展各类文化培训15万人次，其中阵地培训6万人次，社会培训9万人次。开展“文化融入千万家、共建和谐新农村”送文化下乡活动20余场次。以皋兰县太平鼓为代表的社会文化阵地被文化部命名为“中国民间文化艺术之乡”，也是兰州市首个民间文化艺术之乡。

兰州画院：“大河魂美术作品”在中国美术的最高殿堂中国美术馆成功举办展览，首都近3万余人参观了展览。兰州美术馆全年共举办各类展览展示17个，做了到月月有展览，参观人数达10万余人次。编辑出版了《大河魂——兰州画院美术作品〈百年甘肃美术作品珍藏〉》集。全国展览与省级展览上多人作品入选并获奖。举办了“庆祝新中国成立60周年·兰州及周边城市美术作品精品展”，并在省内周边城市展出。在兰州市·八户市两市友好交流25周年之际，组成兰州市文化友好交流团，代表市政府赴日本国青森县八户市进行书画友好交流。

市文化发展研究中心：与中央电视台文化专题部合作摄制的反映甘肃民间音乐文化的电视系列片《绝唱》（4集）和60集大型系列纪录片《岁月山河》兰州专辑3集，在中央一套《见证》栏目播出，其中四集电视系列片《绝唱》，荣获甘肃省第六届“敦煌文艺奖”广播影视作品二等奖；协助兰州电视台拍摄的电视系列片《永登苦水“泥头子”（上、下集）》，在兰州电视台生活经济频道《金城往事》中播出。成功举办了以庆祝建国60周年为主题的第三届“和谐兰州杯”小戏小品大奖赛，评出一、二、三等奖、特别奖和优秀奖23个；中心编剧付胜为甘肃省秦剧团改编的经典剧目《锁麟囊》，在2009年甘肃省新剧目调演中，荣获编剧一等奖；中心编剧杨晓文创作的京剧《楼兰女王》、话剧《兰州大碗》和电视连续剧《黎秀芳》，2010年将搬上省内舞台和投入摄制。中心研究人员完成了市委重点调研项目“文化兰州建设研究”课题，中标世行贷款项目“青城非物质文化遗产保护研究”课题并全面启动研究工作。

【文化遗产保护工作】 组织开展了第三次全国文物普查第二阶段的部分工作，七里河区文物普查实地调查工作顺利通过省级验收，成为全省首个通过省级文物普查验收的县区。全面完成了已消失文化遗存立碑标示工程，共立碑61处。积极推进兰州国学馆建设二期工程，在东、西厢房内外墙镌制了180平方米的以《大学》、《中庸》等内容的国学经典碑墙，大成殿外墙镌制了90平方米的以《兰亭序》、《祭侄稿》等内容的书法经典碑墙，在戟门前树立两块高5米的文化碑石。同时，实施了一期绿化工程和地面改造工程，绿化面积达到1700平方米，更换地面青砖2100平方米，更换阶条石、台明石720延长米。世行贷款项目永登县连城镇鲁土司衙门旧址景区保护项目和榆中县青城镇古民居保护项目进展顺利，争取到市财政项目前期经费支持380万元，两个项目年内完成两次五个标段的招标，完成工程量500余万元。

【非物质文化遗产保护工作】 对兰州牛肉面、兰州刻葫芦、羊皮筏子等9个项目和27个传承人进行了重点调研。完善了国家级、省级、市级项目档案，县区级项目的建档工作初见成效。完成了4个国家级保护项目、22个省级保护项目，40个市级保护项目、157个县区级保护项目的资料录入、数据录入工作。编辑出版了国家级保护项目之《兰州太平鼓》、《兰州鼓子》、《永登高高跷》、《黄河大水车》四本丛书和《兰州市“非遗”保护项目名录集》、《兰州市“非遗”保护项目分布地图集》两个分册。建成了兰州太平鼓、黄河大水车、兰州高高跷三个国家级非遗项目保护基地。

推进金城关文化风情区文化“三馆”（秦腔博物馆、非遗陈列馆和彩陶陈列馆）建设。利用现代高科技、多媒体陈展的秦腔博物馆已经建成开馆；非物质文化遗产陈列馆正在开工建设；彩陶博物馆，建设项目已完成深度设计。

【文化市场管理】 继续加大文化市场专项整治力度，适时组织开展了“扫黄打非”专项行动、校园周边文化环境专项整治、网络文化市场专项整治、娱乐市场专项检查、印刷复制业专项整治和打击手机网络淫秽色情信息等专项整治行动。全年累计出动执法检查人员9700余人次，出动执法车辆4200台次；清理检查各类文化市场经营场所及印刷、复制企业1.3万余家次，查处纠正各类违法违规经营行为17000余次，责令停业整顿违法违规娱乐场所26家，印刷、打字复印经营单位29家；破获各类大要案件13起，移交司法部门6起，移交工商部门1起；检查电子游戏厅74家次，取缔74家次，没收电路板1200余块，销毁赌博游戏机800余台；取缔游商1450家，取缔无证复印打字社1家、取缔黑网吧4家、取缔非法书报经营单位5家；检查货运单位215家次，查扣非法出版物621件；捣毁地下图书批销黑窝点14家次。2009年全年共收缴各类非法出版物75万余册/张/盘，其中非法光碟30余万张，非法政治类图书9000余册，淫秽色情类图书3.2万余册，封建迷信类图书2.5万余册，恐怖灵异凶杀类图书5.1万余册，盗版侵权类图书33.4余万册，报纸3万份。

文化市场行政执法支队检查游艺娱乐场

2009年以来，兰州市广电总局将网吧接纳未成年人上网等违法违规经营行为作为专项整治的重点，加大对全市网吧检查的频率和力度，从严查处了一批接纳未成年人进入等违规经营的网吧场所。同时建立长效监管机制，坚持每月对网吧市场开展不少于20天的检查，建立了举报检查回复制度、黑名单制度、温馨提示警示制度、行政执法检查台帐制度及网吧行业教培自律机制，通过治标与治本相结合、严厉查处与宣传教育相结合的工作方式，使网吧行业得到极大规范，接纳未成年人现象直线下降。并通过与公安、工商、通信管理等相关部门的紧密配合，采取集中整治和日常管理相结合，严厉打击网上传播有害信息等违法违规经营行为。对全市娱乐和演出场所开展摸底调查和专项查处工作，依法严厉打击无证无照或证照不全违法违规经营行为。同时，不断加大对演出场所的日常监管力度，依法打击非法演出行为，落实群众关于娱乐场所噪音举报的查处工作。兰州市文化市场行政执法支队在全市范围内相继开展了“扫黄打非”春季战役、严厉打击非法出版物和低俗音像制品专项行动等一系列集中整治行动，组织力量对全市出版物经营场所及印刷复制企业进行集中清查，全年共检查各类音像、图书经营单位2580家/次，其中责令停业整顿37家，重点打击了非法出版物、淫秽色情及盗版出版物的违法经营行为。

【基层文化建设】 兰州市农村公共文化服务体系建设进一步发展，新建成乡镇综合文化站12个、农家书屋300个，对已建成的文化信息资源共享工程基层服务点进行了维护和业务辅导。补贴县区文化站建设和农家书屋建设。各县区克服设施短缺、资金不足等重重困难，确保了两件实事年底前保质保量完成。举办了一期乡镇文化站长培训班，邀请文化部、省市文化部门有关方面的领导、专家，重点围绕农村文化服务体系建设、如何发挥农家书屋的功能与作用、如何发挥共享工程的功能与作用等内容进行讲解辅导。制订了《兰州市乡镇综合文化站站长聘用办法》（暂行），并组织新农村文化队常年开展下乡演出、业务辅导培训等工作。

送戏下乡演出现场

城关区以社区文化和广场文化建设为重点，参与或举办各种群众文艺演出活动300多场次，吸引市民群众数百万人次，举办了2009年兰州市城关区春节民俗文化庙会、第四届金城社区艺术节。七里河区举办了“庆新春、创文明、促和谐”春节民俗文化活动，由群众文艺演出、社火精品大赛、谜语竞猜等组成；举办了庆祝国庆60周年“爱国歌曲”暨第六届“百合之声”群众歌咏大赛，共有47支代表队参赛；筹办了全省第三次全国文物普查验收暨观摩现场会，文物普查工作在全省首先通过验收。西固区推进公共文化服务体系建设，区图书馆、文化馆“三进二”达标工作、地企文化资源共享工程、“文明快车进社区”活动、“西固之夏”文艺调演活动、庆祝建国60周年系列文化活动等工作。安宁区举办了送“文化下街道进社区”活动、“和谐之春”春节民俗文化系列活动，“庆国庆、迎中秋，献礼祖国六十华诞”文艺演出等群众文化活动。红古区举办了元旦万人环城赛、社火汇演、文化下乡、国庆60周年“理想杯”少儿声乐器乐大赛、少儿书画展、音乐美术考级等文化活动；举办了红古区2009·祖国在我心中——庆祝建国60周年系列活动，开幕式、群众文化艺术展演10个专场演出、“歌唱祖国”歌咏比赛、革命歌曲大家唱歌手大赛、书画展览、篮球比赛和闭幕式等多项活动。永登县全年举办各种群众文化活动10多项，举办了“2009中国玫瑰之乡·永登苦水玫瑰旅游节体育文化周”；持续开展了“广场文化周”活动；如期完成6个乡镇综合文化站、86个农家书屋建设任务；鲁土司衙门旅游基础设施建设世行贷款项目完成投资50万元；在完成对鲁土司衙门主体修缮工程审计决算的基础上又申报了雷坛、显教寺修缮工程，实施了大佛寺院内地基填充工程。榆中县举办了榆中县纪念改革开放30周年迎新春文艺晚会、全国著名书法家桑作楷先生回乡书法展、榆中县首届民俗文化节，文化节演出节目40多场，吸引观众10万余人次；举办了

“我和我的祖国”演唱会及文艺汇演，来自全县各乡镇、机关、企事业单位和行政村95支代表队的5044名干部职工和农民群众参加；高标准建成了8个乡镇综合文化站，100家农家书屋。皋兰县全年举办各类大型文化活动20余场次，先后举办了元宵节社火表演、灯展、燃放烟花等三项大型系列活动；举办了“庆祝建国六十周年”大合唱比赛；举办了什川之春“多彩皋兰”民俗文化活动和《兰州鼓子荟萃》、《兰州鼓子传统曲本精编》两书的发行仪式及演唱活动；广场文化活动频繁开展，共举办各类广场文化活动25场次；指导各村（社区）成立了各类文体协会，对已实施的28个村（社区）各给予了5000元的扶持资金。

【文化体制改革】 2009年，以人事体制改革为重点，推进内部机制改革。根据体制改革相关政策，推进人事、分配、社会保障制度改革，做好人员分流、安置工作，全面推行竞聘上岗和聘用合同制。推进事业单位岗位设置管理工作，建立由身份管理向岗位管理转变的管理机制，由固定用人向合同用人转变的用人机制。按照全市统一部署，先后召开系统各单位主要领导及人事干部专题会议5次，进行集中培训、学习。深入各单位逐一召开职工大会或中层干部会议讲解政策、解答问题，力争使系统各事业单位职工能够正确理解，达到了积极参与事业单位人事制度改革的目的。保质保量地完成了系统各单位首次岗位设置的结构比例核定和等级认定两个环节的工作。目前，此项工作正按照市上的部署顺利进入岗位聘用环节。

（刘彦婷）

广播影视

【概况】 2009年，兰州市广电局和兰州广电总台围绕市委、市政府“1355”总体发展思路，拓展宣传内容，强化社会管理，推进公共服务，发展广电产业，深化体制改革，全面完成了年度各项工作任务。坚持正确导向，打造品牌栏目，努力提高广播电视宣传的质量和水平；重视节目推优，强化管理职能，不断提高广播电视节目监管和社会管理水平；加强事业建设，推进公共服务，进一步扩大广播电视覆盖面；整合产业资源，拓展经营渠道，大力发展广播电视产业；创新工作机制，深化内部改革，不断推动广电机制体制改革；加强自身建设，提高队伍素质，为广播电视事业发展提供政治保障。兰州广电总台辖兰州电视台、兰州人民广播电台。兰州电视台下设4个电视频道：新闻综合频道、生活经济频道、综艺体育频道、公共频道。兰州人民广播电台下设3个广播频率：新闻综合频率FM97.3赫、AM95.4千赫；交通音乐频率FM99.5赫；生活文艺频率FM100.8赫。电视频道的主要自办节（栏）目有：《兰州新闻》、《兰州零距离》、《民情民生大家谈》、《非说不可》、《每周资讯》、《兰州第一百姓》、《黄河茶摊》、《兰州往事》、《文体快车道》、《想唱就唱》、《金城之星》、《金城影院》、《警花说交通》、《新闻故事会》、《我是剑青》。广播频率的主要自办节（栏）目有：《直播兰州》、《行风阳光热线》、《兰山夜话》、《听众接待室》、《空中交易厅》、《广闻天下》、《交通互联网》、《车友天下》、《音乐旋风榜》、《星光夜未眠》、《交通音乐派》、《阳光资讯》、《蓝色月光》、《与法同行》、《夜阑书香》、《家有儿女》。

【新闻宣传】 2009年，兰州市广电系统在在舆论引导方面基调高昂：牢固树立政治意识、责任意识、阵地意识，对广播电视新闻报道形式进行改革创新，使《兰州新闻》等节目质量明显提高，采取动态报道、访谈、评论等多种形式，准确地宣传了中央和省、市委的方针政策和重大决策，报道了省、市扩内需、促增长的决策部署和各县区、各部门特别是重点企业应对困难局面、推进发展的成功经验和做法，介绍了各级党委政府关注民生、解决人民群众生活困难的重大举措和成效，追踪了兰州市重大项目建设情况。

主题宣传先后精心策划组织了全国和省市“两会”、全市深入学习科学发展观、市委“1355”总体思路、庆祝新中国成立60周年等重大宣传战役，开办了《两会专题报道》、《代表委员专访》、《学习实践科学发展观》、《“1355”学者谈》、《“1355”宣传战役进县区》、《感动中国—共和国100人物志》、《祖国在我心中》、《60年我看兰州交通》、《歌唱祖国—兰州市庆祝新中国成立60周年文艺活动大展播》、《六大整治行动》等专栏；对各县区、各单位学习实践科学发展观，庆祝新中国成立60周年，致力于服务民生，解决群众困难的好典型、新做法、新经验、新进展做了全方位的报道；《民情民生大家谈》栏目邀请市委讲师团专家和领导到演播室解读“1355”的具体内涵，制作十四期系列访谈节目《“1355”——兰州发展新思路》；“5·1”国际劳动节前夕开设的《劳模风采》、《劳动最光荣》专栏，对身边的先进集体和个人进行了集中宣传。“5·12”大地震一周年和“5·12”防灾减灾日来临之际，开设了《重访灾区、见证重建》专栏，拍摄4集专题节目《地震与抗争》，介绍灾区的重建及防震抗震经验教训。

【打造品牌栏目】 在巩固提高《听众接待室》、《行风阳光热线》、《兰州零距离》、《兰州第一百姓》、《警花说交通》等品牌节目的同时，推出了大型谈话栏目《民情民生大家谈》、财经类节目《财富热线》、专题节目《金城之星》、影视赏析节目《金城影院》、特别节目《校园内外》，有效拉动了广播电视收听收视率。《行风阳光热线》、《兰州第一百姓》栏目获"甘肃省十大广播电视优秀栏目奖"称号，《警花说交通》栏目荣获全国交通电视节目优秀栏目一等奖。在省市优秀广播电视节目评选中，兰州市广电总台118件（次）作品获奖，其中广播作品52件（次），电视作品66件（次）。二是社会活动丰富多彩。坚持"跳出频道办节目，走进荧屏求发展"，全年策划完成了15场大型社会活动和各类文艺活动，"春满金城"2009年兰州市元宵节晚会首次将演出从过去的剧院舞台搬到了充满绿色的生态园，演出形式和录播效果较过去有了新的突破；主办的第三届春季、秋季金城汽车文化节，规模宏大，参加商家、参展车辆、销售价值不断创出新高；成功举办了2009"和谐之春"广播听播见面会，吸引了数万名热心观众。

影视精品创作方面，独立投资创编拍摄的数字电影《兰州1949》，被列入"国庆60周年主旋律影片展播"，成为兰州解放60周年和新中国成立60周年的献礼影片。拍摄完成了纪录片《解放中国》、专题片《魅力城关》、《兰州城市形象片》；为纪念兰州黄河铁桥建桥一百周年拍摄了纪录片《中山桥的言说》；为反映兰州入选国家级非物质文化遗产苦水高高跷拍摄了《二月二，龙抬头里的"长腿善舞"者》；组织台内播音员主持人利用业余时间完成80集兰州方言版《武林外传》，播出后受到社会各界好评；与法国某电视机构合作拍摄的纪录片《奔向美好未来》已在海外发行。

【行政管理】 积极开展净化声频荧屏工作，努力规范播出节目内容，从加强少儿节目生产和服务、强化行业自律、加大行业管理力度、发挥媒体氛围营造优势等四个方面提出了具体的实施意见，配合市文明委做好全国文明委的检查验收工作。完善节目评议制度建设，草拟制定《兰州市广播电视节目评议制度》，形成了有效的节目监督管理和定期反馈机制。举办了全市新闻采编人员培训班，加强了相关业务人员的交流学习，提高了基层新闻采编人员的工作水平。高度重视医药医疗广告监管，全国"两会"前夕，及时传达部署了国家广电总局等五部委《关于加强广播电视医疗和药品广告监管工作的通知》，认真落实广告播出领导负责制和广告员审查制度，指定专人对播出内容进行监听监看，及时指导纠正违规医疗广告，主动整改、停播了一批自查有问题的医药医疗广告。对总局、省局通报的个别违规广告，迅速整治，做到了解决问题不过夜、处理问题不手软，整治工作收到了明显的成效。2008年度全市优秀广播电视节目奖共收到市总台和县（区）台站参评的节目176件，评出特别奖1件、一等奖18件、二等奖32件、三等奖48件。组织专家在市里评奖的基础上，向省广电局推荐甘肃广播影视奖广播电视节目奖的参评作品91件。兰州市共获得一等奖6件、二等奖16件、三等奖22件，获奖率为48.3%，同比增长2.7%。出台了《节目播出岗位制度》、《节目带交接管理制度》、《节目上载制度》等一系列安全规章制度，对安全播出的规章制度和应急预案进行了修订补充。对重要新闻稿件、重大新闻宣传活动、重要访谈节目严格坚持"三审"制度，严把播出关。采用自动监控、预警等新技术手段，完善指挥、监测系统，在巩固已有安全播出成果的基础上，推进安全播出工作由重点防范向安全运行转变，确保了全国两会、建国60周年庆典等重大节日、重要活动、重点时段、重要节目的优质安全播出，全年未发生广播电视播出事故和安全事故。

完成全市电影发行放映单位和广播电视播出传输机构的年检，对全市29家电影发行放映单位逐一进行检查，对不合格的单位进行了停业整顿，对申请停业的单位撤销了资质，历时一个多月，对全市28家广播电视播出机构、4家广播电视传输机构进行了集中检查，全部合格，并对其中的18家播出许可证到期的企事业广播电视站办理换发了新证。2009年上半年，制定了《关于加强卫星广播电视地面接收设施管理的通告》，组织各县区广电局、市广电总台网络稽查队对城乡结合部个人擅自安装使用卫星地面接收设施的行为进行了摸底清查，教育拆除了近100多套设备，三次派员检查了兰海电子商贸城、兰新电器市场的28家经营单位，收缴KU波段小天线9面，接收机4台，高频头5个；下半年，针对乱卖、乱装广播电视卫星地面接收设施的现状，以市政府的名义组织全市公安等六部门联合开展了卫星电视传播秩序专项整治工作。

【节目监管】 2009年，加强技管平台建设，制定了互联网视听节目监测平台建设方案，落实财政建设资金20万元，进行了第一期工程建设，并于10月23日通过工程验收。平台上已建立起专门的门户网站，设立对兰州市互联网违规视听节目的举报系统，初步实现对兰州市互联网视听节目的监管。参与省局关于公众媒体等公共视听载体的配套管理法规制定工作，对全市的户外大屏上门进行了摸底备案，为下一步的日常监管做好了准备。

【公共文化建设】 重视新一轮广播电视村村通工程建设。全省“村村通”会议后，结合兰州市的实际情况，制定了兰州市新一轮“村村通”建设方案，于3月11日召开了“全市广播电视村村通工作会议”。经过市县两级广电部门的努力，全市首批470个村16406套直播卫星接收设备已全部安装到位，配套的使用许可证也同步办理完毕，并通过了省市县三级验收，新一轮“村村通”工程第一阶段建设任务圆满完成。开展对“村村通”返盲村的治理，市广电局与市广电总台积极协调，筹集资金50万元，分别在红古区窑街、永登县河桥、榆中县白虎山、皋兰县西山建设了四个农村数字多路微波电视站点，并把榆中县白虎山现有的站点调整至榆中县甘草店，工程共计覆盖农户6.6万余户，覆盖人口近27万人，不但使部分停用的“村村通”工程重通常通，还极大地提高了节目传输质量。开展已建农村数字多路微波电视站点的用户发展工作，已发展用户近700户。开展农村中央广播电视节目无线覆盖工程，组织完成皋兰县1千瓦无线发射大功率转播中央台第七套电视节目的设备安装、调试工作，工程已全部建成并通过省上专家的验收，正式开通使用。组织对兰州市三县一区农村中央广播电视节目无线覆盖专项资金管理使用情况进行了督查，进一步规范了资金的使用管理。利用西班牙政府400万欧元贷款引进先进电视技术设备的项目于6月26日正式运行，1个4讯道电视数字硬盘播出系统和3个后期非编网、8站点新闻非线性编辑网络均已投入使用。按时完成了皋兰县西岔乡广播转播站的建设工作，使市台新闻综合广播的覆盖节目覆盖率从79%提升到82%，覆盖用户达10万人。完成了交通音乐频率和生活文艺频率在永登县城的全覆盖，交通音乐频率的节目覆盖从66%提高到73.6%，生活文艺频率的节目覆盖从70%提高到77%，覆盖人口各增加约25万人。与榆中、皋兰、红古等县区签订了《合作完成县区电视数字化整体转换协议》，使市台电视频道的节目信号覆盖得到了进一步扩大。

【广电建设】 2009年，解决了网络公司互联网出口带宽问题，已开通50个小区，覆盖楼栋176栋，覆盖用户达18000余户。加快了有线电视网络改造和用户发展进度，已完成双向网改4万余户，安装开通新用户12523余户。积极应对金融危机挑战，做好广场LED大屏经营工作和广播电视广告经营工作，努力拓展渠道，增加经营创收。全年经济总收入达到1.57亿元，实现了社会效益和经济效益“双赢”。

【机制体制改革】 2009年,调整了市广电总台编辑委员会,成立了市广电总台技术委员会和经营管理委员会,形成了“三纵四横”的管理架构,初步建立起现代传媒集团的管理体制和运行机制。深化人事、分配、社会保障制度改革,依据新《劳动合同法》要求,和全台职工签订了全员聘用制合同。逐步完善了频率、频道工作综合考核办法,并对实际运行中不合适的操作方法进行了微调。细化了政治责任考核、收听收视率考核、广告吸纳量考核、综合管理考核、队伍建设考核五位一体的考核制度,鼓励争先创优,提高了市广电总台的整体活力和竞争力。

【自身建设】 2009年,邀请业内专家讲解新闻采编、节目策划、新闻稿件写作等有关知识。针对新技术、新设备和不同工作岗位的需求,选派业务骨干走出去,赴外省强势电台、电视台学习取经。采取集中培训、专题讲座、继续教育、岗位实践、交叉锻炼、外出考察等多种方式,培训业务骨干,全年先后有400余人（次）参加了各种形式的培训学习。市广电局七一前夕向全体党员干部发出了《树立机关新形象,争当模范公务员》的倡议书,签订了机关作风建设个人承诺书,组织干部职工参观了西湖街道民情流水线工程和街道社区电子政务服务工程。组织开展了“创建和谐领导班子、和谐单位、和谐家庭”活动。春节期间与省广电局联合举办了“和谐广电”省市广电系统春节团拜联谊会。局台联合举办了全市广电系统迎国庆文艺汇演,活动历时1个多月,共有来自局机关、市广电总台和县区广电局的19家单位近600人参加。组织市广电总台合唱队参加了市直机关举办的庆祝新中国成立60周年歌咏比赛和市委、市政府举办的“爱国歌曲·黄河大合唱”群众歌咏比赛,分别获得一等奖。组织在职和离退休干部职工进行健康体检,不定期开展卫生健康知识讲座。利用自身优势积极开展包村帮扶和扶危助残活动,帮助扶贫点和残疾人解决实际困难。举办全市广电系统依法行政培训班,培训班邀请了省上从事依法行政工作的领导就行政复议与执法监督、广播影视法律法规、社会转型期的依法行政、政府信息公开条例与行政执法等专题进行授课辅导,增强了全市广电系统行政管理人员和领导的依法行政观念和执法检查水平。

（徐　炜）

卫　生

【概况】 2009年，兰州市辖区内有各级各类医疗机构2515个。其中：政府基层组织和国有企事业单位举办的非营利性医疗机构1170个，包括省级医院8个、急救中心1个、市级医院7个、县区级医院14个、乡镇卫生院67个、村卫生所772个、部队医院4个、企事业单位职工医院52个、厂矿医务室245个；社会力量举办的营利性医疗机构1345个，包括民营医院13个、门诊部40个、诊所1292个。辖区内有卫生机构35个。其中：疾病预防控制中心11个、卫生监督所5个、妇幼保健站（所）8个、牙病防治所2个、采供血机构1个（省红十字血液中心）、科研机构2个（甘肃省医学科学研究院、甘肃省中医药研究院）、健康教育所3个(兰州市、城关区、七里河区)、医学中等专业学校3个（省卫生学校、省中医学校、市卫生学校）。各级各类医疗机构现有床位14164张，每千人拥有床位4.87张。卫生技术人员总数为22366人，每千人拥有卫生技术人员7.13人。房屋总建筑面积159.4万平方米，其中业务用房建筑面积111.6万平方米；拥有万元以上医疗设备7453台件，设备总值66092万元。

【卫生基础设施建设】 全年争取中央投资6890万元，实施国家扩大内需卫生基础设施建设项目51项，新建或改扩建了23个乡镇卫生院、2个县医院、1个妇幼保健站、1个县中医院、20个村卫生所、4个社区卫生服务中心，建设规模达57492平方米。同时，省、市政府为民兴办实事7个社区卫生服务中心和70个标准化村卫生所建设全面完成。

【公共卫生服务】 基本卫生服务均等化不断促进。全市儿童基础免疫工作进一步加强，国家扩大免疫规划工作顺利实施，常规免疫五苗报告接种率均达到国家规定的95%以上的目标。预防艾滋病母婴传播项目、妇幼卫生监测及出生缺陷防治项目和地方病控制项目继续实施并取得良好成效。国家重大公共卫生服务项目启动并有效实施，全年为生育妇女补服叶酸16377人（次）、农村妇女宫颈癌检查3641人、实施白内障患者复明手术600例、建成农村无害化卫生厕所2200座、补种人学生和15岁以下人群乙肝疫苗139009人。共建立城市居民健康档案92.28万份，建档率达46%；建立农村居民健康档案7万多份。医疗机构的公共卫生职能进一步强化，全市二级以上医院均成立了公共卫生管理科，设置了健康咨询门诊，开展了疾病谱统计分析工作。

【医政】 “医院管理年”、“医疗质量万里行”等活动成效显著，首诊负责、三级查房、疑难危重病例讨论、临床用血审核等核心制度得到全面落实，医疗服务质量不断提升。各类创建活动深入开展，市一院荣获“全国医疗卫生系统先进集体”称号、市二院荣获“全国百姓放心示范医院”称号。市、县两级医院济困病床共为261名患者减免费用43.49万元。卫生科技创新深入推进，全年受理科研立项申请24项、科技成果鉴定申请18项、科学技术进步奖申请22项。学会工作进一步加强，完成了兰州医学会等三个学会的换届改选，全年受理医疗事故投诉10起、医疗事故技术鉴定62起，鉴定41起。

【妇幼保健工作】 通过实施婚前医学检查工作通报制度、严厉打击违法开展非医学需要引产和胎儿性别鉴定活动、改革托幼机构管理体制、严格妇幼保健技术及临床技术准入、开展产科质量评估等一系列措施，促进妇幼卫生工作取得了新成效。全市婚检率由上年的17.1%提高到49.77%，孕产妇建卡率、住院分娩率、系统管理率分别由上年的91.89%、96.24%、69.83%提高到95.19%、97.8%、76.85%，产后访视率由86.86%提高到88.36%。全年孕产妇死亡7人，死亡率由13.86/10万上升到25.4/10万；新生儿死亡194人，死亡率由7.8‰下降到7.04‰；5岁以下儿童死亡255人，死亡率由10.74‰下降到9.25‰。

【疾病控制工作】 甲型H1N1流感防控工作取得阶段性胜利，全市累计报告甲流确诊病例1063例，累计治愈1032例，死亡16例。接种甲流疫苗20.4万人。性病、艾滋病、结核病和慢性非传染性疾病、地方病防治工作全面推进并取得明显成效。美沙酮药物维持治疗门诊累计入组5238人，治疗2067人。全年无甲类传染病报告；报告乙类传染病14种20066例，死亡29人，发病率比去年同期上升14.18%；报告丙类传染病7种5341例，死亡1例，发病率比2008年同期下降37.75%。

【卫生监督工作】 深入开展了学校食品卫生、生活饮用水卫生、职业放射卫生、面食制品行业、医疗机构和医疗广告等专项监督检查活动，圆满完成了打击违法添加非食用物质和滥用食品添加剂专项整治任务。全年监督检查单位86627户次，监督覆盖率达100%，行政处罚5637户次，取缔“黑诊所”和坐堂行医65家，处理违法刊登虚假医疗广告的医疗机构18家。公共场所卫生监督量化分级管理工作正式启动，住宿业量化分级管理率达63.4%。食品卫生监督量化分级管理率达96%以上。

【爱国卫生和健康教育】 实施了以城区重点行业单位为重点的灭蟑灭鼠活动，积极开展市级卫生小区、卫生单位创建达标活动。邀请卫生部原副部长王陇德举办了大型健康知识讲座。深入开展了健康教育进社区、进学校、进机关、进农村活动，成功申报了“无烟环境促进项目”，启动并开展了“无烟医疗机构”创建活动。

【农村卫生】 新农合制度不断巩固和完善。2009年全市参合农民112.3356万人，参合率达94.87%，比上年提高2.39个百分点，全市共有77.14万人享受了新农合补助，占参合总人数的68.67%，共补偿资金11888.18万元。市级新农合直通车报销工作运行良好，门诊统筹试点工作在三县顺利开展，市级统筹前期工作全面展开。“120”覆盖农村试点工作顺利推进，在省上补助660万元专项资金的基础上，兰州市配套422.4万元、县区配套369.6 万元，为66个乡镇卫生院配备了价值20多万元的急救车辆，初步建立了覆盖全市农村的“120”急救网络。“降消”项目覆盖全市农村，共安排补助资金622.24万元，补助农村孕产妇8749人、补助资金375.39万元，农村孕产妇在乡镇卫生院住院分娩基本实现了免费。

【卫生应急】 进一步完善了卫生应急指挥体系和各项预案，组建并培训了卫生应急专业队伍，开展了2次应急演练活动，加强了24小时应急值守，圆满完成了兰洽会等重大节庆的卫生保障任务。全年共报告突发公共卫生事件44起，均得到了及时有效地处置。

【中医中药】 中医特色专科建设深入推进，评定了6家市级中医特色专科、2家中医特色乡镇卫生院和4家中医特色社区卫生服务示范机构。“西学中”和中医“三名三进”活动深入开展，2人获得“甘肃省乡村名中医”称号，18人获得“兰州市名中医”称号。城镇医保和新农合中医药住院起付线降低20%、报销比例提高10%的优惠政策得到落实。在甲流防控工作中，全市各医疗机构共为近100万市民免费发放中药汤剂，为控制甲流疫情的扩散起到了关键作用。

（苏万林）

体　育

【概况】 2009年，兰州市体育局实施竞技体育后备人才培养、群众体育多元化服务和体育产业品牌化“三

兰州市举办健康教育讲座

大战略”，推进体育基础设施建设、综合能力全面提升和体育体制机制创新“三大工程”，突出优势项目，加强训练，进一步提高竞技体育水平。加大群众健身场地设施建设，为促进全民健康，构建和谐社会做出贡献。

【兰州市第六届运动会】 5月1日—7月30日，举办了兰州市第六届运动会。比赛共设18个大项264个小项，共有县（区）8个代表团，参赛运动员3500人。涌现出了一批水平较高的体育竞技后备人才，共有3人4次（队）超4项甘肃省田径最高纪录，22人1队37次打破29项兰州市田径、游泳项目最高记录，57人82次达到田径、游泳、射击项目国家二级运动员标准。

【参加第十一届全运会】 10月，山东省济南市举办第十一届全运会，兰州市有9名运动员进入摔跤、柔道、田径3个项目的决赛。获得1金1铜，1个第五名，1个第七名。10月23日，女子柔道78公斤级的比赛中，本市运动员贾雪英蝉联女子柔道+78公斤级冠军，为甘肃省代表团在本届全运会上夺得首枚金牌，实现了金牌零的突破。

【群众体育】 2009年，全市群众体育工作紧紧围绕《群众体育“十一五”发展规划》和《全民健身计划纲要》，以8月8日“全民健身日”活动为主线，以庆祝建国六十周年活动为载体，广泛开展全民健身活动，深入农村、学校，全力推进全民健身“六进”活动，充分利用节假日以及传统重大节日，开展元旦环城赛、冬泳表演、“迎新春文体科技卫生‘三下乡’暨送体育下村镇”全民健身进农村、全民健身大拜年、“迎六运·庆三八”乒乓球擂台赛、“迎六运·庆五一”兰州市劳动模范趣味运动会、2009中国玫瑰之乡·永登苦水玫瑰旅游节体育文化周暨全民健身进农村、8月8日全国首个“全民健身日”首届中国·兰州“黄河杯”全民健身挑战极限长走邀请赛等一系列全民健身活动；全年举办涉及三大球、三小球、田径、棋类、游泳、健美操、武术、登山等十几个项目的群体活动100余项，参加人数达数十万人次。继续实施《学生体质健康标准》，认真贯彻落实《中共中央国务院关于加强青少年体育增强青少年体质的意见》和全国学校体育工作会议精神，紧密配合教育部门在全市开展学生阳光体育运动，加强学校体育课，增加学生课外体育锻炼，确保学生每天锻炼一小时的要求落到实处。继续加强社会体育指导员的培训工作，全市社会体育指导员队伍扩大到3671人。市全民健身指导中心充分发挥职能作用，以体育公园为阵地，积极组织开展群众体育赛事和健身指导服务，带动全民健身运动的发展。兰州市国民体质监测中心积极多方联系检测单位，在节假日、黄金周以及市体育局举办的各种大型活动中，积极为市民进行体质测试，共测试3000余人。新成立兰州市围棋、象棋、摩托车运动协会，全市的单项体育协会发展到40个，使兰州市体育社团组织体系更加完善，为进一步推进体育社会化发挥了积极作用。全市的老年人体育活动开展的红红火火，成为本市全民健身的一个亮点。今年，积极组织健步走、健身展示、趣味运动会、健身展示、地掷球、保龄球、门球等赛事和活动，参加人数达7000多人。

【全民健身活动走进兰州高新区】

9月25日，“迎国庆全民健身走进兰州高新区”活动在兰州高新区创新园广场隆重举行。本次活动以组织高新区机关、企业、社区等广大群众开展大众趣味体育比赛、全民健身表演、国民体质监测、全民健身宣传展览、科学健身等知识为宣传内容，为广大群众参与健身活动搭建了平台。

【体育产业与建设】 2009年，共安装健身路径150条，其中安装120条健身路径是本年度市委、市政府承诺的20件实事之一，主要着眼发展农村群众体育事业，将110条健身路径安装在农村，120条健身路径分布如下：永登县安装52条，榆中县安装30条，皋兰县安装18条，红古区安装10条，西固区和七里河区各安装3条，城关区和安宁区各安装2条；另有30条分别安装在街道社区和大中专院校。调动社会各方力量，力争成功申办（承办）2015年全国第十届少数民族运动会，以此为契机建成一批大型体育场馆；全面提升和改善运动校队教学训练场地设施；全民健身活动场地设施分布合理便捷，健身设施管理先进有效；县（区）级全民健身活动场地覆盖率达80%；力争市级公共体育用地千人占有面积达到国家低限标准54.9平方米。尽快启动榆中亚高原体育训练基地项目建设，努力把该项目建设成为集运动员集训、运动员康复疗养、体育休闲旅游、会议博览、山地拓展训练等为一体的综合性产业化体育基地。完成对现有市级体育公园的升级改造工作，通过改造现有场地设施和新建部分场馆设施，进一步完善体育公园的全民健身功能，提升社会服务档次，逐步把体育公园建设成为集市民健身锻炼、休闲观光旅游等为一体的综合性主题公园。积极做好县（区）体育基础设施建设。大力实施城乡一体化体育行动计划，推动城乡一体化和新农村建设进程。实施“四个一”工程，力争每个县（区）建成一个体育公园、一个综合性健身中心、一组全民健身路径、一个综合运动场。

2009年度兰州市参加全国比赛成绩统计

姓 名	项 目	运 动 会 名 称	名 次
王继凯	男子自由式摔跤（74kg）	亚洲锦标赛	5
贾雪英	女子柔道（78kg）	全国第十一届运动会	1
帕格玛	女子柔道（78kg）	全国第十一届运动会	7
王 虎	古典式摔跤（66kg）	全国第十一届运动会	3
乌恩巴图	古典式摔跤（74kg）	全国第十一届运动会	5
嘎立巴莫日根	柔道（—73kg）	全国青年男子锦标赛	7
帕格玛	柔道（78kg）	全国青年女子锦标赛	3
胡明范	柔道（—57kg）	全国青年女子锦标赛	5
朱 静	柔道（—48kg）	全国青年女子锦标赛	7
高永宁	越野跑（4公里）	全国第七届锦标赛	5
高永宁	越野跑（8公里）	全国第七届锦标赛	6
高永宁	田径（5000米）	全国青年锦标赛	6
高永宁	田径（10000万米）	全国青年锦标赛	5
孙新利	马拉松	全国锦标赛	10
孙新利	马拉松	全国冠军赛	15
徐 冬	古典式摔跤（50kg）	全国青年锦标赛	2
张永良	自由式摔跤（63kg）	全国少年锦标赛	1
李 宽	自由式摔跤（69kg）	全国少年锦标赛	3
赵 龙	自由式摔跤（58kg）	全国少年锦标赛	3
张 果	自由式摔跤（69kg）	全国少年锦标赛	5
孟和达来	柔道（66kg）	全国道馆俱乐部锦标赛	5
嘎立巴莫日根	柔道（81kg）	全国道馆俱乐部锦标赛	5
宝 泉	柔道（73kg）	全国道馆俱乐部锦标赛	7
杨 洋	柔道（70kg）	全国道馆俱乐部锦标赛	3
胡明范	柔道（57kg）	全国道馆俱乐部锦标赛	5
朱 静	柔道（63kg）	全国道馆俱乐部锦标赛	7
布 和	柔道（—73kg）	全国道馆俱乐部锦标赛	7
陈 云	古典式摔跤（60kg）	全国冠军赛	3
刘 斌	古典式摔跤（120kg）	全国冠军赛	3
段香丽	自由式摔跤（55kg）	全国女子冠军赛	7

【竞技体育】 2009年兰州市第六届运动会从5月初开始至7月底结束，历时三个月。为了使运动会各项工作顺利有序开展，市体育局制定了《兰州市第六届运动会组织工作总体方案》，并经市政府2009年2月5日第3次常务会议审议通过，成立了市六运会组委会工作机构，并于3月9日召开了市六运会组委会第一次全体会议，研究和部署了运动会的有关组织和筹备工作，对各项工作进行了明确分工，责任到人。进行了中国象棋、国际象棋、围棋、棒球、门球、垒球、短道速滑、跆拳道、登山、乒乓球等31个项目的比赛，赛事组织、安全保卫、医疗保障、宣传报道等各项工作圆满完成。兰州市运动员在全国第十一届运动会的预赛中有9名运动员进入了摔跤、柔道、田径3个项目决赛，获得1金1铜，1个第五名，1个第七名的优异成绩。加强了全市体育传统项目训练点教练员的培训，督促各传统项目训练点学校扎实搞好业余训练工作。市体校重视业余训练网点建设，积极协助局竞训处检查、帮助、指导各训练点学校抓好训练工作，不断提高成材率，使其成为体校运动队伍的补充力量。至年底，本市运动员参加全国比赛共获得金牌3枚，银牌1枚，铜牌7枚；

参加全省比赛共获得金牌34枚，银牌17枚，铜牌15枚。

【体育彩票】 2009年，兰州市体育彩票管理中心不断加强网点建设，强化网点服务，提升体育彩票品牌形象，体育彩票工作平稳推进。网点建设取得长足发展，新增终端机54台，使兰州市网点总数达 692个，其中专营店总数达 591个。至12月底，全年电脑体育彩票销量达2.723亿元，占全省销量的43%。

【兰州市门球运动协会】 2009年市门球协会举办的赛事有兰州市第二十届“三八杯”；第二十六届“健康杯”；第十届“会员杯”等级队联赛；首届个人对抗赛；第二十一届“长寿杯”；第四届三方赛；承办了兰州市第六届运动会门球比赛。协助省老年体协举办了“甘肃省第二十四届老年人门球赛”；协助兰州邮电系统举办了“兰州地区邮电离退休职工‘流动杯’门球赛”三次；协助省门球协会举办了中冠赛甘肃分区赛；七里河区门球协会举办了第七届“黄河杯”门球邀请赛。为老年人提供展现自我、欢度晚年、强身健体、延年益寿的活动平台，有力地增强了兰州市门球协会的凝聚力和吸引力。

（牛淑梅）

社会保险

【概况】 2009年,社会保障工作按照“广覆盖、保基本、多层次、可持续”的方针,不断完善政策制度,努力扩大覆盖范围,切实提高待遇水平,进一步规范管理服务,全市统筹城乡社会保障工作协调发展。

【养老保险】 全市参加养老保险的人数达到27.11万人,完成目标任务的119.4%,企业离退休人员社会化管理服务率达到92%。全年为10.53万名企业离退休人员发放养老金14.8亿元,按时足额和社会化发放率均达100%。社会保障制度进一步完善,制定颁发了《兰州市被征地农民养老保险暂行办法》,在全市执行了甘肃省《关于调整全省企业职工和退休人员因病、非因工死亡一次性丧葬补助费的通知》,使全市企业职工和退休人员因病、非因工死亡丧葬费和抚恤金标准由原来的3500元和1750元分别调整为现在的4000元和2000元。积极开展农村养老保险工作,榆中县被列为全国首批新型农村社会养老保险试点县。失地农民养老保险稳步推进,全市被征地农民养老保险累计参保人数为4685人,累计收缴养老保险费18252.25万元,有1037人享受养老保险待遇。村干部养老保险已全面落实,全市8119个村的2497名村干部已全部参保。按照甘肃省《关于解决未参加城镇企业职工基本养老保险社会统筹集体企业有关问题指导意见的通知》精神,全力做好未参保集体企业职工养老保险参保工作,全市共完成3133人的参保登记手续。

【医疗保险】 全市参加城镇职工基本医疗保险的人数达到77.7万人,完成目标任务的112.6%。城镇居民基本医疗保险参保率达到78.4%,完成目标任务90%的87.1%。制定颁发了《关于调整兰州市城镇职工基本医疗保险定点医疗机构住院费用结算定额标准的通知》,进一步规范了住院费用结算标准。为应对国际金融危机,切实减轻企业负担,报请市政府同意,从2009年1月1日起,取消企业城镇职工基本医疗保险风险调剂金,每年为全市困难企业减负达7000多万元。历史遗留问题得到妥善解决,全市首批确认的地方政策性破产和依法破产国有企业共164户,涉及退休人员56862人,未参保的18030名退休人员已全部纳入城镇职工基本医疗保险统筹范围,争取国家和甘肃省补助资金16252万元。甘肃省第二批下达兰州市国有及集体关破企业157户,将28136人的社保补助资金共10064.85万元已全部拨付到位,正在办理参保手续。

【失业保险】 全市参加失业保险的职工57.78万人,完成目标任务的101.4%。累计为符合申领条件的7931名失业人员发放失业保险金12572.08万元。

【工伤保险】 全市参加工伤保险的人数为37.4万人,完成目标任务37万人的101.1%。制定颁发了《关于企业老工伤人员工伤保险待遇纳入工伤保险基金统筹管理有关问题的通知》,“老工伤”待遇问题得到积极解决。先后制定颁发了《关于确定兰州市工伤病残职工劳动能力鉴定定点医疗机构资格的通知》、《兰州市劳动能力鉴定管理暂行办法》,进一步规范了劳动能力鉴定工作。

【生育保险】 全市参加生育保险

的人数为32.5万人，完成目标任务32万人的101.6%。

劳动就业

【概况】 2009年，面对全球金融危机对就业工作的冲击，全市认真贯彻实施《就业促进法》，继续按照“劳动者自主择业、市场调节就业、政府促进就业”的方针，采取多种措施做好劳动就业工作，确保了全市就业形势的稳定。

【就业安置】 全市城镇新增就业52899人，完成目标任务的105.8%，其中下岗失业人员再就业20209人，完成目标任务的127.9%，城镇登记失业率为3%，实现了城镇登记失业率控制在4%以内的目标。

【就业服务】 一是全面落实各项促进就业优惠政策。协调市财政筹措下拨县区就业补助资金1.2亿元，全年共使用就业资金1.4亿元。发放小额担保贷款1.5亿元，帮助5786名下岗失业人员实现了自谋职业和自主择业。全市发放小额担保贷款累计达到2.16亿元。二是开展各类就业援助服务活动。先后组织开展了城乡就业援助专项活动、“春风送岗位”活动暨用工企业大型招聘会和“民营企业招聘周”等大型宣传和就业援助活动。同时，组织慰问困难企业117户，职工30833人，发放慰问金额308.33万元。三是全力帮扶困难企业稳定就业局势。为确保企业在金融危机的复杂形势下，减轻企业负担，稳定就业局势，严格落实社会保险“五缓四降三补贴”政策。全年审批认定困难企业93户，涉及职工人数33646人，享受各类补贴6424万元。四是继续做好创业促就业工作。全市树立创业带动就业示范点98个，召开创业促就业明星报告会66次。五是加快就业信息网络建设和创建充分就业社区工作。全年全市共开发社区就业岗位3157个，创办社区就业服务网点473个，零就业家庭安置就业49人。

兰州市城关区虚拟养老院剪彩仪式

【劳务输转】 全市共输转城乡剩余劳动力30.8万人，完成目标任务的103%，其中：有组织劳务输出15.02万人，完成目标任务15万人的100%，创劳务收入22.42亿元，完成目标任务22亿元的102%。全年新建劳务基地52个。继续加强劳务品牌建设，截至年底，全市已树立劳务品牌和优势工种8个。

【劳动关系协调】 一是积极开展了“春暖行动”。以建筑业、住宿和餐饮业、采矿业、居民服务业为重点，集中力量重点检查农民工劳动合同签订情况，共检查用人单位1536户，涉及农民工14975人。二是全市预防和解决工资拖欠问题取得新进展。全市认真贯彻落实市政府《关于进一步做好预防和解决企业工资拖欠工作实施意见》，制定下发了《兰州市建立企业欠薪报告制度的通知》，建立健全了因拖欠工资问题引发群体性事件的应急预案，督促企业落实预防和解决拖欠工资的主体责任。三是加强劳动工时管理，进一步落实特殊工时工作制度。严格执行《兰州市企业不定时工作制和综合计算工时工作制管理暂行办法》，较好的落实了职工休息休假等劳动保护待遇。四是完善劳动力市场工资指导制度，为企业内部分配和求职者薪酬提供了依据。督促落实全省最低工资标准，进一步规范企业工资支付行为。五是严格落实建设领域农民工工资保证金制度。自2008年开始建设领域农民工工资保证金制度以来，全市已累计征缴保证金5798.4万元，涉及建设单位188户，涉及农民工19497人，从源头上防范了建设单位拖欠农民工工资的行为。

【劳动监察和劳动争议仲裁】 认真实施《劳动合同法》、《劳动合同法实施条例》和《劳动争议协调仲裁法》，不断加大劳动保障监察和劳动争议仲裁调处工作力度。全年劳动保障执法监察面达到84.5%，完成目标任务80%的105.6%，监察案件结案率达到97.5%，完成目标任务85%的114.7%，用人单位和劳动者签订合同达88.6%；劳动争议仲裁案件按期结案率达90%以上。

【职业技能培训】 坚持培训与就业相结合、培训为就业服务的方针，根据市场需求变化，不断增强就业培训的针对性、实用性和有效性，提高就业率。一是为积极应对国际金融危机对兰州市经济的影响，保持就业局势稳定，根据国家和甘肃省下发的关于实施特别职业培训计划的有关文件精神，结合兰州实际，在全市实施了送爱心促就业特别职业培训计划。二是加快两院(校)的组建步伐。兰州市高级技工学校于2009年9月正式挂牌筹建。兰州技师学院的组建工作正在加紧进行。三是不断提升职业技能鉴定质量。组织开展了全市职业技能鉴定机构评估，对所有市属职业技能鉴定所进行了全面检查评估。

民　政

【概况】 2009年，全市民政工作紧紧围绕 “1355”总体发展思路，坚持“以民为本、为民解困、为民服务”的工作宗旨，突出“解决民生、维护民利、落实民权”的工作职责，较好地完成了各项目标任务，民政工作服务全市经济社会发展大局的水平进一步提升，民政事业发展取得了新进展。市民政局先后荣获全国贯彻实施居民委员会组织法先进单位、全省民政工作特等奖、全省福利彩票组织工作特等奖、全省民政统计工作一等奖、全省民政信访工作先进单位、全省民政政务信息工作先进单位以及全市禁毒工作、计划生育工作、综治维稳工作、办公室工作先进等30多项奖励表彰。

【城市居民最低生活保障】 城镇低保提标工作全面完成。城镇低保标准提高10%，五区由原来的每人每月230元提高到每人每月253元，三县城镇由原来的每人每月173元提高到190元；截至12月底，全市有城镇低保对象51303户、110529人，保障面为5.48%；1月—12月累计发放保障金17713.15万元。

【农村居民最低生活保障】 农村低保提标工作全面落实。农村低保标准由原来的每人每年685元，提高到每人每年728元；截至12月底全市共有保障对象23934户、69598人，保障面为5.77%；全年累计发放保障金4442.94万元。

【农村五保供养】 农村五保供养政策全面落实。五保供养标准由原来的最低每人每年1200元，提高到不低于1800元，全市共有五保对象2811户、2969人，全市集中供养平均标准为3078元、分散供养平均标准为2565元，全年累计发放供养金572.29万元。

【综合救助】 一是城乡医疗救助工作积极开展，全年累计救助城乡困难群众123304人(次)，发放医疗救助资金3009.12万元。二是各项配套救助政策全面落实，全年共发放低收入居民取暖费补贴3935.01万元、城市低保对象物价补贴7893.5万元、“春节”一次性补贴2225万元。

【救灾救济】 2009年全市共造成受灾人口115.86万人（次)、死亡13人、紧急转移安置人口475人；倒塌房屋36户245间，损坏88间；农作物受灾面积186.35万亩，农业经济损失达25781.68万元。在救灾工作上，严格落实24小时救灾值班制度，组织人员第一时间深入灾区查灾核灾、上报灾情，指导县区安置转移灾民；积极协调落实救灾资金，争取上级救灾资金1425万元，救助缺粮人口15万人(次)；加强救灾资金监督检查，联合市监察、财政等部门对各县区2008年以来的救灾资金使用情况进行了专项检查；进一步加强防灾减灾宣传工作，在“防灾减灾日”期间，积极组织防灾减灾科普知识宣传活动，发放了900套防灾减灾知识宣传画，编写印制了67万册《兰州市民防灾应急手册》，免费发放到全市干部、职工、城镇居民和中、小学学生中间。

【城乡社区建设】 农村社区建设工作逐步推进，在抓好皋兰县农村社区建设全国试验点和11个全市实验村的基础上，在全市开展了“农村社区建设实验全覆盖”创建活动，全面推开农村社区建设。和谐社区建设不断深化，加强督导检查和整改完善，顺利通过全国和谐社区建设示范单位考核组验收，安宁区、七里河区西湖街道，西固区临洮街街道康乐路社区、城关区皋兰路街道周家庄社区被民政部命名为全国和谐社区建设示范城区、示范街道和示范社区。

【社会组织管理】 继续加大社会组织的培育发展力度，全市共登记注册各类社会组织128家，其中社会团体54家、民办非企业单位74家。进一步规范社区社会组织管理工作，全市共登记注册社区社会组织200余家，通过加强工作指导和监督检查，至年底 60%以上的社区社会组织基本达到了制度健全、收费合理、规范运行的标准。进一步加大非法民间组织查处力度，在城关、七里河、安宁等城区组织开展了执法检查活动，查处并依法取缔非法社会组织35家。

【优抚安置】 着力落实各项优抚政策，督促县区在2008年定期补助标准的基础上，2009年着重提高各类优抚对象抚恤标准和生活定补标准，按规定及时足额发放各类抚恤补助金。伤残军人抚恤标准最高每年每人达到26080元，最低每年每人达到2480元；三属（军人烈士遗属、因公牺牲军人遗属、病故军人遗属）在城镇的每年每人分别为7940元、7110元、6690元，在农村的每年每人分别为4760元、4550元、4350元；西路红军每年每人18080元；三县在乡老复员军人每人每月达到375元，城关、七里河、西固、安宁每人每月达到425元、红古区每人每月445元；农村义务兵家属优待金达到上年当地农民人均纯收入水平，优待面达100%；"三属"和在乡老复员军人定补面达到100%。切实搞好城镇退役士兵安置工作，提前完成了2008年冬季退役士兵和2009年春季转业士官档案的接收和报到工作，共接收2009年符合安置条件的城镇退役士兵1544人，全年安置退役士兵1000人，安置率达到83%。

【社会福利和老龄事业】 加快社会福利项目建设，大滩儿童福利院项目2009年完成投资4010万元，建成综合办公楼、少儿综合楼、康复中心和幼儿园等各个单体工程并通过质检；市社会福利院"三无"老人生活住宿区改扩建项目投资 870万元，完成一号楼、二号楼部分工程；榆中县、红古区综合福利院已竣工，安宁区、皋兰县综合福利院完成主体。继续组织开展居家养老和养老服务示范活动，探索发展民办公助、政府购买服务等养老服务社会化方式，为空巢、特困、残疾老人提供服务，城关区在全省首家建成"虚拟养老院"并开始运行，起到了良好的辐射带动作用。认真落实老年人优待政策，积极开展多种形式的爱老、为老、助老活动，全年共为2511位90岁以上高龄老人发放特殊生活补贴166万元，办理老年优待证3500本。

【福利彩票发行】 全市福彩发行部门积极调整工作思路，强化管理，狠抓基础，规范运作，安全发行，推动了福利彩票发行工作的科学发展，全年共完成福彩销售4.43亿元，销量位居全省第一，取得福利彩票自上市发行以来历史最好成绩。

【婚姻登记】 继续深入开展婚姻登记规范化建设活动，坚持便捷高效，依法登记，实行限时办结承诺服务，全年全市婚姻登记3.03万对。

【专项社会事务管理】 一是加大殡葬执法监管力度，市殡葬执法部门联合市级相关部门对全市殡葬用品市场和公墓进行了清理整顿，共立案受理殡葬违法案件7起，执法检查216次。二是抓好城市道路标准地名设标工作，全市共完成87条道路的1057块大路牌、15条小街巷的28块单立柱路牌的设置工作。三是积极开展平安边界创建工作，妥善处理边界纠纷，维护了界线稳定。

（张 鸣）

民族宗教

【概况】 2009年，市民委（宗教局）紧紧围绕与市政府签订的目标任务和市委提出的"1355"发展思路， 以推动民族宗教工作上水平为目标，牢牢把握"共同团结奋斗，共同繁荣发展"的主题，着力发展少数民族各项事业，依法管理宗教事务，维护了兰州市民族宗教领域的稳定，为全市构建民族团结、宗教和顺、社会和谐的良好氛围做出了自己应有的贡献。市民委（宗教局）被省委省政府授予民族团结进步模范集体称号。吴仲英被国务院授予民族团结模范个人称号。

【民族团结进步宣传月活动】 在东方红广场举办了以"维护民族团结、促进宗教和谐"为主题的集中宣传活动。共发放民族宗教政策法规宣传册5000册，民族知识问答及其它宣传材料 3万份。安宁区分别在人流相对集中的培黎广场、费家营什字等6处公共场所和西北师大、甘肃农业大学等5所高校院内设立宣传点，开展民族团结进步宣传月集中宣传活动。活动中，共发放宣传材料2万余份。其他县区也分别在人流相对集中的地方开展了有关民族宗教政策法规宣传活动。大力开展"三下乡"活动，为少数民族办实事、办好事。在宣传月活动中，全市为捐资助学、扶贫济困、路面硬化等社会公益事业已投入和即将投入资金近256.5万元。5月13日下午，城关区委统战部、区民宗局、区农林局共同在皋兰山举行了"民族团结林"启动仪式，开展了绿化荒山、美化环境，共建"民族团结林"活动。此次活动共组织全区民族宗教界52家单位，捐款45500元，认养树木455株。

【清真食品管理】 清真食品管理是一项常抓不懈的工作，大型活动更是重中之重，第六个民族团结进步宣传活动期间，一是组织专门力量，对城关、七里河、西固、安宁四区的市管清真食品企业进行了检查，使清真食品的管理得到进一步强化。二是组织兰州国智民贸公司、兰州小二黑食品有限公司、庄园乳业等12家民族企业在东方红广场举行企业宣传、产品展销等宣传咨询活动，扩大了影响，提高了企业的知名度。三是在全社会大力宣传清真食品管理法规，宣传《甘肃省清真食品管理条例》、《兰州市清真食品管理办法》、 布设了宣传展板。印制散发了《条例》和《办法》等宣传资料。9月，为了切实加强对清真食品的监督管理，进一步加强和规范清真食品行政执法检查，经市民委（宗教局）党组研究，成立了兰州市清真食品执法监督领导小组。及时查处违反清真食品管理法规的问题。认真做好清真食品的年检工作,全年共年检100多家经营企业,新发放许可证32家。加大了对清真食品日常检查和重点节假日期间督促检查的力度,在元旦、春节、五一、国庆等节假日前夕,重点对清真食品餐饮店、各大超市清真食品专区、省冷冻厂清真库、兰州肉联厂清真库、农贸市场等清真食品交易场所进行了检查;朝觐期间,联合城关区民族宗教局对农民巷周边的清真食品经营店以及朝觐人员入住的宾馆、中川机场民航清真配餐中心进行了跟踪检查,确保了朝觐工作的顺利进行。全年累计检查清真食品经营店100多家(次),查处清真不清23家,其中取缔8家,整改15家。认真答复市人大代表、市政协委员关于进一步加强清真食品的监督检查,法规宣传的议案和提案。

【民族经济社会事业】 一是通过积极努力,从省民委争取到少数民族地区补助费和少数民族发展资金14万元,同时为小二黑、庄园乳业两家民族商品定点企业争取到140万元的贷款贴息资金,有力地支持了少数民族各项事业的发展。二是对2005年至2008年间中央财政下拨的35万元少数民族发展资金使用情况进行了认真检查。三是积极帮助支持民族教育事业。兰州民族中学"少数民族双优助学班"成效明显。七里河区民族幼儿园被评为"市级示范性幼儿园"。经市人民政府副市长协调,为红古区虎头崖回民小学争取到10万元资金,购置了电脑、打印机,帮助该校建起了远程化教室。市人大常委会副主任带领市人大民侨工委、市民委的工作人员为该校师生送去了价值3000多元的工具书和课外读物,充实了学校图书室。四是加强《学校民族团结教育指导纲要》的贯彻落实工作。转发了甘肃省教育厅、甘肃省民委《关于转发教育部办公厅国家民委办公厅关于印发学校民族团结教育指导纲要(试行)的通知》,在市属中学开展了《指导纲要》的宣传工作。五是做好兰州市参加第七届全省民运会的前期筹备工作。根据《关于举办甘肃省第七届少数民族传统体育运动会的通知》精神,认真开展了兰州市参加甘肃省第七届少数民族传统体育运动会的前期筹备工作,已完成参赛项目和人数的确定上报工作。先期已定兰州市参加摔跤、武术、押架、高脚竞速、板鞋竞速、陀螺等六个项目的比赛,参加人数为44人。其他各项筹备工作正在积极有序进行。

【"和谐寺观教堂"创建活动】 2009年,是国家宗教局在全国开展"和谐寺观教堂"创建活动的第一年,根据国家宗教局和省宗教局的安排部署,兰州市认真开展了"和谐寺观教堂"创建活动。一是将创建活动纳入目标责任范畴。将开展创建"和谐寺观教堂"活动作为全年重要工作内容,分别将其纳入与各县区民族宗教局和市级各宗教团体签订的目标责任书。二是制定印发了《全市宗教界开展"和谐寺观教堂"创建活动实施方案》,从创建活动的重要意义和指导思想、主要内容和目标要求、实施步骤、组织领导等四个方面进行了安排部署。各县区按照要求也相继召开动员会安排部署创建工作。三是深入基层督促检查。4月下旬和9月,分管领导分别带领相关业务处深入市级五个宗教团体及部分宗教活动场所检查指导,全面推进创建工作。四是成立了由单位主要负责人为组长的领导小组,副组长由分管领导担任,成员由各县区民族宗教局、市级宗教团体及相关处室负责人组成。领导小组下设办公室和伊斯兰教、天主教基督教、佛教道教以及信息等工作组具体负责创建工作。五是6月中旬召开了县区民族宗教局长和市级五大宗教团体负责人工作会议,对全市开展创建活动工作进行了再动员。会议传达了国家宗教局、省宗教局关于开展创建活动的意见,考评办法,甘肃省五大宗教团体倡议书等文件精神,并要求以开展创建活动为载体,认真做好宗教活动场所区分认定、登记证换发、清理整顿未批准宗教活动场所、建立健全藏传佛教寺院数据库和各类信息报送工作。会后各县区、各团体分别召开会议贯彻落实甘肃省的要求,全面整体推进创建活动的深入发展。

【宗教政策法规"六进"活动】 2009年,市民委(宗教局)在开展"五五"普法宣传教育活动的基础上,以宗教政策"六进"活动为重点,在全市范围内认真开展民族宗教政策法规进机关、进乡村、进社区、进学校、进企业、进寺观教堂的宣传教育活动。一是以民族团结进步宣传月活动为载体,认真开展了民族宗教政策法规宣传教育活动。市民委(宗教局)分别在东方红广场、西固区中国石化兰化集团开展了两次大型集中宣传活动,对宗教政策法规做了广泛宣传。二是通过全面开展创建"和谐寺观"教堂活动,同步开展了宗教政策法规进"寺观教堂"活动。结合全市开展创建和谐"寺观教堂"活动的宣传发动、指导推进、达标考评、典型示范等工作,市民委(宗教局)对开展宗教政策法规宣传教育工作进寺观教堂进行了深入落实,使创建工作与六进工作有机结合起来,基本达到了宗教政策法规进寺观教堂的目的。三是通过邀请国家宗教局叶小文局长来兰作《发挥积极作用宗教促进和谐》的专题辅导讲座,认真开展了宗教政策进机关活动。四是以宣传教育为先导,日常工作为载体,采取树立典型的方法,通过多种形式广泛宣传宗教政策法规

"六进"活动，基本上解决了兰州市宗教政策法规宣传不到位的问题。"六进"活动的开展，提高了各级领导干部、基层干部、学校师生、各族各界群众对民族宗教工作的了解认识，使党的宗教政策深入广大群众之中，使信教群众和不信教群众和睦相处，互相尊重，共同构建和谐机关、和谐乡村、和谐社区、和谐学校、和谐企业、和谐寺观教堂，推动了科学发展，促进了社会和谐。

【社会公益活动】 2009年，在全市宗教界倡导发扬"乐善好施、扶危济困"的优良传统，积极投身社会慈善救助事业，取得了丰硕的成果。市佛协从新加坡引进资金700万元，在甘肃省天水和陇南两市修建四所希望学校，均正在修建之中；兰州报恩寺慈善功德会从北京灵光寺和上海华光寺引进资金20万元，捐助七里河、榆中、皋兰和永登四县区干旱山区修建水窖100口，已全部投入使用；市伊协协调伊真慈善冠名基金捐款10万元，资助贫困大学生50名；市伊协、穆斯林支行、马大胡子餐饮公司等单位和个人捐款12万元，资助了212户穆斯林贫困家庭；市基督教"两会"先后投入资金36万元，关注弱势群体，其中，资助大学生14万元，向永登和榆中两县特困户资助价值近20万元的面粉、食用油和煤炭，向贫困学校赠送价值近2万元的绒衣、毛毯和羽绒被。市宗教界扶贫济困献爱心的善举得到了社会各界的好评。

【依法管理宗教事务】 一是加强对宗教事务的依法管理。以创建和谐寺观教堂活动为载体，依法加强对宗教事务的日常管理，按照《宗教事务条例》和《宗教活动场所设立审批和登记办法》，以及省宗教局《关于开展宗教活动场所登记证换发工作的通知》和《关于区分寺观教堂和其他固定宗教活动处所的意见》精神，对全市已批准开放依法登记的宗教场所开展了换证工作。年底，完成了宗教活动场所的登记证审核、换发工作及场所清理整顿工作。对做好两类宗教活动场所区分认定工作做了安排部署，年底前完成了两类宗教活动场所的区分认定工作。至12月，兰州市有寺观教堂212处，固定处所48处。二是确保全市大型宗教活动平稳度过。针对兰州市大型宗教活动多的实际情况，保持宗教领域的稳定，确保大型宗教活动平稳度过作为全年宗教工作的重点，认真开展了一系列工作。依托甘、宁两省区十市州宗教工作协调机制，确保了城关区东川拱北、七里河区下西园灵明堂拱北、南坪拱北大型跨地区活动的平稳度过。三是及时调处宗教领域发生的矛盾纠纷。依法对上访、内部纠纷、违法建设等开展了矛盾纠纷排查调处工作，确保了全市宗教界的稳定。四是完成了市伊斯兰教协会的换届工作。在上半年积极筹备伊协换届前期准备工作的基础上，按照年初工作计划，市伊协提出了换届人选名单，起草了换届工作的相关文件。7月22日，市伊斯兰教协会第九次代表会议在西北宾馆举行，来自全市各县区的140名伊斯兰教界人士和各族穆斯林代表出席了会议，选举出了以苏广林为会长的新一届委员会班子成员。其中会长1名，副会长15名，秘书长1名，常委29名，委员19名。

人口与计划生育

【概况】 2009年（2008年10月1日—2009年9月30日），全市总出生24205人，其中农村出生12551人，城市出生9880人，流动人口出生1774人，人口出生率为7.20‰，其中农村人口出生率为9.60‰，人口自然增长率为3.75‰；计划生育率为97.17%，其中农村为94.78%；总出生性别比为109.10。全面完成了甘肃省下达的人口计划和计划生育率控制目标，在全省考核综合排名第一，受到省政府表彰奖励。

【落实目标管理责任制】 市委常委会、市政府常务会和市两位主要领导先后多次专题听取人口计生工作汇报，研究解决重大问题，反复强调要把工作重心放在平抑人口出生高峰、稳定低生育水平、统筹解决人口问题等重点工作上来，在执行基本国策、落实优惠政策、强化责任落实、稳定机构队伍等方面提出明确要求。各县区党政领导从贯彻落实科学发展观、切实加强和改进社会管理的高度，将人口计生工作纳入区域经济社会发展大格局统筹谋划，相继制定出台了贯彻落实市委、市政府《关于建立健全长效机制全面加强社会管理统筹解决人口问题的意见》和《兰州市人口和计划生育工作目标管理责任制督查考核奖惩办法》的具体通知、意见、奖惩办法，以及一系列与之配套的制度和措施，人口和计划生育工作领导机制、社会管理机制、利益导向机制、队伍稳定强化机制、奖惩机制和保障机制等六大长效机制基本建立。从体制机制层面进一步明确了工作任务，靠实了工作责任，加大了经费投入，强化了督促检查，严明了考核奖惩纪律，为全市人口计生工作的健康有序发展创造了良好的政策环境和制度保障。年初，在对2008年度人口计生工作考核结果进行综合分析评估后，市委、市政府分管领导分县区向党政主要领导、分管领导、人口局长进行了面对面的反馈，对各县区工作进行了准确定位，客观剖析了存在问题的原因，帮助找

咸辉副省长来兰视察人口与计划生育工作

准问题症结，分别提出整改措施。同时，对工作不力、问题突出的2个乡镇（街道）实行了市级重点管理，给予“黄牌警告”，对10个乡镇（街道）进行了通报批评，限期半年整改，对相关人员进行了责任追究。市、县区、乡镇（街道）三级先后召开人口计生工作会议，全面安排部署工作，层层分解目标任务，靠实各级工作责任。全市各级通过强化责任落实、增加机构编制、夯实基层基础、深化清理核查、狠抓后进转化等新举措新办法，多年来长期困绕和制约人口计生事业发展的症结问题得到较好解决。各县区真抓实干、真解决问题的氛围基本形成，乡镇（街道）抓人口计生工作主力军的地位和作用基本确立，有效推进了人口计生各项工作的健康稳步发展。

【计划生育宣传教育】 充分发挥报纸、电视、广播、数字移动电视等主流新闻媒体的舆论导向作用，通过投稿、约稿、开设专栏、现场采访、国庆60周年“关注兰州人口、关心基层计生”大型采风报道等方式和参与“行风阳光热线”等直播节目，加大了对各项人口计生政策、生殖健康知识以及在人口计生工作中涌现出的先进事迹和先进典型的全方位、立体式、系统性的宣传报道，让群众真正了解和感知建国60年来兰州市人口计生工作发生的巨大变化和取得的历史功绩。各县区结合各自实际，按照“大宣传、大联合、出精品”的工作思路，开展了独具特色的宣传工作。永登县利用乡村办公场所建成150个人口文化大院，成为村民了解党和国家方针政策、学习人口计生和农业科技知识、开展文化娱乐活动的重要阵地，并于2009年7月代表甘肃省在全国农村人口文化大院交流会上做了发言。皋兰县、安宁区、榆中县依托当地旅游资源建起了生育文化宣传一条街，成立了多支人口计生业余宣传队，起到了很好的社会宣传效果。安宁区在西北师大校园举办了“健康·爱心·时尚”女生节，开展生理健康知识专题讲座，现场向同学们讲解有关性健康教育等方面的知识，扩大了宣传教育面，提高了宣传的实际效果。

【日常管理信息化】 人口计生精细化规范化科学化管理深入推进。全市人口计生工作在继续强化和推进农村工作的同时，逐步实现了工作重心向城市人口、流动人口的战略转移和城市人口管理服务机制的创新。制定了兰州市人口和计划生育基层管理服务规范性文件，“以房管人”为主、以户籍地管理和单位管理为辅的管理服务新模式在全市已全面推开，并取得了较好成效。城关区建起“社区房屋管理平台”，在社区、街道和区级联网使用，使“以房管人”真正落到实处，并实现了与育龄妇女信息系统和甘肃省流动人口管理信息系统的有效对接。七里河区西湖街道、西站街道实施了高清晰、全方位、立体化的街道“三维数字社区”综合信息系统，实现了人口计生网格化管理和动态化管理。计划生育示范典型创建工作成效明显，全市26个创建点被省人口委命名为全省示范点，流动人口工作经验在全省示范典型创建座谈会上进行了交流。同时，加大了干部提拔任用中审核计划生育政策执行情况力度，充实调整了计划生育技术专家委员会，加大了有奖举报属实问题的查处力度，人口计生依法行政日益规范、科学。各乡镇（街道）结合各自工作现状，从技术服务、生育管理、入户访视、规范村民自治、育龄妇女信息系统数据录入等方面入手，进一步完善了人口和计划生育工作日常管理制度和定期通报制度。全市人口计生工作在上年的基础上有了较大进步，基层弄虚作假的问题基本消除，卡表册、育龄妇女信息系统、全员流动人口管理系统数据录入的规范程度明显提升，出生和育龄妇女漏统漏管漏报问题进一步减少，人口计生工作的日常管理得到了全面加强。

【落实计划生育优惠政策】 认真贯彻落实国家和省上计划生育利益导向的有关精神，进一步健全奖励扶助、特别扶助、特困救助等经费保障长效机制，计划生育各项优惠政策全面落实。全年共为2588名奖励扶助对象发放奖励扶助金186.33万元；为1116名特别扶助对象发

放特别扶助金共计122.2万元；为640户二女节育户发放了3000元奖励金192万元；市财政列专项救助金20万元，县区财政各列10万元，救助计划生育特殊困难家庭318户，发放救助金38.73万元，落实省级救助56人，发放救助金11.2万元。结对帮扶计生困难家庭子女113人，动员社会爱心人士结对帮扶82人。完成“1+1”生育关怀建房工程530户（全市目标200户），为农村“两户”家庭子女中高考升学加分4185人，对全市今年农村中考和高考对象及录取结果进行了全面摸底统计，争取予以奖励。计划生育家庭意外伤害保险试点顺利完成，为3059名计划生育家庭办理了意外伤害保险。城市职工退休时及农村放弃二孩生育的对象一次性奖励1000元政策也得到较好落实。

【流动人口服务与管理】 全市各级积极顺应形势需求，坚持把流动人口计划生育服务管理纳入地方经济社会发展规划，着力构建党政领导、部门指导、各方配合、群众参与的流动人口服务管理工作格局，实现了流动人口计划生育工作有机构、有队伍、有经费、同宣传、同管理、同服务、同考核。采取多种形式、多种渠道加强了《流动人口计划生育工作条例》进社区、进工地、进市场等学习宣传活动；通过示范化社区创建活动，对全市的流动人口计划生育服务管理工作进行查缺补漏和重新梳理，制定了《兰州市流动人口计划生育工作“一盘棋”“三年三步走”实施方案》，进一步明晰了管理重点、工作职责、工作程序；坚持每季度开展一次清理清查，在一定程度上控制了流动人口的政策外怀孕和生育现象；充分利用流动人口信息平台开展互访互查，强力推进流动人口异地管理协调机制，加大查处跨区域政策外生育力度；按照“属地化管理、市民化服务”的要求，整合社会各方面力量，积极创造条件为流动人口在就业、子女上学、解决实际困难等方面提供优质服务，全面实行计划生育避孕节育药具、出生缺陷营养素免费发放、四项手术全免费服务，通过真心服务实现对流动人口计划生育的信息管理。城关区雁南街道天庆嘉园社区，利用物业资源，拓展计划生育服务管理模式；七里河区西园街道五星坪社区，把流动人口计划生育工作融入到民族和宗教活动中；西湖街道骆驼巷社区把社区卫生服务站与计生工作相结合，实行计卫互动的工作模式，初现了数字计生的雏形；西固区西固城街道西固中路北社区强化用人单位责任，建立流动人口信息卡，进一步增强了流动人口的管理；安宁区沙井驿街道元台子社区，创建了三边地带管理模式与企业下岗职工无缝隙对接管理模式等，为流动人口服务管理探寻了新途径。

【计划生育综合治理】 年初，市政府与市直有关部门签订目标管理责任书，根据部门工作性质进行详尽的指标分解，在强调必保指标和重点指标的基础上，优化创新指标，进一步强化了部门责任，真正从源头上解决了人口和计划生育服务管理难的问题。一是创建了“兰州市人口和计划生育委员会制”工作体制。负责全市人口规划（计划）、计生管理和服务工作，对归口工作起牵头、组织、协调作用。二是积极实施出生缺陷干预工程。人口计生、卫生、民政等部门通力合作，大力推进政府买单的免费婚检工作，全年共为10285对新婚夫妇提供了免费婚检、发放出生缺陷干预药品和优生检测等婚育保健服务，婚检率由2008年的20.91%提高到2009年的43.86%。其中，七里河区、西固区、永登县、榆中县、皋兰县婚检率达到了80%以上，呈现出良好的发展态势，为提高出生人口素质奠定了坚实基础。三是保持了打击“两非”的高压态势。市人口委联合公安、卫生、工商、药监、质监等部门，按照上下齐动、重拳出击、连片治理的原则，集中统一开展大规模的打击“两非”专项整治行动和集中整治计划生育药械市场专项行动，检查医疗机构、药品零售企业共1637家，对有违法违规的347家全部进行了处理。同时加大了对育妇的孕情监测和孕期跟踪管理、人工终止妊娠手术及计划生育药械市场监管力度，有效遏制了出生人口性别比偏高和“两非”行为的蔓延势头。四是全面推进有奖举报工作。全市各级将有奖举报工作纳入到人口计生整体工作之中，与学习实践科学发展观活动、政务公开、落实市委“治庸”计划、“行风阳光热线”节目有机结合起来，拓宽了人口和计划生育工作民主参与、民主管理、民主监督渠道。市人口委制定了《兰州市人口计生有奖举报工作实施细则》，对有奖举报的组织实施、操作流程及表格文书作了进一步的具体阐释和规范，全市人口计生系统依法行政水平、技术服务质量、干群关系、党风廉政建设得到了明显改善。国家人口计生委纪检组长勾清明来兰调研时表示：兰州人口计生工作为全国探索出了新模式，信息化和政务公开到位，有奖举报是全国做得最好的。10月17日，兰州市有奖举报工作经验在全国人口计生行业作风建设交流会上代表甘肃省作了大会发言。

【计划生育服务机构建设】 2008年—2009年，在中央拉动内需中，国家共下达兰州市农村基层中心乡镇计划生育服务所国债建设项目12个。经过全市上下的共同努力和各县区的多方协调，各项配套资金全部到位。按照厉行节约，兼顾发展的要求，各项目单位合理规划建设规模，严格遵守项目制度，经过工程前期的招投标工作，除新增投资第四批下达的七里河彭家坪乡正在进行主体建设、八里镇在进行内外装修外，其他10个已全部建成并投入使用。城关区、七里河区、西固区、红古区服务站重新进行装修改造，安宁区及三县服务站建设进展良好，全市各级计划生育技术服务机构硬件建设得到不断加强，计划生育技术服务基础设施整体建设和发展水平严重滞后的被动局面得到了有效改变。

（杨海霞）

【全国三八红旗手】

徐允娟　兰州青年汽车出租公司经理，民营企业家。80年代初，徐允娟筹措资金，购置20辆货运卡车，创办了兰州青年汽车运输服务部。1984年，兰州青年汽车运输服务部转行并正式成立了兰州青年汽车出租有限责任公司，成为兰州市最先成立的一家私营汽车出租公司。1993年，成立兰州青年实业有限公司，并先后成立"兰州青年交通物资公司"、"兰州青年装饰工程公司"和"兰州青年汽车修理厂"。1997年元月，兰州青年实业有限公司在城关区政府支持下，正式兼并了濒临倒闭的兰州第一服装厂，一次性解决了该厂474名退休职工的退休养老和165名职工的再就业问题。2002年，出资1200万元，将濒临破产的国营兰州宇东电线厂整体收购，一次性解决了该厂200多名职工的就业和100多名退休职工的退休养老问题。公司成立至今，已先后主动安排下岗职工572人。1997年，徐允娟投资5万元帮助甘肃省张家川县木和乡李沟村修建光彩小学一所，使李沟村700多名儿童走进了校园；她又先后投资3万余元，为该校送去教学和学习用品。2002年以来，出资捐款帮助86名家庭贫困学生完成学业。2009年她又联系到了145名特困生，并亲自上门慰问，送去慰问金。多年来，她对贫困家庭子女的捐款已达30多万元，已有24名贫困生通过高考走进了大学校园。1998年夏季，长江中下游地区遭受特大洪水，她首先捐资3万元，同时与丈夫积极联系兰州市部分私营企业家，向全社会发出募捐倡议。8月18日早晨，她和丈夫与兰州市其他6位私营企业家，将募集的两货车价值30万元灾区急需的方便面、矿泉水、药品和衣服及13万元现金，直接送到湖北灾区。2003年冬，甘肃张掖民乐地区发生地震，她为地震灾区捐助面粉150袋，御寒衣物500件，现金3万元。2008年"5·12"汶川地震，她率先捐款10万元，交纳特殊党费1500元；进入冬季后，又投资近万元向灾区捐赠150件防寒服和20床棉被。2009年5月初，兰州市九州开发区发生山体滑坡，她又向受灾群众捐赠5000元爱心救助款。多年来，她和她的企业先后为甘肃省"121"雨水集流工程、希望小学、下岗特困职工、贫困学生、残疾人事业及抗洪救灾捐款累计达300多万元，帮助的下岗特困职工、贫困生、残疾人等弱势群体的人员达到1000多名。从1993年开始，她的公司先后给员工购买了养老、医疗、保险和补充医疗保险以及职工互助保险，先后多次资助有病住院、生活困难的职工42名。在她的带领下，青年汽车出租公司驾驶员诚信守法、文明礼貌、热情服务蔚然成风，公司成立至今驾驶员主动上交乘客遗忘在车上的现金、银行卡、笔记本电脑、手机、各种票据、衣包等物品，合计约50多万元，公司驾驶员中先后有13人（次）被中国道路运输协会授予"全国出租汽车行业先进个人"称号，15人（次）先后被中共兰州市委、市政府和兰州市交通局、兰州市城运处授予"百佳服务明星"、"文明使者示范车"和"百名服务标兵"，95人（次）被评为"兰州市出租汽车行业文明服务先进个人"，46人（次）被授予"兰州市五星级文明车"称号，89人（次）被评为兰州市服务明星文明驾驶员、优秀服务车称号，有7人被评为"见义勇为先进个人"。公司先后被授予"全国交通系统文明单位"、"甘肃省先进私营企业"、"甘肃省非公有制经济先进企业"、"全省出租汽车行业文明诚信示范企业"、"兰州市品牌出租客运企业”等称号。2003年，公司被市政府授予“市级文明单位”称号，2007年，被省政府授予“省级文明单位”荣誉称号，被市委组织部授予“先进基层党组织”荣誉称号。她本人先后荣获全国“党旗在我心中优秀共产党员”、“全国巾帼建功标兵”等荣誉称号。2009年，被全国妇联授予“全国三八红旗手”。

石小蓉 兰州市国土资源局城关分局副局长。多年来，石小蓉以饱满的工作热情，勤勤恳恳，兢兢业业，为兰州市国土资源管理工作和地方经济的可持续发展作出了积极的贡献。

2009年，石小蓉团结带领局一班人，先后开展了土地总体规划编修的前期资料收集工作、南山道路建设项目、兰渝铁路建设项目、庙滩子和范家湾旧城改造及盐场路污水处理厂、九州生态园、省老年活动中心等建设项目的征地调查摸底工作，配合兰州市国土资源局完成城镇基准地价更新工作，督促九州开发区完成评价工作，评价成果通过省国土资源厅的验收并备案。耕地保护工作中，严格落实基本农田保护“五不准”制度并做到“七有”，使卓家沟和三营村土地整理项目全面进入实施阶段。三营村土地开发整理项目面积为1963亩（其中新增耕地619亩）、开发整理资金982万元；卓家沟土地开发整理项目面积1030亩（其中新增耕地618亩）、开发整理资金534万元。在第二次全国土地调查中，完成农村155平方公里，城镇52平方公里，共192个街坊，7758宗地的调查任务，并使农村土地调查及数据库建设、二次基本农田上图工作通过省、市审核。建成了全市第一个国土资源办证服务大厅，建成规范化地籍档案室，完成150个街坊、21332宗地籍档案的整理归档工作。在城镇住房分割登记工作中，核发土地使用权证1500本，完成调查1680本。先后颁发农村宅基地使用权证书1390本，调解土地权属纠纷30件，调出率90%以上；办理土地公开查询151件；协助法院查封土地10宗。

由于工作突出，她多次被评为先进工作者。曾获得国土资源部“土地利用总体规划工作突出贡献二等奖”、“甘肃省三八红旗手”、“兰州市优秀共产党员”、“兰州市城关区第二届劳动模范”、“兰州市国土资源系统优秀共产党员”、“兰州市整顿和规范房地产市场秩序工作先进个人”、“兰州市人民政府国土资源工作先进工作者”、“兰州市三八红旗手”等多项荣誉称号。2009年，获得“全国三八红旗手”荣誉称号。

【全国模范教师】

曹银治 榆中县来紫堡中学语文高级教师。1986年以优异的成绩毕业于榆中师范学校。同年8月，到榆中县一所偏远的山区中学任教，在那里一干就是20多年。作为一名残疾人，他身残志坚，兢兢业业，将满腔热血献给偏远山区的教育事业。在20多年的教育教学和班主任工作生涯中，他对学生倾注了全部的爱心，用博大、深沉的爱培育了一批又一批合格人才；他创造性地探索富有时代气息、适应学生身心特点的班主任工作新内容、新途径和新方法，取得了突出成绩，模范履行了教师教书育人的神圣职责和光荣使命。也用自己的一言一行诠释着残疾人的自强不息。他独立撰写的《由主导到引导——试论教师在素质教育中的角色定位》一文发表在2002年6月30日出版的《甘肃社会科学》论文辑刊上，并荣获兰州市教育科学研究所论文评比一等奖。他积极参加县教育局、学区组织的论文评比，多次获奖。1994年，他被评为榆中县优秀教师；1995年，荣获德敏学习成才奖；1998年，被评为兰州市优秀教师；1999年，获中华第一届烛光奖；2001年，被评为中学市级骨干教师；2001－2004年，连续四年被评为银山乡先进工作者、优秀教师；2003年，被评为兰州市残疾人自强模范；2006年，荣获兰州市百所示范性标准化初中建设先进个人；2007年，被评为兰州市十大杰出残疾人；2009年，被评为全国模范教师。

【全国优秀教育工作者】

刘建伟 省级骨干教师，中学特级教师。自1985年起先后任西北中学教导处副主任、教导处主任、兰州市第二十七中学副校长、兰州市第五中学校长。现任兰州市第三十三中学校长。兰州市第十一届党代会代表主席团成员，第十四届人大代表。

1988年至今，一直受聘担任兰州市中学地理中心教研组成员，1997年起被聘为兰州市继续教育讲师团副教授。1993年至今，先后担任兰州市地理教学研究会秘书长、副理事长、甘肃省地理学会副秘书长及甘肃省地理教学专业委员会理事长等职，受聘为兰州市政府专家咨询团成员，兼西北师范大学硕士生导师。

他在西北中学、二十七中、兰州五中工作期间，遵循教育规律，创造性地开展工作，推动了素质教育深入开展。在兰州市第三十三中学的办学实践中，他将丰富的学校教育管理

经验沉淀为具有理性思考的教育理想,从办学理念、培养目标、学校管理、班子建设、新课程改革、教师发展、学生发展等方面深入研究,提出了系统的理论观点和办学思路,彰显了示范学校的办学特色和办学品位。提出的“提升人的生命价值,为学生适应未来,终身发展奠基”的育人目标,践行“以人为本,和谐共进,博雅包容,奉献创新”的教育理念,在课堂教学模式、校本课程建设方面取得成效,获得省市教育专家的充分肯定。学科拓展课、创造发明课、科技创新活动成为学生基本能力与特长培养的精神领地,彰显了三十三中办学特色。学校成为中国地理学会命名的“科普教育基地”,教育部挂牌的“科技创新基地”。

构建充满现代教育气息的人文校园,符合新课程理念的各功能教室年内陆续建成并投入使用,保持在兰州地区的领先优势;探讨与兰州大学合作办学,探索著名高校对基础教育发展的推动作用;加强与境内外学校的交流与合作,与美国的马斯基姆学院确立了友好学校关系协议,与台南大学附中等学校建立友好合作交流关系,接待了台南大学附中代表团的来访。

学校综合质量评价成绩突出。2005年,本科上线率居兰州地区省级示范性学校前列,校排球队主力魏乔苑以686分列全省理科第十二名,被清华大学录取。高中教育质量评价在兰州地区9所省级示范性学校中名列第三。2007年,高中教育质量评价排兰州地区10所省级示范性学校第三。2008年,高考成绩在省级示范学校综合排名第二。

2009年,他被评为全国优秀教育工作者。同年9月,在第25个教师节之际,以学校代表身份参加全国庆祝教师节及表彰大会,受到胡锦涛、温家宝等党和国家领导人的亲切接见。

【全国优秀教师】

王国乾 七里河区五星坪小学语文高级教师。自1985年从兰州师范毕业后,一直从事教育教学工作。曾被评为省级骨干教师、市教育局教育能手、区师德先进个人和区十佳青年岗位能手。

“爱是教育的基石”是王国乾25年来从事教育教学活动的座右铭。他应学校工作需要教过初中语文、数学、英语,还带过小学复式班。1991年调入五星坪小学后,他常常加班加点地辅导学生或研究教学。为了不耽误毕业班学生学习,在妻子生产的时候他仅仅陪护了一个星期日,致使妻子落下病根,后经数年治疗才痊愈。就连看望父母,也常常由妻子代劳。近年来,面对农民工子弟和少数民族学生增多,家长配合不力的状况,他悉心研究少数民族学生的特点,采用家访或找到家长工作的摊点等途径联系家长,做家长的工作,同时在班上开展民族习俗交流、手拉手、说普通话、读书竞赛等活动,促进城乡、不同民族学生在思想情感上融合,帮助学生培养自尊心和自信心,增加学生自我发展的动力和能力。

在教学中,除致力于教学外,更是向教育科研要质量。近年来,他应邀参加中国甘肃·联合国计划开发署403远程师资教育等研究培训项目,拜专家为师,协同有关教师开展实验研究,使他的语文课堂逐步形成“有情有境、扎实训练、提升素养、奠基人生”的特点和优势,作课分别获得区级一等奖和省级一等奖,所带毕业班教学成绩名列全区同类学校前列。他参编的《小学语文教学技能》、《参与研究型教学模式的设计与操作》、《农村复式教学课堂创新模式》等5本书分别由东北师范大学出版社、甘肃人民出版社等正式出版发行;数篇论文发表于《甘肃教育》等学刊,课题论文获全国教科研成果二等奖,数篇论文获得全国级别的奖项。

多年来,他还热情指导帮助本校青年教师专业成长,赴本区一些兄弟学校进行讲座交流和教学指导。参与培训甘、青两省八个项目县的教师,主持参与式的培训讲座活动,做示范课,成效显著。2009年,被评为全国优秀教师。

王丽娟 女,小学数学高级教师,现任兰州市安宁区十里店小学副校长。自1990年参加工作以来,已在三尺讲台上奋斗了20年。曾先后荣获“兰州市优秀教师”、“兰州市青年教学新秀”、“兰州市青年教学能手”、“兰州市骨干教师”等多项荣誉称号,2004年首批入选兰州市“151”人才工程。2009年荣获“全国优秀教师”荣誉称号。

在多年的教学工作中,她积极储备教学技能,认真揣摩教学的每一个环节,不断改进教学方法,逐步夯实教学基本功。在不断完善自己的同时,更加关注学生的心理,真诚的面对全体学生,把爱洒向每一个孩子。注重学生良好学习习惯的培养,格外关注学困生,耐心为他们辅导功课,提高学习兴趣,树立自信心。连续三届毕业班成绩突出,所带的班级数学成绩一直在全区名列前茅。在2005年、2008年的毕业抽测中,两次荣获安宁区单科教学质量优秀奖。

在教学的同时,她还积极进行教学研究,参与指导学校数学省级重点课题《小学数学新课程环境下的‘体验学习’》的研究工作,

2008年10月主持召开了甘肃省小数会的论坛活动。现为学校德育课题“引导学生感受爱，培育学生感恩心”的负责人。不断总结教学经验，撰写并发表省级论文多篇，在各级论文比赛中多次获奖。在辅导青年教师成长方面成绩显著。现被聘为兰州市数学中心教研组成员、区级兼职教研员。

陈亲贵 皋兰一中高级语文教师，兰州市中学教学骨干，兰州市高中语文中心教研组成员，中国民主促进会皋兰支部副主委、县政协委员。

从教32年来，他先后担任了10期高考补习班班主任及语文把关教师，学生高考语文均分都远超省均值、市均值。特别是2008年高考，他所带的班大学本科升学率达75%，大专以上上线率达98%。2009年高考，他又以全班普本上线90人，其中重点上线46人，普本上线44人的优异成绩再创新高。

工作中，他不断探索教学方法，提高教学水平。经过多年努力，他找到了一条切合县镇中学实际的语文教学之路，这就是“诵读—启发—质疑—点拨—讨论—小结”一条龙的教学程序；他带班宽严相济，方圆适度，总能圆满地完成学校交给的带班任务，赢得学生的敬佩和家长的赞叹。他也十分注重教研实践，率先主办《想象天地广，创新园地大》的习作专题讲座。三篇论文在不同的刊物上发表，《当我再次走上讲台的时候》一文获“烛光杯”全国教育优秀论文大赛三等奖。他和同组5位老师合作搞的“中学语文课堂激趣实验”市级课题验收合格。

陈亲贵同志起初是揣着一张中师文凭从教的，为了做一个学高之师，他在不懈地努力着，由20岁时的中师生，到30岁时的大专生，再到40岁时的本科生，在学历达标的道路上，他克服了边教学边进修的种种艰难，完成了学历“三级跳”。

作为民主党派成员，政协委员，他积极参政议政。三年来两次大会专题发言：《关于皋兰教育若干问题的思考》、《均衡资源配置，发展皋兰教育》都获好评。曾荣获兰州市优秀教师、皋兰县十佳园丁、皋兰县高考教学成绩优胜者、皋兰县百名优秀班主任等荣誉称号。2009年，荣获全国优秀教师荣誉称号。

孙爱梅 女，兰铁四中高级教师，英语教研组组长。自1989年7月从事英语教育工作以来，以强烈的事业心和责任感模范的履行教师职责，受到学生和家长的好评。

作为一名英语教师，孙爱梅坚持以学生为主体、教师为主导、训练为主线的教学原则，采用多种教学方法，使用多媒体教学手段，讲、练结合，在课堂中形成小组合作学习，小组间竞争的合作竞争环境，并常常采用补充英语笑话、英语谚语及每月学唱一首经典英语歌曲等情趣教学方法，激发了学生的学习兴趣。她和该校全体英语教师利用课余时间办了四期校英语报《Come On》，为同学们打开了一扇英语学习的窗口。

她常年担任班主任工作，工作细心，有责任感，所带班级多次获得“优秀班集体”等荣誉称号。作为一名教研组长，在不断提高自身业务能力的同时，也对组内其他教师起到引领作用，她指导的朱禧刚和张娜两位青年教师在城关区教育局组织的“青年教工基本功大赛”中，均荣获一等奖。作为国家级课题“初中生科学素养培养途径”课题组的成员，她在校内多次承担对外公开教学任务，为学校赢得荣誉。多次参加上级主管部门组织的送教、支教活动，在兰州市举行的新课程英语学科教学观摩研讨活动中，成功地作了观摩课。教学过程中还撰写和发表教学论文，并与人合著出版了《新课程中考英语导航》一书。

先后获得全国中小学优秀校内报刊“最佳编辑”、兰州市第五届“教学新秀”、兰州市“骨干教师”、 兰州市城关区第二届“名教师”、“骨干教师”、“优秀教师”、共青团兰州铁路局“直属机关青年岗位能手”、兰州铁路局“教学能手”、中共兰州铁路教育实业集团“优秀共产党员”等称号。获得的教学竞赛主要奖项有：全国中学生英语能力竞赛指导奖、兰铁直属中小学青年教师教学基本功大赛专业技能比赛一等奖、课堂教学比赛二等奖、普通话比赛二等奖等。2009年，被评为全国优秀教师。

【国家安全生产监管监察先进个人】

刘卫红 2007年任兰州市安全生产监督管理局危险化学品处副处长。2008年起任兰州市安全生产监督管理局安全监管一处处长，具体负责全市非煤矿山、有色、冶金、地质、长输管线等行业安全监管工作。

几年来，他始终坚持“安全第一、预防为主、综合治理”的方针，把加强安全生产宣传教育培训工作作为做好本职工作的切入点，为兰州市安全生产监管工作开拓创新做出了贡献。先后组织起草了兰州市非煤矿山安全生产专项整治方案、非煤矿

山及相关行业安全生产大检查实施方案、重点行业领域隐患专项整治安排等文稿。在元旦、春节等时段协调组织开展安全检查、督察活动、重点行业领域隐患专项整治等安全生产大检查和专项整治活动。在深入调查摸底的基础上，对全市非煤矿山及相关行业安全管理人员安全培训工作做了总体安排，并狠抓落实，配合宣教中心先后组织了4期非煤矿山矿长、安全管理人员资格培训班，1期中深孔爆破技术培训班和5期非煤矿山安全标准化培训班。充分利用媒体，及时发布工作信息，为做好安全生产工作营造了良好的舆论氛围，一年来，共发安全生产信息20多篇。在“安全生产月”活动期间，结合安全生产月各项活动，组织专家开展科技上门服务活动，重点对央企及省属企业进行专家诊断，采取专家上门技术服务、现场宣讲政策法规、督促企业健全全员安全培训教育制度等多种形式，提高企业安全生产意识。认真落实“安全生产年”活动的总体要求，先后深入到省属、市属、县属企业进行了重点部位、重点区域、重点地段的安全生产隐患整治大检查。在全市非煤矿山、尾矿库等行业积极开展隐患排查治理工作。对非煤矿山和尾矿库汛期安全生产工作及早安排、重点检查。针对督察重点，将纳入重点监管范围的县区属规模较大的部分非煤矿山、有色冶金企业，按照分级监督管理原则，在重点检查基础上，开展针对性隐患排查治理工作。对群众举报的大砂沟、碱水沟采砂洗砂情况进行现场实地核查，并会同市国土局等部门对两沟隐患治理进行了多次安排和现场督查。会同国土部门对南北两山地质灾害情况进行了抽查。2009年，被国家安监总局、国家煤矿安监局评为安全生产监管监察先进个人。

张力平 兰州市安全生产监督管理局党组成员、常务副局长。自2002年2月任命以来，认真贯彻落实安全生产方面的政策法规，广泛深入开展安全生产宣传教育，深入实际调查研究排查事故隐患，加大安全监督检查力度，建立完善安全监管制度，组织开展安全专项治理，强化自身队伍建设，出色地完成了交办的各项工作，为兰州市安全生产四项指标连续八年稳中有降做了大量细致和卓有成效的工作。

先后起草并报市政府制定出台了《兰州市人民政府办公厅关于进一步加强安全生产工作的通知》、《兰州市特别重大事故处理预案》、《兰州市安全生产分级监督管理规定》等74个规范性文件。制定备案了《兰州市重特大危险化学品事故应急救援预案》等33个事故应急救援预案。建立完善了《兰州市安全生产监督管理局工作职责》等70多个内部管理制度。对涉及行政管理相对人权利义务的、具有普遍约束力的2项行政许可项目、3项备案制管理项目、36项行政执法、30项行政处罚依据进行了完善梳理。研究起草了地方性法规《兰州市安全生产监督管理规定》。同时，围绕《国务院493号令》和《国家安全总局15号令》等新制定的安全生产法律法规规定，对涉及安全生产监管的常用法律法规、规章等进行了补充完善，编制了《安全生产执法手册》、《兰州市安全生产监督管理局行政许可项目备案制管理项目指南》及《兰州市安监局法制志》等。牵头建立了重大危险源地理信息系统，对重大危险源的位置、标示图片和影像资料以及储存品性质和储量等内容在电子地图上进行了标注，初步构筑了重大危险源分布、应急救援的监控平台；制定了《兰州市重大危险源安全监督管理规定》；组织开展重大危险源两次普查。对原有普查的466个重大危险源重新核实。目前全市308个重大危险源已全部实现挂牌监控管理。2009年。被国家安监总局、国家煤矿安监局评为安全生产监管监察先进个人。

【国家优秀群测群防员】

达世元 城关区九州石峡口小区物业管理负责人。2009年九州“5·16”特大型山体滑坡发生时，事前奋力组织疏散撤离群众，最大限度的降低了人员伤亡数量；事后积极参加救援，尽职尽责，为抗险救灾工作做出了突出贡献，被国土资源部授予“国家优秀群测群防员”称号。

石峡口小区由于地质条件复杂，附近曾多次发生过滑坡，他平时一直特别注意观测小区周边山体动向，并对小区常住人员进行过多次排摸和防灾宣传。2009年5月16日晚7点45分左右，他接到小区物业工作人员王淑萍、吴俊元电话反映小区4号楼南侧的山体情况异常，不时有滚石落下的信息后，立即意识到这可能是滑坡前兆，当即安排吴俊元爬上山看山体动向，王淑萍在山下观察落石情况，并在10分钟左右火速赶到现场，即可向物业公司及九州开发区管委会等上级部门汇报情况，后又立即组织其他物业人员在临近山体的4号楼挨家挨户砸门、叫人，组织疏散住户，并在4号楼5、6单元处拉起了警戒线。当时有些住户不听劝阻，感觉不会有什么危险，有人叫了不理会，有人敲门也不开，达世元和几位工作人员从一楼跑到六楼，又从六楼跑到一楼，反复劝说，终于提前将大部分住户安全撤离。9 时 30 分左右，伴随隆隆的巨响，铺天盖地的黄土倾泻而下，转瞬间就将 4 号楼 5、6 单元摧毁并将小区锅楼房淹没，及时撤离的 100 多人幸免遇难。灾害发生后，各级政府立即组织相关人员进行抗险救灾工作。达世元根据自己平时掌握的情况，在第一时间内对坍塌的 5、6 单元疏散人员进行清点，并准确报出被埋人员人数及具体位置，为抢险营救工作节省了宝贵的时间。

达平文 自 2004 年起任西固区达川乡吊庄村地质灾害检测员以来，对达家台前沿存在的严重地质灾害隐患，不间断地进行检测预警，由于措施到位，预警及时，使达家台前沿长达 3600 米的斜坡隐患处未发生一起人员伤亡和重大财产损失。

达平文根据《地质灾害防治条例》、《西固区地质灾害应急预案》、《达川乡预防地质灾害检测管理制度》等规定，积极到每家每户进行宣传，发放传单、防灾明白卡，普及防灾知识，制定落实危险区域内群众应急转移方案，提高村民群测群防意识和能力，并帮助村上成立了抢险应急队伍，进行了应急演练。2007 年 6 月中旬，因持续大雨，造成吊庄村西段达家台前沿长 260 米的斜坡发生危险险情，滑坡随时可能发生，他立即拉响警报器，第一时间将险情上报乡政府和国土资源部门，并配合有关部门对危险区范围的 17 户 63 人和 1 家企业内的 12 人，进行疏散并妥善安置。因发现早、上报及时、处置得当，为防灾应急工作争取了宝贵的时间，受到有关部门的表彰，被评为西固区优秀党员。2009 年，国土资源部授予"优秀群测群防员"荣誉称号。

冯庆海 榆中县来紫堡乡西坪村滑坡地质灾害隐患点检测员，西坪村党支部书记。自担任村党支部书记以来，切实履行地质灾害防治管理职责，积极参与、组织开展本村地质灾害防治工作。组织成立了西坪村地质灾害防治工作领导小组，坚持"全面规划、突出重点、预防为主、避让与治理相结合"的原则，建立和实施了目标管理责任制度、汛期 24 小时值班制度、应急调查处理制度和速报制度等工作制度，并报请县政府开展了地质灾害治理工程，对滑坡隐患点开展了削坡减灾工程治理措施。对监测预防工作部署及时，组织严密，指挥得当，决策科学，措施得力，预报准确，使群测群防网络体系得到有效运行。特别是 2008 年 11 月 18 日下午 4 时 10 分，成功预报避让西坪村三社滑坡地质灾害，避免了村民伤亡事故发生。而后积极认真开展了全村地质灾害宣传教育工作，向受威胁的村民发放防灾避险明白卡等，受到了市、县政府和上级业务主管部门的表彰。2009 年，被国土资源部授予"优秀群测群防员"荣誉称号。

【国家安全生产先进个人】

李照晶 女，2008 年 5 月参加工作，现任兰州市安全生产监督管理局办公室科员，主要承担综合性材料的起草、文件审核及信息报送工作。自从事信息审核及报送工作以来，始终坚持以"准、快、实、深、新、精、细"的标准要求自己。信息收集不主观臆断，上报信息内容准确可靠；能够在较短时间内完成信息编写，没有出现迟报、漏报现象；采写信息内容实事求是，提供数据准确、事实确凿；重视日常政治理论学习和时事信息的收集，所编写的信息能够抓住重点，可参考性较强；注意掌握新情况和新问题，编写信息立意较新；所编写的信息措辞严谨，语言精炼，主题突出；审核信息认真细致，严格遵守信息审核签发制度，全年没有发生涉密信息泄露或报送信息内容错误的情况。全年共撰写、审核并报送安全生产政务信息 90 余条，在各类报纸、网站等媒体上刊发安全生产工作有关信息 20 余条。2009 年，被国家安监总局、国家煤炭安监局评为安全生产先进个人。

【全国教育系统先进集体】

兰州市第二中学 始建于 1939 年 8 月，校址为已有 600 年历史的原兰州"府文庙"，历史悠久，文化底蕴深厚。现有 36 个高中教学班，在校学生 2000 余名，教职工 144 人。其中，高级教师 67 人，中级教师 58 人。先后为国家输送了三万余名合格的建设者，2002 年被甘肃省教育厅命名为"甘肃省示范性普通高中"，在甘肃省具有较高的知名度和良好的声誉。

多年来，兰州二中全面贯彻党的教育方针，继承"诚正勤朴"的校训，以建设"现代化、高质量、有特色的示范性精品学校"为目标，以"明德启智，和谐大成"的办学理念，"尚文、求真、务实、严明"的校风，"精诚、博爱、善诱、严谨"的教风，"明礼、笃学、善思、进取"的学风，形成了科学、系统的办学思想。

学校坚持"以人为本、育人为先、德才兼备、全面发展"的育人理念，"科研兴校、科研兴教"的办学思路，构筑了课堂教学、课外活动、校园文化、社会实践等多渠道、多环节组成的素质教育系统。近年来，学生在各项活动中屡创佳绩。其中荣获全国中学生学科竞赛国家级奖励 28

甘肃省五一劳动奖章获得者名录

序号	姓名	性别	工作单位	职务	职称
1	刘正堂	男	北方涂料工业研究设计院	科研处副处长	高级工程师
2	杜桂萍	女	兰州女子职业学校	校长兼党支部书记	中学高级教师
3	陈　卫	男	兰州市公安局特警支队一大队	大队长	二级警督
4	高　昀	男	永登县人民医院副主任医师	骨伤科主任	副主任医师
5	鲁长英	男	甘肃祁连山水泥集团永登公司装卸部	无	无
6	马东兵	男	兰州市第二人民医院	副院长	副主任医师
7	孔爱华	女	兰州市殡仪馆	业务科科长	无
8	王克芳	女	皋兰县石洞小学	教师	高级教师

项，省市级奖励100余人次。学校代表甘肃省参加全国第5、6、7、8届中学生机器人大赛，22位同学荣获国家级奖励9项，省级奖励12项，名列全省中学榜首，两名同学荣获“未来工程师奖”。学校参加甘肃省第21、22、23届青少年科技创新大赛，30多人次荣获26项奖励。现有学生社团30多个，校报《星辰》被评为“首届全国中小学优秀校报一等奖”。学校男女篮球队在兰州市荣获6连冠，并被兰州大学确定为篮球后备人才培训基地。校合唱队三次荣获合唱比赛银奖和金城文艺奖。中央电视台4次邀请兰州二中学生参加“三星智力快车”大赛，取得周冠军的好成绩。实施的青少年创新计划和青少年科技创新培养项目实验活动，经中国科学技术协会评审通过，确立为“青少年科技创新大赛项目学校”。

学校每年举办全校规模的专题教研活动，给教师提供总结经验、展示才华的机会。近年来承担省市级重点教研课题9项。在甘肃省第四届基础教育大赛中《研究性学习的理论和实践》荣获集体一等奖，23位教师的研究论文分获中央教科所“百年教育论坛”优秀论文一、二、三等奖。青少年科技创新成果在甘肃省第十八、十九两届大赛中获得二等奖2项，三等奖4项。目前，继续开展着教育部哲学社会科学研究重大课题项目《我国学校教育创新研究》的子课题——《大成校园文化研究》、《中国科协创新人才培养项目实验学校》和《中教创新教育研究院项目实验学校》等课题研究。《中国科协创新人才培养项目实验学校》课题研究阶段性成果，被选入兰州市教科所《兰州市基础教育优秀科研成果汇编》一书。近三年，教师在各类刊物上发表论文300余篇，获省市基础教育科研优秀成果奖29项。

学校还以教师队伍建设促教学绩效的提高。设立在职教师提高学历及教育教学成果奖励机制，激励广大教师积极投身课堂教学研究工作。狠抓“名牌学校、品牌学科、精品课堂、名师良友”工程建设，每年组织全体教师参加本地各级各类专业培训学习。并积极创造条件外派教师赴外地名牌中学学习交流。近几年，先后派出两名教师赴英国里丁大学学习，1名教师赴长安大学学习，8名教师参加“国家2049青少年科技创新能力培养实验校”轮训工作，2名教师赴韩国交流。通过交流和学习，教师开阔了眼界，接受了新教育理念，提高了个人素养，促使学校教学质量实现了跨越式发展，本科上线率每年提升十几个百分点。

学校还先后聘请澳大利亚、美国等国家教学人员对学生进行英语口语听说训练。与南京市教科所及全国16所知名中学建立了校际友好关系，举行各种类型和层次的学术研讨会、报告会和学术讲座。近几年，先后有100余所兄弟学校教师来校参观、交流、学习。学校经常派出名师支教帮扶农村边远学校。

全校师生凝心聚力，发奋图强，教育教学质量和绩效持续提高，赢得了上级部门的肯定和社会的赞誉。2004年，学校被市委市政府评为“教育系统先进集体”。2006年，被兰州市委授予“兰州市教育系统先进基层党组织”。2007年，学校先后获中共兰州市委、市政府、教育局等上级部门授予的“兰州市文明单位”、“兰州市教育局系统先进党支部”、“兰州市教育局系统优秀领导班子”、“兰州市中学优秀学生会”、“兰州市优秀业余团校”、“兰州市教育局系统共青团工作先进集体”、“兰州市总工会财务工作优秀单位”和省教育厅授予的“全省绿色先进学校”等荣誉称号。2008年，荣获全市省级示范性高中“教育质量优秀奖”。学校领导班子连续五年被评为全市教育系统“目标管理先进集体”，教务处荣获市总工会“劳动先锋号”称号。2009年，被评为“全国中小学德育工作先进集体”、“甘肃省师德建设先进集体”、“甘肃省国防教育示范学校”、“贯彻《学校体育工作条例》优秀学校”，校团委被授予省、市级“先进集体”和“五四红旗团委”等荣誉称号，校学生会被选为“甘肃省优秀学生会”，校团委被甘肃省团委评为甘肃省共青团“优秀团委”。2009年9月被教育部、人力资源和社会保障部授予“全国教育系统先进集体”荣誉称号。

【全国军转安置工作先进单位】

兰州市人事局　2009年6月2日，兰州市人事局作为全国军转安置工作先进单位，出席了在北京举行的第五次全国军转表彰大会暨2009年军转安置工作会议，在人民大会堂受到了胡锦涛、温家宝等党和国家领导人的亲切接见。2009年7月20日，又在第五次全省军转表彰大会暨2009年军转安置工作会议上进行了交流发言，这是兰州市军转战线的荣誉，是兰州市委市政府高度重视和全市各级组织共同努力的结果。

近年来，兰州市人事局克服兰州是大军区所在地，驻兰部队多，军转干部安置任务重，加之地方进行机构改革，安置工作面临的矛盾非常突出：一是安置任务重，主要表现为三多，即安置人数多，每年的安置量都占全省安置总量的三分之一左右；团职干部多，共114名；女干部多，共300多名，其中绝大多数是医护人员。二是安置任务与接收能力的矛盾十分突出。一方面计划分配军转干部的安置地域和去向十分集中，符合市区安置条件的人员超过97%，符合远郊县区安置条件的不足3%，市直部门和近郊四区安置压力很大。另一方面，市直部门连年大量接收安置军转干部，相当一部分单位已满编满员甚至超编超员，接收能力下降，给安置工作带来了极大困难。三是团职干部安置难度大，114名团职干部都要在市区安置，加之县区换届，领导职数减少，地方原有县级干部调整安置压力很大，进一步增大了团职干部的安置难度。面对诸多困难，市人事局认真贯彻国家和省委、省政府关于做好军转安置工作的有关精神，高度重视军转安置工作，始终把做好军转安置工作当作重要的政治任务来完成，作为双拥工作的重要内容抓实做好。

为提高安置工作的合理性，兰州市人事局以市级各部门的工作职能、工作任务和编制情况及县区近几年的接收安置情况为依据，在大量协调沟通的基础上，确定指令性安置计划，并经市军转安置工作领导小组研究后下达给各接收单位，既保证了安置计划的严肃性、相对合理性，也保证了计划的顺利执行。

在具体工作中注意做到：

把好一个关口。就是把好审档关，对照省上规定的军转干部进兰条件和安置照顾条件，认真审查档案、户籍，弄清每个转业干部的履历、学历、立功受奖情况及专长，为拟订安置计划奠定基础。

坚持一个主渠道。就是按国家规定坚持机关事业单位安置军转干部的主渠道，不经本人同意不把军转干部安置到企业或企业化管理的事业单位。

突出两个重点。一是把团职干部作为安置重点，尽量安排到本人志愿要求去的单位，考虑到以后的职务兑现问题，全部安排在市级单位。二是把在部队获二等功以上及长期在艰苦边远地区服役的人员作为重点，在安置部门或去向上予以照顾，全部安置到了城区单位。

坚持两个结合。一是结合军转干部的家庭住址，尽量将军转干部安排到离家较近的单位，以方便工作、照顾家庭。二是结合军转干部在部队所从事的工作和所学专业，尽量将军转干部安排到与本人专长相同或相近的单位和岗位工作。

做到两个加强。一是加强政法部门和执法监督部门。二是加强县区一线的力量。这两个系统共安置军转干部795名，占全市安置量的一半。

2001年以来，兰州市共接收安置计划分配军转干部1488名，大部分安置在市、区（县）两级党政机关和事业单位，其中市直工作部门560名，公检法系统694名，县区机关及街道101名，事业单位124名，企业及其它9人，接收自主择业军转干部1236名，61名随调家属大多数安置在事业单位。

兰州市人事局在军转安置工作中坚持做到“三个强化”：

一是强化责任意识，加强组织领导。几年来，市委、市政府以此为切入点，注重强化各部门、各单位做好军转安置工作的责任感，每年在研究部署军转安置工作的有关会议上，都要强调“一把手”负总责的责任制问题，要求各级领导特别是主要领导切实承担起做好军转安置工作的责任，真正做到认识到位，措施到位，工作到位，安置到位。为加强对军转安置工作的督查力度，市

委、市政府把军转安置工作纳入目标管理，作为督查、考核部门单位工作和领导政绩的一项重要内容，作为评选“双拥模范单位”的一项硬件指标。为加强对军转安置工作的领导，市上成立了军转干部安置工作领导小组，及时研究解决军转安置工作中的重大问题。

二是强化政策意识，坚持按章办事。近几年，随着党政机构改革、《公务员法》的实施和事业单位人事制度改革以及企业改制的不断深入，全社会就业压力越来越大，安置与接收的矛盾日益突出。对此，兰州市始终把军转工作看作是一项严肃的政治任务来完成，从未因任务重、矛盾多、困难大而降低工作标准和安置质量，坚持指令性计划分配和允许双向选择不动摇，坚持按中央和省委、省政府的政策规定办事不动摇。一是把团职干部、功臣模范以及长期在艰苦边远地区服役和从事飞行、舰艇工作的军转干部，按政策给予照顾；二是认真落实团职干部的职务待遇问题，对在部队任职时间满最低年限的，有限额时尽力给予解决。对因无限额未及时解决的正副团职及营职干部，于2007年出台专门文件，一次性给120多名符合任职条件的正副团职干部解决了调研员、副调研员非领导职务，给100多名营职干部解决了主任科员、副主任科员非领导职务；三是认真审核各接收单位报来的定职定位意见，发现不符合政策的反复协调予以纠正。几年来接收的军转干部全部安置到市、县（区）两级机关事业单位，其中约80%安置到党政机关或依照公务员管理的事业单位，约20%安置到事业单位，使安置政策得到较好落实。对自主择业军转干部，以“管理有效，服务到位”为目标，严格执行政策，认真落实待遇，健全工作制度，拟定了退役金审核发放、医疗保险办理、党组织关系转递等相关办法，有效地提高了工作效率和管理服务质量。

三是强化服务意识，坚持以人为本。军转安置工作涉及每位军转干部的切身利益，兰州市在军转安置工作中强化服务意识，坚持以人为本，保证了安置工作的健康开展。一是积极改进工作方式，主动贴近接收单位，贴近军转干部，上门协商，主动服务，了解各单位编制和军转干部需求情况，积极主动争取省军转安置部门的支持，努力寻求部队及地方其他兄弟单位的支持和理解，坚持“三个制度”，即：坚持请示报告制度，有关部门定期向市委、市政府汇报工作开展情况，对安置工作中遇到的困难和问题，请示领导支持，予以帮助解决；坚持联系沟通制度，始终与部队保持密切联系，及时通报情况，了解军转干部的专长、现实表现以及对工作安排的意向和愿望等；坚持协商制度，根据安置工作需要邀请部队转业办领导和有关接收单位组织人事部门负责人征求意见，商议工作，解决问题。二是努力改善服务态度。针对军转干部到地方后环境生疏、怕受冷落的思想实际，在全市军转安置工作部门开展了真情服务、微笑服务，对前来咨询和办事的军转干部热情接待，做到有问必答，耐心倾听，认真解释，以情感人，以理服人。三是切实提高办事效率。在干部档案交接、报到通知发放等环节上尽力简化程序，缩短时间，提高效率，遇到矛盾和问题，力争第一时间解决，努力做到急军转干部之急，想军转干部所想，特别是对自主择业军转干部，在做好退伍金发放、医疗保险办理等日常服务的同时，经常主动关心其思想、工作和生活状况，协调解决有关问题，针对他们在创业与就业中遇到的各种问题，积极与工商、税务等部门协调，认真落实有关自主择业军转干部从事个体经营、创办经济实体的政策规定，并积极推荐就业，几年来，先后配合上海航空公司、江苏和信租赁担保公司、江苏雨润、《甘肃经贸》杂志社、温州商贸城、北京未来集团、兰州战友集团等几十家单位在自主择业军转干部中选聘人员。为提高自主择业军转干部的自主创业能力，策划举办了两期创业培训班，近300名自主择业军转干部通过培训获得了国际劳工组织认可的合格证，为他们自主创业打下了基础。对因病因故去世的自主择业军转干部，及时前往探视和慰问，解决有关问题。

【甘肃省五一劳动奖状先进集体名录】

西北永新集团有限公司
兰州电源车辆研究所
兰州生物制品研究所
兰州佛慈制药厂
甘肃紫光职能交通与控制技术有限公司运营维护事业部
兰州市城关区就业服务局职业培训办公室
兰州市第十七中学英语教研组
榆中县城市管理行政执法局城关执法中队
华润雪花啤酒（甘肃）有限公司酿造车间糖化班组

【甘肃省“工人先锋号”先进集体名录】

中铝连城分公司电解二厂电解八车间
兰州燃气化工集团有限公司输配公司管线所
甘肃烟草工业有限责任公司卷包部
兰州市七里河区疾控中心药物维持治疗门诊
西关什字绿化管理站
西固区中医院骨外科

（王　建　武天东　马　琳　赵光旭）

城关区

【概况】 城关区是甘肃省省会兰州市的中心区，位于兰州河谷盆地的东部，是全省政治、经济、科技、教育、文化、交通的中心。区域总面积220平方公里，其中城区面积60平方公里。行政管辖24个街道和148个社区、18个行政村。有汉、回、满、蒙古、藏、维吾尔等47个民族。户籍总人口93.15万人，流动人口约40万人。城关区是省委省政府、市委市政府所在地，兰州军区、兰州空军司令部、省军区均在区内，是全国唯一的省、市、区三级党政军机关集于一地的县区。黄河自西向东穿城而过，流经本区18公里。白塔山雄踞北岸，皋兰山耸立城南，两山对峙，峰峦迭起，构成本区天然屏障。城关区地属中温带大陆性气候，冬无严寒、夏无酷暑，气候温和。平均海拔1520米，年均气温11.2℃，年均降水量327毫米。全年日照时数平均2446小时，无霜期180天以上，是适宜夏日消暑纳凉的理想之地。区内有五泉山公园、白塔山公园、徐家山国家森林公园、兰州碑林等自然人文景区，更有水车博览园、黄河铁桥、百里黄河风情线等黄河文化胜境。城关区位处全国陆地版图几何中心，人流、物流、资金流集散活跃，大中型商场拥有量占全市的80%以上，兰州东部批发市场等5个大型市场跻身"全国同类市场100强"。城关区智力资源富集，区内有兰州大学、中科院兰州分院、中国航天科技集团公司510研究所、中国农科院兰州兽研所等著名科研院所124家，其中国家级科研单位14个；有各类科技专业人才19万人。作为丝路文化、黄河文化、伏羲文化和宗教文化的融汇点，城关区以其悠久的历史传承和深厚的文化沉淀，孕育出了独具特色的地域文化，《读者》、《丝路花雨》、《大梦敦煌》、兰州太平鼓等一大批文化艺术成果发展成长为世界级的文化艺术精品。

【经济发展】 2009年，城关区紧紧围绕"率先科学发展、建设首善之区"的奋斗目标和"123456"发展战略，狠抓"保增长、保活力、保民生、保和谐、保提升、保落实"六个工作重点，全力以赴打好"项目建设、拆迁改造、环境美化、改善民生"四场攻坚战，全区经济社会继续保持了又好又快的发展势头。全年地区生产总值完成329.13亿元，同比增长11.36%。其中第一产业完成0.93亿元，同比增长5.01%；第二产业完成70.12亿元，同比增长12.09%；第三产业完成258.08亿元，同比增长11.18%。全社会固定资产投资完成181.85亿元，同比增长18.02%。一般预算收入完成 8.68亿元，同比增长15.02%。社会消费品零售总额完成268.52亿元，同比增长16.2%。农民人均纯收入达到10942元，同比增长12.12%。城镇居民人均可支配收入达到13184.87元，同比增长10.15%。人口自然增长率、城镇登记失业率分别控制在4‰和3.29%的计划指标以内。

【农业经济】 随着各项强农惠农政策的实施，农业经济发展势头良好。全年实现农业总产值1.83亿元，同比增长6.54%；实现农业增加值0.93亿元，同比增长5.01%。种植业方面，粮食播种面积2200亩，粮食总产量549吨，同比下降16.82%；蔬菜播种面积20100亩，同比下降0.5%，蔬菜总产量64100吨，同比增长3%；瓜类总产量4338吨，同比下降0.38%；水果总产量16279.1吨，同比增长10.62%。养殖业方面，牛存栏1300头，同比增长4.84%；猪存栏5400头，与去年持平；羊存栏4500

只，同比下降37.5%；肉产量462.5吨，同比增长10.94%；牛奶产量4400吨，同比增长175%；鸡蛋产量114.3吨，同比增长23.3%。现代高效农业水平逐步提高，推广双垄全膜面积2000亩，日光温室和高架大棚播种面积达到4138亩，皋兰山、青白石地区建成省级无公害蔬菜标准化示范区。完成100户农村沼气池和5处服务网点建设，注册农民专业合作社3个，新增农家乐协会会员24户。

【工业经济与招商引资】 工业经济较快增长，全区工业企业克服金融危机带来的不利影响，生产稳步加快。工业总产值首次突破百亿元大关，完成100.34亿元，同比增长12.71%；完成工业增加值35.53亿元，同比增长11.44%。其中：规模以上工业实现增加值25.94亿元，同比增长11.6%；规模以下工业实现增加值9.59亿元，同比增长11.05%。在生产稳步加快的同时，工业投资也快速增长，给工业生产注入了新的活力。全区工业投资完成14.3亿元，同比增长81.18%。轻工业运行平稳，重工业增速加快。在地区规模以上工业产值中，轻工业完成总产值52.65亿元，同比增长11.45%，重工业完成总产值17.2亿元，同比增长38.4%。全年区属工业总产值完成58.9亿元，同比增长17.1%；完成增加值16.01亿元，同比增长13.31%。其中规模以上区属企业完成总产值28.41亿元，同比增长23.93%，完成增加值6.43亿元，同比增长17.05%。

招商引资再创佳绩，全年引进招商引资项目102项，到位资金42.8亿元，同比增长20.4%。成功引进庙滩子地区整体改造、重离子束治癌、中信银行、锦江之星酒店、星美国际影院、中汇小额贷款公司、春秋航空、德国奔驰汽车、龙辰机电等一批大项目、好项目落户城关。

【商贸市场与旅游】 在国家一系列扩内需、促消费政策措施影响下，全区积极开拓消费市场，不断刺激消费需求，消费品市场保持日益繁荣态势。全年实现社会消费品零售总额268.52亿元，同比增长16.2%。其中，批发零售贸易业232.05亿元，同比增长15.68%；住宿餐饮业31.08亿元，同比增长15.52%；其他行业5.39亿元，同比增长10.95%。商品房销售额及销售面积大幅增长。全年实现商品房销售额62.25亿元，同比增长115.2%；实现销售面积155.11万平方米，同比增长77.27%。

旅游业完成兰山山地公园一期项目的建设任务。完成徐家山森林公园道路建设、公园大门改造、园区环境整治、水景改造、增设冷雾等项目，开展了徐家山森林公园4A级景区、龙头山庄3A级国家旅游景区创建工作，对区内五泉山公园、水车博览园、白塔山公园、五一山、徐家山等5家国家A级旅游景区进行了复核。注重发展都市休闲旅游业，辖区内共有休闲山庄及生态园42家，农家乐64家。

【非公有制经济】 非公经济实现增加值160亿元，同比增长18%。新增非公有制企业3452户。非公有制经济已成为全区经济发展中最具活力的增长点，在促进经济发展、增加税收和扩大就业中发挥了重要作用。引进了一批投资规模大、科技含量高、附加值高、市场前景好的新项目，甘肃凯瑞混凝土有限公司20万方混凝土搅拌站项目已进入试生产阶段；甘肃陇萃堂食品有限公司九州研发生产基地项目已开始试生产；兰州安旗食品有限公司加工项目已开工建设。这些项目和产品起点高、科技含量高，极大地提升了城关区非公经济的形象，并产生了良好的社会和经济效益。

【城镇与生态建设】 加快城乡基础设施建设，配合全市重大项目，累计拆迁30万平方米，新建了九州开发区等5条城市道路，新建公厕20座，改造维修小街巷125条。稳步推进城乡一体化建设，城中村改造项目实施顺利，开工建设村民安置房32.8万平方米，其中7.6万平方米已交付使用。大浪沟、大洼山、二营、三营4个新农村建设试点基础设施建设全面完成，混凝土硬化村庄主干道7035米，小街巷8965米，体育活动广场2475平方米；铺设下水管道2780米，绿化管线1300米，种植绿化苗木7300余株。在南北两山植树210万株，城区植树4.2万株，新增绿地156.16亩，城市绿化覆盖率达到30.76%。

环境保护工作力度不断加大，积极抓好污染减排监督检查，对33家单位的42台燃煤锅炉、茶浴炉进行拆除、联片或改为清洁能源，共削减烟尘142.8吨、二氧化硫203.1吨。加大水环境监管，确保辖区水环境安全，全年共监测废水排放重点单位54家，涉水企业污水处理设施正常运转率达95%，地面水质达标率达到100%。深入推动安静工程，开展“环境噪声达标区”监测工作，共完成固定声源监测302家，完成施工噪声30家，全区工业和固定声源平均噪声值56.3dB，达标率为96.3%；区域环境噪声昼间平均值为55.3dB，达标率为97.3%，夜间平均值为45.2dB，达标率为96.2%，均达到国家区域声环境标准。严格执行《环境影响评价法》，争取控制新污染源的产生，全年共审批新、改、扩建设项目38个，环境影响评价率和“三同时”制度执行率均达到100%。

【教育、科技与卫生事业】 辖区内拥有各级各类学校134所，在校学生123728人，教职员工8106人，其中专任教师7150人。有幼儿园

98 所，在园幼儿 18035 人，保教职工 2271 人。小学和初中入学率、巩固率、毕业率均为 100%。全面落实“两免一补”政策，全年共为 13.97 万人免除学杂费，2.08 万人免除教科书费，为 304 人发放寄宿制生活补助，为 133 人办理了生源地信用助学贷款。不断改善学校办学条件，全年全区教育系统通过各种途径和方式先后争取到位资金 1803.1 万元，完成青白石中学、北面滩小学教学楼等建设工程。

科技方面，组织企业申报科技项目 95 项，其中：国家级项目 8 项、省级项目 1 项、市级项目 16 项、区级项目 70 项，取得扶持资金 581 万元。积极开展科普工作，全面提高市民科学素质。新建科普画廊 10 处，制作科普宣传画 150 余米，举办各类科技科普培训讲座 15 期，参加培训近 2000 人次，发放科普资料 2150 余份。在科技“三下乡”活动中，向农民群众发送 10 个种类、20 多个品种的蔬菜优良籽种 2000 袋，制作科普知识展版 12 块，赠送科普图书、技术材料、致富信息等资料 2000 余册。

医疗卫生方面，积极应对甲型 H1N1 流感及手足口病疫情，有效地控制了重大传染病的流行与蔓延。全年新建 10 家区级示范机构，并完成了新建 3 家省级示范机构的前期准备工作，全面引领和带动了社区卫生服务机构的高标准快速发展。为进一步加强农村卫生所的管理及农民群众的身体健康，对全区村卫生所人员资质、业务用房、规范操作等方面进行了检查，并定期举办团队帮扶 10 期，定点帮扶 70 次，专家技术指导、人员培训 25 期 300 人次。接受健康教育宣传的村民达 5000 余人，接诊 2000 余人次，免费测血压 2500 余人次，免费发放宣传资料 4000 余份，深受村民的欢迎。

【劳动、就业与社会保障】 全区新增就业岗位 25412 个，安置就业 21588 人，并创建充分就业社区 56 个。共为参加失业保险的 14120 人发放失业保险金 2230 万元。通过小额担保贷款不断扶持下岗失业人员创业，为推荐的 820 名下岗失业人员发放小额贷款 5034 万元。惠民政策进一步落到实处，对 8245 名灵活就业人员发放社保补贴 958.4 万元，并为 4 万多名下岗失业人员办理了乘车优惠的半价月票，近 3 万名下岗失业人员享受到有线电视收视费减免优惠，3.5 万人在工商、税务、卫生和劳动等部门享受再就业优惠政策，减免各项税费达 9000 多万元。全年新登记各类失业人员 23331 人，城镇登记失业率为 3.29%。

社会保障体系方面，全年养老保险参保总人数达 42227 人，其中城镇基本养老保险人数为 40058 人，农村养老保险参保人数为 2169 人。征缴养老保险费 16516 万元，发放基本养老金 11489 万元，发放率为 100%。全年参加基本医疗保险、工伤保险、生育保险人数分别达到 48224 人、8500 人、19510 人，征缴保险额达 5973 万元。与全市 43 家定点医疗机构签订了服务协议，保证了职工、居民的就医需要。城乡低保工作进一步完善。全区有 11897 户、24162 人享受城市低保，340 户、1122 人享受农村低保，累计发放保障金 7000 余万元。临时救助工作有序开展，完成 “两节”特困群众及 5 家市属福利机构慰问工作，共计发放慰问金 136 万元；为 28462 名低保对象、19 名农村五保人员及 31 名建国前入党未享受离退休待遇的城镇老党员，一次性发放生活补贴 422.3 万元。采用政府引导、企业运作的方式，率先建成西北首家 “虚拟养老院”，让全区老人享受到了优质高效的养老服务。

【精神文明与社区建设】 深入开展精神文明建设，落实《公民道德建设实施纲要》，深入推进社会公德、职业道德、家庭美德和个人品德建设。全面启动市民素质培养工程，每个街道建成一所市民学校，深入开展社区文明大讲堂和中华经典诵读活动，提升市民的整体文明素质。深入开展文明城市创建活动，实施“13458”全国文明城市创建工程，积极创建省市级文明单位，全面落实文明城市创建各项任务。完善爱心集结号志愿者服务网站功能，开展百家文明单位帮扶空巢老人活动。

2009 年，共完成社区办公用房 9 处、村委会办公用房 3 处的建设工作，改善社区办公条件工作取得显著成效。农村和社区管理制度不断健全，基层管理走上健康发展轨道。建立社区流动党员服务点 140 个，全区创建“五好社区党组织”8 个、“示范社区党组织”5 个，进一步推进了社区党建工作。

（葛湘萍）

领导名录

区　委

书　记　金祥明
副书记　俞成辉（8 月免）
　　　　张国一（8 月任）
　　　　高　星
常　委　欧令发
　　　　李文生（8 月免）
　　　　陶明贵（8 月任）
　　　　韩玉金
　　　　龙富国（8 月免）
　　　　冯广宸
　　　　乔建新　伏禄代
　　　　黄　凯　寇桂杰
　　　　王胜太（8 月任）
纪委书记　乔建新

区人大

主　任　李肃群
副主任　王永祥　高新国

姜群生
马正芳（6月免）
周清慧　杨振宇
梁　萍（1月任）

区政府

区　　长　俞成辉（8月免）
　　　　　张国一（8月代）
副 区 长　龙富国（8月免）
　　　　　冯广宸
　　　　　付晓利（12月免）
　　　　　何文涛
　　　　　王胜太　刘世英
　　　　　李世祥（11月任）

区政协

主　　席　李玉兰
副 主 席　杨　虎　李　恺
　　　　　虎晓琴　黄汉伟
　　　　　孙万珠（8月免）
　　　　　钱崇禄
　　　　　王月梅（1月免）
　　　　　沈　洪（1月任）
　　　　　姜惠琴（1月任）

七里河区

【概况】　七里河区位于兰州市中南部，东与城关区交界，东南和榆中县接壤，南靠临洮县，西邻西固区、永靖县，北濒黄河。东西长21公里，南北宽33公里，总面积394.92平方公里。主要有煤炭、石英石、坩泥、石灰石、沙矿、路标石等矿产资源。黄河流经区境15公里，地表及地下水年径流量300多亿立方米。电力资源充足，森林覆盖率26.23%。

区境内以铁路、公路为主的交通网络四通八达。西北最大的铁路货运编组站建在区内，312国道横贯东西，陇海、兰新、兰青、包兰铁路干线和甘川、宝兰等28条公路穿境而过，电信通讯、电视差转、金融、财税、商业住宅等各种服务功能齐全。有甘肃电力试验研究所、甘肃省肿瘤研究所等独立和非独立科研机构16家，兰州理工大学、甘肃建筑学院、兰州工业高等专科学校、甘肃省邮电学校、兰州中医学校等11所大中专院校。辖西园、西湖、西站、土门墩、敦煌路、建兰路、龚家湾、晏家坪、秀川9个街道，黄峪、魏岭2个乡，阿干、八里、彭家坪、西果园4个镇。有65个村民委员会、76个社区居民委员会。2009年底，全区户籍人口473464人。其中，城区388751人，占82.1%；农村84713人，占17.9%。人口密度每平方公里1231人。有汉、回、满、藏等32个民族。

【经济发展】　2009年，全区拥有规模以上工业企业82家，限额以上批发和零售企业总数达62个。工业主要涉及电力、烟草和装备制造三大行业。农村经济形成了“百合、蔬菜、畜禽、林果”四大支柱产业，百合产品远销港澳、东南亚。商贸围绕兰州商贸中心建设，形成以西津路、滨河路为主线，以小西湖、西站、土门墩、秀川、金港城、大滩为中心的“两线六圈”商贸新格局。实现地区生产总值171.59亿元，同比增长13.3%；一二三产业比重由上年1.8∶57.5∶40.7调整为1.7∶57.2∶41.1，第三产业比重较2008年提高0.4个百分点。完成全社会固定资产投资76.27亿元，同比增长20.57%；实现社会消费品零售总额81.97亿元，同比增长29.48%；受金融危机和国家增值税调整政策影响，导致地区财政收入比去年减少1.99亿元，实现地区财政收入18.96亿元；完成一般预算收入3.63亿元，增长14.5%；城镇居民人均可支配收入、农民人均纯收入分别达到11804元和6108元，同比增长12.8%和12.1%。

【农业和农村经济】　全区有耕地15.14万亩。实现农业增加值2.88亿元，增长5.02%；农民人均纯收入增速同比提高0.8个百分点，绝对值增加658元。农作物播种面积15.20万亩。其中粮食作物4.03万亩，粮食产量0.74万吨，同比增长12.42%；蔬菜面积10.66万亩，蔬菜产量18.03万吨，同比增长4.47%，全区猪、牛、羊、禽的饲养量达到19.72万头只。其中奶牛存栏7000头；猪饲养量1.98万头，出栏1.64万头；羊饲养量2.2万只，出栏0.55万只；家禽存栏14.32万只，鸡出栏10.4万只。肉蛋奶产量分别为1414.54吨、1432吨、25315吨。

优化农业生产结构，把结构调整作为发展现代农业的主要措施。百合生产以发展无公害标准化生产为方向，种植百合4.20万亩、百合产量1.51万吨；高原夏菜生产以发展反季节无公害蔬菜面积为主，开展二阴地区夏菜新品种和实用技术引进试验，增加精细菜、外销蔬菜品种。种植高原夏菜面积达到3.22万亩，无公害韭黄生产4000亩，蔬菜生产由秀川街道、彭家坪镇及八里镇扩大到全区各乡镇；畜牧业以发展奶牛、生猪为主。将饲草种植作为结构调整的重点，扩大饲草种植，面积达到0.2万亩；设施农业建成日光温室757.6亩、塑料大棚1386亩，西津坪千亩设施农业示范园初具规模；粮食生产以发展优质高产小麦、玉米和小杂粮为主，品种结构进一步改善；通过结构调整，粮、经、饲比例为26.5∶72.2∶1.3。

突出产业化发展，提高农业市场竞争力。以基地建设为重点，依靠龙头企业带动，加快百合、蔬菜、奶牛、生猪等优势主导产业发展。培育产业化组织572个，龙头企业10家，其中省级2家，市级2家。成立农民专业合作社7个。主抓农业规模化基地建设，蔬菜产业形成蔬菜周年生产、供应均衡、数量充足、品种丰富、外销扩大格局；晏家坪奶牛基地奶牛存栏达到1500多头；周岩坪无公害肉猪养殖基地存栏2850头，母猪700头，年产仔猪1万头。增强特色农产品品牌建设，启动兰州高原夏菜统一包装、“子母商标”（母商标指兰州高原夏菜证明商标、兰州百合证明商标，子商标指企业商标）品牌营销战略，在大连和沈阳市建立2个“兰州百合”直销网点。

以项目提升农业发展的能力，将设施农业发展、双垄沟播技术推广、沼气池建设作为农村经济发展的重点。投资786万元的西津坪千亩设施农业示范园，完成日光温室主体250座，1000立方的蓄水池1座，建成4000米灌溉渠道、4500米自来水主管道，铺设宽6米主干道、宽4米次干道，总长6公里的水泥路面。重点完成“一线三点”（建立黄峪乡公路一线旱作玉米示范带，建立西果园镇王家坪鲜食玉米示范点，西果园镇上果园村1000亩连片种植旱作玉米示范点，阿干镇、魏岭乡二阴地区玉米示范点）全膜双垄沟播技术推广任务，共计1.71万亩，占计划的171%。投资167.2万元在彭家坪镇、魏岭乡、黄峪乡、秀川街道、八里镇、西果园镇的32个村推进沼气池建设，为380户农户建成380座沼气池。建成黄峪乡中庄和彭家坪镇石板山村2个农村沼气服务网点。完成阿干镇、八里镇、彭家坪镇、黄峪乡4个乡镇兽医站基础设施改建及仪器配备工作。投资44万元对区动物检疫站进行场所改造，购置仪器。百合鳞片繁育基地建设从2007年开始，累计完成基地建设356.7亩，其中2009年在西果园镇柴家河村建设基地100亩。

加强农业实用新技术示范推广，引进农作物新品种44个、推广抗病、优质、耐贮运新品种示范，示范面积达6000亩以上。开展玉米、小麦包衣技术推广，玉米包衣率达到100%。完成小麦良种繁育面积0.5万亩。引进各种农机具25台（套）。加强无公害农产品质量安全检测检验体系，5个检测点全部使用RP—410型速测仪，共进行蔬菜质量安全例行检测样品963个，合格率100%。继续开展无公害农产品产地和产品认证，通过产地认定24个，认定规模8.99万亩，申报产品认证12个。全年免疫各类畜禽115.4万头（只）次，各类疫病免疫率达到100%。检疫羊胴体59514只，猪胴体16376头，查出不合格羊胴体400公斤、猪胴体0.1384万头，全部进行无害化处理。完成植物调运检疫2810批（次），共计3.8万吨。加强生鲜乳市场监管，抽检奶样106份，未发现含有三聚氰胺等有害物质。

落实惠农政策，推进农村改革力度。2009年农资综合补贴资金127.11万元、乡村转移支付资金233万元、教育“两免一补”资金984.5万元、退耕还林补助资金按照20元/亩和140斤粮食/亩（0.7元/斤）的标准通过“一折明、一折统”兑付给农户。双垄全膜共发放地膜实物12795公斤，农机补贴资金40万元，有151户农户享受购机补贴，购置农机及配套农具167台（套），覆盖率达100%。

【工业经济与节能降耗】 继续推进工业强区战略，积极应对金融危机，2009年全区规模以上工业完成工业总产值216.24亿元，同比增长1.6%，规模以上工业增加值72.36亿元，同比增长8.91%，完成工业固定资产投资23亿元，同比下降20.69%。新建、续建1000万元以上工业项目32项，总投资16.99亿元，其中1亿元以上项目10个。兰州电机有限公司总投资1.65亿元的1.5兆瓦变速恒双馈风力发电机及控制系统高技术产业化示范工程项目累计完成投资1.496亿元；兰州金牛轨道交通装备有限责任公司总投资1.63亿元的工矿机车制造和机车修理厂房扩建改造项目累计完成投资3463万元；兰州市热力公司八里窑尖峰热源厂总投资2亿元的供热项目累计完成投资2180万元；兰州供电公司总投资3.8亿元的330千伏兰州南输变电工程项目累计完成投资1.35亿元；甘肃驰奈生物公司总投资1.13亿元的餐厨垃圾处理项目累计完成投资2546万元；兰州肉联厂有限责任公司总投资1.43亿元的肉食品深加工项目累计完成投资1.29亿元；兰州市再生资源回收公司总投资1.3亿元的年处理4万吨废旧轮胎项目完成投资505万元；兰州供电公司重点城市电网建设项目本年完成投资3.28亿元；甘肃烟草工业有限责任公司购置设备本年投资完成8463万元；兰州超高压输变电公司超高压大型基建项目本年完成投资5051万元。继续推进企业改制，除七里河电热电器二厂和七里河手工业联社供销经理部因不具备改制条件未纳入改制范围外，其它企业的改制在不同程度地进展。其中绝缘材料有限公司改制彻底完成，兰州三毛远达纺织原料有限公司进入职工安置收尾阶段，原长城机带厂进入改制方案协商阶段。

全区限额以上工业综合能源消费总量为33万吨标准煤，同比下降8.88%，限额以上工业万元增加值能耗为0.4354吨标准煤，同比下降13.09%。万元GDP能耗为0.9865吨标准煤。节能降耗上报重点用能企业节能技术改造项目7项，争取国家、省市节能项目资金560万元。对重点用能企业节能情况和能源计量器具配备情况进行执法检查，18户重点用能企业完成工业总产值147.9亿元，能源消耗总量为21.27万吨标准煤。占全区限额以上工业综合能源消费总量的

93%，万元产值能耗为0.14吨标准煤，同比下降17.6%。对6家年综合能耗超过1万吨标准煤的重点能耗企业开展能源审计。淘汰落后产能，对没有进行节能减排技术改造的耐火材料生产企业下达关停令，限期进行改造。配合国家淘汰落后产能核查组对七里河花寨子造纸厂等新关闭企业进行现场核查。开展节能灯进机关、企业、学校、社区活动，推广节能灯约5万只。

【商贸市场】 在国家出台一系列扩大内需、刺激消费政策的推动下，消费品市场持续繁荣，购销两旺，实现消费品零售总额 81.97亿元，同比增长29.48%。其中批发业实现零售额12.53亿元，同比增长30.3%；零售业实现零售额57.21亿元，同比增长33.1%；住宿餐饮业实现零售额12.21亿元，同比增长14.23%。在区级地方财政收入中，第三产业的税收连续六年超过60%。汽车销售、医药及医疗器械批发业发展迅速，汽车销售实现34.58亿元，同比增长68.38%；限额以上医药行业实现销售额17.67亿元，同比增长40.76%。拥有各类服务企业5000余家。其中有西太华商场、黄金大厦、义乌商贸城、西湖商贸中心等大型商贸零售商厦15家；兰州汽车自选市场、西北物资城、天奇物流、天泰汽配等专业市场18家；汽车销售公司120家；餐饮娱乐休闲服务业850余家；医药经营、批发企业170余家。是年有序推进便民、利民、促进消费的"双进"(便利消费进社区、便民服务进社区)"万村千乡市场(农家店、农家超市)"、家电下乡"三大工程，完成敦煌路兰石商业示范社区1个，建成放心早餐网点10个；建成农家店10个，农家店累计达到26个(农家店16个，便利超市10个)；"家电下乡"工作严防发生扰乱农村家电流通秩序、损害"家电下乡"声誉的事件，共销售各类电器手机合计891台（件）。改造提升建兰新村、建工中街等4个肉菜市场。市场建设取得新进展，投资1800万元的七里河国芳综合超市，经营面积4300平方米，开业运营；投资1.2亿元的小西湖医药专业批发市场，营业面积1.2万平方米，主体已建成，即将开业；甘肃兰海物流钢材总部一期工程完工，启动运营；甘肃机电五金综合物流中心一期主体完工；建工综合大厦、甘肃兰海物流钢材总部二期工程正顺利实施。

【非公有制经济】 全区非公有制经济实现增加值51.58亿元，同比增长23.3%，占全区GDP比重达28.22%。非公经济实现工业增加值17.13亿元；非公经济规模和数量不断发展壮大，全区非公有制企业总数达19487户，同比增加3512户，增长22%。其中个体工商户14685户，同比增长25.8%；非公企业4802户，同比增长11.5%；非公经济从业人员85102人，同比增长2%。非公经济固定资产投资保持快速增长，全区非公经济完成固定资产投资10.62亿元，同比增加1.75亿元，增长19.7%。发展后劲不断增强，实施各类建设项目49项，计划总投资11.88亿元，落实到位资金8.92亿元，有42个项目完工投产。全区乡镇企业工业增加值实现22.80亿元。

强化招商引资力度，鼓励企业通过多种形式的招商活动，开展项目、资金、技术引进工作。兰州投资贸易洽谈会上，非公企业共洽谈签约15项合同引进项目，项目总投资5.72亿元，其中合同引进资金5.72亿元 ，累计落实招商引资项目22个，项目总投资12.41亿元，其中合同引进资金6.78亿元，到位资金3.62亿元 。利用削山、填沟造地加强工业园区建设。通过对荒坡地，荒沟地的平整和合理利用，解决用地矛盾突出问题，促进非公经济发展。从2006年开始，在西果园镇王家坪、晏家坪和周家山村先后投资3080余万元，整理开发土地1520亩，建成3个工业小区，截至2009年底，引进企业56家，资金5.3亿元，工业园区初具规模。按照化厂为园的思路，盘活辖区破产国企闲置土地、厂房，举办龚家湾和秀川2个工业小区，引进近30户企业。争取省、市资金鼓励、支持非公经济发展，为7家企业争取省、市补助贴息专项扶持资金89万元，为4家企业争取质量管理以奖代补资金11万元。抓人才培训，实施银河工程培训和蓝色证书培训计划，培训各类人员2950人(次)。抓名牌产品培育，重点培育"黄河"牌啤酒、"陇升"牌乳胶漆及 "铭帝"牌铝合金建筑型材等6个产品为甘肃省名牌产品；为"升业"牌钢管、"百玉"牌无硫百合干及"黄河"牌麦芽等7个产品申报甘肃省名牌产品。

【项目建设】 项目建设围绕"突出特色做长农业产业链，依托园区做强装备制造业，扩大优势做大现代物流业，提升亮点做好城市现代化"基本思路实施，共有各类建设项目360项，总投资276.52亿元，累计完成投资39.07亿元。其中建成完工项目121项，总投资53.42亿元，完成投资15.27亿元；在建项目133项，总投资124.25亿元，完成投资23.8亿元;储备项目106项，总投资98.85亿元。当年招商新签内联合同项目48项，已开工投产项目37项，落实引进到位资金21.65亿元。重点抓扩大内需中央新增投资16个项目的进度，总投资2.6亿元。其中15个项目全部开工建设，总投资3000万元的晏北人家廉租住房项目，250套廉租住房完工；总投资1764万元的华林坪—坪岭公路项目，铺设油路21公里，水泥路1.3公里，累计完成投资1000万元；总投资280万元的土门墩社区卫生服务中心，综合楼主体完工；380座沼气池建设完成。在承担的市列重大项目中，总投资36451万元的188号路项目，完成污水管道铺设860米，T188号与S184号道路交叉口地下通道工程全部完成，T188号与S186号道路交叉口地下通道左幅主体完成，累计完成投资25167万元；总投资4.5亿元的甘肃机电五金综合物流中心，一期商铺15栋楼全部封顶，临街商铺建至8层，累计完成投资33977万元、总投资6.7亿元的七里河经济适用房（银滩花园）项目，已开工建设18栋楼，累计完成投资27904万元。阿干矿区采煤沉陷区综合治理项目，是争取国家投资最大的政府性投资项目，涉及一乡一镇11个行政村、3个社区、2000多受损户，完成“民意小区”16栋住宅楼建设，总建筑面积67375.93平方米，与2200户的受灾户签订安置协议，共兑付搬迁补偿和维修加固资金2395万元，累计完成投资9713万元。

【城镇与生态建设】 城市建设步伐加快。彭家坪新区三条道路已开工建设，重点工程T188号道路及附属设施顺利实施；完成建西东路、民乐路道路整治工程；华林路改造完成烈士陵园到工林路段道路基础工程；南山路七里河段拆迁工作稳步推进。小西湖“透绿文化长廊”建设已竣工并在春节向市民开放。银滩花园经济适用房项目开工建设18栋楼；马滩城中村改造项目已开工建设11栋楼，其中4栋已封顶；晏北人家250套廉租住房建设全面竣工。认真推行落实“百米卫生责任区”（即从辖区下岗失业人员中聘用卫生保洁员，对城市主干道及繁华地段沿街门店前人行道、公共设施、环境卫生实行分段化、常态化专人管理，保证责任区内环境、卫生、秩序良好。）、“城管执法服务进社区”（即向城区社区派驻执法队员，协助社区抓好社区内各单位、公共场所的城市管理工作，改善广大市民的工作生活环境。）、“河洪道包干整治”（即区政府每年安排专项资金将河洪道整治承包给相关乡镇、街道、实施常态化管理。）等城市管理长效机制，整治小街巷20条，整治雷坛河、秀川等渠道3条。开展市容市貌综合整治活动，加大违法建设整治力度，清退西湖西街、杨家桥等马路市场4条，拆除违法建设3.3万平方米，拆除违法户外广告2万平方米。取缔占道乱摆摊设点2万余处，清理店外店1万余处，完成51条主次干道219平方米清扫保洁任务。区财政投资150万元新建、改建公厕15座。

生态建设稳步推进，完成天然林保护面积11万亩；人工造林0.1万亩，补植造林1万亩；重点公益林管护面积达8万亩；实施封山禁牧面积20万亩。全民义务植树131.15万株。强力推进污染减排，改造燃煤锅炉29台，整治餐饮企业300家，限产停产污染较重企业44家；强力推进管理减排，审批建设项目82家。完成消减二氧化硫152吨，占年计划的205%，削减化学需氧量85吨，占年任务的135%。全面完成污染减排任务。

【社会事业】 义务教育健康发展，办学条件日益改善，投资250万元完成了湖滩中学寄宿制学校主体工程，新建面积1697平方米；投资1187万元，对阿干第三小学、沈家岭小学、秀川小学等13所进行排危改造工程，维修教学楼7221平方米；建成市级语言文字示范校2所、市级示范性幼儿园1所。2008学年—2009学年，全区小学入学率99.5%，巩固率99%，毕业率99%，升学率99%；初中毕业率98%。

科技工作以推进农业科技进步和创新为重点，推动企业自主创新为难点，科技项目建设为关键，围绕农业项目实施、农业产业化、结构调整，开展双垄沟播集雨、沼气建设、日光温室、红提栽培、百合栽培、韭黄病虫害防治、鲜食玉米种植推广等各级各类培训班216期，培训农民12100人（次）；科技计划项目取得新突破，成功申报国家科技部、财政部科技富民强县专项行动计划—《兰州百合无公害生产技术示范推广及产业化开发》项目，国家扶持资金170万元。省级星火项目1项、市级科技项目5项；顺利完成全国科技进步先进城区复检工作，连续12年被命名为全国科技进步县区。

文化体育事业健康发展，组织七里河区庆祝建国60周年“爱国歌曲”暨第六届“百合之声”歌咏大赛和首届全区干部职工运动会，参加兰州市第六届运动会，第三次文物普查工作在全省86个县区率先通过省级验收。建成3个乡镇综合文化站和32家农家书屋。投资60.25万元完成后山农村1751户广播电视“村村通”工程，提前实现全区广播电视“村村通”。

卫生工作加大基础设施建设力度，不断完善农村卫生服务、城市社区卫生服务、公共卫生服务及惠民医疗服务体系。完善突发公共卫生事件应急机制，提高突发卫生事件应对能力，针对手足口病和甲型H1N1流感疫情，制定《应急预案》，储备救援队伍、急救药品设备，24小时关注事态发展，共报告手足口病601例，甲型H1N1流感疑似病例93例，医学观察密切接触者4120人，确诊71例，其中3例重症病例。加大基础设施建设，投资64.4万元完成彭家坪镇卫生院改造、新建4所标准化村卫生所；投入530万元建设土门墩、西站、西湖3个社区卫生服务中心。新

型农村合作医疗得到巩固和发展，农户参加合作医疗率达到97.54%，比2008年提高5.19个百分点，列全市第一位。全年参加合作医疗农民在各级定点医疗机构住院就诊3613人次，住院费用1577.16万元，报销补偿703.01万元，报销比例占基金的86.65%，人均补偿达到1945.79元。强化人口计生服务和管理，建立“以房管人、免费服务、区域协作、两地互通、信息支持”的城市人口管理新机制，搞好流动人口计划生育服务管理，农村和城市计划生育率分别达到96.68%和99.91%，全区人口出生率、自然增长率控制在6.61‰和3.47‰。

【劳动、就业与社会保障】 以市场为导向，拓宽就业渠道，扩大就业与调控失业“两手抓”，建立有效失业调控和失业预警机制，就业（再就业）工作进展顺利，新增就业8554人，城镇登记失业率控制在3.56%以内。社会保险扩面征缴平稳增长，养老、医疗、失业、工伤、生育保险和低保政策全面落实，2009年，参加养老保险人数为9702人；参加基本医疗保险人数为19354人，其中新增缴费4118人；参加工伤保险人数为3596人；参加生育保险人数9502人。城市低保标准由230元提高到253元，全年累计为132603户（次）、313301人（次）发放城市低保金3949.46万元，较2008年人均补差提高25元。2009年享受城市低保临时物价补贴131317户（次）、312016人（次），累计发放临时物价补贴1809.7万元；为11243户、25934人发放城市低保对象取暖补贴606.7万元；为1740户低收入家庭发放取暖补贴78.3万元。农村最低生活保障标准由每人每年1000元提高1100元，全年共纳入农村低保对象13716户（次）、42213人（次），发放保障金232.54万元，月人均补差55元。为1134户、3411人发放农村低保对象取暖补贴34.11万元。五保供养政策全面落实，为220户、236人累计发放五保供养金61.36万元，发放临时物价补贴2.83万元。防灾减灾应急救助工作完善，全年共求助1.45万人（次），发放救灾款169万元。医疗救助比例由自付金额的50%提高到60%，救助最高额由8000提高到2万元，全年救助困难群众1.09万人（次），支付医疗救助金456.57万元。

【精神文明与社区建设】 创建全国文明城市工作取得阶段性成果，启动新一轮创建全国文明城市工作，对全区公共环境、公共秩序、公共交往、公共观赏、公共参与和公共精神进行文明指数测评。组织形式多样的城乡共创共建活动，开展“四进社区”和“三下乡”活动；开展“学法律、讲权利、讲义务、讲责任”为内容的“法律六进”活动，利用“三八”妇女节和“六一”儿童节普及妇女儿童法律法规，推进“民主法制村”和“民主法制社区”创建活动；在企业、学校、社区开展“平安单位、平安学校、平安家庭”创建与宣传活动；开展青年文明号示范行动及五好和谐家庭评选活动，创建省级青年文明号2家，全省“五好文明家庭”1户；继续开展“1+1帮助特困农户解决住房行动”，筹资317万元为72户特困农户盖起新房，三年累计解决291户特困农户住房问题，帮建1073间新居。推广一批和谐创建特色工程，用典型促进工作，以“民情流水线”为代表，“两代表一委员”民情联络站、“诉求”服务中心、“流动党员服务站”、“邻里守望”、“红飘带求助行动”等推进文明、文明村(镇)、文明社区系列创建活动，累计建成各级各类文明单位539个，其中国家级文明小区1个、文明单位2个；省级文明单位标兵1个、省级文明单位10个、文明街道5个、文明社区3个、省级精神文明先进单位2个、省级精神文明先进社区1个。

和谐社区创新发展。在全市率先建立社区公共行政事务工作站，实行社区公共行政事务准入制度；全面落实了社区党建、办公经费提标工作；新建骆驼巷社区、西站西路社区、电机厂社区办公用房；按照“全区一个品牌，街区各有特色”，共驻共建，打造一批富有特色的社区服务品牌。如“社区百事乐”助民工程，居家养老“夕阳红”工程，“爱心助残”活动，未成年人教育“四点半”工程，“情系流动人口、知心惠民”工程等。在西湖街道率先实施“数字社区”试点工作，“三维数字社区”管理系统在各社区安装就绪。有50个社区达到和谐社区创建标准，创建达标率为72%。

（卫凯红）

领导名录

区　委

书　记　赵建利
副书记　郭　平
　　　　郑元平（7月任）
　　　　杨增宽（7月免）
常　委　赵建利　郭　平
　　　　杨增宽（7月免）
　　　　郑元平（7月任）
　　　　付晓利（12月任）
　　　　金安众　许　斌
　　　　钟铭生（7月免）
　　　　高全铭　王道珍
　　　　李自武（10月免）
　　　　唐　琦
　　　　魏晋文（7月任）
　　　　宋广绪
纪委书记　金安众

区人大

主　任　王光达
副主任　魏万堂　丁得信
　　　　魏新年　齐甲隆

张建学　杨素珍

区政府

区　　长　郭　平

副 区 长　王道珍　魏晋文
　　　　　苏　勇　魏丽红

区政协

主　　席　巴怀亮

副 主 席　吴成功
　　　　　杨丽娟（10月免）
　　　　　龚　钊（6月免）
　　　　　李德龙　汪守天
　　　　　骆万仓　张普选

西固区

【概况】　西固区是甘肃省兰州市的工业区，地处兰州市区西部。黄河穿境而过，全区总面积385平方公里，辖2镇4乡49个村委会，9个街道71个社区，总人口33.1838万，其中城镇人口27.2379万。西固区是“全国科技进步先进城区”、“全国文化先进县区”和“省级文明区”。

西固是国家“一五”和“二五”期间重点投资兴建的大型石油化工基地之一。经过五十多年的建设，区内有各类企业近1000多家，其中中石油兰州石化公司等中央、省、市属大中型企业33家，现已形成以石油、化工、机械、冶金、电力、轻纺、新能源等支柱产业为主体的工业区。中石油兰州石化公司是中国西部最大的石化企业，以出产品、出技术、出经验、出人才、出效益而著称，是新中国石化工业的“摇篮”。特别是随着1050万吨炼油和70万吨大乙烯工程等重大项目的建成投产，西固成为以千万吨级炼油、百万吨级乙烯为代表的中石油系统全国四大化工基地和四大炼油基地之一，被誉为“西部石化明珠”。

【经济发展】　2009年，全区经济平稳快速发展，全年实现地区生产总值178.02亿元，增长12.32%；完成固定资产投资84.04亿元，增长27.18%；实现社会消费品零售总额56.91亿元，增长23.24%；完成一般性财政收入3.24亿元，增长30.66%；城镇居民人均可支配收入达到13748元，增长13.65%；农民人均纯收入达到6741元，增长12.01%。其中，第一产业增加值2.13亿元，增长6.32%；第二产业增加值132.65亿元，增长12.1%；第三产业增加值43.24亿元，增长13.09%。

【农业经济】　全年投入农村经济社会发展的资金达6752万元，比上年增长43.5%。新增精细蔬菜和特色种植2100亩，推广双垄全膜覆盖玉米、洋芋3200亩，扶持养殖大户50户，建成标准化养殖小区10个，组建农民专业合作社6个。推广新技术2项，引进新品种43个，推广面积430亩。更新改造水利工程2项，建成农村安全饮水工程5项；开工建设金关公路，硬化村级道路13条、38.3公里。新建沼气池316座。加快农村土地承包经营权流转，流转土地2528亩。完成集体林权制度改革试点工作。全年完成农作物播种面积7.32万亩，发展设施农业502亩，蔬菜总产量达到196482吨；畜禽存栏总量达56.6万头（只），肉类、牛奶等畜产品比2008年有较大增幅。

【工业经济与招商引资】　2009年上半年，受国际金融危机冲击和影响，石油化工等支柱产业和部分大型企业增加值出现下滑，对全区工业影响较大。但全区坚决贯彻中央应对金融危机的决策，自下半年以来企业效益逐渐好转，工业经济环比不断上升。全区工业增加值完成115.35亿元，增长12.25%。其中，规模以上工业增加值完成112.91亿元，增长12.04%。节能工作扎实推进，对20户重点用能企业实施能耗监管，全年能耗预计下降5.31%。全年实施投资亿元以上的项目44项，其中，5万吨丁腈橡胶、3万吨甲乙酮、550万吨常减压装置等5个项目建成投产，1318工程、五0四国产设备示范工程等20个项目加紧建设；24万吨碳五综合利用、碳四深加工、5万吨制氢装置等35个项目正在开展前期工作。通过组团赴发达地区招商，积极参加兰洽会、厦洽会等各类节会，招商引资成果显著，全区共签约项目30个，引进到位资金46.58亿元。紧抓国家扩大内需的政策机遇，顺利实施了15个扩大内需项目，为企业发展和项目建设搞好融资服务，协调贷款担保机构为中小企业担保贷款1.3亿元。

【商贸旅游】　2009年，全区引进了13项重点商贸物流项目，其中，西固城商业步行街一期、双桥洞扩容改造等5个项目建成，华都天韵主体完工，民生广场启动运营，西固摩尔商城建设扎实推进；兰苑建国宾馆、西固虹盛等一批城市综合服务体建成运营。不断完善城乡市场体系，改造、新建社区菜市场和农产品批发市场6个，各类便民商业服务网点91个。消费总体水平进一步提高，消费拉动经济增长的作用明显增强。全年实现社会消费品零售总额56.91亿元，占年计划的107.1%，增长24.25%，批发零售业、住宿餐饮业保持快速增长，分别增长27.7%、24.2%。

【非公有制经济】　2009年，进一步完善非公经济发展服务体系，实施资金扶持工程，为银企融资搭建平台，解决非公经济融资难题，促进非公经济发展。全年完成非公经济增加值37.57亿元，占年计划的100.56%，比去年同期增长19.65%；全区非公经济完成固定

资产投资5.49亿元，占年计划的110.58%；吸纳农村剩余劳动力和城镇下岗失业人员在非公企业和乡镇企业中就业303人。

【城镇与生态建设】 2009年，全区投资9015万元，整治改造新维路、44号路（石化广场段）等8条道路和25条小街巷，完成福利路街心花坛亮化工程，建成西固公园大门，新建7座公厕，西固东西路供电线路改造进展顺利，完成了4个铁路道口"平改立"工程。投资227万元，购置2辆污泔水收集车、5辆餐厨垃圾清运车，在全市率先实现餐饮业污泔水的统一收集处理。全年共拆除各类违法建设1.6万平方米，清理拆除违法户外广告1.1万平方米，清理取缔占道摊点3487个，市容市貌得到改观。加强城区绿化美化，新增城区绿地面积10公顷，建成"五化小区"5个。完成联片供热主次管网建设8.65公里，改造拆除燃煤锅炉24台，集中联片供热面积达100万平方米，全年消减二氧化硫3366吨，空气质量进一步好转。加大对20户重点耗能企业的能耗监管，完成烟气余热利用等22项节能降耗项目和3个循环经济示范项目，全年节能11.47万吨标准煤。开展环境保护综合治理，全面完成2项脱硫工程，污水收集、西固污水处理厂项目进展顺利。强化水源地保护区管理，整治垃圾脏源点和违法建设，对有污染的3家企业搬出水源地。

【教育、科技与卫生事业】 2009年，全区教学质量不断提高，高考上线率达91.79%，高中阶段学生入学率达92%；对达川、柳泉2所九年制学校资源进行整合；认真落实"两免一补"政策，免补资金达593万元，办理困难学生生源地助学贷款115万元。完成"文化信息资源共享支中心"和农家书屋18个，通过"全国文化先进县区"复查验收。着力改善办学条件，建成兰州二十一中、达川中学宿舍楼和区青少年活动中心，开工建设马耳山小学教学楼和金沟中心学校综合楼。

建成全市首家地震科普馆。认真组织实施14项科技项目和6项"金桥工程"项目，建成科技创业中心生产基地，被科技部认定为国家石化新材料产业化基地，通过"全国科技进步县区"复查验收。

统筹城乡医疗发展，完成达川、新城、柳泉3个乡镇卫生院和四季青街道社区卫生服务中心的改扩建工程，完成7所标准化卫生所建设任务。完善120农村急救网络，筹集114万元为6个乡镇卫生院配备了救护车。投入314万元加强传染病防控工作，手足口病、甲型H1N1流感得到有效控制，无死亡病例。人口和计划生育，稳定低生育水平，全区人口自然增长率为2.61‰，社会抚养费征收面、征收率均达100%；改造维修区计生服务站，建成2所基层计生服务站（所）。

【劳动就业与社会保障】 2009年，就业再就业工作得到加强，共完成就业再就业培训9562人，城镇新增就业7918人。其中，公开招考录用187名高校毕业生到基层事业单位工作，政府购买公益性岗位112个，城镇登记失业率为2.9%。完成劳务输转26250人，创劳务收入1.9亿元。用于加强和改善民生的公共投入达2.21亿元。城镇职工基本养老保险、基本医疗保险和城镇居民基本医疗保险参保率分别达到99%、100%和90%，新型农村合作医疗参合率达到94.8%。城乡低保金分别提标10%和20%，共发放城乡低保金4916万元。全区8930人参加了失业保险，10877人参加了养老保险，17089人参加了医疗保险，8158人参加了工伤保险，69258人参加了新型农村合作医疗保险。投入532万元，对重度残疾人、城市三无人员和重点优抚对象实施医疗援助，筹措385万元，对困难群众取暖进行了补贴。建成廉租房624套35568平方米，经济适用房92391平方米，发放廉租房补贴499万元，全面完成第二批农村特困群众危房改建任务，102户群众搬入新居。

【精神文明与社区建设】 2009年，全区新建成5个社区办公用房和8个社区居务大厅，康乐路社区被民政部评为全国和谐示范社区和全国基层低保规范化建设典型单位，通过"省级文明区"复查验收。为全区166名村干部发放岗位补贴135万元，办理了养老保险，规范了村级干部待遇。积极维护社会稳定，调处化解各类矛盾纠纷231件，依法妥善处置群体性事件14起。加强社会治安综合治理，城乡主干道和重点区域视频探头增加到699个；严厉打击刑事犯罪，铲除3个黑恶势力犯罪团伙，"无毒区"成果得到进一步巩固。坚持防范和打击邪教组织，实现了"三个为零"的工作目标。加大法律援助和服务力度，为弱势群体办理维权案件50件，帮助各类中小企业挽回经济损失600多万元。自觉接受人大的法律监督、工作监督和政协的民主监督，认真办理人大代表建议71件、政协提案96件。为民兴办的10件实事全面完成。

【新农村建设与城中村改造】 全区现有省市新农村试点村11个，其中省级1个，市级10个。2009年，共投资2522.8万元，修建农村道路，长度41.09公里。投资346.8万元，完成农村饮水安全工程5项，受益1653户，6760人。投资100万元，改造水利工程2项和衬砌水渠1.1万米。投资903万元，开发整理土地1516亩。加快农村土地承包经

营权流转，流转土地 2528 亩。投资 61.2 万元，新建沼气池 204 座。投资 346.8 万元，改造农村危旧房 867 户。投资 430 万元，建成新农村安居工程住宅 43 户。

城中村改造稳步推进，已完成村民安置房 96206 平方米，西固村 8 号、13 号地块，小坪村 11 号、16 号地块居民安置工程正在加紧建设。

（丁祥麟）

领导名录

区　委

书　　记　李虎林
副 书 记　张国一（8 月免）
　　　　　姜晓红（3 月免）
　　　　　钱承文（3 月任）
　　　　　李继龙（8 月任）
常　　委　李虎林
　　　　　张国一（8 月免）
　　　　　李继龙（8 月任）
　　　　　姜晓红（3 月免）
　　　　　钱承文（3 月任）
　　　　　杨盛泉（8 月任）
　　　　　张立民
　　　　　贾义翔（11 月免）
　　　　　韩显明（8 月免）
　　　　　魏秀龙
　　　　　王克胜　杜书林
　　　　　王延风　张让道
　　　　　徐春花（11 月任）

纪委书记　贾义翔（11 月免）
　　　　　徐春花（11 月任）

区 人 大

主　　任　刘公明
副 主 任　周建湖　王锡明
　　　　　徐优文　陈乃安
　　　　　刘文义　柴利民

区 政 府

区　　长　张国一（8 月免）
代 区 长　李继龙（8 月任）
副 区 长　李继龙（8 月免）
　　　　　韩显明（8 月免）
　　　　　杨盛泉（8 月任）
　　　　　王克胜　曹纯科
　　　　　徐春花（11 月免）
　　　　　王立山
　　　　　马东篱（11 月任）

区 政 协

主　　席　王习军
副 主 席　张恩国　高国成
　　　　　周银基　李　军
　　　　　李仁金　白玉兰

安 宁 区

【概况】　安宁区位于兰州市中心西北部的黄河北岸，是古丝绸之路必经地。清代属皋兰县管辖。1953 年始建本区，境辖范围：东起九州台白土梁一线与城关区毗邻，西至虎头崖与西固区相接，南以黄河为界与七里河、西固区隔河相望，北依九州台、大青山、仁寿山、凤凰山与皋兰接壤，区境东西长 19.6 公里，南北宽 2.7 公里至 7 公里，总面积 86.93 平方公里。辖区有 8 个街道办事处，24 个社区居委会和 32 个村委会。2009 年，全区总人口 226774 人，其中农业人口 38967 人，城镇人口 187807 人。区内有汉、回、蒙、满、壮等 15 个民族，汉族占总人口 97.8%，人居环境优美。近年来，按照兰州市城市新区规划方案，为国家级经济技术开发区及各项建设提供了大量土地。截至 2009 年底，全区尚有耕地 4128 亩，人均耕地 0.1059 亩。2009 年区委区政府认真贯彻落实科学发展观，紧紧围绕"五个新区"的总体目标和"五大建设"的年度目标，攻坚克难，奋力开拓，全区经济社会呈现出活力迸发、持续发展的良好态势。2009 年全区生产总值 59.01 亿元，财政收入 9.05 亿元，其中一般预算收入 3.76 亿元，农民年均收入 6962 元，城镇人均可支配收入 11740 元。

【经济发展】　2009 年，区委、区政府紧紧围绕"全域统筹、率先发展，打造兰州现代都市核心区、新兴产业聚集区和生态人文宜居区"的目标，以全面城市化为主导，大力实施"拓区进位、招强引税、工业强区、商贸扩张、城乡一体"的五大战略，深入推进"民生关怀、和谐共进、党建保障"三大工程，着力在"两区优势叠加、主导产业升级、城市化进程加速、人文生态融汇、和谐社会构建、执政能力提高"等六个方面实现新突破，努力推进全区经济社会又好又快发展。地区生产总值（GDP）实现 59.01 亿元，较上年同比增长 18%。四个季度增速分别为 15.44%、12.06%、14.61%、18%，增速高于全市、全省、和全国平均水平，呈现"正钩型"运行态势，显示出安宁区正在逐渐走出国际金融危机对经济实体冲击的影响面。在三个产业面上看，第一产业完成增加值 0.23 亿元，与前一年同期持平；第二产业实现增加值 33.58 亿元，同比增长 24.5%；第三产业实现增加值 25.2 亿元，同比增长 11%，三个产业比重为 0.39:56.91:42.7。第二、三产业总量占 GDP 份额较大，成为支撑全区经济的主体。其中最突出的是工业对经济增长的贡献率为 68.95%，拉动 GDP 增长 12.41%。固定资产投资完成 68 亿元，同比增长 20.7%；社会消费品零售总额完成 26.08 亿元，同比增长 20.34%；地区性财政收入完成 9.05 亿元，同比增长 14.02%；一般预算收入完成 3.76 亿元，同比增长 25.06%；城镇居民人均可支配收入达到 11740 元，同比增长 10%；农民人均收入达到 6962 元，同比增长 13.06%。单位生产总值能耗和规模以上单位工业增加值同比下降 6%，化学需氧量和二氧化

硫排放总量减少2%。

【农业经济】 2009年，农业经济在实现农业增效、农民增收的情况下，农经比重平稳下调。全区农业共完成不变价产值1428.25万元，同比下降3.24%，完成增加值2274.17万元，同比增加33%。其中：农耕业完成1056.71万元，同比下降5.63%；林业完成542.59万元，同比增长1.8%；牧业完成 674.87万元，同比增长8.67%。全区全年蔬菜播种面积5390亩，生产蔬菜9199吨，同比下降22.79%；果品采摘3774吨，同比下降17.07%；肉产量356.64吨，同比增长107.35%；鲜蛋产量115吨，同比下降53.5%；奶产量完成1660吨，同比下降0.45%。与此同时，全区紧紧围绕“做优一产”的产业调整思路和率先建成“城乡一体化先行区”的战略目标，加快形成以都市休闲观光农业、生态农业、精品农家乐为支撑的新型农业发展格局，加快推进城乡一体化建设。辣椒、枣、食用菌等特色农产品培育开发迅速，特色农产品基地初具规模。农业休闲精品园和“农家乐”经营状况良好，全年休闲农业（生态园、精品园、农家乐）收入达到3796万元，较上年增长58.2%，农民收入因农业增效和劳动转换实现较快增长，2009年，安宁区农民人均收入6962元，同比增长13.06%，比上年净增804元。同时，第一产业增加值占全区经济增加值的比重由2008年的0.44%调整为2009年的0.39%。

【工业经济】 2009年，全区拥有工业企业608家，其中，年销售收入达到500万元以上规模的企业85家，比上年净增11家，其产值占全区经济总量的42.4%，规模以下及个体户企业523家。区域内工业总产值为98亿元，同比增长21.7%，实现工业增加值26.36亿元，同比增长23%。其中区属工业全部产值为20.23亿元，同比增长38%，实现增加值19.67亿元，同比增长42.1%。蓝科石化、鑫兰石化、阳光炭素、雪花啤酒等企业产值分别增长64.2%、59.4%、74.1%、19.5%。全区18家重点骨干企业完成工业总产值52.36亿元，同比增长42.1%，整体拉动区属工业38%的比重。高新技术产业园区完成工业总产值32.05亿元，同比增长58.8%，沙井驿工业园完成工业总产值31.05亿元，同比增长3%。

与此同时，规模以上工业企业能源消耗量显著下降，节能降耗成效明显。当年，规模以上工业综合能源消耗总量为222226吨标准煤，同比下降3.6%，单位工业增加值能耗为0.8853吨标准煤/万元，同比下降25.1%。主要能源消费品种中，原煤消费74038吨，同比下降6.9%；天然气消费875万立方米，同比增长12.3%；柴油消费1353吨，同比增长5.5%；电力消费13812万千瓦小时，同比下降7.2%。

【商贸流通】 2009年，按照打造“活力新区”的目标要求，引进了一批现代物流、商贸餐饮等项目，初步构建了立体化、多层次的大商贸格局。同时积极引导休闲精品园、“农家乐”，使经营管理水平不断提升。着力打造商业精品街市，全区消费品市场日趋活跃，商贸经济呈现出良好的发展态势。全区商业批发零售总额累计完成 79.58亿元，同比增长10.19%，限额以上批发零售企业销售增长势头凸显，尤其是汽车、烟草业大力带动了全区社会消费品零售总额的增长，11家限额以上批发零售企业累计实现销售额62.30亿元，占全部商贸总额的78.3%。其中国美电器完成49.19亿元，同比增长2.6%，药材物流（众友药业、新光药业）分别完成1.68亿元、2.48亿元。限额以上零售企业累计实现销售额12.45亿元，同比增长40.96%，华联超市销售旺盛，较上年增长7.25%。汽车业销售总额达到7.88亿元，同比增长47%。其中金皋康、金穗康、金达康、大华等销售公司当年同比增长都在50%左右。餐饮业实现营业收入3.91亿元，同比增长11.4%。同时，全区加大对旅游资源的整合开发力度，积极引导旅游业由单一观光向休闲、商务、会议、度假、购物等多元化发展。当年全区旅游接待人数达71万人次，实现旅游总收入7235万元，较上年分别增长11.4%、11.9%。

【固定资产投资及城市基础设施建设】 2009年，全区共有各类在建项目167个，累计完成投资67.7亿元，同比增长20.15%。在全部投资中，建筑及安装投资额为48.8亿元，占全部投资的72%，同比增长35%。在大力引进项目的同时，全力保障项目建设用地供给，全年共征用土地2075亩，完成拆迁3.5万平方米，报批项目用地4483亩，有力地配合了省、市、铁路等部门的工业交通、民居建设。重点推进了兰渝铁路编组站2000亩土地征收及安置工作。工业、制造业、电力、交通、卫生福利及城市基础设施建设增速较快，制造业完成投资11.43亿元，同比增长17.6%；交通运输投入9.03亿元，同比增长8.21倍；卫生及社会福利投入0.65亿元，同比增长2.42倍；城市基础设施投入5.93亿元，同比增长1.52倍；房地产投入9.4亿元（其中住宅投资6.6亿元，商业用住房投资1.7亿元），同比增长17.5%。城中村改造和新农村建设项目继续加强，启动了总投资8.5亿元、总建筑面积42万平方米的沙井驿街道安居工程，已开工建设10万平方米的住宅工程；总建筑76万平方米的安宁堡安居工程正在加快推进；启动了总投资50亿元的十里店街道城中村改造安居工程；使用亚行项目资金推动刘家堡、孔家崖、银滩街道城中村改造安居工程。2009年，全区已建成城中村安置住宅楼10.6万平方米，已入住966户。

城市基础设施建设加快了步伐，交通主干线投资2.47亿元的三条规划路正在稳步推进，已完成投资1.4亿元；投资527万元完成了15条小街巷道路改造；投资45万元对22条排洪沟进行了清淤整治；投入了350万元对辖区内市政设施进行了全面维修，水、电、供热、通讯等配套设施不断完善。与此同时，全区还实施了精品亮化工程，提升了城市景观品位。为加快宜居规划的实施，当年全区完成义务植树53.5万株，补植造林5120亩，栽植各类苗木19.22万株，破墙透绿812米，新增城市绿地12.5公顷，全区绿化覆盖率达39.9%，人均公共绿地面积达10.87平方米。

【招商引资、拓展两区发展空间】 牢固树立"招强引税、择优选项"的招商理念，认真捕捉各类信息，筛选落地项目，准确掌握市场动态，把握经济发展规律，推行"走出去、引进来"、"内外资并举"、"人才智力并重"的多元化思路扩大招商引资，努力形成 企业招商与政府促进良性互动的招商引资的新格局。通过组团招商、节会招商、以商招商、网络招商等多种形式，全方位加大招强引税力度，当年签约引进百事可乐、甘肃图书物流中心等各类项目40项，计划投资108亿元，其中合同项目25项，已开工建设20项，去年已完成了3项，完成投资14.45亿元，7个中央扩大内需项目，11个市列重点项目，48个区列重点项目全面推进，工程进展顺利。与此同时，抢抓国家大力投资、扩大内需的机遇，结合国家产业政策、投资走向和区实际，积极争取一批基础设施、民生保障项目，挤进国家投资计划。

在招商引资、项目建设实现新的突破、投资环境大大改善的情况下，国家级经济技术开发区的特区优势得到了充分发挥，多年来，安宁区着力打造高新区成为"高新技术产业高地"，积极顺应"兰白经济圈"发展战略，按照"一区多园"的发展模式，加快与周边县区建立区域协调机制和经济合作发展机制，争取将更多的区域以国家级经济区政策全面覆盖，联动开发，整体推进，增强对全市、全省更大的幅射带动作用。同时，进一步加大土地整理开发力度，整合土地资源，拓展发展空间，实施造地、造企、造城工程，推进30平方公里沙中工业园建设速度，将其打造成省、市工业经济的聚集地，产业转移、出城入园的"产业高地"，加快形成支撑全市经济发展新平台的"兰北新区"。按照"完善政策、理顺机制、自主开发"的要求，结合两区发展实际，依照《兰州经济技术开发区条例》，在土地、财政、项目准入等方面争取更大的政策支持，强化部门职能，升格管理职能，为加快发展提供良好的体制、机制和政策保障，使经济区沿着规范化、法制化的轨道高效运行，将经济区打造成真正意义上的"经济特区"，切实增强两区自主发展、自主改革、自主创新的能力。

【劳动就业、社会保障和人民生活】

2009年，安宁区为改善民生，全区各级有关部门采取多方措施加大力度，全力搭建三个平台，既保重点又兼顾全面。一是就业创业平台。加快建立促进就业的长效机制，完善落实就业及再就业政策，重点以各类工业企业和商贸服务产业为依托，大力发展劳务经济，突出抓好富余劳动力转移，实施"劳动力素质培训"工程，实行统一的免费技能培训和就业援助，切实加强劳动者的职业技能教育，加强被征地农民的就业培训，着力培育有文化、懂技术、会经营的行家里手。同时不断加强对高校毕业生的指导服务，多渠道开发各类就业岗位，帮助零就业家庭和就业困难人员尽快解决就业问题。2009年，城镇登记失业率为1.51%，新增城镇就业人员4046人，转移城乡富余劳动力4816人。二是搭建扶贫助弱保障平台。进一步健全全区的社会保障体系，进一步扩大基本养老等"五大保险"覆盖面，按时足额发放企业离退休职工的养老金，提高城乡最低生活保障金，大病医疗补助金。城市低保由原来的每人每月230元提高到253元；农民低保由每人每年1000元提高到1500元，为全省最高标准。努力追缴建筑行业农民工工资保障金738万元，依法为1293名劳动者追讨工资670万元。启动实施村干部养老保险工作，积极开展被征地农民养老保险的前期工作。新农村合作医疗参合率达到94.54%，城市居民基本医疗保险参保率达到93.1%。逐步将城镇居民医疗保障制度和新型农村合作医疗制度并轨运行，统一参保对象、统一筹资标准、统一保障水平。另一方面，切实加对大困难群众的救助和帮扶力度，建立对城乡贫困人口的普查登记制度和特困救助直通车制度，建成五保户供养中心，尽早使社会福利中心投入使用，不断提高困难群众的生活水平。2009年，用于解决城乡群众实际困难的财政资金累计达到4750万元。三是搭建安居、宜居服务平台。依托新城建设和旧城改造，安宁区不断扩大保障住房覆盖面，逐年加大经济适用房、廉租房面积。2009年累计建成经济适用房12.5万平方米，在建25.2万平方米，建成廉租房89套，在建的共有502套，实物配租31套，为893户城市住房困难户家庭发放廉租房补贴291万元。

【精神文明建设】 以创建全国文明城市工作为契机，加大社会主义精神文明建设的力度，加快以科教文卫为主体的社会各项事业的发展，加大财政投入，社会公共事业的财政支出比重超过事业总投入的三分之一以上。坚持教育事业优先发展，整合辖区教育资源，逐年增加教育事业的财政投入，强化教育基础设施建设和师德师风建设，实施“名师名校”工程，2009年长风小学项目主体竣工，沙井驿地区教育资源整合取得实质性进展。全年教育投入达到7867万元，同比增长18%。安宁区影视文化中心开工建设，体育中心建成使用，新建成两处群众健身场所和11个农家书屋。广电事业稳步推进，有线电视入户率达到98%，新增数字化用户达5000余户。打造区域文化品牌，成功举办了元宵节焰火晚会、兰州桃花节。健全医疗卫生体系，整合医疗卫生资源，通过合作开发，提升医疗卫生运行机制和“六位一体”的服务功能。着力加强食品药品安全检查和疫病防控工作。当年全区拨付医疗救助金222万元，医疗卫生投入4572万元，同比增长43%。

深入开展矛盾纠纷排查化解活动，切实加强社会治安综合治理成效显著，被中央综治委评为“全国平安建设先进区。”通过高度重视人民群众来信来访，从源头上化解社会矛盾；坚持“打防结合、预防为主、专群结合、依靠群众”的方针，深化“洁净安宁”专项行动，使居民对社会治安和综合环境的满意度达到95%以上。通过一系列的有效措施，全力维护了安宁区社会稳定，高标准地建设“平安安宁”，使和谐安宁已达到了预期建设的新阶段。

领导名录

区　委

书　记　俞敬东　（7月离任）
　　　　严志坚　（7月任）
副书记　严志坚　（7月离任）
　　　　陶明德　（7月免）
　　　　魏孔仁　（7月任）
常　委　严志坚　（7月离任）
　　　　席飞跃　（7月任）
　　　　魏空仁　（7月任）
　　　　甘培岳　邢　磊
　　　　王耀宏　宋锦荣
　　　　李自武
　　　　任程华（10月任）
　　　　黄晓玲　丁全钢
纪委书记　鲁生明　（10月免）
　　　　任程华　（10月任）

区人大

主　任　王永生
副主任　魏职恩　李克荣
　　　　丁以军　刘有录
　　　　郭成莉

区政府

区　长　严志坚　（7月离任）
　　　　席飞跃　（7月任）
副区长　甘培岳　邢　磊
　　　　王　波　王慧玲
　　　　管宝云（挂职）

区政协

主　席　马玲媛
副主席　杨玉平　莫　愧
　　　　赵晓琴　张俊南
　　　　史邦兴　高彩云

红古区

【概况】 红古区是兰州市远郊区，位于甘青两省交界，东邻西固区、北接永登县，西南与永靖县及青海民和县隔河相望，处于连接甘青两省，肩挑兰州、西宁两大省会城市的独特区域位置。区内拥有煤炭、建材、冶金等为主的工业集群和以“奶基地”、“菜园子”为主的兰州市最大的副食品基地，是兰州市规划建设的重要“一小时”城市辐射地区和兰州—西宁—拉萨经贸走廊重点建设地区。

红古区辖1乡3镇3街道，22个社区居委会，33个村委会。总面积为567.6平方公里，总人为14.10万人。其中城市总人口9.24万人。

【经济发展】 2009年，红古区主要经济指标继续保持两位数增长，实现地区生产总值55.3亿元，增长13%。其中：第一产业实现增加值4.85亿元，增长5.3%；第二产业实现增加值36.82亿元，增长14.5%；第三产业实现增加值13.63亿元，增长12%。完成全社会固定资产投资25亿元，剔除不可比因素后，增长19%。实现社会消费品零售总额14.19亿元，增长16%。完成全地区财政收入4.26亿元，增长21.43%；完成一般预算收入8424万元，增长24.58%，加上兰铝税收1500万元和资源税返还430万元，达到10354万元，增长42.6%。城镇居民人均可支配收入达到9512元，增长10%；农民人均纯收入达到6612元，增长12%。节能减排成效良好，单位生产总值能耗降低5%，单位工业增加值能耗降低9.36%，主要污染物排放控制在市上下达的指标之内。

【工业与招商引资】 工业经济运行形势企稳向好，实现工业增加值30.6亿元，增长16%。招商引资新引进合同项目31个、总投资21.7亿元，开工建设23个、引进到位资金10.2亿元。全力为国家重大建设项目搞好协调服务，兰青铁路二线竣工通车，涩宁兰天然气二线工程基本完工。

【农业和农村经济】 大力发展农业特色产业，新发展设施农业610亩，新增草莓、西甜瓜、食用菌等特色种植1000亩，蔬菜产量达到7500亩；扶持发展生猪、奶牛、肉羊、獭兔等养殖大户23户，全面推行奶牛养殖保险，畜禽存栏达到14.8万头（只）。

积极扶持龙头企业和农村经济合作组织发展，完成了花庄奶牛养殖场扩建工程和亨华公司大型沼气发电项目，新发展农村经济合作组织5个。投资1278万元，实施了红山大坪、米家台等耕地占补平衡项目，完成了谷丰渠王家口隧洞衬砌和险段改造工程。新农村试点村建设进展良好，投资4700万元，实施各类项目36个，建成洞子、薛家等6个市级新农村试点，编制完成村庄规划6个，建成安全饮水工程2个、村民文化广场6个、农家店15个。

【贸易与投资】 加快商贸流通业发展，金海天商业广场投入运营，金海湾商厦、西荷港生态园即将开业经营，新发展私营企业64家、个体户550户，实现非公经济增加值19亿元，增长20%，争取中央扩大内需项目25个，落实到位资金4508万元，已完工项目10个。

道路建设，永窑公路红古段整治改造工程、花庄北路、方正路及下海石排洪沟综合整治工程等已基本完成；中和北路、红古二路征地拆迁工作基本完成，已开工建设。2009年共投入城市基础设施建设资金1.16亿元。

项目建设，全年开工建设重点项目76个，完成投资25亿元。方大炭素高炉炭砖生产线、炭素焙烧系统改造、石墨化炉体改造、兰铝后续配套工程、平安水电站等一批重点项目建成投产或基本完工，窑街煤电公司油页岩、红古水电站等一批项目抓紧建设。

【村镇建设】 编制完成了海石湾三版城市总体规划、窑街小城镇总体规划和平安、花庄小城镇详规。投资1.16亿元，完成了花庄路北延、红古路东延、方正路拓建、平安路东口整治和红古二路、中和北路路基工程，加快了红古路西延、窑街大什字改造、窑街滨河路建设。加大房地产开发力度，兴建了宝瑞花园、金海天嘉园等一批新型住宅小区，新增住房面积21万平方米。加大城市经营力度，与兰州银行达成8亿元的融资合作意向，储备土地466亩，出让土地216亩，实现收益4600万元。集中开展了城市管理“六大整治”、“百日大会战”活动，实施了平安路亮化工程，改造小街巷2条，修补破损路面2600平方米。加大城市违法建设整治力度，依法拆除违法建筑28户，确保了重点城建项目顺利实施。

【社会事业】 深入开展文明创建活动，建成国家级文明乡镇2个、省市级文明单位、文明村和社区10个。大力实施教育满意行动计划，建成窑街学校教学楼、区职教中心实训基地，改造学校危房1.56万平方米，落实“两免一补”资金619万元，高考上线率提高11.6个百分点。科技服务水平进一步提高，完成科技费用支出342万元，引进新品种31个，推广新技术6项，顺利通过了国家级科技进步县区复查考核。城乡医疗卫生服务体系不断完善，建成3个社区卫生服务中心、7个标准化村卫生所和500座农村卫生厕所，妥善处置了手足口病、甲型流感等疫情。文化事业繁荣发展，建成海石湾、窑街街道综合文化站和“村村通”广播电视平安台发射基站，广泛开展了庆祝建国60周年等群众文化活动，顺利通过了省级文明先进区复查验收。人口和计划生育工作稳步推进，人口出生率控制在8.05‰以内。审计、统计、物价、档案、民族宗教等工作和妇女儿童、老龄、残疾人等事业都取得了新的成绩。

【社会保障和人民生活】 2009年，城镇新增就业3866人，其中下岗失业人员1070人，通过公开招考、纯农户“零就业家庭”和公益性岗位安置大中专毕业生318人，城镇登记失业率控制在3.6%以内。输转城乡剩余劳动力4594人，创劳务收入3100万元。城镇基本养老、失业、医疗、工伤、生育保险覆盖面进一步扩大，累计扩面3640人，其中农民工参加工伤保险2530人。城镇居民医保率和新农合参合率分别达到97%和94.5%，报销医疗费用2364.8万元。低收入群体和困难群众的生活得到保障，20.7万人（次）享受到城乡低保政策，发放保障金和物价补贴2490万元。重视解决困难群众生活和住房问题，发放救灾救济、大病医疗救助等各类救助金312.5万元，建成经济适用住房337套，为994户城市低收入家庭发放廉租住房补贴214.7万元。筹措108万，提高了村干部报酬待遇，为全区117名村干部办理了养老保险，建立了村、社区运转经费最低保障机制。为民兴办十件实事基本完成，建成农村公路78公里、廉租住房191套、新住宅73户、农村沼气2850座、农家书屋18个，改造农村危旧房1500户，完成了永窑街公路红古段整治改造、平安镇计生服务中心、十八中食堂建设和十七中操场平整，海石湾北区农贸市场动工建设，总投资1.38亿元的海石湾污水处理厂、垃圾处理场和窑街垃圾处理场已完成规划选址，列入了国家扩大内需项目计划，待资金到位后组织实施。

（尚　俊）

领导名录

区　委

书　记　陈亲恭（3月免）
　　　　咸大明（3月任）
副书记　陈　静（8月免）
　　　　韩显明（8月任）
　　　　马海麟（8月免）
　　　　毕燕成（8月任）
常　委　陈亲恭　咸大明
　　　　韩显明　毕燕成

钱承文（3月免）
朱守诚（11月任）
程　华（11月免）
冯月旺（11月任）
常学明　高佑军
李胜利
冉维嘉（11月任）
赵同庆（11月任）
高文阳
纪委书记　高文阳

区人大
主　任　薛　顺
副主任　王爱春　金应旭
钱积运

区政府
区　长　陈　静（8月免）
副区长、代区长　韩显明（8月任）
副区长　钱承文（3月免）
朱宗诚（8月任）
唐浩漩
赵承顺（11月免）

王晓宁（8月免）
郁积鹏（8月任）
韩向敏（11月免）
李　荣（11月任）

区政协
主　席　陈芦骐
副主席　马玉才　郭悟琴
李世平　安永学

榆　中　县

【概况】　榆中县位于甘肃省中部，西靠七里河区、城关区，东邻定西县，西南与临洮县交界，北隔黄河与皋兰县、白银市平川区相望，东北和靖远县、会宁县接壤。榆中介于东经103°50′至104°34′北纬35°34′至36°26′之间。南北长92公里，东西宽54公里，总面积3301.64平方公里，耕地面积105.4万亩（其中水田0.1万亩，旱地105.3万亩），林地43.58万亩。2009年底，全县有8镇15乡，268个村委会，4个社区居委会，1617个村民小组。有人口114258户，431699人，其中农村95497户，计385458人，人口自然增长率为7.8‰。有汉、回、壮、东乡、维吾尔等12个民族，汉族占99%，少数民族占1%，主要为回族。

榆中县地处陇西黄土高原，大部分地区被黄土覆盖。地势由西南、东南、东北三面向西北倾斜，南和北部为山区，两山之间为中部川区地带。海拔1400米—3700米之间，最低点青城镇东滩为1432米，最高点马衔山主峰为3670米。

黄河流经榆中县北部来紫堡、青城、上花岔、园子岔四个乡。大部分是界河、多为峡谷区、宜于提灌。主要支流有兴隆大河、龛谷河、黑池沟等。气候属温带半干旱性气候。气温年周期变化，夏季高，7月最高，冬季低，12月最低，年平均气温6.7℃。境内地形复杂，海拔高差大，降水量少。北山地区年降雨量300毫米，南山地区年降雨量500毫米。

【经济发展】　2009年，全县实现生产总值33.7亿元，同比增长12%；其中：第一产业7.8亿元，同比增长10.24%；第二产业16.5亿元，同比增长9%；第三产业9.4亿元，同比增长20.%。三次产业的比重为23∶49∶28。完成固定资产投资25.48亿元，同比增长32.23%；社会消费品零售总额达到9.53亿元，同比增长12.07%；地区性财政收入达到4.18亿元，其中：一般预算收入1.97亿元（含国有资产处置一次性收入3760万元），同比增长23.17%；完成财政总支出11.78亿元，比上年增支3.21亿元。城镇居民可支配收入7586元，同比增长13.02%；农民人均纯收入2748元，同比增长14.9%。

【农业经济】　全年完成农业总产值13.46亿元，同比增长19%，实现增加值6.91亿元，同比增长6.9%。全年完成农作物播种面积128.7万亩。粮食作物播种面积80万亩，同比增长6.47%。其中：夏粮播种面积29.49万亩，同比增长0.03%；秋粮播种面积50.50万亩，同比增长10.64%。粮食总产量为15.2万吨，同比增长7.75%。其中，夏粮总产量为3.67万吨，同比下降5.7%；秋粮总产量为11.56万吨，同比增长12.87%。粮食播种面积中，采用双垄沟播技术种植粮食25.6万亩，总产量12.4万吨，占粮食总产量的81.6%。全年蔬菜面积26.2万亩，年产量51.7吨，增加14.88%。完成无公害蔬菜种植45.1万亩（含复种面积），其中高原夏菜播种面积26.1万亩，比上年增加1.98万亩（含冷凉型蔬菜2.75万亩），同比增长8.58%。全年产量达到45万吨，同比增加0.52万吨。全年共引进蔬菜新品种255个。新增设施农业1540亩，完成沼气池建设6454户。粮经饲比由上年的55:39:6调整为55:37:8。畜牧业，全年羊存栏11.96万只（其中完成舍饲养羊4.2万只），羊出栏5.36万只；生猪存栏97万头、猪出栏10.53万头；鸡存栏31.06万只（其中发展散养鸡15.8万只）、鸡出栏23.54万只；奶牛存栏0.22万头；肉类产量9198.71吨，禽蛋产量2484.8吨，奶类产量8929.59吨。农村拥有机械总动力达321194千瓦，农用三轮车、四轮车12533辆，各种拖拉机881台，农用载重汽车273辆，农业生产用电量5028.24万度，农用化肥施用量63957.37吨。完成三电、和电、青电等灌区的重点改造工程；完成2000亩坡地耕地水土综合整治建设任务；全面完成雨水集蓄利用工程；新增有效灌溉面积3500亩，梯田1.84万亩；完成水土流失治理面积22平方公里。农田有效灌溉面积达37.32万亩。完成退耕还林补植补造6.1万亩、人工造林1.42万亩。

【工业经济】　全县工业企业总产值72亿元，同比下降9.7%，规模以上工业企业总产值68亿元，同比下降9.37%；规模以上重工业总产值达63.58亿元，比重占93.84%；轻工业产值4.17亿元，比重占6.16%；全县工业企业增加值13.2亿元，同比增长1.3%；规模以上工业增加值11.42亿元，同比增长1.50%；轻工业增加值1.77亿元；重工业增加值9.65亿元。国有企业增加值1.63亿元。股份合作企业0.09亿元，股份制企业9.36亿元，其他企业0.35亿元。在规模以上工业增加值中：国有控股企业增加值6.41亿元：私营企业增加值3.42亿元；非公有工业增加值5.01亿元；大中型工业企业仍然为全县主导产业，完成增加值8.59亿元。全县规模以上工业企业完成销售产值64.32亿元，产销率达到94.93%，同比下降0.68个百分点。

【固定资产投资】　全年共引进各类项目57项，到位资金17.9亿元，建成投产46项。实施中央扩大内需项目55项，新增中央投资1.5亿元，其中农村安全饮水工程等27项建成，28项在建，完成投资16.2亿元。累计完成固定资产投资25.48亿元，同比增长32.2%。（其中城镇以上完成投资17.51亿元，农村集体和个人投资7.97亿元）。新建项目有金川公司镍钴锰三元电池材料生产线、异地扶贫搬迁、农村初中校舍改造、榆中县医院门诊外科综合楼、和定公路改扩建、户用沼气池、设施农业基地建设、农村饮水安全工程等已完成。在建项目有京兰公司新型干法水泥生产线项目、坡耕地水土综合整治工程、联合重工有限公司整体搬迁改造项目、兰州农副产品物流中心等工程。

【消费品市场】　全县消费品市场商品供应充足，需求稳步攀升，实现社会消费品零售总额9.5亿元，同比增长12.07%。分城乡看，县城的零售额5.87亿元，增长12.48%：县以下零售额3.65亿元，增长11.42%。分行业看，批零贸易业稳中趋活，批发零售贸易业实现零售额6.97亿元，占社会消费品零售总额的73.3%，同比增长11.94%；住宿餐饮业比较活跃，家庭餐饮消费增长，餐饮业实现零售额2.56亿元，占社会消费品零售总额的26.7%，同比增长12.43%。

【财政金融业】　2009年，完成地区性财政收入4.18亿元，同比下降15%（县级收入1.97亿元，同比增长23.17%）。其中增值税20995万元，下降21.25%；营业税8105万元，增长20.68%。企业所得税572万元，下降91.75%。财政支出11.78亿元，增长37.46%，其中一般预算支出10.37亿元，下降33.93%。全县金融机构各项人民币存款余额为63.37亿元，增长36.59%。金融机构各项人民币贷款余额为32.16亿元，增长14.31%。其中短期贷款余额增长2.84%；中短期贷款余额增长28.85%。资金回笼9662万元。

【交通邮电】　全年交通运输、仓储及邮电通信业增加值4899万元，比上年增长9%。交换机总容量达到9.5万门。固定电话用户达到2.5万户：其中，城市电话用户0.29万户、农村电话用户2.21万户；小灵通电话用户0.26万户；移动电话用户达到7.4万户。全县固定及移动电话用户总数达到10.55万户，电话普及率达到25部/百人。货运车辆达到7485辆，同比增长71.24%，完成货运量577万吨，同比增长0.5%；货物周转量36699万吨/公里；同比增长93.15%；客运车辆达到463辆，客运量424.9万人/次，同比增长32.3%。客运周转量35832万人/公里，同比增长11%。

【旅游资源】　境内有全国重点文物保护单位一处。距离兰州市区10公里，榆中县城23公里的明肃王墓位于来紫堡乡黄家庄村北侧平顶峰南麓，南北宽约300米，东西长约3000米，墓区内有明代十位藩王，以及两位妃子和一位夫人共11座墓葬。2006年5月25日，肃王墓被国务院公布为国家重点文物保护单位。肃王墓的保护已列入榆中县资源开发计划。

境内有国家级历史文化名镇一处。青城镇又名一条城，位于兰州黄河下游50公里处，地处榆中县北部，陆路距离兰州市约90公里，白银市25公里，榆中县120公里，是古丝绸路上的重镇。青城历史悠久，地理条件优越，历代文人墨客荟萃，商贾云集，会馆林立，创造了灿烂的青城文化，留下了许多珍贵的历史文化遗产和遗迹。青城是水烟的发源地，被誉为“中国水烟之乡”。水烟业的兴起，推动了古青城加工业、运输业、商业、教育、文化和建筑业的发展。这里曾经人才荟萃，教育发达，文化兴盛，民风淳朴，被誉为“风雅青城，仁义之乡”。全镇拥有一个省级文物保护单位——高家祠堂，有三个县级文物保护单位：青城隍庙、青城书院、二龙山戏楼。有60多处保存较完整的明清时期的古民居四合院，有400多株百年以上的各类树木。2006年被甘肃省建设厅、甘肃省文物局命名为“甘肃历史文化名镇”。2007年被中华人民共和国建设部、国家文物局命名为“中国历史文化名镇”。

境内省级文物保护地六处。一是位于县城西北10公里的连搭乡马家屲新石器文化遗址；二是位于小

康营乡的红寺新石器文化遗址；三是位于甘草店镇郭家湾新石器文化遗址；四是初建于1736年（清乾隆28年）的兴隆山握桥。位于县城西南5公里的兴隆山，是国家4A级旅游风景区，景区有大峡河水流出、清水盈盈、林木葱郁、景色宜人。被誉为“陇右第一名山”；五是夏官营镇的古城遗址；六是位于青城镇的高家祠堂。

境内有省级非物质文化两项。一是金崖镇的“七月官神”，是榆中地区参与群众最多、涉及地域最广的一项民间民俗活动。活动范围包括夏官营镇、金崖镇、来紫堡乡、清水驿乡、连搭乡、定远镇、城关镇七乡镇的36个村社。从七月初十至八月中旬，由“师公子”穿百家衣、执扇鼓（形如圆扇的羊皮鼓）、钺斧在神庙间来往表演、舞蹈念经，有曳神、鞑靼神等多种形式，夜间向神像祟祝（祷告）。其间，唱兰州鼓子、榆中小曲子，表演杂要“流星水锤”“流星火锤”“小洪拳”及皮影戏。现代表演有秧歌、秦腔、彩旗队、仪仗队。二是和平镇的“太符灯舞”。它根据《封神演义》“哼哈神将”的故事创编而成，距今已有百余年历史，2009年被列入省级非物质文化遗产名录。全年接待游客60万人（次），实现旅游总收入2500万元。

【社会事业】 全县有学校329所，高中在校生10155人，初中在校生20029人，小学在校生29146人，学龄儿童入学率达100%。高中专任教师608人，初中专任教师1286人，小学专任教师2273人。完成9所农村初中校舍改造。排除危房2.2万平方米。全县有卫生机构347所，其中县级8所、乡级卫生院21所、厂矿卫生所站10所，村卫生所268所，医院和卫生院床位787张，全县卫生技术人员1155人，其中执业医师和执业助理医师443人、医士332人、护士等380人。新建4所乡镇卫生院、26所市级标准化卫生所和县一院门诊外科综合楼，完成卫生系统综合业务楼主体工程。科学有效处置了兰州成功学校等甲流疫情和银山、来紫堡突发公共卫生事件。文化体育广电事业蓬勃发展，县城数字电视网络改造顺利进行，新发展有线电视用户3000户，完成“村村通”1.4万户。全民健身馆建成投入使用，建成8个乡镇文化站和100个农家书屋。

【人口和社会保障】 全县总人口为431699人，比上年增加1574人：其中农村人口385458万人，城镇人口4.6万人；全年出生人口3924人，出生率为9.21‰。死亡人口2350人，死亡率为5.51‰，自然增长率3.69‰。建成县计生服务站和6个计生服务所。

全年新增城镇就业人员1500人，城镇登记失业率2%。完成农村劳动力技能培训2300人，劳动力输转9.5万人，实现劳务收入6.9亿元。发放基本养老金2954万元，发放失业金176.68万元，为农民工追回拖欠工资227.13万元。发放各类抚恤金265万元。发放城乡最低生活保障金2500万元，下拨救灾救济款655万元，发放大病医疗救助资金231万元，重点解决了贫困户（特困户、重灾户、五保户）的生产生活问题。县中心敬老院和北山敬老院建成入住。完成农村危旧房改造1.33万户，建成廉租房109套，发放廉租房补贴92.2万元。全年参加城镇居民基本医疗保险1.52万人。年底共有35.8万农民参加了农村合作医疗，占农民总数的95.53%，减轻群众医疗负担3569万元，受益面达到28.3%。榆中被列为全国首批新型农村社会养老保险试点县，试点工作全面展开。

【城乡一体化建设】 坚持规划先行、分类指导，先易后难、先川后山的原则，稳步推进城乡一体化建设。成立乡镇规划办公室，完成县城控详规划和《兰州东城区一体化发展研究》，启动城乡一体化发展总体规划编制工作，重新修编川西乡镇和北山区域中心总体规划和详控规划。加大融资和资金整合力度，加快东城区水、电、路网和公共服务设施建设，完成县城文成路、大成路改造和环城西路、太白西路绿化景观建设等一批市政工程，启动县城生活垃圾处理、县城供水、南河公园等一大批基础设施项目，进一步完善了城市功能。特别是投资2.5亿元的和定城市Ⅰ级干道建成通车，有效拉近了与市区的距离，促进了东城区与中心城区的对接融合，加快了榆中城市化进程。坚持重点突破与整体推进有机结合，在10个乡镇进行城乡一体化建设试点，兴隆山、连搭等4个试点村建设全面铺开。北山区域中心发展战略深入实施，区域中心建设已形成共识。大力整治城乡环境，从解决与群众生活息息相关的卫生环境入手，以制定乡村规划和风貌改造为重点，以点带面，整体推进，城市环境和村容村貌有了显著改善。

（周学海）

领导名录

县　委

书　　记　胥　波
副 书 记　徐大武　王　林
常　　委　胥　波　徐大武
　　　　　王　林　刘会朗
　　　　　魏万宏　谢志明
　　　　　蔡泽雄　韩悌勇
　　　　　丁小蔚　杜吉平
　　　　　唐伟尧
纪委书记　魏万宏

县 人 大

主　　任　冯德三
副 主 任　马得屏　岳存孝
　　　　　赵菊珍　岳光武

王维中　周尚华

县政府

县　　长　徐大武
副 县 长　谢志明　唐伟尧
　　　　　李得亮　张丽霞
　　　　　裴万江

县政协

主　　席　黄宗利
副 主 席　丁述学　刘正堂
　　　　　魏其璞　蒋应琴
　　　　　黎正华　朱建新
　　　　　白平怀

皋兰县

【概况】　皋兰县位于甘肃省中部，东经103°32′—104°22′，北纬36°05′—36°50′之间，北与景泰县接壤，南接兰州市城关区及安宁区，东邻白银市白银区和榆中县，西连永登县，南北长79公里，东西宽59公里，总面积2556平方公里。境内地势大体自西向东南倾斜，最高海拔2454米，最低海拔1454.4米，落差超过千米；地貌特征为周边山地，中部黄土梁峁山陵，西北部秦王川断陷盆地，东南部什川黄河谷地4个自然单元。属温带半干旱气候区，降雨量少，蒸发量大，日照充裕，年均降水量266毫米，而蒸发量高达1660毫米，年均气温7.20℃，年平均日照2768.7小时，无霜期144天。黄河流经皋兰境内约35公里，年均流量311亿立方米，峡谷地带蕴藏可观的水能资源。铁路、国道、省道、高速公路穿越县境，县乡公路四通八达，县城距中川机场30公里。县内三川口、北龙口、九合、新地、中川等园区建设初具规模，成为兰州市重要的电力、机械、化工、建材、冶金、饲料生产地。全县辖3乡4镇71个村民委员会和3个社区居民委员会，总人口18万，其中农业人口15万。

【经济发展】　2009年，面对金融危机的严重影响，全县上下积极应对，县域经济在困境中保持了良好的发展势头，实现了四个突破。即地区生产总值突破20亿元，增长12.7%，人均生产总值达到11854元，增长13.1%，一、二、三产业比例调整为17.2∶55.4∶27.4；全社会固定资产投资突破10亿元，增长30.1%；地区性财政收入完成22702万元，增长11.8%；一般预算收入完成9191万元，增长18.3%。城镇居民可支配收入达到6452元，增长12.3%；农民人均纯收入突破3000元，增长15.1%；全社会消费品零售总额完成3.51亿元，增长16.2%；金融机构各项存款余额突破30亿元，城镇居民储蓄达到18亿元。

【农业和农村经济】　明确农业发展定位，优化产业布局，调整种植结构，整合支持300多万元，着力推进出口创汇蔬菜、设施西甜瓜、旱砂西甜瓜、红砂洋芋、优质林果等5个万亩标准化示范基地和千亩高新设施农业综合示范园区建设，确定标准化示范核心区12个，新增设施农业面积2320亩，累计达到2.1万亩。扶持壮大龙头企业，落实订单农业面积11万亩。新建养殖小区10个，畜禽存栏达到57.3万头（只）。农村基础设施建设步伐加快。投资3440万元的西电大型泵站改造一期工程进展顺利。筹资147万元，新建塘坝5座。投资746万元的2008年扶贫开发项目全面完成，投资830万元的2009年扶贫开发项目顺利实施。投资2948万元，完成白井子川2900亩土地开发复垦和水阜2337亩土地开发整理项目。农业综合开发和基本口粮田项目顺利实施。建成4个乡镇标准化兽医站。生态家园富民工程扎实推进，新建沼气池2770个，累计达8170个。县城东西两山绿化、大砂沟造林、农田防护林网等重点绿化工程有序推进。电力基础设施进一步改善，完成36千伏六合送变电工程和崖川变电站增容改造工程。落实各项强农惠农和惠民政策，及时足额发放粮食、农资、农机、石油、“家电下乡”等各类补贴资金1239万元。乡村道路建设不断加快，完成皋营公路改造30.6公里。皋什公路路基工程基本完工。建成通村水泥道路40条183.9公里，超额完成103.9公里，提前实现了“村村通”目标。投资1820万元，建成水阜川、中川、黑石川、什川安全饮水工程，有效解决了3.5万人的饮水安全问题。投资1398万元，易地搬迁涝池、高山等村农户284户。

【新农村建设】　整合资金2240万元，推进中堡、文山、蔡河、老鹳、燕儿坪、四墩等6个新农村试点示范村建设，落实以“培育新产业、建设新村庄、培养新农民”为重点的各项任务，农村面貌发生了明显变化。按照“服务城市、提升农业、发展农村、富裕农民”的思路，以大力发展现代农业为主，在试点村发展小杂粮种植2500亩、露地蔬菜种植2700亩，新建日光温室95座，新建高架大棚590座，完成土地开发300亩，衬砌渠道8.3公里；在四墩村建设规模养殖区1处，建成养殖用房304间4560平方米。在试点村新建农户住宅30套，建成沼气池100座，硬化村庄道路13.3公里、砂化1.1公里，栽植绿化苗木2万多株，新建村民服务中心4处970平方米、维修村民服务中心2处420平方米，建成村民文化活动广场6处、硬化10000多平方米；在燕儿坪村铺设人饮管道10公里，新建检查井10座、50立方蓄水池1座、集中供水点2座。在各村建立健全

农产品专业合作协会、农民经纪人协会、水管协会、妇女专业协会和红白理事会等10类农民新型经济和社会合作组织。

【工业经济】 强力推进北龙口物流经济园区、三川口工业经济园区、什川生态旅游经济园区建设，研究制定了总体规划和建设方案。与武汉大陆桥开发有限公司签订了投资20亿元的北龙口物流经济园区开发协议，投资1100万元的排洪道建设完成土建工程。投资5551万元的三川口工业经济园区主干道工程完成路基和管网敷设。投资1100万元完成三川口供水扩容工程。编制完成三川口商业一条街开发规划。什川生态旅游经济园区完成环梨园道路和水绕梨园一期工程，农家乐经营行为不断规范，园区整体服务水平明显提高。深入开展"服务企业年"活动，协调金融部门为11家企业落实贷款1.45亿元，为29家企业争取专项扶持资金2149万元。筹措资金1942万元，顺利推进8家国有企业改革。基本完成粮食企业主体改革。协调帮助"两厂"破产重组，落实改制资金4.48亿元。节能减排措施全面落实，关闭落后产能企业4家，规模以上企业万元增加值能耗下降4.8%。完成工业增加值9.56亿元，增长15.0%；完成规模以上工业增加值7.76亿元，增长16.8%。全力构筑县城商贸物流服务业框架，成功引进武汉商贸城并投入营业，开工建设皋兰购物广场。进一步实施"万村千乡"市场工程。实现第三产业增加值5.78亿元，增长10.7%。实现非公有制经济增加值9.75亿元，增长21.0%。

【招商引资】 大力实施"项目立县"战略，制定并落实33条优惠政策，成立企业家协会，建立商会招商平台，招商引资和项目建设实现了重大突破。引进合同投资项目31个，完成目标任务的124%。其中引进项目中工业项目16个，农业项目4个，商贸及其他项目11个；引进投资千万元以上项目27个，占引进项目总额的87%；投资5000万元以上项目13个，其中引进北龙口物流经济园、罐装饮料生产基地、天添庭院等亿元以上项目8个，实现了重大项目引进的新突破。合同引资35.6亿元，创合同引资的历史新高，完成目标任务的508.5%。到位资金6.63亿元，完成目标任务的132.6%，较上年增长21.2%。新引进项目全部建设实施，且重大项目均已缴纳项目保证金，合同履约率100%。PPR管材生产线、纯棉布织造生产线、福田乳化沥青等8个项目已建成运营，罐装饮料生产基地、北龙口物流经济园、天添庭院房地产开发、1.9万吨食用油生产线、富临纯净水生产线、华昌石材场、无公害中药材示范园等13个项目正在加紧建设，天然气供气站、地下弱电管网建设、温州市场及安置楼综合建设、城南步行街综合开发、火车站旧房改造、三汇沁园房地产等10个项目正在办理审批手续，筹备建设事宜。争取并实施各类政策性项目65项，到位资金3.81亿元，增长54.2%。

一年一度的"什川之春"旅游节

【财政税收】 2009年，全县地区性财政收入完成22702亿元，占调整预算的96.5%，比上年增长11.8%；其中，地方一般预算收入完成9191万元，占调整预算的101.8%，同口径比上年增长36%，可比口径增长18.3%。按税种划分，增值税完成1621万元，营业税完成3977万元，企业所得税完成470万元，个人所得税完成87万元，城市维护建设费完成749万元，房产税完成222万元，印花税完成103万元，城镇土地使用税完成70万元，车船使用税完成407万元，契税完成261万元，专项收入510万元，行政性收费收入完成400万元，罚没收入完成132万元，国有资源有偿使用收入完成141万元，其他收入完成41万元。完成一般预算支出57813万元，占调整预算的99.9%，同比增长44.3%；其中：县财力支出完成25382万元，占调整预算的100%，同比增长5.4%；省、市专项支出完成32431万元，占总指标的99.8%，同比增长102.7%。按支出科目分类，一般公共事务支出6058万元，同比增长12.6%；公共安全支出2376万元，同比增长64.4%；教育支出16653万元，同比增长15.2%；科学技术支出395万元，同比下降

15.5%；文化体育与传媒支出570万元，同比下降3.9%；社会保障和就业支出6114万元，同比增长99.9%；医疗卫生支出6713万元，同比增长98.7%；环境保护支出2611万元，同比增长262%；城乡社区事务874万元，同比下降49.7%；农林水务支出10904万元，同比增长60%；交通运输支出2329万元，同比增长816%；采掘电力信息等支出370万元，粮油物资储备等管理事务支出5373万元，同比123.4%，地震灾后恢复重建支出35万元。其他支出1274万元。全县各类项目资金争取实现了历史性突破，共争取各类财政资金40944万元，同比增加了23392万元；其中政策性专项资金36548万元，专项财力补助3011万元，可用财力补助1355万元，地方政府债券转贷资金1400万元。在到位资金中，50万元以上项目资金75个，增长51%；国家扩大内需项目38项，到位资金9852万元。

【城市建设】 积极推进城乡一体化进程，编制了《城乡一体化2009年—2011年发展规划纲要》、《推进城乡一体化试点总体方案》和《对接兰白都市经济圈发展工作总体方案》。认真落实《2009年推进城乡一体化实施方案》，完成10个方面的规划和制度建设。县城二版总体规划、土地利用总体规划修编顺利实施。拓建完成的'两纵四横'城区道路，彻底结束皋兰县城'一条街'的历史，配套完成占地4万平方米的县城中心广场，亮化绿化工程以及给排水、供热等城市设施，提高了城市功能和县域经济发展。融集建设资金1亿元。推进县城"东扩南展"，投资5525万元的县城南部开发二期工程顺利推进，投资4200万元的三期工程全面启动。推动小街巷改造，兰泉路、中心路细油罩面全面完成。投资991万元，建成城区生活垃圾处理场并投入使用。深化城市管理体制改革，开展环境综合整治，城乡面貌显著改观。大力推进县城房地产开发，投资2.96亿元的国芳·国际金色花园、天添庭院、三汇沁园等重点项目进展顺利。忠和小城镇重点推进北龙口物流经济园区建设前期工作，西岔、什川小城镇基础配套设施不断完善。城镇聚集功能不断增强，城镇化率达到33%。

【商贸旅游】 商贸流通体制不断完善，紧紧围绕"实现一个主题、打好三个硬仗、抓好五个项目、完成六大目标"的工作思路，千方百计抢抓政策性项目，争取落实"万村千乡"市场、标准化菜市场、节能减排、装备制造业、淘汰落后产能等政策性项目31个，落实到位资金2149.03万元。其中：国家发改委、财政部项目4个，落实到位资金1526万元；省财政厅项目7个，落实到位资金132.56万元；省商务厅项目5个，落实到位资金150.47万元；省工业和信息化委项目3个，落实到位资金100万元；市财政局项目1个，落实到位资金5万元；市商务局项目4个，落实到位资金65万元；市经委项目5个，落实到位资金170万元。与去年同期相比，政策性项目资金落实到位率增长750%，为县域工商企业发展注入了新的活力。投资35万元，改造提升农家店10家；争取扶持资金16万元，建成岘子村、魏家庄村两个商贸服务中心。"万村千乡"市场工程真正成为"农民得实惠、企业得效益、政府得民心"的德政工程，成为新农村建设的亮点工程之一。积极做好"家电下乡"优惠政策宣传工作，出动宣传车10台次，发放宣传资料2100份。2月18日，兰州市"家电下乡"推广工作启动仪式在皋兰县城中心广场举行，截至12月25日，销售店17家，共销售家电产品2566台（件）。其中：电冰箱561台，电视机407台，洗衣机259台，手机1265部，热水器55台，电磁炉3台，计算机16台，销售金额269.5万元，农民享受补贴35万元。投资230万元，建成皋兰标准化菜市场并投入运营；投资350万元，建设皋兰购物广场，将于2010年7月投入运营。2009年，以"黄河故里、生态古镇、梨韵水乡、绿色家园"为主题，按照"梨花搭台、文化唱戏、经济主演"的要求，围绕打造皋兰名片，构筑"兰州什川生态休闲家园"和打造"中国第一古梨园"旅游品牌，创建国家4A级旅游景区为目标，4月份，成功地承办了第七届"兰州·什川之春"旅游节，在节会期间开展了大型开幕式、"花海踏青"、"盛世梨园"、"多彩皋兰"、"广角梨园"、"成长乐园"、"幸福时光"等生态、休闲娱乐游和商务洽谈等活动。9月，又举办了第四届"兰州·什川金秋"采摘节，以"采梨园百年硕果，庆建国六十华诞；赏古镇生态红叶，游梨韵精致水乡"为主题，通过组织开展文化联谊、果品展销、项目推介和招商引资等活动，集中展示皋兰特有的旅游资源和百年梨园积淀的人文文化；投资1000万元建设了占地120亩的荷塘，间隔别墅群，荷塘内修建了观景木桥、休憩长廊、赏花亭阁；投资10万元在绿岛建设了"梨花石刻"长廊，有30块石刻梨花诗碑；投资150万元建成泥丸农庄观景长廊主体楼等设施，推动了什川"一河两翼"旅游布局；葡萄苑投资20万元建成葡萄苑观光长廊24米、观光亭1座，投资800万元建成观光农业温室202座；加强旅游景区基础设施建设，实施"二路一水"工程，即投资1800万元拓宽建设皋什公路20公里，投资456万元改造拓宽吊桥至鱼池、教场街至楼子街、三合段环梨园游览道路6.2公里，投资40万元新建水绕梨园观光道路2条4公里。全年共接待游客56.6万人，其中，什川生态

旅游景区接待游客55.6万人，比去年接待52万人同比增长8.8%；旅游收入1950万元，比去年同比增长25%。

【劳动就业与社会保障】 高度重视就业工作，公开选拔204名大学毕业生到基层工作，开发公益性岗位215个，安置城镇下岗失业人员再就业109人，新增城镇就业人员532人，城镇登记失业率为3%。大力发展劳务经济，输转城乡富余劳动力2.5万人次，创劳务收入1.8亿元。城镇职工基本养老保险新增参保332人，退休人员全部实行了社会化管理服务。将392 名关闭破产企业退休人员纳入了城镇职工医保。城镇居民基本医疗保险参保10343人，筹集城镇居民基本医疗保险基金153万元。发放养老、失业、医疗、工伤、生育保险金2335万元。为226名村干部办理养老保险。城乡低保覆盖面进一步扩大，为5702户发放低保金1599万元。为城乡困难群众发放大病医疗救助金280万元。制定并落实《行政事业干部职工健康体检实施办法》。建成廉租住房和经济适用房210套，完成3939户农村危旧房屋改造。全县共有城市低保对象2165户4663人，占城镇人口的17%，月发放保障金52万元，物价补贴27万元，人均补差116元。全年发放低保金1007万元，其中生活补贴354万元。全县共有农村低保对象3716户10279人，占农业人口的6.8%，平均补助水平为每人每月51元，全部实行了社会化发放，全年发放农村低保资金590万元；发放农村医疗救助166万元，其中，实施大病救助192人，为5566人缴纳新型农村合作医疗17万元。发放城市医疗救助金208万元，其中，救助城市患重大疾病困难群众211人，为794人缴纳城市医保2.6万元。全县城市、农村老年人全部纳入社会保障和社会救助体系，构建多层次的老年保障体系，发放90岁以上高龄津贴15.6万元。确定农村五保户577户624人，全年发放116万元。其中，集中供养33人，月人均250元，分散供养月人均150元。

【教育、科技、文化、卫生】 2009年，全县教育再创佳绩，素质教育全面推进，教育教学质量稳步提高。各项惠民政策得到落实。“两免一补”全县享受免除学杂费的学生26793人次，享受免费教科书人数26793人次，享受寄宿生生活补助人数7115人次，补助贫困寄宿生生活费518.6万元。加强教育装备和教育信息化建设。先后投资40万元为13所农村学校配备多媒体电教设备13套，并接入宽带网，建成皋兰教育信息网。高考本科上线574人，较之上年净增34人，其中重点上线166人，较之上年净增36人，有3名学生入围全省前100名，全县教育系统重点建设项目7个，总投资达4900万元，建设面积27790平方米。顺利推进总投资6354万元的皋兰四中迁建，改扩建农村寄宿制学校10所，撤并农村学校20所。科普工作成效明显，西岔高原夏菜科普示范基地列入国家“科普惠农兴村计划”300强。文化体育事业蓬勃发展，建成县图书馆、档案馆综合大楼和3个乡镇文化站。新建太平鼓保护基地和38个农家书屋。出版发行《皋兰县志(1991—2005)》。完成28个村和3个社区“一村一品”群众文化精品工程创建工作。深入开展全民健身活动，积极参加全市第六届运动会，争得金牌28枚。医疗卫生工作成绩卓著，投资2948.36万元，总建筑面积14447.05平方米，对县医院、县妇幼保健站、西岔卫生院、水阜卫生院、什川卫生院、黑石卫生院等6个县乡医疗卫生机构进行新建和改扩建。投资50万元新建成了10个标准化村卫生所，投资150万元为7所乡镇卫生院各配置救护车。争取到世行贷款/英国政府赠款中国农村卫生发展项目资金600万元。新型农村合作医疗有序推进，大病住院补助6861人次，发放住院补助1229.39万元，人均补助1791.84元，实际报销比44%，县内住院实际报销比达60%，在全市率先开展了乡镇卫生院门诊费用50%报销试点，39606人次享受门诊报销51.6万元，人均报销13.03元；村卫生室小病直接减免人均8元，80%农民已享受村卫生所小病直接减免优惠。开展疾病谱排序及分析工作，传染病报告直报率达100%，国家免疫规划疫苗接种率达95%以上。建成县计生服务站综合楼，县乡医疗机构共做计划生育手术1554例，农村计生率为95.57%，人口自增率为4.41‰。

【精神文明建设】 围绕“鼓舞人心、凝聚力量、关注民生、改革创新、共建和谐”的工作要求，唱响主旋律、打好主动仗，大力宣传十七大精神，落实科学发展观、着力解决民生问题，以及全县各行各业建设发展中的新做法、新经验、新面貌和改革开放以来取得的伟大成就。强化舆论引导，借助兰洽会和什川之春旅游节，采取现场直播、媒体专版、项目推介，全面展示皋兰对外开放新形象；全面报道皋兰实施“东扩南展”战略以来城市建设等方面取得的辉煌成就。在各级新闻单位发表稿件图片共计456多篇（幅）。县有线电视台自办制作《皋兰新闻》、《聚焦政情》60多期，采写新闻稿件180多篇，制作电视专题片9部，送省市电视台播出稿件90多篇，《对接中心城市做足产业文章》、《皋兰县借兰白一体化战略发展纪实》、《武汉大陆桥相中兰州北龙口》、《古镇什川陇上乡村游新名片》等稿件赢得了社会的广泛好评，很好的提升了皋兰对外知名度。同时，完成了《兰州发展60年巡礼》、《为甘肃喝彩》、《多彩甘肃》、《享受兰州》等大型书刊（画册）的组稿任务。以机场文明通道和县城为重点，大力开展清理整治活动。以“迎国庆、讲文明、树新风”为主题，深入开展“讲文明树新风”、“我推荐我评议”、“文明礼仪宣讲”、“不搞谢师宴、弘扬新风尚”等群众性爱国主义教育和道德教育实践活动，树立了“知荣辱、明是非、讲正气、促和谐”的文明新风尚。积极开展文明志愿者服务活动，倡导志愿者精神和志愿服务理念，新组建文明志愿者队伍40支，志愿者总数达8800多人，集中组织开展了以植树造林、环境卫生整治、公共秩序整治、窗口行业服务为主要内容的大型志愿服务活动6次，提升了全社会的文明程度。以14项重点专项工作为突破口，整理资料，健全体系，加强和改进未成年人思想道德建设，完善了“三位一体”教育网络，确立未成年人教育示范点2个，进一步构筑了未成年人成长的良好环境。全面启动中小学国学励志教育活动，在县城小学开设以诵读《弟子规》、《三字经》等国学经典古诗文为主要内容的校本课程，使之成为素质教育和道德教育的一大特色。抓好文明单位、文明乡镇、文明村“三大系列”创建工作，新创建市级文明单位5个、文明乡镇1个、文明村1个。累计创建国家级文明单位2个、文明村1个，省级文明单位5个、文明村1个，市级文明单位20个。

【民主法制】　各级党委、政府自觉接受人大及其常委会监督，认真执行人大决议、决定。定期向人大代表、政协委员通报工作。积极支持政协和各民主党派、工商联、无党派人士参政议政。认真办理人大代表建议意见和政协委员提案。实施“五五”普法和“三五”依法治县规划。加强基层民主政治建设，推进村务政务公开。全国农村社区建设试点实验县工作有序推进。积极推进“平安皋兰”建设，建成市级平安乡镇2个。高度重视信访维稳工作，建成县委县政府信访接待中心，健全信访工作机制，解决了一批涉及群众切身利益的问题，信访工作呈现“四下降一稳定”的良好态势。

【体制创新】　落实“规范有序、务实创新”的工作要求，创新体制机制，推动各项工作科学化、规范化和制度化。成立重大项目建设等9个议事协调机构，建立并落实政府工作规则、政府科学民主决策暂行办法、政府议事规则和以“岗位责任制、服务承诺制、首问负责制、政务公开制、村务公开制、一次性告知制、限时办结制、咨询投诉制、责任追究制、绩效考核制”等10项刚性制度为主的37项规章制度。制定并落实26项重点工作实施方案，实行重点工作月度推进和重点项目例会制度。聘请政府常年法律顾问，不断规范行政行为，提高行政执行力和行政效能。树立“选择基层就是选择服务”的工作理念，深入开展“服务基层、服务企业、服务社会公众”活动。落实城乡建设规划和国土资源协管员制度。推进农村土地承包经营权流转、集体林权制度改革。政府机构改革稳步推进，农村公路管护、兽医管理、种子管理、事业单位岗位设置管理体制改革进展顺利。

（魏荣邦）

领导名录

县　委

书　记　毛　仁
副书记　咸大明（3月免）
　　　　宗满德
　　　　李文生（8月任）
常　委　毛　仁
　　　　咸大明（3月免）
　　　　宗满德
　　　　李文生（8月任）
　　　　杨胜利（8月免）
　　　　李元生（8月免）
　　　　赫志龙　周松清
　　　　魏海鹰（8月免）
　　　　颜烨鲁（8月任）
　　　　吴剑锋（7月免）
　　　　常千宗　辛秀先
　　　　王晓宁（8月任）
　　　　魏泽邦（11月任）
　　　　田宗英（11月任）
纪委书记　常千宗

县人大

主　任　张恩玉
副主任　魏兴勤　杨启祥
　　　　杨富国　魏孔渊

县政府

县　长　咸大明（2月免）
　　　　宗满德（3月任）
副县长　吴剑锋（7月免）
　　　　辛秀先
　　　　李世祥 11月免）
　　　　马彩云　王宇和
　　　　瞿开业（11月任）

县政协

主　席　朱宗义
副主席　王学民　陈亲惠
　　　　魏泽邦（11月免）
　　　　许贞孝

永登县

【概况】　永登县地处甘肃省中部，全县总面积6090平方公里。东南与皋兰县、西固区、红古区相邻，西北与天祝藏族自治县、景泰县接壤。境内地形由北向南倾斜。海拔在1500

米—3000米之间。县城距省会兰州114公里。总人口50.12万人，其中农业人口43.17万元，非农业人口6.95万人。有汉、回、满、土、壮、藏等多个少数民族。全县辖13镇5乡，239个村委会，11个社区居委会。

永登县深居内陆，大部分地区属温带半干旱气候。年降雨量在261毫米—435毫米之间，年均降雨量290.2毫米，年均气温5.9℃，年日照时数1744小时—2659小时，年均无霜期126天，绝对无霜期78天。全年多为西北风，风力一般为2级—4级，四季分明，阳光充足，冬无严寒，夏无酷暑，气候温和宜人。

永登县风景秀丽，名胜颇多。位于县城西部的吐鲁沟自然风景区，山势峻峭，林木繁茂，溪流潺潺，温湿凉爽，被辟为国家级森林公园。连城石屏山峰险、林茂，俗有“小五台”之称。建于明初的连城显教寺、妙因寺、鲁土寺衙门，明弘治年间的红城感恩寺，明正统年间的城关海德寺都是省级文物保护单位，其中鲁土寺衙门及妙因寺建筑群、红城感恩寺是全国重点文物保护单位。

永登县资源丰富。天然林覆盖面积达46万多亩，苦水玫瑰是全国产量最大的地区之一。境内矿产资源更为丰富，已探明的矿产23种。有色金属矿主要有铁、锰、金、铜等；非金属矿产有石灰石、石英石、大理石、白云石等。

【经济发展】 2009年，在县委、县政府的正确领导下，以科学发展观为指导，认真贯彻落实党的十七届三中、四中全会精神，面对国际金融危机和国内自然灾害等不利因素带来的严重影响，积极应对、克服困难、开拓进取、狠抓落实，全面完成了县第十六届人大三次会议审议批准的国民经济和社会发展计划所确定的各项目标任务，确保了增长速度、质量与效益的同步提高，各项社会事业取得新进展。

2009年，大力调整产业结构，一、二、三产业比例调整为13:45.2:41.8。全县实现生产总值61.1亿元，同比增长6.5%，其中，第一产业实现增加值8亿元，同比增长8.16%；第二产业实现增加值27.6亿元，同比增长4%；第三产业实现增加值25.5亿元，同比增长13%。全县固定资产投资完成35亿元，同比增长37.5%。社会消费品零售总额完成9.06亿元，同比增长16.37%。城镇居民人均可支配收入达到7500元，同比增长23.3%，农民人均纯收入达到3112元，同比增长15.56%。

【农业经济】 农业经济稳步发展，实现农业增加值8亿元，同比增长8.16%。粮食作物、经济作物、饲草作物三元种植结构比达到69:21:10。特色产业完成高原夏菜7.1万亩、马铃薯22万亩、啤酒大麦8.24万亩、中药材1.49万亩，推广双垄全膜技术播种10.13万亩，新发展蔬菜温室360亩、红提葡萄1330亩。畜牧业，奶牛、肉羊、生猪存栏数分别达到6039头、33.7万只和16.5万头，鲜鱼产量800吨。引大灌区农业综合开发实现新突破，“五个千亩示范点”和沙坑治理等建设工程进展良好，初见成效。经济作物面积达到10.59万亩，新增高原夏菜6100亩、高效林果2250亩、日光温室1210亩、塑料大棚209亩，完成沙坑治理300座。

【工业经济】 受国际金融危机的严重影响，全县工业生产从6月份开始扭转了2008年10月到2009年上半年增速大幅下滑的局面，企业生产经历了由停产到半停产半生产和逐渐步入企稳回升的过程。总体上来看，生产水泥、砖瓦、轿车等产品的企业生产正常，且呈现逐月增长的运行态势；生产电解铝、电石、铁合金、碳化硅等产品的企业经历了由停产到半生产和逐步转为全面恢复生产的过程，且呈现出回升向好的发展态势。下半年，全县工业生产逐步加快，产品价格和销售利润回升比较明显。完成工业总产值90.5亿元，工业增加值23.7亿元，同比增长1.8%。其中，规模以上企业完成工业总产值20.5亿元，同比增长0.5%，实现利润1000万元，同比下降92%；县属规模以上企业完成工业增加值5.06万元，同比下降3%，实现利润3500万元，同比下降40%。

【第三产业】 受益于国家扩大内需，刺激消费和“家电下乡”等一系列消费政策的拉动，全县消费品市场快速发展。实现全社会消费品零售总额9.06亿元，同比增长16.37%。其中，批发零售业完成零售总额0.66亿元，同比增长12.9%；住宿和餐饮业完成零售总额1.71亿元，同比增长19.97%。全面落实“家电下乡”、“汽车摩托车下乡”实现销售额1100多万元，发放补贴款475万元。旅游业有了新发展，全年共接待游客74.5万人次，实现旅游收入4260万元，同比分别增长12%。

【固定资产投资】 2009年，完成地区固定资产投资35亿元，同比增长37.5%，是历年来投资增长最快的一年。一是招商引资项目。通过改善投资环境，引进了一批大项目、好项目。全年共落实138个建设项目，其中：续建项目22个，新开工项目103个，开展前期工作项目13个。总投资185亿元，年度计划投资44亿元。完工项目85项，完成投资26.4亿元。二是县城开发建设方面。投资6000万元的滨河大道全线竣工通车，投资2438万元的玫乡路和团结街、胜利街同时开工建设，县城西城区城市主干道完成征地任务，3条小街巷整治改造全面完成。

祁连山日产五千吨水泥生产线

投资380万元对沿街楼群、重点代表建筑物、灯箱、广告牌匾进行亮化、美化。总投资2.7亿元的永盛二期、欣德嘉园二期和佳永花园、亚兴家园、华光住宅小区等房地产建设进展良好。投资1250万元的垃圾处理场动工建设。三是道路建设方面。投资9162万元,实施了以西连路、大石路为重点的61项250.45公里的农村道路和苦水猪驮山庄浪河桥主体以及45个村级汽车停靠点等交通设施工程。四是水利建设方面。投资3000万元的翻山岭水库城乡供水水源工程和投资1224万元的县城污水处理改扩建工程均动工建设。投资5000多万元,实施了农村安全饮水、小水库维修、病险水库除险加固等一批水利工程,解决了6.8万人的饮水安全问题。五是林业生态建设方面。投资638万元,重点实施"三北四期"防护林9000亩、农田林网5000亩、发展经济林1.34万亩,完成中川机场周边绿化7124亩。投资1200万元,实施"坡改梯"工程10000多亩,发展后续产业基地8070亩。六是小城镇和新农村建设方面。投资3000多万元的中川、秦川、连城等小城镇建设正在加紧实施;投资650万元的红玉村省级示范点设施农业项目,建成日光温室200座、300亩,改造砂坑9座。投资2103万元的中川元山、尖山庙和秦川胜利等6个市级试点新农村步伐加快,实施了特色产业培育、设施农业发展和水、电、路、沼气等一批基础设施建设,村容村貌得到明显改善。投资1300万元,完成了中川机场出入口沿街商铺和高速公路两侧村庄美化整治。

【社会事业】 教育方面,全面落实"两免一补"政策和农村义务教育经费保障机制,共发放"两免一补"资金3033万元。高考再创新高,本科上线人数达1128人。基础设施建设,投资2300万元的县城新城区小学已完成主体工程建设,投资3300多万元实施了连城中心小学迁建、武胜驿道顺学校翻建、18所寄宿制学校安全取暖以及中小学危房改造工程。卫生方面,新型农村合作医疗参合率达到94.6%,为36.67万人报销门诊、住院费用4006万元;疾病预防控制工作扎实开展,甲型H1N1流感防控工作各项措施得到全面落实;基础设施建设,投资4728万元,完成了7个国债卫生院、20个国债村卫生室和11所标准化村卫生室建设工程,新开工建设县中医院门诊综合楼。旅游文化体育方面,鲁土司衙门旅游设施世行贷款项目、吐鲁沟国家森林公园二期改造工程正在加紧建设,大通河生态游乐园一期已基本建成;完成6个乡镇综合文化站建设、86个"农家书屋"、配备农村体育健身器材58套。计生方面,基础设施建设,投资315万元,全面完成中川、上川、红城、武胜驿、通远和河桥6个乡镇计生服务站。人口和计生工作得到加强,全县总出生人口4763人,出生率为9.33‰,自然增长率控制在4.48‰以内。扶贫方面,投资733.5万元,实施了上川四泉、通远团庄易地扶贫搬迁项目;争取各类扶贫资金1732万元,实施了12个整村推进和19个产业化项目,解决了3800多名贫困人口的温饱问题,全县贫困面下降1个百分点。就业方面,新增城镇失业人员就业4125人,其中,安置就业困难对象1549人,城镇登记失业率控制在3.7%以内;输转城乡富余劳动力11.33万人(次),其中,有组织输出5.67万人(次),创劳务收入8.31亿元。社会保障方面,加快廉租住房建设,全县第一个廉租住房"惠民花苑"小区12号楼已全面竣工,144户城镇低收入家庭将喜迁新居;全面实施农村危房改造工程,争取国家资金4800万元,完成1万多户改造工程;致力保障城乡困难家庭基本生活,为全县6293名城市低保和28130名农村低保对象及时发放低保资金3812万元,为1722名离退休人员发放养老金5221万元、失业金665万元;累计为3767名职工、2850名城市居民和28184名农民报销医药费6592万元,解决了困难群众就业难的问题。

(火泽东)

领导名录

县　委

书　记　李彦龙
副书记　魏旭昶　保元德
常　委　李彦龙　魏旭昶
　　　　张延香　保元德

王玉保　何建军
刘学强　田　丰
马力仁

纪委书记　赵承顺

县人大

主　　任　张礼才
副 主 任　赵喜莲　陈永国
徐大元　张泽林
魏元道　吴芳贤

县政府

县　　长　魏旭昶
副 县 长　田　丰　刘立山
毛自亮　张富仓
魏周菊　郭新斌

县政协

主　　席　史存瑞
副 主 席　杨培华　黄　清
王卫东　王全忠
撖永年　刘世荣

地方法规

兰州经济技术开发区条例

（2009年11月6日兰州市第十四届人大常委会第二十次会议通过，2009年11月27日甘肃省第十一届人大常委会第十二次会议批准）

第一条 为了加快兰州经济技术开发区的发展，规范管理服务，促进自主创新，发挥辐射带动作用，根据有关法律、法规的规定，结合本市实际，制定本条例。

第二条 兰州经济技术开发区（以下简称开发区）是经国务院批准设立的国家级经济技术开发区。

开发区实行“一区多园”模式，是以发展高新技术产业、现代制造业、高附加值服务业为主的综合性产业园区，是发展循环经济、培育产业集聚、扩大对外开放的示范园区，是进行管理体制改革和制度创新的特定区域。

第三条 开发区内从事投资、生产、经营、管理、服务等活动的公民、法人和其他组织，应当遵守本条例。

第四条 市人民政府应当根据经济效益、社会效益和环境效益相统一的原则，加强对开发区的管理和发展工作。

市人民政府应当安排专项经费，重点支持开发区基础设施建设。开发区的能源、交通、环保和其他公用设施应当纳入专项规划和计划。

第五条 开发区实行国家有关经济技术开发区的政策和管理体制，建立完善的投资服务体系，创造和维护良好的发展环境，并应当按照社会主义市场经济的要求，积极推进与其相适应的管理体制和运行机制的改革创新。

第六条 开发区财政实行独立核算，纳入市级财政预算管理。开发区的财政收入，除按照规定上缴外，应当用于开发区的建设和发展。

第七条 兰州经济技术开发区管理委员会（以下简称开发区管委会）代表市人民政府行使政府部门经济管理权限，对开发区实行领导、管理和服务。

第八条 市人民政府有关行政管理部门和有关区（县）人民政府应当支持开发区的工作。

市人民政府有关行政管理部门设立在开发区的派出机构，应当配合开发区管委会的统一管理，依法行使本部门的职权。

第九条 开发区管委会按照精简、统一、效能的原则，设置必要的职能机构。

开发区管委会及其工作人员应当遵循廉洁、高效和公开、公平、公正的原则，依法开展工作，提供优质服务。

第十条 开发区管委会行使下列职权：

（一）负责国家法律、法规及相关政策在开发区的贯彻实施，依法制定开发区发展的各项管理规定和鼓励招商引资、促进企业生产经营的政策和措施；

（二）依据兰州市经济社会发展规划和城市总体规划，组织编制开发区发展规划、修建性详细规划及有关专项规划，经市人民政府批准后组织实施；

（三）按照规定权限负责审批开发区的投资项目，管理开发区的进出口贸易和对外经济技术合作，依法办理开发区的涉外事务；

（四）负责开发区的财政事务和国有资产的管理；

（五）负责开发区的招商引资和高新技术、先进技术项目及企业认定的申报和审核；

（六）组织开发区的土地开发和基础设施的规划、建设和管理；

（七）负责开发区科技、劳动、安监、人事、环保、统计等工作；

（八）指导协调工商、税务、质监等部门设在开发区内派出机构的工作；

（九）法律、法规规定的和省、市人民政府授予的其他职权。

第十一条 开发区的行政管理部门应当实行政务公开，将其履行职责的依据和审批事项、收费事项、办事程序、办理时限和服务信息予以公布。

第十二条 开发区扩大管理范围或者调整区位，应当按照国家级经济技术开发区的有关规定报请审批。

第十三条 开发区土地开发和基础设施建设，应当根据批准的发展规划和土地用途有计划地组织实施。

第十四条 国土资源行政主管部门应当优先为开发区安排土地供应计划。

涉及农用地转用和土地征收，开发区可按批次用地形式单独组织报批，并依法办理有关土地使用手续。

第十五条 开发区管委会根据市人民政府授权，负责开发区土地的储备、出让等有关工作，土地出让收益应当主要用于开发区的基础设施建设和土地开发。

第十六条 开发区管委会根据市人民政府授权，对开发区建筑市场履行监督管理职责，依法办理施工审批。

第十七条 开发区因开发建设征地涉及的拆迁、补偿和安置工作，由开发区管委会协同市房屋拆迁管理机构按照有关规定办理。

第十八条 鼓励国（境）内外组织或者个人，以各种形式在开发区投资兴办企事业，进行基础设施建设，开展各种经济技术合作和贸易活动。

鼓励具有高级职称的专业技术人员、高级管理人员以及留学回国人员到开发区创业。

第十九条 开发区内的企事业单位享受国家级经济技术开发区、高新技术开发区等国家规定的各类优惠政策以及省、市人民政府和开发区管委会制定的各项扶持和鼓励政策。

第二十条 开发区应当重点引进和开发下列先进技术或者高新技术：

（一）与产业升级、发展新兴产业或者新产品有关的；

（二）对企业技术改造和产品更新换代有促进作用的；

（三）产品外销或者能够替代进口的；

（四）生产工艺和制造技术先进的；

（五）其他经有关部门认定的先进技术或者高新技术。

第二十一条 开发区管委会应当做好环境污染防治和生态环境保护工作，进入园区的企业和项目应当依法进行环境影响评价。不符合环境保护标准的企业和项目不得进入园区。

第二十二条 开发区管委会根据发展需要，按规定程序经批准后，可设立出口加工区、保税物流中心、出口监管仓库和保税仓库等。

第二十三条 开发区管委会应当建立健全知识产权保护体系，依法保护公民、法人和其他组织的知识产权。

第二十四条 开发区管委会应当建立城乡统筹的职业介绍机构、职业培训机构和再就业服务机构，为用人单位招聘人才、录用员工及职业培训提供服务，为开发区城乡劳动力就业服务。

第二十五条 开发区的企事业单位应当依照国家和省、市有关规定，为职工提供安全、卫生的工作条件，保障职工的合法权益。

第二十六条 违反本条例规定的，由开发区管委会或者有关行政管理部门依照各自的职责予以查处。

第二十七条 开发区管委会和开发区内有关行政管理部门工作人员有玩忽职守、滥用职权、徇私舞弊等行为的，由其所在单位或者上级主管部门给予行政处分；构成犯罪的，由司法机关依法追究刑事责任。

第二十八条 本条例自2010年1月1日起施行。

兰州市无公害蔬菜管理条例

（2009年8月14日兰州市第十四届人大常委会第十九次会议通过，2009年11月27日甘肃省第十一届人大常委会第十二次会议批准）

第一章　总册

第一条　为保障无公害蔬菜质量安全，加强生产经营管理，维护公众健康，根据《中华人民共和国农产品质量安全法》等法律、法规的规定，结合本市实际，制定本条例。

第二条　本市行政区域内无公害蔬菜的生产经营和监督管理活动，适用本条例。

本条例所称无公害蔬菜，是指产地环境、生产过程和产品质量符合有关标准和规范要求，经专门认证机构认证合格取得认证证书的蔬菜产品。

本条例所称的无公害蔬菜基地，是指按国家有关规定程序认定的无公害蔬菜生产基地。

第三条　市、县（区）农业行政主管部门负责无公害蔬菜的监督管理工作。其所属蔬菜基地管理、农产品质量监督管理、农业生态环境保护等机构分别负责具体管理工作。

市、县（区）工商、质监、商务、国土、规划、环保、卫生、安监、水利等行政管理部门，按照各自职责分别实施无公害蔬菜质量安全的监管工作。

乡镇人民政府应当逐步建立无公害蔬菜质量安全监管公共服务机构，加强无公害蔬菜质量安全监管。

村民委员会、农民专业合作经济组织和乡村农业社会化服务组织应当对无公害蔬菜生产经营活动进行指导和服务。

第四条　市、县（区）人民政府应当制定无公害蔬菜发展规划，按照社会发展与无公害蔬菜规模相协调的原则，纳入国民经济和社会发展计划，推动规模不断扩大，市场不断发展，农民持续增收，并加大财政投入，安排相应经费，用于无公害蔬菜管理工作。

市、县（区）人民政府统一领导、组织协调本行政区域内无公害蔬菜质量安全监督工作，建立健全无公害蔬菜质量安全监督机制。

市、县（区）人民政府应当组织相关管理部门，制定无公害蔬菜质量安全年度监督管理计划，并组织开展工作。

第五条　市、县（区）人民政府应当支持无公害蔬菜的科学技术研究，推行科学的质量安全管理方法，推广标准化生产技术。

第六条　市、县（区）人民政府及有关部门应当加强无公害蔬菜质量安全知识宣传，提高公众的质量安全意识，保障消费安全。

第七条　市、县（区）农业行政主管部门应当会同相关部门和单位，建立无公害蔬菜的市场信息体系，为无公害蔬菜生产者、经营者和消费者提供技术指导和信息咨询，并根据需要开展其它相关服务活动。

第八条　市、县（区）人民政府对无公害蔬菜管理工作做出突出贡献的单位和个人，给予表彰奖励。

第九条　市、县（区）农业行政主管部门应当建立无公害蔬菜质量安全举报制度，公布举报方式，并为举报人保密。

任何组织和个人有权对违反本条例规定的行为向农业行政主管部门或其他有关部门举报。

第二章　产地管理

第十条　无公害蔬菜生产基地实行产地认定制度。

具备一定规模的蔬菜生产企业、农民专业合作经济组织以及其他从事蔬菜生产的单位和个人（以下统称蔬菜生产者），均可向县（区）农业行政主管部门提交无公害蔬菜生产基地的认定申请。认定的具体办法和程序依照有关规定执行。

第十一条　经认定并取得认定证书的无公害蔬菜生产基地，由市农业行政主管部门绘制详图、标定实地、登记造册、设置标示，向社会公布。

第十二条　无公害蔬菜生产基地实行严格保护和管理，严格控制征用、占用。

经认定的无公害蔬菜生产基地，除国家和省级重点建设项目外，任何单位和个人均不得征用、占用或改变土地用途。

第十三条　确需征用、占用无公害蔬菜生产基地的，按有关审批权限和程序，由国土资源行政管理部门会同农业行政主管部门办理征用、占用手续。

第十四条　经批准征用、占用的无公害蔬菜生产基

地和其他蔬菜基地，用地单位和个人应当向市农业行政主管部门缴纳新菜地开发建设基金。

任何单位和个人不得批准缓缴、减缴、免缴新菜地开发建设基金；凡未缴纳新菜地开发建设基金的，国土资源行政管理部门不予办理供地手续。

第十五条 新菜地开发建设基金按每平方米不低于15元的标准征收。

新菜地开发建设基金由市蔬菜基地管理机构负责征收，并及时足额上缴市财政国库。财政、审计部门对其征收、使用情况和经济效益实行监督。

第十六条 市、县（区）人民政府应当加强对无公害蔬菜基地的环境保护。

市、县（区）农业行政主管部门会同环境保护部门对无公害蔬菜基地环境进行监测与评价，重点预防和治理工农业生产、城乡居民生活以及其他因素对无公害蔬菜基地造成的污染。

第十七条 禁止在无公害蔬菜基地堆放废弃物，倾倒有毒有害物质。

禁止在无公害蔬菜基地附近新建污染物排放超过国家规定标准的工程项目。

第三章 生产管理

第十八条 市、县（区）农业行政主管部门应当建立健全农业投入品的安全使用制度，指导、监督无公害蔬菜生产者按照规定使用农药、肥料、植物生长调节剂等农业投入品。推广高效、低毒、低残留农业投入品，引导科学合理使用农业投入品。

市、县（区）农业行政主管部门应当会同相关行政管理部门，建立无公害蔬菜质量安全生产规范、技术推广体系和监测体系，组织实施有关标准与规范，在生产经营的重要环节加强监督检查。

第十九条 农药经营实行许可制度。高毒、高残留农药实行定点经营。经营者应当建立完善的经营台账。

禁止在无公害蔬菜生产基地内销售、使用剧毒、高毒、高残留的农业投入品。

第二十条 无公害蔬菜生产实行生产记录制度。

无公害蔬菜生产者应当严格按照生产技术规程要求，进行标准化生产，并将生产过程中的下列事项如实记载：

（一）种子（种苗）的来源、品种；

（二）土壤处理情况；

（三）灌溉用水情况；

（四）病、虫害发生情况；

（五）农药、肥料和植物生长调节剂的使用情况；

（六）蔬菜收获、贮藏及出售情况；

（七）其他应当记录的事项。

生产手册记载应当真实完整，保存期二年。

第二十一条 鼓励无公害蔬菜生产者使用生物农药、生态肥料、有机肥料、微生物肥料和可降解地膜等农业投入品。

第四章 产品认证和标志使用

第二十二条 无公害蔬菜实行产品认证和标志制度。

市、县（区）农业行政主管部门负责组织协调无公害蔬菜产品的认证和标志管理工作。

无公害蔬菜生产经营者，应当按照国家相关规定程序申请无公害蔬菜产品认证。

第二十三条 经认证合格取得认证证书的无公害蔬菜产品目录，由市农业行政主管部门向社会公布。

无公害蔬菜经产品认证合格取得认证证书后，生产者应当按照认证证书规定的品种、数量使用无公害农产品标志，农业行政主管部门对其使用情况进行监督管理。

第二十四条 无公害蔬菜产品进入市场，应当有无公害农产品标识。

取得无公害蔬菜产品认证证书的，可以在产品的包装、标签、广告、说明书上使用无公害农产品标志。使用无公害农产品标志，不得超出认证证书规定的品种、数量等范围。

禁止出借、转让、买卖或者以其他方式供他人使用无公害蔬菜产品认证证书和无公害农产品标志。

禁止伪造、冒用无公害蔬菜产品认证证书和无公害农产品标志。

第五章 经营管理

第二十五条 市、县（区）人民政府支持和鼓励农业生产经营者建立无公害蔬菜生产基地，采取产销挂钩、产销一体、连锁配送等多种形式从事生产经营活动。

无公害蔬菜经营应当实行进销台账、索证索票制度，确保经营的无公害蔬菜质量安全合格。

第二十六条 经营无公害蔬菜的批发市场、超市应当设立无公害蔬菜检测点，配备检测仪器和经市级以上农产品质量监督管理机构培训合格的检测人员。

农贸市场、社区市场应当逐步设立无公害蔬菜检测点。

第二十七条 市、县（区）农业行政主管部门在本行政区域内对无公害蔬菜经营进行监督抽查。根据需要，有权抽取样品进行检验，抽取样品的数量按照国家有关标准规定的数量进行。

对依法进行的无公害蔬菜质量安全监督检查，经营者不得拒绝。

第二十八条 无公害蔬菜销售实行市场准入制度。

无公害蔬菜的销售应当凭农产品产地证明和农产品质量安全检测机构出具的质量合格证明进入市场。包装的无公害蔬菜应当在包装上标明品名、产地、生产单位、生产日期、产品质量等级等标识内容。

对经营者拒绝接受检测或经检测达不到无公害标准的蔬菜不得上市销售。

第二十九条 本市无公害蔬菜销往外地，应当有无公害农产品标识和市、县（区）农产品质量监督管理机构出具的无公害蔬菜质量合格证明。本市外销的具有地方特色的无公害蔬菜品牌产品，应当统一包装、统一标识。

第三十条 经检测达不到无公害蔬菜标准的，由农业行政主管部门会同工商行政管理部门责令经营者停止销售，并进行无害化处理或者予以监督销毁；经营者拒不进行无害化处理或销毁的，由市、县（区）农产品质量监督管理机构代为处理，所需费用由经营者承担。

第三十一条 无公害蔬菜的生产、包装、储藏（保鲜）、运输、销售等环节，都应当遵守相关标准，符合技术规程要求，并对主要事项和相应的技术指标进行记载。发现不符合安全质量标准的无公害蔬菜产品时，农业行政主管部门应当会同有关部门，追溯发生问题的环节，追究有关责任单位和人员的责任。

第六章 法律责任

第三十二条 违反本条例规定，有下列行为之一的，由农业行政主管部门对取得无公害蔬菜产地认定证书的蔬菜生产者予以警告并责令限期改正；逾期不改正的，按有关程序报请撤销其无公害蔬菜产地认定证书和产品认证证书：

（一）擅自变更认定产地范围的；

（二）产地环境发生变化达不到标准的；

（三）使用农业投入品不符合相关标准的；

（四）产品经检测连续三次不合格的。

第三十三条 未经批准擅自占用无公害蔬菜基地的，由国土资源管理部门责令恢复土地原状，并按照相关规定处罚。确实无法恢复无公害蔬菜基地原种植条件的，由农业行政主管部门责令补缴新菜地开发建设基金。

第三十四条 违反本条例第十七条之规定，在无公害蔬菜基地堆放废弃物，倾倒有毒有害物质的，由农业行政主管部门责令限期改正，并处以五千元以上五万元以下罚款。

违反本条例第十七条之规定，在无公害蔬菜基地附近新建污染物排放超过国家规定标准工程项目的，由农业行政主管部门会同环境管理部门责令限期改正，并处以五千元以上五万元以下罚款。

造成无公害蔬菜基地环境污染和经济损失的，有关责任人应当依法赔偿并进行治理。治理达不到要求的，由农业行政主管部门组织治理，所需经费由责任者承担，造成严重后果的，由司法机关依法追究刑事责任。

第三十五条 违反本条例第十九条之规定，在无公害蔬菜生产基地内销售、使用剧毒、高毒、高残留农业投入品的，由农业行政主管部门责令改正，并根据所造成的后果可以并处三万元以下罚款。

第三十六条 无公害蔬菜生产者违反本条例第二十条之规定，未按照规定建立、保存无公害生产记录的，或者伪造生产记录的，责令限期改正；逾期不改正的，可处以两千元以下罚款。

第三十七条 违反本条例第二十四条之规定，由农业行政主管部门责令改正，没收违法所得，并处以两千元以上两万元以下罚款。

第三十八条 违反本条例第二十六条之规定，由农业行政主管部门责令改正；逾期不改正的，可处以两千元以上两万元以下罚款。

第三十九条 违反本条例第二十七条之规定，拒绝接受依法进行无公害蔬菜质量监督检查的，或者在被监督检查时弄虚作假的，由农业行政主管部门给予警告，责令改正；拒不改正的，处以一千元以上三千元以下罚款。

第四十条 违反本条例第二十八条之规定，无公害蔬菜批发市场、超市、农贸市场、社区市场发现销售不符合无公害蔬菜质量安全标准，隐瞒不报并允许其继续销售的，由农业行政主管部门责令改正，处两千元以上两万元以下罚款。

第四十一条 违反本条例第二十九条之规定，销售无公害蔬菜未按照规定进行包装、标识的，由农业行政主管部门责令限期改正；逾期不改正的，可处以两千元以下罚款。

第四十二条 违反本条例的其他行为，由相关行政管理部门依照有关法律、法规的规定处罚。

第四十三条 国家工作人员在无公害蔬菜管理工作中，玩忽职守、滥用职权、徇私舞弊的，由其所在单位或有关行政主管部门给予行政处分；造成经济损失的，依法承担赔偿责任；构成犯罪的，由司法机关依法追究刑事责任。

第七章　附则

第四十四条　无公害瓜果、百合、马铃薯、食用菌等农产品的生产、经营和管理，参照本条例执行。

第四十五条　本条例自2010年1月1日起施行。《兰州市蔬菜基地管理办法》同时废止。

政府规章

兰州市政府投资项目评审暂行办法

（2009年2月13日第4次常务会议讨论通过，以兰州市人民政府令[2009]第1号公布，自2009年7月1日起施行）

第一条　为了加强政府投资项目管理，规范政府投资项目评审行为，合理确定和有效控制项目投资，提高资金使用效益，根据有关法律、法规规定，结合本市实际，制定本办法。

第二条　本市政府投资项目评估和审查以及市政府决定进行的政府投资项目后评价工作，适用本办法。

本办法所称政府投资项目，是指全部或部分使用中央、省预算内资金、国债专项资金、市级预算内基本建设和更新改造资金投资建设的地方项目。

第三条　本办法所称政府投资项目评审，是指市政府项目投资评审机构对政府投资项目建议书、可行性研究报告、初步设计进行评估，对政府投资项目估算、概算、预算、结算、决算进行审查的行为。

第四条　政府投资项目评审应当遵循“独立、客观、公正”的原则，按照“先评审、后决策”的工作程序，依据有关法律、法规和行业规范、标准进行。

第五条　市政府项目投资评审机构（以下简称“评审机构”）负责和组织实施本市政府投资项目评审工作。

评审机构应当对其所出具的评审报告（意见）向市政府负责。

监察、审计、法制等部门在各自职责范围内，对政府投资项目评审工作进行监督。

第六条　发展改革、财政、建设、招投标等部门应当依据评审机构出具的评审报告（意见），对政府投资项目进行立项批复、招标、资金拨付以及监督管理。

政府投资项目建设单位和项目勘察、设计、施工、监理等单位，应当配合评审机构实施的政府投资项目评审工作。

第七条　政府投资项目评审的内容主要包括：

（一）项目建议书、可行性研究报告、初步设计的可行性、合理性、完整性；

（二）项目概算编制的准确性和概算调整的必要性；

（三）项目招标标底和工程预算控制价编制的合理性、完整性；

（四）项目预算和竣工决（结）算编制的完整性、准确性；

（五）项目概算、预算、竣工决（结）算；

（六）需要评审的其他内容。

第八条　评审机构根据政府投资项目的评审内容，制订评审工作方案，按照政府项目评审依据及程序实施评估和审查工作。

政府投资项目的评审依据包括：

（一）国家和地方有关投资计划、财政预算、财务会计、政府采购、招标投标、经济合同和工程建设的法律、法规、规章；

（二）国家行业主管部门和地方有关部门颁布的标准、计价依据及工程技术规范；

（三）与政府投资项目有关的价格信息、工程造价经济技术指标、调价规定等有关资料；

（四）项目建议书、可行性研究报告、土地和规划文件（选址意见书、建设用地规划许可证、建设项目规划许可证）、初步设计及概算、项目重大变更等项目文件；

（五）项目勘察设计合同、施工发承包合同（补充合同）、材料设备采购合同（协议）、招投标等文件；

（六）工程预算或决（结）算书、工程施（竣）工图、经批准的施工组织设计、设计变更、工程洽商（现场签证）、财务会计等相关资料；

（七）政府投资项目评审依据的其他有关资料。

第九条　项目建议书或可行性研究报告评估程序：

（一）项目建设单位向评审机构提出申请，提供项目评估资料；

（二）评审机构对项目建设单位所提供资料的完整性、合法性进行初步审查；

（三）评审机构现场核查项目基本情况；

（四）依据产业政策、区域经济发展状况、城市规划以及行业规范、标准等，评审机构对建设项目建议书或可行性研究报告编制的必要性、可行性、合理性进行评估；

（五）形成评审结论，与项目建设单位交换意见；

（六）评审机构根据评审结论和项目建设单位意见，出具评审报告（意见）；

（七）评审机构向发展改革等部门提交评审报告（意见），作为项目建议书或可行性研究报告批复的依据。

第十条 项目初步设计和概算评估程序：

（一）项目建设单位向评审机构提出申请，提供项目评审资料；

（二）评审机构对项目建设单位所提供资料的完整性、合法性进行初步审查；

（三）评审机构现场核查项目基本情况；

（四）评审机构依据行业规范、标准、概算指标、定额和有关计价依据，对建设项目初步设计和概算编制的合理性以及概算调整的必要性进行评审；

（五）评审机构形成评审结论，与项目建设单位交换意见；

（六）评审机构根据评审结论和项目建设单位意见，出具评审报告（意见）；

（七）评审机构向发展改革、建设等部门提交评审报告（意见），作为批复项目初步设计和概算的依据。

第十一条 项目年度支出预算审核程序：

（一）财政部门在编制项目年度支出预算前，对计划列入政府投资的项目，提交评审机构审核；

（二）评审机构对项目立项、可行性研究报告、初步设计、征地拆迁、开工报告等批准文件进行程序性审核；

（三）依据国家和行业有关法律法规、计价依据、计价办法的规定，评审机构对建筑安装工程预算和设备投资进行审核；

（四）评审机构对项目待摊投资和其他投资进行审核；

（五）评审机构对项目发生的特殊费用进行审核；

（六）评审机构形成评审结论，与项目建设单位交换意见；

（七）审核结论经项目建设单位、发（承）包单位签署确认后，评审机构出具评审报告（意见）；

（八）财政部门依据评审报告（意见）对项目支出预算进行批复。

第十二条 项目招标标底和工程预算控制价审查程序：

（一）项目建设单位向评审机构提出申请，并提供项目评审资料；

（二）评审机构现场核查项目基本情况；

（三）评审机构对项目招标标底和工程预算控制价的完整性和准确性进行审查；

（四）评审机构形成评审结论，与招标投标管理等部门交换意见；

（五）评审机构根据评审结论和交换意见，向招标投标管理等部门提交评审报告（意见）。

第十三条 项目竣工决（结）算审查程序：

（一）项目建设单位向评审机构提出申请，并提供项目评审资料；

（二）评审机构对项目建设单位所提供资料的合法性、真实性和完整性进行初步审查；

（三）评审机构现场核查项目基本情况；

（四）依据有关法律法规、标准（定额）和规范，评审机构对项目内容进行审查，合理确定项目投资；

（五）评审机构对项目建设程序和组织管理情况进行审查；

（六）评审机构对项目资金到位和使用情况进行审查；

（七）评审机构对项目财务管理与会计核算情况，以及竣工财务决算报表编制情况进行审查；

（八）评审机构对项目预（概）算执行情况，以及概算调整的必要性进行审查；

（九）评审机构形成评审结论，与项目建设单位交换意见；

（十）评审机构向财政部门提交评审报告（意见），作为项目竣工决（结）算批复的依据。

第十四条 评审机构可以采取直接评审、委托具有相应资质的社会中介组织评审或者联合评审的方式，进行政府投资项目评估和审查工作。

评审机构需委托社会中介组织进行政府投资项目评审时，应当事先征求财政、审计等部门的评审意见、要求，并在委托评审协议中予以明确。

第十五条 评审机构出具的评审报告（意见），应当包括项目概况、评审依据、评审范围、评审内容、评审程序、评审结论以及建议和存在的问题等。

评审机构在实施政府投资项目评审工作中，对重大项目应当在评审过程中组织专家论证。

第十六条 评审机构应当建立政府投资项目评审技术档案制度，做好各类评审资料的归集、存档和管理工作，并保证其完整性。

第十七条 未经评审机构评审的政府投资项目，不

得进行立项批复、招标投标及资金拨付。

第十八条 在政府投资项目评审过程中，项目建设单位应当履行下列义务：

（一）按时向评审机构提供评审所需相关资料，并对所提供资料的真实性、合法性、完整性负责；

（二）对评审机构需要核实或取证的事项，不得拒绝、隐匿或提供虚假资料；

（三）对评审机构出具的评审结论，应当在收到之日起五个工作日内，提出意见并回执评审机构。

项目建设单位无正当理由逾期不签署评审结论的，视为认可。

第十九条 项目建设单位对评审机构出具的评审结论有异议的，可向市政府提出异议申请，由市政府指定有关部门组织复评。

第二十条 政府投资项目评审工作应当按照《兰州市建设工程项目审批流程（试行）》规定的时限完成。

第二十一条 政府投资项目评审费用，列入市级财政预算。

第二十二条 项目建设单位违反本办法第十八条规定，拒不配合或阻挠政府投资项目评审工作的，评审机构应当及时向有关部门说明情况，由相关部门依照相关法律、法规和规章的规定予以处理。

评审机构对在项目评审过程中发现的违规、违纪问题，应当移交有关部门处理。

第二十三条 评审机构工作人员在政府投资项目评审工作中，有玩忽职守、滥用职权、徇私舞弊等行为的，由其所在单位或上级主管部门给予行政处分；构成犯罪的，依法追究刑事责任。

第二十四条 本办法自2009年7月1日起施行。

关于《兰州市政府投资项目评审暂行办法》的说明

一、制订《兰州市政府投资项目评审暂行办法》（以下简称“办法”）的必要性

兰州市项目投资评审中心的设立，是市政府对项目评审和监督机制的创新与实践，是贯彻落实党的十七届二中全会《关于深化行政管理体制改革意见》的重要举措，是改革和发展的产物。目前，这种“兰州模式”的项目投资评审机制，在国内尚无先例，充分体现了市政府的超前意识和改革决心，是市政府始终坚持科学发展观的真实写照。这种创新机制，无论从增强市场配置资源的基础性作用上讲、从加强社会管理和公共服务的角度来看、还是从优化政府组织结构的层面来说，符合建设服务政府、责任政府、法治政府和廉洁政府的总体要求；符合转变职能、理顺关系、优化结构、提高效能的指导思想；符合政事分开、继承与创新的基本原则，有利于加强兰州市经济建设与社会公共事务的统筹协调；有利于强化政府投资项目管理和监督职责；有利于降低行政成本、提高工作效率；有利于解决部门职责交叉、权责脱节和效率不高的矛盾与现状；同时也有利于部门间的有效制约和相互监督。

为了确保评审工作有效运转，规范政府投资项目评审行为，合理确定和有效控制项目投资规模和成本，提高项目资金使用效益，推进投资评审工作制度化、法制化建设，及时、准确为政府决策服务，制订相关的法规性文件非常必要，也十分紧迫。

二、制定“办法”的法律依据

本“办法”属地方创制性立法，没有直接的上位法依据。在起草修改过程中主要根据了《中华人民共和国预算法》、《中华人民共和国招标投标法》、《中华人民共和国预算法实施条例》等法律、法规关于政府投资项目评审方面的内容。

参照了财政部《财政投资评审管理暂行规定》、《兰州市建设工程项目审批流程（试行）》等部门规章和规范性文件。

同时在起草完善过程中还借鉴了哈尔滨、南昌、长沙、焦作、鞍山、鄂尔多斯等城市的政府投资项目或财政投资评审的地方政府规定。

三、“办法”的主要内容和需要说明的问题

本“办法”共分二十四条。对政府投资项目评审的目的、适用范围、评审原则、评审机构的职责、评审内容和程序、评审依据和要求、评审时限和监督等内容做了具体规定。

需要说明的问题

（一）政府投资项目评审工作的性质和作用。政府投资项目评审是政府投资项目管理程序中为合理确定和有效控制项目投资规模和成本而进行的一项前期性、基础性工作，是规划备选、政府决策、部门审批、资金使用、建设实施、竣工验收、资产移交、后评价等各项决策工作的前提，是提高政府投资项目资金使用效益的有效手段。

政府投资项目评审和政府投资项目审计是完全不同的两项工作，两者主体不同、作用不同、效果不同。前者是建设工程项目基本程序的重要环节，为各项决策提供依据；后者是政府投资项目管理中的稽察监督工作中审计监督的重要体现。只有充分发挥好两项工作的作用，才能最大程度的发挥政府投资项目的资金使用效益。

（二）关于政府投资项目评审机构的性质和评审报

告（意见）的作用。市政府投资项目评审中心是市政府直属机构，就其所出具的评审报告（意见）应当向市政府负责，在具体评审工作中可以根据决策部门的工作要求开展评审工作，其具体评审行为应当接受监察、审计和法制部门的监督。

政府投资项目评审机构所出具的评审报告（意见）应当作为发展改革、财政、建设、招投标等部门对政府投资项目进行立项批复、招标、资金拨付以及监督管理的主要依据。

（三）关于政府投资项目评审的范围。关于政府投资项目评审主要采取发展改革部门做前期（立项批复）评审，财政部门做中后期（资金拨付、决算结算监督）评审。2007年，根据市政府的决定，成立了兰州市政府投资项目评审中心，将上述两个部门关于政府投资项目评审的职能合二为一统一由评审机构履行，因此，“办法”第七条、第八条对政府投资项目评审的范围和内容进行了明确，便于评审工作有效开展，保证评审工作的独立性、公正性和科学性。

（四）关于评审工作的时限要求和评审资金保证。为了保证政府投资项目各项决策工作的顺利开展，“办法”第二十条对项目评审的时限作出规定。鉴于政府投资项目评审工作具有很强的专业性要求和评审机构人员具体限制，委托相关社会中介组织和聘用具有专业资质的人员进行专业性评审工作无法避免，因此“办法”第二十一条规定“政府投资项目评审费用，列入市级财政预算”，保证评审工作经费，发挥评审工作效能。

（五）关于“办法”的实质和作用。《兰州市政府投资项目评审暂行办法》实质是一项行政授权，是市政府作为地方行政机关将本级政府投资项目评审这一具体职责授予下级职能机构（即市项目投资评审中心），以便评审机构在市政府的监督下依法开展评审工作。 “办法”的主要作用主要体现在：一是在实现市级投资项目评审职能的基础上，市政府可以更加有效组织管理行政事务特别是政府投资项目决策；二是明确了评审机构承担的评审职责，其工作性质是市政府的咨询服务机构；三是可以充分发挥评审机构的主动性和积极性以及机构、工作人员的专业特长，有利于提高行政效率。

兰州市城市燃气管理办法

（2009年4月23日市政府第8次常务会议讨论通过，以兰州市人民政府令[2009]第2号公布，自2009年7月1日起施行）

第一章　总　则

第一条　为了加强城市燃气管理，保障社会公共安全，维护经营者和消费者的合法权益，根据国家有关法律、法规的规定，结合本市实际，制定本办法。

第二条　本办法适用于本市行政区域内城市燃气的规划、建设、经营、使用和燃气器具的生产、销售、安装、维修以及相关管理活动。

法律、法规另有规定的，从其规定。

第三条　市建设行政主管部门负责全市城市燃气管理工作，并直接负责本市城关区、七里河区、安宁区、西固区范围内城市燃气的监督管理。

永登县、榆中县、皋兰县和红古区建设行政主管部门负责本行政区域内城市燃气的监督管理，接受市建设行政主管部门的业务指导。

发展改革、规划、环保、安全生产监督等行政管理部门和公安消防机构应当依照各自法定职责，做好城市燃气管理工作。

第四条　本市城市燃气的发展，实行统一规划、配套建设、注重保护环境、合理利用能源、建设与管理并重的原则。

第五条　市人民政府鼓励和支持城市燃气行业开展科学技术研究，推广应用先进技术设备；提倡和引导城市燃气用户节约用气，提高燃气利用效率。

第六条　建设行政主管部门、燃气经营企业应当加强燃气安全知识的宣传和普及，增强社会公众安全意识，提高防范和应对燃气事故的能力。

燃气经营企业应当建立健全安全管理制度和技术操作规程，做好安全工作和事故的预防、处理；履行社会服务义务，接受社会监督，提高服务水平。

燃气用户应当安全用气，节约用气。

第七条　任何单位和个人都有保护城市燃气设施的义务，有权对损坏城市燃气设施的行为进行制止和举报。

第二章　规划与建设

第八条　本市城市燃气专项规划应当纳入城市规划，列入国民经济和社会发展计划，符合环境保护、能源利用规定以及消防、防爆、抗震、防洪等安全要求。

城市燃气专项规划由规划部门会同建设部门编制，经本级人民政府批准后，由建设行政主管部门组织实施。

第九条　列入城市燃气专项规划的燃气设施建设用地，未经法定程序修改规划，任何单位和个人不得占用或者改变其用途。

第十条　城市新区建设和旧区改造时，应当按照城市燃气专项规划，配套建设城市燃气设施或者预留燃气设施建设位置。

管道燃气设施配套建设应当与主体工程同时设计、同时施工、同时验收。

第十一条　新建城市燃气工程应当按照建设工程基本程序进行建设。

城市燃气设施的改动，由市建设行政主管部门依照《建设部关于纳入国务院决定的十五项行政许可的条件的规定》执行。

第十二条　城市燃气工程建设单位应当委托具有相应资质的单位进行城市燃气工程的勘察、设计、施工和监理。

第十三条　城市燃气工程竣工后，建设单位应当依法按照规定程序报请有关部门对城市燃气工程进行统一验收，并按照规定向城建档案管理机构移交工程建设档案。

第三章　经营管理

第十四条　本市管道燃气实行区域性统一经营，天然气加气站（点）、瓶装燃气实行多家经营。

燃气经营企业应当具备相应的燃气经营资质，并办理工商登记注册后，方可从事经营活动。

第十五条　本市新建燃气企业的审批，由市建设行政主管部门依照《国务院对确需保留的行政审批项目设定行政许可的规定》执行。

第十六条　燃气经营企业应当遵守下列规定：

（一）符合城市燃气专项规划；

（二）燃气气质和压力符合国家规定标准；

（三）经营场所、燃气设施符合安全生产监督的相关规定，并经公安消防机构验收合格；

（四）燃气设备、计量装置、供气器具符合质量技术监督部门的规定和要求，并执行国家有关规定和标准；

（五）从事管理、技术和操作的工作人员，其配置与经营规模相适应，符合专业培训、考核要求；

（六）制定应急救援预案，具有与经营规模相适应的燃气事故处理能力；

（七）法律、法规规定应当遵守的其他事项。

第十七条　燃气经营企业应当按照燃气经营范围从事经营活动，需要变更、停业、歇业、分立或者合并的，应当提前30日向建设行政主管部门提出申请。

第十八条　燃气经营企业应当依法与燃气用户签订供用气合同，明确双方的权利与义务。

燃气经营企业与燃气用户签订供用气合同，应当遵循平等协商、诚实信用的原则。

第十九条　管道燃气经营企业应当按照国家有关规定标准，保证城市燃气供应质量。

因客观原因需要进行城市燃气调峰时，管道燃气经营企业应当按照优先保证民用的原则，调整燃气供应结构。

第二十条　管道燃气经营企业因施工、检修等原因，需要停气、降压作业的，除紧急情况外应当提前24小时通知相关燃气用户或者物业服务企业。

第二十一条　燃气经营企业应当按照有关规定，对燃气用户进行安全检查和设备检修，其工作人员应当佩戴标识、出示证件，为燃气用户提供优质服务。

第二十二条　燃气用户应当按照供用气合同约定，按时、足额缴纳燃气费，不得拖欠或者拒交。

燃气用户逾期不缴费的，燃气经营企业应予催告，按合同约定追缴燃气费和滞纳金；对书面催告超过7日仍拒不履行合同约定的，燃气经营企业有权中止供气。

燃气用户缴清所欠燃气费用后，燃气经营企业应当及时恢复供气。

第二十三条　管道燃气计量表应当经法定的检测机构检定合格后方可安装使用，并按法定时限进行检定或者更换。

管道燃气计量表出现故障时，燃气用户应当向燃气经营企业报修，燃气经营企业在接到报修后应当及时处理。若发生换表费用，保修期内由燃气计量表供应企业承担，保修期外按照价格部门有关规定执行。

管道燃气用户对计量准确度有异议的，可向燃气经营企业提出检定申请。经法定计量检定机构检定，误差在法定范围内的，检定费用由燃气用户承担；误差超过法定范围的，检定费用由燃气经营企业承担。更换燃气计量表费用按照价格部门有关规定执行。

第二十四条　燃气器具的生产、销售以及产品质量，应当符合下列规定：

（一）燃气器具生产企业依法取得生产许可证；

（二）具有方便用户的产品安装、维修服务网点；

（三）具有产品质量合格证；

（四）经法定检测机构进行气源适配性检测并且合格。

第二十五条 燃气经营企业不得强制燃气用户购买指定的燃气器具。

任何单位和个人不得销售或者使用无生产许可证标志、产品合格证及安全使用说明书的燃气器具。

凡使用不符合安全质量规定要求燃气器具的，燃气经营企业应当不予供气。

第二十六条 管道燃气销售价格应当遵守国家价格规定，实行政府定价。

瓶装燃气价格按照国家相关规定执行。

第二十七条 燃气用户有权对城市燃气经营的收费和服务，向燃气经营企业查询，也可向建设等有关行政管理部门投诉。

第四章 安全管理

第二十八条 燃气经营企业应当制定燃气抢险抢修应急救援预案，设置抢险抢修电话并向社会公布，抢险抢修电话应当实行24小时值班。

发生燃气事故，燃气经营企业应当及时组织抢修。燃气事故造成人员伤亡、财产损失的，由安全生产监督、建设等行政管理部门调查处理。

第二十九条 燃气经营企业应当加强对燃气设施的安全检查和设备检修，确保燃气设施的安全运行。

对燃气用户用气过程中存在明显违章或者安全隐患但拒不整改的，燃气经营企业有权中止供气，直至具备安全供气条件后恢复供气。

第三十条 从事瓶装燃气经营的企业，应当遵守下列安全规定：

（一）新瓶经法定检验机构检验并合格，不合格者禁止灌装；

（二）钢瓶的灌装量和残液量应当符合国家规定，并按规定抽取残液；

（三）按照规定送检钢瓶，禁止使用超过检验期限或者检验不合格的钢瓶；

（四）禁止用槽车直接向钢瓶灌装瓶装燃气；

（五）禁止擅自改换钢瓶检验标记；

（六）存放钢瓶的场所与公共建筑、居民住宅建筑的距离，符合安全要求和有关规定。

第三十一条 管道燃气用户应当遵守安全用气规定，禁止任何单位和个人有下列行为：

（一）擅自改装、迁移、包容或者拆除燃气设施、燃气安全标识；

（二）擅自开启或者关闭燃气管道公用阀门（不可抗力因素除外）；

（三）擅自改变燃气用途；

（四）在燃气输配管道上擅自安装燃气器具；

（五）在设有燃气管道设施的房间内存放、使用炉火或者存放易燃、易爆物品；

（六）将燃气管道作为负重支架或者电器设备的接地导体；

（七）采用任何方式盗用燃气；

（八）在进行燃气器具的安装和维修中，改动燃气计量表（含燃气计量表）之前的管道设施；

（九）其他危害燃气设施安全的行为。

第三十二条 瓶装燃气用户应当遵守下列安全规定：

（一）严禁加热和摔、砸、倒卧钢瓶；

（二）严禁自行倒灌钢瓶内瓶装燃气；

（三）严禁自行倾倒、排放钢瓶内残液；

（四）不得擅自拆修或者改换瓶阀、检验标记及瓶体漆色。

第五章 设施管理

第三十三条 燃气经营企业应当在法定的燃气设施安全保护区域内，对重要燃气设施设置安全标志。

第三十四条 在燃气设施安全保护区域内，禁止任何单位和个人从事下列活动：

（一）建造建筑物或者构筑物；

（二）堆放物品或者排放腐蚀性液体和气体；

（三）动用明火、开挖沟渠、挖砂取土或者种植深根植物；

（四）打桩或者顶进作业；

（五）爆破作业；

（六）总重18吨以上的车辆或者大型施工机械行驶通过敷设有燃气管道的城市非机动车道；

（七）其他危害燃气设施安全的行为。

第三十五条 在城市燃气管道的安全保护区域内确需进行施工或者其他作业的，建设单位应当事先与管道燃气经营企业协商并签订安全施工协议，按照相关规定采取安全保护措施。

第三十六条 燃气经营企业使用的燃气贮运容器、气瓶、调压设备，应当符合有关标准，并按规定进行检修或更新。

城市燃气运输应当执行国家关于危险品运输的有关规定。

第三十七条 城市燃气设施及燃气器具的产权按照“谁投资，谁拥有”的原则确定。

城市燃气设施及燃气器具的管理、碰接、改造、更新和维修等，由燃气经营企业负责组织实施，有关单位和个人应当予以配合，所发生的费用由责任人或者产权人承担。

第六章　法律责任

第三十八条　建设行政主管部门应当会同有关行政管理部门制定本市城市燃气安全、质量、服务、收费等管理标准，及时处理公众的举报和投诉。

第三十九条　发生燃气事故，有关当事人按照下列规定依法承担赔偿责任：

（一）因燃气器具产品质量或者安装质量不符合国家标准和安全要求造成燃气事故的，燃气器具生产、销售企业或者安装单位应当依法承担赔偿责任；

（二）因有关单位施工或者其他作业造成燃气设施及其他财物损坏、人身伤亡的，由责任单位依法承担赔偿责任；

（三）燃气用户因自身过错造成燃气事故的，自行承担损害责任；造成他人伤亡、财产损失的依法承担赔偿责任。

燃气事故的赔偿，由有关当事人协商处理或者申请调解处理，也可以向人民法院提起民事诉讼。燃气事故责任人构成犯罪的，依法追究刑事责任。

第四十条　违反本办法第十一条第二款规定，未经审批进行城市燃气设施改动的，由市建设行政主管部门责令恢复原状，予以警告，并处以3000元以上3万元以下罚款。

第四十一条　违反本办法第十四条规定，未取得城市燃气经营资质从事燃气经营的，由市建设行政主管部门予以警告，责令停止违法行为，并处以1万元以上3万元以下罚款。

第四十二条　燃气经营企业违反本办法规定，有下列行为之一的，由建设行政主管部门责令限期改正，予以警告，并处以3000元以上3万元以下罚款：

（一）未按供用气合同约定履行义务，产品和服务质量不符合相关标准的；

（二）未经建设行政主管部门批准，擅自变更、停业、歇业、分立或者合并的，影响社会公共利益和安全的；

（三）未建立城市燃气设施安全检查制度的；

（四）未制定燃气事故应急救援预案的；

（五）未对重要燃气设施设置安全标志的；

（六）强制燃气用户购买指定燃气器具的。

第四十三条　燃气用户违反本办法第三十一条、第三十二条规定的，由建设行政主管部门责令限期改正，予以警告，对瓶装燃气非经营性个人用户并处50元以上200元以下罚款，对经营性用户并处500元以上5000元以下罚款；对管道燃气非经营性个人用户并处200元罚款，对经营性用户并处3000元以上3万元以下罚款。

第四十四条　违反本办法第三十四条规定，单位或者个人在燃气设施安全保护区域内从事禁止行为的，由建设行政主管部门责令限期改正，予以警告，并处以1万元以上3万元以下罚款。

第四十五条　违反本办法第三十五条规定，建设单位未与管道燃气经营企业协商签订安全施工协议，未采取安全保护措施的，由建设行政主管部门予以警告，并处以1万元以上3万元以下罚款。

第四十六条　违反本办法的其他行为，由建设行政主管部门或者相关行政管理部门依照有关法律、法规和规章的规定予以处罚；涉及民事责任的，依法承担赔偿责任；构成犯罪的，依法追究刑事责任。

第四十七条　建设行政主管部门和有关行政管理部门及其工作人员，在城市燃气管理工作中有玩忽职守、滥用职权、徇私舞弊行为的，由其所在单位或者上级主管部门给予行政处分；构成犯罪的，依法追究刑事责任。

第七章　附　则

第四十八条　本办法中下列用语的含义是：

（一）“城市燃气”是指天然气（含煤层气）、液化石油气、人工煤气。

（二）“管道燃气”是指以管道输送方式向用户提供的燃气。“瓶装燃气”是指液化石油气、液化天然气、压缩天然气。

（三）“燃气设施”是指气源生产厂以外的门站、配气站、储配站、计量装置，各种燃气管道及其附属设施（包括阀室、阀门井、阴极保护站、通讯设施等），调压站、调压箱（柜）及其站内外管网供气系统，汽车加气站和液化石油气储配站、瓶库充装站、供应站。

（四）“燃气器具”是指燃气灶具，公用燃气炊事器具，燃气烘烤器具，燃气热水、开水器具，燃气取暖器具，燃气冷暖机，燃气计量器具，液化石油气钢瓶、调压阀等。

（五）“燃气工程”是指燃气设施和工业燃烧设备的新建、扩建、改建工程。

第四十九条　本办法自2009年7月1日起施行。

关于《兰州市城市燃气管理办法》的说明

一、兰州燃气发展历程及现状

兰州燃气工程于1979年7月由当时的国家建委、国家计委批准兴建， 1989年5月开工建设，1991年10月建成投产。2001年11月随着涩宁兰天然气管道工程的建成投运，原煤气厂被迫停产，原煤气管网系统经局部改造后改输天然气。目前已累计建成高中低压管线1200多公里，门站6座，调压站57座，调压箱（柜）2000余台，实现了对城关、七里河、安宁、西固等四个主城区的全面覆盖。全市发展居民用户48万多户，公福用户3620多家，工业用户44家，汽车加气站用户11座。

兰州燃气化工集团于1984年4月由兰州市政府批准组建，原为兰州煤气工程指挥部、兰州煤气工程建设办公室、兰州市煤气管理局；1996年6月经市委同意改制为兰州市煤气总公司，全面实行企业化管理；2000年6月经市政府批准更名为兰州燃气化工集团，隶属市政府领导；2005年3月按照市委、市政府国企改革有关政策规定，划归市国资委主管；2008年更名为兰州燃气化工集团有限公司。市建管委作为燃气行业主管部门，始终按照国家建设部有关政策规定，依法认真履行其行业管理职责。

二、制定《办法》的必要性和可行性

城市燃气是一项公用事业，同时更是一种高危行业。城市燃气的安全稳定供应，不仅关系人民生命财产的安全、城市的公共安全，而且关系到地方经济社会发展、社会稳定的大局。尽快将城市燃气事业纳入法制化管理轨道，迫在眉睫，势在必行。

一是保障城市、社会安全运转的需要。 城市燃气供气设施点多、线长、涉及面广，经营介质易燃、易爆，具有高危性的特点。兰州燃气工程自建设运营以来，燃气管线敷设已经遍及四个主城区的大街小巷，设施遍布于城市建筑的里里外外。但由于没有通过立法建立科学有效的管理运行机制，致使一些安全隐患长期存在，并已严重威胁到城市燃气的安全稳定供应及社会公共安全。据统计，目前兰州市燃气覆盖区修（改、扩）建建（构）筑物占压燃气管线等设施，构成重大燃气安全隐患多达150多处；每年因外力破坏造成燃气泄露事故达30余起，所幸由于经营企业抢修抢险及时从而未酿成一起恶性事故。从外地一些城市近年来发生燃气事故的原因来看，有些属于经营管理者职责履行不到位所致，但多数事故的发生与缺乏有效的管理机制，运行机制不健全，致使重大事故隐患长期得不到解决密不可分，长春、郑州、宁波等市所发生的燃气事故具有这一典型特点。所以，加快兰州城市燃气立法，对预防并解决燃气安全隐患，保障兰州城市、社会安全运转具有十分重要的意义。

二是保障经营者、使用者合法权益的需要。 城市燃气是党和政府造福群众、造福社会的一项福民事业，燃气企业的经营管理行为上联政府形象、下系百姓生活。随着燃气用户的不断增加，部分用户拒不配合燃气企业工作人员进行安全检查、抄表收费的现象也在不断增多，特别是用户包容用气设施，私拉私接管线，盗用燃气的问题日益突出。据不完全统计， 每年仅拒绝入户抄表的用户累计达2500多户次；长期拖欠或拒绝交费的用户累计达500多户次；拒绝安全检查的用户累计达39000多户次；拒绝管线接口或碰接，影响其他用户如期用气的达10余家次；拒绝维修拉裂管道或维修后拒绝交费的用户累计近200户次；擅自拆改燃气设施，盗用燃气的平均2—3例/月；此外还有一些不法商贩冒充燃气企业工作人员，以入户安全检查、推销产品为名诈骗钱财，严重影响了燃气企业的声誉，同时给燃气用户安全用气带来了严重隐患。对诸如此类的问题，现阶段没有强有力的法律手段加以制止和解决，因此急需通过燃气立法来寻求法律保障。

从城市燃气立法的可行性看，一是省市各级领导和人大代表、政协委员非常重视燃气事业的发展，近年来先后多次提出提案和议案，建议并呼吁尽快将兰州城市燃气纳入法制化管理轨道（如2005年省政协第777号提案、2005年市政协第326号提案、2006年市政协第156号提案、2006年市人大代表建议等），二是国内其他省、市如江苏省、安徽省、陕西省、北京市已经先行一步，制定出台了燃气地方性法规，为我市燃气立法提供了可供借鉴的宝贵经验。

三、《办法》的起草过程和主要依据

（一）《办法》的起草过程

按照国家建设部《城市燃气管理办法》，结合兰州的实际情况，2006年市建管委在多次专题调研的基础上，草拟了《兰州市燃气管理条例（讨论稿）》，并将该立法项目报经市人大批准列为2007—2011年地方性法规五年立法计划调研项目。2008年此项目正式被市政府列为政府规章立法项目，全体起草人员认真学习国家、省市相关政策法律规定，认真研究借鉴其他省市燃气立法经验，广泛征求各方面意见，充分吸纳合理建议，市建管委主要领导亲自审定，市政府法制办提前介入，经过认真反复修改，形成了本《办法》。

（二）制定《办法》的依据和参照的部门规章

1、《中华人民共和国行政许可法》；

2、《国务院对确需保留的行政审批项目设定行政许可的决定》（国务院令第412号）；

3、《城市燃气安全管理规定》（建设部、劳动部、公安部令第10号）；

4、《城市燃气管理办法》（建设部令第62号）；

5、《燃气燃烧器具安装维修管理规定》（建设部令第73号）；

6、《市政公用事业特许经营管理办法》（建设部令第 126 号）；

7、《建设部关于纳入国务院决定的十五项行政许可的条件的规定》（建设部令第 135 号）。

四、《办法》的主要内容

本《办法》共分七章四十九条。第一章总则，主要是立法目的和适用范围；第二章规划与建设，规定了燃气规划制定与报批程序，燃气工程建设程序与建设要求等；第三章经营管理，主要明确了燃气经营企业的经营行为；第四章安全管理，重点对燃气安全使用做了规定；第五章设施管理，主要是对燃气设施的管理保护做了明确规定；第六章法律责任，确定责任承担并设定处罚种类和标准；第七章附则，主要对城市燃气、燃气设施、燃气工程等概念做了解释，并规定了施行时间。

五、需要说明的问题和通过立法要解决的问题

（一）需要说明的问题

《行政许可法》实施后，国务院在确需保留的 500 项行政许可项目中规定燃气管理有两项行政许可，即第 104 项燃气设施改动审批和第 111 项城市新建燃气企业审批，这两项许可均由市人民政府建设行政主管部门实施。

（二）通过燃气立法要解决的问题

一是进一步理顺关系，明确燃气行业主管部门、执法主体和各协管部门的职责。

二是进一步规范燃气工程设计、施工、监理和验收管理等基本建设程序，把燃气规划、建设计划与城市规划、环境保护、能源及消防、防震、抗震、防洪等方面的安全要求有机地结合起来。

三是进一步规范燃气经营企业依法经营的从业行为。

四是进一步建立应急反应和联动机制，加强燃气设施的抢修抢险和维护管理，保障城市燃气供用气设施安全正常运行。

五是进一步加强燃气设施的安全运行管理，明确规定危及燃气设施安全运行的禁止行为，以及与此对应的法律责任。

六是规定燃气安全事故的原因调查、责任认定、损失补偿、人员处理等事项，明确责任主体以及相关责任者应当承担的法律责任。

兰州市旅游管理办法

（2009 年 4 月 8 日市政府第 7 次常务会议讨论通过，以兰州市人民政府令 [2009] 第 3 号公布，自 2009 年 9 月 1 日起施行）

第一章 总 则

第一条 为了合理开发、利用和保护旅游资源，维护旅游者和旅游经营者的合法权益，促进旅游业的持续稳定发展，根据《甘肃省旅游条例》等法律、法规规定，结合本市实际，制定本办法。

第二条 在本市行政区域内进行旅游资源开发建设，从事旅游经营，参与旅游活动，实施旅游管理，适用本办法。

法律、法规有规定的，从其规定。

第三条 市人民政府旅游主管部门负责全市旅游业的监督、管理、指导和服务工作。

县（区）旅游主管部门负责本行政区域内旅游业的监督、管理和服务工作。

市、县（区）相关行政管理部门按照各自的职责，做好有关旅游业发展和旅游资源保护、开发、利用工作。

第四条 市、县（区）旅游业发展应当纳入国民经济和社会发展计划，加强旅游基础设施、配套服务设施和旅游风景区（点）建设，加大重点项目投入，不断改善旅游环境，促进旅游业发展。

市、县（区）人民政府加强对旅游工作的领导，建立旅游工作联席会议制度，统一研究制定旅游发展的方针、政策和规划及重点旅游建设项目，协调解决旅游工作的重大问题。

对本行政区域旅游业发展作出突出贡献和显著成绩的单位和个人，应当给予表彰和奖励。

第五条 市、县（区）人民政府设立旅游发展专项资金，列入年度财政预算。旅游发展专项资金按国家有关规定执行。

市人民政府鼓励国（省）内外企业、其他组织和个人，按照“谁投资、谁受益”的原则，投资旅游事业，加快本市旅游业的发展。

旅游工作主管部门应当会同有关部门，为投资者做好相关服务。

第六条　旅游行业协会应当加强行业自律，依照章程规定对会员的经营活动及相关行为进行协调、指导，维护旅游经营者和消费者的合法权益，协助有关部门做好本市旅游经营活动的监督、管理工作。

第二章　规划与建设

第七条　旅游业发展应当编制规划。

旅游业发展规划由市旅游主管部门会同有关部门按照专项规划有关规定编制，报市人民政府批准后实施。

第八条　旅游景区（点）应当根据全市旅游业发展规划，制定本景区（点）建设规划，报市旅游主管部门备案。

第九条　新建、改建、扩建旅游项目和旅游设施配套建设项目的立项和审批，按照国家有关规定执行。

第十条　市、县（区）人民政府及有关部门根据本市旅游业发展规划，加强旅游景区（点）的道路交通、基础设施、文化活动场所等建设。

城市建成区内的旅游景区（点）和旅游定点名特餐厅、文化活动场所、购物商场等，应当设置专用旅游车辆停车站（点）；不具备设置停车站（点）的，在不影响正常通行的情况下，应当允许专用旅游车辆就近临时停放。

第十一条　兰州黄河风景区应当按照规划建设设立旅游码头；尚未设立旅游码头的，现有码头应当确保旅游船只停泊，并为其提供旅游便利条件。

第十二条　市、县（区）旅游主管部门应当会同有关部门，优化整合本行政区域内的旅游资源，开发建设具有文化底蕴、地方特色和民族特色的文化旅游项目，丰富旅游活动。

第三章　旅游经营者与从业人员

第十三条　从事旅游经营的单位和个人（以下简称旅游经营者），应当依法注册并取得旅游经营资格证后，方可进行经营活动。

从事漂流、攀岩、蹦极等特殊项目旅游经营活动的，应当在申办旅游经营资格证前，依法向有关部门申请办理专项审批手续。

第十四条　省内旅行社在本市行政区域内设立分支机构，应当经市旅游主管部门审核同意。

外省旅行社在本市行政区域内设立分支机构，应当经市旅游主管部门审核后，报省旅游主管部门批准。

旅游经营性分支机构的设立，按照本办法第十三条的规定办理。

第十五条　旅行社应当按照国家有关规定，向所在地旅游主管部门缴纳旅行社质量保证金。

确因旅行社过错而使旅游者合法权益受到侵害，需要旅行社给予补偿或赔偿而旅行社在规定的期限内不予补偿或赔偿的，旅游主管部门可以从其旅行社质量保证金中先行垫付。

旅行社质量保证金的收缴、管理、使用和退还，由旅游主管部门负责，按照国家有关规定执行，并按年度定期公布。

第十六条　旅游经营者变更名称、法定代表人、经营场所、经营项目等事项，或者停业、转业、歇业、终止的，应当依法办理变更、登记、注销手续，并在十五日内报旅游主管部门备案。

第十七条　旅游经营者应当建立旅游责任制度，设立管理机构，配备专门人员，制定旅游安全应急预案，报所在地旅游主管部门和有关部门备案。

第十八条　旅游经营者所做的宣传，应当符合国家有关规定。

第十九条　旅游经营者应当与旅游者签订书面旅游合同。

旅游合同应当明确旅游经营者和旅游者双方的权利、义务，明确接待和委托接待、损害的补偿和赔偿、纠纷的处理方式等内容。

旅游经营者除遇不可抗力因素外，应当按照旅游合同约定的内容提供服务，不得有下列行为：

（一）改变行程安排；

（二）减少服务项目；

（三）降低服务标准；

（四）加收服务费用；

（五）违反旅游合同约定和法律、法规规定的其他行为。

第二十条　旅游经营者应当遵守民族、宗教的相关规定，尊重少数民族的风俗习惯和公民的宗教信仰。

第二十一条　旅游经营者从事索道、缆车、游船、汽艇、漂流、攀岩、蹦极等特种项目服务前，其设施、设备必须经法定的检验机构检验合格后，方可营运。

旅游经营者应当加强对特种营运设备、设施的日常维护和保养，保证安全运转，及时消除安全事故隐患。

有关部门对前款所列特种营运设备、设施应当定期监督检查。

第二十二条　旅游经营者应当保障旅游者人身、财产安全。对可能影响旅游者人身、财产安全的场所和旅游项目应当向旅游者事先告知，并设立显著的警示标志，划定警戒范围和采取必要的防护措施。

发生旅游安全事故时，旅游经营者应当及时采取有效救援措施，并向有关部门和当地人民政府报告。

第二十三条 旅游经营者应当严格执行国家卫生管理规定，健全卫生管理制度，配备符合标准和质量要求的卫生设施、设备。

第二十四条 旅游景区（点）应当根据旅游安排、环境保护、文物保护以及服务质量的要求，确定旅游接待承载能力，实行游客流量控制。

第二十五条 旅游经营者应当按照有关规定，按时、准确、完整、真实地上报旅游统计报表和其他旅游信息，接受旅游主管部门和其他有关行政管理部门的监督。

第二十六条 旅游从业人员应当根据国家有关规定取得职业资格和岗位资格，严禁无证上岗。

第二十七条 旅游经营者及从业人员不得有下列行为：

（一）擅自使用其他旅游经营者的名称经营旅游业务；

（二）制作虚假旅游信息，向旅游者隐瞒真实情况或者提供质价不符的服务；

（三）炒卖客房和旅游运输票证，强行滞留旅游团队，在旅途中甩团、甩客；

（四）擅自增加或者减少旅游项目，擅自变更接待计划；

（五）旅游从业人员私自组织接待旅游团队；

（六）以零团费、负团费等低于成本的价格销售旅游产品；

（七）超出核定的经营范围开展旅游业务；

（八）不按照国家有关规定收费，强行向旅游者收取费用；

（九）欺骗、胁迫旅游者消费或者与经营者串通欺骗、胁迫旅游者消费；

（十）向旅游者兜售物品，以明示或者暗示的方式向旅游者索要小费；

（十一）损害旅游者合法权益的其他行为。

第二十八条 旅游经营者及旅游从业人员的合法权益受法律保护，严禁任何单位和个人侵犯其合法权益。

旅游经营者及旅游从业人员有权向有关部门申诉、举报侵犯其合法权益的行为，有关部门应当及时调查处理并予答复。

第四章 旅游者的权利与义务

第二十九条 旅游者的合法权益受法律保护，任何单位和个人不得侵犯。

旅游者享有下列权利：

（一）知悉旅游经营者所提供的旅游路线、行程和旅游服务项目及其标准、费用等真实情况，要求旅游经营者对旅游格式合同的有关条款作出必要解释；

（二）自主选择旅游经营者及其服务项目和方式；

（三）要求旅游经营者按照约定或者惯例提供质价相符的旅游服务；

（四）拒绝强制交易及有意诱导、误导购物行为和旅游合同约定以外的收费服务；

（五）人格尊严、宗教信仰和民族风俗得到尊重；

（六）人身、财产安全获得保障；

（七）法律、法规规定和旅游合同约定的其他权利。

第三十条 旅游者应当履行下列义务：

（一）遵守国家有关规定和社会公德；

（二）尊重旅游地宗教信仰和民族风俗习惯；

（三）遵守有关规定，爱护文物古迹和旅游设施；

（四）履行旅游合同约定的义务。

第三十一条 旅游者合法权益受到侵害或与旅游经营者发生争议时，按下列方式处理：

（一）双方协商；

（二）向有关部门投诉；

（三）按仲裁协议，申请仲裁；

（四）向人民法院提起诉讼。

第五章 监督与管理

第三十二条 市、县（区）人民政府可以根据旅游业发展和管理工作的需要，建立下列工作机制：

（一）组织有关部门，有针对性地开展旅游联合执法，依法监管旅游市场，维护旅游秩序；

（二）组织有关部门和单位，建立健全旅游应急体系和相关工作机制，并组织实施。

旅游主管部门和有关部门，在各自的职责权限范围内，对旅游市场进行监督管理。

第三十三条 旅游主管部门应当会同有关部门，制定旅游业有关标准，并组织实施。

第三十四条 旅游主管部门应当会同有关部门，建立并实施旅游统计报表制度、旅游警示信息发布制度和旅游假日预报制度。

第三十五条 旅游主管部门依法组织其他有关部门和相关专业机构，依据有关行业标准和规范，对旅游经营服务单位评定质量等级。

对旅游经营服务单位评定质量等级，实行自愿原则，任何单位和个人不得强行进行评定。

经评定质量等级的旅游经营服务单位，由市旅游主管部门统一向社会公布。

经评定质量等级的旅游经营服务单位，必须按照质量等级进行管理、服务；未评定质量等级的，不得使用质量等级标志。

旅游经营服务单位质量等级实行定期复核制度。经复核未达到质量等级标准规范的，责令限期达到；逾期仍然达不到的，撤销质量等级并收回质量等级标志。

第三十六条 市旅游主管部门应当会同有关部门，制定本市《旅游车辆客运服务规范》。

旅游客运车辆应当按照旅游车辆客运服务规范标明旅游标志，实行挂牌运营。

第三十七条 旅游景区（点）的主管单位应当根据相关规定，对游览范围作出明确界定；对不能拍照、摄影和进行影视活动的景点，应当在显著位置设置标志。

第三十八条 旅游主管部门和有关部门应当建立健全旅游投诉制度，设立旅游质量监督机构，公布投诉受理机构和投诉电话，及时受理旅游者和旅游经营者的投诉。

第六章 法律责任

第三十九条 违反本办法规定的，由旅游主管部门依照《甘肃省旅游条例》的规定予以处罚。

第四十条 违反法律、法规和规章规定的其他行为，由有关行政管理部门依法予以处罚。

第四十一条 旅游主管部门和有关部门及其工作人员，在旅游监督管理工作中有下列行为之一的，由其所在单位或上级机关给予行政处分；构成犯罪的，依法追究刑事责任：

（一）不依法履行监督管理职责的；

（二）玩忽职守、滥用职权、徇私舞弊，侵犯旅游经营者、旅游从业人员和旅游者合法权益的；

（三）违反旅游监督管理规定的其他行为。

第四十二条 行政管理相对人对旅游主管部门和有关部门作出的行政处罚不服的，可以依法申请行政复议或者提起行政诉讼。

第七章 附 则

第四十三条 本办法自2009年9月1日起施行。

兰州市城市房屋租赁管理办法

（2009年7月24日市政府第15次常务会议讨论通过，以兰州市人民政府令［2009］第4号公布，自2009年10月1日起施行）

第一条 为了规范城市房屋租赁管理，保障城市房屋租赁当事人的合法权益，根据《中华人民共和国城市房地产管理法》、《甘肃省城市房地产管理条例》等法律、法规的规定，结合本市实际，制定本办法。

第二条 本办法适用于本市行政区域内的房屋租赁及其管理活动。

本办法所称房屋租赁，是指房屋所有权人作为出租人将其房屋出租给承租人使用，由承租人向出租人支付房屋租金的行为。

实行政府定价的公有房屋租赁，不适用本办法。

第三条 市房地产行政主管部门负责本市城市房屋租赁管理工作，并直接负责城关区、七里河区、西固区和安宁区城市房屋租赁日常管理工作。

榆中县、永登县、皋兰县和红古区房地产行政主管部门负责本地区城市房屋租赁管理工作。

市、县、区房地产行政主管部门在城市房屋租赁管理活动中的主要职责是：

（一）贯彻实施城市房屋租赁管理的有关法律 、法规和规章；

（二）负责房屋租赁登记备案工作；

（三）管理房屋租赁中介机构，规范房屋租赁中介机构行为；

（四）维护租赁当事人的合法权益；

（五）监督管理房屋租赁市场秩序；

（六）调处房屋租赁纠纷，查处房屋租赁中的各种违法行为。

第四条 有关行政管理部门应当按照下列规定，做好房屋租赁管理工作：

（一）公安部门负责租赁房屋的消防、承租人户籍和治安管理；

（二）工商部门负责无照经营的监督管理；

（三）税务部门负责房屋租赁的税务征收管理；

（四）人口和计划生育部门负责承租人的计划生育管理；

（五）城管执法部门负责租赁房屋周边市容环境卫生的监督管理；

（六）规划、国土部门负责改变规划用途、土地用途的监督管理；

（七）价格部门负责房屋租赁价格的监督管理；

（八）其他部门按照各自的职责负责租赁房屋的安全监督管理。

镇人民政府、街道办事处可以接受房地产行政主管部门的委托，负责辖区内房屋租赁登记备案、房屋租赁信息统计以及房屋租赁的日常检查等工作。

第五条　取得房屋所有权证明的城市房屋，方可出租。

有下列情形之一的城市房屋不得出租：

（一）未依法取得房屋所有权或未经房屋所有权人授权的；

（二）司法机关和行政机关依法裁定、决定查封或者以其他形式限制房地产权利的；

（三）共有房屋未取得共有人同意的；

（四）权属有争议的；

（五）属于违法建筑的；

（六）不符合房屋安全标准的；

（七）已抵押，未经抵押权人同意的；

（八）不符合公安、消防、环保、卫生等行政管理部门有关规定的；

（九）法律、法规、规章规定禁止出租的其他情形。

第六条　城市房屋租赁当事人在房屋租赁过程中，应当遵循自愿、公平、互利、信用的原则。

第七条　城市房屋租赁双方当事人应当依法订立书面房屋租赁合同。

房屋租赁合同应当具备以下内容：

（一）当事人姓名或者名称及住所；

（二）租赁房屋的坐落面积、装修及设施状况；

（三）租赁用途；

（四）租赁期限；

（五）租金及交付方式；

（六）房屋修缮责任；

（七）转租的约定；

（八）变更和解除合同条件；

（九）违约责任；

（十）当事人约定的其他条款。

市房地产行政主管部门应当公布房屋租赁合同示范文本，供当事人参照使用。

第八条　城市房屋租赁实行租赁合同登记备案制度。

订立、变更、终止房屋租赁合同的，当事人应当向房地产行政主管部门办理登记备案。

经原出租人同意，承租人转租房屋的，当事人应当以书面形式订立房屋转租合同，并向房地产行政主管部门办理登记备案。

第九条　当事人应当自房屋租赁合同签订之日起30日内，持下列材料办理城市房屋租赁登记备案：

（一）房屋租赁合同；

（二）房屋所有权证明；

（三）当事人合法有效证件。

转租房屋的，应当一并提供原出租人的书面同意材料；出租共有房屋的，应当一并提交共有人同意出租的书面证明。

当事人应当对其提交材料的真实性负责。

第十条　当事人可以书面约定由一方办理登记备案，也可以书面委托他人或者从事房屋租赁业务的中介机构代为办理登记备案。

委托办理城市房屋租赁登记备案的，应当提交委托书和代理人合法有效证件。

第十一条　房地产行政主管部门或委托登记备案单位应当对当事人提交的材料进行核实，对符合规定的，予以登记备案，并出具城市房屋租赁登记备案证明；对不符合规定的，说明理由。

第十二条　房屋租赁登记备案证明不得伪造、涂改、转借和转让。

房屋租赁登记备案证明遗失的，可向原登记备案单位申请补发。

第十三条　公安部门办理流动人口居住登记和工商部门办理营业登记、年检时，应当将房屋租赁登记备案证明作为房屋承租人具有居住、生产、经营场所的合法有效凭证。

第十四条　房屋出租人应当遵守下列规定：

（一）不得向未成年人和无身份证明的人出租房屋

（二）用于居住的租赁房屋应当具备基本的生活设施，符合安全要求，其中人均承租建筑面积不得低于12平方米；

（三）与公安部门签订治安责任保证书，督促非本地户籍的承租人办理流动人口居住登记；

（四）对出租的房屋经常进行安全检查，及时发现和排除不安全隐患；

（五）督促非本地户籍的承租人交验流动人口婚育证明，发现承租人怀孕、生育的，应当向房屋所在地人口和计划生育部门报告；

（六）发现承租人有违法犯罪活动或嫌疑的，应当及时向公安部门报告；

（七）依法缴纳房屋租赁相应税费。

第十五条 房屋承租人应当遵守下列规定：

（一）非本地户籍的应当办理流动人口居住登记；

（二）非本地户籍人员应当办理或者交验流动人口婚育证明，并接受人口和计划生育部门的管理和服务；

（三）应当按照房屋规划用途、结构、消防安全规定使用房屋，发现承租房屋存在安全隐患，应当及时告知出租人予以消除；

（四）不得利用租赁房屋从事违法犯罪活动；

（五）不得妨碍相邻业主的日常生活。

第十六条 房地产中介服务机构不得居间代理不符合出租条件的房屋租赁，并应当告知租赁双方当事人办理城市房屋租赁登记备案或接受租赁双方当事人委托代为办理。

第十七条 房地产行政主管部门应当建立房屋租赁信息网络，开辟信息发布渠道，定期为当事人提供信息服务，并对房屋租赁信息实行动态管理。

房地产行政主管部门应当加强对从事房屋租赁业务的中介机构的管理，并建立其从业信用档案。

第十八条 房地产行政主管部门应当与公安、税务、工商等部门建立信息共享制度，互通房屋租赁信息。

公安、税务、工商等部门在日常行政管理过程中，发现当事人未办理房屋租赁登记备案的，应当告知当事人及时办理。

第十九条 违反本办法第五条第二款规定，当事人将不得出租的城市房屋出租的，由房地产行政主管部门责令改正；逾期不改正的，处以警告，并处以200元以上2000元以下罚款。

第二十条 违反本办法第八条规定，当事人不按规定办理城市房屋租赁登记备案的，由房地产行政主管部门责令限期补办；逾期不补办的，处以警告，租赁房屋用于居住的，并处100元以上500元以下罚款，租赁房屋用于经营的，并处1000元以上5000元以下罚款。

第二十一条 违反本办法规定，有下列行为之一的，由公安部门依照《中华人民共和国治安管理处罚法》的规定给予处罚：

（一）伪造、涂改房屋租赁登记备案证明的；

（二）出租人将房屋出租给无身份证件的人居住的；

（三）出租人明知承租人利用出租房屋进行违法犯罪活动，不向公安部门报告的。

第二十二条 违反本办法规定的其他行为，由房地产、工商、公安等行政管理部门依照《中华人民共和国房地产管理法》等法律、法规和规章的规定给予处罚。

第二十三条 房地产行政主管部门和相关行政管理部门工作人员在城市房屋租赁管理工作中，有徇私舞弊、滥用职权、玩忽职守行为的，由其所在单位或者上级行政机关给予行政处分；构成犯罪的，依法追究刑事责任。

第二十四条 本办法自2009年10月1日起施行。

兰州市药品和医疗器械从业监督管理办法

（2009年8月19日市政府第17次常务会议讨论通过，以兰州市人民政府令［2009］第5号公布，自2009年10月1日起施行）

第一条 为了加强药品、医疗器械（以下简称药械）的从业管理，规范从业单位、人员行为，确保公众用药用械安全，根据《中华人民共和国药品管理法》、《中华人民共和国药品管理法实施条例》和《医疗器械监督管理条例》等法律、法规的规定，结合本市实际，制定本办法。

第二条 本市行政区域内与药械生产、经营、使用活动和监督管理有关的单位或者个人，应当遵守本办法。

法律、法规另有规定的，从其规定。

本办法所称与药械生产、经营、使用活动和监督管理有关的单位或者个人包括：

（一）药械生产企业及其从业人员；

（二）药械批发、零售企业及其从业人员；

（三）医疗机构等药械使用单位及其从业人员；

（四）市、县、区食品药品监督管理部门（以下简称药监部门）、监督检验机构及其工作人员。

第三条 市药监部门主管本市药械从业的监督管理工作。

工商、质量技术监督、税务、卫生、价格、劳动保障、计划生育、招商等行政管理部门应当在各自职责范围内，做好药械从业监督管理工作。

第四条　从事药械生产、经营、使用的单位和个人，应当严格遵守国家法律、法规、规章规定和相关行业规范。

从事药械生产、经营、使用的单位和个人，应当对其生产、经营、使用的药械质量负责。

从事药械生产、经营、使用的单位和个人，应当遵循公平、诚信的原则，做到诚实信用，规范操作，文明从业，不得损害消费者的合法权益，不得损害社会公共利益。

第五条　药械行业协会应当发挥监督、协调和服务作用，加强行业自律，规范行业行为，维护协会成员权益和行业秩序；加强公众健康知识的普及、宣传，引导消费者选择合法生产经营者生产、经营和使用的药械产品以及有合法标识的药械产品。

第六条　鼓励公民、法人和其他组织对药械从业行为实施社会监督。对违反本办法的行为，任何单位和个人都有权向药监部门进行举报。

药监部门应当公布本部门的电子邮件地址或者举报电话；对接到的举报，应当及时、完整地进行记录、妥善保存并为举报人保密。举报的事项属于本部门职责的，应当受理，并依法进行核实、处理、答复；不属于本部门职责的，应当转交有权处理的部门，并告知举报人。

第七条　药械生产、经营和使用单位的质量管理和药品检验人员应当具有药学等相关专业的学历，或者具有药学专业的技术职称，经专业培训并经市药监部门考核合格后持证上岗。

第八条　药械生产、经营和使用单位的药品检验机构或者人员，应当接受市药监部门设置的药品检验机构的业务指导。

第九条　药械生产、经营和使用单位内从事验收、养护、计量、保管、销售等工作的人员应当具有相应的学历或一定的文化程度，经专业培训并经市药监部门考核合格后持证上岗。国家有就业准入规定的岗位，工作人员应当通过职业技能鉴定并取得职业资格证书后方可上岗。

第十条　药械生产、经营和使用单位应当对其工作人员进行药械相关的法律、法规和专业知识培训，建立培训档案，培训档案中应当记录培训时间、地点、内容及接受培训的人员。

市药监部门应当每年对从事药品、医疗器械产品购销及相关工作的人员进行法律、法规及专业知识的继续教育。

经营乙类非处方药的药品零售企业，应当配备经市药监部门组织考核合格的业务人员。

违反本条规定的，由市、县、区药监部门给予警告，责令限期改正；逾期不改正的，责令停产、停业整顿，并处以2000元以上2万元以下的罚款。

第十一条　药械生产、经营和使用单位应当加强对药械从业人员的管理，并对其从业行为作出具体规定。

药械生产、经营和使用单位及其从业人员不得有下列行为：

（一）故意误导消费者购买超过所需用的药品，造成药物滥用；

（二）故意夸大药械的疗效，以营利为目的促销药械；

（三）采用搭售、买药械赠药械、买商品赠药械等方式向公众赠送处方药或者甲类非处方药、医疗器械；

（四）采用邮售、互联网交易等方式直接向公众销售处方药；

（五）不凭处方销售处方药；

（六）向个人销售高风险植入性医疗器械；

（七）为从业人员在本单位内或以本单位名义从事药械违法违规活动提供便利条件。

违反本条规定的，由市、县、区药监部门对药械生产、经营和使用单位给予警告，责令改正，并处以3000元以上3万元以下的罚款。

第十二条　药械生产、批发单位派出销售人员销售药械时，应当提供以下相关资料：

（一）加盖供货单位原印章的生产、经营许可证和营业证照复印件；

（二）加盖供货单位原印章的《药品生产质量管理规范》、《药品经营质量管理规范》认证证书复印件；

（三）加盖供货单位原印章的销售药械批准文件复印件；

（四）加盖供货单位原印章的授权书复印件；

（五）合法购销票据。

销售进口药械的，应当按照国家有关规定提供或者索要相关证明文件。

药械生产、批发单位销售人员应当在本单位授权范围内开展药械销售活动，不得在其他单位兼职进行药械销售活动，不得委托他人进行药械销售活动，不得在经药监部门核准的地址以外的场所储存或者现货销售药械。

违反本条规定的，由市、县、区药监部门依照《中华人民共和国药品管理法》第七十三条的规定予以处罚。

第十三条　经营处方药和甲类非处方药的药械零售企业在营业时间内，应当保证执业药师或者其他依法认定的药学技术人员在岗，指导顾客合理选购药械和提供用药用械咨询。

违反本条规定的，由市、县、区药监部门予以警告，责令改正；对警告后仍不改正的，处以500元以上1000元以下罚款。

第十四条 药械生产、经营和使用单位设置的库房、药房等，应当具有与所使用药械相适应的场所、设备、仓储设施和卫生环境，配备相应的药学技术人员，并设立药械质量管理机构或者配备质量管理人员，建立药械保管制度。

违反本条规定的，由市、县、区药监部门责令限期改正，情节严重的，给予通报。

第十五条 药械生产、经营和使用单位从业人员每年必须进行健康检查；新参加工作和临时参加工作的人员必须进行健康检查，取得健康证明后方可上岗。

违反本条规定的，药械生产、经营和使用单位从业人员未取得健康证明而从事药械生产、经营和使用的，或者对患疾病不得从事本行业的人员不按规定调离的，由市、县、区药监部门责令改正，处以2000元以上2万元以下的罚款。

第十六条 药械广告及相关宣传、推介活动的内容必须真实、合法，以法定部门批准的说明书为准，不得含有虚假的内容。

药械生产、经营和使用单位在车站、码头、剧院、广场、居民社区等场所进行宣传推介活动的，应当在宣传、推介活动5日前，向本地区药监部门备案并接受监督管理。

违反第一款规定的，由工商行政管理部门依照《中华人民共和国广告法》的相关规定予以处罚。

违反第二款规定的，由市、县、区药监部门予以警告，责令改正；对警告后仍不改正的，处以500元以上5000元以下罚款。

第十七条 外埠药械生产、经营和使用单位在兰设立办事机构，在办理相关经营、登记手续后，应当向市药监部门进行备案。

市药监部门应当定期公布外埠药械生产、经营和使用单位在兰设立办事机构基本情况，方便消费者查询。

第十八条 药监部门依照有关法律、法规和规章的规定，履行药械产品监督管理职责时，具有下列职权：

（一）进入生产经营场所实施现场检查；

（二）查阅、复制、查封、扣押有关合同、票据、账簿以及其他有关材料；

（三）查封、扣押不符合法定要求的药械产品及其包装材料、违法使用原料、辅料、添加剂、农业投入品以及用于违法生产的工具、设备；

（四）查封存在危害人体健康和生命安全重大隐患的生产经营场所。

药械生产、经营和使用单位接受药监部门监督检查时，应当予以配合，不得拒绝和隐瞒。

第十九条 药监部门应当建立药械生产、经营和使用单位及相关从业人员数据库，及时更新变更资料并向社会公布，以供查询。

药械生产、经营和使用单位开展业务活动时，可以通过药监部门网站等方式核实与其进行业务往来的药械从业人员信息。

第二十条 市药监部门应当建立药械从业诚信稽核公示制度。

药械生产、经营和使用单位及其从业人员违反法律、法规、规章和相关行业规定，存在不良从业行为的，市药监部门可以通过新闻媒体予以公告，并计入不良信誉档案。

第二十一条 市药械行业学会、协会等机构应当加强对本市药械生产、经营和使用单位及其从业人员的上岗技能培训、继续教育和信息服务、技术咨询、业务培训等工作。

第二十二条 药械生产、经营和使用单位及其从业人员违反法律、法规、规章和本办法规定的，由药监部门依法予以处理；涉及民事责任的，依法承担赔偿责任；构成犯罪的，依法追究刑事责任。

第二十三条 药械生产、经营和使用单位及其从业人员对药监部门作出的行政处罚不服的，可依法申请行政复议或者提起行政诉讼。

第二十四条 药监部门及其工作人员在药械从业监督管理工作中，有滥用职权、徇私舞弊、玩忽职守行为的，由其上级主管机关或者监察机关对直接负责的主管人员和其他直接责任人员依法给予行政处分。

第二十五条 本办法具体应用问题，由市药监部门负责解释。

第二十六条 本办法自2009年10月1日起施行。

兰州市城镇最低收入家庭廉租住房管理规定

(2009年8月19日市政府第17次常务会议讨论通过，以兰州市人民政府令[2009]第6号公布，自2010年1月1日起施行。

市人民政府决定对《兰州市城镇最低收入家庭廉租住房管理规定》作如下修改：

一、将规章名称《兰州市城镇最低收入家庭廉租住房管理规定》修改为《兰州市城镇廉租住房保障规定》。

二、增加关于城镇廉租住房保障制度的定义。

三、增加关于编制廉租住房保障发展规划及年度计划的相关内容。

四、完善廉租住房资金来源内容。

五、调整廉租住房申请家庭具体条件。

六、提高廉租住房住房补贴标准。

七、增加廉租住房租金收入管理和廉租住房维修及管理内容。

八、对相关款、项的顺序、内容和文字表述进行调整。

九、《兰州市城镇廉租住房保障规定》根据本规定作相应修改，重新公布。

兰州市城镇廉租住房保障规定

(2006年9月23日兰州市人民政府令〔2006〕第9号发布，根据2009年8月31日兰州市人民政府令〔2009〕第6号《兰州市人民政府关于修改〈兰州市城镇最低收入家庭廉租住房管理规定〉的决定》修正)

第一条　为进一步健全和完善城镇廉租住房制度，保障城镇低收入家庭的基本住房需求，根据国务院《关于解决城市低收入家庭住房困难的若干意见》，结合本市实际，制定本规定。

第二条　本规定所称城镇廉租住房保障，是指政府按照规定的条件通过实物配租、租赁补贴等方式，解决城镇低收入家庭住房困难的住房保障制度。

第三条　市房地产行政主管部门负责全市城镇廉租住房管理工作。

市财政、民政、发展改革、建设、国土、规划、卫生、价格、统计、公积金管理等部门应当按照各自的职责权限，协同做好廉租住房管理相关工作。

各县（区）人民政府应当加强城镇廉租住房保障工作。街道办事处、镇人民政府应当设专人负责廉租住房保障的申请、受理、审核等工作，相关工作经费纳入本级政府财政预算。

第四条　本规定适用于本市城关区、七里河区、西固区和安宁区城镇范围内的低收入家庭廉租住房保障工作。

永登县、榆中县、皋兰县和红古区应当根据当地经济社会发展的实际情况，制定城镇低收入家庭廉租住房制度方案。廉租住房制度方案经市政府批准后施行，工作上接受市房地产行政主管部门的指导和监督。

第五条　本市廉租住房保障主要采取实物配租、租赁补贴方式。

本规定所称的实物配租，是指廉租住房保障部门向符合条件的申请对象提供住房，并按照廉租住房租金标准计收租金。

本规定所称的租赁补贴，是指廉租住房保障部门向符合条件的申请对象按照廉租住房保障的补贴标准发放租金补贴，由其自行租赁住房。

第六条　市廉租住房保障发展规划及年度计划，由市房地产行政主管部门会同市发展改革、规划、国土、建设、财政、民政等行政管理部门制定后，纳入全市解决城市低收入家庭住房困难发展规划和年度计划。

永登县、榆中县、皋兰县和红古区廉租住房保障发展规划及年度计划，由县（区）人民政府组织制定后，纳入县（区）解决城市低收入家庭住房困难发展规划和年度计划，并报市房地产行政主管部门备案。

解决城市低收入家庭住房困难发展规划和年度计划，应当经市、县（区）人民政府批准后，纳入本地区国民经济和社会发展规划及住房建设规划。

第七条　城镇低收入家庭廉租住房资金来源实行财政预算为主，多种渠道筹措的原则，主要包括：

（一）市、县（区）财政预算安排的资金；

（二）住房公积金增值收益中按规定提取的廉租住房补充资金；

（三）城镇土地出让净收益的10%；

（四）社会捐赠及其他渠道筹措的资金；

（五）中央预算内投资补助和中央财政廉租住房

保障专项补助资金以及省级财政补助资金。

城镇低收入家庭廉租住房资金由市财政部门负责筹措，统一管理，实行财政专户储存，不得挪作他用。市、县（区）财政具体承担比例由市财政部门确定。

第八条 市房地产行政主管部门和相关行政管理部门及各县（区）廉租住房主管部门、街道办事处（镇人民政府）应当建立城镇低收入家庭廉租住房信息系统，建立健全廉租住房档案，实施动态管理。

第九条 城镇低收入家庭廉租住房实行申请、审批、公示制度。

城镇低收入家庭廉租住房申请时间为每年的9月1日至9月30日。

第十条 申请廉租住房的家庭应当同时具备下列条件：

（一）民政部门确认的低收入家庭；

（二）申请家庭人均住房建筑面积低于10平方米（含10平方米）；

（三）申请家庭成员之间有法定的赡养、扶养或者抚养关系；

（四）申请家庭成员为非农业常住户口。

第十一条 申请廉租住房应当由申请家庭的户主作为申请人，户主不具有完全民事行为能力的，申请家庭成员推举具有完全民事行为能力的家庭成员作为申请人。申请人应当向户口所在地街道办事处提出书面申请并提供下列材料：

（一）家庭成员的收入证明；

（二）申请家庭成员所在单位出具的现住房证明，无单位的提供居住地街道办事处出具的现住房证明；

（三）申请家庭成员身份证和户口薄；

（四）市房地产行政主管部门规定的其他材料。

申请人为非户主的，还应当出具其他具有完全民事行为能力的家庭成员共同签名的委托书。

第十二条 街道办事处收到廉租住房申请材料后，可以通过入户调查、邻里访问以及信函索证等方式对申请对象的家庭收入和住房情况进行核实。

申请对象及有关单位、组织或者个人应当如实提供相关情况。

街道办事处审核后应及时作出是否受理的决定，并向申请人出具书面凭证，申请资料不齐全或者不符合本规定的，应当在5日内书面告知申请人需要补正的全部资料，受理时间从申请人补齐资料的次日起计算，逾期不告知的自收到申请材料之日起即视为受理。

第十三条 街道办事处（镇人民政府）对廉租住房申请审核汇总后报区廉租住房主管部门审核。

区廉租住房主管部门会同区民政部门组成审核小组予以审核，并可以通过查档取证、入户调查、邻里访问以及信函索证等方式对申请家庭收入、家庭人口和住房状况进行调查。申请家庭及有关单位、组织或者个人应当如实提供相关情况。

区廉租住房主管部门应当自收到申请材料之日起30日内完成审核。经审核不符合条件的，区廉租住房主管部门应当书面通知申请人，说明理由；经审核符合条件的，区廉租住房主管部门应当在申请人的户口所在地、居住地或工作单位公示审核决定，公示期限为15日。

第十四条 经公示无异议，由区廉租住房主管部门予以登记。经公示有异议的，区廉租住房主管部门应在10日内完成核实，经核实异议成立的，取消登记，并在10日内书面通知申请人。

第十五条 区廉租住房主管部门对廉租住房申请登记审核汇总后报市房地产行政主管部门确认，确认结果应予公示，并书面通知申请人。

第十六条 城镇低收入家庭廉租住房实行年审制度。享受廉租住房资格家庭应当按时接受年审，年审时间为每年的9月1日至9月30日。

第十七条 城镇低收入家庭廉租住房实行轮候制度。当超出资金、实物计划时，对申请实物配租和租赁住房补贴的家庭实行排队轮候。轮候以申请时间为标准，并参考家庭困难程度。

前款所称家庭困难程度主要指经民政部门认定的无劳动能力、无生活来源、无法定赡养人、扶养人或抚养人、优抚对象、重度残疾等原因。

第十八条 住房租赁补贴面积标准为每人建筑面积15平方米，每户不超过建筑面积45平方米；住房租赁补贴标准为每月每平方米6元，最高每户每月不超过270元。

第十九条 发放租赁住房补贴以月为单位，每季发放一次，补贴资金由市、区财政部门向街道办事处（镇人民政府）核拨。街道办事处（镇人民政府）应当及时足额发放租赁补贴，并将发放情况及时汇总上报区廉租住房主管部门和市房地产、财政部门。

第二十条 实物配租以中小套型廉租住房为主，建筑面积控制在50平方米以内。

第二十一条 实物配租的廉租住房来源主要包括：政府出资建设的廉租住房；收购现有旧住房；社会捐赠的住房；腾空的公有住房；其他渠道筹集的住房。

实物配租的廉租住房来源以政府出资建设的廉租住房为主。廉租住房建设用地实行行政划拨方式供应，建设实施工作由市房地产行政主管部门负责。

收购旧住房数量及所需资金计划由市发展改革、

房地产、财政部门确定，具体工作由市房地产行政主管部门委托有关单位实施。

第二十二条 实物配租应当优先孤、老、病、残和特殊困难家庭及其他急需实施廉租住房保障的家庭。

第二十三条 城镇廉租住房租金实行政府定价，由市物价部门会同市房地产行政主管部门提出方案后按规定程序报批。

计租单位统一按建筑面积计算，现执行每月每平方米0.45元。

第二十四条 实物配租后的住房纳入国有直管公房管理，廉租住房租赁合同按年度签订。

第二十五条 廉租住房的租金收入应当全额上缴本级财政，用于廉租住房的维修及管理。

第二十六条 社会捐赠的廉租住房由市民政部门接收后移交市房地产行政主管部门。社会捐赠的廉租住房资金由市民政部门组织接收，接收后移交市财政部门，纳入廉租住房资金专户。

第二十七条 市房地产行政主管部门应当在实物配租、发放租赁住房补贴后一个月内将结果予以公布。

第二十八条 已享受实物配租的家庭，可自愿申请购买其承租的廉租住房。具体购买办法另行制定。

第二十九条 城镇廉租住房对象条件、住房租赁补贴面积标准、补贴金额标准、实物配租租金标准、实物配租建设标准等根据本市经济社会发展水平或国家有关规定适时调整，由市房地产行政主管部门会同有关部门提出意见按程序报批后实行。

第三十条 申请享受廉租住房家庭，应当如实申报家庭收入、家庭人口及住房情况。申请之后，如有变动，应当在变动后一个月内向户口所在地的街道办事处书面申报。

第三十一条 申请廉租住房家庭在轮候期间，申请人家庭情况发生变动的，申请人应当在变动后二个月内向户口所在地的街道办事处书面申报。

第三十二条 城镇低收入家庭在享受廉租住房保障期间，家庭情况发生变动的，应当在变动后二个月内向户口所在地的街道办事处书面申报变动情况。

第三十三条 享受廉租住房保障的家庭有下列情况之一的，由市房地产行政主管部门做出取消保障资格的决定，收回承租的廉租住房、停止发放租赁补贴：

（一）家庭收入超出低收入标准的；

（二）因家庭人数减少或住房面积增加，人均住房面积超出本规定住房标准的；

（三）不按规定时间申报变动情况的；

（四）不按时接受年审的；

（五）市房地产行政主管部门认为其他不符合保障条件的。

第三十四条 享受廉租住房保障的家庭有下列情况之一的，由市房地产行政主管部门作出取消保障资格的决定，并可处1000元以下的罚款：

（一）未如实申报家庭收入、家庭人口及住房状况的；

（二）擅自改变房屋用途的；

（三）将承租的廉租住房转借、转租的；

（四）连续六个月以上未在廉租住房居住的。

第三十五条 市房地产行政主管部门作出取消保障资格的决定后，应当在5日内书面通知当事人。

被取消享受实物配租的家庭，应当在三个月内退回承租的廉租住房。逾期不退回的，市房地产行政主管部门可依法申请人民法院强制执行。

第三十六条 廉租住房申请人对区廉租住房主管部门审核结果有异议的，可向市房地产行政主管部门申诉。

廉租住房申请人对市房地产行政主管部门确认、取消享受资格有异议的，可向市人民政府或省建设厅申诉。

第三十七条 市房地产行政主管部门或者其他有关行政管理部门及其工作人员在廉租住房管理工作中，有下列行为之一的，由其上级主管部门对单位直接责任人和主管负责人给予行政处分；情节严重构成犯罪的，依法追究刑事责任：

（一）利用职务便利，收受他人财物或者好处的；

（二）不依法履行监督管理职责的；

（三）发现违法违规行为不予查处的。

第三十八条 本规定自2010年1月1日起施行。

文件选目

中共兰州市委文件

标　题	发文号	发文时间
关于十一届四次全委（扩大）会议暨全市经济工作会议情况的报告	市委、市政府1号	2009.1.12
关于开展深入学习实践科学发展观活动有关情况的报告	市委3号	2009.3.2
关于审定《兰州市完善工程建设项目招投标制度试点工作方案》的请示	市委5号	2009.4.7
关于九州开发区石峡口山体滑坡及抢险搜救情况的报告	市委、市政府6号	2009.5.17
关于学习落实胡锦涛总书记批示精神的报告	市委、市政府7号	2009.5.17
关于市委常委会专题民主生活会情况的报告	市委8号	2009.5.27
关于九州开发区石峡口地质自然灾害抢险救灾及善后处置工作情况的报告	市委、市政府9号	2009.5.27
关于贯彻落实省委7·6紧急会议精神情况的报告	市委10号	2009.7.7
关于市委常委会深入开展学习实践科学发展观活动的总结报告	市委19号	2009.8.31
关于西固区有机物泄露事故处置情况的报告	市委、市政府20号	2009.9.8
关于《兰州市人民政府机构改革方案》的请示	市委、市政府21号	2009.11.9
关于对中央和省委今年经济工作评价及明年经济发展意见建议的报告	市委23号	2009.11.23
关于2009年度落实党风廉政建设责任制和推进惩防体系建设自查情况报告	市委25号	2009.12.30
关于2009年工作情况的报告	市委26号	2009.12.31

中共兰州市委办公厅文件

标　题	发文号	发文时间
关于对省委巡视组兰州市专项巡视的反馈问题认真进行整改的通知	市委办、市政府办1号	2009.1.12
关于认真抓好《中共兰州市委关于解放思想创新实干加快推进全市经济社会又好又快发展的决定》和《中共兰州市委关于加快推进城乡一体化促进农民持续增收的决定》贯彻落实工作的决定	市委办、市政府办2号	2009.1.12
关于成立兰州市面试考官资格管理委员会的通知	市委办、市政府3号	2009.1.13
关于评选2008年度党委系统信息工作先进单位和先进工作者的通知	市委办4号	2009.1.15
关于转发《市民政局市财政局关于兰州市城乡困难群众优抚对象建国前老党员一次性生活补贴发放工作方案》的通知	市委办、市政府办5号	2009.1.20
关于印发《陆浩同志参加省十一届人大二次会议兰州代表团讨论时的讲话》的通知	市委办6号	2009.1.21
关于《认真组织学习胡锦涛同志在纪念党的十一届三中全会召开30周年大会上的重要讲话》的通知	市委办、市委宣传部7号	2009.1.22
关于批转《关于“二热”管网低温供热事故调查情况的报告》的通知	市委办、市政府办8号	2009.2.16
关于开展抗旱春耕生产督查工作的通知	市委办、市政府办10号	2009.2.18
关于印发《兰州市事业单位岗位设置管理实施意见》的通知	市委办、市政府办13号	2009.2.20
关于成立兰州市委深入学习实践科学发展观活动领导小组及办公室的通知	市委办15号	2009.2.26
关于印发《第十五届中国兰州投资贸易洽谈会兰州市工作方案》的通知	市委办、市政府办16号	2009.3.2
关于印发《2009年兰州市党政密码工作要点》的通知	市委办19号	2009.3.4
关于转发《中共兰州市委宣传部2009年全市宣传思想工作要点》的通知	市委办23号	2009.3.10
关于印发《2009年全市社会治安综合治理工作要点》的通知	市委办、市政府办24号	2009.3.11

文件名称	文号	日期
关于全市县以上党委（党组）中心组政治理论学习的安排意见	市委办、市委宣传部 25 号	2009.3.12
关于印发《2009 年全市村务公开民主管理工作安排意见》的通知	市委办、市政府办 28 号	2009.3.13
关于做好《辉煌的历程——兰州发展 60 年巡礼》组稿工作的通知	市委办、市政府办 29 号	2009.3.16
关于印发《2009——2011 年兰州市禁毒工作规划》的通知	市委办、市政府办 30 号	2009.3.16
关于印发《2009 年全市对外宣传工作要点》的通知	市委办、市政府办 35 号	2009.3.22
关于印发《2009 年市委督查工作要点的通知》	市委办 36 号	2009.3.26
关于印发《2009 年全市政法工作要点》的通知	市委办 37 号	2009.3.31
关于《切实加强公务接待管理进一步规范公务接待工作》的通知	市委办、市政府办 38 号	2009.4.1
关于批转市民政局、市慈善总会《兰州市 2009 年"慈善一日捐"活动实施方案》的通知	市委办、市政府办 39 号	2009.4.1
关于分解落实《中共兰州市委常委会 2009 年工作要点》的通知	市委办 40 号	2009.4.1
关于印发《兰州市政协建议案和调研视察报告办理暂行办法》的通知	市委办、市政府办 41 号	2009.4.7
关于转发市文化市场管理工作领导小组办公室《兰州市 2009 年文化市场管理（打黄扫非）行动方案	市委办、市政府办 42 号	2009.4.9
关于印发《兰州市创建全国文明城市工作表彰奖励方案》的通知	市委办、市政府办 43 号	2009.4.13
关于印发《全市深入开展矛盾纠纷集中排查调处活动实施方案》的通知	市委办、市政府办 44 号	2009.4.14
关于转发市文明办《关于深入开展文明志愿服务活动的实施意见》的通知	市委办、市政府办 45 号	2009.4.14
关于印发《兰州市 2009 年精神文明建设和全国文明城市创建工作要点》的通知	市委办、市政府办 46 号	2009.4.14
关于转发市文明办《关于进一步加强公民道德建设提升市民文明素质的意见》的通知	市委办、市政府办 47 号	2009.4.14
关于印发《兰州市"打盗抢、促防范、保平安"百日会战专项行动方案》的通知	市委办、市政府办 49 号	2009.4.21
关于印发《兰州市机关干部作风建设问责办法》的通知	市委办、市政府办 50 号	2009.4.23
关于印发《兰州市完善工程建设项目招标投标制度试点工作方案》的通知	市委办、市政府办 51 号	2009.4.23
关于印发《兰州市迎接国务院调研组来我市调研的安排意见》的通知	市委办、市政府办 53 号	2009.4.28
关于印发《2009 年兰州市党风廉政建设和反腐败工作任务分解表》的通知	市委办、市政府办 54 号	2009.4.28
关于印发《引大入秦王川灌区综合开发建设现场动员会议纪要》的通知	市委办、市政府办 55 号	2009.4.29
关于《2008 年市管领导干部年度考核情况》的通报	市委办、市政府办 56 号	2009.4.30
关于《党政机关厉行节约有关问题》的通知	市委办、市政府办 58 号	2009.5.7
关于《做好 2009 年重点调研课题》的通知	市委办、市政府办 59 号	2009.5.7
关于《调整兰州市重大项目及园区建设协调领导小组组成人员》的通知	市委办、市政府办 60 号	2009.5.7
转发市信访联席会议关于《兰州市领导干部定期接待群众来访实施办法》等三个文件的通知	市委办、市政府办 61 号	2009.5.8
关于转发陆浩徐守盛同志《赴天津学习考察报告》的通知	市委办 64 号	2009.5.11
关于印发《兰州市机关作风建设实施方案》的通知	市委办、市政府办 65 号	2009.5.15
关于印发《兰州市哲学社会学规划项目管理办法》的通知	市委办 66 号	2009.5.20
印发《关于进一步加强和改进党委（党组）中心组学习的实施意见》的通知	市委办 67 号	2009.5.20
关于《成立兰州市社会治安和城市管理视频监控系统整合管理工作领导小组》的通知	市委办、市政府办 68 号	2009.5.21
关于《建立兰州市干部教育培训工作联席会议制度》的通知	市委办 70 号	2009.5.21
关于《分解市级领导联系督查重大项目》的通知	市委办、市政府办 71 号	2009.5.26
关于印发《兰州市重大项目管理六项制度》的通知	市委办、市政府办 72 号	2009.5.26
关于印发《2009 年全市双拥工作安排意见》的通知	市委办、市政府办 73 号	2009.5.26

关于转发《中共甘肃省委办公厅甘肃省人民政府办公厅转发〈省民政厅省财政厅省人事厅关于调整六十年代精减退职职工生活补助标准的意见〉的通知》的通知	市委办、市政府办74号	2009.5.26
关于印发《兰州市依法治市工作领导小组工作制度》《兰州市依法治市工作领导小组成员职责分解》和《兰州市依法治市工作领导小组办公室工作职责》的通知	市委办、市政府办76号	2009.6.10
关于《安装使用“涉密计算机非法外联监控系统”》的通知	市委办、市政府办77号	2009.6.10
关于《调整和补充党员领导干部与党外人士结对联系》的通知	市委办78号	2009.6.15
关于转发《中共兰州市委宣传部关于围绕庆祝新中国成立60周年深入开展群众性爱国主义教育活动的安排意见》的通知	市委办79号	2009.6.15
关于《对2009年上半年全市目标任务及重大项目情况进行督查》的通知	市委办、市政府办80号	2009.6.19
关于《成立〈兰州市志·共产党志〉编纂委员会》的通知	市委办81号	2009.6.23
关于印发习近平同志《在甘肃省干部座谈会上的讲话》的通知	市委办83号	2009.6.25
关于印发《兰州市集体林权制度改革试点工作方案》的通知	市委办、市政府办85号	2009.7.6
关于《进一步做好净化社会文化环境促进未成年人健康成长工作》的通知	市委办、市政府办86号	2009.7.14
关于印发《庆祝兰州解放60周年活动实施方案》的通知	市委办、市政府办87号	2009.7.22
关于《进一步做好残疾人工作》的通知	市委办、市政府办88号	2009.7.24
关于《严格公务接待宴请活动审批制度》的通知	市委办、市政府办89号	2009.7.27
关于印发《全省矛盾集中排查调处暨信访工作座谈会议精神传达提纲》的通知	市委办、市政府办91号	2009.7.29
关于印发《兰州市社会治安防控体系建设2009至2011年工作规划》的通知	市委办、市政府办92号	2009.8.4
关于《上半年全市重大项目进展情况》的通报	市委办、市政府办93号	2009.8.7
关于《做好当前和“国庆”期间维护稳定工作》的通知	市委办、市政府办94号	2009.8.7
关于《对2009年全市重点工作开展“大督查”活动》的通知	市委办、市政府办95号	2009.8.19
关于《认真做好推进城乡一体化和新农村建设近期重点工作》的通知	市委办、市政府办96号	2009.8.19
关于《加强领导干部外出管理工作》的通知	市委办、市政府办97号	2009.8.20
关于《营造庆祝新中国成立60周年暨兰州解放60周年良好社会氛围》的通知	市委办、市政府办98号	2009.8.25
关于《构建“大督查”工作格局着力推进重大决策有效落实》的意见	市委办、市政府办99号	2009.8.28
关于转发《中共中央办公厅、国务院办公厅关于切实做好2009年国庆节前后工作的通知》的通知	市委办、市政府办100号	2009.9.3
关于分解《中共兰州市委常委会深入学习实践科学发展观活动整改落实方案》任务的通知	市委办101号	2009.9.11
印发《关于建立兰州市校园周边环境综合整治长效机制实施方案》的通知	市委办、市政府办102号	2009.9.16
关于印发《庆祝中华人民共和国成立60周年焰火晚会实施方案》的通知	市委办、市政府办107号	2009.9.21
关于《进一步加强新形势下全市离退休干部工作》的意见	市委办、市政府办110号	2009.9.29
关于《对2009年度人口和计划生育工作目标 完成情况进行考核评估》的通知	市委办、市政府办112号	2009.10.12
关于印发《兰州市2009年—2011年创建全国文明城市工作总体方案》的通知	市委办、市政府办114号	2009.10.14
关于印发《兰州市党委系统督促检查工作考核办法》和《兰州市党委系统专项查办事项办理办法》的通知	市委办115号	2009.10.14
关于《严肃纪律确保政府机构改革顺利进行》的通知	市委办、市政府办117号	2009.10.27
关于转发《中共兰州市委组织部关于加强领导班子思想政治建设的意见》的通知	市委办118号	2009.10.28
关于认真学习贯彻《中国共产党巡视工作条例（试行）》、《关于实行党政领导		

文件名称	文号	日期
干部问责的暂行规定》和《国有企业领导人员廉洁从业若干规定》的通知	市委办、市政府办 119 号	2009.11.2
关于批转《2009 年全市重点工作“大督查”活动情况报告》的通知	市委办、市政府办 121 号	2009.11.4
关于认真做好 2010 年《中共中央办公厅通讯》《秘书工作》征订和学用工作的通知	市委办 122 号	2009.11.6
关于印发《徐守盛同志在兰州调研时的重要讲话》的通知	市委办、市政府办 123	2009.11.11
关于《全市思想政治工作考核评估和表彰奖励》的通知	市委办 124 号	2009.11.16
关于印发《兰州市第六届金城文艺奖评选方案》的通知	市委办 125 号	2009.11.16
关于开展 2009 年全市重大项目及中央扩大内需项目督查活动的通知	市委办、市政府办 126 号	2009.12.2
关于加强重点矛盾纠纷集中排查调处工作的通知	市委办、市政府办 127 号	2009.12.4
关于印发《兰州市全面推进集体林权制度改革工作方案》的通知	市委办、市政府办 128 号	2009.12.9
印发《关于开展工程建设领域突出问题专项治理工作实施方案》的通知	市委办、市政府办 131 号	2009.12.16
关于《表彰 2009 年全市重点调研课题优秀成果》的通报	市委办 134 号	2009.12.31

兰州市人民政府文件

文件名称	文号	日期
兰州市人民政府印发关于促进房地产业持续健康发展的意见的通知	兰政发 [2009]6 号	2009.1.15
兰州市人民政府关于进一步做好促进就业工作的实施意见	兰政发 [2009]17 号	2009.3.2
兰州市人民政府关于印发兰州市城市发展专项资金管理暂行办法的通知	兰政发 [2009]8 号	2009.1.21
兰州市人民政府关于取消城镇职工基本医疗保险风险调剂金的通知	兰政发 [2009]9 号	2009.2.4
兰州市人民政府关于实施绿色图章审批制度的通知	兰政发 [2009]11 号	2009.2.6
兰州市人民政府印发关于加强建设用地保障全力促进经济平稳较快增长的实施意见的通知	兰政发 [2009]23 号	2009.3.16
兰州市人民政府关于切实做好当前形势下就业工作的通知	兰政发 [2009]26 号	2009.3.31
兰州市人民政府关于进一步促进以全民创业带动就业工作的实施意见	兰政发 [2009]27 号	2009.3.31
兰州市人民政府关于加快兰州市第二次土地调查工作有关事宜的通知	兰政发 [2009]28 号	2009.4.1
兰州市人民政府关于开征价格调节基金的通告	兰政发 [2009]29 号	2009.4.2
兰州市人民政府关于印发兰州市 2009 年经济体制改革工作指导意见的通知	兰政发 [2009]30 号	2009.4.8
兰州市人民政府转发省政府关于切实推进节约集约利用土地的通知的通知	兰政发 [2009]31 号	2009.4.8
兰州市人民政府关于印发兰州市 2009 年国民经济和社会发展计划的通知	兰政发 [2009]32 号	2009.4.10
兰州市人民政府关于为工业大企业提供直通车服务的通知	兰政发 [2009]37 号	2009.4.24
兰州市人民政府关于印发兰州市人民政府与中铁联合国际集装箱有限公司就推进兰州铁路集装箱中心站建设的会议纪要的通知	兰政发 [2009]38 号	2009.4.24
兰州市人民政府印发关于实施六大工程促进农民持续快速增收的意见的通知	兰政发 [2009]40 号	2009.4.28
兰州市人民政府关于印发九州生态园及大沙坪土地开发整理项目实施方案的通知	兰政发 [2009]42 号	2009.4.29
兰州市人民政府关于抓好当前工业生产促进全市工业稳定发展的意见	兰政发 [2009]47 号	2009.5.8
兰州市人民政府关于进一步强化全市依法行政工作的决定	兰政发 [2009]49 号	2009.5.8
兰州市人民政府关于提高城乡低保农村五保供养标准的通知	兰政发 [2009]50 号	2009.5.8

兰州市人民政府关于印发兰州市创建无障碍建设城市实施方案的通知	兰政发 [2009]53 号	2009.5.18
兰州市人民政府转发甘肃省人民政府关于进一步加强城市管理工作的意见的通知	兰政发 [2009]45 号	2009.5.9
兰州市人民政府关于进一步加快旅游业发展的决定	兰政发 [2009]58 号	2009.5.25
兰州市人民政府批转市工商局关于在全市农村施行“一专三员”制度完善食品安全监管机制的报告的通知	兰政发 [2009]65 号	2009.6.9
兰州市人民政府关于印发兰州市既有居住建筑供热计量及节能改造工作实施方案的通知	兰政发 [2009]68 号	2009.6.9
兰州市人民政府关于印发兰州市环境保护“十一五”及近期工作规划的通知	兰政发 [2009]69 号	2009.6.16
兰州市人民政府关于印发兰州市新一轮城市总体规划编制工作实施方案的通知	兰政发 [2009]71 号	2009.6.24
兰州市人民政府关于深化改革加强基层农业技术推广体系建设的实施意见	兰政发 [2009]77 号	2009.7.13
兰州市人民政府关于做好工业大企业直通车服务工作的意见	兰政发 [2009]78 号	2009.7.17
兰州市人民政府关于进一步加强农村环境保护工作的意见	兰政发 [2009]83 号	2009.7.23
兰州市人民政府关于印发兰州市户外广告位使用权有偿出让暂行办法的通知	兰政发 [2009]84 号	2009.7.31
兰州市人民政府关于印发兰州市公共和道路停车场地经营权有偿出让暂行办法的通知	兰政发 [2009]85 号	2009.7.31
兰州市人民政府关于印发兰州市实施国有建设用地用途管理征收年租金规定的通知	兰政发 [2009]86 号	2009.8.3
兰州市人民政府关于印发《兰州市建设东部城区物流基地若干配套政策》的通知	兰政发 [2009]89 号	2009.8.4
兰州市人民政府关于进一步加强兰州铁路建设服务协调工作的通知	兰政发 [2009]90 号	2009.8.7
兰州市人民政府关于印发兰州市中小学校舍安全工程实施方案的通知	兰政发 [2009]96 号	2009.8.25
兰州市人民政府关于大力推进社区菜市场建设的意见	兰政发 [2009]97 号	2009.8.27
兰州市人民政府转发甘肃省人民政府关于在全省开展第六次全国人口普查的通知的通知	兰政发 [2009]105 号	2009.9.14
兰州市人民政府关于深入开展“安全饮食用药、百姓放心消费”活动迅速启动实施食品药品安全十大专项整治的安排意见兰政发	兰政发 [2009]106 号	2009.9.16
兰州市人民政府关于印发中共兰州市人民政府党组深入学习实践科学发展观活动整改落实方案的通知	兰政发 [2009]93 号	2009.8.20
兰州市人民政府关于实行国有资本经营预算的试行意见	兰政发 [2009]94 号	2009.8.24
兰州市人民政府关于认真做好第六次全国人口普查工作的通知	兰政发 [2009]110 号	2009.10.21
兰州市人民政府转发甘肃省人民政府关于进一步加强节油节电工作的意见的通知	兰政发 [2009]109 号	2009.10.13
兰州市人民政府关于印发兰州市被征地农民养老保险暂行办法的通知	兰政发 [2009]120 号	2009.11.17
兰州市人民政府关于印发兰州市地质灾害防治工作责任制度的通知	兰政发 [2009]123 号	2009.11.20
兰州市人民政府关于进一步加强预防道路交通安全事故工作的紧急通知	兰政发 [2009]124 号	2009.11.25
兰州市人民政府转发甘肃省人民政府关于印发甘肃省征地补偿区片综合地价及甘肃省征地补偿统一年产值标准的通知的通知	兰政发 [2009]128 号	2009.11.30
兰州市人民政府关于印发兰州市城市建设用地储备工作实施意见的通知	兰政发 [2009]132 号	2009.12.8
兰州市人民政府兰州警备区关于印发兰州市城市防空袭方案修订工作实施方案的通知	兰政发 [2009]135 号	2009.12.9

文件名称	文号	日期
兰州市人民政府关于印发兰州市城市供热保障金统筹管理办法的通知	兰政发［2009］139号	2009.12.15
兰州市人民政府关于进一步调整完善我市城镇居民基本医疗保险有关政策的通知	兰政发［2009］140号	2009.12.22
兰州市人民政府关于印发兰州市新型农村合作医疗市级统筹实施意见的通知	兰政发［2009］144号	2009.12.30
兰州市人民政府关于进一步加强地质灾害防治工作的意见	兰政发［2009］127号	2009.12.1

兰州市人民政府办公厅文件

文件名称	文号	日期
兰州市人民政府办公厅转发甘肃省人民政府办公厅关于加强新增中央投资项目建设管理工作的通知的通知	兰政办发［2009］1号	2009.1.4
兰州市人民政府办公厅关于印发首钢胜利机械厂前进机械厂移交我市管理实施政策性破产工作方案的通知	兰政办发［2009］3号	2009.1.4
兰州市人民政府办公厅转发甘肃省人民政府办公厅批转省监察厅等部门关于扩大内需促进经济增长项目和资金管理暂行办法的通知的通知	兰政办发［2009］4号	2009.1.8
兰州市人民政府办公厅关于切实做好当前灾区群众生活安排工作的通知	兰政办发［2009］5号	2009.1.8
兰州市人民政府办公厅印发关于进一步促进对外贸易发展政策措施的通知	兰政办发［2009］7号	2009.1.8
兰州市人民政府办公厅关于转发第七届兰州春节文化庙会活动实施方案的通知	兰政办发［2009］9号	2009.1.9
兰州市人民政府办公厅转发兰州市工商行政管理局关于发挥工商行政管理职能促进经济又好又快发展的意见的通知	兰政办发［2009］12号	2009.1.14
兰州市人民政府办公厅关于转发甘肃省人民政府办公厅关于进一步做好防范和应对雨雪冰冻以及暴风雪等灾害工作的通知的通知	兰政办发［2009］17号	2009.1.20
兰州市人民政府办公厅关于进一步做好预防和解决企业工资拖欠工作的实施意见	兰政办发［2009］18号	2009.1.20
兰州市人民政府办公厅批转市卫生局等部门关于兰州市打击违法添加非食用物质和滥用食品添加剂专项整治行动方案的通知	兰政办发［2009］10号	2009.1.3
兰州市人民政府办公厅关于印发兰州市2009年城市基础设施项目计划的通知	兰政办发［2009］20号	2009.1.23
兰州市人民政府办公厅转发甘肃省人民政府办公厅关于在扩大内需项目工作中简化审批工作的意见的通知	兰政办发［2009］26号	2009.2.9
兰州市人民政府办公厅关于转发兰州市非物质文化遗产普查工作实施方案的通知	兰政办发［2009］40号	2009.2.26
兰州市人民政府办公厅关于做好《兰州年鉴》2009年卷编纂工作的通知	兰政办发［2009］36号	2009.2.23
兰州市人民政府办公厅关于转发兰渝铁路征地拆迁工作方案的通知	兰政办发［2009］27号	2009.2.21
兰州市人民政府办公厅关于印发兰州市第六届运动会组织工作总体方案的通知	兰政办发［2009］32号	2009.2.20
兰州市人民政府办公厅关于批转市商务局市财政局兰州市家电下乡工作实施方案的通知	兰政办发［2009］28号	2009.2.11
兰州市人民政府办公厅关于印发兰州市煤矿安全生产事故应急救援预案的通知	兰政办发［2009］45号	2009.3.6
兰州市人民政府办公厅关于印发兰州市突发性农业灾害应急预案的通知	兰政办发［2009］50号	2009.3.13
兰州市人民政府办公厅关于印发兰州市打击经济犯罪协调会商机制工作方案的通知	兰政办发［2009］49号	2009.3.16

兰州市人民政府办公厅转发甘肃省人民政府办公厅批转省财政厅关于调整完善全省乡镇财政职能强化乡镇财政管理的意见的通知的通知	兰政办发［2009]53号	2009.3.16
兰州市人民政府办公厅关于印发兰州市人民政府金融工作办公室工作职能的通知	兰政办发［2009]52号	2009.3.17
兰州市人民政府办公厅关于印发协调解决因水事纠纷引起大通河两岸群众矛盾冲突问题会议纪要的通知	兰政办发［2009]55号	2009.3.18
兰州市人民政府办公厅转发省政府办公厅关于印发2009年为民办12件27项实事实施方案的通知的通知	兰政办发［2009]70号	2009.3.2
兰州市人民政府办公厅关于印发兰州市2009年主要污染物减排计划的通知	兰政办发［2009]69号	2009.3.27
兰州市人民政府办公厅印发张津梁同志关于贯彻落实国务院省政府廉政工作电视电话会议精神的讲话的通知	兰政办发［2009]68号	2009.3.27
兰州市人民政府办公厅关于印发2009年兰州市整顿和规范市场经济秩序工作要点的通知	兰政办发［2009]66号	2009.3.27
兰州市人民政府办公厅关于抓紧完善廉租住房建设手续的通知	兰政办发［2009]71号	2009.4.1
兰州市人民政府办公厅关于批转2009年兰州市防空警报试鸣工作方案的通知	兰政办发［2009]79号	2009.4.3
兰州市人民政府办公厅关于2009年燃煤锅炉限期改造有关事项的通知	兰政办发［2009]78号	2009.4.3
兰州市人民政府办公厅关于做好兰州市儿童福利院孤残大中专毕业生就业安置工作的通知	兰政办发［2009]76号	2009.4.7
兰州市人民政府办公厅关于印发兰州市安全生产监督管理职责的通知	兰政办发［2009]80号	2009.4.9
兰州市人民政府办公厅关于开展全市安全生产整治行动的通知	兰政办发［2009]81号	2009.4.9
兰州市人民政府办公厅关于加快推进“万村千乡”市场工程建设的实施意见	兰政办发［2009]87号	2009.4.13
兰州市人民政府办公厅关于印发兰州吉利汽车工业有限公司土地使用证报批费用有关问题会议纪要的通知	兰政办发［2009]84号	2009.4.13
兰州市人民政府办公厅关于转发省发改委关于请大力协助做好新建兰新铁路第二双线甘肃境内段地质勘探工作有关事宜的函的通知	兰政办发［2009]83号	2009.4.13
兰州市人民政府办公厅关于搞活流通扩大消费的实施意见	兰政办发［2009]88号	2009.4.13
兰州市人民政府办公厅关于印发金城关望河山庄项目建设有关问题会议纪要的通知	兰政办发［2009]90号	2009.4.14
兰州市人民政府办公厅关于转发甘肃省人民政府办公厅关于加强行政区域界线管理工作意见的通知	兰政办发［2009]93号	2009.4.22
兰州市人民政府办公厅关于转发甘肃省人民政府办公厅批转省测绘局等部门关于整顿和规范全省地理信息市场秩序实施意见的通知的通知	兰政办发［2009]98号	2009.5.4
兰州市人民政府办公厅转发甘肃省人民政府办公厅关于印发2009年全省整顿和规范市场经济秩序工作要点的通知的通知	兰政办发［2009]102号	2009.5.6
兰州市人民政府办公厅关于印发兰州市重大考试安全事件应急预案的通知	兰政办发［2009]101号	2009.5.6
兰州市人民政府办公厅关于印发做好市属社会组织规范运行和监督管理工作的通知	兰政办发［2009]100号	2009.5.6
兰州市人民政府办公厅转发甘肃省人民政府办公厅批转省建设厅关于实施廉租住房共有产权管理指导意见的通知的通知	兰政办发［2009]106号	2009.5.8
兰州市人民政府办公厅关于切实加快建设340#道路及五里铺洪道综合治理工程的通知	兰政办发［2009]109号	2009.5.12

兰州市人民政府办公厅关于印发兰州市2009年度地质灾害防治方案的通知	兰政办发［2009］111号	2009.5.14
兰州市人民政府办公厅关于印发兰州市2009年城市四区普通中学结构布局调方案的通知	兰政办发［2009］110号	2009.5.14
兰州市人民政府办公厅转发市建管委关于贯彻落实节水工程三同时工作的意见的通知	兰政办发［2009］114号	2009.5.18
兰州市人民政府办公厅关于印发兰州市2009年主要污染物减排计划的通知	兰政办发［2009］118号	2009.5.26
关于印发兰州市人民政府办公厅机关作风建设实施方案的通知	兰政办厅［2009］12号	2009.5.31
兰州市人民政府办公厅关于印发2009年兰州百合专项整治实施方案的通知	兰政办发［2009］121号	2009.6.1
兰州市人民政府办公厅关于印发兰州市消防安全远程监控系统建设方案的通知	兰政办发［2009］125号	2009.6.4
兰州市人民政府办公厅关于城镇土地级别及基准地价更新有关事宜的通知	兰政办发［2009］128号	2009.6.5
兰州市人民政府办公厅关于印发兰州市新型农村合作医疗补偿方案的通知	兰政办发［2009］124号	2009.6.5
兰州市人民政府办公厅关于印发兰州市农村危旧房改造实施意见的通知	兰政办发［2009］131号	2009.6.15
兰州市人民政府办公厅关于印发兰州市南山路项目征地拆迁实施方案的通知	兰政办发［2009］132号	2009.6.16
兰州市人民政府办公厅关于印发兰州市创建国家级创业型城市工作实施方案的通知	兰政办发［2009］134号	2009.6.17
兰州市人民政府办公厅关于转发兰州市新一轮城市总体规划编制建议意见的通知	兰政办发［2009］133号	2009.6.19
兰州市人民政府办公厅转发甘肃省人民政府办公厅关于2009年第一季度省政府环保目标责任书落实情况及污染减排工作进展情况的通报的通知	兰政办发［2009］141号	2009.7.6
兰州市人民政府办公厅关于印发加快推进兰州新型工业化进程考核奖励试行办法的通知	兰政办发［2009］144号	2009.7.7
兰州市人民政府办公厅关于做好全市气象灾害监测预警与应急系统工程建设工作的通知	兰政办发［2009］149号	2009.7.13
兰州市人民政府办公厅关于对省市人大代表意见建议和政协提案办理情况的通报	兰政办发［2009］155号	2009.7.23
兰州市人民政府办公厅转发市建管委关于贯彻全省农村危旧房改造暨村镇建设（平凉）现场会议精神的意见的通知	兰政办发［2009］159号	2009.7.27
兰州市人民政府办公厅关于印发兰州市食品安全整顿工作实施方案的通知	兰政办发［2009］162号	2009.8.5
兰州市人民政府办公厅关于转发甘肃省人民政府办公厅关于批转省人力资源和社会保障厅等部门甘肃省义务教育学校绩效工资实施意见的通知的通知	兰政办发［2009］166号	2009.8.10
兰州市人民政府办公厅批转市监察局关于继续深化行政审批制度改革的意见的通知	兰政办发［2009］165号	2009.8.10
兰州市人民政府办公厅关于印发兰渝铁路兰州枢纽货车北环线及编组场征地拆迁下一阶段工作安排的通知	兰政办发［2009］170号	2009.8.21
兰州市人民政府办公厅批转市劳动和社会保障局关于兰州市创业孵化基地认定和管理办法的通知	兰政办发［2009］202号	2009.9.29
兰州市人民政府办公厅关于落实省政协领导视察兰州市南北两山生态建设精神做好与省直相关部门项目衔接落实工作的紧急通知	兰政办发［2009］200号	2009.9.30
兰州市人民政府办公厅关于检查国办发〔2008〕33号文件贯彻落实情况的通知	兰政办发［2009］199号	2009.9.20

兰州市人民政府办公厅转发甘肃省人民政府办公厅关于开展《中华人民共和国突发事件应对法》贯彻实施情况自查工作的通知的通知　兰政办发［2009］198号　2009.9.25
兰州市人民政府办公厅关于切实做好榆中县园子岔乡结对帮扶工作的通知　兰政办发［2009］197号　2009.9.24
兰州市人民政府办公厅关于兰州市社会治安视频监控系统二期工程建设有关问题的通知　兰政办发［2009］196号　2009.9.18
兰州市人民政府办公厅关于小街巷改造和公厕建设资金拨付等相关问题的通知　兰政办发［2009］195号　2009.9.22
兰州市人民政府办公厅批转市人事局等八部门关于做好2009年普通高校毕业生就业工作的意见的通知　兰政办发［2009］177号　2009.9.3
兰州市人民政府办公厅关于印发《兰州市人民政府驻外办事机构工作管理试行办法》的通知　兰政办厅字［2009］20号　2009.8.27
兰州市人民政府办公厅关于印发兰州市社会治安视频监控系统建设有关问题会议纪要的通知　兰政办发［2009］179号　2009.9.1
兰州市人民政府办公厅关于印发城市垃圾处理费征收和公厕建设有关问题会议纪要的通知　兰政办发［2009］181号　2009.9.8
兰州市人民政府办公厅关于认真落实省审计厅关于兰州市2007年至2009年3月政府投资保障性住房情况的审计决定和审计建议的通知　兰政办发［2009］180号　2009.9.8
兰州市人民政府办公厅转发甘肃省人民政府办公厅批转省人力资源和社会保障厅省财政厅关于解决未参加城镇企业职工基本养老保险社会统筹集体企业有关问题指导意见的通知的通知　兰政办发［2009］185号　2009.9.11
兰州市人民政府办公厅转发甘肃省人民政府办公厅批转省发改委关于全省产业发展体制机制创新意见的通知的通知　兰政办发［2009］188号　2009.9.14
兰州市人民政府办公厅转发甘肃省人民政府办公厅批转省邮政局等部门关于推动农村邮政物流发展支持邮政服务“三农”实施意见的通知的通知　兰政办发［2009］186号　2009.9.14
兰州市人民政府办公厅关于组织开展全市铁路公路沿线和旅游景点等区域地质灾害隐患排查工作的紧急通知　兰政办发［2009］190号　2009.9.17
兰州市人民政府办公厅关于印发全市2009年梯田建设工作实施意见的通知　兰政办发［2009］205号　2009.10.19
兰州市人民政府办公厅关于进一步加快兽医管理体制改革工作进程的通知　兰政办发［2009］203号　2009.10.14
兰州市人民政府办公厅关于印发兰州市基本农田调查上图工作方案的通知　兰政办发［2009］204号　2009.10.15
兰州市人民政府办公厅转发市经委关于重点工业企业反映突出问题汇总材料的通知　兰政办发［2009］208号　2009.10.21
兰州市人民政府办公厅关于对全市五个千亩设施农业示范基地建设给予资金扶持的通知　兰政办发［2009］207号　2009.10.21
兰州市人民政府办公厅关于印发兰州市对口支援陇南市武都区灾后重建实施方案的通知　兰政办发［2009］206号　2009.10.21
兰州市人民政府办公厅关于印发兰州市集中开展卫星电视传播秩序专项整治工作实施方案的通知　兰政办发［2009］220号　2009.10.27
兰州市人民政府办公厅关于印发兰州市供热突发事故应急预案的通知　兰政办发［2009］211号　2009.10.27
兰州市人民政府办公厅关于印发兰州铁路枢纽征地拆迁协调领导小组扩大会议纪要的通知　兰政办发［2009］210号　2009.10.28

兰州市人民政府办公厅关于印发2009年兰州市天然气冬季调峰供气预案的通知	兰政办发［2009]214号	2009.11.2
兰州市人民政府办公厅关于印发兰州市住宅专项维修资金管理实施办法的通知	兰政办发［2009]215号	2009.11.3
兰州市人民政府办公厅关于印发兰州市换发第二代残疾人证工作实施方案的通知	兰政办发［2009]217号	2009.11.5
兰州市人民政府办公厅关于印发兰州市市区危旧房改造管理暂行办法的通知	兰政办发［2009]223号	2009.11.11
兰州市人民政府办公厅关于抓紧做好兰州市2010年度城市建设农用地转用和土地征收方案上报工作的通知	兰政办发［2009]227号	2009.11.12
兰州市人民政府办公厅关于做好申报利用住房公积金贷款支持保障性住房建设试点城市相关工作的紧急通知	兰政办发［2009]230号	2009.11.16
兰州市人民政府办公厅转发甘肃省人民政府办公厅关于切实做好当前甲型H1N1流感防控工作的通知的通知	兰政办发［2009]235号	2009.11.24
兰州市人民政府办公厅关于全力做好城区冬季大气污染防治工作的紧急通知	兰政办发［2009]241号	2009.12.8
兰州市人民政府办公厅关于印发兰州市人民政府办公厅关于创建全国文明城市工作实施意见的通知	兰政办厅字［2009]22号	2009.12.9
兰州市人民政府办公厅转发甘肃省人民政府办公厅批转省统计局等四部门关于全省500万亩梯田建设验收试行办法的通知的通知	兰政办发［2009]246号	2009.12.10
兰州市人民政府办公厅关于做好2009年全市煤矿整顿关闭及安全生产工作的通知	兰政办发［2009]245号	2009.12.10
兰州市人民政府办公厅转发甘肃省人民政府批转省交通运输厅关于进一步加强全省车辆超限超载治理工作意见的通知的通知	兰政办发［2009]247号	2009.12.15
兰州市人民政府办公厅转发甘肃省人民政府办公厅关于印发甘肃省新型农村社会养老保险试点试行办法的通知的通知	兰政办发［2009]250号	2009.12.16
兰州市人民政府办公厅转发甘肃省人民政府办公厅关于印发甘肃省引导鼓励农民工回乡创业意见的通知的通知	兰政办发［2009]253号	2009.12.18
兰州市人民政府办公厅关于进一步做好低温雨雪天气应对工作的通知	兰政办发［2009]251号	2009.12.18
兰州市人民政府办公厅关于开展县级土地利用总体规划修编工作的通知	兰政办发［2009]255号	2009.12.21
兰州市人民政府办公厅关于调整兰州市城镇灵活就业人员基本医疗保险有关政策的通知	兰政办发［2009]256号	2009.12.22
兰州市人民政府办公厅关于印发兰州市食品药品安全违法行为举报奖励办法的通知	兰政办发［2009]266号	2009.12.24
兰州市人民政府办公厅关于进一步落实省政协领导视察南北两山环境绿化工作精神的通知	兰政办发［2009]259号	2009.12.24
兰州市人民政府办公厅关于印发崔家大滩城乡一体化综合整治项目概念性策划方案有关问题会议纪要的通知	兰政办发［2009]257号	2009.12.24
兰州市人民政府办公厅转发甘肃省人民政府办公厅关于研究解决兰渝铁路建设有关问题的会议纪要的通知	兰政办发［2009]258号	2009.12.25
兰州市人民政府办公厅关于印发兰州市道路交通综合整治活动方案的通知	兰政办发［2009]260号	2009.12.28
兰州市人民政府办公厅关于印发兰州市出租汽车更新管理办法的通知	兰政办发［2009]262号	2009.12.29
兰州市人民政府办公厅关于印发兰州市新型农村合作医疗门诊统筹实施方案的通知	兰政办发［2009]263号	2009.12.30

2009年甘肃省国民经济和社会发展统计公报

甘肃省统计局　国家统计局甘肃调查总队

一、综合

经济增长：初步核算，全年全省实现生产总值3382.35亿元，比上年增长10.1%。其中，第一产业增加值497.50亿元，增长4.9%；第二产业增加值1510.98亿元，增长10.4%；第三产业增加值1373.87亿元，增长11.3%，其中金融保险业增加值88.27亿元，增长20.1%，批发和零售贸易业增加值231.21亿元，增长15.3%，房地产业增加值101.37亿元，增长7.0%。

按常住人口计算，全省人均生产总值12852元，比上年增长9.4%。三次产业结构由上年的14.55:46.33:39.12调整为14.71:44.67：40.62，与上年相比，第二产业所占比重下降1.66个百分点，第一、三产业所占比重分别提高0.16和1.50个百分点。

图1　2002—2009年甘肃省生产总值及增长速度

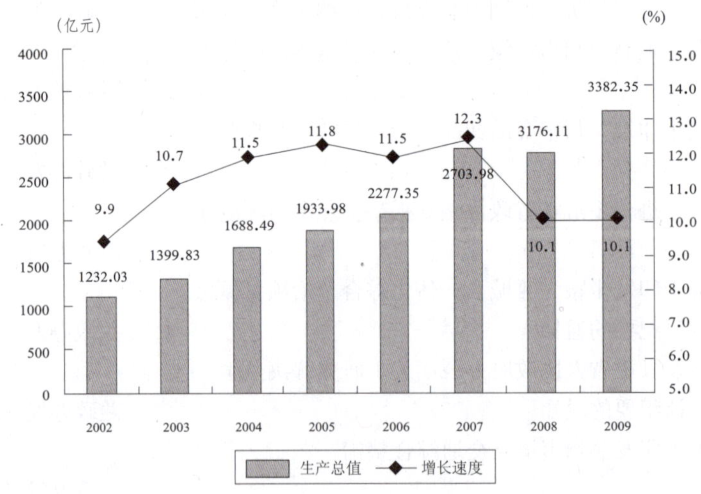

就业：年末全省就业人员为1488.63万人，比上年末增长2.92%。其中，城镇就业人员为413.84万人，增长4.05%。年末城镇登记失业率为3.25%，比上年末提高0.05个百分点。下岗失业人员再就业10.9万人，下降6.84%。

物价：全省居民消费价格总水平比上年上涨1.3%，其中城市上涨0.9%，农村上涨2.2%。全省商品零售价格总水平比上年上涨 1.8%，农业生产资料价格总水平下降 1.0%。

表 1　2009 年居民消费价格比上年上涨（%）

指　　标	全省		
		城市	农村
居民消费价格	1.3	0.9	2.2
食品	3.5	3.5	3.5
#粮食	5.2	5.0	5.7
烟酒及用品	2.6	2.9	2.0
衣着	-0.2	-1.0	1.4
家庭设备用品及服务	1.4	1.5	1.5
医疗保健及个人用品	1.4	1.3	1.6
交通和通信	-2.5	-3.5	-0.1
娱乐教育文化用品及服务	0.3	0.7	-0.7
居住	1.0	-0.4	3.6

全年全省工业品出厂价格总水平比上年下降 9.0%，原材料、燃料、动力购进价格总水平下降 9.50%，固定资产投资价格总水平上涨 1.45%，农产品生产价格总水平上涨 0.22%。

表 2　2009 年生产价格比上年上涨（%）

指　标	2009 年
工业品出厂价格	-9.00
石油加工、冶炼及核燃料加工业	-3.41
有色金属冶炼及压延加工业	-22.05
黑色金属冶炼及压延加工业	-12.59
原材料、燃料、动力购进价格	-9.50
固定资产投资价格	1.45
农产品生产价格	0.22
谷物	0.40
棉花	-1.90
油料	-9.71
畜产品	-8.87

二、农业

全年粮食总产量906.2万吨，比上年增长2.0%。其中，夏粮总产341.3万吨，下降2.8%；秋粮总产564.9万吨，增长5.2%。

图2　2002—2009年甘肃省粮食产量及增长速度

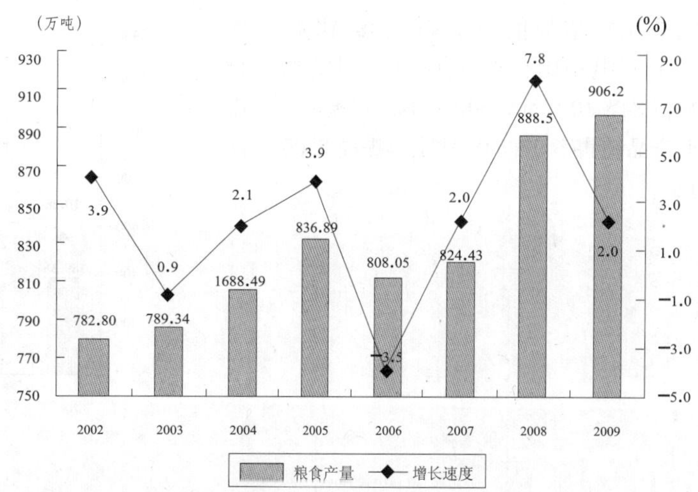

粮食作物种植面积为274.0万公顷，比上年增长2.13%；棉花种植面积5.57万公顷，下降23.45%；油料种植面积35.19万公顷，增长6.08%；糖料种植面积0.45万公顷，下降2.62%；蔬菜种植面积37.16万公顷，增长1.05%。

年末大牲畜存栏623.22万头，比上年增长4.3%；羊存栏1726.7万只，增长4.8%。年末牛、羊出栏分别为151.66万头和1036.67万只，分别比上年增长6.7%和6.1%。猪存、出栏分别为600.59万头和638.93万头，分别增长3.8%和4.4%。

全年肉类总产量83.32万吨，比上年增长5.19%，其中牛肉、羊肉分别增长9.54%和6.05%。牛奶产量37.69万吨，增长3.12%；绵羊毛产量2.64万吨，增长6.55%。全年水产品产量1.19万吨，比上年增长2.51%。

主要经济作物中，棉花产量9.54万吨，比上年下降22.52%。药材产量50.36万吨，比上年增长8.15%；甜菜产量20.42万吨，增长1.65%；油料产量58.54万吨，增长9.35%；烤烟产量1.02万吨，增长24.69%；蔬菜产量1145.35万吨，增长5.83%。

表3　2009年主要农产品产量情况

单位：万吨

产品名称	产量	比上年增长（%）
粮食	906.2	2.0
油料	58.54	9.35
#油菜籽	33.11	15.95
棉花	9.54	-22.52
甜菜	20.42	1.65
烤烟	1.02	24.69
药材	50.36	8.15
水果	277.56	11.86
蔬菜	1145.35	5.83
肉类	83.32	5.19
#牛肉	15.85	9.54
羊肉	16.38	6.05
牛奶	37.69	3.12
绵羊毛	2.64	6.55
水产品	1.19	2.51

全年新增有效灌溉面积1.57万公顷，比上年下降16.49%，新增节水灌溉面积5.85万公顷，增长62.95%，综合治理水土流失面积7.81万平方公里，增长1.69%。

三、工业和建筑业

工业：全年全省完成工业增加值1191.25亿元，比上年增长9.9%。规模以上工业企业完成工业增加值1136.71亿元，比上年增长10.6%。其中国有及国有控股企业完成工业增加值847.10亿元，增长9.0%。规模以上工业企业产品销售率97.54%，比上年提高2.05个百分点。

图3　2002—2009年甘肃省全部工业增加值及增长速度

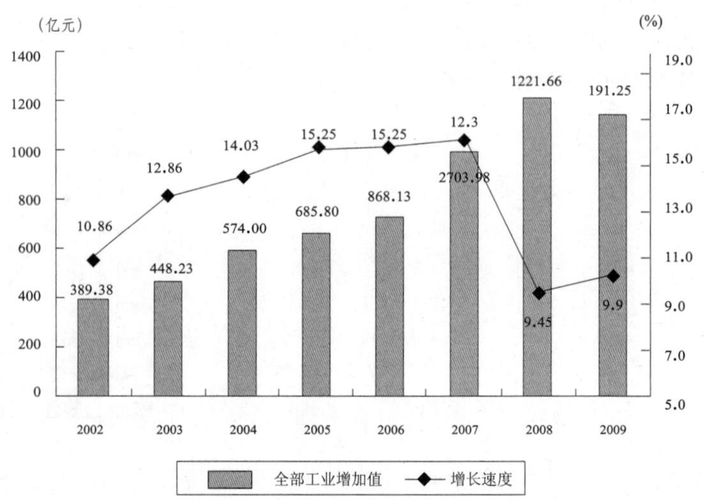

规模以上工业中，中央企业完成工业增加值377.55亿元，比上年增长8.6%；省属企业完成工业增加值399.76亿元，增长12.9%；省以下企业完成工业增加值359.41亿元，增长14.5%。集体企业完成工业增加值38.06亿元，增长27.01%；外商及港澳台投资企业完成工业增加值32.08亿元，增长4.2%；股份制企业完成工业增加值736.62亿元，增长7.9%。轻工业完成增加值169.62亿元，增长9.0%；重工业完成增加值967.09亿元，增长10.9%。

全年发电量696.65亿千瓦小时，比上年增长1.51%；原煤3975.96万吨，增长0.60%；原油359.91万吨，下降1.50%；原油加工量1436.59万吨，增长3.58%；粗钢产量626.36万吨，增长21.44%；钢材644.54万吨，增长10.44%；水泥1816.10万吨，增长15.52%；十种有色金属172.64万吨，增长6.03%。

表 4　2009 年主要工业产品产量情况

产品名称	单位	产量	比上年增长（%）
卷烟	万箱	78.40	0.64
原煤	万吨	3975.96	-0.03
原油	万吨	359.91	-1.50
原油加工量	万吨	1436.59	3.58
发电量	亿千瓦小时	696.65	1.51
#水电	亿千瓦小时	250.20	16.71
粗钢	万吨	626.36	21.44
钢材	万吨	644.54	10.44
十种有色金属	万吨	172.64	6.03
#铝	万吨	94.79	2.70
镍	万吨	13.00	25.85
铜	万吨	41.89	14.24
铅	万吨	3.02	42.93
锌	万吨	19.85	-6.59
水泥	万吨	1816.10	15.52
硫酸	万吨	253.26	24.66
纯碱	万吨	12.77	-44.73
烧碱	万吨	14.27	35.23
乙烯	万吨	69.38	-1.10
化肥（折 100%）	万吨	80.99	16.65
化学农药	万吨	0.16	16.81
发电设备	万千瓦	9.51	-69.10

全年规模以上工业企业盈亏相抵后，实现利润总额 155.23 亿元，比上年增长 1.13 倍。其中国有及国有控股企业实现利润 118.9 亿元，增长 2.50 倍。规模以上工业亏损企业亏损额 47.69 亿元，比上年下降 68.72%。其中国有及国有控股亏损企业亏损额 39.14 亿元，下降 73.20%。规模以上工业经济效益综合指数为 187.44%，比上年提高 7.43 个百分点。

石化、有色、电力、冶金、食品和机械等支柱产业完成工业增加值占规模以上工业的84.10%。其中，石化工业完成增加值258.86亿元，比上年增长13.51%；有色工业完成增加值200.55亿元，增长15.03%；电力工业完成增加值145.95亿元，增长8.29%；冶金工业完成增加值143.24亿元，增长2.61%；食品工业完成工业增加值120.23亿元，增长10.06%；机械工业完成工业增加值87.09亿元，增长13.69%。

全省规模以上装备制造业完成工业增加值92.10亿元，比上年增长13.86%；实现利润9.54亿元，比上年增长20.61%。

表5　2009年重点支柱行业主要经济指标

单位：亿元、%

支柱行业	工业增加值			利润总额	
	绝对数	增长速度	所占比重	绝对数	所占比重
全省总计	1136.71	10.60	100.00	155.23	100.00
石化工业	258.86	13.51	22.77	72.63	46.79
有色工业	200.55	15.03	17.64	29.98	19.31
电力工业	145.95	8.29	12.84	-7.37	
冶金工业	143.24	2.61	12.60	6.05	3.90
食品工业	120.23	10.06	10.58	12.70	8.18
机械工业	87.09	13.69	7.66	8.31	5.35

建筑业：全省建筑业实现增加值319.73亿元,比上年增长28.12%。全省具有建筑业资质等级的总承包和专业承包建筑业企业实现利润总额17.85亿元,增长13.47%。

四、固定资产投资

固定资产投资：全年全社会固定资产投资2479.60亿元，比上年增长42.85%。其中，城镇固定资产投资2076.38亿元，比上年增长38.83%；农村固定资产投资286.64亿元，增长41.89%。

图4　2002—2009年甘肃省全社会固定资产投资及增长速度

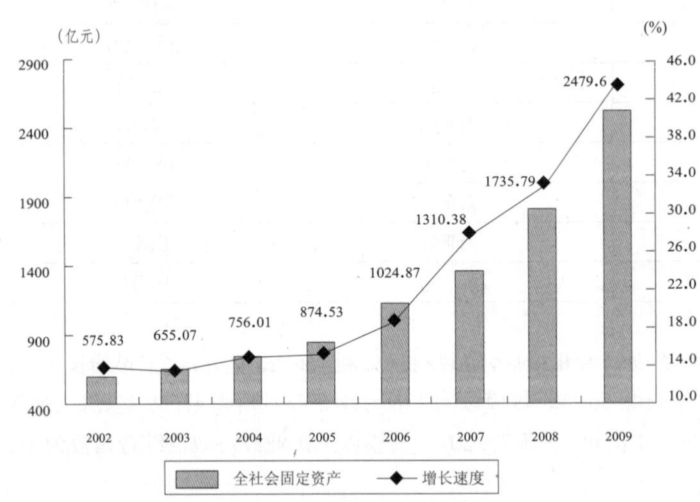

全社会投资按产业分，第一产业投资129.09亿元，比上年增长53.24%；第二产业投资1206.31亿元，增长44.58%，其中工业投资993.59亿元，增长40.83%；第三产业投资1144.20亿元，增长40.02%。

城镇项目固定资产投资按行业分，采矿业投资100.88亿元，比上年增长30.37%；制造业投资397.40亿元，增长32.44%；电力、燃气及水的生产和供应业投资407.80亿元，增长56.73%；交通运输、仓储和邮政业投资145.04亿元，增长37.07%。

表6　2009年分行业城镇项目固定资产投资及其增长速度

单位：亿元

行　业	投资额	比上年增长（%）
农、林、牧、渔业	74.59	31.97
采矿业	100.88	30.37
制造业	397.40	32.44
电力、燃气及水的生产和供应业	407.80	56.73
建筑业	183.13	70.85
交通运输、仓储和邮政业	145.04	37.07
信息传输、计算机服务和软件业	18.62	31.87
批发和零售业	38.90	6.50
住宿和餐饮业	18.88	55.31
金融业	2.83	142.41
房地产业	61.15	6.29
租赁和商务服务业	6.40	-23.49
科学研究、技术服务和地质勘查业	19.44	125.00
水利、环境和公共设施管理业	93.96	28.78
居民服务和其他服务业	4.44	19.20
教育	50.76	58.61
卫生、社会保障和社会福利业	27.67	99.55
文化、体育和娱乐业	17.92	83.00
公共管理和社会组织	202.45	37.76

房地产开发投资：城镇固定资产投资中，房地产开发投资204.14亿元，比上年增长19.59%。其中住宅投资137.32亿元，增长10.57%。房屋施工面积2543.10万平方米，增长32.83%；房屋竣工面积545.16万平方米，增长56.17%；商品房销售面积696.26万平方米，增长47.73%。商品房销售额174.59亿元，增长70.78%，其中期房销售额107.61亿元，增长97.78%。

五、交通、邮电和旅游

全年全省交通运输、仓储和邮政业实现增加值213.64亿元，比上年增长0.8%。

交通运输：全年各种运输方式完成货物周转量1477.06亿吨公里，比上年增长1.54%；旅客周转量469.99亿人公里，增长6.49%。

表7　2009年各种运输方式完成货物运输量及其增长速度

指标	单位	绝对数	比上年增长（%）
货运量	亿吨	2.55	12.08
铁　路	亿吨	0.46	2.97
公　路	亿吨	2.08	14.35
货物周转量	亿吨公里	1477.06	1.54
铁　路	亿吨公里	987.13	0.77
公　路	亿吨公里	489.72	3.13
航　空	亿吨公里	0.21	-2.54

表8　2009年各种运输方式完成旅客运输量及其增长速度

指标	单位	绝对数	比上年增长（%）
客运量	亿人次	5.00	8.68
铁　路	亿人次	0.20	10.52
公　路	亿人次	4.78	8.63
航　空	亿人次	0.01	6.71
旅客周转量	亿人公里	469.99	6.49
铁　路	亿人公里	248.23	6.90
公　路	亿人公里	206.59	5.02
航　空	亿人公里	14.97	22.62

至年末，全省民用汽车保有量65.75万辆，比上年末增长30.02%。其中，轿车26.26万辆，增长42.77%；本年新注册汽车15.64万辆，增长1.53倍。年末私人汽车保有量51.18万辆，增长42.42%；私人轿车保有量17.06万辆，增长63.78%。

邮电通讯：全年完成邮电业务总量363.56亿元，比上年增长29.93%。其中，电信业务总量355.51亿元，增长30.77%；邮政业务总量8.05亿元，增长1.14%。年末局用交换机总容量439.36万门，比上年末增长3.06%。年末固定电话用户458.98万户，下降11.60%，其中城市285.94万户，下降14.56%；农村167.99万户，下降8.96%。本年减少固定电话用户60.21万户。年末移动电话用户1194.37万户，本年新增297.89万户。电话普及率达62.73部/百人，每百人拥有电话比上年增加8.72部。年末互联网上网用户达到103.01万户，增长51.40%，互联网宽带接入用户86.61万户，增长30.31%。

旅游：全年国内旅游人数3387.67万人次，比上年增长36.47%；国内旅游收入191.90亿元，增长40.69%。全年境外入境6.07万人次，比上年下降26.87%。其中，外国人4.51万人次，下降24.58%；港澳台同胞1.56万人次，下降33.33%。全年国际旅游外汇收入1253.84万美元，比上年下降21.80%。

六、国内贸易

全年实现社会消费品零售总额1183.01亿元，比上年增长18.88%。其中，市的零售额762.95亿元，增长18.72%；县的零售额191.69亿元，增长20.14%；县以下零售额228.36亿元，增长18.38%。分行业看，批发业实现零售额122.92亿元，增长10.08%；零售业实现零售额841.84亿元，增长20.57%；住宿和餐饮业实现零售额194.76亿元，增长19.09%。

图5　2002—2009年甘肃省全社会消费零售总额及增长速度

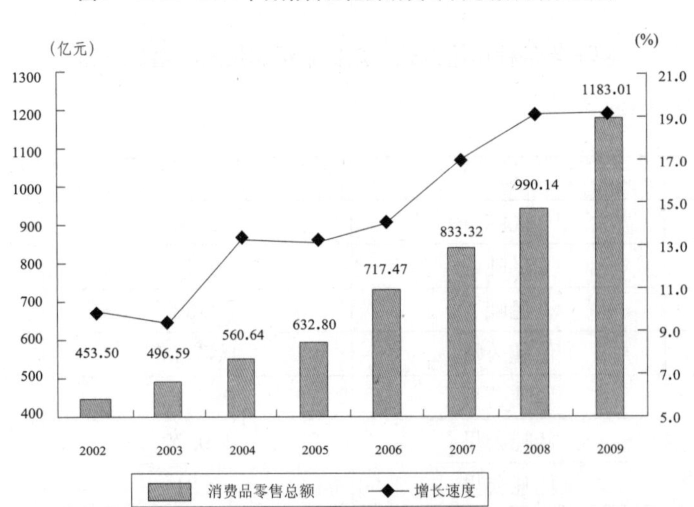

全年限额以上批发和零售业实现零售额292.29亿元，比上年增长20.73%。其中，石油及制品类零售额130.09

亿元，增长11.45%；汽车类零售额59.02亿元，增长64.51%；食品、饮料、烟酒类零售额30.94亿元，增长44.88%；服装类零售额15.23亿元，增长20.60%；家用电器和音像器材类零售额10.79亿元，增长27.42%；金银珠宝类零售额6.03亿元，增长33.42%；日用品类零售额5.40亿元，增长20.21%；化妆品类零售额2.77亿元，增长18.93%；通讯器材类零售额2.66亿元，下降7.36%。

七、对外经济

对外贸易：全年全省外贸进出口总值为38.21亿美元，比上年下降37.30%。其中，出口总值为7.35亿美元，下降54.10%；进口总值为30.86亿美元，下降31.30%。一般贸易出口5.98亿美元，下降55.69%；加工贸易出口1.30亿美元，下降45.06%。机电产品出口1.15亿美元，下降53.77%。

图6 2002—2009年甘肃省进出口总额及增长速度

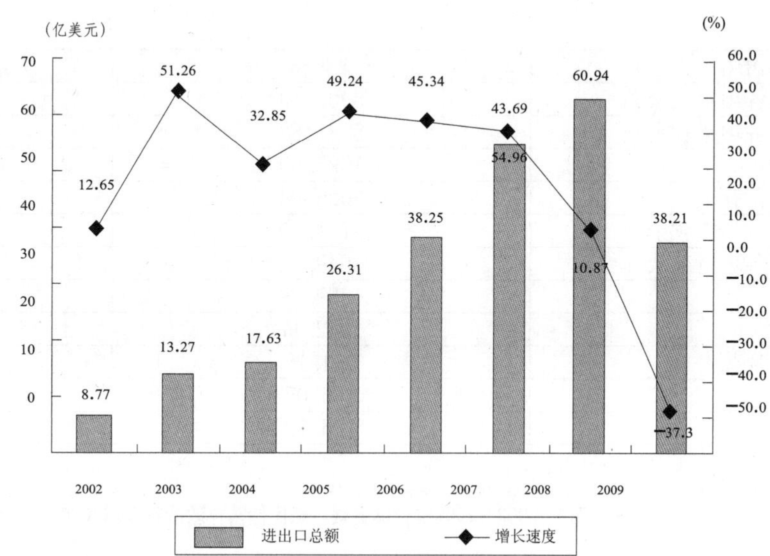

表 9 2009 年进出口贸易分类情况

单位：亿美元

指 标	2009 年	比上年增长（%）
海关进出口总额	38.21	-37.3
出口	7.35	-54.10
#一般贸易出口	5.98	-55.69
加工贸易出口	1.30	-45.06
#机电产品出口	1.15	-53.77
#高新技术产品出口	0.15	14.45
进口	30.86	-31.30
#一般贸易进口	28.66	-35.17
加工贸易进口	2.10	227.51
#机电产品进口	2.19	-29.57
#高新技术产品进口	0.66	-25.26

利用外资：全年外商直接投资合同项目26个。实际使用外商直接投资1.34亿美元，比上年增长4.21%。全年对外承包工程和劳务合作合同金额2.89亿美元，增长1.86倍；对外承包工程和劳务合作完成营业额2.84亿美元，下降6.27%。

八、财政、金融、证券和保险业

财政：全年全省大口径财政收入为604.01亿元，比上年增长36.63%。全省一般预算收入为286.69亿元，增长20.94%。其中，增值税37.13亿元，下降2.07%；营业税65.25亿元，增长22.76%；企业所得税16.95亿元，下降17.80%；个人所得税8.99亿元，增长10.54%。财政支出为1245.57亿元，增长28.62%。

金融：年末全省金融机构本外币各项存款余额5903.13亿元，比上年末增长24.39%。全省金融机构人民币各项存款余额5881.82亿元，增长24.38%。其中，企业存款余额1697.09亿元，增长24.22%；城乡居民储蓄存款余额3026.94亿元，增长22.95%。年末全省金融机构本外币各项贷款余额3739.90元，比上年末增长35.09%。全省金融机构人民币各项贷款余额3649.62亿元，增长33.59%。

表10　2009年金融机构各项存贷款余额

单位：亿元

指标	年末数	比上年末增长（%）
金融机构本外币各项存款余额	5903.13	24.39
金融机构人民币各项存款余额	5881.82	24.38
# 企业存款	1697.09	24.22
城乡居民储蓄存款	3026.94	22.95
金融机构本外币各项贷款余额	3739.90	35.09
金融机构人民币各项贷款余额	3649.62	33.59
# 短期贷款	1589.60	31.63
中长期贷款	1842.17	31.13
# 农村信用社贷款	504.16	40.82
# 消费贷款	186.05	47.45
# 个人住房贷款	125.72	50.67

图7　2002—2009年甘肃省城乡居民储蓄存款余额及增长速度

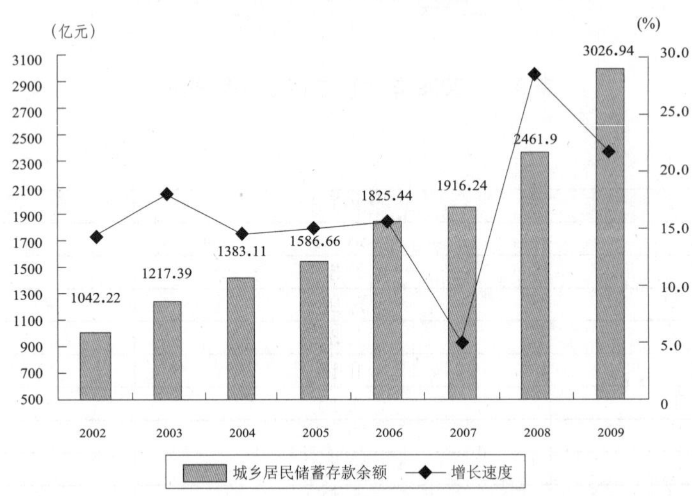

证券：年末全省共有境内股票上市公司22家，比上年末增加1家。年末股票市价总值为1307亿元，比上年末增长1.84倍。发行、配售股票筹集资金166.05亿元，增长4.73倍。

保险：全年保费收入114.38亿元，比上年增长17.38%。其中，财产险收入27.05亿元，增长19.63%；寿险收入80.34亿元，增长16.73%；健康险和意外伤害险收入6.99亿元，增长16.27%。全年赔付额31.85亿元，比上年增长1.89%。其中，财产险赔款14.43亿元，增长3.00%；寿险给付14.91亿元，下降0.51%；健康险和意外伤害险赔款2.51亿元，增长11.01%。

九、科学技术、教育

科学技术：全年研究与试验（R&D）发展经费支出33.2亿元，比上年增长2.2%，其中基础研究经费0.3亿元。全年共取得省部级以上科技成果857项，比上年增加69项。其中，基础理论成果40项，应用技术成果769项，软科学成果48项。全年获得奖励181项。受理专利申请2676件，授权专利1274件。全年共签订技术合同2680项，技术合同成交金额35.63亿元，增长19.7%。

教育：全省研究生教育招生0.85万人，比上年增长12.81%，在学研究生2.35万人，增长8.75%；普通高等教育招生11.23万人，增长1.25%，在校学生36.15万人，增长8.92%；中等职业教育招生14.15万人，增长8.96%；普通高中招生21.70万人，增长3.07%；初中学校招生48.23万人，下降0.84%；普通小学招生37.27万人，下降9.32%；特殊教育招生0.20万人，下降4.73%。

表11　　2009年各类教育招生和在校生情况

单位：万人

指标	招生数		在校生数		毕业生数	
	绝对数	比上年 ±%	绝对数	比上年 ±%	绝对数	比上年 ±%
普通高等教育	11.23	1.25	36.15	8.92	8.41	12.03
普通高中	21.70	3.07	63.21	2.16	19.23	-0.97
中等职业教育	14.15	8.96	33.99	9.86	8.41	11.43
初中学校	48.23	-0.84	141.10	-0.65	46.34	2.66
普通小学	37.27	-9.32	252.60	-6.09	49.27	1.40

十、文化、卫生

文化：年末，全省共有文化馆101个，公共图书馆92个，博物馆91个，艺术表演团体79个，广播电台4座，电视台9座，档案馆101个。中短波广播发射台和转播台30座，广播和电视综合人口覆盖率分别为92.63%和92.91%，分别比上年提高0.68和0.97个百分点。有线电视用户195.17户，增长3.87%。有线数字电视用户90.68万户，增长55.89%。省级报纸出版4.00亿份，比上年增长4.30%，期刊出版1.32亿册，增长3.74%，图书出版8672.37万册（张），增长34.18%。

卫生：年末，全省共有卫生机构10324个，其中医院、卫生院1758个，妇幼保健院、所、站97个，专科疾病防治院（所、站）34个。医院、卫生院拥有床位76347张。全省共有疾病预防控制中心（防疫站）102个，卫生技术人员3651人。卫生监督检验机构103个，卫生技术人员1615人。乡镇卫生院1390个，拥有床位19840张，卫生技术人员16620人。

十一、人口、人民生活和社会保障

人口：年末全省常住人口为2635.46万人，比上年末增加7.34万人。其中，城镇人口860.48万人，占全省常住人口的32.65%，比重比上年提高0.5个百分点；乡村人口1774.98万人，占全省常住人口的67.35%，比重比上年下降0.5个百分点。按年龄分，0—14岁人口占20.81%，比重比上年末下降0.36个百分点；15—64岁人口占71.56%，比重提高0.31个百分点；65岁及以上人口占7.63%，比重提高0.05个百分点。按性别分，男性人口占51.28%，女性人口占48.72%。

全年出生人口35.12万人，出生率为13.32‰，比上年上升0.10个千分点；死亡人口17.69万人，死亡率为6.71‰，上升0.03个千分点；人口自然增长率为6.61‰，上升0.07个千分点。

人民生活：全年城镇居民人均可支配收入11929.78元，比上年增长8.75%；城镇居民消费性支出8890.79元，增长7.01%；城镇居民家庭食品消费支出占消费总支出的比重为37.78%，比上年降低0.54个百分点。农民人均纯收入2980.1元，增长9.41%；农村居民人均生活消费支出2766.45元，增长15.22%；农村居民家庭食品消费支出占消费总支出的比重为41.28%，比上年降低5.89个百分点。年末农村贫困人口为389.0万人，脱贫人口为53.4万人，贫困面为18.7%，比上年末降低2.6个百分点。

图8 2002—2009年甘肃省城镇居民人均可支配收入及增长速度

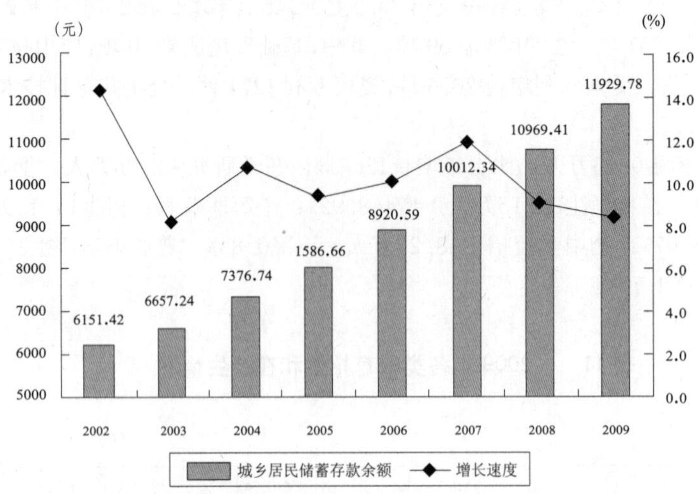

社会保障：全年新增就业27.8万人，安置下岗失业人员再就业10.9万人；年末全省参加城镇基本养老保险人数为230.91万人，比上年末增长4.48%。其中，职工163.37万人，增长4.06%；离退休人员67.54万人，增长5.53%。参加城镇居民基本医疗保险人数为285.20万人，比上年末增长4.38%。其中，职工194.52万人，增长8.01%；退休人员77.72万人，增长12.90%。全省参加失业保险人数为164.08万人，比上年末增长0.67%。参加工伤保险人数为119.72万人，比上年末增长9.96%，其中参保农民工人数为32.65万人，增长57.50%。参加生育保险人数为71.24万人，比上年末增长20.46%。参加新型农村合作医疗农民人数为1906.92万人，参合率为95.54%。新型农村合作医疗基金累计支出总额为18.79亿元，累积受益1294.44万人。全年城市医疗救助26.20万人次，比上年增长1.39倍。农村医疗救助88.36万人次，增长1.11%。民政部门资助农村合作医疗的人数达63万人。全省城镇居民得到政府最低生活保障的人数为83.46万人，比上年末下降7.15%；农村居民得到政府最低生活保障的人数为293.20万人，比上年末下降9.37%。

十二、安全生产与自然灾害

安全生产：全年全省生产安全事故死亡1758人，比上年下降1.73%。亿元GDP生产安全事故死亡人数为0.52人，下降7.14%。工矿商贸企业就业人员生产安全事故10万人死亡人数为2.71人，下降9.36%。煤矿百万吨死亡人数为0.75人，下降17.58%。全年发生道路交通事故造成1553人死亡、3353人受伤，直接经济损失1224.9万元；道路交通万车死亡人数为9.63人，下降10.75%。

自然灾害：全年农作物受灾面积129.98万公顷，增长4.93%。其中成灾面积98.16万公顷，增长12.59%，八成至绝收17.11万公顷，增长68.39%。

全年有人值守的地震监测台站25个，地震遥测台网数3个，无人值守地震监测台站258个。全年未发生5级以上地震，分别发生4.8级和3.2级地震一次，造成直接经济损失134.3万元。

注：1、本公报各项统计数据为初步统计数。

2、生产总值、各产业增加值按现价计算，增长速度按不变价计算。

3、工业增加值含长庆油田甘肃境内部分。

4、表6分行业数据城镇项目中不包括房地产。

5、万元生产总值能源消耗、化学需氧量排放总量、二氧化硫排放总量、体育等数据将由有关部门进一步核实后于近期公布。

2009年兰州市国民经济和社会发展统计公报

兰州市统计局 国家统计局兰州调查队

2009年是兰州市经济发展遇到困难和问题最多的一年，全市上下在市委、市政府的正确领导下，按照“一中心三率先、五加快五加强”的总体思路，积极应对国际金融危机带来的冲击，认真落实中央和省上扩大内需的一系列政策措施，化危为机，保持了经济社会的平稳较快发展。

一、综合

初步核算，全市实现生产总值925.98亿元，比上年增长10.8%。其中，第一产业增加值30.55亿元，增长6.17%；第二产业增加值433.62亿元，增长10.23%；第三产业增加值461.81亿元，增长11.64%。三次产业比例为3.3:46.83:49.87。非公有制经济增加值351.96亿元，增长22.37%，占全市GDP的比重为38%。

图1 2003—2009年生产总值及增长速度

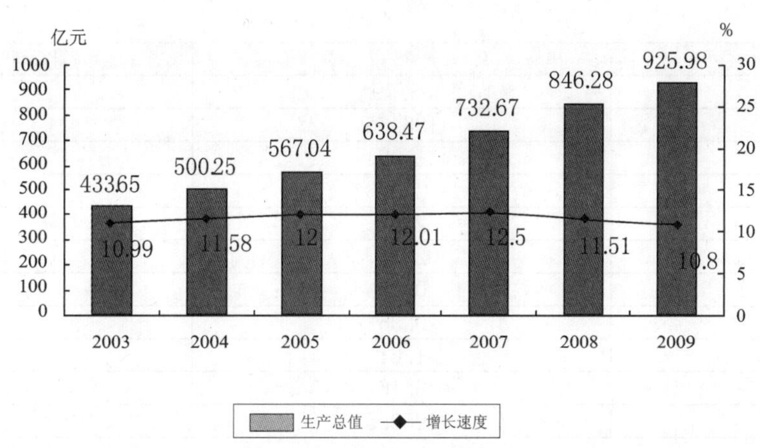

安全生产形势总体稳定。亿元GDP生产安全事故死亡人数为0.34人；道路交通万车死亡人数为8.34人；煤矿百万吨无死亡人数。

二、农业

全年农作物播种面积319.89万亩，其中粮食作物播种面积199.5万亩，比上年增长5.73%，双垄全膜覆盖栽培面积38.5万亩。粮食总产量38.79万吨，比上年增长0.12%；其中：夏粮16.52万吨，较上年减产10.09%；秋粮22.27万吨，比上年增长9.33%。蔬菜播种面积71.65万亩，增长4.43%，蔬菜产量达到186.66万吨，增长8.33%。

图2 2003—2009年粮食产量及增长速度

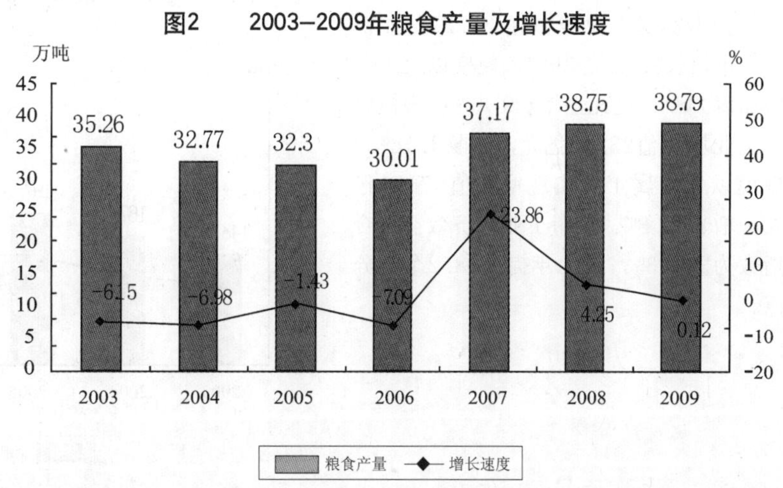

图3　2003—2009年蔬菜产量及增长速度

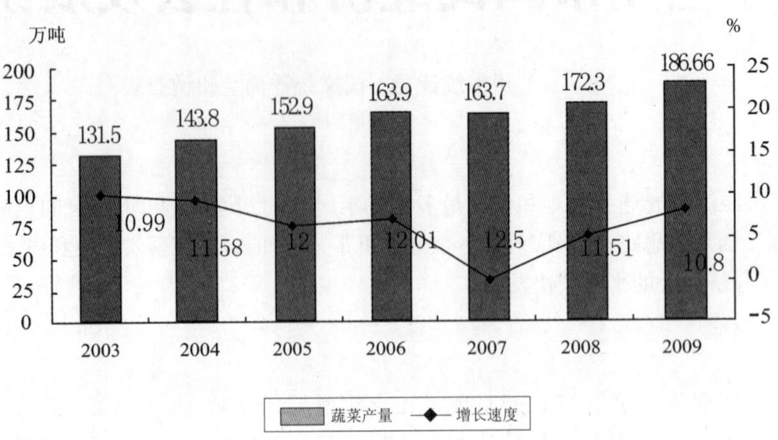

表1　2009年主要农产品产量

单位：万吨

产品名称	产　量	比上年增长（%）
粮食	38.79	0.12
蔬菜	186.66	8.33
油料	1.98	-6.16
瓜类	12.47	2.89
肉类	2.93	4.28
#猪肉	2.24	6.33
牛肉	0.06	—
羊肉	0.35	-7.75
鲜蛋	1.61	10.22
牛奶	6.16	16.78
水产品	1950.5	13.01

年末拥有农业机械总动力136.8万千瓦；完成机耕146.1万亩、机播105.6万亩、机收29万亩。全市新增有效灌溉面积1.06万亩；化肥消耗总量13.18万吨。

三、工业和建筑业

全市实现工业增加值331.22亿元，比上年增长9.42%。其中，规模以上工业增加值308.17亿元，增长9.83%；规模以下工业增加值23.05亿元，增长3.18%。规模以上市属工业实现增加值87.51亿元，增长13.8%。全市工业经济效益综合指数为213.3%，较上年提高68.2个百分点。

图4　2003—2009年全部工业增加值及增长速度

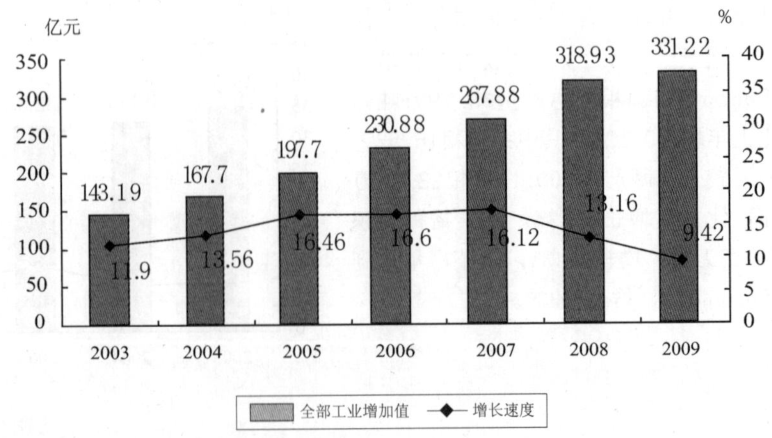

表 2 2009 年规模以上工业增加值

单位：亿元

指 标	2009 年	比上年增长（%）
规模以上工业增加值	308.17	9.83
#轻工业	59.67	16.2
重工业	248.50	8.5
#国有经济	86.30	2.0
集体经济	8.83	23.6
股份合作	0.44	-9.0
股份制	192.38	11.3
外商及港澳台	14.38	32.1
其他	5.84	19.1
#国有控股	236.47	7.8
#大中型企业	228.59	6.8
#国有企业	63.96	5.7

表 3 2009 年主要工业产品产量

产品名称	单位	产量	比上年增长（%）
啤酒	万升	43092	11.6
卷烟	亿支	226.52	-6.6
原煤	万吨	452.76	-1.1
原油加工量	万吨	1045.19	4.3
汽油	万吨	236.16	11.2
水泥	万吨	516.05	5.9
平板玻璃	万重量箱	508.09	-11.9
钢材	万吨	144.29	29.3
原铝	万吨	75.74	-1.7
发电量	亿千瓦小时	164.43	35.32
铁合金	万吨	40.80	8.42

全社会建筑业完成增加值 102.4 亿元，比上年增长 13.56%。

四、固定资产投资

全年全社会固定资产投资总额506.18亿元，比上年增长17.18%。其中，城镇固定资产投资完成475.66亿元，增长13.54%；农村固定资产投资完成20.08¬亿元，增长53.78%。在城镇固定资产投资中，房地产开发投资98.61亿元，增长6.59%。

图5 2003–2009年全社会固定资产投资总额及增长速度

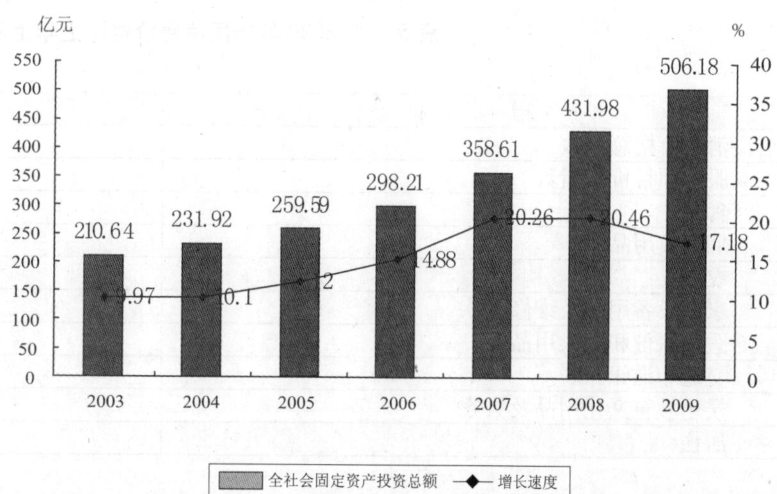

在全社会固定资产投资中，第一产业4.93亿元，占0.97%；第二产业186.12亿元，占36.77%；第三产业315.13亿元，占62.26%。全社会新增固定资产248.78亿元，比上年下降22.48%。

城市基础设施建设步伐加快，城市整体服务功能不断提升，城市管理水平日益强化。和定干道、大砂坪北出口改造、城市景观亮化二期、城市电网改造等已建成，南山路、庙滩子地区整体改造、亚行贷款城市交通、雁滩南河道综合治理三期等一批重点项目加快实施。

五、国内贸易和物价

全年完成社会消费品零售总额469.77亿元，比上年增长18.92%。

表4　2009年社会消费品零售总额按行业分组

单位：亿元

指　标	2009年	比上年增长（%）
社会消费品零售总额	469.77	18.92
#批发业	33.11	15.85
零售业	351.10	20.13
住宿和餐饮业	76.47	17.16

图6　2003—2009年全社会消费品零售总额及增长速度

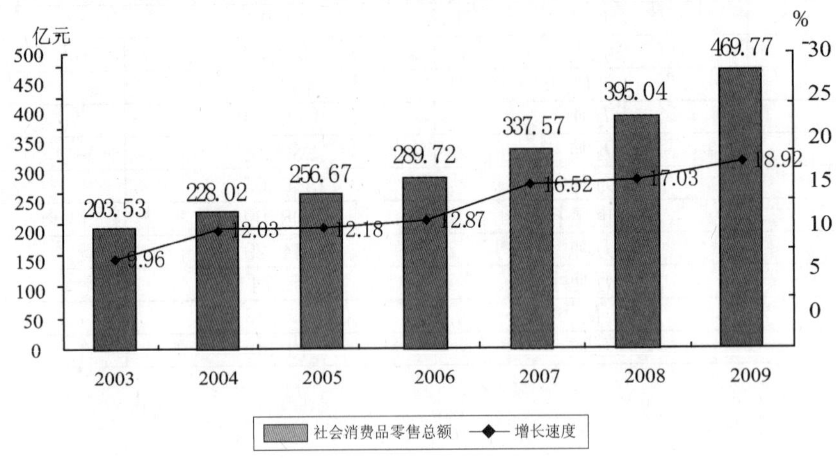

全年居民消费价格总指数为99.6%，比上年下降0.4%。

表5　2009年居民消费价格比上年上涨（%）

指　标	2009年
居民消费价格总指数	-0.4
#服务项目价格指数	-4.0
#食品	3.6
烟酒及用品	2.9
衣着	-1.4
家庭设备用品及维修服务	1.0
医疗保健和个人用品	0.8
交通和通讯	-3.0
娱乐教育文化用品及服务	2.5
居住	-10.6

六、对外经济和旅游

外贸进出口总额48782万美元，比上年下降31.85%。其中，出口30621万美元，比上年下降47.82%；进口18161万美元，比上年增长40.8%。成功举办第十五届“中国兰州投资贸易洽谈会”，签约各类国内合同项目331项，引进国内到位资金141.38亿元。

全年接待国内旅游人数700.1万人次，比上年增长34.12%；入境旅游人数3.2万人次，比上年下降30.43%。国内旅游收入37.2亿元，比上年增长24%。

七、交通和邮电

交通运输业稳步发展，交通基础设施进一步完善。

表6　2009年各种运输方式完成运输量及其增长速度

指　标	单位	2009年	比上年增长（%）
货运量	万吨	7358.27	2.10
铁　路	万吨	1202.23	-8.83
公　路	万吨	6155.00	4.55
民　航	万吨	1.04	2.24
客运量	万人	3373.04	7.07
铁　路	万人	874.19	12.48
公　路	万人	2346.24	4.13
民　航	万人	152.61	27.10

全年完成电信业务总量27.64亿元，邮政业务总量1.72亿元。全市拥有固定电话机74.87万部，其中公用电话23.4万部(含智能网专用接入终端公用电话)。移动用户达293.54万户，GSM数字移动通信交换机总容量达420万门，CDMA数字移动通信交换机容量达265万门。计算机互联网用户达38.2万户。

八、财政、金融和保险业

全年地区财政收入254.80亿元，比上年增长71.27%；一般预算收入57.04亿元，增长20.18%。一般预算支出119.83亿元，增长20.24%。

年末金融机构各项存款余额2621.20亿元，比上年增长21.56%。各项贷款余额2007.19亿元，比上年增长32.03%。城乡居民储蓄存款余额1089.97亿元，比上年增长20.16%。

全年承保总额达3141.01亿元，比上年增长23.66%；保险业务收入35.85亿元，增长4.80%；支付已决赔款5.76亿元，增长2.91%。

九、城市建设

实施城区污水全收集全处理工程，基本完成89公里主管网的铺设任务。人居环境得到较大改善，生态环境建设、大气污染综合整治和黄河水污染治理进一步加强，城区空气质量稳步好转，全年城区空气质量优良天数达到234天，水环境质量保持稳定，危险废物监管得到加强，城区声环境得到改善。

十、教育、文化体育和卫生

教育：各类学校在校学生87.2万人。其中，高等学校34万人，中等专业学校10.7万人，普通中学20.3万人，小学22.2万人。各级各类教育事业全面发展，义务教育整体水平稳步提高。学龄儿童入学率达99.99%，普通初中升学率84.32%。近郊四区高中阶段教育入学率达99%。

文化：全市拥有图书馆9个，文化馆10个。举办了2009年新年音乐会、第七届春节文化庙会、“向祖国致敬”兰州市农民文艺汇演和“2009”中国（兰州）国际民间艺术节暨第八届黄河风情文化周。开展庆祝建国60周年系列大型文化活动，举办中山铁桥建成百年庆典活动。建成120处全民健身场地，成功举办了第六届城市运动会。

卫生：全市拥有各级各类医疗卫生机构 1498 个，设置床位 21873 张，拥有卫生技术人员 21000 人，每千人拥有卫生技术人员 6.3 人。

十一、人口与人民生活

全市常住人口332.18万人。户籍总人口323.59万人，其中，市区人口210.47万人。户籍总人口中非农业人口202.77万人，比上年增加1.14万人；农业人口120.82万人，比上年增加0.17万人。

全年新增城镇就业人员5.02万人，城镇登记失业率为3.09%。完成了城乡低保和农村五保提标工作。保险覆盖面不断扩大。全市参加养老保险的单位3855户，参保职工27.19万人；参加失业保险的企事业单位达到4475户，参保职工57.72万人；参加医疗保险人数为77.72万人。

全年城市居民人均可支配收入 12760.66 元，比上年增长 9.28%，其中工资性收入 8992.39 元，增长 12.23%。人均消费性支出 9653.36 元，增长 6.86%。城市居民家庭恩格尔系数为 38.29%。农村居民人均纯收入 4001.04 元，比上年增长 14.2%，其中工资性收入 1947.46 元，增长 16.09%。人均生活消费支出 3317.33 元，增长 16.69%。农村居民家庭恩格尔系数为 42.37%。

图7　2003–2009年城市居民人均可支配收入及增长速度

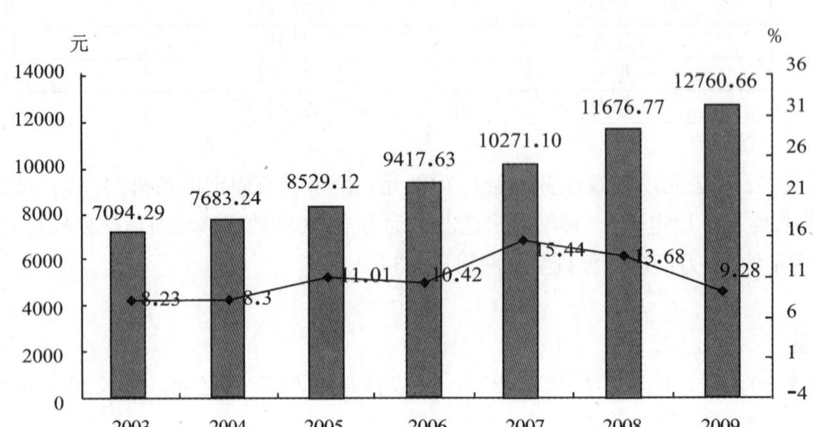

图8　2003–2009年农村居民人均可支配收入及增长速度

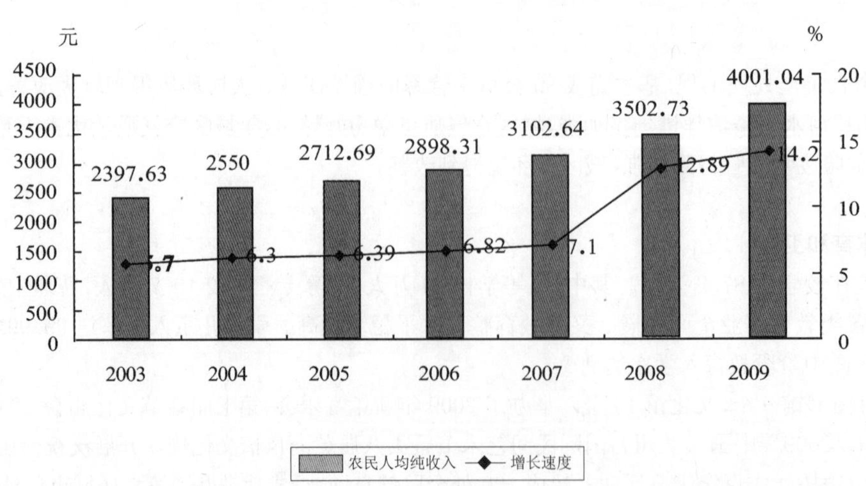

注：1、统计范围为兰州行政辖区内全部社会经济活动。
　　2、生产总值（GDP）、各产业增加值按现行价格计算，增长速度按可比价格计算。

地州市主要指标对比

地区生产总值

（2009 年）

单位：亿元

	地区生产总值	第一产业	第二产业	工业	建筑业	第三产业	# 交通运输、仓储及邮政业	# 信息传、计算机服务和软件业	# 批发和零售业
兰州市	925.98	30.55	433.62	331.22	102.40	461.81	64.37	17.92	90.29
嘉峪关市	106.05	2.28	126.24	122.62	3.62	31.53	7.59	3.24	7.96
金昌市	194.75	10.24	155.68	142.93	12.75	28.83	2.94	1.39	5.10
白银市	265.33	32.88	146.62	124.54	22.08	85.83	15.67	5.35	16.44
天水市	260.00	47.92	101.07	70.78	30.28	111.02	20.90	7.33	19.98
张掖市	192.08	53.69	72.51	55.01	17.50	65.87	11.34	3.13	12.21
武威市	192.79	53.50	73.77	48.65	25.12	65.52	15.48	1.94	9.16
平凉市	159.66	43.39	88.75	71.58	17.17	63.52	7.85	5.77	6.47
酒泉市	321.05	46.96	155.14	122.38	32.76	118.95	20.42	4.87	24.53
庆阳市	303.22	43.50	181.22	162.78	18.44	77.50	8.24	5.36	10.23
定西市	131.94	40.60	31.10	18.76	12.34	60.24	9.84	3.21	6.93
陇南市	142.34	38.32	35.94	23.14	12.80	68.08	8.12	2.59	6.46
临夏州	93.17	20.20	28.65	19.67	8.98	44.32	2.78	2.65	4.39
甘南州	57.65	14.31	13.49	12.40	1.09	29.85	2.39	0.83	2.83

地区生产总值

续表

	# 住宿和餐饮业	# 金融业	# 房地产业	# 科学研究、技术服务和地质勘查业	# 水利、环境和公共设施管理业	# 教育	# 卫生、社会保障和社会福利	人均生产总值（元）
兰州市	25.18	36.52	34.27	27.11	4.98	42.86	14.00	27904
嘉峪关市	0.82	2.51	2.13	0.16	0.22	1.43	0.76	76087
金昌市	1.72	3.50	1.78	0.24	0.38	3.13	1.56	41060
白银市	4.32	5.42	4.70	1.33	0.93	8.43	7.16	15125
天水市	4.50	3.43	10.57	2.08	0.78	14.48	4.47	7584
武威市	1.53	1.64	7.68	1.39	1.37	8.69	3.45	10068
张掖市	2.83	3.52	4.88	0.91	1.41	7.15	2.88	14949
平凉市	2.54	5.97	5.98	2.21	0.54	7.86	3.27	8899
酒泉市	7.59	7.55	10.39	3.27	4.98	6.44	7.41	31512
庆阳市	7.28	3.77	5.27	0.67	0.56	11.03	2.41	11973
定西市	2.71	2.44	6.01	0.80	0.32	9.25	3.15	4491
陇南市	2.97	4.70	4.55	0.94	0.35	9.26	4.78	5248
临夏州	2.60	2.16	3.93	0.73	0.59	6.75	1.83	4673
甘南州	1.81	2.01	1.28	0.47	0.23	4.73	1.66	8472

地区生产总值指数

（2009年）

（上年 =100）

	地区生产总值	第一产业	第二产业	工业	建筑业	第三产业	#交通运输、仓储及邮政业	#批发和零售业	人均生产总值
兰州市	110.8	106.2	110.2	109.4	113.6	111.6	101.1	115.1	110.2
嘉峪关市	110.0	111.1	109.6	110.0	96.8	111.3	105.1	111.9	109.0
金昌市	114.2	98.2	116.1	116.9	106.7	108.2	101.2	108.3	113.5
白银市	111.1	10.5.1	112.9	113.5	109.2	110.2	103.0	113.0	110.9
天水市	110.4	108.6	108.6	108.2	109.4	112.8	104.6	112.1	110.2
武威市	109.4	106.6	111.4	113.4	108.1	109.4	102.4	112.5	110.0
张掖市	111.5	107.2	113.4	114.6	109.5	113.1	104.9	113.4	111.1
平凉市	110.8	108.1	111.4	109.2	122.5	112.0	106.2	114.7	111.0
酒泉市	114.7	107.1	118.3	118.9	115.6	113.2	108.7	121.54	114.0
庆阳市	114.6	110.7	116.5	115.6	119.8	113.2	108.7	121.5	114.0
定西市	110.3	105.5	114.2	111.5	119.0	111.7	110.8	114.0	110.0
陇南市	109.0	106.3	107.0	107.0	107.0	111.5	111.5	108.1	114.9
临夏州	110.0	107.1	110.6	108.5	116.1	110.9	105.1	117.1	110.9
甘南州	112.5	107.0	109.3	109.9	104.1	116.1	103.5	108.2	112.5

各地区生产总值构成

（2009年）

单位：%

	地区生产总值	第一产业	第二产业	工业	建筑业	第三产业	#交通运输、仓储及邮政业	#批发和零售业
兰州市	100.00	3.30	46.83	35.77	11.06	49.87	6.95	9.75
嘉峪关市	100.00	1.04	78.90	76.61	2.26	19.70	4.74	4.97
金昌市	100.00	5.26	79.94	73.39	6.55	14.80	1.51	2.62
白银市	100.00	12.39	55.26	46.94	8.32	32.35	5.91	6.20
天水市	100.00	18.40	38.90	27.22	11.65	42.70	8.04	7.69
武威市	100.00	27.75	38.26	25.23	13.03	33.99	8.03	4.75
张掖市	100.00	28.00	37.80	28.64	9.11	34.30	5.90	6.36
平凉市	100.00	22.18	45.36	36.59	8.77	32.46	4.01	3.31
酒泉市	100.00	14.63	48.32	38.12	10.20	37.05	6.36	7.64
庆阳市	100.00	14.40	60.00	52.86	6.10	25.60	2.73	3.39
定西市	100.00	30.77	23.57	14.22	9.35	45.66	7.46	5.25
陇南市	100.00	26.92	25.25	16.26	8.99	47.83	5.70	4.54
临夏州	100.00	21.70	30.80	21.11	9.64	47.50	2.98	4.71
甘南州	100.00	24.80	23.40	21.52	1.86	51.80	4.15	4.91

工业、投资、消费主要指标

（2009年）

单位：亿元、%

	规模以上工业增加值		全社会固定资产投资总额		社会消费品零售总额	
	2009年	增长	2009年	增长	2009年	增长
兰州市	308.17	9.8	506.18	17.2	469.77	18.9
嘉峪关市	119.69	10.0	41.44	-22.8	20.45	13.6
金昌市	139.34	16.9	89.17	22.0	32.00	14.0
白银市	112.30	15.4	148.30	33.5	74.26	18.0
天水市	47.50	9.3	202.00	41.1	108.00	20.8
武威市	40.77	14.1	133.50	22.4	65.00	18.0
张掖市	45.60	16.2	95.20	21.2	57.25	18.7
平凉市	61.10	10.2	194.60	49.1	74.12	19.1
酒泉市	100.90	14.2	300.16	90.8	75.83	21.3
庆阳市	154.73	15.6	353.53	58.5	78.17	25.5
定西市	12.70	12.5	125.66	56.1	45.42	16.8
陇南市	17.14	2.3	233.61	97.4	35.05	16.5
临夏州	15.53	9.5	76.49	45.2	29.40	19.0
甘南州	8.63	14.2	62.34	46.1	16.65	16.6

财政收入、城乡人民收入

（2009年）

单位：亿元、元 %

	一般预算收入		城市居民人均可支配收入		农民人均收入	
	2009年	增长	2009年	增长	2009年	增长
兰州市	57.04	20.18	12761	9.3	4001	14.2
嘉峪关市	7.71	1.3	15123	4.2	6950	8.0
金昌市	9.23	-0.2	16317	5.9	5416	8.0
白银市	9.92	16.6	13135	8.0	3018	12.8
天水市	17.47	35.1	9932	9.6	2553	18.9
武威市	4.84	18.1	10486	10.5	4039	12.5
张掖市	6.32	13.4	10153	9.0	5016	11.1
平凉市	9.52	15.5	10678	10.8	2800	15.0
酒泉市	9.60	12.4	13074	10.2	6500	12.8
庆阳市	22.64	29.7	11130	12.0	2815	18.0
定西市	5.04	31.6	9858	8.6	2420	13.3
陇南市	7.94	3.5	9477	9.0	1995	12.1
临夏州	4.03	15.6	7368	12.0	2106	14.0
甘南州	3.01	10.3	8822	13.0	2383	16.3

说 明

一、本索引采用分析索引法，按标引词首字汉语拼音字母顺序排列；第一字相同，按第二字音序排列。以此类推。

二、类目、分目用黑体字标示。标引词后阿拉伯数字表示内容所在页码。数字后的拉丁字母 a、b、c 分别表示从左到右第一、二、三栏。

三、标引词后有多个页码，则表示互见、内容所在位置。

四、本年鉴的“特载”、“大事记”、“法规文件”、“附录”等均未作索引。

C

D

E

F

G

H

J

K

L

M

R

S

T

W

X

Y

Z

兰州市公安局

省公安厅副厅长、市政府党组成员、市公安局党委书记、局长王幸接待上访群众

市公安局党委副书记、常务副局长黄大功向群众进行反假币宣传

2009年，全市公安机关在市委、市政府和省公安厅的正确领导下，以邓小平理论为指导，深入学习科学发展观，全面贯彻落实三级政法、公安工作会议精神，牢固树立“人民公安为人民”的宗旨，始终坚持“立警为公、执法为民”的本质，充分发挥职能作用、全力维护社会稳定，主动服务第一要务、认真履行第一责任，切实强化“八个理念”、不断完善“八个机制”，强力推进公安工作，全面提升队伍素质，坚定争创一流信心，奋力开创崭新局面，全面履行打击、保护、服务、管理的职能，较好地完成了维护社会政治稳定、打击犯罪、治安管理推进、公安信息化、执法规范化、和谐警民关系、队伍正规化、保障标准化等各项目标任务，为构建和谐兰州、推动经济社会又好又快发展做出了积极贡献，发挥了重要作用。

特警装备

严厉打击毒品犯罪

社会面治安巡逻

反恐演习

审查非法入境人员

兰州市人民检察院

全市检察工作会议暨深入学习科学发展观活动动员大会

省委常委、市委书记陆武成到市检察院调研

2009年，兰州市检察院在市委、省检察院的正确领导和人大的有效监督、政府的关心支持下，深入贯彻落实科学发展观，围绕市委“一中心三率先，五加快五加强”的发展思路，依法全面履行检察职责，积极创建一流检察院。经过一年的努力，实现了“全市检察工作在上年基础上有明显进步，稳定走在全省检察机关前列，整体达到或超过全国检察工作平均水平”的奋斗目标，在全省检察机关绩效考核中兰州市综合成绩排名第一，其中十个条线工作位居全省检察机关第一，四个条线位居第二，10余项主要业务指数达到或超过了全国平均水平，为兰州经济社会又好又快发展做出了积极贡献。

一、 依法严厉打击刑事犯罪，维护社会和谐稳定

全市检察机关充分履行审查批捕和审查起诉职责，全年共受理公安机关提请批准逮捕犯罪嫌疑人3409人，经审查批准逮捕3155人；受理移送审查起诉刑事案件3134件4964人，经审查提起公诉2767件4232人。工作中突出打击重点，始终保持对严重刑事犯罪的高压态势，审查批捕黑恶势力犯罪、严重暴力犯罪、毒品犯罪和“两抢一盗”等多发性犯罪嫌疑人2525人，提起公诉3192人。积极参与食品药品安全专项整治及“质量和安全年”活动，对黑社会性质组织犯罪和重大恶性刑事犯罪案件提前介入，快捕快诉，坚决打击。同时，秉承恤刑原则，全面贯彻宽严相济刑事政策，积极参加社会治安综合治理工作，全力维护社会和谐稳定。

二、坚持惩防并举，积极查办和预防职务犯罪

全市检察机关全年共立案侦查职务犯罪案件121件147人，其中立案侦查贪污贿赂等职务犯罪案件105件126人，立案侦查渎职侵权等职务犯罪案件16件21人。大要案件91件，县处级领导干部22人，党政机关和司法机关工作人员34人，商业贿赂案件52件，涉农职务犯罪案件52件。积极运用一体化办案机制，整合全市检察资源，集中查办职务犯罪大要案件。侦查终结161件（含往年立案），提起公诉133件（含往年立案），法院经审理作出有罪判决112件。当年立案案件移送不起诉和决定不起诉同比分别下降100%和50%，办案质量明显提高，办案的法律效果、政治效果与社会效果协调统一。坚持惩防并举，重在预防，积极开展警示教育，推进了党风廉政建设，净化了社会风气。

三、不断强化诉讼监督，切实促进司法公正

全市检察机关牢固树立公正和谐司法理念，寓监督于服务之中，不断改进诉讼监督方式方法，积极促进严格公正文明司法。一年来，共向公安机关发出要求说明不立案理由通知书48份，通知公安机关立案14件 。对不符合逮捕条件的238人做出了不批准逮捕决定，对不符合起诉条件的52人做出了不起诉决定，追加逮捕60人，追加起诉7人。对认为确

有错误的刑事判决提起抗诉13件。立案审查民事行政申诉案件195件，提请抗诉63件，建议提请抗诉26件，抗诉27件，向法院发出再审检察建议16件。督促看守所在法定时限内对已决犯及时投监50批1416人，纠正不当留所服刑7人，不当减刑、假释2人，不当劳教2人。立案复查刑事申诉案件8件，纠正原处理决定4件。从兰州司法实际出发，先后组织了三次专项监督活动。通过诉讼监督，规范了执法机关与司法机关的活动，全市检察机关当年所办各类案件实现了“三零”目标，即：错捕错诉引发国家赔偿为零，执法瑕疵引发群体上访为零，违规办案、责任事故为零。

市检察院在2009年全省检察机关乒乓球比赛中获得佳绩

四、多管齐下多措并举，促进检察工作科学发展

一是深入开展学习实践科学发展观活动，不断加强领导班子和检察队伍建设。在两级检察院开展岗位交流、竞争上岗、在职培训和互派干部挂职锻炼，坚持长期开展职业道德教育，培育和弘扬敬业进取、择善自律、公道正派、和谐合作的兰州检察文化。二是推行检察长办公会和院务月例会制度。听取各部门工作汇报，总结工作成绩，分析工作情势，研究工作中遇到的问题。加快了工作节奏，提高了工作效率，推进了工作落实。三是积极推行检察一体化机制和重点突破战略。上下一体，严格执法；侦捕诉一体，提高案件质量；侦防一体，惩防并举；检警一体，确保办案安全，最大限度地整合检察资源，提高办案效率，强化办案效果。实行重点突破战略，推行“一、二、三”亮点工作创建计划，带动和提升检察工作水平。四是深入基层督导检查，促进县区检察院工作健康发展。五是立足于服务社会，深入榆中农村，积极开展扶贫开发和社会帮扶工作并取得显著成绩，连续多年被评为兰州市扶贫先进单位。通过上下一心，艰苦努力，市检察院被高检院授予全国优秀基层院建设组织奖，七里河区检察院被评为全国优秀基层检察院；市检察院、七里河区和安宁区检察院分别被省委、省政府授予全省精神文明建设先进单位、省级文明单位和省级文明创建先进行业称号。

在“爱国歌曲·黄河大合唱”歌咏比赛上获得佳绩

市检察院投资14万元为榆中泥滩小学建成了远程教育和多媒体电教室并捐赠电脑

兰州市人民政府国有资产监督管理委员会

兰州市人民政府国有资产监督管理委员会（简称市政府国资委）是兰州市人民政府组成部门，经市人民政府授权代表国家履行出资人职责。其主要职责是监管市属国有资产，指导市属国有企业改革，实现管资产和管人、管事相结合。目前，市政府国资委监管范围是市属国有（国有控股）及重点集体企业的国有和集体资产。市政府国资委内设 13 个职能处室，另设市国资委纪委。现有在编干部职工 97 人，领导班子成员有 9 名。市政府国资委自成立以来，中心工作是围绕兰州市国企改革“393”攻坚计划，指导市属国有企业的改革工作，至 2010 年底，纳入“393”改革攻坚的 248 户市属国有企业（含城建系统脱钩改制企业 20 户）中，239 户完成了改制任务，8.3 万多名职工置换了国有职工身份，分别占企业和职工总数的 96.4 % 和 98.6%。基本完成了国企改革“393”攻坚战“两个置换”的任务；209 户企业实施了资产重组，其中引进战略投资者资产重组 94 户，引进资金 83.54 亿元，盘活存量资产 94.81 亿元。适时组建了市国有资产经营公司、市国有企业监事会，初步构建起管资产和管人、管事相结合，权利和责任、义务相统一的国资监管体系，形成了国资委—国有资产经营公司—国有控股、参股企业的三级管理体制，国资监管体系趋于完善，国有资产出资人职能基本落实到位。2010 年以来，市国资委按照市委、市政府“1355”总体发展思路和“再造兰州”战略，结合监管企业的实际，以机关行政效能建设活动为契机，以实施重大项目建设为抓手，着力突出国有资产监管、国企改革发展等八项重点工作，积极探索国有资本退出机制，发展培育多元支柱产业，更好地发挥国有经济较好地在区域开发建设中的“助推剂”、在服务民生、维护稳定工作中的“稳压器”、在城市化、现代化进程中“发动机”的作用。

2009 年 6 月 29 日陆武成等省市领导视察“兰州市国资国企系统深入学习实践科学发展观暨国企改革‘393’攻坚战成果汇展”

市政府国资委主任、党委副书记李天亮带队在原兰州印刷厂家属院调研危旧房屋情况

2010 年 5 月 18 日，兰州市人民政府与中石油昆仑燃气有限公司合作项目签约仪式在宁卧庄宾馆隆重举行。省委常委、市委书记陆武成，中国石油天然气股份公司总工程师黄维和，市委副书记、市长袁占亭等领导出席了签约仪式。

2010 年度全市国有资产监督管理工作会议

兰州市人口和计划生育委员会

2009年6月16日，国家人口计生委调研员顾海路调研七里河区阿干镇计生服务所运行情况

2009年6月25日，中纪委委员、驻国家人口计生委纪检组长勾清明调研兰州市七里河、西固区人口计生工作，称赞兰州市人口计生有奖举报工作走在了全国前列，做得最好。图为在七里河区西湖街道调研有奖举报工作时的情景

2009年11月17日，国家人口计生委党组书记、主任李斌视察兰州市人口计生工作，图为在城关区拱星墩街道五里铺村社区调研

2009年5月18日，国家计划生育协会秘书长李艳秋在安宁区安宁堡街道桃林村调研基层计生协会工作，与群众计生文艺表演队合影留念

兰州市城乡规划局

科学规划黄河名城　全力助推率先发展

兰州市城乡规划局是兰州市人民政府主管全市城乡规划、勘察测绘管理工作的职能部门。改革开放以来，兰州市城乡规划发展突飞猛进，山为城之秀，水为城之灵，黄河风情线风光旖旎，两山生态林生机盎然，已成为兰州科学规划高原山水黄河名城的生动写照。

“十一五”期间，在市委、市政府的正确领导下，市规划局以邓小平理论、“三个代表”重要思想为指导，深入贯彻科学发展观，紧紧围绕全市中心工作，坚持“科学规划、统筹城乡、适度超前、体现特色、合理布局、完善功能、提升形象、协调发展”的科学规划要求、坚持“显山露水增绿，节地减排宜居”的老城优化原则、坚持“办快、办好、办妥”的服务效能原则，全力推进科学规划，不断廓清规划思路，创新规划手段，强化工作措施，全面提升城乡规划工作水平，实现了“四个转变”、“六个突破” 即；城乡规划工作从项目管理向规划编制的转变，从局部管理向整体控制的转变，从中心城区管理向市域全覆盖管理的转变，从传统规划方式向数字规划方式的转变。“战略规划研究”引导城乡发展的突破，“城市总体规划修编”引导城市合理布局的突破，“城乡总体规划编制”开创全域兰州、城乡一体的突破，“抽疏战略”引导老城优化的突破，“数字规划”引导规划方式更新的突破，规划导则引导规划制度创新的突破。在城市拓展上，积极探索适合兰州区域空间协调发展的规划理论，符合兰州资源环境条件的规划模式，提出了“一心五带两圈”大兰州设想、“一心三片多组团”大空间布局和“一河两岸三城六组团”大中心优化的城乡一体、全域兰州规划思路。在老城优化上，提出了“显山露水增绿，节地减排宜居”的规划管理原则，实施“高层低密度、通透天际线、开阔避难场”的“抽疏战略”。在城乡统筹上，确立了“中心带动、全域兰州、城乡一体、协调发展”的城乡统筹规划新理念。在规划管理模式上，创新规划管理手段，提出了建设兰州数字规划构想，全面开展了“数字规划”和规划信息化建设。在规划机制上，积极理顺全市城乡规划管理体制机制，推行了“市民意愿、专家理念、政府规划、企业落实”的“四位一体”规划工作机制。在规划效能上，通过再造流程、完善制度、创新机制、提高效能，以“两集中、两到位”改革为突破，努力实践“办快、办好、办妥”的服务效能。在主题文化规划上，做足高原山水文章，为黄河立传、为黄土传神、为两山铸魂、为金城增色。把山、水、园、林与路、桥、楼、景有机结合起来，将城市的结构美、层次美、色彩美统一到城市的山水美、人居美、环境美之中，整体提升“九曲黄河第一城”的如兰气质形象，重构具有丝路风情的黄河名城。

“十一五”期间，组织开展重大规划课题研究和规划编制86项，出台了规范性管理办法6项，完善制度40项，审批建设项目3673项，拉动投资1800多亿元，有力促进了兰州加快发展。在总体规划编制上，开展了第四版《城市总体规划》修编和第一版《城乡统筹总体规划》编制工作。完成了城市空间发展战略规划和综合交通规划研究及总规大纲成果，完成了全市首轮城乡统筹规划编制工作；在分区规划编制上，完成了安宁新城区、榆中盆地、和平地区、西固地区、空港循环经济产业园等10项分区规划；在控规编制上，完成了城关中心区、安宁新区、七里河区、雁滩地区、盐场地区、彭家坪地区等16项控制性详细规划，使控规编制覆盖率达到规划

万里局长向省委书记、省人大主任陆浩，省长徐守盛汇报兰州市第四版总体规划工作

万里局长到企业调研

市区面积221平方公里的91%；在专项规划上，完成了《兰州市近期建设规划》、《兰州市历史文化遗存保护规划》等15项专项规划；在城市设计上，完成了兰州市五大出入口、东方红广场、新城区重点地段、新城公共活动中心规划（三滩新地标）等17项城市设计工作；在保障重大项目上，妥善解决了59家党政机关集资建房和72家企业住宅建设历史问题，有效解决了20多家单位建房的棘手问题。保障了兰渝铁路、国电兰州热电联产扩建工程、510所航天基地项目等368项重大项目建设的规划服务工作。解决了七里河区等89项廉租房、棚户区改造项目建设困难；完成了兰州军区、兰州铁路局、兰石化等600多项经济适用房建设；推进了城关区、西固区、七里河区、安宁区等38个城中村改造安置点建设进程；为省妇幼保健院住院部、甘肃国际会展中心、省中医院医技综合楼等400多项重点民生项目提供了规划高效服务保障；在规划制度建设上，创建了《兰州市城乡规划管理暂行规定》、《兰州市城乡规划管理技术导则》、《兰州市建设工程总平面规划管理办法》、《兰州市建筑日照分析管理办法》和《关于规范榆中和平地区“一书两证”规划管理试行办法》；建立了《项目办理时效跟踪考核办法》、《收办件时效统计周报制度》、《规划效能督察月报制度》等40项制度；在基础测绘方面，开展了兰州市地理信息市场专项整治工作，编制完成了第一版《兰州市地图集》，完成了兰州市坐标系统的改造和城市三、四等GPS平面控制网布设；完成了规划市区、和平地区的数字化地形图的全覆盖；实现了全市主要乡镇数字化地形图覆盖，近郊四区1:2000正射影像图的测绘；在数字规划建设上，坚持革新传统规划管理模式，创新规划管理手段，全面开展了“数字规划”建设，实现了数字规划“网上申报、网上查询、网上公示”小三步目标，大力加快网上审批、网上决策、网上监督“大三步”建设。“数字兰州”地理空间框架—“卫星定位连续运行参考站系统与似大地水准面精化研究”项目达到国内先进水平，并通过了省科技厅组织的鉴定。

展望未来，我们满怀信心，市委、市政府提出的“再造兰州”、率先跨越发展战略，已经为全市发展指明了前进的方向。规划系统全体干部将进一步开阔视野，认清使命，把握方向，努力探索充分体现资源承载度、社会文明度、经济富裕度、环境优美度、生活方便度、公共安全度等“宜居”城市六大指标；积极编制经得起实践检验、经得起绩效评价，适合于兰州率先发展、加快发展、科学发展的需要，具备可操作性和权威性的统筹城乡、宜居兰州、生态城乡新版总体规划及各层次的专项规划，为“再造兰州”战略的顺利实施全力提供规划依据、规划服务、规划保障，为实现兰州率先跨越发展提供规划蓝图保证。

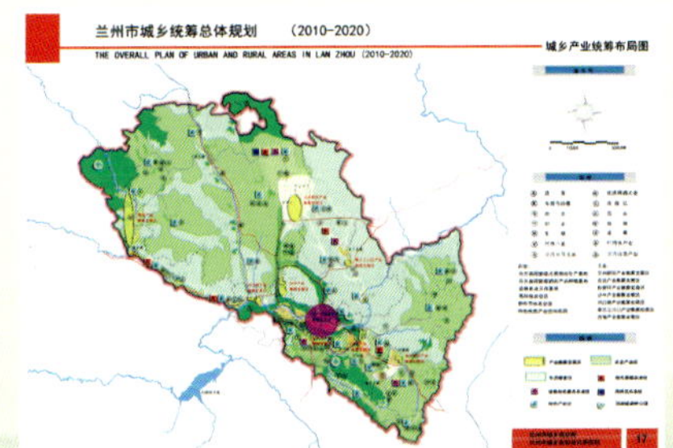

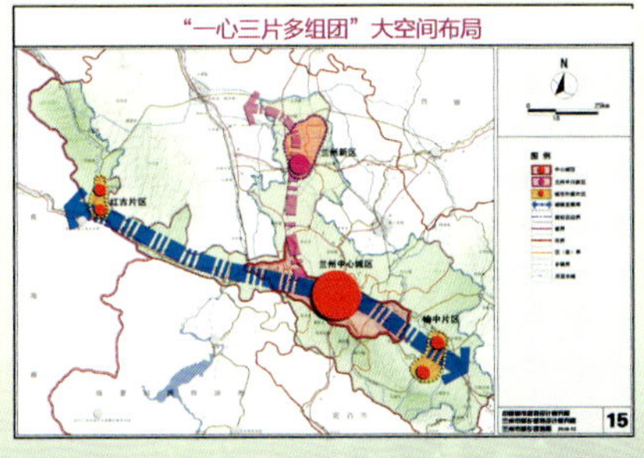

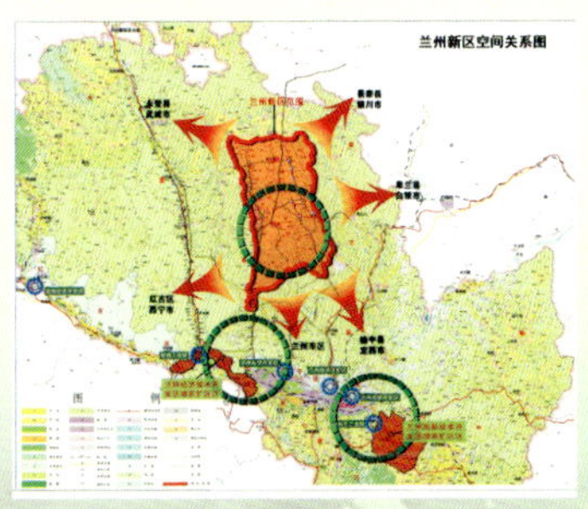

兰州市林业局

团结奋进的局领导班子

兰州林业在“十一五”期间，紧抓历史机遇，坚持以生态建设为主，实施国家林业重点工程和项目，加大建设和保护力度，实现了大工程带动大发展的目标，森林资源稳步增长，特色产业持续壮大，重点工程快速推进，科技创新取得突破，基础设施显著提升，城乡绿化进程加快，体制改革不断深化，森林资源得到保护。各项改革稳步推进，科技兴林、依法治林效果显著，全社会爱绿、植绿、护绿的意识显著增强，生态环境明显改善，呈现出了“总体遏制、局部改善”的良好局面。

城关区全民义务植树基地

经济林苹果成熟了

连城国家级自然保护区

红古区马家台山杏嫁接梅花基地

黄河湿地公园嬉戏的水鸟

在果园驯养繁殖的野生大雁

兰州市工业和信息化委员会

兰州市工业和信息化委员会主任 巨洪程

兰州市工业和信息化委员会（兰州市非公有制经济发展服务局）于2010年1月组建。是市政府主管工业、信息产业、非公有制经济发展的工作部门。

2010年3月17日兰州市工信委挂牌成立

内设办公室、政策法规与产业投资处、规划发展处、经济运行处、电力与交通物流处、技术创新处、化工产业处、有色冶金建材处、装备与军工产业处、轻工产业处、工业信息化推进处、信息产业处、服务体系处、环境资源处、循环经济处、财务监管处、人事处，共17个处室。共有干部职工103人。形成了市县（区）两级工作体系。

兰州市工信委所属事业企业单位有：兰州市信息产业和信息化建设服务中心、兰州市中小企业信用担保中心、兰州市质量管理培训咨询服务中心、兰州市节能监察中心、兰州市中小企业服务中心、兰州市工业供销公司、兰州市乡镇企业供销公司。

学习十七届五中全会精神

专家评审扶持项目

吉利兰州生产基地扩能改造开工仪式

全市节能减排暨循环经济工作会议

兰州碳五项目专家座谈会

兰洽会兰州展馆

兰州市地方税务局

甘肃省委常委、兰州市委书记陆武成莅临兰州市地税局检查指导

甘肃省地税局党组书记、局长张性忠莅临兰州市地税局检查指导

兰州市地税局机关内设12个处室，8个直属单位，下辖8个县区局，112个税所、分局。全系统现有干部职工1237人，平均年龄42岁。全市地税系统办理登记纳税户共58354户，其中：企业36398户，个体工商户21956户。年纳税额百万元以上的有244户，千万元以上的有50户，年纳税额最多的中石油兰州石化公司2009年缴纳地方各税收9.86亿元，年纳税额万元以下的48705户。

自组建以来，兰州市地税局连年完成和超额完成省、市确定的各项收入计划，总的收入规模由1994年的6.4亿元，增长到2009年的137.4亿元，占全省地税收入总量的45.5%，年均增长22.65%。地方税收占全市GDP的比重由1994年的3.17%提高到2009年的7.53%，占地方财政收入的比重由1994年的50.15%提高到2009年的74%，占一般预算收入的比重也由1994年的62.16%提高到2009年的82.3%。截至2009年底，已累计组织入库各项收入692.68亿元。2010年前11个月，共组织各项税费收入137亿元，同比增长17.82%，增收20.7亿元。其中：地方税收完成72亿元，同比增长19.94%，增收12亿元；各项基金（费）完成63.4亿元，同比增长13.29%，增收7.4亿元。

兰州市地税局各项工作受到了省局党组和市委、市政府的充分肯定和嘉奖，市局及党组获得省局授予的“全省地税系统优秀班子”、“组织收入工作先进单位”等多项荣誉，获得市委、市政府授予的“全市思想政治工作先进单位”、“全市目标管理工作优秀单位”、“全市创建全国文明城市先进单位”、“全市劳动保障工作先进单位”，获得国家税务总局授予的“全国税务系统信息化建设工作先进单位”，中央文明委授予的首批及第二批“全国文明单位”等市级以上荣誉和表彰20多项。

积极开展百千万结对帮扶互联共建活动，受到当地群众的高度赞扬，兰州市地税局百千万结对帮扶，互联共建活动中现场给予建设项目预付款并被市直机关工委评为“互联共建先进单位”

成功承办了全省地税系统演唱比赛

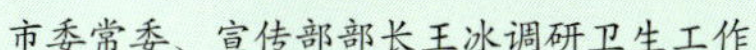
市委常委、宣传部部长王冰调研卫生工作

副市长戈银生在榆中县调研卫生工作

全市卫生工作会议

市领导听取健康教育讲座

邀请卫生部原副部长王陇德举办健康教育讲座

兰州市公共场所卫生监督量化A级单位授牌大会

兰州市社区卫生服务体系建设国家重点联系城市工作会议

兰州市西热东输项目建设办公室

兰州市大气环境保护项目是利用日元贷款的建设环保项目，也是省市政府重点工程建设项目。该项目由兰州市西热东输供热管网工程（简称西热东输工程）和兰州市东城区供热管网扩建工程（简称东城区工程）这两个子项组成。项目法人是兰州市热力总公司。项目建成后将实施联片集中供热，旨在节约煤炭和降低排放，改善兰州市城区冬季大气污染，保护城市环境，造福广大市民。

一、项目建设总体概况

该项目于二○○七年七月九日由甘肃省发改委（甘发改投资[2007]595号批复）批准建设，2007年12月21日中日两国政府签署贷款协议。

建设内容：敷设一级供热管网2×115.31km，最大管径DN1220，建设热力站220座，中继泵站（含调度中心）2座。其中：子项目1—西热东输工程敷设一级供热管网2×70.56 km，建设热力站108座（建筑面积约25750㎡），中继泵站（含调度中心）1座（建筑面积约2900㎡）。子项目2—东城区工程敷设一级供热管网2×44.75 km，建设热力站112座（建筑面积26656㎡），中继泵站（含调度中心）1座（建筑面积3185㎡）。

西热东输工程是利用大唐电力西固热电厂“上大压小”改扩建热源向西固、七里河区城区供热，供热负荷480MW，供热面积960万㎡；东城区工程是利用新建的国电范家坪热电厂的热源向城关区西区（平凉路以西、雷坛河以东、黄河以南区域）及七里河区兰新铁路以南沿线区域供热，供热负荷430MW，供热面积860万㎡。

供热介质为热水，一级供热管网供、回水温度为130/700C，设计压力1.6Mpa；二级供热管网供、回水温度为90/650C，管网主要采用直埋敷设方式。

该项目总投资预计为95050万元。其中，西热东输供热工程53392万元，东城区供热工程41658万元。资金来源：日元贷款74亿日元，汇率按1：15.3计算，折合人民币48366万元；国内银行贷款16500万元；其余资金30184万元，由地方配套和企业自行解决。

二、项目建设效益评价

项目建成后，按照热价为19.8元/㎡.a计算，可实现年营业收入36036万元，全部投资内部收益率（所得税前）9.47%，利润总额8283.37万元，投资利润率8.5%，投资利税率10.97%。包括建设期在内的静态投资回收期为11.83年。

随着该项目的建成，将拆除、停运和免建项目区内715台小型燃煤供热锅炉，每年节约燃煤68.4万吨，年减少兰州市城区烟尘排放量4965.9吨，二氧化硫排放量8697吨。

总之，该项目有十分可观的社会、经济和环境效益。

三、项目建设组织领导

兰州市政府为了加快推进该项目建设，专门成立了以市委常委、常务副市长为组长的“兰州市西热东输项目建设协调领导小组”（“兰政办发[2005]51号文件通知”），加强项目建设的协调和组织领导。领导小组下设“兰州市西热东输项目建设办公室”作为市政府负责组织协调、领导实施项目建设的办事机构，也是项目单位兰州市热力总公司的项目执行机构，办公室的主要领导成员由市城乡建设局副局长和热力总公司副经理担任。

办公室下设计划部、预算部、综合部、财务部、工程部、物资部、总工办和生产经营公司等8个部门（“市建委公用[2009]54号文件批复”8个部门），具体组织和实施项目建设及其建设期生产经营及管理工作。

四、项目建设目前进展

该项目（西热东输工程先期开工）于2007年7月1日开工建设。项目的勘察设计、工程建设、监理等单位全部采用公开招标方式择优选择；主要设备、材料按《日元贷款采购导则》的规定采用国际竞争性招标方式采购；兰州市审计局对项目建设实行全过程跟踪审计等，保证了项目建设有序开展。

项目经过近三年的建设，截止2010年年底，子项目1—西热东输工程已建成一级供热管网2×54.22 km，热力站42座，已形成444万㎡供热能力，实际供热面积444万㎡，完成投资额34998万元。子项目2—东城区工程已于2010年开工建设，截止2010年年底，已建成一级供热管网2×0.3 km，完成投资额（前期投资+247.2=？万元）。由于受新建南山路建设进度滞后的影响，工程尚无法大规模的展开，预计2011年南山路拆迁和征地工作将会有较大的进展，届时工程建设也会全面展开。

随着该项目的进展，项目的环境效益、社会效益和经济效益日益显现，截止目前已拆除燃煤锅炉20台，免建供热锅炉房29座，每年节约燃煤3.4万吨，减少兰州市城区烟尘排放量860吨/年，二氧化硫排放量476吨/年,有效地改善了城市冬季大气环境和民生条件，收到广大市民的好评和拥护。

2011年将是项目更大规模建设和发挥预期效益的一年，在新的一年里，我们期待广大市民对项目建设更进一步的理解和参与，期待各行各业收益单位的支持与积极配合，期待省市政府强有力的领导和扶持，使项目温暖千万家的目标早日实现。

供热管网阀室施工

架空供热管道施工

兰州燃气化工集团有限公司

集团公司董事长、总经理、党委副书记杨红心

兰州燃气化工集团有限公司是以天然气经营为主导，集燃气工程设计与安装、调压计量设备生产与销售、新型环保建材生产与销售以及燃气器具、仪器仪表、金属材料营销为一体的国有控股公用企业。于1983年12月由市政府批准组建，是市政府指定的兰州城市管道燃气的供应企业，隶属市政府直接领导。

公司前身为兰州煤气工程指挥部、煤气工程建设办公室、市煤气管理局、市煤气总公司。2000年6月，更名为兰州燃气化工集团公司；2008年8月，组建成立了兰州燃气化工集团有限公司。公司内设9部、2室、3中心共14个职能部门，下设6个分公司、3个全资子公司、1个控股公司共10个基层单位。在册员工1478人，专业技术人员285人，其中高级职务32人，中级职务114人（含技师3人），初级职务139人。至2009年底，全市累计建成高中低压燃气干线1847.25公里（阀井3125座）、门站7座、阀室2座、调压站65座、调压箱（柜）3007台（座），形成资产15.3亿元。拥有居民用户523797户、餐饮用户2412户、锅炉用户1738户、茶浴炉用户460户、工业用户96户、CNG加气站用户13户。全年销售天然气5.52亿立方米。企业安全管理、全员劳动生产率、天然气人均年处理量、单位输供气成本等综合指标均处全国同行业先进水平。

兰州燃气秉承"安全供气，优质服务，以人为本、构建和谐"的企业理念，按照"跨出兰州，辐射周边，走向省外"的发展思路，加快兰州燃气事业的发展。计划在"十一五"期间，新增投资5亿多元，建设兰州"三区三县"（世纪新城区、彭家坪小区、和平开发区和榆中县、皋兰县、永登县）天然气工程，同时将面向全省实施走出去战略，做优做强兰州燃气。2009年建成投运国内一流、国际领先的数据远传监控系统（SCADA系统）和员工培训中心，注册组建了临洮、榆中、皋兰、永登天然气公司。预计到2010年，兰州四个主城区及周边县区的天然气年供气量将达10亿立方米左右。

目前，兰州燃气人正以他们开拓进取、勇于创新的精神，用勤劳的双手和辛勤的汗水，为兰州燃气的发展拼搏奉献，为广大天然气用户提供安全、优质、高效的专业化服务，为创建和谐兰州贡献力量。

集团公司办公大楼

董事长、总经理杨红心深入现场检查安全工作

抢修人员整装待发前往抢修地点

工作人员正在精心检修设备

兰州天然气城市管网改建工程30万Nm3/dLNG高峰装置开工奠基仪式

通气前调压站工作人员精心调配供输气压力

险情就是命令——抢险队伍闻讯赶赴抢险现场

兰州市城市发展投资有限公司

黄河风情线——雁滩黄河大桥

“博采众家之长，广融四海之资，汇集城投之力，共建金色之城”兰州市城市发展投资有限公司肩负着这样的使命。多年来，兰州市城市发展投资有限公司以“职责、效率、和谐、创新”为目标，融资、建设、经营、开发，并以逐渐完备的企业制度，鲜明的现代企业形象为人们所瞩目。其所筹措资金主要用于对兰州市经济发展有重大影响的建设项目，包括城市基础设施、环境保护、能源、交通、旅游、农业综合开发、基础产业与优势产业配套设施建设，城市可供开发土地的合理储备以及社会主义新农村、经济适用房、廉租房建设等方面。

兰州市土地储备投资中心与兰州市城市发展投资有限公司实行“两块牌子、一套班子、合并运行”。并按照“职能明确、同署办公、有分有合、方便管理、利于经营、以公司管理为主”的原则，分别履行各自职能。兰州市土地储备投资中心负责城市土地资源、基础设施、公用事业及相关国有资产经营运作的宏观规划、协调支持、外部监管及全市范围内的土地储备、可经营性土地的征购、储备、开发等工作，内设综合管理处、党群工作处、计划财务处、土地储备经营处等十二个处室。

兰州市城市发展投资有限公司是按照现代企业制度成立的国有独资企业，注册资本22亿元，实行董事会领导下的总经理负责制，内设机构有综合管理部、人力资源管理部、计划财务部等十二个部门，下属单位有兰州市贷款路桥建设车辆通行费收费管理处、兰州城投环保水务有限公司、兰州城投广告有限公司、兰州城投房地产开发有限公司、兰州南山路建设有限公司、兰州市金城关文化风情区开发建设投资有限公司、兰州水车博览园有限责任公司、兰州百兴住房置业担保有限公司和控股运行的榆中县、皋兰县、永登县及红古区城投公司（二级

醉金城

金城关夜色

融资平台）。

作为兰州市城市建设的主力军，市城投公司账面资产总额已达286亿元，五年来共筹措资金187亿元，累计完成工作量投资160多亿元，承担了全市城市基础设施项目计划80%以上的投资建设任务，同时承担了约8亿多元的其它城市建设项目投融资任务，已先后完工并交付使用的城市基础设施建设项目有160项，70多项正在建设和办理前期手续。2006~2009年，公司连续四年在市委、市政府组织的全市年度目标责任综合考核当中获得“优秀”；连续两年被授予“甘肃省建设科技进步奖”；“大跨度连续桥梁施工控制过程中关键技术研究一等奖”和“甘肃科学技术进步奖：大跨度连续桥梁施工控制过程中关键技术研究二等奖”；兰州市北滨河路东段工程、小西湖黄河大桥西津立交工程被评为全国“市政金杯示范工程”奖；连续三年被评为“全国城投联络会信息工作先进单位”；先后被授予“全市国土资源工作先进单位”、“政府系统办公室工作先进单位”、“兰州市支持工业发展奖”、“兰州市国企改革攻坚战二等奖”、“青年文明号”、“兰州市保密工作先进单位”、“拆迁工作先进单位”、“兰州市妇联系统抗震救灾先进单位”、“九州石峡口地质自然灾害抢险救灾先进集体”、“企业文化建设先进单位”等荣誉称号。

随着不断发展壮大，兰州市城市发展投资有限公司基本形成了政府主导、公司化运作的城市建设和投入体系，加大了对城市建设的投入；在兰州市城市建设中发挥了主导作用；初步形成了集贷、投、还为一体，资源储备、银行贷款、筹资偿还的良性机制，对城市可持续发展具有重大意义。

兰州城投环保水务有限责任公司

尽心竭力　同舟共济
为完成节能减排目标而奋斗

兰州城投环保水务有限公司是市属国有独资企业，由兰州城市发展投资中心出资设立，注册资金1.06亿元。公司主要业务板块为污水处理、中水回用、垃圾处理及第三产业经营。公司技术骨干多年从事环保、材料、计算机、机械、建筑工程等行业的工作，有扎实的专业知识，较强的研究开发能力、丰富的工作经验和勇于开拓进取的敬业精神，并与兰州大学、兰州交通大学、上海市政设计院、华北市政设计院、西北市政设计院等进行了卓有成效的合作。目前环保水务公司负责承建的项目有西固生活污水处理工程、雁儿湾污水处理厂改扩建工程、西固中水厂、帽帽沟生活垃圾场、中铺子生活垃圾场、泉子沟建筑垃圾场、南河道建筑垃圾制砖厂等环保项目，还承担着七里河安宁污水处理厂和雁儿湾污水处理厂的运营管理工作。

西固污水处理工程设计规模近期10万m^3/d，远期20万m^3/d，雁儿湾改扩建工程设计处理规模近期26万m^3/d，远期36万m^3/d，均采用改良A2/O法处理工艺，污水出水控制指标按《城镇污水处理厂污染物排放标准》GB18918-2002一级执行。这两座污水处理厂是兰州市的重大项目，2010年底已达到通水条件。

帽帽沟生活垃圾卫生填埋场、中铺子生活垃圾卫生填埋场、泉子沟建筑垃圾场及南河道建筑垃圾资源化利用项目前期手续现已基本办理完毕。

雁儿湾污水处理厂是1993年由兰州市政府投资建设，现日平均处理污水已达14万m^3。七里河安宁污水处理厂于2001年9月开工建设，2007年10月投入运行，现日平均处理污水16万m^3，并承担着我省40%的节能减排任务。根据兰州市政府的安排，七里河安宁污水处理厂进行了TOT转让，我公司于2009年9月21日正式将该厂移交给兰州兴蓉投资有限公司运营管理。此次TOT移交开创了我市环保事业资产转让的先例，为政府筹集了近4.96亿元的资金。

经过几年的建设与经营，环保水务正在向集管网建设维护、工程设计、施工，污水、污泥处理，中水回用为一体的具有一定规模、技术比较先进、结构比较完整的水务企业集团发展，准备缔造西北地区颇具规模的专业企业。公司立志为客户提供更高标准的服务，不断向更深层次的排水处理及环保科技领域迈进。公司以“拥有专业，不断创新，珍惜资源，保护黄河”的理念，以“用心、细心、热心，以标获誉”的宗旨竭诚为兰州居民服务。

帽帽沟生活垃圾场

中铺子生活垃圾场

泉子沟建筑垃圾场

兰州经济技术开发区地方税务局

兰州经济技术开发区地税局揭牌仪式现场

随着中共中央西部大开发战略部署的深入贯彻实施，西部城市春潮涌动。为了进一步适应区域经济建设，2010年6月，甘肃省地税局组建了甘肃省兰州经济技术开发区地方税务局，专门承担经济区各项地税工作，同时撤销安宁区地方税务局。新机构的成立将在优化兰州经济技术开发区地税建设的资源配置，强化税收管理及税收聚财、调控、服务职能方面发挥更大的作用。

甘肃省兰州经济技术开发区地方税务局现设13个部门，全局在职干部职工共计81人，男42人，女39人；大专以上学历76人，占总人数的93.8%（其中研究生学历2人，大学学历55人，大专学历19人），主要负责兰州经济区及安宁区范围内所有地方税种和社会保险费以及代征基金（费）的征收管理工作。2010年共组织各项收入87313万元，同比增收25416万元，增长41.06%，其中：地方税收全年完成68145万元，同比增收21108万元，增长44.88%。基金共完成18071万元，同比增收3480万元，增长23.85%。

该局局领导班子按照省局指示精神，坚持物质文明、政治文明、精神文明一起抓，确立了队伍建设一流、征管改革一流、地税形象一流的目标，在征管机构设置、岗位体系确立及税收服务方面积极进行了创新和探索，以班子建设为核心带出了一支文明高效的队伍，以廉政建设为主线筑起了“两权”监督的防线，以办公自动化为突破口迈上了信息化的道路，以征收单位为窗口树起了文明行业的形象。兰州经济技术开发区地方税务局求真务实、锐意进取的工作作风赢得了社会各界的赞誉，多次获得上级的嘉奖和表扬。该局被省文明办评为“省级文明单位”，征收分局被评为“巾帼文明岗”，东路分局在获得“全国三八红旗集体”荣誉的基础上，被中华全国总工会评为“全国五一巾帼标兵岗”。

结合新时期对地税工作提出的新要求，兰州经济技术开发区地方税务局将继续坚持全面贯彻科学发展观，牢固树立全心全意为人民服务的思想，进一步解放思想、艰苦奋斗，坚持服务与创新相结合，勇于探索、敢于实践、勤奋工作、狠抓落实，努力使各项工作迈上新台阶、再创新佳绩。

送税法到农家

维护纳税人权益送来锦旗

经济区地税局干部与外商进行涉税约谈

经济区地税局领导深入雪花啤酒有限责任公司了解项目建设情况

为舟曲灾区捐款

兰州大学第二医院

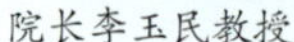

院长李玉民教授

党委书记钟福国

兰州大学第二医院（简称兰大二院）始建于1932年，于1954年由兰州大学分出，2004年11月18日随兰州医学院整体并入兰州大学。经过近80年的风雨历程，医院已发展成一所集医疗、急救、康复、保健、预防、医学教育和科研任务于一体的大型综合性“国家三级甲等医院”和“国家爱婴医院”。

医院位于美丽的白塔山脚下，黄河之滨，地处兰州市繁华区萃英门路段。具有130多年历史的清代贡院应试之堂“至公堂”座落院内，是兰州大学的旧址所在地，其见证了兰大二院极不平凡的发展历程。

医院现有9个部、50个行政职能科室、55个临床医技科室、133个亚专业学科、63个护理单元、26个医学中心、7个研究所、39个研究室、1个省级重点实验室、22个教研室，医院实际开放床位2166张，年门急诊量52.5万人次以上，年手术量1.0万余台次，住院人数2.4万余人次，床位使用率在110%以上。

医院技术力量雄厚，人才济济。医院内外科技术在省内具有较强的优势，拥有甘肃省泌尿系疾病临床医学中心、甘肃省眼科临床医学中心，11个省级重点学科和1个甘肃省消化系肿瘤重点实验室，1个省级教学重点学科（外科学）、8个国家级培训基地，3个卫生部内镜培训基地；医院在职医护人员2167人，拥有博士后3人、博士61人、硕士307人，其中正高级专业技术人员107人、副高级专业技术人员220人，享受国务院特殊津贴11人，卫生部突出贡献专家2人，省级优秀专家6人，甘肃省“555科技人才工程”人选17人，甘肃省“333科技人才工程”人选9人，甘肃省第一、二层领军人才25人，甘肃省卫生厅专业技术学术带头人43人，亚专业学科带头人110人，国内外学术期刊编委80余人，SCI杂志审稿人4人，在中华医学会甘肃各临床专业委员会任主委、副主委30人。

医院配备了总价值达3亿多元的高精尖设备，其中直线加速器、64排螺旋CT 、3.0T MRI、伽马刀、CR机、钬激光治疗系统等大型先进设备为高水平的诊疗提供了保障。

作为兰州大学的附属医院，承担着兰州大学6个本科专业的临床教学以及硕博研究生带教任务，在院本科、硕士学生1000余人，并设有外科学和中西医结合临床博士点、临床医学博士专业学位点、博士后流动站等。现有博士学位授予点2个、硕士研究生培养点27个，博士生导师12名，硕士生导师98名。

医院积极参加社会公益活动，为社会提供多方位服务。2005年起与民政部门协作开展“明天计划”，救治孤残儿童；2007年10月成为卫生部＆拜耳公司“走进西部”（万名县级医院医师培训项目）首家承办医院，负责培养来自青海、宁夏和甘肃贫困县区基层医生；2008年3月成立“方威基金会——兰大二院宁养院”；2008年3月被选定成为“微笑列

车”（唇腭裂矫治修复行动）项目的合作医院之一；2008年4月确定为“健康快车——百盛”眼科显微手术培训中心，是国内建立的第九所眼科显微手术培训中心之一；2009年10月被中国红十字基金会西部女性阳光基金选定为甘肃省及周边地区唯一定点合作医院。为解决群众“看病难”问题，医院开设了“无假日”门诊和网上预约挂号服务，满足了广大群众的就医需求。医院与英国、美国、澳大利亚、加拿大、日本、挪威、丹麦等国家的医院缔为友好医院。

兰大二院将以建设一所面向全国，辐射西北的研究型、创新型、综合型的现代化、数字化医院为目标，秉承“厚德精医，博学笃行”的院训，为甘肃乃至西部地区的和谐发展、人民健康做出新的、更大的贡献！

厚德精医 博学笃行

医院领导班子

院训“厚德精医 博学笃行”

千人户外拓展活动启动仪式

2010年11月13日我院隆重举行“兰州大学第二医院医疗综合楼启用庆典暨二十一世纪医学进展国际论坛”

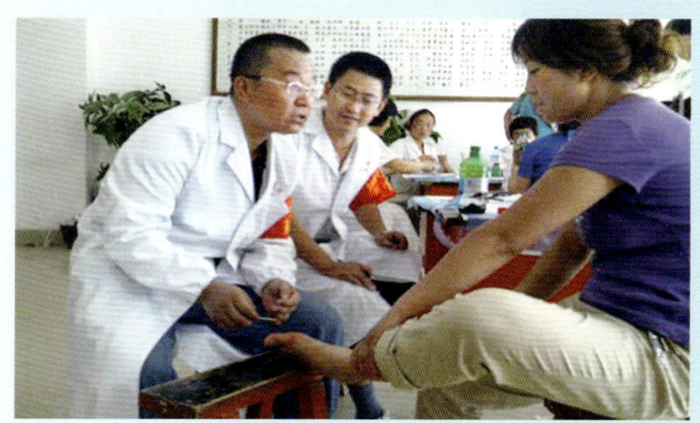

我院赴舟曲县支农队员普外科医师张亚武和药剂科药师谢明全在县人民医院诊治灾区伤员

千人户外拓展活动

兰州市第一人民医院

兰州市第一人民医院是兰州市属规模最大、科室设置齐全、技术力量雄厚、医疗设备先进的综合性三级甲等医院。担负着为全市乃至全省人民群众提供医疗服务和健康保障的任务，是省、市区等各级医保管理机构确定的职工基本医疗保险定点医院。医院占地面积4万余平方米，总建筑面积7.7万余平方米，设有临床医疗、医技专科46个，职能管理科室22个，临床教研室10个，硕士生培养点6个，博士后流动科研工作站1个，年门诊20余万人次，收治患者1万余人次，医院拥有省级重点学科——消化内窥镜中心；兰州市级重点学科——眼科、心血管内科、心胸外科、呼吸内科、肿瘤外科、肝胆外科、泌尿外科、功能科；并设有“甘肃省心血管病研究所”、“白内障复明中心”、“儿童斜弱视矫治中心”、“甘肃兰州眼科医院”、“老年医学研究所”、“肝病研究室”等临床医学研究机构。医院现有博士生导师1人，硕士研究生15人，副高级以上人员130余人，赴日研修生20余人；医院拥有西门子64排128层AS+螺旋CT扫描机、美国GE Signa HDx 1.5T磁共振成像系统、飞利浦多普勒彩超、德国蔡司准分子激光、日本富士电子胃镜、腹腔镜及十二指肠镜、多功能自动呼吸机、各种纤维内视镜及电子内视镜、数字减影、心脏工作站等先进医疗设备，以其高清晰、高质量的诊辨，为临床治疗患者提供了极为精确的依据。

2010年，接待门诊患者156022人次，日均门诊量650余人次，其中门诊诊疗病人比去年同期增加7637人次。全年接待住院患者11777人次，比上年增长了9.8%，实施各类手术2068例，比去年同期增加300例；危重病人抢救成功率98.5%，比去年同期增长8.5%；入院与出院诊断符合率99.9%；济困病床共接诊病人32人次，社会救助患者13人，共减免医疗费13.5万余元。

2010年开始，医院对所有住院患者实行免费中医会诊，受到广大患者好评，被省、市卫生行政部门评为“兰州市中医优秀示范单位”，并作为综合医院发展中医的先进经验在全省推广。四种特色中药制剂胆安合剂、止血通明合剂、妇炎康合剂、苍乌合剂，通过甘肃省药品食品监督管理局的批准，成为第一批可以在全省医疗机构调配使用的中药制剂。

如今的市一医院是全省六大医院之一，设立临床医技科室46个，专业机构“心血管病研究所”可进行停跳与不停跳冠状动脉搭桥术、各种复杂性先心病瓣膜置换手术及心脏疾患介入诊疗；“眼科医院”一直以来都是市一医院的品牌学科，在准分子激光治疗近视、眼部肿瘤切除术、角膜移植等各种眼部疾患的诊疗方面具有明显优势；省级重点学科有消化内窥镜中心，市级重点学科有眼科、呼吸科、消化科、心内科、肿瘤科、心胸外科、泌尿外科、功能科等。

经过半个多世纪的发展，医院在省内外享有较高的声誉，先后多次被国家卫生部、人事部评为“全国卫生系统先进集体”。被甘肃省、兰州市评为“卫生系统先进集体”、“兰州市十大医院”、“优质服务优胜单位”、“国家级爱婴医院”、“花园式单位”等荣誉称号。在为广大患者服务的实践中，医院提倡患者至上，亲情化、人性化服务理念，积极开展全程优质服务，逐步形成以保障医疗安全为前提，科学的医院管理为核心，医疗质量建设为基础，优质的后勤保障为支撑的管理体系。近年来，医院加大科研力量，先后完成科研成果数十项，其中多项达到国内、省内领先水平，获省科技进步奖10余项，国家专利2项，并同日本及欧美国家建立了学术交流合作关系，成为兰州医疗卫生事业对外开放和为广大患者提供预防、保健、医疗的重要基地。

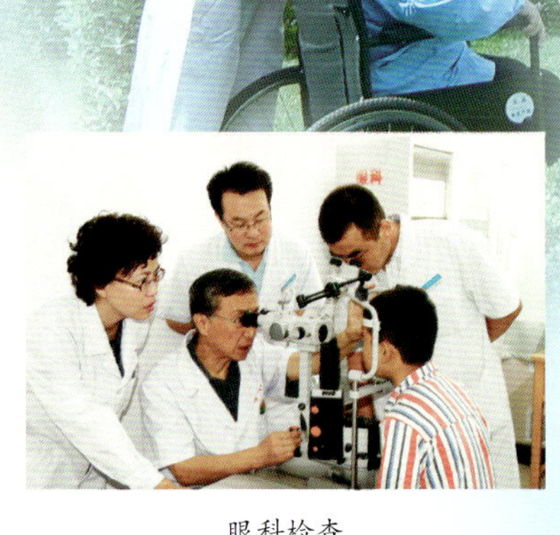

眼科检查

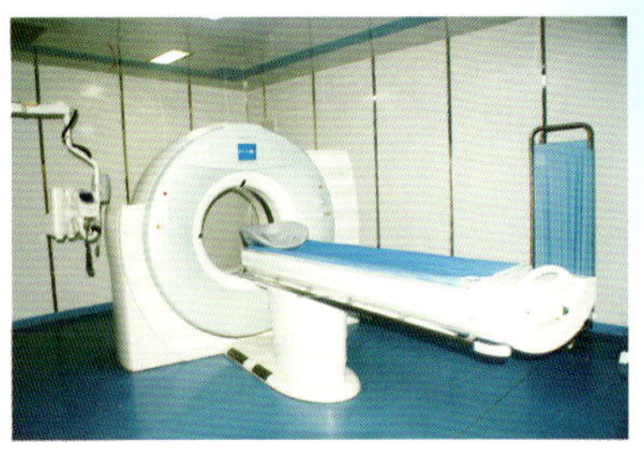

美国GE1.5T超导核磁共振

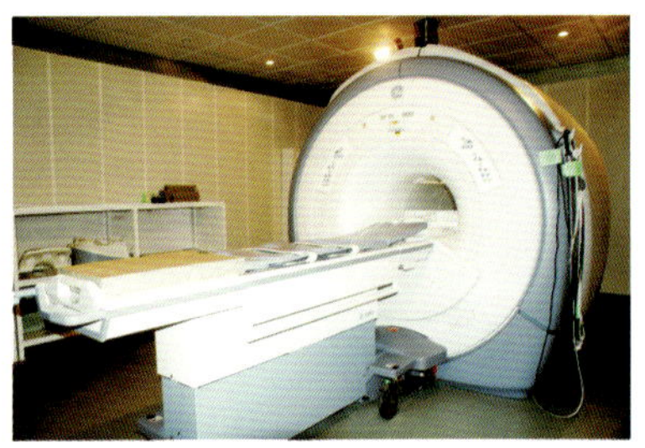

西门子128层螺旋CT

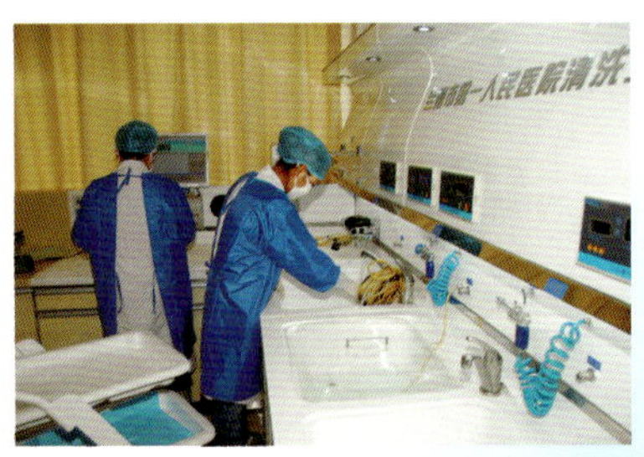

消毒中心

眼科大楼外景

兰州电力学校

兰州电力学校校长　陈颖文

兰州电力学校坐落于兰州市安宁区，占地面积74617平方米。学校创建于1984年，1986年首届招生。学校隶属于甘肃省电力公司，教育业务由甘肃省教育厅指导。

自1984年建校至今，学校已向社会输送了上万名毕业生和函授学生。学校先后开设过20多个专业，现开设有发电厂变电站电气运行、发电厂电气设备及热力设备运行、发电厂变电站电气运行与自动化、发电厂变电站电气运行与建设、继电保护与自动装置、火电厂集控运行、电厂热能动力设备运行与检修、计算机网络技术等专业。

学校建有实习工厂及电工、电机、电子、继保、高压等16个实验室和330千伏变电站模拟操作系统、220千伏变电仿真机、300兆瓦火电仿真机、600兆瓦火力仿真系统，可基本满足学生的实习实验需要和职工的培训、技能鉴定需要。拥有400余台计算机的6个计算机房和4个多媒体教室可同时容纳760人进行现代化教学，INTERNET接入的校园网覆盖全校。图书馆楼建筑面积5510平方米，藏书15万册，电子阅览室有50个座位，两项一起可基本满足各类读者的阅读需要。学校建有一个400米跑道的标准体育场，4个半封闭篮球场和2个半封闭羽毛球场以及一个室内活动馆，可满足学校学生及培训职工的体育锻炼需要。

自建校以来，兰州电力学校始终坚持“建设规范有特色的学校，培养合格有特长的学生”的办学宗旨和“严谨、勤奋、求实、文明”的八字校风，以提高教学培训质量为中心，突出中专学历教育和职工培训是学校两条主线。以就业为导向，提高学生动手能力，鼓励学生参加职业技能培训，不断提高学校市场竞争力。学校建立起相对稳定的基本用人单位库，毕业生供不应求，连续多年学校毕业生就业率一直保持在90%左右。

学校建有甘肃省第四十二国家职业技能鉴定所、甘肃省第三供电国家职业技能鉴定站、全国制图员远程职业资格培训站、甘肃省高新技术考试站，同时具备电监办电工进网作业培训、安监局电工特种作业培训资质。可为在校学生和企业提供电厂水化验员、油务员、电厂水处理值班员等43个工种职业资格培训、考核及发证。同时可以进行全国CAD(制图)技能等级以及办公自动化模块、网络图像处理模块、网页设计模块、数据库应用模块的计算机高新技术操作员证、高级操作员证等级考试取证。

学校“五月艺术节”被共青团甘肃省委评为甘肃省中专学校优秀主题团活动。学校艺术团的舞蹈《鼓舞太平》获得中国文联举办的民间艺术节最高奖——“山花奖”，代表甘肃省电力公司参加了由全国总工会、中国文联、中央电视台主办的“中原油田杯”全国职工艺术节舞蹈展演，获得了金奖，并获得了中华全国总工会颁发的“五一文化奖”和第六届民间艺术节银奖等多种奖项。2009年艺术团的三个舞蹈又荣获甘肃省第四届群星艺术奖的一、二、三等奖。

经过26年的努力，学校先后荣获“国家级重点中专”、“甘肃省教育系统先进集体”、“甘肃省省级文明单位”、“甘肃省职业技术教育先进单位”、“恢复高考三十年甘肃省高等学校招生工作先进集体”、甘肃省电力公司“教学质量 文明管理”双达标单位、甘肃省电力公司“十佳企业”、创建“四好”领导班子先进集体等多项荣誉。

校园一角

教学大楼

兰州园艺学校

多年来，兰州园艺学校不断与时俱进，积极谋求科学发展，在省内的中等专业学校队伍里脱颖而出，不论是办学规模、办学层次、师资力量、学生就业等都发生了巨大变化。学校把“学生成才、家长放心、社会满意”作为向前发展的宗旨，坚持育人为本、就业为本，注重综合素质教育与实践技能培养相结合的科学办学理念，在一系列制度和优势的保证下，实现了招生和就业的双赢。为社会累计培养了5000多名专业技能型实用人才，为有效推进兰州中等职业教育的均衡发展做出了贡献。

兰州园艺学校有近三十年的办学历史。建校以来，学校始终秉承育人为本、技能优先的办学思路，由一穷二白逐步发展成为目前已具规模、特色显现的省级重点中等专业学校。学校立足市情和农村经济建设的实际，以及社会人才需求，走出了一条具有时代特色、符合市场需要的办学之路。

学校的逐步发展壮大，靠的是先进的办学理念和牢固的服务宗旨，特别是在办学模式、技能培养、就业服务方面取得了长足发展，进而推动了学校全面协调发展。

近年来，该校毕业就业率一直保持在95%以上，就业形势非常看好。谈到如此高的就业率时，校长张韶军说：“我校是1998年被农业部认定的‘特色学校’，我们一直在为这个荣誉不断进取和努力，学校影响力和吸引力不断扩大，就业率和就业质量不断提高，我们的学校是一所能让学生、家长、企业及社会安心、放心、省心的学校。”

校际交流合作签字仪式

农民工创业培训开学典礼

新生军训

校园一角

校园文艺生活

学校实训温室内景

兰州市少年宫

兰州市少年宫现总占地面积8000平方米，活动厅室40余间，下设有办公室、培训部、活动教研部3个中层部门，有美术、舞蹈、音乐、英语、科技体育、儿童文学6个教研室，28个专业项目。有一支专兼职相结合的教师队伍，常年在宫工作人员及教师200余人，拥有高、中、初级专业技术职务，许多教师为全国名师。拥有兰州市少年宫"小飞天"艺术团、少儿剑桥英语培训站、青少年音乐培训站、卡西欧电子琴教室、卡西欧数码钢琴教室、围棋育苗基地、五洲之星全国新思维作文研究基地、全国中小学十佳文学社、中国青少年宫协会常务理事单位、全国青少年活动营地联盟特邀单位、甘肃省教科文卫协会会员单位、甘肃省聘请外国文教专家资格单位、联合国教科文组织亚太地区世界遗产培训与研究中心世界遗产青少年教育基地等社团，是集少儿专业兴趣培训、开展示范倡导性活动、少儿教育研究为一体，对少年儿童实施全面素质教育的综合校外教育单位。

在各级领导和部门的关怀和支持下，兰州市少年宫取得了较好的成绩与荣誉，曾被教育部等国家六部委授予"全国校外教育先进单位"及"全国先进青少年宫"称号；2007年获得由中央宣传部、中央文明办、教育部、文化部等十部委颁发的第二届中国青少年社会教育"银杏奖"优秀团队奖；多次得到文化部、共青团中央、教育部等部门的表彰奖励；多次获得全国"心中有祖国，心中有他人"主题教育活动优秀集体奖；连续20年被评为兰州少年儿童活动中心系统"先进单位"；多次荣获"甘肃省兰州市未成年人思想道德教育工作先进集体"；荣获由全国校外教育联席会议办公室（十部委）和中国青少年宫协会颁发的全国"小时候——为孩子鼓掌"活动最佳活动奖；获得全国"心中有祖国，心中有他人"主题教育活动优秀集体奖。

荣获第二届中国青少年社会教育"银杏奖"优秀团队奖

20余年来，兰州市少年宫共培训学员30余万人次，向全国各类专业院校输送人才500人次。在几代少年宫人的创新奉献下，通过多样的培训形式和一系列倡导性、示范性、参与性、体验性、广泛性、富有特色和地域特点的品牌活动，从看得见、摸得着、做得到的事情做起，参加社会实践和社会服务等公益性活动，把代表政府行使校外教育的公共服务职能落到实处，创新品牌，服务发展，为培养"四好少年"、构建和谐社会做出了积极贡献。

外国专家友好交流

开展兰州市少年宫兴趣培训成果展示活动

原创特色舞蹈《牛大碗》

纸模制作活动

第九届"三北"地区省会城市（青）少年宫文艺汇演

航空模型比赛

永登县农村信用合作联社

理事长蒋瑾科

一、基本情况:

永登县农村信用合作联社于2009年3月19日经甘肃银监局和省联社批准由原来的两级法人社改制为统一法人社，县联社为一级核算单位，法人代表蒋瑾科。选举成立了理事会和监事会，蒋瑾科同志当选为理事会理事长，张富同志当选为监事会监事长。联社辖属51个营业网点，其中：1个营业部，18个信用社，32个信用分社，从业员工356人。本科文化的19人，占员工总数的5.4%；大专文化的199人，占员工总数的56%；高中文化的81人，占员工总数的23%；初中以下的17人，占员工总数5%。截至2009年12月末各项贷款达19.62亿元，各项存款达24.18亿元，存贷款存量均居永登县金融机构第一名。

二、努力实践科学发展观，打造精品网点

我们通过扎实有效的学习和实践科学发展观活动，更加明确了发展思路，做到了“两手抓、两不误和两促进”，统一思想，提高认识，严格落实党风廉政建设责任制，狠抓组织存款工作，努力壮大资金实力。2009年7月在兰州市城关区中山路156号，设立了中山路信用社，自开业以来，存款大幅度增长，壮大了我联社的资金实力。

一级法人理监事会人员

三、加大支农力度，增加农民收入

不断加大支农力度，帮助农民增加收入，名副其实地做好地方金融主力军。我们在抓好信贷资金有效投放的前提下，积极优化信贷结构，灵活放贷政策，优化服务方式，简化贷款手续，重点扶持农业、农村经济和地方中小企业、民营企业的快速发展，积极促进城乡产业结构调整，增加农民收入。2009年全年共放出各类贷款19.2亿元，其中：发放涉农贷款12.6亿元，占放出总额的65.6%，涉农贷款余额达到14.9亿元，占各项贷款总额的75.89%；发放农业贷款7.3亿元，占放出总额的37.99%，农业贷款余额达到8.7亿元，占各项贷款的44.12%。

一级法人挂牌

四、推进企业文化建设，提升行业形象

推进企业文化和精神文明建设，着力提升行业形象。服务就是品牌，我们为了打造一支高效、优质、文明的服务队伍，更好地服务于“三农”，全联社上下齐动员，有计划、有组织地开展文明社、部、文明岗位等创建评选活动。并于2009年8月申报市级文明单位，经市、县精神文明办验收合格，命名为“市级文明单位”称号，并颁发了牌匾。

省联社雷志强理事长到中川调研

永登县环境保护局

永登县环保局局长熊长青

永登县环境保护局是永登县人民政府主管全县环境保护工作的职能部门，组建于2002年6月，局内设办公室、业务室、化验室、环境监测科、环境监察一科、环境监察二科等三室三科，共有在编人员24名。永登县环保局紧紧围绕全县环保工作，在县委、县政府的领导下，在市环保局的支持和帮助下，以邓小平理论和“三个代表”重要思想为指导，积极贯彻实施《中华人民共和国环境保护法》、《中华人民共和国大气污染防治法》、《中华人民共和国水污染防治法》、《建设项目环境保护管理条例》等法律法规及规章制度，以科学发展观总揽全局，坚持实施可持续发展战略，全面加强环境保护工作，突出污染源总量控制、污染源治理、生态环境保护与建设等重点工作，加大力度，狠抓落实，全县环境质量不断改善，污染物减排工作稳步推进，环境质量总体保持稳定，环境保护工作整体水平进一步提高。庄浪河和大通河水质均优于国家Ⅲ类水质，符合地表水功能区划要求。大气环境持续好转，城区空气质量全部达到国家二级及以上标准。

局领导班子成员在企业调研

永登县纪念6·5世界环境日文艺晚会

6·5世界环境日宣传照片

2010年全县环境保护工作会议全体职工合影

兰州市安宁区司法局

局长 高志勇

省司法厅党委书记、厅长王禄维检查安宁区司法行政工作

各单位踊跃参与"法治安宁"创建活动

兰州市安宁区司法局成立于1982年3月，肩负着安宁区依法治区、普法教育、法制宣传、人民调解、法律援助、律师（法律服务所）公证管理和刑释解教人员安置帮教等重要职责。内设办公室、普治办、公证处、法律援助中心、刑释解教人员安置帮教办五个科室，下辖八个街道基层司法所、四个法律服务所。现有干部职工51人。

在区委、区政府的正确领导下，在省、市业务部门的关心指导下，我局围绕构建"五个新区"的总体目标，大力加强司法所规范化建设。近年来，争取各级党委、政府投入100万元，建成了8个标准化司法所。每个所都设置了司法所长办公室、法制宣传、人民调解室，配备了办公桌椅、电脑、传真机、激光打印机、数码照相机等办公设备，实现了办公自动化。90%的司法所达到省级规范化要求。

近年来，安宁区司法局发扬"法治、服务、开拓、奉献"的司法精神，本着"巩固、落实、深化、突破"的工作思路，坚持贴近实际、贴近基层、贴近群众的原则，以服务经济建设、促进社会稳定为首任，充分发挥法制教育、法律服务、法律保障三大职能，扎实工作，拼搏进取，司法行政工作不断向前迈进。2005年9月被司法部授予"全国司法行政基层建设工作先进单位"。2007年被市委、市政府评为"全市四五普法依法治理先进县（区）"，被市司法局评为"全市司法行政系统先进单位"，被区委、区政府评为"平安创建先进单位"和"两区建设先进单位"。2008年，为安宁区赢得全省"五五"普法中期评估先进县区荣誉称号，2009年3月，安宁区政府荣获全国"五五"普法中期先进集体荣誉称号，受到中宣部、司法部、普法办的表彰。2003年以来，先后有12个基层单位被国家和省、市政府或上级业务部门评为先进集体，36名干部先后被评为先进个人，其中：有2名司法助理员分别被司法部授予"全国先进工作者"和"全国模范人民调解员"称号。

矢志进取,务实创新,为构建平安安宁、法治安宁、和谐安宁再立新功永远是司法局全体干警的不懈追求!

在培黎广场进行12·4法制宣传活动

兰州市"五五普法"领导考核组检查验收安宁区"五五普法"工作

兰州市第二十七中学

焦宪庆校长在作报告

兰州二十七中有教学班36个，在校学生1679人，入学613人，毕业607人。有教职工141人，其中：中学高级教师49人，中学一级教师61人。本科以上学历教师占96%以上，并有36人已取得教育硕士学位。特级教师2人，省级骨干教师、优秀教师8人，市县级骨干教师、优秀教师38人，省市级教学能手16人，市级教学新秀22人，各级各类骨干教师占教师总数的40%。

学校正以“开放式、研究型、信息化、高质量”的省级示范性高级中学为奋斗目标，坚持把教会学生做人放在教育工作的首位，坚持把提高教育质量作为中心工作，坚持“突出业绩、提高质量”的价值导向，坚持精细化管理，实施分层教学，积极应对课程改革，以打造“六大工程”为支柱，努力构建积极向上、和谐幸福、内涵丰富、特色鲜明的现代学校文化。连续第六年获得兰州市高中教育质量优秀奖。

学校重视加强教师队伍建设，促进教师专业化成长。坚持集思广益、民主管理、校务公开。2009年3月，学校召开五届一次教代会，通过了《科学规划，创新开发，建设高品味的校本课程》、《兰州二十七中教师队伍素质提升工程实施方案》、《兰州二十七中“再铸师魂”师德教育活动方案》等重要文件。充分发扬民主，鼓励干部勇担重任；广开言路，设立“教育教学最佳建议奖”；组织7个学科81名教师参加市教育局组织的高中新课程培训，积极倡导、鼓励广大教师进行阅读和教育研究，以此作为一种专业追求和自我发展的良好习惯，稳步推进书香校园建设；坚持实行教学基本功竞赛，促进青年教师专业成长。形成了师德高尚、业务精良、充满活力、勇于奉献的学习型教师队伍，荣获兰州市教育局师德先进集体称号，保证了学校教育教学质量的稳步提高，成为学校可持续发展的坚实基础。

2009年，学校总计投入200万元专项资金用于改善办学条件，装备了语音教室、地理专用教室、生物标本柜等。投资40余万元购入各种名贵花木，绿化、美化校园环境。校园绿化面积占学校面积的20%，荣获甘肃省创建“绿色学校”先进单位。坚持加强校园安全管理，获得了市委、市政府授予的“平安校园”荣誉称号，还获得了城关区委、区政府授予的全区精神文明建设先进单位的殊荣、城关区“创一流环境 迎国庆盛典”先进单位、市教育局党组“先进基层党组织”、市教育局系统“师德先进集体”、甘肃省、兰州市青少年科技创新先进学校、实验学校等荣誉称号。

2009年10月20日市委常委、市委宣传部长王冰等领导来我校视察

2009年9月8日，省委常委、市委书记陆武成等来学校参观

2009年10月29日，国家教委民族司副司长张强一行来我校检查校园《突发事件应对法》落实及校园安全工作

第十四届学生艺术节文艺演出

中国移动通信集团甘肃有限公司兰州分公司

中国移动通信集团甘肃有限公司兰州分公司自1999年8月16日成立以来，在兰州市委、市政府和中国移动甘肃公司的正确领导下，在社会各界的大力支持下，秉承集团公司"正德厚生,臻于至善"的企业核心价值观,以"创无限通信世界，做信息社会栋梁"为企业使命，始终把发展作为第一要务，内强素质，外树形象，坚持市场化改革取向，差异化营销服务，精细化运营管理，取得了良好的经营业绩。截至目前，客户总数突破320万，基站总数达到2800多个。

兰州移动在经营上不断创新，使手机这个以前作为地位、身份象征的通信工具迅速进入了普通人的生活。同时，不断推出丰富多彩的移动通信业务，满足广大用户个性化、多元化的通信需求，引领了移动通信时尚。

公司先后推出"全球通"、"神州行"、"动感地带"、"G3"四大客户品牌。"全球通"以其业务功能齐全、品牌质量卓越，赢得了广大成功人士的信赖；"神州行"以其无月租和全国漫游的特点，得到了大众用户认可；"动感地带"集多种业务功能于一身，深受年轻时尚一族喜爱，在社会上产生了"我的地盘听我的"品牌效应；而在2009年5月17日正式商用的"G3"，使兰州市民走入了3G时代，可以随时随地畅享"移动新生活"。

在加快企业发展的同时，兰州移动还积极参与社会

创无限通信世界　做信息社会栋梁

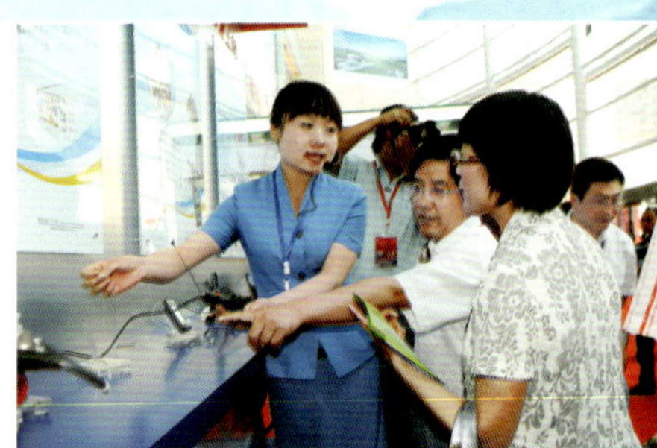

公益事业，勇于承担社会责任，争做优秀企业公民。持续开展了送戏曲、送文艺、送科技“文化三下乡”活动，全力推进“村村通”工程，积极支持“家电下乡”，为加快兰州市农业和农村经济发展，建设社会主义新农村起到了有力的推动作用。同时，倾情开展捐资助学、“大学生社会实践基地”建设，为大学生就业、创业提供展现自我的平台；举办了“法律进社区”活动，提高社区居民法律意识，推进全市法制建设进程；推出了“便捷服务、满意100”活动、总经理接待日等活动，把便捷的服务送到客户身边；为高校学生和农民工开通免费爱心大巴，提供免费“报平安”电话等等，充分体现了移动员工强烈的社会责任感和奉献精神，着力塑造了优秀企业公民的良好形象。

面向未来，兰州移动将以“做世界一流企业，实现从优秀到卓越的新跨越”战略为指引，以“无线数字兰州”建设为契机，拼搏进取，勇担重任，在广大农村努力建设基础通信网、营销服务网和信息网，实现农业增产、农村增效、农民增收，帮助农民脱贫致富奔小康；在企业密集的城市区域，大力推广车务通、校讯通、集团彩铃、ADC、MAS等集团信息化产品，大力推进信息化与工业化的融合，以信息化带动工业化，全力打造数字兰州，推动兰州经济的快速发展，成为兰州信息化建设的生力军和主力军，为地方经济发展作出新的、更大的贡献。

中国联通兰州市分公司

2009年10月31日国芳百货主席台，分公司隆重举办iPhone首销仪式。图为刘长慧总经理发表讲话

2009年10月1日国芳百货门前，3G业务正式商用促销现场

2009年5月17日，分公司组织以"世界电信日"为主题的大型宣传促销活动。图为武都路营业厅门前促销活动现场

2009年，是兰州联通完成重组后正式运营的第一年。公司上下脚踏实地，努力拼搏，主动应对激烈的市场竞争，坚持贯彻落实科学发展观，充分发挥融合优势，在平衡业务结构、加快业务发展上做文章，3G、宽带等重点业务实现新发展，用户规模不断壮大。

利用3G网络技术、产业链成熟、产品丰富等优势，快速全面的切入兰州市场，为广大市民带来通信新享受。认真组织开展3G业务"百日促销"和中高端用户攻坚活动，在兰州地区迅速打开了"沃"品牌3G业务的销售局面，实现了3G业务健康快速发展。按照"一缩小、一拉大"的战略目标，顺利实现标准产品上市，通过大力建设直供网点和积极开展话务量营销，有效拓展城乡大众市场，移动业务新增用户市场占有率达到28.8%。组织实施"以旧大灵通换新GSM手机"、"免费维修"、"预存话费送话费"等一系列针对大灵通用户的营销服务活动，实现了大灵通用户的稳定发展。以宽带业务市场拓展为重点，加强固话及融合业务的发展，坚持开展小区演示和推广，加大"三网合一"合作和推广力度，组织实施"宽带业务百日会战"等宣传促销活动，宽带和固话业务发展保持平稳向上水平。大力开展集团攻坚、商务楼宇攻坚等活动。细分客户群，加大集团炫铃、销售管家、VPDN等行业应用的渗透力度，为提高兰州地区企事业单位信息化水平不断努力。

深入推进营销服务一体化工作，全面落实片区化营销体系建设，积极整合和优化渠道资源，加大完善渠道体系建设，不断加强渠道的覆盖和延伸。全年发展有效直供网点5588个，电子渠道交易额达到519.33万元，销售网络覆盖范围更大更广，营销服务能力得到有效提高。围绕"我服务、我精彩"和"3G服务领先行动"专项活动的工作目标，以改进服务短板、赶超行业先进水平、实现3G服务领先为目的，有效提高自有营业渠道的服务质量，改善营业厅服务环境，积极改进投诉处理流程，全面提升客户满意度。全年投诉限时办结率及一次性解决率均为100%，VIP客户保有率达到88.86%。

不断加大网络投资力度，加快各项网络工程建设进度，移动网络及固话网络覆盖的广度和深度得到进一步扩大。顺利完成WCDMA一期和三期工程，完成G网16期和17期工程，新增固网覆盖用户数约47000户。

公司将继续深入贯彻落实科学发展观，推进党的思想、组织、作风和制度建设，积极筹建中国联合网络通信有限公司兰州分公司党委，发展壮大基层党组织。持续开展"四好"班子创建活动，大力推进反腐倡廉建设。进一步优化员工队伍结构，提升员工职业素养和业务水平。深入推进企业精神文明建设，积极参与兰州市创建全国文明城市活动，开展争创"文明单位"、"工人先锋号"和"青年文明号"等竞赛活动，不断完善企业文化体系，丰富企业文化内涵，促进公司物质文明和精神文明的协调发展。

甘肃瑞盛·亚美特高科技农业有限公司

甘肃瑞盛·亚美特高科技农业有限公司是以色列亚美特公司与甘肃亚盛集团共同投资兴办的灌溉设备生产厂，工厂设备先进，技术领先，是国内技术水平一流的灌溉设备生产厂。

作为合资外方，以色列亚美特滴灌综合设备有限公司是1988年在以色列注册的企业，具有多年的生产经营灌溉设备的经验。亚美特公司现已发展成为以色列知名的水处理系统及过滤系统的专业设计、生产厂家。拥有雄厚的科技实力，世界领先的生产工艺和严格的质量控制，保证用户得到优质产品和优良服务。

作为合资中方，甘肃亚盛集团公司是以高科技农业、高科技化工、农产品加工为主体的大型多元化的综合性实体。自1997年公司股票上市以来，亚盛集团已成为西北农业第一大股份公司。公司注重发展高科技农业项目，先后引进了以色列和瑞士先进的滴灌生产设备及技术，自1998年以来，已在甘肃、宁夏实施了12万亩滴灌工程，节水增产效果明显，同时也培养了一支有实际经验的工程技术人员队伍，为发展农业节水灌溉技术打下了坚实的基础。

合资厂2000年成立，厂区位于甘肃兰州国家高新技术产业开发区内，年生产能力达1.2亿米滴灌管线。合资厂的生产、管理和营销均采用先进的管理模式。从选料、进料、生产、质检、入库至出厂各个环节都有严格的程序和技术要求，产品完全达到了国际质量标准，通过ISO9001国际质量管理体系认证，并荣获2003年甘肃省用户满意产品证书、中国质量监督检验局颁发的AAA级信誉会员单位，“瑞盛·亚美特”被评为中国驰名品牌。

公司拥有一批专业的生产、管理、工程设计和安装技术人员，已承建完工的甘肃农垦6.5万亩滴灌工程、张掖7万亩喷、滴灌工程、内蒙膜下滴灌项目、宁夏枸杞及温室滴灌工程、新疆伊吾葡萄滴灌工程等节水工程均获得好评。

甘肃瑞盛·亚美特高科技农业有限公司生产和经营多种灌溉产品，承接灌溉安装工程。所提供的灌溉设备和技术能够使农作物得到所需的最佳水分和养分，减少杂草生长，降低农药施用量，保护环境，操作简便，可节约人力、水资源和肥料，增加作物的产量，改善和提高作物的品质，经济效益显著。

近年来中共中央政治局常委贾庆林，原中共中央政治局常委宋平，中共中央政治局委员薄熙来，十一届全国政协副主席马万祺，原外经贸部部长石广生，中共甘肃省委书记陆浩，省委副书记刘伟平，原甘肃省委书记宋照肃，省政协副主席侯生华，原兰州市市长张志银等国家及省、市各界领导先后到公司参观视察工作。

厂区

温室蔬菜滴灌

温室蔬菜滴灌

中国农业发展银行甘肃省分行

2009年7月7日，中国农业发展银行甘肃省分行营业部国际业务开办仪式

2009年9月16日，农发行省分行营业部召开深化县支行改革工作现场会

中国农业发展银行甘肃省分行营业部成立于1996年，自建行以来，不断在探索中前进，在改革中发展。按照打造现代银行的要求，谋战略、定规划，抓改革、求发展，强管理、促和谐，一年一大步，基本形成“一体两翼”的业务发展格局。初步建立起现代银行框架，经营业绩实现重大跨越，截至2009年各项贷款余额达到45.65亿元，有效发挥了在兰州市三农建设中的骨干和支柱作用，全行改革发展站在了新的历史起点上。

2009年概况：近年来，农发行省分行营业部以科学发展观为指导，认真贯彻国务院第57次常务会议精神，坚决服从和服务于国家宏观调控，全面落实国家各项强农惠农政策，把实现良好的社会效益作为最重要的价值追求。2009年，农发行省分行营业部紧紧抓住中央“扩内需、保增长”的政策机遇，大力增加信贷投入，从严防控信贷风险，切实加强经营管理，有效推进改革创新，业务发展成效显著。

一、全力支持粮棉油收储，积极维护国家粮食安全和农产品市场稳定。认真落实好国家粮食产业政策和粮油调控政策，积极支持国家、省、市三级粮油储备。累计发放国家、省级、市级粮油储备贷款28675万元，支持增储、轮换粮食2260万公斤、油脂1984万公斤。按照“保收购、保优质企业”的原则，大力支持粮油市场收购。先后向20户具有粮油收购资格的企业发放贷款39300万元，支持企业购进粮食47629万公斤、油品231万公斤，解决了周边农民卖粮难问题。积极支持棉花收购和化肥、猪肉等专项储备，在连续四年实现本息“双结零”的基础上，发放棉花收购、调销贷款24200万元，支持企业收购、加工棉花31.47万担；发放国家化肥储备贷款2亿元，有力支持了春耕生产；发放国家储备肉全额补贴贷款4412万元，支持企业完成2370吨国家储备肉的计划，确保了市场供应。

二、以农村基础设施项目为新的着力点，大力支持新农村建设。采取“政府立项、企业承贷、财政兜底”的贷款运作模式，主动与政府搭建合作平台，积极营销政府主导的非经营性农村基础设施建设项目。对省交通厅、七里河区和安宁区政府发放15.2亿元中长期基础设施建设项目贷款。加大对农产品批发市场、城乡物流、农业生产机具、农业生产资料仓储配送等农村流通体系建设的信贷支持力度，对支持全省及周边各地农业生产具有重大意义。

三、拓宽信贷支持范围，择优扶持农业产业化发展。积极支持啤酒大麦、高原夏菜等特色优势农业产业，发放贷款5700万元，有力地支持了兰州市优势产业的发展。大力支持具有一定规模的食品加工、乳品、饲料加工等产业化龙头企业。向兰州小二黑、庄园乳业、兰州正大企业发放贷款25840万元；帮助企业抓住机遇进一步做大做强。充分挖掘兰州作为全国中药材重要集散地之一的潜在优势，加大对制药产业的支持力度,向新兰药业、九洲通药业发放贷款11000万元。